매튜헨리주석 민수기.신명기

KB192444

저자 매튜 헨리 Matthew Henry 1662-1714

성경 주석가. 영국국교회의 복음주의 목사의 아들인 그는 통일령으로 아버지가 성직에서 쫓겨난 직후에 태어났다. 학문을 좋아하는 소년이었으며 1672년에 회심하였다. 옥스퍼드와 케임브리지의 학문성이 차츰 떨어지므로 1680년 런던 이슬링턴 대학에서 신학 교육을 받았다. 그 대학은 신앙을 저버린 시대에 높은 학문을 유지해왔다. 그 대학의 학장은 케임브리지에서 온 토머스 두리틀이었고, 부학장은 옥스퍼드에서 온 토머스 빈센트였다. 그 후에는 그레이 법학원에서 법률을 공부하였다. 그는 국교회 목사가 되려고 생각하였지만, 비국교도가 되기로 결심하였고, 개인적으로 장로교 목사 안수를 받았다. 첫 목회지는 체스터(1687-1712)였으며 그 뒤에 런던의 해크니(1712-1714)로 옮겼다. 청교도들에게서 크게 영향을 받은 그는 성경 해설을 목회의 중심으로 삼았다. 날마다 4시 또는 5시에 일을 시작하였던 그는 시간을 최대한 사용하는 것을 목적으로 삼았다. 1704년에 「성경 주석」을 집필하기 시작하였는데, 그는 사도행전까지 탈고하였으며, 그의 사후 목회 동역자들이 그의 노트와 저서들을 참고하여 신약성경 주석을 완성하였다. 그 주석은 성경에 대한 자세하고 종종 대단히 영적인 해설 양식을 취하였는데, 그 양식은 그 이후의 복음주의적 목회의 형태를 결정하였다. 스펄전은 자신이 매튜 헨리에게 큰 도움을 받았다는 사실을 인정하였다.

역자 원광연

역자는 총신대학 신학과를 졸업하고, 합동신학교를 수학하였으며, 호주 장로회 신학교(P.T.C.)를 졸업하였다. 호주 장로교회에서 목사 안수를 받고, 시드니 한인 교회에서 시무하였으며, 현재 연구와 번역에 힘쓰고 있다. 역자는 「기독교 강요」 번역을 평생의 과제로 알고, 이를 오랜 기간 동안 사명감으로 수행해왔다. 그 밖의 역서로 「생명의 길」(찰스 하지), 「신약의 초석」(랄프 마틴), 「구약의 기독론」(헹스텐베르크), 「하나님 나라」(조지 래드), 「신약과 비평」(조지 래드), 「바울의 생애와 신학」(로버트 L. 레이먼드) 등이 있다.

매튜
헨리
주석
전집

03

매튜 헨리주석 원광연 옮김
민수기·신명기

Matthew Henry

크리스챤
다이제스트

민수기

서론

　우리의 성경에서 사용되고 있는 모세 오경의 각 책의 표제는 모두, 우리가 알고 있는 가장 오래된 구약 성경 역본인 헬라어 칠십인역에서 빌려온 것들이다. 그러나 이 책의 표제는 유독 영어로 번역한 것이고(한국어도 마찬가지다: 역주), 나머지 네 권은 모두 헬라어 단어 그대로 음역해서 쓰고 있다(한국어 성경은 경우가 다르다: 역주). 이렇게 차이가 생긴 것은 라틴어 번역자들이 일반적으로 그렇게 했기 때문이라는 것 외에는 다른 이유가 없는 것 같다. 그렇지 않았다면, 첫 권을 제니시스(Genesis)라 부르고, 둘째 권을 엑서더스(Exodus)라 부른 것처럼, 이 책을 헬라어 표제 그대로 취하여 아리스모이(Arithmoi)라 부를 수도 있었을 것이다. 아니면 이 책 민수기(Numbers)처럼, 나머지 네 권의 표제도 번역하여 첫 권을 발생(Generation), 혹은 기원(Original)이라 부르고, 둘째 권을 탈출(Out-let, 혹은 Escape)이라 부를 수도 있었을 것이다(한국어 성경은 표제를 "창세기," "출애굽기"로 붙임으로써 대체로 이를 따르고 있다: 역주).

　이 책의 표제를 그렇게 붙인 것은 이스라엘 자손의 숫자가 이 책에 무수히 언급되고 있기 때문이다. 그리고 이런 표제는 그만한 값어치가 있다 할 것이다. 왜냐하면 이것은 아브라함의 자손이 하늘의 별처럼 무수해지리라는 하나님의 약속이 놀랍게 성취되었음을 드러내 주는 것이기 때문이다. 이 표제는 또한 두 차례에 걸쳐서 행해진 이스라엘 자손의 인구 조사와도 관련된다. 그 인구 조사는 한 번은 시내 산에서(1장), 또 한 번은 그로부터 39년이 지난 후 모압 평지에서(26장) 행해졌는데, 첫 번째 조사에서 거명된 사람 중에서 마지막 조사에도 거명되는 사람은 세 명도 채 못 되었다. 이 책은 역사와 율법으로 서로 뒤섞여 있고, 그 둘이 거의 동등하게 나뉜다.

　이 책의 주요 내용은 다음과 같다.

　I. 지파들의 계수와 정렬(1-4장), 제단과 레위인의 봉헌(7, 8장), 이스라엘 자손의 행진(9, 10장), 그들의 불평과 불신앙, 이로 인하여 그들은 광야에서 40년을 방황하는 징벌을 받았다(11-14장), 고라의 반역(16, 17장) 등의 역사와, 40년의 마지막 해의 역사(20-26장), 미디안 정복과, 두 지파의 정착(31, 32장)과

그들의 여정에 관한 기사(33장).

II. 나실인 등에 관한 다양한 율법(5, 6장), 제사장들의 임무 등에 관한 율법(18, 19장), 절기에 관한 율법(28, 29장), 맹세에 관한 율법(30장), 또한 가나안 정착에 관한 율법(27, 34, 35, 36장).

이 책의 내용 중 많은 부분을 시 95:10로 요약할 수 있을 것이다. 내가 사십 년 동안 그 세대로 말미암아 근심하였도다. 그리고 이를 히 4:1로 우리 자신에게 적용할 수 있을 것이다. 우리는 두려워할지니 너희 중에 혹 이르지 못할 자가 있을까 함이라. 그 당시 상당한 규모를 갖추고 도시와 성벽으로 방비된 마을에 거하는 여러 나라들이 있었으나 성경 역사가는 이에 대해 아무런 주목도 하지 않고, 기록도 전혀 남기지 않았다. 그러나 장막(천막)에 거하고, 이상하게도 광야에서 방황하는 얼마 되지 않는 작은 한 백성에게 벌어지는 일들은 매우 정확하게 기록하고 있으니, 이는 그들이 언약의 자녀들인 까닭이었다. 여호와의 분깃은 자기 백성이요 야곱은 그가 택하신 기업이기 때문이다(신 32:9).

제 1 장

개요

이스라엘은 이제 하나의 국가로 형성되려 하고 있었다. 아니, 오히려 왕국이라 해야 할 것이다. "여호와께서 그들의 왕이 되시"기 때문이다(삼상 12:12). 그들의 통치 형태는 신정정치(神政政治: theocracy)였고, 하나님 아래에서 모세가 여수룬의 왕이었다(신 33:5). 이제, 이 거룩한 나라의 올바른 정착을 위하여 선한 법의 제정 다음으로 선한 질서의 확립이 필수적이었고, 그러므로 이 왕국의 신민들을 고려해야 하는데, 본 장에서 그 일이 행해지고 있다. 본 장의 주요 내용은 다음과 같다. I. 모세에게 백성을 계수하라는 명령이 주어짐(1-4절). II. 이 일에서 그를 도울 자로 지명된 사람들(5-16절). III. 모세에게 보고된 각 지파의 구체적인 인구(17-43절). IV. 백성 전체의 총 인구(44-46절). V. 레위인의 예외(47-54절).

¹이스라엘 자손이 애굽 땅에서 나온 후 둘째 해 둘째 달 첫째 날에 여호와께서 시내 광야 회막에서 모세에게 말씀하여 이르시되 ²너희는 이스라엘 자손의 모든 회중 각 남자의 수를 그들의 종족과 조상의 가문에 따라 그 명수대로 계수할지니 ³이스라엘 중 이십 세 이상으로 싸움에 나갈 만한 모든 자를 너와 아론은 그 진영별로 계수하되 ⁴각 지파의 각 조상의 가문의 우두머리 한 사람씩을 너희와 함께하게 하라 ⁵너희와 함께 설 사람들의 이름은 이러하니 르우벤 지파에서는 스데울의 아들 엘리술이요 ⁶시므온 지파에서는 수리삿대의 아들 슬루미엘이요 ⁷유다 지파에서는 암미나답의 아들 나손이요 ⁸잇사갈 지파에서는 수알의 아들 느다넬이요 ⁹스불론 지파에서는 헬론의 아들 엘리압이요 ¹⁰요셉의 자손들 중 에브라임 지파에서는 암미훗의 아들 엘리사마요 므낫세 지파에서는 브다술의 아들 가말리엘이요 ¹¹베냐민 지파에서는 기드오니의 아들 아비단이요 ¹²단 지파에서는 암미삿대의 아들 아히에셀이요 ¹³아셀 지파에서는 오그란의 아들 바기엘이요 ¹⁴갓 지파에서는 드우엘의 아들 엘리아삽이요 ¹⁵납달리 지파에서는 에난의 아들 아히라이니라 하시니 ¹⁶그들은 회중에서 부름을 받은 자요 그 조상 지파의 지휘관으로서 이스라엘 종족들의 우두머리라

I. 여기서는 이스라엘 백성의 인구 조사를 위하여 명령이 주어진다. 먼 훗날 다윗은 명령이 없이 인구 조사를 하다가 큰 대가를 치른다.

1. 이 명령이 주어진 시기(1절). (1) 그 장소. 그 명령은 하나님의 뜰인 시내 광야에서 하나님의 왕궁인 회막에서 주어졌다. (2) 그 시기. 이스라엘이 애굽에서 나온지 둘째 해에. 이를 그 통치의 둘째 해라 부를 수도 있을 것이다. 레위기의 율법은 그 해 첫째 달에 주어졌고, 이 명령은 그 둘째 달 초에 주어졌다.

2. 인구 조사의 시행에 관하여 지침이 주어짐(2,3절). (1) 남자만 계수하도록 했고, 그것도 전쟁에 나가기에 합당한 자들 외에는, 또한 이십 세 이하는 계수하지 말도록 했다. 이십 세 이하도 체격과 힘을 갖추고 있어서 군인으로 싸우기에 충분할 수도 있으나, 하나님은 아직 어린 나이임을 고려하셔서 그들이 무장을 갖추고 전쟁에 나서게 하지 않으신 것이다. (2) 적정한 연령대에 있으나, 육체적으로 허약한 자나 맹인이나 절름발이나 고질적인 질병을 지닌 자 등도 전쟁에 나가기에 적절치 않으므로 계수하지 말도록 했다. 전투적 교회는 스스로 예수 그리스도의 군병으로 등록된 자들만이 그 참된 회원의 자격이 있다. 우리의 삶은, 우리 그리스도인의 삶은 전쟁이기 때문이다. (3) 그들의 종족과 조상의 가문에 따라 계수하도록 했다. 이는, 전체의 숫자가 몇 명이며 그들의 이름들이 무엇인지를 파악하는 것과 아울러 그들이 어느 지파와 가문 소속인지를 파악하여, 그것을 참조하여 그들을 부대에 배속시킴으로써 각자 자기의 소속 부대가 어디인지를 알도록 하며, 또한 중앙 정부에서도 개인의 소속을 확인할 수 있도록 하기 위함이었다. 전에도 이들을 계수한 일이 있었다. 성막의 봉사를 위해 백성을 계수하여 돈을 내도록 했었다(출 38:25, 26). 그러나 그 때에는 지금과는 달리 이들을 그 조상의 가문에 따라 등록하지 않았었던 것 같다. 그들의 인구수는 그 때나 지금이나 동일하게 남자만 603,550명이었다. 그 때 이후 많은 이들이 죽어 명부에서 빠졌으나, 그만큼 많은 이들이 그동안 이십 세가 되어 명부에 첨가되었기 때문이다. 주목하라. 한 세대가 가면 다음 세대가 온다. 날마다 빈자리가 생기고, 날마다 새로운 사람들이 일어나 그 빈자리를 채운다. 하나님께서 섭리로 역사하사, 어느 때에나, 어느 곳에서나, 출생이 사망과 균형을 이루도록 하여, 인류와 거룩한 후손이 끊어져 완전히 사라지는 일이 없도록 하시는 것이다.

3. 인구 조사의 시행자들이 거명됨. 모세와 아론이 전체적인 일을 총괄하고 (3절), 각 지파마다 그 지파에서 명망이 있고 자기 지파를 잘 아는 자를 − 지파

의 지휘관(16절) ― 선정하여 그 일을 돕게 하였다. 주목하라. 존귀한 자들은 섬기는 일을 힘써야 한다. 높은 자는 섬기는 자가 되며, 자신이 대중을 앎으로써 스스로 공적으로 유명해질 만하다는 것을 보여야 한다. 각 지파의 지휘관에게 각 지파에서 군대를 소집할 의무를 지녔다.

II. 이 때에 인구조사를 명한 이유는 무엇이었는가? 몇 가지 이유가 있다.

1. 아브라함에게 주셨고 또한 야곱에게 재확인하셨던 약속, 곧 하나님이 그의 자손이 땅의 티끌 같이 되리라는 것(창 28:14)이 성취되었음을 입증하기 위함이었다. 그 선한 약속 가운데 하나도 깨어진 것이 없다는 것이 드러나며, 이로 인하여 가나안 땅을 기업으로 주시리라는 다른 약속도 때가 되면 이루어질 것이라는 소망이 강하게 일어났다. 전체 인구를 그저 어림짐작으로만 알 때에는, 트집 잡는 자들은, 짐작이 잘못되었고 계수해 보면 절반에도 못 미칠 것이라는 식으로 생각하게 될 것이다. 그러므로 하나님은 이스라엘 백성 전체를 계수하여 그 짧은 시간에 그들이 얼마나 굉장한 숫자로 증가했는지를 분명히 밝힘으로써 하나님의 섭리의 능력과 그의 약속의 진실성을 드러내고, 그것을 시인하게 하고자 하신 것이다. 애굽으로 내려간 75명의 야곱의 가족이 215년 만에 (그 이상 오래지 않았다) 그렇게 수십만으로 증가했다는 것은 일상적인 자연의 과정으로는 결코 기대할 수 없는 일이었다. 그러므로 이는 하나님의 약속의 성취와 축복의 일환으로 이루어진 특별한 역사였던 것이다.

2. 모세와 그 휘하의 지휘관들이 이스라엘을 돌보는 임무를 받았으나 하나님께서 친히 이스라엘을 구체적으로 돌보신다는 사실을 드러내고자 함이었다. 하나님이 이스라엘의 목자라 불리신다(시 80:1). 그런데 목자는 양 떼 중 하나도 잃어버리지 않도록, 항상 그 숫자를 헤아리고 있으며, 그 휘하의 목자들에게도 그 숫자를 세어 넘겨주었다. 이와 마찬가지로 하나님께서도 그 양 떼들을 귀하게 여기사 그 숫자를 세셔서, 그 중 하나라도, 심지어 그의 공의에 희생될 것까지라도, 잃어버리지 않고 모두 그의 우리 안에 넣으시는 것이다.

3. 날 때부터 진정 이스라엘 자손인 자들과 그들 중에 있던 혼합된 무리들을 서로 구별하기 위함이었다. 이 보석들과 비교하면 온 세상이 다 그저 잡동사니에 지나지 않는다. 하나님은 다른 이들에 대해서는 별 주의를 기울이지 않으시고, 오직 성도들만을 특별한 소유로 여기시며 보살피시는 것이다. 주께서 자기 백성을 아시며(딤후 2:19), 그 이름들이 생명책에 있느니라(빌 4:3). 하나님께서는

그들의 머리카락까지도 세신다. 그러나 다른 이들에게는, "내가 너희를 도무지 알지 못하며, 너희에 대해서는 하나도 기록이 없느니라"라고 말씀하신다.

　4. 그들을 여러 구역들로 정렬시키기 위함이었다. 정의를 좀 더 쉽게 시행하고 광야를 통과하여 좀 더 질서 있게 행진할 수 있게 하기 위함이었다. 질서 있게 정렬되어 있지 않으면, 그것은 군대가 아니라 오합지졸들이요 어중이떠 중이에 불과할 것이다.

[17]모세와 아론이 지명된 이 사람들을 데리고 [18]둘째 달 첫째 날에 온 회중을 모으니 그들이 각 종족과 조상의 가문에 따라 이십 세 이상인 남자의 이름을 자기 계통별로 신고하매 [19]여호와께서 모세에게 명령하신 대로 그가 시내 광야에서 그들을 계수하였더라 [20]이스라엘의 장자 르우벤의 아들들에게서 난 자를 그들의 종족과 조상의 가문에 따라 이십 세 이상으로 싸움에 나갈 만한 각 남자를 그 명수대로 다 계수하니 [21]르우벤 지파에서 계수된 자는 사만 육천오백 명이었더라 [22]시므온의 아들들에게서 난 자를 그들의 종족과 조상의 가문에 따라 이십 세 이상으로 싸움으로 나갈 만한 각 남자를 그 명수대로 다 계수하니 [23]시므온 지파에서 계수된 자는 오만 구천삼백 명이었더라 [24]갓의 아들들에게서 난 자를 그들의 종족과 조상의 가문에 따라 이십 세 이상으로 싸움에 나갈 만한 자를 그 명수대로 다 계수하니 [25]갓 지파에서 계수된 자는 사만 오천육백오십 명이었더라 [26]유다의 아들들에게서 난 자를 그들의 종족과 조상의 가문에 따라 이십 세 이상으로 싸움에 나갈 만한 자를 그 명수대로 다 계수하니 [27]유다 지파에서 계수된 자는 칠만 사천육백 명이었더라 [28]잇사갈의 아들들에게서 난 자를 그들의 종족과 조상의 가문에 따라 이십 세 이상으로 싸움에 나갈 만한 자를 그 명수대로 다 계수하니 [29]잇사갈 지파에서 계수된 자는 오만 사천사백 명이었더라 [30]스불론의 아들들에게서 난 자를 그들의 종족과 조상의 가문에 따라 이십 세 이상으로 싸움에 나갈 만한 자를 그 명수대로 다 계수하니 [31]스불론 지파에서 계수된자는 오만 칠천사백 명이었더라 [32]요셉의 아들 에브라임의 아들들에게서 난 자를 그들의 종족과 조상의 가문에 따라 이십 세 이상으로 싸움에 나갈 만한 자를 그 명수대로 다 계수하니 [33]에브라임 지파에서 계수된 자는 사만 오백 명이었더라 [34]므낫세의 아들들에게서 난 자를 그들의 종족과 조상의 가문에 따라 이십 세 이상으로 싸움에 나갈 만한 자를 그 명수대로 다 계수하니 [35]므낫세 지파에서 계수된 자는 삼만 이천이백 명이었더라 [36]베냐민의 아들들에게서 난 자를

그들의 종족과 조상의 가문에 따라 이십 세 이상으로 싸움에 나갈 만한 자를 그 명수대로 다 계수하니 [37]베냐민 지파에서 계수된 자는 삼만 오천사백 명이었더라 [38]단의 아들들에게서 난 자를 그들의 종족과 조상의 가문에 따라 이십 세 이상으로 싸움에 나갈 만한 자를 그 명수대로 다 계수하니 [39]단 지파에서 계수된 자는 육만 이천칠백 명이었더라 [40]아셀의 아들들에게서 난 자를 그들의 종족과 조상의 가문에 따라 이십 세 이상으로 싸움에 나갈 만한 자를 그 명수대로 다 계수하니 [41]아셀 지파에서 계수된 자는 사만 천오백 명이었더라 [42]납달리의 아들들에게서 난 자를 그들의 종족과 조상의 가문에 따라 이십 세 이상으로 싸움에 나갈 만한 자를 그 명수대로 다 계수하니 [43]납달리 지파에서 계수된 자는 오 만 삼천사백 명이었더라

백성을 계수하라는 명령이 여기서 신속히 시행된다. 그 명령이 주어진 바로 그 날 당장에 그 일이 시작되었다. 둘째 달 첫째 날에(18절. 이를 1절과 비교하라). 주목하라. 하나님을 위하여 어떤 일을 할 때에는 그 일에 대한 의무감이 강하게 있을 때에 신속히 일을 시행하는 것이 좋다. 그리고 그 일은 하루에 마칠 일이었던 것으로 보인다. 왜냐하면 이 날부터 그들이 진을 옮긴 같은 달 이십 일까지(10:11) 다른 많은 일들이 행해졌기 때문이다. 다윗 시대에 요압은 백성들의 인구 조사를 시행하는 데에 거의 십 개월이 걸렸다(삼하 24:8). 그러나 그 당시는 백성들이 흩어져 있었으나, 지금은 그들이 함께 모여 있고, 그 때에는 사탄이 그 일을 부추겼으나, 지금은 하나님이 그 일을 명하셨다. 지금은 그 일을 더 쉽게 더 신속하게 할 수 있었다. 왜냐하면 얼마 전에도 인구 조사가 진행되었으므로, 과거의 기록들을 재검토하여(그들은 아마도 기록을 유지해오고 있었을 것이다) 그동안 변경된 사항만 바꾸면 되기 때문이었다.

기록된 구체적인 사항들에서 우리는 다음과 같은 점들을 관찰할 수 있다.

1. 인구수가 숫자가 아니라 말로 길게 기록되었다는 것. 기록의 중요성과 엄숙함을 증진시키기 위하여 각 지파마다 그들의 종족과 조상의 가문에 따라 계수되었다고 하는데, 이는 각 지파마다 동일한 법칙과 동일한 방법을 취하여 조사하고 기록하였음을 보여주는 것이다. 수많은 사람들이 그 일을 시행하였음에도, 먼저 계보를 기록하여 그들이 이스라엘에게서 내려온 것을 보여주며, 그 다음 그 종족들 자체를 순서대로 기록하고, 그 다음 각 종족을 각 해당 가문들로 구분하며, 이 가문들 밑에다 거기에 해당되는 각 개개인의 이름들을 기록하

였다. 이렇게 해서 누구나 자기의 친척이나 친족이 누구인지를 알 수 있게 하였으며, 이를 근거로 이미 앞에서 접한 몇 가지 율법들이 시행될 수 있게 하였다. 우리와 가까운 친척일수록 그들에게 선을 행할 자세를 가져야 마땅하다.

2. 갓 지파가 오십 명으로 끝나는 것을 제외하고는(25절), 모든 지파의 인구수가 백 단위로 끝나며, 십 단위나 일 단위까지 내려가는 경우는 하나도 없다는 것. 어떤 이들은 이것을 특별한 섭리의 역사로 본다. 바로 이 시점에서 모든 지파들을 계수하도록 명령하셔서, 그 숫자가 모두 어긋나지 않고 백 단위로 맞아떨어지는 이런 범상치 않은 정황이 나타나니, 이는 그 백성들이 증가한 것이 그저 일상적인 역사를 넘어서는 것임을 보여준다는 것이다. 그러나 그보다는 모세가 이 인구 조사가 있기 얼마 전에 백부장과 오십부장들을 임명했었으니(출 18:25) 그들이 백성들을 그 해당 지휘관들에 따라 계수하였고, 그리하여 그들이 백 명 단위 혹은 오십 명 단위로 계수된 것으로 보는 것이 타당할 것이다.

3. 유다 지파의 인구가 가장 많고, 베냐민과 므낫세 지파의 인구에 비해서는 거의 배나 되고, 다른 어느 지파보다 거의 12,000명이 더 많다는 것(27절). 유다는 그에게서 메시야가 나실 것이었으므로 그 형제의 찬송이 될 자였다(창 49:8). 그러나 그것은 먼 훗날의 일이므로, 하나님은 그 때가 오기까지 여러모로 그 지파에게 존귀를 더하셨고, 특히 그 지파를 크게 번성하게 하셨으니, 이는 장차 때가 이르러 유다에게서 나실 자(히 7:14)를 인함이었다. 유다 지파가 광야의 여정을 선두에서 이끌게 되어 있었고, 그리하여 그 지파가 다른 어느 지파보다 더 큰 막강한 힘을 부여받은 것이다.

4. 요셉의 두 아들인 에브라임과 므낫세 지파가 별개의 지파로 계수되며, 둘이 합쳐서 유다 지파와 거의 인구수가 같다는 것. 이는 야곱이 그들을 아들로 입양시킨 결과였고, 이로써 그들은 삼촌들인 르우벤과 시므온과 동등한 위치에 있게 되었다(창 48:5). 그것은 또한 그들의 아버지 요셉이 받은 축복의 결과이기도 했다. 그는 무성한 가지가 되는 축복을 받았던 것이다(창 49:22). 그리고 동생인 에브라임이 먼저 나오고 형인 므낫세보다 인구가 더 많은데, 이는 야곱이 그 형제들에게 팔을 엇바꾸어 얹었기 때문이다. 야곱은 에브라임이 므낫세보다 더 크게 될 것을 미리 보았던 것이다. 그러한 야곱의 예언이 여기서 성취되는 것을 볼 때에, 족장들이 예언의 영을 부여받았던 것으로 믿는 우리의 믿음이 확증된다 할 것이다.

5. 처음 애굽으로 내려갈 때에 단에게는 아들이 하나밖에 없었으니(창 46:23), 이 지파에게는 가문이 하나밖에 없었다(26:42). 당시 베냐민에게는 열 아들이 있었으나(창 46:21), 지금에 와서는 단 지파의 인구가 베냐민 지파의 인구의 거의 배가 된다. 주목하라. 가문의 번성과 쇠퇴는 반드시 일관성 있게 이루어지지는 않는다. 어떤 가문은 크게 번성하고 다시 쇠퇴하기도 하고, 또 어떤 가문은 초라한 상태에서도 가문이 양 떼처럼 되기도 한다(시 107:38, 39, 41). 또한 욥 12:23을 보라.

6. 각 지파에게 전쟁에 나갈 수 있는 자들을 계수하라는 말씀이 주어지는데, 이는 그들이 지금은 평화로이 지내며 아무런 어려움이 없이 있으나 전쟁이 그들의 앞에 놓여 있다는 것을 상기하고자 함이었다. 갑옷 입는 자가 갑옷 벗는 자 같이 자랑하지 못할 것이라(왕상 20:11).

⁴⁴이 계수함을 받은 자는 모세와 아론과 각기 이스라엘 조상의 가문을 대표한 열두 지휘관이 계수하였더라 ⁴⁵이같이 이스라엘 자손이 그 조상의 가문을 따라 이십 세 이상으로 싸움에 나갈 만한 이스라엘 자손이 다 계수되었으니 ⁴⁶계수된 자의 총계는 육십만 삼천 오백오십 명이었더라

여기서는 계수한 인구의 총계가 기록되어 있다. 이스라엘 자손의 총계는 전쟁에 나갈 수 있는 용사들만 육십만 삼천 오백 오십 명이었다. 어떤 이들은 수개월 전에 같은 숫자였을 때에는(출 38:26) 레위인들이 함께 계수되었으나, 지금은 그 지파가 하나님을 섬기는 일을 위해 구별되어 총계에서 빠졌는데도 이십 세 이상인 자들의 숫자가 그만큼 많이 증가하여 총계가 여전히 동일한 것으로 나타나는 것은, 우리가 하나님의 영광을 위하고 그를 섬기는 일을 위하여 아무리 제하여 버리더라도 하나님께서는 이런저런 방식으로 분명히 우리에게 채워 주시리라는 것을 드러내 준다고 보기도 한다. 이제 그들의 숫자가 얼마나 컸는가를 보게 된다. 여기서 살펴보자.

1. 이 모든 사람들을(그 외에도 여자들과 어린아이들과 병든 자들과 노인들까지 합하면 두 배 가량 될 것이다) 사십 년 동안 광야에서 함께 먹여 살리기 위해서 얼마나 많은 식량이 필요했겠는가. 그들은 땅의 기름진 것에서가 아니라 하늘에서 내려온 양식으로 공급을 받았고, 날마다 하나님의 처분만 바라면

서 살았던 것이다. 오, 우리 하나님은 얼마나 위대하시고 선하신 운영자이신가! 그렇게 많은 사람들이 그에게 의지하여 날마다 필요한 것을 공급받았으니 말이다.

2. 죄가 사람들에게 어떻게 역사하는가. 사십 년 동안에 그들 중 대부분이 인류의 공통적인 죄로 말미암아 죽었다. 죄가 세상에 들어오자 사망이 죄와 함께 들어왔다. 그러니 죄가 땅 위에 가져다 놓은 황폐함이 얼마나 큰가! 그러나, 지금 계수된 자들 중에 두 사람을 제외한 모든 사람들이, 불신앙과 불만의 구체적인 죄로 인하여 광야에서 망하였다.

3. 하나님의 영적 이스라엘이 마침내 얼마나 큰 무리가 될 것인가. 한때에는, 그리고 한 곳에서는, 그들이 작은 양 떼에 지나지 않는 것처럼 보이나, 그들 모두가 함께 모일 때에는 그들이 셀 수 없는 큰 무리가 될 것이다(계 7:9). 그리고 교회의 시작은 미미하나 그 후의 마지막은 크게 창대할 것이다. 작은 무리가 만만이 될 것이다.

[47]그러나 레위인은 그들의 조상의 지파대로 그 계수에 들지 아니하였으니 [48]이는 여호와께서 모세에게 말씀하여 이르시되 [49]너는 레위 지파만은 계수하지 말며 그들을 이스라엘 자손 계수 중에 넣지 말고 [50]그들에게 증거의 성막과 그 모든 기구와 그 모든 부속품을 관리하게 하라 그들은 그 성막과 그 모든 기구를 운반하며 거기서 봉사하며 성막 주위에 진을 칠지며 [51]성막을 운반할 때에는 레위인이 그것을 걷고 성막을 세울 때에는 레위인이 그것을 세울 것이요 외인이 가까이 오면 죽일지며 [52]이스라엘 자손은 막사를 치되 그 진영별로 각각 그 진영과 군기 곁에 칠 것이나 [53]레위인은 증거의 성막 사방에 진을 쳐서 이스라엘 자손의 회중에게 진노가 임하지 않게 할 것이라 레위인은 증거의 성막에 대한 책임을 지킬지니라 하셨음이라 [54]이스라엘 자손이 그대로 행하되 여호와께서 모세에게 명령하신 대로 행하였더라

레위 지파를 나머지 지파들로부터 조심스럽게 구별해 낸다. 레위 지파는 과거에 금송아지 사건이 있을 때에 자신을 구별시킨 바 있다(출 32:26). 주목하라. 특별한 봉사는 특별한 존귀로 상급을 받을 것이다. 그런데,

I. 레위인들은 신령한 일들을 담당한 자들이 되었는데, 이는 그들에게 큰 영광이었다. 그들에게 진을 지고 있을 때에나 행진할 때에나 성막과 그 기구와

부속품을 관리하는 일이 맡겨졌다.

1. 레위인들은 이스라엘이 행진할 때에, 성막을 걷고 그것과 거기에 속한 모든 물건들을 운반하며, 또한 지정된 장소에 다시 성막을 세우는 임무를 맡았다 (50, 51절). 거룩한 것들의 존귀를 위하여, 그 일을 위하여 하나님의 부르심을 받은 자들 외에는 어느 누구도 그것들을 보아서도, 만져서도 아니 되었다. 이와 마찬가지로, 하나님의 은혜로 말미암아 그의 아들 예수 그리스도 우리 주의 교제 속으로 부르심을 받고, 그리하여 큰 대제사장의 신령한 자손이 되어 우리 하나님께 제사장들이 되기 전에는, 우리 모두가 하나님과 교제하기에 합당치 못하며 자격도 없는 것이다. 그런데 하나님께서는 심지어 이방인들 중에서도 레위인들을 자기에게로 취하실 것임을 약속하신다(사 66:21).

2. 레위인들은 쉴 때에도 성막 주위에 진을 치고 있으면서(50, 53절). 그들의 일터 가까이에서 항상 대기하여야 했고, 또한 성막이 약탈당하거나 더럽혀지는 일이 없도록 그 주변을 경계하여야 했다. 그들은 성막 사방에 진을 치고서 이스라엘 자손의 회중에게 진노가 임하지 않게 하여야 했다. 성막과 그 임무를 소홀히 하거나, 성막 가까이에 오지 못하도록 금지된 자들이 거기로 몰려들게 되면, 그들 전체에게 진노가 임할 수 있었으니 말이다. 주목하라. 죄를 방지하는 일을 지극히 조심스럽게 행하여야 한다. 죄를 방지하는 것이 곧 진노를 방지하는 것이기 때문이다.

II. 이스라엘이 거룩한 백성으로서 열방들 중에 계수되지 않은 것처럼, 레위 지파도 거룩한 지파로서 다른 이스라엘 자손들 중에 계수되지 않고 자기들만 별도로 계수된 것은(49절) **그들에게 더 큰 영광이었다.** 레위인들이 성소를 위하여 담당할 봉사를 가리켜 전쟁(warfare. 난외주에서 이렇게 번역한다)이라 부른다(4:23). 그들은 그 전쟁에 개입하여 있으므로 군대를 위한 봉사에서 면제되었고, 따라서 싸움에 나갈 만한 자들과 함께 계수되지 않은 것이다. 주목하라. 거룩한 일을 전담하여 사역하는 자는 세속적인 일로 자신을 얽어매서도 안 되고, 그런 일에 얽혀들어서도 안 된다. 그 사역 자체가 그 사람 전체를 필요로 하는 일이다. 이는 사역자들에게 주는 교훈이다. 그들은 스스로 모범적으로 처신하여 일반 이스라엘 사람들과 구별되어야 하고, 더 크게 보이기를 탐하지 말고, 진정 더 나은 것에 목표를 두어야 하며, 다른 이들보다 모든 면에서 더 나아야 한다.

제2장

개요

　앞 장에서는 이스라엘의 무리들이 계수되었는데, 여기서는 하나님의 지정에 따라 그들의 진들이 배치된다. 본 장의 주요 내용은 다음과 같다. I. 이에 대한 전반적인 명령 (1, 2절). II. 각 지파들의 진을 위한 구체적인 지침들. 이스라엘 전체를 네 대로 나누고, 세 지파가 한 대를 이루게 한다. 1. 동쪽의 선봉에는 유다, 잇사갈, 스불론 지파가 진을 쳤고(3-9절), 2. 오른편 남쪽에는 르우벤, 시므온, 갓 지파가 진을 쳤고(10-16절), 3. 서쪽 후미에는 에브라임, 므낫세, 베냐민 지파가 진을 쳤으며(18-24절), 4. 왼편 북쪽에는 단, 아셀, 납달리 지파가 진을 쳤고(25-31절), 5. 성막이 중앙에 위치하였다(17절). III. 이러한 진 배치의 결론(32-34절).

¹여호와께서 모세와 아론에게 말씀하여 이르시되 ²이스라엘 자손은 각각 자기의 진영의 군기와 자기의 조상의 가문의 기호 곁에 진을 치되 회막을 향하여 사방으로 치라

　　여기서는 이스라엘 백성들이 진을 칠 때에 질서 있게 치게 하고, 또한 그들이 행진할 때에 질서 있게 행진하도록 하기 위한 일반적인 지침이 제시되고 있다. 일부는 지금까지 가능할 때마다 이미 지켜온 것들이다. 애굽에서 나올 때에도 그들은 대열을 지어 나왔다(출 13:18). 그러나 이제 더 나은 대열을 유지하도록 지침이 주어지는 것이다.

　1. 백성 모두가 장막에 거하였고, 행진할 때에는 장막을 다 걷어서 그것들을 지니고 행진하였으니, 이는 거주할 성읍을 찾지 못하였기 때문이다(시 107:4). 이는 이 세상에서의 우리의 처지를 잘 보여 준다. 이 세상에서의 우리의 상황은 가변적이다. 오늘은 여기 있으나 내일은 여기 없을 것이다. 이 세상에서의 우리의 상황은 군사적이다. 우리의 삶이 전투가 아니던가? 우리는 이 세상에 장막을 칠 수밖에 없다. 이 세상에는 영구한 성(城)이 없기 때문이다. 그러므로

이 세상에 장막을 치고 있는 동안, 계속해서 전진하여 통과하여야 할 것이다.

2. 한 지파에 속한 자들이 함께 진을 쳤다. 각각 자기의 진영의 군기 곁에 진을 치도록 되어 있었다. 주목하라. 친족들 상호 간에 사랑과 애정과 대화와 교류가 유지되는 것이 하나님의 뜻이다. 서로 친족인 자들은 각자 할 수 있는 만큼 서로와 가까이 지내야 하며, 그리하여 본성적인 결속 관계를 통하여 그리스도인의 하나된 교제의 관계가 강화되도록 해야 한다.

3. 각 사람이 자기의 자리를 알고 그것을 지켜야 한다. 자기가 원하는 곳에 아무렇게나 장막을 치거나, 그 곳으로 옮겨서는 안 된다. 반드시 하나님께서 정하신 곳에 장막을 쳐야 하고 그 곳에 거주하여야 한다. 주목하라. 사람들의 거주의 경계를 한정하시는 분이 바로 하나님이시다(행 17:26). 여호와께서 우리를 위하여 기업을 택하시나니(시 47:4), 우리는 그의 택하심을 받아들여야 하며, 보금자리를 떠나 떠도는 새와 같이(잠 27:8) 이리저리 방황하는 것을 좋아해서는 안 될 것이다.

4. 각 지파마다 자기 진영의 군기와 기호를 지녔다. 각 가문마다 나름대로 조상의 집의 특유한 문장을 지니고 있었던 것 같고, 오늘날 각 군영마다 형형색색의 깃발을 지니고 있듯이, 그렇게 그것들을 지녔을 것이다. 그것들은 지파와 가문을 구별하고, 또한 해당되는 사람들을 한데 모아 함께 대오를 유지하는 용도로 쓰였다. 이와 관련해서 복음을 전하는 일을 가리켜 만민의 기치라 부르며 열방이 그것에게로 돌아올 것을 말씀한다(사 11:10, 12). 주목하라. 하나님은 혼란의 하나님이 아니라 질서의 하나님이시다. 이 깃발들로 인하여 이 막강한 군대가 우군들에게는 더욱 아름답게 보였고, 적군들에게는 더욱 강성하게 보였다. 그리스도의 교회는 깃발을 세운 군대 같이 당당하다고 말씀한다(아 6:10). 이 군기들을 어떻게 구별했는지는 확실치 않다. 어떤 이들은 각 지파의 군기가 대제사장의 에봇에 각 지파의 이름이 기록된 보석의 색깔과 같은 색깔이었고, 그리하여 각기 달랐다고 추측하기도 한다. 오늘날 많은 유대인들은 각 군기마다 야곱이 그 지파에게 준 축복을 지칭하는 문장(紋章)이 새겨져 있었다고 생각한다. 유다 지파의 군기는 사자가, 단 지파는 뱀이, 납달리 지파는 사슴이, 베냐민 지파는 늑대 등이 새겨져 있었다는 것이다. 그들 중 어떤 이들은 네 가지 주도적인 군기가 있었는데, 유다 지파의 사자, 르우벤 지파의 사람, 요셉의 소, 단 지파의 독수리 등이 그것이라고 한다. 에스겔의 이상에 나타나는 모

습들을 그것을 지칭하는 것으로 보는 것이다. 또 다른 이들은 각 지파의 이름이 군기에 기록되었다고 본다. 그것이 무엇이었든, 분명한 구별이 있었던 것은 분명하다.

5. 그들은 회막을 중심으로 그 주위에 진을 쳤다. 이는 마치 대장군의 막사가 군대의 중앙에 있는 것과도 같았다. 그들은 회막 주위에 진을 쳐야 했다.

(1) 회막이 하나님의 은혜로우신 임재의 증표였으므로, 그 회막이 그들 모두에게 똑같이 위로와 기쁨이 되도록 하기 위함이었다. 하나님이 그 성 중에 계시매 성이 흔들리지 아니할 것이라(시 46:5). 그렇게 하나님께서 그들의 마음에 계시니 그들의 진이 활기를 얻었을 것이다. 하나님의 은혜의 다른 증표들도 있었을 것이고, 게다가 날마다 진 주위에서 하늘의 떡을 먹으며, 또한 하늘로부터 오는 불을 진 가운데에서 보았으니, 이것만으로도 여호와가 우리 중에 계시냐, 계시지 않냐? 하는 질문에 대해 충족한 답변이 되고도 남았다. 이스라엘이여 너는 행복한 사람이로다! 사방에 쳐진 그들의 장막의 문들이 모두 성막을 바라볼 수 있도록 그 쪽을 향하였을 것으로 보인다. 이스라엘 사람은 누구나 항상 여호와를 바라보아야 했기 때문이다. 그러므로 그들은 장막 문에서 경배하였다. 회막이 진의 한가운데에 위치한 것은 백성들에게 가깝게 하기 위함이었다. 거룩한 규례들을 엄숙히 시행하는 일들이 우리 가까이에서 이루어지는 것이 지극히 바람직한 법이다. 하나님의 나라가 너희 중에 있느니라.

(2) 그들이 사방에서 회막과 레위인들을 보호하기 위함이었다. 그 어떠한 침입자라도 먼저 이스라엘 백성들의 두터운 방어벽을 뚫지 않고서는 하나님의 성막에 접근할 수가 없었다. 주목하라. 하나님이 우리의 위로거리들을 보호하시니, 우리도 처한 곳에서 하나님이 세우신 제도를 보호하고, 일어나 그의 존귀와 그의 목적과 또한 그의 사역자들을 지켜야 마땅한 것이다.

6. 그러나 동시에 성막에서 좀 떨어져서 진을 쳐야 했다. 성소를 거룩히 구별하여, 사람들이 북적대고 진중의 일상적인 일들이 그 곳을 거스르지 않도록 하기 위함이었다. 그들은 또한 일정한 거리를 둘 것을 가르침 받았다. 너무 가까이 있다가 성소를 가볍게 여기게 되기가 쉽기 때문이었다. 수 3:4에 따르면, 진의 가장 가까운 곳과 성막 사이의 거리가 (혹은 각 지파들의 진과, 성막 가까이에 친 레위인들의 진 사이의 거리가) 2000규빗, 즉 1000야드로서, 우리가 사용하는 마일로 환산하면 반마일(800미터) 남짓 되었다. 그러나 진의 바깥 부분

들은 그보다 훨씬 더 멀리 떨어졌다. 어떤 이들은 이스라엘 진의 넓이가 직경이 최소한 12마일(20km) 이상 되었던 것으로 계산하였다. 이스라엘 진은 마치 움직이는 성과도 같았고, 거기에는 중간 중간에 길들이 있었다. 진의 외곽에는 물론 그 길들에 만나가 떨어져서, 이스라엘 백성이 장막 문 앞에서 받아먹었을 것으로 보인다. 그리스도의 교회에는 보좌가 있는데(성막에 속죄소가 있었듯이) 이것이 시작부터 높이 계신 영화로우신 보좌라 불리며(렘 17:12), 그 보좌 주위에 영적인 이스라엘 자손들, 지파들의 숫자의 배가 되는 이십사 장로들이 흰 옷을 입고 있으며(계 4:4), 그 위에 사랑이라는 깃발이 있다. 그러나 우리는 이스라엘 자손들처럼 멀리 떨어져 진을 치라는 명령을 받지 않는다. 아니, 우리는 가까이 나아오며 담대하게 나아오라는 초청을 받는다. 지극히 높으신 자의 성도들이 그의 사방에 있다고 말씀한다(시 76:11). 하나님이 그의 은혜로 우리를 그의 가까이에 있게 하시는 것이다!

[3]동방 해 돋는 쪽에 진 칠 자는 그 진영별로 유다의 진영의 군기에 속한 자라 유다 자손의 지휘관은 암미나답의 아들 나손이요 [4]그의 군대로 계수된 자가 칠만 사천육백 명이며 [5]그 곁에 진 칠 자는 잇사갈 지파라 잇사갈 자손의 지휘관은 수알의 아들 느다넬이요 [6]그의 군대로 계수된 자가 오만 사천사백 명이라 [7]그리고 스불론 지파라 스불론 자손의 지휘관은 헬론의 아들 엘리압이요 [8]그의 군대로 계수된 자가 오만 칠천사백 명이니 [9]유다 진영에 속한 군대로 계수된 군인의 총계는 십팔만 육천사백 명이라 그들은 제일대로 행진할지니라 [10]남쪽에는 르우벤 군대 진영의 군기가 있을 것이라 르우벤 자손의 지휘관은 스데울의 아들 엘리술이요 [11]그의 군대로 계수된 자가 사만 육천오백 명이며 [12]그 곁에 진 칠 자는 시므온 지파라 시므온 자손의 지휘관은 수리삿대의 아들 슬루미엘이요 [13]그의 군대로 계수된 자가 오만 구천삼백 명이며 [14]또 갓 지파라 갓 자손의 지휘관은 르우엘의 아들 엘리아삽이요 [15]그의 군대로 계수된 자가 사만 오천육백오십 명이니 [16]르우벤 진영에 속하여 계수된 군인의 총계는 십오만 천사백오십 명이라 그들은 제이대로 행진할지니라 [17]그 다음에 회막이 레위인의 진영과 함께 모든 진영의 중앙에 있어 행진하되 그들의 진 친 순서대로 각 사람은 자기의 위치에서 자기들의 기를 따라 앞으로 행진할지니라 [18]서쪽에는 에브라임의 군대의 진영의 군기가 있을 것이라 에브라임 자손의 지휘관은 암미훗의 아들 엘리사마요 [19]그의 군대로 계수된 자가 사만 오백 명이며 [20]그 곁

에는 므낫세 지파가 있을 것이라 므낫세 자손의 지휘관은 브다술의 아들 가말리엘이요 [21]그의 군대로 계수된 자가 삼만 이천이백 명이며 [22]또 베냐민 지파라 베냐민 자손의 지휘관의 기드오니의 아들 아비단이요 [23]그의 군대로 계수된 자가 삼만 오천사백 명이니 [24]에브라임 진영에 속하여 계수된 군인의 총계는 십만 팔천백 명이라 그들은 제삼대로 행진할지니라 [25]북쪽에는 단 군대 진영의 군기가 있을 것이라 단 자손의 지휘관은 암미삿대의 아들 아히에셀이요 [26]그의 군대로 계수된 자가 육만 이천칠백 명이며 [27]그 곁에 진칠 자는 아셀 지파라 아셀 자손의 지휘관은 오그란의 아들 바기엘이요 [28]그의 군대로 계수된 자가 사만 천오백 명이며 [29]또 납달리 지파라 납달리 자손의 지휘관은 에난의 아들 아히라요 [30]그의 군대로 계수된 자가 오만 삼천사백 명이니 [31]단의 진영에 속하여 계수함을 받은 군인의 총계는 십오만 칠천육백 명이라 그들은 기를 따라 후대로 행진할지니라 하시니라 [32]상은 이스라엘 자손이 그들의 조상의 가문을 따라 계수된 자니 모든 진영의 군인 곧 계수된 자의 총계는 육십만 삼천오백오십 명이며 [33]레위인은 이스라엘 자손과 함께 계수되지 아니하였으니 여호와께서 모세에게 명령하심과 같았느니라 [34]이스라엘 자손이 여호와께서 모세에게 명령하신 대로 다 준행하여 각기 종족과 조상의 가문에 따르며 자기들의 기를 따라 진 치기도 하며 행진하기도 하였더라

여기서는 열두 지파를 네 개의 군영으로 나누어 각 군영에 세 지파씩을 배속시키고 한 지파가 나머지 두 지파를 인도하도록 하는 구체적인 전열이 제시된다.

1. 하나님이 친히 그들을 자기 처소에 배정하셔서 그들 중에 분쟁이나 시기가 없도록 하셨다. 어떤 지파들이 선두에 설 것인지를 그들 스스로 결정하게 되었더라면, 서로 분쟁에 휘말렸을 것이다(제자들이 서로 누가 큰가를 놓고 싸웠던 것처럼). 각 지파마다 자기가 선두에 서야 한다고, 혹은 최소한 후미에는 서지 말아야 한다고 생각했을 것이다. 이런 결정이 모세에게 맡겨졌더라도, 그들은 그와 분쟁하였을 것이고 그가 편파적이라고 비난했을 것이다. 그러므로 하나님이 친히 이 일을 행하신다. 그가 친히 존귀의 근원이시요 또한 존귀한 재판장이시니, 그가 지정하시면 모두가 인정할 수밖에 없는 것이다. 하나님이 섭리 가운데서 다른 이들을 우리 위에 세우시고 우리를 낮추시더라도, 우리는 그가 여기서 행하시듯 성막에서 음성으로 행하시는 것과 똑같이 인정하고 만

족하여야 마땅할 것이다. 그리고 그렇게 되는 것이 하나님의 뜻이라는 것을 생각하고서 모든 시기와 불만을 완전히 제거해야 할 것이다. 그리고 우리가 우리의 자리를 스스로 택할 경우, 우리 주께서 법칙을 제시해 주신 바 있다. 높은 자리에 앉지 말라(눅 14:8), 너희 중에 누구든지 으뜸이 되고자 하는 자는 너희의 종이 되어야 하리라(마 20:27). 가장 자신을 낮추고 또한 가장 섬길 자세가 되어 있는 자들이 진정 가장 존귀한 자들인 것이다.

2. 각 지파마다 하나님께서 친히 지명하신 지휘관, 혹은 대장이 있었다. 이들은 지파들의 숫자를 세도록 지명된 자들과 같은 자들이었다(1:5). 우리 모두가 한 사람 아담의 자손이라는 것은 평등주의자들(the levellers)의 논리를 정당화시키는 것도 아니요, 지위와 존귀의 차이를 제거하는 것도 아니다. 심지어 동일한 아브라함, 동일한 야곱, 동일한 유다의 자손들 중에서도, 하나님께서는 친히 다른 모든 이들의 지휘관이 될 자들을 지명하신 것이다. 하나님께서 정하신 권세들이 있는 법이요(롬 13:1), 그 권세자들에게 정당한 존귀와 존경을 돌려야 마땅한 것이다. 어떤 이들은 이 지휘관들의 이름의 의미를 주목하며, 그들에게 이름을 지어준 자들이 얼마나 하나님을 생각했는가를 지적한다. 그들 대부분의 이름에 엘(즉, 하나님)이 들어 있기 때문이다. 느다넬(하나님의 선물), 엘리압(나의 하나님은 아버지시라), 엘리술(나의 하나님은 반석이시라). 슬루미엘(하나님은 나의 평화시라), 엘리아삽(하나님이 더하셨도다), 엘리사마(내 하나님이 들으셨도다), 가말리엘(하나님은 나의 상급이시라), 바기엘(하나님이 나를 만나셨도다) 등이 이에 해당한다. 이로 보건대, 이스라엘 자손들은 애굽에서 그들의 하나님의 이름을 잊지 않았고, 다른 기념물들을 위하여 자녀들의 이름 가운데서 그것을 기념하였고, 그리하여 환난 중에 스스로 위로를 얻은 것이 분명하다.

3. 서로 가장 가까운 친족인 지파들을 함께 같은 군기 아래 있도록 하였다. 유다와 잇사갈과 스불론은 레아가 나중에 낳은 세 아들들이었고 그리하여 그들을 한데 묶었다. 그리고 잇사갈과 스불론은 유다 밑에 있는 것에 대해 불평하지 않을 것이었다. 그들은 유다의 동생들이었기 때문이다. 르우벤과 시므온은 서로 수위를 다투지 않았을 것이다. 그러므로 야곱의 장자인 르우벤이 그 다음 군영의 선두 지파가 되었다. 시므온은 분명 기꺼이 르우벤 아래에 있으려 하였고, 레아의 여종 실바가 낳은 아들 갓이 레위 대신 적절히 이 군영에 덧붙여졌다. 에브라임과 므낫세와 베냐민은 모두 라헬의 소생들이다. 빌하의 장자

인 단이 선두 지파가 되었는데, 이는 그가 비록 첩의 아들이지만 존귀가 없는 자에게 더욱 풍성한 존귀를 베풀기 위함이었다. 또한 단이 그의 백성을 심판하리로다(창 49:16)라는 말씀이 있으며, 그에게 종에게서 난 두 동생들이 덧붙여졌다. 이처럼 그들의 배치 순서는 완전하였다.

4. 유다 지파가 해 뜨는 동쪽에 진을 치고 또한 행진할 때에 선두에 서는 최고의 존귀를 얻었는데, 이는 유다 지파가 가장 인구가 많았기 때문이기도 했으나, 그보다는 그 지파로부터 그리스도가 오실 것이었기 때문이요(그는 유다 지파의 사자이시다), 그 지파의 지휘관으로 지명된 자에게서 임하실 것이었기 때문이다. 나손은 그리스도의 조상 중에 들어 있다(마 1:4). 그러므로 그가 그들 앞에서 갔으나 이는 결과적으로 그리스도께서 그들의 지도자로서 그들의 앞에서 가신 것이다. 유다는 야곱의 열두 아들 중에서 첫 번째로 축복을 받은 자였다. 르우벤, 시므온, 레위가 그 아버지 야곱에게서 책망을 받았으므로, 출생한 순서로는 첫째가 아닌 유다가 첫째 자리에 배치되었고, 그리하여 자녀들에게 그 경건한 부모를 기쁘게 하는 것을 귀히 여기고 부모의 이맛살을 찌푸리게 하는 것을 두려워하도록 가르치고자 하신 것이다.

5. 레위 지파는 나머지 지파들의 안쪽 성막 가까이에 진을 쳤다(17절). 그들은 성소를 방어하여야 하니, 나머지 지파들이 그들을 방어해야 했던 것이다. 이와 같이, 요한이 하늘의 영광에 대해 본 이상 중에서도, 장로들과 보좌 사이에 앞뒤에 눈들이 가득한 네 생물이 있었다(계 4:6, 8). 시민적인 권세자들은 나라의 신앙적인 관심사들을 보호해야 하고, 그 영광을 지켜야 하는 것이다.

6. 단의 군대 진영은(가나안에 정착한 지 오랜 후에도 그 지파가 그렇게 불리는데, 이는 그들이 군사적인 공로로 유명했기 때문이다, 삿 13:25) 진을 칠 때에는 왼편에 주둔했는데, 행진할 때에는 후미에 서도록 명령을 받았다(31절). 그들은 유다 다음으로 인구가 가장 많았으므로 후미에 서게 하였다. 선두 다음으로 후미가 가장 강력해야 했기 때문이다. 군대의 힘이 그렇듯, 승리도 있을 것이다.

마지막으로, 이스라엘 자손은 자기들에게 주어진 명령을 그대로 지켰고, 여호와께서 모세에게 명령하신 대로 행하였다(34절). 그들은 불평이나 항의가 없이 자기들이 배속 받은 위치를 그대로 준수하였고, 이는 안전할 뿐 아니라 아름답기도 했다. 발람이 그것을 보고 매혹되었다. 야곱이여 네 장막들이 어찌 그리 아름다운고!(24:5). 성도들의 진이라 불리는 복음 교회도 성경적인 모델에 따라 잘 짜여 있어야 하며, 각자가 자기 자리를 알고 지켜야 한다. 그러면 교회가 잘 되기를 바라는 모든 이들이 그들의 질서 있게 행함을 기쁘게 보게 될 것이다(골 2:5).

제
— 3 —
장

개요

　　본 장과 다음 장은 레위 지파에 관한 내용이다. 레위 지파는 다른 지파들과는 별도로 계수하고 정렬하도록 되었다. 이는 그들에게 특별한 존귀가 베풀어졌고, 특별한 의무와 봉사가 위임되었음을 시사한다. 본 장에서는 레위 지파를 다음과 같이 다룬다. I. 성전 봉사에서 제사장들을 시종하고 보좌하는 자들로. 그리하여 다음과 같은 내용이 다루어진다. 1. 제사장들(1-4절)과 그들의 직무(10절). 2. 레위 지파에게 제사장들을 위하여 직무를 맡게 하고(5-9절), 이를 위하여 그들을 계수하며(14-16절) 그들의 총 숫자를 취함(39절). 레위 지파에 속한 각 가문을 계수하고, 각 가문에게 일정한 지위와 임무를 부여한다. 게르손 가문(17-26절), 고핫 가문(27-32절), 므라리 가문(33-39절). II. 이스라엘 백성 중에 처음 태어난 자들을 대신하는 자들로(11-13절). 1. 처음 태어난 자들을 계수하고, 레위인들의 수가 허용하는 만큼, 그들을 처음 태어난 자들을 대신하여 취함(40-45절). 2. 처음 태어난 자들이 레위인보다 많으므로 그만큼에 대하여 속전을 받아 구속함(46-51절).

[1]여호와께서 시내 산에서 모세와 말씀하실 때에 아론과 모세가 낳은 자는 이러하니라 [2]아론의 아들들의 이름은 이러하니 장자는 나답이요 다음은 아비후와 엘르아살과 이다말이니 [3]이는 아론의 아들들의 이름이며 그들은 기름 부음을 받고 거룩하게 구별되어 제사장 직분을 위임받은 제사장들이라 [4]나답과 아비후는 시내 광야에서 여호와 앞에 다른 불을 드리다가 여호와 앞에서 죽어 자식이 없었으며 엘르아살과 이다말이 그의 아버지 아론 앞에서 제사장의 직분을 행하였더라 [5]여호와께서 또 모세에게 말씀하여 이르시되 [6]레위 지파는 나아가 제사장 아론 앞에 서서 그에게 시종하게 하라 [7]그들이 회막 앞에서 아론의 직무와 온 회중의 직무를 위하여 회막에서 시무하되 [8]곧 회막의 모든 기구를 맡아 지키며 이스라엘 자손의 직무를 위하여 성막에서 시무할지니 [9]너는 레위인을 아론과 그의 아들들에게 맡기라 그들은 이스라엘 자손 중에서 아론에게 온전히 맡겨진 자들이니라 [10]너는 아론과 그의 아들들

을 세워 제사장 직무를 행하게 하라 외인이 가까이 하면 죽임을 당할 것이니라 ¹¹여호와께서 모세에게 말씀하여 이르시되 ¹²보라 내가 이스라엘 자손 중에서 레위인을 택하여 이스라엘 자손 중에 태를 열어 태어난 모든 자를 대신하게 하였은즉 레위인은 내 것이라 ¹³처음 태어난 자는 다 내 것임은 내가 애굽 땅에서 그 처음 태어난 자를 다 죽이던 날에 이스라엘의 처음 태어난 자는 사람이나 짐승을 다 거룩하게 구별하였음이니 그들은 내 것이 될 것임이니라 나는 여호와이니라

여기서 보라.

I. 아론 가문이 제사장의 직무를 부여받는다(10절). 그들은 전에 이미 이를 위해 부르심을 받았고, 거룩히 구별된 바 있다. 여기서는 그들이 제사장 직무를 행하도록 세움을 받는다. 사도도 이 문구를 사용하여, 섬기는 일을 행하자고 한다(롬 12:7). 봉사의 직무는 끊임없이 행하여야 하고 매우 부지런히 행하여야 한다. 자주 직무를 행하여야 하고, 또한 일이 금방 끝나기 때문에 계속해서 돌보아야 하는 것이다. 앞에서 한 말씀이 여기서 되풀이된다. 외인이 가까이 하면 죽임을 당할 것이니라(10절. 1:51). 곧, 누구라도, 무슨 이유로도, 제사장의 직무를 침범하지 못하도록 금하고 있다. 제사장의 직무는 아론과 그의 아들들 외에는 누구도 가까이 해서는 안 된다. 그들 이외의 모든 사람은 다 외인인 것이다. 이는 또한 제사장들은 하나님의 전(殿)의 문지기로서 율법으로 금지된 자들이 가까이 오지 못하도록 막을 임무가 있음을 보여준다. 모든 침입자들을 막아, 그들로 인하여 성물들이 더럽히지 않도록 하며, 침입자들에게 그들이 가까이 오면 스스로 위험을 자초하는 것임을 전할 임무가 그들에게 있는 것이다. 성소에 함부로 침입하다간, 웃사처럼 하나님의 손에 죽임을 당할 것이었다. 유대인들의 말에 따르면, 훗날 성전 문에 황금으로 된 칼이 걸려 있었는데(어쩌면 에덴 동산의 입구를 막았던 불 칼을 본딴 것이었을 것이다), 그 칼에 외인이 가까이 하면 죽임을 당할 것이니라 라고 새겨져 있었다고 한다.

II. 아론 가문에 대하여 구체적인 기사가 제시된다. 그들에 대해 앞에서 접한 사실이 여기서 다시 되풀이된다.

1. 아론의 아들들이 거룩히 구별됨(3절). 그들 모두 여호와 앞에서 직무를 행하도록 임명받았는데, 후에 그 중에 둘은 지혜로웠고, 둘은 어리석었음이 드러난다. 여호와께서 이를 미리 알고 계셨음은 물론이다.

2. 두 아들들이 죽음(4절). 그들은 여호와 앞에 다른 불을 드리다가 여호와 앞에서 죽었다. 제사장직에 관한 율법의 서문에 해당하는 이 본문에서 이를 언급하는 것은, 그 이후에 올 모든 제사장들로 하여금 경계로 삼게 하기 위함이었다. 이 본보기를 통해서 하나님은 질투하시는 하나님이시며, 조롱을 받지 않으시는 분이심을 제사장들이 명심하여야 한다는 것이다. 그들을 거룩하게 구별하기 위해 부은 기름은 순종하는 자들에게는 존귀가 되나, 그렇다고 불순종하는 자들에게도 피난처가 되지는 않는 것이다. 여기서 그들이 자식이 없었다고 말씀하는데, 이는 그들의 후손이 계속 제사장이 되어 하나님의 이름을 욕되게 한 자들의 이름이 계속 남아 있지 못하도록 하사 그들을 더 크게 벌하시기 위하여, 하나님의 섭리가 그렇게 역사한 것이다.

3. 두 아들은 대대로 직무를 이어감. 엘르아살과 이다말은 **아론 앞에서 직무를 계속하였다**. 이는 다음을 시사한다. (1) 잘못을 저지르지 않기 위하여 그들이 조심스럽게 직무에 임했다는 것. 그들은 아버지 아론이 보는 앞에서 직무를 행하였고, 모든 일에서 그에게서 지침을 받았다. 이는 아마도 나답과 아비후가 아버지가 보지 못하는 사이에 다른 불을 지폈기 때문인 것으로 보인다. 주목하라. 젊은이들은 경험 있는 어른들의 지도와 교훈을 받아 행하는 것이 좋다. (2) 아론이 이들에게서 위로를 얻었다는 것. 작은 아들들이 지혜롭고도 신중하게 처신하는 것을 보고 그의 마음이 기뻤을 것이다. 주목하라. 부모는 자녀들이 진리 안에서 행하는 것을 볼 때에 큰 만족을 얻는다(요삼 4).

III. 레위인들을 세워 제사장들의 직무를 돕는 자들로 삼는다. 레위인을 아론과 그의 아들들에게 맡기라(9절). 아론은 레위 지파에 대해서, 다른 지파들의 두령들이 자기 지파에서 갖는 것보다 훨씬 더 큰 권위를 갖고 행사하였다. 제사장들이 감당해야 할 직무가 많았으나, 제사장은 아론과 그의 두 아들 등 세 사람밖에는 없었다. 그 두 아들에게 아직 자녀들이 없었거나 최소한 제사장 임무를 행할 만한 나이가 된 자녀들이 없었던 것으로 보인다. 그리하여 하나님은 레위인들을 세워 그들을 돕게 하시는 것이다. 주목하라. 하나님께서 그의 뜻을 위하여 일을 맡기시는 자들은 그들의 일을 위하여 도움을 얻게 된다. 여기서 다음을 보라.

1. 레위인들이 담당할 임무. 그들은 제사장들이 여호와를 위하여 직무를 담당할 때에 그들을 시종하는 임무를 맡았고(6절), 또한 **아론의 직무를 돕는 임무**

3장 1절 - 13절

를 맡았다(7절). 이는 마치 복음적인 교회 체제에서 감독들이 직무를 담당하는 동안 집사들이 그들을 섬기며 공궤하는 것과도 같은 것이었다. 희생 제물들을 죽이는 일은 레위인들이 담당하였고, 제사장들은 피를 뿌리고 기름을 태우는 일만 하면 되었다. 또한 향을 준비하는 것도 레위인의 소관이었고, 피우는 일은 제사장들의 몫이었다. 그들은 아론의 직무만이 아니라 온 회중의 직무를 맡아 보좌하였다. 주목하라. 사역자들에게 큰 직무가 맡겨졌는데, 이는 그리스도의 영광을 위한 것이요 동시에 교회의 유익을 위한 것이다. 그러므로 그들은 큰 대제사장의 직무를 돌보는 것만이 아니라 또한 사람들의 영혼을 위하여 신실하게 행하여야 한다. 온 회중을 위한 직무가 그들에게 주어져 있기 때문이다.

2. 레위인들의 또 다른 역할. 처음 태어난 자들을 대신하여 그들을 취하였다. 애굽 사람들의 모든 처음 태어난 자들이 죽었으나, 그 때에 여호와께서는 이스라엘의 처음 태어난 자들은 그의 것으로 보존하셨는데, 그는 이를 근거로 처음 태어난 자들을 모두 자신의 것으로 선언하시니, 이는 지극히 정당한 것이요 결코 부당한 요구가 아니다. 처음 태어난 자는 다 내 것임이니라(13절). 아무런 이유도 제시하지 않으시고 그냥 이렇게 말씀하셨어도 그들을 그의 것으로 만드시기에 충족하다. 그는 모든 존재들과 권세들의 유일한 근원이시요 또한 주(主)이시기 때문이다. 그러나 모든 순종이 반드시 사랑에서 흘러나와야 하며 또한 의무로 행하는 것들이 반드시 감사에서 비롯되어야 하기 때문에, 그들에게 특별한 봉사를 하도록 요구하시기 전에, 먼저 그들에게 특별한 호의를 베풀어 주신 것이었다. 주목하라. 우리를 지으신 분께서 우리를 구원하시면, 우리는 그로 말미암아 그를 섬기고 그를 위하여 살아야 할 더 큰 의무를 지게 된다. 창조로 인하여 우리에 대해 지니신 하나님의 권리에다, 구속으로 인하여 우리에 대해 지니시는 권리가 덧붙여지는 것이다. 그런데 가족 구성원 중에서 처음 태어난 자는 대개 가장 아낌을 받는 자들이므로, 어떤 이들은 맏아들들을 제사장들에게 종으로 바쳐서 성막 문 앞에서 직무를 담당하게 하는 일이 당혹스런 일이었으므로, 하나님께서는 처음 태어난 자들 대신, 레위 지파 전체를 자기의 것으로 취하신 것이라고 보기도 한다(12절). 주목하라. 하나님의 제도들은 정당한 관심사나 합당한 애착에 대해 사람들에게 괴로움을 주는 것이 아니다. 이스라엘 사람들은 자기들의 처음 태어난 자식들과 헤어지기보다는 레위인들과

헤어지기를 바랐을 것이고, 그러므로 하나님은 그렇게 서로 교환하도록 명하신 것이다. 그러나 하나님 자신은 자기 아들을 아끼지 아니하시고 우리 모든 사람을 위하여 내주신 것이다(롬 8:32).

[14]여호와께서 시내 광야에서 모세에게 말씀하여 이르시되 [15]레위 자손을 그들의 조상의 가문과 종족을 따라 계수하되 일 개월 이상 된 남자를 다 계수하라 [16]모세가 여호와의 말씀을 따라 그 명령하신 대로 계수하니라 [17]레위의 아들들의 이름은 이러하니 게르손과 고핫과 므라리요 [18]게르손의 아들들의 이름은 그들의 종족대로 이러하니 립니와 시므이요 [19]고핫의 아들들은 그들의 종족대로 이러하니 아므람과 이스할과 헤브론과 웃시엘이요 [20]므라리의 아들들은 그들의 종족대로 말리와 무시이니 이는 그의 종족대로 된 레위인의 조상의 가문들이니라 [21]게르손에게서는 립니 종족과 시므이 종족이 났으니 이들이 곧 게르손의 조상의 가문들이라 [22]계수된 자 곧 일 개월 이상 된 남자의 수효 합계는 칠천오백 명이며 [23]게르손 종족들은 성막 뒤 곧 서쪽에 진을 칠 것이요 [24]라엘의 아들 엘리아삽은 게르손 사람의 조상의 가문의 지휘관이 될 것이며 [25]게르손 자손이 회막에서 맡을 일은 성막과 장막과 그 덮개와 회막 휘장 문과 [26]뜰의 휘장과 및 성막과 제단 사방에 있는 뜰의 휘장 문과 그 모든 것에 쓰는 줄들이니라 [27]고핫에게서는 아므람 종족과 이스할 종족과 헤브론 종족과 웃시엘 종족이 났으니 이들은 곧 고핫 종족들이라 [28]계수된 자로서 출생 후 일 개월 이상 된 남자는 모두 팔천육백 명인데 성소를 맡을 것이며 [29]고핫 자손의 종족들은 성막 남쪽에 진을 칠 것이요 [30]웃시엘의 아들 엘리사반은 고핫 사람의 종족과 조상의 가문의 지휘관이 될 것이며 [31]그들이 맡을 것은 증거궤와 상과 등잔대와 제단들과 성소에서 봉사하는 데 쓰는 기구들과 휘장과 그것에 쓰는 모든 것이며 [32]제사장 아론의 아들 엘르아살은 레위인의 지휘관들의 어른이 되고 또 성소를 맡을 자를 통할할 것이니라 [33]므라리에게서는 말리 종족과 무시 종족이 났으니 이들은 곧 므라리 종족들이라 [34]그 계수된 자 곧 일 개월 이상 된 남자는 모두 육천이백 명이며 [35]아비하일의 아들 수리엘은 므라리 종족과 조상의 가문의 지휘관이 될 것이요 이 종족은 성막 북쪽에 진을 칠 것이며 [36]므라리 자손이 맡을 것은 성막의 널판과 그 띠와 그 기둥과 그 받침과 그 모든 기구와 그것에 쓰는 모든 것이며 [37]뜰 사방 기둥과 그 받침과 그 말뚝과 그 줄들이니라 [38]성막 앞 동쪽 곧 회막 앞 해 돋는 쪽에는 모세와 아론과 아론의 아들들이 진을 치고 이스라엘 자손의 직무를 위하여 성

소의 직무를 수행할 것이며 외인이 가까이 하면 죽일지니라 ³⁹모세와 아론이 여호와의 명령을 따라 레위인을 각 종족대로 계수한즉 일 개월 이상 된 남자는 모두 이만 이천 명이었더라

　　　　레위인들이 아론을 섬기도록 되었는데, 여기서는 그들을 계수하여 그에게 맡겨서 그로 하여금 그들의 규모를 알고 그것에 따라 그들에게 일을 시키도록 한다. 관찰하라.

Ⅰ. **그들을 계수한 규칙.**　일 개월 이상 된 남자를 다 계수하라(15절). 다른 지파들의 경우에는 이십 세 이상 된 자들 중에서 싸움에 나갈 만한 자들만을 계수하였다. 그러나 레위인의 경우에는 유아들과 병약자들까지 다 숫자에 포함시켰다. 그들은 이미 싸움에 참여하지 않도록 면제되었으니, 일정한 연령이 되거나 싸움에 나갈 힘이 요구되지 않은 것이다. 후에 레위인 가운데 삼분의 일 정도만 성막 봉사에 임할 수 있는 것으로 나타나지만(22,000명 중 약 8,000명. 4:47, 48), 하나님은 그들을 그의 소유로 여기사 그들 모두를 계수하도록 하셨다. 그들 중에서 아무도, 다른 이들이 행하는 하나님을 위한 봉사를 할 수 있는 능력이 없다고 해서 하나님께서 자기들을 거부하셨다는 생각을 하지 않도록 하기 위함이었다. 태어난 지 일 개월 된 레위인들은 성인이 된 자들처럼 하나님을 영화롭게 하거나 성막에서 봉사할 수가 없었다. 그러나 어린 아이들과 젖먹이들의 입을 통해서 레위인들의 찬양이 완전하게 되었다. 어린 아이들이라 해서 그리스도의 제자들로 인정되는 것을 방해해서는 안 될 것이다. 그런 이들이 레위 지파에 속했고, 천국이, 그 제사장 나라가, 그런 이들을 위하여 있기 때문이다. 처음 태어난 자들을 속량하는 것이 일 개월 된 자들부터 해당되었으므로(18:15, 16), 일 개월 된 자들부터 레위인을 계수한 것이다. 그들은 그들의 조상의(즉, 어머니가 아니라 아버지들의) 가문과 종족을 따라 계수되었다. 레위인의 딸이 다른 지파의 남자와 결혼하면, 그 아들은 레위인이 아니었다. 그러나 어머니와 외할머니에게 있던 거짓이 없는 믿음을 그대로 물려받은 영적인 제사장도 있는 법이다(딤후 1:5).

Ⅱ. **레위인들이 세 부류로 분류됨.**　이들은 레위의 아들들을 따라 게르손과 고핫과 므라리 종족으로 구분되었고, 이들이 다시 여러 가문들로 나뉘었다(17-20절).

1. 이 세 종족 모두에 대해 다음과 같은 기사가 나타난다.

(1) 그들의 숫자. 게르손 자손은 7,500명이었고, 고핫 자손은 8,600명이었고, 므라리 자손은 6,200명이었다. 다른 지파들의 경우는 레위 지파와는 달리 소속된 가문들의 숫자는 제시되지 않았다. 하나님께서는 그 소유의 지파에게 이러한 존귀를 베푸신 것이다.

(2) 성막 봉사 중에 그들이 담당할 구체적인 임무. 게르손 자손은 성막의 후미인 서쪽에 진을 쳤다(23절). 고핫 자손은 성막의 오른편인 남쪽에 진을 쳤고(29절), 므라리 자손은 성막의 왼편, 즉 북쪽에 진을 쳤다(35절). 그리고 진의 대형을 완성하기 위해 모세와 아론과 제사장들이 전면인 동쪽에 진을 쳤다(38절). 이렇게 해서 성막 주위에 보호자들이 진을 쳤고, 그리하여 여호와의 천사가 주를 경외하는 자를, 살아 있는 성전들을, 둘러 진 치고 그들을 건지시는도다(시 34:7). 각 사람이 자기 자리를 알고 있었고 거기서 하나님과 함께 있어야 했다.

(3) 그들의 두령들. 각 종족마다 그 임무가 있었으니, 각기 자기의 지휘관이 있었다. 게르손 자손의 지휘관은 엘리아삽이었고(24절), 고핫 자손의 지휘관은 엘리사반이었는데(30절), 그는 나답과 아비후의 시체를 메고 나간 자 중 하나였다(레위 10:4). 그리고 므라리 자손의 지휘관은 수리엘이었다(35절).

(4) 행진할 때에 그들이 담당할 임무. 각 종족마다 그들의 임무를 알고 있었는데, 이는 필수적인 일이었다. 왜냐하면 각 사람이 다 일을 담당하나 아무도 제대로 하지 않는 경우가 많기 때문이다. 게르손 자손은 성막과 뜰의 모든 휘장과 줄들을 맡아 운반하는 임무를 맡았다(25, 26절). 그리고 고핫 자손은 궤와 제단과 상 등 성막의 모든 기구들을 운반하는 임무를 맡았고(31, 32절), 므라리 자손은 널판과 기둥과 말뚝 등 무거운 짐들을 운반하는 임무를 맡았다(36, 37절).

2. 여기서 다음을 관찰할 수 있을 것이다.

(1) 고핫 자손은 둘째 아들의 가문이었으나 그들이 맏 아들의 가문인 게르손 자손보다 우선권을 가졌다는 것. 아론과 제사장들이 그 가문 소속이었다는 것 외에도, 그들은 숫자도 더 많았고, 그들의 지위와 임무도 더 존귀하였는데, 이는 아마 그 가문 소속인 모세에게 존귀를 더하기 위해서 그리 명하여진 것일 것이다. 그러나,

(2) 모세의 자손들은 전혀 특별한 위엄이나 권한을 누리지 못하고, 다른 레

위인과 동등한 위치를 차지하였다는 것. 이는 모세가 자기 가족의 지위 향상을 추구하지 않았고, 또한 교회에서나 국가에서나 자기 가문의 존귀를 구하지 않았다는 것이 드러나게 하기 위함이었을 것이다. 스스로 족한 존귀를 누리는 그로서는 구태여 남의 존귀를 빌려 자기 이름을 빛나게 할 필요가 없었고, 오히려 레위인들로 하여금 자기 이름에서 존귀를 빌려 가도록 하였을 것이다. 레위인들이 제사장보다 열등하다 하여 그들을 멸시하는 자들이 없도록, 모세는 친히 자기 자손들로 하여금 레위인으로 만족하도록 하고 있는 것이다. 아마도 본장 서두에서 레위 지파에 대해 말씀하면서 아론을 모세보다 앞세우는 것은(1절) 바로 모세의 가문이 그저 평범한 레위인이었기 때문일 것이다.

III. 레위 지파의 숫자의 총계. 그들을 계수한 결과 모두 22,000명이었다(39절). 레위 지파의 각 가문들의 숫자를 합치면 이보다 300명이 더 많다. 만일 이 숫자가 총계에 합쳐졌더라면, 43절에 나타나는 것처럼 레위인이 처음 태어난 자(장자)들보다 273명이 적은 것이 아니라, 오히려 레위인의 숫자가 처음 태어난 자들보다 더 많았을 것이다. 그러나 속량이 이루어질 때에 기록에서 빠진 300명은 레위인들 자신의 처음 태어난 자들이었을 것으로 여겨진다, 이들은 애굽에서 나온 이후에 출생한 자들로서 다른 지파의 처음 태어난 자들을 대신할 수가 없었다. 왜냐하면 그들은 이미 하나님께 거룩히 구별된 자들이었기 때문이다. 그러나 여기서 특별히 관찰할 만한 것은 레위 지파가 모든 지파들 가운데 가장 숫자가 적었다는 점이다. 주목하라. 세상에서 하나님의 몫이 가장 작은 부분인 경우가 너무 많다. 그의 택하신 자들은 상대적으로 작은 무리들이다.

[40]여호와께서 또 모세에게 이르시되 이스라엘 자손의 처음 태어난 남자를 일 개월 이상으로 다 계수하여 그 명수를 기록하라 [41]나는 여호와라 이스라엘 자손 중 모든 처음 태어난 자 대신에 레위인을 내게 돌리고 또 이스라엘 자손의 가축 중 모든 처음 태어난 것 대신에 레위인의 가축을 내게 돌리라 [42]모세가 여호와께서 자기에게 명령하신 대로 이스라엘 자손 중 모든 처음 태어난 자를 계수하니 [43]일 개월 이상으로 계수된 처음 태어난 남자의 총계는 이만 이천 이백칠십삼 명이었더라 [44]여호와께서 모세에게 말씀하여 이르시되 [45]이스라엘 자손 중 모든 처음 태어난 자 대신에 레위인을 취하고 또 그들의 가축 대신에 레위인의 가축을 취하라 레위인은 내 것

이라 나는 여호와니라 ⁴⁶이스라엘 자손의 처음 태어난 자가 레위인보다 이백칠십삼 명이 더 많은즉 속전을 위하여 ⁴⁷한 사람에 다섯 세겔씩 받되 성소의 세겔로 받으라 한 세겔은 이십 게라니라 ⁴⁸그 더한 자의 속전을 아론과 그의 아들들에게 줄 것이니 라 ⁴⁹모세가 레위인으로 대속한 이외의 사람에게서 속전을 받았으니 ⁵⁰곧 이스라엘 자손의 처음 태어난 자에게서 받은 돈이 성소의 세겔로 천삼백육십오 세겔이라 ⁵¹ 모세가 이 속전을 여호와의 말씀대로 아론과 그의 아들들에게 주었으니 여호와께 서 모세에게 명령하심과 같았느니라

여기서는 레위인들과 처음 태어난 자들을 교환하는 일이 이루어진다.

1. 난지 일 개월 된 자들부터 처음 태어난 자들을 계수하였다(42, 43절). 처음 태어난 자일지라도, 이미 가족의 두령이 된 자들은 계수하지 않고 오로지 나이가 어린 자들만을 계수한 것이 분명하다. 학식 있는 패트릭 주교는 단호하게 자기의 견해를 제시하기를, 애굽에서 나와 처음 태어난 자들을 거룩히 구별한(출 13:2) 이후에 출생한 자들만을 계수하였다고 한다. 22,000명의 처음 태어난 남자들이 있었다면 여자들도 그만큼 되었을 것이고, 애굽에서 나온 첫 해에 이들이 태어났으니, 애굽에서 종노릇하던 마지막 해에 그렇게 혹독한 환경 속에서도 이스라엘 백성들 중에 혼인이 그렇게 많았을 것이라고 추정할 수 있다. 그들은 현재의 괴로운 환경에 굴하지 않고, 믿음으로 결혼하였다. 하나님이 곧 그들에게 긍휼을 베푸실 것을 기대하였고, 종살이 중에 자녀들이 태어난다 하더라도 자유와 존귀를 누리며 살게 될 것을 믿었던 것이다. 그러므로 이것은 그들에게 선이 베풀어졌다는 증표요, 그들이 여호와께 복을 받아 살아남을 뿐 아니라 그 메마른 광야에서 자손이 증가했다는 증거인 것이다.

2. 처음 태어난 자와 레위인의 숫자가 특별한 섭리로 인하여 서로 거의 일치하였다. 이처럼 지극히 높으신 자가 민족들에게 기업을 주실 때에, 인종을 나누실 때에 이스라엘 자손의 수효대로 백성들의 경계를 정하신 것이다(신 32:8). 하나님께서는 그가 지으신 만물을 미리 다 아시며, 따라서 그것들 사이에 균형이 정확히 맞추어지며, 그것들을 서로 비교해 보면 그 사실이 드러날 것이다. 이스라엘 자손의 가축 중 처음 태어난 것을 대신하여 레위인들의 가축을 여호와께서 취하셨다고 말씀한다. 곧, 이스라엘의 처음 태어난 자들과 그 소유들을 대신하여 레위인들이 그 모든 소유들과 함께 하나님께 드려졌다는 것이다. 우리가 우

리 자신을 하나님께 드릴 때에, 우리가 가진 모든 것들이 부속물로서 함께 드려지는 것이다.

3. 레위인들의 숫자보다 처음 태어난 자들의 숫자가 273명이 더 많았는데, 이에 대해서는 한 사람 당 다섯 세겔을 아론에게 드려서 대속하였다. 그들을 레위인들에게 덧붙이는 것이 좋지 않았기 때문이다. 아마도 처음 태어난 자들 중 나이가 가장 많은 자들부터 레위인과 교환하였고, 따라서 처음 태어난 자들 중에 나이가 적은 순서로 273명이 돈을 지불하여 대속을 받았을 것이다. 제비를 뽑아 결정했다거나 혹은 똑같이 갹출하여 돈을 지불했다고 보는 것보다 이것이 더 개연성이 높다 할 것이다. 교회는 처음 태어난 장자(長子)들의 모임이라 불리는데, 이들은 여기 이 사람들처럼 은과 금을 드려 대속 받은 것이 아니라 죄로 말미암아 하나님의 정의의 처분에 맡겨진 바 되었으므로 하나님의 아들의 **보배로운 피**로 말미암아 속량 받은 것이다.

제 4 장

개요

　　앞 장에서는 레위 지파 전체에 관한 기사를 접하였는데, 본 장에서는 레위 지파 중 봉사를 위한 최적의 연령에 있는 삼십 세부터 오십 세까지의 사람들에 관한 기사를 접하게 된다. I. 고핫 자손들 가운데 봉사에 임할 수 있는 사람들이 계수되고, 그들에게 임무들이 주어진다(2-20절). II. 게르손 자손들 가운데 봉사에 임할 수 있는 사람들이 계수되고, 그들에게 임무들이 주어진다(21-28절). III. 므라리 자손들 가운데 봉사에 임할 수 있는 사람들이 계수되고, 그들에게 임무들이 주어진다(29-33절). IV. 각 자손들의 숫자와 레위 지파의 총 숫자가 기록된다(34-49절).

¹또 여호와께서 모세와 아론에게 말씀하여 이르시되 ²레위 자손 중에서 고핫 자손을 그들의 종족과 조상의 가문에 따라 집계할지니 ³곧 삼십 세 이상으로 오십 세까지 회막의 일을 하기 위하여 그 역사에 참가할 만한 모든 자를 계수하라 ⁴고핫 자손이 회막 안의 지성물에 대하여 할 일은 이러하니라 ⁵진영이 전진할 때에 아론과 그의 아들들이 들어가서 칸 막는 휘장을 걷어 증거궤를 덮고 ⁶그 위를 해달의 가죽으로 덮고 그 위에 순청색 보자기를 덮은 후에 그 채를 꿰고 ⁷진설병의 상에 청색 보자기를 펴고 대접들과 숟가락들과 주발들과 붓는 잔들을 그 위에 두고 또 항상 진설하는 떡을 그 위에 두고 ⁸홍색 보자기를 그 위에 펴고 그것을 해달의 가죽 덮개로 덮은 후에 그 채를 꿰고 ⁹청색 보자기를 취하여 등잔대와 등잔들과 불 집게들과 불 똥 그릇들과 그 쓰는 바 모든 기름 그릇을 덮고 ¹⁰등잔대와 그 모든 기구를 해달의 가죽 덮개 안에 넣어 메는 틀 위에 두고 ¹¹금제단 위에 청색 보자기를 펴고 해달의 가죽 덮개로 덮고 그 채를 꿰고 ¹²성소에서 봉사하는 데에 쓰는 모든 기구를 취하여 청색 보자기에 싸서 해달의 가죽 덮개로 덮어 메는 틀 위에 두고 ¹³제단의 재를 버리고 그 제단 위에 자색 보자기를 펴고 ¹⁴봉사하는 데에 쓰는 모든 기구 곧 불 옮기는 그릇들과 고기 갈고리들과 부삽들과 대야들과 제단의 모든 기구를 두고 해달의 가죽 덮개를 그 위에 덮고 그 채를 꿸 것이며 ¹⁵진영을 떠날 때에 아론과 그의 아들

들이 성소와 성소의 모든 기구 덮는 일을 마치거든 고핫 자손들이 와서 멜 것이니라 그러나 성물은 만지지 말라 그들이 죽으리라 회막 물건 중에서 이것들은 고핫 자손이 멜 것이며 [16]제사장 아론의 아들 엘르아살이 맡을 것은 등유와 태우는 향과 항상 드리는 소제물과 관유이며 또 장막 전체와 그 중에 있는 모든 것과 성소와 그 모든 기구니라 [17]여호와께서 또 모세와 아론에게 말씀하여 이르시되 [18]너희는 고핫 족속의 지파를 레위인 중에서 끊어지게 하지 말지니 [19]그들이 지성물에 접근할 때에 그들의 생명을 보존하고 죽지 않게 하기 위하여 이같이 하라 아론과 그의 아들들이 들어가서 각 사람에게 그가 할 일과 그가 멜 것을 지휘하게 할지니라 [20]그들은 잠시라도 들어가서 성소를 보지 말라 그들이 죽으리라

여기서는 레위 지파가 두 번째로 계수된다. 레위 지파가 온 이스라엘 중에서 하나님의 특별한 소유로 취하여졌으므로, 성막의 봉사에 실질적으로 쓰임 받을 수 있는 중년의 사람들을 나머지 사람들 중에서 취하여 냈다. 여기서 관찰하라.

I. 이 수에 포함될 사람들. 삼십 세로부터 오십 세까지의 모든 남자들이 이에 해당되었다. 다른 지파들의 경우에는 이십 세 이상의 남자들이 계수되었으나, 레위 지파는 삼십 세로부터 오십 세까지만 계수되었다. 하나님을 위한 봉사에는 인간의 최상의 힘과 인간의 최고의 시간이 요구되기 때문이다. 그 최상의 힘과 최고의 시간을 첫째이시며 최고이신 그분에게 존귀를 돌리는 것만큼 더 잘 사용하는 것은 없는 것이다. 그리고 남자를 좋은 사역자로 만드는 것이 좋은 병사로 만드는 것보다 훨씬 더 시간이 많이 소요되는 법이다. 그런데,

1. 삼십 세가 되기 전에는 봉사를 하게 하지 않았는데, 이는 그 이전에는 사람들에게 유치하고 어린 아이 같은 면이 그대로 남아 있을 위험이 있고, 또한 레위인의 일을 담당할 만큼 신중함과 진지함이 없고, 존귀함도 없었기 때문이다. 그들은 이십오 세에 임시 사역자로 직무를 시작하였고(8:24), 또한 다윗 시대에는 더 할 일이 많아 이십 세에 임시로 사역을 시작하였다(대상 23:24, 또한 스 3:8). 그러나 오년 동안 배우고 기다려야만 올바른 봉사에 합당한 자질을 갖출 수 있었다. 아니, 다윗 시대에는 이십 세부터 삼십 세까지 십년 동안 직무를 준비하였다. 세례 요한과 그리스도는 삼십 세에 공적인 사역을 시작하였다. 오늘날의 복음 사역자들에게 이것이 문자적으로 적용되는 것은 아니다. 삼십 세

까지는 사역을 시작하지 못하고 오십 세가 되어서는 사역을 중지해야 되는 것이 아니다. 여기서 우리는 두 가지 좋은 법칙을 얻게 된다.

(1) 사역자들은 초신자이어서는 안 된다는 것(딤전 3:6). 이는 성숙한 판단과 사려 깊고 흔들리지 않는 자세가 요구되므로, 지식에 어린 아이 같고 어린 아이의 일을 벗어버리지 못한 자에게는 전혀 합당한 일이 아니다.

(2) 가르치기 전에 먼저 배우고, 다스리기 전에 먼저 섬겨야 하고, 또한 먼저 시험하여 보아야 한다는 것(딤전 3:10).

2. 오십 세가 되면 그 힘든 일에서, 특히 성막을 지고 나르는 일에서, 면제받았다. 성막을 지고 나르는 일은 여기서 그들에게 부과된 특별한 임무요, 또한 광야에 있는 동안에는 그런 일이 항상 있었던 것이다. 나이가 많아 노년이 되면 그들이 임무에서 해제되었는데, 이는 (1) 그들을 배려한 것이었다. 기력이 쇠하여지기 시작할 때에 지나치게 격무에 시달리는 일이 없도록 하기 위함이었다. 이십 년의 선한 봉사면 한 사람에게 족하다고 여긴 것이다. (2) 그 직무의 존귀함을 위한 것이었다. 기력이 쇠하여 몸이 무겁고 느린 자들이 그 막중한 일을 담당하지 않도록 한 것이다. 하나님을 위한 봉사는 가장 활력이 넘치고 능동적인 상태에 있을 때에 행하여야 하는 것이다. 늙을 때까지 회개하기를 미루는 자들은 이 점을 생각하지 않는 것이요, 또한 최고의 일을 최악의 때에 행하도록 내버려두는 것이다.

II. 그들이 담당할 직무. 그들은 회막의 일을 하기 위하여 그 역사에 참가할 자들이라고 한다(3절). 그 사역은 선한 일이다(딤전 3:1). 사역자들이 세움 받는 것은 존귀를 받기 위함일 뿐 아니라 수고하기 위함이요, 삯을 받기 위함일 뿐 아니라 일을 하기 위함이다. 그것은 또한 **선한 싸움이다**(딤전 1:18). 사역에 임하는 자들은 자신이 그 역사에 참가하였음을 생각하여야 하고, 스스로 좋은 **병사**임을 증명해 보여야 한다(딤후 2;3). 여기서, 고핫 자손들에 대하여 다음과 같은 내용이 나타나고 있다.

1. 성막을 옮기는 일에 관한 임무가 그들에게 지정되었다. 물론 나중에 성막을 치고 난 후에는 다른 일이 그들에게 맡겨졌다. 그러나 이것은 그 날에 행하여야 할 임무였다. 관찰하라. 이스라엘의 진이 어디로 움직이든, 여호와의 성막이 그들과 함께 갔으며, 따라서 성막을 운반하는 일이 조심스럽게 행해져야 했다. 주목하라. 어디를 가든, 우리는 우리의 신앙을 함께 지니고 가도록 유

넘해야 하며, 그것을 잊어서는 안 된다. 여기서 고핫 자손들이 성막의 모든 성물(聖物)들을 지니고 갈 임무를 부여받았다. 그들은 전에 이미 이런 의무들을 부여받은 바 있다(3:31). 그러나 여기서는 좀 더 구체적인 지침들이 주어진 것이다.

(1) 아론과 그의 아들 제사장들이 성막의 기물들의 짐을 싸고, 고핫 자손들이 그것들을 지고 가도록 되었다(5절). 하나님께서는 이미 지성소에는 아무도 들어갈 수 없으며 오직 아론만이 일 년에 한 차례 들어갈 수 있도록 지정하신 바 있다(레 16:2). 그러나 아직 안정되지 않은 상황이었으므로 여기서는 그 법이 유예될 수밖에 없었다. 그들이 진을 옮길 때마다 아론과 그의 아들들이 들어가 궤를 취하여 내리고 옮길 수 있도록 만들어 놓았다. 박식한 패트릭 주교의 견해에 따르면, 셰키나, 혹은 신적인 위엄의 현현(顯現)이 속죄소 위에 있었는데, 그것이 그 때에 세워져 있는 구름 기둥에게로 물러갔고, 그리하여 사람이 다가가도 언약궤가 위험하지 않도록 되었다고 한다.

(2) 모든 성물들을 휘장으로 덮게 되어 있었다. 언약궤와 떡 상은 세 개의 휘장으로 덮었고, 나머지는 모두 두 개의 휘장으로 덮었다. 심지어 거룩한 불이 조심스럽게 보존되어 있는 제단의 재조차도 그 위에 자색 보자기를 씌우도록 되어 있었다(13절). 금을 씌운 제단도 성소의 뜰에 있어서 모든 사람들이 볼 수 있게 서 있었으나, 옮길 때에는 보자기로 덮게 되어 있었다. 이처럼 모든 기구들을 덮개로 덮은 것은, [1] 안전을 위한 것이었다. 바람에 휘날리거나, 비에 젖거나, 햇빛에 색깔이 바래지 않도록 하고, 그 본래의 모습 그대로 보존하기 위함이었다. 그 모든 영광 위에 덮개를 두시는 것이다. 해달의 가죽으로 된 덮개는 두껍고 강하고 젖지 않도록 보호하는 역할을 했다. 이 세상의 광야를 통하여 나아가는 동안 우리도 풍우를 피하도록 덮개가 필요한 것이다(사 4:5, 6). [2] 품위와 장식을 위한 것이다. 이 보자기들은 대부분 청색, 자색, 홍색이었다. 그리고 언약궤는 순청색 보자기로 덮었는데(6절), 이는 우리와 지극히 높으신 하나님 사이에 덮개처럼 펼쳐져 있는 푸른 하늘의 상징(어떤 이들의 말처럼)이었다(욥 26:9). 하나님께 신실한 자들은 이처럼 사람들 앞에 아름답게 나타나기를 힘써서 우리 구주 하나님의 교훈을 빛나게 하여야 할 것이다(딛 2:10). [3] 감추기 위한 것이다. 이는 구약 경륜의 어둠을 나타낸다. 지금 복음으로 말미암아 빛으로 드러나고 어린 아이들에게 나타나는 그것이 그 때에는 지혜롭

고 사려 깊은 자들에게 감추어졌던 것이다. 그들은 겉에 씌운 것만을 보았을 뿐 성물들 그 자체는 보지 못했다(히 10:1). 그러나 이제는 그리스도께서 덮개를 제하신 것이다(사 25:7).

(3) 이렇게 성물들을 모두 덮은 후에, 고핫 자손들이 어깨 위에 지고 운반하게 되어 있었다. 채가 있는 것들은 채로 운반하였고(6, 8, 11, 14절), 채가 없는 것들은 틀 위에 얹어서 운반하였다(10, 12절). 이 세상의 하나님의 임재의 증거물들은 움직이는 것들이다. 그러나 우리는 움직이지 않는 나라를 바라보는 것이다.

2. 아론의 맏아들 엘르아살이 고핫 자손의 이 임무를 감독할 자로 지명된다 (16절). 그는 잊어버리는 것이나 남겨두는 것이나 자리가 바뀌는 것이 없도록 감독해야 했다. 그는 제사장으로서 레위인보다 더한 존귀를 누렸으나, 더 막중한 임무를 맡았다. 어깨 위에 짐을 져야 하는 고핫 자손들의 임무보다 그의 임무가 훨씬 더 마음에 무거운 짐이 되었을 것이다. 성막의 일을 시키는 대로 행하는 것이 그 일을 맡아서 관장하는 것보다, 복종하는 것이 다스리는 것보다 훨씬 더 쉬운 일이다.

3. 이 레위인들의 생명을 보존하기 위하여, 지극히 거룩한 물건들에게 경망스럽게 접근하지 못하게 하는 데에 신중을 기하게 하였다. 너희는 고핫 족속의 지파를 레위인 중에서 끊어지게 하지 말지니(18절). 주목하라. 다른 사람들이 죄를 짓지 않도록 힘을 다하여 막지 않는 자들은 결국 그들을 끊어지게 하는 데에 기여하는 것이다.

(1) 제사장들이 성물들을 덮기 전에는 고핫 자손들이 그것들을 보아서는 안 되었다(20절). 여호와의 기구들을 지고 가는 자들조차도 그 지고 가는 것들을 보지 못했고, 복음에 관하여 어둠 가운데 있으면서 율법을 해명하는 직무를 맡은 자들도 마찬가지였다.

(2) 성물들을 덮은 후에도 그것들을 만져서는 안 되었다. 특히 여기서 성물이라 불리는 언약궤를 만지면 죽음이 따르게 되어 있었다(15절). 웃사는 이 법을 위반하여 즉사하였다. 이처럼 그 당시 여호와의 사역자들은 두려움 가운데 있었다. 그 당시는 암흑의 시대요 공포의 시대였다. 그러나 지금은 그리스도로 말미암아 처지가 바뀌었다. 우리는 생명의 말씀을 눈으로 본 바요 손으로 만진 바요(요일 1:1), 또한 은혜의 보좌 앞에 담대히 나아가도록 권면을 받고 있는 것이

다(히 4:16).

²¹여호와께서 또 모세에게 말씀하여 이르시되 ²²게르손 자손도 그 조상의 가문과 종족에 따라 계수하되 ²³삼십 세 이상으로 오십 세까지 회막에서 복무하고 봉사할 모든 자를 계수하라 ²⁴게르손 종족의 할 일과 멜 것은 이러하니 ²⁵곧 그들이 성막의 휘장들과 회막과 그 덮개와 그 위의 해달의 가죽 덮개와 회막 휘장 문을 메며 ²⁶뜰의 휘장과 성막과 제단 사방에 있는 뜰의 휘장 문과 그 줄들과 그것에 사용하는 모든 기구를 메며 이 모든 것을 이렇게 맡아 처리할 것이라 ²⁷게르손 자손은 그들의 모든 일 곧 멜 것과 처리할 것을 아론과 그의 아들들의 명령대로 할 것이니 너희는 그들이 멜 짐을 그들에게 맡길 것이니라 ²⁸게르손 자손의 종족들이 회막에서 할 일은 이러하며 그들의 직무는 제사장 아론의 아들 이다말이 감독할지니라 ²⁹너는 므라리 자손도 그 조상의 가문과 종족에 따라 계수하되 ³⁰삼십 세부터 오십 세까지 회막에서 복무하고 봉사할 모든 자를 계수하라 ³¹그들이 직무를 따라 회막에서 할 모든 일 곧 그 멜 것은 이러하니 곧 장막의 널판들과 그 띠들과 그 기둥들과 그 받침들과 ³²뜰 둘레의 기둥들과 그 받침들과 그 말뚝들과 그 줄들과 그 모든 기구들과 그것에 쓰는 모든 것이라 너희는 그들이 맡아 멜 모든 기구의 품목을 지정하라 ³³이는 제사장 아론의 아들 이다말의 수하에 있을 므라리 자손의 종족들이 그 모든 직무대로 회막에서 행할 일이니라

여기서는 레위인 중 나머지 두 가문에 주어진 임무를 접하게 된다. 이들의 임무는 고핫 자손의 임무만큼 존귀하지는 않으나 필수적이며 또한 일상적으로 행하여야 할 것들이었다.

1. 게르손 자손은 휘장, 해달의 가죽 덮개, 줄 등 성막의 모든 포목류를 관장하였다(22-26절). 그들은 구름 기둥이 걷히고 언약궤와 나머지 성물들이 옮겨가게 되면, 그것들을 걷어내고 포장하여 지니고 가며, 구름 기둥이 서는 곳에 다시 그것들을 치는 임무를 맡았다. 아론과 그의 아들들은 각기 임무를 할당받았다. "너는 저 휘장을 맡고, 너는 저 휘장과 줄을 맡을 것이니, 각자 자기의 소임을 확실히 알아서 혼동이 없게 할 것이니라"(27절). 이다말이 그들을 감독할 임무를 맡았다(28절).

2. 므라리 자손은 널판들과 띠들과 기둥들과 받침들 등 무거운 물건들을 운

반하는 임무를 맡았는데, 그 품목들이 일일이 지정되었다(31, 32절). 이렇게 품목을 일일이 지정해 준 것은 그 명단을 항상 구비해 놓고 있음으로써 다시 성막을 세울 때에 그 품목들을 찾지 않도록 하기 위함이었다. 이것들이 성소와 관련된 다른 것들보다 덜 중요한 것처럼 보이는데도 이것들을 그렇게 신중하게 다루는 것은 하나님의 모든 제도 전체를 순전하게 보존하는 데에 정확성을 기하여 그 중에 하나도 잃어버리는 것이 없도록 해야 한다는 것을 가르치기 위함이었다. 이는 또한 하나님께서 그의 교회와 또한 그 각 지체 하나하나에 대해 세심히 보살피신다는 것을 시사해준다. 선한 목자는 자기 양의 이름을 각각 불러 인도하신다(요 10:3). 이 일을 위해 수천 명이 투입되었다. 그러나 그 짐들을 지는 일은 그보다 훨씬 적은 숫자가 담당했다. 성막을 끌어내리고 세우는 일이 큰 공사였으나 이는 반드시 필요한 일이었고, 많은 인원이 투입되었으니 일을 속히 마칠 수 있었을 것이며, 특히 그들이 각기 자기들의 임무를 알고 있었으니 더욱 그러했을 것이다. 이들은 각자 돌보아야 할 자기들의 장막이 따로 있었다. 그러나 삼십 세 이하의 청년들과 오십 세 이상의 장년들이 그들을 위해 그 장막을 맡았을 것이다. 그러나 이에 대해서 언급이 전혀 없는 것은, 개개인의 장막보다 먼저 하나님의 집을 항상 우선하여 돌보아야 하기 때문이다. 하나님의 전이 황폐해져 있는데 개개인이 자기의 집을 세우고 천정을 얹는 것은 앞뒤가 바뀐 터무니없는 처사였다(학 1:4, 9). 성도들의 죽음을 가리켜 장막 집이 무너져 내리는 것으로(고후 5:1), 또한 장막을 벗어나는 것으로 묘사한다(벧후 1:14). 불멸하는 영혼이야말로 마치 지극히 거룩한 성물들처럼 우리의 엘르아살이신 주 예수 그리스도의 감독을 받아 천사들이 눈에 보이지 않도록 가장 먼저 덮고, 치우고, 운반하여야 할 것이다. 또한 육체 ─ 피부와 살 ─ 도 마치 휘장처럼 조심스럽게 다루며, 뼈와 근육도 마치 기둥과 받침처럼 조심스럽게 다루는 것이다. 이것들 가운데 하나도 잃어버려서는 안 된다. 뼈에 대해서 명령이 주어지고, 흙과 언약이 맺어진다. 이것들이 안전하게 보관되어, 이 성막이 다시 세워질 그 큰 날에 모든 것이 다시 회복될 것이며, 그 날에 또한 이 천한 몸이 예수 그리스도의 영광된 몸처럼 될 것이다.

[34]모세와 아론과 회중의 지도자들이 고핫 자손들을 그 종족과 조상의 가문에 따라 계수하니 [35]삼십 세부터 오십 세까지 회막에서 복무하고 봉사할 모든 자 [36]곧 그 종

족대로 계수된 자가 이천칠백오십 명이니 ³⁷이는 모세와 아론이 여호와께서 모세에게 명령하신 대로 회막에서 종사하는 고핫인의 모든 종족 중 계수된 자이니라 ³⁸게르손 자손 중 그 종족과 조상의 가문을 따라 계수된 자는 ³⁹삼십 세부터 오십 세까지 회막 봉사에 참여하여 일할 만한 모든 자라 ⁴⁰그 종족과 조상의 가문을 따라 계수된 자는 이천육백삼십 명이니 ⁴¹이는 모세와 아론이 여호와의 명령대로 회막에서 종사하는 게르손 자손의 모든 종족 중 계수된 자이니라 ⁴²므라리 자손의 종족 중 그 종족과 조상의 가문을 따라 계수된 자는 ⁴³삼십 세부터 오십 세까지 회막에서 복무하고 봉사할 모든 자라 ⁴⁴그 종족을 따라 계수된 자는 삼천이백 명이니 ⁴⁵이는 모세와 아론이 여호와께서 모세에게 명령하신 대로 므라리 자손들의 종족 중 계수된 자이니라 ⁴⁶모세와 아론과 이스라엘 지휘관들이 레위인을 그 종족과 조상의 가문에 따라 다 계수하니 ⁴⁷삼십 세부터 오십 세까지 회막 봉사와 메는 일에 참여하여 일할 만한 모든 자 ⁴⁸곧 그 계수된 자는 팔천오백팔십 명이라 ⁴⁹그들이 할 일과 짐을 메는 일을 따라 모세에게 계수되었으되 여호와께서 모세에게 명령하신 대로 그들이 계수되었더라

여기서는 레위 지파의 이 세 가문들 각각의 숫자, 즉, 삼십 세로부터 오십 세까지 봉사할 수 있는 인원의 숫자에 대한 구체적인 기사를 접하게 된다. 관찰하라.

1. 고핫 자손은 일 개월 이상의 남자가 모두 8,600명인데, 이 중에서 봉사할 수 있는 인원은 2,750명으로 전체의 삼분의 일이 채 못 되었다. 게르손 자손은 모두 7,500명이었는데, 그 중에서 2,630명이 봉사할 수 있는 인원으로서 전체의 삼분의 일이 조금 넘었다. 주목하라. 교회의 회원에 가입된 많은 사람들 중에 교회의 봉사에 기여할 수 있는 이들은 상대적으로 숫자가 적다. 과거에도 그랬고 지금도 그렇다. 성막에서 자리를 차지하고 있으면서도 성막의 일을 거의 하지 않는 자들이 많은 것이다(빌 2:20, 21).

2. 므라리 자손은 모두 6,200명밖에 되지 않았으나, 이들 중에서 봉사가 가능한 인원은 3,200명으로서 전체의 절반 이상이었다. 널판과 기둥, 받침 등 가장 무거운 짐이 이 가문에게 맡겨졌다. 숫자로 보면 그들이 가장 작았으나, 그들 중에 가장 유능한 사람들이 많도록 하나님께서 그렇게 역사하신 것이다. 하나님께서는 사람들에게 어떠한 일을 섬기도록 맡기시더라도 그 일을 감당할

수 있도록 구비시켜 주실 것이요, 그 일에 합당한 힘을 주시고 또한 충족한 은혜를 베푸시는 것이다.

3. 레위 지파 중에 하나님의 성소에 들어가 일할 수 있는 남자들의 총 숫자는 8,580명이었으나, 다른 지파들에 속한 용사들의 숫자는 훨씬 더 많았다. 가장 작은 지파의 용사들의 숫자가 레위 지파보다 거의 네 배나 더 많았고, 여덟 배나 많은 지파도 있었다. 이 세상의 봉사에 임하며 육체적인 싸움에 가담하는 자들이, 하나님을 섬기는 일에 헌신하며 믿음의 선한 **싸움**을 싸우는 자들보다 훨씬 더 많은 법이다.

제 — 5 — 장

개요

　본 장의 주요 내용은 다음과 같다. I. 이미 주어진 율법에 뒤따르는 명령. 곧, 진 중에서 부정한 것을 제거하기 위한 명령이다(1-4절). II. 이웃에게 잘못을 저질렀을 경우 보상에 관한 율법(5-8절)과 또한 제사장들에게 드려진 성물들의 분배에 관한 율법(9, 10절)의 반복. III. 간음의 의혹이 있는 아내에 대한 심문에 관하여 새로이 제시되는 율법(11-31절).

¹여호와께서 모세에게 말씀하여 이르시되 ²이스라엘 자손에게 명령하여 모든 나병 환자와 유출증이 있는 자와 주검으로 부정하게 된 자를 다 진영 밖으로 내보내되 ³남녀를 막론하고 다 진영 밖으로 내보내어 그들이 진영을 더럽히게 하지 말라 내가 그 진영 가운데에 거하느니라 하시매 ⁴이스라엘 자손이 그같이 행하여 그들을 진영 밖으로 내보냈으니 곧 여호와께서 모세에게 이르신 대로 이스라엘 자손이 행하였더라 ⁵여호와께서 모세에게 말씀하여 이르시되 ⁶이스라엘 자손에게 이르라 남자나 여자나 사람들이 범하는 죄를 범하여 여호와께 거역함으로 죄를 지으면 ⁷그 지은 죄를 자복하고 그 죄 값을 온전히 갚되 오분의 일을 더하여 그가 죄를 지었던 그 사람에게 돌려줄 것이요 ⁸만일 죄 값을 받을 만한 친척이 없으면 그 죄 값을 여호와께 드려 제사장에게로 돌릴 것이니 이는 그를 위하여 속죄할 속죄의 숫양과 함께 돌릴 것이니라 ⁹이스라엘 자손이 거제로 제사장에게 가져오는 모든 성물은 그의 것이 될 것이라 ¹⁰각 사람이 구별한 물건은 그의 것이 되나니 누구든지 제사장에게 주는 것은 그의 것이 되느니라

I. 진을 정결하게 하는 일에 관한 명령(2, 3절).　나병이나 유출증이나 혹은 주검을 접촉하여 의식적으로 부정하게 된 모든 것들을, 그것들이 율법에 따라 정결하게 되기까지, 진영 바깥으로 내보내어 진을 정결하게 하라는 명령이 주어진다.

1. 이 명령들은 즉시 시행되었다(4절). (1) 진의 대형이 이제 새로이 짜였으므로, 이를 완전하게 하기 위해서 그 다음으로 할 일은 정결하게 하는 일이었다. 주목하라. 교회의 순결성을 교회의 평화와 질서로서 조심스럽게 살피고 보존해야 한다. 이스라엘 사람 각자가 자기의 위치를 지켜야 하며, 동시에 더럽혀진 이스라엘 자손은 누구나 그들에게서 분리되는 일이 필수적인 요건이다. 위로부터 난 지혜는 첫째 성결하고 다음에 화평하고(약 3:17). (2) 하나님의 성막이 이제 그들의 진의 한가운데에 세워져 있으니, 그들은 그것을 정결하게 지키도록 신중을 기하여야 했다. 주목하라. 어느 집이나 가문이든 신앙을 겉으로 크게 표명할수록 그 장막에서 불의를 멀리할 의무가 있는 법이다(욥 22:23). 하나님이 사람 중에 거하시든, 어느 장소에 거하시든, 그 사람이나 장소를 더럽히게 해서는 안 된다. 그것이 더러워지면, 하나님이 모욕을 당하시고, 진노하시게 하여, 그를 떠나시게 만드는 것이 될 것이다(고전 3:16, 17).

2. 부정한 자들을 진 바깥으로 내보내는 일은 다음과 같은 것을 나타낸다. (1) 교회의 치리자들이 마땅히 하여야 할 일. 그들은 귀한 것과 천한 것을 서로 구별하여야 하며, 악한 자들을 묵은 누룩으로 간주하여 제거하여야 한다(고전 5:8, 13). 그래야만 다른 이들이 함께 오염되거나 더럽혀지지 않을 것이다(히 12:15). 공공연히 또한 상습적으로 악을 행하는 속되고 악한 자들을 그들이 회개하기까지 기독교 교제에서 제외시키는 일은 그리스도의 영광을 위한 일이요 또한 교회를 강건하게 하는 일이다. (2) 그 큰 날에 하나님께서 친히 행하실 일. 그가 자기의 타작 마당을 정하게 하시고, 그 나라에서 모든 넘어지게 하는 것과 또 불법을 행하는 자들을 거두어 내실 것이다(마 13:41). 여기서 부정한 자들이 진 중에서 내보내지듯이, 새 예루살렘의 경우에도 무엇이든지 속된 것이나 가증한 일 또는 거짓말하는 자는 결코 그리로 들어가지 못할 것이다(계 21:27).

II. 이웃에게 잘못을 범했을 경우의 보상에 관한 법. 이를 가리켜 남자나 여자나 사람들이 범하는 죄라 부르는데(6절), 이는 사람을 상대로 저지르는 죄의 뜻으로 이해해야 한다. 사람이 어떤 일에서든 형제를 속이거나 기만하면, 이는 여호와께 저지른 범죄로 여겨야 한다. 그는 권리를 보호하시는 자요, 악을 벌하시는 자요, 또한 우리에게 철저하게 책임을 물으시고 정의롭게 행하도록 명령하시는 분이시기 때문이다. 그러면, 사람이 이런 유의 죄를 범한 사실을 양심으로 깨달을 때에 어떻게 해야 하는가?

1. 그 지은 죄를 자복해야 한다. 하나님께 자복하고, 해당 이웃에게 자복하여 자기 스스로 수치를 취하여야 한다. 전에 그 죄를 부인했을 경우에는, 자신이 거짓말을 했다는 것을 인정하는 것이 비위에 거슬릴지라도 반드시 그렇게 해야 한다. 전에 부인한 것은 마음이 완악해져서 저지른 일이므로, 그것을 자복하는 것 외에는 달리 자신의 마음이 이제 부드러워졌다는 것을 보일 방법이 없는 것이다.

2. 제물, 곧 속죄의 숫양을 드려야 한다(8절). 하나님의 법을 어겨 그에게 과실을 범했으니 하나님께, 또한 이웃이 당한 손해에 대해서, 보상이 이루어져야 한다. 이 경우 믿음과 회개가 없이는 보상이 충족하지 못하다.

3. 그러나 해를 입은 당사자에게 충족한 보상이 이루어지기 전에는 희생 제물이 받아들여지지 않는다. 따라서 원금과 더불어 원금의 오분의 일을 덧붙여서 보상해야 한다(7절). 불의로 얻은 것을 알면서도 계속 손에 쥐고 있는 동안 불의에 대한 죄책이 양심에 그대로 남아 있는 것이요, 또한 그것은 제물이나 헌물이나 기도나 눈물로도 씻어지지 않는다. 한 가지 동일한 죄의 행위가 계속되어온 것이기 때문이다. 이 법은 앞에서도 언급된 것으로(레 6:4), 여기서 다시 첨가되는 것은, 해를 당한 당사자가 죽었고 또한 그를 대신할 친척이 없을 경우나, 혹은 누구에게 보상해야 할지가 불확실할 경우라도 이를 빌미로 자신이 부당하게 얻은 것을 그대로 보유하고 있어서는 안 된다는 것을 확실히 하기 위함이었다. 누구에게서 얻었든 간에, 죄로 말미암아 얻은 것은 분명 자기 것이 아니니, 따라서 그것을 제사장에게 돌려야 했다(8절). 보상을 받을 사람이 있을 경우는 제사장에게 돌리지 말아야 한다(이 경우 하나님은 번제를 강도짓으로 여겨 미워하신다). 그러나 받을 사람이 없을 경우는 크신 여호와께 돌려야 하고(ob defectum sanguinis, 자손이 없으므로), 제사장들이 받게 되는 것이다. 주목하라. 경건이나 구제의 일 중에는, 자기의 잘못을 양심으로 깨달은 자들이 행하여야 할 필수적인 정의의 일인 경우도 있다. 자기들이 잘못 행하였음을 깨달았으나 달리 보상할 방법을 모를 때에 그런 일들을 행하는 것이다. 우리 소유가 아닌 것은 절대로 우리의 수익이 될 수 없는 것이다.

III. 이 경우에 드려진 성물들에 관한 일반적인 규칙. 제사장에게 드려지는 것은 무엇이든 그의 것이 될 것이라(9, 10절).

1. 그것을 드린 자는 어떤 핑계로든 그 드린 헌물을 다시 돌려받아서는 안

되었다. 이 법은 경건한 용도로 드려진 모든 물건에 대해서, 백성들이 열심 있는 마음으로 제사장들에게 물건을 드렸다가 나중에 다시 마음이 바뀌어 돌려받는 일이 없도록 문제를 확정지어 준다.

2. 성물이 드려질 당시에 임무를 담당하여 성물을 받은 제사장 외에 다른 제사장들은 그 성물에 관여해서는 안 되었다. 임무를 성실하고도 부지런히 수행한 자가 더 나은 것을 누려야 마땅하다. 일하는 자에게 삯을 지불할 것이요, 그가 그것으로 큰 유익을 얻어야 마땅한 것이다.

[11]여호와께서 모세에게 말씀하여 이르시되 [12]이스라엘 자손에게 말하여 그들에게 이르라 만일 어떤 사람의 아내가 탈선하여 남편에게 신의를 저버렸고 [13]한 남자가 그 여자와 동침하였으나 그의 남편의 눈에 숨겨 드러나지 아니하였고 그 여자의 더러워진 일에 증인도 없고 그가 잡히지도 아니하였어도 [14]그 남편이 의심이 생겨 그 아내를 의심하였는데 그의 아내가 더럽혀졌거나 또는 그 남편이 의심이 생겨 그 아내를 의심하였으나 그 아내가 더럽혀지지 아니하였든지 [15]그의 아내를 데리고 제사장에게로 가서 그를 위하여 보리 가루 십분의 일 에바를 헌물로 드리되 그것에 기름도 붓지 말고 유향도 두지 말라 이는 의심의 소제요 죄악을 기억나게 하는 기억의 소제라 [16]제사장은 그 여인을 가까이 오게 하여 여호와 앞에 세우고 [17]토기에 거룩한 물을 담고 성막 바닥의 티끌을 취하여 물에 넣고 [18]여인을 여호와 앞에 세우고 그의 머리를 풀게 하고 기억나게 하는 소제물 곧 의심의 소제물을 그의 두 손에 두고 제사장은 저주가 되게 할 쓴 물을 자기 손에 들고 [19]여인에게 맹세하게 하여 그에게 이르기를 네가 네 남편을 두고 탈선하여 다른 남자와 동침하여 더럽힌 일이 없으면 저주가 되게 하는 이 쓴 물의 해독을 면하리라 [20]그러나 네가 네 남편을 두고 탈선하여 몸을 더럽혀서 네 남편 아닌 사람과 동침하였으면 [21](제사장이 그 여인에게 저주의 맹세를 하게 하고 그 여인에게 말할지니라) 여호와께서 네 넓적다리가 마르고 네 배가 부어서 네가 네 백성 중에 저줏거리, 맹셋거리가 되게 하실지라 [22]이 저주가 되게 하는 이 물이 네 창자에 들어가서 네 배를 붓게 하고 넓적다리를 마르게 하리라 할 것이요 여인은 아멘 아멘 할지니라 [23]제사장이 저주의 말을 두루마리에 써서 그 글자를 그 쓴 물에 빨아 넣고 [24]여인에게 그 저주가 되게 하는 쓴 물을 마시게 할지니 그 저주가 되게 하는 물이 그의 속에 들어가서 쓰리라 [25]제사장이 먼저 그 여인의 손에서 의심의 소제물을 취하여 그 소제물을 여호와 앞

에 흔들고 제단으로 가지고 가서 ²⁶제사장은 그 소제물 중에서 한 움큼을 취하여 그 여자에게 기억나게 하는 소제물로 제단 위에 불사르고 그 후에 여인에게 그 물을 마시게 할지라 ²⁷그 물을 마시게 한 후에 만일 여인이 몸을 더럽혀서 그 남편에게 범죄하였으면 그 저주가 되게 하는 물이 그의 속에 들어가서 쓰게 되어 그의 배가 부으며 그의 넓적다리가 마르리니 그 여인이 그 백성 중에서 저줏거리가 될 것이니라 ²⁸그러나 여인이 더럽힌 일이 없고 정결하면 해를 받지 않고 임신하리라 ²⁹이는 의심의 법이니 아내가 그의 남편을 두고 탈선하여 더럽힌 때나 ³⁰또는 그 남편이 의심이 생겨서 자기의 아내를 의심할 때에 여인을 여호와 앞에 두고 제사장이 이 법대로 행할 것이라 ³¹남편은 무죄할 것이요 여인은 죄가 있으면 당하리라

여기서는 남편이 아내를 의심할 경우에 그 아내를 엄정하게 시험하는 일에 관한 법이 제시된다. 관찰하라.

I. 이에 해당되는 경우. 남자가 어떤 이유로 그 아내가 간음을 범했다고 의심하는 경우가 여기에 해당한다(12-14절). 여기서, 1. 간음죄가 지극히 죄악된 죄로 제시된다. 그것은 하나님과 덕(德)과 또한 선한 삶을 저버리는 것이다(잠 2:17). 간음은 남편을 침해하는 것이요, 그의 존귀를 탈취하는 것이요, 그의 권리를 소외시키며, 그의 가족에 거짓 핏줄을 끌어들여 그의 재산을 그의 자녀들과 함께 공유하게 만드는 것이요, 그와 맺은 언약을 깨뜨리는 것이다. 이것은 더러운 죄다. 이 죄만큼 정신과 양심을 오염시키는 것이 없다.

2. 간음죄는 이를 범하는 자들이 세심한 주의를 기울여 감추는 죄이므로 그것에 대해 증인이 없을 경우가 많다. 간음하는 자의 눈은 저물기를 바라며(욥 24:15). 간부(奸婦)는 남편이 집을 떠나 먼 길을 가 있는 동안 이를 이용한다(잠 7:19). 부끄러운 일이 아니라면 구태여 남의 눈을 피하려고 애를 쓰지 않을 것이다. 죄인들로 하여금 이 죄에 빠지도록 유인하는 마귀는 그들에게 그 죄를 덮을 방도를 가르쳐 준다.

3. 의심이 남편에게 생긴 것으로 상정되는데 이는 스올 같이 잔인하며(아 8:6), 또한 솔로몬은 이에 대해 남편의 투기라고 말한다. 유대인 저술가들은, "그러나 남편은 자기의 의심에 대해 정당한 사유를 제시하여야 한다"고 말한다. 그들이 다음과 같은 원칙을 제시한다: "남편이 증인들 앞에서 아내에게, '이런저런 남자와 은밀히 있지 말라' 라고 말하였으나, 그런 권고에도 불구하

고 후에 그 아내가 은밀히 그 남자와 ― 그녀의 아버지든 남동생이든 오빠든 간에 ― 함께 있었던 것이 밝혀지면, 남편은 그 아내에게 강제로 쓴 물을 마시게 할 수 있다." 그러나 여기의 법은 남편의 의심의 정당한 사유를 입증하는 구체적인 방법을 제시하는 것이 아니다. 다른 방식으로도 얼마든지 그런 사유를 입증할 수가 있다. 남편 있는 여자가 간음을 행하였다는 것이 입증되면, 그 여자는 죽임을 당하게 되어 있었다(레 20:10). 그러나 그것이 확실치 않으면 그 때에 이 법이 적용되었던 것이다. 그러므로, (1) 모든 아내들은 여하한 경우에도 자기들의 순결이 의심받을 수 있는 빌미를 제공하지 말아야 한다는 교훈을 받아야 할 것이다. 그저 부도덕한 행위를 삼가는 것만으로는 부족하고, 그렇게 오해받을 수 있는 모든 일을 삼가야 하며, 그런 행위처럼 보이는 일이나, 그런 행위로 이어질 수 있는 소지가 있는 일이나, 혹은 남편에게서 질투를 불러일으키는 일을 전적으로 삼가야 할 것이다. 보라 얼마나 작은 불이 얼마나 많은 나무를 태우는가(약 3:15)! (2) 모든 남편들은 아내들에 대해 이유 없이 혹은 부당하게 의심을 하지 말아야 한다는 교훈을 받아야 할 것이다. 일반적인 사랑이 악한 것을 생각하지 아니할 것을 가르친다면(고전 13:5), 부부간의 사랑이야 오죽 더하겠는가? 남편의 마음이 그를 믿는다는 것이야말로 현숙한 여인의 행복인 것이다(잠 31:11).

II. 문제 발생 시에 취할 조치. 의심받는 아내가 무죄하다면 남편의 질투로 인한 오해와 질시에서 벗어나야 할 것이며, 만일 죄가 있다면 그 죄가 드러나게 하여 다른 이들이 듣고 두려워하고 경계를 받도록 해야 할 것이었다.

1. 그 처리 과정은 다음과 같은 것이어야 했다. (1) 남편이 그의 아내를 데리고 제사장에게로 가야 했다. 이 때에 남편의 의심의 근거를 입증해 줄 수 있고 또한 그녀를 심문 받게 할 의사가 있는 증인들을 대동하여야 했다. 유대인들은, 제사상은 먼저 아내에게 진실을 고백하도록 설득하는 노력을 기울여야 했다고 본다. 제사장은 다음과 같은 취지로 아내에게 말하게 되어 있었다고 한다. "사랑하는 딸이여, 어쩌면 네가 술에 취하여 잘못을 범하였거나, 아니면 젊음의 열기 때문에나 나쁜 이웃의 모범을 보고 그런 잘못에 빠졌을 것이다. 그러니, 지극히 엄숙한 의식에서 아뢰는 그분의 큰 이름을 위하여 진실을 고백하라. 그리고 쓴 물로 그것이 지워지지 않게 하라." 그리고 여자가 "제가 몸을 더럽혔나이다"라고 고백하면, 그녀는 죽임을 면하고, 남편과 이혼하고 자기의 혼

인 지참금을 잃어버리게 되었다. 만일, 그녀가 "저는 순결하옵니다"라고 말하면, 다음과 같이 처리하였다 (2) 남편은 그 가정의 현재의 괴로운 상태와 잘 어울리도록 기름도 붓지 않고 유향도 없이 그냥 거친 보리를 제물로 드려야 했다. 의심을 받도록 처신한 것이나 이유 없이 의심하는 것이나 모두 큰 괴로움이기 때문이었다. 그것은 기억의 소제였다. 곧, 이제 행할 일을 하나님의 전지하심과 정의에 종교적으로 호소한다는 표시였다. (3) 제사장은 제사장들이 봉사할 때에 몸을 씻는 대야에서 떠온 거룩한 물을 준비하되, 이 물을 토기에 담아야 했다(유대인들은 1/2 리터 정도라고 말한다). 물을 토기에 담도록 한 이유는 거칠고 투박할수록 현재의 처지에 잘 부합되었기 때문이다. 또한 티끌을 물속에 넣었는데, 이는 여자가 당한 치욕을 나타내는 것이다. 그 여자는 티끌 속에 입을 가져다대어 치욕을 당한 것이다. 그런데 그 티끌이 성막 바닥에서 취한 것이어야 했다. 곧, 하나님께서 자기 이름을 두시기를 기뻐하신 그 곳과 관련된 모든 것에 대해 존귀를 드리고, 백성들 중에 그분을 높이 기리는 자세를 유지하도록 하기 위함이었다. 요 8:6을 보라. (4) 그 여자를 여호와 앞에, 성전 뜰의 동쪽 문에(유대인들의 말에 따르면), 세우되 그녀의 슬픈 처지를 나타내기 위하여 머리를 풀고 서게 하였다. 그녀는 거기 그렇게 서서 세상의 구경거리가 되었고, 다른 여인들은 이로써 그녀의 음행을 본받지 않도록 경계를 받았다(겔 23:48). 유대인들의 말에 따르면 다만, "그녀의 종들은 그 자리에 있지 못하도록 하여, 그녀가 자기 종들 앞에서 수치를 당하는 일은 면하게 해 주었고, 그 남편도 그 자리에 있지 못하도록 하였다." (5) 제사장은 그녀에게 진실을 말할 것을 엄명하며, 만일 그녀에게 죄가 있으면 하나님의 저주가 임할 것을 선포하고, 의심의 쓴 물을 마신 결과가 어떻게 될 것인지를 선포하여야 했다(19-22절). 제사장은 또한 그녀가 무죄하면 그 물이 아무런 해가 없을 것임을 선언해야 했다(19절). 율법의 계명들을 어긴 일이 없으면 아무도 율법의 저주를 두려워할 필요가 없는 것이다. 그러나 그녀에게 죄가 있으면, 이 물이 그녀에게 독이 될 것이다. 그 물이 창자에게 들어가서 그녀의 배를 붓게 하고 넓적다리를 마르게 할 것이요, 그녀는 백성들 중에 저주나 가증함이 될 것이었다(21, 22절). 이에 대해 그녀는 아멘이라고 답하여야 했다. 마치 에발 산에서 저주가 선포될 때에 이스라엘이 아멘이라고 답하여야 했던 것처럼 말이다(신 27:15-26). 어떤 이들은 아멘을 두 번 반복하게 한 것은 무죄일 경우 자유를 얻을 것과, 또한 유죄일 경우 정죄를 받을 것에 대해 모두 그대로 인정하게 하기 위함이었다고 보기도 한다. 혹시 하나님의 참되심을 믿지 않거나 그의 정의를 거역하는 여자라면 매춘 행위에 완전히 마음이 빼앗겨 불경과 완악한 마음으로 전능하신 하나님께 도전하려고 악독한 죄를 범하였을 것이고, 그리하여 자신의 죄를 고백하여 하나님께 영광을 돌리기보다는 차라리 감히 저주를 감수하려 할 것이다. 그러나 그렇지 않은 여자로서 스스로 죄를 범하였을 경우에는 제사장의 요구에 아멘이라고 화답할 수도, 쓴 물을 마실 수 없었다. (6) 제사장은 이 저주의 말을 두루마리에 verbatim, 말한 그대로, 기록하여 그 기록한 것을 쓴 물에 빨도록 되어 있었다(23절). 이는 제사장의 저주가 그 물에 스며들어서 그것이 의도하는 효과가 강력하게 발휘되도록 하였다는 것을 뜻한다. 이는 그 여자가 무죄하다면, 다음의 말씀처럼, 그 저주가 제거되고 절대로 그 여자에게 해악을 끼치지 않을 것임을 의미했다. 나 곧 나는 나를 위하여 네 허물을 도말하는 자니 네 죄를 기억하지 아니하리라(사 43:25). 주의 얼굴을 내 죄에서 돌이키시고 내 모든 죄악을 지워 주소서(시 51:9). 그러나 그녀에게 죄가 있다면, 그 기록된 저주가 그 물에 들어가 물과 함께 그녀의 내장 속으로, 그의 뼈 속으로(시 109:18) 들어갈 것임을 의미했다. 저주가 집으로 들어간다는 말씀도 있으니 말이다(슥 5:4). (7) 그리고 나서 그 여자는 그 물을 마셔야 했다(24절). 그 물을 쓴 물이라 부르는데, 이에 대해 어떤 이들은 그 물을 쓰게 하기 위하여 쓴 쑥을 집어넣었기 때문이라고도 하고 혹은 그 물이 저주를 받게 하기 때문이라고도 한다. 그리하여 똑같은 이유로 죄가 악이요 쓰라림이라 불리는데, 이는 그것이 저주를 초래하기 때문이다(렘 2:19). 만일 그녀에게 죄가 있었다면(그리고 그렇지 않다면 저주가 임하지도 않았을 것이다), 그녀의 도둑질한 물이 달고 몰래 먹는 떡이 맛이 있었겠지만(잠 9:17) 그 결과는 쑥 같이 쓰다는 것을 알게 될 것이었다(잠 5:4). 금지된 것들을 몰래 즐기는 쾌감에 사로잡혀 있는 자들은 그것이 나중에 가서는 쓰다쓴 것을 알아야 할 것이다. 유대인들은 말하기를, 만일 여자가 저주를 아멘으로 화답한 후에 너무도 두려워하여 감히 물을 마시지 못하고 자신이 죄를 지었음을 고백할 경우에는 제사장이 물을 그 여자에게 뒤집어씌우고 그녀의 제물을 재에다 던졌고, 그녀는 혼인지참금이 없이 이혼하였다고 한다. 만일 그녀가 자기의 죄를 고백하지도 않고 물도 마시지 않으면 강제로 물을 먹일 것이요, 그것도 거부할 경우는 속히 그녀를 다른 곳으로 데려가 성소가 더럽혀지지 않도록 하였다고 한다. (8) 그녀가 물을 마시기 전에, 제사장은 의심의 소제물을 흔들어 제단 앞에 드렸다(25, 26절). 그 제물 중에 한 움큼을 취하여 기념으로 불사르고 나머지는 제사장이 먹었다. 남편이 제사장일 경우는 그것을 재 가운데 뿌렸다. 이처럼 절차를 밟는 중에 제물을 드린 것은 그 모든 일이 하나님께 호소하는 것임을 나타내는 것이었다. 하나님이 모든 것을 아시며 그에게는 아무것도 감출 수가 없는 분이시기 때문이다. (9) 율법에 따라 모든 절차를 다 진행한 후에는 결말을 기다려야 했다. 물에 티끌을 약간 넣었고 저주를 기록한 두루마리를 그 물에 빨았으나, 이는 본질적으로 아무런 유익도 해도 주지 않는 것이었다. 그러나 하나님께서 친히 제정하신 이 규례를 따라 그에게 호소하면, 자연 그대로라면 비록 무죄한 자가 계속해서 의심을 받고 죄를 범한 자가 발견되지 않을 것이나, 하나님께서 자신의 규례를 좇아 섭리로써 이적적인 역사를 행하시면, 무죄한 자의 무죄함이 드러나고, 죄악된 자의 죄악이 드러나게 될 것이었다. [1] 의심받는 여인이 진짜 죄가 있을 경우에는 그녀가 마신 물이 그녀에게 독이 될 것이요(27절), 그 배가 붓고 그 넓적다리가 악성 질병으로 말라 버려서, 마지막에 이르러 그 육체가 쇠약할 때에 한탄하게 될 것이었다(잠 5:11). 패트릭 주교는 말하기를, 몇몇 유대인 저술가들의 논지에 따르면, 이 물의 효과가 즉시 나타나 그 여자가 창백해지고 눈이 머리에서 빠져나올 지경이 되었다고 한다. 라이트푸트 박사(Dr. Lightfoot)는, 때로는 그 효과가 이삼 년 동안 나타나지 않으나 그 여자는 자녀를 낳지 못하고 시름시름 앓다가 마침내 죽었다고 한다. 아마도 몇 가지 징후는 즉시 나타난 것 같다. 유대인 랍비들은 말하기를, 간음을 범한 남자는 함께 간음을 범한 여자가 죽은 그 날 그 시각에, 동일한 방식으로, 즉 배가 붓고 은밀한 부위가 썩어 죽었다고 한다. 이는 오늘날 같은 후대에 의로우신 하나님의 손이 부정한 자들을 벌하사 걸리게 하시는 몹쓸 병과 유사했다. 창녀들과 또한 그들과 놀아나는 난봉꾼들이 감염되어 결국 서로를 망치는 몹쓸 병과 매우 흡사했던 것이다. 유대인 학자들은 간음한 여자의 남편이 동일한 종류의 죄를 범하지 않았을 경우에만 그 여자에게 이런 효과가 나타났다고 덧붙인다. 그러나, 남편이 어느 때든 혼인의 침상을 더럽혔을 경우에는 하나님께서 죄를 범한 아내를 벌하사 그를 바로세우는 일을 행하시지 않았다는 것이다. 그러므로 후대에 사회가 부패한 시대에는 유대인 교회에 부정함(不貞)이 만연되어 있었으므로 이런 방식의 처결은 일반적으로 사라지고 중지되었다고 한다. 남자들이 자기들의 범죄들을 인정하고서, 아내들의 범죄 행위를 모르는 것으로 만족하고 있었던 것이다. 너희 딸들이 음행하며 너희 며느리들이 간음하여도 내가 말하지 아니하리니 이는 남자들도 창기와 함께 나가며 음부와 함께 희생을 드림이니라(호 4:14)라는 말씀은 어쩌면 이를 가리키는 경고였을 것이다. [2] 여자가 무죄한 경우에는 그녀가 마신 물이 약이 될 것이었다. 해를 받지 않고 임신하리라(28절). 유대인 저술가들은 무죄한 여인에게 이 물이 매우 좋은 효과를 준다는 것을 강조한다. 곧, 의심을 받아 억울한 일을 당한 것에 대해 이 물이 보상을 해 준다는 것이다. 그 여자는 이 물을 마신 후에 더 강해지고 더 아름다워지며, 병든 상태에 있을 경우는 건강해지고 아들을 낳되 큰 산통이 없이 낳게 된다는 것이다.

2. 이 모든 내용에서 우리는 다음과 같은 교훈을 받을 수 있다. (1) 하나님이 은밀한 죄를 아신다는 것. 때로는 그 죄가 금생에서 이상스런 방식으로 환히 드러나기도 한다. 그러나 복음에 이른 바와 같이 하나님이 예수 그리스도로 말미암아 사람들의 은밀한 것을 심판하시는 그 날이 올 것이다(롬 2:16). (2) 음행하는 자들과 간음하는 자들은 하나님이 심판하시리라는 것. 부부간의 믿음과 정절을 깨뜨리는 것은 하늘의 하나님께서 극히 진노하시는 것이요, 따라서 조만간 적절히 조치될 것이다. 지금 우리가 보기에는 의심의 물이 부정한 자에게 별로 공포의 대상이 되지 못하지만, 그러나 누구든지 하나님의 성전을 더럽히면 하나님이 그 사람을 멸하시리라(고전 3:17)라는 하나님의 말씀이 우리에게 있으니 우리는 이 말씀에 대해 크나큰 두려움을 가져야 마땅할 것이다. (3) 하나님께서는 어떤 방법으로든 무죄한 자의 무죄함을 찾으실 것이요, 그들의 의로움을 빛처럼 밝히 드러내시리라는 것. (4) 깨끗한 자들에게는 모든 것이 깨끗하나 더럽고 믿지 아니하는 자들에게는 아무것도 깨끗한 것이 없다는 것(딛 1:15). 동일한 말씀이 어떤 이들에게는 사망으로부터 사망에 이르는 냄새요 또 어떤 이들에게는 생명으로부터 생명에 이르는 냄새가 되는데(고후 3:16), 이는 의심의 물이 그 받는 사람에 따라서 달라지는 것과 마찬가지다. 동일한 하나님의 섭리가 어떤 이들에게는 유익이 되고, 또 어떤 이들에게는 상처가 되기도 한다(렘 24:5, 8, 9). 그러므로 그 의도하는 것이 무엇이든 간에, 하나님의 섭리는 헛되이 되돌아오지 아니하는 법이다(사 55:11).

제6장

개요

본 장의 주요 내용은 다음과 같다. I. 나실인에 관한 율법. 1. 나실인의 서원을 통하여 사람이 지게 되는 의무(1-8절). 2. 나실인이 시체와 접촉함으로써 더럽혀졌을 경우 치유에 관한 법(9-12절). 3. 나실인의 기한이 다할 때에 의무에서 면제되는 엄숙한 규례(13-21절). II. 백성들을 축복하는 일에 관하여 제사장들에게 주는 교훈들(22-27절).

¹여호와께서 모세에게 말씀하여 이르시되 ²이스라엘 자손에게 전하여 그들에게 이르라 남자나 여자가 특별한 서원 곧 나실인의 서원을 하고 자기 몸을 구별하여 여호와께 드리려고 하면 ³포도주와 독주를 멀리하며 포도주로 된 초나 독주로 된 초를 마시지 말며 포도즙도 마시지 말며 생포도나 건포도도 먹지 말지니 ⁴자기 몸을 구별하는 모든 날 동안에는 포도나무 소산은 씨나 껍질이라도 먹지 말지며 ⁵그 서원을 하고 구별하는 모든 날 동안은 삭도를 절대로 그의 머리에 대지 말 것이라 자기 몸을 구별하여 여호와께 드리는 날이 차기까지 그는 거룩한즉 그의 머리털을 길게 자라게 할 것이며 ⁶자기의 몸을 구별하여 여호와께 드리는 모든 날 동안은 시체를 가까이 하지 말 것이요 ⁷그의 부모 형제 자매가 죽은 때에라도 그로 말미암아 몸을 더럽히지 말 것이니 이는 자기의 몸을 구별하여 하나님께 드리는 표가 그의 머리에 있음이라 ⁸자기의 몸을 구별하는 모든 날 동안 그는 여호와께 거룩한 자니라 ⁹누가 갑자기 그 곁에서 죽어서 스스로 구별한 자의 머리를 더럽히면 그의 몸을 정결하게 하는 날에 머리를 밀 것이니 곧 일곱째 날에 밀 것이며 ¹⁰여덟째 날에 산비둘기 두 마리나 집비둘기 새끼 두 마리를 가지고 회막 문에 와서 제사장에게 줄 것이요 ¹¹제사장은 그 하나를 속죄제물로, 하나를 번제물로 드려서 그의 시체로 말미암아 얻은 죄를 속하고 또 그는 그 날에 그의 머리를 성결하게 할 것이며 ¹²자기 몸을 구별하여 여호와께 드릴 날을 새로 정하고 일 년 된 숫양을 가져다가 속건제물로 드릴지니라 자기의 몸을 구별한 때에 그의 몸을 더럽혔은즉 지나간 기간은 무효니라 ¹³나실인의 법은 이러하니라 자기의 몸을 구별한 날이 차면 그 사람을 회

막 문으로 데리고 갈 것이요 [14]그는 여호와께 헌물을 드리되 번제물로 일 년 된 흠 없는 숫양 한 마리와 속죄제물로 일년 된 흠 없는 어린 암양 한 마리와 화목제물로 흠 없는 숫양 한 마리와 [15]무교병 한 광주리와 고운 가루에 기름 섞은 과자들과 기름 바른 무교전병들과 그 소제물과 전제물을 드릴 것이요 [16]제사장은 그것들을 여호와 앞에 가져다가 속죄제와 번제를 드리고 [17]화목제물로 숫양에 무교병 한 광주리를 아울러 여호와께 드리고 그 소제와 전제를 드릴 것이요 [18]자기의 몸을 구별한 나실인은 회막 문에서 자기의 머리털을 밀고 그것을 화목제물 밑에 있는 불에 둘지며 [19]자기의 몸을 구별한 나실인이 그의 머리털을 민 후에 제사장이 삶은 숫양의 어깨와 광주리 가운데 무교병 하나와 무교전병 하나를 취하여 나실인의 두 손에 두고 [20]여호와 앞에 요제로 흔들 것이며 그것과 흔든 가슴과 받들어올린 넓적다리는 성물이라 다 제사장에게 돌릴 것이니라 그 후에는 나실인이 포도주를 마실 수 있느니라 [21]이는 곧 서원한 나실인이 자기의 몸을 구별한 일로 말미암아 여호와께 헌물을 드림과 행할 법이며 이외에도 힘이 미치는 대로 하려니와 그가 서원한 대로 자기의 몸을 구별하는 법을 따라 할 것이니라

죄로 인하여 스스로 더럽혀진 자들을 찾아내고 그들을 부끄럽게 하는 것에 관한 율법 다음에, 뛰어난 경건과 헌신으로 스스로 존귀하게 되고 그리하여 이웃들과 구별된 처지가 된 자들을 지도하고 격려하는 일에 관한 내용이 이어지는 것은 지극히 적절한 일이다. 이 법이 제정되기 전부터 나실인의 성격을 지닌 자들이 있었을 가능성이 매우 높다. 곧, 다른 사람들보다 더 철저하고 열정적인 신앙을 견지하는 자들이 그런 칭호로 높임을 받았을 것으로 보인다. 왜냐하면 여기서 나실인의 서원이 이미 잘 알려져 있는 것으로 다루어지면서도 그 의무는 지금까지 그랬던 것보다도 더 확실하게 제시되고 있기 때문이다. 요셉은 다른 형제들 중에 나실인이라 불리는데(창 49:26), 이는 그가 그들과는 다르기 때문이기도 하고 동시에 그들 중에 뛰어난 자였기 때문이기도 하다. 관찰하라.

I. **나실인의 일반적인 성격.** 나실인이란 자기 몸을 구별하여 여호와께 드리는 자다(2절). 어떤 이들은 삼손(삿 13:5)이나 세례 요한(눅 1:15)처럼 하나님의 지정하심으로나 혹은 사무엘의 경우처럼(삼상 1:11) 부모의 서원으로 평생토록 나실인으로 산 자들도 있다. 여기의 율법은 이런 자들에게는 해당되지 않는

다. 또 어떤 이들은 특정한 기간 동안, 자기 자신의 자발적인 서원을 통해서 나실인으로 살기도 하는데, 여기의 율법은 이들에게 적용된다. 여자도 나실인의 서원을 할 수도 있었다. 그러나 여자의 경우에는 30:3 이하(여기의 서원은 특히 나실인 서원을 지칭하는 것으로 여겨진다)의 제한 조건이 적용되었다. 나실인들은,

1. 나실인의 기간 동안 여호와께 헌신된 자들로서 아마도 많은 시간을 율법 연구와 헌신의 행위들과 다른 이들을 교훈하는 일로 소비하였을 것으로 보인다. 그렇게 해서 경건의 자세가 그들과 그들의 모든 처신에서 드러났다.

2. 일반 사람들과 일반적인 일들과는 구별되었다. 하나님께 드려지는 자들은 이 세상을 좇지 말아야 했다. 그들은 다른 사람들에게서 뿐 아니라 그들 자신의 과거와 미래의 삶에게서도 자신을 구별시켰다.

3. 서원을 행함으로써 자신을 구별시켰다. 이스라엘 자손은 누구나 하나님의 율법을 좇아 마음을 다하여 하나님을 사랑하여야 했다. 그러나 나실인들은 그들의 행동과 처신으로, 그 사랑의 열매와 표현으로서 다른 이들은 지킬 필요가 없는 모종의 종교적인 규례들을 스스로 지켜야 했다. 이스라엘 중에 하나님께서 마음을 불러일으켜 당대에 교회의 찬란한 장식들이요, 신앙의 기수(旗手)들이요, 경건의 전형이 되게 하신 자들이 있었던 것이다. 하나님이 청년 중에서 나실인을 일으켰다는 것을 이스라엘 민족을 후히 대하시는 하나의 증거로 말씀하고 있다(암 2:11). 나실인들은 눈보다 깨끗하고 젖보다 희어(애 4:7) 거리에서도 알아보았고, 사람들에게 존경을 받았다. 그리스도께서도 모욕을 당하시는 중에 나사렛 사람이라 불리셨고, 그를 따르는 자들도 그렇게 불렸다. 그러나 그는 이 율법을 따르는 나실인이 아니셨다. 포도주도 마시셨고, 시체도 만지셨으니 말이다. 그러나 그는 나실인으로, 이 모형이 그에게서 성취된 것이다. 그에게는 모든 순결함과 완전함이 있었으니 말이다. 그러므로 모든 참된 그리스도인은 누구나 영적인 나실인으로서, 서원으로 여호와께 구별된 존재들이다. 사도 바울도 동료들의 간언으로 이 나실인 법에 굴복하여 유대인들과의 관계를 부드럽게 하였으나, 동시에 이방인들은 그런 일을 하지 말아야 한다는 것을 선포하였다(행 21:24, 25). 사람이 나실인이 되는 것은 크게 존귀한 일이었다. 그러므로 그 일을 하나의 벌로 생각하여, 예컨대, "이런저런 일을 행하느니 차라리 나실인이 되겠소"라고 말하는 자가 있다면, 그 사람은 악인이다(유대인들

이 이렇게 말한다). 여호와께 거룩한 방식으로 서원하여 나실인이 되는 자는 하나님께 드리는 표가 그의 머리에 있는 것이다.

II. 나실인에게 해당되는 구체적인 의무들. 미신적인 사람들이 온갖 상상으로 제한 사항들을 끝없이 늘려가지 못하도록, 하나님이 친히 그들을 위하여 법을 제시하시고 그들에게 이행할 삶의 법칙을 주신다.

1. 그들은 포도나무 소산과 관계하지 말아야 한다(3, 4절). 포도주나 독주나 포도즙을 마셔서는 안 되며, 포도 씨나 껍질도 먹지 말아야 한다. 또한 건포도도 먹어서는 안 된다. 박식한 라이트푸트 박사는 다음과 같이 추측하고 있다. 즉, 나병 등으로 인한 의식적인 오염이 타락한 인간의 죄악된 상태를 나타냈듯이, 나실인 제도를 제정한 것은 무죄한 상태의 인간의 순결하고 완전한 상태를 나타내고자 함이었으며, 또한 아담에게 금지되었던 선악을 알게 하는 나무는 포도나무였고 그 때문에 나실인에게 포도나무와 그 모든 소산을 금지시킨 것이라는 것이다. 나실인에게 포도주를 마시게 한 자들은 미혹하는 자의 일을 행한 것이다(암 2:12). 그들을 꾀어 금지된 열매를 먹게 했기 때문이다. 포도주를 마시지 않는 것이 완전한 것으로, 또한 칭송받을 일로 간주되었다는 것은 레갑 자손의 예에서 잘 드러난다(렘 35:6). 그들이 포도주를 마시지 못하게 된 것은, (1) 그들이 절제와 자기를 죽이는 일에 모범이 되도록 하기 위함이었다. 하나님을 위하여, 또한 그의 존귀를 위하여 자신을 구별하는 자들은 육체의 정욕을 만족시켜서는 안 되고, 그것을 굴복시키고 복종시켜야 했다. 위장을 위하여 포도주를 조금씩 쓰는 것은 허용된다(딤전 5:23). 그러나 육체를 따르지 않고 영을 따라 행하기를 다짐하고 그렇게 고백하는 자들에게는 포도주를 많이 마셔 육체의 만족을 취하는 것은 절대로 어울리지 않는 것이다. (2) 그들이 하나님을 섬기는 일에 사용될 자격을 갖추게 하기 위함이었다. 그들이 포도주를 금했던 것은, 법을 잊어버리는 일이 없도록 하기 위함이요(잠 31:5), 포도주로 말미암아 옆 걸음 치는 일이 없도록 하기 위함이었다(사 28:7). 모든 그리스도인들은 포도주와 독주를 사용하는 일에 매우 절제하여야 할 것이다. 이런 것들에 대한 사랑이 한 번 사람의 마음을 사로잡게 되면, 그 사람은 사탄에게 아주 손쉬운 먹이가 되기 때문이다. 그들이 포도주를 마시지 말아야 하는 것(이것이 주된 일이었다)과 아울러 또한 포도에서 나는 모든 것을 금하여야 했던 것을 보게 되는데, 이는 죄를 피할 뿐 아니라 죄에게로 이어지는 요인까지도 철저하게 조

심하여 금하여야 한다는 것을 가르쳐 준다. 악은 어떤 모양이라도 버리라(살전 5:22).

2. 그들은 삭도를 절대로 머리에 대지 말아야 했다(5절). 머리털도, 수염도 깎지 말아야 했다. 삼손의 이야기에서도 이것이 삼손이 나실인이라는 표시로 나타난다. 그런데, (1) 이것은 육체와 또한 그 편안함과 장식을 멸시하는 숭고한 자세를 나타내는 것이었다. 하나님께 거룩하게 구별되어 전적으로 자신을 그 일에 몰두하는 자들에게는 그들의 평안과 아름다움을 보존하기 위하여 그렇게 하는 것이 어울리는 것이었다. 이것은 그들이 현재 온갖 감각적인 쾌락과 기쁨 거리들을 버렸으며 자기를 부인하고 자기를 죽이는 삶을 살기로 결심하였다는 것을 뜻하는 것이었다. 므비보셋은 슬픔으로 수염을 깎지 아니하였다(삼하 19:24). (2) 어떤 이들은 머리를 길게 기르는 것이 굴복의 표시라고 본다(고전 11:5 등). 그러므로 이렇게 본다면 나실인이 머리를 기르는 것은 그들이 하나님께 굴복하였고, 그들 스스로 하나님의 다스림 아래 있다는 것을 나타내는 것이라 하겠다. (3) 이로써 그들과 만나는 모든 사람들이 그들이 나실인임을 알았고, 그리하여 그들을 존경하게 되었다. 기교를 부리지 않고도 그들을 위대하게 보이게 만든 것이다. 긴 머리는 자연적인 머리의 면류관이요 또한 그들이 순결을 보존했다는 증거였다. 그들이 더럽혀지면 머리를 밀어야 했던 것이다 (9절). 렘 7:29을 보라.

3. 그들은 시체를 가까이 하지 말아야 했다(6, 7절). 다른 사람들은 시체를 만져도 얼마 동안 그것으로 의식적으로 오염되는 것밖에는 다른 해가 없었다. 누군가는 반드시 시체를 만져야 했다. 그렇지 않으면 죽은 시체를 매장할 수가 없었으니 말이다. 그러나 나실인은 그 일을 해서는 안 되었다. 그 일을 행하면 나실인의 모든 존귀를 다 몰수당하고 말았다. 친척의 장례에도, 부모의 장례에도, 아니 대제사장의 장례에도 참석하지 말아야 했다. 왜냐하면 하나님께 드리는 표가 그의 머리에 있기 때문이었다. 하나님께 구별하여 자신을 드리는 자들은 (1) 스스로 자기들을 구별시키고 다른 이들보다 더 행하기를 배워야 한다. (2) 죽은 일들에서 양심을 순결하게 지키고 또한 부정한 것을 접촉하지 않기를 배워야 한다. 겉으로 드러나는 우리의 신앙적인 고백과 모습이 훌륭할수록 모든 죄를 피하기에 더욱 조심하여야 한다. 죄로 인하여 우리가 잃어버릴 존귀가 더욱 크기 때문이다. (3) 가까운 친척들에 대해서조차도 애착을 절제하여, 그

들을 여읠 때에 그들로 인한 슬픔이 하나님 안에서 그의 뜻에 굴복하며 누리는 기쁨을 깨뜨리지 않도록 해야 한다. 마 8:21, 22을 보라.

4. 그들은 자기의 몸을 구별하는 모든 날 동안 여호와께 거룩하여야 한다(8절). 겉으로 드러나는 행위들의 의미가 바로 이것에 있었고, 이것이 없이는 그 행위들이 아무런 의미도 없었다. 나실인들은 하나님께 헌신되어 있어야 하고, 그를 위해 일하여야 하고, 그들의 생각이 온전히 그를 위하여야 했다. 마음과 삶이 순결해야 하고, 또한 모든 일에서 하나님의 형상과 뜻이 합하여야 했다. 그렇게 하는 것이 거룩하다는 것이요, 이것이야말로 진정 나실인이라는 것이다.

III. 나실인이 불가피하게 시체를 접촉하여 의식적으로 오염되었을 경우 그를 정결하게 하기 위한 조치. 앞의 법들을 고의로 위반하였을 경우에 대한 형벌은 이 법에는 없다. 왜냐하면 나실인의 서원을 할 정도로 신앙이 깊은 사람이 그 법을 고의로 깨뜨릴 정도로 경솔할 것으로는 생각되지 않았기 때문이다. 또한 과실이 아니고서는 나실인이 고의로 포도주를 마시거나 머리털을 깎는 일도 있지 않을 것으로 생각되었다. 나실인이 순전히 하나님의 섭리에 의해서, 자기 자신의 의도와는 전연 상관없이 시체를 가까이 하게 되는 경우도 있을 수 있었는데, 여기서는 바로 그런 경우에 해당되는 것이다. 누가 갑자기 그 곁에서 죽으면 스스로 구별한 자의 머리를 더럽힌 것이 되었다(9절). 주목하라. 때로는 죽음이 사전에 경고도 없이 갑자기 사람들을 데려가기도 한다. 사람이 잘 있다가 순식간에 죽어 지극히 조심스럽게 처신하는 나실인이라도 그 죽은 시체로 인하여 더럽혀지지 않을 수 없는 일이 얼마든지 있을 수 있었다. 시간을 벗어나 영원으로 나아가는 걸음이 때로는 그렇게도 짧고 그렇게도 속히 취해지기도 하신다. 하나님이 우리를 갑작스런 죽음에 대비하게 하시는 것이다.

이 경우, 1. 그는 일곱째 날이 되기까지 자신의 의식적인 오염 상태에서 정결해져야 했다(9절). 아니, 나실인의 경우는 일반 사람이 시체와 가까이 했을 경우보다 정결하게 하는 데에 더 많은 것이 요구되었다. 그는 속죄제물과 번제물을 드려야 했고, 그의 시체로 말미암아 얻은 죄를 반드시 속하여야 했다(10, 11절). 이러한 사실은, 연약하여 범한 죄들과 갑작스런 일로 인하여 저지른 과오들은 반드시 진지하게 회개하여야 하고, 날마다 그리스도의 희생 제사의 공효를 우리 영혼에게 적용시켜 그 죄들을 사함 받아야 한다는 것을 가르쳐 준다(요일 2:1, 2). 이는 또한, 겉으로 훌륭하게 신앙의 행위를 보이는 자들이 과오를 범하여 그 신앙을 훼손시키면, 다른 이들보다는 그런 이들의 경우 마음의 평안과 명예를 회복시키는 데에 더 많은 것이 그들에게 요구된다는 것을 가르쳐준다.

2. 그는 자신을 구별시키는 날을 다시 시작해야 한다. 오염되기 이전에 지나간 모든 날들은, 비록 정해진 기한이 거의 다 되었다 할지라도, 잃어버린 것이요 따라서 인정되지 않았던 것이다(12절). 그러므로 그들은 시체로 인하여 더럽혀지지 않도록 지극히 조심하여야 했다. 시체를 접촉하는 것이 유일하게 그들이 나실인의 기한을 상실하는 요인이었기 때문이다. 그리고 이러한 사실은, 의인이 자신의 의에서 벗어나 죽은 것들로 자신을 더럽히면 그가 전에 행하여 온 모든 의가 그에게서 상실될 것임을 가르쳐 준다(겔 33:13). 끝까지 지키지 않으면 모든 것을 잃어버리며, 모든 것이 허사가 되고 만다(갈 3:4). 그는 다시 시작해야 하고, 첫 일을 행하여야 하는 것이다.

IV. 나실인이 스스로 정한 나실인의 기간을 다 마쳤을 때에 그를 나실인 서원에서 엄숙하게 해제시키는 일에 관한 법. 그 기한이 끝나기 전에는 나실인의 의무에서 해제될 수 없었다. 서원을 하기 전에는 서원을 하는 여부가 자신의 권한이었으나, 서원을 하고난 다음에는 그것에서 해제되기를 문의하기에는 이미 때가 늦었다. 유대인들은 말하기를, 나실인 서원의 기한은 삼십일 이하가 될 수 없었고, 따라서 사람이 "내가 이틀 동안 나실인이 되겠나이다"라고 말해도 삼십일 동안 나실인으로 있어야 했다고 한다. 그러나 바울은 칠일 동안 나실인으로 있기를 서원했던 것으로 보이며(행 21:27), 혹은 몇 년 전 겐그레아에서 머리털을 깎음으로써 스스로 나실인에서 해제되었으며(행 18:18), 세월이 흐른 후 비로소 성전에서 나실인 서원을 완료하는 의식을 행한 것으로 볼 수도 있다. 서원을 통해서 자신을 구별시킨 기한이 만료되면, 그는

1. 공적으로 회막 문에서(13절), 모든 사람이 보는 앞에서 자신의 나실인 서원에서 해제되었고, 그리하여 그가 포도주나 독주를 다시 마셔도 아무도 그것에 대해 개의치 않도록 하였다.

2. 헌물을 드림으로써 그 서원에서 해제되었다(14절). 나실인으로 헌신했던 자가 그의 열정적인 헌신을 통해서 하나님이 자기에게서 빚을 지셨다는 식의 생각을 갖지 않도록, 그의 서원이 종결된 때에도 하나님께 헌물을 드리게 하였다. 하나님께 온 힘을 다하여 의무를 이행한 후에도 우리 자신이 하나님께 할

바를 다하지 못하였다고 생각해야 마땅하기 때문이다. 그는 다음의 지정된 헌물들 가운데 하나를 드려야 했다. (1) 번제물. 이는, 비록 그가 서원에서 해제되었으나 여전히 그 자신이 하나님의 주권적인 다스림 아래 있다는 것을 인정하는 뜻으로 드리는 것이었다. (2) 속죄제물. 이것은 두 번째로 언급되나(14절), 아마도 첫 번째로 드려졌던 것 같다(16절). 다른 제물들이 열납되기 위해서는 먼저 우리 죄를 속하는 것이 필요했기 때문이다. 또한 나실인이 아무리 사람의 눈에 눈보다 순결하고 젖보다 희게 보인다 할지라도, 감히 속죄제물도 없이 거룩하신 하나님 앞에 나서는 일이 있어서는 안 되었다는 사실이 눈에 띄게 드러난다. 거룩하게 자신을 구별하는 서원을 더럽혀짐이 없이 무사히 완수했다 할지라도 그는 반드시 죄를 위한 제물을 드려야 했다. 아무리 선한 사람이 최상으로 일을 감당했다 할지라도 거기에는 죄책이 반드시 개입되어 있기 때문이었다. 선한 일을 행하지 않은 것이 있을 수 있고 선하지 못한 것을 용납했을 수도 있는데, 엄밀한 정의로 그것을 대한다면, 우리는 멸망하고 말 것이고, 따라서 우리는 속죄를 받는 것이 필수적이며, 또한 하나님 앞에서 그 속죄를 우리의 의로서 구해야 하는 것이다. (3) 화목제물. 나실인 서원을 완수하도록 가능하게 해 주신 하나님께 감사함으로, 또한 장차 한때 나실인이었던 자에게 합당하지 않은 일을 저지르게 되지 않도록 보호해 주시기를 위하여 하나님께 은혜를 간구하는 마음으로 이 제물을 드렸다. 이제 자신의 서원의 의무에서 자유를 얻었으나 그는 여전히 하나님의 율법의 의무 아래 있는 것이다. (4) 이 제물들에다 소제물과 전제물이 추가되었다(15, 17절). 번제물과 화목제물을 드릴 때에는 항상 이 제물들을 함께 드렸기 때문이다. 그리고 무교병 한 광주리를 추가로 드렸다. (5) 화목제물의 일부를 무교병과 무교전병과 함께 요제로 흔들어 드렸다(19, 20절). 그리고 그렇게 먼저 하나님께 드린 다음 그것을 제사장의 몫으로 돌렸다. (6) 이 모든 것 외에도 힘이 미치는 대로 헌물을 드릴 수 있었다(21절). 이보다 많은 것을 드릴 수도 있었으나 이보다 적게 드리는 것은 아니었다. 그리고 엄숙함을 드높이기 위하여, 이 때에 친구들이나 동료들을 함께 참석하게 하고 그들을 위하여 비용을 내도록 하는 것이 보통이었다(행 21:24). 마지막으로, 한 가지 지정된 의례가 더 있었으니, 이는 조건을 완수하고 난 다음 의무에서 해제시키는 뜻으로 나실인으로 있는 동안 내내 길렀던 머리털을 민 것이며, 그 머리털은 화목제물 밑에 있는 불에 집어넣어 태웠다(18절).

이것은 그가 서원을 완수한 것이 위대한 희생 제물이신 그리스도 안에서 하나님께 열납되었음을 나타내는 것이었다. 그러므로 여호와 너희 하나님께 서원하고 갚으라. 하나님은 우매한 자들을 기뻐하지 아니하시느니라(전 5:4).

²²여호와께서 모세에게 말씀하여 이르시되 ²³아론과 그의 아들들에게 말하여 이르기를 너희는 이스라엘 자손을 위하여 이렇게 축복하여 이르되 ²⁴여호와는 네게 복을 주시고 너를 지키시기를 원하며 ²⁵여호와는 그의 얼굴을 네게 비추사 은혜 베푸시기를 원하며 ²⁶여호와는 그 얼굴을 네게로 향하여 드사 평강 주시기를 원하노라 할지니라 하라 ²⁷그들은 이같이 내 이름으로 이스라엘 자손에게 축복할지니 내가 그들에게 복을 주리라

　　여기서,
I. 제사장들은 다른 여러 가지 좋은 직무들도 행해야 했지만, 그 가운데서도 백성들을 여호와의 이름으로 엄숙하게 축복하는 직무를 부여받았다(23절). 이것은 그들이 행할 일 중의 일부였다(신 21:5). 이로써 하나님은 제사장들에게 존귀를 부여하셨다. 낮은 자가 높은 자에게서 축복을 받기 때문이다(히 7:7). 그리고 이로써 하나님은 제사장들을 하나님의 대언자로 알고 바라보는 백성들에게 큰 위로와 만족을 주신 것이다. 제사장 자신은 복 주시기를 구하는 것 이상 아무것도 할 수 없으나, 그는 직무상 중보자요 또한 축복을 명하시는 그분의 이름으로 축복을 행하는 것이므로, 그 기도에는 약속이 있으며 또한 그 기도를 행하는 자는 권위를 지닌 자로서 손을 높이 들고 얼굴을 백성을 향하고서 기도하는 것이다. 그런데,
　1. 이는 그리스도께서 우리가 믿는 도리의 대제사장으로서 세상에서 행하실 임무(곧, 우리에게 복 주시는 것. 행 3:26)의 모형이었다. 그가 이 땅에서 행하신 마지막 일은 손을 들어 제자들을 축복하신 것이었다(눅 24:50, 51). 박식한 피어슨 주교(bishop Pearson)의 말에 따르면, 제사장들이 오전 제사가 끝날 때에만 백성들을 축복하고 저녁 제사에는 축복하지 않는 것이 유대인의 전통이었는데, 이는 세상의 저녁에 해당하는 마지막 날, 곧 메시야의 날에는 율법의 축복이 중지되고 그리스도의 축복이 일어난다는 것을 보여주기 위함이었다고 한다.

2. 이는 복음 사역자들과 집회를 주관하는 자들에게 주는 하나의 전형이었다. 그들은 거룩한 집회를 마치고 사람들을 해산시킬 때에 이와 같은 방식으로 그들을 축복하여야 하는 것이다. 하나님의 백성을 가르치고 명령하는 것이나, 그들을 축복하는 것이나 똑같은 하나님의 입이 하시는 것이요, 또한 율법을 받는 자들은 그 축복도 받는 것이다. 히브리 학자들은 백성들에게 경고한다. 곧, "이 초라하고 보잘것없는 제사장의 축복이 무슨 소용이 있겠는가?"라고 말해서는 안 된다는 것이다. 왜냐하면 "축복을 받는 것이 제사장에게 달려 있는 것이 아니라 거룩하고 복되신 하나님께 달려 있기 때문"이라는 것이다.

II. 축복의 한 가지 형식이 그들을 위하여 여기에 제시되어 있다. 다른 기원들에 대해서는 아무런 형식 문구가 주어지지 않았으나, 축복은 제사장들 마음대로 아무렇게나 행하지 말라는 것이 하나님의 명령이므로, 하나님께서는 그 문구 하나하나까지 직접 그들의 입에다 주시는 것이다(24-26절). 여기서 관찰하라.

1. 각 사람 하나하나에게 축복할 것을 명령하신다. 여호와는 네게 복을 주시고. 그들 각 사람이 축복을 받도록 스스로 준비를 갖추어야 한다. 그래야 그들이 그 축복 가운데서 각 사람이 복을 누리게 될 것이었다. 네가 복을 받을 것이며(신 28:3). 우리가 그 법을 우리 자신에게 적용시키면, 우리의 이름이 거기에 기록된 것처럼 그 축복도 우리 스스로 취하게 될 것이다.

2. 여호와라는 이름이 세 번 그 속에 반복되어 나타나며, 또한 (비평가들이 관찰하는 대로) 원문에서는 매 번마다 악센트가 달리 나타난다. 유대인들은 여기에 무언가 신비가 있다고 생각하는데, 우리는 그것이 무엇인지를 안다. 이미 신약 성경이 그것을 설명해 놓았으므로, 우리는 그것에 근거하여 주 예수 그리스도의 은혜와 하나님의 사랑과 성령의 교통하심에서 비롯되는 축복을 예상하게 된다(고후 13:13). 여기 세 분이 각기 여호와이시나, "세 분의 주가 아니라 한 주"이신 것이다.

3. 하나님의 호의가 이 축복 속에 모두 들어 있다. 그의 축복이야말로 모든 선(善)의 근원이기 때문이다. (1) 여호와는 네게 복을 주시고! 우리가 하나님을 축복(찬양)한다는 것은 그에 대해 말을 선히 하는 것뿐이지만, 그가 우리에게 복을 주신다는 것은 우리를 위해 선히 행하신다는 것이다. 그가 복을 주시는 자들이야말로 진정 복 받은 자들이다. (2) 여호와는 그의 얼굴을 네게 비추사. 해

가 땅에 비치어 땅을 밝히고 온기를 주며 지면을 새롭게 하는 것에 빗댄 표현이다. "여호와는 너를 사랑하사 그가 너를 사랑하심을 너로 알게 하시기를 원하노라." 하나님의 사랑이 우리에게 있으면 우리가 행복하지 않을 수 없고, 우리에게 그의 사랑이 있다는 것을 알면 마음이 평안하지 않을 수가 없다. (3) 여호와는 그 얼굴을 네게로 향하여 드사. 이는 앞의 표현과 동일한 의미인데, 아버지가 자녀를 향하여, 혹은 사람이 자기가 기뻐하는 친구를 향하여, 미소를 짓는 모습에 빗댄 것인 듯하다. 하나님이 그가 우리를 특별히 아끼시고 우리를 받으신다는 확신을 우리에게 주시면, 이것이야말로 마음에 기쁨이 될 것이다 (시 4:7, 8).

4. 이러한 특별한 호의의 열매들은 지키심과 용서와 평강이다. (1) 악에게서 지키심(24절). 여호와께서 너를 지키시기를 원하노라. 그는 이스라엘을 지키시는 자요 졸지도 아니하시고 주무시지도 아니하시는 자시며(시 121:4), 또한 모든 신자들이 하나님의 능력으로 지킴을 받는다. (2) 죄의 용서(25절). 여호와께서 네게 은혜, 혹은 긍휼을, 베푸시기를 원하노라. (3) 평강(26절). 이는 완전히 복된 삶을 이루는 모든 선한 요소들을 다 포괄하는 것이다.

Ⅲ. 하나님께서는 여기서 그 축복을 재가하시고 확증하실 것을 약속하신다.
그들은 이같이 내 이름으로 이스라엘 자손에게 축복할지니(27절). 하나님은 그들이 백성들을 축복하면서 그의 이름을 사용하도록 허용하신다. 곧, 그들을 그의 이름으로 칭하는 그의 백성으로 축복하도록 하시는 것이다. 이는 그들이 그들에게 선포할 수 있는 모든 축복을 다 포함하는 것으로, 그들을 하나님이 택하사 사랑을 주시는 그의 특별한 백성으로 구별짓는 것이라 할 것이다. 그들에게 있는 하나님의 이름은 그들의 영광이요, 그들의 위로요, 그들의 안전이요, 그들의 탄원이었다. 우리가 주의 이름으로 칭하는 자들이오니 우리를 떠나지 마소서! 그리고 여기에 내가 그들에게 복을 주리라라는 말씀이 덧붙여진다. 주목하라. 하나님의 축복은 하나님의 세우심과 함께 나아가며, 그들에게 덕과 효능을 베푸는 것이다. 그리스도께서 평안에 대하여 하신 말씀이 이 축복에도 그대로 해당된다. "이 집이 평안할지어다." 평안의 아들들과 축복의 상속자들이 거기에 있으면 그 평안이, 그 축복이, 그들에게 머물 것이다(눅 10:5, 6). 하나님이 그의 이름을 기념하게 하는 모든 곳에서 그가 그의 백성들에게 임하여 그들에게 복을 주실 것이니 말이다(출 20:24).

— 제 7 장 —

개요

하나님이 이를테면 이스라엘의 진의 한가운데에 집을 세우셨으니, 이제 이스라엘의 우두머리들이 소작인들이 지주(地主)에게 하듯 각 지파의 이름으로 헌물을 들고 그 집을 방문하여 그에게 문안드린다. I. 그들이 헌물을 드렸다. 1. 회막을 봉헌할 때에, 회막의 봉사를 위하여 드렸다(1-9절). 2. 제단을 봉헌할 때에, 제단의 봉사를 위하여 드렸다(10-88절). II. 하나님께서 그 헌물들을 받으셨음을 은혜로이 나타내셨다(89절). 앞의 두 장들은 하나님이 이스라엘에게 주신 추가적인 율법을 기록한 것이었고, 이 장은 이스라엘이 하나님께 행한 추가적인 봉사들의 역사를 기록한 것이라 하겠다.

[1]모세가 장막 세우기를 끝내고 그것에 기름을 발라 거룩히 구별하고 또 그 모든 기구와 제단과 그 모든 기물에 기름을 발라 거룩히 구별한 날에 [2]이스라엘 지휘관들 곧 그들의 조상의 가문의 우두머리들이요 그 지파의 지휘관으로서 그 계수함을 받은 자의 감독된 자들이 헌물을 드렸으니 [3]그들이 여호와께 드린 헌물은 덮개 있는 수레 여섯 대와 소 열두 마리이니 지휘관 두 사람에 수레가 하나씩이요 지휘관 한 사람에 소 한 마리씩이라 그것들을 장막 앞에 드린지라 [4]여호와께서 모세에게 말씀하여 이르시되 [5]그것을 그들에게서 받아 레위인에게 주어 각기 직임대로 회막 봉사에 쓰게 할지니라 [6]모세가 수레와 소를 받아 레위인에게 주었으니 [7]곧 게르손 자손들에게는 그들의 직임대로 수레 둘과 소 네 마리를 주었고 [8]므라리 자손들에게는 그들의 직임대로 수레 넷과 소 여덟 마리를 주고 제사장 아론의 아들 이다말에게 감독하게 하였으나 [9]고핫 자손에게는 주지 아니하였으니 그들의 성소의 직임은 그 어깨로 메는 일을 하는 까닭이었더라

여기서는 이스라엘의 우두머리들이 회막 봉사를 위하여 헌물을 드리는 내용이 기록된다. 관찰하라.

I. 헌물을 드린 시기. 장막 세우기를 끝내고 난 다음이었다(1절). 회막 자체에

관한 모든 일들을 마쳐지고, 또한 그 주위를 둘러싼 이스라엘의 진영이 주어진 지침에 따라 완전히 정비된 후에, 비로소 그들이 헌물을 드렸는데, 아마도 둘째 달 제팔일 경이었을 것이다. 주목하라. 필수적인 사항을 준수하는 것이 자원하여 헌물을 드리는 것보다 항상 우선한다. 먼저 준수하고, 그 다음에 드리는 것이다.

II. 헌물을 드린 자들. 이스라엘 지휘관들 곧 그들의 조상의 가문의 우두머리들이요 그 지파의 지휘관으로서 그 계수함을 받은 자의 감독된 자들(2절). 주목하라. 권세와 위엄이 남보다 출중한 자들은 모든 선한 일에 남보다 앞장서야 하고 또한 남보다 더 멀리까지 나아가야 마땅하다. 남보다 더 앞서 가는 자들에게서는 더 많은 것이 기대된다. 그들에게는 하나님과 다른 이들을 섬길 더 큰 기회가 주어져 있기 때문이다. 세상에서 선을 더 많이 행할 수 있도록 하는 것이 아니라면, 과연 재물과 권세의 좋은 점이 무엇이겠는가?

III. 그들이 드린 헌물들. 수레 여섯 대와 그 수레들을 끌 소 열두 마리(3절). 이 수레들은 회막의 나머지 기구들과 어울리는 것들로서, 그들 자신이 행렬할 때에 타고 다니던 수레들처럼 최상품이었을 것이다. 어떤 이들은 하나님이 모세를 통하여 그들이 드릴 품목을 알려 주셨다고 보기도 한다. 그렇지 않다면 그들 스스로 생각하여 이런 헌물을 드리게 되었을 것이다. 하나님께서 지혜로 회막의 모든 필수적인 것들을 지정하셨으나, 이런 우발적인 물품들에 대한 사항은 그들 자신이 살펴서 제공하도록 그들에게 맡겨졌던 것 같다. 그들 스스로 부족한 것을 생각하여 그렇게 정리한 것이다(딛 1:5). 이 수레들의 모양이 산에서 모세에게 보여진 것이 아니었으나, 그래도 그것들이 거부되지 않았다. 주목하라. 하나님이 거룩한 규례들을 제정하실 때에 지극히 상세한 정황들 하나하나까지 일일이 다 지시하신다는 식의 기대를 가져서는 안 된다. 가변적인 내용에 있어서는 인간의 지혜에 맡겨지는 부분도 있으며, 그 경우에는 지혜를 발휘하여 처리하는 것이 유익이 될 것이다. 관찰하라. 회막이 완전히 세워지자 곧바로 이처럼 그것을 옮기는 문제에 대한 지시가 주어진다. 주목하라. 우리가 이 세상에 정착하여 이제 뿌리를 내렸다는 생각이 들 때에라도 우리는 변화와 옮겨갈 것에, 특히 큰 변화에 대비하여야 한다. 이 세상에 있는 동안에는 모든 것이 변화하고 움직일 수 있는 상태에 맞추어져야 한다. 회막이 세워질 때에 우두머리들은 매우 풍성한 헌물을 드렸다. 그 때에 그들은 호마노와 보석을 가져왔다(출 35:27). 그런데 지금은 더 많은 헌물을 가져왔다. 주목하라. 선을 행하여온 자들은 더욱더 많이 행하기를 힘쓰고, 선을 행하되 낙심하지 말 것이다.

IV. 헌물의 처리와 용도 수레와 소는 레위인들에게 주어 회막을 지는 데에 사용하도록 하였다. 이는 그들을 편안하게 하기 위함이었고(하나님은 그의 종들이 힘들고 지치는 것을 원하지 않으셨으므로) 또한 회막의 여러 부품들을 안전하고도 올바르게 운반하기 위함이기도 했다. 회막의 각 부품들은 함께 운반하고, 수레에 얹어 안전하게 보호하는 것이 최상이었다.

1. 게르손 자손들은 휘장들과 천 등 가벼운 것들을 운반하는 직무를 맡고 있었는데, 이들에게는 수레 두 개와 소 네 마리가 배당되었다(7절). 이 수레에 짐을 다 싣고 남는 것들은 그들이 어깨에 져서 옮겨야 했다.

2. 므라리 자손은 널판과 기둥과 말뚝 등의 무거운 짐들을 운반할 책임을 맡고 있었고, 이들에게는 수레 네 개와 소 여덟 마리가 배당되었다(8절). 그러나 그들 소유의 다른 수레가 더 없었다면 그들은 굉장히 많은 짐을 등에 지고 가야 했을 것이다. 말뚝만 해도 무게가 100 달란트로서 4톤이 넘었다. 그러니 그 것을 싣는 데에 소 두 마리가 끄는 수레 네 개가 다 소비되었을 것이다. 말뚝 하나는 무게가 한 달란트로서 장정 한 사람이 질 수 있을 정도였을 것으로 보이는데(왕하 5:23에서 나타나는 대로), 이것은 그들이 등에 지고 운반하였을 것이고, 나머지 널판과 기둥들을 수레에 실어 운반했을 것이다. 여기서 관찰하라. 하나님은 그의 지혜와 은혜로 가장 일이 많은 자들에게 가장 많은 것을 주도록 명하신다. 각 사람이 그들의 직임대로 수레를 받았다. 하나님이 그의 섭리로 어떠한 직무를 부과하시든 간에, 그는 거기에 소요되는 힘에 따라서 충족한 은혜로 채워주실 것이다(고전 10:13).

3. 고핫 자손들은 가장 거룩한 물품들을 운반하는 직무를 맡았는데, 이들에게는 수레가 하나도 주어지지 않았다. 그들은 각별히 조심하여 어깨로 짐을 운반하여야 했기 때문이다(9절). 다윗 때에 그들이 수레로 언약궤를 운반하였을 때에, 하나님은 웃사를 죽게 하셔서, 그들이 규례대로 그에게 구하지 아니하였다는 것을 처절한 공포 가운데서 깨닫게 하셨다(대상 15:13을 보라).

[10]제단에 기름을 바르던 날에 지휘관들이 제단의 봉헌을 위하여 헌물을 가져다가

그 헌물을 제단 앞에 드리니라 [11]여호와께서 모세에게 이르시기를 지휘관들은 하루 한 사람씩 제단의 봉헌물을 드릴지니라 하셨더라 [12]첫째 날에 헌물을 드린 자는 유다 지파 암미나답의 아들 나손이라 [13]그의 헌물은 성소의 세겔로 백삼십 세겔 무게의 은반 하나와 칠십 세겔 무게의 은바리 하나라 이 두 그릇에는 소제물로 기름 섞은 고운 가루를 채웠고 [14]또 열 세겔 무게의 금 그릇 하나라 그것에는 향을 채웠고 [15]또 번제물로 수송아지 한 마리와 숫양 한 마리와 일 년 된 어린 숫양 한 마리이며 [16]속죄제물로 숫염소 한 마리이며 [17]화목제물로 소 두 마리와 숫양 다섯 마리와 숫염소 다섯 마리와 일 년 된 어린 숫양 다섯 마리라 이는 암미나답의 아들 나손의 헌물이었더라 [18]둘째 날에는 잇사갈의 지휘관 수알의 아들 느다넬이 헌물을 드렸으니 [19]그가 드린 헌물도 성소의 세겔로 백삼십 세겔 무게의 은반 하나와 칠십 세겔 무게의 은 바리 하나라 이 두 그릇에는 소제물로 기름 섞은 고운 가루를 채웠고 [20]또 열 세겔 무게의 금 그릇 하나라 그것에는 향을 채웠고 [21]또 번제물로 수송아지 한 마리와 숫양 한 마리와 일 년 된 어린 숫양 한 마리이며 [22]속죄제물로 숫염소 한 마리이며 [23]화목제물로 소 두 마리와 숫양 다섯 마리와 숫염소 다섯 마리와 일 년 된 어린 숫양 다섯 마리라 이는 수알의 아들 느다넬의 헌물이었더라 [24]셋째 날에는 스불론 자손의 지휘관 헬론의 아들 엘리압이 헌물을 드렸으니 [25]그의 헌물도 성소의 세겔로 백삼십 세겔 무게의 은반 하나와 칠십 세겔 무게의 은 바리 하나라 이 두 그릇에는 소제물로 기름 섞은 고운 가루를 채웠고 [26]또 열 세겔 무게의 금 그릇 하나라 이것에는 향을 채웠고 [27]또 번제물로 수송아지 한 마리와 숫양 한 마리와 일 년 된 어린 숫양 한 마리이며 [28]속죄제물로 숫염소 한 마리이며 [29]화목제물로 소 두 마리와 숫양 다섯 마리와 숫염소 다섯 마리와 일 년 된 어린 숫양 다섯 마리라 이는 헬론의 아들 엘리압의 헌물이었더라 [30]넷째 날에는 르우벤 자손의 지휘관 스데울의 아들 엘리술이 헌물을 드렸으니 [31]그의 헌물도 성소의 세겔로 백삼십 세겔 무게의 은 쟁반 하나와 칠십 세겔 무게의 은 바리 하나라 이 두 그릇에는 소제물로 기름 섞은 고운 가루를 채웠고 [32]또 열 세겔 무게의 금 그릇 하나라 이것에는 향을 채웠고 [33]또 번제물로 수송아지 한 마리와 숫양 한 마리와 일 년 된 어린 숫양 한 마리이며 [34]속죄제물로 숫염소 한 마리이며 [35]화목제물로 소 두 마리와 숫양 다섯 마리와 숫염소 다섯 마리와 일 년 된 어린 숫양 다섯 마리라 이는 스데울의 아들 엘리술의 헌물이었더라 [36]다섯째 날에는 시므온 자손의 지휘관 수리삿대의 아들 슬루미엘이 헌물을 드렸으니 [37]그 헌물도 성소의 세겔로 백삼십 세겔 무게의 은 쟁반 하나와 칠십 세겔 무게의 은 바리 하나라 이 두 그릇에는 소제물로 기름 섞은 고운 가루를 채웠고 [38]또 열 세겔 무게의 금 그릇 하나라 이것에는 향을 채웠고 [39]또 번제 물로 수송아지 한 마리와 숫양 한 마리와 일 년 된 어린 숫양 한 마리이며 [40]속죄제 물로 숫염소 한 마리이며 [41]화목제물로 소 두 마리와 숫양 다섯 마리와 숫염소 다섯 마리와 일 년 된 어린 숫양 다섯 마리라 이는 수리삿대의 아들 슬루미엘의 헌물이 었더라 [42]여섯째 날에는 갓 자손의 지휘관 드우엘의 아들 엘리아삽이 헌물을 드렸 으니 [43]그의 헌물도 성소의 세겔로 백삼십 세겔 무게의 은 쟁반 하나와 칠십 세겔 무게의 은 바리 하나라 이 두 그릇에는 소제물로 기름 섞은 고운 가루를 채웠고 [44]또 열 세겔 무게의 금 그릇 하나라 이것에는 향을 채웠고 [45]또 번제물로 수송아지 한 마리와 숫양 한 마리와 일 년 된 어린 숫양 한 마리이며 [46]속죄제물로 숫염소 한 마리이며 [47]화목제물로 소 두 마리와 숫양 다섯 마리와 숫염소 다섯 마리와 일 년 된 어린 숫양 다섯 마리라 이는 드우엘의 아들 엘리아삽의 헌물이었더라 [48]일곱째 날에는 에브라임 자손의 지휘관 암미훗의 아들 엘리사마가 헌물을 드렸으니 [49]그 의 헌물도 성소의 세겔로 백삼십 세겔 무게의 은 쟁반 하나와 칠십 세겔 무게의 은 바리 하나라 이 두 그릇에는 소제물로 기름 섞은 고운 가루를 채웠고 [50]또 열 세겔 무게의 금 그릇 하나라 이것에는 향을 채웠고 [51]또 번제물로 수송아지 한 마리와 숫 양 한 마리와 일 년 된 어린 숫양 한 마리이며 [52]속죄제물로 숫염소 한 마리이며 [53] 화목제물로 소 두 마리와 숫양 다섯 마리와 숫염소 다섯 마리와 일 년 된 어린 숫 양 다섯 마리라 이는 암미훗의 아들 엘리사마의 헌물이었더라 [54]여덟째 날에는 므 낫세 자손의 지휘관 브다술의 아들 가말리엘이 헌물을 드렸으니 [55]그 헌물도 성소 의 세겔로 백삼십 세겔 무게의 은 쟁반 하나와 칠십 세겔 무게의 은 바리 하나라 이 두 그릇에는 소제물로 기름 섞은 고운 가루를 채웠고 [56]또 열 세겔 무게의 금 그 릇 하나라 이것에는 향을 채웠고 [57]또 번제물로 수송아지 한 마리와 숫양 한 마리와 일 년 된 어린 숫양 한 마리이며 [58]속죄제물로 숫염소 한 마리이며 [59]화목제물로 소 두 마리와 숫양 다섯 마리와 숫염소 다섯 마리와 일 년 된 어린 숫양 다섯 마리라 이는 브다술의 아들 가말리엘의 헌물이었더라 [60]아홉째 날에는 베냐민 자손의 지휘 관 기드오니의 아들 아비단이 헌물을 드렸으니 [61]그의 헌물도 성소의 세겔로 백삼 십 세겔 무게의 은 쟁반 하나와 칠십 세겔 무게의 은 바리 하나라 이 두 그릇에는 소제물로 기름 섞은 고운 가루를 채웠고 [62]또 열 세겔 무게의 금 그릇 하나라 이것 에는 향을 채웠고 [63]또 번제물로 수송아지 한 마리와 숫양 한 마리와 일 년 된 어린 숫양 한 마리이며 ⁶⁴속죄제물로 숫염소 한 마리이며 ⁶⁵화목제물로 소 두 마리와 숫양 다섯 마리와 숫염소 다섯 마리와 일 년 된 어린 숫양 다섯 마리라 이는 기드오니의 아들 아비단의 헌물이었더라 ⁶⁶열째 날에는 단 자손의 지휘관 암미삿대의 아들 아히에셀이 헌물을 드렸으니 ⁶⁷그의 헌물도 성소의 세겔로 백삼십 세겔 무게의 은 쟁반 하나와 칠십 세겔 무게의 은 바리 하나라 이 두 그릇에는 소제물로 기름 섞은 고운 가루를 채웠고 ⁶⁸또 열 세겔 무게의 금 그릇 하나라 이것에는 향을 채웠고 ⁶⁹또 번제물로 수송아지 한 마리와 숫양 한 마리와 일 년 된 어린 숫양 한 마리이며 ⁷⁰속죄제물로 숫염소 한 마리이며 ⁷¹화목제물로 소 두 마리와 숫양 다섯 마리와 숫염소 다섯 마리와 일 년 된 어린 숫양 다섯 마리라 이는 암미삿대의 아들 아히에셀의 헌물이었더라 ⁷²열한째 날에는 아셀 자손의 지휘관 오그란의 아들 바기엘이 헌물을 드렸으니 ⁷³그의 헌물도 성소의 세겔로 백삼십 세겔 무게의 은 쟁반 하나와 칠십 세겔 무게의 은 바리 하나라 이 두 그릇에는 소제물로 기름 섞은 고운 가루를 채웠고 ⁷⁴또 열 세겔 무게의 금 그릇 하나라 이것에는 향을 채웠고 ⁷⁵또 번제물로 수송아지 한 마리와 숫양 한 마리와 일 년 된 어린 숫양 한 마리이며 ⁷⁶속죄제물로 숫염소 한 마리이며 ⁷⁷화목제물로 소 두 마리와 숫양 다섯 마리와 숫염소 다섯 마리와 일 년 된 어린 숫양 다섯 마리라 이는 오그란의 아들 바기엘의 헌물이었더라 ⁷⁸열두째 날에는 납달리 자손의 지휘관 에난의 아들 아히라가 헌물을 드렸으니 ⁷⁹그의 헌물도 성소의 세겔로 백삼십 세겔 무게의 은 쟁반 하나와 칠십 세겔 무게의 은 바리 하나라 이 두 그릇에는 소제물로 기름 섞은 고운 가루를 채웠고 ⁸⁰또 열 세겔 무게의 금 그릇 하나라 이것에는 향을 채웠고 ⁸¹또 번제물로 수송아지 한 마리와 숫양 한 마리와 일 년 된 어린 숫양 한 마리이며 ⁸²속죄제물로 숫염소 한 마리이며 ⁸³화목제물로 소 두 마리와 숫양 다섯 마리와 숫염소 다섯 마리와 일 년 된 어린 숫양 다섯 마리라 이는 에난의 아들 아히라의 헌물이었더라 ⁸⁴이는 곧 제단에 기름 바르던 날에 이스라엘 지휘관들이 드린 바 제단의 봉헌물이라 은 쟁반이 열 둘이요 은 바리가 열둘이요 금 그릇이 열둘이니 ⁸⁵은 쟁반은 각각 백삼십 세겔 무게요 은 바리는 각각 칠십 세겔 무게라 성소의 세겔로 모든 기구의 은이 모두 이천사백 세겔이요 ⁸⁶또 향을 채운 금 그릇이 열둘이니 성소의 세겔로 각각 열 세겔 무게라 그 그릇의 금이 모두 백이십 세겔이요 ⁸⁷또 번제물로 수송아지가 열두 마리요 숫양이 열두 마리요 일 년 된 어린 숫양이 열두 마리요 그 소제물이며 속죄제물로 숫염소가 열두 마리이며 ⁸⁸화목제물로 수소가 스물네 마리요 숫양이 육십 마리요 숫염소가 육십 마리요 일 년 된 어린 숫양 이 육십 마리라 이는 제단에 기름 바른 후에 드린 바 제단의 봉헌물이었더라 ⁸⁹모세가 회막에 들어가서 여호와께 말하려 할 때에 증거궤 위 속죄소 위의 두 그룹 사이에서 자기에게 말씀하시는 목소리를 들었으니 여호와께서 그에게 말씀하심이었더라

여기서는 제단을, 곧 번제단과 분향단을 봉헌하는 지극히 엄숙한 행사에 관한 기사를 접하게 된다. 그것들은 전에 이미 기름을 부어 거룩하게 구별되었었다(레 8:10, 11). 그러나 이제 우두머리들이 자원하여 헌물을 드림으로써 비로소 처음 사용되게 된다. 그들은 풍성한 헌물을 드림으로써, 또한 기쁨과 즐거움을 크게 표현하며 하나님의 임재의 증표들을 굉장히 높이 우러름으로써 이제 처음 그것들을 사용하게 된다. 여기서 다음을 관찰하라.

I. 우두머리들과 귀인들이 하나님을 섬기는 일에 앞장섰다는 것. 남보다 뛰어난 지위를 부여받은 이들은 선행에서도 앞장서야 하며, 그것이 진정한 영예다. 이것은 나라에서 권세를 지니고 있고 또한 윗자리에 있는 귀족들과 신사들에게 좋은 모범이 된다. 그들은 그 사는 처소에서 신앙을 장려하고 하나님을 섬기는 일을 북돋는 데에 명예와 권력과 재산을 사용하여야 마땅하다. 남보다 많이 가진 자들이 자기들이 가진 것으로 남보다 선을 더 많이 행하여야 한다는 것은 당연한 일이다. 그러므로 그렇게 하지 않는다면 그들은 불성실한 청지기들이요, 모든 것을 정산할 때에 기쁨을 얻지 못할 것이다. 아니 큰 사람들은 자기들의 부와 권력으로 하나님을 섬기는 자들을 돕고 보호해야 함은 물론, 그들 스스로 경건하여 그들 스스로 경건한 봉사에 참여하여 하나님을 존귀하게 하여야 하며(시 138:4, 5), 또한 다른 이들에게 좋은 영향을 미쳐야 한다. 그들이 경건한 일에 열심히 임하면, 다른 이들이 쉽게 영향을 받아 함께 경건한 일에 열심을 낼 것이다. 아무리 크고 위대한 사람도 하나님의 가장 작은 규례보다 작은 법이며, 이 세상에서 가장 큰 인물이라 할지라도 아무리 사소한 신앙의 봉사도 무시해서는 안 되는 것이다.

II. 그들이 가져온 헌물들이 매우 풍성하고 값진 것들이었다는 것. 이것들이 너무도 풍성하여 어떤 이들은 그들이 지위고하를 막론하고 모두 자기 능력껏 비용을 감당하였다고 생각한다. 각 지파의 지휘관들이 그 우두머리들이 드린 헌물에 함께 힘을 보탰을 것으로 보는 것이다.

1. 그들은 회막 봉사를 위해 영구히 쓸 물품들을 드렸다. 열두 개의 은 쟁반을 드렸는데, 각기 무게가 육십 온스 정도였고, 열두 개의 은 바리 혹은 주발을 드렸는데 각기 무게가 삼십오 온스 정도 되었다. 은 쟁반은 소제를 위한 것이었고, 은 바리는 전제를 위한 것이었으며, 전자는 제물들의 살(肉)을 위한 것이었고, 후자는 피를 위한 것이었다. 후자는 말하자면 하나님의 식탁이었다. 향을 채운 금 그릇은 아마도 금 제단의 봉사를 위한 것이었을 것으로 보인다. 두 제단들이 동시에 기름부음 받았으니 말이다. 주목하라. 경건과 사랑의 일에서 우리는 우리의 능력에 따라 너그럽고 풍성해야 한다. 최고이신 하나님께 우리가 가진 최고의 것으로 섬겨야 하는 것이다. 이스라엘 자손들은 기꺼이 성소의 봉사를 위하여 풍부하게 금과 은을 드릴만 했다. 날마다 하늘로부터 양식을 공급받았으니 금과 은으로 고기와 양식을 살 필요가 없었고, 얼마 지나지 않아 가나안을 소유로 받게 되어 있었으니 금과 은으로 땅을 살 필요도, 금과 은을 군대에게 지불할 필요도 없었기 때문이다.

2. 그들은 즉시 소용되는 물품들을 드렸다. 곧, 번제물, 속죄제물, 굉장히 많은 화목제물(그 중 일부는 친지들과 함께 먹어야 했다)과 그것들에 곁들여 드린 소제물 등 각종 제물들이 그것이다. 그들은 이로써 하나님께서 최근 모세를 통해서 그들에게 주신 희생 제사에 관한 모든 율법들을 감사히 받아들이고 기꺼이 굴복하겠다는 것을 표시한 것이다. 이는 기쁨과 즐거움이 가득한 때였으나, 그럼에도 불구하고 그들이 드린 희생 제물 가운데 속죄제물이 포함되어 있는 것을 볼 수 있다. 우리가 아무리 훌륭한 것들로 섬긴다 해도 거기에는 죄가 뒤섞여 있다는 것을 우리가 의식하고 있으니, 지극히 즐거운 봉사 중에도 반드시 회개의 요소가 섞여 있어야 마땅한 것이다. 하나님께 나아갈 때마다 우리는 위대한 속죄제물이신 그리스도를 믿음으로 바라보며 그를 의지하여야 하는 것이다.

3. 그들은 각자 미리 제출한 순서에 따라 다른 날에 헌물을 가져왔고, 그리하여 엄숙한 규례가 열이틀 동안 지속되었다. 하나님께서 그렇게 지정하셨다. 지휘관들을 하루 한 사람씩 제단의 봉헌물을 드릴지니라(11절). 그리고 그들이 이를 따라 행하였다. 열이틀 가운데 안식일이 최소한 한 번은 끼어 있었을 것인데, 안식일에도 그 일이 중단되지 않은 것 같다. 그 일은 거룩한 날에도 합당한 거룩한 일이기 때문이었다. 하나님께서 그 일을 여러 날에 걸쳐서 행하도록 하

신 것은, (1) 그 엄숙한 규례가 오래도록 계속되어 온 이스라엘이 모두 그것을 보게 하고 또한 그 일에 대한 기억이 더욱 효과적으로 보존되게 하기 위함이었다. (2) 각 지파마다 동등한 존귀를 얻게 하기 위함이었다. 아론의 흉패에는 각 지파에 해당하는 보석이 있었고, 이처럼 이 헌물을 드림에 있어서도 각 지파마다 별도의 정해진 날이 있었던 것이다. (3) 헌물을 드리는 예가 더욱 정중하고도 질서 있게 행해지도록 하기 위함이었다. 하나님의 일은 혼란스럽게도, 허둥지둥하며 행해서는 안 된다. 시간을 들이는 것이 일을 속히 하는 것이요, 최소한 일을 더 잘 하는 것이 될 것이다. (4) 하나님은 이로써 경건과 헌신의 규례에 대해 자신이 얼마나 기뻐하시는가를 보여주시며, 또한 우리가 그 일에 대해 얼마나 기뻐해야 할지를 보여주셨다. 그 일을 반복하는 것이 우리에게 계속해서 기쁨이 되어야 하며, 선을 행하는 일을 지겨워해서는 안 되는 것이다. 만일 우리에게 열이틀 동안 특별한 봉사를 행하라는 요구가 주어진다 해도, 우리는 움츠러들어서도 안 되고, 그것을 힘겨운 임무로나 부담으로 치부해서는 안 될 것이다. (5) 제사장들과 레위인들은 날마다 동일한 제사를 계속해서 반복할 기회를 가졌으니 그 일에 매우 익숙해졌을 것이요, 그 일과 관련한 법규들을 환히 숙지하게 되었을 것이다. (6) 화목제물들은 그 드려진 날에 모두 먹어야 했는데, 소 두 마리, 숫양 두 마리, 숫염소 다섯 마리, 어린 숫양 다섯 마리 정도면 하루의 절기를 위해서 충분하였다. 화목제물이 이보다 많았다면, 그리고 모두 하루에 다 가져왔다면, 차고 넘쳐서 다 먹을 수 없었을 것이다. 믿음의 절기를 지킨다는 명목으로 절제의 미덕을 뒤로 제쳐두어서는 안 되는 법이다.

4. 그들이 드린 헌물들은 모두 정확히 동일하였다. 각 지휘관들도 지파들도 그 부(富)의 정도가 동일하지 않았으나, 이스라엘의 모든 지파들이 제단에 동등한 몫을 담당하였고, 또한 그 제단에 드려진 희생 제물들에 동등하게 참여하였다는 것을 알 수 있다. 이스라엘 진에서 차지한 존귀는 지파별로 달랐으나, 하나님께서는 그들과 그들의 봉사를 모두 똑같이 받으신 것이다. 우리도 우리 주 예수 그리스도에 대한 믿음을 가진 자로서 **사람을 차별하여** 대해서는 안 될 것이다(약 2:1).

5. 유다 지파의 지휘관인 나손이 먼저 헌물을 드렸다. 하나님께서는 유다 지파에게 이스라엘 진중에서 첫째가는 존귀를 부여하였었고, 하나님께서 정해 주신 순서대로 헌물을 드렸다. 그리스도께서 나실 유다 지파가 먼저 드렸고,

이어서 나머지 지파들이 드렸다. 그리하여 영혼을 하나님께 드림에 있어서 각 사람은 그 차례대로 드려진다. 먼저는 첫 열매인 그리스도요(고전 15:23). 어떤 이들은 나손에 대해서만 분명히 지휘관이라 칭하지 않는다는 점을 지적한다(12절). 그를 지휘관이라 칭하지 않는 것은, 그가 첫 번째로 헌물을 드린다고 해서 우쭐해지지 않도록 하기 위함이었고, 또한 나머지 모든 대표들을 지휘관이라 부른 것은 그들이 굴복하여 그 다음에 헌물을 드렸기 때문이라는 것이다. 혹은, 유다 지파의 지휘관의 칭호는 그리스도께 속하는 것이 더 적절하기 때문이라고도 한다. 그에게 모든 백성이 복종하기 때문이다(창 49:10).

6. 봉헌물들이 모두 동일했으나, 각 지파가 헌물을 드린 사실에 대한 기사를 동일한 말로 계속 반복하여 기록하고 있다. 성경에는 헛된 반복이란 없다는 것이 확실하다. 그렇다면 이런 반복을 어떻게 이해해야 할까? 혹시 이 귀인들에 대해서 그들이 각기 자기에게 정해진 날에 동일한 봉헌물들을 똑같이 드렸다는 것을 말씀하고자 하는 것일까? 아니다. 만일 그런 목적이었다면 하나님께서 각 지파에 대해서 그 점을 분명히 하셨을 것이다. 그렇다면 이를 어떻게 이해해야 할까? (1) 이 지휘관들과 그들의 해당 지파들을 격려하기 위함이었다. 곧, 그들이 각기 드린 봉헌물들이 분명히 기록되어 그 중에 하나도 가벼이 처리되지 않는다는 것을 알게 하기 위함이었다. 부자와 가난한 자들이 하나님 앞에서 함께 만나기 때문이다. (2) 이는 모든 자비한 경건과 구제의 행위들을 격려하고자 함이었다. 곧, 하나님께 그렇게 드려지는 것은 주께 꾸이는 것이며 주께서는 그것을 조심스럽게 기록해 두시고 각 사람의 이름을 그 봉헌물 앞에 기록하셔서 그 드려진 것에 대해 다시 갚아 주실 것임을 알게 해 주시고자 함이었다. 그는 심지어 냉수 한 그릇에 대해서도 상급을 베푸실 것이다. 하나님은 불의하지 아니하사, 성도들의 사랑의 수고와 섬김을 잊지 않으시는 것이다(히 6:10). 그리스도께서도 헌금함에 돈 넣는 것을 옆에서 주목하여 보시는 것을 보게 된다(막 12:41). 드려지는 것이 적을지라도, 그것이 다른 이들을 구제하기 위한 것일지라도, 우리의 능력에 따라 행하는 것이면 그것이 기록될 것이요, 의인의 부활 시에 그에 대한 상급이 주어질 것이다.

7. 그 기록의 맨 밑에 총계가 덧붙여져 있는데(84-88절), 이는 자의로 드려진 헌물에 대해 하나님이 얼마나 크게 기뻐하시며, 또한 각 지휘관이 자기의 몫을 드릴 때에 그 전체의 수량이 얼마나 많아지는가를 보여주는 것이다. 모든

이들이 각기 자기의 처지에서 모범적인 순결함과 헌신과 열렬한 사랑으로 자기의 몫을 감당한다면, 하나님의 성소가 얼마나 크게 풍성해지고 아름다워지겠는가!

8. 하나님께서는 모세에게 속죄소 옆에서 마치 친구에게 말씀하듯 친근하게 말씀하심으로써(89절; 12:8) 각 지파의 지휘관들이 드린 봉헌물들을 그가 기꺼이 받으셨음을 드러내신다. 그리고 그에게 말씀하시는 중에 그는 결국 모든 이스라엘에게 말씀하신 것이요, 그들에게 그러한 선의의 증표를 보이신 것이다(시 103:7). 주목하라. 하나님이 우리에게 은혜를 베푸셔서 그의 말씀을 듣고 받아들이게 하시면 그것은 곧 하나님이 우리의 기도를 들으시고 받아들이신다는 것임을 알 수 있다. 하나님과 우리의 교제가 그런 식으로 유지되고 지속되는 것이기 때문이다. 이 봉헌물들이 드려지는 동안(아마 그동안 제사장들과 지휘관들이 화목 제물을 나누어 먹고 있었을 것이다) 매일 모세는 성막 안에서 이 책과 바로 앞의 책에 기록되어 있는 율법과 명령들의 일부를 받고 있었을 것이라고 상정하지 못할 이유는 없을 것이다. 저 탁월한 패트릭 주교는 여기서 하나님께서 마치 거룩한 몸으로 옷 입으시기라도 한 듯, 때가 차서 말씀이 육체가 되고 인간의 언어로 말씀하시게 될 성자의 성육신의 보증이라도 보여주듯이, 그 때에 모세에게 귀에 들리는 음성으로 말씀하셨음을 지적하고 있다. 왜냐하면 하나님께서는 옛적에 선지자들을 통하여 여러 부분과 여러 모양으로 우리 조상들에게 말씀하셨으나, 이 모든 날 마지막에는 아들을 통하여 우리에게 말씀하셨기 때문이다(히 1:1). 그리고 지금 셰키나 혹은 신적인 위엄으로서 그룹들 사이에서 모세에게 말씀하신 그분은 삼위일체의 제2위이신 영원하신 말씀이셨다는 것이 수많은 옛 사람들의 경건한 추리였다. 왜냐하면 하나님께서 사람과 나누시는 모든 교제는 그의 아들로 말미암아 이루어지기 때문이다. 하나님께서는 그를 통하여 세상을 지으셨고, 그를 통하여 교회를 다스리시며, 그는 어제나 오늘이나 영원토록 동일하신 것이다.

제
— 8 —
장

개요

본 장은 성소의 등잔 혹은 등불에 관한 내용이다. I. 제사장들이 관리를 맡은 등잔대의 등불(1-4절). II. 살아 있는 등불인(그렇게 부를 수 있다면) 레위인들. 이들은 사역자들로서 불타오르고 빛을 비추는 등불들이었다. 제사장들의 임직 기사는 레위기 8장에서 볼 수 있다. 여기서는 그들보다 하급의 성직자들인 레위인들의 임직 기사를 접하게 된다. 1. 그들을 정결하게 함(5-8절). 2. 그들을 백성과 분리시킴(9-10절). 3. 초태생들을 대신하여 그들이 하나님께 드려짐(11-18절). 4. 그들을 아론과 그의 아들들에게 맡겨 그들을 보좌하게 함(19절). 5. 이런 사항들이 정당하게 시행되었음(20-22절). 그리고 마지막으로, 사역에 임하는 레위인들의 연령 제한(23-26절).

¹여호와께서 또 모세에게 말씀하여 이르시되 ²아론에게 말하여 이르라 등불을 켤 때에는 일곱 등잔을 등잔대 앞으로 비추게 할지니라 하시매 ³아론이 그리하여 등불을 등잔대 앞으로 비추도록 켰으니 여호와께서 모세에게 명령하심과 같았더라 ⁴이 등잔대의 제작법은 이러하니 곧 금을 쳐서 만든 것인데 밑판에서 그 꽃까지 쳐서 만든 것이라 모세가 여호와께 자기에게 보이신 양식을 따라 이 등잔대를 만들었더라

순금 등잔대를 만드는 일에 대한 지침은 오래 전에 이미 주어졌었고 (출 25:31), 또한 산 위에서 모세에게 보여주신 양식대로 이미 만들어져 있었다 (출 37:17). 그런데 여기서 다른 물건들이 사용되기 시작할 때에 비로소 처음으로 그 등잔에 불을 밝히도록 명령이 주어지고 있다. 관찰하라.

1. 등불을 켜야 할 사람은 아론 자신이었다. 그가 등불을 등잔대 앞으로 비추도록 켰으니(3절). 그는 하나님 앞에서 백성을 대표하여 그렇게 하나님의 집에서 종의 직분을 감당하여 주인의 등불을 켰고, 또한 백성들 앞에서 하나님을 대신하여 그렇게 등불을 켜는 것으로 표현된 하나님의 뜻과 자비를 전하였고

(주께서 나의 등불을 켜심이여, 시 18:28), 그리하여 아론 자신이 최근 백성을 축복하도록 지시를 받은 것이다. 여호와는 그의 얼굴을 네게 비추사 은혜 베푸시기를 원하며(6:25). 명령은 등불이다(잠 6:23). 성경은 어두운 데를 비추는 등불이다(벧후 1:19). 등불이 없는 성막이 캄캄한 어둠이었듯이(성막에는 창문이 없었다), 성경이 없다면 교회도 과연 어둠일 수밖에 없다. 그러니 사역자들의 임무는 하나님의 말씀을 해명하고 적용시킴으로써 이 등불들을 밝히는 것이다. 제사장은 제단의 불에서 중앙의 등잔을 밝혔고, 나머지 등잔들은 하나씩 하나씩 불을 켰다. 에인즈워스(Mr. Ainsworth. Henry Ainsworth[1571-1622])의 말에 따르면, 이는 모든 빛과 지식의 근원이 그리스도 안에 있음을 의미한다. 보좌 앞에 켠 등불 일곱으로 나타나는 하나님의 일곱 영이 그리스도의 것이다(계 4:5). 그러나 그는 동시에 이를 한 성경 본문을 해명할 때에 다른 본문에서 빛을 빌려 와야 하는 것을 뜻하는 것으로 보기도 한다. 그는 또한 일곱이 완전수이므로, 일곱 등잔은 우리로 하여금 구원에 이르는 지혜가 있게 하는 바 성경의 충만한 완전성을 보여주는 것이라고 상정한다.

2. 등불을 밝힌 목적은 등불들이 등잔대 앞을 비추도록 하기 위함이었다. 즉, 성막에서 진설병을 올려놓는 떡상이 등잔대 앞에 있었으니 그 쪽을 비추도록 하기 위함이었다. 그 등불들은 항아리 속에 있는 초처럼 그냥 스스로 타들어가도록 되어 있었던 것이 아니라, 성막의 다른 쪽에 빛을 밝히도록 되어 있었다. 등불을 밝히는 목적이 바로 거기에 있는 것이다(마 5:15). 주목하라. 세상의 등불들은, 교회의 등불들은 등불들로서 빛을 비추어야 한다. 그러므로 우리에게 등불이 있는 것은 빛을 주기 위함이다.

⁵여호와께서 모세에게 말씀하여 이르시되 ⁶이스라엘 자손 중에서 레위인을 데려다가 정결하게 하라 ⁷너는 이같이 하여 그들을 정결하게 하되 곧 속죄의 물을 그들에게 뿌리고 그들에게 그들의 전신을 삭도로 밀게 하고 그 의복을 빨게 하여 몸을 정결하게 하고 ⁸또 그들에게 수송아지 한 마리를 번제물로 기름 섞은 고운 가루를 그 소제물로 가져오게 하고 그 외에 너는 또 수송아지 한 마리를 속죄제물로 가져오고 ⁹레위인을 회막 앞에 나오게 하고 이스라엘 자손의 온 회중을 모으고 ¹⁰레위인을 여호와 앞에 나오게 하고 이스라엘 자손이 그들에게 안수하게 한 후에 ¹¹아론이 이스라엘 자손을 위하여 레위인을 흔들어 바치는 제물로 여호와 앞에 드릴지니 이는

그들에게 여호와께 봉사하게 하기 위함이라 [12]레위인으로 수송아지들의 머리에 안수하게 하고 네가 그 하나는 속죄제물로, 하나는 번제물로 여호와께 드려 레위인을 속죄하고 [13]레위인을 아론과 그의 아들들 앞에 세워 여호와께 요제로 드릴지니라 [14]너는 이같이 이스라엘 자손 중에서 레위인을 구별하라 그리하면 그들이 내게 속할 것이라 [15]네가 그들을 정결하게 하여 요제로 드린 후에 그들이 회막에 들어가서 봉사할 것이니라 [16]그들은 이스라엘 자손 중에서 내게 온전히 드린 바 된 자라 이스라엘 자손 중 모든 초태생 곧 모든 처음 태어난 자 대신 내가 그들을 취하였나니 [17]이스라엘 자손 중 처음 태어난 것은 사람이든지 짐승이든지 다 내게 속하였음은 내가 애굽 땅에서 모든 처음 태어난 자를 치던 날에 그들을 내게 구별하였음이라 [18]이러므로 내가 이스라엘 자손 중 모든 처음 태어난 자 대신 레위인을 취하였느니라 [19]내가 이스라엘 자손 중에서 레위인을 취하여 그들을 아론과 그의 아들들에게 주어 그들로 회막에서 이스라엘 자손을 대신하여 봉사하게 하며 또 이스라엘 자손을 위하여 속죄하게 하였나니 이는 이스라엘 자손이 성소에 가까이 할 때에 그들 중에 재앙이 없게 하려 하였음이니라 [20]모세와 아론과 이스라엘 자손의 온 회중이 여호와께서 레위인에 대하여 모세에게 명령하신 것을 다 따라 레위인에게 행하였으되 곧 이스라엘 자손이 그와 같이 그들에게 행하였더라 [21]레위인이 이에 죄에서 스스로 깨끗하게 하고 그들의 옷을 빨매 아론이 그들을 여호와 앞에 요제로 드리고 그가 또 그들을 위하여 속죄하여 정결하게 한 [22]후에 레위인이 회막에 들어가서 아론과 그의 아들들 앞에서 봉사하니라 여호와께서 레위인의 일에 대하여 모세에게 명령하게 하신 것을 따라 그와 같이 그들에게 행하였더라 [23]여호와께서 또 모세에게 말씀하여 이르시되 [24]레위인은 이같이 할지니 곧 이십오 세 이상으로는 회막에 들어가서 복무하고 봉사할 것이요 [25]오십 세부터는 그 일을 쉬어 봉사하지 아니할 것이나 [26]그의 형제와 함께 회막에서 돕는 직무를 지킬 것이요 일하지 아니할 것이라 너는 레위인의 직무에 대하여 이같이 할지니라

　　앞에서 우리는 이스라엘 자손들을 계수할 때에 레위인들을 그들에게서 분리시키고, 성막 봉사에 사용하고자 그들을 계수한 사실을 보았다(3:6, 15). 그런데 여기서는 그들의 엄숙한 임직을 위한 지침들과(6절) 또한 그 지침대로 이행한 사실을 접하게 된다(20절). 온 이스라엘은 그들이 스스로 그런 존귀를 얻은 것이 아니라 하나님께서 그들을 그러한 존귀의 자리로 부르셨다는

것을 알아야 했다. 그들이 이웃들과 구별되는 것만으로는 안 되고, 엄숙하게 하나님께 드려진 존재가 되어야 했다. 주목하라. 하나님을 위해 쓰임 받는 자들은 모두 그 쓰임 받는 정도에 따라 하나님께 헌신되어야 한다. 그리스도인들은 세례를 받아야 하고, 목사들은 임직 받아야 한다. 우리는 먼저 우리 자신을 여호와께 드려야 하고, 그 다음에 봉사를 드려야 한다. 이 일이 행해진 방법을 관찰하라.

I. 레위인들이 정결하게 되어야 했고, 그렇게 되었다. 그들을 정결하게 하는 규례와 의식들이 시행되어야 했다.

1. 그들 스스로 이를 시행하여야 했다. 그들이 의복을 빨아야 했고, 목욕을 하는 것은 물론 전신을 삭도로 밀어야 했다. 마치 나병환자가 정결해졌을 때에 행한 것처럼 말이다. 그는 모든 털을 밀어서, 물로 씻겨지지 않는 더러운 것을 정결하게 하여야 했다(레 14:8). 하나님이 사랑하신 야곱은 부드러운 사람이었다. 그러나 에서는 털이 많은 자였다. 이들이 자신의 불결한 것들을 정결하게 하기 위하여 이처럼 큰 고통을 감수하여야 했다는 것은 모든 그리스도인들과 또한 목사들이, 회개하고 정욕을 죽임으로써 모든 육체와 영의 더러움을 깨끗이 하여 온전한 거룩을 이루어야 할 것을 가르쳐 준다 할 것이다. 여호와의 기구들을 다루는 자들은 이처럼 정결해야 했다.

2. 모세가 이를 시행하여야 했다. 그는 신적인 지시대로 준비한 속죄의 물을 그들에게 뿌려야 했다. 이것은 믿음으로 그리스도의 피를 우리 영혼에게 뿌려 우리를 악한 양심으로부터 정결하게 하여 살아 계신 하나님을 섬기기에 합당하도록 만드는 것을 의미하였다. 우리 자신을 정결하게 하는 것은 우리의 의무요, 동시에 하나님의 약속이다. 그가 우리를 정결하게 하시니 말이다.

II. 레위인들은 이처럼 준비를 갖추고 난 후 온 이스라엘이 엄숙하게 회집한 가운데서 여호와 앞에 나아왔다. 이스라엘 자손이 그들에게 안수하여(10절), 그들과 또한 그들의 봉사에 대한 자기들의 이권(利權)을(이스라엘 자손 전체가 부분적으로 그것에 대한 권한이 있었다) 하나님과 그의 성소에게로 돌렸다. 이스라엘 자손은 그들을 하나님이 기뻐하시는 거룩한 산 제물로 하나님께 드려서 영적 예배를 행하도록 하였다. 그렇기 때문에 다른 모든 경우에 봉헌물을 드리는 자들이 행한 것처럼, 그들이 그들에게 안수함으로써 온 회중이 다 일을 감당하는 대신, 그리고 특히 처음 난 자들이(이스라엘 자손은 특히 이들의 봉사는 하나님께서는 반드시 요구하실 것으로 알고 있었다) 레위인들이 드리는 봉사를 하나님께서 받으시기를 소망한 것이다. 그들이 안수했다고 해서, 백성들이 사역자들을 임직시킬 권한이 있다는 것을 보여주는 것은 아니다. 이스라엘 자손이 이렇게 안수한 것 때문에 레위인들이 성소에서 일하는 사역자들이 되는 것이 아니기 때문이었다. 그들의 안수는 그저 백성들이 레위 지파를 자기들의 군대와 시민적 의무에서 제외시켜, 아론을 통하여 여호와 앞에 그들을 드림으로써 그들을 여호와의 사역자들로 만들기 위함이었을 뿐이다. 거기에 모인 이스라엘 자손 전부가 그들에게 안수할 수는 없었을 것이고, 아마도 그 중의 지휘관들과 장로들이 대표로 안수하였을 것으로 보인다. 어떤 이들은 레위인들이 처음 태어난 자들을 대신하여 하나님께 거룩히 드려졌으므로, 처음 태어난 자들이 안수를 했을 것으로 보기도 한다. 하나님께서 그의 영광을 섬기기 위하여 우리에게 요구하시면, 그것이 무엇이든 우리는 기꺼이 내어놓고 안수하여 그것을 하나님께 드려야 한다. 모든 것이 그의 것이니 그에게로 드리는 것이 합당한 것이다.

Ⅲ. 레위인들을 위하여 제물을 드려야 했다. 먼저 속죄제물을 드리고 그 다음에 번제물을 드려 레위인을 속죄하여야 했으며, 레위인들은 당사자들로서 제물의 머리에 안수를 해야 했다(12절). 여기서 다음을 보라.

1. 우리는 모두 철저하게 무가치하고 부적절하여 하나님을 섬기는 일을 감당할 수가 없다. 그러므로 죄에 대해 속죄가 행해지고, 그리하여 우리가 하나님과 화평을 이루어야만 비로소 그 일을 감당할 수 있다. 하나님과 우리 영혼 사이에 평화로운 교제가 성립되기 위해서는 중간에 가로막힌 구름이 제거되어야 하는 것이다.

2. 우리가 하나님과 화목한 상태가 되고 그에게 드려지기에 합당한 상태가 되는 일은 제물을 통해서, 곧 위대한 제물이신 그리스도를 통하여 이루어진다. 그리스도인들이 그들의 신앙의 일을 위하여 거룩하게 구별되고, 또한 사역자들이 그 사역의 일을 위하여 거룩하게 구별되는 일은 오직 그리스도로 말미암는 것이다. 학식 많은 패트릭 주교는 레위인들이 드린 제물에 대하여, 레위인들 자신이 속죄의 제물로 여겨졌다고 본다. 그들 자신이 이스라엘 자손을 대신하여 속죄하기 위하여 드려졌기 때문이라는 것이다(19절). 그러나 처음 난 자들도 죽임당하지 않았고 레위인들도 죽임을 당하지 않았으며, 그들 대신 이 두

가지 제물들을 드렸다. 그러므로 그들이 그 제물에 안수하여 이스라엘 자손이 그들에게 지운 죄가(10절) 그 제물들에게 전가되도록 하였던 것이다.

Ⅳ. 레위인들 자신들이 이스라엘 자손을 위하여 제물로 여호와 앞에 드려졌다(11절). 레위인들 스스로 자신을 드렸고, 또한 이스라엘 자손이 그들을 드린 다음, 아론이 그들을 하나님께 드렸다. 원문은 흔들어 바치는 제물이라는 뜻인데(한글 개역개정판은 이를 잘 드러내 준다 - 역주), 그들을 실제로 흔들어서 드렸다는 뜻이 아니다. 흔들어 바치는 제물들이 그랬던 것처럼 그들이 하늘의 하나님이요 온 땅의 주이신 하나님께 드려졌다는 뜻이다. 또한 그들을 흔들어 바치는 제물이라 부름으로써, 그들이 계속적으로 그들 자신을 하나님께 높이 들어 올려 드리고 그를 위해 봉사해야 한다는 것을 그들에게 알려준 것이라 하겠다. 그들의 눈을 들어올리고, 그들의 마음을 들어올리고, 전후로 움직여 그들의 맡은 직무를 담당할 준비를 갖추어야 했다. 그들은 게으름을 피우도록 임직된 것이 아니라, 능동적으로 열심히 일하여야 할 의무를 지녔던 것이다.

Ⅴ. 하나님께서 여기서 그들을 받아들이셨음을 선포하신다. 그들이 내게 속할 것이라(14절). 하나님은 처음 태어난 자들 대신 그들을 취하셨다(16-18절, 3:41을 보라). 주목하라. 하나님께 진정으로 드려지는 것은 그가 은혜로이 받으시고 소유하신다. 그리고 그의 긍휼하심을 받아 신실하게 사역을 감당하는 사역자들은 사랑과 존귀의 구체적인 증표들을 갖고 있다. 그들이 내게 속할 것이라. 그리고 그런 다음 그들이 회막에 들어가서 봉사할 것이니라(15절). 하나님은 그들을 자기 것으로 취하시고, 그들로 하여금 그를 위해 봉사하게 하신다. 회막의 특권들을 함께 나눌 기대를 갖는 자들은 모두 반드시 회막의 봉사를 행할 자세를 가져야 한다. 하나님이 지으신 피조물 가운데 하나님께 반드시 필요한 종들이 하나도 없지만(하나님은 그 누구의 봉사도 필요 없으시다), 반대로 그가 취하시는 종 가운데는 이름만 종이고 아무것도 행하지 않는 자들이 하나도 없는 것이다. 하나님께서는 그가 소유하시는 모든 자들을 일하게 하신다. 천사들조차도 나름대로 행할 직무가 있다.

Ⅵ. 그들을 아론과 그 자손들에게 주신다(19절). 그러나 이들의 사역을 통한 유익은 이스라엘 자손에게 돌아간다.

1. 레위인들은 성소에서 봉사할 때에 반드시 제사장들을 수행하여 그들을 돕는 자들로서 활동해야 한다. 아론이 그들을 하나님께 드리며(11절) 하나님

께서는 다시 그들을 아론에게 주신다(19절). 주목하라. 무엇이든 우리가 하나님께 드리면, 그는 다시 우리에게 말할 수 없이 유익이 되도록 우리에게 돌려주신다. 우리의 마음과, 우리의 자녀들과, 우리의 재산을 하나님께 드리면, 그 어느 때보다도 더욱더 진정으로, 더욱더 편안하게 그것들이 우리의 것이 되는 법이다.

2. 레위인들은 백성을 위하여 활동하여야 한다. 그들은 이스라엘 자손을 위하여 봉사하도록 드려졌다. 곧, 그들이 하여야 할 봉사만 하는 것이 아니라, 온 민족의 관심사를 위하여 봉사하며, 그들의 존귀와 안전과 번영에 진정 도움이 되도록 행하여야 했다. 주목하라. 하나님을 위한 봉사를 신실하게 행하는 자들이야말로 공중을 위하여 가장 최선의 봉사를 행하는 자들이다. 하나님의 사역자들은 그들의 직무의 영역을 지키고 그 임무를 양심적으로 수행하지만, 나라의 가장 유익이 되는 종복(從僕)들로 바라보아야 할 것이다. 이스라엘 자손들이 레위 지파를 그릇 버려둔다면, 그것은 다른 여느 지파를 버려두는 것과 마찬가지다. 그런데 그들이 이스라엘 자손에게 행하는 봉사는 과연 무엇인가? 그 다음에 이어서, 그들로 하여금 이스라엘 자손을 대신하여 속죄하게 하며, 그리하여 그들 중에 재앙이 없게 하려 하였다고 말씀한다. 제물로 속죄하는 일은 제사장들의 직무였다. 그러나 레위인들은 제사장을 수행함으로써 속죄하는 것이요 그리하여 제물을 통해서 이루어진 하늘과의 평화를 보존하는 것이었다. 회막에서 제사장들이 행한 봉사를 이스라엘의 처음 난 자들이 무분별하게 맡아서 했다면, 그들이 그 일을 늘 마음에 두지도, 그 일을 위해 부지런히 훈련을 받지도 않았을 것이므로, 그 일을 소홀히 했거나 아니면 아주 미숙하게 또한 엄숙함도 없이 행해 치웠을 것이고, 그리하여 이스라엘 자손 중에 재앙이 생기게 되었을 것이다. 곧, 처음 난 자들 자신이 죽임을 당하였을 것이다. 이는 애굽의 재앙 가운데 가장 큰 마지막의 재앙이었다. 이를 방지하고, 속죄를 보존하기 위해서 레위인들이 이들 대신 이 봉사를 행하도록 지명받은 것이다. 이들은 어린 시절 부모 아래 있을 때부터 그 일을 위하여 길러진 자들이요, 따라서 그 일에 대해 아주 능숙한 자들이었다. 이처럼 레위인들이 대신하여 봉사하니, 이스라엘 자손들은, 즉 그 처음 난 자들은 성소 가까이에 가야 할 필요가 없었다. 혹은, 이스라엘 사람 중 누구라도 성소에 가까이 가야 할 필요가 생길 경우에는, 레위인들이 기꺼이 그들을 가르치고 훈련시켜서 치명적인 잘못이나 실수

가 일어나지 않도록 방지할 수 있기도 했다. 주목하라. 사역자들이 일반 신자들의 안내자요 감독자요 치리자로 지명받아 하나님의 일들에서와 예배에서 그들보다 앞서 나아가며 또한 그것을 자기들의 임무로 삼는다는 것은 정말 크게 다행한 일이 아닐 수 없다. 그리스도께서 높이 올라가실 때에 그가 사람들에게 선물을 주신 것이다(엡 4:8, 11, 12).

VII. 그들의 사역의 기간이 고정된다.

1. 이들은 25세 때에 봉사를 시작하였다(24절). 그리고 30세가 되기까지는 회막과 그 기구들을 운반하는 일을 맡지 않았다(4:3). 그러나 25세 때에 회막 봉사를 시작하여 그 외의 일을 담당하였는데, 이는 사역자들이 공적인 임무를 시작하기에 매우 적합한 나이였다. 25세부터 30세까지의 임무는 주로 육체의 힘을 요하는 것이었고, 30세 이후의 임무는 성숙한 판단과 일관성 있는 행실을 요하는 것이었는데, 이는 30세 정도가 되기 전에는 잘 생기지 않는 것이다. 그리고 어린 사람들은 교만으로 우쭐해질 위험이 다분한 것이다.

2. 이들은 50세에 임무에서 공적으로 면제되었다(25절). 불명예스럽게 임무에서 쫓겨나는 것이 아니라, 그 나이의 필요에 따라 쉬게 하며, 지금까지는 임무의 부담을 지고 있었으나 이제는 그 직분의 존귀를 누리도록 한 것이다. 그들은 형제와 함께 회막에서 돕는 직무를 지키며, 젊은 레위인들을 지도하고, 그들을 훈련시키도록 하였다. 그리고 회막의 문을 지키는 호위자들로서 외인이나 부정한 자가 침입하지 못하게 하는 등의 임무는 담당하였으나, 그 이상 그들의 힘에 지나치는 직무는 담당하지 않았다. 하나님의 은혜로 말미암아 사람이 자기의 임무에 합당한 능력을 갖게 되지만, 사람은 지혜를 발휘하여, 자기의 능력에 합당한 임무만을 담당하도록 하여야 하는 것이다. 나이든 사람은 책임을 맡기에 합당하며, 젊은 사람은 일을 하고 봉사하기에 합당하다. 종의 직분을 잘한 자들은 아름다운 지위를 얻는다(딤전 3:13). 은사가 나이에 따라 주어지는 것은 아니고(욥 32:9), 동일한 성령이 이 모든 일을 이루시는 것이다. 이렇게 하여 레위인에 관한 사항이 정리되었다.

제 9 장

개요

　본 장은 다음과 같은 내용을 다룬다. I. 유월절 규례에 관하여. 1. 해가 바뀔 때에 유월절을 준수하라는 명령이 주어짐(1-5절). 2. 유월절을 지킬 때에 의식적으로 부정하게 된 자들에 관하여 단서가 덧붙여짐(6-14절). II. 이스라엘을 광야로 인도한 구름 기둥에 관하여(15-23절).

¹애굽 땅에서 나온 다음 해 첫째 달에 여호와께서 시내 광야에서 모세에게 말씀하여 이르시되 ²이스라엘 자손에게 유월절을 그 정한 기일에 지키게 하라 ³그 정한 기일 곧 이 달 열넷째 날 해 질 때에 너희는 그것을 지키되 그 모든 율례와 그 모든 규례대로 지킬지니라 ⁴모세가 이스라엘 자손에게 명령하여 유월절을 지키라 하매 ⁵그들이 첫째 달 열넷째 날 해 질 때에 시내 광야에서 유월절을 지켰으되 이스라엘 자손이 여호와께서 모세에게 명령하신 것을 다 따라 행하였더라 ⁶그 때에 사람의 시체로 말미암아 부정하게 되어서 유월절을 지킬 수 없는 사람들이 있었는데 그들이 그 날에 모세와 아론 앞에 이르러 ⁷그에게 이르되 우리가 사람의 시체로 말미암아 부정하게 되었거니와 우리를 금지하여 이스라엘 자손과 함께 정한 기일에 여호와께 헌물을 드리지 못하게 하심은 어찌함이니이까 ⁸모세가 그들에게 이르되 기다리라 여호와께서 너희에게 대하여 어떻게 명령하시는지 내가 들으리라 ⁹여호와께서 모세에게 말씀하여 이르시되 ¹⁰이스라엘 자손에게 말하여 이르라 너희나 너희 후손 중에 시체로 말미암아 부정하게 되든지 먼 여행 중에 있다 할지라도 다 여호와 앞에 마땅히 유월절을 지키되 ¹¹둘째 달 열넷째 날 해 질 때에 그것을 지켜서 어린 양에 무교병과 쓴 나물을 아울러 먹을 것이요 ¹²아침까지 그것을 조금도 남겨두지 말며 그 뼈를 하나도 꺾지 말아서 유월절 모든 율례대로 지킬 것이니라 ¹³그러나 사람이 정결하기도 하고 여행 중에도 있지 아니하면서 유월절을 지키지 아니하는 자는 그 백성 중에서 끊어지리니 이런 사람은 그 정한 기일에 여호와께 헌물을 드리지 아니하였은즉 그의 죄를 담당할지며 ¹⁴만일 타국인이 너희 중에 거류하여 여호와

앞에 유월절을 지키고자 하면 유월절 율례대로 그 규례를 따라서 행할지니 거류민에게나 본토인에게나 그 율례는 동일할 것이니라

여기서는 다음과 같은 내용을 접하게 된다.

I. 유월절 규례를 엄숙히 지킬 것에 대한 명령. 하나님은 이스라엘 자손이 애굽에서 나온 지 열두 달이 지난 날에 유월절을 지킬 것을 명하신다. 이 날은 둘째 년 첫째 달 열넷째 날로서 이스라엘 자손을 계수하기 며칠 전이다. 인구 조사가 둘째 달 초에 시행되었으니 말이다. 관찰하라.

1. 하나님께서 이 유월절에 관하여 구체적인 명령을 주셨다. 그렇지 않았다면 이스라엘 백성은 유월절을 지키지 않았을 것이다. 이 규례를 처음 제정할 때에, 그들에게 주시는 땅에 이를 때에 그것을 지킬 것을 지정했기 때문이다(출 12:25). 그들은 가나안에 이르러서야 비로소 유월절을 지켰다(수 5:10). 처음 유월절 규례들이 지정된 후 곧바로 그것들 중의 일부가 그렇게 오랜 동안 잠자고 있었다는 것은, 의식적인 규례들이 결국 폐하여질 것임을 시사하는 초기의 징후였다. 성찬의 규례(이는 유월절 대신 주어진 것이다)는 기독교 교회의 초기에 그런 식으로 끊어지거나 뒤로 제쳐지지 않았다. 이스라엘이 광야에서 당한 것보다 훨씬 더 큰 어려움과 환난이 있었는데도 말이다. 아니, 박해의 시기 중에 성찬이 그 이후보다 오히려 자주 시행되었다. 광야의 이스라엘 백성은 애굽에서 구원받은 사실을 잊어버릴 수가 없었다. 그들의 현 상태가 그 구원을 끊임없이 기억하게 만들기 때문이었다. 문제는 가나안에 들어간 이후였다. 그러므로 가나안에서는 그들을 떠낸 반석을 상기해야 할 필요가 있었다. 그러나, 첫 번째 유월절이 급하게 치러졌고, 또한 그 유월절은 본질 자체라기보다는 표징에 불과했으므로, 하나님께서는 새해가 돌아올 때에 다시 그 절기를 지키도록 하셔서 그 자손들이 후에 그 절기의 엄숙함을 더욱 분명하게 깨닫고, 또한 후에도 그것을 더 잘 기억하도록 하셨다. 그 때에는 그들이 더 안정된 상태에 있을 것이고, 하나님의 율법에 대해서도 더 잘 알게 될 것이었기 때문이다. 칼빈은 그들이 지금 유월절을 지키도록 명령을 받는데, 이는 얼마 전에 받은 규례에 대해 새로이 기억을 되살려야 할 만큼 그들이 그런 일에 관심이 없었다는 하나의 반증임을 지적한다.

2. 모세는 자기가 받은 명령을 백성에서 신실하게 전달하였다(4절). 바울도

그와 같이 복음의 유월절에 관하여 주께 받은 것을 교회들에게 신실하게 전달하였다(고전 11:23). 주목하라. 국가의 관리들은 감독자들이어야 하고, 사역자들은 선한 것에 대해 진실한 마음을 일깨워 생각나게 하여야 한다(벧후 3:1).

3. 백성들이 그들에게 주어진 명령을 준행하였다(5절). 얼마 전에 헌신의 절기를 지킨 바 있었으나(7장), 그들은 이 절기를 지키는 일에 대해 핑계하려 하지 않았다. 주목하라. 특별한 봉사들을 행한다고 해서 고정된 봉사들을 그것들로 대체해서도 안 되고, 발뺌을 하려 해서도 안 된다. 그들은 심지어 광야에 있는 처지에서도 유월절을 지켰다. 비록 우리가 홀로 불안정한 처지에 있다 할지라도, 기회가 주어지는 대로 거룩한 규례들을 통하여 하나님께 나아가는 일을 계속해야 한다. 바로 그 일이야말로 최고의 처신이요 또한 최고의 안정을 가져다주는 것이기 때문이다. 이렇게 하여 하나님의 이스라엘이 광야에서 공급함을 받은 것이다.

II. 유월절을 먹을 때에 의식적으로 부정한 자들에 관한 지침. 유월절에 관한 율법에는 모든 이스라엘 사람이 다 유월절을 먹도록 되어 있었다. 그러나 법규들이 후속적으로 제시되어, 의식적으로 부정하게 된 자들은 거룩한 것들을 먹지 못하도록 금지되었다. 죄로 인하여 마음과 양심이 더러워진 자들은 하나님과의 교제에는 전혀 합당치 못하며, 따라서 참된 회개와 믿음을 통해서 깨끗하게 씻음 받고 그들의 처지가 교정되기 전에는 참된 위로의 마음으로 복음의 유월절에 참여할 수가 없는 것이다. 거룩한 규례에 참여하지 않으면, 그것은 그 규례들을 업신여기는 죄를 범하는 것이요, 오염된 상태로 참여하면, 그것은 그 규례들을 더럽히는 죄를 범하는 것이다. 그러므로 정결하게 씻어야 하며, 그 다음에 하나님의 제단에 나아와야 하는 것이다. 그런데,

1. 이 유월절을 지킬 때에 이스라엘 중에 일어난 일이 하나의 사례로 제시된다. 그 때에 사람의 시체로 말미암아 부정하게 되었다(6절). 이들은 7일 동안 부정한 상태에 있게 되었고(19:11), 그 기간 동안에는 거룩한 것들을 먹어서는 안 되었다(레 7:20). 그러나 그들이 악행을 저지른 것은 아니고, 다만 부적절한 상태에 있게 된 것뿐이었다. 죽은 시체들을 장사지내려면 누군가 반드시 시체를 접촉해야 했으므로, 그런 일에 관련된 자들이 선처를 바라고 모세에게 탄원을 할 수 있었던 것이다.

2. 그 일에 관련된 당사자가 모세에게 탄원하였다(7절). 주목하라. 죄와 의

무에 관하여 풀기 어려운 사안이 생길 때에는, 하나님께서 그들 위에 세우신 사역자들에게 나아가 상의하며 그들의 입에서 율법을 구하는 것(말 2:7)이 지혜로운 일이다. 우리는 순탄한 길로 인도하시도록 하나님께 기도하는 중에 이러한 수단을 사용하여야 한다. 이 사람들이 여호와께 예배드리는 자리에서 물러서 있어야 하는 자기들의 처지에 대해 어떠한 괴로움과 염려를 갖고 탄원했는지를 관찰하라. 그들은 율법이 불의하다고 불평한 것이 아니고, 자기들이 율법의 제재 상태에 빠지게 된 안타까운 현실을 토로한 것이요, 무언가 그런 안타까움을 누그러뜨릴 수 있는 방도를 구하고자 한 것이다. 주목하라. 사람들이 하나님의 규례들을 향하여 주리고 목말라 하는 것을 보며, 또한 그것들을 누리지 못하도록 막는 처지에 대해 탄식하는 소리를 듣는다는 것은 참으로 복된 일이다. 어떤 연유에서든 안식일의 엄숙한 규례들이나 성례에 참석하지 못하게 될 때에, 다윗이 제단에 나아가지 못하고 쫓겨났을 때에 한 것처럼(시 42:1, 2) 그것이 우리에게 큰 괴로움으로 다가와야 한다.

3. 이 문제를 해결하기 위하여 모세가 취한 조치. 여기서 율법이 율법과 상충되는 것처럼 보인다. 나중의 법이 먼저 나온 법을 해명하는 것이어야 하는 것이 상례이나, 모세는 유월절에 참석할 특권을 상실한 이스라엘 사람들을 측은히 여겼고, 그리하여 시간을 들여서 이 경우 하나님의 뜻이 어떤 것인지를 문의한다. 기다리라 여호와께서 너희에게 대하여 어떻게 명령하시는지 내가 들으리라(8절). 그러므로 사역자들은 양심이 결부된 문제들을 해결하는 일에 관하여 이것을 모범으로 삼아야 할 것이다. (1) 경솔하게 결정해서는 안 되고, 시간을 두고 모든 사정을 정당하게 따지고 사안을 참된 시각에서 바라보아야 한다. 영적인 문제는 영적으로 살펴야 하는 것이다. (2) 하나님의 뜻을 구해야 하고, 자기들 자신의 편향적인 생각이나 기호에 따라 결정해서는 안 되며, 자기들의 지식을 최대한 발휘하여 하나님의 뜻에 따라 공평하게 결정해야 한다. 모세의 경우처럼 하나님의 직접적인 명령은 우리에게 없다. 그렇더라도 율법과 증거에 근거해야 하고, 그 규정에 따라 말하여야 한다. 그리고 어려운 문제들이 닥칠 경우 시간을 두고 겸손하게 기도로 하나님 앞에 구체적으로 그 문제를 내어놓으면, 우리를 모든 진리 가운데로 인도하시리라고 약속하신 그 성령께서 다른 사람들을 선하고 바른 길로 인도하도록 하실 것이라는 소망을 가질 수 있는 것이다.

4. 이 문제와 또한 다른 유사한 문제들에 대해 하나님께서 주신 지침. 이는 유월절에 관한 율법을 해명해주는 성격을 띤다.

(1) 유월절을 먹는 시기에 의식적으로 부정하여 그 규례에 참여하지 못한 자들은 자신을 정결히 한 후 그 다음 달 같은 날에 유월절을 먹도록 허용되었다. 그리고 유월절을 먹는 시기에 먼 여행 중에 있는 자들도 그렇게 하도록 허용되었다(10, 11절). 여기서 다음을 보라. [1] 엄숙한 규례들을 통하여 하나님께 나아가야 할 때에 우리는 정결해야 하고 또한 마음이 평온한 상태여야 한다는 것. [2] 사정상 이런 상태가 아닌 경우라도 일시적으로 의무를 미룰 수는 있어도 그 의무를 완전히 제쳐두거나 행하지 않는 것은 정당한 일이 아니라는 것. 형제와 다툼이 있는 자는 예물을 제단 앞에 두고 가서 그 형제와 화목하여야 한다. 그러나 그 일을 행한 다음에는, 그 일이 효과가 있든 없든 간에 다시 와서 예물을 드려야 하는 것이다(마 5:23, 24). 이 제2차 유월절은 그 다음 달 같은 날에 지켜야 했다. 왜냐하면 유월절 규례는 그 날에 이루어진 구원을 기념하는 것이었기 때문이다. 히스기야 시대에 둘째 달 14일에 온 회중이 유월절을 지킨 것을 보게 되는데(대하 30:15), 어쩌면 이것은 정결하지 못한 상태여서 유월절에 참석하지 못하게 된 사람들을 참석하게 한 것에 대한 해명이 될 수도 있을 것이다. 정상적인 유월절이 첫째 달에 지켜졌다면, 그 시기에 의식적으로 부정한 상태에 있던 자들은 둘째 달까지 기다려야 했을 것이다. 그러나 정상적인 유월절이 둘째 달에 지켜졌으니, 이 때에는 셋째 달에 유월절을 먹을 수가 없었고, 그리하여 유월절을 전혀 지키지 않게 하기보다는 **성소의 결례대로 깨끗하**게 못한 자들도 허용하여 유월절을 먹게 하였다(대하 30:19, 20).

(2) 둘째 달에 유월절을 지킬 때에는 언제든지 그 모든 율례와 규례들을 철저히 지켜야 했다(12절). 정해진 기간이 바뀌었으니 유월절의 엄숙한 규례 중 일부를 소홀히 해도 된다는 식의 생각은 금물이었다. 하고자 하는 만큼 할 수 없을 때에라도 우리는 하나님을 섬기는 일에 할 수 있는 만큼 최선을 다해야 한다.

(3) 필연적인 사정으로 인하여 추가로 유월절을 지키도록 하였으나, 필연적인 사정이 없음에도 불구하고 지정된 시기에 유월절을 지키지 않고 소홀히 한 자들에게는 이것이 전혀 해당되지 않았다(13절). 부득이한 사정이 없는데도 불구하고 터무니없이 이 율법으로 주어진 자유를 누릴 생각으로, 정해진 시기

에 유월절 먹기를 소홀히 하는 자들은, 하나님을 거스르는 것이요, 그의 자비하심을 불경스럽게 악용하는 것이니, 그의 죄를 담당할지며, 그 백성 중에서 끊어질 것이다. 주목하라. 자기들의 의도와는 달리 어쩔 수 없이 하나님의 규례에 참석하지 못하는 자들은 하나님의 은혜로 말미암아 보살핌을 받기를 기대할 수 있다. 그러나 자기들 자신의 선택으로 그 규례에 불참하는 자들은 그들의 죄에 대한 하나님의 진노의 증표들을 당하기를 기대하는 것이 마땅하다. 스스로 속이지 말라 하나님은 업신여김을 받지 아니하시나니(갈 6:7).

(4) 타국인들의 경우에 관한 규정이 첨가된다(14절). 타국인이 이스라엘 사람들과 함께 유월절 규례에 함께 하려 하는 경우 이스라엘의 신앙을 받아들이고 할례를 받는 것이 필수적이었다(출 12:48, 49). 그러나 본래 이스라엘 사람이 아닌 자들을 유월절 규례에 받아들일 수 있도록 한 것은 그리스도께서 가엾은 이방인들에게 베푸실 호의를 암시해 주는 것이었다. 그 당시에 본토인에게나 타국인에게나 율법이 하나밖에 없었듯이, 메시야 시대에는 하나의 복음만이 있을 것이다. 각 나라 중 하나님을 경외하며 의를 행하는 사람은 다 받으시는 것이요, 베드로가 깨닫기 전에도 이것은 진리였던 것이다(행 10:34, 35).

[15]성막을 세운 날에 구름이 성막 곧 증거의 성막을 덮었고 저녁이 되면 성막 위에 불 모양 같은 것이 나타나서 아침까지 이르렀으되 [16]항상 그러하여 낮에는 구름이 그것을 덮었고 밤이면 불 모양이 있었는데 [17]구름이 성막에서 떠오르는 때에는 이스라엘 자손이 곧 행진하였고 구름이 머무는 곳에 이스라엘 자손이 진을 쳤으니 [18]이스라엘 자손이 여호와의 명령을 따라 행진하였고 여호와의 명령을 따라 진을 쳤으며 구름이 성막 위에 머무는 동안에는 그들이 진영에 머물렀고 [19]구름이 성막 위에 머무는 날이 오랠 때에는 이스라엘 자손이 여호와의 명령을 지켜 행진하지 아니하였으며 [20]혹시 구름이 성막 위에 머무는 날이 적을 때에도 그들이 다만 여호와의 명령을 따라 진영에 머물고 여호와의 명령을 따라 행진하였으며 [21]혹시 구름이 저녁부터 아침까지 있다가 아침에 그 구름이 떠오를 때에는 그들이 행진하였고 구름이 밤낮 있다가 떠오르면 곧 행진하였으며 [22]이틀이든지 한 달이든지 일 년이든지 구름이 성막 위에 머물러 있을 동안에는 이스라엘 자손이 진영에 머물고 행진하지 아니하다가 떠오르면 행진하였으니 [23]곧 그들이 여호와의 명령을 따라 진을 치며 여호와의 명령을 따라 행진하고 또 모세를 통하여 이르신 여호와의 명령을

따라 여호와의 직임을 지켰더라

　　　여기서는 구름의 역사를 접하게 된다. 그러나 이것은 자연적인 역사가 아니다. 구름의 움직임을 누가 알겠는가? 이것은 하나님께서 이스라엘과 함께 계심을 보여주는 눈에 보이는 증표와 상징으로 지정된 그런 신적인 구름의 역사다.

I. 그 전에는 구름이 진들 위에 높이 걸려 있었는데 성막이 완성되자 이 구름이 성막 위에 내려 그것을 덮었다. 이는 하나님이 그의 규례들 속에서와 규례들을 통하여 그의 백성과 함께 임재하심을 드러내 보여주는 것이다. 그는 거기서 자신을 알리시며, 따라서 여호와의 아름다움을 보려면 반드시 그것들을 바라보아야 한다(시 27:4; 겔 37:26, 27). 하나님은 이처럼 구름을 통하여 그 자신이 지시한 것들을 영화롭게 하셨고, 그 백성의 사랑과 순종을 그가 받아들이심을 나타내신 것이다.

II. 낮에 구름으로 나타났던 것이 밤새도록 불로 나타났다. 만일 그것이 그냥 구름이었다면, 밤에는 눈에 보이지 않았을 것이다. 그리고 그것이 그냥 불이었다면 낮에는 분간하기 어려웠을 것이다. 그러나 하나님은 그가 끊임없이 그들과 함께 임재하셔서 그들을 돌보신다는 것을, 또한 그들을 밤낮으로 간수하신다는 것을(시 27:3; 시 121:6) 감각적으로 나타내시고자 하신 것이다. 이렇게 해서 우리는 언제나 하나님을 우리 앞에 모시고, 또한 밤낮으로 우리 가까이 계신 그를 보도록 가르침을 받는 것이다. 또한 이 눈에 보이는 하나님의 임재의 표징들이, 구약 교회가 다스림을 받았던 그 신적 계시의 본질의 어떤 점들을 나타내 준다고 볼 수도 있을 것이다. 곧, 하나님이 예수 그리스도의 얼굴에서 그의 영광을 더 분명하고 편안하게 보게 하시는 것에 비할 때에, 구름은 구약 경륜의 어둠을 나타내고, 불은 그 경륜의 공포를 나타낸다고 볼 수도 있다.

III. 이 구름 기둥과 불 기둥이 광야에서 이스라엘의 이동과 행진과 진 치는 것 등 모든 움직임을 지시하고 결정하였다.

　1. 구름이 성막 위에 머물러 있는 동안에는 그들이 계속해서 동일한 장소에 머물러 있었고 전혀 움직임이 없었다. 그들은 분명 가나안에 속히 들어가기를 학수고대하였으며 그리하여 그 곳을 향한 여정을 계속하기를 매우 고대하였을 것이나, 구름이 머무는 동안에는, 한 달이든 일 년이든, 계속해서 머물렀던 것

이다(22절). 주목하라. 믿는 자는 급히 서두르지 않는다. 하나님의 때를 기다리는 동안은 잃어버리는 시간이 없는 법이다. 부르심을 받을 때에 하나님을 위하여 일하는 것에 못지않게, 우리의 몫(운명)이 요구할 때에 편안한 마음으로 조용히 앉아 있는 것도 하나님의 뜻에 복종하는 합당한 처사인 것이다.

2. 구름이 걷히면 그들도 움직였다. 그들이 얼마나 손쉽게 진을 쳤는지 모른다(17절). 밤이든 낮이든 구름이 움직이면, 그들은 지체하지 않고 그 구름의 움직임을 좇았고(21절), 아마 몇몇 파수꾼을 지명해 두어서 밤낮으로 구름과 불기둥의 움직임을 주시하게 하여, 그것이 움직이기 시작하면 적시에 진중에 알렸고, 이를 여호와의 명령으로 간주하였을 것이다. 백성들은 머물 때나 움직일 때가 고정되어 있지 않고 끊임없이 불확실한 상황 속에 처하여 있었으므로, 짧은 통지에 곧바로 행진하도록 항상 만반의 준비를 갖추고 있어야 했다. 우리 역시 이 땅의 장막 집을 벗어버릴 시기에 대해서는 불확실한 가운데 있다. 그러므로 우리 역시 언제나 여호와의 명령을 **따라** 이동할 준비를 갖추어야 하는 것이다.

3. 구름이 이동하는 만큼 그들이 행진했고, 구름이 머무르는 곳에 그들이 진을 쳤고, 그 구름 아래 하나님의 장막도 쳤다(17절). 주목하라. 하나님이 떠나셨는데 머물러 있는 것은 지극히 불편한 일이다. 그러나 하나님이 우리 앞에서 가시는 것을 보면서 그를 따라가는 것이나, 그가 머무르라고 지시하는 곳에 머무는 것은 과연 안전하고도 유쾌한 일이다. 이 사실이 이 구절들에서 거듭거듭 반복되는데, 이는 그것이 그들의 전체의 여정에서 한 번도 끊어지지 않고 계속 반복되어 일어난 이적이었으며, 따라서 매우 의미심장하며 큰 교훈이 되는 것으로 구체적으로 주목해야 할 사안이기 때문이다. 오랜 세월 후 다윗도 이 일을 언급하며(시 105:39), 또한 포로기 이후의 하나님의 백성들도 이를 언급한다(느 9:19). 이 구름의 인도를 복된 성령의 인도하심을 뜻하는 것으로 말씀하기도 한다. 여호와의 영이 그들을 편히 쉬게 하셨도다 주께서 이와 같이 주의 백성을 **인도하사**(사 63:14). 이는 다음과 같은 것들을 가르쳐준다.

(1) 하나님이 그의 백성들을 세심히 보살피신다는 것. 이 구름의 인도만큼 이스라엘을 향한 하나님의 세심한 배려를 확실하고도 의미심장하게 보여주는 것은 없었다. 그 구름은 그들을 **바른** 길로 인도하여 거주할 성읍에 이르게 하였다(시 107:7). 하나님이 이를테면 구름으로 그의 날개깃털을 삼으사 그들을 덮

으신 것이다. 지금 우리로서는 이것처럼 눈에 보이는 하나님의 임재와 인도하심의 증표들을 기대해서는 안 된다. 그러나 모든 하나님의 영적 이스라엘에게는 주의 교훈으로 인도하시기를(시 73:24) 죽을 때까지 하시며(시 48:14), 모든 하나님의 자녀들이 하나님의 영으로 인도함을 받으며(롬 8:14), 범사에 그를 인정하는 자들의 길을 지도하시리라는 것(잠 3:6)이 확실히 약속되어 있는 것이다. 구체적인 하나님의 섭리가 있어서 그들의 모든 일들을 인도하고 통제하여 최고의 선을 이루는 것이다. 여호와께서 사람의 걸음을 정하시는 것이다(시 37:23).

(2) 우리의 모든 길에서 구체적으로 하나님을 생각하여야 한다는 것. 우리의 감정이나 행동에서 우리는 반드시 그의 말씀과 성령의 인도하심을 따라야 한다. 우리 영혼의 모든 움직임들이 하나님의 뜻의 안내를 받아야 한다. 여호와의 명령이 있을 때에는 언제나 그 명령에 따라 우리 마음이 움직이고 머물러야 한다. 모든 일에서 우리는 섭리를 좇아야 하며, 섭리로 이루어지는 모든 일에 스스로 굴복하며, 우리의 생각을 우리의 처지에 적응시켜야 하는 것이다. 구름이 안내자가 되었으니 이스라엘 백성은 전쟁에 대한 문제에 대해서도 어려움이 없이 평안을 누릴 수 있었고, 언제 어디로 행진해야 하는지에 대해서도 전혀 어려움이 없었다. 그런 확실한 안내자가 없었다면 그들 중에 이런 문제들로 하여 많은 갈등과 분쟁이 초래되었을 것이다. 또한 그들은 그들이 들어갈 나라의 사정을 알기 위하여 사전에 정탐꾼을 보내거나, 길을 안전하게 하기 위하여 선발대를 보내거나, 혹은 그들의 진을 점검하기 위해 관리들을 보낼 필요도 없었다. 구름 기둥이 이 모든 일들을 해주었던 것이다. 그들의 일을 믿음으로 여호와께 의탁하는 자들은, 물론 슬기롭게 수단을 사용해야 하지만, 그 일의 결과를 기대하며 편안하게 나아갈 수 있는 것이다. "아버지여, 주의 뜻이 이루어지이다. 나와 나의 뜻을 주께서 기뻐하시는 대로 쓰시옵소서. 내가 여기 있나이다. 계속해서 내 하나님을 바라며, 여호와의 명령에 따라 행진하며 머물기를 소원하옵니다. 주께서 무엇을 원하시든, 어디로 가기를 원하시든, 나는 주의 것이오니 언제나 내 임무를 다하게 하소서."

제
— 10 —
장

개요

　본 장의 주요 내용은 다음과 같다. I. 은 나팔을 만들고 사용하는 문제에 대한 명령. 이것은 시내 산에서 하나님께서 주신 명령 중 맨 마지막의 것으로 여겨진다. 이는 가장 작은 명령 중 하나지만, 나름대로 의미가 있는 것이었다(1-10절). II. 이스라엘의 진이 시내 산을 떠나 바란 광야로 질서 있게 행진해 가는 역사(11-28절). III. 모세가 그의 처남 호밥과 동맹을 맺음(29-32절). IV. 언약궤가 옮겨지고 머무를 때에 모세가 행한 기도(33-36절).

[1]여호와께서 모세에게 말씀하여 이르시되 [2]은 나팔 둘을 만들되 두들겨 만들어서 그것으로 회중을 소집하며 진영을 출발하게 할 것이라 [3]나팔 두 개를 불 때에는 온 회중이 회막문 앞에 모여서 네게로 나아올 것이요 [4]하나만 불 때에는 이스라엘의 천부장 된 지휘관들이 모여서 네게로 나아올 것이며 [5]너희가 그것을 크게 불 때에는 동쪽 진영들이 행진할 것이며 [6]두 번째로 크게 불 때에는 남쪽 진영들이 행진할 것이라 떠나려 할 때에는 나팔 소리를 크게 불 것이며 [7]또 회중을 모을 때에도 나팔을 불 것이나 소리를 크게 내지 말며 [8]그 나팔은 아론의 자손인 제사장들이 불지니 이는 너희 대대에 영원한 율례니라 [9]또 너희 땅에서 너희가 자기를 압박하는 대적을 치러 나갈 때에는 나팔을 크게 불지니 그리하면 너희 하나님 여호와가 너희를 기억하고 너희를 너희의 대적에게서 구원하시리라 [10]또 너희의 희락의 날과 너희가 정한 절기와 초하루에는 번제물을 드리고 화목제물을 드리며 나팔을 불라 그로 말미암아 너희의 하나님이 너희를 기억하시리라 나는 너희의 하나님 여호와니라

　　여기서는 몇몇 경우에 나팔을 불어 백성들에게 공지해야 할 일에 대한 지침들이 기록되어 있다. 이런 성격의 문제에 대해서는 모세가 구태여 하나님께 가르침을 받을 필요까지는 없었으리라고 생각할 수도 있다. 나팔을 사용할지 하지 않을지를 그의 재량으로 얼마든지 판단할 수도 있었으리라는 것이

다. 그러나 이스라엘의 근본 구조는 모든 것에서 신적이었고, 따라서 지극히 사소한 것처럼 보이는 문제에 대해서조차도 신적인 지침이 주어진 것이다. 모세는 여기서,

1. 나팔을 만드는 일에 관하여 지시를 받는다. 나팔은 은으로 만들되, 부어서 만들지 말고 두들겨서 만들어야 했고, 그 형태가 의도한 목적이 잘 맞아야 함은 물론이었다. 모세는 은 나팔을 하나가 아니라 둘을 만들라는 명령을 받았는데, 이는 두 사람의 제사장이 사용할 것이었기 때문이다. 그러나 솔로몬 시대에 우리는 나팔 부는 제사장 백이십 명이 있었음을 보게 된다(대하 5:12). 이 나팔들의 모양은 오늘날 우리가 쓰는 나팔과 매우 비슷했을 것으로 여겨진다.

2. 나팔을 사용할 사람들에 관하여 지시를 받는다. 하급의 사람들이 아니라, 아론의 자손인 제사장들이 직접 나팔을 불어야 했다(8절). 그들이 높은 사람들이었으나, 하나님의 집에서 나팔수가 되는 것을 부끄럽게 여겨서는 안 되었다. 거기서는 가장 하찮은 것 같은 직무가 존귀한 것이었다. 이는 주의 사역자들이 목소리를 나팔 같이 높여 백성의 죄를 알리며(사 58:1), 그리스도께로 돌아오게 하여야 한다는 것을(사 27:13) 뜻하는 것이었다.

3. 나팔을 울려야 할 시기에 관하여 지시를 받았다. (1) 회중을 소집하고자 할 때(2절). 선지자는 그들에게 시온에서 나팔을 불어 거룩한 금식을 위하여 성회를 소집하라고 말씀한다(욜 2:15). 신앙적인 집회의 때와 장소에 대해 공적인 통지가 있어야 한다. 은덕이나 규례에 대한 초청은 일반적인 성격을 띤다. 지혜는 길가 어귀에서, 누구든지 원하는 자는 오라고 외친다. 그러나 나팔이 분명하지 않은 소리를 내는 일이 없도록, 천부장 된 지휘관들을 소집할 때에는 나팔을 한 번만 불도록 하였다. 선한 모든 일에 남들보다 앞장서서 모범을 보여야 할 자들을 함께 모으는 데에는 나팔을 여러 번 불 필요가 없었다. 그러나 백성들 전체를 함께 소집할 때에는 두 나팔을 모두 불어서 멀리서도 그 소리를 들을 수 있도록 하여야 했다. 즐거운 소리를 듣는 자들이(시 89:15, 한글 개역개정판은 "즐겁게 소리칠 줄 아는"으로 번역함 ─ 역주), 즉 공적인 규례에 참여하여 하나님을 섬기도록 하는 초청을 듣고 응하는 자들이(시 122:1) 복되다고 말씀한다. 또한 마지막 큰 날에 모든 사람들을 모을 때에도 큰 나팔을 불 것이다(마 24:31). (2) 진영의 행진을 위하여. 각 진영이 이동해야 할 때 이를 통지하기 위하여 나팔을 불어야 했다. 사람의 목소리로 명령의 말을 멀리까지 전달하

는 일은 불가능하기 때문이다. 오늘날 잘 훈련된 병사들은 북 치는 소리로도 얼마든지 대오를 갖출 수 있다. 이 목적으로 나팔을 불 때에는 크게 불어야 했다(5절). 즉, 끊어지며 떨리는 소리를 울리도록 해야 했다. 이는 원수들을 대적하여 행진하는 백성들의 사기를 올리기에 적절한 소리였다. 반면에 음높이가 동일하게 지속적으로 울리는 소리는 회중을 모으는 일에 더 적합하였다(7절). 그러나 하나님의 심판을 막기 위해 백성들을 모을 때에는 경고의 소리가 울린 것을 보게 된다(욜 2:1). 첫 번째 나팔 소리에 유다 진영이 행진하였고, 두 번째 나팔 소리에는 르우벤의 진영이, 세 번째 나팔 소리에는 에브라임의 진영이, 네 번째 나팔 소리에는 단의 진영이 행진하였다(5, 6절). 어떤 이들은 이렇게 한 것은 그들의 행진을 거룩하게 높이고자 함이었다고 본다. 백성들에게 하나님의 입(口)의 역할을 한 제사장들이 그렇게 나팔을 불어서 선포함으로써 이동하라는 신적인 명령을 주는 것은 물론, 그들의 모든 움직임에 신적인 복을 내리기도 하는 것이었기 때문이다. 귀 있는 자는 하나님이 진실로 그들과 함께 계시다는 선언을 들을지어다! 유다의 왕 아비야는 그 자신은 물론 그의 군대도 이것을 매우 귀중하게 대하였다. 하나님이 우리와 함께 하사 우리의 머리가 되시고 그의 제사장들도 우리와 함께 하여 전쟁의 나팔을 불어 너희를 공격하느니라(대하 13:12). (3) 군대가 전투에 나갈 때에 그들의 사기를 높이고 용기를 주기 위하여(9절). "너희가 자기를 압박하는 대적을 치러 나갈 때에는 나팔을 크게 불면, 그렇게 하여 그 싸움의 결말에 대하여 하나님의 뜻에 호소하며 너희에게 승리를 주시기를 하나님께 기도하면, 너희 하나님 여호와가 너희를 기억하고 너희를 너희의 대적에게서 구원하시리라." 하나님은 이 나팔 소리를 들으시고 그들의 전투에 개입하사 싸우시고, 온 백성이 그것을 알고 용기를 얻어 힘써 싸우도록 하실 것이다. 다윗도 뽕나무 꼭대기에서 걸음 걷는 소리가 들리자 그렇게 용기를 얻어 힘써 싸웠다(삼하 5:24). 풍랑 속에서 제자들이 꼭 그리스도를 깨웠어야만 한 것이 아니듯이(마 8:25), 나팔을 불어야만 하나님이 들으시는 것은 아니었다. 그러나 하나님께서 긍휼을 베풀고자 하실 때에 우리가 그것을 구하는 것이 그의 뜻이다. 교역자들은 그리스도께서 구원의 대장이시며 반드시 사탄을 발 아래 밟으시리라는 것을 확신시킴으로써 예수 그리스도의 선한 군사들을 독려하여 죄와 세상과 마귀와 더불어 힘써 싸우게 하여야 한다. (4) 그들의 거룩한 절기들을 엄숙하게 지키기 위하여(10절). 그들의 절기 중에 나팔을 불어 기념할 날이라 불리는 것도 있었다(레 23:24). 이는 그들이 모든 절기들과(시 81:3) 또한 그들의 제사들(대하 29:27)의 엄숙함을 기리기 위함이었던 것 같다. 그들은 나팔을 불어, 그들이 하나님께 기쁨과 즐거움으로 의무를 이행하고 있음을 알리며, 거기에 참여한 자들의 마음을 높여 그들이 예배하는 그 하나님의 거룩한 승리를 찬송한 것이다. 그럴 때에 그들의 모든 행위들이 하나님 앞에 상달되어 기억하신 바가 되었다(행 10:4). 우리가 즐거움으로 신앙의 행위들을 행할 때에 하나님께서 기뻐하시는 것이다. 거룩한 일은 반드시 거룩한 기쁨으로 행하여야 하는 법이다.

[11]둘째 해 둘째 달 스무날에 구름이 증거의 성막에서 떠오르매 [12]이스라엘 자손이 시내 광야에서 출발하여 자기 길을 가더니 바란 광야에 구름이 머무니라 [13]이와 같이 그들이 여호와께서 모세에게 명령하신 것을 따라 행진하기를 시작하였는데 [14]선두로 유다 자손의 진영의 군기에 속한 자들이 그들의 진영별로 행진하였으니 유다 군대는 암미나답의 아들 나손이 이끌었고 [15]잇사갈 자손 지파의 군대는 수알의 아들 느다넬이 이끌었고 [16]스불론 자손 지파의 군대는 헬론의 아들 엘리압이 이끌었더라 [17]이에 성막을 걷으매 게르손 자손과 므라리 자손이 성막을 메고 출발하였으며 [18]다음으로 르우벤 진영의 군기에 속한 자들이 그들의 진영별로 출발하였으니 르우벤의 군대는 스데울의 아들 엘리술이 이끌었고 [19]시므온 자손 지파의 군대는 수리삿대의 아들 슬루미엘이 이끌었고 [20]갓 자손 지파의 군대는 드우엘의 아들 엘리아삽이 이끌었더라 [21]고핫인은 성물을 메고 행진하였고 그들이 이르기 전에 성막을 세웠으며 [22]다음으로 에브라임 자손 진영의 군기에 속한 자들이 그들의 진영별로 행진하였으니 에브라임 군대는 암미훗의 아들 엘리사마가 이끌었고 [23]므낫세 자손 지파의 군대는 브다술의 아들 가말리엘이 이끌었고 [24]베냐민 자손 지파의 군대는 기드오니의 아들 아비단이 이끌었더라 [25]다음으로 단 자손 진영의 군기에 속한 자들이 그들의 진영별로 행진하였으니 이 군대는 모든 진영의 마지막 진영이었더라 단 군대는 암미삿대의 아들 아히에셀이 이끌었고 [26]아셀 자손 지파의 군대는 오그란의 아들 바기엘이 이끌었고 [27]납달리 자손 지파의 군대는 에난의 아들 아히라가 이끌었더라 [28]이스라엘 자손이 행진할 때에 이와 같이 그들의 군대를 따라 나아갔더라

이는,

I. 이스라엘 진영이 시내 산으로부터 이동한 일에 대한 전반적인 기록이다.

이스라엘 진영은 시내 산 앞에서 근 일 년 정도 머물러 있었고, 그동안 이 곳에서 수많은 기념비적인 역사가 이루어졌다. 이 이동에 대해서 하나님은 얼마 전에 그들에게 통지를 주셨을 것으로 보인다. 너희가 이 산에서 거주한 지 오래니 방향을 돌려 행진하여 약속의 땅으로 가라(신 1:6-8). 사도 바울은 시내 산으로부터 종을 낳았음을 말씀하는데(갈 4:24), 이는 율법이 주어진 것을 뜻한다. 그리고 이 율법은 우리를 그리스도께로 인도하는 하나의 초등 교사의 역할을 하는 것이다. 그러나 우리는 율법에 머물러서는 안 되고 하나님의 자녀의 즐거움과 자유를 향하여 나아가여야 한다. 우리의 행복은 율법이 아니라 약속에 의해서 베풀어지기 때문이다. 관찰하라.

1. 신호가 주어짐(11절). 구름이 증거의 성막에서 떠오르매. 그들이 행진 준비를 갖추는 동안 구름이 성막 위에 머물러 있었을 것으로 보인다. 모든 장막들을 걷고 모든 물건들을 꾸려 짐을 싸야 하는 등 일거리가 많았다. 그러나 각 가정이 그 많은 일들을 담당하였고, 동시에 수많은 사람들이 개입하여 속히 일을 마쳤다.

2. 행진이 시작됨. 그들이 여호와께서 모세에게 명령하신 것을 따라 구름이 인도하는 대로 행진하기를 시작하였다(13절). 어떤 이들은 이 장과 앞 장에서 여호와의 명령으로 그들이 인도함 받아 행진하였다는 사실이 자주 언급되는 것은, 나중에 이스라엘에게 가해질 모략과 비난을 미연에 방지하기 위함이었다고 본다. 그들이 광야에서 그렇게 오랜 세월을 지체하였고 거기에 갇혀서 헤어 나오지 못했기 때문이라는 것이다. 그러나 그렇지 않다. 매 단계마다, 매 발걸음마다 그들은 하나님의 인도하심 아래 있었다. 그러므로 그들이 혹 자기들이 어디에 있는지를 몰랐다 할지라도, 그들을 인도하신 분은 알고 계셨다. 주목하라. 하나님의 말씀과 성령의 인도에 자신을 내어맡긴 사람들은 갈 바를 모르는 것처럼 보여도 바른 방향으로 꾸준히 행진을 계속하는 것이다. 하나님과 그의 인도하심을 잃어버릴 수 없다는 것을 확신하고 있으니, 길을 잃어버릴 염려를 할 필요가 없는 것이다.

3. 사흘 동안의 행진 끝에 그들이 도착한 장소. 그들은 시내 광야에서 출발하여 바란 광야에 머물렀다. 주목하라. 이 세상에서의 모든 행진은 한 광야에서

또 하나의 광야로 옮기는 것에 불과하다. 장소를 옮기면 더 나아질 것으로 생각하나 언제나 그런 것은 아니다. 이 세상에서는 어디를 가든 인간 본성의 공통적인 약점들이 있고 공통적인 재난들을 당할 것을 예상해야 한다. 하늘에 이르기 전에는 절대로 안식을 누릴 수 없다. 하늘에서야 비로소 모든 일이 잘 이루어질 것이다.

Ⅱ. 그들의 행진 순서에 대한 구체적인 기록.

1. 유다의 진영이 선두로 행진하였다(14-16절). 선두의 깃발이 유다 지파에게 주어져 있었으니, 이것은 다윗의 시대에 얻게 될 규에 대한 보증물이었고, 그 규는 또한 우리 구원의 대장 되시는 그리스도를 바라보는 것이기도 했다. 그 그리스도에 대해 그에게 **모든 백성이 복종하리로다**(창 49:10)라고 미리 예언된 바 있기도 하다.

2. 그 다음에는 성막을 운반할 책임을 맡은 레위 지파의 두 가문들이 행진하였다. 구름이 떠오르는 즉시 성막을 걷어 짐을 꾸렸다(17절). 그리고 여기서 여섯 대의 수레 위에 무겁고 큰 성막의 기물들을 실었다. 이처럼 이스라엘의 모든 여정에서 성막이 자주 옮겨 다닌 사실은 그 의식적인 경륜의 가변성(可變性)을 나타내는 것이었다. 그렇게 자주 바뀌고 변화하던 것이 결국에는 없어질 것이었다(히 8:13).

3. 그 다음에는 여호와의 명령대로 르우벤의 진영이 유다 진영 다음으로 행진하였다(18-20절).

4. 그 다음에 고핫 자손들이 성막의 성물들을 메고 행진하였고, 다른 레위 자손들(즉, 게르손 자손과 므라리 자손들)은 그들이 이르기 전에 성막을 세웠다(21절). 이 일을 이렇게 대략적으로만 표현한 것은 어쩌면, 기회가 되면 레위인들만이 아니라 첫 진영에 속한 다른 이스라엘 자손들이 자기들의 장막을 세우기 전에 성막을 세우는 일에 함께 수고하였기 때문일 것이다.

5. 에브라임의 진영이 언약궤 뒤를 따랐는데(22-24절), 어떤 이들은 다음의 시편 기자의 기도가 이것을 빗댄 것이라고 보기도 한다. 에브라임과 베냐민과 므낫세(이 세 지파가 에브라임의 진영을 구성하였다) 앞에서 주의 능력을 나타내사(언약궤가 그의 능력이라 불린다. 시 78:61) 우리를 구원하러 오소서(시 80:2).

6. 단의 진영이 후미에서 행진하였다(25-27절). 이 진영을 가리켜 후위(한글개역 개정판은 마지막 진영으로 번역함 ― 역주)라 부르는데, 이는 뒤에 남은

모든 자들을, 즉 부정한 자들과 허약자들과 행진에서 뒤처진 자들을, 빠짐없이 모아들였기 때문이다. 여자와 어린 아이들은 여기에 해당되지 않았다(그들은 각 해당 지파에서 돌보았을 것이다). 주목하라. 요셉을 양 떼같이 인도하시는 자는 나머지 사람들과 보조를 맞출 수 없는 뒤처진 자들을 선히 돌보시며(겔 34:16), 그리하여 그에게 주신 자들을 보전하고 지키시는 것이다(요 17:11, 12).

[29]모세가 모세의 장인 미디안 사람 르우엘의 아들 호밥에게 이르되 여호와께서 주마 하신 곳으로 우리가 행진하나니 우리와 동행하자 그리하면 선대하리라 여호와께서 이스라엘에게 복을 내리리라 하셨느니라 [30]호밥이 그에게 이르되 나는 가지 아니하고 내 고향 내 친족에게로 가리라 [31]모세가 이르되 청하건대 우리를 떠나지 마소서 당신은 우리가 광야에서 어떻게 진 칠지를 아나니 우리의 눈이 되리이다 [32]우리와 동행하면 여호와께서 우리에게 복을 내리시는 대로 우리도 당신에게 행하리이다 [33]그들이 여호와의 산에서 떠나 삼 일 길을 갈 때에 여호와의 언약궤가 그 삼 일 길에 앞서 가며 그들의 쉴 곳을 찾았고 [34]그들이 진영을 떠날 때에 낮에는 여호와의 구름이 그 위에 덮였었더라 [35]궤가 떠날 때에는 모세가 말하되 여호와여 일어나사 주의 대적들을 흩으시고 주를 미워하는 자가 주 앞에서 도망하게 하소서 하였고 [36]궤가 쉴 때에는 말하되 여호와여 이스라엘 종족들에게로 돌아오소서 하였더라

Ⅰ. 이스라엘 진이 가나안을 향하여 가는 이 과정에서 모세와 호밥 사이에 오간 일에 대한 기사. 어떤 이들은 호밥이 모세의 장인 이드로와 동일 인물이며 따라서 출 18장의 이야기가 여기서 다시 등장하는 것이라고 본다. 그러나 호밥은 통칭 르우엘 혹은 라구엘(출 2:18)이라는 별명을 가진 이드로의 아들이었고, 이드로는 나이 많아 본토로 옮겨가면서, 마치 바르실래가 김함을 다윗에게 남겨둔 것처럼(삼하 19:37), 그의 아들 호밥을 모세에게 남겨두었다. 또한 동일한 단어가 장인의 뜻으로도, 처남의 뜻으로도 쓰인다. 호밥은 이스라엘이 그의 땅에서 가까운 시내 산에 진을 치고 있는 동안 그들과 함께 편안히 거주하였다. 그런데 이제 그들이 이동하게 되자, 그는 자기 땅으로 아버지의 집으로 돌아가고자 한다. 여기서,

1. 모세가 그에게 이스라엘과 함께 가나안을 향하여 가자고 친절히 초청함
(29절). 그는 이스라엘이 그에게 친절히 대할 것이라고 약속하면서 하나님의
말씀으로 그것을 보증한다. 여호와께서 이스라엘에게 복을 내리리라 하셨느니라.
이는 마치 이런 뜻과도 같다. "오라, 너의 운명을 우리에게 맡기라. 그러면 네
가 우리와 똑같이 잘 되리라. 그런데 우리에게는 우리를 잘 되게 하시리라는
하나님의 약속이 있다." 주목하라. 하늘의 가나안을 향하여 나아가는 자들은
모든 친구들에게 함께 나아가도록 초청하여야 한다. 왜냐하면 다른 사람들이
함께 나아와 우리와 함께 모든 복락을 나눈다 할지라도 언약의 보배들과 하늘
의 즐거움이 결코 줄어들지 않을 것이기 때문이다. 하나님의 백성을 우리의 백
성으로 삼아야 할 근거로서 하나님이 복을 내리리라 하셨다는 말보다 더 강력한
것이 어디 있는가? 하나님과 사귐이 있는 자들과 사귐을 갖는 것이야말로(요
일 1:3), 또한 하나님이 함께 하시는 자들과 함께 어울리는 것이야말로 유익한
일이다(슥 8:23).

2. 그러나 호밥은 자기 고향으로 돌아가기로 결심한다(30절). 그가 이스라
엘과 함께하시는 하나님의 특별하신 임재를 그렇게 많이 보았고 또한 그들을
향한 하나님의 사랑의 놀라운 증표들을 보았으니 강력한 초청이 없어도 따라
왔을 것이라고 얼마든지 생각할 수 있을 것이다. 그가 거절한 것은 고향의 공
기와 땅에 대한 강력한 애착 때문이었음이 분명했다. 그는 분명 모세의 청을
수락했어야 옳았다. 하나님에 대한 약속을 믿음으로 바라보고 언약의 축복의
가치를 받아들였어야 옳았으나, 고향에 대한 애착이 그보다 더 강했던 것이다.
그는 사실 아브라함의 슬하에서 난 자손이었으나(미디안 사람들은 그두라에게
서 나온 아브라함의 자손들이었다), 아브라함의 믿음(히 11:8)을 상속받은 자
손은 아니었다. 그렇지 않았다면 모세에게 이렇게 대답하지 않았을 것이다. 주
목하라. 눈에 보이는 이 세상의 것들이 눈에 보이지 않는 저 세상의 것들을 구
하고 좇는 데서 강하게 끌어당기는 법이다. 수많은 사람들의 경우, 이 땅의 매
력적인 요소들이 하늘의 고귀한 것들을 누르는 것이다.

3. 호밥이 거절의 뜻을 표명한 후에도 모세는 끈질기게 요청함(31, 32절).
그는 (1) 호밥이 이스라엘에게 도움이 될 것임을 강변한다. "우리가 광야(이는
호밥이 익숙하게 잘 알고 있는 지역이었다)에서 어떻게 진 칠지를 아나니 우리의
눈이 되리이다. 어디에 진을 칠지를 보여주거나 행진할 길을 가리켜 주는 것은

아니나, 우리가 행진하고 진 치는 곳의 불편한 점들과 편리한 점들을 보여주어서 편리한 점은 최상으로 이용하고, 불편한 점들에 대해서는 최선의 대처를 할 수 있도록 해 줄 수 있으리이다." 주목하라. 친구들이 우리를 도울 수 있을 때에 그들의 도움을 받는 것은 하나님의 섭리를 신뢰하는 것과 전혀 어긋나는 것이 아니다. 이적으로 인도함 받는 자들이라 할지라도 일상적인 인도의 수단을 무시해서는 안 된다. 어떤 이들은 모세가 호밥에게 제의한 것이 모세가 호밥의 도움을 크게 기대했기 때문이 아니라 그렇게 호밥 스스로 자신이 이스라엘이라는 큰 무리에게 유익이 된다는 생각을 하도록 만들어 그를 기쁘게 하고, 그리하여 그런 존귀를 얻고자 하는 마음이 생기도록 하여 그를 끌고자 함이었다고 본다. 칼빈(Calvin)은 이를 전혀 새로운 뜻으로 보는데, 이것은 원문과 매우 잘 부합되나, 지금까지 누구도 이를 주의 깊게 받아들이지 않은 것 같다. "우리를 떠나지 마시고 우리와 함께 가서 약속된 땅에서 함께 지내소서. 당신은 우리가 광야에서 어떻게 진 칠지를 아나니 우리의 눈이 되리이다. 당신이 우리와 함께 가나안으로 가지 않으면, 당신이 우리와 함께 어려움을 당하였고 또한 우리를 위해 그렇게 수고한 것을 갚을 수가 없나이다. 당신이 우리와 함께 떠나온 것이 우리와 함께 계속 나아가기 위한 것임이 분명하나이다." 주목하라. 선히 시작한 자들은 그것을 이유로 삼아서라도 끝까지 인내하여야 한다. 그렇지 않으면 그들이 행해온 수고와 당해온 고통이 아무런 소용이 없기 때문이다.

(2) 이스라엘이 그를 선대할 것을 약속한다. 여호와께서 우리에게 복을 내리시는 대로 우리도 당신에게 행하리이다(32절). 주목하라. [1] 우리는 우리가 받는 것만 줄 수 있다. 하나님께서 그 기쁘신 뜻대로 우리의 손에 붙이시는 능력 이상으로는 이웃들에게 행할 수도 없고 친절을 베풀 수도 없는 법이다. 우리가 감히 행할 수 있는 약속은 다만 하나님이 능력 주시는 만큼 선을 행하겠다는 것이다. [2] 하나님의 이스라엘과 함께 수고와 고난을 함께 나누는 자들은 그들의 위로와 존귀도 함께 나누게 될 것이다. 광야에서 기꺼이 그들의 운명을 취하는 자들은 가나안에서도 그들의 운명을 누리게 될 것이다. 참으면 또한 함께 왕 노릇 할 것이요(딤후 2:12; 눅 22:28, 29).

호밥이 여기서 모세에게 어떻게 대답했는지는 나타나지 않는다. 그러므로 우리는 그의 침묵이 동의를 뜻하는 것이었고, 그는 이스라엘을 떠나지 않았고, 자신이 유익을 끼칠 수 있다는 생각에 그 자신의 뜻을 만족시키는 것보다 이스라엘과 함께 하는 편을 택하였으리라는 희망을 갖는다. 만일 그랬다면 그는 우리에게 좋은 모범을 남겼다 할 것이다. 그리고 그의 가문이 이로 인하여 결코 패자가 되지 않았다는 것을 보게 된다(삿 1:16; 삼상 15:6).

Ⅱ. 이 때에 이스라엘과 하나님의 교제에 관한 기사. 그들은 여호와의 산, 곧 시내 산을 떠났다(33절). 그들은 그 산에서 하나님의 영광을 보고 그의 음성을 들었고 그와 더불어 언약을 맺었었다(그들이 거기서 누린 그 놀라운 하나님의 나타나심은 결코 일상적으로 기대할 것이 아니었다). 그들은 그 고귀한 산에서 떠났고, 이제부터 그 산은 성경에서 과거의 사건으로 뒤돌아보는 경우를 제외하고는 다시는 언급되지 않는다. 시내 산이여 안녕! 하나님은 시온을 향하여, 이는 내가 영원히 쉴 곳이라(시 132:14)라고 말씀하셨으니, 우리도 시온을 향하여 그렇게 말해야 한다. 그러나 여호와의 산을 떠날 때 그들은 여호와의 언약궤를 함께 가져갔고, 이 궤를 통하여 하나님과의 일상적인 교제가 유지되었다. 왜냐하면,

1. 그 궤를 통하여 하나님이 그들의 길을 인도하셨기 때문이다. 언약궤가 그들의 앞에서 행하였다. 어떤 이들은 최소한 이 때에는 언약궤가 실제로 선두에 섰다고 생각하며, 또 어떤 이들은 언약궤의 영향력이 이스라엘을 선도한 것뿐이라고 생각한다. 언약궤가 진의 한가운데서 행진하였으나, 그 위에 머무는 구름이 그들의 모든 행진을 지시하였다는 것이다. 궤가(즉, 궤의 하나님이) 그들의 쉴 곳을 찾았다고 한다. 하나님의 무한하신 지혜와 지식이 이리저리 찾아야만 한다는 뜻이 아니라, 그들이 인도받은 장소마다 마치 그들 중의 가장 지혜로운 자가 그들보다 앞서가서 살피고 찾은 것처럼 그들에게 안성맞춤이었다는 뜻이다. 그리하여 가나안을 가리켜 하나님이 그들을 위하여 찾아두었던 땅이라고 말씀한다(겔 20:6).

2. 그 궤를 통하여 그들이 모든 길에서 하나님을 인정하였기 때문이다. 그들은 언약궤를 하나님의 임재의 증표로 바라보았다. 그것이 행진하거나 머물 때에, 그들은 하나님을 향하여 눈을 돌린 것이다. 모세는 이스라엘 회중의 입(口)으로서 언약궤가 움직이고 머물 때에 기도를 올렸다. 그리하여 그들의 출입이 기도로 거룩하게 구별되었다. 이것은 우리에게 모범이 된다. 우리도 매일의 여정과 매일의 일을 기도로 시작하고 기도로 마쳐야 할 것이다.

(1) 언약궤가 출발할 때에 그는 여호와여 일어나사 주의 대적들을 흩으시고 주

를 미워하는 자가 주 앞에서 도망하게 하소서 라고 기도하였다(35절). 그들은 지금은 황량한 땅에 있었으나, 이제 원수의 땅을 향하여 행진하려 하며, 따라서 그들은 광야에서의 인도와 물자 공급은 물론, 전쟁에서의 승리와 성공을 위해서도 하나님께 의지할 수밖에 없었다. 오랜 세월이 지난 후 다윗이 이 기도를 사용하였다(시 68:1). 그 또한 여호와의 싸움을 싸운 것이다. 주목하라. [1] 세상에는 하나님을 대적하는 원수들과 그를 싫어하는 자들이 있다. 곧, 은밀한 원수들과 노골적인 원수들이며, 진리와 그의 법도와 그의 규례와 그의 백성들의 원수들이다. [2] 하나님의 원수들을 흩어버리고 무찌르는 것이야말로 모든 주의 백성들이 간절히 사모하여야 할 일이요 또한 믿고 기대할 일이다. 이 기도는 하나의 예언이다. 하나님을 대적하여 끈질기게 반역하는 자들은 그들의 멸망을 재촉하고 있는 것이다. [3] 하나님의 원수들을 흩어버리고 무찌르기 위해서는 하나님께서 일어나시기만 하면 된다. 하나님이 심판하러 일어나시면 곧바로 그 일이 이루어지는 것이다(시 76:8, 9). "해가 일어나 밤의 그림자를 흩어버리듯이, 여호와여 일어나사 그리하소서." 그리스도께서 죽은 자 가운데서 일어나심으로 그의 원수들을 흩으셨다(시 68:18).

(2) 언약궤가 멈출 때에 그가 행한 기도(36절). [1] 하나님께서 그의 백성을 쉬게 하시기를 구하였다. "여호와여 이스라엘 종족들에게로 돌아오소서. 피곤한 여정 후에 다시 돌아오사 그들에게 쉼을 주소서." 또한 여호와의 영이 그들을 편히 쉬게 하셨도다(사 63:14)라고 말씀한다. 그는 하나님께서 이스라엘에게 바깥에서는 성공과 승리를, 그리고 집에서는 평화와 고요한 쉼을 주시기를 기도하는 것이다. [2] 하나님께서 친히 이스라엘 중에 그의 처소를 취하시기를 구하였다. 여호와여 이스라엘 종족들에게로(문자적으로는, 천만의 이스라엘에게로) 돌아오소서. 주목하라. 첫째로, 하나님의 교회는 큰 무리다. 수천만의 사람들이 하나님의 이스라엘에 속하여 있다. 둘째로, 우리는 기도할 때에 스스로 이 무리에 대해 관심을 기울여야 한다. 셋째로, 하나님의 이스라엘의 복지와 행복이 하나님께서 그들 중에 계속해서 임재하여 계시는 데에 있다. 그들의 안전은 그들의 숫자가 아니라(그들이 수천, 수만이라 할지라도), 하나님의 보살피심에 있으며, 그가 은혜로이 그들에게 돌아가사 그들과 함께 거하시는 것에 있다. 이 수천은 암호들이요, 그가 올바른 숫자이시다. 이러니, 이스라엘아 복되도다. 오 백성아, 너희와 같은 이 누구랴!

제
— 11 —
장

개요

지금까지는 이스라엘 내의 사정이 매우 좋았다. 금송아지 사건 이후 하나님의 보살 피심이 거의 방해 받지 않고 그들에게 임했었다. 백성들은 하나님의 분부대로 진을 정렬 시키고 정결하게 하는 것 같았고, 지휘관들도 경건하여 제단에 힘써 헌신하였었고, 그리 하여 그들이 당장 가나안에 들어가게 되리라는 선한 소망이 있었다. 그러나 본 장에서부 터 침울한 장면들이 시작된다. 하나님의 방도들이 모두 깨어지고, 하나님께서 돌아서서 그들의 원수가 되사 그들을 대적하여 싸우신다. 이 불행은 모두가 그들의 죄 때문이다. I. 백성들 가운데 불평이 일어남. 그러나 이는 모세의 기도로 곧바로 가라앉았다(1-3절). II. 죄의 불길이 다시 일어나자 곧바로 심판의 불이 임하였고, 하나님께서는 이를 계기로 그 의 긍휼하심과 그의 공의를 동시에 위엄 있게 드러내신다. 1. 백성들이 양식의 부족에 대 해 투덜거림(4-9절). 2. 모세가 도움이 없는 것에 대해 투덜거림(10-15절). 이 때에, (1) 하나님께서 모세에게는 도움을(16, 17절), 백성들에게는 고기를(18-23절) 주실 것을 약속 하신다. 또한 (2) 그는 이 약속들을 그대로 이루신다. [1] 하나님의 영이 칠십 명의 장로들 을 세우사 다스리게 하신다(24-30절). [2] 하나님의 능력이 메추라기를 보내사 그 백성들 로 배불리 먹게 하신다(31, 32절). 그러나, [3] 하나님의 공의가 임하여 그들의 불평에 대 해 벌하신다(33-35절).

[1]여호와께서 들으시기에 백성이 악한 말로 원망하매 여호와께서 들으시고 진노하 사 여호와의 불을 그들 중에 붙여서 진영 끝을 사르게 하시매 [2]백성이 모세에게 부 르짖으므로 모세가 여호와께 기도하니 불이 꺼졌더라 [3]그 곳 이름을 다베라라 불렀 으니 이는 여호와의 불이 그들 중에 붙은 까닭이었더라

여기서 다음을 보라.

I. 백성의 죄. 백성이 악한 말로 원망하매(1절). 그들은 말하자면 원망하는 자 들이었다. 난외주에 그렇게 되어 있다. 백성들 가운데 모종의 불평이나 불만족

이 은밀하게 있었으나, 지금까지 노골적으로 드러난 적은 없었다. 그런데 이 작은 불씨가 불로 번졌으니 이 얼마나 큰일이었는가! 그들은 하나님께로부터 훌륭한 법도와 규례를 받았으나, 여호와의 산에서 떠나자마자 하나님과 감히 분쟁을 시작한 것이다. 이 일에서 다음을 보라.

1. 죄가 얼마나 죄악된가. 죄는 계명을 기회로 삼아 더욱 진노를 촉발시킨다.

2. 육체로써는 율법이 연약함(롬 8:3). 율법은 죄를 발견하나 그것을 멸할 수는 없고, 죄를 가려내나 정복할 수는 없다. 그들이 원망하였다. 주석가들은 그들이 무엇을 원망했는지를 탐구한다. 백성들에게 감사할 조건들이 그렇게 많이 있었으니 대체 그들이 원망할 거리가 무엇이었는가? 라는 의문을 얼마든지 가질 만하다. 아마 원망한 자들의 원망거리가 각기 달랐을 것이다. 어쩌면 그렇게 오랜 동안 시내 산에서 안식을 누렸는데 그 곳을 떠난 것 때문에, 혹은 그 곳에 너무 오래 머문 것 때문에 원망했을 것이고, 또 날씨 때문에, 길이 험하다는 것 때문에 원망하기도 했을 것이다. 어쩌면 사흘 동안의 행진이 너무 길고 힘겹다는 것 때문에, 혹은 가나안까지의 길이 멀고머 그보다 더 멀리 가야 하는데 가지 않았다는 것 때문에 원망했을지도 모른다. 그들의 진영이 어떻게 인도함을 받았으며 어떻게 보호받았고, 어떠한 은혜를 받았으며, 얼마나 풍족하게 양식을 받았고 얼마나 귀한 동반자께서 함께 하셨고, 행진 중에 그들의 발이 부르트지 않도록 얼마나 세심한 배려가 있었는가를(신 8:4) 생각해 보면, "이 백성에게 대체 무얼 더 베풀어야 그들이 만족했겠는가?"라는 의문이 생긴다. 그런데도 그들은 원망한 것이다. 주목하라. 만족을 모르고 투덜거리는 심령을 지닌 자들은 그들의 외적인 처지나 상황이 아무리 좋아도 언제나 무엇에 대해서도 누구와도 분쟁할 거리를 찾으려 한다.

II. 이 죄로 말미암아 가해진 모욕에 대한 하나님의 의로운 진노 모세가 들었다는 것은 나타나지 않으나 여호와께서 들으셨다고 한다. 주목하라. 사람들은 마음의 은밀한 불평과 투정을 알 수 없으나 하나님은 다 아신다. 하나님은 이를 들으시고 매우 불쾌해 하셨고, 그리하여 그의 진노가 일어났다. 주목하라. 하나님께서는 우리에게 은혜를 베푸사 이유가 있을 때에 그에게 탄원하도록 하시나(시 142:2), 이유 없이 그에 대해 불평할 때에는 이를 불쾌히 여기시고 진노하신다. 우리의 밑에 있는 자들이 그런 행동을 해도 우리도 화가 나는 법이다.

Ⅲ. 하나님이 이 죄에 대해 백성을 심판으로 벌하심. 여호와의 불을 그들 중에 붙여서. 나답과 아비후를 사른 그런 불꽃이 구름에서부터 나왔다. 하나님을 대적하는 그들의 분노의 불길이 그들의 마음에서 타올랐으니(시 39:3), 하나님의 진노의 불이 정당하게 그들의 육체를 태우는 것이다. 그들은 처음 애굽에서 나올 때에 여러 번 불평을 토로한 바 있다(출 15, 16, 17장). 그러나 그런 불평에 대해 여기서와 같은 재앙이 그들에게 임한 경우는 없었다. 그러나 지금 그들은 하나님의 따뜻한 보살피심을 크게 경험하고 있으니, 이런 상태에서 그를 불신한다는 것은 그야말로 핑계할 여지가 없는 일이었다. 여호와께서 야곱에게 불 같이 노하신 것이다(시 78:21). 그러나 하나님이 그들과 대적하기를 얼마나 원치 않으시는지를 보여주시고자, 진영 끝에 있는 자들에게만 불이 임하였다. 이처럼 하나님의 심판이 그들에게 서서히 임하였으므로, 그들이 이를 보고 경계를 삼을 수 있었던 것이다.

Ⅳ. 백성들이 모세에게 부르짖음. 그들은 모세를 중재자로 삼았다. 백성이 모세에게 부르짖으므로(2절). 모세에게 자기들을 위해 하나님께 간구해 주기를 구한 것이다. 주목하라.

1. 이유 없이 불평하면, 하나님께서는 정말 하나님께 탄원하지 않으면 안 될 이유를 주시는데, 이는 과연 정당한 일이다.

2. 모든 일이 잘 될 때에 하나님의 편에 서 있는 자들을 업신여기던 자들도 괴로움에 처하면 그들을 기꺼이 친구로 대접한다. 아버지 아브라함이여 나를 긍휼히 여기사 나사로를 보내주소서(눅 16:24).

Ⅴ. 모세의 간구가 응답됨. 모세가 여호와께 기도하니(그는 언제나 하나님의 진노를 돌이키기 위해 기꺼이 중간에 섰다) 하나님이 그의 기도를 들으시니 불이 꺼졌더라. 하나님은 벌하기를 기뻐하시지 않으신다는 것이 이로써 나타난다. 모세가 기도를 시작하자, 곧바로 들으시고 불을 거두셨으니 말이다. 모세는 믿음으로 불의 세력을 멸한(히 11:34) 위인들 중의 한 사람이었다.

Ⅵ. 그 곳에 새 이름이 주어짐. 이는 원망하는 백성들의 부끄러움과 또한 의로우신 하나님의 존귀를 영원히 기념하기 위함이었다. 그 곳을 가리켜 불이 붙었다는 뜻으로 다베라 라 불렀다(3절). 곧, 다른 사람들이 이를 듣고 두려워하며 그들이 범한 그런 죄를 다시 범하지 않도록 경계를 받도록 하고자 함이었

다(고전 10:10).

⁴그들 중에 섞여 사는 다른 인종들이 탐욕을 품으매 이스라엘 자손도 다시 울며 이르되 누가 우리에게 고기를 주어 먹게 하랴 ⁵우리가 애굽에 있을 때에는 값없이 생선과 오이와 참외와 부추와 파와 마늘을 먹은 것이 생각나거늘 ⁶이제는 우리의 기력이 다하여 이 만나 외에는 보이는 것이 아무것도 없도다 하니 ⁷만나는 깟씨와 같고 모양은 진주와 같은 것이라 ⁸백성이 두루 다니며 그것을 거두어 맷돌에 갈기도 하며 절구에 찧기도 하고 가마에 삶기도 하여 과자를 만들었으니 그 맛이 기름 섞은 과자 맛 같았더라 ⁹밤에 이슬이 진영에 내릴 때에 만나도 함께 내렸더라 ¹⁰백성의 온 종족들이 각기 자기 장막 문에서 우는 것을 모세가 들으니라 이러므로 여호와의 진노가 심히 크고 모세도 기뻐하지 아니하여 ¹¹모세가 여호와께 여짜오되 어찌하여 주께서 종을 괴롭게 하시나이까 어찌하여 내게 주의 목전에서 은혜를 입게 아니하시고 이 모든 백성을 내게 맡기사 내가 그 짐을 지게 하시나이까 ¹²이 모든 백성을 내가 배었나이까 내가 그들을 낳았나이까 어찌 주께서 내게 양육하는 아버지가 젖 먹는 아이를 품듯 그들을 품에 품고 주께서 그들의 열조에게 맹세하신 땅으로 가라 하시나이까 ¹³이 모든 백성에게 줄 고기를 내가 어디서 얻으리이까 그들이 나를 향하여 울며 이르되 우리에게 고기를 주어 먹게 하라 하온즉 ¹⁴책임이 심히 중하여 나 혼자는 이 모든 백성을 감당할 수 없나이다 ¹⁵주께서 내게 이같이 행하실진대 구하옵나니 내게 은혜를 베푸사 즉시 나를 죽여 내가 고난 당함을 내가 보지 않게 하옵소서

이 본문에는 이스라엘 중에 질서를 무너뜨리고 백성과 지도자를 모두 혼란스럽고 불편하게 만든 안타까운 일들이 묘사되어 있다.

Ⅰ. 하나님께서 그들에게, 또한 그들을 위하여 영광스럽게 나타나심에도 불구하고 백성들이 투정을 부리고 하나님 자신을 대적하여 말하고 있다(시 78:19의 해석처럼). 관찰하라.

1. 범죄자들이 누구였는가. (1) 그들 중에 섞여 사는 다른 인종들이 탐욕을 품었다(4절). 그들과 함께 애굽에서 나온 오합지졸들은 약속의 땅만을 기대하였고, 중간의 임시적인 상태는 원치 않았다. 그들은 유대인들의 치맛자락을 붙잡고 서성대던 자들로서, 고향에서는 어찌 살 줄을 몰라 바깥에서 횡재를 바라던 자

들이었다. 이들은 온 양 떼들을 감염시키는 점박이 양들이요 온 덩어리를 부풀게 하는 누룩이었다. 주목하라. 아무리 훌륭한 사회에서도 세심한 주의를 기울여 물리치지 않으면, 몇몇 악의와 불만을 품고 분열을 조장하는 자들이 큰 악을 행할 수 있다. 이들은 과연 패역한 세대요, 이들에게서 피하는 것이 우리의 지혜다(행 2:40). (2) 이스라엘 자손도 이에 가담했다(4절). 거룩한 자손이 이 패역한 백성들과 합류하였다. 여기 언급된 섞여 사는 무리들은 이스라엘 자손의 수에 포함되지 않았고 하나님과 관계없는 자들로 제쳐둔 자들이었다. 그런데 이스라엘 자손이 자기들의 본질과 구별됨을 망각하고, 마치 진중의 부랑배들이 진의 고문관이라도 되는 것처럼 그들과 어울리고 그들의 길을 배웠다. 하나님과 친밀하며 고귀한 특권을 지닌 백성인 이스라엘 자손이 하나님을 대적한 반역에 가담한 것이다! 하나님이 그 자신을 위하여 지으시고 그에게 찬송이 되게 하신 백성조차 이처럼 그를 모욕하는 데에 가담하였으니, 하나님이 이 세상에서 얼마나 무시를 받으시는지 모른다! 그러므로 그 누구도 외형적인 고백과 겉으로 누리는 특권들이 사탄의 유혹을 막아주며 죄에 대한 하나님의 심판을 면케 해 주는 안전장치가 될 것으로 생각하는 일이 없어야 할 것이다(고전 10:1, 2, 12).

2. 그들의 범죄가 무엇이었는가. 그들은 욕심을 부렸고 원망하였다. 최근 이 죄에 대해 교정을 받은 바 있고, 그들 중 많은 이들이 마치 소돔과 고모라처럼 그로 인하여 죽었고, 아직 그 불길의 냄새가 코에 남아 있는데도, 그들은 다시 그 죄를 되풀이하였다. 잠 27:22을 보라.

(1) 그들은 애굽에 있을 때에 누렸던 풍족한 양식과 맛있는 것들을 과장하였다(5절). 마치 하나님께서 그들을 그리로 데리고 오셔서 큰 잘못을 행하시기라도 한 것처럼 말이다. 애굽에 있을 때에 그들은 고된 종살이로 삶이 고달파서 한숨으로 세월을 보냈는데, 지금은 마치 애굽에서 그들이 부귀영화를 누린 것처럼 이야기하며, 현재의 상황에 대한 불만을 표출하고 있다. 애굽에서 그렇게 고된 봉사를 치르며 값을 톡톡히 치르고서야 고기를 먹었는데 그것을 마치 값없이 받아먹은 것처럼 이야기하고 있으니, 대체 그들은 무슨 낯으로 그렇게 한단 말인가? 생선과 오이와 참외와 부추와 파와 마늘을 먹은 것이 생각나거늘. 이는 정말 좋아할 만한 귀한 양식들이다. 그러나 그들은 이것들은 기억하면서도, 벽돌 가마와 그들을 부린 감독들과, 압제자들의 음성과 쓰라린 채찍은 기억하

려 하지 않는다. 이 배은망덕한 백성들은 이런 것을 다 잊어버리고 있는 것이다.

(2) 그들은 하나님이 그들에게 베푸신 좋은 것을 지겨워하였다(6절). 그것은 하늘로서 내린 떡이요 천사들의 양식이었다. 그들의 원망이 얼마나 부당한가를 보여주기 위해 그것이 여기서 묘사된다(7-9절). 그것은 양식으로 좋을 뿐아니라 보기에도 좋았고, 알맹이가 마치 진주와도 같았다. 그것은 건전한 양식이요 영양가 있는 것이었다. 그것을 마른 떡이라 부를 만한 것이 아니었다. 그맛이 신선한 기름과도 같았기 때문이다. 그것은 각 사람의 기호에 잘 맞았고, 맛도 그만이었다. 게다가 똑같은 만나라도 요리를 하는 방법에 따라 다양한 맛을 즐기게 해 주는 것이었다. 그것은 값없이 베풀어지는 것이요, 구하려고 애를 쓸 필요도 없었다. 그들이 잠자는 밤에 하늘에서 떨어졌으니 그냥 주워 들이는 수고만 하면 되는 것이었다. 그들은 자유로운 상태에서 살고 있었다. 그런데도 그들은 애굽의 삶과 그들이 거기서 값없이 먹은 고기들을 거론하는 것이다. 아니, 이보다 훨씬 더 가치 있는 것은, 만나는 하나님의 직접적인 권능과 배려에서 나온 것이요. 일상적인 섭리가 아니라 특별한 보살핌에서 비롯된 것이라는 점이었다. 그것은 하나님의 자비하심처럼 날마다 새로웠고 언제나 신선하여, 일상적인 양식과는 비교할 수 없는 것이었다. 만나를 먹고 사는 동안 그들은 죄가 사람에게 가져다준 저주에서 면제되는 것 같았다. 곧, 얼굴에 땀을 흘려야 먹을 것을 먹으리라는 저주 말이다(창 3:19). 그런데도 그들은 만나에 대해 그렇게 경멸조로 이야기한다. 마치 만나가 돼지 먹이로도 합당치 못하기라도 한 것처럼 말이다. 우리의 기력이 다하였도다. 그들은 마치 하나님이 더 좋은 양식을 주시지 않음으로 그들을 괴롭게 하신 것처럼 말하고 있다. 처음에 그들은 그것을 매우 귀하게 여겼다. 이것이 무엇이냐(출 16:15). "이 얼마나 이상야릇하고 고귀한 것인가?"라는 뜻이다. 그러나 지금은 그것을 경멸하고 있다. 주목하라. 불만이 가득하여 투정부리는 자들은, 아무런 결점이 없고 오히려 그들에게 너무 과분한 것에 대해서도 트집을 잡으려 하는 법이다. 하나님의 자비하신 배려를 가볍게 여기고 우리가 일상적으로 누리는 은혜들에 대해 트집을 잡는 것은 하나님의 진노를 촉발시키는 행위다. 만나 외에는 아무것도 없도다! 지극한 행복을 누릴 수도 있는데 스스로 불만을 제기하여 지극한 불행에 빠지는 사람들이 비일비재하다.

(3) 그들은 고기를 먹지 못하면 도저히 만족을 얻을 수 없었다. 그들은 애굽에서 나올 때 양과 소들을 풍족히 끌고 나왔다. 그런데 그들이 욕심이 많아 자기들의 가축을 죽일 수 없었던지(그렇게 하면 가축의 숫자가 줄어들 것이었으므로), 혹은 그들의 입맛이 까다로워 소고기나 양고기로는 성에 차지 않았을지도 모른다. 애굽에서 먹어본 생선처럼 좀 더 맛이 좋고 섬세한 것이 있어야 했을 것이다. 생명을 유지시켜 주는 양식만으로는 안 되고, 배불리 잘 먹어야 만족했을 것이다. 화목제물을 함께 나누어 먹었으니 하나님과 함께 잔치를 했지만, 하나님께서 그들에게 좋은 식탁을 계속 마련해 주신 것 같지 않으니, 제단에 나아오는 것보다는 더 맛좋은 것들이 있어야 그들의 성에 찼을 것이다. 주목하라. 모든 감각적인 즐거움과 만족이 어우러져 최고의 쾌락을 누리기를 바라고 그것을 추구하면 그것은 육신이 지배하고 있다는 증거인 것이다. 맛있는 음식을 탐하지 말라(잠 23:1-3). 하나님이 우리에게 필요한 양식을 주시면 살진 고기를 먹지 못하고 단 물을 마시지 못한다 할지라도 하나님께 감사해야 마땅한 것이다.

(4) 그들은 하나님의 능력과 선하심을 신뢰하지 못하였고, 그들이 요구하는 것을 주기에 부족하다고 여겼다. 누가 우리에게 고기를 주어 먹게 하랴! 곧 하나님은 그렇게 하실 수 없다는 것을 당연하게 여기는 것이다. 시 78:19, 20은 그들의 발언을 이런 의미로 해석하고 있다. 하나님께서 만나와 더불어 한 번 고기를 주신 일이 있는데도(출 16:13) 그들은, 그가 능히 자기 백성을 위하여 고기도 예비하시랴 하였다. 그들이 원망하지 않고 진정으로 간구했다면 하나님께서 고기를 다시 주실 것으로 얼마든지 기대할 수도 있는 상황이었던 것이다. 주목하라. 우리의 욕심이 우리의 믿음을 넘어서 나아간다면 그것은 하나님을 향한 범죄다.

(5) 그들은 그들의 욕심을 채우기 위해 끈질기게 매달렸다. 탐욕을 품으매, 문자적으로는 탐욕을 탐하매 라는 뜻이다. 그들은 애가 타서 울 정도로 크게 탐욕을 품은 것이다. 자기들이 갖고 싶은 것을 갖고 싶은 때에 갖지 못하는 것 때문에 울부짖었으니, 이스라엘 자손들은 그야말로 유치하고 변덕스러웠다. 그들은 이런 탐욕을 하나님께 올리지 않고, 하나님 외에 그것을 만족시켜 줄 다른 누군가를 찾고자 하였다. 우리는 믿음 안에서 기도로 변화시킬 수 없는 탐욕에는 절대로 빠져서는 안 된다. 그런데 우리의 탐욕대로 음식을 구할 때에는

(시 78:18) 그것을 기도로 변화시킬 수 없는 것이다. 이 죄에 대하여 여호와의 진노가 심히 크게 촉발되었는데, 이는 우리를 교훈하기 위하여 기록된 것이며, 따라서 우리는 그들이 악을 즐겨 한 것 같이 즐겨 하지 말아야 할 것이다(고전 10:6).

(6) 고기는 좋은 음식이며 합법적으로 먹을 수 있는 것이다. 그러나 그들은 악한 것들에 탐욕을 품었다고 한다. 그 자체가 합법적인 것이라도, 하나님께서 우리에게 베푸시지 않는데 우리가 그것을 간절히 사모하고 그것에 대해 욕심을 품으면 그것이 우리에게 악이 되는 것이다.

II. 온유하고 선한 모세가 이에 대해 마음이 불편해짐. 모세도 기뻐하지 아니하여. 여기서,

1. 이스라엘 자손들의 처사가 크게 화나게 만들었다. 백성들의 이런 원망에는 하나님을 향한 큰 멸시가 담겨 있었고, 모세는 스스로 마음으로 치욕을 느꼈다. 모세가 그들의 유익을 위해 최선을 다했으며 또한 하나님의 명령이 없이는 그 어떤 일도 행하지 않았고 또한 행할 수도 없었다는 것을 그들은 잘 알고 있었다. 그런데도 배은망덕한 백성들이 터무니없는 일로 그렇게 계속해서 원망하고 소란을 피우는 것을 보니 모세까지도 분노가 끓어오를 지경이었다. 하나님께서는 이를 인정하셨고, 그러므로 그가 모세의 이런 불편한 심기를 책망하셨다는 기록이 없는 것이다.

2. 그러나 모세는 분노를 참지 못하고 이를 토로하였고, 그리하여 하나님과 이스라엘을 향하여 자신의 임무를 제대로 완수하지 못하였다. (1) 하나님은 그를 그 고유한 백성들을 구원하고 인도하여 자신의 권능과 은혜를 드러낼 사역자로 삼으시는 큰 존귀를 그에게 부여하셨으나 그는 이를 과소평가하였다. 그 존귀를 귀하게 여겼다면 자기에게 닥친 무거운 짐을 충분히 감당할 수 있었을 것인데, 그렇게 하지 못한 것이다. (2) 그는 감각적인 불쾌함에 대해 지나치게 불평하며, 작은 소음과 피로를 너무 마음에 담는다. 백성을 통치하는 수고는 보병과 더불어 달려가는 정도밖에는 안 되는데 그것을 견디지 못한다면, 과연 말(馬)과 함께 싸우는 전쟁의 공포는 대체 어떻게 감당하겠는가? 그는 그들의 소요를 잠재우기에 충족한 고려 사항들을 쉽게 제시할 수 있었는데도, 그런 것을 하나도 제시하지 않았다. (3) 그는 이 모든 백성을 내게 맡기사 내가 그 짐을 지게 하시나이까 라고 하여, 자신의 수고를 크게 부풀린다. 하나님께서는 오히려

그의 모든 짐을 가볍게 해주셨는데도 말이다. 모세는 백성들이 거처할 곳을 마련하는 수고도, 양식을 마련하는 수고도 할 필요가 없었다. 하나님께서 모든 것을 행하신 것이다. 그러므로 어려운 문제가 생기면 그는 안절부절할 필요가 없었다. 하나님의 뜻을 물을 수 있었고, 그를 지도하는 하나님의 지혜가 거기 있었으며, 그를 떠받치고 후원하는 하나님의 권위가 있었고, 또한 전능한 권능이 상급과 형벌을 내리기 때문이었다. (4) 그는 하나님의 위임과 명령으로 말미암아 자신이 담당하게 된 의무를, 곧 그 백성들을 위하여 최선을 다해야 하는 의무를, 제대로 지각하지 못하고서, 그 백성들이 자기 몸에서 난 자식들이 아닌데 자신이 그들을 아버지처럼 보살펴야 하는 것에 대하여 불평하는 것이다. 하나님께서 그의 뜻대로 그를 지명하사 그들의 아버지가 되게 하셨는데도 말이다. (5) 그는 자기 자신을 지나치게 높인다. 그는 이 모든 백성에게 줄 고기를 내가 어디서 얻으리이까 라고 말한다(13절). 마치 하나님이 하나님이 아니라 집에서 부리는 종이기라도 한 듯이 말이다. 모세가 너희에게 하늘로부터 떡을 준 것이 아니라(요 6:32). 그가 그들에게 고기를 주어야 하는 것이 아니었다. 그는 그저 하나님의 손에 쓰임받는 도구에 불과했던 것이다. 그리고 만일 그가 "하나님이 어디서 그들을 위해 고기를 주시랴?"라고 물었다 해도, 그는 이스라엘의 거룩하신 하나님의 권능을 제한시키는 처사였다. (6) 그는 자기가 이 모든 백성을 감당할 수 없다는 절망감을 토로하였는데, 이는 하나님의 은혜를 불신하는 처사였다(14절). 그보다 임무가 훨씬 작았더라도 그 자신의 힘으로는 감당할 수 없었을 것이다. 그러나 하나님께서 그에게 힘을 주시니 그보다 훨씬 더 큰 임무라도 그는 감당하고도 남았던 것이다. (7) 무엇보다 악한 처사는 죽기를 격렬히 구하였다는 것이다. 그는 이 때에 그의 삶이 다소 고달프게 되었다는 것 때문에 죽기를 구한 것이다(15절). 이 사람이 과연 모세가 맞는가? 이 사람이 과연 땅의 모든 사람 중에 가장 온유한 자란 말인가? 아무리 훌륭한 사람도 연약함이 있으며, 때때로 자기들이 가장 유능한 그런 면에서 은혜를 발휘하지 못하고 실수를 저지르는 것이다. 그러나 하나님은 이 때에 모세의 격정을 은혜로이 간과하셨다. 그러므로 우리도 이에 대해 가혹하게 비난해서는 안 되고, 오히려 주여, 우리로 시험에 들게 하지 마옵소서 라고 기도해야 할 것이다.

[16]여호와께서 모세에게 이르시되 이스라엘 노인 중에 네가 알기로 백성의 장로와

지도자가 될 만한 자 칠십 명을 모아 내게 데리고 와 회막에 이르러 거기서 너와 함께 서게 하라 ¹⁷내가 강림하여 거기서 너와 말하고 네게 임한 영을 그들에게도 임하게 하리니 그들이 너와 함께 백성의 짐을 담당하고 너 혼자 담당하지 아니하리라 ¹⁸또 백성에게 이르기를 너희의 몸을 거룩히 하여 내일 고기 먹기를 기다리라 너희가 울며 이르기를 누가 우리에게 고기를 주어 먹게 하랴 애굽에 있을 때가 우리에게 좋았다 하는 말이 여호와께 들렸으므로 여호와께서 너희에게 고기를 주어 먹게 하실 것이라 ¹⁹하루나 이틀이나 닷새나 열흘이나 스무 날만 먹을 뿐 아니라 ²⁰냄새도 싫어하기까지 한 달 동안 먹게 하시리니 이는 너희가 너희 중에 계시는 여호와를 멸시하고 그 앞에서 울며 이르기를 우리가 어찌하여 애굽에서 나왔던가 함이라 하라 ²¹모세가 이르되 나와 함께 있는 이 백성의 보행자가 육십만 명이온데 주의 말씀이 한 달 동안 고기를 주어 먹게 하겠다 하시오니 ²²그들을 위하여 양 떼와 소 떼를 잡은들 족하오며 바다의 모든 고기를 모은들 족하오리이까 ²³여호와께서 모세에게 이르시되 여호와의 손이 짧으냐 네가 이제 내 말이 네게 응하는 여부를 보리라

앞의 원망들에 대한 하나님의 은혜로우신 답변을 접하게 된다. 여기서 그의 사람의 악함으로 인하여 일어난 일을 계기로 하나님의 선하심이 더 뚜렷하게 드러난다.

I. 모세가 불평하는 짐을 덜어주기 위한 조치를 취하심. 모세가 다소 감정이 지나쳐서 원망하였으나, 그에게 주어진 임무가 너무 무겁게 느껴진다면, 그 임무를 줄여주실 것이다. 하나님이 그의 실수를 벌하셨다면 그를 통치의 자리에게 내쫓으시는 것이 정당했을 것이나 그렇게 하지 않으시고 그를 돕는 자들을 주셔서 그의 임무를 줄여주셨다. 그들은 사도가 말씀하는 대로 돕는 것과 다스리는 것(즉, 다스림에서 돕는 자들)인데(고전 12:28), 이들은 모세의 존귀를 낮추거나 가리지 않고, 그와 함께 백성의 짐을 담당하여 그의 일을 쉽게 해 주는 자들이다. 그리고 이런 배려가 합당하여 진정 도움이 되도록 하기 위하여, 하나님께서는 다음과 같은 후속 조치를 취하신다.

1. 모세에게 사람들을 천거할 것을 명하신다(16절). 백성들은 너무 감정이 격하여 있고 분별 없고 소란스러워 그들에게 선택권을 줄 수가 없었고, 또한 선택된 자들에 대해 모세가 만족하여야만 후에 다시 원망이 없을 것이었다. 그

가 택하여야 할 사람은 칠십 인이었는데, 이는 애굽에 내려간 사람들의 숫자와
일치한다. 그는 자기가 알기에 장로들이 될 만한 자들, 곧 지혜롭고 경험이 많
은 자들을 택하여야 했다. 백성의 우두머리 곧 천부장과 백부장으로서 임무를 잘
감당했던 자들이(출 18:25) 이제 이렇게 승진하게 되었다. "네가 알기로 진정
장로가 될 만한 자들을, 그냥 이름만 지니는 것이 아니라 직무를 실질적으로
수행할 지도자들을 택하라." 동일한 숫자의 장로들이 모세와 함께 시내 산에
올라간 일이 언급되고 있으나(출 24:1), 그들은 그 일을 위해서만 구별된 것이
고, 이들은 영구하게 구별된 것이다. 그리고 이 실례를 좇아서, 훗날 예루살렘
에 세워진 최고의 통치 기관인 산헤드린 혹은 유대인의 공회도 칠십 명으로 구
성되었다. 우리 주님도 사도들을 도울 자들로 칠십 명의 제자들을 택하셨는데,
이 실례를 염두에 두고 그렇게 하신 것 같다(눅 10장).

　2. 하나님께서 그들을 합당한 자격을 가진 자들로 만드실 것을 약속하신다.
그들이 임무를 담당하기에 합당치 않으면 그렇게 되어야 했다. 그렇지 않으면
모세에게 도움이 되기는커녕 오히려 방해만 될 것이었다(17절). 모세가 비록
하나님께 지나치게 격하게 아뢰었으나, 하나님은 그것 때문에 그와의 의사교
류를 단절시키지 않으신다. 하나님이 우리를 굉장히 참으시니, 우리 역시 서로
서로 그래야 한다. 하나님은 말씀하시기를, 네가 마음의 평정을 되찾았을 때에
내가 강림하여 거기서 너와 말하고 네게 임한 지혜와 경건과 용기의 영을 그들에게
도 임하게 하리라고 하신다. 그들이 모세에게 임한 영을 함께 받으니 모세가 영
을 덜 받게 되는 것도 아니고, 그들이 이로써 모세와 동등하게 되는 것도 아니
었다. 모세는 여전히 타의 추종을 불허하는 탁월한 종이었다(신 34:10). 다만
그들은 그들의 지위에 합당하도록 다스림의 영을 부여받은 것이요, 또한 그들
의 신적인 부르심을 입증하도록 예언의 영을 부여받은 것뿐이다. 그들의 다스
림이 신정통치(神政統治: theocracy)였기 때문이다. 주목하라. (1) 하나님께서
는 사람들을 봉사하게 부르시고 그들에게 합당한 자질을 부여하신다. 그러므
로 스스로 자질이 없는 자들은 정당하게 부르심을 받았다는 생각을 할 수 없
다. (2) 모든 선한 자질들은 하나님께로부터 온다. 온갖 좋은 은사와 온전한 선물
이 다 위로부터 빛들의 아버지께로부터 내려오나니(약 1:17).

　**II. 불만이 가득한 백성들의 터무니없는 요구까지도 들어주셔서 모든 입으
로 잠잠하게 하심.** 백성들은 너희의 몸을 거룩히 하라는 명령을 받는다(18절).

즉, 그런 놀라운 하나님의 권능의 증거를 긍휼과 심판의 증표로 받기에 합당한 자세를 갖추라는 것이다. 이스라엘아 네 하나님 만나기를 준비하라(암 4:12).

1. 그들이 만나 이외에 고기로 배를 채울 것이요 한 달 동안 그들이 고기로 배를 채울 뿐 아니라 지겹도록 먹게 될 것을 약속하신다, 아니 위협하신다고 해야 옳을 것이다. 또한 그들이 식욕을 자제하지 않으면, 고기에 완전히 물려 버릴 것이다. 냄새도 싫어하기까지 한 달 동안 먹게 하시리니(19, 20절). 여기서 보라. (1) 감각적인 즐거움이 헛되다는 것. 그것은 욕심을 채워주지만 만족은 주지 못한다. 그러나 영적인 즐거움은 그렇지 않다. 세상이 지나감에 따라 그 정욕도 함께 지나간다(요일 2:17). 탐욕으로 안달하며 원하던 것이 조금만 시간이 흐르면 지겨워지는 법이다. (2) 음식을 탐하고 술에 취하는 것은 짐승 같은 죄다(또한 짐승 같은 상태 그 자체보다 더 악하다). 이는 본성의 힘을 과도하게 발휘하게 하며, 그리하여 몸의 건강을 위하여야 할 것을 오히려 몸의 병이 되게 만든다. 이것들은 그 자체가 형벌이 되는 죄들이다. (3) 백성들이 무절제하여 게걸스럽게 탐욕을 부리던 것들을 그들로 하여금 지겨워하게 만드시니, 하나님의 이러한 처사가 얼마나 의로운지 모른다. 하나님께서는 그들이 만나를 지겨워했던 것과 마찬가지로 고기도 똑같이 지겨워하도록 만드실 수 있는 것이다.

2. 모세가 이 말씀을 실현 가망성이 없는 것으로 여겨 반대한다(21, 22절). 이는 제자들이 제기한 반대와 비슷하다. 이 광야 어디서 떡을 얻어 이 사람들로 배부르게 할 수 있으리이까(막 8:4). 어떤 이들은 모세를 두둔하면서, 그의 말은 그저 어떤 방식으로 고기가 공급될 것인지를 정중하게 물은 것이라고 해석한다. 그러나 그러기에는 하나님을 향한 망설임과 불신의 냄새가 너무 많이 난다. 그는 백성들의 숫자를 들어 반론을 제기한다. 하나님께서 그들 모두에게 떡은 공급하셨으나, 그런 똑같은 무제한적인 권능으로도 고기는 공급하실 수 없다는 듯이 말이다. 그는 가장 몸집이 큰 짐승들인 땅 짐승이나 바다의 생선의 고기여야 한다고 생각하였고, 작은 새의 고기로도 목적을 이룰 수 있다는 생각은 거의 하지 못했다. 하나님은 사람이 보듯 보시지 않고, 그의 생각은 우리의 생각과는 다르다. 그는 족하오리이까 라는 말을 사용하여, 백성들의 탐욕을 반대 이유로 제시한다. 주목하라. 참되고 위대한 신자들이라도 때때로 제2의 원인들로 인하여 실망한 상태에서 **바랄 수 없는 중에** 처하여 하나님을 신뢰하기가

힘들 경우도 있다. 모든 사람들이 그렇게 외치고 있으니, 모세 자신도 하마터면 하나님이 광야에서 식탁을 베푸실 수 있으랴?(시 78:19)라고 말할 뻔했다. 이것은 분명 그의 연약함이었다.

3. 하나님께서는 이런 반론에 대해 다음과 같은 질문으로 간단하면서도 충족한 답변을 주신다. 여호와의 손이 짧으냐?(23절). 모세가 과거에 지극히 높으신 하나님의 오른손으로 행하신 그 놀라운 역사들을 기억했더라면, 애초에 이런 어려움들을 시작하지도 않았을 것이다. 그러므로 하나님께서는 그에게 그 일들을 상기시키셔서, 이런 반론이 그가 친히 자주 목격하였을 뿐 아니라 스스로 도구가 되어 역사한 그 하나님의 권능을 불신하는 것임을 생각하게 하신다. 그는 과연 애굽에 재앙이 임했을 때, 바다가 갈라졌을 때, 반석을 쳐서 물이 나왔을 때, 하늘로부터 만나가 내렸을 때 임한 하나님의 그 놀라운 권능을 잊었는가? 그 권능이 줄어들었는가? 하나님이 과거보다 더 약해지셨는가? 혹은 그가 과거에 행하신 일로 지치셨는가? 우리의 불신의 마음이 아무리 달리 이야기해도, 확실한 사실은, (1) 하나님의 손이 짧지 않다는 것이다. 하나님 자신의 뜻 이외에는 그 어떠한 것도 그의 권능이 발휘되는 데에 방해거리가 되지 못한다. 그에게는 불가능한 것이 없다. 그의 손은 결코 짧지 않다. 그것으로 물을 헤아리고 하늘을 재시며(사 40:12), 또한 바람을 모으시니 말이다(잠 30:4). (2) 하나님의 손이 줄어들지 않았다는 것이다. 그는 언제나 그러셨듯이 항상 강하시며, 지치지도 아니하시며 쇠하지도 아니하신다. 모든 수단이 무너지고 우리의 모든 신뢰가 깨어지더라도, 이것만으로도 불신을 잠잠케 하기에 족하다. 여호와께 능치 못함이 있느냐? 하나님은 여기서 모세에게 첫째가는 원리를 제시하시며, 다시금 이를 가르치시고, 여호와의 옛 이름, 곧 전능하신 여호와 하나님을 깨우치게 하신다. 그리고 일의 결말을 증거로 제시하신다. 네가 이제 내 말이 네게 응하는 여부를 보리라. 이로써 하나님의 말씀이 그의 모든 이름 위에 위엄 있게 서게 되며, 그의 역사가 결코 모자람이 없다는 것이 드러날 것이다. 그가 말씀하시면, 그대로 이루어지는 것이다.

²⁴모세가 나가서 여호와의 말씀을 백성에게 알리고 백성의 장로 칠십 인을 모아 장막에 둘러 세우매 ²⁵여호와께서 구름 가운데 강림하사 모세에게 말씀하시고 그에게 임한 영을 칠십 장로에게도 임하게 하시니 영이 임하신 때에 그들이 예언을 하다

가 다시는 하지 아니하였더라 ²⁶그 기명된 자 중 엘닷이라 하는 자와 메닷이라 하는 자 두 사람이 진영에 머물고 장막에 나아가지 아니하였으나 그들에게도 영이 임하였으므로 진영에서 예언한지라 ²⁷한 소년이 달려와서 모세에게 전하여 이르되 엘닷과 메닷이 진중에서 예언하나이다 하매 ²⁸택한 자 중 한 사람 곧 모세를 섬기는 눈의 아들 여호수아가 말하여 이르되 내 주 모세여 그들을 말리소서 ²⁹모세가 그에게 이르되 네가 나를 두고 시기하느냐 여호와께서 그의 영을 그의 모든 백성에게 주사 다 선지자가 되게 하시기를 원하노라 ³⁰모세와 이스라엘 장로들이 진중으로 돌아왔더라

여기서는 이스라엘을 다스리는 일에 모세를 돕겠다고 하신 하나님의 말씀이 그대로 이행되는 것을 보게 된다.

I. 칠십 인의 지도자들에 관한 내용. 모세는 백성들의 소요로 인하여 다소 당황해하였으나, 하나님과의 교제를 통해서 완전히 평정을 되찾아 곧 정상으로 돌아왔다. 그리고 문제 해결을 위하여,

1. 자신의 역할을 수행하였다. 칠십 인의 장로들을 하나님께 천거하여, 장막에 둘러 세위(24절), 하나님께서 친히 자신을 드러내신 그 장소에서 하나님의 은혜를 받을 준비를 갖추게 하였고, 그리하여 온 백성이 그들이 엄숙하게 부르심 받는 것을 목도하도록 하였다. 주목하라. 하나님께로부터 은혜를 기대하는 자는 겸손히 자기를 드리고 그에게 봉사하여야 한다.

2. 하나님께서도 일하셨다. 그에게 임한 영을 칠십 장로에게도 임하게 하시니(25절). 능력과 교육의 수준이 본래 이웃들과 같았던 자들이 이로써 갑자기 비범한 일을 말하고 행하게 되었고, 그리하여 그들에게 하나님의 감동이 있었음이 드러났다. 그들은 그 날 종일토록 예언을 하였다. 어떤 이들은 오직 그 날만 예언하였다고 보기도 한다. 그들은 하나님의 일들에 관하여 논하였고, 아마 그들이 최근 받은 율법에 대해서 놀라울 정도로 명확하고 충실하게 적절한 표현을 사용하여 해명하였을 것이고, 그리하여 듣는 사람들이 모두 하나님이 참으로 그들 가운데 계시는 것을 보고 그렇게 전파하였을 것이다. 고전 14:24, 25을 보라. 그리하여 오랜 후, 사울도 하루 낮밤 동안 그에게 임한 예언의 은사를 통하여 다스리는 자로서 이름을 드러냈다(삼상 10:6, 11). 모세가 이스라엘을 애굽에서 이끌어내려 할 때에는 아론이 그의 선지자로 지명되었다(출 7:1). 그러나

하나님께서 아론에게 다른 일을 맡기셨으므로, 모세는 그를 대신하여 칠십 인의 선지자들을 거느리게 된 것이다. 주목하라. 하나님의 일들을 잘 알고 사람들을 잘 가르쳐 믿음을 강건하게 할 수 있는 자들이 하나님의 이스라엘에서 다스리기에 가장 적합한 자들이다.

II. 그 중 두 사람에 관한 내용. 이들은 엘닷과 메닷인데, 아마도 형제간이었을 것이다.

1. 그들은 다스리는 일을 돕도록 모세가 천거한 자들이었는데, 다른 이들과는 달리 이들은 장막에 나아가지 아니하였다(26절). 칼빈은 그들에게 소환장이 보내졌으나 그들이 다른 곳에 있었고, 그리하여 그들의 이름이 명단에 올랐으나 실제로 부르심을 받지 못했을 것이라고 추측한다. 대부분은 그들이 겸손한 자세가 지나쳐서 장막에 오기를 사양했을 것으로 본다. 그들 자신의 연약함과 무가치함을 느껴서 다스리는 직무에서 면제되기를 바랐다는 것이다. 그렇다면 그들의 자세는 칭찬할 만하나, 명령에 순종하지 않은 그들의 처신은 그릇된 것이었다 할 것이다.

2. 하나님의 영이 진 중에 숨어 있는 그들을 찾아가셨고, 그리하여 그들이 거기서 예언하였다. 즉, 누군가의 장막에서 기도하고 말씀을 전하고 하나님을 찬양하는 은사를 발휘한 것이다. 주목하라. 하나님의 영은 성막에 매여 계시지 않고, 바람이 임의로 부는 것처럼 역사하신다(요 3:8). 내가 주의 영을 떠나 어디로 가며 주의 앞에서 어디로 피하리이까(시 139:7)? 이 두 사람이 다른 장로들과 합류하지 않은 일에는 특별한 섭리가 있었다. 그리하여 장로들이 임무를 할 수 있게 된 것이 하나님의 영 때문이요 또한 모세가 아니라 하나님께서 친히 그의 영을 그들에게 주신 사실이 드러났기 때문이다. 그들은 그 일을 담당하기를 사양하였으나 하나님께서 그들을 강제로 그 일을 맡게 하셨다. 아니, 다른 장로들과는 달리 그들은 이름이 거론되는 영예를 얻었다. 자기를 낮추는 자는 높아질 것이요, 다스리는 일에 대한 열망이 가장 적은 자들이 그 일에 가장 적합한 자들인 것이다.

3. 이에 대한 소식이 모세에게 전해졌다. "엘닷과 메닷이 진중에서 예언하나이다. 한 장막에서 비밀 집회가 열리고 있고, 모세의 감독과 지휘를 벗어나고 또한 나머지 장로들과 교류도 하지 않은 채 엘닷과 메닷이 그 일을 주도하고 있나이다." 그 소식을 알려준 자가 누구든 간에, 그는 그 일을 비정상적인 일로

보았던 것 같다.

4. 여호수아가 나서서 그들을 만류할 것을 건의하였다. 내 주 모세여 그들을 말리소서(28절). 아마도 여호수아도 그 칠십 인에 속했을 것이고, 그 때문에 그가 엘닷과 메닷이 질서를 존중하지 않는 것에 대해 더 질시하게 되었을 것이다. 그는 그들이 필연적으로 따를 수밖에 없는 충동을 받은 것이 아니라고 간주하였다. 예언하는 자들의 영이 예언하는 자들에게 제재를 받으니(고전 14:32). 그들더러 예언을 전혀 하지 못하도록 말리든지, 혹은 성막으로 와서 나머지 장로들과 함께 예언하도록 조치할 것을 건의한 것이다. 그들의 그런 행동에 대해 처벌할 것을 바라는 것은 아니고, 다만 장차의 일을 위하여 그들을 제재하기를 바란 것이다. 그의 이런 건의는 선한 원리에서 나온 것으로, 그는 개인적으로 엘닷과 메닷을 싫어해서가 아니라, 교회의 하나 됨과 또한 하나님과 모세의 존귀에 대한 순전한 걱정과 염려에서 그렇게 건의한 것이다.

5. 모세는 그런 건의를 물리치고 그를 책망하였다. "네가 나를 두고 시기하느냐? 네 마음에 어떤 동기가 있는지 모르느냐?" 여호수아가 모세가 아끼는 동료요 측근이었고, 또한 그가 모세에 대한 존경심 때문에 — 그는 장로들로 인해서 모세의 존귀가 감소되는 것이 견딜 수 없었다 — 그런 건의를 했으나, 모세는 그를 책망하며 그에게 그런 나쁜 동기가 있는 것을 꾸짖는 것이다. (1) 다른 이들의 은사와 은혜에 대해서, 또한 그들이 유익하게 쓰임받는 것에 대해서 은밀하게 시기해서는 안 된다. 요한의 제자들은 그리스도의 존귀가 자기들의 스승의 존귀를 가리는 것 때문에 시기하였는데, 이는 그릇된 과오였다(요 3:26). (2) 다른 이들의 연약함과 부족함 때문에 열기에 휩싸이는 일이 있어서는 안 된다. 엘닷과 메닷이 비정상적으로 처신했다손 치더라도, 여호수아는 그들에 대해 너무 속단하여 감정적으로 대응하였다. 우리의 열심은 항상 지혜로운 온유함으로 제어를 받아야 한다. 하나님의 의를 이루기 위해 사람의 분노가 필요한 것이 아니다(약 1:20). (3) 아무리 훌륭하고 유능한 사람들이라도 그들을 한 당파의 우두머리로 삼아서는 안 된다. 바울은 그의 이름이 한 당파를 뒷받침하는 데에 사용되는 것을 원치 않았다(고전 1:12, 13). (4) 우리와 다른 자들이 우리와 함께 그리스도를 따르지 않는다고 해서(막 9:38) 마치 그들이 그리스도를 따르지 않는 것처럼 여겨서 앞으로 나서서 그들을 정죄하거나 가로막아서는 안 된다. 그리스도의 소유인 자들인데도 우리와 모든 점에서 생각이 같지 않다

는 것 때문에 그들을 거부하거나 선을 행하지 못하도록 가로막는 일이 과연 옳
은가? 모세는 자세가 달랐다. 이 두 사람을 잠잠하도록 막고 그들 속에 역사하
시는 성령을 소멸시키기는커녕, 여호와께서 그의 영을 그의 모든 백성에게 주사
다 선지자가 되게 하시기를, 즉 여호와께서 그의 성령을 그들에게 부어주시기를
원했다. 정당한 자질이 없는 자들을 선지자들로 세우기를 바란 것도 아니고,
예언의 영이 그렇게 흔하게 임하기를 기대한 것도 아니다. 그는, 여호와의 모
든 백성을 향한 그의 사랑과 존경심, 그리고 다른 이들의 은사들에 대한 존중
의 자세와, 또한 엘닷과 메닷이 예언하는 것에 대해 전혀 불쾌히 여기지 않는
다는 것을 그렇게 표현한 것이다. 바울 역시 이런 훌륭한 자세를 보여주었다.
다른 사람들이 그의 매임에 괴로움을 더하게 하려는 의도로 복음을 전하였으나,
그는 오히려 그리스도가 전파된다는 사실에 대해 크게 기뻐하였다(빌 1:17).
우리의 위신과 명예가 떨어지고 약화된다 할지라도 하나님이 섬김을 받으시고
영광을 받으시며 그에게 유익이 된다면, 그 일을 기뻐하여야 할 것이다.

6. 새로 임직한 장로들이 즉시 임무에 들어갔다(30절). 그들의 부르심이 예
언 행위를 통해서 충족히 입증되자, 그들은 모세와 함께 진중으로 가서 임무를
담당하였다. 은사를 받았으니, 선한 청지기로서 그 은사를 사용한 것이다. 이
제 모세는 자기의 일과 임무를 함께 나눌 자들이 그렇게 많다는 것에 기뻐하였
다. 그러므로 (1) 권력의 자리에 오르기를 소원하는 자들은 모세의 이러한 증
언을 접하고서, 다스리는 일이 무거운 짐이라는 것을 깨달아야 할 것이다. 다
스리는 임무를 양심적으로 행하는 자들에게 그 일은 보살핌과 어려움을 져야
하는 짐이다. 그리고 그렇게 행하지 않는 자들에게는 마지막 심판 날에 그것이
더 큰 짐으로 드러날 것이다. 자기의 달란트를 땅에 묻은 무익한 종이 당할 심
판을 받게 될 것이기 때문이다. (2) 권력의 자리에 있는 자들은 모세의 모범을
본받아야 할 것이다. 다른 사람들의 권고와 협조를 멸시하지 말고, 그것을 바
라고, 또한 그런 것이 주어질 때 감사히 받으며, 지혜와 권세를 독점하기를 탐
하지 않도록 해야 할 것이다. 모사가 많은 것이 안전한 법이다.

³¹바람이 여호와에게서 나와 바다에서부터 메추라기를 몰아 진영 곁 이쪽 저쪽 곧
진영 사방으로 각기 하룻길 되는 지면 위 두 규빗쯤에 내리게 한지라 ³²백성이 일어
나 그 날 종일 종야와 그 이튿날 종일토록 메추라기를 모으니 적게 모은 자도 열

호멜이라 그들이 자기들을 위하여 진영 사면에 펴 두었더라 ³³고기가 아직 이 사이에 있어 씹히기 전에 여호와께서 백성에게 대하여 진노하사 심히 큰 재앙으로 치셨으므로 ³⁴그 곳 이름을 기브롯 핫다아와라 불렀으니 욕심을 낸 백성을 거기 장사함이었더라 ³⁵백성이 기브롯 핫다아와에서 행진하여 하세롯에 이르러 거기 거하니라

하나님은 모세에게 장로들을 주셔서 그의 다스리는 일을 돕게 하심으로 그의 약속을 이행하시고, 그리하여 그가 성령으로 사람들의 영을 통제하는 능력이 있으심을 입증하신 다음, 이제 고기를 주심으로 백성들에게 하신 약속을 이행하시고, 그리하여 자신이 저급한 피조물들을 권능으로 다스리시며 자연계를 통치하심을 드러내 보이신다. 관찰하라.

1. 백성들이 고기를 충족히 공급받음. 바람(남동풍으로 보인다. 시 78:26)이 메추라기를 몰아(31절). 그 짐승들의 종류가 무엇이었는지는 확실치 않다. 시편 기자는 그것들을 깃털 달린 새, 혹은 날개 달린 새로 묘사한다. 박식한 패트릭 주교는 그것들이 메뚜기였다고 보는 몇몇 현대 작가들의 의견에 동조하는 쪽으로 기운다. 메뚜기는 이 지역에서 아주 맛이 좋은 음식 중에 하나인데, 이것으로 추정하는 근거는 그것들이 바람에 불려와 땅에 수북이 쌓였고, 먹을 수 있도록 태양 볕에 말랐다는 것이다. 그것들이 무엇이었든 간에, 하나님이 의도하신 대로 이루어졌다. 이스라엘이 한 달 동안 그것들을 포식한 것이다. 하나님은 원망하는 가족에게 그렇듯 너그러이 베푸시는 아버지이시다. 메뚜기들이 마음대로 열매를 먹을 수 있는 풍요로운 애굽에는 재앙이 되었으나, 아무것도 먹을 것이 없는 메마른 광야의 백성에게는 복이 된 것이다.

2. 하나님이 보내신 이 고기를 그들이 욕심으로 탐하였음. 그들은 수그러들 줄 모르는 식욕으로 먹이에게로 마구 몰려들었고, 그들이 그 고기를 지겹도록 먹으리라는 모세의 말도 귀를 기울이지 않았다. 그들은 이틀 낮밤 동안 계속해서 고기를 모아들였고, 모든 가장이 각기 최소한 열 호멜(곧, 열 마리 나귀의 짐)을 거두어들였다. 다윗은 베들레헴의 우물의 물을 먹기를 심히 원했으나, 그것을 얻고서 마시려 하지 않았다. 그 물이 큰 위험을 무릅쓰고 구해온 것이기 때문이었다. 그러니 이스라엘 백성들로서는 이 고기를 거부했어야 마땅했다. 그 고기들이 하나님을 원망하여 얻은 것이며, 또한 모세의 말에서 쉽게 파

악했을 수도 있었듯이 진노 중에 그들에게 주어진 것들이었기 때문이다. 그러나 육신적인 정욕에 사로잡혀 있는 자들은 고귀한 영혼들에게 해를 주고 망하게 하는 것일지라도 욕심으로 그것을 탐하는 법이다.

3. 그들이 욕심으로 인하여 큰 해를 당하였음. 여호와께서 백성에게 대하여 진노하사 심히 큰 재앙으로 치셨으므로(33절). 곧, 무언가 육체적인 질병으로 치신 것이다. 아마 과식 때문에 그런 결과가 생겼고, 이로 인하여 많은 이들이 죽었으며, 그런 원망의 주동자들이 죽임을 당했을 것으로 보인다. 주목하라. 하나님은 자주 그의 백성들이 탐욕으로 구하는 것들을 사랑으로 허락하신다. 여호와께서는 그들이 요구한 것을 그들에게 주셨을지라도 그들의 영혼은 쇠약하게 하셨도다(시 106:15). 모든 권고의 말씀에도 불구하고 그들이 그들의 욕심을 버리지 아니하였고, 그리하여 그들의 먹을 것이 아직 그들의 입에 있을 때에 하나님이 그들에게 노염을 나타내신 것이다(시 78:30, 31). 우리가 무절제하게 욕심내는 것을 얻는다 해도(이것을 두려워해야 한다) 그것이 우리에게 이런저런 식으로 괴로움과 십자가가 될 것이다. 하나님이 먼저 그들의 욕심을 채워주시고 그 다음에 재앙으로 치신 것은, (1) 하나님 자신의 권능을 친히 보이사, "하나님이 그들에게 고기를 공급할 수 있었다면 그들을 내치지 않으셨을 것이다"라는 식의 말을 하지 못하도록 하시기 위함이었다. (2) 우리에게 죄인들이 누리는 번영의 의미를 깨우치시기 위함이었다. 그들의 번영은 곧 멸망을 준비하는 것이요, 살육할 소에게 여물을 먹이는 것과 같다. 마지막으로, 그 곳에 이름을 붙임으로써 이 사건에 대한 기억이 길이 남게 되었다(34절). 모세는 그 곳을 기브롯 핫다아와라 불렀으니, 이는 광채의 무덤들 혹은 탐욕의 무덤들이라는 뜻이다. 이스라엘의 광채의 무덤들이 이스라엘의 탐욕의 무덤들로 밝혀졌다면 좋았을 것이다. 그 경고는 이스라엘의 죄를 막기 위한 것이었으나, 그 의도대로 이루어지지 않았다. 왜냐하면 이러함에도 그들은 여전히 범죄하였으니 말이다(시 78:32).

제 12 장

개요

　전 장에서는 백성들이 모세를 괴롭힌 사실을 접하였으나, 본 장에서는 그의 친족들로 인하여 그의 인내가 시험 당하는 것을 접하게 된다. I. 그의 누이요 형인 미리암과 아론이 그를 공격함(1-3절). II. 하나님께서 그들을 부르사 책임을 물으심(4-9절). III. 이로 인하여 미리암이 나병에 걸림(10절). IV. 아론이 굴복하고, 모세는 미리암을 위하여 부드럽게 간구함(11-13절). V. 미리암이 병에서 나았으나 칠 일 동안 부끄러움을 당함(14-16절). 이것이 기록된 것은 아무리 훌륭한 사람과 가문이라 할지라도 그들의 잘못과 십자가들이 있음을 보여주기 위함이다.

¹모세가 구스 여자를 취하였더니 그 구스 여자를 취하였으므로 미리암과 아론이 모세를 비방하니라 ²그들이 이르되 여호와께서 모세와만 말씀하셨느냐 우리와도 말씀하지 아니하셨느냐 하매 여호와께서 이 말을 들으셨더라 ³이 사람 모세는 온유함이 지면의 모든 사람보다 더하더라

I. 아론과 미리암이 그들에게 전혀 어울리지 않게 역정을 냄. 　그들이 모세를 비방하니라(1절). 하나님께로부터 많은 존귀를 얻은 모세가 일반 사람들에게 그렇게 많은 모욕과 훼방을 받았다면, 그런 시험들이 이상하다거나 힘든 것이었다고 생각할 것이고, 그들이 그런 시험을 촉발시키고 훼방하였다고 생각할 것이다. 그러나 우리의 일반적인 생각과는 전혀 달리, 모세를 훼방하고 모욕한 자들은,

　1. 스스로 진지하고 선한 자들이었다. 아니, 신앙에서 뛰어난 자들이었다. 미리암은 여 선지자였고, 아론은 대제사장으로서 둘 다 이스라엘을 구원하는 일에 모세와 함께 동역한 사람들이었다. 내가 모세와 아론과 미리암을 네 앞에 보냈느니라(미 6:4).

　2. 모세의 가장 가까운 친족들이요 그의 친형과 여동생으로서 그에게서 가

장 혜택을 많이 받은 자들이었다. 내 어미의 아들들이 나에게 노하였음이라(아 1:6). 친족들 간의 분쟁은 특별히 더 가슴이 아프다. 노엽게 한 형제와 화목하기가 견고한 성을 취하기보다 어려우니라(잠 18:19). 그러나 이러한 사실은 모세의 소명을 확증하는 데 도움을 주며, 또한 그가 높은 지위에 오른 것이 오직 하나님의 은혜로 말미암은 것이요 친족들과의 공모를 통한 것이 아니었다는 것을 보여준다. 그들은 오히려 그가 높이 되는 것을 시기하였던 것이다. 우리 구주의 여러 친족들도 그를 믿지 않았다(요 7:5). 아마도 미리암이 먼저 분쟁을 일으켰고, 아론이 이에 동조한 것 같다. 아론은 칠십 인의 장로들을 선정하는 일에 자신이 배제된 것에 대해 다소 상심했을 것이고, 이 때문에 미리암 편으로 기울었을 것이다. 여러 어려운 일들에 아론이 간여하는 것을 보면 마음이 아플 것이다. 그러나 이는 곧 율법이 약점을 가진 사람들을 제사장으로 세웠다는 것을 보여준다(히 7:28). 사탄은 먼저 하와를 유혹하였고, 하와를 통해서 아담을 유혹하였다. 우리의 친족들로 인하여 분쟁에 휩쓸려 들어가지 않도록 조심해야 한다. 작은 불길이 얼마나 큰 문제를 일으킬 수 있는지를 우리가 알지 못하기 때문이다. 아론은 그가 금송아지를 만든 일로 하나님께서 그에게 진노하실 때 모세가 그를 위해 기도한 것을 기억하고(신 9:2), 선을 악으로 갚지 말았어야 옳았다. 그들은 모세에게 두 가지를 문제로 제기하였다.

(1) 그의 결혼 문제. 어떤 이들은 구스 여인 혹은 아라비아 여인과의 때늦은 결혼 때문이었다고 보고, 어떤 이들은 십보라 때문이었다고 본다. 그들은 이때에 십보라를 경멸하여 구스 여인이라 불렀고, 그녀가 칠십 인의 장로 선정 문제에 모세에게 지나친 영향력을 발휘했다고 의심하였다는 것이다. 어쩌면 십보라와 미리암 사이에 무언가 사사로운 갈등이 있었을 것이다. 그런 갈등의 와중에 서로 격한 말이 오갔고, 언짢은 생각이 또 다른 생각을 불러일으켰고, 급기야 모세와 아론이 이에 개입하게 되었을 것이다.

(2) 그의 통치 문제. 통치를 잘못 했다는 것이 아니라 독점하였다는 것을 문제삼았다. "여호와께서 모세와만 말씀하셨느냐? 예언의 영이 임하는 사람들을 모세 혼자서 선택하여야 했느냐? 우리와도 말씀하지 아니하셨느냐? 그 일에 우리도 관여하여, 모세가 자기 측근을 택한 것처럼 우리도 우리 측근을 택할 권한이 있지 아니하였느냐?" 하나님이 모세에게 말씀하신 것은 부인할 수 없었으나, 그가 때로는 자기들에게도 말씀하셨다는 것이 분명했다. 그들의 의도는

자기들을 모세와 동등한 상태로 만드는 것이었다. 하나님께서 그렇게 갖가지 방식으로 그를 구별하여 세우셨는데도 말이다. 주목하라. 가장 큰 자가 되고자 하는 것이야말로 제자들이 범하기 쉬운 죄로서 지극히 죄악된 것이다. 높임을 받는 자들도 다른 사람이 더 높임을 받는 것을 달가워하지 않는 법이다. 뛰어난 자들은 시기를 받기 십상이다.

II. 이런 당혹스런 상황에서 모세가 보여준 놀라운 인내. 여호와께서 이 말을 들으셨더라(2절). 그러나 모세는 이를 문제삼지 않았다. 그는 매우 온유한 사람이었던 것이다. 그로서는 그런 모욕에 대해 충분히 분개하고도 남는 상황이었다. 그런 일은 질이 나쁘고 시기적으로도 매우 좋지 않았다. 백성들이 최근 극심한 원망을 토로하여 그에게 큰 괴로움을 주었는데, 아론과 미리암이 그렇게 반기를 들면 다시금 모반이 일어날 위험이 다분하였다. 그러나 그는 마치 귀머거리처럼 듣지 않은 것으로 여겼다. 금송아지 사건에서 보듯이 하나님의 존귀가 걸린 문제가 발생할 때에는 모세만큼 열정적으로 대처하는 사람이 없었다. 그러나 자기 자신의 명예가 손상되는 문제에 대해서는 그 어떤 사람보다 온유하게 처신하였다. 하나님의 대의(大義)가 걸린 문제에서는 사자처럼 담대하였으나, 자기 자신의 신상에 관한 문제에서는 어린 양처럼 온유했던 것이다. 하나님의 백성들은 세상의 겸손한 자들이다(습 2:3). 그러나 그 중에 이 은혜에서 다른 이들보다 뛰어난 자들이 있는 법이다. 모세는 이로써 그가 부르심을 받은 그 일에 적합한 자임을 드러내 보였다. 그의 임무를 위해서는 모든 온유함이 요구되었던 것이다. 때로는 측근들의 불친절한 처신이 원수들의 악의에 찬 공격보다 우리의 온유함을 시험하는 더 큰 계기가 되기도 한다. 그리스도께서는 친히 자신의 온유함을 말씀하신다. 나는 마음이 온유하고 겸손하니(마 11:29). 그리스도께서 세우신 이 온유함의 모델은 흠이 없는 것이었다. 그러나 모세의 모델은 그렇지 못했다.

⁴여호와께서 갑자기 모세와 아론과 미리암에게 이르시되 너희 세 사람은 회막으로 나아오라 하시니 그 세 사람이 나아가매 ⁵여호와께서 구름 기둥 가운데로부터 강림하사 장막 문에 서시고 아론과 미리암을 부르시는지라 그 두 사람이 나아가매 ⁶이르시되 내 말을 들으라 너희 중에 선지자가 있으면 나 여호와가 환상으로 나를 그에게 알리기도 하고 꿈으로 그와 말하기도 하거니와 ⁷내 종 모세와는 그렇지 아니

하니 그는 내 온 집에 충성함이라 ⁸그와는 내가 대면하여 명백히 말하고 은밀한 말로 하지 아니하며 그는 또 여호와의 형상을 보거늘 너희가 어찌하여 내 종 모세 비방하기를 두려워하지 아니하느냐 ⁹여호와께서 그들을 향하여 진노하시고 떠나시매

모세는 자기에게 가해진 공격에 대해 분개하지도 않았고, 그 일을 하나님께 하소연하지도 않았다. 그런데 하나님께서 그 일에 대해 분개하셨다. 그는 우리가 격하여 하는 모든 말을 다 들으시며, 우리의 경솔한 언행을 즉각적으로 보시는 분이시다. 그렇기 때문에 우리는 반드시 우리의 혀를 제어하여 다른 이들에 대해 악담을 하지 말아야 하고, 다른 이들이 우리에 대해 악담할 때에 인내로 참아야 하는 것이다. 나는 못 듣는 자 같이 듣지 아니하고 말 못하는 자 같이 입을 열지 아니하오니(시 38:13-15). 우리가 우리 자신의 문제에서 침묵할수록 하나님께서 더 개입하셔서 억울함을 풀어주실 것이다. 무죄한 자가 비난을 받을지라도, 하나님이 재판장이 되사 보호하시리라는 것을 안다면, 그 스스로는 별로 말을 할 필요가 없을 것이다.

I. 문제에 연루된 당사자들이 회막 문 앞으로 소환되어 심문을 받음(4, 5절). 모세가 하나님의 존귀를 위하여 열정적으로 대처하였으니, 이제 하나님께서 그의 명예를 위하여 친히 역사하신다. 하나님을 존귀히 여기는 자들을 하나님이 존귀하게 하시는 법이다. 하나님은 그를 위해 열심을 다하는 자들에게 늦장을 부리시는 법이 절대로 없다. 옛적의 사사들은 성문에서 송사를 따졌는데, 이 경우에는 영광의 구름 중의 세키나가 장막 문에 섰고, 아론과 미리암이 피고로서 그 앞에 서도록 부르심을 받은 것이다.

II. 아론과 미리암이 자기들이 비록 큰 자들이나, 모세와 동등한 것처럼 처신해서도 안 되고 그와 경쟁하려 해서도 안 된다는 것을 알게 됨(6-8절). 그들이 여호와의 선지자들이었는가? 그렇다면 모세는 그들보다 더한 선지자였다고 말할 수 있을 것이다.

1. 하나님이 선지자들에게 상당한 존귀를 부여하시는 것은 사실이었다. 사람들이 아무리 그들을 조롱하고 학대하더라도, 그들은 하늘의 지극한 사랑을 입은 자들이었다. 하나님은 그들에게 자기를 알리셨고(그들이 잠잘 때에는 꿈으로, 또한 깨어있을 때에는 이상으로), 그들을 통하여 다른 이들에게 자기를

알리셨다. 하나님이 자기를 알려주시는 자들은 진정 큰 복을 받은 자들이다. 지금도 하나님은 그 일을 행하신다. 그러나 과거 옛날처럼 꿈이나 이상을 통해서가 아니라, 지혜와 계시의 성령을 통하여 행하신다. 성령께서는 선지자들과 임금들이 보기를 바랐으나 보지 못했던 것들을 어린 아이들에게 알게 하시는 것이다. 그리하여 마지막 날, 즉 메시야의 날에는, 아들들과 딸들이 예언을 할 것이라고 한다(욜 2:28). 왜냐하면 그들이 과거의 선지자들보다도 은혜의 나라의 신비한 것들에 대해 더 잘 알게 될 것이기 때문이다(히 1:1, 2).

2. 그러나 모세에게 베풀어진 존귀는 그보다 훨씬 더 컸다. 내 종 모세와는 그렇지 아니하니(7절). 그는 그들 모두를 능가하는 사람이다. 미리암과 아론에게서 당한 온갖 모욕을 온유함과 인내로 견딘 것에 대해서, 하나님은 모세의 혐의를 풀어주실 뿐 아니라, 그를 칭찬하셨고, 이를 계기로 그의 존귀를 영원토록 기념하게 만드는 찬사를 그에게 주셨다. 의를 위하여 욕을 당하고 박해를 당하는 모든 자들에게 그렇게 하늘에서 상이 클 것이요, 그리스도께서 그의 아버지와 거룩한 천사들 앞에서 그들을 인정하실 것이다.

(1) 모세는 지극히 진실하며 충성이 확인된 사람이었다. 그는 내 온 집에 충성함이라. 이것이 그의 성품에서 첫째로 제시되는 것은 은혜가 은사들보다 크고, 사랑이 지식보다 크며, 또한 순전하게 하나님을 섬기는 것이 학식이나 심원한 사색이나 방언을 하는 능력보다 사람에게 더 큰 존귀를 가져다주며 또한 하나님의 사랑을 얻게 하기 때문이다. 사도는 그리스도께서 모세보다 크시다는 것을 보여주고자 하여 모세의 성품의 이러한 면을 인용하며, 그가 이런 면에서 그의 위대함을 드러낸 것으로 말씀한다. 모세는 종으로서 충성하였으나 그리스도는 아들로서 충성하셨다는 것이다(히 3:2, 5, 6). 하나님은 모세에게 모든 일에서 하나님의 뜻을 이스라엘에게 전하는 임무를 맡기셨고, 이스라엘은 하나님께 자기들의 문제를 아뢰는 일을 그에게 맡겼고, 그는 이 모든 일에 충성을 다하였다. 그는 큰일들을 처리하면서 정직한 선한 사람에게 합당한 대로 말하고 행하였으며, 오직 하나님의 존귀와 이스라엘의 복지만을 목표로 삼았다.

(2) 그러므로 모세는 그 어떠한 선지자보다도 하나님의 뜻을 더욱 선명하게 알며 또한 하나님과 더욱 친밀한 교제를 갖는 존귀를 부여받았다. [1] 그는 다른 어떠한 선지자보다 하나님께로부터 더 많은 말씀을 듣고, 또한 더 분명하고도 확실하게 들을 것이다. 사람이 자기의 친구와 이야기함 같이 여호와께서는 모세

와 대면하여 말씀하시며(출 33:11). 친구와는 자유롭고도 친밀하게, 그리고 아무런 혼동이나 감추는 것이 없이 이야기하는 법인데, 하나님께서 모세와 그렇게 말씀을 나누신 것이다. 그러나 에스겔이나 요한 등의 선지자들은 하나님께서 말씀하실 때에 때때로 혼란스럽고 깜짝 놀라 당황하는 경우들이 있었던 것을 보게 된다. 다른 선지자들을 통해서는 하나님께서 그의 백성들에게 책망과 앞날에 대한 선하거나 악한 예언들을 은밀한 말과 비유들과 모형들을 사용하여 말씀하셨다. 그러나 모세를 통해서는 그의 백성들에게 율법을 주셨고, 거룩한 규례들을 제정하셨는데, 이는 은밀한 말을 통해서는 절대로 전달할 수 없고 반드시 지극히 명확하고도 확실한 방식으로 표현되어야만 하는 것이었다. [2] 그는 다른 어떠한 선지자보다 하나님을 더 많이 볼 것이다. 그는 호렙에서 하나님이 그의 이름을 반포하실 때처럼 여호와의 형상을 볼 것이다. 그러나 그는 여호와의 형상만을 보았으나, 천사들과 영화롭게 된 성도들은 언제나 우리 아버지의 얼굴을 뵙는다. 모세는 홀로 고유한 방식으로 예언의 영을 소유하고 있었고, 이로 말미암아 다른 모든 선지자들보다 훨씬 뛰어난 자리에 있었다. 그러나 천국에서 가장 작은 자가 그보다 더 크며, 우리 주 예수 그리스도께서는 그보다 무한히 더 크신 것이다(히 3:1 등).

그러므로 미리암과 아론은 그들이 누구를 모욕한 것인지를 생각하여야 했다. 너희가 어찌하여 내 종 모세 비방하기를 두려워하지 아니하느냐? "너희가 어떻게 감히 나의 종을, 특히 친구요 측근이요 집의 청지기인 모세 같은 종을, 비방하느냐?" 하나님께서 그렇게 칭찬하여 마지아니하시는 그런 자를 그들이 감히 어떻게 근심하게 하고 욕되게 할 수 있는가? 하나님께서 그것을 분해 하시고, 자기 자신에 대한 모욕으로 여기실 것을 예상하지 못하였단 말인가? 주목하라. 하나님의 종들을 거슬러 말하거나 행동하는 것을 두려워할 만한 이유가 있다. 그렇게 한다면 그것은 우리에게 위험천만한 일이다. 하나님이 그들의 대의를 돌아보시고, 그들을 범하는 자를 그의 눈동자를 범하는 것으로 여기실 것이기 때문이다(슥 2:8). 그리스도의 작은 자를 실족하게 하는 것은 위험한 일이다(마 18:6). 영광 있는 자들을 비방하기를 두려워하지 않는 자들은 정말로 건방진 자들이다(벧후 2:10).

Ⅲ. 하나님께서 이처럼 그들의 과오와 어리석음을 보여주신 다음, 그들에게 자신의 진노를 보여주심(9절). 여호와께서 그들을 향하여 진노하시고, 구름의

색깔이 바뀐다든지 아니면 번개가 내리치는 등 하나님의 진노를 나타내는 어떤 암시들이 있었을 것으로 보인다. 그러나 여호와께서 떠나사 그들의 변명을 듣지 않으시는 것만으로도 그의 진노가 충족히 드러났다. 여호와께서는 멀리서도 생각을 아시므로 구태여 들을 필요가 없으셨고, 또한 그의 진노하심을 보여주시고자 거기서 떠나신 것이다. 주목하라. 하나님의 임재가 우리에게서 떠나는 것이야말로 하나님께서 우리에 대해 진노하시는 가장 확실하고도 안타까운 증표다. 그가 떠나시면 우리에게 화가 임한다. 그는 우리가 우리의 죄와 어리석음으로 그를 우리에게서 몰아내기 전에는 절대로 우리를 떠나시지 않는다.

[10]구름이 장막 위에서 떠나갔고 미리암은 나병에 걸려 눈과 같더라 아론이 미리암을 본즉 나병에 걸렸는지라 [11]아론이 이에 모세에게 이르되 슬프도다 내 주여 우리가 어리석은 일을 하여 죄를 지었으나 청하건대 그 벌을 우리에게 돌리지 마소서 [12]그가 살이 반이나 썩어 모태로부터 죽어서 나온 자 같이 되지 않게 하소서 [13]모세가 여호와께 부르짖어 이르되 하나님이여 원하건대 그를 고쳐 주옵소서 [14]여호와께서 모세에게 이르시되 그의 아버지가 그의 얼굴에 침을 뱉었을지라도 그가 이레 동안 부끄러워하지 않겠느냐 그런즉 그를 진영 밖에 이레 동안 가두고 그 후에 들어오게 할지니라 하시니 [15]이에 미리암이 진영 밖에 이레 동안 갇혀 있었고 백성은 그를 다시 들어오게 하기까지 행진하지 아니하다가 [16]그 후에 백성이 하세롯을 떠나 바란 광야에 진을 치니라

I. **하나님이 미리암을 심판하심.** 하나님의 진노의 증표로 구름이 장막 위에서 떠나갔고(10절), 곧바로 미리암이 나병에 걸렸다. 하나님이 떠나가시면 악이 온다. 하나님이 떠나실 때에는 선한 것을 기대하지 말라. 나병은 하나님께서 무언가 구체적인 죄에 대한 형벌로 직접 치실 때에 주로 걸리는 질병이다. 거짓말한 게하시에게나, 제사장의 직분을 갈취한 웃시야에게, 그리고 여기 친족들 간에 모욕과 악행을 행한 미리암에게 각각 나병이 임하였다. 나병의 증상이 미리암의 얼굴에 나타났고, 그리하여 그녀를 본 모든 사람들이 그녀가 나병에 걸린 것을 다 알게 되었을 것이다. 그녀의 나병은 상태가 지극히 극심하여 피부가 눈과 같았다. 눈과 같이 희어졌을 뿐 아니라, 피부가 곪을 경우에 흔히 나

타나듯이, 탄탄한 살갗이 그 힘을 잃어 매우 부드러워졌다. 홀 주교(Bishop Hall)의 말처럼 그녀의 못된 입이 흉악한 얼굴로 벌을 받은 것이요, 모세와 경쟁 상대가 될 것처럼 처신한 그녀의 어리석음이 모든 사람들에게 확연히 드러난 것이다. 모세의 얼굴은 영화롭고 그녀의 얼굴은 나병으로 희어진 것을 모든 사람이 다 보았으니 말이다. 모세는 영광을 감추기 위해 수건이 필요했으나, 미리암은 얼굴의 수치를 가리기 위해 수건이 필요했다. 주목하라. 우리의 모습을 일그러지게 만드는 질병은 그 어떤 것이라도 우리의 교만을 책망하며 그것을 치유하기 위한 것으로 여겨야 하며, 이처럼 우리를 낮추는 섭리가 임하면 우리는 지극히 겸손해야 한다. 그것은 육체가 죽어도 마음이 단단하며, 육체의 정욕은 죽지 않고 남아 있다는 하나의 표징이다. 미리암에게 임한 이 질병은 나병에 관한 율법을 해명하기 위해 의도된 것 같다(레 13장). 왜냐하면 그 율법을 다시 강조하여 전하면서 미리암의 경우를 언급하고 있기 때문이다(신 24:8, 9). 미리암은 나병에 걸렸으나 아론은 그렇지 않았다. 이는 미리암이 먼저 범죄를 저질렀기 때문이다. 하나님은 다른 사람을 그릇된 길로 이끈 자와 그렇게 이끌림을 당한 자를 달리 처리하신다. 아론은 비록 하나님의 진노하심 자체는 피할 수 없었으나 그의 직분 덕분에 하나님의 진노의 증표에서는 보호함을 받을 수 있었다. 만일 보호받지 못했다면 제사장 직무에서 쫓겨나는 것은 (그와 그의 두 아들 외에는 제사장이 없었으므로 그가 그릇 행하였으나 직무에서 보존된 것이다) 물론 그와 그의 직분이 하잘것없게 되었을 것이요 결국 그의 가문에 영구한 오점이 되었을 것이다. 아론은 제사장으로서 나병을 판단하는 직무를 담당해야 했으며, 이 때에 아론이 미리암을 보고 나병에 걸린 것을 확인하는 임무를 다하였는데, 이 일만으로도 그 자신이 징벌을 받고도 남음이 있었다. 그는 미리암의 처참한 모습을 보고 충격을 받았고, 그녀의 나병을 확인하고 선포하면서 그 스스로 얼굴이 붉어지고 두려워 떨지 않을 수가 없었을 것이다. 그 자신도 그녀와 똑같이 죄를 지었음을 잘 알고 있기 때문이었다. 미리암에게 임한 이 심판에서 우리는 우리 주 예수님을 모욕하는 그릇된 행위를 범하지 않도록 경계를 받아야 할 것이다. 미리암이 모세를 거슬러 말했다가 그렇게 채찍을 맞았다면, 그리스도를 대적하여 죄를 지은 자들은 어떻게 되겠는가?

Ⅱ. 아론이 굴복함(11, 12절).   그는 모세 앞에서 스스로를 낮추고 자신의 과

오를 고백하며 용서를 구한다. 방금 전에는 누이와 합세하여 모세를 대적하여 외쳤었으나, 이제는 하는 수 없이 자기와 누이를 위하여 모세에게 용서를 구하며, 마치 모세가 죄를 용서하고 치유하는 하나님의 권능을 갖고 있기라도 한 듯 그를 지극히 높이 받든다. 주목하라. 성도들과 하나님의 종들을 짓밟는 자들이 언젠가는 기꺼이 그들과 사귀기를 청하게 될 것이다. 멀리 내세에서는 어리석은 처녀들이 지혜로운 처녀들에게 기름을 구한 것처럼, 그리고 부자가 나사로에게 물 한 모금을 구한 것처럼 하게 될 것이요, 이 세상에서는 욥의 친구들이 욥에게 자기들을 위해 기도하기를 부탁한 것처럼, 또한 여기서 아론이 모세에게 하는 것처럼 하게 될 것이다(계 3:9). 아론은 이처럼 굴복하여,

1. 자기와 누이의 죄를 고백한다(11절). 방금 전까지 모세를 가벼이 대하였으나 이제는 모세를 높여 주라 부르며, 자기의 과오를 밝히 드러내며, 자기가 했던 말을 부끄럽게 여기는 자세를 드러낸다. 내 주여 우리가 어리석은 일을 하여 죄를 지었으나. 누구에 대해서든 욕하고 악담하는 자들은, 특히 선한 이들이나 권세의 자리에 있는 자들에 대해 그렇게 하는 자들은 죄를 짓는 것이요 어리석은 일을 행하는 것이다. 회개는 과거에 잘못 말한 것을 말로써 돌이키는 것이요, 말로써 자신을 부끄럽게 하는 것보다는 애초에 그런 말을 하지 않는 편이 훨씬 더 나을 것이다.

2. 모세에게 용서를 구한다. 청하건대 그 벌을 우리에게 돌리지 마소서. 아론은 자신의 예물을 제단에 드려야 했으나, 그의 아우가 자신에 대해 거리낌이 있다는 것을 알고 있었으므로 스스로 아우와 화해하여 자신이 예물 드리기에 합당하게 되기를 간절히 바란 것이다. 어떤 이들은 아론이 이처럼 속히 자신의 잘못을 인정하고 굴복하였기 때문에 누이처럼 나병에 걸리는 형벌을 면했다고 보기도 한다.

3. 누이의 처참한 처지에 대해 모세가 가엾게 여겨 돌보아 주기를 간청한다. 모태로부터 죽어서 나온 자 같이 되지 않게 하소서(12절). "누이가 저렇게 회중에게서 분리되어 있고, 만지는 모든 것마다 더럽히며 마치 죽은 자처럼 지면을 더럽히는 처지에 있으니, 이런 상태가 계속되지 않게 하소서." 그는 모세의 동정심을 불러일으키고자, 미리암의 비참한 처지를 설득력 있게 묘사한다.

Ⅲ. 미리암을 위한 모세의 중보기도(13절). 모세는 큰 목소리로 여호와께 부르짖었다. 여호와의 임재의 상징인 구름이 사라져 멀리 있었기 때문이기도

하거니와, 자신의 간절한 마음을 표현하기 위하여 그렇게 한 것이다. 하나님이여 원하건대 그를 고쳐주옵소서. 이로써 그가 미리암이 자기에게 했던 악행을 마음으로 용서했으며, 또한 하나님께 그녀의 악행을 고하지도 않았고 또한 그녀에게 정당하게 처리해 달라고 구하지도 않았음이 나타난다. 그러기는커녕 오히려 하나님께서 모세 자신의 존귀를 돌아보사 그녀의 건방진 악행을 징벌하셨을 때 그가 가장 먼저 나서서 그 형벌을 돌이켜 주시기를 간구한 것이다. 이 모범을 통해서 우리는 우리를 모욕하는 자를 위하여 기도하며(눅 6:28) 또한 우리에게 해를 끼친 자들에게 하나님이나 사람에게서 지극히 의로운 형벌이 가해질 때에 그것을 즐거워하지 말아야 한다는 가르침을 받게 된다(눅 6:28). 여로보암이 선지자를 치려고 손을 펴서 그 손이 말랐으나 그 선지자가 이를 위하여 간구하여 그 손이 회복되었다(왕상 13:6). 미리암도 여기서 자신이 모욕했던 모세의 기도로 말미암아 고침을 받았고, 아비멜렉도 아브라함의 기도로 말미암아 회복되었다(창 20:17). 모세는 물러서서 이렇게 말씀했을지도 모른다: "이 정도면 미리암이 잘 깨달았을 것이니, 다음번에는 말을 더 조심할 것이옵니다." 그러나 그는 그저 심판이 임하도록 기도하지 않았다고 말할 수 있게 되는 것에 만족하지 않고, 형벌을 물리실 것을 위하여 간절히 기도한다. 모세의 이러한 모습과 또한 아버지여 저들을 용서하옵소서 라고 하신 우리 주님의 모습이야말로 우리가 힘써 실천에 옮겨야 할 것이다.

IV. 자비와 정의가 함께 충족되도록 문제가 매듭지어짐. 1. 미리암이 고침을 받으면 자비가 행해지는 것이다. 모세가 그녀를 용서하니 하나님도 용서하실 것이다. 고후 2:10을 보라. 그러나, 2. 미리암이 낮아지면 정의가 이루어지는 것이다. 그를 진영 밖에 이레 동안 가두고(14절), 그리하여 자기의 과오를 더 절실하게 지각하게 하고 그것에 대해 뉘우치게 하며, 또한 그녀가 당한 형벌이 대중 앞에 더 분명하게 드러나게 하며, 그리하여 온 이스라엘이 그것을 주목하여 반란을 일으키지 않도록 경계를 받게 하라. 여선지자 미리암이 모세를 대적하여 한 마디 경솔한 말을 한 것 때문에 저렇게 굴욕적인 형벌을 당하였다면, 우리가 불평하고 원망하면 과연 우리는 어떻게 될 것인가? 푸른 나무에도 이같이 하거든 마른 나무에는 어떻게 되리요(눅 23:31)? 사람들이 죄로 말미암아 스스로 비열해지고 더러워지며, 그들의 영광에 얼룩을 묻히고, 그들의 존귀를 먼지 속에 파묻는 것을 눈여겨보라. 미리암이 하나님을 찬양할 때에, 그녀는 회중의

머리에 있었고, 그들의 가장 찬란한 장식물이었다(출 15:20). 그런데 그녀가
하나님을 거역한 지금에 와서는 그녀는 더러움과 치욕을 쓰고 쫓겨나 있는 것
을 보게 된다. 그녀를 칠일 동안 진 바깥에 가두는 이유가 제시된다. 그것은 그
녀가 자기의 악행에 대한 벌을 받아들여야 하기 때문이라는 것이다. 그녀의 아
버지가 그녀에 대해 불쾌히 여겨 그녀의 얼굴에 침을 뱉었더라도, 그녀는 너무
도 괴롭고 슬프고 또한 수치스러워 한동안 방 안에 틀어박혀 있고, 자신의 어
리석음과 불행에 대해 지극히 부끄러워서 아버지 앞에나 가족들 앞에 얼굴을
내밀지 못할 것이 아닌가? 이 땅의 아버지들이 우리의 잘못을 고칠 때에도 그
러한 존경의 모습을 보여야 마땅하다면, 모든 영들의 아버지의 전능한 손 아래
있을 때에야 얼마나 더 우리 자신을 낮추어야 하겠는가(히 12:9)? 주목하라. 우
리의 죄로 인하여 하나님의 진노의 증표 아래 있을 때에, 우리 자신에 대해 부
끄러움을 갖고 수치 가운데 엎드리며, 수치를 우리에게 돌리는 것이 합당한 일
이다. 우리 자신의 과오와 어리석음으로 인하여 우리 자신이 사람들의 손가락
질과 멸시를 당하거나 교회의 징계를 받거나 혹은 하나님의 섭리의 책망을 받
으면, 우리 아버지께서 우리 얼굴에 침을 뱉어 마땅하다는 것을 인정하고 고백
하며 부끄러워해야 할 것이다.

   V. 이스라엘 백성의 여정이 방해를 받음. 백성은 그를 다시 들어오게 하기까
지 행진하지 아니하였다(15절). 하나님께서 구름을 움직이지 않으셨으므로, 그
들도 진을 옮기지 않았다. 하나님이 이렇게 하신 의도는,

   1. 백성을 책망하고자 함이었다. 그들은 모세를 거역하여 말한 미리암의 범
죄를 본떠서 죄를 지은 것을 스스로 의식하고 있었다. 그러므로 그녀가 당한
벌을 함께 당하게 될 것이요, 가나안을 향하여 전진해 나아가는 여정이 지연될
것이었다. 많은 일들이 우리를 대적하나, 죄만큼 천국을 향하여 나아가는 길에
방해가 되는 것은 없다.

   2. 이는 미리암을 존중하는 하나의 표시였다. 미리암이 진 밖에 쫓겨나 있는
동안 진이 이동하였다면, 그녀의 괴로움과 수치가 더욱 커졌을 것이다. 그러므
로 미리암에 대한 배려로 그들이 그녀가 다시 들어오기까지 기다리게 된 것이
다. 진중에서 내어쫓았다가 다시 들어오게 하는 것은 아마도 나병환자들을 깨
끗하게 하는 일상적인 의례였을 것이다. 주목하라. 죄로 인하여 징계와 책망을
받는 중에 있는 자들은 지나치게 큰 짐을 지워서는 안 되고, 큰 자비함으로 대

하여야 한다. 그들이 받아 마땅한 치욕을 그대로 당하게 해서도 안 되고, 그들을 원수로 취급해서도 안 되며(살후 3:15), 용서하고 위로해야 한다(고후 2:7). 죄인들에 대해서는 슬픔으로 내어쫓아야 하지만, 회개하는 자들은 기쁨으로 받아들여야 한다. 미리암이 회개하고 다시 진으로 들어오자, 백성들은 바란 광야를 향하여 나아갔다. 그 곳은 가나안의 남쪽 경계에 닿아 있는 곳이었다. 이스라엘이 자기들의 방식으로 나아가 여정을 가로막지 않았다면 그들은 곧바로 그 곳을 통하여 가나안으로 들어갔을 것이다.

제 13 장

개요

본 장과 다음 장에서 다루고 있는 사건은 기억에 남을 만하고 동시에 매우 우울한 역사다. 이스라엘은 가나안 땅에 발을 들여놓기 직전 그들의 불신앙과 원망 때문에 그 경계에서 돌아서게 되고 광야에서 방황하고 멸망하게 된다. 이 사건은 시 95:7 등에서도 언급되며, 또한 그리스도인들에게 주는 경계로도 제시된다(히 3:7 등). 본 장의 주요 내용은 다음과 같다. I. 백성들보다 먼저 열두 정탐꾼들을 가나안에 보냄(1-16절). II. 이 정탐꾼들에게 지침들이 주어짐(17-20절). III. 그들이 주어진 지침에 따라 임무를 수행하고 돌아옴(21-25절). IV. 그들이 이스라엘 진에 제출한 보고(26-33절).

¹여호와께서 모세에게 말씀하여 이르시되 ²사람을 보내어 내가 이스라엘 자손에게 주는 가나안 땅을 정탐하게 하되 그들의 조상의 가문 각 지파 중에서 지휘관 된 자 한 사람씩 보내라 ³모세가 여호와의 명령을 따라 바란 광야에서 그들을 보냈으니 그들은 다 이스라엘 자손의 수령 된 사람이라 ⁴그들의 이름은 이러하니라 르우벤 지파에서는 삭굴의 아들 삼무아요 ⁵시므온 지파에서는 호리의 아들 사밧이요 ⁶유다 지파에서는 여분네의 아들 갈렙이요 ⁷잇사갈 지파에서는 요셉의 아들 이갈이요 ⁸에 브라임 지파에서는 눈의 아들 호세아요 ⁹베냐민 지파에서는 라부의 아들 발디요 ¹⁰ 스불론 지파에서는 소디의 아들 갓디엘이요 ¹¹요셉 지파 곧 므낫세 지파에서는 수 시의 아들 갓디요 ¹²단 지파에서는 그말리의 아들 암미엘이요 ¹³아셀 지파에서는 미 가엘의 아들 스둘이요 ¹⁴납달리 지파에서는 웝시의 아들 나비요 ¹⁵갓 지파에서는 마 기의 아들 그우엘이니 ¹⁶이는 모세가 땅을 정탐하러 보낸 자들의 이름이라 모세가 눈의 아들 호세아를 여호수아라 불렀더라 ¹⁷모세가 가나안 땅을 정탐하러 그들을 보내며 이르되 너희는 네겝 길로 행하여 산지로 올라가서 ¹⁸그 땅이 어떠한지 정탐 하라 곧 그 땅 거민이 강한지 약한지 많은지 적은지와 ¹⁹그들이 사는 땅이 좋은지 나쁜지와 사는 성읍이 진영인지 산성인지와 ²⁰토지가 비옥한지 메마른지 나무가 있 는지 없는지를 탐지하라 담대하라 또 그 땅의 실과를 가져 오라 하니 그 때는 포도

가 처음 익을 즈음이었더라

여기서 다음을 보라.

I. 가나안 땅을 살펴볼 정탐꾼들을 보내라는 명령이 주어짐. 여기서는 하나님이 모세에게 정탐꾼들을 보낼 것을 지시하신 것으로 말씀한다(1, 2절). 그러나 나중에 이 사건이 다시 반복되는 데에서는(신 1:22), 본래 백성들 쪽에서 이런 제안을 한 것으로 나타난다. 그들이 모세에게 와서, 우리가 사람을 우리보다 먼저 보내자 라고 하였고, 이는 그들의 불신앙의 소치였다. 그들은 그 땅에 좋은 땅이며 그가 반드시 그들로 하여금 그 땅을 차지하게 하시리라는 하나님의 말씀을 그대로 믿으려 하지 않았다. 구름 기둥과 불 기둥이 그 곳을 향하여 나아가도록 길을 제시해 주었으나 그들은 그것을 신뢰하지 못했고, 하나님의 지혜보다 자기들의 정치적인 견해들을 더 신뢰한 것이다. 하나님께서 친히 그들을 위해 이미 정탐해 두셨는데 그들이 스스로 그 땅을 정탐하려 했고, 또 하나님께서 친히 그리로 들어가는 길을 보여주고 계셨는데 그들 스스로 그 길을 찾으려 했으니 이 얼마나 어리석은 짓이었는가! 그러나 이처럼 하나님의 계시보다 인간의 감각에 근거하여 발견한 것들을 더 신빙성 있는 것으로 받아들이는 것은 결국 우리를 망치는 것이다. 우리는 눈에 보이는 것으로가 아니라 믿음으로 행하는 것이다. 반면에 사람의 증거를 받아들이더라도, 하나님의 증거가 그보다 더 큰 것은 두말할 나위도 없다. 백성들이 모세에게 이런 제안을 하자, 모세는 (어쩌면 그 밑바닥에 있는 그들의 불신앙은 알아채지 못하고) 이를 하나님께 아뢰었고, 하나님은 백성들의 뜻을 허락하셔서 모세에게 명하셨고, 그리하여 백성보다 먼저 정탐꾼들을 보내게 하신 것이다. "그들의 생각대로 행하게 하라." 그러나 하나님은 그 다음에 이어진 죄에 절대로 가담하신 것이 아니다. 이 정탐꾼들을 보낸 일 자체는 절대로 죄의 원인이 아니었으니 말이다. 정탐꾼들이 그 소임을 다하고 백성들이 그 임무를 다했다면 죄가 발생할 이유가 없었다. 오히려 그 일로 하여 그들의 믿음이 더 확실해지고 그들에게도 큰 유익이 있었을 것이다.

II. 정탐꾼의 임무를 맡을 자들이 천거됨(4절 이하). 각 지파에서 한 사람씩을 뽑았는데, 이는 일반 백성들이 행한 것으로 보인다. 정탐꾼들의 임무 결과에 큰 신빙성을 부여하기 위하여, 각 지파마다 지휘관들과 유력한 인물들을 천거하였다. 최상의 결과를 얻기 위하여 이렇게 계획하였으나, 결국 그 정탐꾼들이 제시한 악한 보고를 더욱 신빙성 있게 만들어 백성들로 하여금 그것을 더욱 신뢰하게 만드는 나쁜 결과를 가져왔다. 어떤 이들은 정탐꾼들의 이름을 다 제시한 것은 그 들 중 선한 역할을 담당한 갈렙과 여호수아를 위한 것이라고 보기도 한다. 이 때에 여호수아의 이름이 바뀐 일에 대해 언급하고 있다(16절). 그는 모세를 도와 섬기는 자였으나, 에브라임 지파 소속임에도 불구하고 아말렉을 상대로 출정한 군대의 장군으로 기용되었었다. 그는 자기 지파 내에서는 일반적으로 호세아라는 이름으로 불렸으나, 모세는 그를 여호수아로 불렀다. 자신에 대한 각별한 충성과 능력을 높이 기려 그렇게 부른 것이다. 그런데 여기서 그는 다른 이들에게도 그렇게 부를 것을 명령하여, 그 이후로 그것을 그의 이름으로 고정시킨 것이다. 호세아는 당신이 구원하소서 라는 뜻으로 구원을 위한 기도를 의미한다. 그리고 여호수아는 그가 구원하시리라 라는 뜻으로 그 기도의 응답으로 이루어질 구원에 대한 약속을 의미한다. 기도와 약속들이 서로 이처럼 밀접한 관계에 있다. 기도는 약속을 얻게 하며, 약속은 기도를 지도하고 격려하는 것이다. 어떤 이들은 모세가 여호와라는 이름의 첫 음절을 취하여 그것을 그의 이름 앞에 붙여 호세아를 여호수아로 바꾸어 부름으로써 그에게 존귀를 더하고, 또한 그의 미래의 모든 사역에 하나님의 임재하심을 확신하게 하여 그를 격려하고자 한 것이라고 보기도 한다. 그러나 나중에 그는 다시 호세아라고 불리기도 한다(신 32:44). 예수도 여호수아와 동일한 이름인데, 이는 우리 주 그리스도의 이름으로서, 이에 대해 여호수아는 모세의 후계자요 이스라엘의 대장이요 가나안의 정복자로서 하나의 모형이었다. 슥 6:11에도 이와 동일한 이름이 나타나는데, 이 역시 그리스도의 모형이었다. 여호수아는 가나안의 권세들로부터 하나님의 백성을 구원한 구원자였으나, 그리스도는 지옥의 권세에서 그들을 구원하신 구원자이신 것이다.

III. 이 정탐꾼들에게 주어진 지침들. 이들은 가나안 땅의 현 상태를 파악하는 임무를 띠고 가장 가까운 길을 택하여 산지를 가로질러 그 땅으로 들어갔다(17절). 그들이 파악해야 할 것은 두 가지였다.

1. 그 땅 자체에 관하여. 그 땅이 어떠한지(18절), 좋은지 나쁜지(19절), 그리고 토지가 비옥한지 메마른지(20절)를 정탐하라. 모든 땅이 다 똑같이 풍요의 복을 받은 것이 아니다. 어떤 땅은 다른 땅보다 비옥하다. 모세 자신은 가나안이 매

우 좋은 땅이라는 것을 분명히 확신하고 매우 만족하고 있었으나, 백성들에게 만족을 주기 위하여 이 정탐꾼들을 보내어 직접 확인하게 한 것이다. 세례 요한이 예수께 사람을 보내어 그가 그리스도이신가를 묻게 한 것도, 세례 요한 자신을 위한 것이 아니라 그의 제자들을 위한 것이었다. 정탐꾼들은 땅이 좋은지, 산물이 어떠한지를 눈여겨보아야 했고, 또한 백성들에게 더 큰 만족을 주기 위하여 그 땅의 열매들을 일부 가지고 와야 했다.

2. 그 땅의 거민들에 관하여. 그들의 숫자가 많은지 적은지, 그들이 강한지 약한지, 그들이 장막에 사는지 아니면 집에 사는지, 마을을 이루고 사는지 아니면 성을 쌓고 그 안에 사는지, 그들이 기술이 없거나 게을러 땅에 나무들이 그대로 서 있는지 아니면 그들이 나무들을 잘라내고 땅을 개간하여 농사를 짓고 있는지, 등을 알아보아야 했다. 이것들이 그들이 알아보아야 할 것들이었다. 어쩌면 최근에 들어서는 옛날 야곱 시대처럼 애굽과 가나안 사이에 상거래가 활발하지 못했을지도 모른다. 그렇지 않았다면 구태여 사람들을 보내어 알아보지 않더라도 그 정도의 정보는 충분히 얻을 수 있었을 것이다. 오늘날 우리는 책들과 학문들로부터 얼마나 큰 유익을 얻고 있는지 모른다. 가나안보다 훨씬 더 먼 외국의 상태에 대해서 정탐꾼을 보내는 수고와 비용을 들이지 않고도 얼마든지 각종 사실들을 알아볼 수 있으니 말이다.

IV. 모세가 정탐꾼들을 보내며, 담대하라고 당부함. 이는 임무 수행 중 만나는 어려움들을 용기로 이기라는 뜻임은 물론, 모든 것을 최상으로 이용하여 백성들에게 용기를 주는 보고 내용을 갖고 돌아오라는 뜻이기도 했다. 그들의 정탐 임무가 적절한 결단과 운영의 묘를 요하는 막중한 임무였고 동시에 백성들의 지극히 큰 신뢰가 그들에게 주어져 있으니, 그들은 충성을 다하여 임무를 완수해야 했다.

[21]이에 그들이 올라가서 땅을 정탐하되 신 광야에서부터 하맛 어귀 르홉에 이르렀고 [22]또 네겝으로 올라가서 헤브론에 이르렀으니 헤브론은 애굽 소안보다 칠 년 전에 세운 곳이라 그 곳에 아낙 자손 아히만과 세새와 달매가 있었더라 [23]또 에스골 골짜기에 이르러 거기서 포도송이가 달린 가지를 베어 둘이 막대기에 꿰어 메고 또 석류와 무화과를 따니라 [24]이스라엘 자손이 거기서 포도를 베었으므로 그 곳을 에스골 골짜기라 불렀더라 [25]사십 일 동안 땅을 정탐하기를 마치고 돌아와

여기서는 정탐꾼들이 약속의 땅 가나안에 대해 행한 정탐에 관한 짧은 기사를 접하게 된다.

1. 그들은 남쪽의 신으로부터 북쪽의 하맛 어귀의 르홉에 이르기까지 가나안 땅을 두루 살피고 다녔다(21절). 34:3을 보라. 아마도 그들이 함께 집단행동을 하지는 않았을 것이다. 만일 그랬다면 그들이 의심을 받고 사로잡힐 위험도 컸을 것이고, 가나안 사람들이 이스라엘 사람들이 그들 가까이에 와 있는 것을 알게 될 위험이 더 커졌을 것이다. 그들은 여러 그룹으로 나뉘어 정탐했을 것이고, 그리하여 가나안 사람들의 의심을 피했을 것이다.

2. 그들은 헤브론을 유심히 살폈다(22절). 아마도 족장들이 묻혀 있는 막벨라 굴이 그 근처에 있었기 때문일 것이다. 이를테면 그들의 시신들이 그 땅을 그 후손들을 위하여 소유하고 있었다 할 것이다. 그들은 그 무덤을 직접 살폈고, 그 인근에서 아낙 자손들이 소유한 도시를 발견하였다. 그들은 가장 고무적인 일을 기대했던 곳에서 가장 큰 실망과 좌절을 만났다. 그들의 조상의 시신들이 누워 그들을 위하여 그 땅을 소유하고 있는 그 곳을 거인들인 아낙 자손이 지키고 그들을 가로막고 있었던 것이다. 또 네겝으로 올라가서 헤브론에 이르렀으니. 유대인들에 의하면, 곧 특히 갈렙이 그 곳에 이르렀다고 한다. 왜냐하면 그가 그 곳에 거하였다는 분명한 언급이 나타나기 때문이다(수 14:9, 12, 13). 그러나 정탐꾼들이 아낙 자손들에 대해 묘사하는 것으로 보아 다른 정탐꾼들도 거기에 있었다는 것이 드러난다(33절).

3. 그들은 그 땅이 매우 비옥하다는 증거로 포도송이를 비롯하여 그 땅에서 나는 열매들을 가져왔다. 그들은 아마도 그 땅을 떠나 돌아오면서 이 열매들을 얻었을 것이다. 포도송이들이 너무도 크고 무거워 막대기에 끼워 두 사람이 메고 왔다(23, 24절). 그들이 이 열매를 딴 곳은 이로 인하여 송이의 골짜기라 불리게 되었다. 그 송이들은 이스라엘 사람들에게 가나안의 모든 열매들의 보증물이요 표본이었던 것이다. 우리가 지금 하나님과의 교제 가운데서 얻는 현재의 위로들이 바로 그 열매들과 같다. 우리가 하늘의 가나안에서 얻게 될 충만한 기쁨을 미리 맛보게 해 주는 것이다. 그 열매들을 통해서 하늘이 어떠한지를 볼 수 있는 것이다.

²⁶바란 광야 가데스에 이르러 모세와 아론과 이스라엘 자손의 온 회중에게 나아와

그들에게 보고하고 그 땅의 과일을 보이고 ²⁷모세에게 말하여 이르되 당신이 우리를 보낸 땅에 간즉 과연 그 땅에 젖과 꿀이 흐르는데 이것은 그 땅의 과일이니이다 ²⁸그러나 그 땅 거주민은 강하고 성읍은 견고하고 심히 클 뿐 아니라 거기서 아낙 자손을 보았으며 ²⁹아말렉인은 남방 땅에 거주하고 헷인과 여부스인과 아모리인은 산지에 거주하고 가나안인은 해변과 요단 가에 거주하더이다 ³⁰갈렙이 모세 앞에서 백성을 조용하게 하고 이르되 우리가 곧 올라가서 그 땅을 취하자 능히 이기리라 하나 ³¹그와 함께 올라갔던 사람들은 이르되 우리는 능히 올라가서 그 백성을 치지 못하리라 그들은 우리보다 강하니라 하고 ³²이스라엘 자손 앞에서 그 정탐한 땅을 악평하여 이르되 우리가 두루 다니며 정탐한 땅은 그 거주민을 삼키는 땅이요 거기서 본 모든 백성은 신장이 장대한 자들이며 ³³거기서 네피림 후손인 아낙 자손의 거인들을 보았나니 우리는 스스로 보기에도 메뚜기 같으니 그들이 보기에도 그와 같았을 것이니라

정탐꾼들이 돌아오기까지 이스라엘 자손이 사십 일 동안을 어떻게 견뎠는지 참 놀라운 일이다. 그들은 하나님의 권능을 통해서 얻을 수 있는 성공에 대한 모든 확신을 다 갖고 있었고, 지금까지 계속해서 이적들을 경험하고서 지금 가나안에 들어가기 직전의 상태에 있었다. 그러나 그들은 하나님의 권능과 약속을 신뢰하지 않았고, 그리하여 하나님의 계약을 통해서 분명한 확신을 갖기보다는 오히려 자기들 스스로 일을 도모함으로써 불확실한 상태에 처하기를 택한 것이다. 우리의 불신앙으로 인하여, 하나님께서 비추시는 빛이 아니라 우리 자신이 찾는 빛 가운데 거하는 경우가 얼마나 많은가! 자, 드디어 정탐꾼들이 돌아왔다. 그러나 그들의 보고는 서로 엇갈렸다.

I. 정탐꾼들 대부분은 가나안을 향하여 전진하는 문제에 대해 비관적으로 보고하였다. 그리고 이스라엘 자손들은 이런 유혹에 빠져 마땅했다. 신뢰할 만한 하나님의 말씀이 있음에도 불구하고 오히려 사람들의 판단을 그렇게 크게 신뢰하였으니 말이다. 하나님께서 그의 말씀을 사랑하고 진리를 받아들이지 않는 자들을 그들 홀로 내버려 두어 강한 미혹에 빠지게 하는 것은 지극히 의로운 일이다.

1. 그들의 보고를 관찰하라.

(1) 그들은 가나안 땅이 매우 비옥한 땅이라는 것은 부인하지 못했다. 그들

이 메고 온 포도송이들이 그 확실한 증거였다(27절). 하나님은 그들에게 젖과 꿀이 흐르는 땅을 주시겠다고 약속하셨었고, 그 악한 정탐꾼들 자신도 그 땅이 과연 그런 땅이라는 것을 인정하였다. 그러므로 심지어 원수들의 입을 통해서도 하나님은 영광을 받으시고 그의 약속의 참되심이 입증되는 법이다. 그러나 나중에 가서는, 우리가 두루 다니며 정탐한 땅은 그 거주민을 삼키는 땅이요(32절)라고 하여 자신들의 보고를 스스로 뒤집는다. 그 땅에 젖과 꿀과 포도는 있으나 다른 필수적인 것들이 결핍되어 있는 것처럼 보고한 것이다. 어떤 이들은, 그들이 그 땅을 정탐할 당시 그 때에 큰 역병이 있었는데, 그들은 이것을 그 원수들의 숫자를 줄게 하여 그들이 정복할 수 있도록 만든 하나님의 섭리의 지혜로 여겨야 했는데 그들은 그것을 아주 불쾌하게 여겼고 그것을 그 땅의 척박한 조건으로 여겨 가벼이 여겨버렸다고 생각하기도 한다. 이처럼 가나안의 역병에 대해 부당한 두려움을 가진 것 때문에 그들이 즉시 광야에서 재앙으로 죽었다는 것이다(14:37).

(2) 그들은 가나안 정복을 비현실적인 것으로 제시하였고, 그 일을 시도하는 것을 전혀 어림없는 일로 보았다. 그 거민들은 강하고(28절), 신장이 장대하며(32절), 우리보다 강하다는 것이다(31절). 그 성들도 견고하고 심히 커서 도저히 무너뜨릴 수 없는 요새와 같다고 하였다(28절). 그들은 그 땅의 거주민들이 거인들이라는 것을 아주 강조하여 묘사하는데, 이것만큼 그들의 악한 의도를 잘 보여주는 것이 없다. "우리가 거기서 아낙 자손을 보았으며(28절), 또한 그들은 신장이 장대한 자들이며(32절), 아낙 자손의 거인들이었다"(33절). 그들은 그 거인들을 보고서 너무도 놀라 그들에 대해 말하는 것만으로도 몸서리쳐지는 것처럼 이야기하였다. "이 사람들은 굉장한 거인들이로다! 우리가 가까이 가서 보니 우리는 메뚜기 같고, 그냥 작고 약한 것만이 아니었다. 그들은 정말 몸서리쳐지도록 두려운 자들이었다." 욥 39:20과 비교하라. 네가 그것으로 메뚜기처럼 뛰게 하였느냐 그 위엄스러운 콧소리가 두려우니라. "아니, 그들이 보기에도 우리가 그와 같았다. 우리는 그들을 두렵고 떨림으로 바라보았는데, 그들은 우리를 조롱과 멸시로 바라보았다." 그리하여 그들은 자기들의 판단에 따라 가나안에 들어가는 문제를 완전히 포기하였고, 우리는 능히 올라가서 그 백성을 치지 못하리라(31절), 결국 다른 경로를 취할 생각을 해야 한다고 주장한 것이다.

2. 그런데 오로지 인간적인 가능성으로만 판단해도 그들은 비겁했다는 질

책을 피할 수 없었다. 이스라엘의 인구도 무수하게 많지 않았는가? 육십만 명의 용사들이 잘 정돈되고 훈련되어 있었고, 긴밀한 조직체를 형성하여 있었고, 모두가 완전히 동일한 관심과 애착을 갖고 있었으니, 이들이야말로 전쟁터에 나가는 그 어떤 군대에 못지않게 막강하였다. 알렉산더 대왕의 군대는 그들보다 훨씬 적은 숫자로도 가나안 정복보다 더 큰 일을 이루어내었다. 그들의 대장인 모세는 지혜롭고 용맹하였다. 그러니 백성들이 결의를 다지고 용감히 싸웠다면 누가 감히 그들을 대적할 수 있었겠는가? 가나안 사람들이 강한 것은 사실이었으나 그러나 그들은 이리저리 흩어져 있었다. 일부는 **남방 땅**에 거주하고 또 일부는 산지에 거주하였다(29절). 그러므로 거리상으로도 서로 멀리 떨어져 있어서 함께 모이기가 어려웠고, 각기 이해가 달랐으므로 이스라엘을 대적하기 위하여 오랜 동안 하나로 뭉쳐 있을 수가 없었던 것이다. 땅이 비옥하여 군대가 얼마든지 먹을 것을 얻을 수 있었고, 비록 성들이 강력하였으나 들판에서 그들과 접전한다면 승리를 거두어 결국 성들을 손에 넣을 수 있었을 것이다. 그리고 마지막으로 그들의 신장이 거대하여 오히려 아군에게 더 잘 노출되었을 것이고, 또한 몸집이 크다고 해서 반드시 용기가 있는 것이 아니다.

3. 그러나 그들이 비겁자들로 낙인찍힐 만 했으나, 거기서 더 나아가 성경은 그들을 불신자들로 규정한다. 그들이 의지해야 했던 것은 그 어떤 인간적인 계산이나 승산이 아니었다.

(1) 오히려 지각으로 알 수 있는 명확한 하나님의 임재와 또한 하나님께서 능력으로 그들의 일에 개입하신다는 증표들이 그들에게 있었다. 가나안 사람들이 이스라엘보다 강했다손 치더라도, 그들이 이스라엘의 하나님보다 더 강했는가? 우리는 그들을 처리할 수 없다. 그러나 전능하신 하나님은 하실 수 있지 않은가? 그가 우리 가운데 계시지 않는가? 그가 우리보다 앞서 가시지 않는가? 그에게 능치 못할 일이 과연 있는가? 우리가 그 거인들 앞에서 마치 메뚜기와 같다면, 그들은 하나님 앞에서 메뚜기보다 더 못하지 않은가? 그들의 성들이 벽으로 둘러싸여 있으나, 하늘의 능력이 그것들을 무너뜨릴 수 없단 말인가?

(2) 뿐만 아니라, 그들은 하나님의 강력한 능력이 그들을 위하여 발휘된 놀랍고도 놀라운 경험들을 무수히 갖고 있었다. 애굽 사람들이 가나안 사람들보다 훨씬 더 강하지 않았는가? 그러나 이스라엘이 칼을 휘두르거나 접전하지 않

았는데도 애굽의 병거들과 마병들이 완전히 몰살한 바 있다. 아말렉 사람들도 이스라엘보다 훨씬 더 유리한 위치에 있었으나 그들 역시 패망하였다. 이 당시에는 이적들이 떡 먹듯이 일어났다. 다른 모든 것들이 없었다 해도, 이스라엘 군대처럼 그렇게 풍성하게, 그렇게 끊임없이, 그리고 아무런 비용도 들이지 않고, 식량을 공급받고 있었다면, 그 어떠한 대적들과도 충분히 승산이 있었을 것이다.

(3) 그러나 무엇보다도, 그들에게는 가나안 사람들과의 전쟁에서 승리를 얻으리라는 구체적인 약속이 있었다. 하나님은 아브라함에게 그의 후손들이 가나안 땅을 소유하게 되리라는 모든 확신들을 다 주신 바 있다(창 15:18; 17:8). 또한 그는 모세를 통하여도 가나안 사람들을 그들 앞에서 쫓아내실 것이요(출 33:2) 그들을 조금씩 쫓아내실 것을(출 23:30) 분명하게 약속하신 바 있다. 그런데 이런 모든 것들이 있는데도, 우리는 능히 올라가서 그 백성을 치지 못하리라라고 말한다는 것은, 결국 "하나님 자신도 자기의 말씀대로 지키실 수가 없다"고 말하는 것이나 마찬가지였다. 그것은 결국 하나님을 거짓말하는 자로 만드는 것이요, 그가 실제보다 더 부풀려 말씀하신 것으로 간주하는 것이다. 그들은 이러한 죄악된 사고를 이스라엘 온 회중에게 오염시켰는데, 이러한 죄에 대해서 시편 기자는 짧게 기록하고 있다. 그들이 그 기쁨의 땅을 멸시하며 그 말씀을 믿지 아니하였도다(시 106:24). 정탐을 통하여 하나님의 말씀처럼 그 땅이 젖과 꿀이 흐르는 비옥한 땅인 것은 확인하였으나, 하나님의 말씀처럼 그 땅을 소유하게 될 것은 확실히 믿지 못했다. 영원한 진리 그 자체가 그 땅을 그들에게 보장하였으나 그 일에 대해 절망에 빠진 것이다.

II. 갈렙이 나서서 그들을 격려하였으나 오직 여호수아밖에는 이에 동의하는 자가 없다. 그들이 심지어 모세 앞에서조차 격동시키려 하는 것을 보고서 갈렙이 그들을 조용하게 하였다. 그들은 모세의 환히 빛나는 얼굴 앞에서도 아랑곳하지 않고 제멋대로 행하기 시작하였던 것이다. 갈렙이란 온 마음을 뜻하는데, 그는 그의 이름에 합당하게 온 마음으로 백성들을 설득하여 그들도 자기와 같이 충실한 마음을 갖게 되게 하고자 애썼다. 만일 여호수아가 나서서 흐름을 바꾸어 놓으려 했다면, 그는 모세의 편을 든다는 의혹을 받았을 것이다. 그가 모세의 시종이었기 때문이다. 그러므로 그는 지혜롭게 갈렙이 먼저 나서도록 하였다. 갈렙은 지도적인 지파인 유다 지파의 지휘관이요 따라서 그의 말이 힘을 받을 수 있었던 것이다. 갈렙 역시 다른 정탐꾼들과 마찬가지로 그 땅의 거주민들이 막강한 것을 보았다. 그리고 이에 대해 다음과 같이 처신하였다.

1. 승리에 대해 매우 자신 있게 말하였다. 그들이 아무리 강해도 우리가 능히 이기리라.

2. 백성들에게 전진할 것을 촉구하며, 스스로 선봉에 서서 용감하게 싸울 것을 결심하고서 발언하였다. "우리가 곧 올라가서 그 땅을 취하자. 담대하게 한 걸음을 내디디고 한 번 더 담대하게 싸우자. 우리가 용기만 내면 모든 것이 우리 소유가 될 것이다. 우리가 곧 올라가서 그 땅을 취하자." 그는, "우리가 올라가서 그 땅을 정복하자"라고 말하지 않는다. 정복하는 일은 이미 이루어진 것으로 여기고 말하는 것이다. "우리가 곧 올라가서 그 땅을 취하자. 우리의 위대한 여호와 하나님이 우리에게 주고자 하시니 그 땅에 들어가서 그 땅을 소유로 삼자." 주목하라. 의인은 사자 같이 담대하다(잠 28:1). 하나님의 능력과 약속을 믿는 생명력 있는 능동적인 믿음 앞에서는 구원의 길에 놓인 모든 어려움들이 점점 약화되고 사라지는 법이다. 믿는 자에게는 약속된 일에 능치 못함이 없는 것이다.

제 14 장

개요

본 장에서는 하나님과 이스라엘 사이의 치명적인 갈등에 관한 기사를 다룬다. 하나님은 그들의 원망과 불신앙을 보시고 진노하사 그들이 그의 안식에 들어가지 못할 것임을 맹세하신다. 주요 내용은, I. 악한 정탐꾼들의 보고를 접한 이스라엘이 하나님을 대적하여 원망하며 반역함(1-4절). II. 모세와 아론, 갈렙과 여호수아가 소동을 진압하려 하나 소용이 없음(5-10절). III. 하나님이 그들을 멸절시킬 것을 경고하심(11-12절). IV. 모세가 백성들을 위하여 겸손히 하나님께 간구함(13-19절). V. 모세의 기도에 대한 응답으로 심판이 완화됨. 그 백성들이 끊어지지는 않을 것이나, 갈렙과 여호수아를 제외하고는 그들 중 아무도 가나안에 들어가지 못하고 광야에서 죽을 것이라는 선언이 맹세와 더불어 거듭거듭 천명됨(20-35절). VI. 악한 정탐꾼들이 즉시 죽음을 당함(36-39절). VII. 여전히 나서고자 하는 자들에게 책망이 주어짐(40-45절). 이 모든 일은 우리가 동일한 불신앙의 모범을 따라 멸망하지 않도록 교훈하기 위하여 기록되었다.

[1]온 회중이 소리를 높여 부르짖으며 백성이 밤새도록 통곡하였더라 [2]이스라엘 자손이 다 모세와 아론을 원망하며 온 회중이 그들에게 이르되 우리가 애굽 땅에서 죽었거나 이 광야에서 죽었으면 좋았을 것을 [3]어찌하여 여호와가 우리를 그 땅으로 인도하여 칼에 쓰러지게 하려 하는가 우리 처자가 사로잡히리니 애굽으로 돌아가는 것이 낫지 아니하랴 [4]이에 서로 말하되 우리가 한 지휘관을 세우고 애굽으로 돌아가자 하매

여기서 우리는 그 악한 정탐꾼들이 그들의 편파적인 보고를 통해서 어떤 악을 범했는지를 보게 된다. 이 열두 정탐꾼들은 백성들에게 보고를 제출하기 전에 자기들끼리 모여 가나안의 사정에 관하여 의견을 종합하였을 것으로 여겨진다. 그리고 갈렙과 여호수아는 나머지 정탐꾼들의 생각을 돌리기 위해 최선의 노력을 했을 것이며, 또한 그들이 갈렙의 견해에 동의하여 그를 대

표로 세워 모두의 의견을 대변하게 하였다면 모든 일이 잘 되었을 것이다. 그러나 악한 정탐꾼들은, 자기들이 생각하는 대로 애굽으로 퇴각하는 일에 선봉장들이 되기를 바란다면 모를까 그것 외에는 사실 자기들에게 아무런 이득이 없었음에도 불구하고 이런 반란을 모의하였고, 이는 순전히 모세와 아론을 대적하고자 하는 의도였다. 그러나 그 결과는 어떠했는가? 여기 세 절에서 우리는 그들이 모세와 아론을 곤란에 빠뜨리고자 힘썼고, 본 장이 끝나기 전에 결국 멸망에 이르고 마는 것을 보게 된다. 관찰하라.

I. 백성들이 초조하여 부르짖음. 온 회중이 소리를 높여 부르짖으며(1절). 하나님의 말씀보다는 정탐꾼들의 보고를 더 신임하고는 자기들이 절박한 처지에 놓인 것으로 상상하여, 격한 감정을 절제하지 못하고 마음껏 분출시켰다. 어리석게 투정부리는 어린 아이들처럼, 그들은 무엇 때문에 부르짖는지도 모르면서 격하게 부르짖었다. 원수가 그들의 진영을 침입하거나 아낙 자손들이 몰려오는 것이 보인다면 그 때에는 격하게 부르짖어도 이해가 될 것이다. 그러나 이들은 울부짖어야만 할 일이 하나도 일어나지 않은 상태에서 그렇게 심하게 부르짖은 것이다. 그리고 마치 이미 모든 것이 끝장나기라도 한 것처럼 주저앉아 밤새도록 통곡하였다. 주목하라. 불신앙 혹은 하나님을 신뢰하지 못하는 것은 그 자체가 형벌인 죄다. 하나님을 신뢰하지 못하는 자들은 계속해서 자신들을 괴롭히는 것이다. 세상의 통곡하는 자들이 하나님의 통곡하는 자들보다 많은데, 세상 근심은 사망을 이루는 것이다(고후 7:10).

II. 그들이 지도자들을 원망하였고(모세와 아론을 원망하여) 결국 여호와를 원망함(2, 3절). 장로들의 회중이 불만을 시작하였으나(1절), 이것이 곧바로 진영 전체에로 퍼져나가 이스라엘 자손이 원망하였다. 생각 없는 무리들에게는 투기와 불만이 마치 불길처럼 퍼져 나간다. 권세자들을 멸시하고 통치자들에 대해 악담하는 것이 이들에게는 쉽게 퍼지는 법이다.

1. 그들은 이유도 없는 불만을 갖고서 과거를 돌아본다. 애굽에서 죽임당한 처음 난 자들과 함께 애굽에서 죽었거나, 혹은 최근 탐욕 때문에 재앙을 받아 죽은 자들과 함께 광야에서 죽었어야 했다고 투덜거린다. 격한 감정이 이처럼 미친 상태로 제멋대로 터져 나오는 것을 보라. 이것이 심지어 본성적으로 가장 애착을 두는 목숨까지도 낭비하도록 만드는 것이다. 그들은 애굽에서 나온 이후처럼 그렇게 여러 달 동안을 즐겁게, 존귀가 가득하게, 사랑에 가득 차서, 또

한 깜짝 놀랄 만한 이적들로 끊임없이 즐거움을 얻었던 적이 없었다. 그런데도 이런 모든 일들로도 그들은 살 가치를 전혀 느끼지 못하는 것처럼 애굽에서 차라리 죽었기를 바랐다. 또한 하나님께서 그들의 이웃 민족들의 죄에 대해 심판하신 역사들에 대해서도 아주 가볍게 여겼으므로, 가나안 땅으로 전진하는 위험을 무릅쓰기보다는 차라리 그 이웃들과 함께 징벌을 받아 망했기를 바랐다. 그들은 하나님의 사랑 가운데 정복자들로 살기보다는 하나님의 정의의 심판을 받아 범죄자들로 죽기를 바란다. 어떤 이들은 이 본문을, 우리가 애굽 땅에서나 광야에서 죽었으면 좋았을 것을! 오 우리가 죽었으면 좋았을 것을!로 읽는다. 그들은 죽기가 두려워 죽기를 바란다. 이들은, 굶어 죽을 형편에서 목숨을 걸고 적군의 진영으로 들어간 가련한 나병환자들만큼도 생각이 없었다. 그들은 원수가 우리를 죽이면 죽을 것이라 하고 그리로 들어갔던 것이다(왕하 7:4). 이들은 (최악의 경우에) 군인들로서 칼을 손에 차고 명예롭게 죽기보다는 차라리 마치 병든 양 떼처럼 광야에서 죽기를 원했으니, 이 타락한 이스라엘 자손의 자세가 얼마나 비열했는가!

2. 그들은 근거 없는 절망으로 앞날을 바라본다. 가나안으로 나아가면 칼에 무너질 것이라는 것을 기정사실로 받아들이고(3절), 그들이 두려워하는 것이 아내들과 자녀들을 염려하기 때문이라는 식으로 치부한다. 그들이 가나안 족속들에게 희생될 것이 뻔하다는 것이다. 그런데 하나님 자신에 대한 가장 사악하고 망령된 생각이 여기서 드러난다. 하나님께서 그들을 칼에 망하게 하고 그들의 무고한 아내들과 자녀들을 희생물로 만들기 위하여 고의로 그들을 거기까지 인도하여 내신 것처럼 여기는 것이니 말이다. 그리하여 그들은 하나님께서 지금까지 그들에게 하신 그 모든 자비한 말씀들과 그들을 위해 행하신 모든 일들이 오로지 그들을 올무에 빠뜨리기 위함이요 또한 지금까지 그들을 망하게 하려는 계획을 은밀하게 진행시켜 오신 것으로 여겨, 사랑 그 자체이신 하나님을 최악의 악행자로, 또한 영원한 진리이신 그를 가장 비열한 위선자로 지목하는 것이다. 이 얼마나 경망스런 짓인가! 그러나, 그들의 혀가 지옥의 불길에 휩싸여 있으니 하늘을 대항하여 무슨 말인들 못하겠는가! 하나님께서는 그의 생각을 우리에게로 향하고 계시며(우리가 그것을 알든 모르든 간에) 그의 생각이 평안이요 재앙이 아닌데도 불구하고(렘 29:11), 마귀는 사람들의 마음을 계속하여 격동시켜 하나님에 대해 악한 생각을 갖도록 부추기고, 마치 하나님

이 죄인들의 죽음을 바라시며 그의 종들의 괴로움과 고통을 즐거워하시는 것처럼 생각하게 만드는 것이다.

III. 그들이 가나안으로 전진하기를 포기하고 애굽으로 다시 돌아가기로 결정하기에 이름. 처음에는 그런 제안이 그저 질문으로만 주어졌다. 애굽으로 돌아가는 것이 낫지 아니하랴?(3절). 그러나 그런 누룩이 퍼져가고 백성들의 정서가 사악한 것이면 무엇이든 받아들이도록 되어 있었으므로, 찬반의 논란도 없이 그것이 곧바로 결정되어 버렸다. 우리가 한 지휘관을 세우고 애굽으로 돌아가자(4절). 그리고 오랜 세월이 지난 후, 그들이 스스로 한 우두머리를 세우고 종되었던 땅으로 돌아가고자 한 일이 애통함으로 회고되고 있다(느 9:7). 그들은 모세가 이런 후퇴 작전에 지휘관이 되어주지 않을 것을 잘 알고 있었던 것이다. 그런데,

1. 그들이 애굽에 있기를 바라고, 거기에 있었더라면 지금보다 더 나았으리라고 생각하나, 이는 지독하게 어리석은 생각이었다. 가나안으로 전진할 용기도 없으면서, 애굽으로 되돌아가는 것이 더 낫겠다고 생각하다니 말이다. 그들은 대체 무엇을 원했고, 대체 무엇을 원망하였는가? 그들은 광야에 있었으나, 풍족함과 평화와 안식을 누리고 있었고, 건전한 통치와 교제, 그리고 하나님께서 함께하시는 증표들을 경험하고 있었다. 만족하는 마음만 있으면 모든 것이 편안한 상태였다. 그런데 그들이 더 나은 처지에 있고자 도대체 어디로 가기를 그렇게 원했는가? 애굽이었다! 그들이 그렇게 처절한 종살이를 했던 것을 그렇게 속히 잊었단 말인가? 애굽 사람들의 폭정 아래서 벽돌을 쌓는 노역을 다시 하고 싶다는 것인가? 그들로 인해서 애굽이 그 모든 재앙들을 겪었는데, 그들이 다시 돌아가면 과연 과거보다 더 처우가 낫겠는가? 아니 더 악해지지 않겠는가? 그들이 종살이와 또한 괴로움 중에 구원을 부르짖었던 것을 그렇게 짧은 시간에(아직 일 년도 채 안된 시점이었다) 까맣게 잊어버리다니 말이다. 마치 야생 짐승들처럼 그들은 오로지 현재에만 생각이 가 있었고, 과거의 기억과 이성적인 사고 능력이 모두 그들의 끓어오르는 감정에 희생되고 있었던 것이다. 시 106:7을 보라. 그들의 비참한 처지를 완결짓기 위하여 그들을 다시 애굽으로 데려갈 것을 경고하는 것을 보게 된다(신 28:68). 그런데도 그들은 지금 바로 그것을 바라는 것이다. 죄인들은 자기들이 자기들 자신의 원수다. 하나님의 뜻을 좇아 행하지 않는 자들은 자기들 자신의 악행과 패망을 좇는 법이다.

2. 광야를 통과하여 애굽으로 되돌아간다는 것은 지극히 무감각하고도 어리석은 짓이었다. 하나님의 구름 기둥이 그들을 인도하고 그의 만나가 그들에게 계속 내리기를 기대할 수 있었겠는가? 하나님의 그런 도우심이 없다면, 수십만이나 되는 이스라엘 사람들은 광야에서 반드시 망하고 말 것이었다. 가령 가나안을 정복하는 일이 그들의 생각처럼 그렇게 어려운 일이었다 하더라도, 애굽으로 돌아가는 일은 그것보다 훨씬 더 어려운 일이었단 것이다. 여기서 다음을 주목하여 보자.

(1) 우리의 외적인 조건에서 오는 갖가지 십자가들에 대해 불만하며 조급해하는 것이 어리석은 일이라는 것. 우리는 현재의 상태에 대해 불편해하고, 우리의 처지와 운명에 대해 원망하며 변화를 갖기를 바란다. 그러나 이 세상에 과연 불편하게 만드는 요소가 전혀 없는 그런 곳이나 처지가 있는가? 우리의 처지를 낮게 만드는 길은 우리의 마음을 더 낮게 가지는 것이요, "애굽으로 돌아가는 것이 낫지 않을까?" 보다는 "현재의 처지에 만족하고 이것을 극대화시켜 사용하는 것이 낫지 않을까?" 라고 하는 것이다.

(2) 하나님의 길을 배반하고 거기서 벗어나는 것이 어리석은 일이라는 것. 천국은 우리 앞에 놓여 있는 가나안이요, 젖과 꿀이 흐르는 땅이다. 천국에 대하여 나쁘게 보고하는 이들도 그 곳으로 들어가기가 어렵다는 것뿐이지 그 곳이 좋은 땅이라는 것은 인정하지 않을 수 없다. 철저하고도 진지한 경건이 비현실적인 것으로 간주되며, 이로 인하여 처음 시작을 잘한 사람들 중에서 많은 이들이 계속하지 못하고 중도에 포기한다. 신앙적인 삶이 어렵다고 상상하여 그것들을 감수하고 인내하기보다는 차라리 치명적인 결과들이 뻔히 보이는데도 죄악된 삶으로 달려 들어가는 것이다. 이런 자들은 가나안이 바로 앞에 보이는 곳까지 와서 지휘관을 뽑아 애굽으로 돌아가려 하는 이스라엘의 어리석음을 그대로 답습하는 것이다.

⁵모세와 아론이 이스라엘 자손의 온 회중 앞에서 엎드린지라 ⁶그 땅을 정탐한 자 중 눈의 아들 여호수아와 여분네의 아들 갈렙이 자기들의 옷을 찢고 ⁷이스라엘 자손의 온 회중에게 말하여 이르되 우리가 두루 다니며 정탐한 땅은 심히 아름다운 땅이라 ⁸여호와께서 우리를 기뻐하시면 우리를 그 땅으로 인도하여 들이시고 그 땅을 우리에게 주시리라 이는 과연 젖과 꿀이 흐르는 땅이니라 ⁹다만 여호와를 거역하지

는 말라 또 그 땅 백성을 두려워하지 말라 그들은 우리의 먹이라 그들의 보호자는 그들에게서 떠났고 여호와는 우리와 함께 하시느니라 그들을 두려워하지 말라 하나 [10]온 회중이 그들을 돌로 치려 하는데 그 때에 여호와의 영광이 회막에서 이스라엘 모든 자손에게 나타나시니라

이스라엘을 진정 아끼는 자들이 여기서 화를 자초하고 있는 이스라엘을 구하기 위하여 개입하나, 허사가 되고 만다. 그 민족의 의원(醫員)들이 그들을 치료하고자 하였으나 그들은 치료받기를 원치 않았다. 그들의 파수꾼들이 경고하였으나, 그들은 그 경고를 받으려 하지 않았고, 결국 그들의 피가 그들의 머리로 돌아가고 만다.

I. 소요를 가라앉히기 위하여 각별한 노력이 기울여졌다. 이제라도 그들이 자기들의 평화에 속한 일들을 깨닫고자 했으면, 그 이후에 일어난 모든 악한 사태가 예방되었을 것이다.

1. 모세와 아론이 그들의 소임을 다하였다(5절). 이스라엘 회중이 자기들을 향하여 원망하였으나(2절), 그들은 자기들이 받은 모욕과 상처를 전혀 개의치 않았고, 그리하여 그들이 자기들을 격하게 대적한 그들의 신실한 친구임을 분명히 입증해 보인 것이다. 백성들의 왁자지껄한 소리가 너무 커서 모세와 아론이 못 들을 수가 없었다. 그들이 휘하의 종들을 시켜 조용할 것을 명령했다면, 화난 무리들은 아마 더 시끄럽게 소동을 일으켰을 것이다. 그러므로 그들은 시끄럽게 떠드는 백성들을 안돈시키기 위하여 모든 회중이 보는 앞에서 엎드렸다. 이는 다음과 같은 것을 나타내준다.

(1) 이 바다의 시끄러운 소음과 파도의 소음, 백성의 왁자지껄한 소요를 진정시켜 주시기를 하나님께 구하는 그들의 겸손한 기도.

(2) 그들의 심령의 지극한 괴로움과 걱정. 백성들이 자기들이 받은 은혜를 내던져버리는 것을 보고, 그렇게 가르침을 잘 받은 자들이 그렇게 어처구니없는 처신을 하는 것을 보고, 깜짝 놀라 충격을 받은 심정을 땅에 엎드리는 것으로 표현하였다.

(3) 불평과 소요를 중지할 것을 백성들에게 진지하게 호소함. 이런 겸손한 자세를 취함으로써 백성들에게 호소하여, 그들이 반역을 고집하지 못하게 만들고자 한 것이다. 모세와 아론은 그들에게 하나님과 화목할 것을 간곡히 청하

였다. 이는 마치 그들을 통하여 하나님께서 간청하시는 것과도 같았다. 그들이 백성들에게 한 말을 모세가 후에 이 이야기를 되풀이하면서 언급하고 있다. 그들을 무서워하지 말라 두려워하지 말라 여호와께서 너희를 위하여 싸우실 것이라(신 1:29, 30). 주목하라. 고귀한 영혼들에게 진정 열심 있는 친구인 자들은 그들을 구원하기 위하여 그 어떠한 것도 감수하고 겸손히 자신을 낮추는 법이다. 모세와 아론은 그들이 존귀한 지위에 있음에도 불구하고 백성들에게 몸을 낮추고 엎드려 스스로 멸망에 빠지지 말라고 간청하고 있는 것이다.

2. 갈렙과 여호수아도 소임을 다하였다. 그들은 백성들의 이러한 죄에 대한 거룩한 분노로, 또한 그들을 향하여 임할 하나님의 진노에 대한 거룩한 두려움으로 의복을 찢었다. 이 선한 사람들로서는 자기들과 함께 임무를 수행하고 돌아온 동료 정탐꾼들의 선동으로 이런 소요가 일어났으니, 더욱더 괴로움이 컸다. 그러므로 그들은 온 힘을 다하여 동료들이 일으킨 이 큰 소용돌이를 잠잠케 할 책임이 자기들에게 있음을 절감하였다. 그들의 논리보다 더 적절하고 감동적인 것은 없었다(7-9절). 그리고 그들의 발언에는 권위가 있었다.

(1) 그들은 자기들이 살피고 온 그 땅이 좋은 땅이며 또한 위험을 감수할 만한 충분한 가치가 있으며, 악한 정탐꾼들의 보고대로 거주민을 삼키는 땅이 결코 아니라는 것을 확고히 증거하였다. 오히려 그 땅은 심히 아름다운 땅(7절), 문자적으로는 매우 매우 좋은 땅이며, 따라서 이런 좋은 땅을 멸시할 이유가 하나도 없다는 것이다. 주목하라. 신앙의 유익이 아름답고 좋다는 것을 철저히 납득하기만 해도, 신앙으로 인하여 얻을 힘든 것들은 전혀 개의치 않는 법이다.

(2) 그들은 그 땅을 차지하는 과정에서 당할 어려움들을 아무것도 아닌 것으로 만들었다. "그 땅 백성을 두려워하지 말라(9절). 너희가 그들에 대해 무슨 끔찍한 보고를 들었을지라도, 거기의 사자는 그림 속의 사자이니 전혀 두려워할 것이 없다. 그들은 우리의 먹이라." 즉, "그들이 우리 앞에 있으나, 우리와 싸우기 위해서가 아니라 우리에게 먹히기 위해서 있는 것이다. 그렇게 쉽게, 그렇게 유쾌하게 우리에게 정복당할 것이요, 또한 그렇게도 굉장한 유익을 우리에게 줄 것이다." 바로가 그들에게 음식물로 주어졌다고 말씀하는데(시 74:14), 가나안 사람들도 그럴 것이라고 한다. 그들은, 아무리 반대의 의견이 분분하더라도, 이스라엘 쪽에 확실한 승기(勝機)가 있음을 보여주는 것이다.

왜냐하면 [1] 가나안 사람들이 강력한 성에 거하나, 그들은 벌거숭이들이기 때문이다. 그들의 보호자는 그들에게서 떠났고, 그 민족들의 권익을 보호하는 일반 섭리가 그들에게서 물러났으니 그들에게는 피난처도 보호도 없다는 것이다. 다른 정탐꾼들을 그 민족들의 강함을 주목하였으나, 이들은 그들의 사악함을 주목하였고, 그리하여 하나님께서 그들을 저버리셨고, 따라서 그들의 보호자는 그들에게서 떠났다고 추리한 것이다. 하나님을 진노하시게 하여 떠나시게 한 자들은 결코 안전할 수가 없는 것이다. [2] 이스라엘이 비록 장막에 거하나 그들은 강력한 보호 가운데 있기 때문이다. 여호와는 우리와 함께 하시며, 그의 이름이야말로 강력한 망대이니 그 땅 백성을 두려워하지 말라. 주목하라. 하나님의 임재가 우리와 함께 하시면, 제아무리 강력한 세력이 우리를 공격해도 결코 두려워할 필요가 없다.

(3) 그들은 백성들이 현재 직면하고 있는 모든 위험이 그들 자신의 불만에서 비롯된 것이며 따라서 그들이 하나님을 원수로 만들지 않는다면 모든 원수들을 대적하여 승리할 것임을 분명히 밝혔다. 원인은 오로지 여기에 있었다(8절). "여호와께서 우리를 기뻐하시면, 그는 과연 우리를 기뻐하시니, 우리가 그를 진노하게 하지 않으면, 우리가 주의 은혜를 저버리고 우리 자신의 어리석은 생각으로 긍휼을 내어던지지 않으면, 그가 우리를 그 땅으로 인도하여 들이시고, 우리는 그의 은혜와 또한 주의 얼굴의 빛으로(시 44:3) 반드시 그 땅을 소유하게 될 것이라." 결국 문제는 다만 여호와를 거역하지는 말라는 것이었다(9절). 주목하라. 죄인들을 망하게 하는 것은 오로지 자기들 자신이 저지르는 반역이다. 하나님께서 그들을 떠나신다면, 그것은 그들이 그를 떠밀기 때문이다. 그리고 그들이 죽는 것은 그들이 죽을 것이기 때문이다. 자기들 자신을 제외시키는 자들 외에는 아무도 하늘의 가나안으로부터 제외되지 않는다. 이렇게 문제를 분명히 제시할 수가 없었다. 이보다 더 긴밀하게 호소할 수가 없었다. 그런데 그 결과는 어땠는가?

II. 전혀 소용이 없었다. 백성들은 이런 분명한 논지에 귀를 기울이지 않았다. 오히려 분에 가득 차서 더욱 크게 소란을 피웠다. 온 회중이 그들을 돌로 치려 하였다(10절). 회중의 지휘관들과 귀인들(패트릭 주교의 견해)은 일반 백성들에게 그들을 돌로 쳐 죽이라고 명하였다. 지도자들이 그들로 하여금 잘못을 범하도록 만들었으니 그들의 처지는 정말 애처로웠다. 주목하라. 마음이 온통

악을 행하는 데에로 가 있는 자들은 대개 선한 권고를 주는 자들에 대해 분노
하는 법이다. 변화되기를 싫어하는 자들은 그들을 변화시키려는 자들을 미워
하며, 그들이 진실을 말하는데도 불구하고 그들을 원수로 취급한다. 이렇게 일
찍부터 이스라엘은 선지자들을 핍박하기 시작하였고, 그들에게 파송된 자들을
돌로 치며, 이를 반복하여 결국 그들의 죄의 분량이 채워진 것이다(마 23:37).
그들을 돌로 치라! 왜? 그들이 무슨 악을 행하였기에 돌로 친단 말인가? 그들에
게는 아무런 혐의가 없었다. 다만 이 두 선지자가 불신앙으로 완악한 상태에 있
는 자들을 괴롭게 하였다는 것뿐이었다(계 11:10). 갈렙과 여호수아는 방금 여
호와는 우리와 함께 하시느니라 그들을 두려워하지 말라고 말했다(9절). 그리고 이
스라엘은 이런 고무적인 말들을 듣고도 스스로 두려움을 없애지 못한다 할지
라도, 그 말을 한 자들 자신은 그들에게 격분하여 돌로 치려는 자들을 대하면
서도 용기를 잃지 않았을 것이다. 비슷한 처지에서 다윗이 그랬던 것처럼 말이
다(삼상 30:6). 권면과 위로를 주는데도 불구하고 다른 사람들이 그것을 받아
들이지 않을 때도, 최소한 그들 자신은 그런 위로와 권면으로 강건함을 유지
해야 하는 법이다. 갈렙과 여호수아는 자기들이 하나님과 그의 영광을 위하여
백성 앞에 섰다는 것을 알고 있었고, 따라서 하나님께서 그들과 그들의 안전을
위하여 나타나실 것을 의심하지 않았다. 그리고 그들의 이런 확신대로, 여호와
의 영광이 나타나 하나님의 종들을 돌로 치려던 자들이 혼비백산하였다. 그들
이 하나님께 원망할 때에는(3절) 그의 영광이 나타나 그들의 망령된 발언들을
잠잠케 하는 역사가 일어나지 않았다. 그런데 그들이 갈렙과 여호수아를 위협
하자, 즉시 하나님의 영광이 나타난 것이다. 주목하라. 하나님을 위하여 신실
하게 증거하는 자들은 반드시 하나님의 특별하신 보호를 받으며, 하늘 아래서
나 하늘에서나 사람들의 격한 분노에서 안전하게 지켜지는 것이다.

[11]여호와께서 모세에게 이르시되 이 백성이 어느 때까지 나를 멸시하겠느냐 내가
그들 중에 많은 이적을 행하였으나 어느 때까지 나를 믿지 않겠느냐 [12]내가 전염병
으로 그들을 쳐서 멸하고 네게 그들보다 크고 강한 나라를 이루게 하리라 [13]모세가
여호와께 여짜오되 애굽인 중에서 주의 능력으로 이 백성을 인도하여 내셨거늘 그
리하시면 그들이 듣고 [14]이 땅 거주민에게 전하리이다 주 여호와께서 백성 중에 계
심을 그들도 들었으니 곧 주 여호와께서 대면하여 보이시며 주의 구름이 그들 위

에 섰으며 주께서 낮에는 구름 기둥 가운데에서, 밤에는 불 기둥 가운데에서 그들 앞에 행하시는 것이니이다 ¹⁵이제 주께서 이 백성을 하나 같이 죽이시면 주의 명성을 들은 여러 나라가 말하여 이르기를 ¹⁶여호와가 이 백성에게 주기로 맹세한 땅에 인도할 능력이 없었으므로 광야에서 죽였다 하리이다 ¹⁷이제 구하옵나니 이미 말씀하신 대로 주의 큰 권능을 나타내옵소서 이르시기를 ¹⁸여호와는 노하기를 더디하시고 인자가 많아 죄악과 허물을 사하시나 형벌 받을 자는 결단코 사하지 아니하시고 아버지의 죄악을 자식에게 갚아 삼사대까지 이르게 하리라 하셨나이다 ¹⁹구하옵나니 주의 인자의 관대하심을 따라 이 백성의 죄악을 사하시되 애굽에서부터 지금까지 이 백성을 사하신 것 같이 사하시옵소서

I. 이스라엘의 원망과 불신앙에 대해 하나님께서 이스라엘에게 선포하시는 의로운 선고   후에 완화되긴 하나, 이는 그들의 죄가 얼마나 악하며 손상 받은 정의의 요구가 어떤 것이며, 또한 모세가 중간에 개입하지 않았더라면 어떤 일이 일어났을까를 보여 준다. 여호와의 영광이 회막에 나타났을 때에 모세는 그것을 즉시 그리로 와 있으라는 하나님의 부르심으로 간주하였을 것이라고 생각할 수 있다. 성막이 세워지기 전에 이와 비슷한 일이 일어났을 때에도 그는 산으로 올라갔었다(출 32:30). 백성들이 모세를 욕되게 하기를 궁리하고 있는 동안, 하나님께서는 이렇게 공적으로 그가 신임하시는 사람임을 드러내어 그에게 존귀를 부여하신 것이다. 여기서 우리는 하나님께서 거기서 그에게 하신 말씀을 보게 된다.

1. 하나님은 백성의 죄가 얼마나 악한지를 보여주셨다(11절). 하나님과 이스라엘 사이에 오간 일은 모세의 손을 통해서 이루어졌다. 그들은 하나님을 원망할 때에 모세에게 그 일을 이야기했고(2절), 하나님이 그들을 불쾌히 여기실 때도 모세에게 말씀하셨다. 곧, 자기의 비밀을 그 종에게 보이신 것이다(암 3:7). 하나님은 모세에게 두 가지를 정의롭게 지적하셨다.

(1) 그들의 죄. 그들이 나를 믿지 않음으로 나를 멸시하였도다. 혹은, 나를 거부하였도다, 욕되게 하였도다. 이것이야말로 모든 원망과 반역의 쓴 뿌리였다. 이 날을 광야에서 시험하던 날로 만든 것은 바로 그들의 불신앙이었다(히 3:8). 주목하라. 하나님을, 또한 그의 능력과 약속을, 불신하는 것은 그 자체가 진노를 촉발시키는 것이요, 다른 온갖 거역하는 일의 뿌리가 된다. 불신앙은 큰 죄

요(요일 5:10), 또한 다른 죄들의 뿌리가 되는 죄다(히 3:12).

(2) 그들이 그 죄를 지속함. 그들이 어느 때까지 그리하겠느냐? 주목하라. 하늘의 하나님은 죄인들이 얼마나 오래 그런 욕되게 하는 일들을 지속하는지를 주시하고 계신다. 그들이 그런 일을 지속하면 할수록 하나님은 더욱더 불쾌히 여기신다. 그들의 죄를 더욱 무겁게 만든 것은, [1] 하나님과의 관계였다. 이 백성이. 그들은 고유한 백성이요 믿음을 고백하는 백성이었다. 이름으로와 고백으로 하나님께 가까이 있을수록, 그들의 죄로 인하여, 특히 그들의 불신앙으로 인하여, 하나님의 진노가 더 커지는 법이다. [2] 하나님의 능력과 선하심에 대해 그들이 가졌던 경험이었다. 하나님께서 그들 중에 많은 이적을 행하였으니, 그들로서는 그를 신뢰하고 그를 따라야 마땅했다. 하나님께서 우리를 위하여 많은 일을 행하실수록, 우리가 그를 불신할 때에 그의 진노가 더 커지는 것이다.

2. 하나님은 모세에게 그들을 향한 정의로운 선고를 보여주셨다. "그러니 이제 그들을 완전히 끝장내는 것 외에 무엇이 더 남아 있는가? 곧 그리 될 것이다. 내가 전염병으로 그들을 쳐서 멸하고, 그들 중에 한 사람도 살려두지 않고 그들의 이름과 족속을 완전히 몰살시키며 다시는 그들과 상관하지 않으리라. 내가 내 대적에게 보응하여 내 마음을 편하게 하리라(사 1:24). 그들이 죽기를 바라니 죽게 할 것이요, 그들 중에 뿌리도 가지도 남겨두지 아니하리라. 그토록 패역한 자식들이니 말살되어 마땅하도다." 그리고, "그러면 아브라함과 맺으신 하나님의 언약은 어찌 되겠습니까?"라고 묻는다면, 여기 그 대답이 있다. "그것은 모세의 가문을 통해서 보존될 것이라. 네게 그들보다 크고 강한 나라를 이루게 하리라." 이렇게 해서,

(1) 하나님은 모세를 시험하고자 하셨다. 과거 이와 비슷한 처지에서도 모세는 자기 가문이 잘 되는 것보다 이스라엘의 안위를 더 우선시킴으로써 이스라엘을 향한 애틋한 정을 표현했는데, 그가 과연 이런 애정을 계속 갖고 있는지를 시험하고자 하신 것이다. 그리고 결국, 모세가 여전히 동일한 공적인 자세를 유지하고 있으며 또한 이스라엘이라는 이름이 망하는 대신 그 자신의 이름이 높여지는 것을 도저히 견딜 수 없다는 것이 입증된다.

(2) 하나님은 죄인들이 멸망한다고 해서 그가 해를 당하시는 것이 아니라는 것을 우리에게 가르치고자 하셨다. 아담과 하와가 쫓겨나 망하였어도, 그는 얼마든지 또 다른 아담과 또 다른 하와를 지으실 수 있었고, 그들에게서 그의 긍

휼을 영화롭게 하실 수 있었다. 여기서도 마찬가지다. 이스라엘이 망하였어도, 그는 모세에게서 그의 긍휼을 영화롭게 하실 수 있었던 것이다.

II. 모세가 이스라엘을 위하여 겸손히 간구함. 이스라엘의 죄로 인하여 그들의 방어벽에 치명적인 구멍이 생겼고, 모세가 때마침 개입하여 힘쓰지 않았다면 분명 그들은 멸망하고 말았을 것이다. 여기서 그는 그리스도의 모형이었다. 그는 그를 박해하는 자들을 위하여 간구하심으로, 그 자신이 세우신 원칙을 친히 지키시는 모범을 보이셨다(마 5:44).

1. 모세가 간구한 기도는 한 마디로, 구하옵나니 이 백성의 죄악을 사하소서(19절)라는 것이다. 즉, "그들이 멸망 받아 마땅하나 그들에게 멸망을 주지 마옵소서"라는 것이다. 이것은 자기를 십자가에 못 박는 자들을 위하여 그리스도께서 하신 기도였다. 아버지여 저들을 용서하옵소서. 민족의 죄를 사한다는 것은 곧, 민족의 형벌을 물리는 것을 의미하며, 여기서 모세는 바로 그것을 간절히 구하는 것이다.

2. 그의 변론은 여러 가지였고, 또한 강력하였다.

(1) 그는 하나님의 영광을 근거로 취하여 변론하였다(13-16절). 그는 내가 그들을 쳐서 멸하리라는 끔찍한 말씀을 받아 다소 갑작스럽게 간구를 시작하였다. 그리하시면 애굽인들이 들으리이다. 모세는 자기 자신보다 하나님의 존귀와 영광을 가슴에 품고 있었다. 그가 어떻게 하나님 앞에 이런 대의를 제시하는지를 관찰하라. 그는 [1] 애굽인들과 가나안인들의 눈이 그들을 주시하고 있고, 그들에 관하여 큰 기대를 갖고 있다는 것을 말씀한다. 그들은 주 여호와께서 백성 중에 계심을 듣지 않을 수가 없었다는 것이다(14절). 이 백성이 얼마나 하늘의 보살핌을 받고 있는지를 이 이웃의 민족들이 주시하고 있다는 것이다. [2] 이 백성이 멸망한다면 곧바로 그것을 주시하게 될 것임을 말씀한다. "우리 중에 애굽인들의 정탐꾼들이 있으니 그들이 듣고(13절) 이 땅 거주민에게 전하리이다"(14절). 물론 이 광야를 통하지는 않으나 애굽과 가나안은 서로 빈번하게 교류하기 때문이다. "이 백성이 그렇게 큰 소란을 일으켰는데, 이제 이들이 다 몰살하고 만다면, 그리하여 그들의 용맹함이 무(無)가 되어 버리고, 그들의 빛이 찌꺼기밖에 남지 않는다면, 가드에서 그 일이 조롱을 받을 것이요, 아스글론의 거리에서 회자될 것이요, 그 이방 백성들은 이 일을 어떻게 이해하겠나이까? 그들로 하여금 이 일이 하나님이 정의로 행하신 일임을 깨닫게 하여 하나

님께 존귀를 높이 돌리게 한다는 것은 불가능하옵니다. 이 일은 어리석은 자도 알지 못하며 무지한 자도 이를 깨닫지 못하나이다(시 92:6). 오히려 그들은 하나님의 능력이 쇠퇴한 것으로 간주할 것이요 그리하여 하나님께 욕이 될 것이옵니다(16절). 그들은 말하기를, 그의 팔이 짧아졌고 그의 이적의 능력이 남아 있지 않아서 이제 그들을 가나안 땅으로 데려가실 수 없으니 그들을 광야에서 멸하신 것이라고 할 것이옵니다. 그러니 여호와여, 한 가지 속성을 영화롭게 하시느라 다른 속성을 희생시키지 마시옵소서. 전능하신 능력이 손상되지 말게 하시며 차라리 긍휼을 드러내시옵소서." 주목하라. 기도에서 가장 좋은 간구는 하나님의 존귀에서 취한 것들이다. 왜냐하면 이는 이름이 거룩히 여김을 받으옵소서 라는 주기도문의 첫째 간구와 일치하기 때문이다. 주의 영광의 보좌를 욕되게 마시옵소서. 하나님께서도 친히 스스로 똑같이 변론하신다. 혹시 내가 원수를 자극하여 그들의 원수가 잘못 생각할까 걱정하였으니(신 32:26). 그러므로 우리도 스스로 똑같이 생각하여, 여호와의 원수들이 그를 망령되이 일컬을 기회를 주지 않도록 매사에 각별히 주의하여 처신하여야 할 것이다(딤전 6:1).

(2) 그는 하나님께 호렙 산에서 그의 이름을 널리 선포하실 것을 변론하였다. 주의 큰 권능을 나타내옵소서(17, 18절). 여기서 권능이란 죄를 사하시는 긍휼을 뜻한다. 그것은 곧 그 자신의 진노를 누르는 그의 권능이다. 만일 그가 그들을 멸하시면, 하나님의 권능이 의심을 받게 될 것이요, 만일 현재의 어려움에도 불구하고 그들을 계속 살려주시고 그들의 구원을 완성시키시면, 하나님의 권능이 크게 위엄을 얻을 것이다. 그렇게 연약한 백성을 정복자로 만드시고 그렇게 무가치한 자들을 고귀한 자들로 만드실 수 있는 분이라면 무엇인들 하시지 못하겠는가? 다른 사람들이 하나님의 권능을 조롱할 위험이 커지면 커질수록, 우리는 그의 권능이 영광을 얻는 것을 보기를 더욱더 사모해야 할 것이다. 이러한 변론에 힘을 싣기 위하여 모세는 하나님께서 하신 말씀을 거론한다. 여호와는 노하기를 더디하시고 인자가 많으시니이다. 거기서 하나님의 선하심을 그의 영광으로 말씀한 바 있다. 하나님께서 그의 선하심을 높이 자랑하신 것이다(출 34:6, 7). 그런데 여기서 모세는 이 기회를 통하여 하나님께서 그의 선하심을 높이 드러내시기를 구하는 것이다. 주목하라. 우리는 하나님의 말씀을 근거로, 하나님께서 우리로 하여금 소망을 갖게 하신 그 자신의 말씀을 근거로, 용기를 갖고 간구하여야 한다. "주여, 주의 종에게 하신 말씀을 기억하시고

그대로 행하옵소서. 주께서 말씀하셨으니 그대로 이루시지 않으리이까?" 하나님께서 엄숙히 선언하신 것을 모세가 여기서 자신의 간구를 강화시키는 근거로 삼는데, 그것들은 세 가지다. [1] 하나님의 본성적인 선하심. 즉, 그가 오래 참으시며, 노하기를 더디하시며, 관대하시며, 범죄한 자들을 향하여 부드럽고 따뜻하게 대하신다는 것. [2] 구체적으로 죄를 사하실 준비를 갖추고 계시다는 것. 죄악과 허물을, 온갖 종류의 죄들을 다, 사하시나니. [3] 벌하실 때에도 극한 형벌을 원치 않으신다는 것. 아버지의 죄악을 자식에게 갚아 삼사대까지 이르게 하리라는 말씀은 아버지의 죄악을 자식에게 갚으시되 그들이 결코 황폐하지 않으리라는 뜻으로 읽을 수도 있기 때문이다. 하나님께서는 분명 제2계명에서 그렇게 죄악을 갚으시리라고 말씀하셨다. 그러나 여기서 그는 가족과 교회와 민족을 단번에 완전히 멸하시지 않으실 것임을 약속하신다. 그러므로 이는 이 처지에 매우 적합한 것이다. 모세는 하나님께 이 죄악을 전혀 벌하지 마실 것을 간구할 수가 없다. 죄악을 전혀 벌하지 말아 달라는 것이라면 이는 그야말로 반역을 조장하는 것이 될 것이었다. 모세는 여기서 다만 이 백성을 하나 같이 죽이시지 말 것을 구하는 것이다(15절). 그는 그들의 죄악을 교정시키지 마실 것을 구하는 것이 아니라, 그들을 멸절시키지 마실 것을 구하는 것이다. 이와 같은 하나님의 이름의 선포가 모세의 목적에 더욱 들어맞았다. 왜냐하면 하나님의 이름을 그렇게 선포한 것이 이스라엘이 금송아지를 만든 죄를 용서하실 때에 행하신 것이었기 때문이다. 지금 그들이 범한 이 죄도 악한 것이지만, 그래도 우상 숭배는 아니었던 것이다.

(3) 그는 과거의 경험을 근거로 변론한다. 애굽에서부터 지금까지 이 백성을 사하신 것 같이 사하시옵소서(19절). 이것은 논리가 맞지 않는 것처럼 보인다. 그렇게 자주 사함 받고도 계속해서 반역을 도모하였고, 하나님께서 관용과 인내를 보이시고 그렇게 자주 용서하신 것을 오히려 악용하여 더욱더 완악하여진 그 백성들을 어째서 다시 용서해야 한단 말인가? 사람들 사이에서라면 그런 정황에서 그런 간구를 드린다는 것은 무례하기 이를 데 없는 처사였을 것이고, 그렇게 간구하는 자가 오히려 화를 당했을 것이다. 그러나 다른 일과 마찬가지로 죄를 사하는 일에 있어서도, 하나님의 생각과 그의 길은 우리의 생각과 길보다 무한히 높으신 것이다(사 55:9). 모세는 이를 아주 좋은 변론의 근거로 삼는다. 여호와여 지금까지 이 백성을 사하신 것 같이 사하시옵소서. 과거에도 그리

하셨던 것처럼 지금 사하신다면 그것으로 주의 정의가 욕을 얻게 되지도 않으며 주의 자비가 더욱 찬송을 받을 것이옵니다. 여호와께서 변하지 아니하므로 야곱의 자손들이 소멸되지 아니하는 것이다(말 3:6).

[20]여호와께서 이르시되 내가 네 말대로 사하노라 [21]그러나 진실로 내가 살아 있는 것과 여호와의 영광이 온 세계에 충만할 것을 두고 맹세하노니 [22]내 영광과 애굽과 광야에서 행한 내 이적을 보고서도 이같이 열 번이나 나를 시험하고 내 목소리를 청종하지 아니한 그 사람들은 [23]내가 그들의 조상들에게 맹세한 땅을 결단코 보지 못할 것이요 또 나를 멸시하는 사람은 한 사람도 그것을 보지 못하리라 [24]그러나 내 종 갈렙은 그 마음이 그들과 달라서 나를 온전히 따랐은즉 그가 갔던 땅으로 내가 그를 인도하여 들이리니 그의 자손이 그 땅을 차지하리라 [25]아말렉인과 가나안인이 골짜기에 거주하나니 너희는 내일 돌이켜 홍해 길을 따라 광야로 들어갈지니라 [26]여호와께서 모세와 아론에게 말씀하여 이르시되 [27]나를 원망하는 이 악한 회중에게 내가 어느 때까지 참으랴 이스라엘 자손이 나를 향하여 원망하는 바 그 원망하는 말을 내가 들었노라 [28]그들에게 이르기를 여호와의 말씀에 내 삶을 두고 맹세하노라 너희 말이 내 귀에 들린 대로 내가 너희에게 행하리니 [29]너희 시체가 이 광야에 엎드러질 것이라 너희 중에서 이십 세 이상으로서 계수된 자 곧 나를 원망한 자 전부가 [30]여분네의 아들 갈렙과 눈의 아들 여호수아 외에는 내가 맹세하여 너희에게 살게 하리라 한 땅에 결단코 들어가지 못하리라 [31]너희가 사로잡히겠다고 말하던 너희의 유아들은 내가 인도하여 들이리니 그들은 너희가 싫어하던 땅을 보려니와 [32]너희의 시체는 이 광야에 엎드러질 것이요 [33]너희의 자녀들은 너희 반역한 죄를 지고 너희의 시체가 광야에서 소멸되기까지 사십 년을 광야에서 방황하는 자가 되리라 [34]너희는 그 땅을 정탐한 날 수인 사십 일의 하루를 일 년으로 쳐서 그 사십 년간 너희의 죄악을 담당할지니 너희는 그제서야 내가 싫어하면 어떻게 되는지를 알리라 하셨다 하라 [35]나 여호와가 말하였거니와 모여 나를 거역하는 이 악한 온 회중에게 내가 반드시 이같이 행하리니 그들이 이 광야에서 소멸되어 거기서 죽으리라

　　　여기서는 하나님께서 모세의 기도에 응답하시는데 자비와 심판이 함께 드러난다. 하나님께서는 모세에게 사적으로 응답하시고(20-25절), 이어서 백성들에게 공적으로 전달할 것을 명하신다(26-35절). 동일한 일들을 자주 반

복하여 말씀하시는 것에서 그것이 결코 변경 불가능한 것임이 드러난다. 구체적인 내용을 보자.

I. 극렬한 심판 선고가 완화된다(20절). "내가 사하노라. 그리하여 그들을 모두 한 번에 끊어내고 멸절시키지 않으리라." 기도의 능력을 보라. 그리고 하나님께서 기도를 기뻐하시며 그것을 존귀하게 하시는 것을 보라. 하나님께서는 사하실 것을 계획하셨다. 그러나 모세가 기도를 통해서 그것을 얻었으니 그가 칭송을 받을 것이다. 모세의 말대로 그 일이 이루어질 것이다. 이처럼 모세는 하나님께 능력을 발휘하여 응답을 얻었다. 다른 이들을 위하여 드리는 우리의 간구들을 하나님께서 얼마나 격려하시고 또한 들으셔서 우리로 하여금 기도에서 공적인 자세를 갖게 하시는가를 보라. 여기 한 의인의 간절한 기도로 말미암아 한 민족 전체가 멸망에서 구원받고 있다. 하나님께서 얼마나 기꺼이 죄를 사하시며 또한 얼마나 쉽게 간구를 들으시는지를 보라. 모세는 사하시옵소서 라고 하였고(19절), 하나님은 내가 사하노라 라고 말씀하신다(20절). 다윗은 하나님께서 그토록 속히 자비를 베푸시는 것을 경험하였다(시 32:5). 여호와는 우리의 죄를 따라 우리를 처벌하지는 아니하신다(시 103:10).

II. 궁극적으로 하나님의 이름을 영화롭게 할 것임이 분명히 명시된다(21절). 여호와의 영광이 온 세계에 충만하게 할 것임을 맹세로 말씀하고 있다. 모세는 그의 기도에서 하나님의 영광에 대한 큰 관심을 보인 바 있다. 그리고 하나님은 여기서 "오직 내가 이로써 그 영광을 효과적으로 보존하며 전진하게 할 것이라"고 말씀하신다. 하나님께서 얼마나 죄를 미워하시며 그것을 갚으시는지를 온 세상이 볼 것이로다. 그러나 동시에 그가 얼마나 은혜로우시고 자비하시며, 얼마나 노하기를 더디하시는가도 보게 될 것이로다. 우리 구주께서도, 아버지여, 아버지의 이름을 영광스럽게 하옵소서 라고 기도하시자마자 곧바로, 내가 이미 영광스럽게 하였고 또다시 영광스럽게 하리라 라는 응답이 들렸다(요 12:28). 주목하라. 하나님의 영광을 진실하게 구하는 자들은 그들이 구하는 바가 이루어질 것을 확신하게 될 것이다. 하나님께서 그를 영광스럽게 하고자 하는 이 기도를 약속으로 바꾸시면, 우리는 천사들과 목소리를 맞추어 다음과 같이 그것을 찬양으로 바꾸어 드릴 것이다. 그의 영광이 온 땅에 충만하도다(사 6:3).

III. 하나님의 징벌을 촉발시킨 이 백성의 죄가 여기서 가중되고 있다(22, 27

절). 그들의 죄가 실제보다 더 악하게 취급받지는 않으나 극도로 죄악된 것으로 드러나고 있다. 그들은 악한 회중이었고 각자가 악하였다. 그러나 회중 가운데 하나로 뭉쳐서는 지극히 악하였다.

1. 그들은 하나님을 시험하였다. 그가 과연 자기들의 도모를 도울 수 있는지를 살핌으로써 하나님의 권능을 시험하였고, 과연 그가 도우시는지를 살핌으로써 그의 선하심을 시험하였고, 또한 그의 약속이 그대로 이행되는지를 살핌으로써 그의 신실하심을 시험하였다. 그들은 그가 자기들의 부추김에 진노하사 그들을 벌하시는지 아니하시는지를 살핌으로써 그의 정의를 시험하였다. 그들은 마치 하나님이 우상들에게 하시듯이(사 41:23) 감히 그를 거슬렀고, 결국 그에게 도전하였다.

2. 그들은 하나님을 원망하였다. 이 사실이 매우 강조되어 나타난다(27절). 그들은 그가 어떻게 행하실지에 대해 의심하였으므로, 그가 행하시는 일마다, 혹은 과거에 행하신 일마다 투정부리며 계속해서 원망하고 트집을 잡았다. 물론 하나님께서 주신 율법이나 규례들에 대해 원망한 것 같지는 않다. 다만 자기들의 처지와 또한 자기들에게 공급되는 것들에 대해 원망한 것이다. 주목하라. 겉으로 신앙적인 봉사에 우리 자신을 드리고 모든 헌신의 형식적인 일들을 준수하는 일이, 일상생활에서 하나님의 섭리에 의지하고 복종하는 삶을 사는 것보다 더 쉬운 법이다.

3. 그들은 애굽과 광야에서 하나님의 이적들을 보고 나서 이런 죄를 저질렀다(2절). 하나님께서 진실로 그들 중에 계시다는 증거를 눈으로 보고도 그것을 믿으려 하지 않은 것이다.

4. 그들은 그처럼 하나님의 징벌을 촉발시키는 행위를 열 번이나, 즉 매우 자주 되풀이하였다. 유대인 저술가들은 이스라엘 회중 전체가 하나님의 진노를 촉발시킨 것이 정확히 열 번이라고 본다. 우선 홍해에서(출 14:11), 그리고 마라에서(출 15:23, 24), 신 광야에서(출 16:2), 르비딤에서(출 17:1, 2), 금송아지 사건으로(출 32장), 그 다음은 다베라와 또한 기브롯핫다아와에서(민 11장). 그리고 이번이 열 번째라는 것이다. 주목하라. 우리가 얼마나 자주 하나님의 진노를 촉발시키는 행위를 되풀이하는지 하나님께서 기록을 보유하고 계시며, 언젠가는 그것에 따라 우리를 처리하실 것이다.

5. 하나님께서 그들에게 그들의 죄악됨을 거듭거듭 가르치시고 권고하셨는

데도 그들은 그의 음성을 청종하지 않았다.

Ⅳ. 이 죄에 대해 그들에게 선고가 전해진다.

1. 그들이 약속한 땅을 보지 못하며, 그 땅에 결단코 들어가지 못하리라는 것 (30절). 하나님께서 노하여 맹세하기를 그들은 내 안식에 들어오지 못하리라 하셨다(시 95:11). 주목하라. 약속을 믿지 못하면 그 약속의 혜택을 누리지 못하고 몰수당하게 된다. 풍요한 땅을 멸시하는 자들에게는 문이 닫힐 것이다. 하나님의 약속은 그들에게가 아니라 그들의 후손에게 성취될 것이다.

2. 그들이 곧 다시 광야로 들어가리라는 것(25절). 그들의 그 다음 행진은 퇴각이 될 것이다. 이제 가나안 땅의 경계선에 있는 그들이 가나안으로 전진해 들어가는 것이 아니라 다시 홍해를 향하여 물러가게 될 것이다. 너희는 내일 돌이켜, 즉 "잠깐 후면 너희가 그렇게도 지치는 세월을 보낸 그 광활하고 쓸쓸한 광야로 다시 돌아가게 될 것이다. 그리고 이번에는 너희의 안전이 보장받지 못할 것이다. 아말렉인이 너희를 공격할 준비를 갖추고 골짜기에서 너희를 기다리고 있으니 말이다." 이스라엘은 그들에 대해서 극도로 두려워했었는데(13:29), 이제 하나님께서는 그들로 이스라엘에게 겁을 주고 계신 것이다. 악인의 두려움이 그에게 임하리라.

3. 이제 다 장성하여 성인이 된 자들은 모두 광야에서, 모두 단번에가 아니라 조금씩 서서히 죽어갈 것임. 그들이 광야에서 죽기를 바랐으니, 하나님은 그들의 이런 열정적인 소원에 대해 아멘으로 화답하시고, 그들의 죄를 그들의 패망으로 만드셨으며, 그들의 말대로 행하시고, 그들의 혀가 그들에게 떨어지게 하시며, 그들의 시체가 광야에 엎드러지도록 정하신 것이다(28, 29, 32, 35절). 여호와께서 그들에 대해 어떠한 경멸의 자세로 말씀하시는지를 보라. 그들은 이제 그들의 죄로 인하여 스스로 더러워졌다. 용맹한 자들이라도 여호와의 영이 떠나가시면 시체가 되고 마는 것이다. 그들은 모두 죽은 사람이나 마찬가지였다. 그들의 조상들은 가나안을 지극히 귀하게 여겨 자기들의 시신을 그리로 운반하여 거기에 묻을 것을 바랐었다. 그 땅을 그들의 소유로 주시리라는 하나님의 약속을 신뢰하고 의지하는 마음을 그렇게 드러내 보인 것이다. 그러나 이 사람들은 그 좋은 땅을 가벼이 여겼고, 그 약속을 불신하였으니, 그 땅에 묻힐 존귀를 누릴 수가 없고 광야가 그들의 무덤이 될 것이었다.

4. 이 선고로 인하여 그들이 광야에서 사십 년 동안 마치 길을 잃은 여행객

처럼 이리저리 헤매게 될 것임. 곧, 애굽에서 나와서 가나안에 들어가기까지 사십 년이 걸리리라는 것이다(33, 34절). 그렇게 오랜 세월 동안 그들이 광야를 방황하게 되는 것은,

(1) 정탐꾼들이 그 땅을 살핀 날수에 맞춘 것이었다. 그들은 하나님의 말씀을 취하지 못하고 사람들의 증언을 위하여 사십 일을 기다렸다. 그러므로 하나님의 약속이 이루어지기까지 사십 년을 기다리는 것이 마땅했다.

(2) 이렇게 해서 그들을 회개하게 하며, 이 세상에서야 어떻게 되든 저 세상에서 하나님께 자비를 얻도록 하기 위함이었다. 그들은 스스로 생각하고 자기들의 길을 돌아볼 시간을 갖게 되었다. 광야의 갖가지 어려운 현실로 인하여 그들 자신을 낮게 되고 그들의 마음이 어떠한지를 드러내게 될 것이었다(신 8:2). 그렇게 오래 그들은 자기들의 허물들을 지고, 형벌 가운데서 하나님의 진노의 무게를 느끼게 될 것이었다. 그들은 그들 스스로 지은 죄로 인하여 주어진 짐을 지고서 탄식하게 되었다. 그 짐은 그들이 지기에는 너무나 무거웠다.

(3) 그들로 하여금 하나님의 언약 백성이 하나님을 거역한다는 것이 얼마나 위험한 일인가를 몸소 지각하고 느끼게 하기 위함이었다. "내가 싫어하면 어떻게 되는지를 알리라. 이 일이 너희 죄에서 비롯되었느니라"(사람이 먼저 하나님을 떠나기 전에는 절대로 하나님이 사람을 떠나시지 않는다). "그리고 그 결과로 인하여 너희가 패망하리라. 너희는 언약에서 쫓겨날 때에 이미 완전히 망한 것이니라."

(4) 새로운 세대가 이 기간 중에 자라나도록 하기 위함이었다. 그 일은 하루 아침에 갑자기 될 수 있는 일이 아니었다. 이로써 그 자녀들은 그 아버지들에 대한 하나님의 진노의 증표들 아래서 성장하고 그들의 **반역한 죄를 지고 감으로**써(즉, 그들의 죄의 형벌을, 특히 금송아지와 관련된 우상 숭배에 대한 형벌을 — 하나님은 지금 그것을 기억하고 계신다 — 지고 감으로써), 그 아버지들이 저지른 불순종의 전철을 다시 밟지 않도록 경계를 받게 될 것이었다. 그리고 그렇게 오랜 세월 동안 광야에서 방황함으로써 마침내 가나안에 이를 때에 그것을 더욱더 환영하게 될 것이었다. 모세가 시편 90편을 기록한 것이 이런 선고를 받은 때였던 것으로 보인다. 그 내용이 이스라엘의 현 상태와 매우 잘 들어맞고, 또한 이 선고가 돌이킬 수 없는 것이었으므로 그들은 그 선고가 거룩하게 이행되기를 기도하며, 또한 **지혜로운 마음**을 얻기를 배우라는 가르침을 받

는 것이다.

V. 이 가혹한 선고에 자비가 함께 섞여 나타난다.

1. 갈렙과 여호수아를 향한 자비. 그들도 광야에서 방황하여야 하나, 이십 세 이상 된 모든 사람들 중에서 그들만은 방황의 세월 동안 살아남아 가나안에 들어가게 될 것이다. 여기서는 갈렙만 언급되고(24절), 특별한 존귀의 증표가 그에게 주어진다. (1) 그의 성품에 대한 묘사에서. 그는 마음이 그들과 달랐다. 곧, 다른 정탐꾼들과는 달리 여호와를 온전히 따랐고, 자신의 임무를 성실히 지켜 따돌림을 당하고 위협을 받는 상황에서도 끝까지 자신의 소신을 굽히지 않았다. 그리고 (2) 그에게 약속된 보상에서. 그가 갔던 땅으로 내가 그를 인도하여 들이리니 그의 자손이 그 땅을 차지하리라. 주목하라. [1] 우리 모두 여호와를 충실히 따르도록 크게 조심하며 노력하여야 마땅하다. 하나님의 뜻에 순종하고 그의 존귀를 위하여 섬기는 과정에서 그를 전심으로 따라야 한다. 곧, 나뉨이 없이 온전하게, 억지로가 아니라 즐거이, 뒤처짐이 없이 꾸준히 따라야 하며, 이것이 그를 충실히 따르는 것이다. [2] 하나님을 충실히 따르고자 하는 자들은 마음이 달라야 한다. 세상의 마음과 다르며, 그들이 과거에 지녔던 마음과도 달라야 한다. 갈렙의 마음을 가져야 한다. [3] 전반적인 배도의 시기에 하나님을 충실히 따르는 자들을 하나님께서는 전반적인 재난의 시기에 특별히 보호하심으로써 그들을 존귀하게 하신다. 여호와를 충실히 따르는 자들에게 하늘의 가나안이 영원한 기업이 될 것이다. 갈렙이 다시 언급될 때(30절) 여호수아가 그와 함께 언급된다. 그도 갈렙과 함께 동일하게 여호와를 섬겼으므로, 그와 동일한 은혜를 받고 동일한 존귀를 얻는다.

2. 이 반역자들의 자녀들을 향한 자비. 그들의 자녀들은 보존함을 받으며, 가나안이 그 자녀들의 소유로 주어진다. 너희가 사로잡히겠다고 말하던 너희의 유아들은, 즉 이십 세 이하의 자녀들은, 내가 인도하여 들이리니(31절). 그들은 하나님이 자기들의 자녀들을 망하게 하려 하신다고 악의로 하나님을 원망하였었다(3절). 그러나 하나님은 자신이 죄악된 자와 무죄한 자들을 가르고, 그들의 자녀는 하나도 다치지 않고 그 죄악된 자들을 끊어버리실 수 있다는 것을 그들에게 알려 주실 것이다. 그리하여 아브라함에게 주신 약속이 잠시 동안 허사가 되는 것처럼 보였으나 영원토록 무너지지 않게 되었고, 하나님께서 막대기로 그들의 범죄를 치셨을지라도, 그의 인자를 완전히 돌이키지는 않으시는

것이다.

[36]모세의 보냄을 받고 땅을 정탐하고 돌아와서 그 땅을 악평하여 온 회중이 모세를 원망하게 한 사람 [37]곧 그 땅에 대하여 악평한 자들은 여호와 앞에서 재앙으로 죽었고 [38]그 땅을 정탐하러 갔던 사람들 중에서 오직 눈의 아들 여호수아와 여분네의 아들 갈렙은 생존하니라 [39]모세가 이 말로 이스라엘 모든 자손에게 알리매 백성이 크게 슬퍼하여 [40]아침에 일찍이 일어나 산꼭대기로 올라가며 이르되 보소서 우리가 여기 있나이다 우리가 여호와께서 허락하신 곳으로 올라가리니 우리가 범죄하였음이니이다 [41]모세가 이르되 너희가 어찌하여 이제 여호와의 명령을 범하느냐 이 일이 형통하지 못하리라 [42]여호와께서 너희 중에 계시지 아니하니 올라가지 말라 너희의 대적 앞에서 패할까 하노라 [43]아말렉인과 가나안인이 너희 앞에 있으니 너희가 그 칼에 망하리라 너희가 여호와를 배반하였으니 여호와께서 너희와 함께 하지 아니하시리라 하나 [44]그들이 그래도 산꼭대기로 올라갔고 여호와의 언약궤와 모세는 진영을 떠나지 아니하였더라 [45]아말렉인과 산간지대에 거주하는 가나안인이 내려와 그들을 무찌르고 호르마까지 이르렀더라

여기서 다음을 보라.

I. 열 명의 정탐꾼들의 갑작스런 죽음. 그 선고가 백성들에게 전해지는 동안, 아직 공포되기 전에, 그들이 여호와 앞에서 재앙으로 죽었다(36, 37절).

1. 하나님께서는 이로써 스스로 죄를 범하고 또한 이스라엘로 죄를 범하게 만든 자들을 향하여 특별히 진노하심을 보여주신 것이다.

(1) 그들은 약속의 땅에 대해 비방함으로써 스스로 죄를 범하였다. 주목하라. 신앙을 오도하며, 신앙을 멸시하게 하며, 신앙을 향하여 사람들의 마음에 편견을 심어주며, 혹은 신앙을 멸시할 기회를 찾는 자들에게 그럴 기회를 제공해 주는 자들을 하나님께서는 크게 진노하신다. 하나님을 섬기는 일을 유치하고 경멸스러운 것으로, 우울하고 불편한 것으로, 어렵고 실천 불가능한 것으로, 불필요하고 무익한 것으로 제시하는 자들이야말로 그 아름다운 땅에 대해 악평하는 자들이요, 주의 바른 길을 굽게 하며(행 13:10), 결국 그를 거짓말하는 자로 만드는 자들인 것이다.

(2) 그들은 이스라엘로 범죄하게 만들었다. 그들은 의도적으로 온 회중으로

하여금 하나님을 원망하게 만들었다. 주목하라. 범죄의 수괴(首魁)들은 하나님의 특별하신 진노의 증표로써 패망하게 될 것이다. 하나님은 범죄로 인하여 흘린 영혼들의 피에 대해 극심하게 갚으시는 것이다.

2. 하나님께서는 이로써 자신이 온 회중을 다 그렇게 처리할 수도 있으셨음을 보여주셨고, 또한 그들에게 내려진 선고를 반드시 시행할 것에 대해 보증물을 제시하신 것이다. 그렇게 한 지파에 속한 한 사람을 끊어내셨으니, 그는 또한 온 지파 전체를 갑작스럽게 끊어낼 수도 있으셨으나 그렇게 하지 않으시고 점차적으로 그렇게 하고자 하신 것이다. 주목하라. 악명 높은 죄인들의 그런 비참한 죽음은 불경한 자들의 최후의 멸망의 보증물이다(벧후 2:5, 6). 죄인들이 듣고 두려워하도록, 하나님의 진노가 그렇게 드러나는 것이다.

II. 갈렙과 여호수아가 특별히 보존됨. 열두 정탐꾼들이 모두 한 자리에 서 있었던 것 같다. 그리하여 온 이스라엘이 그들을 주시하고 있었다. 그런데 그 중에 열 명의 정탐꾼들은 갑자기 악성 전염병으로 쓰러져 죽었는데 이 두 사람은 그 가운데 그대로 온전히 서 있었으니, 이는 지극히 놀라운 일이요 따라서 온 회중이 크나큰 감동을 받지 않을 수가 없었을 것이다. 하나님께서는 이로써 그들의 증언을 확증하시고, 그들을 돌로 쳐야 한다고 말하던 자들을 혼비백산케 하셨다. 하나님은 또한 천 명이 왼쪽에서, 만 명이 오른쪽에서 엎드러지더라도(시 91:7) 그들은 광야에서 계속해서 보존함을 받을 것이라는 확신을 주셨다. 죽음은 절대로 그 목표를 빗나가는 법이 없고, 생명을 얻기로 작정된 자들이 비록 죽을 자들 가운데 있더라도 실수로 그들을 데려가는 법도 없는 것이다.

III. 온 백성에게 그 선고가 공포됨(39절). 모세는 그들에 관하여 내려진 선고가 어떤 것인지를 그들에게 알렸다. 그 내용은 뒤바꿀 수 없는 것이었으므로, 이제 그들은 모두 광야에서 죽어야 하는 처지가 되었고, 가나안은 그 다음 세대의 몫으로 남겨지게 되었다. 그것은 가나안 땅에 들어가기를 사모한 모세 자신에게는 물론 백성들에게도 매우 큰 실망을 주었을 것임을 충분히 짐작할 수 있다. 그러나 모세는 이를 받아들였으나, 백성들은 슬피 울며 애곡하였다. 모세는 이 선고를 통해서 하나님께서 영광을 받으신다는 확신이 있었으므로 이에 만족하였으나, 회중들은 자기들 자신의 죄악과 또한 그들 스스로 그런 선고를 자초하였음을 생각하여 그렇게 크게 괴로워한 것이다. 그들은 앞에서 아무엇도 아닌 일로 슬피 통곡했는데(1절), 지금은 정말 통곡할 만한 이유가 그들에게 주어진 것이다. 원망하는 자들이 통곡하는 자들이 되는 것은 지극히 정당한 일이다. 그들이 신실하게 책망을 받을 때에 자기들의 죄에 대해 통곡했더라면(9절), 그 선고가 미연에 방지되었을 것이다. 그러나 심판에 대해 통곡하고 있으니, 이미 때늦은 슬픔이었고, 아무런 소용이 없었다. 그들이 눈물을 흘리며 구하되 버린 바가 되어 회개할 기회를 얻지 못하였느니라(히 12:17). 이와 같은 통곡이 지옥에도 있으나, 그 눈물은 불꽃을 끄지 못할 것이다. 아니, 혀도 서늘하게 하지 못할 것이다.

IV. 선고에도 불구하고 일단의 이스라엘인들이 어리석게도 가나안에 들어가려고 노력하나 모두 헛수고가 됨.

1. 이제 그들은 가나안을 향하여 나아가기를 열망하였다(40절). 그들은 아침 일찍 일어나 모든 사람을 소집하여 한 무리로 모여서, 원수와 싸우러 나아가도록 그들을 인도해 줄 것을 모세에게 간청하였다. 그리고 이제는 지휘관을 뽑아 애굽으로 돌아가야 한다는 말이 그들 중에서 완전히 사라졌다. 그들은 자기들의 잘못을 고백하였다. 우리가 범죄하였음이니이다. 태도가 바뀌었음을 고백하였다. 보소서 우리가 여기 있나이다 우리가 여호와께서 허락하신 곳으로 올라가리니. 전에 멸시했던 그 땅을 이제는 사모하며, 전에 불신했던 그 약속을 신뢰한다는 것을 나타내 보였다. 이처럼 하나님께서 심판하실 때에, 그는 죄인들로 하여금 자기들의 모든 불경한 행위들과 불경한 언사들을 자인하게 하실 것이요, 그들은 자기들이 한 모든 말들을 철회할 수밖에 없을 것이다. 그러나, 이처럼 그들이 자기들의 악행을 뉘우침으로써 하나님께서 영광을 받으시나, 그들에게는 아무런 유익도 없었다. 너무 때가 늦었기 때문이다. 엄중한 선고가 이미 내려졌고, 그들의 패망이 이미 확정된 상태였다. 여호와를 만날 만한 때에 그를 찾지 않았으니, 이제 그를 찾아도 만날 수가 없게 된 것이다. 오오, 그들에게 주어진 은혜의 날이 지난 후에 하늘을 그렇게 사모하지 말고 그 날이 끝나기 전에 그렇게 간절한 소망을 가졌더라면, 신랑이 오고난 후에 준비하느라 허덕이지 말고 신랑이 아직 도착하기 전에 미리 기름을 준비했더라면, 얼마나 좋았겠는가!

2. 모세는 그들의 움직임을 철저히 불허하였고, 그들이 하고자 하는 원정(遠征)을 금하였다. 올라가지 말라(41-43절).

(1) 모세는 그들에게 그것이 죄임을 경고한다. 그것은 홍해 쪽으로 물러갈 것을 분명하게 명령하신 여호와의 명령을 범하는 것이다. 주목하라. 알맞은 때에는 의무이던 일도 때에 맞지 않게 행하면 죄가 될 수도 있다. 물론 모세가 말씀하는 그 명령은 형벌로 주어진 것이었다. 그러나 율법에 복종하지 않은 자는 그 형벌에 복종할 의무가 있는 것이다. 여호와는 우리의 율법제정자이시며 동시에 우리의 재판장이시기 때문이다.

(2) 모세는 그들에게 위험을 경고한다. "이 일이 형통하지 못하리니 절대로 그것을 기대하지 말라." 주목하라. 우리가 하나님의 뜻을 반하여 행하는 일에 우리 스스로 성공을 약속한다는 것은 어리석은 짓이다. "아말렉인과 가나안인이 너희 앞에 있어서 너희를 공격할 것이나, 너희를 보호하시고 너희를 위하여 싸우실 여호와께서 너희와 함께 하지 아니하시니, 너희가 너희의 대적 앞에서 패할까 하노라." 임무를 다하는 길에서 벗어나 있는 자들은 하나님의 보호하심 아래서도 벗어나 있는 것이요, 따라서 스스로 위험을 자초하여 나아가는 것이다. 하나님께서 우리와 함께 가실 것을 기대할 수 없는 그런 곳으로 나아가는 것은 위험한 일이다. 아니, 모세는 그들의 패망을 명확하게 바라보고 예고한다. 너희가 아말렉인과 가나안인(이들이 너희의 칼에 망하게 되어 있었으나)의 칼에 망하리라. 너희가 여호와를 배반하였으니, 즉 그의 명령과 약속의 인도하심을 따르지 아니하였으니, 여호와께서 너희와 함께 하지 아니하시기 때문이다. 주목하라. 하나님을 버리는 자는 하나님도 반드시 그를 버리실 것이다. 그리고 그를 버린 자들은 온갖 비참에 노출되는 법이다.

3. 그럼에도 불구하고 그들은 원정을 감행한다. 이 사람들처럼 그렇게 악하고, 그렇게 기를 쓰고 모든 일에 하나님을 거역하여 행하는 자들이 없었다. 하나님이 가라고 명하실 때에는 가려 하지 않았다. 그리고 이제는 가지 말라고 금하시자, 기어코 가려 하는 것이다. 이처럼 육신의 생각은 하나님과 원수가 되는 것이다(롬 8:7). 그들이 그래도 산꼭대기로 올라갔다(44절). 여기서, (1) 그들은 하나님의 정의로운 선고를 거슬러 싸웠고, 그것을 완강히 저항하고자 한 것이다. (2) 그들은 하나님의 임재하심의 증표들을 가벼이 여겼다. 모세와 또한 언약궤를 뒤로 남겨두고서라도 올라가려 했으니 말이다. 그들은 하나님의 힘을 불신했었고, 이제는 그의 힘이 없이 자기들 자신의 힘을 의지하려 한 것이다.

4. 원정이 속히 끝난다(45절). 원수들이 산꼭대기에 주둔하고 있어서 침입

자들을 막기에 아주 유리한 위치에 있었고, 자기들의 정탐꾼들이 이스라엘의 접근을 알려오자, 일시에 그들을 공격하여 무찔렀다. 수많은 이스라엘인이 이로 인하여 죽임을 당한 것으로 보인다. 너희의 시체는 이 광야에 엎드러질 것이요(32절)라는 선고가 이미 시행되기 시작한 것이다. 주목하라. 죄와 더불어 시작하는 일은 절대로 좋게 끝을 맺을 수가 없다. 친구들과 평화를 얻고, 원수들을 대적하여 성공을 얻는 길은 하나님을 우리의 친구로 삼으며 그의 사랑 가운데서 우리 자신을 지키는 것이다. 유대인들은 그들의 이 조상들처럼 그리스도의 의를 거부하고, 자기들 자신의 의를 세우려 하였으나, 이처럼 속히 망하고 만 것이다.

제
— 15 —
장

개요

　본 장은 주로 희생 제사에 관한 내용으로서 두 차례의 반역 사건(14장과 16장의) 중간에 위치하는데, 이는 이 율법의 제도들이 그리스도께서 반역자들로부터 받으시는 선물들(시 68:18)을 예표하는 것임을 나타내 준다. 앞 장에서는 이스라엘이 하나님의 진노를 자초하여, 하나님이 그들을 멸하시기로 정하셨고, 이들에 대한 진노의 증표로 그들이 광야에서 멸망하게 될 것을 선고하신 바 있다. 그러나 모세의 중보로, 하나님은 "내가 사하노라"라고 말씀하셨고, 자비의 증표로 이 장에서 제물에 대한 몇 가지 율법을 되풀이하여 설명하여 그가 이스라엘과 화목하셨음을 보여주신다. 그들이 극심한 형벌을 당하는 중에 있으나, 그럼에도 불구하고 그들을 완전히 내어쫓지는 않으시는 것이다. 본 장의 주요 내용은 다음과 같다. I. 소제와 전제에 관한 법(1-12절)으로서 이스라엘을 위한 것과 타국인들을 위한 것(13-16절), 또한 처음 익은 곡식 가루의 전제에 관한 법(17-21절). II. 부지중에 지은 죄에 대한 제사에 관한 법(22-29절). III. 고의적인 죄에 대한 형벌(30-31절), 그리고 안식일을 범한 자들에 대한 사례(32-36절). IV. 기억을 위하여 옷단 귀에 술을 다는 것에 관한 법(37-41절).

¹여호와께서 모세에게 말씀하여 이르시되 ²이스라엘 자손에게 말하여 그들에게 이르라 너희는 내가 주어 살게 할 땅에 들어가서 ³여호와께 화제나 번제나 서원을 갚는 제사나 낙헌제나 정한 절기제에 소나 양을 여호와께 향기롭게 드릴 때에 ⁴그러한 헌물을 드리는 자는 고운 가루 십분의 일에 기름 사분의 일 힌을 섞어 여호와께 소제로 드릴 것이며 ⁵번제나 다른 제사로 드리는 제물이 어린 양이면 전제로 포도주 사분의 일 힌을 준비할 것이요 ⁶숫양이면 소제로 고운 가루 십분의 이에 기름 삼분의 일 힌을 섞어 준비하고 ⁷전제로 포도주 삼분의 일 힌을 드려 여호와 앞에 향기롭게 할 것이요 ⁸번제로나 서원을 갚는 제사로나 화목제로 수송아지를 예비하여 여호와께 드릴 때에는 ⁹소제로 고운 가루 십분의 삼 에바에 기름 반 힌을 섞어 그 수송아지와 함께 드리고 ¹⁰전제로 포도주 반 힌을 드려 여호와 앞에 향기로운 화제를

삼을지니라 ¹¹수송아지나 숫양이나 어린 숫양이나 어린 염소에는 그 마리 수마다 위와 같이 행하되 ¹²너희가 준비하는 수효를 따라 각기 수효에 맞게 하라 ¹³누구든지 본토 소생이 여호와께 향기로운 화제를 드릴 때에는 이 법대로 할 것이요 ¹⁴너희 중에 거류하는 타국인이나 너희 중에 대대로 있는 자나 누구든지 여호와께 향기로운 화제를 드릴 때에는 너희가 하는 대로 그도 그리할 것이라 ¹⁵회중 곧 너희에게나 거류하는 타국인에게나 같은 율례이니 너희의 대대로 영원한 율례라 너희가 어떠한 대로 타국인도 여호와 앞에 그러하리라 ¹⁶너희에게나 너희 중에 거류하는 타국인에게나 같은 법도, 같은 규례이니라 ¹⁷여호와께서 모세에게 말씀하여 이르시되 ¹⁸이스라엘 자손에게 말하여 이르라 너희는 내가 인도하는 땅에 들어가거든 ¹⁹그 땅의 양식을 먹을 때에 여호와께 거제를 드리되 ²⁰너희의 처음 익은 곡식 가루 떡을 거제로 타작 마당의 거제 같이 들어 드리라 ²¹너희의 처음 익은 곡식 가루 떡을 대대에 여호와께 거제로 드릴지니라

여기 나타나는 주요 내용은 다음과 같다.

I. 짐승을 잡아 드리는 모든 제사에 첨가되는 소제와 전제에 관하여 주어지는 완전한 교훈들. 이 법의 시초가 매우 고무적이다. 너희는 내가 주어 살게 할 땅에 들어가서 이렇게 저렇게 행할지니라(2절). 이는 하나님께서 그들에게 내린 선고에도 불구하고 그가 그들과 화목을 이루셨을 뿐 아니라, 그들이 그를 대적하여 반역을 도모하기를 잘 함에도 불구하고 그들의 후손에게 약속한 땅을 주시리라는 것을 분명히 시사하는 것이다. 그들은 조만간 그들이 다시 치명적인 범죄를 행하여 그들이 영원토록 끊어질 것으로 생각했을 것이다. 바로 앞에서 한 세대가 그렇게 끊어진 것처럼 말이다. 그러나 이는 그들이 영원토록 버림받을 정도로 하나님의 진노를 촉발시키지는 않을 것이라는 확신을 시사해 준다. 이 규례는 정한 때에 최소한 그들 중의 일부라도 가나안 땅에 들어갈 것을 당연한 사실로 취하기 때문이다. 소제는 두 종류였다. 어떤 것은 독자적으로 드렸는데, 이에 대해서는 레 2:1 등에 규정이 제시되어 있다. 또 어떤 것들은 번제와 화목제에 덧붙여서 드렸는데, 여기서는 이것들에 대한 지침이 제시되고 있다. 이것은 필수 요건이었다. 희생 제사(3절에 구체적으로 명시되어 있다)들이 하나님의 식탁의 양식으로 의도되었으므로, 무슨 고기를 드리든 간에 떡과 기름과 포도주가 끊임없이 거기에 공급되어야 했기 때문이다. 솔로몬 성

전을 위해서는 항상 가는 밀가루를 공급하였다(왕상 4:22). 하나님께서는 그의 식탁에 고기와 함께 떡을 가져다 놓게 하시고 그의 잔을 넘치게 하사 아름다운 집을 유지하시는 것이 합당한 일이었다. 내 아버지 집에는 떡이 충분히 있는 것이다. 그런데 이 법의 의도는 소제와 전제가 희생 제사에 덧붙여 드려질 때에 어떤 비율로 드려야 하는지에 대한 지침을 제공하고자 함이다. 희생 제물이 어린 염소나 어린 양일 경우는 소제가 고운 가루 십분의 일, 즉, 5파인트(pints. 1파인트는 0.568L) 가량이어야 한다. 그리고 이것을 기름 사분의 일 힌(1힌은 5쿼트[quart] 정도 된다)과 섞어야 하며, 또한 동일한 양의 포도주, 즉 1쿼트와 반 파인트 정도를 전제로 드려야 한다(3-5절). 숫양을 제물로 드릴 경우는 소제의 양이 두 배로 들어서, 고운 가루 십분의 이에 기름(그들에게 이것은 우리의 버터와 같았다) 삼분의 일 힌을 섞어 드리고, 또한 동일한 양의 포도주를 전제로 드려야 했다(6, 7절). 수송아지를 제물로 드릴 경우는, 소제의 양이 세 배로 증가하여, 고운 가루 십분의 삼 에바에 5파인트의 기름을 섞어 드리고, 동일한 양의 포도주를 전제로 드려야 했다(8-10절). 특정한 개인이 드리든 공동으로 드리든 제물을 드릴 경우에 첨가하여야 할 소제와 전제에 관한 규례가 이렇게 제시되었다. 주목하라. 우리가 드리는 예배 역시 여러 다른 규범들은 물론 적정한 균형의 법칙에 제재를 받아야 한다.

II. 본국인에게나 타국인에게나 동일한 규례가 적용됨(13-16절). "너희에게나 너희 중에 거류하는 타국인 (즉 개종하여 유대 종교에 편입된 자들) 에게나 같은 법도, 같은 규례이니라." 그런데,

1. 이는 이방인들에게 개종자들이 되어 참되신 하나님을 믿는 믿음과 그에게 드리는 예배를 받아들이라고 초청하는 것이었다. 시민법과 관련한 문제에 있어서는 이스라엘 본국인과 타국인들이 서로 달랐다. 그러나 하나님의 일들에 있어서는 그렇지 않았다. 너희가 어떠한 대로 타국인도 여호와 앞에 그러하리라. 그는 사람을 차별하는 분이 아니시기 때문이다. 사 56:3을 보라.

2. 이는 유대인들에게 타국인들을 친절히 대하며 그들을 억압하지 말 것을 의무로 제시하는 것이었다. 하나님이 그들을 받으시고 허용하시는 것을 그들이 보았기 때문이다. 신앙에서 하나가 되면 서로 간에 애정이 커지며, 따라서 모든 적개심들을 죽여야 한다.

3. 이는 유대인들의 교만을 죽이는 것이었다. 유대인들은 자기들이 특권을

타고 났다고 하여 우쭐해지는 경향이 있었다. "우리는 아브라함의 자손이다." 하나님은 그가 타국인의 자손들도 야곱의 자손들과 똑같이 영접하신다는 것을 보여주시는 것이다. 하나님께서 받으시는 문제에 있어서는 아무도 자기의 출생 신분 때문에 불리해지거나 유리해지는 법이 없다. 이는 또한, 믿는 타국인들이 이스라엘인으로 간주되어야 하는 것처럼, 믿지 않는 이스라엘인들이 타국인들로 간주되어야 한다는 것을 시사하는 것이기도 했다.

4. 이는 장차 이방인들을 부르시고 그들이 교회에로 받아들여질 것에 대한 복된 전조(前兆)였다. 율법이 유대인과 이방인을 이처럼 거의 차별하지 않았다면, 하물며 둘 사이의 가로막은 벽을 무너뜨리고 율법의 의식을 준수함이 없이 단번의 제사로 둘을 하나님과 화목하게 만든 복음은 더더욱 그럴 것이다.

III. 처음 익은 곡식 가루를 여호와께 드리는 일에 관한 규례. 이 역시 앞의 규례와 마찬가지로, 그들이 이미 여호와께서 인도하는 땅에 들어간 상태임을 전제로 한다(18절). 지금은 그들이 만나를 먹고 살고 있으므로 그들의 일용할 양식이 하나님의 것이며, 또한 그들이 하나님께 의지하여 양식을 얻고 있다는 것을 그렇게도 분명하게 인정해야 할 필요성이 없었다. 그들의 생활 그 자체가 이를 분명히 말해 주고 있었다. 그러나 가나안에서는 그들 스스로 부지런히 노력하여 얻은 열매를 먹게 되므로, 하나님께서는 그를 그 땅의 주인이요 또한 너그러이 자비를 베푸시는 분으로 인정할 것을 그들에게 요구하시는 것이다. 그들은 밭에서 난 곡식의 첫 열매와 십일조를 드려야 하며(이것들은 벌써부터 남겨두고 있었다), 또한 곡식을 집에 들이고 타작 마당에 쌓을 때에, 그리고 식탁에 그것들을 베풀어 놓을 때에도 다시 그 가루의 일부를(유대인들은 최소한 전체의 사십 분의 일 이상이어야 한다고 본다) 거제 같이 들어 여호와께 드려야 했고(20, 21절), 또한 제사장이 그 가족의 용도를 위하여 그것을 취하여야 했다. 이렇게 함으로써 그들은 이미 양식을 집안에 들이고 난 이후에도 그들이 하나님께 의지하여 일용할 양식을 얻는다는 것을 인정해야 했고, 양식을 편안히 사용하게 되도록 하나님께 구하여야 했던 것이다. 그들이 곡식을 집으로 가져다 놓았어도 하나님께서 그것을 불어 버리셔서 아무 소용도 없게 된 경우를 성경에서 보기 때문이다(학 1:9). 그리스도께서는, 올 한 해에 필요한 양식을 주옵소서가 아니라 오늘 우리에게 일용할 양식을 주옵소서 라고 기도할 것을 가르치신 바 있다. 하나님은 오랜 후에 선지자가 사르밧 과부에게 한 말씀을 이 법을 통해서 그 백성들에게 말씀하신 셈이다. 먼저 그것으로 나를 위하여 작은 떡 한 개를 만들어 내게로 가져오고 그 후에 너와 네 아들을 위하여 만들라(왕상 17:13). 에스겔이 이상 중에 본 성전의 법으로도 이 제물이 분명하게 유지되었고, 또한 그것은 가족에게 자비를 베푸시리라는 약속이 주어진 명령이다. 너희가 첫 밀가루를 제사장에게 주어 그들에게 네 집에 복이 내리도록 하게 하라(겔 44:30). 하나님께서 우리의 재물 중에서 그의 몫을 취하시고 나면, 우리 몫의 위로가 임할 것을 기대할 수 있기 때문이다.

²²너희가 그릇 범죄하여 여호와가 모세에게 말씀하신 이 모든 명령을 지키지 못하되 ²³곧 여호와께서 모세를 통하여 너희에게 명령한 모든 것을 여호와께서 명령한 날 이후부터 너희 대대에 지키지 못하여 ²⁴회중이 부지중에 범죄하였거든 온 회중은 수송아지 한 마리를 여호와께 향기로운 화제로 드리고 규례대로 소제와 전제를 드리고 숫염소 한 마리를 속죄제로 드릴 것이라 ²⁵제사장이 이스라엘 자손의 온 회중을 위하여 속죄하면 그들이 사함을 받으리니 이는 그가 부지중에 범죄함이며 또 부지중에 범죄함으로 말미암아 헌물 곧 화제와 속죄제를 여호와께 드렸음이라 ²⁶이스라엘 자손의 온 회중과 그들 중에 거류하는 타국인도 사함을 받을 것은 온 백성이 부지중에 범죄하였음이니라 ²⁷만일 한 사람이 부지중에 범죄하면 일 년 된 암염소로 속죄제를 드릴 것이요 ²⁸제사장은 그 부지중에 범죄한 사람이 부지중에 여호와 앞에 범한 죄를 위하여 속죄하여 그 죄를 속할지니 그리하면 사함을 얻으리라 ²⁹이스라엘 자손 중 본토 소생이든지 그들 중에 거류하는 타국인이든지 누구든 부지중에 범죄한 자에 대한 법이 동일하거니와

　　　여기에는 부지중에 범죄했을 경우 드릴 희생 제사에 관한 규정들이 기록되어 있다. 유대인들은 그들의 스승들의 오류로 인하여 이를 우상 숭배나 거짓 예배를 뜻하는 것으로 오해한다. 여기서는 그들이 이 모든 명령을 지키지 못하는 경우를 상정하는 것이다(22, 23절). 마땅히 드려야 할 각종 제사를 드리지 못했거나 드렸다 해도 율법에 준하여 드리지 못했을 경우, 잊어버렸거나 혹은 실수로 제사 드리지 못했을 경우, 그들은 속죄제를 드려야 했다. 의식의 일부분을 시행하지 못했을 경우는 나머지 부분을 준수함으로써 처리하여야 했으며, 이는 보상법의 성격을 띠는 것이었다.

1. 민족적으로 범죄한 경우가 상정된다. 곧, 무지로 실수를 범하여 백성 전체가 상습적으로 오류를 범하였을 경우(24절)가 상정된다. 그리하여, 회중, 즉 백성 전체가, 이스라엘 자손의 온 회중이(25절) 범죄했을 경우다. 의식적인 준수 사항이 너무 많고 다양하여, 그것들 중에 어떤 것들이, 특히 고운 가루를 들어 거제로 드리는 규례 같은 것이, 잊거나 행하지 않음으로써 점차 잊혀져가는 것을 얼마든지 상상할 수 있다. 그런데 세월이 흐르는 중에 율법을 상고하다가, 이런저런 규례를 회중 전체가 소홀히 해온 것이 드러나면, 온 회중을 위하여 제사를 드려야 했고, 그렇게 제사를 드리면 그간 소홀히 해온 것에 대해 형벌이 주어지지 않고 — 어떤 민족적인 심판으로 벌을 받아야 마땅했으나 — 용서함 받을 것이었다(25, 26절). 규례대로 제사를 드린다는 것은 곧 앞에서 이미 제시된 규례에 따르는 것을 지칭하는 것이 분명하다. 이것은 그 규례의 반복이다. 그리고 거기서는 동일한 수송아지를 가리켜 속죄제라 부르는데(레 4:13, 21) 여기서는 화제라 부른다(24절). 그 이유는 완전히 태워 드렸기 때문이다. 그리고 제단에서 드리지는 않았고, 진 바깥에서 드렸다. 그리고 여기에 숫염소 한 마리를 속죄제로 첨가해 드릴 것을 말씀한다. 히스기야 왕은 이 법에 따라서, 그 아버지의 치세 동안의 오류에 대해, 수송아지 일곱 마리와 숫양 일곱 마리와 어린 양 일곱 마리와 숫염소 일곱 마리를 나라와 성소와 유다를 위하여(대하 29:21), 또한 이스라엘을 위하여(24절) 속죄제물로 드렸다. 그리고 바벨론 포로에서 귀환한 이후에도 이와 비슷한 일을 행한 것을 보게 된다(스 8:35).

2. 또한 특정한 개인이 실수한 경우도 상정된다. 만일 한 사람이 부지중에 범죄하면(27절), 자신의 의무를 소홀히 하면, 지정된 대로 제물을 드려야 한다(레 4:27 등). 그렇게 해서 그 부지중에 범죄한 사람이 부지중에 여호와 앞에 범한 죄를 위하여 속죄하여야 했다(28절). 관찰하라.

(1) 부지중에 저지른 죄에 대해서도 속죄가 이루어져야 한다. 왜냐하면 부지중에 저질렀다는 점은 어느 정도 이해의 소지가 있으나, 그렇다고 해서 여호와의 뜻을 충분히 알 수 있었는데도 그것을 모르고 행하지 않은 잘못이 정당화될 수는 없기 때문이다. 다윗은 그의 숨은 허물에서 벗어나기를 기도하였다. 즉, 자기 자신이 알지 못하고 범한 죄와 자신이 깨닫지 못한 오류들을 뜻하는 것이다(시 19:12).

(2) 부지중에 저지른 죄는 위대한 희생 제물이신 그리스도를 통하여 사함

받는다. 그는 자기 자신을 단번에 십자가에 드리실 때에 하신 다음과 같은 기도로 그의 제사의 의도를 충분히 해명하신 것으로 보인다. 아버지여 저들을 사하여 주옵소서 자기들이 하는 것을 알지 못함이니이다(눅 23:32). 그리고 바울은 이 부지중에 지은 죄에 관한 이 규례를 간접적으로 언급하는 것으로 보인다. 내가 도리어 긍휼을 입은 것은 내가 믿지 아니할 때에 알지 못하고 행하였음이라(딤전 1:13). 부지중에 지은 죄에 대한 이 속죄의 규례가 이스라엘 본토 소생이 아닌 그들 중에 거류하는 타국인에게까지 확대되는 것이 분명히 나타나는 것은 이방인들에게 아주 호의적인 요소로 보였다(29절). 이렇게 해서 아브라함의 축복이 이방인들에게까지 임하는 것이다.

³⁰본토인이든지 타국인이든지 고의로 무엇을 범하면 누구나 여호와를 비방하는 자니 그의 백성 중에서 끊어질 것이라 ³¹그런 사람은 여호와의 말씀을 멸시하고 그의 명령을 파괴하였은즉 그의 죄악이 자기에게로 돌아가서 온전히 끊어지리라 ³²이스라엘 자손이 광야에 거류할 때에 안식일에 어떤 사람이 나무하는 것을 발견한지라 ³³그 나무하는 자를 발견한 자들이 그를 모세와 아론과 온 회중 앞으로 끌어왔으나 ³⁴어떻게 처치할는지 지시하심을 받지 못한 고로 가두었더니 ³⁵여호와께서 모세에게 이르시되 그 사람을 반드시 죽일지니 온 회중이 진영 밖에서 돌로 그를 칠지니라 ³⁶온 회중이 곧 그를 진영 밖으로 끌어내고 돌로 그를 쳐죽여서 여호와께서 모세에게 명령하신 대로 하니라

I. 고의로 죄를 범한 죄인들에 대해 완전한 형벌이 선고된다.

1. 원문의 문자적인 뜻대로 하면, 손을 높이 들어(30절) 죄를 범하는 자들이, 즉 하나님의 권위를 일부러 거스르고 그것에 대항하여 자기들의 정욕을 내세우고, 율법의 명령을 거역하고 또한 그 형벌을 일부러 무시하며, 죄를 범하기 위해 죄를 범하는 자들과, 하나님을 대적하여 싸우며 감히 그에게 최악으로 행하는 자들이 고의적인 죄인들로 간주된다. 욥 15:25을 보라. 그것은 알면서도 그 아는 것을 거슬러 죄를 범하는 것일 뿐 아니라, 하나님의 뜻과 영광을 의도적으로 대적하여 죄를 범하는 것이다.

2. 이런 식으로 저지른 죄는 지극히 죄악되다. 그런 식으로 계명을 거역하는 자는 (1) 여호와를 비방하는 자다(30절). 하나님에 대해 할 수 있는 최악의 말을

하는 자요 가장 부당하게 말하는 자다. 고의적인 죄의 언사는 다음과 같다: "영
원한 진리는 믿기에 합당치 않으며, 만유의 여호와는 순종하기에 합당치 않으
며, 전능한 능력은 두려워하거나 신뢰하기에 합당치 못하다." 무한한 지혜를
어리석은 것으로 만들며, 천지의 의로운 재판장에게 악을 돌리는 것이니, 고의
적인 죄의 사악함이 그와 같은 것이다. (2) 그는 여호와의 말씀을 멸시하는 자다
(31절). 여러 가지 경우로 인하여 말씀을 이행하는 데 이르지 못하면서도 그
말씀을 크게 가치 있게 보며, 율법을 존귀하게 여기는 자들이 있다. 그러나 고
의적인 죄인들은 그것을 멸시하며, 자신은 그 말씀의 통제를 받기에는 너무나
크고 너무나 선하며 너무나 지혜롭다고 생각한다. 전능자가 누구이기에 우리가
섬기랴(욥 21:15)? 죄 자체가 무엇이든 간에, 그것은 저주를 촉발시키는 불순종
이다. 그것은 주술 같은 죄에 덧붙여지는 반역이요, 또한 우상 숭배와 같은 완
악함이다.

3. 그런 자에게 끔찍한 선고가 주어진다. 그런 죄에 대해서는 희생제사가 남
아 있지 않다. 율법이 그런 것에 대한 지침을 제시하지 않기 때문이다. 그의 백
성 중에서 끊어질 것이라(30절), 온전히 끊어지리라(31절). 그의 죄악이 자기에게로
돌아가서, 하나님이 영원토록 의로우시고, 죄인은 영원토록 타격을 받게 될 것
이니, 지옥 가장 낮은 곳까지 떨어질 것이다. 유대인 학자들은 이를, 그 영혼이
끊어진 후에도 그 죄악이 그의 영혼에 들러붙어 있을 것이요 그 사람은 그 큰 심판의
날에 자기 죄를 직고하게 될 것이라는 뜻으로 이해한다. 어쩌면 이런 유의 범죄
는 시민 관리의 제재를 받지 않았는지도 모른다. 고의로 그런 죄를 범했을 경
우는, 하나님께서 직접 그의 손으로 그 죄를 벌하시는데, 거기에 빠진다는 것
은 정말로 두려운 일일 것이다. 신약에서도, 이와 비슷하게 성령을 거스르는
죄와 또한 기독교로부터 완전히 배도하는 죄에 대해서, 그리스도의 제사로 말
미암는 모든 은덕에서 제외되는 형벌이 주어지는 것을 보게 된다.

II. 고의로 안식일을 범하는 죄의 사례가 제시된다.

1. 안식일에 나무를 모아들이는 범죄가 거론되는데(32절), 아마도 불을 지피
기 위한 것으로 여겨진다. 그러나 율법은 안식일 전날에 구울 것은 굽고 삶을
것은 삶도록 명령하고 있다(출 16:23). 이것은 작은 과실에 지나지 않는 것처
럼 보이나, 안식일 법을 범한 것이요, 안식일이 창조주의 존귀를 위하여 드려
진 것이니 결국 창조주에 대한 무언의 멸시였고, 또한 안식일 법은 율법 전체

의 울타리 역할을 하는 것이니 결국 율법 전체를 거스르는 것이었다. 그리고 문맥으로 보아 이 일이 고의적으로 행해졌으니 이는 율법은 물론 율법제정자까지도 모욕하는 것이었다.

2. 범죄한 자가 잡혀왔다(33, 34절). 나무하는 자를 발견한 자들이 안식일을 거룩하게 하고자 하는 열심에서 그를 모세와 아론과 온 회중 앞으로 끌어왔는데, 이는 그 날이 안식일이므로 그 때에 온 백성이 그들에게서 교훈을 받고 함께 하나님께 예배하기 위해 모세와 아론 앞에 모여 있었다는 것을 시사한다. 또한 일반 이스라엘 사람들이 비록 그들 중에 빠진 자들이 많이 있었으나, 안식일을 범하는 것을 그들이 그냥 지나치지 않았다는 것은 그들이 하나님을 아주 버리지 않았다는 하나의 좋은 증표였다 할 것이다.

3. 하나님의 뜻을 물었다. 왜냐하면 어떻게 처치할는지 지시하심을 받지 못하였기 때문이다. 율법은 이미 안식일을 범하는 자에게 사형이 규정해놓고 있었다(출 31:14; 35:2). 그러나 그들은 과실에 대해서(이것이 안식일을 더럽힌 것으로 간주되어야 할지에 대해서)나, 혹은 형벌에 대해서(어떤 식으로 사형을 집행할지에 대해서)나, 분명치 않아 의문을 갖고 있었다. 하나님께서 재판장이 셨으니, 그의 앞에 그 문제를 내어놓아야 했다.

4. 형벌이 선고되었다. 그 잡혀온 자는 율법의 의도에 따라 안식일을 범한 자로 인정되었고, 그러므로 반드시 죽여야 했다. 그리고 그 범죄가 얼마나 크며 얼마나 하나님을 노엽게 하는 것인지를 보여주어 다른 이들이 두려워하여 비슷하게 고의로 안식일을 범하지 않도록 하기 위하여, 그를 지극히 끔찍스러운 죽음을 당하도록 하였으니, 곧 돌로 그를 쳐죽인 것이다(35절). 주목하라. 하나님은 질투로 그의 안식일의 존귀를 지키시는 분이시며, 누구든 그 존귀를 범하면 그것을 죄 없는 것처럼 그냥 넘기지 않으신다.

5. 형벌의 선고대로 그대로 집행되었다. 온 회중이 곧 그를 진영 밖으로 끌어내고 돌로 그를 쳐죽였다(36절). 할 수 있는 대로 많은 사람이 이 형 집행에 참여하였는데, 이는 안식일을 범한 이 사람에게 돌을 던진 자들이 최소한 안식일 범하기를 두려워하게 하기 위함이었다. 이는 안식일을 공개적으로 범하는 것은 시민 관리가 벌하고 제재하여야 할 범죄라는 것을 시사한다. 시민 관리는 겉으로 드러나는 행위에 관한 한 십계명의 두 돌판을 지키는 자인 것이다. 느 13:17을 보라. 어느 날이든 간에 나뭇가지 몇 개를 거두는 일이 별 해로울 것이

없다고 생각할 수도 있겠으나, 하나님께서는 안식일에 그 행위를 범한 자를 모범으로 삼아 벌하셨으니, 이는 우리 모두에게 항구적인 경계가 된다. 우리는 안식일을 거룩하게 지키는 일을 양심으로 행하여야 할 것이다.

³⁷여호와께서 모세에게 말씀하여 이르시되 ³⁸이스라엘 자손에게 명령하여 대대로 그들의 옷단 귀에 술을 만들고 청색 끈을 그 귀의 술에 더하라 ³⁹이 술은 너희가 보고 여호와의 모든 계명을 기억하여 준행하고 너희를 방종하게 하는 자신의 마음과 눈의 욕심을 따라 음행하지 않게 하기 위함이라 ⁴⁰그리하여 너희가 내 모든 계명을 기억하고 행하면 너희의 하나님 앞에 거룩하리라 ⁴¹나는 여호와 너희 하나님이라 나는 너희의 하나님이 되려고 너희를 애굽 땅에서 인도해 내었느니라 나는 여호와 너희의 하나님이니라

부지중에, 또한 연약하여 범한 죄를 사하는 일에 대해 율법의 조치가 주어졌었는데, 여기서는 그런 죄를 방지하기 위하여 편의상의 조치가 제시된다. 옷단 귀에 술을 만들 것을 명령하는데, 이는 그들의 의무를 기억나게 하는 수단으로 기억하지 못하여 죄를 범하는 일이 없도록 하기 위함이다.

1. 옷단 귀에 술을 만들고, 청색 끈을 그 귀의 술에 더하는 것이 증표였다(38절). 유대인들은 독특한 민족이었으므로, 그렇게 해서 음식에서는 물론 의복에서도 이웃들과 구별되었고, 이처럼 사소한 면에서 고유함을 유지하는 것을 통해서도 더 큰 일에서 이방인들의 길을 따르지 않아야 한다는 것을 배웠다. 이렇게 해서 그들은 어디에 있든지 자기들이 유대인으로서 하나님과 그의 율법을 부끄러워하지 않는 사람들임을 공포하였다. 우리 주님은 율법 아래 나서서 이런 술들을 달고 다니셨다. 그러므로 그의 의복의 술 혹은 가장자리에 대한 언급이 나타나는 것이다(마 9:20). 바리새인들은 이 술을 크게 만들어 자기들이 다른 이들보다 더 거룩하고 경건한 자들처럼 보이게 만들었다. 경문은 이것과는 달리 그들이 스스로 만들어낸 것이요, 술은 하나님께서 제정하신 것이다. 오늘날 유대인들은 경문을 달고 다니는데, 그것들을 걸치면서, 자기를 위하여 우리를 거룩하게 구별하시고 우리에게 술을 달도록 명령하신 이에게 복이 있으라 라고 말한다.

2. 그 의도는 그들로 하여금 자신들이 특별한 백성임을 상기하게 하고자 하

는 것이었다. 이런 조치는 의복을 가지런히 자르고 장식하게 하기 위함이 아니라, 그들의 진실한 마음을 일깨워 생각나게 하여(벧후 3:1) 여호와의 모든 계명을 기억하여 준행하게 하기 위함이었다. 많은 이들은 자기들의 장식물들을 바라보고 더욱더 교만해지지만, 그들은 이 장식물들을 보며 양심을 일깨워 자기들의 의무를 깨달아야 했고, 또한 그들의 신앙이 언제나 그들에게 유지되어야 했고, 또한 어디를 가든 의복을 입고 갈 때마다 항상 그 신앙을 지니고 가야 했다. 그들이 죄를 지을 유혹을 받으면, 그 술이 하나님의 계명들을 어기지 못하도록 막는 제재의 역할을 하도록 하는 것이었다. 이를 제정하신 것은, 우리에게 부담을 지우는 것이 아니고, 우리에게 교훈을 주기 위한 것이다. 곧, 언제나 여호와 우리 하나님의 모든 계명을 기억하여 그것들을 준행하게 하며, 그것들을 기억 속에 새기고 구체적인 일마다 그것들을 적용시키게 하기 위함인 것이다. 특히 이것은 우상 숭배에 빠지지 않도록 보존하는 장치로 의도되었다. 곧, 종교적인 예배에서 너희를 방종하게 하는 자신의 마음과 눈의 욕심을 따라 행하지 않도록 하기 위함이었다. 그러나 이는 삶의 모든 행위 전반에 적용된다. 왜냐하면 우리의 마음과 눈의 욕심을 따라 행하는 것보다 하나님의 존귀와 또한 우리의 진정한 관심사에 더 어긋나는 것은 없기 때문이다. 마음의 생각이 악하며, 안목의 정욕도 마찬가지로 악하니 말이다.

몇 가지 의식적인 규정들을 반복한 후에 이 장은 신앙의 가장 크고 근본적인 법을 제시하고 끝을 맺는다. 너희의 하나님 앞에 거룩하라. 죄에서 깨끗하게 되며, 그를 섬기는 일에 진실함으로 헌신하라. 그리고 모든 계명들을 주시는 큰 이유가 거듭거듭 제시되니, 곧 나는 여호와 너희의 하나님이니라는 것이다. 하나님이 여호와시요 또한 우리의 하나님이시요 구속자이심을 더 굳게 믿고, 더 자주 더 진지하게 생각한다면, 우리 자신이 의무와 관심과 감사로 그의 모든 계명들을 지켜야 한다는 것을 확실히 깨닫게 될 것이다.

제 16 장

개요

본 장에 포함되어 있는 역사가 어느 시기에 속하는지는 전혀 확실치 않다. 아마도 가데스바네아에서 다시 옮겨온 이후에, 즉 광야에서의 방황이 확정되어 광야에의 정착이 눈앞에 보이는 시점에서, 이런 살육 사건이 일어났을 것으로 보인다. 새로운 율법이 주어지자 곧바로 새로운 반역의 이야기가 이어진다. 이를테면 죄가 계명이 주어진 틈을 이용하여 죄가 더욱더 죄악되게 되는 것이다. 본 장의 주요 내용은 다음과 같다. I. 고라와 다단과 아비람이 모세와 아론을 대적하여 대담하고도 위험스런 반역을 일으킴(1-15절). 1. 고라와 그에게 동조하는 자들이 제사장직을 놓고 아론과 다툰다(3절). 모세가 그들과 변론하며, 하나님께 이 논쟁을 판결하시기를 구한다(4-11절). 2. 다단과 아비람이 모세와 쟁론하며 그의 명령에 복종하기를 거부하며, 모세는 이로 인하여 큰 근심에 빠진다(12-15절). II. 제사장으로 자처하는 자들이 명령에 따라 하나님 앞에 엄숙히 나서고, 여호와의 영광이 공적으로 나타난다. 모세와 아론이 온 회중을 위하여 간구하지 않았더라면 그들 모두가 그 영광에 의해 소멸되었을 것이다(16-22절). III. 논쟁에 대한 판결, 그리고 반역 도들을 끊어냄으로써 반역에 대해 처단함. 1. 자기 장막에 있는 자들은 산 채로 매장되었다(23-34절). 2. 성막 문에 있던 자들은 불에 소멸되었고(35절), 그들의 향로가 기념물로 보존되었다(37-40절). IV. 백성들이 새로이 소요를 일으킴(41-43절). 1. 하나님께서 염병으로 이 소요를 처리하셨다(45절). 2. 아론이 향을 피워 백성을 위하여 속죄하였다(46-50절). 이 사건을 기록한 자세와 방식을 볼 때에, 이 소요가 대단히 컸음을 알 수 있다.

¹레위의 증손 고핫의 손자 이스할의 아들 고라와 르우벤 자손 엘리압의 아들 다단과 아비람과 벨렛의 아들 온이 당을 짓고 ²이스라엘 자손 총회에서 택함을 받은 자 곧 회중 가운데에서 이름 있는 지휘관 이백오십 명과 함께 일어나서 모세를 거스르니라 ³그들이 모여서 모세와 아론을 거슬러 그들에게 이르되 너희가 분수에 지나도다 회중이 다 각각 거룩하고 여호와께서도 그들 중에 계시거늘 너희가 어찌하여 여호와의 총회 위에 스스로 높이느냐 ⁴모세가 듣고 엎드렸다가 ⁵고라와 그의 모든

무리에게 말하여 이르되 아침에 여호와께서 자기에게 속한 자가 누구인지, 거룩한 자가 누구인지 보이시고 그 사람을 자기에게 가까이 나아오게 하시되 곧 그가 택하신 자를 자기에게 가까이 나아오게 하시리니 ⁶이렇게 하라 너 고라와 네 모든 무리는 향로를 가져다가 ⁷내일 여호와 앞에서 그 향로에 불을 담고 그 위에 향을 두라 그 때에 여호와께서 택하신 자는 거룩하게 되리라 레위 자손들아 너희가 너무 분수에 지나치느니라 ⁸모세가 또 고라에게 이르되 너희 레위 자손들아 들으라 ⁹이스라엘의 하나님이 이스라엘 회중에서 너희를 구별하여 자기에게 가까이 하게 하사 여호와의 성막에서 봉사하게 하시며 회중 앞에 서서 그들을 대신하여 섬기게 하심이 너희에게 작은 일이겠느냐 ¹⁰하나님이 너와 네 모든 형제 레위 자손으로 너와 함께 가까이 오게 하셨거늘 너희가 오히려 제사장의 직분을 구하느냐 ¹¹이를 위하여 너와 너의 무리가 다 모여서 여호와를 거스르는도다 아론이 어떠한 사람이기에 너희가 그를 원망하느냐

I. 반역자들에 관한 내용. 그들이 누구였고 직책이 무엇이었는지가 기록되고 있다. 그들은 예전의 경우처럼 이름도 없는 오합지졸들이 아니었다. 그들은 신분과 지위가 남다른 인물들이었다. 고라가 그 중 우두머리였다. 그가 파당을 짓고 그 수괴가 되었고, 그리하여 성경은 고라의 패역이라 말씀하는 것이다(유 11). 그는 모세와 사촌 간이었으나, 그것이 아무런 소용이 없었다. 전혀 개의치 않고 마음대로 모세를 모욕하고 무례하게 처신한 것이다. 사람의 원수가 자기 집 사람이라 해도 이를 이상하게 여길 것이 없다. 고라에게 다단과 아비람이 합세하였는데, 이들은 야곱의 장자 르우벤 지파의 지휘관들이었다. 아마도 고라는 아론이 제사장직에 오를 때와 엘리사반이 고핫 사람의 지휘관이 될 때에 (3:30) 인정받지 못한 것으로 보이고, 어쩌면 유다 지파가 진에서 첫째가는 존귀를 차지하는 것에 대해 르우벤 사람들이 분개했을 것으로 보인다. 온이 그 파당의 우두머리 중 한 사람으로 언급되나(1절), 이후에는 전혀 언급되지 않는다. 어떤 이들은 이 사람이 뒤에 회개하고 그들을 떠났기 때문이라고 보기도 하고, 혹은 그가 다단이나 아비람처럼 두드러진 역할을 하지 않았기 때문이라고 보기도 한다. 고핫 자손들은 르우벤 사람들과 성막의 같은 쪽에 진을 치고 있었고, 어쩌면 이것을 기회로 삼아 고라가 그들을 끌어들이게 되었을 것이다. 그리하여 유대인들은 말하기를, 악인에게 화 있으라, 그리고 그 이웃에게 화 있으

라 라고 한다. 이웃이 악인에게 경도될 위험이 있기 때문이다. 그리고 이들은 스스로 이름 있는 사람들로서, 회중 가운데에서 이름 있는 지휘관 이백오십 명을 음모에 끌어들였다(2절). 이들은 아마도 각 가문의 장자들이었거나 최소한 우두머리들로서, 아론이 제사장직에 나아가기 전에 그들 스스로 거룩한 일들에 관여했었을 것으로 보인다. 주목하라. 교회에서나 국가에서나 이름 있는 사람들의 교만과 야망과 경쟁이 항상 크나큰 불행의 원인이 되어왔다. 오 주님, 주의 은혜로 귀인들을 겸손하게 하사 이 시대에 평화를 주옵소서! 유명한 사람들, 이름 있는 사람들이 그 옛 세상에서 큰 죄인들이었다(창 6:4). 이미 명성과 이름을 누리고 있었으나 그들은 그것으로 만족하지 않았다. 이미 지체 높은 사람들이 더 높아지고자 했고, 그리하여 유명한 사람들이 악명 높은 치욕적인 사람들이 된 것이다.

Ⅱ. 반역자들이 항의를 제기함(3절). 그들이 문제로 삼은 것은 아론과 그의 가문이 제사장직을 차지했다는 것인데, 그들은 모세가 분수를 넘어서 자기 뜻대로 그 직분을 아론에게 주었고, 아론은 또 그것을 받아들였으며, 따라서 이 두 사람은 거룩한 직분을 찬탈한 것이라고 생각한 것이다. 너희가 분수에 지나도다. 혹은, "너희가 그렇게 오랫동안 권력을 휘둘러왔으니 이제 그만하고, 너희의 지위를 다른 명망 있고 유능한 사람들에게 넘겨줄 생각을 하여라."

1. 그들은 교만하게도 회중이 거룩하며 하나님께서 그들 중에 계심을 자랑하였다. "그들이 다 각각 거룩하니, 아론과 마찬가지로, 또한 과거의 가문의 지휘관들이 그랬던 것처럼 제사를 드리는 일에 쓰임받기에 합당하며, 또한 여호와께서도 그들 중에 계셔서 그들을 지도하시고 이끄시느니라." 그들은 순결함과 하나님의 호의를 자랑할 거리가 도무지 없었다. 그들이 최근에는 물론 계속해서 죄로 물들었고, 또한 현재 하나님의 진노의 역사가 나타나고 있는 중이었으니, 그들은 제사장들이 있어 그들과 하나님 사이를 중재한다는 것에 대해 감사해야 옳았다. 그런데 그러기는커녕 오히려 그들을 투기하는 것이다.

2. 그들은 모세와 아론이 그들의 현재의 존귀를 스스로 취한 것이라고 부당하게 항의하였다. 그러나 사실 하나님께서 그들을 부르사 그 일을 맡기신 것이라는 것이 너무도 분명했던 것이다(히 5:4). 그러므로 그들은 제사장도 없고, 통치도 없고, 시민적인 문제에나 거룩한 문제에나 주재할 자도 없고, 아무도 회중 위에 없고, 아무도 회중을 다스릴 자가 없는 상태를 바란 것이다. 혹은,

하나님께서 지정해주신 그러한 통치의 근간을 도저히 묵인하려 하지 않은 것이다. 여기서 다음을 보라. (1) 이 평등을 주장하는 자들이, 통치를 무시하고 하나님께서 그들 위에 세우신 권력에 저항하는 교만하고 야심을 가진 자들이, 어떤 마음인지를 보라. (2) 아무리 뛰어나고 유능한 사람들이라도, 자기들이 힘써 수고하고 섬겨온 자들에게서 어떤 대접을 받을 수도 있는지를 보라. 지극히 합당하게 직분을 받은 자들이 그 직분을 찬탈한 자들로 간주되고, 가장 훌륭하게 백성을 다스려온 자들이 폭군으로 간주되는 일이 있다면, 그들은 모세와 아론도 그런 악한 일을 당했다는 것을 기억할 것이다.

III. 이들의 반역에 대한 모세의 처신. 그가 어떻게 이에 대처했는가?

1. 전에도 그랬듯이(14:5) 그는 엎드렸다(4절). 이렇게 해서 그는 만일 그들이 주장하는 것이 하나님을 향한 의무와 또한 자신에게 주어진 신뢰에 충실을 기하는 일이었다면, 기꺼이 자신의 직분을 버리고 물러나고 그들에게 그것을 양도할 뜻이 있음을 보여주었다. 또한 이렇게 해서 그는 기도로써 이 안타까운 사태에 대해 어떻게 처신해야 할지를 하나님께 여쭈었다. 그는 그렇게 하여 자신을 낮추고 자신의 심령을 평온하게 하기 전에는(십중팔구 이 일로 하여 그의 마음이 심히 격해졌을 것이다) 그들에게 말하려 하지 않았고, 하나님께로부터 지침을 받았다. 지혜로운 자의 마음은 그런 경우를 당할 때에 대답할 말을 생각하며, 하나님의 입에서 나는 지혜를 구하는 것이다.

2. 그 문제를 하나님 앞에 내어놓고 하나님의 결정에 맡기기로 동의하였다. 그는 자신의 직분이 선하다는 것을 확신하고 있었으나 회중의 불만을 해소시키기 위해서 하나님께서 명하신다면 기꺼이 물러나고 다른 사람을 천거할 의사가 있었다. 대의가 정직하다면, 급속한 판결이 전혀 두렵지 않은 법이다. 내일 문제가 확연히 처리되더라도 전혀 문제될 것이 없다(5-7절). 하나님께서 고라와 그의 파당들을 선하게 여기시고 그들을 받으신다는 증거가 나타나면, 얼마든지 그들로 하여금 향로를 가져다 분향하게 할 마음이었다. 모세는 하나님께서 기뻐하신다면, 전에 그렇게 바랐던 것처럼 주의 모든 백성이 다 제사장이 되기를 바라는 것이다(11:29). 그러나 하나님께 아뢴 후에 하나님께서 아론을 택하시면(분명 그렇게 하실 것이지만), 그들이 매우 위험해질 것이었다. 그러므로 그는 그 일을 이튿날까지 연기하였다. 잠자는 동안 그들의 마음이 누그러지고 그들이 그 그릇된 항의를 철회할 기회를 준 것이었다.

3. 그들에게 공정하게 문제를 논의하였다. 가능하다면, 하나님의 법정에서 문제가 다루어지기 전에 공정한 논의를 통해서 반란을 잠잠케 하고자 한 것이다. 왜냐하면 하나님의 법정에 나아가면, 결국 그 반란자들이 형벌을 받게 될 것이 자명했기 때문이다.

(1) 그들을 레위 자손들이라 부른다(7, 8절). 그들은 모세와 동일한 지파 사람들이었다. 아니, 그들은 하나님의 지파에 속한 자들이었다. 그렇기 때문에 그들이 하나님과 모세를 대적하여 반란을 일으킨 것이 더욱 악한 일이었다. 금송아지 사건 때에 레위 자손들이 하나님의 편에 서서 용감히 일어나서 그 일로 불멸의 존귀를 얻은 것이 그리 오래 전의 일이 아니었다. 그런데 그 때에 무죄한 자들이던 사람들이 이제는 주도적인 반역자들이 되어 과거에 얻은 존귀를 모조리 다 잃을 셈이란 말인가? 하나님의 타작마당에 그런 쭉정이가 있다니 말이 되는가? 레위인들이면서 반역도들이라니 말이다.

(2) 그들의 항의에 반박한다. 모세와 아론이 하나님께서 부여하신 직분을 감당해온 것뿐인데, 그들은 모세와 아론이 분수를 넘어서서 행한다고 항의하였다. 이에 대해 모세는 그들에게, 레위 자손들아 너희가 너무 분수에 지나치느니라 라고 말한다(7절). 주목하라. 하나님의 지명하심을 무시하고 스스로 통치하고자 하는 자들은 분수에 지나친 것이다. 우리로서는 굴복하는 것으로 족하다. 지시하는 것은 분수에 지나친 것이다.

(3) 그들에게 그들이 레위인들로서 특권을 누리는 것이 족하다는 것을 보여준다. 그들은 레위인으로서 만족하고 제사장직의 존귀를 탐해서는 안 되는 일이었다(9, 10절). 그는 그들이 레위인으로서 받은 존귀가 얼마나 큰 것인지를 상기시켜 준다. [1] 그들은 이스라엘 회중에서 구별된 자들이요, 회중들보다 뛰어난 존귀와 위엄을 누리는 자들이었다. 그러므로 아론의 가문이 자기들보다 높은 지위를 누리는 것에 대해 불평하지 말고, 오히려 다른 지파들보다 전혀 나을 것이 없는 자기들의 지파가 나머지 지파들에서 구별된 사실에 대해 감사한 마음을 가졌어야 옳았다. 주목하라. 우리보다 밑에 있는 자들이 얼마나 많은지를 생각하면 우리보다 위에 있는 자들에 대해 질투하는 마음을 없애는 데에 도움이 될 것이다. 우리보다 존귀와 능력과 지위와 재능과 은혜가 뛰어난 자들에 대해 투정을 부리기보다, 지극히 작은 자보다 더 작은 우리가 가장 낮은 자리에 있지 않다는 사실에 대해 하나님께 감사하고 그를 찬양하여야 옳을

것이다. 더 나은 자리에 있어야 옳을 사람들 중에 그렇지 못한 자리에 있는 자들이 허다한 것이다. [2] 그들은 구별되어 매우 크고 값진 존귀를 부여받았다. 첫째로, 일반 이스라엘인들보다 하나님께 더 가까이 하는 존귀를 받았다. 누구든지 하나님께 가까이 있는 자가 그 존귀가 더 큰 법이다. 둘째로, 그들은 성막에서 봉사하게 되었다. 그것은 성소의 기구들을 담당하기에 족한 존귀요, 또한 성막 봉사의 그 어떤 부분에도 관여하는 존귀였다. 하나님을 섬기는 일은 완전한 자유임은 물론, 지극히 높은 존귀다. 셋째로, 그들은 모든 회중 앞에 서서 그들을 대신하여 섬기는 존귀를 받았다. 공적인 봉사를 담당하는 자들은 진정 존귀한 자들이며, 교회의 목사가 되는 것은 하나님의 사역자들의 존귀다. 아니, 그들에게 부여되는 크나큰 위엄이다. [3] 이스라엘의 하나님께서 친히 그들을 구별하셨다. 그들로 하여금 이스라엘 회중을 대신하게 하신 것이 바로 하나님의 결정이요 그의 조치였다. 그러므로 그것에 대해 불만을 가질 수가 없는 것이었다. 마찬가지로 아론에게 그의 직분을 부여하신 것도 바로 하나님이셨다. 그러므로 그들로서는 그를 질투해서는 안 되는 것이었다.

(4) 그들에게 자기들이 누리는 특권을 가벼이 여기는 죄를 범하고 있음을 선언하였다. 그 일이 너희에게 작은 일이겠느냐? 이는 마치 이런 말과도 같다. "아론이 그 존귀한 직분을 부여받은 것과 동시에 너희가 그의 직분에 의존하는 다른 존귀를 부여받았고, 그리하여 너희가 그에게서 빌려온 빛을 밝히게 되었으니, 너희들 모두가 아론의 제사장직에 대해 투덜거리는 것은 전혀 합당치 않도." 주목하라. [1] 이스라엘의 하나님께 가까이 나아가는 특권은 그 자체가 작은 것이 아니며, 따라서 우리도 그것을 작은 것으로 여겨서는 안 된다. 하나님께 가까이 나아갈 기회들을 무시하는 자들이나, 형식적으로나 무성의하게 그 기회를 사용하는 자들에게(이들에게는 그것이 기쁨이 아니라 하나의 부담이다) 우리는 다음과 같은 질문을 하는 것이 합당할 것이다. "하나님께서 너희를 그에게 가까이 나아갈 사람들로 만드신 것이 너희에게 작은 일이냐?" [2] 자기들에게 금지된 존귀한 직분들을 탐하여 억지로 차지하는 자들은 자기들이 받은 존귀들을 크게 수치스런 것으로 만드는 자들이다. 우리는 하나님께서 우리에게 적절하게 보시는 대로 각자 우리에게 합당한 것보다 훨씬 더 나은 존귀의 몫을 하나님께로부터 부여받았다. 그러므로 우리는 그것으로 만족하여야 마땅하며, 이 사람들처럼 분수에 지나쳐서는 안 된다. 너희가 오히려 제사장의

직분을 구하느냐? 그들은 자기들이 그것을 구했다는 것을 인정하지 않으려 하였으나, 모세는 그들이 그 직분에 눈독을 들이고 있는 것을 간파하였다. 제단에서 봉사할 자들에 대해 율법이 분명하게 지침을 제시해 놓고 있었으므로, 거기에 합당한 사람들이 그 직분을 담당할 것이었다.

(5) 그들의 반란을 하나님을 거스르는 반역으로 간주하였다(11절). 그들이 하나님의 이스라엘의 거룩함과 자유를 주장하는 체하였으나, 그들은 사실상 이스라엘의 하나님을 상대로 봉기한 것이었다. 너와 너의 무리가 다 모여서 여호와를 거스르는도다. 주목하라. 하나님이 제정하신 규례와 그의 섭리를 거슬러 싸우는 자들은, 그들이 어떠한 변명을 하든, 그들이 알든 모르든, 그들을 지으신 하나님을 거슬러 싸우는 것이다. 임금이 임명한 자를 거스르는 자들은 임금을 거스르는 자들이다. 모세는 이렇게 말하고 있다. 아론이 어떠한 사람이기에 너희가 그를 원망하느냐? 투덜거리는 자들과 불평하는 자들이 자기들이 문제를 삼고 있는 도구들이 하나님께서 세우신 도구들이요, 또한 더 낫든 못하든 간에 자기들 역시 하나님께서 그 자리에 세우신 것이라는 것을 깨닫는다면, 그런 식으로 대담하게 불평과 욕을 퍼붓지는 않을 것이다. 현재 세워져 있는 제사장직이 복이라는 것을 알면, 모든 찬양을 하나님께 드려야 마땅할 것이다. 그러나 그것을 하나의 짐으로 여긴다 해도, 아론과 쟁론해서는 안 되는 것이다. 아론은 하나님께서 그 자리에 세우신 자요, 또한 그는 자신이 명령받은 대로 행하는 것뿐이다. 그리하여 그는 그 일에 하나님이 개입하여 계심을 알고 있었고, 따라서 자신의 문제가 속히 잘 정리될 것을 확신하고 있었던 것이다.

[12]모세가 엘리압의 아들 다단과 아비람을 부르러 사람을 보냈더니 그들이 이르되 우리는 올라가지 않겠노라 [13]네가 우리를 젖과 꿀이 흐르는 땅에서 이끌어 내어 광야에서 죽이려 함이 어찌 작은 일이기에 오히려 스스로 우리 위에 왕이 되려 하느냐 [14]이뿐 아니라 네가 우리를 젖과 꿀이 흐르는 땅으로 인도하여 들이지도 아니하고 밭도 포도원도 우리에게 기업으로 주지 아니하니 네가 이 사람들의 눈을 빼려느냐 우리는 올라가지 아니하겠노라 [15]모세가 심히 노하여 여호와께 여짜오되 주는 그들의 헌물을 돌아보지 마옵소서 나는 그들의 나귀 한 마리도 빼앗지 아니하였고 그들 중의 한 사람도 해하지 아니하였나이다 하고 [16]이에 모세가 고라에게 이르되 너와 너의 온 무리는 아론과 함께 내일 여호와 앞으로 나아오되 [17]너희는 제각기 향

로를 들고 그 위에 향을 얹고 각 사람이 그 향로를 여호와 앞으로 가져오라 향로는 모두 이백오십 개라 너와 아론도 각각 향로를 가지고 올지니라 ¹⁸그들이 제각기 향로를 가져다가 불을 담고 향을 그 위에 얹고 모세와 아론과 더불어 회막 문에 서니라 ¹⁹고라가 온 회중을 회막 문에 모아 놓고 그 두 사람을 대적하려 하매 여호와의 영광이 온 회중에게 나타나시니라 ²⁰여호와께서 모세와 아론에게 말씀하여 이르시되 ²¹너희는 이 회중에서 떠나라 내가 순식간에 그들을 멸하려 하노라 ²²그 두 사람이 엎드려 이르되 하나님이여 모든 육체의 생명의 하나님이여 한 사람이 범죄하였거늘 온 회중에게 진노하시나이까

여기서 다음을 보라.

I. 다단과 아비람의 방자함과 그들의 반역적인 항의. 모세는 고라가 한 말을 듣고 그것에 답변하였다. 그리고 이제는 다단과 아비람을 불러 그들의 불만을 말하도록 하였다(12절). 그러나 그들은 그의 소환에 복종하려하지 않았다. 그들이 말하기로 결심한 내용을 모세의 면전에서 말하기가 매우 부끄러웠기 때문일 수도 있다. 그렇다면 이는 그들에게 양심이 어느 정도 남아 있었다는 증거일 것이다. 아니, 오히려 모세의 권위를 인정하지 않으려 했기 때문이라고 보는 것이 합당할 것이다. 이것이 옳다면 이는 그들의 지극한 교만을 보여주는 증거라 할 것이다. 그들은 모세를 모욕한 바로의 언어를 그대로 사용하여 말하였다. 그러나 바로가 그것 때문에 얼마나 큰 희생을 치렀는지를 그들은 잊고 있었다. 그들의 머리가 그렇게 돌이킬 수 없을 정도로 열기에 가득 차지 않았더라면, 그리고 그들의 마음이 완악해지지 않았더라면, 만일 그들이 이 사자들을 인정하지 않으면 모세가 곧바로 하나님의 이름으로 그들에게 죽음의 사자들을 보낼 수 있다는 것을 생각했을지도 모른다. 그러나 이렇듯 이 세상 신이 믿지 않는 자들의 마음을 어둡게 만드는 법이다. 그들은 그들을 부르러 온 사자들을 통해서 오히려 모세를 탄핵하는 내용을 보냈다. 그들이 제기한 내용은 매우 위중한 것이었다.

1. 그들은 모세가 그들을 애굽에서 데리고 나오면서 그들에게 많은 잘못을 행하였다고 하면서, 심지어 애굽 땅을 가리켜 젖과 꿀이 흐르는 땅이라고까지 불렀다(13절). 양파와 마늘과 생선은 애굽에 풍족하였으나, 젖과 꿀은 전혀 없었다. 그들은 애굽을 그렇게 부름으로써 가나안에 대한 약속을 조롱한 것이었

다. 그들에게 베푸신 역사야말로 그 어느 백성에게 베풀어진 것보다 더한 가장 큰 호의였는데도, 이 배은망덕한 자들은 그것을 자기들에게 해를 끼친 것으로 뒤집어씌우는 것이다!

2. 그들은 모세가 그들의 목숨을 노린다고 하였다. 자기들을 광야에서 죽이려 한다는 것이었다. 지금까지 그렇게 모든 것을 공급받아 왔는데도 말이다. 그리고 그들이 정죄를 받아 차라리 광야에서 죽는 것이 나을 것이라고까지 하였다. 모세가 그들을 치유하려 하였으나, 그들은 치유받기를 원치 않았던 것이다.

3. 그들은 모세가 자기들의 자유를 빼앗으려 한다고 하였다. 그들을 노예로 만들고 스스로 그들 위에 왕이 되려 한다는 것이었다. 그들 위에 군림하는 왕이 되다니! 그는 그들에게 온유한 아버지가 되지 않았던가? 아니, 여호와를 위하여 그들의 헌신적인 종이 되지 않았던가? 그들의 재산이 안전히 지켜졌고, 그들의 질서가 보존되었으며, 정의가 불편부당하게 시행되고 있지 않았던가? 그들은 편안하고도 존귀하게 살고 있지 않았던가? 그런데도 그들은 모세가 바로의 멍에보다 더 무거운 멍에를 지게 만들기라도 한 것처럼 원망하고 있었다. 그리고 과연 모세가 스스로 왕이 되었는가? 터무니없는 일이다. 그는 애초부터 그 직분을 기꺼이 고사하려 하였다. 그런데도 그들은 그에게 악하기 그지없는 폭군과 왕위 찬탈자의 혐의를 뒤집어씌우려 한 것이다.

4. 그들은 그가 좋은 땅에 대하여 기대를 갖게 하고난 후 그들을 실망시켰다고 하였다. 네가 처음에 약속한 대로 우리를 젖과 꿀이 흐르는 땅으로 인도하여 들이지도 아니하였으니, 이것이 과연 누구의 잘못이란 말인가?(14절). 모세는 그들을 그 땅의 경계까지 인도하였고, 이제 하나님의 역사하심을 따라 그들로 하여금 그 땅을 소유하게 할 준비를 갖추어주었다. 그런데도 그들이 스스로 그 땅을 던져버렸고 문을 닫아버렸으니, 그들이 이제 가나안에 있지 않은 것은 오로지 그들 자신의 잘못이었다. 그런데도 그들은 모세에게 잘못을 전가시키고 있는 것이다. 이처럼 사람이 미련하므로 자기 길을 굽게 하고 마음으로 여호와를 원망하는 법이다(잠 19:3).

5. 그들은 모세가 전반적으로 그들을 불공평하게 대하며 이 사람들의 눈을 빼어 맹인들로 만들어 자기가 원하는 대로 이끌어가려 하고 있다고 원망하였다. 모세는 그들의 눈을 뜨게 하기 위하여 그들을 위해 일하였는데도, 그들은 그가

그들의 눈을 빼어 억지로 그들로 아무것도 보지 못하도록 만들었다는 것이다. 주목하라. 아무리 지혜롭고 훌륭한 사람도 모든 사람을 다 기쁘게 할 수는 없고, 모든 사람에게서 좋은 말을 들을 수도 없다. 가장 크게 칭송을 받아야 마땅한 자들이 가장 극심한 원망과 탄핵을 받는 경우가 허다하다. 모세가 아버지께로부터 받아 그들에게 보여준 무수한 선한 역사 가운데 이들에게서 탄핵을 받을 만한 것이 과연 무엇인가?

Ⅱ. 그들의 이런 무례에 대한 모세의 정당한 분노(15절). 모세는 지극히 온유한 사람이었으나, 하나님이 모욕당하시는 것을 보고 심히 노하였다. 그가 백성들의 구원을 위하여 그렇게 열심히 수고하였는데 이들이 스스로 그것을 망치려 하는 것을 견딜 수가 없었던 것이다. 이처럼 격분한 상태에서 그는 다음과 같이 행하였다.

1. 자신의 순전함을 하나님께 호소하였다. 그들은 악의로 그를 야망에 가득 차 있고, 탐욕스러우며, 그들 위에 왕으로 군림하려는 사람으로 몰았으나, 하나님이 그의 증인이셨다. (1) 그가 그들에게서 절대로 아무것도 빼앗은 일이 없다는 것. 나는 그들의 나귀 한 마리도 빼앗지 아니하였고(15절). 그는 뇌물과 강탈의 방법으로도, 그가 행한 모든 선한 일에 대한 보상이나 감사의 보답으로도, 그들의 재산을 빼앗은 일이 없었다. 그는 한 번도 장군의 봉급이나 재판관의 봉급을 받은 일이 없고, 왕이 받을 공물은 더더욱 받은 일이 없었다. 그는 여수룬에서 왕이 되고난 후보다는 오히려 이드로의 양 떼를 칠 때에 더 많은 재산을 누렸었다. (2) 그들이 그로 인해서 아무것도 잃어버린 것이 없다는 것. 그들 중의 한 사람도 해하지 아니하였나이다. 그는 지극히 작은 자라도, 지극히 악한 자라도, 아니, 가장 그를 화나게 만드는 자라도, 해를 준 일이 없었다. 그는 그릇된 일을 뒷받침하기 위해 자신의 권력을 남용한 일이 한 번도 없었다. 주목하라. 스스로 흠 없이 행하여온 자들은 다른 이들에게 비방을 받는 것을 두려워할 필요가 없다. 사람들이 우리를 정죄할 때라도, 우리 자신의 마음이 우리를 정죄하지 않는다면, 우리는 편안히 있을 수 있는 것이다.

2. 자신의 대의를 하나님께 아뢰고, 고라와 그 일당이, 또한 다단과 아비람 등이 거기에 합세하여, 드리는 헌물에 대해 불쾌함을 보여주셔서 자신의 혐의를 깨끗이 씻어주시기를 구하였다. 그는 이렇게 구한다. 여호와여, 주는 그들의 헌물을 돌아보지 마옵소서. 여기서 그는 최근 자신의 손으로 기록한 가인의 역

사를 의식하고 있는 듯하다. 가인에 대해서 하나님께서 그와 그의 헌물을 돌아보지 아니하셨다고 말씀하고 있는 것이다(창 4:5). 이들이 가인의 길에 행하며 고라의 패역을 따랐으니(유 11에서 이 두 사람이 함께 언급되고 있다), 그들이 가인처럼 하나님의 불쾌하심을 당하며 동일한 패망에 빠지게 해주시기를 구하는 것이다.

III. 모세와 그를 비방하는 자들이 함께 문제를 제기함.

1. 모세는 그들에게 이튿날 아침 분향할 시각에 아론과 함께 나타나 하나님께서 판결하시도록 하라고 하였다(16, 17절). 자신이 조용히 사랑하는 마음으로 그들과 변론해도 그들이 납득하지 않자, 이제 하나님 앞에 서서 그가 판결해 주시도록 한다. 하나님께서 나타나셔서 시시비비를 가려 주실 것을 의심치 않았던 것이다. 이미 앞에서 그렇게 하기로 동의한 바 있고(6, 7절), 여기서는 한 마디만 더 덧붙이는데, 그 자신이 크게 자신을 낮추어 원고의 입장이 되려 한다는 것이 그 말에서 드러난다. 이들이 탄핵하고 있는 아론은 성막에서 분향하는 존귀한 지위를 하나님께로부터 받았지만, 이 재판에 즈음하여 자신을 집행유예 중인 죄인의 위치에 놓고서, 고라와 동등한 입장에서 회막 문에 선 것이다. 아니, 모세 자신도 그들과 함께 섬으로써 항의하는 자들이 바라는 대로 문제가 공정히 처리되도록 하였고, 그리하여 누구도 불평하지 못하도록 한 것이다.

2. 고라가 이를 수락하여, 자신의 항의를 관철시키려고 모세와 아론과 더불어 회막 문에 섰다(18, 19절). 그의 무례함이 그렇게 크지 않았던들, 그는 문제를 이렇게까지 확대시키지는 못했을 것이다. 거룩히 임명된 제사장들인 나답과 아비후가 최근 마음대로 불을 피워 향을 드렸다가 죽임을 당한 일을 얼마 전에 보지 않았던가? 그런데 그와 그의 일당들이 허용되지 않은 손으로 향을 드리는 것이 그보다 나을 것으로 기대할 수 있었겠는가? 그런데도, 그는 교만이 가득하여 모세와 아론을 대적하고자 하늘을 거역하며, 하나님께서 아무런 보증도 없이 받아주시기를 요구하려 하는 것이다. 죄의 흉악한 궤계를 통해서 완악해진 마음은 이처럼 몹쓸 짓까지도 행하는 법이다. 그들이 제각기 향로를 가져다가 불을 담고. 어쩌면 이 향로들은 제사장이 회막의 제단에서 향을 피워 드리는 일이 제정되기 이전에 그들의 가문의 제단에서 가문의 수령들이 사용하던 향로들 중 일부였을 것이다. (그들은 이 향로를 계속 사용함으로써 자신

들의 대의를 세우려 하였을 것이다.) 아니면, 이 향로들이 일상생활에서 보통 사용하던 냄비들이었을 수도 있다. 자, 이제 엄숙한 판결에 참석하여, 이 문제가 어떻게 해결되는지를 직접 보게 하기 위하여 모세가 반역도들을 대적하여 회중을 불러 모았을 것으로 생각할 수도 있을 것이나, 오히려 고라가 모세를 대적하여 회중을 불러 모은 것으로 보인다(19절). 이는 회중의 다수가 고라 편에 서서 그를 지지하고 그의 승리를 바라고 있었으며, 그리하여 고라 자신도 아론을 상대로 한 자신의 도전이 승리할 것을 크게 기대하고 있었다는 것을 시사한다. 만일 결말에 대해 조금이라도 의심이 있었다면 그렇게 공개적인 판결을 탐하지 않았을 것이니 말이다. 그러나 그는 이제 온 회중이 모여서 자기 자신의 패망을 목격하게 될 것이라는 것은 거의 생각조차 하지 못했다! 주목하라. 교만하고 야망에 가득 찬 사람들은 자기들이 높아지기 위하여 힘쓰나, 오히려 그것이 자기들의 수치스런 패망을 스스로 재촉하는 것으로 드러나는 경우가 허다하다.

IV. 재판이 시행되고, 재판장이 임석하여 온 회중을 상대로 선고가 내려짐.

1. **여호와의 영광이 나타났다(19절).** 애초에 아론을 제사장직에 세울 때에 나타났던 바로 그 영광이(레 9:23) 이제 다시 나타나 아론의 제사장직을 확증하며, 그를 대적하여 그와 경쟁하려 하던 자들을 멸하려 하는 것이다. 셰키나, 혹은 하나님의 위엄이, 영원한 말씀의 영광이, 대개는 장막 속에 가려져 그룹 사이에 거하시던 그 영광이, 이제 회막 문 위에 공적으로 나타났고, 온 회중이 이를 보고 두려움에 가득 찼다. 그들이 그 비슷한 광경을 본 일이 없었으나, 나타난 빛과 불의 모습이 하나님께서 그들을 향하여 진노하신다는 것을 분명히 보여주었기 때문이었다(14:10). 죄의 가책을 느끼는 자들에게는 하나님의 영광이 나타나는 것보다 더 무서운 것은 없다. 그런 영광스런 존재이신 하나님께서 처절한 원수가 되실 것이니 말이다.

2. **하나님께서 순식간에 그들을 멸하겠다고 하시며, 모세와 아론에게 그들에게서 떠나라고 하신다(21절).** 하나님은 이렇게 하여 그들의 죄의 대가가 무엇이며, 죄가 그에게 얼마나 진노를 불러일으키는 것인지를 보여주셨다. 죄인들과 함께 교제한다는 것이, 최소한 그들의 일에 가담한다는 것이, 얼마나 위험한 일인지를 보라. 반역도들을 대적하여 사실을 목격하고 하나님과 모세를 따르기를 공개적으로 선언하기 위하여 그 곳에 왔어야 마땅했으나, 회중 가운데

많은 이들은 아마도 그저 무리를 따라서, 혹은 결말에 대한 호기심으로 모여온 것으로 보인다. 그러므로 그들 모두 한순간에 소멸되었음직하다. 마귀가 들어가서 역사하는 무리를 따르다간, 우리 스스로 위험을 자초하고 말 것이다.

V. 모세와 아론이 회중을 위하여 겸손히 간구함(22절).

1. 그들이 취한 자세가 매우 애절하였다. 그 두 사람이 엎드려. 그들은 간절한 청이 있는 사람들이 하듯, 하나님 앞에서 엎드려 간절히 긍휼을 구하였다. 회중이 배반하여 그들을 버렸고 그들을 대적하여 일어난 자들에게 동조하였으나, 그들은 이스라엘의 목자들로서 그들에게 주어진 신뢰를 신실히 지키는 자들임을 스스로 입증하였다. 이스라엘은 그들을 탄핵하려 하였으나, 그들은 양떼들이 위험에 처하여 있음을 보았던 것이다. 주목하라. 다른 이들이 우리에게 의무를 다하지 않더라도, 우리는 여전히 그들에게 우리의 의무를 다해야 하며 그들이 잘 되기를 위하여 힘써야 한다.

2. 그들의 기도는 간구하는 기도였고, 응답을 받았다. 모세가 하나님의 노를 돌이키지 않았다면, 하나님께서는 그들을 멸하셨을 것이다(시 106:23). 그러나 혹시 이 일에서 모세가 하나님보다 더 사려 깊고 더 정이 넘쳤다는 식으로 상상하는 일이 있어서는 절대로 안 될 것이다. 하나님은 형벌의 선고를 통해서 죄인들의 죄에 대해 그가 의롭게 진노하신다는 것을 보여주는 것이 합당하다고 보셨으나, 동시에 모세의 간구로 형벌 선고를 철회하심으로써 성도들의 기도에 응답하사 은혜로이 자신을 낮추신다는 것을 보여주는 것도 합당하다고 보신 것이다. 이 기도에서 관찰하라.

(1) 그들이 하나님께 돌린 칭호. 모든 육체의 생명의 하나님. 사람이 어떤 존재인가를 보라. 그는 육체를 입은 영이요, 영이 육체를 입은 것이요, 하늘과 땅이 절묘하게 어우러진 피조물이다. 하나님이 어떤 분이신지를 보라. 그는 모든 인류의 영들의 하나님이시다. 그는 심령을 지으신 이이시다(슥 12:1). 그는 영의 아버지이시다(히 12:9). 그는 영혼을 지으실 능력과 그것을 움직이실 권위가 있으시다. 그는 모든 영혼이 다 내게 속한지라 라고 말씀하셨다(겔 18:4). 그들은 하나님이 모든 육체의 생명(영)의 하나님으로서 온 회중을 한순간에 주권적으로 멸하실 수도 있으나, 그들을 불쌍히 여기사(비단 그들이 그의 손으로 지으신 자들이므로 그가 소유권을 지니고 계시기 때문만이 아니라, 그가 영의 하나님으로서 그들의 연약함을 아시므로) 반역의 주동자들과 그들에게 이끌려간 자

들을, 악의로 범죄한 자들과 그들의 선동에 휩쓸린 자들을 구별하시어 달리 심판하실 것으로 바란 것이다.

(2) 그들이 제시한 논지. 이는 아브라함이 소돔을 위하여 간구할 때에 제기했던 것과 대등소이하다. 주께서 의인을 악인과 함께 멸하려 하시나이까?(창 18:23). 그들은 여기서 한 사람이 범죄하였거늘 온 회중에게 진노하시나이까? 라고 아뢴다. 이 일에 가담한 것이 그들 모두의 죄가 아니라는 것이 아니라, 처음 이 반역을 주도한 자의 범죄가 크다는 것이었다. 주목하라. 하나님께서 주권과 철저한 정의로 어떤 일을 하시든 간에, 우리는 그가 한 사람의 죄에 대해 온 회중을 멸하지 않으실 것이요, 구속자의 역사에 의와 화평이 서로 입 맞추고 인애와 진리가 같이 만나리라는 소망을 갖는 것이 마땅하다(시 85:10). 모세는 온 회중이 광야에서 서서히 멸하여질 것을 알고 있었으나, 그러면서도 그는 그들이 한순간에 소멸되지 않도록 간절히 기도하였고, 그렇게 멸하여질 날이 연기되는 것을 하나님의 큰 호의로 여겼다. 주여 금년에는 그냥 두소서.

²³여호와께서 모세에게 말씀하여 이르시되 ²⁴회중에게 명령하여 이르기를 너희는 고라와 다단과 아비람의 장막 사방에서 떠나라 하라 ²⁵모세가 일어나 다단과 아비람에게로 가니 이스라엘 장로들이 따랐더라 ²⁶모세가 회중에게 말하여 이르되 이 악인들의 장막에서 떠나고 그들의 물건은 아무것도 만지지 말라 그들의 모든 죄 중에서 너희도 멸망할까 두려워하노라 하매 ²⁷무리가 고라와 다단과 아비람의 장막 사방을 떠나고 다단과 아비람은 그들의 처자와 유아들과 함께 나와서 자기 장막 문에 선지라 ²⁸모세가 이르되 여호와께서 나를 보내사 이 모든 일을 행하게 하신 것이요 나의 임의로 함이 아닌 줄을 이 일로 말미암아 알리라 ²⁹곧 이 사람들의 죽음이 모든 사람과 같고 그들이 당하는 벌이 모든 사람이 당하는 벌과 같으면 여호와께서 나를 보내심이 아니거니와 ³⁰만일 여호와께서 새 일을 행하사 땅이 입을 열어 이 사람들과 그들의 모든 소유물을 삼켜 산 채로 스올에 빠지게 하시면 이 사람들이 과연 여호와를 멸시한 것인 줄을 너희가 알리라 ³¹그가 이 모든 말을 마치자마자 그들이 섰던 땅바닥이 갈라지니라 ³²땅이 그 입을 열어 그들과 그들의 집과 고라에게 속한 모든 사람과 그들의 재물을 삼키매 ³³그들과 그의 모든 재물이 산 채로 스올에 빠지며 땅이 그 위에 덮이니 그들이 회중 가운데서 망하니라 ³⁴그 주위에 있는 온 이스라엘이 그들의 부르짖음을 듣고 도망하며 이르되 땅이 우리도 삼킬까 두렵

다 하였고

여기서는 모세를 대적하여 반란을 일으킨 다단과 아비람에 대한 문제가 결말이 난다. 그리고 다음 단락에서는 고라와 그의 일당에 대한 문제가 결말지어진다. 아마도 다단과 아비람이 자기들의 가문의 진 한가운데에 큰 장막을 세우고 거기에 함께 모여서 모의하여 모세를 대적하여 봉기의 깃발을 높이 들기로 한 것 같다. 여기서 그것을 가리켜 고라와 다단과 아비람의 장막이라 부른다(24, 27절). 다단과 아비람은 그 곳을 접선 장소로 삼고 거기에 머물러 있었고, 그 때에 고라와 그의 일당들은 여호와의 회목으로 올라가 판결을 기다리고 있었다. 그러나 여기서 그 판결이 끝나기도 전에 그들에 대한 심판이 시행되고 있다. 하나님께서는 그의 기뻐하시는 방법대로 심판을 시행하시는 것이다.

I. 회중에게 즉시 반역자들의 장막에서 떠날 것으로 공적으로 경고함.

1. 하나님께서 모세에게 그런 뜻을 전할 것을 명하신다(24절). 이는 모세의 기도에 대한 응답이었다. 그는 하나님께 온 회중을 멸하시지 말 것을 간구하였다. 이에 대해 하나님께서는 이런 뜻으로 말씀하시는 것이다. "좋다. 내가 그렇게 하지 않을 것이다. 다만 너희가 너희 자신의 안전을 위하여 위험의 길에서 물러서 있어야 하느니라. 그들이 반역자들을 떠나면 잘 된 일이요 그들이 반역자들과 함께 멸망하지 않으리라. 그렇지 않으면 일어날 심판을 그들도 당하리라." 주목하라. 우리 스스로 힘써 구원의 방도를 신실하게 사용하지 않으면, 우리 친구들이 우리의 구원을 위하여 드리는 기도에서 아무런 유익도 기대할 수 없다. 하나님께서는 스스로 구원의 방도를 사용하지 않는 자들을 이적으로 구원하시겠다는 약속을 하신 적이 없다. 그들을 위하여 기도한 모세는 이를 그들에게 전하고 다가올 진노에서 도망할 것을 그들에게 경고해야 했다.

2. 따라서 모세는 아론을 회막 문에 남겨두고 반역자들의 본부로 향하였다(25절). 다단과 아비람은 그에게 올라오기를 오만불손하게 거부했었으나(12절), 모세는 겸손히 자신을 낮추어 그들에게로 내려가 할 수만 있으면 그들을 납득시켜 구원하고자 한 것이다. 사역자들은 이처럼 자기들을 반대하는 자들을 온유함으로 교훈해야 하고, 지극히 완악한 자들에게 유익을 주기 위하여 이처럼 몸을 낮추는 것을 격에 맞지 않는 일이라 여겨서는 안 된다. 그리스도께

서도 친히 반역한 백성들을 향하여 손을 내미신다. 칠십 인의 이스라엘의 장로들이, 반역자들에게 모세가 무례한 일을 당하지 않도록 보호하기 위하여, 또한 그들이 함께 옴으로써 모세에게 존귀를 더하여 주기 위하여, 또한 가능하다면 그들을 겁에 질리게 만들기 위하여, 모세를 수행하였다. 해를 당한 위엄과 존귀를 뒷받침하기 위하여 할 수 있는 대로 힘쓰는 것이 우리의 임무다.

3. 각양각색의 사람들에게 이 악인들의 장막에서 떠나고(26절) 그리하여 그들이 반역자들의 도모와 관심사를 버렸고, 그들의 범죄와 음모를 혐오하며 그들에게 임할 형벌을 두려워한다는 것을 나타냄으로써 안전을 도모할 것을 선언한다(26절). 주목하라. 죄인들과 함께 멸망하고 싶지 않은 자들은 반드시 그들 중에서 떠나고 스스로 그들과 분리되어야 한다. 우리 스스로 힘써 이 패역한 세대에서 우리 자신을 구원하지 않으면, 우리 영혼을 죄인들과 함께 멸하지 마옵소서 라고 아무리 기도해도 소용이 없다. 하나님의 백성이 바벨론의 죄에 참여하여 그 받을 재앙을 함께 받지 않도록, 그들더러 바벨론으로부터 나오라고 부르시는 것이다(계 18:4).

II. 회중은 경계를 받아들이나 반역자들은 계속해서 고집을 피운다(27절).

1. 하나님께서 긍휼로 백성들로 하여금 반역자들을 버리도록 하셨다. 무리가, 즉 그들과 가까이에 장막을 쳤던 자들과(이들은 분명 가족들과 소유물들을 다 옮겨갔을 것이다) 또한 문제의 결말을 보기 위해 자기 진에서 몰려온 자들이 모두, 고라와 다단과 아비람의 장막 사방을 떠나고. 하나님께서 이렇게 회중의 마음을 움직이셔서 자신들을 보존하게 하신 것은 모세의 기도에 대한 응답의 일환이었다. 주목하라. 하나님께서는 구원하실 자들에게 회개를 주사 그들 스스로 마귀의 올무에서 벗어나도록 하신다. 악을 행하는 자들에게서 떠나는 은혜야말로 구원에 수반되는 것 가운데 하나다.

2. 하나님께서 공의로 반역자들을 그 완악함과 마음의 강퍅함에 내버려두셨다. 모든 이웃들이 자기들을 버리며 자기들이 하나님의 정의의 화살의 표적이 되는 것을 보면서도, 그들은 하나님과 모세 앞에 끓어 자신을 낮추려 하지 않고, 흩어져 무리들 가운데로 도망하여 안전을 도모하려 하지도 않고, 오만방자하게도 장막 문에 나와 섰다. 마치 하나님 자신에게 정면으로 도전하고 그를 대적할 기세였다. 그들은 이처럼 마음이 완악해져서 스스로 멸망을 자초하였고, 지극히 두려운 처지인데도 전혀 두려워하는 기색이 없었다. 그러나 그들의 자

녀들은 얼마나 애처로웠는지 모른다. 그들은 죄를 짓거나 두려워할 능력조차 없었는데도 부모들의 오만방자함을 그대로 모방하여 이런 교만한 일에 가세하고 있었으니 말이다. 하나님 앞에 머리를 숙이도록 가르침을 받는 자들이야말로 복된 자들이다. 하나님을 대적하여 똑바로 서 있는 이 불행한 어린이들처럼 행하지 않으니 말이다.

III. 모세가 여호와의 이름으로 이들에게 엄숙히 형벌을 선고하며, 이어서 하나님의 전능하신 능력으로 그 선고가 시행되어 문제가 종결되었다. 온 이스라엘이 사건의 결말을 기다리면서 모세를 주시하고 있을 때에, 모세는 하나님이 베푸신 본능과 지시에 따라, 이 반역자들의 무례함에 대하여 의롭고 거룩한 분노가 일었고, 대담하게 깜짝 놀랄 만한 발언으로 모든 문제를 정리한다(28-30절).

1. 반역자들이 일상적인 죽음을 당하면, 모세 자신이 반역자로 간주되어도 좋다고 한다. 그들이 자연스런 죽음을 당할 경우는 물론이거니와 그들이 과거에 다른 행악자들에게 시행되었던 것과 같은 심판을 당하여 죽어도 말이다. "그들이 역병에 걸려 죽거나 하늘로부터 불을 맞아 죽거나, 혹은 칼로 죽임을 당하면, 하나님이 모세를 인정하지 않으신다고 말하라." 그러나,

2. "땅이 갈라져 그들을 삼키면"(이는 전례가 없는 형벌이었다) "그 때에는 내가 하나님의 종이요 그에게서 보내심을 받아 그를 위하여 일하는 자이며, 나를 대적하여 싸우는 자는 하나님을 대적하여 싸우는 것임을 이스라엘 온 집이 분명히 알아야 할 것이라." 심판 그 자체만으로도 하나님이 그 반역자들을 혐오하신다는 것이 확실히 입증되고 모든 사람이 자기들이 여호와의 진노를 촉발시켰음을 깨닫게 되기에 충족했을 것이다. 그러나, 사전에 모세를 통하여 그 결말이 엄숙히 예언되었으니, 그리고 외부로부터 그런 일이 일어날 그 어떠한 징후도 없었으니, 그 심판의 확실성에 대한 증거는 더욱더 커졌고, 따라서 모세가 하나님의 종인 것은 물론, 하나님의 역사하심을 그렇게도 긴밀하게 접하고 있었고 그의 정당성을 확립시키기 위하여 그 놀라운 하나님의 능력이 나타날 수 있을 정도이니 그가 하늘이 사랑하는 자라는 것이 논란의 여지 없이 분명히 드러난 것이다.

IV. 즉시 모세의 선고대로 형벌이 시행되었다. 하나님과 그의 종 모세가 서로를 매우 잘 이해하였던 것으로 보인다. 모세가 말하자마자 곧바로 하나님

이 그대로 시행하여 땅바닥이 갈라지고(31절), 그 입을 열어 그들과 그들의 집과 고라에게 속한 모든 사람과 그들의 재물을 삼키고(32절), 다시 땅이 그 위에 덮였으니 말이다(33절). 이 심판은,

1. 전례가 없는 것이었다. 하나님께서는 이 심판을 통하여 새 일을 창조하셨고, 전에 한 번도 행하지 않은 일을 행하셨다. 그의 화살통에는 각양각색의 화살들이 있으며, 하나님은 긍휼의 경우는 물론 진노에 있어서도 온갖 다양한 역사로 대응하시는 것이다. 다단과 아비람은 자기들이 가끔씩 여호와의 불을 발하는 세키나로부터 멀리 있으니 안전하다고 생각하였다. 그들은 이렇게 말했을 것이다. 제우스에게서 멀리 있는 자는 벼락에서도 먼 법이다. 그러나 하나님은 형벌의 방법이 한 가지만 있는 것이 아니라는 것을 그들로 알게 하셨다. 그가 원하시면 불과 마찬가지로 땅도 그의 정의를 효과적으로 섬기는 것이다.

2. 죄인들이 편안하게 조용히 서 있을 때에 산 채로 무덤 속으로 내려가고, 한순간에 죽어 장사된다는 것은 그들 자신들에게는 지극히 무서운 일이었다.

3. 그들의 불쌍한 자녀들에게는 가혹한 것이었다. 이들은 하나님의 진노를 더 확실히 드러내기 위하여, 부모들의 일부와 함께 멸망하였다. 우리로서는 그들이 얼마나 악하여 그런 형벌을 당하였는지 혹은 하나님이 그들의 악을 배상하기 위하여 달리 행하셨더라면 그가 얼마나 선하셨을지 등을 구체적으로는 알 수가 없다. 그러나 이에 대해 일반적으로는 확신할 수 있다. 곧, 무한한 정의 그 자체이신 하나님께서는 그들에게 그릇 행하신 것이 아니라는 것이다. 하나님이 불의를 행하시겠느냐? 그럴 수 없느니라.

4. 전적으로 이적에 의한 것이었다. 땅이 갈라진다는 것은 바다가 갈라지는 것만큼이나 엄청나고 놀라우며 자연의 힘을 벗어나는 일이었으며, 그 땅이 다시 덮인다는 것은 물이 다시 덮이는 것보다 훨씬 더 놀라운 일이다. 하나님은 모든 만물을 다 주관하시며, 그가 원하시면 그 어느 것이라도 그의 정의의 도구로 사용하실 수 있다. 하나님이 우리의 원수가 되시면, 만물 가운데 어느 하나도 우리의 친구가 되지 않는 것이다. 하나님은 최근 모세가 그의 기도에서 이스라엘에게 가르친 내용을 이제 그들에게 확증하신 것이다. 누가 주의 노여움의 능력을 알며 누가 주의 진노의 두려움을 알리이까?(시 90:11). 그가 기뻐하시면, 행악자에게 불행을 기업으로 주실 수 있다(욥 31:3). 그러므로 우리는 이렇게 결론을 짓도록 하자. 거룩하신 이 여호와 하나님 앞에 누가 서리요?

5. 매우 의미심장하였다. 그들은 하늘을 대적하여 입을 놀렸고 그들의 목구멍은 열린 무덤이었으니, 땅이 그 입을 벌려 그들을 삼키는 것은 정당한 일이었다 할 것이다. 변화되기를 싫어하는 오만방자한 죄인들은 땅에게 짐이요, 온 피조물이 그들 아래에서 탄식하고 있고 땅이 갈라진 것은 이를 나타내는 것이었다. 땅이 이 반역자들 밑에서 갈라진 것은 그들 밑에서 그들을 떠받치고 있는 것이 지겨워 그리 한 것이다. 그리고 땅이 똑같은 식으로 불의의 무게를 떠받치고 있는 것을 생각할 때에, 땅이 갈라져 그 떠받치던 자들을 삼킨 것이 오로지 이 때뿐이라는 것이 의아스러워해야 마땅할 것이다.

6. 회개치 않고 죽는 죄인들의 영원한 패망을 예표하는 것이었다. 그런 자들에 대해서 성경은 자기가 판 웅덩이에 빠진다고 하고(시 9:15), 또한 산 채로 스올에 내려간다고도 말하는데, 어쩌면 이런 표현들이 이 일을 빗대어 하는 것인지도 모른다. 그러나 다윗은 깊은 수렁에 빠져서도 믿음으로 기도하기를, 웅덩이가 내 위에 덮쳐 그것의 입을 닫지 못하게 하소서 라고 하였다(시 62:2-15). 그의 사정이 나빴으나, 이처럼 처절한 것은 아니었다.

V. 온 이스라엘이 이 심판으로 놀라고 두려워하였다. 온 이스라엘이 그들의 부르짖음을 듣고 도망하여(34절). 그들은 도움을 위해 소리쳤으나 이미 때가 늦었다. 그들의 소스라치는 비명소리가 이웃들을 불러 그들을 돕게 하기는커녕 오히려 더 멀리 도망하게 만들었다. 서로 각자의 죄를 알고 있었으므로, 땅이 우리도 삼킬까 두렵다고 하며 황급히 함께 도망한 것이다. 주목하라. 다른 이들의 멸망을 우리의 경계로 삼아야 한다. 바닥이 없는 구덩이로 내려간 자들의 부르짖음을 믿음으로 들을 수 있다면, 우리 스스로 피하여 보존함을 얻도록 더욱 힘써야 할 것이다. 그렇지 않으면 우리 또한 그와 같은 정죄에 빠지고 말 것이니 말이다.

[35]여호와께로부터 불이 나와서 분향하는 이백오십 명을 불살랐더라 [36]여호와께서 모세에게 말씀하여 이르시되 [37]너는 제사장 아론의 아들 엘르아살에게 명령하여 불는 불 가운데에서 향로를 가져다가 그 불을 다른 곳에 쏟으라 그 향로는 거룩함이니라 [38]사람들은 범죄하여 그들의 생명을 스스로 해하였거니와 그들이 향로를 여호와 앞에 드렸으므로 그 향로가 거룩하게 되었나니 그 향로를 쳐서 제단을 싸는 철판을 만들라 이스라엘 자손에게 표가 되리라 하신지라 [39]제사장 엘르아살이 불탄

자들이 드렸던 놋 향로를 가져다가 쳐서 제단을 싸서 ⁴⁰이스라엘 자손의 기념물이 되게 하였으니 이는 아론 자손이 아닌 다른 사람은 여호와 앞에 분향하러 가까이 오지 못하게 함이며 또 고라와 그의 무리와 같이 되지 않게 하기 위함이라 여호와께서 모세를 시켜 그에게 명령하신 대로 하였더라

이제 회막 문으로 다시 돌아가서, 스스로 제사장인양 손에 손에 자기들의 향로를 들고 분향할 차비를 갖추고 있는 자들을 보자. 여기서는 다음을 보게 된다.

I. 그들에게 심판이 임한다(35절). 아마도 땅이 입을 열어 진중에 있던 다단과 아비람을 삼킨 바로 그 때에, 여호와께로부터 불이 나와서 분향하는 이백오십 명을 불살랐을 것이다. 그 때에 아론이 그들과 함께 서 있었으나 그는 생명이 보존되었다. 이 형벌은 앞에서 행해진 것처럼 전혀 새로운 것은 아니었다. 나답과 아비후도 그런 식으로 죽었기 때문이다. 그러나 이상스러움과 끔찍스러움이 덜 했던 것도 아니었다. 여기서 다음과 같은 점이 나타났다.

1. 우리 하나님은 소멸하는 불이시라는 것. 우레가 그의 무시무시한 음성을 나타내는 소리인가? 그렇다면 번개 역시 그의 손의 능력이리라. 여기서 대적하는 자들을 태울 맹렬한 불을 보아야 할 것이며, 또한 이를 통해서 살아계신 하나님의 손에 빠져 들어가는 것이 얼마나 무서운 일인가를 깨달아야 할 것이다(히 10:27-31).

2. 우리에게 속하지 않은 일에 쓸데없이 참견하는 것은 위험을 스스로 자초하는 일이라는 것. 하나님은 그 자신이 세우신 제도의 존귀를 질투로 지키시는 분이시니, 그것이 해를 받는 것을 결코 그냥 두지 않으신다. 십중팔구 고라도 분향하는 250명과 함께 불에 소멸되었을 것이다. 그는 제사장직을 목표로 삼고 있었기 때문이다. 그러므로 그는 회막 문에서 그의 자리를 떠나지 않았을 것으로 보인다. 그러나 보라. 제사장이 되려는 바람을 갖고서 스스로 우쭐해 있던 자들이 하나님의 정의의 희생물이 되는 것이다. 레위인의 직분도 신성하고 존귀한 것이요 그들의 분에 넘치는 것이었으니 그 직분만으로 만족했더라면, 기쁨과 명성을 누리며 살고 죽을 수 있었을 것이다. 그러나 죄를 범한 천사들처럼 자기 처소를 떠나 자기들이 지정되지 않은 존귀한 직분들을 목표로 삼았으니, 그들이 하데스에 내어던져졌고, 그들의 향로가 손에서 떨어져 깨어졌

고, 불에 타서(이는 영원한 복수의 불의 모형이다) 그들의 숨이 몸을 떠난 것이다.

II. 이 형벌을 영구히 기념하기 위한 조치가 취해짐. 그들의 시체들을 취하여 매장했다는 언급이 없다. 성경은 그 시체들을 지면 위의 오물로 내버려둔다. 그러나 그들의 향로에 대해서는 명령이 주어진다.

1. 그것들은 거룩한 것들이니 그것들을 모으라고 한다. 엘르아살이 이 일을 맡았다(37절). 그 제사장직을 침해한 자들은 지금까지 하나님의 오래 참으심과 관용으로 제단에서 붙이지 않은 불로 향을 피울 정도까지 일을 진행하였다. 그러나 불을 붙이자마자, 하나님께서는 다른 불을 붙이셔서 그들의 거짓 행위에 종지부를 찍으셨다. 이제 엘르아살이 명령을 받고 그 불과 향을 진 바깥의 부정한 장소에다 쏟아 부었다. 이는 하나님께서 그들의 헌물을 더러운 것으로 혐오하신다는 표시였다. 악인의 제사는 여호와께서 미워하시느니라(잠 15:8). 그러나 향로는 불타는 중에, 하나님의 불과 그들의 불이 뒤섞여 타고 있는 가운데, 거두어 들였다. 왜냐하면 그 향로는 거룩함이니라. 어떤 이들은 한 번 거룩한 용도로 사용되었으니, 하나님 자신의 명령으로 그것들을 다시 일반적인 용도로 사용하지 못하도록 된 것이라고 이해한다. 그러나 오히려, 그 향로는 **바쳐진 것**, 즉 저주가 되었고, 따라서 모든 바친 물건이 그렇듯이 하나님의 영광을 섬기도록 되어야 했다고 보아야 할 것이다.

2. 그것들을 성소의 봉사를 위하여 사용하기 위하여. 향로로 사용하기 위해서가 아니었다. 그렇다면 오히려 반역자들에게 치욕이 아니라 존귀를 베푸는 것이 되었을 것이니 말이다. 그렇다고 놋 향로를 사용할 처지도 아니었다. 금 향로가 금으로 된 제단에서 사용되었기 때문이다. 오히려 그것들을 **쳐서 제단을 싸는** 철판을 만들도록 했다(38-40절). 이 자들은 자기들이 제사장직을 일반 사람들이 행하게 하여 제단을 망가뜨렸다고 생각했으나, 그들의 그런 악의는 전혀 무위로 그치고, 아론의 제사장직은 전혀 흔들림이 없고 오히려 그것으로 인하여 다시 확증되었다. 이를 보여주기 위하여 그들이 사용한 향로들을 쳐서 아론이 섬기는 제단을 장식하고 보존하는 용도로 사용하게 한 것이다. 그러나 이것이 끝이 아니었다. 제단을 싸는 철판이 이스라엘 자손에게 **표**가 되어 이 큰 사건을 길이 기억하도록 하여야 했다. 그 사건이 정말 깜짝 놀랄 경악스러운 것이었고, 또한 모세가 그 일을 그의 역사에 기록하게 되어 있었으나, 시간이

지나면서 그 사건이 잊혀질 위험이 있었다. 깊은 감동을 받은 것 같아도 그것이 항상 지속되는 것만은 아니다. 그러므로 이 심판의 기록을 지정하여, 이 제단에서 봉사하는 레위인들이 자기들의 분수를 지키기를 배우며 그것을 범하는 것을 두려워하게 하여 그들이 다시는 레위인으로서 제사장이 되고자 했던 고라와 그 일당처럼 되지 않도록 한 것이다. 이 향로들은 경고의 목적을 위하여(in terrorem) 보존되었다. 곧, 다른 이들이 보고 경각심을 가져서 다시는 경망스럽게 처신하지 않도록 하기 위함이었다. 이렇게 해서 하나님은 그의 놀라운 역사를, 긍휼의 역사와 심판의 역사를, 사람들이 영원토록 기억하도록 조치를 취하셨고, 또한 그렇게 해서 말세를 만난 우리들에게도 교훈과 경계를 주도록 하는 목적이 실현되도록 하신 것이다.

⁴¹이튿날 이스라엘 자손의 온 회중이 모세와 아론을 원망하여 이르되 너희가 여호와의 백성을 죽였도다 하고 ⁴²회중이 모여 모세와 아론을 칠 때에 회막을 바라본즉 구름이 회막을 덮었고 여호와의 영광이 나타났더라 ⁴³모세와 아론이 회막 앞에 이르매 ⁴⁴여호와께서 모세에게 말씀하여 이르시되 ⁴⁵너희는 이 회중에게서 떠나라 내가 순식간에 그들을 멸하려 하노라 하시매 그 두 사람이 엎드리니라 ⁴⁶이에 모세가 아론에게 이르되 너는 향로를 가져다가 제단의 불을 그것에 담고 그 위에 향을 피워 가지고 급히 회중에게로 가서 그들을 위하여 속죄하라 여호와께서 진노하셨으므로 염병이 시작되었음이니라 ⁴⁷아론이 모세의 명령을 따라 향로를 가지고 회중에게로 달려간즉 백성 중에 염병이 시작되었는지라 이에 백성을 위하여 속죄하고 ⁴⁸죽은 자와 산 자 사이에 섰을 때에 염병이 그치니라 ⁴⁹고라의 일로 죽은 자 외에 염병에 죽은 자가 만 사천칠백 명이었더라 ⁵⁰염병이 그치매 아론이 회막 문 모세에게로 돌아오니라

여기서 다음을 보라.

I. 바로 이튿날 모세와 아론을 대적하여 일어난 새로운 반역. 하늘이여 놀라고, 땅이여 기이히 여기라! 이처럼 죄인들의 부패함이 지독하게 나타난 경우가 또 있었는가? 이튿날(41절) 이스라엘 자손 전체가 소란을 일으켰다.

1. 반역자들이 형벌을 받는 광경을 목격하고 두려움에 떤 지 겨우 하루 만에 또 그런 반역을 일으켰다. 죄인들의 비명소리가 아직도 귀에 쟁쟁하고, 불 냄

새가 아직도 가시지 않았고, 갈라진 땅이 아직 완전히 덮이지도 않았는데, 또다시 동일한 죄악이 행해지며 이 모든 경고들이 무시되는 것이다.

2. 그들이 동일한 형벌을 당하지 않고 구원받은 것이 불과 하루 전이며, 그들이 마치 불에서 꺼낸 그슬린 나무와 같은 상태인데도, 모세와 아론의 면전에서 반기를 들고 일어났다. 그들의 간구 덕분에 자기들이 보존함을 받았는데도 말이다. 그들은 크게 불만을 토로하였다. 너희가 여호와의 백성을 죽였도다. 이보다 더 부당하고 악의에 찬 발언이 있었던가? 그들은 반역자들을 정당화시키고, 하나님을 대적하여 반역하다가 죽임을 당한 자들을 여호와의 백성이라 불렀다. 그들은 하나님의 정의 자체를 거역하고 그것에 낙인을 찍은 것이다. 모세와 아론이 그들의 죽음에 전혀 가담하지 않은 것이 너무도 분명했다. 그들은 오히려 힘을 다해 그들을 구원코자 하였다. 그러므로 그들은 그들에게 살인죄를 씌움으로써 결국 하나님 자신에게 살인죄를 씌운 것이다. 시내 산에서 주어진 하나님의 율법의 처절함과 또한 불순종한 자들에 대해 시행된 하나님의 심판의 처절함을 눈으로 보고도 이 백성이 계속해서 완악하게 거역하고 있는 것은, 사람의 마음과 삶이 효과적으로 변화되려면 반드시 하나님의 은혜가 필수적이라는 것을 보여준다. 그 은혜가 없이는 아무리 그럴듯한 수단으로도 결코 목적을 이루지 못하는 것이다. 두려움이 이루지 못하는 것도 사랑은 이루는 것이다.

II. 반역자들에게 하나님께서 속히 나타나심. 이들이 모여 모세와 아론을 칠 때에(어쩌면 그들을 끌어내리거나 죽이려 했을지도 모른다) 마치 그들의 그릇된 양심이 모세와 아론에게 무언가 벌이 임할 것을 기대하기라도 한 것처럼 회막을 바라보았는데, 구름이 회막을 덮었고 여호와의 영광이 나타났다(42절). 이는 그의 종들을 보호하고, 반역자들을 혼란에 빠뜨리게 하기 위한 조치였다. 이에 모세와 아론은 회막 앞으로 나아왔다. 자신들의 안전을 위함이기도 했고(패역한 백성들에게서 물러나 거기서 안전을 찾기 위하여, 시 27:5; 31:20), 이 일에 대한 하나님의 뜻이 무엇인지를 알기 위함이기도 했다(43절). 여호와께서는 그들이 순식간에 멸망을 당해야 마땅하다는 것을 선포하신다(45절). 변화되기를 죽기보다 싫어하며 날마다 밥 먹듯이 반역을 거듭하는 자들이 또 하루를 더 살아야 할 이유가 어디 있는가? 정의로운 보응이 일어나야 하고, 문제가 곧바로 정리되어야 했다. 다만 모세와 아론이 먼저 안전해야 한다.

III. 모세와 아론이 그들을 위하여 간구함. 엘리야가 이스라엘을 고발하여 하나님께 아뢴 것만큼이나(롬 11:2) 그들도 그 백성을 대적하여 아뢸 이유가 충분했으나, 그들은 자기들에게 가해진 치욕스런 행위들을 용서하고 잊었다. 그 반역자들에게는 최고의 우군(友軍)이 있었던 것이다.

1. 모세와 아론은 엎드려서 긍휼을 베푸시기를 겸손히 하나님께 구하였다. 그들이 하나님께 얼마나 큰 진노를 촉발했는지를 알고 있었기 때문이다. 이들은 전에도 몇 차례 이와 유사한 일이 있을 때에 그렇게 했었다. 백성들은 그들이 그렇게 하는 것에 대해 비열하게 대하였으나, 하나님께서 은혜로 그들을 받으셨으니, 그들은 여전히 동일하게 행한 것이다. 이것이야말로 항상 기도하는 자세다.

2. 모세는 반역자들의 회중(즉, 모세를 대적하여 모인 자들의 무리) 가운데 염병이 시작된 것을 인지하고서, 아론으로 하여금 그들을 위하여 속죄하는 제사장의 직무를 수행하도록 그를 보냈다(46절). 아론은 기꺼이 나아가 산 자와 죽은 자들 사이에서 분향하였는데, 이는 오염된 공기를 정화하기 위함이 아니라, 하나님의 진노를 누그러뜨리며 그리하여 심판의 과정이 중지되게 하기 위함이었다. 여기서 다음과 같은 점들이 나타난다.

(1) 아론이 매우 선한 사람이었으며, 그 백성의 자손들이 그를 미워하고 질투하였음에도 그들에 대하여 참된 사랑을 가진 사람이었다는 것. 하나님께서 그의 제사장직의 정당성을 세워주시고 그를 대적한 자들에게 보응하고 계셨으나, 그는 하나님께서 진노를 물려주시기를 위해 간구하고 있다. 아니, 자신의 나이와 위신을 잊어버리고, 회중 한가운데로 달려가 그들을 도운 것이다. 그는 "그들이 한동안 아픔을 겪게 두자. 그러면 내가 갈 때에 더 환영을 받을 것이다"라고 말하지 않았다. 오히려 이스라엘 사람 하나하나의 생명을 아끼는 자로서 할 수 있는 대로 속히 파국을 막고자 힘쓴 것이다. 모세와 아론이 여호와의 백성을 죽인 자라는 혐의를 받았으니, 이제 그들이 정당한 심판을 받는 것을 그냥 내버려둘 수 있었다. 그들을 무정하게 살인자로 몰아세운 자들을 위하여 구원자가 되어준다는 것을 어떻게 기대할 수 있었겠는가? 그러나 이 선한 사람들은 이러한 선한 모범을 통해서, 우리를 시기하고 미워하는 자들을 향하여 악감을 가져서도 안 되고, 그들이 우리를 향하여 악한 언사를 사용하여 심판을 촉발시킬 때에 우리의 손으로 행할 수 있는 진정한 자비를 부인해서도 안

된다는 것을 가르쳤다. 악을 선으로 갚아야 하는 것이다.

(2) 아론이 매우 담대한 사람이었다는 것. 그는 자기를 대적하여 함께 모여 있는 격분한 폭도들의 한가운데로 달려 들어갔다. 그들이 염병이 시작된 것 때문에 더욱 격분하여 있을지도 모르는 상황에서 담대하게 그렇게 처신한 것이다. 그리고 염병이 들끓고 있는 한가운데로 대담하게 들어갔다. 죽음의 역사가 요동치며 수많은 사람들이 좌우에서 쓰러지고 있는 한가운데로 들어간 것이다. 그들의 목숨을 구하기 위하여 그는 자신의 목숨을 아끼지 않고 자신의 임무를 이행하고자 한 것이다.

(3) 아론이 하나님의 사람이요, 하나님에 관한 일들을 위하여 사람들을 위하여 세움 받은 자였다는 것. 이 일로 인하여 그가 제사장직에 부름 받았다는 사실이 결코 이의의 여지가 없도록 분명하게 확증되었다. 하나님은 반역자들이 끊어질 때에 그의 목숨을 구하셨을 뿐 아니라 이제 그를 이스라엘을 구원하는 도구로 삼으시는 것이다. 여기 아론의 향로와, 자기들의 영혼을 대적하는 죄인들의 향로를 비교해 보라. 죄인들의 향로는 하나님의 진노를 촉발시켰고, 아론의 향로는 그의 진노가 누그러지게 하였다. 죄인들의 향로들은 사람들의 목숨을 멸하였고, 아론의 향로는 그들의 목숨을 구하였다. 그러므로 아론이 제사장직에 부르심을 받았다는 것이 의심의 여지가 없는 것이다. 주목하라. 공적인 유익과 여호와의 긍휼을 얻는 일에 자신을 헌신하며 이 일에 신실하게 임하는 자들이야말로 공적으로 가장 존귀를 얻는 자들이다. 누구든 위대한 자가 되려면, 스스로 모든 사람의 종이 되어야 할 것이다.

(4) 아론이 그리스도의 모형이었다는 것. 그리스도께서는 죄를 속하고 하나님의 진노를 우리에게서 물리도록 하기 위하여 세상에 오셨고, 자신의 중보와 간구로 산 자와 죽은 자 사이에 서셔서 그의 택하신 이스라엘을 보존하시고 죄와 저주로 물든 세상 가운데에서 그들을 구원하시는 분이신데, 아론이 바로 그의 모형이었던 것이다.

IV. 이 모든 문제의 결말.

1. 이 사람들이 죽음으로써 하나님의 정의가 영광을 얻었다. 지극히 짧은 시간에 여호와의 칼이 큰 심판을 시행하였다. 아론이 할 수 있는 대로 속히 조치를 하였으나, 그가 임무를 시행하기 전에 14,700명이 현장에서 죽었다(49절). 고라의 문제로 인하여 죽은 사람은 이에 비하면 몇 명되지 않았다. 반역자

들의 수괴들은 본보기였을 뿐이다. 그러나 하나님께서 오래 참으시는데도 불구하고 백성이 회개치 않으므로, 이스라엘인들이 피를 흘리지 않는 것이 정의가 아니게 되었다. 그들은 수백 명의 죽음에 대하여 그것이 여호와의 백성들 중에 행하여진 무자비한 살육으로 규정하며 원망하였다. 그러나 여기서 하나님은 만여 명을 살육하심으로 그들의 원망을 잠잠하게 하신다. 주목하라. 싸움을 하되 판단하는 자세가 덜한 자들이 자신들을 위하여 더 크게 준비하는 것이다. 하나님께서 판단하시면 그가 모든 것을 이기시니 말이다.

2. 나머지 백성들이 보존함을 받음으로 하나님의 자비가 영광을 얻었다. 하나님께서는 그의 권능으로 행하실 수 있는 일과 또한 정의로 그가 행하실 일을 보여주셨다. 그러나 그 다음에는 그의 사랑과 긍휼로 행하실 일을 보여주셨다. 이 모든 일에도 불구하고 그는 중보자 안에서, 또한 중보자로 말미암아 그들을 자기 백성으로 삼아 보존하신다. 아론의 향의 연기가 올라가자 염병이 멈춘 것이다. 주목하라. 진노 중에서라도 자비를 기억하시는 예가 허다하게 나타나는 것이 하나님의 선하심의 영광을 드러내 준다. 그리고 심판이 이미 시작된 후에도 기도가 그 심판을 중지시킨다. 이처럼 하나님은 용서하실 준비를 갖추고 계시며, 또한 그만큼 죄인들이 죽는 것을 기뻐하지 않으시는 것이다.

제 17 장

개요

레위 지파의 가문들 중 아론과 경쟁하려 한 모든 반역자들의 문제에 대해서는 앞 장에서 정리되었고, 아론이 그 지파의 수령임이 드러났다. 그러나 그 문제가 정리되자, 나머지 지파들의 수령들이 불평하기 시작한 것 같다. 한 지파의 수령이 제사장이라면, 레위 지파가 아닌 다른 지파의 수령이라고 제사장이 못될 이유가 무엇인가? 사람의 중심을 살피시는 하나님께서는 그들 중 몇몇 사람들의 가슴속에 이런 생각이 있는 것을 아셨고, 그것이 노골적인 행동으로 드러나기 전에 은혜로이 그것을 예상하시고 그것을 미연에 방지하신다. 곧, 이적을 통해서, 진노의 이적이 아니라 은혜의 이적을 통해서 그렇게 하시는데, 본 장에서 이를 기록하고 있다. I. 각 지파의 두령마다 하나씩 모두 열두 지팡이를 여호와 앞에 가져오게 하여 이 문제에 대해 시험하심(1-7절). II. 결국 아론의 지팡이에 싹이 나는 이적을 통해서 문제가 결정지어짐(8, 9절). III. 그 지팡이를 보존함으로써 문제에 대한 판결이 확증됨(10, 11절). IV. 백성들이 다소간 억지로 이를 인정함(12, 13절).

¹여호와께서 모세에게 말씀하여 이르시되 ²너는 이스라엘 자손에게 말하여 그들 중에서 각 조상의 가문을 따라 지팡이 하나씩을 취하되 곧 그들의 조상의 가문대로 그 모든 지휘관에게서 지팡이 열둘을 취하고 그 사람들의 이름을 각각 그 지팡이에 쓰되 ³레위의 지팡이에는 아론의 이름을 쓰라 이는 그들의 조상의 가문의 각 수령이 지팡이 하나씩 있어야 할 것임이니라 ⁴그 지팡이를 회막 안에서 내가 너희와 만나는 곳인 증거궤 앞에 두라 ⁵내가 택한 자의 지팡이에는 싹이 나리니 이것으로 이스라엘 자손이 너희에 대하여 원망하는 말을 내 앞에서 그치게 하리라 ⁶모세가 이스라엘 자손에게 말하매 그들의 지휘관들이 각 지파대로 지팡이 하나씩을 그에게 주었으니 그 지팡이가 모두 열둘이라 그 중에 아론의 지팡이가 있었더라 ⁷모세가 그 지팡이들을 증거의 장막 안 여호와 앞에 두었더라

여기서 다음을 보라.

I. 각 지파에 하나씩 지팡이를 가져오라는 명령이 주어짐. (이는 특별히 의미 있는 일이었다. 왜냐하면 34:13의 경우처럼, 여기서 지팡이의 뜻으로 사용된 단어가 때때로 지파를 뜻하기도 하기 때문이다.) 이리하여 하나님께서는 의도적으로 이적을 통해서 누구에게 제사장직의 존귀가 베풀어졌는지를 분명히 알리고자 하셨다.

1. 그러므로 제사장직이 심지어 지파의 수령들조차 얻기를 구하고 바랄 만한 것이었던 것 같다. 하나님을 섬기는 일에 쓰임 받는 것이야말로 사람에게 가장 큰 존귀다. 그러나 이들은 그 임무가 신성하기 때문이라기보다는 그 직분에 수반되는 이익과 권세가 탐이 나서 그것을 얻고자 하였을 것이다.

2. 또한 모든 조치들을 통해서 이 문제를 완전히 정리한 이후에도 기회가 있을 때마다 그것을 탐하는 자들이 있었던 것 같다. 그들은 하나님의 정하심을 용인하지 않고, 그것에 반대하려 하였다. 그들은 통치권을 놓고 하나님과 겨루는 것이다. 문제는 과연 누구의 뜻이 관철될 것이냐 하는 것이다. 반드시 하나님이 다스리나, 이스라엘이 다스림을 받지 않으려 하니 이것이 문제를 일으키는 것이다.

3. 갖가지 이적을 통해서 죄를 벌하신 다음, 다시 한 번 더 이적을 통해서 죄를 방지하시는 것이야말로 하나님의 은혜가 드러난 사례다. 하나님께서는 해결책을 효과적으로 제시하셔서 완악한 자들이 더 이상 핑계가 없도록 하시며, 모든 입으로 잠잠하게 하셨다. 이스라엘은 하나님과 인간 통치자들에게 원망하기를 잘 하였다. 이에 하나님은 말씀하셨다. "이스라엘 자손이 너희에게 대하여 원망하는 말을 내 앞에서 그치게 하리라(5절). 그들이 정당하게 납득할 사람들이라면 이것으로 납득하게 될 것이요, 이것으로도 그들이 납득하지 않는다면, 아무것도 그들을 납득시키지 못하리라." 이것이, 그리스도께서 말씀하신 요나 선지자의 표적(즉, 그 자신의 부활)이 그 당시의 사람들에게 그를 나타내는 최고의 증거가 된 것처럼, 이것이 그들에게 그런 표적이 될 것이었다. 여호와께서는 다음과 같이 지시하셨다.

(1) 열두 지팡이를 가져올 것. 그 지팡이들은 바로 나무에서 잘라낸 것이 아니었을 것이다. 나무에서 갓 잘라낸 것이라면 싹이 나더라도 큰 이적으로 받아들일 수 없을 것이었기 때문이다. 그 지팡이들은 수령들이 그들의 권위의 상징으로 일상적으로 사용하던 막대기로(21:18 참조) 수액이 남아 있지 않고 완전

히 마른 것이었을 것이다. 그리고 그 모든 지팡이들이 살구나무로 만든 것이었을 것이다. 지팡이는 아론의 것을 포함하여 모두 열두 개였을 것으로 보인다. 레위 지파를 따로 계산에 넣더라도 에브라임과 므낫세 지파는 요셉의 이름으로 하나의 지팡이를 제출했을 것이기 때문이다.

(2) 각 지파의 수령의 이름을 자기 지팡이에 기록할 것. 그리하여 각자가 어떤 것이 자기 지팡이인지를 알 수 있도록 하여, 후에 혼란이 없도록 하였다. 기록해 놓는 것이 분쟁을 방지하는 좋은 방법일 경우가 많다. 문제가 생기면 기록해 놓은 것을 근거로 삼을 수 있기 때문이다.

(3) 그 지팡이들을 하룻밤 동안 회막 속 증거궤 앞에 가져다 놓을 것. 증거궤는 하나님이 그들과 함께 계신다는 하나의 상징이요 증표요 증거였다.

(4) 하나님께서 제사장직을 위하여 택하신 지파 혹은 수령의 지팡이가 싹이 날 것이니 이를 기다릴 것(5절). 그 일이 우연히 된 것이 아니라 하나님의 뜻으로 된 것임이 드러나려면, 이를 그들에게 말씀하는 것이 필수였다.

Ⅱ. 이에 따라 지팡이들을 준비함. 수령들이 지팡이를 가져왔다. 어떤 이들은 어쩌면 자기들이 선택될 것으로 기대했을 것이고, 또한 그들 모두 아론과 더불어 경합하여 제사장직의 후보로 나서는 것만으로도 명예로운 일이라고 생각했을 것이다. 모세는 그 지팡이들을 … 여호와 앞에 두었더라(7절). 모세는 이미 그 문제가 명확히 정리되었으며 또한 그들이 고집을 꺾지 않는 것이지 이미 납득할 만한 모든 조치가 행해졌다고 반론을 제기하지 않았다. 그는 자기가 쉽게 문제를 정리할 수도 있는 상황이었으나 그렇게 하려 하지 않았다. 몽매하여 고집을 부리는 백성들을 만족시켜 주고자 하는 것이 전혀 소용이 없다는 식으로 주장하지도 않았다. 오히려, 하나님께서 일을 그렇게 처리하고자 하시니, 그는 그의 뜻에 복종하여 자신의 본분을 다 하였고, 문제를 여호와 앞에 내어 놓고 여호와께서 처리하시도록 한 것이다.

⁸이튿날 모세가 증거의 장막에 들어가 본즉 레위 집을 위하여 낸 아론의 지팡이에 움이 돋고 순이 나고 꽃이 피어서 살구 열매가 열렸더라 ⁹모세가 그 지팡이 전부를 여호와 앞에서 이스라엘 모든 자손에게로 가져오매 그들이 보고 각각 자기 지팡이를 집어들었더라 ¹⁰여호와께서 또 모세에게 이르시되 아론의 지팡이는 증거궤 앞으로 도로 가져다가 거기 간직하여 반역한 자에 대한 표징이 되게 하여 그들로 내게

대한 원망을 그치고 죽지 않게 할지니라 ¹¹모세가 곧 그 같이 하되 여호와께서 자기에게 명령하신 대로 하였더라 ¹²이스라엘 자손이 모세에게 말하여 이르되 보소서 우리는 죽게 되었나이다 망하게 되었나이다 다 망하게 되었나이다 ¹³가까이 나아가는 자 곧 여호와의 성막에 가까이 나아가는 자마다 다 죽사오니 우리가 다 망하여야 하리이까

　　　　여기서 다음을 보라.

I. 제사장직에 관한 논란이 이적을 통해서 최종적으로 결론지어짐(8, 9절). 지팡이들을 지성소에서 가져나와서 백성들 앞에 공적으로 제시하였는데, 다른 지팡이들은 전혀 변화가 없었으나, 오직 아론의 지팡이는 메마른 것이었음에도 움이 돋고 순이 나고 꽃이 피었고 살구 열매가 열려 있었다. 지팡이의 어떤 부분에는 순이, 어떤 부분에는 꽃이, 어떤 부분에는 열매가 동시에 맺혀 있었던 것이다. 이것은 이적적인 역사요, 따라서 조작의 의혹이 있을 수가 없었다. 밤 사이에 모세가 아론의 지팡이를 치우고 그 대신 살아 있는 살구나무 가지를 가져다 놓았다는 식의 혐의가 도저히 불가능한 것이었다. 나뭇가지가 순과 꽃과 열매를 동시에 갖고 있는 예는 없기 때문이다. 그런데,

　1. 이것은 다른 지파들의 수령들이 아니라 아론이 제사장직에 선택되었음을 백성들에게 분명히 알려 주는 것이었다. 그리하여 그는 다른 수령들과 구별되었고 하늘의 특별한 복을 입었음이 드러났다. 이러한 복은 사람의 손으로 심거나 물을 주지 않을 때에도 분명하게 드러나기도 한다. 홀 주교(Bishop Hall)는 여기서 관찰하기를, 열매를 맺는다는 것이야말로 하나님이 부르셨다는 가장 좋은 증거이며, 하나님께서 심으시면 줄기가 잘려 있다 해도 열매를 맺고 번창한다고 한다. 시 92:12-14을 보라. 여호와의 나무들은 메마른 나무처럼 보일지라도 수액이 충만한 것이다.

　2. 그것은 여기서 아론에게 위임된 것으로 확증된 제사장직 그 자체를 나타내주는 매우 적절한 표증이었다. (1) 제사장직은 열매를 맺어야 하고 하나님의 교회를 섬기는 것이어야 한다는 것. 그 지팡이는 꽃만이 아니라 살구나무를 맺었다. 제사장직은 아론에게 존귀를 더하는 것은 물론 이스라엘에게 복이 되기를 위하여 주어진 것이다. 그리스도께서도 그의 사도들과 사역자들에게 가서 열매를 맺고, 열매가 항상 있게 할 것을 명하셨다(요 15:16). (2) 제사장들이 계

승되어야 한다는 것. 살구나무만 있는 것이 아니라 순과 꽃이 있어서 장차 더 많은 열매가 맺힐 것을 약속하고 있다. 그리스도께서는 그의 교회에 씨를 주셔서 대대로 그를 섬기도록 하셨다. (3) 그러나 이 제사장직이 영원한 것이 아니라, 나무의 가지와 꽃처럼 시간이 흐름에 따라 마르고 시들게 되리라는 것. 살구나무가 꽃 피우는 것은 늙은 나이의 표증의 하나로 언급되고 있다(전 12:5). 이러한 성격은 모세 율법의 제사장직에는 아주 적절하다. 그것은 낡아지고 쇠하여 없어져갈 것이다(히 8:13).

3. 그것은 그리스도와 그의 제사장직의 모형이요 그림자였다. 그는 싹이라 이름하는 사람이요(슥 6:12), 그의 보좌 위에 앉으신 제사장이시며, 또한 증거궤 앞에 놓인 아론의 지팡이가 그러했듯이, 그는 주 앞에서 자라나기를 연한 순 같고 마른 땅에서 나온 뿌리 같으신 분이시다(사 53:2).

Ⅱ. 그 지팡이를 증거궤 앞으로 가져다 간직함으로써 이 문제의 결말을 확증함. 그것이 영원한 기념이 되게 하기 위함이었다(10, 11절). 아마도 순과 꽃과 살구 열매가 계속해서 신선했을 것이다. 하룻밤 사이에 그것들을 나게 하신 하나님의 능력이 그것들을 오랫동안, 최소한 반역자들을 향하여 증거로서 필요한 동안 만큼은, 보존시켰을 것이다. 그러므로 그것은 하나의 지속적인 이적이었고, 그것이 지속된다는 것은 과연 그 이적의 진실성을 입증하는 부인할 수 없는 증거였다. 하나님의 나무의 잎사귀도 마르지 않을 것이다(시 1:3). 향로들처럼 이 지팡이를 보존한 것은 원망을 그치고 죽지 않게 하기 위함이었다. 주목하라.

1. 심판의 섭리든 자비의 섭리든 간에 하나님의 모든 섭리에서 하나님의 의도는 죄를 없애고 방지하기 위함이다. 이 일들을 행하고 이 일들을 기록한 것은 죄를 범하지 않게 하려 함이다(요일 2:1). 그리스도께서 나타나심은 죄를 없이 하기 위함이었다.

2. 하나님께서 죄를 제거하기 위하여 하나님이 행하시는 일은 우리에게는 정말 자비로운 일이다. 우리로 죽지 않게 하기 위함이니 말이다. 하나님이 온갖 쓴 잔을 주시고, 날카로운 방법들을 사용하시지만, 이 모든 것들이 치명적인 결과를 가져올 큰 질병을 치료하기 위함인 것이다. 홀 주교는 여기서 관찰하기를, 율법의 두 돌판과 만나를 담은 그릇과 아론의 지팡이를 함께 언약궤 속에 혹은 그 옆에 두었는데(사도는 이 세 가지 모두를 언급한다. 히 9:4), 이는 후대

에 옛 교회가 어떻게 가르침 받았고, 어떻게 양식을 얻었으며, 어떻게 다스림 받았는가를 보여주기 위함이었다고 한다. 그는 교회의 교리와 성례와 치리가 하나님과 우리에게 얼마나 고귀한 것인가를 잘 지적하였다 하겠다. 모세의 지팡이가 여러 이적들을 행하는 데에 사용되었으나, 그의 지팡이가 보존되었다는 것은 언급되지 않는다. 왜냐하면 그것을 보존하면 기껏해야 사람들의 호기심만을 만족시키는 것밖에 없을 것이기 때문이다. 그러나 이적을 스스로 지니고 있는 아론의 지팡이는 조심스럽게 보존되었다. 이는 사람들의 양심을 납득시키며, 제사장직에 대한 모든 논란을 잠재우며, 하나님의 이스라엘로 하여금 하나님이 제정하신 것에 대한 믿음을 확증시키는 데 항구적으로 사용할 수 있었기 때문이다. 믿음을 강건하게 하기 위하여 그리스도께서 지정하신 성례와, 사람들이 미신을 위하여 만들어놓은 유물들의 차이가 바로 이런 것이다.

III. 이에 백성들이 부르짖음. 보소서 우리는 죽게 되었나이다 망하게 되었나이다 다 망하게 되었나이다 우리가 다 망하여야 하리이까?(12, 13절). 이는 다음 중 한 가지 의미로 이해할 수 있을 것이다.

1. 하나님의 심판에 대해 원망하는 백성들의 격한 부르짖음. 그들이 교만함과 완악함으로 스스로 분에 못 이겨 이렇게 부르짖은 것이다. 이들은 절망에 싸여, 마치 하나님이 그들을 대적하여 이익을 보고자 온갖 트집을 잡아서, 그들에게 조금이라도 잘못된 것이 있으면, 그들이 조금이라도 경계를 넘어선 것이 있으면 그들이 죽고 망해야 하고, 모두 망해야 한다고 주장하는 악한 주인이라도 되시는 것처럼 생각하며, 그들 모두가 죽고 그들 모두가 망하기 전에는 그들이 피를 흘리고 망해도 그가 절대로 만족하시지 않을 것처럼 여기고, 이런 감정을 여기서 토로하고 있는 것이다. 그들은 마치 그물에 걸린 영양 같아서 여호와의 분노가 가득하였고(사 51:20), 하나님이 그들에게 너무 가혹하시며, 너무 억지로 굴복시키므로 자기들은 어쩔 수 없이 그에게 굴복하는 것이라고 투정을 부리는 것이다. 주목하라. 어려움 중에 있을 때에 하나님을 상대로 원망하며, 그리하여 곤궁한 중에 더 악을 범하는 것은 매우 악한 일이다. 우리가 죽고 우리가 망한다면, 그것은 우리 자신 때문이요, 모든 책임이 우리의 머리로 돌아갈 것이다. 아니면,

2. 회개하는 백성들의 부르짖음. 많은 주석가들은 이를 그들의 굴복의 표현으로 본다. "이제 우리의 위치를 지키는 것이 하나님의 뜻이며, 그가 지정하신

것보다 더 가까이 나아가 왈가왈부하면 우리가 위험에 처할 것이다. 그러니 우리는 이러한 하나님의 뜻에 굴복하니, 다시는 쟁론하지 않을 것이요, 그렇지 않으면 우리 모두 망할 것이다." 그리하여 그들은 모세에게 그들을 위하여, 그들 모두 죽음으로 소멸되지 않게 해 달라고 간구해 주기를 간청하였다. 이리하여 그들의 뜻이 관철되었고, 하나님께서는 그들의 원망을 완전히 제거하셨고, 이제부터는 그들이 그 뜻을 그대로 받아들이게 되었다. 주목하라. 하나님께서 심판하시면 그가 이기실 것이요, 따라서 아무리 완악한 반역자들이라도 조만간 자기들의 어리석음을 고백하지 않을 수 없게 될 것이요, 그들이 교만하게 행할 때에도 하나님께서 그들의 위에 계심을 인정하지 않을 수 없게 될 것이다. Vicisti Galilaee, 오 갈릴리 사람이여, 당신께서 이기셨나이다!

— 제 18 장 —

개요

이제 아론의 제사장직이 완전히 확증되어 그 자신은 물론 백성들도 만족하게 되었으므로(하나님께서는 그에게 가해진 악한 반대에서 결국 이러한 선을 이루셨다), 본 장에서는 하나님께서 그에게 그의 직무에 관한 완전한 지침을 주신다. 아니, 오히려 전에 그에게 주셨던 내용을 다시 되풀이하신다고 보는 것이 나을 것이다. 그는 아론에게 다음을 말씀하신다. I. 그에게 맡겨진 직무에 관한 구체적인 사항들, 또한 그 직무를 담당하면서 레위인들에게 받을 협조와 도움(1-7절). II. 이 일에 대하여 아론과 레위인들이 받을 삯. 1. 제사장들이 고유하게 받는 수당 혹은 삯(8-19절). 2. 레위인들의 유지를 위한 사항(20-24절). III. 레위인들의 몫에서 제사장들에게 바쳐야 할 분깃(25-32절). 이리하여, 그가 행할 일이 무엇이며 그가 무엇으로 생계를 유지할지를 모든 사람이 알게 되었다.

¹여호와께서 아론에게 이르시되 너와 네 아들들과 네 조상의 가문은 성소에 대한 죄를 함께 담당할 것이요 너와 네 아들들은 너희의 제사장 직분에 대한 죄를 함께 담당할 것이니라 ²너는 네 형제 레위 지파 곧 네 조상의 지파를 데려다가 너와 함께 있게 하여 너와 네 아들들이 증거의 장막 앞에 있을 때 그들이 너를 돕게 하라 ³레위인은 네 직무와 장막의 모든 직무를 지키려니와 성소의 기구와 제단에는 가까이 하지 못하리니 두렵건대 그들과 너희가 죽을까 하노라 ⁴레위인은 너와 합동하여 장막의 모든 일과 회막의 직무를 다할 것이요 다른 사람은 너희에게 가까이 하지 못할 것이니라 ⁵이와 같이 너희는 성소의 직무와 제단의 직무를 다하라 그리하면 여호와의 진노가 다시는 이스라엘 자손에게 미치지 아니하리라 ⁶보라 내가 이스라엘 자손 중에서 너희의 형제 레위인을 택하여 내게 돌리고 너희에게 선물로 주어 회막의 일을 하게 하였나니 ⁷너와 네 아들들은 제단과 휘장 안의 모든 일에 대하여 제사장의 직분을 지켜 섬기라 내가 제사장의 직분을 너희에게 선물로 주었은즉 거기 가까이 하는 외인은 죽임을 당할지니라

본 장과 바로 앞 장 사이의 연관성이 매우 눈에 띈다.

I. 앞 장 마지막에서 백성들은 하나님께 가까이 나아가는 것이 어렵고 위험천만한 일이라며 불평했었다. 그들은 그들 중에 회막이 있으므로 그것이 그들에게 기쁨과 영광이 되기를 바랐으나 오히려 그들에게 공포와 파멸이 되었다는 식의 끔찍한 불안이 있었던 것이다. 그런데 이런 불평에 대하여, 하나님께서는 여기서 아론을 통해서 제사장들이 백성의 대표들로 그들을 위하여 가까이 나아오게 된다는 것을 분명히 밝히신다. 그러므로, 물론 백성들은 거리를 유지해야 하지만, 그렇다고 해서 그들이 치욕을 당하거나 따돌림을 당하는 것이 아니라 제사장들의 개입을 통해서 하나님과의 편안한 교제가 유지될 것이라는 것이다.

II. 하나님께서 이제 아론에게 크나큰 존귀를 더하셨다. 나머지 다른 수령들의 지팡이들은 그냥 마른 채로 있고 열매도 없을 때 그의 지팡이는 순이 나고 꽃이 피었다. 그러므로 아론이 그에게 베풀어진 그 풍성한 사랑과 또한 그의 높은 지위를 뒷받침하기 위해 행해진 이적들로 인하여 우쭐하게 되지 않도록, 하나님께서는 그에게 나타나사 그에게 지워지는 짐과 또한 제사장으로서 그에게 요구되는 의무를 상기시키신다. 그는 자신이 높아진 것에 대해 교만하지 말고 오히려, 그에게 맡겨지는 책임이 얼마나 크며 그 일을 제대로 감당한다는 것이 얼마나 어려울지를 생각하고서 자신의 존귀한 직분을 두렵고 떨림으로 받아야 하는 것이었다. 높은 마음을 품지 말고 도리어 두려워하라(롬 11:20).

1. 하나님은 그의 위엄에 따라오는 위험에 대해 말씀하신다(1절).

(1) 제사장들과 레위인들(너와 네 아들들과 네 조상의 가문)은 성소에 대한 죄를 함께 담당할 것이요. 즉, 낯선 자들이나 부정한 자들이 침입하여 성소를 더럽히면, 그 책임은 레위인들과 제사장들에게 있다. 그들을 막을 임무를 맡았기 때문이다. 무단으로 침입한 죄인은 자신의 불법으로 죽어야 하지만, 파수꾼들의 손에서 그 사람의 피를 요구하게 될 것이었다. 혹은, 이를 좀 더 일반적인 의미로 보아 다음과 같이 취할 수도 있을 것이다. "성소의 임무들 가운데 하나라도 소홀히 하면, 봉사들 가운데 어느 하나라도 제 시간에 법에 따라서 행하지 않으면, 성소를 운반할 때에 어느 하나라도 잃어버리거나 잘못 위치시키면, 너희가 그에 대한 책임을 져야 할 것이요, 응분의 벌을 받게 될 것이다."

(2) 제사장들은 스스로 제사장 직분에 대한 죄를 담당할 것이니라. 즉, 그들이

담당한 일 중 어느 한 부분이라도 소홀히 하거나, 혹은 다른 사람들이 그들의 직무를 침해하도록 허용하고 자기들의 손에서 자기들의 일을 놓으면, 그들이 그 책임을 져야 할 것이라는 뜻이다. 주목하라. 우리에게 맡겨지는 일과 권세가 클수록 그 맡겨진 바 책임을 다하지 않고 배반할 때에 죄를 범할 위험이 더욱 큰 법이다. 그렇기 때문에 우리는 다른 이들의 존귀를 탐해서도 안 되며, 우리 스스로 높은 지위에 오를 야망을 가져서도 안 된다. 큰 위엄에 오르면 그 만큼 큰 악에 노출되기 때문이다. 성소의 직무를 맡은 자들에게는 그에 따르는 큰 책임이 부과되어 있는 것이다. 영혼을 보살피는 일에 부과된 책임을 생각한다면 과연 누가 그 일을 탐하겠는가?

2. 하나님은 그의 위엄에 수반되는 의무에 대해 말씀하신다.

(1) 그와 그의 아들들은 증거의 장막 앞에서 봉사해야 한다는 것이다(2절). 즉, (패트릭 주교의 설명에 따르면) 언약궤가 있는 지성소 앞에서, 성소의 문 안쪽과 또한 성소의 휘장 바깥쪽에서, 봉사해야 한다는 뜻이다. 그들은 금 제단과 떡상과 촛대를 돌보아야 했으며, 레위인들은 이것에 가까이 할 수 없었다. 지켜 섬기라(7절). "다스리라"가 아니고(하나님이 베푸신 유산을 다스리는 것이 그들의 직무가 아니었다), "하나님과 회중을 섬기라"고 말씀한다. 주목하라. 제사장직은 섬기는 것이다. 사람이 감독의 직분을 얻으려면 선한 일을 사모하는 것이라(딤전 3:1). 목사들은 자기들이 사역자들, 즉 종들로서, 그들은 겸손하고 부지런하며 신실하여야 한다는 것을 기억해야 할 것이다.

(2) 레위인들이 그와 그의 아들들을 도와 장막의 모든 일을 다 하여야 한다(2-4절). 그러나 절대로 성소의 기구들에 가까이 가거나 제단에서 기름을 태우고 피를 뿌리는 큰 봉사에 관여해서는 안 된다. 아론의 가문은 매우 적었고, 또한 그 가문이 늘어감에 따라서 이스라엘의 나머지 가문들도 똑같이 늘어났을 것이므로, 제사장들의 손이 장막의 모든 일을 담당하기에 손이 부족했을 것이다. 그러므로 (하나님은 말씀하시기를) 레위인을 데려다가 너와 함께 있게 하였다(2, 4절). 4절의 경우는 "합동하다"라는 뜻을 지닌 레위라는 이름에 빗댄 것인 듯하다. 레위인 중 많은 이들이 최근 아론을 대적했었다. 그러나 하나님께서는 지금부터는 그들이 기꺼운 마음으로 그와 합동할 것이요 더 이상 그와 경쟁하는 일이 없을 것임을 약속하신다. 아론이 그를 인정하기를 염려하는 그 사람들의 마음을 돌리는 일에 힘쓰고 있을 때에 하나님께서 그를 인정하셨다는

것은 아주 좋은 증표였다. 레위인들이 제사장들에게 선물로 주어졌음을 말씀하고 있다(6절). 주목하라. 하나님을 섬기는 일에서 우리를 돕고 봉사하는 자들이 있을 때에 이들을 하나님의 한량없으신 큰 선물들로 여겨야 할 것이다.

　(3) 제사장들과 레위인들은 거룩한 일이 더럽혀지지 않도록 조심스럽게 경계해야 한다. 레위인들은 장막의 모든 직무를 지키고 다른 사람(즉, 어떤 이유로든 가까이 나아오는 것이 금지된 자)이 가까이 하지 못하도록 막아야 한다(4절). 만일 외인이 가까이 하면 그는 죽임을 당할 것이다. 그리고 제사장들은 성소의 직무를 다하고(5절) 백성을 가르치고, 그들이 성소에서 멀리하며, 고라와 그 일당처럼 정해진 경계를 넘어서지 말도록 권고하여 여호와의 진노가 다시는 이스라엘 자손에게 미치지 않도록 하여야 했다. 주목하라. 죄를 방지하는 것이 진노를 방지하는 것이다. 죄로 인하여 발생한 불행한 일이 우리에게 미래에 대한 경계가 되어야 할 것이요, 우리 자신과 다른 이들이 이를 되풀이하지 않도록 하여야 할 것이다.

[8]여호와께서 또 아론에게 이르시되 보라 내가 내 거제물 곧 이스라엘 자손이 거룩하게 한 모든 헌물을 네가 주관하게 하고 네가 기름 부음을 받았음으로 말미암아 그것을 너와 네 아들들에게 영구한 몫의 음식으로 주노라 [9]지성물 중에 불사르지 아니한 것은 네 것이라 그들이 내게 드리는 모든 헌물의 모든 소제와 속죄제와 속건제물은 다 지극히 거룩한즉 너와 네 아들들에게 돌리리니 [10]지극히 거룩하게 여김으로 먹으라 이는 네게 성물인즉 남자들이 다 먹을지니라 [11]네게 돌릴 것은 이것이니 곧 이스라엘 자손이 드리는 거제물과 모든 요제물이라 내가 그것을 너와 네 자녀에게 영구한 몫의 음식으로 주었은즉 네 집의 정결한 자마다 먹을 것이니라 [12]그들이 여호와께 드리는 첫 소산 곧 제일 좋은 기름과 제일 좋은 포도주와 곡식을 네게 주었은즉 [13]그들이 여호와께 드리는 그 땅의 처음 익은 모든 열매는 네 것이니 네 집에서 정결한 자마다 먹을 것이라 [14]이스라엘 중에서 특별히 드린 모든 것은 네 것이 되리라 [15]여호와께 드리는 모든 생물의 처음 나는 것은 사람이나 짐승이나 다 네 것이로되 처음 태어난 사람은 반드시 대속할 것이요 처음 태어난 부정한 짐승도 대속할 것이며 [16]그 사람을 대속할 때에는 난 지 한 달 이후에 네가 정한 대로 성소의 세겔을 따라 은 다섯 세겔로 대속하라 한 세겔은 이십 게라이니라 [17]오직 처음 태어난 소나 처음 태어난 양이나 처음 태어난 염소는 대속하지 말지니 그것들은

거룩한즉 그 피는 제단에 뿌리고 그 기름은 불살라 여호와께 향기로운 화제로 드릴 것이며 ¹⁸그 고기는 네게 돌릴지니 흔든 가슴과 오른쪽 넓적다리 같이 네게 돌릴 것이니라 ¹⁹이스라엘 자손이 여호와께 거제로 드리는 모든 성물은 내가 영구한 몫의 음식으로 너와 네 자녀에게 주노니 이는 여호와 앞에 너와 네 후손에게 영원한 소금 언약이니라

제사장의 직무는 전쟁이라 불린다. 자기 스스로 비용을 대면서 전쟁에 나가는 자가 어디 있겠는가? 그들이 잘 쓰임 받으니, 필요한 것을 잘 공급받았고, 또한 보수도 잘 받았다. 아무도 무상으로 하나님을 섬기지 않을 것이다. 모든 신자는 영적인 제사장들이니, 하나님께서 그들을 보살필 것을 약속하셨다. 그들은 그 땅에 거할 것이요, 양식을 얻을 것이요, 모든 선한 것에 부족함이 없을 것이다. 경건은 금생에 약속이 있다. 여기서 제사장들을 위하여 베풀어지는 이 풍성한 공급에 근거하여, 사도는 사역자들의 생활을 돌보는 것이 그리스도의 교회들의 의무임을 말씀한다. 제단에서 섬기는 이들은 제단과 함께 나누는 것이다. 이와 마찬가지로 복음 전하는 자들도 복음으로 말미암아 살고, 또한 편안히 살아야 한다(고전 9:13, 14). 생활을 돌보는 일을 소홀히 하면, 명예롭지 못한 사역자들이 생겨나는 법이다. 이제 관찰하라.

1. 그들에게 베풀어지는 양식 중 상당 부분이 그들이 관여하여 드리는 제사에서 났다. 그들은 거의 모든 제물들의 가죽들을 취하였고(이것들은 팔 수도 있었다), 또한 소제와 속죄제 등에서도 상당 부분을 그들의 몫으로 취하였다. 제사를 담당한 자들이 혜택을 받은 것이다(8절). 주목하라. 하나님의 일 자체가 그 일에 대한 삯이요, 그를 섬기는 자는 그 일과 더불어 보상을 받는다. 심지어 하나님의 계명들을 지키는 일에도 큰 상급이 따른다. 현재 우리가 누리는 신앙의 기쁨도 그 삯의 일부다.

2. 그들은 좋은 식탁을 공급받는 것은 물론, 첫 소산을 몫으로 받았고, 제사로 드려지지 않는 가축의 첫 소산도 몫으로 받았다. 그들이 이렇게 생활을 유지하도록 공급받았으므로, 그들은 세상의 일에 전혀 얽매이지 않았다. 그들은 땅도 소유하지 않았고, 밭도 갈지 않았고, 포도원을 가꾸거나, 가축을 돌보거나, 눈에 보이는 재물을 관리하지 않았다. 그러나 그럼에도 불구하고 다른 어떤 가문들보다 수입이 더 풍성했다. 이렇게 하여 하나님께서는 그들이 전적으

로 그들의 일에 헌신하고 세상적인 일이나 염려로 방해를 받지 말 것과(하나님의 일은 전인[全]시을 요구한다), 또한 그들이 하나님의 섭리는 물론 그의 규례를 믿는 믿음으로 살아가는 모범이 될 것을 명령하신 것이다. 그들은 하루하루를 벌어서 살았으니, 이는 내일을 염려하지 않는 법을 배우게 하기 위함이었다. 하루에 쓰기에 충족한 만큼이 그날 공급될 것이다. 그리고 자녀들에게 남겨줄 재산이 없으니, 믿음으로 자녀들을 하나님께 맡기게 하기 위함이었다. 곧, 그들을 평생토록 먹이신 그 하나님께서 그 자녀들도 먹이실 것을 믿고 그에게 맡기도록 하는 것이었다.

3. 제사장들의 식탁을 위하여 공급되는 것들 가운데 어떤 것은 지극히 거룩한 것으로 제사장들이 장막 뜰에서만 먹을 수 있었다(9, 10절). 그러나 다른 것들은 그보다 덜 거룩하여 정결하기만 하면 그 가족들이 자기 집에서 먹을 수 있었다(11-13절. 레 21:10 등을 보라).

4. 제일 좋은 기름과 제일 좋은 포도주와 곡식을 여호와께 첫 소산으로 드려야 했는데, 이것들을 제사장들이 취하였다(12절). 주목하라. 우리는 언제나 우리가 가진 것 중에 제일 좋은 것으로 우리 하나님을 섬기며 그를 존귀하게 하여야 한다. 그가 제일 좋은 분이시요 따라서 제일 좋은 것을 받아 마땅하신 분이시기 때문이다. 그가 첫째가는 분이시니 첫 소산을 받으셔야 마땅하다. 나중에 남는 것을 하나님께 드려서 비용을 절감하리라고 생각하는 자들은 자신을 속이는 것이다. 하나님은 만홀히 여김을 받지 아니하신다.

5. 제사장이 기름 부음을 받았음으로 말미암아 이 모든 것이 그들에게 주어진다(8절). 그들이 이런 헌물들을 받은 것이 그들이 다른 이스라엘 사람들보다 개인적인 공로가 크기 때문이 아니고 순전히 그들이 기름 부음을 받아 부여받은 직분 때문이라는 점을 그들에게 분명히 인식시키고자 함이었다. 여호와의 백성들에게 주어지는 모든 위로들이, 그들이 받은 기름 부음 덕분에 그들에게 주어지는 것이다. 이 헌물들이 영구한 규례(한글 개역개정판은 "영구한 몫"으로 번역함 — 역주)로서 그들에게 주어진다고 말씀하며(8절), 또한 그것이 영원한 소금 언약이라고도 말씀한다(19절). 제사장직이 지속되는 한, 이것이 지속되어 그것을 뒷받침하게 될 것이요, 기름이 모자라 등불이 꺼지는 일이 없을 것이다. 이렇듯 그리스도께서 오시기까지 복음 사역이 지속되도록 영구한 규례를 통하여 조치가 마련되어 있는 것이다. 볼지어다 내가 세상 끝날까지 너희와

항상 함께 있으리라. 이것이 천대에 걸쳐서 백성들에게 명령하신 그의 말씀이 니, 구속주이신 그리스도께 감사할지어다.

²⁰여호와께서 또 아론에게 이르시되 너는 이스라엘 자손의 땅에 기업도 없겠고 그 들 중에 아무 분깃도 없을 것이나 내가 이스라엘 자손 중에 네 분깃이요 네 기업이 니라 ²¹내가 이스라엘의 십일조를 레위 자손에게 기업으로 다 주어서 그들이 하는 일 곧 회막에서 하는 일을 갚나니 ²²이 후로는 이스라엘 자손이 회막에 가까이 하지 말 것이라 죄값으로 죽을까 하노라 ²³그러나 레위인은 회막에서 봉사하며 자기들의 죄를 담당할 것이요 이스라엘 자손 중에는 기업이 없을 것이니 이는 너희 대대에 영원한 율례라 ²⁴이스라엘 자손이 여호와께 거제로 드리는 십일조를 레위인에게 기 업으로 주었으므로 내가 그들에 대하여 말하기를 이스라엘 자손 중에 기업이 없을 것이라 하였노라 ²⁵여호와께서 모세에게 말씀하여 이르시되 ²⁶너는 레위인에게 말 하여 그에게 이르라 내가 이스라엘 자손에게 받아 너희에게 기업으로 준 십일조를 너희가 그들에게서 받을 때에 그 십일조의 십일조를 거제로 여호와께 드릴 것이라 ²⁷내가 너희의 거제물을 타작 마당에서 드리는 곡물과 포도즙 틀에서 드리는 즙 같 이 여기리니 ²⁸너희는 이스라엘 자손에게서 받는 모든 것의 십일조 중에서 여호와 께 거제로 드리고 여호와께 드린 그 거제물은 제사장 아론에게로 돌리되 ²⁹너희가 받은 모든 헌물 중에서 너희는 그 아름다운 것 곧 거룩하게 한 부분을 가져다가 여 호와께 거제로 드릴지니라 ³⁰이러므로 너는 그들에게 이르라 너희가 그 중에서 아 름다운 것을 가져다가 드리고 남은 것은 너희 레위인에게는 타작 마당의 소출과 포도즙 틀의 소출 같이 되리니 ³¹너희와 너희의 권속이 어디서든지 이것을 먹을 수 있음은 이는 회막에서 일한 너희의 보수임이니라 ³²너희가 그 중 아름다운 것을 받 들어 드린즉 이로 말미암아 죄를 담당하지 아니할 것이라 너희는 이스라엘 자손의 성물을 더럽히지 말라 그리하여야 죽지 아니하리라

레위인들과 제사장들을 위하여 제공되는 것들에 대한 추가적인 기록 을 여기서 접하게 된다.

I. 그들은 이스라엘 자손의 땅에 기업이 없겠고, 후에 성읍에 거하도록만 허 용되고, 땅을 소유하는 것은 허용되지 않는다. 그들 중에 아무 분깃도 없을 것이 니(20절). 또한 23절과 24절에서도 이 점이 다시 반복된다. 이스라엘 자손 중에

는 기업이 없을 것이니. 값을 치르고 살 수도 없고 조상에게서 물려받을 수도 없다. 하나님은 그들이 편안히 지내도록 쓸 것을 공급하실 것이나, 그 가문을 지나치게 부하게 만들지는 않으려 하신다. 그들이 삯을 받고 계속해서 감당해야할 그 일 이상의 것을 생각하지 못하도록 하기 위함이었다. 이스라엘이 하나님이 소유하신 특별한 백성으로서 열방의 숫자에 끼지 않았듯이, 레위 지파도 특별한 지파로서 나머지 지파들처럼 정착해서는 안 되고 모든 면에서 그들과 구별되어야 했던 것이다. 그들이 어째서 땅에 기업이 없어야 하는지에 대해 합당한 이유가 제시되어 있다. 이에 대해 하나님은 내가 이스라엘 자손 중에 네 분깃이요 네 기업이니라 라고 말씀하신다. 주목하라. 하나님을 분깃과 기업으로 삼는 자들은 언제나 이 땅의 기업들에 대해 거룩한 멸시와 무관심으로 바라보아야 하고, 다른 사람들을 투기해서는 안 될 것이다. "여호와는 나의 기업이시니 그러므로 내가 그를 바라고, 이 땅에서 가진 그 어떠한 것도 의지하지 아니하리라"(애 3:24). 레위인들은 기업이 없으나 매우 편안하고 풍족하게 살게 될 것이다. 이는 전적으로 섭리에 의존하여 사는 자들을 하나님께서 갖가지 섭리로 지탱시켜 주신다는 것을 가르쳐 준다. 공중의 새는 거두지 않으나 양식을 먹으며, 백합화는 길쌈도 하지 않으나 아름다운 옷을 입으며, 레위인들은 이스라엘 중에 기업이 없으나 다른 어떤 지파보다도 더 잘 사는 것이다.

이스라엘 자손이 회막에 가까이 하지 말 것이라는 경고의 말씀이 반복되는데, 다소 갑작스런 점도 있으나 매우 적절하다 할 것이다(22절). 제사장들과 레위인들에 관하여 그들이 이스라엘 중에서 기업이 없다고 말씀하였는데, 여기서는 이스라엘 다른 지파에 관한 말씀을 삽입하여, 하나님께서 그의 은혜를 다양하게 베푸신다는 것을 보여주고 있는 것이다. 레위인들은 장막을 섬기는 존귀를 부여받았으나, 이스라엘 사람들은 이 존귀를 누릴 수 없었다. 그런가 하면 이스라엘 사람들은 가나안에서 기업을 얻는 존귀를 부여받으나, 레위인들은 그것을 누릴 수 없는 것이다. 그리하여 각자 서로를 질투하거나 멸시하지 못하게 하고 양쪽 다 자기들의 몫을 기쁨으로 누리도록 하신 것이다. 이스라엘 자손은 회막에 가까이 하지 말아야 했다. 한편 레위인들은 그 땅에서 기업도 없겠고 분깃도 없었다. 목사들이 일반 사람들이 자기들의 영역을 지키고 거룩한 직무에 대해 왈가왈부하지 않기를 기대한다면, 그들 역시 자기들의 영역을 지키고 세속적인 문제에 얽히지 말아야 마땅한 것이다.

II. 그러나 제사장들과 레위인들은 땅의 소산의 십일조를 받도록 되어 있었다. 첫 열매가 제사장들의 몫이었으나 그것 외에도 — 유대인들은 말하기를 이것은 전체의 오십분의 일, 혹은 최소한 육십분의 일이었다고 한다 — 그들은 십일조를 받았다.

1. 레위인들은 백성들의 수입의 십일조를 받았다. 내가 이스라엘의 십일조를, 그 땅에서 나는 모든 소산의 십분의 일을, 레위 자손에게 기업으로 다 주어서 그들이 균등하게 함께 나누도록 하여, 그들이 하는 일 곧 회막에서 하는 일을 갚나니(21절). 레위 지파는 열두 지파 중 가장 작은 지파였으나, 다른 모든 유리한 점들 외에도, 그들은 밭을 갈고 심고 가꾸는 수고와 비용을 전혀 들이지 않고 일년 수확의 십분의 일을 받았다. 하나님께서는 그를 위해 봉사하는 일에 헌신한 자들을 그렇게 세심하게 보살피셨다. 그들의 생활이 잘 유지되게 하심은 물론, 그들이 행하는 선한 봉사가 민족적으로 존귀하게 인정받고 그들이 하나님의 대리자들로 인정받게 하신 것이다. 왜냐하면, 거제로 드려진 것, 곧 하늘을 향하여 여호와께 높이 올려 드려진 제물을 레위인들의 몫이 되도록 하셨기 때문이다.

2. 제사장들은 레위인들이 받은 십일조 중의 십분의 일을 받았다. 모세는 여호와의 명으로 이러한 명령을 레위인들에게 전달하였다. 하나님께서는 제사장들이 이를 레위인들에게 권위로 요구하게 하기보다는 레위인들이 기쁨으로 제사장들에게 지불하도록 하신 것이다. 너는 레위인에게 말하여, 여호와께 드릴 것이니라. 여기서 관찰하라.

(1) 이스라엘 사람들이 그들의 소득 중에서 십분의 일을 하나님께 드렸듯이, 레위인들도 그들이 받은 십일조 중에 십분의 일을 하나님께 드려야 했다. 말하자면, 그들은 하나님의 소작인들이었고 따라서 그에게 소작료를 내는 것이 마땅했고, 그들의 직무로 인하여 그것이 면제되는 일은 없었다. 그러므로 지금도 사역자들은 그들이 받는 것 가운데 기꺼운 마음으로 풍성하게 드려야 한다. 자유로이 받는 것이 많을수록, 자유로이 더 풍성하게 드려야 하고, 이런 면에서 너그러움의 모범이 되어야 한다. 그 십일조의 십일조를 거제로 여호와께 드릴 것이라(26절). 다른 사람들의 헌신된 제사를 위하여 봉사하는 일을 맡은 자들 역시 자기들의 것을 여호와께 거제로 반드시 드려야 했던 것이다. 기도와 찬양을 하나님께 올려드리는 것, 혹은 기도와 찬양 속에서 마음을 높이 올려 드리는 것

이 오늘날 우리의 거제물이다. 하나님께서는, 이 거제물을 타작 마당에서 드리는 곡물과 포도즙 틀에서 드리는 즙 같이 여기리라 라고 말씀하신다. 즉, 그것이 다른 이스라엘 자손들의 십일조처럼 그들의 밭에서 나온 열매도 아니요 그들이 수고하여 거둔 것도 아니지만, 그들이 가진 것 중에서 드리는 것이므로 그것을 열납하셔서 나머지 모든 헌물들을 거룩하게 하시리라는 것이다.

(2) 이것을 제사장 아론에게와(28절) 그의 뒤를 잇는 대제사장들에게 주어서, 제사장들 사이에 적절하다고 생각하는 비율로 나누어 배분하도록 하였다. 본 장 앞 부분에서 지정된 제사장들의 직무의 수입 대부분은 제사에서 나오는 것이요, 제단에서 끊임없이 봉사한 제사장들이 그 혜택을 받았다. 그러나 그 나라에 많은 제사장들이 세움 받아 가르치고 다스리고 있었으므로 레위인들에게서 취한 십일조들을 대제사장이 받아 그 제사장들의 생활 유지를 위해 쓰도록 한 것으로 보인다. 학식 있는 패트릭 주교는 이 마지막 십일조의 십분의 일은 대제사장 자신을 위해 남겨져서 그의 위엄과 품위를 유지하는 데에 쓰였을 것으로 추측한다. 대제사장 자신을 위한 특별한 배려가 별도로 언급되지 않기 때문이다.

(3) 레위인들은 수입의 십분의 일을 그렇게 여호와께 거제로 드리고 나서, 나머지 십분의 구를 자신들의 삶을 위해 편안하게 누렸다(30절). "너희의 소출 중에 아름다운 것을 가져다가(여전히 하나님의 몫이 가장 최고의 것이어야 했다) 여호와께 거제로 드리고 나면, 그 나머지는 성물로서가 아니라 다른 이스라엘 사람들이 자기의 소산을 먹는 것과 똑같이 너희와 너희의 권속이 자유로이 먹을 것이라"(31절). 다음에서 보듯이, 여기서 세상의 재물로 인하여 죄를 담당하지 않으면서 우리의 모든 세상적인 재물의 위로를 누리는 방법을 보게 된다(32절).

[1] 재물을 정직하게 또한 하나님을 섬기는 가운데 받아야 한다는 것을 명심하여야 한다. 그것은 너희의 봉사에 대한 너희의 상급이다. 정당히 일하여 번 양식이야말로 가장 편안하게 누릴 수 있는 것이다. 그러나 누구든지 일하기 싫어하거든 먹지도 말게 하라(살후 3:10). 그리고, 회중의 장막에서 행해지는 신실한 봉사에 대한 상급으로 주어지는 것이야말로 특별한 위로와 만족을 주는 것이다.

[2] 우리의 수입 가운데 하나님의 몫이 있다는 것을 명심해야 한다. 우리의

재물로 여호와를 존귀하게 하고 난 후에야 비로소 재물의 위로를 누리는 것이
다. 너희가 그 중 아름다운 것을 거제로 받들어 드린 후에야 비로소 이로 말미암아
죄를 담당하지 아니할 것이라. 이는 우리의 식탁이 함정이 되고 이로 인하여 우
리가 죄를 담당하게 되지 않도록 언제나 두려움으로 재물을 누려야 한다는 것
을 시사한다. 그러므로 우리는 우리가 가진 것으로 구제하는 일에 관심을 쏟음
으로써, 모든 것이 우리에게 깨끗하고 편안하게 되도록 해야 하는 것이다.

제 19 장

개요

　본 장은 부정을 씻는 물에 스며드는 재를 준비하며 사용하는 일에 관한 내용이다. 백성들은 장막에 접근하지 못하도록 금지한 율법의 엄격함에 대해 불평했었다(17:13). 여기서는 이런 불평에 대한 응답으로, 그들 자신을 정결하게 할 것을 명하고 있다. 정결하게 되면 기회가 있을 때 두려움이 없이 가까이 나아올 수 있다는 것이다. 본 장의 주요 내용은 다음과 같다. I. 이 재를 준비하는 방법. 곧, 갖가지 의식과 더불어 붉은 암송아지를 불사르는 것이 그것이었다(1-10절). II. 재의 사용법. 1. 그 재는 시체로 인하여 오염된 사람들을 정결하게 하는 데 사용되었다(11-16절). 2. 그 재를 흐르는 물에 소량을 뿌려 그것으로 사람을 정결하게 하였다(17-22절). 이러한 의식적인 정결법이 신자들의 양심을 죄의 오염에서 깨끗하게 하는 것의 모형이요 예표라는 것이 히 9:13, 14의 사도의 강론에서 드러난다. 거기서 사도는 그리스도의 피의 효력을 "염소와 황소의 피와 암송아지의 재를 부정한 자에게 뿌림"으로써 거룩하게 한 것과 대비시키고 있다.

¹여호와께서 모세와 아론에게 말씀하여 이르시되 ²여호와께서 명령하시는 법의 율례를 이제 이르노니 이스라엘 자손에게 일러서 온전하여 흠이 없고 아직 멍에 메지 아니한 붉은 암송아지를 네게로 끌어오게 하고 ³너는 그것을 제사장 엘르아살에게 줄 것이요 그는 그것을 진영 밖으로 끌어내어서 자기 목전에서 잡게 할 것이며 ⁴제사장 엘르아살은 손가락에 그 피를 찍고 그 피를 회막 앞을 향하여 일곱 번 뿌리고 ⁵그 암소를 자기 목전에서 불사르게 하되 그 가죽과 고기와 피와 똥을 불사르게 하고 ⁶동시에 제사장은 백향목과 우슬초와 홍색 실을 가져다가 암송아지를 사르는 불 가운데에 던질 것이며 ⁷제사장은 자기의 옷을 빨고 물로 몸을 씻은 후에 진영에 들어갈 것이라 그는 저녁까지 부정하리라 ⁸송아지를 불사른 자도 자기의 옷을 물로 빨고 물로 그 몸을 씻을 것이라 그도 저녁까지 부정하리라 ⁹이에 정결한 자가 암송아지의 재를 거두어 진영 밖 정한 곳에 둘지니 이것은 이스라엘 자손 회중을 위하여 간직하였다가 부정을 씻는 물을 위해 간직할지니 그것은 속죄제니라 ¹⁰암송아지

의 재를 거둔 자도 자기의 옷을 빨 것이며 저녁까지 부정하리라 이는 이스라엘 자손과 그 중에 거류하는 외인에게 영원한 율례니라

여기서는 붉은 암송아지를 불살라 재를 만드는 일과 그 재를 보관하는 엄숙한 일에 관한 하나님의 지시하심을 보게 된다. 이 재를 갖고서 부정을 씻는 물이 만들어졌다. 율법의 역사는 부정을 씻는 것이었기 때문이다. 율법의 역할은 복음처럼 아름답게 만드는 것이 아니라 오로지 부정을 씻는 것뿐이었다. 이처럼 암송아지를 불사르는 일은 제단에서 행해지는 것이 아니었으므로 죄를 속하는 제사는 아니었으나, 그리스도의 죽으심과 고난의 모형이 되는 것이었다. 그리스도께서는 그의 죽으심과 고난당하심으로 하나님의 공의를 만족시키는 것은 물론 우리의 양심을 정결하게 하고 평안하게 하여, 우리가 하나님과 평화를 누리고 또한 우리 가슴으로도 평안을 누리게 하셨다. 그리스도께서는 제단에서 죽은 수소와 염소처럼은 물론 진 바깥에서 죽은 암송아지처럼 죽으신 것이다.

I. 불사를 암송아지를 택하는 데에 굉장히 신중을 기하였다. 다른 제물을 택할 때보다 더욱더 신중을 기하였다(2절). 암송아지는 흠이 없는 것이어서 주 예수님의 흠 없는 순전하심과 죄 없으신 완전하심을 예표할 만한 것이어야 했고, 동시에 붉은 것이어야 했다. 왜냐하면 붉은 색의 암송아지가 희귀하므로 붉은 것을 택하면 더욱 드러나게 되기 때문이었다. 유대인들은 말하기를, "털이 두 오라기만 검거나 희어도 부적합했다"고 한다. 사람이신 그리스도는 아담, 즉 붉은 흙의 자손이셨다. 그리고 그는 붉은 홍포를 입으셨고, 그 자신의 피로 붉게 물드셨으며, 그의 원수들의 피로 붉으셨다. 그리고 멍에를 한 번도 메어본 적이 없는 것이어야 했다. 다른 제사에 쓸 제물의 경우는 이런 조건이 없었다. 그러나 이런 조건에 맞는 것을 택한 것은 주 예수님이 자신의 자의(自意)로 내어주신 것을 예표하는 것이었기 때문이다. 그는 보라 나로라 라고 말씀하셨는데, 이 때 그는 다름 아닌 자기 자신의 사랑의 줄에 매임 받으신 것이다. 이 암송아지는 회중이 비용을 부담하여 마련하여야 했는데, 이는 그들 모두가 그 일에 공동으로 관련되어 있기 때문이었다. 이처럼 모든 신자들이 그리스도 안에서 함께 관계되어 있는 것이다.

II. 붉은 암송아지를 사르는 일에 갖가지 의식이 행해졌다. 이 일은 아론이

아니라 엘르아살에게 맡겨졌는데, 이는 자신을 의식적으로 부정하게 만드는
일을 행하는 것은 아론에게는 적절치 않았기 때문이다. 이 일을 담당한 자는
저녁까지 부정하였는데(8절), 이런 일은 아론에게는 가당치 않은 일이었다. 그
러나 의미로 볼 때에 이 일은 매우 중요한 일이었으므로, 위엄에 있어서 아론
에 다음가는 사람이 행하여야 했다. 그리스도께서 죽으실 때에 대제사장들이
그 일에 주도적으로 관여했던 것을 보게 된다. 그런데,

1. 암송아지는 부정한 것으로 여겨 진 바깥에서 죽여야 했다. 이러한 사실
은 의식법이 지정한 방법으로는 죄를 제거하기에 불충분하다는 것을 웅변적으
로 증거해 준다. 암송아지들이 부정을 없애주기는커녕 그것들 자체가 부정하
였다. 말하자면, 그 송아지들에게 지워진 오염이 계속해서 그것들에게 붙어있
는 것과도 같았다 할 것이다. 그런데도 이러한 모형에 부응하고자, 우리 주 예
수께서는 우리를 위하여 죄와 저주가 되사 성문 밖에서 고난을 받으신 것이다
(히 13:12).

2. 엘르아살은 이 암송아지의 회막 앞에서 회막을 정면으로 바라보고 그 피
를 뿌렸다(4절). 일종의 속죄의 의미로 그렇게 한 것이다. 여호와 앞에 피를 뿌
리는 것은 모든 속죄의 제사들에서 가장 중요한 예식이었다. 그러므로 비록 제
단에서 행한 것은 아니나 성소를 바라보며 행한 것이니, 이는 그 덕성과 타당
성이 성소에 의존하며 거기에 근거한다는 것을 시사하는 것이었다. 이것은 우
리의 그리스도의 죽으심으로 말미암아 하나님께 행하여진 보상을 의미하는 것
이었다. 그는 우리의 큰 대제사장으로서 영원한 영으로 말미암아(에인즈워스
[Ainsworth]가 간파하는 대로 성령을 가리켜 하나님의 손이라 부른다. 눅
11:20) 자기 자신을 흠 없이 하나님께 드리셨다. 그는 또한 정면으로 성소 앞에서
자신을 드리셨으니, 아버지 내 영혼을 아버지 손에 부탁하나이다 라고 말씀하셨
던 것이다(눅 23:46). 이는 또한 하나님의 공의에 대하여 보상이 이루어지기
위해서는 우리의 마음이 정결하게 되는 것이 얼마나 필수적인가를 나타내 주
기도 한다. 이렇게 피를 뿌리는 것이 재에 효능을 부여한 것이다.

3. 그 암송아지는 완전히 다 불살라야 했다(5절). 이는 불로써 행해지는 제
사로서 우리 주 예수님의 영적이며 육체적인 극심한 고난을 예표하는 것이었
다. 제사장은 암송아지가 불에 타는 동안 백향목과 우슬초와 홍색실을 그 불
속에 던져 넣게 되어 있었는데, 이것들은 나병환자를 정결하게 하는 데에 사용

되는 것들이었다(레 14:6, 7). 이것들의 재를 암송아지의 재와 뒤섞이게 하여 정결하게 하는 효능을 갖게 하였다.

4. 암송아지의 재(그것을 태우는 데 쓰인 나무의 재와 할 수 있는 만큼 구별하여)는 정결한 사람의 손으로 조심스럽게 모아서 (유대인들의 말로는) 이를 곱게 갈고 채로 쳐서 회중으로 하여금 기회가 생길 때에 사용할 수 있도록 모아두었고(9절), 당대에만 아니라 훗날 후손들도 사용할 수 있게 하였다. 이 한 마리 암송아지의 재만으로도 이스라엘 백성이 여러 세대에 걸쳐서 필요한 물에 섞기에 충족하였기 때문이다. 유대인들은 말하기를, 이 한 마리 암송아지의 재로 거의 1,000년 후의 포로기까지 사용하였으며, 유다 백성들의 귀환 후인 에스라 시대까지는 또다시 암송아지를 불살라 재를 만들지 않았다고 한다. 유대인들의 이런 전승은 (내가 생각하기에는) 이에 대해 침묵을 지키는 옛 기록에 근거한 것으로 신빙성을 부여할 이유가 전혀 없는 것으로 보인다. 왜냐하면 후대의 그들의 교회에서는 이에 대하여 더욱 충실한 기록들이 남아 있는데, 에스라 시대로부터 제 2 성전이 파괴되기까지의 약 500년 되는 기간에 여덟 마리의 암송아지를 불사른 것이 나타나기 때문이다. 여기서 이 재를 속죄제로서 모아두라고 말씀하는데(9절), 이는 비록 이 재가 그저 의식적인 부정함만을 씻기 위한 것이었으나, 그것이 우리 주 예수께서 그의 죽으심으로 이루신 속죄제의 모형이었기 때문이다. 재를 물에다 섞은 것은 문질러 깨끗하게 하는 데 사용되지만, 여기 이 재의 효력은 순전히 하나님의 지정하심과 또한 그리스도에게서 실현되고 완전하게 된다는 사실에서 비롯되는 것이다. 그리스도야말로 의를 위하여 율법의 마침이 되시는 것이다. 여기서 관찰하라.

(1) 성소 앞에서 피를 흘린 암송아지의 재를 타면 보통 물이 부정을 씻는 물이 되었다. 따라서 우리의 양심을 정결하게 씻는 것은 그리스도의 죽으심의 영구한 효력이다. 그의 피가 우리를 모든 죄에서 깨끗하게 하는 것이다(요일 1:17).

(2) 그 재는 모든 백성을 위하여 충족했다. 부정을 씻어야 할 사람이나 가족이 생길 때마다 새 암송아지를 죽일 필요가 없었고, 이 한 마리에게서 나온 재로 모든 사람에게 충족했고, 그들 중에 임시로 거주하는 외인들을 위해서까지도 충족하였다(10절). 이처럼 그리스도의 피에는 회개하고 복음을 믿는 모든 사람들을 위하여, 모든 이스라엘을 위하여, 또한 그들의 죄만이 아니라 온 세상

의 죄를 위해서도(요일 2:2) 충족한 공효가 있는 것이다.

(3) 이 재는 그냥 버려지지 않고 오랜 세월 동안 보존될 수 있는 것이었다. 육체의 성분 가운데 재만큼 썩지 않는 것이 없다. 패트릭 주교는 말하기를, 그렇기 때문에 이것이 그리스도의 희생의 영구한 공효를 나타내는 상징물로서 매우 적절했다고 한다. 그리스도는 구원하실 수 있고, 또한 이를 위하여 사람과 시대 모두를 철저하게 깨끗하게 하실 수 있는 것이다.

(4) 이 재는 끊임없이 이스라엘을 오염에서 정결하게 하도록 보물로 저장되었다. 이처럼 그리스도의 피도 우리를 위하여 말씀과 성례 속에 담겨 있어서 다함이 없는 공효의 샘이 되며, 따라서 우리는 양심을 깨끗이 씻기 위하여 날마다 믿음으로 이 샘에 나아갈 수 있는 것이다(슥 13:1).

5. 이 일에 가담한 모든 사람들은 그 때문에 의식적으로 부정한 상태가 되었다. 심지어 엘르아살 자신도 그 피를 뿌린 것밖에 없는데도 부정한 상태가 되었다(7절). 송아지를 불사른 자도 … 부정하고(8절), 암송아지의 재를 거둔 자도 … 부정하리라(10절). 이처럼 그리스도를 죽이는 일에 가담한 모든 자들이 그로 인하여 죄책을 얻었다. 그를 배반한 유다와 그를 체포한 자들과 그를 재판한 자와 그를 십자가에 못 박은 모든 자들이 악한 손으로 그 일을 행한 것이다. 그러나 그 일은 하나님께서 정하신 뜻과 미리 아신 대로 된 것이다(행 2:23). 그러나 그들 중 어떤 이들은 그들이 흘리게 한 죄를 지은 바로 그 피의 공효로 깨끗하게 되었고, 또한 모든 사람이 그렇게 깨끗하게 될 수 있었다. 어떤 이들은 이것은 율법이 불완전하며 죄를 제거하기에 충족하지 못한 사실을 나타내는 것이라고 보기도 한다. 다른 이들을 정결하게 하는 일을 위하여 준비하던 사람들 자신이 그 일로 인하여 더러워졌으니 말이다. 유대인들은 말하기를, 동일한 것이 정결한 자들은 더럽게 하고 부정한 자들은 정결하게 한다는 이 사실은 솔로몬도 이해하지 못한 신비라고 한다. 그러나 (패트릭 주교의 논지에 따르면) 죄를 위하여 드려지는 모든 제물들에 사람들의 죄가 전가되었으므로 그 제물들이 부정한 것으로 간주된다는 것을 생각하면 이것이 하나도 이상할 것이 없다. 우리의 모든 죄가 그리스도께 전가되었으므로, 그 때문에 하나님이 그를 우리를 대신하여 죄로 삼으신 것이다(고후 5:21).

11사람의 시체를 만진 자는 이레 동안 부정하리니 12그는 셋째 날과 일곱째 날에 잿

물로 자신을 정결하게 할 것이라 그리하면 정하려니와 셋째 날과 일곱째 날에 자신을 정결하게 하지 아니하면 그냥 부정하니 ¹³누구든지 죽은 사람의 시체를 만지고 자신을 정결하게 하지 아니하는 자는 여호와의 성막을 더럽힘이라 그가 이스라엘에서 끊어질 것은 정결하게 하는 물을 그에게 뿌리지 아니하므로 깨끗하게 되지 못하고 그 부정함이 그대로 있음이니라 ¹⁴장막에서 사람이 죽을 때의 법은 이러하니 누구든지 그 장막에 들어가는 자와 그 장막에 있는 자가 이레 동안 부정할 것이며 ¹⁵뚜껑을 열어 놓고 덮지 아니한 그릇은 모두 부정하니라 ¹⁶누구든지 들에서 칼에 죽은 자나 시체나 사람의 뼈나 무덤을 만졌으면 이레 동안 부정하리니 ¹⁷그 부정한 자를 위하여 죄를 깨끗하게 하려고 불사른 재를 가져다가 흐르는 물과 함께 그릇에 담고 ¹⁸정결한 자가 우슬초를 가져다가 그 물을 찍어 장막과 그 모든 기구와 거기 있는 사람들에게 뿌리고 또 뼈나 죽임을 당한 자나 시체나 무덤을 만진 자에게 뿌리되 ¹⁹그 정결한 자가 셋째 날과 일곱 째 날에 그 부정한 자에게 뿌려서 일곱째 날에 그를 정결하게 할 것이며 그는 자기 옷을 빨고 물로 몸을 씻을 것이라 저녁이면 정결하리라 ²⁰사람이 부정하고도 자신을 정결하게 하지 아니하면 여호와의 성소를 더럽힘이니 그러므로 회중 가운데에서 끊어질 것이니라 그는 정결하게 하는 물로 뿌림을 받지 아니하였은즉 부정하니라 ²¹이는 그들의 영구한 율례니라 정결하게 하는 물을 뿌린 자는 자기의 옷을 빨 것이며 정결하게 하는 물을 만지는 자는 저녁까지 부정할 것이며 ²²부정한 자가 만진 것은 무엇이든지 부정할 것이며 그것을 만지는 자도 저녁까지 부정하리라

여기서는 부정을 씻기 위하여 준비된 재를 사용하고 적용하는 일에 관한 지침이 제시된다. 재를 모아들여서 사용하도록 하였다. 그러므로 지금은 한 곳에 그것을 모아두었으나, 나중에 그들이 가나안에 들어가면 이 재 중 일부를 각 성읍마다 보관하여 날마다 사용하도록 하였을 것으로 보인다. 관찰하라.

I. 이 재로 정결하게 할 필요가 있는 경우들. 여기서는 시체나 혹은 죽은 사람의 뼈나 무덤에 접촉했거나, 혹은 시체가 누워 있는 장막이나 집에 있었거나 하여 의식적으로 부정하게 된 경우 외에는 언급이 없다(11, 14-16절). 내가 보기에 이것이야말로 의식법 중 가장 무겁고 해결하기 어려운 사안이었던 것 같다. 부정한 짐승의 시체나 혹은 지극히 위중한 의식적인 부정의 상태에 있는

산 사람과 접촉한 자는 저녁까지만 부정하였고, 보통 물로 씻어 정결하게 할 수 있었다. 그러나 남자나 여자나 어린 아이의 시체와 가까이한 자는 칠일 동안 부정하였고, 이 특별한 물로 두 번 씻어야만 정결하게 되었다. 그 물은 어렵게 값을 지불하고서야 얻을 수 있었고, 이렇게 정결하게 되기 전에 성소 가까이에 접근해서는 안 되었고, 이를 어기면 죽임을 당할 수밖에 없었던 것이다.

1. 다음을 생각하면, 이는 이상한 일이었다.

(1) 누군가 죽으면 몇 사람이 반드시 이 부정에 오염될 수밖에 없다. 시체의 옷을 벗겨내고 씻고 천으로 싸고 지고 가서 장사지내야 하는데, 여러 사람의 손이 가지 않으면 이 일을 행할 수 없다. 그런데도 이 모든 사람들이 부정하게 되었으니, 이는 우리의 부패하고 타락한 상태에서는 죄를 짓지 않고 사는 자가 하나도 없다는 것을 뜻한다. 우리가 살며 지나고 있는 이 더러운 세상으로 인하여 부정해지지 않을 수가 없다. 그러나 우리가 죄를 짓지 않을 수 없다는 것 때문에 죄가 덜 부정하게 되는 것이 아니다.

(2) 죽은 자를 돌보며, 시신을 예의를 갖추어 장사지내는 것은 필수적인 일일 뿐 아니라 죽은 자를 존귀하게 대하는 것이요 산 사람에게도 위로를 주는 것으로서 매우 선한 봉사이며 친절한 행위다. 그런데도 이 일로 인하여 부정에 오염되는데, 이 사실은 우리가 아무리 선하게 봉사한다 할지라도 거기에 더러운 것이 필연적으로 뒤섞이게 된다는 것을 시사해 준다. 선을 행하고 전혀 죄를 범하지 않는 의로운 사람은 이 땅에 한 사람도 없다. 선을 행하는 중에도 우리는 이런저런 식으로 실수를 범하기 십상인 것이다.

(3) 집에서 사사로이 행한 일로 인하여 부정에 오염되었는데, 이는 (패트릭 주교가 간파한 대로) 우리가 은밀한 중에 행하는 일을 하나님께서 보시며, 그 어떠한 것도 하나님의 위엄 앞에서 감추어질 수 없다는 것을 시사해 준다.

(4) 이 부정에 오염되었어도, 마치 평토장한 무덤에 접촉하는 것처럼 사람이 이를 전혀 모를 수도 있다. 평토장한 무덤에 대해서 주님은, 그 위를 밟는 사람이 알지 못하느니라 라고 말씀하신다(눅 11:44). 이러한 사실은 무지의 죄로 말미암아 양심이 더러워지는 것을 시사한다. 바로 이 때문에 우리는 "누가 자기의 잘못을 깨달을 수 있사옵나이까?" 라고 부르짖어야 하고, 또한 "우리 스스로 깨닫지 못하고 지은 은밀한 과오에서 우리를 깨끗이 씻어주옵소서" 라고 기도해야 하는 것이다.

2. 그런데 어째서 율법이 죽은 사람의 시체를 그렇게 부정한 것으로 만들었을까?

(1) 죽음은 죄의 삯이요, 죄로 인하여 세상에 들어왔고, 죄의 권세로 다스리고 있기 때문이다. 인류의 죽음은 다른 피조물들의 죽음과는 성격이 다르다. 그것은 저주요, 율법의 시행이요, 따라서 죽음이 부정하다는 것은 바로 죄가 부정하다는 것을 나타내는 것이다.

(2) 율법이 죽음을 이길 수 없고, 그것을 제거할 수도, 그 성격을 바꿀 수도 없기 때문이다. 그러나 복음은 생명과 불멸을 가져다줌으로써 더 나은 소망을 갖게 해 준다. 우리 구주께서 죽으시고 장사되셨으므로, 죽음이 더 이상 하나님의 이스라엘에게 파괴력을 발휘하지 못하고, 따라서 죽은 자의 시체도 더 이상 부정한 것이 아니다. 그러나 교회가 율법 아래 있었을 때에는, 그 나아오는 자들을 언제나 온전하게 할 수 없다는 것을 보여주고자, 죽은 자의 시체를 접촉하여 부정하게 될 경우 그 마음에 죽음에 대하여 두렵고 불편한 생각을 갖게 되지 않을 수 없었으나, 지금의 신자들은 그리스도로 말미암아 죽음을 이길 수 있다. 사망아 네가 쏘는 것이 어디 있느냐? 네 부정이 어디 있느냐?

II. 재를 사용하는 법.

1. 소량의 재를 흐르는 물 한 컵에 넣어 잘 섞으면, "분리의 물"(the water of separation. 한글 개역개정판은 정결하게 하는 물로 번역함. 21절)이 되었다. 그 물을 그렇게 부르는 것은 그것이 부정 때문에 성소로부터 분리되었던 자들에게 뿌리는 물이었기 때문이다. 암송아지의 재가 그리스도의 공효를 나타냈듯이, 흐르는 물은 복된 성령의 능력과 은혜를 나타내는 것이었다. 성령의 역사를 생수의 강으로 묘사하기 때문이다. 그리고 그리스도의 의가 우리에게 덧입혀져 우리가 정결하게 되는 것이 바로 그의 역사하심으로 말미암는 것이다. 그러므로 우리가 주 예수의 이름으로는 물론 우리 하나님의 성령 안에서 씻음 받았다고, 즉 거룩함과 의롭다 하심을 받았다고 말씀하는 것이다(고전 6:11; 벧전 1:2). 그리스도의 의로 말미암는 은덕을 약속하면서도 성령의 은혜와 그의 영향력에 굴복하지 않는 자들은 스스로 속이는 자들이다. 왜냐하면 하나님께서 하나가 되게 하신 것을 우리가 나눌 수는 없으며, 또한 흐르는 물 속에 섞인 재가 아니면 그 어떠한 재로도 정결하게 될 수 없기 때문이다.

2. 이 물에 우슬초를 찍어서 정결하게 되고자 하는 사람이나 물건에 뿌려야

했다(18절). 이것을 염두에 두고서 다윗은 우슬초로 나를 정결하게 하소서 라고 기도하고 있다. 믿음이 바로 양심에 뿌려서 마음을 정결하게 하는 우슬초다. 동시에 많은 것들에 뿌릴 수도 있었다. 재가 섞인 물이 여러 물건들에 뿌려서 다 소비할 수도 있었다. 그리고 지극히 적은 소량으로도 사람을 정결하게 하는 데에 쓰일 수 있었다. 이처럼 분리의 물을 뿌리는 것을 염두에 두고서, 히브리서 기자는 그리스도의 피를 가리켜 뿌린 피라고 말씀하며(12:24), 또한 그 피로 마음에 뿌림을 받아 악한 양심으로부터 벗어난다고 말씀하는데(히 10:22), 이는 우리가 죄책감에서 생겨나는 마음의 불편함에서 자유하게 된다는 뜻이다. 그리고 그리스도께서 그의 세례로써 열방에 뿌릴 것이 예언되고 있다(사 52:15. 한글 개역개정판 난외주 참조 — 역주).

3. 부정함을 입은 사람은 그런 상태가 된 후 **셋째 날과 일곱째 날**에 이 물을 뿌려야 했다(12-19절). 이 날짜는 마지막으로 죽은 시체를 접촉하거나 그 가까이에 간 때로부터 산정했을 것으로 여겨진다. 왜냐하면 부정에 계속해서 오염될 수밖에 없는 상태에서는 정결하게 하는 날이 시작되지 않았을 것이기 때문이다. 그러나 일단 시체를 장사지내고 나서 더 이상 시체와 상관할 일이 없어지면, 그 때부터 날짜를 계산한 것이다. 그러므로 우리가 죄를 버리고 죽음과 어둠의 열매 없는 일에 참여하기를 중지하고 나서야 비로소 그리스도의 공효를 우리의 영혼에 적용시켜 위로를 얻을 수 있는 것이다. 물을 뿌리기를 반복하는 것은 우리에게 회개와 믿음의 행위를 자주 새롭게 하여야 한다는 것을 가르쳐 준다. 나아만도 일곱 번 몸을 씻었다. 우리의 영혼의 안위를 위하여 필수적인 일을 자주 행할 필요가 있는 것이다.

4. 오염된 부정이 의식적인 부정일뿐이지만, 여기 지시된 정결 의식을 소홀히 하면 도덕적인 죄책을 지게 되었다. **사람이 부정하고도 자신을 정결하게 하지 아니하면 … 회중 가운데에서 끊어질 것이니라**(20절). 주목하라. 아무리 사소하게 보이더라도 하나님이 제정하신 것을 멸시하는 것은 지극히 위험한 일이다. 사소한 상처도 소홀히 할 경우에는 치명적인 것이 될 수 있다. 큰 죄를 범한 죄인들도 회개하면 자비를 덧입게 되나, 사소하게 여겨지는 죄도 회개치 않으면 그 때문에 패망하게 되는 법이다. 우리가 부정하면 그 때문에 우리는 하나님께로부터 분리된다. 그러나 우리가 부정하면서도 스스로 정결하게 하지 않으면, 영원히 그에게서 분리되고 마는 것이다. 우리에게 치명적인 것은 상처 자체가 아

니라, 치료를 멸시하는 자세다.

5. 정결하게 하는 물을 뿌린 자나, 정결하게 하는 물을 만지는 자는 저녁까지 부정할 것이다, 즉 그 날에는 성소 가까이에 갈 수 없다(21, 22절). 이렇게 해서 하나님은 그들에게 그런 제도의 불완전함과 또한 양심을 정결하게 하기에 부족함을 보여주셔서, 그들로 하여금 메시아를 바라보게 하고자 하셨다. 때가 차면 그가 영원한 성령으로 말미암아 자신을 흠 없이 하나님께 드리시고, 그리하여 양심을 죽은 행실에서(즉, 죄에서, 죄는 죽은 시체처럼 부정하게 하는 것이요, 따라서 죄를 가리켜 죽을 몸이라 부르는 것이다) 깨끗하게 하실 것이요, 그리하여 우리가 성소에 자유로이 나아가 살아계신 하나님을 산 제사로 섬길 수 있게 하실 것이었다.

제 20 장

개요

　본 장에서부터 이스라엘이 광야에서 방황한 지 사십 년이 되던 해(즉, 마지막 해)의 역사가 시작된다. 둘째 해가 시작될 때에 사막에서 방황하도록 선고를 받은 이후 사십 년 동안 돌고 도는 쓰라린 세월을 보냈는데, 이제 가나안 경계 지역에 이르게 되는 이 마지막 해 이전의 시기에 대해서는 거의 기록된 것이 없다. 이 마지막 해의 역사에 대해서는 첫째 해의 역사만큼이나 상세히 기록되어 있다. 본 장에는 다음의 기사가 기록되어 있다. Ⅰ. 미리암의 죽음(1절). Ⅱ. 반석에서 물이 나옴. 여기서 다음을 관찰하게 된다. 1. 이스라엘이 물이 없어 괴로움 가운데 있었음(2절). 2. 그런 괴로움 가운데 그들이 불만을 품고 원망하였음(3-5절). 3. 하나님께서 그들을 불쌍히 여기사 능력으로 반석에서 물이 나게 하심(6-9절). 4. 이 일에서 모세와 아론의 연약함이 나타남(10, 11절). 5. 하나님이 그들을 향하여 불쾌히 여기심(12, 13절). Ⅲ. 에돔 자손과의 협상. 이스라엘의 요구(14-17절)와, 에돔 자손의 거절(18-21절). Ⅳ. 아론이 호르 산에서 죽음. 아론을 대신하여 엘르아살을 세움, 그리고 백성들이 아론을 위하여 애곡함(22-29절).

¹첫째 달에 이스라엘 자손 곧 온 회중이 신 광야에 이르러 백성이 가데스에 이르더니 미리암이 거기서 죽으매 거기에 장사되니라 ²회중이 물이 없으므로 모세와 아론에게로 모여드니라 ³백성이 모세와 다투어 말하여 이르되 우리 형제들이 여호와 앞에서 죽을 때에 우리도 죽었더라면 좋을 뻔하였도다 ⁴너희가 어찌하여 여호와의 회중을 이 광야로 인도하여 우리와 우리 짐승이 다 여기서 죽게 하느냐 ⁵너희가 어찌하여 우리를 애굽에서 나오게 하여 이 나쁜 곳으로 인도하였느냐 이 곳에는 파종할 곳이 없고 무화과도 없고 포도도 없고 석류도 없고 마실 물도 없도다 ⁶모세와 아론이 회중 앞을 떠나 회막 문에 이르러 엎드리매 여호와의 영광이 그들에게 나타나며 ⁷여호와께서 모세에게 말씀하여 이르시되 ⁸지팡이를 가지고 네 형 아론과 함께 회중을 모으고 그들의 목전에서 너희는 반석에게 명령하여 물을 내라 하라 네가 그 반석이 물을 내게 하여 회중과 그들의 짐승에게 마시게 할지니라 ⁹모세가 그

명령대로 여호와 앞에서 지팡이를 잡으니라 ¹⁰모세와 아론이 회중을 그 반석 앞에 모으고 모세가 그들에게 이르되 반역한 너희여 들으라 우리가 너희를 위하여 이 반석에서 물을 내랴 하고 ¹¹모세가 그의 손을 들어 그의 지팡이로 반석을 두 번 치니 물이 많이 솟아나오므로 회중과 그들의 짐승이 마시니라 ¹²여호와께서 모세와 아론에게 이르시되 너희가 나를 믿지 아니하고 이스라엘 자손의 목전에서 내 거룩함을 나타내지 아니한 고로 너희는 이 회중을 내가 그들에게 준 땅으로 인도하여 들이지 못하리라 하시니라 ¹³이스라엘 자손이 여호와와 다투었으므로 이를 므리바 물이라 하니라 여호와께서 그들 중에서 그 거룩함을 나타내셨더라

삼십팔 년 동안 홍해 쪽으로 다시 물러가는 광야의 지루한 행진, 혹은 지루한 안식 끝에, 이제 이스라엘 군대는 드디어 다시 가나안을 향하여 머리를 돌렸고, 전에 하나님의 의로운 심판의 선고로 말미암아 광야의 방황을 시작하게 된 바로 그 지점에서 멀지 않은 곳까지 당도하였다. 지금까지 반역자들에게 선고된 형벌이 시행되는 동안 그들은 미로 속에서 헤매며 이끌려 다녔다. 그러나 이제는 다시 올바른 길에 이른 것이다. 그들은 가데스에 이르렀는데(1절), 이 곳은 가나안 변경 지역의 가데스 바네아와는 다른 곳으로, 에돔 지역에 속하는 곳으로 약속의 땅에서 그보다 더 멀리 떨어졌으나 홍해로부터 가나안으로 나아가는 길목에 있었다.

I. 모세와 아론의 누이 미리암이 여기서 죽는다. 아마도 그녀는 모세나 아론보다 나이가 더 많았던 것 같다. 아기 모세가 갈대 상자에 넣어졌을 때 그를 멀리서 바라본 그의 누이(출 2:4)가 미리암이었다면, 그럴 수밖에 없었을 것이다. 미리암이 거기서 죽으매(1절). 미리암은 여선지자였고, 이스라엘에게 많은 유익을 가져다 준 인물이었다(미 6:4). 모세와 아론이 지팡이를 들고 나아가 이스라엘을 위하여 이적을 행하였을 때, 미리암이 소고를 잡고 그 놀라운 역사에 대해 하나님을 찬양하였고(출 15:20), 이로써 그 백성들에게 크게 봉사하였다. 그러나 그녀는 한 번 모세를 비방하였고(12:1), 따라서 가나안에 들어갈 수 없었던 것이다.

II. 여기서 또 다른 므리바가 나타난다. 므리바라는 이름을 가진 장소는 전에도 광야를 통과하는 행진을 시작할 때에도 있었는데, 그 때에는 이스라엘이 다투었음을 인하여 그 곳을 그렇게 불렀다(출 17:7). 그런데 이제 광야 여정의

마지막에 또 다른 장소를 접하게 되는데, 그 곳도 같은 이유로 동일한 이름이 붙여졌다. 이를 므리바 물이라 하니라(13절). 과거 므리바에서 행해진 일이 여기서 다시 행해진 것이다.

1. 회중이 물이 없으므로(2절). 물이 필요한 동안 르비딤 반석에서 나온 물이 계속해서 흘러나왔다. 그러나 한동안 그들이 일상적인 방식으로 물을 공급받는 지역에 있었을 것이고, 일상적인 섭리로 그들의 필요를 공급하는 동안에는 이적이 중지되는 것이 합당하였다. 그러나 이 곳에 와서 물이 없었고, 혹은 회중이 쓰기에 물이 부족하였다. 주목하라. 우리는 모자라는 세상에서 살고 있으므로, 어디를 가든지 무언가 불편한 일을 만날 것을 예상해야 한다. 물이 풍족하다는 것은 진정 자비로운 일이요, 없어봐야 그 가치를 깨닫게 되는 것이다.

2. 회중이 이 일로 원망하고 소요를 일으켰고, 모세와 아론에게로 모여들었다(2절). 이들은 그들과 다투었고(3절), 과거에 조상들이 했던 것과 똑같이 터무니없고 야만적인 언어로 말하였다.

(1) 하나님의 자비에서 잠시 동안 소외되는 것 같은 상황을 당하느니 차라리 행악자들로 간주되어 하나님의 정의의 손에 죽기를 바랐다. 우리 형제들이 여호와 앞에서 죽을 때에 우리도 죽었더라면 좋을 뻔하였도다. 그들을 살려두신 것에 대해 하나님께 감사해야 마땅했으나, 그들은 그러한 하나님의 긍휼을 멸시하고 그것에 대해 하나님을 원망하는 것이다. 마치 하나님께서 그들을 불길에서 꺼내어 목숨을 살려주신 것이 큰 잘못이라도 되는 것처럼 처신한 것이다. 그러나 그들은 형제들처럼 죽기를 바랄 필요가 없었다. 여기서 잠시 후 형제들처럼 죽을 길로 나아가고 있으니 말이다. 화 있을진저 여호와의 날을 사모하는 자여(암 5:18).

(2) 그들은 자기들이 애굽에서 이끌림을 받아 이 광야로 나아온 것에 대해 분노하였다(4, 5절). 그들은 여호와의 행하심인 것을 알면서도 그것에 대해 모세에게 항의하였다. 그들은 하나님께서 한 민족에게 베풀 수 있는 최고의 자비를 베푸셨는데도 그것을 오히려 자기들에게 해를 끼친 것으로 간주한 것이다. 그들은 자유보다 종노릇하는 상태를 원했고, 약속의 땅보다 오히려 속박 받는 집을 원했다. 그리고 지금 그저 물이 없을 뿐인 데도, 그들은 트집을 잡으려는 자세를 갖고서 그 상황을 포도도 없고 석류도 없는, 도저히 견딜 수 없는 어려

움을 겪는 상황으로 부풀려서 바라보는 것이다. 다음과 같은 요인으로 인하여 그들의 범죄는 더욱 위중한 것이 되었다. [1] 그들은 이미 조상들의 불만과 불신으로 인하여 그렇게 오랜 동안 고통을 받았었다. 그들은 그 조상들의 반역한 죄를 지고 사십 년을 광야에서 방황해왔다(14:33). 그런데도 그들은 감히 같은 잘못을 되풀이한 것이다. 그리고 벨사살에게 한 책망처럼, 이들은 이것을 다 알고도 아직도 마음을 낮추지 아니한 것이다(단 5:22). [2] 그들은 그들을 향하신 하나님의 선하심과, 또한 모세와 아론의 온유함과 신실함을 그렇게 오랫동안 끊임없이 체험해 왔었다. [3] 미리암이 최근 죽어서 지도자 중 한 사람을 잃은 상태이니, 그들은 마땅히 남은 지도자들을 더욱 존경해야 할 처지였다. 그러나 마치 하나님을 격동시켜 그들을 목자 없는 양 같이 버려두고 떠나시게 만들기로 작정하기라도 한 듯이, 모세와 아론을 향하여 격하게 화를 발하는 것이다. 누이를 잃은 모세와 아론을 위로하기는커녕 그들은 슬픔 중에 있는 그들을 더욱 괴롭게 만든 것이다.

3. 모세와 아론은 그들에게 아무런 대꾸도 하지 않고, 이 일에 대한 하나님의 뜻을 알고자 물러가 회막 문에 이르러, 전에 비슷한 상황에서 행한 것처럼 엎드려(6절) 하나님의 진노를 가라앉히고 그로부터 지침을 얻고자 하였다. 여기서는 그들이 한 말이 하나도 언급되지 않는다. 그들은 하나님께서 백성들의 원망 소리를 들으신 것을 알고 있었고, 그리하여 그 앞에서 겸손히 엎드려 말할 수 없는 탄식으로 간구한 것이다. 거기서 그들은 하나님의 명을 기다렸다. 여호와여 말씀하소서 주의 종이 듣겠나이다.

4. 하나님께서 나타나셔서 문제를 매듭지으셨다. 그러나 반역자들에게 그 합당한 대로 형벌을 선언하신 것이 아니다. 아니다. 그는 다시는 에브라임을 멸하지 아니하실 것이며(호 11:9), 노를 영원히 품지 아니하시리로다(시 103:9). 창 8:21을 보라.

(1) 그는 그의 영광의 보좌로부터 나타나사 그들의 불의한 원망을 잠잠하게 하셨다. 여호와의 영광이 그들에게 나타나, 백성들에게 큰 두려움을 갖게 하여 그들의 소요를 잠재우셨다. 주목하라. 여호와의 영광을 믿음으로 바라보는 것이 우리의 정욕과 격정을 통제하며 우리의 입을 잠잠하게 하는 효과적인 역할을 해 준다.

(2) 그의 은혜의 보좌로부터 나타나사 그들의 정당한 욕구를 채워 주셨다.

그들에게 물은 필수적인 요건이었고, 따라서 비록 그것을 청하는 자세가 그릇되고 무질서하긴 했으나, 하나님께서는 그렇다고 해서 물을 주시기를 거부하시지 않고, 즉시 명하여 물을 공급시켜 주신 것이다(8절). 모세는 두 번째 하나님의 이름으로 명하여 반석에서 물이 나도록 했는데, 이는 하나님께서 언제나, 심지어 제이 원인이 극히 결핍된 상태에서 극심한 곤경을 겪는 중에라도, 그의 백성에게 좋은 것을 공급하실 수 있는 분이심을 보여주기 위함이었다. 전능하신 하나님의 능력은 반석에서 물이 나게 하실 수 있고, 그 일을 행하셨다. 그의 팔이 짧은 것이 아니므로 얼마든지 다시 그 일을 행하실 수 있는 것이다. 전에는 반석 자체에 무언가 특별한 점이 있어서 자연적으로 속에 은밀하게 감추어졌던 물이 솟아난 것이라는 식으로 생각하지 못하도록, 여기서 하나님은 또 다른 반석에게 명령하셨고, 전처럼 특정한 반석을 지정하지 않으셨고, 그가 원하는 반석을 사용하도록 하셨으니, 이 모든 일이 다 하나님의 전능하심에서 비롯된 것이었다. [1] 하나님께서는 그에게 지팡이를 잡게 하셨다. 곧, 애굽에 재앙을 가져오게 했고, 또한 홍해를 가른 그 유명한 지팡이를 손에 들게 하셨는데, 그의 손에 그 지팡이가 들려 있으니 그와 백성들 모두가 하나님께서 과거에 행하셨던 큰일들을 떠올리게 하고 이제도 그를 신뢰하도록 격려하고자 하신 것이다. 이 지팡이는 회막 속에 보관되어 있었던 것 같다(9절). 왜냐하면 그것은 하나님의 지팡이요 그의 권능의 지팡이였기 때문이다. 복음을 그렇게 부르는데(시 110:2), 이는 아마도 그 지팡이를 염두에 둔 표현일 것이다. [2] 하나님은 모세에게 회중을, 장로들만이 아니라 백성을, 불러서 이루어지는 일을 직접 목격하게 하여 눈으로 직접 보고 자기들의 불신앙에 대해 수치를 갖게 할 것을 명하셨다. 하나님의 능력의 역사에는 오류가 없으므로, 밝은 대낮도 피하지 않으며, 여러 증인들의 조사와 탐문도 마다하지 않는 것이다. [3] 하나님은 모세에게 반석에게 명령할 것을 명하셨다. 그렇게 하면 반석이 명령한 대로 되어, 그렇게 자주 말씀을 듣고도 순종하려 하지 않은 백성들에게 부끄러움을 줄 것이었다. 그들의 마음은 이 반석보다 더 단단하였고, 굴복하려 하지도, 순종하려 하지도 않았다. [4] 하나님은 반석이 물을 낼 것임을 약속하셨고(8절), 또한 그대로 되었다. 물이 많이 솟아나오므로(11절). 하나님은 반석에서 꿀이 나게 하고 굳은 반석에서 기름이 나게 하실 수 있으니(신 32:13), 이는 그의 권능이 드러난 사건인 동시에, 그의 자비와 은혜가 드러난 사건이었다. 그렇게 화를 격동시키는 백성을 위하여 그런 일을 행하시니 말이다. 이 백성은 새로운 세대였고, 옛 세대는 이 때에 대부분 노쇠한 상태였다. 그러나 그들은 그 전 세대에 못지않게 악하여, 원망이 핏속을 흐르고 있었다. 그러나 하나님의 자비의 역사가 끊어지지 않았고, 하나님의 오래 참으심이 그의 권능에 못지않게 환히 빛나는 것이다. 이렇게 살려 두시고 용서하시니, 그는 과연 하나님이시요 사람이 아니시다. 그는 여기서 백성들에게 물을 공급하사 짐승들과 함께 마시게 하셨고(8, 11절), 또한 이로써 그들에게 신령한 음료를 마시게 하셨는데, 이는 신령한 복의 모형이 된다. 왜냐하면 그 반석은 곧 그리스도이시기 때문이다(고전 10:4).

5. 모세와 아론이 이 일을 처리하면서 부적절하게 행하였다. 이에 대해 하나님께서 불쾌히 여기사 그들이 이스라엘을 가나안으로 들어가게 하는 존귀는 누리지 못할 것임을 즉시 말씀하셨다(10-12절).

(1) 이처럼 이야기가 이상스럽게 전개되지만, 여기서 큰 교훈을 얻게 된다. [1] 하나님께서 크게 불쾌하신 것이 분명하다. 그리고 하나님의 그런 반응은 정당한 것이었다. 그는 절대로 이유 없이 화를 발하시는 법이 없으신 것이다. 그들이 그의 종들이었고 자비하심을 입어 신실하게 행하여왔으나, 그들이 크게 아끼는 자들이요 또한 높은 존귀를 베푸신 자들이나, 그럼에도 불구하고 이 때에 그들의 생각이나 말이나 행동 중 일부로 인하여 그들을 치욕과 죽음 아래 두사 다른 믿지 않는 이스라엘 자손처럼 가나안에 들어가지 못하게 하신 것이다. 그들의 범죄가 그런 형벌을 받아 마땅했던 것은 물론이다. [2] 그러나 하나님을 그렇게 불쾌하게 한 것이 구체적으로 무엇이었는지는 확실치 않다. 그들의 과오는 복합적이었다. **첫째로**, 그들은 받은 명령을 그대로 준수하지 않고 무언가 명령받은 내용과 달리 행하였다. 하나님은 그들에게 반석에게 말하라고 하셨는데, 그들은 회중에게 말하고 반석을 쳤다. 그런 명령을 받은 일이 없었으나 그들은 말만으로는 안 될 것으로 생각한 것이다. 말씀의 능력을 신뢰하지 못하여 순전한 양심의 문제들에서 제이차적인 능력에 의존하게 되면, 이는 바로 여기 모세처럼 반석에게 말을 해야 하는데 반석을 치는 것과 같은 것이다. **둘째로**, 그들은 이 이적의 역사의 영광을 지나치게 자기들의 것으로 생각했다. **우리가 물을 내랴?** 마치 그들 자신의 어떤 능력이나 위엄으로 그 일이 이루어지기라도 하는 것처럼 말이다. 그러므로 그들이 하나님의 거룩함을 나타내지 아니

하였다고 책망을 받은 것이다(12절). 즉, 하나님이 받으셔야 마땅한 이 이적의 영광을 그에게 돌리지 아니하였다는 것이다. **셋째로**, 여기서 불신앙이 큰 범죄였다. 너희가 나를 믿지 아니하고(12절). 아니, 이를 가리켜 하나님의 명령을 거역하는 것으로 말씀한다(27:14). 하나님의 명령은 반석에서 물을 내는 것이었으나, 그들은 이 명령을 불신하고 그것이 효력이 있을지에 대해 의심함으로써 이 명령을 거역하였다. 그들은 의심스럽게 이야기한다. 우리가 물을 내랴? 그들은 아마도 이처럼 배역한 세대를 위하여 과연 물이 나올지 나오지 않을지가 확실치 않다는 생각을 한 것으로 보인다. 그리고 전에 르비딤에서는 반석 위에 여호와의 영광이 나타났었는데(출 17:6) 이 때에는 그의 영광이 나타나지 않았기 때문에, 어쩌면 하나님이 약속을 하셨어도 그들이 그 약속을 의심했을지도 모른다. 그들은 표적이 없이 그냥 하나님의 말씀만 주어지는 것을 받아들이려 하지 않은 것이다. 라이트푸트 박사는, 그들이 사십 년이 다 찬 지금 그 백성이 과연 가나안으로 들어가게 될지에 대해 의심하였고, 또한 백성들이 이렇게 원망하니 또다시 한동안 고난을 당해야 할지에 대해서 의심한 것이 그들의 불신앙이었다고 본다. 새로이 반석에서 물이 난다는 것은 곧 그들이 거기에 더 오래 머무른다는 것을 시사하는 것이요, 또한 만일 그렇다면, 백성들은 정해진 때에 가나안에 들어가더라도 그들로서는 당연히 가나안에 들어가지 못할 것이었다. **넷째로**, 그들은 감정이 격해진 상태에서 말하고 행동하였다. 여기에 죄가 역사했다는 것이 드러나고 있다. 그들이 그의 뜻을 거역함으로 말미암아 모세가 그의 입술로 망령되이 말하였음이로다(시 106:33). 그는 감정이 격하여 그 백성을 향하여 반역한 너희라고 불렀다. 그들은 과연 반역자들이었고, 하나님께서도 그렇게 부르신 바 있다. 그리고 모세도 나중에 정당하게 책망하는 중에(신 9:24) 그들을 그렇게 부르지만 백성들에게서 전혀 거부감이 없었다. 그러나 여기서는 격한 감정에서 그런 말이 나왔고, 이는 경솔한 발언이었으며, 라가, 혹은 미련한 놈이라는 말과 비슷한 것이다(마 5:22). 반석을 두 번 친 것도(한 번 친 다음 물이 나오기를 기다릴 새도 없이 다시 내리친 것 같다) 그가 감정이 격해 있었다는 것을 보여준다. 화가 난 상태에서 행해진 말과 행동이 크게 비난받을 만한 것일지라도, 동일한 말과 행동을 온유한 상태에서 행하면 얼마든지 정당할 수 있는 것이다. 약 1:20을 보라. **다섯째로**, 나머지 모든 과오의 위중함을 더욱 가중시켰고 또한 더욱 하나님을 불쾌하시게 만든 것은, 그 일이 공적으로, 이스라엘 자손의 목전에서, 행해졌다는 점이었다. 모세와 아론은 그들에게 믿음과 소망과 온유함의 모범이 되었어야 옳았다. 모세는 과거에도 죄악된 불신의 죄를 범했다(11:22, 23). 그러나 그 일은 하나님과 그 사이에 사사로이 행해진 일이요 따라서 점검만 받았을 뿐이다. 그러나 여기서 그의 범죄는 공적으로 행해진 것이었다. 이스라엘 앞에서 하나님의 존귀를 깎아내린 것이요, 마치 그 백성이 하나님의 자비를 받는 것을 꺼리고 백성들이 하나님께 소망을 갖는 것을 꺼리기라도 하듯이 처신한 것이요, 따라서 이 일은 위중한 벌을 받을 일이었다. 그리고 그런 잘못을 범한 당사자들이 위엄과 지위가 높은 자들이었으니 더욱더 크게 벌을 받아 마땅하였다.

(2) 이 사건 전체에서 다음과 같은 점들을 배울 수 있을 것이다. [1] 아무리 훌륭한 사람도 넘어질 수 있으며, 그들의 가장 뛰어난 은혜들에서도 넘어질 수 있다는 것. 모세는 매우 온유한 사람이었다. 그런데도 여기서 그는 격한 감정으로 인하여 죄를 범하였다. 그러므로 선 줄로 생각하는 자는 넘어질까 조심하여야 한다. [2] 하나님은 죄에 대해서 사람이 하듯이 판단하시지 않는다는 것. 모세의 말과 행동에 별로 잘못된 것이 없었다고 생각할 수도 있다. 그러나 하나님은 그 일에서 극심하게 책망할 연유가 있음을 보셨다. 그는 사람의 심령의 처지와 그들의 격한 성정을 아시며, 특정한 기회에 그 격한 성정이 어떻게 나타나는지도 아시며, 생각과 의도가 어떻게 말과 행동으로 나타나는지도 아신다. 그러므로 하나님의 판단이 우리 판단과 일치하지 않을 때에, 그의 판단이 진실에 따른 것임을 우리는 확실히 아는 것이다. [3] 하나님께서 그의 백성의 죄를 아시고 불쾌히 여기시지만, 그에게 가까운 자들일수록 죄를 범할 때에 더욱더 불쾌히 여기신다는 것(암 3:2). 시편 기자는 모세와 아론이 여기서 범한 죄를 지칭하는 것 같다. 주께서는 그들에게 응답하셨고 그들의 행한 대로 갚기는 하셨으나 그들을 용서하신 하나님이시니이다(시 98:8). 금생에서 그냥 내버려두나 내생에서 형벌을 받는 자가 많듯이, 금생에서 형벌을 받고 내생에서 구원받는 자도 많은 것이다. [4] 우리의 마음이 격할 때에 혀로 잘못을 범하지 않도록 조심하여야 한다는 것. 그러나, [5] 그가 자신에 관한 이 기록을 그대로 남기고 자신의 연약함을 감추지 않았다는 것은 모세의 신실함과 그의 공정함을 보여주는 증거다. 이로써 그는 자신의 행동에서나 자신이 기록한 내용에서나 자기의 영광보다 하나님의 영광을 더 추구하였다는 것이 드러난다.

마지막으로, 이 때부터 그 곳을 므리바라 불렀다(13절). 이 곳은 다른 므리바와 구별하기 위하여 가데스의 므리바라 불린다(신 32:51). 이는 다툼의 물이라는 뜻으로, 백성과 모세의 죄, 그리고 동시에 물을 공급하시고 또한 모든 과오에도 불구하고 모세를 인정하시고 존귀하게 하신 하나님의 긍휼을 영구히 기념하기 위하여 그렇게 이름 붙인 것이다. 이렇게 해서 그는 이 일로 이스라엘의 거룩한 자로서 자신의 거룩함을 나타내셨다. 심판보다 긍휼이 드러날 때에 그를 그런 이름으로 부르는 것이다(호 11:9). 모세와 아론은 이스라엘 목전에서 하나님의 거룩함을 나타냈어야 했으나 그렇게 하지 못했다(12절). 그러나 하나님은 그들 중에서 거룩함을 나타내셨다. 그는 그 어떠한 사람에게도 자신의 존귀를 잃어버리지 않으시기 때문이다. 만일 우리로 말미암아 영광을 얻지 못하시면, 그가 우리에게 임하사 영광을 받으실 것이다.

¹⁴모세가 가데스에서 에돔 왕에게 사신을 보내며 이르되 당신의 형제 이스라엘의 말에 우리가 당한 모든 고난을 당신도 아시거니와 ¹⁵우리 조상들이 애굽으로 내려갔으므로 우리가 애굽에 오래 거주하였더니 애굽인이 우리 조상들과 우리를 학대하였으므로 ¹⁶우리가 여호와께 부르짖었더니 우리 소리를 들으시고 천사를 보내사 우리를 애굽에서 인도하여 내셨나이다 이제 우리가 당신의 변방 모퉁이 한 성읍 가데스에 있사오니 ¹⁷청하건대 우리에게 당신의 땅을 지나가게 하소서 우리가 밭으로나 포도원으로 지나가지 아니하고 우물물도 마시지 아니하고 왕의 큰길로만 지나가고 당신의 지경에서 나가기까지 왼쪽으로나 오른쪽으로나 치우치지 아니하리이다 한다고 하라 하였더니 ¹⁸에돔 왕이 대답하되 너는 우리 가운데로 지나가지 못하리라 내가 칼을 들고 나아가 너를 대적할까 하노라 ¹⁹이스라엘 자손이 이르되 우리가 큰길로만 지나가겠고 우리나 우리 짐승이 당신의 물을 마시면 그 값을 낼 것이라 우리가 도보로 지나갈 뿐인즉 아무 일도 없으리이다 하나 ²⁰그는 이르되 너는 지나가지 못하리라 하고 에돔 왕이 많은 백성을 거느리고 나와서 강한 손으로 막으니 ²¹에돔 왕이 이같이 이스라엘이 그의 영토로 지나감을 용납하지 아니하므로 이스라엘이 그들에게서 돌이키니라

여기서 우리는 이스라엘이 에돔 사람들에게 한 가지를 청한 사실을 접하게 된다. 이스라엘이 현재 진 치고 있는 곳에서 가나안으로 들어가는 가장

가까운 길이 에돔 땅을 통과하는 길이었던 것이다. 여기서,

I. 모세가 이스라엘 백성이 에돔을 통과할 수 있도록 허락해 줄 것을 요청하기 위해 에돔 왕에게 사신을 보내며, 해야 할 말을 그들에게 지시한다(14-17절).

1. 이스라엘이 에돔 사람들과 한 혈족임을 주장하라고 하였다. 당신의 형제 이스라엘의 말에. 두 민족 모두 아브라함과 이삭의 자손들이다. 이 두 민족의 조상인 에서와 야곱은 쌍둥이 형제였고, 따라서 서로 가까운 친척들이므로 에돔 사람들에게서 이런 호의를 기대할 만했다. 또한 에돔 사람들 편에서도 그들의 형제 이스라엘이 그들에게 악의를 품었다거나 혹은 그들을 이용하여 이득을 보려 한다는 의혹을 가질 필요가 없었다.

2. 이스라엘의 역사와 현 상태를 간략하게 알려 주라고 하였다. 이스라엘로서는 에돔 사람들이 이 일에 전혀 문외한이 아니라는 것을 당연히 알고 있었다. 그리고 여기에는 이중의 청이 있었다.

(1) 이스라엘이 애굽 사람들에게 고통을 당하였으니, 마땅히 그 친척되는 에돔 사람들이 그들을 불쌍히 여기고 구원해 주어야 한다는 것. "애굽인이 우리 조상들과 우리를 학대하였으나, 우리의 형제 에돔 사람들은 그렇게 학대하지 않기를 바라나이다."

(2) 여호와께서 이스라엘을 놀랍게 구원하셨으니, 마땅히 이스라엘을 받아들이고 호의를 베풀어야 한다는 것. "우리가 여호와께 부르짖었더니 우리 소리를 들으시고 천사를, 즉 그 얼굴의 천사를, 그 언약의 천사를, 영원한 말씀을, 보내사 우리를 애굽에서 인도하여 내셨고 여기까지 인도하셨나이다"(16절). 그러므로 하늘이 귀히 여기며 그렇게 많은 호의를 베푼 백성들을 환대하는 것이 에돔 사람들의 안위에 직결되며, 그들에게 위해를 가하는 것은 위험천만한 일이라는 것이다. 하나님이 기뻐하시고 인정하시는 자들에게 친절을 베풀며 그 백성을 우리의 백성으로 받아들이는 것이 우리의 지혜요 의무다. 오라, 여호와께 복 받은 자여.

3. 그 지역을 통과하게 허용해 주기를 겸손히 청하라고 하였다. 하나님께서 친히 구름 기둥과 불 기둥으로 함께 하사 이스라엘을 인도하고 계시므로, 그의 인도하심을 따르는 중에 온 세상을 상대로 그 어떤 자의 땅도 통과하여 지나가는 것이 정당한 일이었을 것이다. 그러나 하나님께서는 에돔 사람들을 이처럼

존중하게 하셨고, 그리하여 신앙을 빌미로 하여 그 어떠한 사람의 재산도 침해해서는 안 된다는 것을 보여주신다. 통치는 하나님의 섭리 속에 세워지는 것이지, 은혜 속에 세워지는 것이 아니다. 그러므로 그리스도께서도 사마리아인의 마을을 통과하실 때에 사자들을 앞서 보내사 자신의 일행을 통과시켜 줄 것을 청하게 하신 것이다(눅 9:52). 친절을 받고자 하는 자들은 그것을 요청하기를 마다해서는 안 되는 법이다.

4. 이스라엘 사람이 이 여정에서 선히 행하여 왕의 큰길로 지나가고, 에돔 사람의 재산을 침해하지 않으며, 값을 지불하지 않고는 그들의 우물도 사용하지 않을 것이며, 또한 가능한 한 빠른 속도로 지나갈 것이므로, 에돔 사람들이 안전을 보장해 줄 것을 요청하라고 하였다(17, 19절). 이보다 더 우호적이며 정당한 청이 없었을 것이다.

II. 사신들이 에돔 측의 거부 의사를 들고 돌아왔다(18절). 에돔 왕은 그 나라의 보호자로서, 너는 우리 가운데로 지나가지 못하리라 라고 답하였다. 사신들이 다시 간청하자 또다시 거부의 뜻을 밝혔고(20절), 만일 이스라엘이 그 나라에 들어오면 위험에 빠질 것이라고 위협하였다. 그가 훈련된 군대를 동원하여 그들을 칠 것이라는 것이었다. 에돔 왕이 이같이 이스라엘이 그의 영토로 지나감을 용납하지 아니하였다. 그가 이렇게 한 것은,

1. 이스라엘 사람들에 대한 시기 때문이었다. 그들은 이스라엘이 약속을 받는 것을 두려워하였다. 이 무수한 군대가 다름 아닌 의로우신 하나님의 통제와 명령 아래 있었다면, 그들이 다른 이들에게서 잘못을 당하도록 하나님이 버려두지 않으실 것이었으니, 이런 시기를 충분히 납득할 수 있을 것이었다. 그러나 그렇게 의로운 규례와 법도를 갖고 있는 민족을 두려워할 이유가 무엇이었는가?

2. 에서가 이스라엘을 향하여 지녔던 오랜 적대감 때문이었다. 이스라엘에게 해를 당할 것을 두려워할 이유가 없었다 해도, 그들은 이스라엘에게 친절을 베풀기를 원치 않았다. 야곱이 복 받은 것 때문에 에서가 그를 미워했는데, 이제 이스라엘 자손이 그 복을 기업으로 받으려는 시기에 그 미움이 그들에게 나타난 것이다. 그러나 하나님께서는 이로써 에돔 사람들의 악한 상태를 드러내사 그들을 부끄럽게 하시고, 이스라엘 사람들의 선한 상태를 드러내사 그들을 존귀하게 하려 하신 것이다. 이스라엘 사람들은 그들에게서 돌이켰고, 이를 계

기로 에돔 왕과 분쟁을 일으키려 하지 않았다. 주목하라. 사람들이 지극히 정당한 요구들을 터무니없이 거부하고, 하나님이 기뻐하시는 사람들이 이런 일들을 당한다 해도, 이를 이상스럽게 여겨서는 안 된다. 나는 못 듣는 자 같이 듣지 아니하오니(시 38:13). 에돔 사람들이 이스라엘에게 이런 치욕을 베푼 후, 하나님께서는 그들에게, 비록 에돔 사람들이 그들을 그렇게 역겹게 행하였어도 에돔 사람을 미워하지 말 것을 구체적으로 경계하셨고(신 23:7), 이로써 그런 일들을 당할 때에 복수를 생각하지 말 것을 우리에게 가르치시는 것이다.

²²이스라엘 자손 곧 온 회중이 가데스를 떠나 호르 산에 이르렀더니 ²³여호와께서 에돔 땅 변경 호르 산에서 모세와 아론에게 말씀하시니라 이르시되 ²⁴아론은 그 조상들에게로 돌아가고 내가 이스라엘 자손에게 준 땅에는 들어가지 못하리니 이는 너희가 므리바 물에서 내 말을 거역한 까닭이니라 ²⁵너는 아론과 그의 아들 엘르아살을 데리고 호르 산에 올라 ²⁶아론의 옷을 벗겨 그의 아들 엘르아살에게 입히라 아론은 거기서 죽어 조상에게로 돌아가리라 ²⁷모세가 여호와의 명령을 따라 그들과 함께 회중의 목전에서 호르 산에 오르니라 ²⁸모세가 아론의 옷을 벗겨 그의 아들 엘르아살에게 입히매 아론이 그 산 꼭대기에서 죽으니라 모세와 엘르아살이 산에서 내려오니 ²⁹온 회중 곧 이스라엘 온 족속이 아론이 죽은 것을 보고 그를 위하여 삼십 일 동안 애곡하였더라

본 장은 미리암의 장례와 함께 시작했는데, 이제 그 형제 아론의 장례와 함께 끝을 맺는다. 한 가족에 죽음이 찾아오면, 충격이 이중으로 가해지는 경우가 많다. 전에 여선지자 미리암의 죽음으로 인하여 괴로움 중에 있었는데도 이스라엘의 상태가 전혀 개선되지 않았었다. 그러므로 얼마 후 하나님께서는 그들의 제사장을 취하여 가서서 그들이 그것을 마음에 두는지를 시험하신 것이다. 그 일은 여정의 바로 다음 단계에서, 즉 그들이 에돔 족속의 땅을 왼편에 두고서 그 땅을 빙둘러 내려가 호르 산에 이르렀을 때에 발생하였다. 어디를 가든지 죽음이 우리를 따라다니고, 무덤이 우리를 위해 준비를 갖추고 있는 것이다.

I. 하나님께서 아론의 죽음을 명하신다. 하나님은 모세와 아론을 불러 그들에게 아론은 그 조상들에게로 돌아가리라고 말씀하신다(24절). 서로를 아끼는

두 형제들이 서로 이별해야 할 것을 통고받는다. 형 아론이 먼저 죽을 것이나, 모세도 그리 오래 더 남아 있지는 않을 것이었다. 그러므로 잠시 잠깐 후면 그들이 서로 이별하게 되는 것이다.

1. 이 명령에는 무언가 불쾌감을 시사하는 점이 있다. 아론은 가나안으로 들어가서는 안 된다. 그는 다툼의 물에서 임무를 제대로 수행하지 못했기 때문이다. 이러한 하나님의 말씀은 모세의 마음을 찔렀을 것이다. 두 사람 중에서 자신이 더 죄가 많다는 것을 스스로 알고 있었을 것이기 때문이다.

2. 이 명령에는 큰 자비가 서려 있다. 아론이 물론 범죄로 인하여 죽게 되지만, 그는 행악자로 인정되어 역병으로나 하늘로부터 내리는 불로 죽임을 당하는 것이 아니라, 편안한 가운데 존귀한 죽음을 맞게 된다. 그 백성에게서 끊어지는 것이 아니라(이 표현은 보통 하나님의 정의의 심판으로 죽는 것을 뜻한다), 그 조상들에게로 돌아가는 것이다. 곧, 하나님의 은혜의 팔에 안겨 죽음을 맞는다는 것이다.

3. 여기에는 중요한 예표와 의미가 있다. 아론이 가나안에 들어가지 못한다는 것은 레위 제사장직이 아무것도 완전하게 만들 수 없다는 것을 보여주며, 더 나은 소망이 와야만 그 일이 이루어질 수 있다는 것을 보여준다. 그 제사장들은 죄와 죽음 때문에 지속할 수가 없었다. 그러나 흠 없으신 그리스도의 제사장직은 영원불변하며, 따라서 아론은 영원토록 있는 이 제사장직에 자신의 모든 존귀를 넘겨드려야 하는 것이다(히 7:23-25).

II. 아론이 이에 복종하여, 지정된 방식으로 죽는다. 그는 마치 잠자리에 눕는 것처럼 즐거움으로 죽음을 맞은 것으로 보인다.

1. 그는 그의 거룩한 의복을 벗고, 동생과 아들과 함께 호르 산 꼭대기로 올라갔다. 아마 이스라엘의 장로들 몇몇도 함께 올라갔을 것이다(27절). 그들은 회중의 목전에서 산으로 올라갔다. 회중은 그들이 왜 산으로 올라가는지에 대한 설명을 들었을 것이다. 이런 엄숙한 행진을 통해서 아론은 이스라엘에게 자신이 죽음을 두려워하지도 않고 부끄러워하지도 않으며 오히려 신랑이 올 때에 등불을 다시 켜고 그를 맞으러 가듯이 그렇게 죽음을 맞는다는 것을 보여주는 것이다. 죽음을 맞으러 산으로 올라가는 것은 성도들의 죽음이(아론을 가리켜 여호와의 성도라 부른다) 올라가는 것임을 나타내 준다 할 것이다. 그들은 죽음을 향하여 내려가는 것이 아니라 올라가는 것이다.

2. 처음 아론에게 제사장의 의복을 입혀준 모세는 이제 그에게서 그 거룩한 의복을 벗긴다. 제사장직이 고귀하므로, 그 의복을 입고 죽는 것은 적절치 못했기 때문이다. 주목하라. 죽음이 우리의 모든 것을 벗길 것이다. 이 세상에 발가벗은 적신으로 왔으니, 적신으로 떠나야 한다. 죽음이 얼마나 속히 우리의 영광된 것들을 벗겨버리고, 우리의 직분과 존귀들을 모두 앗아가고 머리에서 면류관을 벗겨버릴지를 생각하면, 우리의 의복이나 장신구나 존귀한 표시 등을 자랑할 이유가 별로 없다는 것을 알게 될 것이다.

3. 모세는 즉시 그 제사장 의복을 아론의 아들 엘르아살에게 입히며, 아론의 띠를 그에게 띠워 힘 있게 하였다(사 22:21). 그런데, (1) 이 일은 모세로서는 크게 다행한 일이었다. 그의 손으로 제사장직을 물려주면서, 그 직분이 계승되며 또한 기름 부음 받은 자에게 등불이 주어져서 그 등불이 죽음으로 인하여 꺼지지 않는다는 것을 보기 때문이다. 이것은 한 세대의 목사들과 그리스도인들(영적인 제사장들이다)이 사라져가고 다음 세대가 온다는 것은 하나님께서 교회를 향하여 행하시는 보살피심을 확증해 주는 복된 보증이요 암시다. (2) 아론이 사랑하고 아끼는 아들을 보고, 또한 그의 고귀한 직분이 아들에게서 안전히 보존되는 것을 보았으니, 그리고 특히 여기서 홀로 영원토록 이어질 그리스도의 영원한 제사장직의 한 그림자를 보았으니, 그는 이 일에서 큰 만족을 얻었다. 아론은 이렇게 말했을 것이다. 여호와여 이제 종을 평안히 놓아 주시는도다 내 눈이 주의 구원을 보았음이옵니다(눅 2:29, 30). (3) 이 일은 백성들에게는 큰 자비한 일이었다. 아론이 죽기 전에 엘르아살을 세움으로써, 아론의 가문을 시기하는 자들이 그의 죽음을 계기로 그의 아들을 대적하여 다른 사람을 제사장으로 세우려 하는 기도를 미연에 방지하게 되었으니 말이다. 이미 문제가 정리되었는데 더 무엇을 할 수 있겠는가? 백성 중에 하나님을 경외하는 자들에게도 격려가 되었을 것이다. 그 일이 하나님이 그들에게 선을 베푸시며 그들을 버려두지 않으시고 그의 성실하심이 무너지게 하지 않으신다는 하나의 증표가 되었을 것이니 말이다.

4. 아론이 그 산 꼭대기에서 죽으니라. 제사장의 의복을 벗고 나서 곧바로 그는 편안하게 죽음을 맞았다. 선한 사람은 하나님의 뜻이면 쓰임 받기를 다할 때에 곧바로 데려가 주시기를 바랄 것이다. 하나님과 우리의 세대를 위하여 무언가 봉사할 수 있는 동안이라면 몰라도, 그 이상 더 오래 이 세상에 살아남기

를 바랄 이유가 어디 있겠는가?

5. 모세와 엘르아살과 거기에 함께 있던 자들은 아론을 그 죽은 곳에다 장사 지내고(신 10:6을 보라), 산에서 내려왔다. 이제 그들이 아론을 뒤에 남겨두고 내려왔는데, 오히려 아론이 더 나은 세상으로 올라가고 그들을 뒤에 남겨두었다고 생각하는 것이 그들에게 더 합당했을지도 모른다.

6. 온 회중이 그를 위하여 삼십 일 동안 애곡하였더라(29절). 이제 한창 나이여서 아론이 살아 있었을 경우보다 오히려 더 공적인 임무를 감당하기에 더 적절한 엘르아살이 있어서 아론의 공백을 채워주기는 했으나, 그들로서는 죽은 대제사장을 위하여 애곡하는 것이 마땅했다. 그가 살아 있을 동안에는 사사건건 그에 대해 원망하였으나, 그가 죽은 후에는 그를 위하여 애곡한 것이다. 그리하여 풍부하게 누릴 때에는 그 베풀어지는 자비에 대해 감사하기를 원치 않으나, 이제 그것들을 잃고 나서 그것에 대해 애곡하기를 배우게 되는 것이다. 많은 선한 사람들이 살아생전에 직접 존귀를 누리지 못하고 죽어서 사람들의 기억 속에 남아 존귀를 얻는 경우가 많았다. 살아 있는 동안에는 박해를 받으나 죽어 무덤에 묻혀서는 칭송을 받는 자들이 많은 것이다.

제 21 장

개요

이스라엘 군대는 이제 광야에서 나와 사람들이 거주하는 땅으로 들어가기 시작하고, 작전을 취하여 약속의 땅 변경 지역을 얻는다. 본 장은 그 영광스러운 전쟁의 역사를, 특히 그 후반부의 역사를 제시해 준다. 여기서 다음의 내용을 접하게 된다. I. 가나안 사람 아랏의 패배(1-3절). II. 백성들이 원망하다가 불뱀으로 괴로움을 당하며, 놋뱀을 통하여 복종하는 자들에게 안위가 베풀어짐(4-9절). III. 여러 차례의 행진과 도중에 일어난 일들(10-20절). IV. 아모리 족의 왕 시혼(21-32절)과 바산 왕 옥(33-35절)에 대한 찬란한 승리와 그들의 땅을 취하여 소유함.

¹네겝에 거주하는 가나안 사람 곧 아랏의 왕이 이스라엘이 아다림 길로 온다 함을 듣고 이스라엘을 쳐서 그 중 몇 사람을 사로잡은지라 ²이스라엘이 여호와께 서원하여 이르되 주께서 만일 이 백성을 내 손에 넘기시면 내가 그들의 성읍을 다 멸하리이다 ³여호와께서 이스라엘의 목소리를 들으시고 가나안 사람을 그들의 손에 넘기시매 그들과 그들의 성읍을 다 멸하니라 그러므로 그 곳 이름을 호르마라 하였더라

여기서 다음을 보라.

1. 가나안 사람 아랏이 이스라엘이 정탐꾼의 길(한글 개역개정판은 "아다림 길"로 번역함)로 온다는 소식을 접하고서 그들을 향하여 내려왔다. 모세가 삼십팔 년 전에 보낸 정탐꾼들이 그 길로 왕래했었으나 그 당시에는 가나안 사람들이 몰랐으나 후에 그들이 다녀간 사실을 알게 되었을 것이고, 그리하여 이스라엘이 온다는 소식에 긴장하고, 이스라엘의 동향을 예의주시하고 있었을 것이다. 아랏은 이스라엘이 가나안을 마주 보고 있는 상황을 인지하고, 자기 땅에서 먼 곳에서 전쟁을 치를 생각을 하고서 이스라엘을 공격하였다. 그러나 그것은 오히려 긁어 부스럼을 만든 격이었다. 그가 가만히 있었더라면, 그 민

족이 가나안 민족들 가운데 가장 나중에 멸망하게 되었을 것이다. 그런데 이제 그들이 맨 처음 멸망하게 되는 것이다. 그리하여 지나치게 악인이 되면 기한 전에 죽는 법이다(전 7:17).

2. 처음에는 그의 공격이 성공을 거둔다. 그의 용맹한 호위대가 대열에서 낙오한 이스라엘 사람 몇 명을 사로잡았다(1절). 이로써 그는 우쭐해져서 이 무서운 군대를 무너뜨리는 명예를 자신이 얻고, 자기 나라를 패망에서 구하여야겠다고 생각하기 시작하였다. 이는 이스라엘 사람들로서는 믿음의 시련이었고, 그들의 불신과 불만을 점검하는 계기가 되었다.

3. 이스라엘은 이런 상황에서 하나님께 겸손히 구하였다(2절). 그들에게는 선조들처럼 이런 일을 당하여 하나님을 원망하고 가나안을 소유할 것에 대해 절망하게 될 유혹이 있었다. 그러나 섭리로 그들을 시험하신 하나님께서는 그들에게 은혜를 베푸사 시험 중에 잘 이기도록 하셨고, 이 맹렬하고도 강력한 공격에도 하나님을 신뢰하여 마음의 안위를 얻도록 하셨다. 그들은 장로들을 통하여 전쟁의 성공을 빌며 서원하였다. 주목하라. 하나님께서 자비를 베푸시기를 바라고 기대할 때, 우리는 우리의 영혼을 결박하여 하나님께 우리의 의무를 신실하게 행할 것을 아뢰어야 하며, 우리가 바라는 자비를 얻고서 그것을 갖고서 하나님을 존귀하게 할 것임을 아뢰어야 한다. 그리하여 이스라엘은 여기서 이 가나안 사람들의 성읍들을 여호와께 바칠 물건으로 간주하여 완전히 멸하고 그 전리품을 하나라도 취하지 않을 것을 약속하였다. 하나님이 승리를 주시면, 그가 모든 영광과 찬송을 받으셔야 하고, 그들 자신은 하나라도 그 전쟁에서 이득을 얻지 않겠다는 것이었다. 우리의 자세가 이러하면, 자비를 얻을 준비가 되어 있다 할 것이다.

4. 이스라엘이 가나안 사람들에게 승리를 거두었다(3절). 강력한 부대가 출정하여(아마도 여호수아가 지휘하였을 것이다) 이 가나안 사람들을 뒤로 물러가게 하였고, 광야의 한 모퉁이에 위치한 그들의 성읍들까지 추격하여 그들을 완전히 멸하고 진으로 돌아왔다. 한 전투에는 졌으나, 결국 승리하였도다. 하나님의 지파에 관한 말씀이 모든 하나님의 이스라엘에게 그대로 적용된다. 그들이 군대에게 패배할 수도 있으나 결국 마지막에 승리를 거둘 것이다. 그 파괴를 기념하기 위하여 이 곳을 호르마라 불렀다. 가나안 사람들에게 공포를 주기 위함이요, 또한 후대 사람들에게 이 성읍들을 다시 재건하지 못하도록 경계

하기 위함이기도 했을 것이다. 왜냐하면 이 성읍들은 하나님께 바친 물건들로서 또한 하나님의 정의의 제물로 멸하여진 것이기 때문이다. 여리고의 경우에서 나타나듯이, 율법은 그런 성읍들을 절대로 재건해서는 안 되도록 정하고 있는 것이다. 신약의 바벨론 멸망에 관한 예언에서 이 이름을 빗대는 것 같기도 하다(계 16:16). 거기서는 바벨론 군대들이 아마겟돈, 즉 군대의 멸망이라 불리는 곳에 집결한다고 말씀한다.

⁴백성이 호르 산에서 출발하여 홍해 길을 따라 에돔 땅을 우회하려 하였다가 길로 말미암아 백성의 마음이 상하니라 ⁵백성이 하나님과 모세를 향하여 원망하되 어찌하여 우리를 애굽에서 인도해 내어 이 광야에서 죽게 하는가 이 곳에는 먹을 것도 없고 물도 없도다 우리 마음이 이 하찮은 음식을 싫어하노라 하매 ⁶여호와께서 불뱀들을 백성 중에 보내어 백성을 물게 하시므로 이스라엘 백성 중에 죽은 자가 많은지라 ⁷백성이 모세에게 이르러 말하되 우리가 여호와와 당신을 향하여 원망함으로 범죄하였사오니 여호와께 기도하여 이 뱀들을 우리에게서 떠나게 하소서 모세가 백성을 위하여 기도하매 ⁸여호와께서 모세에게 이르시되 불뱀을 만들어 장대 위에 매달아라 물린 자마다 그것을 보면 살리라 ⁹모세가 놋뱀을 만들어 장대 위에 다니 뱀에게 물린 자가 놋뱀을 쳐다본즉 모두 살더라

여기서는 다음을 보라.

I. 가장 가까운 길을 확보하지 못하여 에돔 땅을 우회하여 가는 기나긴 행진으로 인하여 이스라엘이 기진함. 길로 말미암아 백성의 마음이 상하니라(4절). 어쩌면 그 길이 거칠고 울퉁불퉁하고 더럽고 먼지가 많았을 것이다. 아니면, 에돔 지역을 통과하여 가도록 허락을 받지 않아서 가는 길이 너무나 멀어 짜증이 났을지도 모른다. 마음에 불만이 있는 사람은 언제나 무언가 자신을 불편하게 만드는 것을 찾는 법이다.

II. 이로 인하여 나타난 그들의 불신앙과 원망(5절). 바로 전에 가나안 사람들에 대해 놀라운 승리를 거두었고 또한 계속해서 정복을 해나가는 중에 있는데도, 그들은 하나님께서 그들을 위하여 행하신 일에 대해 불만을 표시하였고, 그가 앞으로 행하실 일에 대해 불신하였고, 자기들이 애굽에서 나온 것에 대해 언짢아하였으며, 다른 민족들이 스스로 일하여 먹을 것과 마실 물을 먹는

데 자기들은 그런 것이 오로지 이적으로만 그것을 공급받는 것에 대해 원망하였다. 그들에게는 충분히 먹고 남을 만큼 양식이 있었다. 그런데도 그들은 먹을 것도 없다고 불평한다. 천사의 음식을 먹지만, 그것이 지겨워졌고, 만나 자체가 싫어져서 그것을 어린이들에게나 알맞고 어른들과 군인들에게는 적합하지 않은 하찮은 음식으로 여기는 것이다. 만나를 좋아하지 않는 사람들인데, 대체 무엇을 좋아하겠는가? 싸우고자 하는 마음을 가진 사람들은 아무런 잘못이 없어도 그것에 대해 트집을 잡는 법이다. 오랫동안 은혜의 수단을 누려온 자들이, 심지어 하늘의 만나에 대해서도 물려서 지겨워하여 그것을 하찮은 음식이라 부르기가 쉬운 것이다. 그러나 일부의 사람들이 하나님의 말씀에 대해 그렇게 멸시한다고 해서 우리도 그것을 하찮은 것으로 여겨서는 안 된다. 그 말씀은 생명의 떡이요, 필수적인 양식이며, 따라서 누가 그것을 하찮은 음식이라 부르든 간에 그것은 믿음으로 그것을 먹는 자들을 양육하여 영생에 이르도록 해주는 것이다.

Ⅲ. 그들의 원망에 대해 하나님께서 행하신 의로운 심판(6절).   그는 불뱀들을 백성 중에 보내셨고, 이것들이 수많은 사람들을 물어 죽였다. 신 8:15에 나타나는 대로 그들이 지나온 광야에는 그런 불뱀들이 많았다. 그러나 지금까지 하나님께서는 이 백성을 놀랍게 보존하사 그것들에게서 해를 받는 사람이 하나도 없었다. 그러나 그들이 원망하자, 하나님께서는 그들을 채찍질하시기 위하여 이 짐승들을 사용하셨고, 그리하여 지금까지 이스라엘의 진 가까이 오지 않던 이것들이 그리로 몰려와 백성들을 해친 것이다. 하나님의 자비로운 역사에 대해 감사하지 않는 자들이 하나님의 심판의 역사를 느끼도록 되는 것은 지극히 정당한 일이다. 이 뱀들을 가리켜 불뱀이라 부르는 것은 그 색깔 때문이거나, 그 격렬함 때문이거나, 혹은 물리는 즉시 고열(高熱)이 일어나고 채울 수 없는 갈증이 일어나는 그 맹독성(猛毒性) 때문이었을 것이다. 그들이 물이 없다고 부당하게 불평하였으니(5절), 하나님께서 보내시는 이런 채찍을 맞아 아무리 물을 먹어도 사라지지 않는 강한 갈증을 겪어 마땅하다. 이유 없이 아우성치는 자들은 정말 아우성칠 수밖에 없는 정당한 원인이 그들에게 주어지는 것이다. 그들이 불신 가운데서 자기들이 광야에서 죽을 것이라고 결론지었으니, 하나님께서는 그들의 착각의 말을 그대로 취하셔서 믿지 않는 그들에게 두려움을 가져다 주셨고, 실제로 그들 중에 많은 이들이 죽었다. 그들이 불경하

게도 하나님으로 하여금 이맛살을 찌푸리시게 했고, 또한 그 입술에는 독사의 독이 있었으니(롬 3:13), 이 불뱀들이(이것들은 날아다니는 뱀들이었을 것이다, 사 14:29) 그들의 얼굴에 날아와 독을 쏜 것이다. 그들이 교만하여 하나님과 모세를 대적하여 자신들을 높였으니, 이제 하나님께서 이 경멸스런 짐승들로 하여금 그들에게 재앙이 되게 하셔서 그들을 낮추시고 꺾으신 것이다. 전에 그들을 보호하기 위하여 애굽 사람들에게 사용되었던 그 화살이 이제 그들을 향한 것이다. 메추라기를 보내사 배불리 먹게 하신 하나님께서 뱀을 보내어 그들을 물게 하실 수도 있다는 것을 알게 하시는 것이다. 하나님을 대적하여 봉기하는 자들을 대항하여 온 창조 세계가 싸우는 것이다.

IV. 이러한 심판을 당하여 그들이 회개하며 하나님께 구함(7절).   그들의 잘못을 고백함. 우리가 범죄하였사오니. 그들이 구체적으로 고백한다. 우리가 여호와와 당신을 향하여 원망함으로 범죄하였사오니. 고통을 당하지 않았더라면 그들이 죄를 인정하려 하지 않았을 것이라는 사실이 두려움으로 다가와야 한다. 그러나 그들은 채찍을 맞고서 돌이켰다. 그들은 모세에게 자기들을 위하여 간구하기를 구하였다. 자기들은 응답을 받기에 무가치하다는 것을 스스로 의식하였고, 하나님께서 모세의 간구를 들으신다는 것을 인정하였던 것이다. 속히 그들의 자세가 바뀐 것이다. 조금 전만 해도 모세를 철천지원수처럼 여겨 그와 싸웠던 자들이 이제는 그를 마치 가장 가까운 친구인 것처럼 여겨 그에게 간청하며, 그를 하나님 앞에서 자기들의 대변자로 택하였으니 말이다. 환난으로 인하여 하나님의 백성에 대한 사람들의 정서가 바뀌고, 또한 이로써 가르침을 받아 전에는 조롱했던 그들의 기도를 이제 귀한 것으로 여기게 되는 경우가 많다. 모세는 자신이 마음으로 그들을 용서했음을 보여주기 위하여, 전에 자기를 저주했던 자들을 축복하며 자기를 모욕하는 자들을 위하여 기도하였다(눅 6:28). 이 점에서 그는 그리스도의 모형이었다. 그는 그를 박해하는 자들을 위하여 간구하셨고, 그리하여 우리로 하여금 가서 그와 같이 행하고 그리하여 우리가 원수를 사랑한다는 것을 보여주도록 우리에게 모범이 되신 것이다.

V. 하나님께서 그들의 안위를 위하여 놀랍게 역사하심.   하나님은 모세를 불러 심판을 행하도록 하지 않으시고, 그로 하여금 백성들에게 사랑과 존경을 받게 하시고자 그를 사용하셔서 백성들의 고통을 풀어주게 하셨다(8, 9절). 하나님은 모세에게 불뱀의 모형을 만들 것을 명하셨고, 그는 구리(놋)로 그것을

만들어 긴 장대 위에 매달아서 모든 사람이 다 볼 수 있도록 하였다. 불뱀에 물린 사람이 그 놋뱀을 보면 낫도록 하신 것이다. 백성들은 하나님께서 뱀들을 그들에게서 **떠나게** 해주시기를 기도하였으나(7절), 하나님은 그렇게 하는 것을 적절치 않게 여기셨다. 그는 우리가 바라는 방식이 아니라 최선의 방식으로 효과적인 치료를 주시는 것이다. 그리하여 죽지 않은 자들도 그들이 원망한 것으로 인하여 고통을 받게 하셔서 그들이 마음으로 회개하고 자신을 낮추게 하셨다. 그들 역시 모세의 손을 통하여 하나님께로부터 치료를 얻게 하셔서 다시는 하나님과 모세를 대적하여 원망해서는 안 된다는 교훈을 얻게 하신 것이다. 이 치료 방법은 완전히 이적적이었고, 또한 밝고 빛나는 구리를 바라보는 것이 불뱀에게 물린 자들에게 고통스럽다는 일부 과학자들의 말이 사실이라면 이는 더더욱 놀라운 것이었다. 하나님께서는 자연적인 방법과 정반대되는 방법으로도 그의 목적을 이루실 수 있는 것이다. 유대인들은 말하기를, 그들이 치료를 받은 것은 놋뱀을 보았기 때문이 아니라, 그것을 바라보면서 하나님을 그들을 치료하시는 여호와로 바라본 때문이었다고 한다. 그러나 이러한 하나님의 조치에는 복음의 요소가 상당 부분 들어 있었다. 우리 주님이 그렇게 말씀하셨다. 모세가 광야에서 뱀을 든 것 같이 인자도 들려야 하리니 이는 그를 믿는 자마다 영생을 얻게 하려 하심이라(요 3:14, 15). 그러면 이 둘 사이의 유사점을 관찰해 보자.

1. 그들의 질병과 우리의 질병이 유사함. 마귀는 옛뱀이요 불뱀이다. 그러므로 그는 큰 붉은 용이다(계 12:3). 죄는 바로 이 불뱀이 무는 것이다. 그것은 깜짝 놀라는 양심에게는 고통이 되며 마비된 양심에게는 독이 된다. 사탄의 미혹을 가리켜 그의 불화살이라 일컫는다(엡 6:16). 정욕과 격정이 영혼에 불을 일으키듯이, 전능하신 하나님의 두려운 역사들이 찬란하게 나타날 때에도 그러하다. 결국 죄는 뱀같이 물고 독사 같이 쏘며(잠 23:32), 그 달콤한 것조차도 독사의 쓸개로 변한다.

2. 그들의 치료와 우리의 치료가 유사함. (1) 불뱀의 상처를 치유하는 길을 마련하시고 제시하신 것이 바로 하나님 자신이셨다. 마찬가지로 그리스도로 말미암는 우리의 구원도 무한히 지혜로우신 하나님께서 계획하시고 시행하신 것이다. 하나님 자신이 대속물을 찾으신 것이다. (2) 그 치유법은 전혀 그럴듯하지 않은 것이었다. 마찬가지로 그리스도의 죽으심으로 말미암는 우리의 구

원도 유대인에게는 거치는 돌이요 헬라인에게는 미련한 것이다. 광야에서 뱀을 든 것은 모세였다. 따라서 율법은 우리를 그리스도께로 인도하는 초등교사이며, 또한 모세가 그리스도에 대해 기록하였다(요 5:46). 그리스도는 모세의 후계자들인 유대인의 통치자들에 의하여 십자가에 달리셨다. (3) 치료하게 해준 놋뱀이 상처를 준 불뱀과 같은 모양이었다. 이처럼 그리스도께서도 스스로 죄에서 완전히 자유하셨으나, 그럼에도 불구하고 죄악된 육신의 모양으로 보내심을 받았으므로(롬 8:3), 이분이 죄인이라는 것이 당연하게 받아들여진 것이다(요 9:34). (4) 놋뱀이 높이 달렸는데, 이처럼 그리스도께서도 높이 달리셨다. 그는 십자가에 달리셔서(요 12:33, 34) 세상에게 구경거리가 되셨다. 그는 복음 전함으로 인하여 달리신 것이다. 여기서 장대를 뜻하는 말로 사용된 단어는 깃발 혹은 기장(旗章)을 뜻한다. 그리스도께서는 십자가에 달리사 만민의 기치로 서셨다(사 11:10). 어떤 이들은 놋뱀이 높이 달린 것이, 그리스도께서 십자가에서 통치자들과 권세들을 구경거리로 삼으사(골 2:15) 옛뱀 사탄의 머리를 상하게 하시고 그를 이기신 것을 나타내는 모형이었다고 본다.

3. 그들의 치료의 적용과 우리의 치료의 적용이 유사함. 그들은 바라보고 살았다. 우리도 믿으면 멸망하지 않는다. 우리는 믿음으로 예수님을 바라본다(히 12:2). 내게로 돌이켜 구원을 받으라(사 45:22). 우리는 우리의 상처와 또한 그 상처로 인하여 위험에 처한 우리의 처지를 깨달아야 하고, 하나님께서 그의 아들에 관하여 주신 기록을 받아들여야 하며, 또한 우리 자신을 포기하고 그를 따르면 고침을 받고 구원을 받으리라는 하나님이 주신 확신을 의지해야 한다. 놋뱀이 높이 달렸더라도 바라보지 않으면 고침을 받을 수 없었다. 받은 상처를 보고도 놋뱀을 바라보지 않으면 반드시 죽을 수밖에 없었다. 이 치유의 방법을 가벼이 여기고 자연의 치료약에 의지하고 그것들을 신뢰하면, 반드시 망하고 말 것이었다. 이와 마찬가지로 죄인들이 그리스도의 의를 멸시하거나 그 유익에 대해 신뢰하지 않으면, 그 때문에 그들의 상처로 인하여 치명적인 해를 얻게 될 것은 물론이다. 그러나 누구든지 이 치료의 증표를 바라보면, 진중에서 아무리 먼 곳에 있더라도, 눈물이 가득한 연약한 눈으로 바라보더라도, 반드시 고침을 받았다. 마찬가지로 누구든지 그리스도를 믿으면 믿음이 아직 연약한 자라도 멸망하지 않을 것이다. 그리스도께서 위하여 죽으신 형제들 중에는 연약한 자들이 있는 법이다. 어쩌면 놋뱀을 장대 위에 달고 난 후 얼마 동안 불뱀

들이 계속해서 이스라엘 진을 공격했을지도 모른다. 어떤 이들은 그들이 이 놋 뱀을 남은 여정 내내 지니고 다니면서 진을 치는 곳마다 중앙에 달아두었고 가 나안에 정착하면서 그 땅 변경 내의 어느 곳에 고정시켜 두었을 것이라고 추측 하는데, 충분히 가능성 있는 추측이라 여겨진다. 왜냐하면 왕하 18:4에 나타나 듯이 훗날 이스라엘 자손이 이 놋뱀을 향하여 분향하였는데, 그들이 광야에까 지 멀리 들어가서 그렇게 하지는 않았을 것으로 보이기 때문이다. 죄의 삯인 영원한 죽음의 상태에서 구원받은 자들도 이 세상에 있는 동안 그 죽음의 고통 과 괴로움을 느끼게 되어 있다. 그러나 그것이 우리의 과오가 되지 않게 하려 면, 주 예수의 죽으심을 계속해서 함께 지고 감으로써 그 놋뱀과 함께 하며 어 느 때나 항상 그것을 바라보아야 할 것이다.

[10]이스라엘 자손이 그 곳을 떠나 오봇에 진을 쳤고 [11]오봇을 떠나 모압 앞쪽 해 돋는 쪽 광야 이예아바림에 진을 쳤고 [12]거기를 떠나 세렛 골짜기에 진을 쳤고 [13]거기를 떠나 아모리인의 영토에서 흘러 나와서 광야에 이른 아르논 강 건너편에 진을 쳤 으니 아르논은 모압과 아모리 사이에서 모압의 경계가 된 곳이라 [14]이러므로 여호 와의 전쟁기에 일렀으되 수바의 와헙과 아르논 골짜기와 [15]모든 골짜기의 비탈은 아르 고을을 향하여 기울어지고 모압의 경계에 닿았도다 하였더라 [16]거기서 브엘에 이르니 브엘은 여호와께서 모세에게 명령하시기를 백성을 모으라 내가 그들에게 물을 주리라 하시던 우물이라 [17]그 때에 이스라엘이 노래하여 이르되 우물물아 솟 아나라 너희는 그것을 노래하라 [18]이 우물은 지휘관들이 팠고 백성의 귀인들이 규 와 지팡이로 판 것이로다 하였더라 그들은 광야에서 맛다나에 이르렀고 [19]맛다나에 서 나할리엘에 이르렀고 나할리엘에서 바못에 이르렀고 [20]바못에서 모압 들에 있는 골짜기에 이르러 광야가 내려다 보이는 비스가 산 꼭대기에 이르렀더라

여기서는 이스라엘 자손들이 모압 평지에 이르기까지의 여러 단계의 여정에 관한 기록이 제시되고 있다. 여호수아서 초두에서 보는 대로, 이스라엘 자손은 모압 평지에서 드디어 요단 강을 건너 가나안에 들어갈 것이었다. 그들 이 그 중심에 가까이 갈수록 움직임도 더 빨라진다. 이스라엘 자손은 이제 약 속하신 안식에 가까이 나아가고 있었고, 이제 10절에서 표현하는 대로 앞으로 전진하였다(한글 개역개정판은 "그 곳을 떠나"로 번역함). 천국을 향하는 길에

서도 우리가 그렇게 행하여, 여정의 마지막이 가까이 올수록 주의 일에 더욱 능동적이고 풍성해진다면 좋을 것이다. 여기 이 단계의 행진에 관한 이 간략한 기록에서 특별히 두 가지를 관찰할 수 있을 것이다.

1. 아르논 강 근처에서 하나님께서 이 백성들에게 베푸신 놀라운 성공(13-15절). 그들은 마침내 에돔 땅을 우회하여 지나서(이 땅을 침범해서도 그들을 방해해서도 안 되었다. 신 2:4, 5) 모압 경계에 이르렀다. 가나안에 들어가는 길이 여러 가지라는 것은 매우 좋은 일이다. 하나님의 백성의 원수들이 그 백성들이 지나가지 못하도록 막을지라도, 약속하신 안식에 들어가는 것을 막지는 못하는 법이다. 하나님께서는 모압 사람들을 대적하여 공격하지 말라는 명령을 주셨는데(신 2:9), 이스라엘 사람들이 이 여정에서 이 명령을 잘 준수하였다는 것을 조심스럽게 살펴야 할 것이다. 모압 사람들은 의로운 롯의 후손들이었던 것이다. 그리하여 이스라엘 사람들은 아르논 강 맞은편에 진을 쳤다(13절). 여기 26, 27절에 나타나는 대로 그 땅은 본래 모압에 속했었으나 당시는, 멸망당할 민족 중의 하나였던 아모리 족속의 소유가 되어 있었다. 이스라엘 자손은 여기서 모압 사람들과 싸우지 않도록 조심하였는데, 훗날 입다가 암몬 족속과의 싸움에서 이 사실을 근거로 제시하며 그 땅을 돌려 줄 것을 청한다(삿 11:15 등). 그들이 이제 아르논 강어귀에 진을 치고서 어떤 전과를 올렸는지에 대해서는 구체적인 기술이 없고, 다만 여호와의 전쟁기를 언급하는데, 이 책은 아마도 아말렉 사람들과의 전쟁 역사로부터 시작했을 것으로 보인다. 이것을 책에 기록하여 기념하게 하라고 하나님이 말씀하셨다(출 17:14). 이 책에 이스라엘이 싸운 모든 다른 전투에 관한 기록들이 첨가되었는데, 여기에 무엇보다 아르논 강에서, 즉 수바의 와헙과 그 강의 다른 곳에서의 그들의 싸움들에 관한 기록들이 첨가되었다. 또 어떤 이들의 견해에 따르면, 이 구절은 다음과 같은 의미로 읽어야 한다. "여호와의 전쟁들에 관하여 높이 칭송하되 그가 이스라엘을 애굽에서 이끌어 내사 홍해에서 행하신 일과 또한 가나안에 들어가기 직전 아르논 강에서 행한 일을 높이 받들어 말씀할지니라." 주목하라. 하나님께서 우리에게 베푸시는 사랑의 역사들을 기릴 때에 하나님의 선하심과 자비가 어떻게 끊임없이 우리를 따르는지를 — 그러한 하나님의 역사는 홍해로부터 아르논 강까지 이스라엘과 함께 했다 — 잘 살피는 것이 좋은 일이다. 우리 인생의 굽이굽이마다 하나님께서 우리를 위해 무엇을 하셨는지를 주의 깊게

살펴야 한다. 그런 때에 그런 장소에서 어떻게 행하셨는지를 구체적으로 기억하여야 하는 것이다.

2. 하나님께서 브엘에서 그 백성을 놀랍게 공급하심(16절). 브엘은 우물 혹은 샘을 뜻한다. 그들은 오봇에 진을 쳤는데, 오봇은 가죽부대를 뜻하는데, 어쩌면 그들이 한동안 마실 물을 가죽부대에 가득 채운 데에서 이런 이름이 붙여졌을지도 모른다. 그러나 이번에는 그 옛날 하갈이 당한 것과 같은 상황을 그들이 당했을 것으로 보인다. 가죽부대의 물이 떨어진지라(창 21:15). 그러나 그들이 원망했다는 기록을 찾아볼 수가 없다. 그러므로 하나님이 그들을 불쌍히 여기사 그들을 우물로 인도하셔서, 그들로 하여금 겸손한 자세로 잠잠히 하나님을 바라며, 또한 그들이 원망하지 않더라도 그가 은혜로 그들의 부족함을 아시고 채우시리라는 것을 믿도록 격려하셨다. 이 세상에서 우리는 기껏해야 오봇에 진을 치는 것밖에는 할 수 없고, 얼마 남지 않은 물그릇에서 위로를 얻을 수밖에 없다. 그러나 천국에 나아가면 브엘, 곧 생명의 우물로, 생수의 샘으로 나아가게 될 것이다. 지금까지 우리는, 그들이 물을 공급받을 때마다 항상 그들이 불만을 품고 물을 구하여 하나님께서 불쾌하신 중에 물을 주셨다는 것을 보았다. 그러나 여기서는, (1) 하나님이 사랑으로 물을 주셨다. 백성을 모으고, 그들로 놀라운 역사의 증인들이 되고 그 은혜를 함께 나누게 하라. 그리하면 내가 그들에게 물을 주리라(16절). 그들이 간구하기 전에 하나님께서 허락하셨고, 그의 선하신 복들을 베풀어 주셨다. (2) 그들이 기쁨과 감사의 마음으로 물을 받았고, 이로써 하나님의 자비하심을 배나 더 풍성하게 누렸다(17절). 그 때에 그들이 이 노래를 불러 하나님께 영광을 불렀고, 또한 서로서로 격려하였다. 우물물아 솟아나라! 그들은 물이 솟아나기를 구하였다. 자비가 약속되었으나 기도로써 그것을 붙잡아야 하기 때문이다. 그들은 물이 솟아나자 기쁨의 함성으로 맞았다. 우리는 기쁨으로 구원의 우물들에서 물을 길어야 할 것이다(사 12:3). 놋뱀이 우리를 치유하기 위하여 높이 달리신 그리스도의 모형이었던 것처럼, 이 우물은 우리를 위로하시기 위하여 부어지시는 성령의 모형이다. 그에게서부터 우리에게 생수의 강이 흐르는 것이다(요 7:38). 이 우물물이 우리 영혼 속에 솟아나는가? 그것을 노래하며, 위로를 얻고 하나님께 영광을 돌려야 할 것이다. 이 은사를 휘저으며, 그것을 노래하라. 우물물아 솟아나라! 너 동산의 샘아 내 영혼에 물을 부으라(아 4:15). 광야가 못이 되게 하리라 하신 하나님의 약

속을 믿고 구하라(사 41:17, 18). 이 약속은 아마도 이 이야기를 염두에 둔 것일 것이다. (3) 전에는 이적을 기념하기 위해서 주로 백성들의 분쟁과 원망을 뜻하는 이름들을 그 장소에 붙였는데, 여기서는 찬양의 노래를 통해서 그것을 기념한다. 그 노래를 통해서 그 일이 이루어진 경위가 보존되었다. 이 우물은 지휘관들이 팠고 백성의 귀인들이, 아마도 칠십 인의 장로들이, 규(즉 하나님의 통치 아래 있는 모세를 가리킴)와 지팡이로 판 것이로다(18절). 곧, 그들이 지팡이로 부드러운 모래땅에 구덩이를 팠고, 하나님께서 그들이 만들어놓은 구덩이에서 이적적으로 물이 솟아나게 하신 것이다. 그로부터 오랜 후에도 경건한 이스라엘 사람들이 메마르고 갈증을 일으키는 곳인 바카 골짜기로 지나갈 때에 이처럼 우물들을 만들었고 하나님께서 하늘로부터 비를 내리사 그 우물들을 채워주셨다(시 84:6). 관찰하라. [1] 하나님께서 물을 주실 것을 약속하셨으나 그들이 그것을 얻도록 땅을 파놓아야 했다. 우리 능력 내에 있는 수단을 사용하는 중에 하나님의 자비하신 역사를 기대하여야 한다. 그러나 여전히 그 놀라운 능력은 하나님의 것이다. [2] 이스라엘의 귀인들이 나아가 직접 이 일에 가담했고 그들의 지팡이들을 사용하였다. 그 지팡이들은 아마도 그들의 공적인 봉사를 나타내주는 명예와 권력의 상징물이었을 것으로 보이는데, 이 사실을 기록하여 그들의 존귀를 높이고 있는 것이다. 그들이 하나님의 권능으로 이적적으로 물을 공급해 주는 역사에 도구들로 사용되었다는 사실은 그들의 직분에 대한 큰 확증이었고 또한 백성들에게는 큰 위로가 되었다. 또한 이로써, 이제 곧 죽게 될 모세의 영이 어느 정도는 이스라엘의 귀인들에게 임하였음이 드러났다. 모세는 과거에 반석을 쳤으나, 여기서는 스스로 땅을 치지 않고, 귀인들을 명하여 그 일을 행하게 함으로써 그들의 지팡이들이 모세의 지팡이의 존귀함을 함께 나누게 한다. 그리하여 그들로 하여금, 모세가 떠나가더라도 하나님께서는 떠나지 않으실 것을 믿고 바라보게 하였으며, 오히려 그들이 당대에 공적인 복이 되고 또한 그들이 규의 지시대로 행하는 한 하나님께서 그들과 함께 하실 것을 기대하게 하였다. 의무를 다하는 가운데서야 비로소 위로를 구할 수 있는 것이다. 따라서 하나님의 즐거움에 함께 참여하기를 바라면, 하나님의 지시를 조심스럽게 따라야 하는 것이다.

²¹이스라엘이 아모리 왕 시혼에게 사신을 보내어 이르되 ²²우리에게 당신의 땅을 지

나가게 하소서 우리가 밭에든지 포도원에든지 들어가지 아니하며 우물물도 마시지 아니하고 당신의 지경에서 다 나가기까지 왕의 큰길로만 지나가리이다 하나 23시혼이 이스라엘이 자기 영토로 지나감을 용납하지 아니하고 그의 백성을 다 모아 이스라엘을 치러 광야로 나와서 야하스에 이르러 이스라엘을 치므로 24이스라엘이 칼날로 그들을 쳐서 무찌르고 그 땅을 아르논에서부터 얍복까지 점령하여 암몬 자손에게까지 미치니 암몬 자손의 경계는 견고하더라 25이스라엘이 이같이 그 모든 성읍을 빼앗고 그 아모리인의 모든 성읍 헤스본과 그 모든 촌락에 거주하였으니 26헤스본은 아모리인의 왕 시혼의 도성이라 시혼이 그 전 모압 왕을 치고 그의 모든 땅을 아르논까지 그의 손에서 빼앗았더라 27그러므로 시인이 읊어 이르되 너희는 헤스본으로 올지어다 시혼의 성을 세워 견고히 할지어다 28헤스본에서 불이 나오며 시혼의 성에서 화염이 나와서 모압의 아르를 삼키며 아르논 높은 곳의 주인을 멸하였도다 하였더라 29모압아 네가 화를 당하였도다 그모스의 백성아 네가 멸망하였도다 그가 그의 아들들을 도망하게 하였고 그의 딸들을 아모리인의 왕 시혼의 포로가 되게 하였도다 하였더라 30우리가 그들을 쏘아서 헤스본을 디본까지 멸하였고 메드바에 가까운 노바까지 황폐하게 하였도다 31이스라엘이 아모리인의 땅에 거주하였더니 32모세가 또 사람을 보내어 야셀을 정탐하게 하고 그 촌락들을 빼앗고 그 곳에 있던 아모리인을 몰아 내었더라 33그들이 돌이켜 바산 길로 올라가매 바산 왕 옥이 그의 백성을 다 거느리고 나와서 그들을 맞아 에드레이에서 싸우려 하는지라 34여호와께서 모세에게 이르시되 그를 두려워하지 말라 내가 그와 그의 백성과 그의 땅을 네 손에 넘겼나니 너는 헤스본에 거주하던 아모리인의 왕 시혼에게 행한 것 같이 그에게도 행할지니라 35이에 그와 그의 아들들과 그의 백성을 다 쳐서 한 사람도 남기지 아니하고 그의 땅을 점령하였더라

여기서는 이스라엘이 시혼과 옥과 싸워 얻은 승리에 관한 기사를 접하게 된다. 이 기사는 특별히 생각하여야 한다. 그것들이 특별하게 보도되고 있기 때문임은 물론 오랜 세월이 흐른 후 이를 기념하는 기념물들이 특별하게 기려지며 또한 이것이 영원한 자비가 베풀어진 경우로 분명하게 언급되기 때문이다. 아모리인의 왕 시혼을 죽이신 이에게 감사하라 그 인자하심이 영원함이로다. 바산 왕 옥을 죽이신 이에게 감사하라 그 인자하심이 영원함이로다(시 136:19, 20).

I. 이스라엘이 아모리인의 왕 시혼에게 평화의 메시지를 보내었으나(21절), **유쾌하지 못한 회답을 받았다.** 전에 비슷한 메시지에 대해 에돔 사람들이 보낸 회답보다 더 나쁜 것이었다(20:18, 20). 에돔 사람들은 그들이 통과하는 것을 거부하였고 그들을 막기 위하여 병력을 배치하여 방어하였으나, 이스라엘쪽에서 전혀 싸움을 부추긴 일이 없는데도 시혼은 군대와 함께 이스라엘을 치러 국경을 넘어 광야로 나왔다(23절). 그 스스로 자기 패망의 길로 달려든 것이다. 입다는 시혼이 이스라엘을 믿지 아니하여 그런 술책을 부렸다고 말한다(삿 11:20). 그러나 그의 술책이 오히려 그를 속인 것이다. 모세의 말처럼, 하나님 여호와께서 그를 이스라엘 손에 넘기시려고 그의 성품을 완강하게 하셨고 그의 마음을 완고하게 하셨기 때문이다(신 2:30). 하나님의 교회의 원수들이 자기들이 가장 지혜롭게 여기는 책략을 사용하며 거기에 완전히 빠져버리는 경우가 많다. 시혼의 군대가 참패하였고, 뿐만 아니라 그의 나라 전체가 이스라엘의 소유가 되어버렸다(24, 25절). 이처럼 그 나라를 소유한 일은 다음을 생각할 때에 지극히 정당하다 할 것이다.

1. 이는 아모리인들을 상대로 한 일이었다. 그들이 선제공격을 했고, 그리하여 이스라엘을 전쟁으로 끌어들였다. 그러나 어쩌면 이것만으로는 이스라엘이 그 땅을 자기 땅으로 삼을 만한 충족한 명분이 될 수 없었을지도 모른다. 그러나 열방의 왕이시요 온 땅의 주이신 하나님께서 친히 그 땅을 그들에게 허락하신 것이다. 아모리인들은 하나님께서 그들의 땅을 아브라함과 그 후손들에게 주시기로 약속하신 멸망당할 운명의 민족들 중 하나였다. 아모리인들의 죄악이 가득 차면 그 약속이 이행될 것이었다(창 15:16). 입다는 하나님께서 허락하신 사실에 근거하여 그 땅의 소유권을 주장한다(삿 11:23, 24). 하나님께서 아모리인들에 대해 승리를 얻게 하시고 그 땅을 소유하게 하셨으며, 또한 그 조상들에게 행하신 약속을 통하여 이미 소유권이 주어졌으니, 이에 근거하여 그들이 그 땅을 계속 소유한 것이다.

2. 이는 이 나라의 소유주였던 모압인들을 상대로 한 일이었다. 그들이 그 땅을 계속해서 주장하며 하나님께서 친히 그 땅을 이스라엘에게 기업으로 주지 아니할 것을 말씀하셨다는 사실을 주장한다면(신 2:9), 모세는 여기서 그들의 주장에 대한 반론의 근거를 후손들에게 제시하고 있으며, 입다는 그로부터 260년 후 이 땅에 대한 이스라엘의 소유권에 대해 문제가 제기될 때에 아모리인들

을 상대로 그것을 사용하고 있다.

(1) 이 땅이 모압인들의 소유였었으나 아모리인들이 얼마 전부터 그 땅을 차지하였고 현재 그 땅을 완전히 소유하고 있다는 것이 명분이었다(26절). 이스라엘 자손이 그 땅을 모압인들에게서 취한 것이 아니다. 그들은 이미 오래 전에 아모리인들에게 그 땅을 빼앗겼으므로 그 소유권을 포기할 수밖에 없었다. 그러므로 이스라엘이 아모리인들에게서 그 땅을 취했어도 그 땅을 모압인들에게 되돌려줄 의무가 없었다. 그들의 소유권이 오래 전에 폐기되었기 때문이다. 여기서 세상적인 소유물들의 불확실함을 보게 된다. 소유주가 얼마나 자주 바뀌며, 우리 스스로 확실히 소유했다고 생각할 때조차도 얼마나 속히 그것을 빼앗길 수 있는지 모른다. 재물은 스스로 날개를 내어 하늘을 나는 독수리처럼 날아가리라(잠 23:5). 그러므로 도저히 빼앗아갈 수 없는 좋은 부분을 확보해 놓는 것이 우리의 지혜. 또한 하나님의 지혜로우신 섭리와 그 완전한 예견(豫見)을 보라. 모든 하나님의 목적들이 제 때에 이루어지도록 오래 전에 준비를 해 놓으셨으니 말이다. 이 땅이 결국 이스라엘에게 넘겨지게 되어 있었으므로, 사전에 그 땅이 아모리인들의 손에 붙여졌고, 그들은 이스라엘이 오기까지 관리인으로 그 땅을 맡은 것뿐이었으나 이를 전혀 생각하지 못하였고, 결국 그 땅을 이스라엘에게 넘긴 것이었다. 우리는 섭리의 광활한 역사를 깨닫지 못한다. 그러나 여기서 드러나듯이 하나님은 그의 모든 일들을 알고 계시며, 또한 인종을 나누실 때에 이스라엘 자손의 수효대로 백성들의 경계를 정하신 것이다(신 32:8). 그의 택한 백성을 위하여 의도하신 모든 땅을 나중에 내어 쫓길 멸망당할 민족들의 소유로 붙이신 것이다.

(2) 이 문제에 대한 증거로 그 땅의 순전한 기록을 언급한다. 곧, 그들의 잠언이나 노래 중 몇 구절을 인용하는데(27-30절), 이것이 다음과 같은 사실의 충족한 증거가 된다. [1] 여기 거론되는 이런저런 곳들은 전에 모압인들의 소유였었으나 전쟁을 통해서 아모리인의 왕 시혼의 통치권 하에 들어갔다는 것. 헤스본이 시혼의 성이 되었고, 그가 그 소유권을 얻었으므로 그를 위하여 성이 견고히 건설되었으며(27절), 또한 디본과 노바도 마찬가지로 아모리 왕국에게 빼앗겨 그 소유로 복속되었다(30절). [2] 모압인들이 완전히 패하여 다시 소유권을 회복하지 못하였다는 것. 모압의 아르는 시혼이 취하지도 공략하지도 않았으므로 여전히 모압의 도성으로 남아 있었으나, 이 패배로 인하여 완전히 황

폐하여 다시는 그 머리를 들 수 없게 되었다(28절). 모압인들이 완전히 패망하여 그들의 신 그모스조차도 그들을 포기했고 그들을 시혼의 손에서 구해내지 못하였다(29절). 이로써 모압인들이 이 땅에 대한 소유권을 영원히 주장할 수 없게 되었다는 것이 드러난다. 여기서 아모리인들의 시를 삽입시킨 또 다른 이유를 생각한다면, 악인의 승리가 오래가지 못한다는 것을 보여주기 위함이었을 것이다. 모압인들을 정복하고 그들을 모욕했던 자들이 이제 그들 스스로 하나님의 이스라엘에게 정복당하고 모욕을 당하는 처지가 된 것이다. 이 땅을 모압인들에게서 취한 아모리인의 왕 시혼 자신이 이제 이스라엘 사람들에게 그 땅을 잃어버린 것이다. 그 전 모압 왕에게서 그 땅을 취하였다고 하면서도(26절), 아모리인의 그 전 왕이 그 땅을 취하였다고 말씀하지 않기 때문이다. 그러므로 이는 폭력을 통해 재산을 빼앗고서 우쭐해지지만, 자신이 다시 그것을 잃어버려서 정의가 드러나는 경우가 있다는 것을 보여준다 할 것이다. 그들은 잠깐 동안 높아지는 것뿐이다(욥 24:24).

II. 바산 왕 옥은 이웃의 운명을 보고서 경계를 받아 이스라엘과 화친을 맺으려 하기는커녕, 오히려 이에 부추김을 받아 이스라엘과 전쟁을 벌이다가 마찬가지로 망하게 된다. 옥 역시 아모리인이었고, 그러므로 어쩌면 그 이웃 왕보다 자신이 이스라엘을 더 잘 처리하고 그들을 이길 수 있다고 생각했을 것이다. 그 자신의 장대한 키와 힘을 믿고 그렇게 생각했을 것이다. 이에 대해 모세는 신 3:11에 언급하는데, 거기서 이 이야기가 더 충실하게 다루어진다. 여기서 관찰하라.

1. 이 아모리 왕이 전쟁을 시작했다는 것. **바산 왕 옥이 … 이스라엘을 맞아 … 싸우려 하는지라**(33절). 그의 나라는 매우 풍요롭고 평화로웠다. 바산은 최고의 목재로 유명했고(바산의 상수리나무를 보라), 최고 품종의 소로도 유명했고, 그 나라에서 나는 숫양과 염소도 훌륭하였다(신 32:14). 악인들은 하나님의 심판을 막기 위하여 자신과 자신의 재산의 안전을 지키고자 최선을 다하나 그 날이 오면 모든 것이 허사가 되고 그들이 멸망하고 만다.

2. 하나님께서 친히 이 일에 개입하셨다는 것. 하나님은 이스라엘에게 이런 위협적인 세력을 두려워하지 말 것을 명하시고, 완전한 승리를 약속하신다. **"내가 그와 그의 백성과 그의 땅을 네 손에 넘겼나니**(34절), 일이 이미 끝난 것이나 마찬가지로다. 그것이 모두 네 것이니 들어가 소유로 삼으라." 거인들도 하나

님의 능력 앞에서는 벌레만도 못한 법이다.

　3. 이스라엘이 이들을 정복하였다는 것. 이스라엘이 원수들의 군대를 섬멸하였을 뿐 아니라 원수들의 나라를 점령하여 소유로 삼았고, 이 곳은 후에 요단 강 동쪽에 정착하는 두 지파 반의 기업 중 일부가 되었다. 아직 모세가 이스라엘과 함께 있는 동안 하나님께서 그들에게 이런 성공을 주셨으니, 이는 모세를 위로하기 위함이었고(그는 자신이 살아 있는 동안 그 결말은 보지 못하나, 최소한 그 영광스러운 역사의 시작은 볼 수 있었다), 동시에 여호수아의 지도 아래 가나안에서 전쟁을 수행하게 되는 그 백성을 격려하기 위함이기도 했다. 그들에게 이 일은 가나안 정복과 비교할 때 작은 일에 불과했으나, 이는 후에 이루어질 큰일들에 대한 보증이었던 것이다.

제 22 장

개요

　　이스라엘을 저주하고자 하는 시도와 그 시도가 무산되는 것 등, 발락과 발람의 그 유명한 이야기가 본 장에서부터 시작된다. 오랜 세월이 흐른 후 하나님의 백성들은 모압 왕 발락이 제의한 일과 브올의 아들 발람이 그에게 답한 일을 기억하고 여호와의 의로우심을 알라는 말씀을 듣는다(미 6:5). 본 장의 주요 내용은 다음과 같다. I. 발락이 이스라엘을 두려워하여 그들을 저주하고자 흉계를 꾸밈(1-4절). II. 그가 술사인 발람에게 사신을 보내어 그 일을 맡기려 하였으나, 그가 승낙하지 않음(5-14절). III. 발람이 두 번째 사신들의 간청에 응하여 옴(15-21절). IV. 발람이 도중에 만난 반대의 역사(22-35절). V. 드디어 발락과 발람이 서로 만남(36-41절).

¹이스라엘 자손이 또 길을 떠나 모압 평지에 진을 쳤으니 요단 건너편 곧 여리고 맞은편이더라 ²십볼의 아들 발락이 이스라엘이 아모리인에게 행한 모든 일을 보았으므로 ³모압이 심히 두려워하였으니 이스라엘 백성이 많음으로 말미암아 모압이 이스라엘 자손 때문에 번민하더라 ⁴미디안 장로들에게 이르되 이제 이 무리가 소가 밭의 풀을 뜯어먹음 같이 우리 사방에 있는 것을 다 뜯어먹으리로다 하니 그 때에 십볼의 아들 발락이 모압 왕이었더라 ⁵그가 사신을 브올의 아들 발람의 고향인 강 가 브돌에 보내어 발람을 부르게 하여 이르되 보라 한 민족이 애굽에서 나왔는데 그들이 지면에 덮여서 우리 맞은편에 거주하였고 ⁶우리보다 강하니 청하건대 와서 나를 위하여 이 백성을 저주하라 내가 혹 그들을 쳐서 이겨 이 땅에서 몰아내리라 그대가 복을 비는 자는 복을 받고 저주하는 자는 저주를 받을 줄을 내가 앎이니라 ⁷모압 장로들과 미디안 장로들이 손에 복채를 가지고 떠나 발람에게 이르러 발락의 말을 그에게 전하매 ⁸발람이 그들에게 이르되 이 밤에 여기서 유숙하라 여호와께서 내게 이르시는 대로 너희에게 대답하리라 모압 귀족들이 발람에게서 유숙하니라 ⁹하나님이 발람에게 임하여 말씀하시되 너와 함께 있는 이 사람들이 누구냐 ¹⁰발람이 하나님께 아뢰되 모압 왕 십볼의 아들 발락이 내게 보낸 자들이니이다 이르기

를 [11]보라 애굽에서 나온 민족이 지면에 덮였으니 이제 와서 나를 위하여 그들을 저주하라 내가 혹 그들을 쳐서 몰아낼 수 있으리라 하나이다 [12]하나님이 발람에게 이르시되 너는 그들과 함께 가지도 말고 그 백성을 저주하지도 말라 그들은 복을 받은 자들이니라 [13]발람이 아침에 일어나서 발락의 귀족들에게 이르되 너희는 너희의 땅으로 돌아가라 여호와께서 내가 너희와 함께 가기를 허락하지 아니하시느니라 [14]모압 귀족들이 일어나 발락에게로 가서 전하되 발람이 우리와 함께 오기를 거절하더이다

이스라엘 자손은 드디어 광야의 방황을 끝내고 광야에서 올라와 (21:18), 이제 요단 강 근처 모압 평지에 진을 치고 있었다. 그리고 모세가 죽은 후 여호수아의 지도 아래 요단을 건너 가나안으로 들어가기까지 거기에 계속 머물러 있었다. 여기서 다음을 보라.

I. 이스라엘이 접근하는 것을 보고 모압인들이 두려움에 떨었다(2-4절). 하나님께서 이스라엘에게 모압인들과 싸우지 말 것을 명령하셨다는 것(신 2:9)을 알았다면(아마도 모세가 그들에게 이런 사실을 알려 주었을 것이다), 그들이 이스라엘에게서 해를 받을까 두려워할 필요가 없었을 것이다. 그러나 이를 알았더라도 그들은 그것이 자기들을 안심시켜 놓고 더 쉽게 공략하려고 하는 술수에 지나지 않는 것으로 여겼을 것이다. 아브라함과 롯이 서로 오랜 우정을 나누었음에도 불구하고 모압인들은 할 수 있는 대로 이스라엘을 멸망시키기로 작정하였고, 그리하여 그들은 아무런 의혹의 근거가 없는데도 이스라엘이 자기들을 멸망시키기로 작정하였다는 것을 기정사실로 여길 것이었다. 이처럼 스스로 악을 꾀하는 자들은 자기들에게 악행이 가해지는 것처럼 꾸미는 것이 보통이다. 그러니 그들의 근거 없는 투기가 그들의 이유 없는 악행의 본색인 것이다. 그들은 이스라엘이 아모리인들에게 승리를 거두었다는 것을 듣고서(2절) 이웃이 무너졌으니 이제 자기 집도 위험하다고 생각하였다. 그들은 이스라엘의 숫자를 의식하였다. 이스라엘 백성이 많음으로, 무언가 속히 효과적인 대비책을 강구하여 이 승승장구하는 군대의 전진을 막지 않으면 그들이 자기 나라를 쉽게 무너뜨릴 것이라고 생각하였다. "이 무리가 소가 밭의 풀을 뜯어먹음 같이 우리 사방에 있는 것을 속히 다 뜯어먹으리니 우리가 이를 도저히 막지 못하리로다"(4절). 그렇게 막강한 군대에게는 도저히 당할 수 없으리라 여긴 것이

다. 그리하여 그들은 두려움에 떨었다. 이처럼 악인은 두려움이 없는 곳에서 크게 두려워하는 법이다(시 53:5). 그들은 이런 두려움을 이웃의 미디안의 장로들에게 전달하여, 함께 무언가 조치를 취하지 않으면 서로의 안전을 보장할 수 없다고 하였다. 모압 왕국이 패망하면 미디안도 오래 갈 수 없었으니 말이다. 모압인들은 자기들이 원하기만 하면 이스라엘의 전진과 아모리인에 대한 승리를 자기들에게 유리하게 얼마든지 이용할 수도 있었다. 그들은 하나님과 이스라엘에게 감사하고 기뻐해야 마땅했다. 아모리인의 왕 시혼이 그들의 땅 일부를 탈취하였고 나머지도 탈취하려고 호시탐탐 노리고 있었는데, 이스라엘로 말미암아 그의 위협적인 권세로부터 자유함을 얻었으니 말이다. 그들은 이스라엘과 우호관계를 유지하고 그들을 도와야 할 이유가 충분했다. 그러나 조상 롯의 신앙을 저버리고 우상 숭배에 빠져 있는 상태에 있던 그들은, 아브라함의 하나님의 백성들을 미워했고, 판단이 흐려졌고 결국 크나큰 고뇌에 빠진 것이다.

Ⅱ. 모압 왕이 이스라엘 백성이 저주를 받게 만들고자, 즉 하나님이 지금까지 그들을 위하여 싸우셨으나 이제부터는 그들을 대적하시게 하고자, 계략을 꾸밈. 그는 자기의 무력보다는 간교한 책략을 더 신뢰하였고, 어떤 선지자를 포섭하여 그들에게 악이 행해지도록 강력한 마법을 걸고 자기와 자기 군대에게 복을 선포하면, 자기가 비록 약하더라도 그들을 물리칠 수 있게 될 것이라고 생각하였다. 이런 생각은,

1. 무언가 신앙의 잔재에서 나온 것이다. 이는 사람의 일을 다스리며 결정하는 무언가 눈에 보이는 주권적인 권세에 대해 의존하는 것을 인정하기 때문이다.

2. 참된 신앙의 잔재에서 나온 것이다. 만일 미디안인들과 모압인들이 그들의 조상들인 아브라함과 롯의 믿음과 예배에서 완전히 타락해 있지 않았다면, 자기들이 참되신 하나님을 반역한 상황에서 그 하나님을 홀로 섬기며 예배하는 백성에게 저주하여 그들에게 어떤 악을 가져올 수 있다는 식의 상상은 할 수 없었을 것이다.

Ⅲ. 모압 왕이 유명한 술사인 브올의 아들 발람을 회유하여 이스라엘을 저주하는 일에 가담시키려 함. 발람은 머나먼 곳에, 곧 그 옛날 아브라함이 떠나왔고 또한 라반이 살았던 땅에 살고 있었다. 그 근처에 마술을 하는 자들이

여럿 있었을 것이나, 발람처럼 성공적인 주술로 유명한 사람은 없었고, 발락은 자신이 아는 한 최고의 술사를 데려오려 하였다. 사람을 보내 머나먼 길을 가게 해야 했으나, 그만큼 이 음모에 온 신경이 가 있었던 것이다. 그리고 그를 데려오기 위해서,

1. 그는 발람은 자기의 친구로 삼아, 이스라엘 진의 무수한 숫자와 또한 그들이 가까이 와 있으므로 위험스럽다는 것을 그에게 알렸다. 그들이 지면에 덮여서 우리를 대적하여 맞은편에 거주하였고(5절).

2. 그는 발람의 말에 큰 능력을 부여함으로써 결국 그를 자기의 신으로 삼는다. 그대가 복을 비는 자는 복을 받고 저주하는 자는 저주를 받을 줄을 내가 앎이니라(6절). 박식한 패트릭 주교는 여러 유대인 저술가들의 견해처럼 발람이 한때 큰 선지자였다는 쪽으로 기운다. 발람은 선한 것이든 악한 것이든 그의 예언과 기도에 대한 응답들이 그대로 이루어짐으로써 사람들에게서 하나님과 함께 하는 위대한 사람으로 칭송받았으나, 점점 교만해지고 탐욕스러워짐으로써 하나님이 그에게서 떠나셨고, 그리하여 그는 사라져가는 자신의 명성을 유지하기 위해 스스로 마귀적인 기법을 취하였다는 것이다. 그를 가리켜 선지자라 부르는 것은(벧후 2:16) 그가 과거에 선지자였기 때문이거나, 아니면 사람들에게 마술을 행하여 크다 일컫는 하나님의 능력이라 불린 마술사 시몬처럼(행 8:10) 처음부터 마술적인 기법을 통해서 명성을 쌓았기 때문일 것이다. 하나님의 선지자들이 여호와의 이름으로 선포한 저주는 놀라운 효력을 발생하였다. 노아의 경우가 그랬고(창 9:25), 엘리사의 경우가 그랬다(왕하 2:24). 그러나 골리앗이 그의 신들의 이름으로 다윗을 저주한 경우처럼(삼상 17:43), 까닭 없는 저주는 이루어지지 아니하는 것이다(잠 26:2). 하나님의 사역자들과 하나님의 사람들이 우리를 위하여 기도하기를 사모해야 할 것이요, 그들이 우리를 대적하여 기도하는 것을 끔찍하게 여겨야 할 것이다. 참으로 복 주시고 또한 참으로 저주하시는 하나님께서 그들을 크게 돌아보시기 때문이다. 그러나 발락은 이런 찬사로는 발람의 마음을 움직이기에 족하지 않은 것으로 여겨 그가 좋아할 만한 선물을 준비하였다(7절). 그들은 복채를 그에게 전했으며, 그는 그 불의의 삯을 사랑하였다(벧후 2:15).

IV. 하나님께서 발람을 제재하사 이스라엘을 저주하지 못하도록 금하심.
아마도 발람은 호기심 많은 인물로 이스라엘의 사정과 성격에 대해 문외한이

아니었고, 하나님께서 진실로 그들과 함께 하신다는 사실을 듣고 있는 터였으므로 마땅히 사자들에게 자신은 절대로 하나님이 복 주신 백성을 저주하지 않겠노라는 답변을 즉시 해주었어야 옳았다. 그러나 사자들을 머물게 한 후 밤새도록 어떻게 할지를 생각하면서 하나님께로부터 지침을 받고자 하였다(8절). 유혹과 협상을 하려 하면, 그것들에게 넘어갈 위험이 큰 법이다. 그 날 밤 하나님께서 그에게 나타나셔서(어쩌면 꿈 속에서) 이 사자들이 그와 무슨 일을 도모하려는지를 물으신다. 하나님께서 다 알고 계시지만, 그에게서 직접 듣고자 하신 것이다. 발람은 그들의 의중을 아뢰고(9-11절), 그리하여 하나님께서는 그들과 함께 가거나 그 복된 백성을 저주하지 말 것을 명하신다(12절). 아비멜렉에게와(창 20:3) 또한 라반에게(창 31:24) 하셨듯이, 하나님께서는 이처럼 자기 백성을 보존하시기 위하여 때때로 악인들에게 말씀하시기를 기뻐하신다. 그리고 우리는 불법을 행하는 자이면서도 그리스도의 이름으로 예언도 하고 많은 이적을 행하는 사람들의 기사를 접하게 된다. 발람은 발락에게 가지도 말고, 또한 이 백성을 저주하지도 말라는 명령을 받았다. 그가 멀리서라도 그들을 저주할 수도 있었기 때문이다. 그렇게 저주하지 못하게 한 이유는 바로 그들은 복을 받은 자들이기 때문이었다(12절). 이는 너를 저주하는 자에게는 내가 저주하리니 라는 아브라함에게 주신 축복의 일부였다(창 12:3). 그러므로 이스라엘을 저주하려는 시도는 전혀 허사일 뿐 아니라 위험천만한 것이었다. 이스라엘이 광야에서 자주 하나님의 진노를 격동시켰으나, 그들의 원수들이 그들을 저주하는 것은 그냥 내버려두지 않으실 것이다. 그는 사람의 죄악을 따라 그들에게 그대로 갚으시는 분이 아니시기 때문이다. 죄가 가리어짐을 받는 사람들은 복이 있는 사람들이다(롬 4:6, 7).

V. 사자들이 발람을 대동하지 않고 돌아옴.

1. 발람은 하나님의 답변을 사자들에게 신실하게 전달하지 않았다(13절). 그는 그저 여호와께서 내가 너희와 함께 가기를 허락하지 아니하시느니라 라고만 말했다. 그는 마땅히 이스라엘이 복 받은 백성이므로 절대로 저주를 받아서는 안 된다는 것을 말했어야 했으나, 그렇게 하지 않았다. 그렇게 말했다면, 발락의 흉계가 좌절되고, 다시는 그에게 유혹이 없었을 것이다. 그러나 그는 결국 자기가 겸손히 발락을 도울 뜻이 있다는 것을 알린 것이요, 자신이 그의 계획에 박수를 보내며 기꺼이 그 일에 동참하겠다는 뜻을 알린 것이다. 그러나 자

신이 선지자이며 따라서 하나님께로부터 허락을 받지 않은 이상 갈 수가 없는데, 아직 허락을 받지 못했으니, 당장은 자신이 가지 못하는 것을 양해해 달라는 것이었다. 주목하라. 하나님의 금지 명령을 완화시켜 말하는 것은 사탄의 유혹임을 보여주는 분명한 증표다. 곧, 하나님의 금지 명령이 그저 허락을 해주지 않는 정도에 지나지 않는 것처럼 말하며, 또한 하나님의 율법을 거슬러 행하는 것을 그저 하나님의 허락이 없이 행하는 정도로만 보는 것이다.

2. 사자들은 발람의 답변을 발락에게 신실하게 전달하지 않았다. 그들이 행한 보고는 그저 발람이 우리와 함께 오기를 거절하더이다(14절)라는 것이었다. 마치 그가 더 간절한 요청과 더 높은 대가를 원하는 것처럼 암시하였다. 그들은 하나님께서 그런 시도 자체를 허락하지 않으셨다는 것을 발락이 아는 것을 원치 않은 것이다. 이처럼 귀인들이 주위의 사람들의 아첨으로 심각하게 오도되는 경우가 허다하다. 그들은 자기들의 과오와 어리석음이 발각되지 않게 하기 위하여 할 수 있는 방법을 다 쓰는 것이다.

¹⁵발락이 다시 그들보다 더 높은 고관들을 더 많이 보내매 ¹⁶그들이 발람에게로 나아가서 그에게 이르되 십볼의 아들 발락의 말씀에 청하건대 아무것에도 거리끼지 말고 내게로 오라 ¹⁷내가 그대를 높여 크게 존귀하게 하고 그대가 내게 말하는 것은 무엇이든지 시행하리니 청하건대 와서 나를 위하여 이 백성을 저주하라 하시더이다 ¹⁸발람이 발락의 신하들에게 대답하여 이르되 발락이 그 집에 가득한 은금을 내게 줄지라도 내가 능히 여호와 내 하나님의 말씀을 어겨 덜하거나 더하지 못하겠노라 ¹⁹그런즉 이제 너희도 이 밤에 여기서 유숙하라 여호와께서 내게 무슨 말씀을 더하실는지 알아보리라 ²⁰밤에 하나님이 발람에게 임하여 이르시되 그 사람들이 너를 부르러 왔거든 일어나 함께 가라 그러나 내가 네게 이르는 말만 준행할지니라 ²¹발람이 아침에 일어나서 자기 나귀에 안장을 지우고 모압 고관들과 함께 가니

여기서는 발람으로 하여금 이스라엘을 저주하게 하기 위하여 그를 데려오고자 그에게 두 번째로 사신들이 보냄을 받는다. 발락이 이처럼 악한 계획을 실현시키기 위해 한 번의 좌절에도 불구하고 이처럼 끈기 있게 노력하는데, 우리가 선한 일을 진행하는 데에 이와 같은 진지하고도 끈질긴 노력을 강구한다면 얼마나 좋겠는가! 교회의 원수들은 지치지도 않고 줄기차게 교회를 공격

한다. 그러나 하늘에 앉으신 이가 그들을 향하여 웃으시는 것이다. 관찰하라.

I. 발락이 발람에게 유혹거리를 제시함. 그는 전보다 더 강하게 그를 공략할 계획을 꾸몄다. 아마도 사자들의 손에 돈을 배나 많이 보냈을 것이다. 그리고 그 외에도 이제 그는 명예를 갖고서 그를 유혹하였다. 그의 탐욕은 물론 그의 교만과 야망을 자극하도록 미끼를 던진 것이다. 우리 속에 있는 옛사람에게 속한 이 두 팔을 죽여주시기를 얼마나 진지하게 하나님께 구하여야 하는지 모른다! 세상의 재물과 명예를 거룩한 멸시의 자세로 바라볼 줄 아는 자들은 대부분의 사람들처럼 선한 양심을 지키는 것이 어렵지 않을 것이다. 발락이 얼마나 간교하게 유혹거리를 제시했는지를 보라.

1. 더 높은 고관들을 더 많이 보냈다(15절). 발람이, 전에 보낸 사자들의 숫자가 작고 신분도 낮아서 자신이 무시를 당했다고 생각했을 수도 있으므로, 이번에는 그를 마치 통치권자인 것처럼 여겨 정중한 예의를 갖추어 높은 고관들을 더 많이 보낸 것이다.

2. 매우 절박하게 요청하였다. 이 막강한 군주가 자신을 낮추어 그에게 간청하는 것이다. "청하건대 아무것에도 거리끼지 말고 내게로 오라(16절). 하나님도, 양심도, 죄나 수치에 대한 두려움도 개의치 말고 무조건 오라."

3. 대가도 매우 높게 제시하였다. "내가 그대를 높여 모압의 귀인들 중에 크게 존귀하게 하리라." 아니, 그에게 백지 수표를 내밀고, 그러러 무엇이든 원하는 조건을 쓰라고 한다. 그대가 내게 말하는 것은 무엇이든지 시행하리니, 즉 "그대가 바라는 것은 무엇이든 다 줄 것이요, 그대가 명하는 것을 무엇이든 다 시행하리니, 그대의 말이 내게 법이 될 것이라"(17절). 이처럼 죄인들은 자기들의 사치나 악의를 만족시키는 일이라면, 그 어떤 고통도 참고, 그 어떤 손해도 감수하며, 그 어떤 굴욕도 개의치 않는 것이다. 그렇다면 덕스러운 법칙에 순응하는 데에 우리가 뻣뻣하고 완강해야 할까? 절대로 그럴 수 없다.

II. 발람이 겉으로는 거부하는 듯하면서도 속으로는 이 유혹에 굴복함. 여기서 우리는 발람이 양심의 가책과 부패 사이에서 갈등을 겪는 모습을 간파할 수 있을 것이다.

1. 그는 양심의 가책으로 인하여 하나님의 명령을 준수할 것을 이야기한다(18절). 어느 누구도 이보다 더 잘 이야기할 수는 없었을 것이다. "발락이 그 집에 가득한 은금을 내게 줄지라도 내가 능히 여호와 내 하나님의 말씀을 어겨 덜하거

나 더하지 못하겠노라." 그가 하나님을 얼마나 높여 말하는지를 보라. 그는 여호와 내 하나님이라고 말한다. 주목하라. 하나님의 백성이 아닌 자들 중에서도 하나님을 자기 하나님이라 부르는 자들이 많다. 그들은 진정으로 그렇게 부를 수가 없다. 왜냐하면 그들은 하나님만의 것이 아니기 때문이다. 이들은 여호와께 맹세하면서 말감을 가리켜 맹세하는 자들이다(습 1:5). 또한 하나님의 말씀에 대해서도 얼마나 높이 기리며 이야기하는지를 보라. 그는 말씀을 철저히 붙잡기로 작정하고 아무것도 가감하지 않을 것처럼 이야기한다. 그리고 이 세상의 재물에 대해서도 얼마나 하찮게 말을 하는지 모른다. 금과 은이라도 하나님의 사랑에 비하면 아무것도 아니라는 식으로 말하는 것이다. 그러나 마음의 중심을 살피시는 하나님은 그가 불의의 삯을 사랑한다는 것을 알고 계셨던 것이다. 주목하라. 악한 사람들이 매우 좋은 말을 하고 입으로 경건의 모양을 드러내는 것이 아주 쉬운 일이다. 말로는 사람을 판단할 수가 없다. 하나님만이 그 중심을 아시는 것이다.

2. 동시에 그의 부패성들로 인하여 그 명령을 거스르는 쪽으로 강하게 기운다. 그가 유혹거리를 거부하는 것처럼 보였다(18절). 그러나 그 때도 그는 그것에 대한 혐오를 표현하지는 않았다. 그리스도께서는 사탄이 세상의 나라들을 주겠다고 했을 때에 사탄아 물러가라 라고 하셨고, 베드로도 마술사 시몬이 돈을 제의했을 때에 네 은과 네가 함께 망할지어다 라고 했으나, 발락은 유혹거리 앞에서 그것을 단호히 물리치지 못했다. 오히려 뇌물을 받고자 하는 강한 의향을 보인 것이 드러난다(19절). 그는 하나님께서 무어라 말씀하실지를 다시 한 번 물어보겠다고 하였다. 그가 생각을 바꾸시고 그로 떠나가게 허락하시기를 바란 것이다. 이것은 전능자 하나님에 대한 악한 생각이 아닐 수 없다. 그가 생각을 바꾸사 전에는 복을 선언하신 자들을 결국 저주하기로 하시기라도 하듯이, 또한 전에는 악한 일로 선포하신 일을 결국 허락하시기라도 하듯이 말하는 것이니 말이다. 발람은 하나님이 전적으로 자기와 같은 분이시라고 생각한 것이다. 그는 하나님의 뜻이 무엇인지를 이미 들었다. 이미 그렇게도 명확하게 결정된 사안에 대해서 다시 뜻을 들으려 해서는 안 되고 이미 들은 말씀에 그대로 순복했어야 옳았다. 주목하라. 죄를 범하도록 허용해 주시기를 구하는 것은 하나님을 지극히 크게 모욕하는 것이요 마음을 부패가 장악하고 있다는 확실한 증거다.

Ⅲ. 하나님이 가도록 허락하심(20절).　하나님께서 그에게 임하사(아마도 진노하심으로 임하셨을 것이다) 원하면 발락의 사자들과 함께 가라고 말씀하셨다. 하나님께서 그를 마음의 정욕대로 내버려두신 것이다. "네가 그렇게 가기를 원하니, 가라. 그러나 네가 가는 것이 네게 존귀한 일이 되지 아니하리라. 네가 가나, 내가 네게 이르는 말만 준행할 것이니, 네가 바라는 대로 저주하지는 못하리라." 주목하라. 하나님께서는 악인들을 족쇄에 채워놓고 계신다. 그들이 이리로 올 것이나, 그의 허락을 받고서 오는 것이니 그가 허락하신 것 이상으로는 넘어오지 못할 것이다. 그리하여 하나님은 사람의 분노로 그의 찬양이 되도록 하시며, 동시에 그 나머지를 억제시키시는 것이다. 하나님께서 발람에게 "일어나 함께 가라"고 말씀하셨는데, 이는 진노가 섞인 말씀이었다. 발람 자신도 그 말씀을 그렇게 이해했을 것이다. 하나님께서 가는 문제에 대해서 그를 책망하실 때에 그가 하나님께 가게 해 달라고 간구하는 것이 나타나지 않기 때문이다. 주목하라. 하나님께서는 때때로 사랑으로 자기 백성의 기도들을 들어주지 않으시며, 또한 진노로 악인의 소원을 허락하기도 하시는 것이다.

Ⅳ. 발람이 길을 떠남(21절).　하나님께서는 그 사람들이 너를 부르러 왔거든 함께 떠나라고 하셨다. 그러나 그는 떠나는 것이 너무나 좋아서 사람들이 자기를 부르기를 기다리지 않고, 스스로 아침에 일어나서 모든 준비를 속히 갖추고 모압 고관들과 함께 갔다. 그들은 자기들의 소임을 다했으니 의기양양하여 돌아갔다. 사도는 여기서 발람이 범한 죄를, 삯을 위하여 어그러진 길로 몰려간 것으로 묘사한다(유 11). 돈을 사랑하는 것이 모든 악의 뿌리인 것이다.

[22]그가 감으로 말미암아 하나님이 진노하시므로 여호와의 사자가 그를 막으려고 길에 서니라 발람은 자기 나귀를 탔고 그의 두 종은 그와 함께 있더니 [23]나귀가 여호와의 사자가 칼을 빼어 손에 들고 길에 선 것을 보고 길에서 벗어나 밭으로 들어간지라 발람이 나귀를 길로 돌이키려고 채찍질하니 [24]여호와의 사자는 포도원 사이 좁은 길에 섰고 좌우에는 담이 있더라 [25]나귀가 여호와의 사자를 보고 몸을 담에 대고 발람의 발을 그 담에 짓누르매 발람이 다시 채찍질하니 [26]여호와의 사자가 더 나아가서 좌우로 피할 데 없는 좁은 곳에 선지라 [27]나귀가 여호와의 사자를 보고 발람 밑에 엎드리니 발람이 노하여 자기 지팡이로 나귀를 때리는지라 [28]여호와께서 나귀 입을 여시니 발람에게 이르되 내가 당신에게 무엇을 하였기에 나를 이같이 세 번

을 때리느냐 ²⁹발람이 나귀에게 말하되 네가 나를 거역하기 때문이니 내 손에 칼이 있었다면 곧 너를 죽였으리라 ³⁰나귀가 발람에게 이르되 나는 당신이 오늘까지 당신의 일생 동안 탄 나귀가 아니냐 내가 언제 당신에게 이같이 하는 버릇이 있었더냐 그가 말하되 없었느니라 ³¹그 때에 여호와께서 발람의 눈을 밝히시매 여호와의 사자가 손에 칼을 빼들고 길에 선 것을 그가 보고 머리를 숙이고 엎드리니 ³²여호와의 사자가 그에게 이르되 너는 어찌하여 네 나귀를 이같이 세 번 때렸느냐 보라 내 앞에서 네 길이 사악하므로 내가 너를 막으려고 나왔더니 ³³나귀가 나를 보고 이같이 세 번을 돌이켜 내 앞에서 피하였느니라 나귀가 만일 돌이켜 나를 피하지 아니하였더면 내가 벌써 너를 죽이고 나귀는 살렸으리라 ³⁴발람이 여호와의 사자에게 말하되 내가 범죄하였나이다 당신이 나를 막으려고 길에 서신 줄을 내가 알지 못하였나이다 당신이 이를 기뻐하지 아니하시면 나는 돌아가겠나이다 ³⁵여호와의 사자가 발람에게 이르되 그 사람들과 함께 가라 내가 네게 이르는 말만 말할지니라 발람이 발락의 고관들과 함께 가니라

　　　　여기서는 발람이 모압을 향하여 나아가는 중에 하나님께서 그에게 주신 반대에 관한 기사를 접하게 된다. 아마도 고관들은 그보다 앞서 갔거나, 아니면 다른 길로 갔고 발람이 그들과 만날 장소나 그들이 머물 곳을 지정해 주었을 것이다. 이 부분에서는 그들에 대한 언급이 전혀 나타나지 않고, 오로지 발람만 두 시종과 함께 있는 것으로 보이기 때문이다. 발람으로서는 그렇게 하는 것이 명예로운 일이었을 것이라고 생각할 수 있을 것이다. 왜냐하면 그 자신이 귀인이므로 구태여 발락에게 신세를 질 필요가 없었을 것이니 말이다.

I. 발람이 모압으로 향한 것에 대한 하나님의 진노가 나타난다.　그가 감으로 말미암아 하나님이 진노하시므로(22절). 주목하라.

1. 하나님께서 허용하신다고 해서 죄인들의 죄가 하나님을 덜 거스른다고 생각해서는 안 된다. 하나님이 그의 섭리로 사람들을 막아서 죄를 짓지 않도록 하시지 않으니 그가 그것을 승인하시는 것이라거나, 그가 그들을 혐오하지 않으신다는 식으로 생각해서는 안 된다. 하나님께서는 죄를 허용하시며, 그러면서도 그것에 대해 진노하시는 것이다.

2. 하나님의 백성을 대적하는 악한 계교를 꾸미는 것보다 더 하나님을 불쾌하시게 만드는 것이 없다. 그 백성들을 건드리는 자는 하나님의 눈동자를 건드

리는 것이다.

II. 하나님께서 발람으로 하여금 그의 진노하심을 알게 하심. 여호와의 사자
가 그를 막으려고 길에 서니라. 여기서 하나님은 이스라엘에게 하신 약속을 이행
하신 것이다. 내가 네 원수에게 원수가 되리라(출 23:22). 거룩한 사사들은 죄에
대하여 원수들이며, 어쩌면 우리가 아는 것보다 더 죄를 막는 일을 위하여 활
동하고 있을 것이며, 특히 하나님의 교회와 그 백성을 대적하는 악한 계획들을
막는 일에 가담하고 있을 것이다. 우리의 군주 미가엘이 그들을 위하여 일어나
니 말이다(단 12:1; 10:21). 악인들이 하나님의 이스라엘을 대적하여 공격을 행
할 때에 반드시 그가 거룩한 사자들을 보내사 그들의 계교를 무너뜨리시고 그
의 소자들을 보호하신다는 것이야말로, 그들이 잘되기를 바라는 모든 사람들
에게 얼마나 위로가 되는지 모른다! 선지자는 이스라엘을 흩뜨린 네 개의 뿔을
보면서 그와 동시에 그 뿔들을 떨어뜨리는 네 대장장이들을 보았다(슥 1:18이
하). 원수가 홍수처럼 밀려올 때에 여호와의 영이 그를 대적하여 깃발을 높이 올리시
리라(사 59:19. 영어흠정역본 — 역자주). 이 사자는 발람의 대적이었다. 발람
이 그를 자기의 대적으로 여겼기 때문이다. 우리가 죄악된 길을 갈 때에 우리
를 가로막는 자들이 있다면, 그들이 우리의 가장 좋은 친구들이요, 우리도 그
들을 그렇게 여겨야 한다. 그 사자는 칼을 빼어 손에 들고 서 있었다(23절). 이
는 그룹들의 손에 들려 있었던 두루 도는 불 칼과 같았다(창 3:24). 주목하라. 거
룩한 사자들은 하나님이 진노를 발하시는 자들과 대적한다. 그들은 하나님의
정의의 시행자들이기 때문이다. 관찰하라.

1. 발람이 나귀를 통하여 그를 향한 하나님의 진노하심을 접하였으나, 이것
에 놀라지 않았다. 나귀가 여호와의 사자를 보았다(23절). 발람은 자신이 눈을
뜬 자요 전능자의 환상을 보는 자라고 자랑하는데(24:3, 4), 자기가 탄 나귀가 보
는 것도 보지 못하였고, 그 눈이 탐욕과 야망으로 어두워졌고 저주에 대한 보
상으로 어지러웠으니, 그의 자랑이 얼마나 허망한 것이었는지 모른다! 주목하
라. 하나님이 자기들을 대적하시고, 또한 그의 거룩한 천사들이 자기들을 대적
하건만 그것을 깨닫지 못하는 자들이 많다. 나귀는 그 주인을 알고, 자기에게 닥
친 위험을 보나, 발람은 알지 못하고 깨닫지 못한다(사 1:3). 여호와여 주의 손이
높이 들릴지라도 그들이 보지 아니하오니(사 26:11). 나귀 같은 미물(微物)도 천
사를 보았으니, 환상이나 계시를 본다고 우쭐하여 자랑할 것이 아무것도 없다.

악행을 고집하는 중에 하나님의 진노의 칼이 자기를 겨누고 있다는 말을 들으면서도 악행을 계속하는 사람이 있다면 자기의 바보 같은 짓을 부끄러워해야 하고, 그것이 멸망할 짐승의 우매함보다 더 바보 같다는 것을 깨달아야 할 것이다. 나귀는 자기 보호의 법칙을 더 잘 이해하고 있었다. 그리하여 자기 자신과 또한 자기 등에 타고 있는 무감각한 사람을 구하기 위하여,

(1) 길에서 벗어나 밭으로 들어갔다(23절). 발람은 사태를 알아차리고 자기가 정당한 임무를 벗어나 곁길로 나와 있다는 것을 생각했어야 옳았다. 그러나 오히려 그는 나귀를 길로 돌이키려고 채찍질하였다. 사악한 죄로 인하여 멸망을 향하여 돌진하는 자들은 이렇듯 그들의 패망을 막으려 하는 자들에게 화를 발하는 것이다.

(2) 나귀는 사자를 다시 보고서 그를 피하기 위하여 몸을 담에 대고 발람의 발을 그 담에 짓눌렀다(24, 25절). 길을 갈 때에 나쁜 사고를 당하기가 얼마나 쉬운지 모른다. 그런 때에 우리가 보존함을 받으면 하나님의 섭리의 덕분으로 여겨야 마땅할 것이다. 천사들을 명하셔서 우리의 모든 길에서 우리를 지키사 발이 돌에 부딪치지 아니하게 하시니 말이다. 그러나, 어느 때든 재난을 만나면 우리의 길이 하나님 보시기에 올바른지 아닌지를 물어야 할 것이다. 발람이 발을 짓눌리자, 그것이 그의 목숨을 구하는 일임에도 불구하고, 그는 격한 나머지 또다시 나귀에게 채찍질을 가했다. 우리 역시 좀 불편을 주기는 하지만 진정한 친절인 일을 당할 때에 쉽게 화를 내는 경우가 허다한 것이다.

(3) 다시 천사를 만나자, 나귀는 발람 밑에 엎드렸다(26, 27절). 발람은 분명 이 일에 무언가 범상치 않은 점이 있다는 것을 생각했어야 옳았다. 이 나귀는 난폭하지도 않았고 주인을 그렇게 섬긴 적도 없었기 때문이다. 그러나 악을 행하는 데에 마음이 완전히 가 있는 자들은 격렬하게 밀고 나가서, 그들을 가로막고 중지시키기 위해 섭리가 가져다 놓는 모든 어려움들을 다 깨뜨리는 법이다. 발람은 세 번째 나귀에게 채찍을 때렸다. 나귀는 지금 자신이 발람에게 할 수 있는 최선의 봉사를 하며, 그를 여호와의 사자의 칼에서 구원하려 하며, 또한 스스로 엎드림으로써 그에게도 그렇게 할 것을 가르치는데도 말이다.

(4) 이 모든 일이 전혀 발람에게 소용이 없자, 하나님께서는 나귀의 입을 여셨고, 나귀는 다시 한 번 발람에게 말을 하였다. 그러나 이것마저도 그를 움직이지는 못했다. 여호와께서 나귀 입을 여시니(28절). 이것은 본성적인 능력을 훨

씬 뛰어넘는 큰 이적으로서, 사람의 입을 지으셨고 또한 그에게 말을 가르치신 하나님의 능력으로 이루어진 것이었다. 그렇지 않았다면(우리가 순전히 모방을 통해서 말하는 법을 배우며, 따라서 나면서부터 듣지 못하는 자는 말도 하지 못하므로) 첫 사람이 절대로 말을 하지 못했을 것이고, 그의 후손 중에 누구도 말을 하는 자가 없었을 것이다. 사람으로 하여금 말을 하도록 지으신 하나님께서는, 원하시면 나귀도 사람의 소리로 말하게 만드실 수 있는 것이다(벤후 2:16). 여기서 에인즈워스(Henry Ainsworth: 1571-1622)는 지적하기를, 마귀는 우리의 첫 조상을 미혹하여 죄에 빠지게 할 때에 간교한 뱀을 사용하였으나, 하나님께서는 발람을 깨닫게 하고자 하실 때에 미련하고 얼빠진 짐승인 어리석은 나귀를 사용하셨다고 한다. 사탄은 속이려고 노리고 있는 자들의 간교함으로 사람들의 마음을 부패시키나, 그리스도는 세상의 미련한 것들을 택하사 지혜로운 자들을 부끄럽게 하시는 것이다. 벙어리 나귀를 통해서 하나님은 선지자의 바보 같음을 책망하신다. 하나님은 절대로 책망하기를 원치 않을 것이나, 하나님께서는 돌들이라도 그를 증거하여 소리 지르도록 하실 수 있는 것이다(눅 19:40; 합 2:11).

[1] 나귀는 발람의 잔인함을 불평하였다. 내가 당신에게 무엇을 하였기에 나를 이같이 세 번을 때리느냐?(28절). 주목하라. 의로우신 하나님은 비천하고 연약한 자들이 학대를 당하는 것을 그냥 보시지 않는다. 그들 스스로 일어나 방어하면서 말을 할 수 있게 되든지 아니면 하나님께서 이런저런 방식으로 그들을 위하여 말씀하실 것이다. 하나님께서 짐승이 학대당하는 것도 그냥 보지 않으신다면, 사람이야, 그리스도인이야, 자기의 자녀야 두말할 것이 어디 있겠는가. 우리는 하나님께서 여기서 하신 것처럼 말 못하는 자의 입을 열 수가 없다. 그러나 말 못하는 자를 위하여 입을 열 수는 있고 또한 열어야 할 것이다(잠 31:8; 시 38:13). 내가 당신에게 무엇을 하였기에 나를 이같이 세 번을 때리느냐? 라는 나귀의 불평은 정당한 것이었다. 주목하라. 손으로나 입으로 누구를 때리고자 하는 충동이 일어나면, 그들이 우리에게 무엇을 했는지, 또한 그들이 무슨 일을 해서 우리의 화를 돋우었는지를 생각해야 한다. 우리는 듣지 못하지만, 온 피조물이 고통을 겪으면서 탄식하는 것이다(롬 8:22). 나귀가 말하는 것을 들으면서도 발람이 놀라지도 않고 혼란스러워하지도 않았다는 것은 참 이해가 되지 않는다. 그러나 어떤 이들은 그는 점술사였으므로 그렇게 옆에 있는 것들이 말

하는 것을 듣는 것이 그에게는 새삼스런 일이 아니었다고 본다. 또 어떤 이들은 오히려 그가 야만적인 격정에 완전히 사로잡혀서 그렇게 희한한 일이 발생했는데도 그것을 깨닫거나 돌아볼 수가 없었다고 본다. 절제가 없는 분노만큼 사람을 멍하게 만드는 것이 없다. 발람은 너무 화가 나서 손에 칼이 있었다면 그 나귀를 죽였을 정도였다(29절). 그의 무기력함을 보라. 자기 나귀 하나도 죽일 능력이 없는데, 과연 그의 저주로 이스라엘에게 악이 행해지게 하리라고 생각할 수 있단 말인가? 그는 나귀를 죽일 수 없으면서도, 죽이기를 간절히 바란다. 그리고 그것으로 그가 얻는 것이 무엇이었겠는가? 그의 격정과 분노를 만족시키느라 그가 훨씬 더 초라해지기밖에 더했겠는가? 이 거짓 선지자의 미친 상태가 이 정도였다. 여기서 홀 주교(Bishop Hall)는 관찰한다. 야생 짐승들이 무자비하다고 여기는 그런 사람의 손에 빠져 들어간다는 것은 그야말로 불행한 일이다. 선한 사람은 자기의 짐승의 목숨을 돌아보니 말이다.

[2] 나귀가 발람과 논쟁하였다(30절). 하나님이 말 못하는 짐승으로 하여금 말을 하게 하셨을 뿐 아니라 미련한 미물로 사리에 맞는 말을 하게 하셨다. 나귀는 그와 세 가지를 변론하였다. 첫째로, 발람이 자신의 주인이라는 것. 나는 당신이 오늘까지 당신의 일생 동안 탄 나귀가 아니냐? 주목하라. ① 하나님은 사람에게 피조물들을 다스리시는 권한을 주셨다. 피조물들은 사람에게 사용되도록 그들의 손에 넘겨졌고, 그들에게 다스림을 받도록 그 발 아래 놓여졌다. ② 악한 자들이라도 하나님께서 주시는 소유물에 대한 권한이 있으므로, 그것을 해쳐서는 안 된다. ③ 하나님께서 피조물들을 다스리는 권한을 주신 사실이 우리가 그것들을 학대해서는 안 될 분명한 이유가 된다. 우리는 그것들의 주인들이며 따라서 폭군이 되어서는 안 된다. 둘째로, 자신이 발람을 섬겨왔다는 것. 당신이 오늘까지 당신의 일생 동안 탄 나귀. 주목하라. 열등한 피조물들이 얼마나 쓸모가 많으며 또한 얼마나 많은 유익을 주었는지를 자주 생각하며 하나님께 감사하고 그것들을 온유함으로 대하는 것이 좋다. 셋째로, 그를 태우고 늘 그렇게 했던 것이 아니라는 것. 나귀는 전에는 한 번도 발람의 발을 짓누른 적이 없었고, 발람의 밑에 엎드린 적도 없었다. 그리하여 나귀는 발람이 지금 무언가 비정상적인 일이 일어나 자기가 어쩔 수 없이 그렇게 행하였다는 결론을 내리게 하려는 것이었다. 주목하라. ① 누군가 과실을 범할 때에 그 전에는 그런 과실을 잘 범하지 않았었다면, 이로써 그 사람에 대한 불쾌감을 완화시켜야 한

다. ② 짐승들이 늘 해오던 대로 우리에게 복종하지 않으면, 그 원인을 우리에게서 찾아야 하고, 우리 죄를 깨닫고 낮아져야 한다.

2. 마침내 발람이 사자를 통하여 하나님께서 진노하심을 인지하고 깜짝 놀랐다. 하나님께서 그의 눈을 밝히시니 여호와의 사자를 그가 보고 스스로 머리를 숙이고 엎드렸다(31절). 그 영광스런 사자에 대한 존경과 또한 그의 손에 빼든 칼에 대한 두려움 때문에 그렇게 한 것이다. 하나님께서는 완악하여 낮아질 줄 모르는 마음을 갖가지 방법으로 낮추시는 것이다.

(1) 사자는 발람의 잔혹한 처신을 책망하였다. 너는 **어찌하여 네 나귀를 이같이 세 번 때렸느냐?**(32, 33절). 우리가 의식하든 하지 않든, 우리가 하나님의 피조물들을 학대한 일에 대해 하나님께서 책임을 물으실 것이라는 것이 확실하다. 아니, 그는 발람이 그의 나귀를 때리기보다 오히려 자기 가슴을 때리며 자신을 정죄했어야 옳았다는 것을("내 앞에서 네 길이 사악한데, 네가 어떻게 잘 되기를 바랄 수 있느냐?"), 그의 나귀가 그보다 훨씬 더 지혜롭다는 것을, 그가 나귀가 옆으로 비켜난 것에 그가 얼마나 신세를 지고 있는가를 보여준다. 나귀가 그렇게 한 것은 자기의 안전이 아니라 발람의 안전을 위한 것이었다. 계속 그대로 나아갔으면 자기는 그대로 살아 있을지라도 그는 죽임을 당하였을 것이기 때문이다. 주목하라. 우리의 눈이 밝아지면 죄악된 길에서 우리 앞에 놓인 위험을 보게 되고, 그 길에서 방해를 받은 것이 얼마나 다행이며 또한 우리의 생명을 구원하도록 돕기 위해서 놓여진 우리의 십자가들과 쟁론하는 우리가 얼마나 바보들인가를 깨닫게 될 것이다.

(2) 그러자 발람은 회개하는 듯 보였다. "**내가 범죄하였나이다.** 이 길을 떠난 것이 죄요, 그렇게 격렬하게 그 길을 고집해온 것이 죄이었나이다"(34절). 그러나 그는 자기가 사자를 보지 못했기 때문에 그렇게 했었으나, 이제는 그를 보았으니 기꺼이 다시 돌아가겠다고 변명하였다. 하나님께서는 그가 가는 것 자체를 불쾌히 여기신 것이 아니다. 그가 이스라엘을 향하여 사악한 계획을 갖고 가는 것을, 하나님이 막으셨음에도 불구하고 어찌어찌하여 이스라엘을 저주하는 일을 관철시켜서 발락을 만족시키고 그에게서 대접을 받으리라는 은밀한 희망을 갖고서 가는 것을 불쾌히 여기신 것이다. 그가 자기 마음의 이러한 사악함을 깨달았다거나 혹은 그것을 기꺼이 인정했다는 것은 나타나지 않는다. 그는 더 이상 앞으로 나아갈 수 없다는 것을 알게 되자, 다시 돌아가겠다고

하는 것이다(달리 방도가 없으므로). 마음이 돌아섰다는 증표는 나타나지 않는다. 다만 손이 묶여버렸으니 그로서는 어찌할 수가 없다는 것이다. 이처럼 죄를 지을 길이 막혀 버려야 비로소 죄를 떠나는 사람들이 많다. 삶이 변하는 것처럼 보인다. 하지만 마음의 변화가 없다면 이것이 무슨 소용이 있겠는가?

(3) 그러나 사자는 계속하여 그를 허용한다. "그 사람들과 함께 가라(35절). 가라. 네가 스스로 바보가 되기를 마음으로 바라고, 발락과 모압의 모든 고관들 앞에서 수치를 당하기를 바라면, 가라. 가서, 네가 원하든 원치 않든 내가 네게 이르는 말만 말할지니라." 이 말씀은 명령이 아니라 앞으로 일어날 일에 대한 하나의 예언인 것 같다. 그가 이스라엘을 저주할 수 없을 뿐 아니라 억지로라도 그들을 축복할 것이요, 그리하여 다시 돌아가는 것보다 훨씬 더 하나님의 영광을 드러내고 그 자신을 치욕으로 몰아넣을 것이라는 것이었다. 이처럼 하나님께서는 그에게 분명한 경고를 주셨으나 그는 그것을 취하려 하지 않았다. 발람이 발락의 고관들과 함께 가니라. 하나님께서는 발람의 죄악된 탐심에 노하여 그를 치셨으나, 그는 아직도 패역하여 자기 마음의 길로 걸어간 것이다(사 57:17).

36발락은 발람이 온다 함을 듣고 모압 변경의 끝 아르논 가에 있는 성읍까지 가서 그를 영접하고 37발락은 발람에게 이르되 내가 특별히 사람을 보내어 그대를 부르지 아니하였느냐 그대가 어찌 내게 오지 아니하였느냐 내가 어찌 그대를 높여 존귀하게 하지 못하겠느냐 38발람이 발락에게 이르되 내가 오기는 하였으나 무엇을 말할 능력이 있으리이까 하나님이 내 입에 주시는 말씀 그것을 말할 뿐이니이다 39발람이 발락과 동행하여 기럇후솟에 이르러서는 40발락이 소와 양을 잡아 발람과 그와 함께 한 고관들을 대접하였더라 41아침에 발락이 발람과 함께 하고 그를 인도하여 바알의 산당에 오르매 발람이 거기서 이스라엘 백성의 진 끝까지 보니라

이제 하나님의 이스라엘의 대적인 발람과 발락이 서로 만난다. 그러나 이들은 성공에 대한 기대에서 서로 생각이 다른 것 같다.

1. 발락은 확신 있게 말한다. 발람이 왔으니 자기의 뜻이 이루어지리라는 것을 의심하지 않았다. 이것을 기대하고 그는 자기 나라의 변경에까지 나가서 발람을 맞았다(36절). 부분적으로는 자기가 그렇게 기대해온 자를 보고 싶은 조

급한 마음이 있었고, 또한 발람에게 예의를 갖추어 그로 하여금 전력을 다하여 자기를 섬기도록 만들고자 하는 의도도 있었다. 이방의 왕들이, 선지자의 이름과 얼굴밖에는 없고 그저 하늘의 관심을 얻고 있는 체하는 자들을 얼마나 높이 공대했으며, 또한 입에 온통 저주가 가득하여 나아오는 자를 얼마나 반갑게 환대했는지를 보라. 그러니, 그리스도의 사신들이 대다수의 사람들에게 공대를 받지 못하고 멸시를 당하기까지 한다는 것은, 그리고 평화와 축복이 되는 소식을 전하는 자들을 사람들이 그렇게 냉대한다는 것은 얼마나 치욕스런 일인지 모른다! 발락은 이제 발람이 속히 오지 않은 것에 대해 불평할 이유가 없었다 (37절). 그런데 그는 자신이 그렇게 절박하게 자기를 찾은 사실을 발람이 고려했어야 옳았다고 생각한다. 내가 특별히 사람을 보내어 그대를 부르지 아니하였느냐? (왕보다 못한 사람들의 절박한 간청에도 사람들이 하는 수 없이 굴복해왔다.) 또한 발람이 발락의 의도를 잘 생각했어야 했다고 생각한다. 내가 어찌 그대를 높여 존귀하게 하지 못하겠느냐? 발락은 왕으로서 그의 왕국 내에서 존귀의 원천이었으므로, 발람은 그가 선물로 베풀어줄 모든 호사를 택했어야 했다. 그러므로 그는 발람이 더디 오는 것이 자신에게 모욕적인 처사라고 생각한다. 마치 그가 자신이 준비한 존귀한 보상들을 가치 없는 것으로 여기기라도 한 것처럼 생각한 것이다. 주목하라. 명예를 얻는 것은 많은 사람에게 아주 유혹이 되는 미끼다. 그러므로 하나님께서 우리에게 베푸시는 명예로써 만족하고 하나님을 섬긴다면 좋을 것이다. 우리는 어째서 그에게 나아가기를 더디하는가? 그가 우리를 높여 존귀하게 하지 못하시겠는가?

2. 발람은 결과에 대해 의심의 뜻을 표하면서, 자신에게 너무 의존하지 말 것을 발락에게 청한다. "내가 오기는 하였으나 무엇을 말할 능력이 있으리이까?(38절). 나는 기꺼이 이스라엘을 저주하고 싶지만, 그렇게 해서도 안 되고, 할 수도 없으니, 하나님이 나를 내버려두지 않으실 것이니이다." 그는 훗날 산헤립처럼 갈고리에 코가 꿰이고 재갈이 입에 물려서(사 37:29) 고민스럽게 이야기하는 것 같다.

3. 그들은 현안 문제를 위하여 속히 처신한다. 발람은 밤새 융숭한 대접을 받는다. 이 반가운 손님이 안전히 도착한 것에 대하여 모압의 신들에게 감사의 제사를 드렸고, 그 제물로 잔칫상을 차려 그를 대접한 것이다(40절). 그리고 이튿날 시간을 허비하지 않으려고, 발락은 발람을 자기 병거에 태워 자기 나라의

산당으로 올라갔다. 그 곳이 거룩하니 그의 점술에 무언가 도움이 되리라고 생각했기 때문이기도 했고, 그 곳이 높은 곳이어서 거기서 이스라엘 진영을 편리하게 볼 수 있기 때문이기도 했다. 거기서 이스라엘 진영을 표적으로 삼아 독화살을 쏘게 하려는 심사였다. 그리고 이제 발람은 전에 하나님을 기쁘시게 하는 체한 것만큼이나 발락을 기쁘게 하기 위해 마음을 다한다. 이로 보건대, 하늘에 계신 우리 아버지여 우리를 시험에 들게 하지 마옵소서 라는 기도가 날마다 우리에게 얼마나 절실한지 모르는 것이다.

제 23 장

개요

본 장에서는 발락과 발람이 이스라엘에게 악을 행하느라 바쁜 모습을 보게 된다. 나타나는 것으로 보면, 모세도 이스라엘의 장로들도 이 일에 대해서 아무것도 모르고 있었고, 또한 이 올무를 깨뜨릴 능력도 없었다. 그러나 이스라엘을 지키시며 졸지도 주무시지도 않는 하나님께서, 이스라엘 편에서 아무런 간구도 없는 상태에서, 그 시도를 무력화시키신다. 본 장의 주요 내용은 다음과 같다. I. 이스라엘을 저주하고자 하는 첫 시도. 1. 제사를 통해서 그 일을 준비함(1-3절). 2. 하나님께서 발람에게 그 반대의 지침을 주심(4, 5절). 3. 발람이 하는 수 없이 이스라엘에 대하여 저주가 아니라 축복을 선포함(7-10절). 4. 발락이 크게 실망함(11, 12절). II. 같은 방식으로 두 번째 시도하나 같은 방식으로 실패함(13-26절). III. 세 번째 시도가 준비됨(27-30절). 이에 대한 결과는 다음 장에 기록되어 있다.

¹발람이 발락에게 이르되 나를 위하여 여기 제단 일곱을 쌓고 거기 수송아지 일곱 마리와 숫양 일곱 마리를 준비하소서 하매 ²발락이 발람의 말대로 준비한 후에 발락과 발람이 제단에 수송아지와 숫양을 드리니라 ³발람이 발락에게 이르되 당신의 번제물 곁에 서소서 나는 저리로 가리이다 여호와께서 혹시 오셔서 나를 만나시리니 그가 내게 지시하시는 것은 다 당신에게 알리이다 하고 언덕길로 가니 ⁴하나님이 발람에게 임하시는지라 발람이 아뢰되 내가 일곱 제단을 쌓고 각 제단에 수송아지와 숫양을 드렸나이다 ⁵여호와께서 발람의 입에 말씀을 주시며 이르시되 발락에게 돌아가서 이렇게 말할지니라 ⁶그가 발락에게로 돌아간즉 발락과 모압의 모든 고관이 번제물 곁에 함께 섰더라 ⁷발람이 예언을 전하여 말하되 발락이 나를 아람에서, 모압 왕이 동쪽 산에서 데려다가 이르기를 와서 나를 위하여 야곱을 저주하라, 와서 이스라엘을 꾸짖으라 하도다 ⁸하나님이 저주하지 않으신 자를 내가 어찌 저주하며 여호와께서 꾸짖지 않으신 자를 내가 어찌 꾸짖으랴 ⁹내가 바위 위에서 그들을 보며 작은 산에서 그들을 바라보니 이 백성은 홀로 살 것이라 그를 여러

민족 중의 하나로 여기지 않으리로다 ¹⁰야곱의 티끌을 누가 능히 세며 이스라엘 사분의 일을 누가 능히 셀고 나는 의인의 죽음을 죽기 원하며 나의 종말이 그와 같기를 바라노라 하매 ¹¹발락이 발람에게 이르되 그대가 어찌 내게 이같이 행하느냐 나의 원수를 저주하라고 그대를 데려왔거늘 그대가 오히려 축복하였도다 ¹²발람이 대답하여 이르되 여호와께서 내 입에 주신 말씀을 내가 어찌 말하지 아니할 수 있으리이까

I. 이스라엘을 저주하기 위하여 거창한 준비가 이루어짐. 그 목적은 이스라엘의 하나님으로 하여금 이스라엘을 버리시게 하거나, 아니면 모압의 편을 드시든지 혹은 중립을 지키시든지 하게 만드는 것이었다. 하나님이 사람들이 시키는 대로 하시리라고 생각하다니, 오오, 이 얼마나 어리석은 미신이란 말인가! 발람과 발락은 하나님께서 허락하시지도 않고 세우시지도 않은 제단과 제물로 그에게 환심을 살 것으로 생각하였다. 마치 하나님께서 소의 고기를 잡수시고 염소의 피를 마시기라도 하시듯이 말이다. 그들이 믿음도 순종도 전혀 없는 상태인데도 이런 것이 하나님을 기쁘시게 하며 그에게서 호의를 얻게 해 줄 것이라고 생각하다니, 이것이야말로 어처구니없는 넌센스가 아닐 수 없었다! 그러나 그들로서는 그들이 섬기는 어떤 국지적인 신이 아니라 최고의 Numen, 즉 최고의 신이신 하늘의 하나님께 이 제사를 드린 것으로 보인다. 그러나 제단을 무수하게 늘리는 것이야말로 그들이 조상들의 신앙에서 부패하였고 또한 배도하여 우상 숭배에 빠져 있다는 증표였다. 제단을 늘리는 자들은 신들을 늘리기 때문이다. 에브라임은 죄를 위하여 제단을 많이 만들더니(호 8:11). 그들은 마음에 하나님 두기를 싫어하였고, 그 생각이 허망하여졌으면서도 뻔뻔스럽게 하나님께 환심을 사서 그를 이스라엘에게서 빼앗아 올 것으로 기대한 것이다. 그의 성소와 그가 기름 부으신 제단이 이스라엘 중에 있는데도 말이다. 여기서 관찰하라.

1. 발람이 얼마나 교만했는가. 그는 왕의 명령권을 지니고서 고관들에게 명령하였다. 하나님이라 불리는 모든 자들, 혹은 예배를 받는 모든 자들보다 높은 위치로 자기를 격상시키는 것이 그 사악한 자의 마음이었다. 발람이 얼마나 큰 권위를 갖고서 명령하는지 모른다! 나를 위하여 여기 (내가 장막을 친 이 곳에) 돌이나 흙으로 제단 일곱을 쌓으소서. 이처럼 그는 이스라엘을 향한 자기의

악의를 경건의 모양으로 덮고 있으나, 그의 제사는 가증스런 것이었다. 그처럼 악한 뜻으로 드리는 것이었으니 말이다(잠 21:27). 그의 목적은 의의 제사로 하나님을 존귀하게 하는 것이 아니었고, 불의의 삯으로 스스로 치부하는 것이었다.

2. 발락이 얼마나 비굴했던가. 발람의 명령에 따라 즉시 제단이 쌓아지고, 최고의 제물이, 수송아지 일곱 마리와 숫양 일곱 마리가, 준비되었다. 발락은 발람이 이처럼 명령권을 행사하는 것에 전혀 반대를 제기하지 않았고, 억제하지도 않았고, 발람이 번제물 곁에 서라고 명령하는 것을 역겹다거나 수치스럽다고 생각하지도 않았다.

II. 하나님의 뒤바꾸시는 능력으로 저주가 복으로 바뀜. 하나님께서 이스라엘을 사랑하사 저주를 축복으로 바꾸셨으며, 모세가 이를 기록하고 있다(신 23:5).

1. 하나님께서 발람의 입에 축복을 주신다. 제물이 불타고 있는 동안 발람이 물러갔다. 그는 산당 꼭대기의 한 어두컴컴한 수풀 속으로 홀로 들어갔다(3절. 난외주. 한글 개역개정판에는 나타나지 않음 — 역주). 홀로 있는 것이 하나님과 교제할 좋은 기회가 된다는 것 정도는 그도 알고 있었다. 그와 만나고자 하는 자는 세상과 세상에 속한 갖가지 일들로부터 물러나야 한다. 혼자 있기를 사모하며, 또한 혼자 있을 때에도 아버지께서 함께 하시니 절대로 혼자가 아니라고 생각하여야 하는 것이다. 그러므로 네 골방에 들어가 문을 닫고, 정당한 질서에 따라 그를 찾으면 하나님께서 만나주시리라는 것을 확신하라. 그러나 발람은 겉모양으로만 혼자 물러가 있었다. 그렇게 하면 하나님이 그를 만나주실지 모른다고 막연히 생각한 것이다. 그러나 자신의 죄악된 것을 의식하고 있었고 또한 하나님께서 최근 진노 중에 그를 만나신 것을 알고 있었으므로, 의심쩍게 이야기하였다. 여호와께서 혹시 오셔서 나를 만나시리니(3절). 그러나 그런 사람은 하나님께로부터 은혜를 받기를 생각하지 말아야 하는 법이다. 아니, 겉으로는 가서 하나님을 만나는 체하면서 사실은 점술을 사용할 생각을 했던 것으로 보인다. 24:1을 보라. 그러나 그가 의도한 것이 무엇이든 간에, 하나님은 그를 통하여 자신의 영광을 드러내시고자 하였고, 그리하여 발람에게 임하셨다(4절). 빛과 어둠이 어찌 사귀리요? 그러나 절대 우호적인 사귐이 아니었다고 확신할 수 있다. 발람의 길은 여전히 사악하였고, 하나님도 여전히 그

를 대적하고 계셨다. 그러나 발락이 신탁을 얻기 위하여 그를 택하였으므로, 하나님께서는 그에게 역사하사 하나님 자신과 이스라엘을 존귀하게 하는 고백을 토로하게 하여, 그들을 대적하여 싸우려 하는 자들을 결코 용납할 수 없는 자들로 만들게 하려 하신 것이다. 발람은 하나님께서 아마도 사자를 통해서 자기에게 임하시는 것을 인지하자, 자기가 행한 것을 자랑하였다. 내가 일곱 제단을 쌓고 각 제단에 수송아지와 숫양을 드렸나이다. 그가 어떻게 그것들을 드렸는가? 그로서는 아무런 비용도 들지 않았다. 모두가 발락이 비용을 내어 드린 것이다. 그런데도,

(1) 그는 자신이 무언가 굉장한 일을 행하기라도 한 것처럼 그것을 자랑한다. 외식으로 헌신의 행위들을 행하는 자는 보통 교만과 헛된 자랑으로 그것을 치켜세우는 법이다. 바리새인도 성전에 올라가 자기의 신앙의 행위들을 자랑하는 것을 보게 된다(눅 18:11, 12).

(2) 그는 이것을 근거로 하나님께서 이스라엘을 저주하고자 하는 자신의 뜻을 이루어주셔야 한다고 주장한다. 마치 자신이 하나님을 빚진 자로 만들어 놓았으므로 자기 마음대로 그를 끌고 다닐 수 있기라도 한 것처럼 말이다. 그는 하나님이 이 제물들로 인하여 그에게 신세를 지셨기 때문에 그에 대한 보답으로 최소한 그의 이스라엘을 모압 왕의 악의에 희생되게 해 주셔야 한다고 생각한 것이다. 주목하라. 대개 악한 자들은 경건의 모양을 보임으로써 하나님을 회유하여 자기들을 돌아보시게 하며 자기들의 크나큰 부도덕한 일을, 특히 박해를, 도우시게 할 수 있다고 생각하여 자기 자신을 속인다(사 66:5). 그러나 그 제사가 가증한 것이었으나, 하나님은 발람의 기대대로 그의 입에 말씀을 주신다(5절). 혀의 대답이 여호와께로부터 오며, 그리하여 우리의 혀가 이기리라 라고 말하는 자들이 얼마나 큰 오류에 빠져 있는가를 보여주고자 하시는 것이다(시 12:4). 하나님이 사람의 입을 지으셨으니 그가 그것을 사용하는 법도 아시며, 그것을 통해서 자신의 목적을 이루시는 법도 아시는 것이다. 이러한 사실은 하늘을 대적하여 입을 놀리는 대담한 죄인들에게 두려움이 된다. 하나님께서는 그들의 혀가 그들을 해하게 하실 수 있는 것이다(시 64:8). 그리고 하나님의 증인에게는 위로가 된다. 어느 때든 그를 부르면 그가 임하시니 말이다. 하나님과 이스라엘을 모욕하고자 하는 발람의 입에도 하나님께서 말씀을 주셨을진대, 하나님을 영화롭게 하고 가르침과 증거로 그의 백성을 강건하게 하기를

사모하는 자들에게는 그의 말씀이 모자람이 없고, 말해야 할 바로 그 때에 반드시 그들에게 주어질 것이다.

2. 발람이 발락이 듣는 데서 축복을 선언한다. 그는 발락이 번제물 곁에 서서 그 광경을 바라보며 성공을 진지하게 기대하고 있는 것을 보았다(6절). 하나님께로부터 평화의 응답을 얻고자 하는 자는 제물 옆에 함께 있어야 하며, 선을 행하되 낙심치 말고 흐트러짐이 없이 주를 섬겨야 할 것이다. 발람은 이스라엘을 대적하여 저주를 발하도록(그는 곧바로 발설하도록 미리 형식을 준비해 두었을 것이다) 지정된 장소에 꼼짝하지 않고 서서 발언을 시작하는데, 그것이 복이 되어 나왔다(7절 이하). 그는 이스라엘의 안전과 행복을 선언하며, 결국 그들을 축복한 것이다.

(1) 그는 이스라엘의 안전을 선언한다. 그들이 독이 가득한 화살의 사정거리 밖에 있음을 선언하는 것이다. [1] 자신의 계획은 그들을 저주하는 것이었음을 인정한다. 발락이 그를 데리러 사람들을 보냈고, 그가 그런 의도를 갖고 왔다는 것이다(7절). 그에게 보내진 메시지는 이것이었다. 오라, 야곱을 저주하라, 오라 이스라엘을 대적하라. 발락은 이스라엘과 전쟁을 의도하고 있었고, 발람더러 그에게 복을 선포하고, 이스라엘의 패망을 예언하며 그것을 위하여 기도하게 하려는 생각을 갖고 있었다. [2] 그는 그 계획이 수포로 돌아갔으며 자신이 그것을 수행할 능력이 없음을 인정하였다. 그로서는 가짜의 발언이나 가짜의 간구를 발설할 수 없었다. 하나님이 저주하지 않으신 자를 내가 어찌 저주하며 여호와께서 꾸짖지 않으신 자를 내가 어찌 꾸짖으랴?(8절). 자신이 그렇게 하지 않으려 했다는 것이 아니라, 그렇기 때문에 그가 할 수 없었다는 것이다. 이는 첫째로, 자신의 마술적인 기술의 허약함과 무능에 대한 솔직한 고백이었다. 그 기술로 인하여 다른 사람들도 그의 가치를 크게 높이 보았고, 그 자신 역시 높이 보았을 것은 물론이었다. 그는 그 분야에서는 가장 이름 있는 사람이었으나, 스스로 무능함을 고백하는 것이다. 하나님은 이스라엘 사람들에게 점술을 사용하지 말 것을 경계하신 바 있는데(레 19:31), 여기에 나타난 섭리는 그 법에 대한 이유를 제시해 주고 있다. 곧, 그것의 빈약함과 어리석음을 보여주고 있는 것이다. 애굽의 마술사들이 바보가 된 것을 보았듯이, 여기서도 동방의 위대한 술사가 그렇게 되는 것이 드러나는 것이다. 사 47:12-14을 보라. 둘째로, 신적인 능력의 주권과 통치에 대한 고백이었다. 그는 하나님께서 행하게 하시

는 것 이상은 자신이 아무것도 할 수 없음을 인정한다. 하나님께서 그의 모든 목적들을 어그러지게 하고 그의 계획들을 정면으로 뒤바꾸어 놓으실 수 있기 때문이었다. 셋째로, 그것은 하나님의 백성의 안전을 침해할 수 없다는 고백이었다. 주목하라. ① 하나님의 이스라엘은 하나님이 인정하시고 복 주시는 백성이다. 그는 그들을 저주하시지 않았다. 그들이 율법의 저주에서 구원받았기 때문이다. 그들이 비천하고 추함에도 불구하고 그들을 대적하시거나 거부하시거나 쫓아내지 않으셨다. ② 하늘의 복을 받는 자들은 지옥의 저주를 받는다. 뱀과 그의 후손이 그들에게 적의를 품고 있는 것이다. ③ 하나님의 백성의 원수들이 그들을 대적하여 이길 수 있어도, 그들을 저주할 수는 없다. 즉 그들에게 실질적인 악을 가할 수는 없으며, 더욱이 멸망하게 하는 악행은 가할 수 없다는 말이다. 왜냐하면 그들을 하나님의 사랑에서 끊을 수가 없기 때문이다(롬 8:39).

(2) 그는 세 가지로 그들의 복을 선포한다.

[1] 그들의 특별함에서, 곧 나머지 열방들과 구별된다는 사실에서. 내가 바위 위에서 그들을 보며 작은 산에서 그들을 바라보니 이 백성은 홀로 살 것이라(9절). 발람은 아마도 이스라엘 백성은 야만적이고 질서도 없는 오합지졸들로서 땅의 이곳저곳에 무더기로 흩어져 있다고 들었을 것인데, 이런 그에게 그들이 질서 있게 정렬되어 있는 진영을 갖추고 있다는 사실은 크게 놀랄 일이었을 것이다. 그는 그들이 홀로 거하는 백성들임을 보았고, 그들이 계속해서 그럴 것이며 또한 그런 특별함이 그들의 말할 수 없는 존귀가 될 것임을 예견하였다. 우리는 훌륭한 사람들을 구별된 사람들이라 부른다. 이스라엘은 이웃의 모든 민족들과 종교와 신성한 의식들에서는 물론 음식과 복장, 일상적인 삶의 모습에서도 전혀 달라서 세상에서 부르심을 받은 백성들로서 세상과 화합할 수 없는 자들이었는데, 그 원수들은 이러한 사실을 그들에게 치욕이 되도록 바꾸어 놓으려 하였으나, 그것이야말로 이스라엘의 찬송이 되는 것이었다. 그 이방 나라들과 섞이기 전에는(시 106:35) 그들이 그 명성을 잃어버린 적이 없었다. 주목하라. 세상으로부터 구별되고 세상의 경로와 관습을 따라 행하지 않는 것이야말로 하나님께 헌신한 자들의 의무요 또한 존귀인 것이다. 특별한 의무들을 양심으로 행하는 자들은 특별한 특권의 위로를 받는데, 이것을 발람이 여기서 바라보는 것일 것이다. 하나님의 이스라엘은 다른 민족들과 같은 수준에 서 있지 않

을 것이요, 하나님께 가까이 있고 그를 위하여 구별된 백성으로서 그들 모두보다 높은 위엄의 자리에 있을 것이다.

[2] 그들의 숫자에서. 이스라엘은 발람이 알던 것처럼 숫자도 적고 힘도 없는 무리가 아니라 무수한 백성으로서 막강하고도 존귀한 민족이었다. 야곱의 티끌을 누가 능히 세며 이스라엘 사분의 일을 누가 능히 셀고?(10절). 발락이 고민한 것도 바로 이스라엘의 무수한 숫자 때문이었다. 이스라엘 백성이 많음으로 말미암아 모압이 이스라엘 자손 때문에 번민하더라(22:3). 그런데 하나님은 여기서 발람을 통해서 그들이 더욱 많아질 것을 예언하게 하셔서 그 두려움과 번민을 더욱 크게 만드신다. 발락은 발람을 데리고 가서 이스라엘 백성의 진 끝까지 보이려 하였다(22:41). 발람이 그들을 볼수록 그들을 향한 적개심이 더 커져서 더욱 예리하고도 열정적으로 저주를 퍼붓지 않을까 하는 희망을 가졌던 것이다. 그러나 전혀 정반대의 결과가 나타났다. 그들의 숫자에 대해 분노하기는커녕 오히려 그들을 흠모하게 된 것이다. 하나님의 백성을 알면 알수록 그들에 대해 좋은 생각을 갖게 되는 법이다. **첫째로,** 그는 **야곱의 티끌**의 숫자를 주목한다. 즉, 땅의 티끌처럼 많아지리라고 예언된 바로 그 야곱의 자손들을 가리킨다(창 28:14). 그리하여 그는 그들의 조상들에게 주어진 약속이 성취되는 것을 인정하며, 더욱더 크게 성취될 것을 기대하는 것이다. 다윗이 그 백성들을 계수하려 했는데, 어쩌면 이 때 그가 범한 과오의 일부는 하나님께서 무수히 많아지리라고 하셨는 데도 그가 야곱의 티끌을 세려 했다는 것일지도 모른다. **둘째로,** 이스라엘 사분의 일의 숫자를 주목한다. 이스라엘의 진이 네 대로 나뉘어 네 깃발 아래 정렬되어 있는 모습을 지칭하는 것이다. 주목하라. 하나님의 이스라엘은 지극히 큰 무리요, 그의 영적 이스라엘도 마찬가지이며, 그 큰 날에 그들이 모두 함께 그에게 모일 때에는 더욱더 그러할 것이다(계 7:9).

[3] 그들이 얻을 마지막 결과에서. 나는 의인의, 즉 하나님과 언약을 맺고 있는 의로운 이스라엘의, 죽음을 죽기 원하며 나의 종말이, 혹은 저 세상에서의 나의 상급이, 그와 같기를 바라노라. 여기서 **첫째로,** 죽음이 모든 사람의 종말이라는 것이 당연시된다. 의인도 죽는다. 여기서 발람이 자기 자신의 죽음을 이야기하듯이, 우리도 이 사실을 우리 자신에게 적용시키는 것이 좋다. **둘째로,** 그는 영혼의 불멸과 죽음 이후 다른 상태에 있을 것을 가정하여 이야기한다. 이는 고대에도 그것을 알고 믿었다는 고귀한 증언이요 증거다. 저 세상에서 복락

을 누리는 문제가 결부되지 않는다면, 의인의 죽음이 악인의 죽음보다 더 고귀
하고 바람직할 이유가 대체 어디 있겠는가? 죽는 방식과 정황을 보면 모든 일
이 모두에게 똑같이 임하는 것으로 나타나니 어찌 아니 그렇겠는가? 셋째로,
그는 의인이 진정 복된 자들임을 선포한다. 살아있을 때는 물론, 죽을 때에도
그러하며, 그렇기 때문에 그들의 죽음이 다른 이들의 죽음보다 바람직하며 또
한 삶 그 자체보다도 더 바람직하다는 것이다. 그의 말은 이런 의미로도 취할
수 있다. "내가 죽을 때에 의인의 죽음을 죽기 원하노라"라는 뜻이기도 하나,
또한 "내가 의인의 죽음을 죽을 수 있다면, 그래서 그들에게 임하는 복락과 같
은 복락이 내게도 임한다면, 지금이라도 죽어 나의 종말에 이르고 싶다"는 뜻
일 수도 있는 것이다. 발람이 현재 있는 모압의 산 중의 한 곳에서 매우 가까운
곳에서, 이로부터 얼마 후 모세가 죽게 되는데, 이런 말을 발람의 입에 두신 하
나님께서는 어쩌면 모세가 이 말을 듣고 산으로 올라가 발람 자신이 죽기를 바
란 그런 죽음을 기꺼이 죽도록 그를 격려하고자 하셨을지도 모른다. 넷째로, 그
는 그의 신앙적인 견해가 그의 결심보다 낫다는 것을 보여준다. 의인의 죽음을
죽기를 바라면서도 의인의 삶을 살기를 힘쓰지 않는 자들이 많은 법이다. 의인
들의 종말과 같은 종말을 맞기를 기꺼이 바라면서도 그들의 삶의 방식은 원치
않는다. 하늘에서는 성도들이 되기를 바라나 땅에서는 성도들이 아니기를 바
라는 것이다. 게으른 자의 욕망이 자기를 죽이나니 이는 자기의 손으로 일하기를 싫
어함이니라(잠 21:25). 발람의 이런 말은 그저 바람일 뿐이지 기도는 아니다.
그리고 이것은 허망한 바람이다. 중간의 과정에 대해서는 전혀 개의치 않고 마
지막에 대해서만 바라는 것이기 때문이다. 이생의 복은 죽을 때까지 나아간다.
그러나 죽음 이후에는 마지막 종말이 있는 것이다. 그런데,

III. 여기서 우리는 본다.

1. 발락이 그것에 대해 화를 낸다(11절). 그는 제사를 드려 여호와를 높이
는 체하였고 하나님께서 그에게 보내실 응답을 기다리고 있었다. 그런데 그 응
답이 자기의 원하는 것과는 판이하였다. 그리하여 하나님은 잊어버리고 발람
을 향하여 크게 역정을 냈다. 마치 모든 일이 순전히 발람이 행한 것처럼 말이
다. "그대가 어찌 내게 이같이 행하느냐? 네가 이렇게 나를 실망시킬 수가 있느
냐!" 하나님께서는 때때로 그의 교회의 원수들로 하여금 서로 혼란에 빠지게
만들기도 하신다. 그들이 그러는 동안 그는 하늘에 좌정하셔서 그들과 또한 그

들의 사악한 노력의 무능함을 비웃으시는 것이다.

　2. 발람이 어쩔 수 없이 그것을 묵인한다. 그로서도 어쩔 수 없어서 그냥 굴복하나, 아주 엄중한 말로써 답변한다. 마치 자신이 유별나게 양심적으로 처신하기라도 한 것처럼 발락에게 선지자의 위세로 강하게 대답하는 것이다. 여호와께서 내 입에 주신 말씀을 내가 어찌 말하지 아니할 수 있으리이까?(12절). 이처럼 하나님의 전능하신 능력에 대한 고백이 사악한 선지자에게서 튀어나오고, 그리하여 사악한 왕이 또 다른 조치를 취하게 된다.

¹³발락이 말하되 나와 함께 그들을 달리 볼 곳으로 가자 거기서는 그들을 다 보지 못하고 그들의 끝만 보리니 거기서 나를 위하여 그들을 저주하라 하고 ¹⁴소빔 들로 인도하여 비스가 꼭대기에 이르러 일곱 제단을 쌓고 각 제단에 수송아지와 숫양을 드리니 ¹⁵발람이 발락에게 이르되 내가 저기서 여호와를 만나뵐 동안에 여기 당신의 번제물 곁에 서소서 하니라 ¹⁶여호와께서 발람에게 임하사 그의 입에 말씀을 주시며 이르시되 발락에게로 돌아가서 이렇게 말할지니라 ¹⁷발람이 가서 본즉 발락이 번제물 곁에 섰고 모압 고관들이 함께 있더라 발락이 발람에게 이르되 여호와께서 무슨 말씀을 하시더냐 ¹⁸발람이 예언하여 이르기를 발락이여 일어나 들을지어다 십볼의 아들이여 내게 자세히 들으라 ¹⁹하나님은 사람이 아니시니 거짓말을 하지 않으시고 인생이 아니시니 후회가 없으시도다 어찌 그 말씀하신 바를 행하지 않으시며 하신 말씀을 실행하지 않으시랴 ²⁰내가 축복할 것을 받았으니 그가 주신 복을 내가 돌이키지 않으리라 ²¹야곱의 허물을 보지 아니하시며 이스라엘의 반역을 보지 아니하시는도다 여호와 그들의 하나님이 그들과 함께 계시니 왕을 부르는 소리가 그 중에 있도다 ²²하나님이 그들을 애굽에서 인도하여 내셨으니 그의 힘이 들소와 같도다 ²³야곱을 해할 점술이 없고 이스라엘을 해할 복술이 없도다 이 때에 야곱과 이스라엘에 대하여 논할진대 하나님께서 행하신 일이 어찌 그리 크냐 하리로다 ²⁴이 백성이 암사자 같이 일어나고 수사자 같이 일어나서 움킨 것을 먹으며 죽인 피를 마시기 전에는 눕지 아니하리로다 하매 ²⁵발락이 발람에게 이르되 그들을 저주하지도 말고 축복하지도 말라 ²⁶발람이 발락에게 대답하여 이르되 내가 당신에게 말하여 이르기를 여호와께서 말씀하신 것은 내가 그대로 하지 않을 수 없다고 하지 아니하더이까 ²⁷발락이 발람에게 또 이르되 오라 내가 너를 다른 곳으로 인도하리니 네가 거기서 나를 위하여 그들을 저주하기를 하나님이 혹시 기뻐하시리라 하

고 [28]발락이 발람을 인도하여 광야가 내려다 보이는 브올 산 꼭대기에 이르니 [29]발람이 발락에게 이르되 나를 위하여 여기 일곱 제단을 쌓고 거기 수송아지 일곱 마리와 숫양 일곱 마리를 준비하소서 [30]발락이 발람의 말대로 행하여 각 제단에 수송아지와 숫양을 드리니라

I. 두 번째로 이스라엘을 저주하기 위한 준비가 행해짐.

1. 장소를 바꾼다(13절). 발락은 발람이 바위 꼭대기에서(9절) 이스라엘의 진영 전체를 완전히 바라보고 나서 그 아름다움에 완전히 매료되어 그들을 저주할 마음이 사라졌거나 아니면 공포가 생겨서 감히 그들을 저주하지 못했을 것이라고 상상하였다. 그리하여 그는 다른 곳으로 발람을 데려가서 이스라엘 진의 일부만 보여주면 그 모습이 훨씬 더 초라하게 보일 것이고, 그러므로 거기서 보이는 그 부분에 대해서는 발람으로 하여금 저주를 하게 할 수 있을 것이며, 그런 식으로 점차적으로 이스라엘을 공략해 나갈 수 있으리라고 생각하였다. 그렇게만 되면, 이스라엘 진 중에서 발람이 눈으로 보고 저주의 불화살을 쏘는 그 부분을 공격하면 될 것이라고 본 것이다. 교회의 원수들이 교회를 망하게 하고자 하는 악한 계교를 실현시키기 위해 얼마나 끈질기게 힘쓰는가를 보라. 돌 하나도 그대로 남겨두지 않고 다 뒤집으며, 한 가지 방법이라도 시도해보지 않고 내버려 두는 것이 없다. 오오, 하나님의 영광을 위하는 선한 계획을 시행하면서 우리도 이처럼 지략이 풍성하고 결의가 굳다면 얼마나 좋겠는가!

2. 또 다시 제사를 드린다. 새 제단들을 세우고, 각 제단마다 수송아지와 숫양을 드렸고, 발락이 그 제단 바로 옆에서 보좌하였다(14, 15절). 발락이 저주를 얻어내기 위하여(이스라엘을 향하여 저주를 얻고자 했지만 실제로는 자기와 자기 백성들을 향한 저주를 얻어냈을 뿐이다) 애쓴 만큼 복을 얻고자 하는 진지한 마음이 우리에게 있다면, 신앙적인 갖가지 행위들을 위하여 수고와 노력을 기울이는 일을 꺼리지 말아야 할 것이다.

3. 발람이 다시 하나님을 구하며, 하나님께서 두 번째로 그를 만나시고 그의 입에 또 한 번 말씀을 주신다. 그러나 전의 말씀을 뒤집는 말씀이 아니라 그것을 확증하는 말씀을 주시는 것이다(16, 17절). 하나님께서 발람에게, 나를 헛되이 찾는도다 라고 말씀하시지 않았다면, 야곱의 후손에 속한 자에게는 더더욱

그렇게 말씀하시지 않을 것이다. 그들은 반드시 그를 만날 것이다. 발람이 만난 것처럼 지시하는 자만이 아니라 풍성하게 상급을 베푸시는 자이신 하나님을 만나게 될 것이다. 발람이 돌아오자, 발락은 조급하여 무슨 메시지를 받았는지를 물었다. "여호와께서 무슨 말씀을 하시더냐? 더 나은 소식이 있느냐? 속히 이루어질 희망적인 소식이 있느냐?" 우리가 하나님의 말씀을 들으러 올 때에 우리가 이것을 물어야 할 것이다(렘 23:35).

II. 하나님의 다스리시는 능력으로 말미암아 두 번째로 저주가 축복으로 바뀜. 그리고 이 축복은 전의 것보다 더 크고 더 강하며, 그것을 변경할 희망을 완전히 끊어버리는 것이다. 발락이 너무 조급하게 여호와의 말씀을 묻자(17절), 발람은 그를 지목하여 구체적으로 말씀한다. 발락이여 일어나 들을지어다(18절). 발람이 전하여야 할 메시지는 하나님께로부터 온 것이니, 발락은 왕이었으나 부복하여 그 말씀을 들어야 했고(한 마디도 빼놓지 않고 진지하게 새겨들어야 했다) 경외의 자세로 들어야 했다. 일어나 들을지어다. 그의 후계자 에글론은 하나님께로부터 메시지를 받을 때에 그의 좌석에서 일어났다(삿 3:20).

1. 발람은 여기서 발락에게 두 가지를 알리는데, 그에게는 근심과 실망일 뿐이었다.

(1) 이스라엘을 망하게 할 희망을 가질 수 없다는 것.

[1] 그들을 망하게 하려는 시도는 전혀 소용이 없고, 그것을 기대한다면 자신을 속이는 것이 될 것이다. 그 이유는 다음 세 가지다.

첫째로, 하나님이 불변하시기 때문이다. 하나님은 사람이 아니시니 거짓말을 하지 않으시고(19절). 사람들은 생각을 항상 바꾸며, 그렇기 때문에 자기들이 한 말을 뒤집는다. 후회하기 때문에 거짓말을 한다. 그러나 하나님은 그렇게 행하시지 않는다. 절대로 생각을 바꾸지 않으시니 절대로 약속을 뒤집으시는 일이 없다. 발람은 자기가 하나님의 뜻을 바꿀 수 없다는 것을 인정했고(8절), 그리하여 여기서 하나님 자신도 그것을 바꾸지 않으실 것이라고 추측하는 것이다. 사람의 불완전한 모습이 그렇고, 또한 하나님의 완전하심이 그런 것이다. 하나님으로서는 거짓말을 하는 것이 불가능하다(히 6:18). 그리고 성경에서 하나님이 후회하신다고 말씀할 때에도, 그가 뜻을 바꾸신다는 의미가 아니라(그는 뜻이 하나이시니 누가 그를 돌이킬 수 있으랴?), 다만 그의 길을 바꾸신다는 의미다. 하나님은 변함도 없으시고 회전하는 그림자도 없으시다는 것이야말로 위대한 진리인 것이다. 여기서, ① 그는 이에 관하여 발락에게 호소한다. "그가 하신 말씀을 실행하지 않으시랴? 그가 자신의 목적을 갖고 말씀하셨으니 그의 섭리로 그의 뜻을 좇아 실행하시지 않겠는가? 말씀을 주셨고 약속을 주셨으니 그것을 이루시지 않겠는가? 과연 하나님에 대해서 그가 불변하시며 자기 말씀에 진실하시다는 것 말고 달리 생각할 수 있겠는가? 그의 모든 작정은 불변하며 그의 모든 약속들은 깨뜨려지지 않는 것이다." ② 그는 이 일반적인 진리를 당면한 문제에 적용시킨다. 그가 주신 복을 내가 돌이키지 않으리라(20절). "내가 그의 뜻을 돌이키도록 할 수가 없다. 이스라엘은 예부터 복 받은 백성이요 여호와께서 복 주신 자손이었다. 아브라함의 복이 그들에게 임하였다. 언약의 복을 받은 상태로 났고 가나안의 복을 누리도록 났으니, 그들은 저주를 받을 수가 없다. 영원한 진리의 하나님이 자기 말씀을 깨뜨리고 그 자신과 그의 백성에게 거짓이 되실 것이라고 생각하지 않는 이상 도저히 그럴 수가 없다."

둘째로, 현재 이스라엘에게 아무 잘못이 없기 때문이다. 그는 야곱의 허물을 보지 아니하신다(21절). 그러나 야곱에게 허물이 있었고, 하나님께서 그것을 보고 계셨다. 그러나, ① 하나님께서 진노로 그들을 버리고 멸망에 던지실 정도의 악한 허물은 그들에게 없었다. 그들이 악했으나 그처럼 처절하게 악하지는 않았던 것이다. ② 특별히 부패하고 죄악되다고 부르는 우상 숭배가 그들 중에 없었다. 금송아지 사건 이후 이스라엘에서 그런 유를 보지 못했다. 그러므로 그들이 다른 일로 하나님의 진노를 촉발시키곤 했으나 하나님께서는 그들을 쫓아내고자 하지 않으신 것이다. 발람은 죄 이외에는 그들과 하나님을 갈라놓을 것이 아무것도 없다는 것을 알고 있었다. 패역한 죄가 그들 가운데 보이지 않으면, 하나님이 멸망의 저주를 그들 중에 보내시지 않을 것이라는 것이다. 그러므로 그들이 하나님과의 관계를 유지하는 한 그들에게 악을 행할 수 없다며 절망한 것이다. 주목하라. 죄를 멀리하면 해(害)에서도 멀어진다. 어떤 이들은 그 말을 다른 의미로 보아, 이런 뜻으로 읽는다. 그는 야곱에게 가해지는 잘못을 그냥 보지 않으셨고 이스라엘에게 행해진 부당한 행위를 그냥 보지 아니하시리로다. 즉, "그는 그것을 허용하지도 용인하지도 않으셨고 앞으로도 허용하거나 용인하지 않으실 것이다. 이스라엘이 해 받는 것을 보지 않으실 것이요, 그가 그것을 바로잡으실 것이요 그 싸움에 대해 갚으실 것이다." 주목하라. 하나님은 그의 교회와 백성들에게 해가 가해지는 것을 그냥 보지 않으시며, 그들에게 행해지는 일을 그 자신에게 행해지는 것으로 간주하시고 그에 합당하게 갚으실 것이다.

셋째로, 하나님과 이스라엘의 힘을 이길 수 없기 때문이었다. 그는 발락에게 그들과 싸우고자 하는 시도 자체가 어리석은 것임을 보여준다. 왜냐하면 ① 그들에게 하나님이 임재하여 계시기 때문이었다. "여호와 그들의 하나님이 구체적인 방식으로 그들과 함께 계시고 그들에게서 물러나지 않으시도다." ② 그들에게는 하나님의 임재에서 비롯되는 기쁨이 있었고 언제나 승리를 얻었기 때문이었다. 왕이 외치는 소리가, 혹은 왕을 부르는 소리가 그 중에 있도다. 그들은 승리와 성공에 대해 확신하고서 원수들을 대적하여 소리쳐서, 그들의 하나님이요 그들을 위해 정복하시는 자이신 하나님께 계속해서 영광을 돌리는 것이다. ③ 하나님이 그들에게 임재하심에서 얻어지는 유익을 경험해왔고 또한 그의 권능이 그들을 위해 발휘되는 것을 경험해왔다. 하나님께서 그들을 애굽에서 인도하여 내셨기 때문이다(22절). 그런 역사를 이룬 권능은 절대로 대적할 수 없고, 저항할 수도 없다. 그리고 이미 영광스럽게 그 권능을 드러내기 시작하셨으니, 마지막까지 영광스럽게 이루실 것이 분명한 일이었다. ④ 하나님의 임재하심이 그들과 함께 있으면 그들의 힘이 들소와 같아서 그들을 대적하는 모든 것들을 정면으로 상대하여 무너뜨릴 수 있기 때문이다. 24:8을 보라. 이스라엘의 하나님이 바로 그러한 힘을 그의 백성에게 주시는 것이다.

[2] 이 모든 사실을 근거로 그는 모든 가용한 방법을 다 써도 이스라엘에게 해를 가할 수 없다고 추리한다(23절). 첫째로, 그 스스로 당황하는 처지임을 인정한다. 야곱을 대적하여 이길 수 있는 점술이 전혀 없다. 지옥의 저주는 하늘의 축복을 상대로는 절대로 일어날 수가 없다. 그런 시도 자체가 행해질 수 없다는 것이 아니고, 행해져도 아무런 효과가 없다는 뜻이다. 어떤 이들은 여기서 야곱이 환난 중에 있는 교회를 지칭하며, 이스라엘은 번영을 누리며 전진하는 교회를 지칭한다고 본다. 그러나 교회가 어려운 처지에 있든, 힘 있게 전진하는 처지에 있든, 교회의 후원자들이 적든 많든, 제이차적 원인들이 호의적이든 적대적이든 간에, 모두 한 가지로 귀결된다. 교회를 대적하는 세력은 결코 흥하지 못하리라는 것이다. 주목하라. 하나님께서는 그의 교회를 대적하는 어둠의 권세의 모든 계략과 계교들을 손쉽게 무너뜨리실 수 있으며, 따라서 그것들은 결코 교회를 무너뜨리지 못할 것이다. 둘째로, 그는 장차 이 일이 기억에

남게 될 것을 예견한다. 이 때에, 즉 지금 우리가 야곱과 이스라엘에 대하여 일을 도모하고 있는 이 때에 관하여, 훗날 그들이 말하기를, 하나님께서 행하신 일이 어찌 그리 크냐! 라고 말할 것이라는 뜻이다. 하나님께서 그의 백성을 위하여 어떻게 그리 큰일을 행하셨는가! 놀라움과 기쁨과 감사와 더불어 그렇게 말할 것이요, 또한 이웃 민족들에게 그들의 신들이 그들을 위해 그렇게 보살핀 경우가 있으면 내어놓으라고 도전하게 될 것이다. 주목하라. 여수룬이여 하나님 같은 이가 없도다!(신 33:26). 모세는 진실로 그들의 반석이 우리의 반석과 같지 아니하니 우리의 원수들이 스스로 판단하도다(신 32:31)라고 말씀하는데, 이는 어쩌면 발람이 이스라엘의 하나님이 이방의 모든 신들보다 뛰어나시다는 사실에 관하여 여기서 하고 있는 말을 지칭하는 것일 것이다. 그러므로 발락은 이스라엘을 패망시킬 희망이 전혀 없는 것이다. 그러나,

(2) 발람은 발락이 오히려 이스라엘에게 패망하게 될 것을 두려워해야 한다는 것을 말한다. 이스라엘이 이웃들 가운데서 피를 흘리게 될 가망성이 많다는 것이다. 그리고 그와 그의 나라가 그들의 공격을 피한다면, 그것은 그들이 이스라엘이 상대하기에 너무 크기 때문이 아니며, 그가 그들의 공격권 내에 들지 않기 때문이라는 것이다(24절). 보라, 그리고 두려움으로 떨라. 저 백성이 지금은 진을 치고 누워 있는 듯이 보이고, 한동안 그들이 마치 웅크린 사자처럼 누워 있겠으나, 잠시 후면 이 백성이 포악한 암사자 같이 일어나 … 움킨 것을 먹으며 죽인 피를 마시기 전에는 눕지 아니하리로다. 그는 여기서 이스라엘이 가나안인들에게서 얻을 찬란한 승리들을 예견하는 것으로 보인다. 그들은 현재 바라보고 있는 그 땅을 완전히 정복하기까지 절대로 무기를 내려놓지 않을 것이다. 그러므로 이웃 민족의 집이 불에 타면, 자기 집도 위험하다는 것을 생각해야 하는 것이었다.

2. 이러한 실망의 결과는 어떠했는가?

(1) 발락과 발람은 모두 지쳐버렸다.

[1] 발락은 이제 발람이 침묵하기를 원한다. 자기가 원하는 말을 해 줄 수 없으니 차라리 아무 말도 하지 말기를 바라는 것이다. "그들을 저주하지도 말고 축복하지도 말라(25절). 그들을 저주하지 못하겠다면, 청하건대 그들을 축복하지도 말라. 나의 군대를 돕거나 격려하지 못하겠다면, 방해하거나 사기를 꺾지 말라." 주목하라. 하나님께서는 그에게서 떠나는 자들을 많은 계략으로 말미암

아 피곤하게 하실 수 있다(사 47:13; 57:10).

[2] 발람은 여전히 자신이 마음대로 하지 못한다는 것을 기꺼이 인정하며, 처음에 한 말(22:38)을 그대로 반복한다. 여호와께서 말씀하신 것은 내가 그대로 하지 않을 수 없다고 하지 아니하더이까(26절). 이는 첫째로, 일반적으로 사람의 길이 자기에게 있지 않다는 것을 보여준다. 사람의 마음에 온갖 계략들이 있어도 하나님의 계획이 이루어지는 법이다. 둘째로, 구체적으로 교회를 대적하는 세력이 흥할 수 없는 것처럼 교회를 판단하여 행해지는 온갖 혀의 말도 하나님께서 통제하시고 정죄하실 것이라는 것을 보여준다(사 54:17).

(2) 그러나 그들은 다시 한 번 더 시도하기로 결심한다. 그들은 이렇게 좌절하고 마는 것은 모욕이라고 생각하여 계획을 다시 한 번 더 추진한다. 그러나 또다시 혼란만 얻어질 뿐이었다.

[1] 그리하여 이제 세 번째 시도에서는 그들이, 장소를 바꾼다. 발락은 결국 일이 잘못된 것이 발람의 책임이 아니며 신적인 통제 아래 있었던 것이 문제였다는 것을 납득하였다. 그리하여 이제 그는 하나님이 최소한 발람의 저주를 허락하실 만하다고 여겨지는 장소로 그를 데려가려 한다(27절). 아마도 발람과 발락은 하나님이 처음에는 금하셨으나 두 번째는 발람이 가도록 허락하셨으니, 다시 한 번 시도하고자 하는 마음을 갖게 되었을 것이다. 시도를 반복하여 여기까지 왔으므로 마찬가지로 다시 한 번 시도하면 관철시킬 수도 있을지 모르겠다는 희망을 가진 것이다. 이처럼 죄인들이 죄성을 타고 나며 또한 그들의 악한 일에 대한 심판 선고가 속히 시행되지 않기 때문에, 그들의 마음이 더욱더 고집스럽게 악을 행하는 것이다. 발락이 발람을 데려간 곳은 브올 산꼭대기였다. 그 곳은 그의 나라 전체에서 가장 높은 곳이었고, 그 곳이 **바알브올**이라 불린 것으로 보아 그 곳은 바알 숭배가 행해지는 곳이었을 것으로 보인다. 그는 다음과 같은 희망을 갖고 이 곳을 택하였다. **첫째로**, 그 곳이 모압의 신 바알의 거처이므로(그는 그렇게 상상했다) 이스라엘의 하나님 여호와는 여기까지와서 그 일을 방해할 수 없을 것이라는 것이다. 혹은 **둘째로**, 그 곳이 자기가 섬기는 신에게 합당한 장소이므로, 여호와께도 합당할 것이고, 따라서 그가 추진하는 일이 좋은 분위기에서 이루어질 것이라는 것이었다. 어리석은 사람들은 하나님에 대해 그런 형편없는 생각들을 하며, 그에 관한 그들의 상상 역시 똑같이 헛되다. 아람 사람들도 여호와가 산의 하나님이시지만 골짜기의 하나님

은 아니라는 식으로 상상한다(왕상 20:28). 그가 어느 곳에서나 능력을 발휘하시는 것이 아니라 더 능력을 발휘하시는 곳이 별도로 있다는 식으로 생각하는 것이다.

[2] 일곱 제단을 쌓고 수송아지 일곱 마리와 숫양 일곱 마리를 드리는 제사를 되풀이한다(29, 30절). 그들의 소망을 쌓을 약속이 하나도 없는 데도 불구하고, 그들은 값비싼 제물을 드리는 일을 끈질기게 계속한다. 그러므로 이상(vision)이 결국 말씀할 것이요 거짓말하지 않으리라는 약속을 가진 우리는 성취가 더디다고 해서 실망해서는 안 되며, 계속해서 기도하고 낙심하지 말아야 하는 것이다(눅 18:1).

제
— 24 —
장

개요

　　본 장은 이스라엘을 향한 발락과 발람의 계략을 계속 다루며 결국 그것이 수포로 돌아가는 과정을 기록한다. 그 일은 힘이나 능력이 아니라, 만군의 여호와의 영으로 말미암아 이루어졌다. 이것은 사람들에게 베풀어지는 하나님의 능력과 그의 자녀들을 향하신 하나님의 자비하심을 보여주는 놀라운 사례로서, 여호와의 전쟁기에 기록된 그 어떠한 승리에 못지않은 것이다. 이스라엘을 저주하기 위하여 세 번째로 취한 조치에 대해서는 전장의 마지막 부분에서 읽은 바 있다. 본 장의 주요 내용은 다음과 같다. I. 발락이 의도한 저주가 축복으로 바뀜(1-9절). II. 발락이 발람을 돌려보냄(10-14절). III. 발람이 이스라엘과 몇몇 인근의 민족들에 관하여 남긴 예언들(15-25절).

¹발람이 자기가 이스라엘을 축복하는 것을 여호와께서 선히 여기심을 보고 전과 같이 점술을 쓰지 아니하고 그의 낯을 광야로 향하여 ²눈을 들어 이스라엘이 그 지파대로 천막 친 것을 보는데 그 때에 하나님의 영이 그 위에 임하신지라 ³그가 예언을 전하여 말하되 브올의 아들 발람이 말하며 눈을 감았던 자가 말하며 ⁴하나님의 말씀을 듣는 자, 전능자의 환상을 보는 자, 엎드려서 눈을 뜬 자가 말하기를 ⁵야곱이여 네 장막들이, 이스라엘이여 네 거처들이 어찌 그리 아름다운고 ⁶그 벌어짐이 골짜기 같고 강가의 동산 같으며 여호와께서 심으신 침향목들 같고 물가의 백향목들 같도다 ⁷그 물통에서는 물이 넘치겠고 그 씨는 많은 물가에 있으리로다 그의 왕이 아각보다 높으니 그의 나라가 흥왕하리로다 ⁸하나님이 그를 애굽에서 인도하여 내셨으니 그 힘이 들소와 같도다 그의 적국을 삼키고 그들의 뼈를 꺾으며 화살로 쏘아 꿰뚫으리로다 ⁹꿇어앉고 누움이 수사자와 같고 암사자와도 같으니 일으킬 자 누구이랴 너를 축복하는 자마다 복을 받을 것이요 너를 저주하는 자마다 저주를 받을지로다

　　발람이 여기서 이스라엘을 향하여 선언하는 축복은 앞에서 선언한 두

차례의 축복과 거의 같다. 그러나 그 도입부는 다르다.

I. 여기서 발람이 취하는 방법이 몇 가지 점에서 다르다.

1. 발람은 지금까지 의존해오던 점술을 옆으로 제쳐두고, 주문이나 점괘나 마술 등을 사용하지 않았다. 그것들이 아무 소용이 없다는 것을 알았기 때문이다. 하나님께서 변함없이 복 주시기로 작정하신 것이 분명했으니, 마귀를 움직여 저주를 하려고 해도 전혀 소용이 없었던 것이다(1절). 조만간 하나님은 거짓된 헛것을 좇는 것이 아무런 유익이 없는 어리석은 짓이라는 것을 사람들에게 납득시키실 것이다. 도대체 무슨 목적으로 점술을 쓴단 말인가? 하나님이 점술의 능력 바깥에 계시다는 것을 안 것이다.

2. 전에는 홀로 한적한 곳으로 물러갔으나, 이번에는 이스라엘이 진 치고 있는 광야를 향하여 정면으로 얼굴을 들었다. 달리 방도가 없고 그들이 축복을 받아야 했으므로, 다른 일을 꾸미지 않고 어쩔 수 없이 하나님께 굴복한다.

3. 이 때 하나님의 영이 그 위에 임하신다. 즉, 사울에게 임하사 다윗을 죽이지 못하게 막으셨던 그 예언의 영이 그에게 임하신 것이다(삼상 19:23). 그가 자기의 감각으로 말하지 않고, 그에게 임하신 하나님의 영의 언어로 말하였다.

4. 전에 사용했던 것과 서두가 달라졌고(3, 4절), 다윗이 사용했던 것과 흡사하나(삼하 23:1-3), 이 예언에 대한 모든 찬양을 자기 자신이 취하고 자기 자신을 마치 하늘의 대사처럼 높이는 등, 교만과 허영의 기미가 상당히 많이 담겨 있었다. 그는 두 가지를 자랑한다. (1) 하나님께서 자기를 사랑하셔서 그 자신을 자기에게 알게 하셨다는 것. 그는 스스로 하나님의 말씀을 듣는 자, 전능자의 환상을 보는 자로 자처하였다. 하나님께서 친히 그를 만나시고 그에게 말씀하셨는데(23:16), 그는 이것으로 크게 우쭐해졌다. 바울은 자기가 본 이상과 계시들에 대해 겸손하게 말씀하나(고후 12:1), 발람은 교만으로 이야기하는 것이다. (2) 그 계시들을 받고 감당할 만한 능력이 자기에게 있다는 것. 다른 선지자들이 그랬던 것처럼 그도 황홀경 속에 빠졌다. 그러나 그는 눈을 뜨고 있었다. 그는 이 사실을 두 번 언급한다. 그러나 원문에는 서로 다른 단어들이 사용된다. 전에는 눈을 감았으나(3절) 이제 눈을 뜬 자라는 것이다(4절). 이스라엘을 향하여 저주를 시도할 때에는 자신이 실수하였다는 것을 인정한다. 그러나 지금은 자기 실수를 보기 시작하였다. 그러나 그러면서도 여전히 탐욕과 야망으로, 그 어리석고 해로운 정욕으로, 어두워진 상태에 있었다. 주목하라. [1] 하

나님과 그의 백성을 대적하는 자들은 조만간 자기들이 처절하게 속았다는 것을 깨닫게 될 것이다. [2] 눈은 열려 있으나 마음이 열리지 않은 자들이 많은데, 이들은 빛을 받아도 거룩하게 되지 못한다. 사람들을 교만으로 우쭐하게 만드는 지식은 그들을 지옥에 가도록 빛을 밝혀줄 뿐이며, 많은 이들이 눈을 뜨고서 그리로 들어간다.

II. 그러나 축복의 말씀은 전에 한 것과 동일하다. 그는 이스라엘의 몇 가지 점들을 칭송한다.

1. 그들의 아름다움. 야곱이여 네 장막들이, 이스라엘이여 네 거처들이 어찌 그리 아름다운고!(5절). 이스라엘이 왕궁에 거하지 않고 초라한 장막에 거하며 햇볕에 그을려 있었을 것이나, 발람은 그 장막들에서 아름다움을 보았다. 그들이 지파 별로 질서정연하게 진을 치고 있었기 때문이다(2절). 신앙을 고백하는 자들의 연합과 조화만큼, 멀리서 그 모습을 바라보는 자들에게 신앙에 관하여 좋은 느낌을 갖게 해주는 것이 없다(시 133:1). 이 백성들의 아름다움과 그들이 이웃들 사이에서 얻을 위대한 명성이, 열매가 가득한 골짜기와 또한 나무들이 자라고 향기가 진동하는 멋진 정원의 아름다움과 감미로움에 비유된다(6절). 주목하라. 눈을 떠서 이 땅의 성도들을 훌륭한 자들로 보는 자들은 거기서 즐거움을 얻는다. 의인은 그 이웃보다 뛰어난 법이다. 그들은 여호와께서 심으신 나무들이며, 그것이 그들의 아름다움이다. 의의 가지들이 여호와의 심으신 것이다. 호 14:5-7을 보라.

2. 그들의 번성과 증가. 골짜기와 정원과 나무들에 대한 언급(6절)도, 또한 그 물통에서는 물이 넘치겠고 라는 표현(7절)도 이것을 나타내고자 한 것들일 수도 있다. 즉, 하나님이 하늘에서 비가 내리듯 그의 복을 그들에게 부어주실 것이요, 그리하여 그 씨는 많은 물가에 있게 될 것이다. 이를, 내가 나를 위하여 그를 이 땅에 심고(호 2:23)와 비교하라. 물은 성경에서 백성들, 무수한 무리들, 민족들을 뜻한다. 이 말씀은 이스라엘이 흩어진 중에서도 놀랍게 번성하여 무수한 무리가 되는 것으로 성취되었다.

3. 그들의 존귀와 전진. 백성의 무수한 숫자가 군주의 존귀가 되듯이, 군주의 찬란한 위엄은 백성의 존귀가 된다. 그러므로 발람은 그들의 왕이 아각보다 높을 것임을 예언한다. 아마도 그 지역에서는 아각이 가장 권력이 큰 왕이었을 것이다. 발람은 아각보다 더 강성한 자를 알지 못했다. 그가 이웃들 사이에서

높이 솟아 있었던 것이다. 그러나 발람은 모세 다음으로 이스라엘의 대장군이 될 여호수아가 아각보다 더 높고 존귀하게 되며, 역사상 그보다 훨씬 더 나은 자가 될 것을 예언하고 있다. 이스라엘의 첫 왕 사울은 아각에 대해 승리하였다. 그런데도 아각이 즐거이 왔다고 말씀한다(삼상 15:32).

4. 그들의 능력과 승리(8절). (1) 그는 그들이 과거에 행한 일을, 아니 그들을 위하여 행해진 일을 뒤돌아본다. 하나님이 그를 애굽에서 인도하여 내셨으니. 이 말은 전에도 했었다(23:22). 무엇보다도 그들이 애굽에서 구원받은 역사에 부수적으로 일어난 이적들로 인하여 그들이 더 큰 존귀를 얻었고, 그들의 대적들은 더 큰 공포에 떨게 되었다(수 2:10). 하나님이 그들을 애굽에서 이끌어 내셨으니 그들을 반드시 가나안으로 인도하실 것이다. 하나님의 행사는 완전하기 때문이다. (2) 그는 그들이 현재 지닌 힘을 주시한다. 이스라엘은 이를테면 그 힘이 들소와 같다. 이 짐승에 대해서는 이렇게 말씀한다. 들소가 어찌 기꺼이 너를 위하여 일하겠으나 네가 능히 줄로 매어 들소가 이랑을 갈게 하겠느냐?(욥 39:9, 10). "아니옵니다. 이스라엘은 나의 저주나 왕의 군대로는 도저히 어찌해볼 수 없을 만큼 막강하나이다." (3) 그는 그들의 미래의 정복을 바라본다. 그의 적국을 삼키고 그들의 뼈를 꺾으며 화살로 쏘아 꿰뚫으리로다. 즉, "사자가 그 먹이를 쉽게 삼켜버리듯이 그가 그들을 돌이킬 수 없도록 손쉽게 멸망시키고 먹을 것이며, 동시에 그 먹이들을 통해서 그 자신이 더 강해지고 더 살이 찌고 더 풍성해질 것이옵니다."

5. 그들의 용기와 안정. 꿇어앉고 누움이 수사자와 같고 암사자와도 같으니(9절). 이제 그는 모압 평지에서 그런 자세를 취하고 있으며, 모압 왕이 떠나주기를 구하지도 않으며 그를 두려워하지도 않는다. 그리고 얼마 후면 가나안에서도 똑같이 할 것이다. 먹이를 찢은 후에는 다시 그런 자세를 취하고 재앙의 두려움이 없이 안전히 있으며, 이웃의 모든 민족들에게 도전할 것이다. 잠자는 사자를 감히 누가 성가시게 하겠는가? 박식한 패트릭 주교가 여기서 지적하는 것처럼, 사자들은 둥지로 물러가서 잠자는 것이 아니라 어느 곳이나 누워서 잠을 잔다. 감히 자기를 건드릴 자가 없다는 것을 알기 때문이다. 이처럼 이스라엘은 가나안에서 안정을 누렸고, 주로 다윗과 솔로몬 시대에 그러한 큰 안정을 누렸다. 의인은 사자 같이 담대하다(잠 28:1). 다른 이들을 공격하는 일에서 그렇다는 것이 아니라, 그 스스로 평안히 누워 있다는 뜻이다. 여호와께서 그를

안전히 살게 하시기 때문이다(시 4:8).

6. 이웃에게 미치는 그들의 영향력. 그들과 동맹을 맺은 우방들이 복을 받은 자들이다. 너를 축복하는 자마다 복을 받을 것이요. 그들에게 친절을 베푸는 자들은 분명 그로 인하여 훨씬 더 나아질 것이다. 그러나 그들을 대적하여 싸우는 그들의 원수들은 분명 처참하였다. 너를 저주하는 자마다 저주를 받을지로다. 그들에게 해를 끼치는 자들은 큰 위험에 봉착하게 된다. 하나님께서는 선이든 악이든 간에 그들에게 행해지는 것을 자기 자신에게 행해지는 것으로 간주하시기 때문이다. 그리하여 발람은 아브라함의 축복(창 12:3)을 확증하며, 마치 자기가 이스라엘의 우방이 받을 복을 함께 받기를 바라고, 또한 이스라엘의 원수들에게 임할 저주를 두려워하여 이 때에 이스라엘을 축복하는 것처럼 말하는 것이다.

[10]발락이 발람에게 노하여 손뼉을 치며 말하되 내가 그대를 부른 것은 내 원수를 저주하라는 것이어늘 그대가 이같이 세 번 그들을 축복하였도다 [11]그러므로 그대는 이제 그대의 곳으로 달아나라 내가 그대를 높여 심히 존귀하게 하기로 뜻하였더니 여호와께서 그대를 막아 존귀하지 못하게 하셨도다 [12]발람이 발락에게 이르되 당신이 내게 보낸 사신들에게 내가 말하여 이르지 아니하였나이까 [13]가령 발락이 그 집에 가득한 은금을 내게 줄지라도 나는 여호와의 말씀을 어기고 선악간에 내 마음대로 행하지 못하고 여호와께서 말씀하신 대로 말하리라 하지 아니하였나이까 [14]이제 나는 내 백성에게로 돌아가거니와 들으소서 내가 이 백성이 후일에 당신의 백성에게 어떻게 할지를 당신에게 말하리이다 하고

여기서는 이스라엘을 저주하고자 하는 이 헛된 시도가 끝나고 완전히 무너져버리는 사실을 접하게 된다.

1. 발락이 일을 완전히 악화시켰다. 그는 발람에게 격노하며(10절), 말로나 행동으로나 자신의 실망과 괴로움을 최고조로 표현하였다. 그는 자기의 수단이 망가져 계획이 완전히 수포로 돌아간 것에 극도로 화가 난 나머지 자기 손바닥을 때렸다. 그는 발람이 정말 형편없이 자기를 모욕했고 속였다고 비난했다. "내가 그대를 부른 것은 내 원수를 저주하라는 것이어늘. 그대는 이스라엘과 한통속이며 그들의 이익을 추구하는 자임을 스스로 보여주었도다. 그대는, 제

단을 쌓고 제물을 드리라고 명령하여 그대가 분명 그들을 저주할 것으로 믿게 만들어놓고는 오히려 세 번 그들을 축복하였도다." 발락은 그를 자기의 앞에 있지 못하게 하고, 그를 자기 나라로 추방하였고, 그에게 베풀고자 했던 상급들도 취소하였다. "여호와께서 그대를 막아 존귀하지 못하게 하셨도다(11절). 나를 기쁘게 하지 않고 여호와를 기쁘게 하여 그대가 무엇을 얻는지를 보라. 그대가 잘못 처신하여 그대의 상급을 받지 못하게 되었도다." 이처럼 자기들이 의무를 행함으로써 모든 것을 잃어버리는 자들이, 세상에서 이익을 추구하기보다 의무를 앞세운 것 때문에 흔히 어리석은 자들이라는 비난을 받는다. 반면에, 만일 발람이 자의적으로 성실하게 여호와의 말씀을 준수했다면, 발락이 그에게 주기로 계획한 존귀는 잃어버렸더라도 하나님께서는 그 손해를 풍성하게 갚아주셨을 것이다.

2. 발람이 그런 상황에 최고로 대처한다. (1) 그는 실망스런 사태에 대해 애써 변명한다. 그리고 그 변명은 지극히 옳았다. 하나님께서 자기가 말하고자 한 것을 말하지 못하도록 막으셨고, 그가 말하려 하지 않은 것을 말하게 하셨으니, 발락으로서는 이것을 불쾌히 여겨서는 안 된다는 것이었다. 발람 자신도 어쩔 수 없었을 뿐 아니라, 이미 사전에 발락에게 자신이 여호와께 의존할 수밖에 없다는 점을 말했기 때문이라는 것이다(12, 13절). 발락은 발람이 자기를 속였다고 말할 수 없었다. 발람이 이미 자신의 처지를 분명하게 주지시킨 바 있었기 때문이다. (2) 그는 그것에 대해 다른 것으로 갚아 주려고 힘쓴다(14절). 비록 발락이 원했던 일은 하지 못하였으나, [1] 그의 주변의 민족들에 관하여 몇 가지 예언을 해줌으로써 그의 호기심을 채워주고자 하였다. 예언을 기뻐하는 것이 우리의 본성이요, 따라서 그는 이것으로 화난 군주의 마음을 안돈시키기를 희망하는 것이다. [2] 이 무적의 백성이 발락의 백성들에게 무슨 일을 하게 되든 간에 나중에 가서 그 일이 이루어지리라는 확신을 주어서 그를 만족시키려 하였다. 그러므로 발락의 처지에서는 그들이 무슨 악행을 행하거나 공격을 해올 두려움을 가질 필요가 없으며, 이상이 장차 될 일에 관한 것이니, 그의 때에는 평화가 있을 것이라는 것이었다. [3] 그는 점술이나 저주의 의식을 행하지 않고도 이스라엘에게 악을 가할 방법을 발락에게 일러주었다. 이는 당신에게 말하리이다 라는 말에 암시되어 있는 듯하다. 이 말은 곧 내가 당신에게 그 방법을 일러 주리이다 라는 뜻이기 때문이다. 그가 일러준 것이 무엇인지는

여기에 제시되지 않았다. 그것은 사사로이 행해졌기 때문이다. 그러나 후에 나타나는 말씀을 보면 그것이 무엇이었는지를 알게 된다(31:16). 그는 발락에게 이스라엘을 유혹하여 우상 숭배에 빠뜨리게 할 것을 일러주었다(계 2:14). 하나님께로부터는 이스라엘을 저주할 허락을 받을 수 없었으므로, 마귀에게서 도움을 받아 그를 미혹하게 할 방도를 가르쳐 준 것이다. 하늘을 움직일 수 없다면, 지옥을 구슬리리라.

¹⁵예언하여 이르기를 브올의 아들 발람이 말하며 눈을 감았던 자가 말하며 ¹⁶하나님의 말씀을 듣는 자가 말하며 지극히 높으신 자의 지식을 아는 자, 전능자의 환상을 보는 자, 엎드려서 눈을 뜬 자가 말하기를 ¹⁷내가 그를 보아도 이 때의 일이 아니며 내가 그를 바라보아도 가까운 일이 아니로다 한 별이 야곱에게서 나오며 한 규가 이스라엘에게서 일어나서 모압을 이쪽에서 저쪽까지 쳐서 무찌르고 또 셋의 자식들을 다 멸하리로다 ¹⁸그의 원수 에돔은 그들의 유산이 되며 그의 원수 세일도 그들의 유산이 되고 그와 동시에 이스라엘은 용감히 행동하리로다 ¹⁹주권자가 야곱에게서 나서 남은 자들을 그 성읍에서 멸절하리로다 하고 ²⁰또 아말렉을 바라보며 예언하여 이르기를 아말렉은 민족들의 으뜸이나 그의 종말은 멸망에 이르리로다 하고 ²¹또 겐 족속을 바라보며 예언하여 이르기를 네 거처가 견고하고 네 보금자리는 바위에 있도다 ²²그러나 가인이 쇠약하리니 나중에는 앗수르의 포로가 되리로다 하고 ²³또 예언하여 이르기를 슬프다 하나님이 이 일을 행하시리니 그 때에 살 자가 누구이랴 ²⁴깃딤 해변에서 배들이 와서 앗수르를 학대하며 에벨을 괴롭힐 것이나 그도 멸망하리로다 하고 ²⁵발람이 일어나 자기 곳으로 돌아가고 발락도 자기 길로 갔더라

선지자들의 임무는 여호와의 이름으로 축복하고 예언하는 것이었다. 발람은 선지자로서 어쩔 수 없이 이스라엘을 축복하였고, 여기서 미래에 일어날 일들을 예언한다.

I. 서두는 앞의 예언이나 거의 비슷하다(3, 4절). 그는 참 선지자의 역할을 아주 잘 행한다. 하나님께서 그렇게 하도록 허용하시고 지도하셨다. 그가 어떤 사람이었든 간에 그가 한 예언 자체는 참된 예언이었다. 그는 다음과 같은 점들을 자랑한다.

1. 자기가 눈을 뜬 자라는 것(16절). 선지자는 옛적에는 선견자라 일컬었다(삼상 9:9). 왜냐하면 그들이 자기들이 본 것을 말씀해야 했고, 따라서 입을 열기 전에 눈부터 먼저 떠야 했기 때문이다.

2. 자기가 하나님의 말씀을 들었다는 것. 말씀을 귀담아 듣지도 않고 그 말씀 속에서 하나님의 음성을 듣지도 못하는 자들이 허다하다.

3. 자기가 지극히 높으신 자의 지식을 아는 자라는 것. 이는 여기서 첨가된 내용이다. 하나님을 아는 지식이 충만하면서도 하나님의 은혜가 철저히 결핍될 수도 있고, 진리를 받으나 여전히 진리에 대한 사랑에 관해서는 외인일 수도 있다.

4. 자기가 전능자의 환상을 보는 자라는 것. 그러나 그는 그와 동일한 형상으로 변화하지는 않았다. 누구도 이보다 하나님에 대해 존귀하게 말할 수도 없고, 하나님을 아는 일에 이보다 더 큰 가치를 부여할 수 없을 것 같아 보인다. 그러나 그는 하나님을 진정 경외하지도, 그를 사랑하지도, 그를 믿지도 않았다. 사람이 천국을 향하여 나아가면서 여기까지는 오를 수 있으나, 이는 지극히 모자란 것이다.

II. 여기서 발람은 그 백성 이스라엘의 면류관이요 영광이 되어야 마땅한 그분에 관하여 예언한다.

1. 그는 다윗이 모형이 되는 분이신데, 그는 이 때가 아니라, 곧 속히가 아니라, 세월이 경과한 후에 모압을 이쪽에서 저쪽까지 쳐서 무찌르고(17절), 세일 산을 소유로 삼으며, 그의 아래에서 이스라엘 군대가 용감히 행동할 것이다(18절). 이는 다윗이 모압을 쳐서 그들에게 땅에 엎드리게 하고 줄로 재어, 모압 사람들이 다윗의 종들이 되어 조공을 드리게 됨으로써 성취되었다(삼하 8:2). 동시에 에돔 사람들도 마찬가지로 이스라엘에게 복종하게 되었다(삼하 8:14).

2. 그러나, 이 예언이 주로 지적하는 분은 약속된 메시야이신 우리 주 예수님으로서 그가 이 모형의 원형이시다. 하나님의 뜻은 바로 이렇게 하여 그가 오시기 오래 전부터 유대인들만이 아니라 다른 민족들까지도 장차 그가 오실 것에 대해 주목하게 하는 것이었다. 그의 복음과 그의 나라가 이스라엘 땅의 경계 너머까지 멀리멀리 확대될 것이기 때문이었다. 여기서 다음과 같은 사실이 예언되고 있다.

(1) "내가 그를 보아도 이 때의 일이 아니며, 내가 그를 환상으로 보지만, 지극

히 먼 거리에서, 최소한 1500년의 시간적 간격을 넘어서서 보는 것이다." 혹은 이를 다음과 같이 이해할 수도 있을 것이다. 사악한 발람이 그리스도를 볼 것이나 그를 가까이에서 보지 못할 것이요, 또한 그를 대속자로 보고, 그를 스스로 바라본 욥처럼(욥 19:25, 27) 그를 보지는 못할 것이다. 그가 구름을 타고 오실 때에 모든 사람이 그를 볼 것이나, (부자가 지옥에서 아브라함을 본 것처럼) 그를 멀리서만 볼 자들이 많은 것이다.

(2) 그가 야곱에게서, 이스라엘에게서 한 별로, 한 규로 나오실 것이라는 것. 한 별이라는 것은 그의 영광과 광채를 지칭하는 것으로 그가 찬란한 계명성이시라는 것이요, 한 규라는 것은 그의 능력과 권세를 지칭한다. 그는 바로 주권자이시다(19절). 어쩌면 야곱에게서 일어날 한 별에 관한 이 발람(그는 동방 자손이었다)의 예언이, 즉 이스라엘에 주권자가 일어나리라는 예언이, 그 나라에서 하나의 전승을 통해 보존되었고, 그것이 같은 동방 사람들인 박사들이 유대 땅 위에 이상한 별을 보고 따라가 유대인의 왕으로 나신 자에 대해 문의하게 된 계기를 만들었을지도 모른다(마 2:2).

(3) 그의 나라가 우주적이며 모든 반대를 물리치고 승리하리라는 것. 다윗이 모압과 에돔을 이기고 승리한 것이 이것의 모형이었다 할 것이다. 메시야가 셋의 자식들을 다 멸하리로다(17절). 혹은 어떤 이들의 해석처럼, 셋의 자식들을 다 다스리리로다의 뜻으로도 읽을 수 있다. 셋의 자식들이란, 아담의 아들인 셋의 후손이, 즉 홍수로 끊어진 아담의 자손들 중 남은 자들의 후손들을 뜻한다. 그리스도는 야곱과 이스라엘뿐 아니라 온 세상의 왕이 되실 것이며, 그리하여 셋의 모든 자식들이 그의 황금 규로 다스림을 받거나 아니면 그의 철장으로 산산조각날 것이다. 그가 자기 자신의 우주적인 통치와 권세와 능력을 세우실 것이요, 모든 반대하는 세력들을 무너뜨리실 것이다(고전 15:24). 어떤 이들의 이해처럼, 그가 셋의 모든 자식들의 담을 허실 것이다. 그가 그들의 모든 방어력과 육신적인 신뢰거리들을 다 무너뜨리실 것이요, 그들이 그의 통치를 인정하거나 그의 심판을 받게 될 것이다.

(4) 그의 이스라엘이 용감히 행동하리라는 것. 그리스도의 신복들은 그의 권능으로 말미암아 힘을 얻어 어둠의 세력들과 영적 전쟁을 시행하여 이기고도 남을 것이다. 오직 자기의 하나님을 아는 백성은 강하여 용맹을 떨치리라(단 11:32).

III. 그는 아말렉 족속과 가인 족속에 관하여 예언한다. 아마도 발람은 그들의 나라들의 일부를 바라보면서 예언을 했을 것이다.

1. 아말렉 자손들은 이제 민족들의 으뜸이었으며(20절), 그리하여 아각이 뛰어난 군주로 불렸으며(7절), 또한 이스라엘이 애굽에서 나올 때에 그들이 처음 그들과 싸움을 벌였다. 그러나 지금은 그렇게 커 보이는 그 민족이 완전히 패망하여 뿌리가 뽑힐 때가 올 것이요, 그들이 결국 영원히 멸망할 것이다. 여기서 발람은 모세가 전에 읽었던 바 아말렉의 멸망(출 17:14, 16)을 확증하고 있다. 그 때에 하나님께서는 그가 아말렉과 더불어 대대로 싸우리라고 맹세하셨었다. 주목하라. 하나님이 더불어 싸우시는 자들은 반드시 영원히 멸망할 것이다. 하나님께서 심판하시면 그가 이기시기 때문이다.

2. 가인 족속은 현재는 민족들 중 가장 안정된 족속이었다. 그들은 자연이 그들의 방벽이 되고 강한 요새가 되어 있는 처지에 있었다. "네 거처가 견고하고 네 보금자리는 (독수리처럼) 바위에 있도다(21절). 네가 스스로 안전하다고 생각하나, 가인이 쇠약할 것이요(22절) 점점 허약해져서 결국 앗수르의 포로가 되어 끌려갈 것이로다." 이 예언은 열 지파가 포로로 잡혀갈 때에 성취되었다. 주목하라. 정치적인 집단도 자연의 몸처럼 지극히 강성한 구조를 지니고 있으나 점점 쇠약하여 결국 멸망에 이르게 될 것이다. 바위 위에 있는 보금자리조차도 영구한 안전을 보장하지 못할 것이다.

IV. 헬라와 로마인들에 이르기까지 머나먼 미래를 바라보며 예언한다. 깃딤 해변이 이들을 지칭하는 것으로 여겨지기 때문이다(24절).

1. 이 예언의 도입부. 이 부분은 매우 두드러진다. 슬프다 하나님이 이 일을 행하시리니 그 때에 살 자가 누구이랴?(23절). 여기서 그는 국가와 나라들의 모든 흥망성쇠가 여호와의 행하심임을 인정하고 있다. 하나님이 이 일을 행하시나니. 누가 도구가 되든, 그가 모든 것을 지도하시는 최고의 주권자이시다. 그러나 발람은 그들에 대하여 슬픔에 가득 차서 말씀하며, 이 일들의 전망이 매우 암울한 것을 본다. 그 때에 살 자가 누구이랴? 이는 다음 두 가지 중 한 가지의 의미일 것이다.

(1) 이 일들이 너무나 먼 미래의 일이므로, 그 일이 이루기까지 과연 누가 살 지를 말하기가 매우 어렵다. 그러나 누가 살아서 그 일들을 보든 간에 놀라운 결말이 있을 것이다.

아니면, (2) 그들이 그토록 황폐화시킬 것이므로, 피하거나 살아남을 자가 거의 없을 것이다. 죽음이 승리의 개선 행진을 하는데 누가 과연 살겠는가(계 6:8)? 그 때에 살아남는 자들은 마치 불에서 꺼낸 타다 남은 나무 같을 것이요, 그 목숨을 그들에게 먹이로 주는 처지가 될 것이다. 하나님이여 우리로 최악의 때를 잘 감당하게 하소서!

2. 예언 그 자체도 매우 두드러진다. 헬라와 이탈리아는 모두 바다에 연하여 있고 따라서 그 군대들은 주로 배로 보내졌다. 그런데 발람은 여기서 다음을 예언하는 것 같다.

(1) 헬라의 군대들이 바사와 연합한 앗수르를 무너뜨릴 것이라는 것. 이는 알렉산더가 동방의 나라를 전복시킴으로써 성취되었다.

(2) 헬라와 로마의 군대가 히브리 혹은 유대인들(이들은 에벨 자손이라 불렸다)을 괴롭게 할 것이라는 것. 이는 헬라 제국이 유대 민족을 압제함으로써 부분적으로 성취되었으나, 로마 제국이 유대 민족을 완전히 멸망시킬 때에 주로 성취되었다.

(3) 깃딤, 즉 로마 제국(헬라도 결국 로마에 삼켜진다)도 결국 영원히 망할 것이라는 것. 이 때에 손대지 아니한 돌이 산에서 나와 이 모든 나라들을, 그리고 특히 신상의 철과 진흙의 발을 부서뜨릴 것이다(단 2:34). 라이트푸트 박사의 말처럼, 발람은 이리하여 교회를 저주하는 대신 교회의 첫 원수인 아말렉을 저주했고, 또한 그 마지막 원수인 로마를 저주했다 할 것이다. 여호와여 주의 원수들은 다 이와 같이 망하게 하시옵소서(삿 5:31)!

제
— 25 —
장

개요

이스라엘은 발람의 저주를 피하였으나, 여기서 발람의 계교에 의하여 상당한 손상과 수치를 얻는다. 그는 발락에게서 떠나기 전에 발락이 이스라엘과 그들의 하나님을 서로 분리시키고자 생각했던 것보다 훨씬 더 효과적인 방법을 그에게 전해 준 것으로 보인다. "발람의 점술로는 여호와를 이겨 그들을 망하게 하지 못할 것이니, 모압의 딸들을 통해 그들을 매료시켜 스스로 망하게 하는 방법을 시도해 보십시오." 자기들 자신의 정욕에 사로잡히는 자들보다 더 치명적으로 사로잡히는 자들은 없다. 본 장의 주요 내용은 다음과 같다. I. 이스라엘의 죄. 그들이 모압의 딸들에게 유혹을 받아 음행과 우상 숭배에 빠졌다(1-3절). II. 재판관들의 손으로(4, 5절), 또한 하나님의 직접적인 심판으로(9절), 이 죄를 벌함. III. 뻔뻔스러운 죄인인 시므리와 고스비를 살해한 경건한 비느하스의 열정(6, 8, 14, 15절). IV. 하나님이 비느하스의 열정을 칭찬하심(10-13절). V. 처음 여자와 뱀이 서로 격렬히 대적했던 것처럼, 이스라엘과 미디안이 서로 격렬히 대적함(16-18절).

[1]이스라엘이 싯딤에 머물러 있더니 그 백성이 모압 여자들과 음행하기를 시작하니라 [2]그 여자들이 자기 신들에게 제사할 때에 이스라엘 백성을 청하매 백성이 먹고 그들의 신들에게 절하므로 [3]이스라엘이 바알브올에게 가담한지라 여호와께서 이스라엘에게 진노하시니라 [4]여호와께서 모세에게 이르시되 백성의 수령들을 잡아 태양을 향하여 여호와 앞에 목매어 달라 그리하면 여호와의 진노가 이스라엘에게서 떠나리라 [5]모세가 이스라엘 재판관들에게 이르되 너희는 각각 바알브올에게 가담한 사람들을 죽이라 하니라

I. **모압과 미디안의 딸들에게 유혹되어 이스라엘이 죄를 범함.** 그들은 육체적으로 영적으로 음행의 죄를 범하였다. 이스라엘이 바알브올에게 가담한 것이다(3절). 모두가 그랬던 것도, 대다수가 그랬던 것도 아니나, 매우 많은 숫자

가 이 올무에 빠졌다. 이 일에 대하여 다음을 관찰하라.

1. 발락이 발람의 권고를 받아 이스라엘 자손 앞에 걸림돌을 놓았다(계 2:14). 주목하라. 우리를 죄로 이끄는 자들이야말로 우리의 철천지원수들이다. 그것이야말로 사람이 우리에게 할 수 있는 가장 큰 악행이기 때문이다. 발락이 군대를 동원하여 이스라엘을 쳤으면 이스라엘은 용감히 싸웠을 것이고 충분히 이기고도 남았을 것이다. 그런데 그는 아름다운 여자들을 보내어 이스라엘 사람들을 자기의 우상 숭배의 축제들에 초청하며, 그들은 비굴하게도 거기에 굴복하여 수치스럽게 당하고 만다. 칼로는 도저히 당할 수 없는 자들도 이 음녀들로는 이기고도 남는다. 주목하라. 눈살을 찌푸리는 세상의 공포보다 미소 짓는 세상의 매력이 우리에게 더 위험하다.

2. 모압의 딸들이 이스라엘의 유혹자들이요 정복자들이었다. 하와가 처음 범죄한 이래로, 연약하지만 더 아름다운 여성이 많은 이들에게 올무가 되어왔다. 강한 남자들이 음녀의 입술에 의하여 해를 받고 죽임을 당하였다(잠 7:26). 솔로몬이 이를 증언한다. 그 아내들이 그에게 올무와 그물 같았던 것이다(전 7:26).

3. 음행과 우상 숭배가 함께 하였다. 먼저 여자들과의 음란한 관계를 통해서 그들의 양심을 더럽혔으니, 그 다음에는 손쉽게 안일에 빠져 이스라엘의 하나님을 멸시하고 모압의 우상들에게 머리를 숙였다. 그들이 서로 저지른 부정한 일이 바알브올에게 행해진 예배와 봉사의 일부였다면(대개 그렇게 생각하는데, 아마도 옳을 것이다), 그들이 우상에게 절했을 가능성이 더욱 크다 할 것이다. 정숙의 담을 무너뜨린 자들은 절대로 경건의 끈에 매여있지 않으며, 육체적인 정욕으로 치욕에 빠진 자들은 우상을 예배하는 것으로 하나님을 욕되게 하는 것을 개의치 않는다. 그러므로 그들이 더러운 정욕에 내버려지는 것이 정당한 것이다.

4. 우상에게 제물로 드려진 것들을 먹음으로써 그들은 그 제물들을 받는 바알브올에게 가담하였다. 사도는 이것을 그리스도인들이 우상에게 바쳐진 제물을 먹지 말아야 할 이유로 강조하고 있다. 그 제물을 먹음으로써 그것들이 드려지는 마귀들과 교제를 갖게 되기 때문이다(고전 10:20). 그것을 가리켜 죽은 자에게 제사한 음식이라 부르는데(시 106:28), 이는 우상 그 자체가 죽은 것이기 때문이기도 하지만, 또한 그 음식이 드려지는 인물이 과거에 위대했던 영웅으로

서 죽은 후에 신격화된 자들이기 때문이었다. 로마 교회도 이와 같이 죽은 자들을 성인(聖人)들로 세우고 있다.

5. 이스라엘이 싯딤에 머물러 있었다는 사실이 그 죄를 크게 가중시켰다. 그들은 거기서 가나안 땅을 눈으로 보았고 그리로 들어가 그 땅을 소유할 준비를 갖추는 상황에서 그런 죄를 지은 것이다. 하나님의 자비하심으로 그렇게 풍성하게 복을 누릴 준비를 갖추고 있는 상황에서, 그들의 하나님이 그들에게 그렇게 성실하게 역사하신 것을 알면서도, 그에게 거짓으로 대하고 우상의 제물을 먹었으니 이는 그야말로 가장 큰 배반이요 배은망덕이 아닐 수 없었던 것이다.

II. 이 죄에 대하여 의로우신 하나님이 진노하심. 이스라엘의 음행이 발람이 그의 점술로 할 수 없는 일을 했다. 곧, 하나님으로 하여금 그들을 대적하시게 한 것이다. 이제 그가 그들의 원수가 되사 그들과 싸우신 것이다. 수많은 백성들이, 아니 수많은 수령들이 죄를 범하였으므로, 그 죄는 민족의 죄가 되었고, 이로 인하여 하나님께서 온 회중 전체를 상대로 진노하셨다.

1. 즉시 염병이 발생하여(8절의 언급을 보라) 많은 수가 그것 때문에 죽었으나(9절), 그 시작에 대한 언급은 없다. 그러므로 다음의 말씀에 그것이 암시된 것으로 보아야 할 것이다. 여호와께서 이스라엘에게 진노하시니라(3절). 시 106:29에서는 재앙이 그들 중에 크게 유행하였도다 라고 분명히 말씀하고 있다. 주목하라. 전염병들은 하나님의 진노의 열매들이며, 전면적인 죄들에 대한 정당한 징벌이다. 죄의 전염 다음에는 질병의 전염이 이어진다. 염병은 분명 가장 죄가 많은 자들에게 가해졌을 것이고, 그들은 금지된 쾌락을 즐긴 대가를 크게 지불하게 되었다. 그런데 하나님께서 언제나 여기서처럼 그런 죄인들을 염병으로 징벌하시지는 않으나, 누구든지 하나님의 성전을 더럽히면 하나님이 그 사람을 멸하시리라(고전 3:17)라는 말씀이 반드시 이루어질 것이다.

2. 이스라엘 재판관들을 통하여 그 주모자들을 공적으로 사형시키도록 명령이 내려졌다. 그것이 염병을 떠나게 하는 유일한 길이었다. 백성의 수령들(즉, 이스라엘 진에서 모압 지역으로 나가서 우상 숭배에 가담한 자들)을 잡아 태양을 향하여 여호와 앞에, 즉 하나님의 정의를 향하여 드리는 제물로 삼아, 또한 나머지 백성들에게 경계가 되도록, 목매어 달라(4절). 재판관들은 먼저 그들을 칼로 죽이도록 명령했고(5절), 그 다음 그들의 시체를 매어달아서, 어리석은 백성들이 그 수령들과 귀인들이 자기들의 품위를 생각하지 않고 음행과 우상 숭

배에 가담함으로써 그렇게 극한 형벌을 받는 것을 보고 죄의 사악함과 또한 죄를 미워하시는 하나님의 진노의 처절함을 느끼고 알도록 하였다. 죄를 주도한 수령들은 마땅히 정의의 본보기가 되어야 한다.

⁶이스라엘 자손의 온 회중이 회막 문에서 울 때에 이스라엘 자손 한 사람이 모세와 온 회중의 눈앞에 미디안의 한 여인을 데리고 그의 형제에게로 온지라 ⁷제사장 아론의 손자 엘르아살의 아들 비느하스가 보고 회중 가운데에서 일어나 손에 창을 들고 ⁸그 이스라엘 남자를 따라 그의 막사에 들어가 이스라엘 남자와 그 여인의 배를 꿰뚫어서 두 사람을 죽이니 염병이 이스라엘 자손에게서 그쳤더라 ⁹그 염병으로 죽은 자가 이만 사천 명이었더라 ¹⁰여호와께서 모세에게 말씀하여 이르시되 ¹¹제사장 아론의 손자 엘르아살의 아들 비느하스가 내 질투심으로 질투하여 이스라엘 자손 중에서 내 노를 돌이켜서 내 질투심으로 그들을 소멸하지 않게 하였도다 ¹²그러므로 말하라 내가 그에게 내 평화의 언약을 주리니 ¹³그와 그의 후손에게 영원한 제사장 직분의 언약이라 그가 그의 하나님을 위하여 질투하여 이스라엘 자손을 속죄하였음이니라 ¹⁴죽임을 당한 이스라엘 남자 곧 미디안 여인과 함께 죽임을 당한 자의 이름은 시므리니 살루의 아들이요 시므온인의 조상의 가문 중 한 지도자이며 ¹⁵ 죽임을 당한 미디안 여인의 이름은 고스비이니 수르의 딸이라 수르는 미디안 백성의 한 조상의 가문의 수령이었더라

　　　　악과 의 사이의 놀라운 싸움이 여기서 지극히 대담하고도 노골적으로 나타나며, 의가 승리한다. 결국 의가 마지막에 승리할 것은 의심의 여지가 없다.

I. 시므온 지파의 조상의 가문 중 한 지도자인 시므리가 범한 악행만큼 대담하고 노골적인 악행이 없었다.　시므리는 모세와 이스라엘의 모든 선한 회중이 보는 앞에서 미디안의 음녀(이 여자도 시므리와 아주 흡사하게 미디안 백성의 한 조상의 가문의 수령의 딸이었다)를 이끌고 들어갈 정도로 그 사악한 뻔뻔스러움이 극에 달해 있었다. 그는 모압의 신들을 예배하는 자리에 음녀와 함께 나가는 것으로는 만족스럽지 못하게 여겼고, 그리하여 그녀를 자기에게로 끌어들여서 이스라엘의 하나님을 욕되게 하였다. 그는 그 여자를 공개적으로 자기의 동반녀로 인정했고 이스라엘의 딸들보다 더 귀하게 여긴다는 것을 드러냈을 뿐 아니라, 노골적으로 그녀와 함께 그의 막사에 들어가기까지 했다(8절).

그 단어는 음탕한 짓을 하도록 마련된 장막 혹은 은밀한 장소를 뜻한다. 그리하여 그는 자기의 죄를 숨기지 못함이 소돔과 같았고(사 3:9), 자기 죄에 대하여 얼굴을 붉히기는커녕 오히려 그 부끄러운 짓을 자랑거리로 삼았다. 정황이 이러하므로 그의 죄는 지극히 죄악되고 지극히 수치스러운 것이었다.

1. 그것은 그 민족의 정의를 모욕하며 거부하는 행위였다. 재판관들이 명령을 받아 범죄자들을 사형에 처하는데도 그는 자신은 너무 신분이 높으니 그런 일에 연루될 수가 없다고 생각하였고, 결국 자기에게 손을 대려면 대보라고 도전하는 대담함을 보인 것이다. 그는 처절한 권능 가운데 서 계신 하나님에 대한 모든 두려움을 던져버린 것이 분명했다. 그 하나님의 권능이 행악자들에게 두려움이 되게 하셨는데도 말이다.

2. 그것은 그 민족의 신앙을 모욕하는 것이요 그것을 멸시하는 행위였다. 모세와 또한 순결을 지킨 회중의 대부분이 회막 문에서 울며 죄를 범한 사실과 염병이 시작된 사실에 대해 애곡하고 있었다. 그들은 엄숙한 대회로 모여 금식하며, 현관과 제단 사이에서 슬피 울면서 하나님의 진노가 회중에게서 떠나가기를 구하고 있었다. 그런데 이 때 시므리가 자기의 음녀를 손에 잡고 그들 중에 나타나 그들을 조롱하였고, 또한 결국 그들이 죄를 없애는 즉시 자기가 단연코 죄의 분량을 채워 넣으리라는 식으로 처신한 것이다.

II. 비느하스가 행한 행동만큼 담대한 덕행이 없었다. 시므리의 이러한 뻔뻔스러운 행동을 보고서(아마도 온 회중이 다 그것을 보았을 것이다) 그는 거룩한 분노가 치밀어 올라 기도를 중지하고 창을 들고 일어나 그 뻔뻔스런 죄인들을 그 장막에까지 뒤따라가서 그들을 죽였다(7, 8절). 비느하스의 행동을 정당화하기는 전혀 어렵지 않다. 대제사장의 직분을 계승할 자였으므로 그는 모세가 지명한 이스라엘의 재판관 중 하나였을 것이 분명하며, 따라서 그는 바알브올에 가담한 자들을 모두 죽이도록 하나님께 지명을 받은 사람이었다. 그러므로 그의 행동은 아무나 죄를 없애고자 하는 열정을 빙자하여, 정당한 법적인 과정을 통하여 징벌을 받아야 할 범법자들을 사사로이 죽이는 행위를 조장하는 것이 아니다. 시민 관리가 보응하는 자로서 악을 행하는 자에게 진노하심을 시행하는 것이지, 개인이 사사로이 자기 손으로 그런 일을 처리할 수 있는 것이 아니다. 하나님께서는 두 가지로 비느하스의 경건한 열정을 받으셨음을 증거하셨다.

1. 즉시 염병을 물러가게 하셨다(8절). 이 필수적인 정의의 행위가 행해지고 나서야 비로소 그들의 눈물의 간구가 응답되었다. 관리들이 죄를 벌하는 일을 제대로 하지 않으면, 하나님께서 하실 것이다. 그러나 아간의 경우에서 나타나듯이(수 7:13) 그들이 정의롭게 처신하는 것이야말로 하나님의 심판을 미연에 방지하는 최선의 길이다.

2. 비느하스에게 존귀를 더하셨다. 그는 재판관으로서 자기 임무를 다한 것뿐이었으나, 그가 하나님과 이스라엘의 존귀를 세우고 죄를 막고자 하는 특별한 열정으로 그 일을 했고, 또한 다른 재판관들이 시므리가 수령임을 생각하여 감히 그 임무를 행하기를 두려워하여 꺼리고 있을 때에 그가 그 일을 했으므로, 하나님께서 그에 대하여 특별히 치하하신 것이요 그것이 그의 공의로 인정되었던 것이다(시 106:31). 하나님을 위하여 위험을 무릅써도 아무것도 잃을 것이 없다. 시므리의 지위 때문에 꺼리는 면이 있고, 또한 그의 동료들이 이런 폭력적이고 황급한 행동을 경솔한 것이라고 비난할 수도 있었을 것이나, 하나님이 그를 인정하시는데 염려할 필요가 어디 있었겠는가? 선한 일에서 우리는 열심을 내어야 한다.

(1) 비느하스는 젊은 사람이었으나 이 일로 이스라엘의 최고의 애국자로 선언된다. 이스라엘 자손 중에서 내 노를 돌이켜서 내 질투심으로 그들을 소멸하지 않게 하였기 때문이다(11절). 하나님께서는 자비를 베푸시기를 기뻐하시므로, 그의 진노를 제거하는 데에 도구로 쓰임 받는 자들을 크게 기뻐하시는 것이다. 이것이야말로 우리가 우리 백성들에게 할 수 있는 최고의 봉사다. 우리의 기도로써 또한 우리의 처지에 맞게 악인의 악을 끊는 일에 노력을 기울임으로써 그들을 위해 봉사할 수 있다.

(2) 제사장 직분이 언약에 따라 그의 가문에 맡겨진다. 전에 그 직분이 그에게 맡겨질 예정이었으나, 이로써 그것이 그에게 확정되었고, 그것이 그의 경건한 열정에 대한 보상으로 주어졌으므로 위로와 존귀가 더해졌다(12, 13절). 여기서 그 직분을 영원한 제사장 직분이라 부르는데, 이는 그 직분이 구약 경륜의 때가 다하기까지 지속될 것이요 그 다음에는 그리스도의 불변하는 제사장 직분으로 완성되고 영속화될 것이기 때문이다. 그리스도야말로 영원토록 제사장으로 거룩하게 세움 받으신 분이시다. 그에게 주어진 평화의 언약에 대해서 어떤 이들은 일반적으로 장수와 번영, 그리고 모든 것이 잘 되리라는 약속으로

이해한다. 그러나 이는 오히려 제사장 직분의 언약을 구체적으로 뜻하는 것으로 보인다. 왜냐하면 그것이 생명과 평강의 언약이라 불리며(말 2:5), 또한 하나님과 그 백성 사이에 평화를 보존시키는 일을 위하여 맺어진 언약이었기 때문이다. 비느하스는 의를 행함으로써 이스라엘 자손을 속죄하였다(13절). 그러므로 그와 그의 후손이 영원한 제사장 직분의 언약을 얻을 것이다. 주목하라. 목사들에게는 사람들 가운데서 하나님 나라의 대의를 뒷받침하고 전진하게 하는 일에 남보다 더 많은 일을 행할 책임이 주어져 있다.

[16]여호와께서 모세에게 말씀하여 이르시되 [17]미디안인들을 대적하여 그들을 치라 [18]이는 그들이 속임수로 너희를 대적하되 브올의 일과 미디안 지휘관의 딸 곧 브올의 일로 염병이 일어난 날에 죽임을 당한 그들의 자매 고스비의 사건으로 너희를 유혹하였음이니라

　　　　하나님은 이스라엘의 죄에 대하여 염병으로 징벌하셨다. 아버지로서 자기 자녀를 채찍으로 교정시키신 것이다. 그러나 미디안인들이 그 염병으로 죽었다는 기록은 찾아볼 수 없다. 그들에 대해서는 하나님이 다른 종류의 징벌을 취하셔서 아버지의 채찍이 아니라 원수의 칼로 처벌하신 것이다.
　　1. 모세는 온유한 사람이어서 복수의 마음을 품는 것과는 거리가 먼 사람이었으나, 그는 미디안인들을 대적하여 그들을 치라는 명령을 받는다(17절). 주목하라. 죄를 범하게 하는 것이면 무엇이든 다 대적해야 하며, 우리를 범죄하게 하는 것이 오른눈이나 오른손이라 해도 마찬가지다(마 5:29, 30). 이것이야말로 경건한 근심이 일으키는 거룩한 분노와 복수라 할 것이다(고후 7:11).
　　2. 이처럼 복수를 행하는 이유는 그들이 속임수로 너희를 대적하기 때문이다(18절). 주목하라. 우리를 범죄하게 하는 것은 무엇이든 우리를 대적하는 것으로, 육체의 가시로 여겨야 한다. 미디안인들이 이스라엘을 꾀어 음행에 빠뜨림으로써 저지른 악행도, 이스라엘이 애굽에서 나올 때에 아말렉인들이 그들을 향하여 전쟁을 벌임으로써 범한 악행(출 17:14)과 똑같이 반드시 기억하고 극심한 죄로 간주하여 처벌하여야 한다. 사람들을 꾀어 죄에 빠뜨려 마귀의 일을 행하는 자들은 하나님께서 반드시 처리하실 것이다. 이 문제에 대해 계속 주어지는 명령을 보라(31:2).

제
— 26 —
장

개요

　본서를 가리켜 민수기(영어로는 Numbers, 곧 숫자를 뜻한다)라 부르는데, 이는 본서에 기록되어 있는 바 이스라엘 자손의 숫자를 계수한 일에서 비롯된 것이다. 그들이 애굽에서 나온 첫 해에 시내 산에서 처음 인구를 조사했고, 이것이 1장과 2장에 기록되어 있다. 그리고 이제 가나안 땅에 들어가기 직전 모압 평지에서 두 번째로 인구 조사가 시행되는데, 본 장에 그것이 기록되어 있다. 본 장의 주요 내용은 다음과 같다. I. 인구 조사를 위하여 명령이 주어짐(1-4절). II. 각 지파의 가문들과 그 숫자의 명부(5-50절), 그리고 총계(51절). III. 그들 중에 땅을 배분하는 일에 관하여 지침이 주어짐(52-56절). IV. 레위인들의 가문들과 그 숫자(57-62절). V. 첫 번째 인구 조사 때에 계수된 자들이 모두 죽으리라는 경고가 성취되었음을 주목함(63-65절). 이 기사를 기록한 것이 특별히 이 점을 주지시키기 위함이었던 것으로 보인다.

¹염병 후에 여호와께서 모세와 제사장 아론의 아들 엘르아살에게 말씀하여 이르시되 ²이스라엘 자손의 온 회중의 총수를 그들의 조상의 가문을 따라 조사하되 이스라엘 중에 이십 세 이상으로 능히 전쟁에 나갈 만한 모든 자를 계수하라 하시니 ³모세와 제사장 엘르아살이 여리고 맞은편 요단 가 모압 평지에서 그들에게 전하여 이르되 ⁴여호와께서 애굽 땅에서 나온 모세와 이스라엘 자손에게 명령하신 대로 너희는 이십 세 이상 된 자를 계수하라 하니라

　여기서 관찰하라.

　1. 모세는 하나님이 명령하신 때 이외에는 백성의 인구를 조사하지 않았다. 다윗은 그의 치세 때에 명령을 받지 않은 상태에서 인구 조사를 했다가 큰 대가를 치렀다. 하나님은 이스라엘의 왕이셨고, 그는 그의 분명한 명령이 없는 상태에서 이러한 권위의 행위를 행하는 것을 원치 않으신 것이다. 모세는 어쩌면 이 때쯤 발람이 자기 의지와 반대로 어쩔 수 없이 이스라엘을 축복한 사실

에 대해서, 특히 그가 이스라엘의 수를 언급한 것을 들었을 것이다. 그리고 모세는 그들의 힘과 존귀를 드러내주는 그들의 숫자에 대해서 원수가 이처럼 증언해 준 것에 대해 환영했을 것이다. 그러나 하나님께서 그 백성의 수효를 세도록 지정해 주시기 전까지는 그 수효를 정확히 알지 못했다.

2. 전에 아론이 행했던 역할이 엘르아살에게 맡겨졌는데, 이로써 하나님은 그의 백성의 장로들 앞에서 엘르아살을 존귀하게 하시고 그가 아론의 직분을 계승하였음을 확인하셨다.

3. 염병이 그친 후에 이 기사를 기록하도록 명령하셨을 것이고, 따라서 이는 하나님께서 전면적인 염병을 통해서 정의로 그들을 치리하셨으나 그들을 완전히 내어버리지 않으셨음을 보여주고자 함이었다. 하나님의 이스라엘은 극심하게 질책을 당할 수는 있어도 결코 완전히 멸망하지는 않는다.

4. 전에 인구를 조사할 때와 동일한 원칙으로 조사가 진행된다. 곧, 전쟁에 나갈 수 있는 자들만 계수하는 것이다. 그들 앞에 놓인 봉사가 바로 전쟁이었기 때문이다.

⁵이스라엘의 장자는 르우벤이라 르우벤 자손은 하녹에게서 난 하녹 종족과 발루에게서 난 발루 종족과 ⁶헤스론에게서 난 헤스론 종족과 갈미에게서 난 갈미 종족이니 ⁷이는 르우벤 종족들이라 계수된 자가 사만 삼천칠백삼십 명이었더라 ⁸발루의 아들은 엘리압이요 ⁹엘리압의 아들은 느무엘과 다단과 아비람이라 이 다단과 아비람은 회중 가운데서 부름을 받은 자들이니 고라의 무리에 들어가서 모세와 아론을 거슬러 여호와께 반역할 때에 ¹⁰땅이 그 입을 벌려서 그 무리와 고라를 삼키매 그들이 죽었고 당시에 불이 이백오십 명을 삼켜 징표가 되게 하였으나 ¹¹고라의 아들들은 죽지 아니하였더라 ¹²시므온 자손의 종족들은 이러하니 느무엘에게서 난 느무엘 종족과 야민에게서 난 야민 종족과 야긴에게서 난 야긴 종족과 ¹³세라에게서 난 세라 종족과 사울에게서 난 사울 종족이라 ¹⁴이는 시므온의 종족들이니 계수된 자가 이만 이천이백 명이었더라 ¹⁵갓 자손의 종족들은 이러하니 스본에게서 난 스본 종족과 학기에게서 난 학기 종족과 수니에게서 난 수니 종족과 ¹⁶오스니에게서 난 오스니 종족과 에리에게서 난 에리 종족과 ¹⁷아롯에게서 난 아롯 종족과 아렐리에게서 난 아렐리 종족이라 ¹⁸이는 갓 자손의 종족들이니 계수된 자가 사만 오백 명이었더라 ¹⁹유다의 아들들은 에르와 오난이라 이 에르와 오난은 가나안 땅에서 죽었고

²⁰유다 자손의 종족들은 이러하니 셀라에게서 난 셀라 종족과 베레스에게서 난 베레스 종족과 세라에게서 난 세라 종족이며 ²¹또 베레스 자손은 이러하니 헤스론에게서 난 헤스론 종족과 하물에게서 난 하물 종족이라 ²²이는 유다 종족들이니 계수된 자가 칠만 육천오백 명이었더라 ²³잇사갈 자손의 종족들은 이러하니 돌라에게서 난 돌라 종족과 부와에게서 난 부니 종족과 ²⁴야숩에게서 난 야숩 종족과 시므론에게서 난 시므론 종족이라 ²⁵이는 잇사갈 종족들이니 계수된 자가 육만 사천삼백 명이었더라 ²⁶스불론 자손의 종족들은 이러하니 세렛에게서 난 세렛 종족과 엘론에게서 난 엘론 종족과 얄르엘에게서 난 얄르엘 종족이라 ²⁷이는 스불론 종족들이니 계수된 자가 육만 오백 명이었더라 ²⁸요셉의 아들들의 종족들은 므낫세와 에브라임이요 ²⁹므낫세의 자손 중 마길에게서 난 자손은 마길 종족이라 마길이 길르앗을 낳았고 길르앗에게서 난 자손은 길르앗 종족이라 ³⁰길르앗 자손은 이러하니 이에셀에게서 난 이에셀 종족과 헬렉에게서 난 헬렉 종족과 ³¹아스리엘에게서 난 아스리엘 종족과 세겜에게서 난 세겜 종족과 ³²스미다에게서 난 스미다 종족과 헤벨에게서 난 헤벨 종족이며 ³³헤벨의 아들 슬로브핫은 아들이 없고 딸뿐이라 그 딸의 이름은 말라와 노아와 호글라와 밀가와 디르사니 ³⁴이는 므낫세의 종족들이라 계수된 자가 오만 이천칠백 명이었더라 ³⁵에브라임 자손의 종족들은 이러하니 수델라에게서 난 수델라 종족과 베겔에게서 난 베겔 종족과 다한에게서 난 다한 종족이며 ³⁶수델라 자손은 이러하니 에란에게서 난 에란 종족이라 ³⁷이는 에브라임 자손의 종족들이니 계수된 자가 삼만 이천오백 명이라 이상은 그 종족을 따른 요셉 자손이었더라 ³⁸베냐민 자손의 종족들은 이러하니 벨라에게서 난 벨라 종족과 아스벨에게서 난 아스벨 종족과 아히람에게서 난 아히람 종족과 ³⁹스부밤에게서 난 스부밤 종족과 후밤에게서 난 후밤 종족이며 ⁴⁰벨라의 아들들은 아룻과 나아만이라 아룻에게서 아룻 종족과 나아만에게서 나아만 종족이 났으니 ⁴¹이는 그들의 종족을 따른 베냐민 자손이라 계수된 자가 사만 오천육백 명이었더라 ⁴²단 자손의 종족들은 이러하니라 수함에게서 수함 종족이 났으니 이는 그들의 종족을 따른 단 종족들이라 ⁴³수함 모든 종족의 계수된 자가 육만 사천사백 명이었더라 ⁴⁴아셀 자손의 종족들은 이러하니 임나에게서 난 임나 종족과 이스위에게서 난 이스위 종족과 브리아에게서 난 브리아 종족이며 ⁴⁵브리아의 자손 중 헤벨에게서 난 헤벨 종족과 말기엘에게서 난 말기엘 종족이며 ⁴⁶아셀의 딸의 이름은 세라라 ⁴⁷이는 아셀 자손의 종족들이니 계수된 자가 오만 삼천사백 명이었더라 ⁴⁸납달리 자손은 그들의 종족대로 이러하니 야

셀에게서 난 야셀 종족과 구니에게서 난 구니 종족과 ⁴⁹예셀에게서 난 예셀 종족과 실렘에게서 난 실렘 종족이라 ⁵⁰이는 그들의 종족을 따른 납달리 종족들이니 계수된 자가 사만 오천사백 명이었더라 ⁵¹이스라엘 자손의 계수된 자가 육십만 천칠백 삼십 명이었더라

이는 현재 등록된 지파들의 명부로서, 1장에서 계수된 순서와 동일하다. 관찰하라.

I. 각 지파의 가문들에 관하여 기록된 내용. 가문(종족)은 보통 우리가 아는 한 지붕 아래 사는 가족과는 다른 개념으로서 족장들의 여러 자손들에게서 난 후손들로서 그 자손들을 높여 그들의 이름으로 부르며 서로를 구별하는 집단들을 일컫는 것이다. 열두 지파의 가문들이 계수된다. 단 지파는 한 가문밖에 없다. 단에게 아들이 하나밖에 없었으므로 단 지파에는 한 가문밖에 없다. 그러나 유다 지파를 제외하고는 이 지파가 가장 인구가 많았다(42, 43절). 그 시작은 희미했으나 그 나중이 창대해진 것이다. 스불론 지파는 세 가문으로 나뉘었고, 에브라임 지파와 잇사갈 지파와 납달리 지파와 르우벤 지파는 네 가문으로 나뉘었다. 유다 지파와 시므온 지파와 아셀 지파는 다섯 가문으로 나뉘었고, 갓 지파와 베냐민 지파는 일곱 가문으로, 므낫세 지파는 여덟 가문으로 나뉘었다. 베냐민은 열 아들을 데리고 애굽으로 들어갔으나(창 46:21) 그 중 셋은 자식이 없이 죽었거나 혹은 그 가문이 사라진 것 같다. 여기에 일곱 아들의 이름만 보존되고 있고, 지파 전체를 합쳐도 전혀 숫자가 많지 않기 때문이다. 가문과 민족을 세우는 하나님의 섭리가 개연성에 얽매이지 않기 때문이다. 전에 임신하지 못하던 자는 일곱을 낳았고 많은 자녀를 둔 자는 쇠약하도다(삼상 2:5).

II. 각 지파의 인구수. 여기서 조사한 숫자를 시내 산에서 조사한 숫자와 비교해 보는 것이 매우 흥미로울 것이다. 인구의 총계는 거의 동일했다. 지금이 그 전보다 1,820명이 적다. 그러나 일곱 지파들이 숫자가 늘었다. 유다 지파는 1,900명이 늘었고, 잇사갈 지파는 9,900명, 스불론 지파는 3,100명, 므낫세 지파는 20,500명, 베냐민 지파는 10,200명, 단 지파는 1,700명, 아셀 지파는 11,900명이 각각 증가했다. 그러나 다른 다섯 지파는 숫자가 감소하여, 일곱 지파의 증가를 상쇄시켰다. 르우벤 지파는 2,770명이 감소되었고, 시므온 지파는 37,100명, 갓 지파는 5,150명, 에브라임 지파는 8,000명, 납달리 지파는

8,000명이 각각 감소되었다. 이런 기록에서 다음을 관찰할 수 있을 것이다.

1. 그리스도의 조상이 되는 유다의 깃발 아래 한 진영에 속한 세 지파들은 모두 증가했다. 그의 교회가 강건해지고 늘어날 것이기 때문이다.

2. 므낫세 지파만큼 증가한 지파가 없었다. 전의 인구 조사에서는 므낫세 지파가 가장 적어서 32,200명이 전부였으나 여기서는 가장 큰 지파 중 하나가 되었고, 그의 동생 에브라임 지파는 전에는 가장 숫자가 많았으나 여기서는 가장 적은 지파에 속하게 되었다. 야곱이 전에 그들의 머리 위에 손을 어긋놓았고 므낫세보다 에브라임을 선호하였는데, 어쩌면 이로 인하여 에브라임 사람들이 지나치게 교만하여 형인 므낫세 사람들을 짓밟았던 것 같다. 그러나 여호와께서 므낫세가 멸시당하는 것을 보시고 그를 그렇게 크게 증가시키셨을 것이다. 가장 약한 자들을 돕고 넘어진 자들을 일으켜 세우는 것이 하나님의 영광이니 말이다.

3. 시므온 지파만큼 감소한 지파가 없었다. 시므온 지파는 59,300명에서 22,200명으로 줄어들었다. 약 삼분의 일 남짓 되는 규모로 줄어든 것이다. 이 지파의 한 가문 전체(오핫 가문, 출 6:15에 언급됨)가 광야에서 완전히 없어져 버렸다. 그리하여 시므온 지파는 모세의 축복에서 언급되지 않고(신 33장) 그 지파가 가나안에서 받은 몫도 얼마 되지 않았다. 이들은 유다의 몫의 작은 일부를 차지하였다(수 19:9). 어떤 이들은 브올의 악행으로 인하여 임한 염병 때문에 죽은 24,000명이 시므온 지파 소속이었다고 추측한다. 그 악행의 주모자였던 시므리가 그 지파의 수령으로서 그 지파의 많은 사람들이 그에게서 영향을 받아 함께 악한 길을 따라갔을 것이기 때문이다.

Ⅲ. 르우벤 지파에 관한 기사에서 그 지파에 속한 다단과 아비람이 레위인인 고라와 연합하여 반역을 도모한 사실이 언급된다(9-11절). 그 이야기는 몇 장 앞에서 이미 대부분 기술된 바 있으나 여기서 다시 언급되는 것은, 후손들이 자기들의 가문을 돌이켜 보면서 자기들의 가문이 오래되었고 조상들이 영화로웠다는 것을 기쁘게 생각할 때마다 그들 자신이 행악자들의 후손이라 불릴 만하다는 것을 기억하고 생각하는 것이 합당하기 때문이다. 여기서 그들에 대해 두 가지를 말씀한다.

1. 그들이 회중 가운데서 부름을 받은 자들이었다는 것(9절). 아마도 그들은 그 순전함과 활동과 능력을 갖춘 자들로 뛰어났을 것이다. 하나님과 모세 아래에서 다단과 아비람이 상당히 인정을 받을 수 있었으나 야심 때문에 하나님과

모세를 대적하게 되었다. 모세와 대적하게 되니 하나님과도 대적하게 된 것이다. 그러니 그 결과가 어떠했는가?

2. 이처럼 뛰어난 자들이 치욕스럽게 되었다는 것. 그들이 징표가 되었다(10절). 그들은 신적인 정의의 기념물들이 된 것이다. 하나님께서는 그들을 멸망시키심으로써 자신이 거룩하시며 영광스러우심을 드러내셨고, 따라서 그들은 시대를 막론하고 모든 다른 이들에게 그들처럼 교만과 반역의 발걸음을 내딛지 말아야 한다는 경고가 된 것이다. 여기서 고라의 아들들이 보존된 사실에 대해 주목한다(11절). 다단과 아비람의 아들들과는 달리 그들은 죽지 아니하였는데, 이는 분명 그들이 죄의 오염에서 자신들을 순결하게 지켜서 친아버지와 반역에 합류하지 않았기 때문일 것이다. 죄인들의 죄에 가담하지 않으면, 그들의 심판에도 합류하지 않을 것이다. 고라의 아들들은 나중에 그 후손들이 다윗에 의하여 여호와의 집에서 노래하는 자들로 세움 받아 교회에 진정으로 봉사한 것으로 유명하다. 그러므로 여러 편의 시편들이 고라 자손이 기록한 것으로 나타난다. 그리고 다른 이름과는 달리 그들이 그렇게 오랜 세월이 지난 후까지도 고라의 이름을 그대로 지니게 된 것은 그들 자신에게는 경계요 동시에 하나님의 능력을 드러내는 증표가 되기도 했다. 그 쓴 뿌리에서조차도 하나님께서 그의 능력으로 그 아름다운 열매들을 일구어내셨기 때문이다. 오명을 쓴 가문에서 난 자손들은 탁월한 덕성을 통해서 조상들의 수치를 날려버리기를 힘써야 할 것이다.

[52]여호와께서 모세에게 말씀하여 이르시되 [53]이 명수대로 땅을 나눠 주어 기업을 삼게 하라 [54]수가 많은 자에게는 기업을 많이 줄 것이요 수가 적은 자에게는 기업을 적게 줄 것이니 그들이 계수된 수대로 각기 기업을 주되 [55]오직 그 땅을 제비 뽑아 나누어 그들의 조상 지파의 이름을 따라 얻게 할지니라 [56]그 다소를 막론하고 그들의 기업을 제비 뽑아 나눌지니라

이스라엘 백성의 지파들과 가문(종족)들과 그 숫자들을 어째서 그렇게 상세히 기술하느냐고 물으면, 여기에 그 답변이 있다. 그들이 증가된 만큼, 일반적인 섭리가 아니라 약속에 의해서 기업을 받았으며, 또한 신적인 계시의 존귀함을 뒷받침하기 위하여 하나님께서 그들의 증가와 그들에게 기업을 주신 것으로 그 약속을 이행하신 사실을 주목하게 하시는 것이다. 모세가 백성의 인

구를 조사할 때에, 하나님께서는 이들을 통해서 그 땅을 정복할 것이니라 라고 말씀하시지 않았다. 오히려 그것은 당연한 것으로 간주하시고, 그에게 이 명수대로 땅을 나눠 주어 기업을 삼게 하라 라고 말씀하신다. "이스라엘 자손으로 이제 등록되는 이들이 가나안 땅을 기업으로 받을 자들로 (이를테면 명부에 등재됨으로써) 인정될 것이라." 그런데 이 지파들에게 기업을 분배하는 일에서 다음을 보라.

1. 여기서 모세에게 일반적인 공평의 원칙이 제시된다. 곧, 수가 많은 지파에게 더 많은 기업을 주고, 수가 적은 지파에게 더 적게 주는 것이 그것이다(54절). 그러나 안타깝게도 그는 다른 이들에게 실제로 기업을 주는 일과는 거리가 멀었고, 자기 자신도 기업을 소유해서는 안 되었다. 모세에게 주어지는 이 지침은 실제로 그의 후계자 여호수아가 시행할 것이었다.

2. 이 일반적인 원칙을 적용하는 문제는 제비뽑기를 통해서 결정되었다(55절). 그 문제가 수령들의 영민함에 맡겨진 것처럼 보이나, 실제로 그 문제는 하나님의 섭리에게 최종적으로 맡겨져야 했고, 그리하여 지파들마다 자기들의 생각이나 선호와 결과가 어긋나더라도 모두 그대로 받아들일 수밖에 없도록 한 것이다. 그들의 기업을 제비 뽑아 나눌지니라. 민족들의 하나님으로서도 그러하시니, 이스라엘의 하나님으로서도 그는 우리의 거주의 경계를 지정하는 문제를 친히 결정하시는 것이다. 그리고 우리의 여호수아이신 그리스도께서도, 그의 나라에서 그의 제자 중 누구를 그의 오른편에 앉히고 또 누구를 그의 왼편에 앉히시겠느냐는 질문을 받으시고, 그 문제는 아버지의 주권에 달려 있다는 것을 시인하셨다. 내가 주는 것이 아니라. 여호수아는 자기의 생각대로 가나안에서 기업을 분배할 수가 없었다. 내 아버지께서 누구를 위하여 예비하셨든지 그들이 얻을 것이니라(마 20:23).

[57]레위인으로 계수된 자들의 종족들은 이러하니 게르손에게서 난 게르손 종족과 고핫에게서 난 고핫 종족과 므라리에게서 난 므라리 종족이며 [58]레위 종족들은 이러하니 립니 종족과 헤브론 종족과 말리 종족과 무시 종족과 고라 종족이라 고핫은 아므람을 낳았으며 [59]아므람의 처의 이름은 요게벳이니 레위의 딸이요 애굽에서 레위에게서 난 자라 그가 아므람에게서 아론과 모세와 그의 누이 미리암을 낳았고 [60]아론에게서는 나답과 아비후와 엘르아살과 이다말이 났더니 [61]나답과 아비후는 다

른 불을 여호와 앞에 드리다가 죽었더라 ⁶²일 개월 이상으로 계수된 레위인의 모든
남자는 이만 삼천 명이었더라 그들은 이스라엘 자손 중 계수에 들지 아니하였으니
이는 이스라엘 자손 중에서 그들에게 준 기업이 없음이었더라

레위 지파는 하나님께 속한 지파로서, 다른 지파들과는 달리 가나안
땅에서 기업을 받지 못할 지파였다. 그러므로 그들은 다른 지파들과 함께 계수
되지 않고 그들만 별도로 계수되었다. 본서 초두에 시내 산에서 이들이 계수되
었고, 따라서 이들은 그 때에 계수된 모든 사람들에게 내려진 선고(갈렙과
여호수아를 제외하고는 아무도 가나안에 들어가지 못하리라는 것)에 포함되지
않았다. 그들과 함께 계수되지도 않았고 전쟁에 나가지도 않은 레위인들, 곧
엘르아살과 이다말과 그 당시 이십 세가 넘은 다른 이들(4:16, 28에 나타나는
대로)이 가나안에 들어갔기 때문이다. 그러나 이 지파는 여기 두 번째 인구 조
사에서 1,000명밖에는 증가하지 않았고, 여전히 가장 작은 지파에 속했다. 여
기서 나답과 아비후가 다른 불을 드렸다가 죽은 사실이 고라의 죄와 형벌 이전
에 일어난 사건으로 언급되고 있다. 본보기가 되기 위하여 이런 일이 그들에게
일어난 것이다(고전 10:11).

⁶³이는 모세와 제사장 엘르아살이 계수한 자라 그들이 여리고 맞은편 요단 가 모압
평지에서 이스라엘 자손을 계수한 중에는 ⁶⁴모세와 제사장 아론이 시내 광야에서
계수한 이스라엘 자손은 한 사람도 들지 못하였으니 ⁶⁵이는 여호와께서 그들에게
대하여 말씀하시기를 그들이 반드시 광야에서 죽으리라 하셨음이라 이러므로 여
분네의 아들 갈렙과 눈의 아들 여호수아 외에는 한 사람도 남지 아니하였더라

이 기사의 결론 부분에서 눈에 띄는 것은 살인자들에게 행해진 선고,
즉 이십 세 이상으로서 계수된 자 중에 하나도 가나안에 들어가지 못하리라는
선고(14:29)가 시행되었다는 점이다. 그러나 레위인들은, 한 달 이상이든 삼십
세로부터 오십 세에 해당되든 레위인들은 여기에 해당되지 않았다. 이제 이 명
부에서는 계수된 각 지파에게 구체적인 지시가 내려진다. 곧, 이 명부를 과거
의 명부와 비교하여 시내 산에서 계수된 자들 중에 지금 남아 있는 자들이 있
는지를 살피라는 것이었다. 그런데 그 결과 그 때에 계수된 자들 중에 갈렙과

여호수아 이외에는 한 사람도 이 때에 계수되지 않았다는 것이 드러났다(64, 65절). 여기서 다음의 사실들이 나타난다.

1. 하나님의 의로우심과 또한 그가 자신이 하신 경고를 신실하게 이행하신 사실. 한 번 작정하시면 그것을 반드시 시행하시고, 진노 중에 맹세하시면 그 맹세하신 바를 반드시 행하신 것이다. 하나님의 말씀이 땅에 떨어지는 것보다, 시체들이 열 배나 더 많이 땅에 쓰러진다 해도, 그것이 하나님의 말씀이 땅에 떨어지는 것보다 낫다. 새로 일어난 세대가 옛 세대와 함께 뒤섞여 있었고, 죄인들과 정죄받은 악인들이 이 사십 년이 되는 마지막 해까지 오랫동안 형벌을 받지 않고 살아남아 있었으나, 이 인구조사 명부가 작성되기 전에 이런저런 수단으로 다 형벌을 받는다. 하나님의 정죄를 받은 자들은 무리와 함께 사라지거나 혹은 형벌의 집행이 연기된다 해도 절대로 형벌을 피할 수 없는 것이다.

2. 그 백성들이 진노를 촉발시키나 그럼에도 불구하고 그들을 향하여 나타나는 하나님의 선하심. 원망하는 백성들이 끊어졌으나, 하나님은 그들과 마찬가지로 무수한 다음 세대를 일으키셨고, 그리하여 비록 그들은 멸망했을지라도 이스라엘의 이름은 끊어지지 않았고, 약속의 기업을 상속할 자들이 없어 그것을 상실해버리는 일은 일어나지 않은 것이다. 그리고 전체 숫자가 처음 시내 산에서 조사한 숫자보다 약간 줄어들긴 했으나, 지금 계수된 자들은 모두가 이십 세로부터 육십 세까지의 중년들로서 봉사할 수 있는 최적기에 있는 자들이었고, 또한 다음과 같은 이점을 누렸다. 지난 삼십 팔 년 동안의 광야의 방황 기간 동안 하나님의 율법과 규례들을 익히는 기회를 가졌고, 시민적이거나 군사적인 다른 일들로 인하여 그 신성한 공부가 방해를 받은 일이 없었으며, 모세와 아론이 그들을 가르쳤고, 또한 하나님의 선하신 영께서도 가르치셨다(느 9:20).

3. 갈렙과 여호수아에게 하신 약속을 이행하신 하나님의 진실하심. 모두 다 멸망하는 중에 그들만은 보존되리라고 말씀하셨고, 정말로 그렇게 되었다. 죽음의 화살이 아무리 많은 숫자가 어둠 속에서 날아간다 해도, 그냥 아무렇게나 날아가는 것이 아니라, 오직 그 의도한 목표만을 향하여 날아가는 것이다. 지극히 위험한 시기에는 살아있는 자 중에 기록되는 모든 자들은 반드시 살아남는 법이다. 무수한 사람들이 좌우에서 넘어지더라도, 그들은 피하게 될 것이다.

제 27 장

개요

본 장의 주요 내용은 다음과 같다. I. 슬로브핫의 딸들의 문제가 정리됨(1-11절). II. 모세에게 그의 임박한 죽음이 통보됨(12-14절). III. 모세의 후계자에 대한 조치가 취해짐. 1. 모세의 기도를 통하여(15-17절). 2. 하나님의 지명하심을 통하여(18-23절).

[1]요셉의 아들 므낫세 종족들에게 므낫세의 현손 마길의 증손 길르앗의 손자 헤벨의 아들 슬로브핫의 딸들이 찾아왔으니 그의 딸들의 이름은 말라와 노아와 호글라와 밀가와 디르사라 [2]그들이 회막 문에서 모세와 제사장 엘르아살과 지휘관들과 온 회중 앞에 서서 이르되 [3]우리 아버지가 광야에서 죽었으나 여호와를 거슬러 모인 고라의 무리에 들지 아니하고 자기 죄로 죽었고 아들이 없나이다 [4]어찌하여 아들이 없다고 우리 아버지의 이름이 그의 종족 중에서 삭제되리이까 우리 아버지의 형제 중에서 우리에게 기업을 주소서 하매 [5]모세가 그 사연을 여호와께 아뢰니라 [6]여호와께서 모세에게 말씀하여 이르시되 [7]슬로브핫 딸들의 말이 옳으니 너는 반드시 그들의 아버지의 형제 중에서 그들에게 기업을 주어 받게 하되 그들의 아버지의 기업을 그들에게 돌릴지니라 [8]너는 이스라엘 자손에게 말하여 이르기를 사람이 죽고 아들이 없으면 그의 기업을 그의 딸에게 돌릴 것이요 [9]딸도 없으면 그의 기업을 그의 형제에게 줄 것이요 [10]형제도 없으면 그의 기업을 그의 아버지의 형제에게 줄 것이요 [11]그의 아버지의 형제도 없으면 그의 기업을 가장 가까운 친족에게 주어 받게 할지니라 하고 나 여호와가 너 모세에게 명령한 대로 이스라엘 자손에게 판결의 규례가 되게 할지니라

슬로브핫의 이 딸들에 관한 문제는 전장에서도 언급된 바 있다 (26:33). 아마도 이처럼 특별히 주목하고 있는 것으로 보아, 한 가문의 우두머리가 아들이 없고 딸만 있는 경우는 아주 특이한 경우로서 온 이스라엘에서도 전에는 일어나지 않은 경우였던 것 같다. 이들의 문제는 뒤에 다시 논란이 되

는데(36장), 후에 이에 대한 판결에 따라서 그들이 기업을 소유한 것을 보게 된
다(수 17:3, 4). 그들의 개인적인 성품으로 인하여 이들의 문제가 더욱 비중 있
게 다루어졌고 그렇게 자주 주목을 받게 되었다고도 볼 수 있을 것이다.

I. 이들이 소송을 제기함. 이들은 모세를 왕으로 삼고, 수령들을 주로 삼고,
회중 혹은 백성들의 장로들을 대표자로 삼은 최고위 법정에 자기들의 문제를
탄원하였다(2절). 이 엄숙한 회의는 회막 문 가까이에서 열렸다. 여러 난제들에
대하여 하나님의 뜻을 논의하고자 함이었다. 이 젊은 여자들은 자신들의 문제
를 이 회의에 탄원하였다. 고아를 위하여 판단하는 것이 관리들의 임무이니 말
이다(시 82:3). 그들을 위해 대언해 준 대변자는 없었던 것으로 보이나, 그들은
자기들의 문제를 잘 변론하였다. 분명하고도 정직하게 변론하였으니 그보다
더 잘할 수 없었다. 이제 관찰하라.

1. 이들이 탄원한 목적. 가나안 땅에서 그 아버지의 형제 중에서 기업을 얻고
자 함이었다(4절). 모세는 하나님이 그에게 하신 말씀(26:53)을 백성들에게 신
실하게 알렸으니, 곧 가나안 땅을 이제 계수한 자들 중에 분배할 것이라는 것
이었다. 이 딸들은 자기들이 계수되지 않았으며, 따라서 이 원칙으로는 자기들
이 전혀 기업을 얻기를 기대할 수가 없으며, 그 아버지의 가문은 완전히 사라
진 것으로 간주해야 하며, 또한 그에게 이 딸들이 있었음에도 불구하고 그가
자식이 없는 것으로 기록되어야 했다는 것을 알고 있었다. 그들은 이것은 문제
라고 생각하였고, 그리하여 그 아버지의 상속자들로 인정받고 기업을 얻도록
해 주기를 구한 것이다. 만일 남자 형제가 있었다면 모세에게 나아가 그와 더
불어 기업을 상속받기를 구하지 않았을 것이다(그리스도에게 그것을 구한 사
람도 있었다. 눅 12:13). 그러나, 남자 형제가 없으니 그들은 기업을 구한 것이
다. 여기서 그들은 다음을 보여주었다.

(1) 가나안 땅을 이스라엘에게 주시는 것과 관련한 하나님의 능력과 그의
약속을 믿는 강한 믿음. 아직 그 땅이 정복된 것도 아니고 아직 그 땅을 밟아보
지도 않았고, 아직 원주민들이 완전히 소유하고 있었으나, 그들은 마치 그 땅
이 이미 정복된 것처럼 그 땅의 몫을 위해 탄원하고 있는 것이다. 시 60:6, 7을
보라. 하나님이 그의 거룩하심으로 말씀하시되, 길르앗이 내 것이요 므낫세도 내 것
이라.

(2) 약속의 땅에서 장소와 이름을 간절히 사모함. 그 땅은 천국의 모형이었

다. 어떤 사람들의 생각처럼 그들이 천국을 염두에 두었다면, 그리고 이 탄원을 통해서 영생을 붙잡았다면, 그들은 과연 지혜로운 다섯 처녀였다 할 것이다. 그리고 이들의 모범을 보면서 우리도 천국의 기업에 몫을 확실히 받기 위해 최선을 다해 힘써야 할 것이다. 그 은혜의 언약을 통하여 그 기업의 몫을 분배하는 데 있어서는 남자와 여자가 차별이 없는 것이다(갈 3:28).

(3) 그 아버지를 진정하게 존경하며 존귀하게 함. 이제 그가 가고 없으니 그의 이름이 그들에게 귀했고, 따라서 그들은 그 이름이 그 가문에서 사라져서는 안 되겠다고 결심한 것이다. 자녀들이 부모를 기억하고 갚아야 할 빚이 있다. 제오 계명은 네 부모를 공경하라고 요구한다.

2. 이들이 탄원한 내용. 그들의 아버지가 자기 죄로 죽었으나, 그의 피를 더럽히고 기업을 완전히 빼앗길 만한 죄인으로 죽지 않았고, 모세를 대적하여 일어난 반역에 가담한 적이 없고, 특히 고라와 그의 무리와 연루되지 않았고 다른 이들의 죄와도 관계가 없으며, 다만 온 인류가 공통으로 지은 죄만을 범하였을 뿐이며, 그 죄에 대해서는 하나님께서 친히 다루실 것이요, 그 때문에 모세와 수령들 앞에서 재판을 받아야 할 것은 아니라는 것이었다. 그는 자녀들의 이런 주장을 가로막을 어떠한 잘못도 범한 일이 없었다. 부모들이 임종의 때를 맞게 될 때에, 자기들의 죄로 인하여 괴로움을 당할지언정 하나님께서 그 자녀들에게 갚으실 만한 허물을 범한 일이 없다면 그것이야말로 위로가 될 것이다.

II. 하나님의 말씀으로 이들의 탄원이 처리됨. 모세는 자기 스스로 이 문제를 처리하려 하지 않았다. 그들의 탄원한 내용이 정당하고 합리적인 것으로 보이기는 하나, 자신이 계수된 자들, 곧 오로지 남자들에게만 그 땅을 분배하도록 분명히 명령했기 때문이다. 그리하여 그는 이들의 문제를 여호와께 아뢰고 그의 결정을 기다렸으며(5절), 하나님께서는 친히 이에 대하여 판단해 주셨다. 하나님은 민족의 문제들은 물론 사사로운 가문의 문제도 알고 계시며, 그의 뜻대로 이를 판단하신다.

1. 그들의 탄원이 받아들여짐. 슬로브핫 딸들의 말이 옳으니 … 그들의 아버지의 기업을 그들에게 돌릴지니라 (7절). 약속의 땅에서 주어질 기업을 구하는 자들은 반드시 그들이 구하는 바를 얻을 것이요 다른 것들까지 겸하여 받게 될 것이다. 그 기업에 대한 주장이야말로 하나님이 받으시고 귀하게 응답하시는 것이다.

2. 장차 일어날 수 있는 모든 유사한 사례들을 위하여 원칙이 제시됨. 슬로브핫의 딸들은 자기들 자신의 위로와 자기들의 가문의 명예만이 아니라, 여성 전체의 존귀와 행복을 위하여 탄원하였다. 이를 계기로 한 가지 일반적인 법이 마련되었으니, 사람에게 아들이 없으면 그의 재산은 딸들에게 돌아가되(8절), 장자의 경우처럼 맏딸이 혼자서 받는 것이 아니라 모든 딸이 공히 자기 몫을 함께 받도록 되었다. 그런 경우에 순전히 가문의 이름을 유지하기 위하여 딸들이 받을 권리를 빼앗는 자들도 합당한 고려가 허락되는 경우가 아니면 그들의 축복보다 그들의 땅을 상속시킬 수 있었다. 기업의 분배에 관하여 후속적인 지침이 제시된다(9-11절). "사람에게 자식이 전혀 없으면, 그 재산은 형제에게로 돌아가며, 형제도 없으면, 그 아버지의 형제들에게로 돌아가며, 또한 아버지의 형제들도 없을 경우는 가장 가까운 친족에게로 돌아갈지니라." 우리나라의 법의 원칙도 이것과 정확히 일치한다. 유대인 학자들은 여기의 원칙에 대하여, 만일 사람에게 자손이 없으면 그의 재산은 그의 아버지가 살아있을 경우는 형제보다도 먼저 아버지에게로 돌아가는 것으로 이해한다. 그러나 이 법에는 그런 것이 전혀 없다. 그리고 우리의 법도 통상적으로 이를 분명하게 반대한다. 곧, 재산이 혈통을 거슬러 올라갈 수는 없다는 것이다. 그러므로 어떤 사람이 값을 주고 땅을 샀는데 그의 아버지가 살아 있는 동안에 자식이 없이 죽을 경우, 그의 아버지가 그 사람의 상속자가 될 수는 없는 것이다. 하나님께서 어떻게 상속자를 만드시는지를 보고, 그의 분배하시는 방식에 순종해야 할 것이다.

[12]여호와께서 모세에게 이르시되 너는 이 아바림 산에 올라가서 내가 이스라엘 자손에게 준 땅을 바라보라 [13]본 후에는 네 형 아론이 돌아간 것 같이 너도 조상에게로 돌아가리니 [14]이는 신 광야에서 회중이 분쟁할 때에 너희가 내 명령을 거역하고 그 물가에서 내 거룩함을 그들의 목전에 나타내지 아니하였음이니라 이 물은 신 광야 가데스의 므리바 물이니라

1. 하나님께서 모세에게 그의 잘못을 말씀해 주신다. 곧, 분쟁의 물에서 그가 경망스러운 입술로 말을 하였다는 것이다. 거기서 그는 마땅히 하나님과 이스라엘의 존귀를 생각하여 조심스럽게 발언을 했어야 옳았으나 그렇게 하지 않았다는 것이다(14절). 모세는 비록 신실한 하나님의 종이었으나, 한 번 하나

님의 명령을 거역하여 임무를 올바로 수행하지 못하였다. 그는 비록 지극히 존귀한 종이었고 또한 크게 칭찬받은 종이었으나, 그의 잘못에 대해 들을 것이요, 온 세상이 그것을 거듭거듭 들을 것이다. 하나님께서는 그와 가장 가까이 있는 가장 아끼는 자들에게서조차도 죄를 향한 그의 진노를 보이실 것이니 말이다. 지혜와 존귀가 있는 자들은 끊임없이 언행을 조심해야 한다. 그렇지 못하면 훗날 그들의 위로나 명예를, 혹은 둘 다가 손상을 받게 될 것이다.

2. 모세에게 그의 죽음에 대해 말씀해 주신다. 그의 죽음은 그의 죄에 대한 형벌이었다. 그러나 하나님은 그것이 그 괴로움을 완화시키고 누그러뜨리는 데 가장 도움이 되는 방식으로 이루어질 것임을 알려 주신다.

(1) 모세는 반드시 죽을 것이나, 먼저 약속의 땅을 바라보며 만족을 얻을 것이다(12절). 하나님께서 모세더러 가나안을 바라보게 하시는 것은 그를 괴롭게 하시거나 그가 저지른 어리석은 일을 꾸짖기 위해서나, 그런 식의 인상을 주기 위해서 그렇게 하신 것이 아니라, 하나님께서 그것을 하나의 자비로 그에게 베푸셨고 모세도 그것을 그렇게 받아들였다. 그의 시력이 놀랍게 강화되어 그 땅을 완전히 분명하게 바라보게 되었으니, 이는 그 땅에 대한 그의 순전한 호기심을 충족히 만족시키고도 남음이 있었던 것이다. 이처럼 가나안을 바라보는 것은 그가 믿음으로 더 나은 하늘의 본향을 바라보는 것을 뜻한다. 이것은 죽음을 목전에 둔 성도들에게는 그야말로 위로가 아닐 수 없다.

(2) 모세는 반드시 죽을 것이나, 그의 죽음으로 인하여 그가 끊어지지 않을 것이고, 오히려 그는 그 조상들에게로 가게 될 것이요, 그보다 앞서 간 거룩한 족장들과 더불어 안식을 누리게 될 것이다. 아브라함과 이삭과 야곱은 그의 조상들이었고, 그가 아끼고 사랑하는 조상들이었다. 죽음이 바로 그들에게로 그를 데려가는 것이다.

(3) 모세는 반드시 죽을 것이나, 그보다 앞서 아론이 죽은 것처럼 죽을 것이다(13절). 아론이 얼마나 쉽게, 그리고 기꺼이, 아론이 먼저 제사장직을 벗고, 그 다음 육체를 벗었는지를 모세는 잘 보아서 알고 있었다. 그러므로 모세는 죽는 것을 두려워할 이유가 없었다. 아론의 경우가 그러했듯이, 죽음은 다만 그를 조상에게로 돌아가게 해주는 것일 뿐이었다. 그러므로 우리의 가까운 사랑하는 친족들의 죽음을 우리는 [1] 죽는 일에 대하여 자주 생각하도록 만드는 계기로 여겨야 할 것이다. 우리는 조상들이나 형제들보다 나은 것이 없다. 그들

이 돌아간다면, 우리도 돌아갈 것이요, 그들이 이미 돌아갔다면 우리도 속히 돌아가야 할 것이다. [2] 두려움 없이, 심지어 즐거움으로, 죽음에 대해 생각하도록 만드는 계기로 여겨야 할 것이다. 우리가 아무개가 산 것처럼 살면, 그 아무개가 죽은 것처럼 그렇게 죽을 것이다. 그리고 그들의 마지막이 평화롭고, 그들이 달려갈 길을 기쁨으로 달려갔으니, 그 음침한 골짜기에서 악을 두려워할 것이 어디 있겠는가?

[15]모세가 여호와께 여짜와 이르되 [16]여호와, 모든 육체의 생명의 하나님이시여 원하건대 한 사람을 이 회중 위에 세워서 [17]그로 그들 앞에 출입하며 그들을 인도하여 출입하게 하사 여호와의 회중이 목자 없는 양과 같이 되지 않게 하옵소서 [18]여호와께서 모세에게 이르시되 눈의 아들 여호수아는 그 안에 영이 머무는 자니 너는 데려다가 그에게 안수하고 [19]그를 제사장 엘르아살과 온 회중 앞에 세우고 그들의 목전에서 그에게 위탁하여 [20]네 존귀를 그에게 돌려 이스라엘 자손의 온 회중을 그에게 복종하게 하라 [21]그는 제사장 엘르아살 앞에 설 것이요 엘르아살은 그를 위하여 우림의 판결로써 여호와 앞에 물을 것이며 그와 온 이스라엘 자손 곧 온 회중은 엘르아살의 말을 따라 나가며 들어올 것이니라 [22]모세가 여호와께서 자기에게 명령하신 대로 하여 여호수아를 데려다가 제사장 엘르아살과 온 회중 앞에 세우고 [23]그에게 안수하여 위탁하되 여호와께서 모세에게 명령하신 대로 하였더라

여기서,

I. 모세가 후계자를 위해 기도한다. 하나님께서 모세에게 그가 죽을 것을 말씀하셨을 때에, 다른 곳에서는 그가 그것을 연기해 주시기를 원한 것으로 나타나나(신 3:24, 25) 그대로 되지 않을 것임을 알자 그는 비록 자신이 하나님의 일을 완수하는 특권은 누릴 수 없더라도 그 일이 계속 진행되게 해 주시기를 간절히 구하였다. 탐심이 있는 자들은 후계자들을 사랑하지 않는다. 그러나 모세는 그런 사람이 아니었다. 우리는 자라나는 세대를 위하여 기도와 노력으로 관심을 기울여야 한다. 우리가 무덤 속에 들어간 후에라도, 신앙이 번성하고 하나님 나라의 역사가 사람들 가운데 유지되고 전진하기를 바라야 하는 것이다. 이 기도에서 모세는,

1. 이스라엘 백성을 위하여 간절한 관심을 표명한다. 여호와의 회중이 목자

334 매튜 헨리 주석_민수기

없는 양과 같이 되지 않게 하옵소서. 우리 주님도, 사람들에게 선한 사역자가 없는 것을 보시고 여기의 비유법을 사용하셔서 그들을 향하여 불쌍히 여기시는 마음을 토로하셨다(마 9:36). 관리들과 사역자들은 백성의 목자들이다. 이들이 없으면, 혹은 올바로 처신하지 않으면, 백성들이 마치 목자 없는 양과 같이 방황하고 이리저리 흩어지며, 원수들에게 노출되고, 양식이 없어 서로를 해칠 위험에 직면하게 된다.

2. 모든 육체의 영들의 하나님이신 그를 믿음으로 의지한다. 하나님은 영들을 조성하신 자요 살피시는 자이시니, 그의 교회의 유익을 위하여 적합한 사람을 찾으실 수도 있고 또한 그의 목적에 합당하게 사람을 만드실 수도 있다. 모세는 천사를 보내주시기를 구한 것이 아니고, 한 사람을 이 회중 위에 세워주시기를 기도하였다. 즉, 그의 백성 이스라엘을 다스릴 자로 자격이 있게 만드실 한 사람을 지명하여 세워주시기를 구한 것이다. 하나님께서는 이스라엘에게 이 복을 주시기 전에, 먼저 모세를 움직여 그것을 위해 기도하게 하신 것이다. 그리하여 그리스도께서도 사도들을 내어보내시기 전에 그 주위에 있는 자들에게, 추수하는 주인에게 청하여 추수할 일꾼들을 보내 주소서 하라고 촉구하셨다(마 9:38).

II. 하나님이 그의 기도에 응답하사 여호수아를 그의 후계자로 지명하신다. 그는 아말렉과의 싸움에서 보여준 용기로써, 모세를 보좌하면서 보여준 겸손으로써, 그리고 악한 정탐꾼들의 보고를 반대하는 증언에서 나타난 그의 믿음과 순전함으로써 오래 전부터 자신의 모습을 드러냈었다. 하나님께서는 바로 이 사람을 택하사 모세의 직분을 잇게 하셨다. 이 사람은 그 안에 영이 머무는 자였다. 곧, 은혜의 영(그는 선한 사람으로서 하나님을 경외하며 탐욕을 미워하고 원칙을 준수하여 행동하는 사람이었다)과, 통치의 영(그는 그 일을 행하기에 합당한 자요 임무를 신뢰성 있게 행할 수 있는 자였다)과, 행동과 용기의 영이 그에게 있었고, 또한 예언의 영도 있었다. 여호와께서 자주 그에게 말씀하셨으니 말이다(수 4:1; 6:2; 7:10). 여기서,

1. 하나님께서는 모세에게 여호수아에게 직분을 인계하는 방법에 대해 지침을 주신다.

(1) 그에게 안수하여야 했다(18절). 제물에게 안수하여 그 제물이 그 제물을 드리는 자를 대신하도록 하는 것처럼, 이는 모세의 통치권을 그에게 넘긴다는

증표로 행해지는 것이었다. 또한 이는 하나님께서 그에게 모세가 기도를 통하여 얻은 바 영의 축복을 베푸신다는 증표로 행해지는 것이었다. 모세가 눈의 아들 여호수아에게 안수하였으므로 그에게 지혜의 영이 충만하니(신 34:9). 이처럼 손을 얹는 예식은 신약에서 복음 사역자들을 구별하여 세울 때에도 사용되는 것을 보게 되는데, 이는 곧 그들을 그 직분에 엄숙히 지명하여 세우며 또한 하나님이 그들을 구비시키사 그 임무에 합당하게 하시기를 바라는 간절한 소망을 나타내는 것이다. 이는 그들을 그리스도와 그의 교회에게 산 제물로 드리는 것이다.

(2) 그를 엘르아살과 백성들 앞에 세워서 그가 하나님께서 지명하신 자임을 그들이 알고 이 지명에 전폭적인 신뢰를 하도록 하여야 했다.

(3) 그에게 위탁하여야 했다(19절). 여호수아는 이스라엘의 백성들을 책임 맡아야 했다. 마치 양들이 목자의 손에 넘겨지듯이 그 백성들이 그의 손에 넘겨지는 것이요, 그는 그들에 대해 책임을 져야 되는 것이었다. 그는 그들에게 자기의 임무를 다하도록 철저한 책임을 부여받아야 했다. 그들이 그의 명령 아래 있으나 그는 하나님의 명령 아래 있으며, 따라서 그에게서 임무를 부여받아야 했던 것이다. 가장 높은 지위에 있는 자들은 자기들보다 더 높이 계신 자가 있다는 것을 알아야 한다. 이러한 책임을 그들의 목전에서 그에게 주어야 했다. 여호수아 자신에게도 더 감동을 주고, 백성들로서도 그들의 지도자의 일과 보살핌을 보고 그를 돕고 격려하는 일에 더욱 힘쓰게 하기 위함이었다.

(4) 모세 자신의 존귀를 그에게 돌려야 했다(20절). 여호수아는 기껏해야 모세의 존귀의 일부 정도밖에는 갖지 못했고 여러 면에서 그보다 부족하였다. 그러나 이로써 모세가 살아 있을 동안 그를 본받아 그와 함께 통치의 일을 행하며, 여호수아로 하여금 모세를 보좌하여 권위로 행하도록 한다는 의미가 있는 것 같다. 하나님과 그의 교회를 위하여 직분을 받는다는 것은 존귀한 일이다. 이러한 존귀의 일부가 여호수아에게 돌려지는 것은, 모세가 살아 있는 동안 여호수아에게 복종하는 데에 익숙해져서 그가 떠난 이후에는 더욱더 기꺼이 그에게 복종하도록 하기 위함이었다.

(5) 대제사장 엘르아살로 하여금 그의 판결 흉패로써 이 문제에 대해 묻고 답을 얻도록 하여야 했다(21절). 그는 제사장 엘르아살 앞에 설 것이요, 엘르아살은 하나님의 뜻을 묻고, 판결 흉패를 통하여 그에게 주어지는 모든 교훈들을

받아 준수하도록 하였다. 이것은 여호수아에게 주는 지침이었다. 물론 그가 영이 충만하였고 이 모든 존귀가 그에게 주어져 있으나, 하나님의 뜻을 묻지 않고서는 아무 일도 해서는 안 되었다. 그 자신의 판단에 기울어서는 안 되었던 것이다. 이는 또한 그에게 큰 격려가 되기도 했다. 이스라엘을 다스리고 가나안을 정복하는 일은 두 가지 중차대한 과제였다. 그러나 하나님께서는 그에게 이 두 가지 일에서 그가 하나님의 역사하심 아래 있을 것이요 또한 어려운 사안마다 하나님께서 최선의 길을 그에게 가르쳐 주실 것임을 확신시켜 주시는 것이다. 모세는 스스로 하나님의 뜻을 물었으나, 여호수아와 그 이후의 사사들은 대제사장의 사역을 통하여야 했고, 우림의 판결을 물어야 했다. 유대인들은 말하기를, 우림의 판결은 오로지 왕이나 산헤드린의 우두머리나 혹은 백성의 대표만이 백성들을 위하여 백성의 이름으로 물을 수 있었다고 한다. 이처럼 이스라엘의 통치는 순전히 신적인 통치였다. 통치자들의 선임과 임직이 전적으로 하나님의 주도로 이루어졌기 때문이다. 여호수아와 온 이스라엘은 우림의 판결을 따르는 엘르아살의 말을 **따라** 나가며 들어와야 했다. 그렇게 인도하신 하나님께서 의심의 여지 없이 그들의 나가고 들어옴을 지키시고 그들을 보존하실 것이다. 하나님을 따르며 모든 길에서 그를 인정하는 자들은 안전하며 쉬울 것이다.

2. 모세는 이 지침에 따라 행하였다(22, 23절). 그는 기꺼이 여호수아에게 안수하였다.

(1) 그 자신의 역할이 줄어들고 통치에서 거의 물러나는 것과 같은데도 그렇게 하였다. 그는 백성들이 자기에게서 시선을 돌려 떠오르는 태양을 바라보는 것을 지극히 원하였다.

(2) 그의 가문에게 영구한 오명이 되는 것으로 보이는데도 그렇게 하였다. 만일 그가 자신의 존귀를 자기 아들에게 물려주고 물러났다면 그것은 그리 찬양할 만한 일이 못되었을 것이다. 그러나 자기 아들들에게는 전혀 고귀한 직분을 주지 않아서 그들은 그저 평범한 레위인의 반열에 남아 있는 상태에서 그는 먼저 친히 자기 손으로 안수하여 엘르아살을 대제사장으로 세웠고, 그 다음 다른 지파 출신의 여호수아를 자신의 후계자로 세웠으니, 이것이야말로 자기 부인과 하나님의 뜻을 향한 순종을 보인 사례였다 할 것이다. 그에게는 하나님의 뜻에 순종하는 것이 그의 가문이 최고의 지위에 올라가는 것보다 더 영광된 일

이었던 것이다. 이로써 땅에서 가장 온유한 사람으로서 그의 온 집에 그를 지명하여 세우신 그분에게 충성을 다한 그의 성품이 분명히 드러나는 것이다. 패트릭 주교는, 이것이야말로 그가 다른 모든 법제정자들보다 탁월한 위치에 높이 올려질 만한 특질이 있었음을 보여주는 것이라고 말한다. 다른 이들은 모두 자기들이 누리는 그 큰 권력의 일부를 이용하여 자기들의 가문을 세우기 위해 항상 노력했던 것이다. 그러나 모세는 자기 스스로 처신하지 않은 것이 이로써 분명히 드러난다. 그는 자기 자신을 위해 행동하지 않았던 것이다.

제
— 28 —
장

개요

　백성들의 인구 조사가 끝났고, 땅을 분배하는 것에 대한 명령도 주어졌고, 군대의 대장군이 지명되고 임직되었으니, 그 다음 장에서는 가나안 정복의 역사가 시작되거나 최소한 전쟁에 관한 규례들이 제시될 것이라고 예상했을 수도 있을 것이다. 그러나 그렇지 않다. 오히려 예배의 규례들이 제시된다. 가나안에 들어가야 할 시점에서 그들이 자기들의 신앙을 지니고 그리로 들어가야 했고, 전쟁을 시행하는 중에도 이를 잊지 말아야 했던 것이다(1, 2절). 그들이 드려야 할 희생 제사에 관한 법들이 여기서 반복되고 정리되고 있다. I. 매일 드릴 제사(3-8절). II. 매주 드릴 제사(9, 10절). III. 매달 드릴 제사(11-15절). IV. 매년 드릴 제사. 1. 유월절에 드리는 제사(16-25절). 2. 오순절에 드리는 제사(26-31절). 그리고 다음 장에서는 해마다 일곱째 달에 드리는 제사에 관한 내용이 이어진다.

¹여호와께서 모세에게 말씀하여 이르시되 ²이스라엘 자손에게 명령하여 그들에게 이르라 내 헌물, 내 음식인 화제물 내 향기로운 것은 너희가 그 정한 시기에 삼가 내게 바칠지니라 ³또 그들에게 이르라 너희가 여호와께 드릴 화제는 이러하니 일 년 되고 흠 없는 숫양을 매일 두 마리씩 상번제로 드리되 ⁴어린 양 한 마리는 아침에 드리고 어린 양 한 마리는 해 질 때에 드릴 것이요 ⁵또 고운 가루 십분의 일 에바에 빻아낸 기름 사분의 일 힌을 섞어서 소제로 드릴 것이니 ⁶이는 시내 산에서 정한 상번제로서 여호와께 드리는 향기로운 화제며 ⁷또 그 전제는 어린 양 한 마리에 사분의 일 힌을 드리되 거룩한 곳에서 여호와께 독주의 전제를 부어 드릴 것이며 ⁸해 질 때에는 두 번째 어린 양을 드리되 아침에 드린 소제와 전제와 같이 여호와께 향기로운 화제로 드릴 것이니라

I. 때에 맞추어 드려야 할 여호와께 드리는 헌물에 관한 일반적인 명령(2절). 이 법들이 여기서 새로이 제시되는 것은 삼십팔 년 동안의 광야 방황 기간 동

안 그것들이 전혀 지켜지지 않았기 때문이 아니다(그렇게 오랜 기간 동안 공적인 예배가 전혀 없이 지냈다고는 생각할 수 없고, 패트릭 주교의 추측에 의하면, 최소한 매일 어린 양이 아침과 저녁에 드려졌고, 안식일에는 두 배가 드려졌다). 그 제사들 가운데 많은 것들이 그 때에 생략되었었다는 것이 암 5:25에서 분명히 암시되고 있고, 또한 스데반이 이를 인용하고 있다. 이스라엘의 집이여 너희가 광야에서 사십 년간 희생과 제물을 내게 드린 일이 있었느냐?(행 7:42). 곧, "아니다, 드린 일이 없었다"는 것을 암시하는 것이다. 그러나, 제사를 드리는 절차가 시행되었든지 아니었든지 간에, 하나님께서 여기서 제사에 관한 규례를 다시 반복하여 제시하는 것이 합당하다고 보신 것이다.

1. 이들 대부분이 전에 제사 법이 주어질 때 아직 출생하지 않은 신세대들이었기 때문이다. 그러므로 그들이 핑계하지 못하도록 이 법들을 기록하고 그들에게 읽히는 것은 물론 하나님께서 친히 더 분명한 방법으로 이 법을 반복하여 제시하신 것이다.

2. 이제 그들이 전쟁에 돌입하게 되므로, 전쟁에 개입하는 동안에는 제사를 드리지 않아도 무방하리라는 식의 유혹을 받을 수가 있기 때문이다. 무력이 충돌하는 중에는 법이 존중되는 일이 거의 없다. 하나님은 말씀하시기를, 아니다, 지금도 내 헌물을 너희가 그 정한 시기에 삼가 내게 바칠지니라. 원수들과 전쟁 중에 있을 때에는 특별히 하나님과의 평화를 유지하는 일이 그들에게 중요했다. 광야에서는 그들이 홀로 있었고, 다른 민족들에게서 완전히 격리되어 있었으므로 그들 자신을 구별 짓는 표지가 별로 필요가 없었고, 제사를 드리지 않아도 크게 표가 나지 않았다. 그러나 가나안에 들어가서는 다른 민족들과 뒤섞여 있으므로 사정이 전혀 달랐던 것이다.

3. 그들이 모든 좋은 것을 풍족하게 누리게 될 젖과 꿀이 흐르는 그 약속의 땅을 이제 소유하게 될 것이기 때문이었다. 하나님의 말씀은, "이제 너희가 잔치로 배불리 먹을 때에, 너희 하나님께 향기로운 헌물을 드리기를 잊지 말라"는 것이다. 그들이 하나님의 율례를 지킨다는 조건으로 가나안이 그들에게 베풀어질 것이었다(시 105:44, 45).

II. 매일 드릴 제사에 관한 법. 아침에 어린 양 한 마리를 드리고 저녁에 어린 양 한 마리를 드려야 했다. 날이 바뀔 때마다 정상적으로 끊임없이 드려야 하므로 이를 가리켜 상번제라 부르는데(3절), 이는 항상 기도하라, 쉬지 말고 기도하라는 명령이 최소한 매일 아침과 저녁에 하나님께 엄숙히 기도와 찬양을 올리게 하고자 하는 의도로 주어지는 것임을 시사해 준다. 이 규례가 시내 산에서 정한 것이라고 말씀하는데(6절), 다른 율법들도 그 때에 주어졌다. 그것이 제정되는 기사는 출 29:38에서 볼 수 있다. 여기서 그 법이 반복되면서는 아무것도 추가되지 않고, 다만 전제로 부어드릴 포도주가 독주(이는 그들이 구할 수 있는 최고의 향기로운 포도주였다)여야 한다는 것이 덧붙여질 뿐이다(7절). 그것은 마시는 것이 아니라 제단 위에 부을 것이었으나(부어버리는 데 쓰는 것이니 가장 질이 나쁜 것이면 되리라고 생각했을 것이지만) 하나님께서는 가장 강한 독주를 요구하시는 것이다. 이는 우리가 가진 가장 좋은 것으로 하나님을 섬길 것을 가르치는 것이다. 포도주는 가장 강한 독주여야 했는데, 이는 (에인즈워스[Ainsworth]의 말에 따르면) 그것이 그리스도의 피(그 기념물이 포도주를 통해서 여전히 교회에게 남겨져 있다)와 또한 믿음의 제물과 섬김 위에 전제로 부어진(빌 2:17) 순교자들의 피를 상징하는 모형이었기 때문이다.

[9]안식일에는 일 년 되고 흠 없는 숫양 두 마리와 고운 가루 십분의 이에 기름 섞은 소제와 그 전제를 드릴 것이니 [10]이는 상번제와 그 전제 외에 매 안식일의 번제니라 [11]초하루에는 수송아지 두 마리와 숫양 한 마리와 일 년 되고 흠 없는 숫양 일곱 마리로 여호와께 번제를 드리되 [12]매 수송아지에는 고운 가루 십분의 삼에 기름 섞은 소제와 숫양 한 마리에는 고운 가루 십분의 이에 기름 섞은 소제와 [13]매 어린 양에는 고운 가루 십분의 일에 기름 섞은 소제를 향기로운 번제로 여호와께 화제를 드릴 것이며 [14]그 전제는 수송아지 한 마리에 포도주 반 힌이요 숫양 한 마리에 삼분의 일 힌이요 어린 양 한 마리에 사분의 일 힌이니 이는 일 년 중 매월 초하루의 번제며 [15]또 상번제와 그 전제 외에 숫염소 한 마리를 속죄제로 여호와께 드릴 것이니라

초하루와 안식일은 유대인 교회에서 가장 엄숙한 절기들로서 함께 묶여져서 언급되는 예가 많은데, 이는 그 당시 성도들에게는 매우 편안한 절기로서 복음의 은혜를 예표한다 할 것이다. 이제 여기서,

1. 안식일을 위한 제사들이 지정되고 있다. 매 안식일마다 제물들을 두 배로 늘여서 드려야 했다. 매일 번제로 드리는 두 마리 어린 양 외에 두 마리를

더 드려야 했는데, 하나는 오전 제사 때에(아마도), 그리고 또 하나는 저녁 제사 때에 드렸다(9, 10절). 이는 안식일마다 우리의 헌신을 배로 늘여야 한다는 것을 가르쳐 준다. 그 날의 의무가 이것을 요구하기 때문이다. 안식일의 안식을 준수하여 안식일의 일에 더욱 면밀히 적용시키고, 이것이 안식일의 시간을 가득 채우도록 해야 할 것이다. 에스겔의 성전 예배에서는(이는 복음 시대를 지시하는 것이다) 안식일에 여섯 마리의 어린 양과 숫양과 소제와 전제와 더불어 드려야 했는데(겔 46:4, 5), 이는 안식일을 거룩히 지키는 것이 메시야 시대에도 계속될 뿐 아니라 더욱더 진전된다는 것을 시사하는 것이다. 이것이 그의 안식일에 드릴 안식의 번제니라(10절. 원문에 그렇게 되어 있다). 안식일마다 그 날의 일을 행하고, 안식일의 시간의 일분일초를 귀한 것으로 여겨 아껴 쓰기를 배우고, 한 안식일의 일을 다음 안식일로 미룰 생각을 하지 말아야 할 것이다. 매 안식일의 일이 그 날에 족하기 때문이다.

2. 초하루를 위한 제사들이 지정된다. 어떤 이들은 안식일이 세상의 창조를 염두에 두고 지키는 것이듯이 초하루는 하나님의 섭리를 염두에 두고 거룩히 지켰다고 본다. 그 날은 달로 절기를 정하는 것으로, 달의 변화로써 때가 바뀌는 것을 안내하고 지상의 물체들을 그 영향력으로 다스리기 때문이다. 우리는 초하루의 절기를 지키지 않으나, 그가 궁창의 확실한 증인으로 영원히 견고하게 세우신 달(시 89:37)을 통해서 나오는 모든 귀한 것들에 대하여 하나님께 영광을 돌리기를 잊어서는 안 될 것이다. 초하루에는 상당한 양의 제물을 드렸으니, 수송아지 두 마리와 숫양 한 마리와 어린 양 일곱 마리를 드렸고 거기에 속죄제를 비롯하여(15절) 소제와 전제를 함께 드렸다(11절 이하). 하나님의 자비로우심을 고백함으로 하나님께 영광을 돌릴 때에, 마땅히 우리 자신의 죄들을 고백하여 그에게 영광을 돌려야 하는 것이요, 또한 일상적인 섭리의 선물들에 대해 즐거워할 때에도 특별한 은혜 중에서도 가장 귀한 선물인 그리스도의 희생을 우리의 기쁨의 근원이요 샘으로 삼아야 하는 것이다. 어떤 이들은 초하루를 그들의 절기에 속하는 것으로 보아야 할지에 대해 의문을 제기하기도 했다. 그러나 그 날에 특별한 제사를 드려야 했으며 또한 그 날에 노동에서 쉬었고(암 8:5) 나팔을 불었고(민 10:10), 선지자들에게로 나아가 말씀을 들었으니(왕하 4:23), 어찌 초하루가 절기가 아니었겠는가? 그리고 초하루에 드려지는 예배가 복음의 엄숙한 규례들을 예표하는 것으로 제시되기도 하는 것이다(사

66:23).

¹⁶첫째 달 열넷째 날은 여호와를 위하여 지킬 유월절이며 ¹⁷또 그 달 열다섯째 날부터는 명절이니 이레 동안 무교병을 먹을 것이며 ¹⁸그 첫날에는 성회로 모일 것이요 아무 일도 하지 말 것이며 ¹⁹수송아지 두 마리와 숫양 한 마리와 일 년 된 숫양 일곱 마리를 다 흠 없는 것으로 여호와께 화제를 드려 번제가 되게 할 것이며 ²⁰그 소제로는 고운 가루에 기름을 섞어서 쓰되 수송아지 한 마리에는 십분의 삼이요 숫양 한 마리에는 십분의 이를 드리고 ²¹어린 양 일곱에는 어린 양 한 마리마다 십분의 일을 드릴 것이며 ²²또 너희를 속죄하기 위하여 숫염소 한 마리로 속죄제를 드리되 ²³아침의 번제 곧 상번제 외에 그것들을 드릴 것이니라 ²⁴너희는 이 순서대로 이레 동안 매일 여호와께 향기로운 화제의 음식을 드리되 상번제와 그 전제 외에 드릴 것이며 ²⁵일곱째 날에는 성회로 모일 것이요 아무 일도 하지 말 것이니라 ²⁶칠칠절 처음 익은 열매를 드리는 날에 너희가 여호와께 새 소제를 드릴 때에도 성회로 모일 것이요 아무 일도 하지 말 것이며 ²⁷수송아지 두 마리와 숫양 한 마리와 일 년 된 숫양 일곱 마리로 여호와께 향기로운 번제를 드릴 것이며 ²⁸그 소제로는 고운 가루에 기름을 섞어서 쓰되 수송아지 한 마리마다 십분의 삼이요 숫양 한 마리에는 십분의 이요 ²⁹어린 양 일곱 마리에는 어린 양 한 마리마다 십분의 일을 드릴 것이며 ³⁰또 너희를 속죄하기 위하여 숫염소 한 마리를 드리되 ³¹너희는 다 흠 없는 것으로 상번제와 그 소제와 전제 외에 그것들을 드릴 것이니라

1. 유월절 제사에 대한 지침. 그 때에 드릴 가장 중요한 유월절 양이 아니라 (이에 대해서는 앞에서 이미 충분한 지침이 제시된 바 있다) 유월절에 이어지는 칠일 동안의 무교절 기간 중에 드릴 제사에 대한 지침이다(17-25절). 이 칠일 중 첫 날과 마지막 날은 안식일로서 거룩한 안식과 거룩한 대회로 지켜야 했으며, 애굽에서 구원받은 사실을 크게 감사하며 항상 감사한다는 증표로서 칠일 동안 매일 수송아지 두 마리, 숫양 한 마리, 어린 양 일곱 마리로 풍성하게 제사를 드려야 했다. 복음의 처신을 가리켜 우리의 유월절 양 곧 그리스도에 대한 감사로 명절을 지키는 것으로 부른다(고전 5:8). 악하고 악의에 찬 누룩을 버리는 것만으로는 안 되고, 거기서 더 나아가서 우리 하나님의 떡을 드리고, 마지막까지 계속하여 찬양의 제사를 드려야 한다.

2. 오순절에 드릴 제사에 대해서도 지침이 제시된다. 오순절이 여기서는 칠칠절이라 불린다(26절). 무교절 절기 중에는 곡물의 처음 익은 열매를 제사장에게 드림으로써 추수를 시작하였다(레 23:10). 그러나 그로부터 일곱 주가 지난 후, 곧 추수가 끝날 때인 칠칠절에는 하나님께 대한 감사로 여호와께 새 소제를 드려야 했다. 하나님께서는 곡식을 주신 것뿐 아니라 그들이 사용하도록 땅의 아름다운 소산들을 보존하셔서 정한 때에 그것을 누리도록 하신 것이다. 바로 이 절기에 성령께서 부어지셨고(행 2:1 이하), 사도들의 전도로 말미암아 수천 명이 회심하여 그리스도께 드려져 그의 피조물 중에서 일종의 첫 열매가 되었다. 첫 열매의 떡덩이로 드리는 제사는 지정되어 있었다(레 23:18). 그러나 무엇보다도, 그것과 매일 드리는 제사 이외에, 수송아지 두 마리와 숫양 한 마리와 일년 된 숫양 일곱 마리를 속죄 제물인 숫염소 한 마리와 함께 드려야 했던 것이다(27-30절). 하나님께서 우리에게 풍성하게 심으시니, 그만큼 우리에게 거두기를 기대하시는 것이다. 패트릭 주교는 이 장에서 화목제에 대한 지침이 없다는 점을 지적하면서, 그것은 주로 제사 드리는 자들의 유익을 위한 것으로서 제사를 드리고 그들 자신이 쓸 것이 남아 있게 하기 위함이었다고 한다. 그러나 번제는 순전히 하나님의 존귀를 위한 것이요, 그의 통치권에 대한 고백이었으며, 따라서 복음적인 경건과 헌신을 예표하는 것이었다. 경건과 헌신을 통해서 영혼이 거룩한 사람의 불꽃 속에서 온전히 하나님께 드려지는 것이다. 그리고 속죄제는 그리스도 자신의 희생 제사를 예표하는 것이었다. 그의 제사로 말미암아 우리와 우리의 섬김이 온전해지고 거룩하게 되는 것이다.

제
— 29 —
장

개요

본 장에서는 일곱째 달의 세 가지 큰 절기들에 여호와께 불에 태워 드릴 제사들에 대한 지침이 제시된다. I. 그 달 첫 날의 나팔절에 드릴 제사(1-6절). II. 그 달 열흘 날의 속죄일에 드릴 제사(7-11절). III. 그 달 열다섯째 날과 그로부터 칠 일 동안 계속되는 초막절에 드릴 제사(12-38절). 그리고 이 규례의 결론이 이어진다(39, 40절).

[1]일곱째 달에 이르러는 그 달 초하루에 성회로 모이고 아무 노동도 하지 말라 이는 너희가 나팔을 불 날이니라 [2]너희는 수송아지 한 마리와 숫양 한 마리와 일 년 되고 흠 없는 숫양 일곱 마리를 여호와께 향기로운 번제로 드릴 것이며 [3]그 소제로는 고운 가루에 기름을 섞어서 쓰되 수송아지에는 십분의 삼이요 숫양에는 십분의 이요 [4]어린 양 일곱 마리에는 어린 양 한 마리마다 십분의 일을 드릴 것이며 [5]또 너희를 속죄하기 위하여 숫염소 한 마리로 속죄제를 드리되 [6]그 달의 번제와 그 소제와 상번제와 그 소제와 그 전제 외에 그 규례를 따라 향기로운 냄새로 화제를 여호와께 드릴 것이니라 [7]일곱째 달 열흘 날에는 너희가 성회로 모일 것이요 너희의 심령을 괴롭게 하며 아무 일도 하지 말 것이니라 [8]너희는 수송아지 한 마리와 숫양 한 마리와 일 년 된 숫양 일곱 마리를 다 흠 없는 것으로 여호와께 향기로운 번제를 드릴 것이며 [9]그 소제로는 고운 가루에 기름을 섞어서 쓰되 수송아지 한 마리에는 십분의 삼이요 숫양 한 마리에는 십분의 이요 [10]어린 양 일곱 마리에는 어린 양 한 마리마다 십분의 일을 드릴 것이며 [11]속죄제와 상번제와 그 소제와 그 전제 외에 숫염소 한 마리를 속죄제로 드릴 것이니라

일곱째 달에는 다른 어느 달보다 엄숙한 절기가 많았다. 이 달이 이스라엘이 애굽에서 구원받은 첫 달이었기 때문임은 물론(이 달은 아빕월에 속하며, 그 이후부터 모든 교회의 월력에서 첫 달로 간주되었다) 희년과 해방의 해를 산정할 때 적용되는 시민적인 월력 계산에서도 계속 첫 달이었기 때문이며,

또한 그 때가 추수와 씨 뿌리는 시기 사이의 공백기여서 그들이 성소에 참여하기에 가장 한가한 때였기 때문이기도 하다. 이는 하나님께서 필수적인 일과 자비의 일을 고려하여 제사들을 없게 해 주기도 하시지만, 동시에 우리가 당면한 갖가지 인생의 일들에서 벗어나 한가할수록 하나님을 직접적으로 섬기는 일에 더욱더 매진하여야 한다는 것을 시사해 준다.

1. 일곱째 달 초하루, 곧 나팔을 불 날에 드려야 할 제사에 대한 지침이 제시된다. 이는 속죄일의 거룩한 애곡의 예식과 초막절의 거룩한 기쁨의 예식 등 두 가지 큰 엄숙한 의식들을 준비하는 것이었다. 한 가지 예배가 다른 예배를 행하기에 합당하도록 도와주며 모두가 하늘을 대하여 합당하게 만들어주니, 이로써 하나님이 그것들을 제정하신 의도가 잘 부응된다 할 것이다. 나팔을 불 날은 레 23:24에서 이미 정해졌는데, 여기서는 그 날에 어떤 제사들을 드려야 할지에 대한 지침이 제시되고 있다. 그 때에는 이에 대해서 전혀 언급이 없었던 것이다. 주목하라. 성경에서 하나님의 뜻을 알고자 하는 자들은 성경의 한 부분을 다른 부분과 비교하여 동일한 사안에 대한 언급들을 함께 종합하여 살펴야 한다. 앞의 본문에 잘 나타나지 않는 부분이 뒤에 주어지는 신적인 빛을 통해서 해명되어 하나님의 사람으로 온전하게 하기 때문이다. 그 때에 드릴 제사가 여기 구체적으로 제시되어(2-6절), 이 제사로 인하여 혹시 매일 드릴 제사와 초하루에 드릴 제사가 무시되는 일이 없도록 조심하게 하고 있다. 이는 우리가 하나님을 섬길 때에 우리의 노력을 물릴 기회를 찾으려 해서도 안 되고, 선한 의무를 삭제할 빌미가 생기는 것을 기뻐해서도 안 되며, 오히려 일상적인 것보다 신앙적인 임무가 더욱 가중되는 것을 즐거워하고 더 많은 일을 행하기를 기뻐하여야 한다는 것을 시사해 준다 할 것이다. 가정 예배를 드린다면, 그 때문에 우리의 은밀한 경건 시간을 갖지 않아도 무방할 것이라는 식의 생각을 해서는 안 된다. 그리고 교회에 출석하여 예배드리는 날에는 나만의 은밀한 예배와 가족과 함께 드리는 예배를 생략해도 무방하리라는 식으로 생각해서도 안 된다. 항상 주의 일에 더욱 힘써야 하는 것이다.

2. 속죄일에 드려야 할 제사에 대한 지침이 제시된다. 레 16장에 이미 그 날에 드릴 제사에 대한 모든 규정이 제시되어 있으나, 여기서는 번제를 드리도록 명령이 주어진다(8-10절). 속죄일의 모든 행사는 두 가지 큰 복음의 은혜들, 즉 믿음과 회개를 뜻하는데, 여기서 반드시 하나님의 영광과 존귀를 염두에 두어

야 하고, 번제가 바로 그것을 의도한 것이다. 또한 비슷하게 속죄제와 상번제와 그 소제와 그 전제 외에 숫염소 한 마리를 속죄제로 드릴 것을 명하고 있는데(11절), 이는 우리의 회개의 행위와 표현들에도 각종 오점과 과오들이 수없이 있으므로 우리가 행하는 거룩한 행위들에 대해서조차도 죄악된 부분을 속해야 할 필요가 있다는 것을 시사해 준다. 우리가 회개했다는 것을 회개해서는 안 되지만, 우리가 더 잘 회개하지 못했다는 것은 회개해야 할 것이다. 또한 이는 율법의 제사들은 불완전하며 죄를 제거하기에도 불충분하여, 속죄제를 드리는 날에 또 다른 속죄제가 있어야 한다는 것을 시사해 주기도 한다. 그러나 율법이 연약하여 행하지 못한 일을 그리스도께서 행하신 것이다.

[12]일곱째 달 열다섯째 날에는 **너희가** 성회로 모일 것이요 아무 일도 하지 말 것이며 이레 동안 여호와 앞에 절기를 지킬 것이라 [13]너희 번제로 여호와께 향기로운 화제를 드리되 수송아지 열세 마리와 숫양 두 마리와 일 년 된 숫양 열네 마리를 다 흠 없는 것으로 드릴 것이며 [14]그 소제로는 고운 가루에 기름을 섞어서 수송아지 열세 마리에는 각기 십분의 삼이요 숫양 두 마리에는 각기 십분의 이요 [15]어린 양 열네 마리에는 각기 십 분의 일을 드릴 것이며 [16]상번제와 그 소제와 그 전제 외에 숫염소 한 마리를 속죄제로 드릴 것이니라 [17]둘째 날에는 수송아지 열두 마리와 숫양 두 마리와 일 년 되고 흠 없는 숫양 열네 마리를 드릴 것이며 [18]그 소제와 전제는 수송아지와 숫양과 어린 양의 수효를 따라서 규례대로 할 것이며 [19]상번제와 그 소제와 그 전제 외에 숫염소 한 마리를 속죄제로 드릴 것이니라 [20]셋째 날에는 수송아지 열한 마리와 숫양 두 마리와 일 년 되고 흠 없는 숫양 열네 마리를 드릴 것이며 [21]그 소제와 전제는 수송아지와 숫양과 어린 양의 수효를 따라서 규례대로 할 것이며 [22]상번제와 그 소제와 그 전제 외에 숫염소 한 마리를 속죄제로 드릴 것이니라 [23]넷째 날에는 수송아지 열 마리와 숫양 두 마리와 일 년 되고 흠 없는 숫양 열네 마리를 드릴 것이며 [24]그 소제와 전제는 수송아지와 숫양과 어린 양의 수효를 따라 규례대로 할 것이며 [25]상번제와 그 소제와 그 전제 외에 숫염소 한 마리를 속죄제로 드릴 것이니라 [26]다섯째 날에는 수송아지 아홉 마리와 숫양 두 마리와 일 년 되고 흠 없는 숫양 열네 마리를 드릴 것이며 [27]그 소제와 전제는 수송아지와 숫양과 어린 양의 수효를 따라서 규례대로 할 것이며 [28]상번제와 그 소제와 그 전제 외에 숫염소 한 마리를 속죄제로 드릴 것이니라 [29]여섯째 날에는 수송아지 여덟 마리와 숫양 두

마리와 일 년 되고 흠 없는 숫양 열네 마리를 드릴 것이며 [30]그 소제와 전제는 수송 아지와 숫양과 어린 양의 수효를 따라서 규례대로 할 것이며 [31]상번제와 그 소제와 그 전제 외에 숫염소 한 마리를 속죄제로 드릴 것이니라 [32]일곱째 날에는 수송아지 일곱 마리와 숫양 두 마리와 일 년 되고 흠 없는 숫양 열네 마리를 드릴 것이며 [33]그 소제와 전제는 수송아지와 숫양과 어린 양의 수효를 따라 규례대로 할 것이며 [34]상 번제와 그 소제와 그 전제 외에 숫염소 한 마리를 속죄제로 드릴 것이니라 [35]여덟째 날에는 장엄한 대회로 모일 것이요 아무 일도 하지 말 것이며 [36]번제로 여호와께 향 기로운 화제를 드리되 수송아지 한 마리와 숫양 한 마리와 일 년 되고 흠 없는 숫 양 일곱 마리를 드릴 것이며 [37]그 소제와 전제는 수송아지와 숫양과 어린 양의 수효 를 따라 규례대로 할 것이며 [38]상번제와 그 소제와 그 전제 외에 숫염소 한 마리를 속죄제로 드릴 것이니라 [39]너희가 이 절기를 당하거든 여호와께 이같이 드릴지니 이는 너희의 서원제나 낙헌제로 드리는 번제, 소제, 전제, 화목제 외에 드릴 것이 니라 [40]모세가 여호와께서 모세에게 명령하신 모든 일을 이스라엘 자손에게 말하니 라

속죄일, 곧 사람들이 영혼을 슬프게 하여야 하는 그 날 바로 직후에, 여호와 앞에서 즐거워해야 할 초막절이 이어진다. 눈물로 씨를 뿌리는 자는 기 쁨으로 거두는 법이다. 초막절에 관해서는 이미 레위기 23:34 이하에 법규가 제 시되어 있는데, 여기서는 그 법규들에다 이레 동안에 여호와께 드릴 화제(레 23:36)에 관한 지침들이 덧붙여진다. 여기서 관찰하라.

1. 즐거워할 날들이 제사를 드리는 날들이었다. 즐거워하는 것은 우리에게 아무런 해도 없고 나쁜 증상도 아니다. 그것이 하나님을 직접 섬기는 의무들에 어울리지 않기는커녕 오히려 의무를 행하는 우리의 마음을 격려하고 벅차게 하는 것이다.

2. 초막에 지내는 날 동안 매일 제사를 드려야 했다. 여기 초막과도 같은 상 태에 있는 동안 하나님과의 교제를 계속해서 유지하는 것이 우리의 즐거움이 요 또한 의무다. 우리의 외형적인 조건이 불안정하다고 해서 하나님께 예배드 리는 의무를 소홀히 해도 무방한 것이 아니다.

3. 칠일 동안 매일 드리는 제사들이 수송아지의 숫자 외에는 아무것도 달라 지는 것이 없는데도 여러 번 구체적으로 지정되고 있는데, 이는 괜히 반복하는

것이 아니다. 하나님께서는 그런 규례들을 매우 정확히 이행하고 날마다의 일로 제정된 것들에 대해 믿음의 눈으로 주의를 기울일 것을 가르치고자 하신 것이다. 이는 또한 순전한 마음과 또한 경건한 열정의 불로써 지속적으로 행한다면 동일한 제사를 반복한다 해도 하나님께는 전혀 지루한 것이 아니라는 것을 시사해 준다. 그러므로 우리는 그것을 멸시해서도 안 되고, "이 얼마나 지루한 일이냐!" 라고 떠벌려서도 안 된다.

4. 수송아지의 숫자(수송아지는 제물들 중 가장 비용이 많이 드는 것이었다)가 날마다 줄어들었다. 초막절 첫 날에는 열세 마리를 드려야 했고, 둘째 날에는 열두 마리, 셋째 날에는 열한 마리를 드려야 했다. 그리하여 일곱째 날에는 일곱 마리를 드렸고, 마지막 날은 절기의 가장 큰 날로서 거룩한 성회로 모이는 날이었으나 그 날에는 한 마리밖에는 드리지 않았다. 절기 중 다른 날들은 숫양 두 마리와 어린 양 열네 마리를 드렸으나, 이 날에는 숫양 한 마리와 어린 양 일곱 마리만 드렸을 뿐이다. 율법을 제정하신 하나님의 뜻이 그랬으니, 이 법이 있는 이유도 그것으로 족하다. 어떤 이들은 하나님께서 여기서 육체의 연약함을 고려하고 계신 것이라고 보기도 한다. 곧, 사람이 연약하여 신앙적인 의무와 비용을 버거워하기 쉬우므로, 점점 양을 줄이도록 명하셔서, 마치 하나님께서 그들로 하여금 제물로 그를 공경하게 하기라도 하신 것처럼(사 43:23) 불평하지 못하도록 하셨다는 것이다. 혹은 이로써 그들에게 율법의 경륜은 낡아지고 마침내 사라질 것임을 시사하는 것이라고 보기도 한다. 곧, 그들의 무수한 희생 제사들이 단번에 드려지는 큰 제사로서, 그 모든 희생 제사보다 무한히 더 가치 있는 제사로서, 종결될 것임을 시사하는 것이라는 것이다. 이 모든 제사들이 드려진 후인 이 절기 마지막 날에 우리 주 예수께서 나타나사, 아직도 (이 제사들로도 의롭다 함을 얻기에는 부족하다는 것을 감지하고서) 의를 갈구하던 자들에게, 누구든지 목마르거든 와서 내게로 와서 마시라고 외치셨던 것이다(요 7:27).

5. 소제와 전제들이 그 수효와 방법에 따라 모든 제사에 수반되었다. 고기가 그렇게 많이 드려졌으나, 떡과 음료수가 없다면 잔치일 수가 없고, 따라서 하나님의 제단에 이것들이 빠져서는 안 되는 것이었다. 제단이 그의 식탁이었던 것이다. 우리는 신앙의 일을 많이 행하면 구태여 잘 행하지 않아도, 또한 하나님이 지정하신 방식으로 행하지 않아도, 받아들여질 것이라고 생각해서는

안 된다.

6. 다른 절기들의 경우에도 살펴본 바와 같이, 날마다 속죄제가 드려져야 했다. 그리스도께서 우리를 위하여 자기 자신을 속죄 제물로 드리심으로 행하신 그 위대한 화목제를 전제하지 않고서는 우리가 드리는 찬양의 번제가 하나님께 받아들여질 수가 없다.

7. 이 모든 제사를 드리면서, 동시에 아침과 저녁에 계속해서 드리는 번제도 빠뜨려서는 안 되었다. 아침에 맨 먼저, 그리고 저녁에 맨 나중에 번제를 반드시 드려야 했다. 특별한 봉사의 일이 있다고 해서 우리의 정규적인 헌신의 일을 등한시해서는 안 되는 것이다.

8. 이 모든 제사들을 회중 전체가 공동으로 드렸으나, 이 외에도 특정한 사람들이 서원제와 낙헌제를 드림으로 하나님께 영광을 돌려야 했다(39절). 하나님께서는 이것을 드릴 것을 명령하실 때, 그들에게 풍성한 헌신에의 여지를 남겨두셨고, 그리하여 그들이 풍성하게 드리도록 하셨다. 다른 방식의 예배를 만들어내도록 하신 것이 아니고, 이 제사들을 통해 풍성하게 드리도록 하신 것이다(대하 30:23, 24). 개개인을 향하신 하나님의 섭리에 따라, 또한 그들에게 베푸신 하나님의 은혜들에 따라서 개개인이 드려야 할 각종 제사들에 관해서는 이미 레위기에서 상세한 지침이 주어진 바 있다. 이스라엘 사람 하나하나가 이 공통의 제사들에 대해 관심을 가져야 하지만, 이 제사들을 드렸다고 해서 그것이 자기가 드려야 할 서원제나 낙헌제를 대신할 것이라고 생각해서는 안 되었다. 이와 마찬가지로, 우리의 사역자들이 우리와 더불어, 또한 우리를 위하여 기도하고 있으나, 그렇다고 해서 우리가 우리 자신을 위해 기도하지 않아도 되는 것이 아니다.

제
— 30 —
장

개요

　　본 장에서는 앞 장의 마지막 부분에서 언급된 바 있는 서원에 관한 법이 제시된다. I. 모든 서원은 반드시 조심스럽게 이행하여야 한다는 일반적인 원칙이 제시됨(1, 2절). II. 이 원칙과 관련한 몇 가지 구체적인 예외들. 1. 딸들의 서원은 아버지의 허락이 없이는 구속력이 없다는 것(3-5절). 2. 아내들의 서원은 남편들의 허락이 없이는 구속력이 없다는 것(6-16절).

¹모세가 이스라엘 자손 지파의 수령들에게 말하여 이르되 여호와의 명령이 이러하니라 ²사람이 여호와께 서원하였거나 결심하고 서약하였으면 깨뜨리지 말고 그가 입으로 말한 대로 다 이행할 것이니라

　　이 법은 각 지파의 수령들에게 전하여 그들이 자기 휘하에 있는 자들을 교훈하고, 법을 설명해 주고, 필수적인 유의사항들을 전달하고, 서원을 어기는 사례가 있을 시 보고하도록 백성들을 독려하게 하였다. 어쩌면 각 지파의 수령들이 어떤 위급한 사정이 있어서 모세에게 이 문제에 대하여 하나님의 뜻을 구했을 것이고, 여기서 그들에게 하나님의 뜻을 전달하는 것일지도 모른다. 서원에 관한 여호와의 명령이 이러하니라. 이는 여전히 효력을 발휘하는 명령이다.

　　1. 여기서는 사람이 여호와께 서원하여 하나님을 약속의 당사자로 삼고 그 서원으로 그의 존귀와 영광을 의도하는 경우를 상정하고 있다. 서원의 내용이 합법적이어야 한다. 이미 하나님의 명령으로 행하지 말도록 금지된 일을 스스로 서원하여 자기를 묶어놓을 수는 없는 것이다. 서원의 내용은 율법이 요구하는 필수적인 의무가 아닌 어떤 것이었던 것으로 여겨진다. 어느 특정한 때에 이런저런 제사를 드리겠다거나, 이런저런 것들을 구제물로 드리겠다거나, 율법이 허용한 이런저런 고기나 음료를 금하겠다거나, 속죄일 이외에 다른 때에

도 금식하여 마음을 자제하겠다(13절에 언급됨)는 식으로 서원할 수도 있었다. 그리고 거룩한 열정이 특별히 뜨겁게 일어날 때에도 각종 비슷한 서원들을 행하여 무언가 지은 죄를 회개하거나, 죄를 사전에 방지하며, 무언가 하나님의 자비를 구하거나, 받은 바 은혜에 대해 감사할 수도 있었다. 정당한 주의를 기울여 진심으로 행한다면, 이런 서원은 크게 유익하다. 유대인 교사들은 말하기를, 서원은 거룩한 구별의 울타리라고 한다. 즉, 신앙의 방벽이라는 뜻이다. 서원하는 자는 자기 영혼을 끈으로 묶는 것이다. 그것은 영이신 하나님께 하는 서원이다. 그는 영이시니, 서원하는 자의 영혼이 그 모든 능력과 함께 그에게 매이는 것이다. 사람에게 하는 약속은 재화(財貨)를 거는 것이나, 하나님께 드리는 약속은 영혼을 거는 것이다. 우리는 모든 의무에 앞서서 성례의 서원을 통하여 우리를 묶는데, 이 서원은 아버지도 남편도 이를 무효화시킬 수 없는 것으로 우리의 영혼을 묶는 것이며, 이 서원으로 말미암아 우리가 모든 죄에서 풀려나 하나님의 온전하신 뜻에 묶여 있다는 것을 느끼는 것이다. 이따금씩 행하는 서원들은, 그것을 하기 전에는 우리 마음대로 할 수 있는 것이나(행 5:4) 일단 서원한 다음에는 마찬가지로 영혼을 묶는 끈이 되는 것이다.

2. 이 서원을 양심적으로 이행하라는 명령이 주어진다. 깨뜨리지 말고 그가 입으로 말한 대로 다 이행할 것이니라. 나중에 마음이 바뀔지라도 전에 말한 대로 행하라는 것이다. 난외주에는 그의 말을 속되게 하지 말 것이니라(He shall not profane his word)로 되어있다. 서원은 하나님의 규례다. 우리가 외식으로 서원을 행하면 그 규례를 속되게 하는 것이다. 분명한 입장이 제시되어 있다. 서원하고 갚지 아니하는 것보다 서원하지 아니하는 것이 더 나으니(전 5:5). 속지 말라. 하나님은 조롱을 받지 아니하시니. 그가 우리에게 하신 약속들은 예와 아멘이다. 그러니 우리가 그에게 드리는 약속이 동시에 예와 아니오가 되어서는 안 될 것이다.

3또 여자가 만일 어려서 그 아버지 집에 있을 때에 여호와께 서원한 일이나 스스로 결심하려고 한 일이 있다고 하자 4그의 아버지가 그의 서원이나 그가 결심한 서약을 듣고도 그에게 아무 말이 없으면 그의 모든 서원을 행할 것이요 그가 결심한 서약을 지킬 것이니라 5그러나 그의 아버지가 그것을 듣는 날에 허락하지 아니하면 그의 서원과 결심한 서약을 이루지 못할 것이니 그의 아버지가 허락하지 아니하였은즉 여호와께서 사하시리라 [6]또 혹시 남편을 맞을 때에 서원이나 결심한 서약을 경솔하게 그의 입술로 말하였으면 [7]그의 남편이 그것을 듣고 그 듣는 날에 그에게 아무 말이 없으면 그 서원을 이행할 것이요 그가 결심한 서약을 지킬 것이니라 [8]그러나 그의 남편이 그것을 듣는 날에 허락하지 아니하면 그 서원과 결심하려고 경솔하게 입술로 말한 서약은 무효가 될 것이니 여호와께서 그 여자를 사하시리라 [9]과부나 이혼 당한 여자의 서원이나 그가 결심한 모든 서약은 지킬 것이니라 [10]부녀가 혹시 그의 남편의 집에서 서원을 하였다든지 결심하고 서약을 하였다 하자 [11]그의 남편이 그것을 듣고도 아무 말이 없고 금하지 않으면 그 서원은 다 이행할 것이요 그가 결심한 서약은 다 지킬 것이니라 [12]그러나 그의 남편이 그것을 듣는 날에 무효하게 하면 그 서원과 결심한 일에 대하여 입술로 말한 것을 아무것도 이루지 못하나니 그의 남편이 그것을 무효하게 하였은즉 여호와께서 그 부녀를 사하시느니라 [13]모든 서원과 마음을 자제하기로 한 모든 서약은 그의 남편이 그것을 지키게도 할 수 있고 무효하게도 할 수 있으니 [14]그의 남편이 여러 날이 지나도록 말이 없으면 아내의 서원과 스스로 말이 없으면 아내의 서원과 스스로 결심한 일을 지키게 하는 것이니 이는 그가 그것을 들을 때에 그의 아내에게 아무 말도 아니하였음으로 지키게 됨이니라 [15]그러나 그의 남편이 들은 지 얼마 후에 그것을 무효하게 하면 그가 아내의 죄를 담당할 것이니라 [16]이는 여호와께서 모세에게 명령하신 규례니 남편이 아내에게, 아버지가 자기 집에 있는 어린 딸에 대한 것이니라

여기서는 서원하는 자들 모두를 스스로 결정권을 행사하는 자들로, 또한 건전한 이해력과 기억력을 지닌 자들로 간주한다. 따라서 이들이 정당하고도 가능한 서원을 할 경우 그 서원이 무엇이든 간에 반드시 이행하여야 한다. 그러나 만일 서원을 행하는 자가 다른 이의 다스림과 처분 아래 있을 경우는 사안이 다르다. 여기서 이에 해당하는 비슷한 두 가지 경우가 제시되고 있다.

I. **아버지의 집에 거하는 딸의 경우.**   어떤 이들은 아버지의 집에 거하며 초등 교사나 후견인의 통제 아래 있는 아들의 경우도 이와 마찬가지라고 보기도 하는데, 충분히 개연성이 있을 것 같기도 하다. 그러나 예외의 경우를 그렇게까지 확대시킬 수 있을지는 확실히 말할 수 없다. 율법이 명시하지 않는 것을 우리가 명확히 구별할 수는 없다. 여기의 규범은 일반적이다. 사람이 서원을 행하면 반드시 이행하여야 한다는 것이다. 그러나 딸에 대해서는 별도의 규범을 명

시하고 있다. 곧, 딸이 서원을 했을 경우 그 아버지가 그 사실을 그 딸에게서 들어 알기까지는 그 서원이 무효이거나 혹은 유보된다는 것이다. 아버지가 그 사실을 알게 되면 그 서원을 인정하거나 무효화시킬 권한이 아버지에게 있게 되기 때문이다. 그러나,

1. 아버지가 침묵을 지키기만 해도 그 서원을 인정하기에 충족하게 된다. 그의 아버지가 … 그에게 아무 말이 없으면 그의 모든 서원을 행할 것이요(4절). 침묵은 동의를 나타낸다. 이 경우 아버지는 딸이 행한 서원을 자유로이 행하도록 인정하는 것이며, 아버지가 그 서원에 대해 말을 하지 않는 이상 딸은 그 서원을 지켜 행하여야 한다. 그러나,

2. 아버지가 반대를 표명하면 그 서원은 완전히 무효가 된다. 딸의 서원이 가정사에 해(害)가 될 수도 있고 아버지의 일을 망가뜨릴 수도 있기 때문이다. 그 서원이 가축에 관한 것이면 아버지의 식량 공급 문제에 차질이 생길 수도 있고, 혹은 그 서원이 아버지의 재산으로 감당할 수 있는 것보다 더 클 경우 그의 자녀들을 위한 공급에 차질이 생길 것이다. 그렇게 되면 그것은 아버지의 권위를 자녀가 탈취하는 것이 되므로 만일 아버지가 그 서원을 용인하지 않으면 여호와께서 그 딸을 사하실 것이다. 즉, 서원을 범한 죄를 그 딸에게서 묻지 않으시리라는 뜻이다. 그 딸은 서원을 행하여 자신의 선한 뜻을 보인 것이고, 따라서 그 의도가 순전했다면 사함을 얻을 것이다. 이는 자녀가 부모를 얼마나 크게 높여야 하고 또한 얼마나 존경하고 순종해야 하는지를 잘 보여준다. 아버지의 권위가 유지되는 것은 공공의 유익을 위한 일이다. 자녀들이 부모에게 불순종하는 데도 그대로 묵인된다면(장로들의 유전에 따라서 그랬듯이, 마 15:5, 6) 그들은 얼마 지나지 않아서 다른 일에서도 **벨리알의 자식들**이 될 것이기 때문이다. 이 법이 부모의 동의 없이 행하는 자녀의 결혼에까지 확대되어, 부모가 그 결혼을 무효화시키고 모든 의무를 해제시킬 권한까지 갖게 되는 것은 아니라 하더라도(어떤 이들은 그렇게까지 확대된다고 생각하기도 했다), 분명한 것은 이 법이 그런 행위의 죄악성을 입증해 주며, 따라서 그렇게 어리석게 행한 자녀들은 하나님과 부모 앞에서 *스스로 회개하고 자신을 낮추어야* 한다는 것이다.

II. 아내의 경우도 거의 동일하다. 과부나 이혼 당한 여자의 경우는 그를 다스리는 아버지도, 남편도 없으며, 따라서 무슨 서원을 하든 그 자신이 그에

대한 책임을 지게 되고, 반드시 지켜야 하며(9절), 만일 지키지 않을 경우 스스로 모든 결과를 당해야 한다. 그러나 아내 된 자는 엄밀히 따져서 남편이 베풀어주는 것 외에는 자기 자신의 것이라 할 수 있는 것이 아무것도 없으므로, 남편의 허락이 없이는 아무런 서원도 할 수가 없다.

1. 서원을 행한 이후 오랫동안 아내의 상태로 있는 자의 경우에는 이 법이 명확하다. 남편이 침묵만으로도 그 서원을 허용하면, 그 서원은 유효하다(6, 7절). 남편이 허락하지 않을 경우는 그 아내가 서원하여 지게 되는 의무가 그 이전의 하나님의 명령에서 비롯된 것이 아니라 순전히 그 자신의 행위에서 비롯된 것이므로 그 남편을 향한 의무가 그 의무를 대치하게 된다. 아내는 주께 하듯 그 남편에게 속하여 있기 때문이다. 그러므로 아내는 그 서원을 이행할 의무를 지기는커녕 오히려 그 서원을 이행하려 하는 것이 그 남편을 대적하는 죄가 될 것이다. 서원을 행하기 전에 먼저 남편의 동의부터 구했어야 옳았던 것이다. 그러므로 그 아내에게는 용서가 필요한 것이다(8절).

2. 서원한 직후 과부가 되거나 이혼 당하는 아내의 경우에 해당되는 법도 거의 동일하다. 그 아내가 그 아버지의 집으로 돌아간다고 해서 아버지가 그의 서원을 무효화시킬 권한을 지니게 되지는 않으나(9절), 그 서원이 그녀가 그 남편의 집에 있는 동안에 행해졌고 또한 그 남편이 그것을 인정하지 않았다면, 그 서원은 무효가 된 것이고 따라서 영원토록 그 효력이 제거된 것이며, 따라서 그 남편의 법에서 해방된 이후에도 그녀가 자기가 행했던 그 서원의 의무를 다시 지게 되는 것이 아닌 것이다. 이것이 10-14절의 분명한 의미인 것 같다. 그렇지 않으면 그 부분은 6-8절을 그냥 되풀이한 것에 지나지 않게 될 것이다. 그러나 여기서 덧붙이기를(15절), 남편이 그 아내의 서원을 무효화시키면 그가 아내의 죄를 담당할 것이니라고 한다. 곧, 만일 그 아내가 행한 서원이 진정 선한 것으로 하나님을 높이고 그녀 자신의 영혼의 안위를 위한 것이었는데도 그 남편이 탐심이나 혹은 장난기로 혹은 자기의 권위를 세우기 위하여 그것을 인정하지 않았다면, 그 아내는 그 서원의 의무에서 자유를 얻게 되지만, 그 남편에게는 큰 책임이 돌아가게 될 것이라는 뜻이다. 여기서 하나님의 율법이 얼마나 세심하게 가정의 선한 질서를 배려하며, 윗사람의 권세와 아랫사람들의 의무와 존경심을 보존하고 있는지를 확연히 볼 수 있다. 각 남자마다 자기의 집을 주관하고 아내와 자녀를 모든 진지함으로 다스리는 것이 합당한 일이다. 하나님

께서는 이러한 큰 규범을 깨뜨리거나 아랫사람들로 하여금 그 결속 관계를 파괴시키도록 조장하기보다는 차라리 자신의 권리를 유보시키시고, 심지어 엄숙한 서원에 속한 의무까지도 포기하고자 하시는 것이다. 그만큼 신앙은 모든 인간 관계들의 결속을 강화시키는 것이요, 또한 모든 사회의 복지를 보존시키는 것이요, 따라서 신앙 가운데서 땅의 모든 족속이 복을 얻는 것(창 12:3)이다.

제
— 31 —
장

개요

본 장은 "여호와의 전쟁기"에 속하는 것으로 아마도 거기에 삽입된 것으로 보인다. 이는 미디안과의 거룩한 전쟁의 역사 기록이다. 본 장의 주요 내용은 다음과 같다. I. 전쟁에 대한 하나님의 명령(1, 2절). II. 전쟁의 시행(3-6절). III. 영광스러운 승리(7-12절). IV. 전쟁에서 승리를 거두고 귀환함. 1. 모세가 군병들을 영접함(13절). 2. 그가 여자들을 살려둔 것에 대해 책망함(14-18절). 3. 그들을 정결하게 하기 위해 내린 지침과 그 결과(19-24절). 4. 전리품을 분배함. 군병들에게 절반을, 그리고 회중에게 나머지 절반을 분배함. 그리고 각기 여호와께 헌물로 드림(25-47절). 5. 지휘관들이 자원하여 헌물을 드림(48-53절).

¹여호와께서 모세에게 말씀하여 이르시되 ²이스라엘 자손의 원수를 미디안에게 갚으라 그 후에 네가 네 조상에게로 돌아가리라 ³모세가 백성에게 말하여 이르되 너와 함께 있는 사람들 가운데서 전쟁에 나갈 사람들을 무장시키고 미디안을 치러 보내어 여호와의 원수를 갚되 ⁴이스라엘 모든 지파에게 각 지파에서 천 명씩을 전쟁에 보낼지니라 하매 ⁵각 지파에서 천 명씩 이스라엘 백만 명 중에서 만 이천 명을 택하여 무장을 시킨지라 ⁶모세가 각 지파에 천 명씩 싸움에 보내되 제사장 엘르아살의 아들 비느하스에게 성소의 기구와 신호 나팔을 들려서 그들과 함께 전쟁에 보내매

여기서

I. 만군의 여호와께서 모세에게 미디안인들과 전쟁을 할 것을 명령하신다.

그런 명령이 없었다면 이런 식의 전쟁은 정당화될 수 없을 것이나, 그가 명령하셨으니 이 전쟁은 분명 명분이 있는 것이었다. 미디안인들은 그두라에게서 비롯된 아브라함의 후손이었다(창 25:2). 그들 중 일부는 가나안 남부에 정착하였고, 이드로가 그들 중에 살았다. 그리고 그들은 참되신 하나님을 향한 예

배를 유지하고 있었다. 그러나 여기서 말하는 미디안인들이란 가나안의 동부에 정착한 자들로서 우상 숭배에 빠져 있었고 이웃의 모압인들과 동맹을 맺고 있던 자들이었다. 그들이 먼저 그 악한 여자들을 보내어 음행과 우상 숭배에 빠지도록 이스라엘을 유혹하여 역겨움과 분노를 사지 않았더라면, 그들의 땅이 이스라엘에게 복속되는 일도 없었을 것이고, 이스라엘이 그들과 엮이는 일도 없었을 것이다. 이것은 그들이 진노를 부추긴 것이요, 분쟁을 일으킨 것이다. 하나님이, 이스라엘 자손의 원수를 미디안에게 갚으라고 말씀하시기 때문이다(2절).

1. 하나님은 미디안인들을 징계하고자 하셨고, 그리하여 이스라엘 진영과 인접한 그들의 땅을 침입하게 하신 것이다. 이들이 모압인들보다 더 그 악행에 의도적으로 가담했을 것으로 보인다. 그렇기 때문에 모압인들은 그냥 내버려둔 것이다. 하나님은 우리를 죄로 이끄는 철천지원수들에게 보응하게 하시고 또한 그들을 피하게 하신다. 또한 각 사람이 시험을 받는 것은 자기 욕심에 끌려 미혹되는 것이며(약 1:14) 또한 바로 이것들이 간계로 우리를 미혹하는 미디안인들이므로, 우리는 우리 자신에게 원수를 갚아야 하고, 우리 자신과 동맹을 맺지 말고 오히려 죄를 죽이는 삶을 통하여 우리 자신과 전쟁을 해야 하는 것이다. 하나님은 미디안인들의 유혹에 굴복한 그의 백성들에게 보응하셨다. 그러니 이제 유혹을 감행한 그 미디안인들이 반드시 처리되어야 한다. 속은 자와 속이는 자가 다 그에게 속하였으니(욥 12:16) 둘 다 그의 재판정에 서야 하기 때문이요, 또한 비록 심판이 하나님의 집에서 시작되지만(벧전 4:17), 거기서 끝나는 것이 아니기 때문이다. 교회에 그릇된 오류와 부패를 들여다놓은 자들에게 원수가 갚아지고, 또한 사람들을 속인 마귀가 불못에 던져질 날이 다가오고 있는 것이다. 이스라엘과 아말렉과의 분쟁은 그 후 오랜 동안 보복되지 않았다. 그러나 미디안과의 분쟁은 이스라엘을 부패하게 하였으므로 속히 보복되었다. 그들이 훨씬 더 위험하고 악한 원수들로 간주되었기 때문이다.

2. 하나님은 모세로 하여금 그의 생전에 그 일을 행하게 하고자 하셨다. 모세는 미디안인들의 일로 너무도 크게 분노하였으므로, 그로 하여금 그 일이 보복되는 것을 친히 보게 하심으로써 그 상처를 보상받게 하고자 하신 것이다. "하나님과 이스라엘의 원수들에게 이 참형이 시행되는 것을 보라. 그리고 그 후에 네가 네 조상에게로 돌아가리라." 이것은 모세가 마지막으로 더 행하여야

할 유일한 임무였다. 그런 후에 그의 날이 이를 것이요 그가 안식에 들어갈 것이었다. 그는 여기까지만 사용받을 것이었다. 가나안 정복 전쟁은 다른 사람의 손으로 수행되게 되어 있던 것이다. 주목하라. 우리가 유능한 사람들에 대해서 그들이 아직 남아 있는 것이 좋다고 생각할 때에 하나님께서 그들을 데려가시는 경우가 있다. 그러나 사람은 그들에게 지정된 임무를 다 마치기 전에는 절대로 데려감을 당하지 않는다는 사실로써 만족해야 할 것이다.

II. 모세는 백성들에게 이 원정을 준비할 것을 명령한다(3절).   그는 온 진영 전체를 그 일에 가담시키지 않고 사람들 가운데서 전쟁에 나갈 일부의 사람들을, 즉 가장 건장한 자들 혹은 용맹한 자들을 무장시켜, 그들을 미디안을 치러 보내어 여호와의 원수를 갚게 하였다. 하나님은 이스라엘 자손의 원수를 갚으라고 말씀하셨고, 모세는 여호와의 원수를 갚으라고 말씀한다. 하나님과 이스라엘의 관심사가 서로 연합하여 있고, 양쪽의 대의가 동일하기 때문이다. 하나님께서 그의 역사하심에서 이스라엘의 존귀를 향하여 열심을 보이시면, 이스라엘 역시 그들이 행하는 일에서 반드시 하나님의 영광을 위한 열심을 드러내 보여야 마땅한 것이다. 우리 자신의 원수를 갚는 일은 그것이 동시에 여호와의 원수를 갚는 것이 될 때에야 비로소 정당화될 수 있는 것이다. 아니, 그렇기 때문에 우리에게 원수를 갚는 일이 금지되어 있는 것이다. 원수 갚는 것이 내게 있으니 내가 갚으리라고 하나님이 말씀하셨기 때문이다(롬 12:9).

III. 그리하여 이 원정을 위하여 파견할 군병들이 뽑혀진다.   각 지파에서 1,000명이 뽑혀서 모두 12,000명으로 원정대가 결성되었다. 이는 그들이 보낼 수 있는 규모에 비하면 아주 적은 숫자였고, 또한 원수들의 규모에 비해서도 적은 숫자였을 것이다. 그러나 하나님은 구원하는 역사가 사람이 많고 적음에 달리지 아니하였다는 것을 그들에게 가르치고자 하신 것이다(삼상 14:6).

IV. 엘르아살의 아들 비느하스가 그들과 함께 보냄을 받는다.   그런데 이 큰 일에서 여호수아에 대한 언급이 없는 것이 이상하다. 그가 이 원정대의 지휘관이었다면, 그가 이끄는 것에 대한 언급이 어째서 없단 말인가? 그리고 그가 진에 머물러 있었다면, 그들이 돌아올 때에 어째서 그가 모세와 더불어 그들을 맞이하였다는 기록이 없단 말인가? 아마도 각 지파마다 1,000명을 이끄는 장수가 있었으므로 별도로 전체의 지휘관이 없이, 광야에서 행진하는 순서대로 원정대가 나아간 것인 것 같다. 유다 지파가 선두에 서고, 나머지는 48절에 언급되는 각 지파의 장수들의 지휘를 받아 행진하였을 것이다. 그러나 그 원정이 거룩한 전쟁이므로 비느하스가 그들의 수령의 역할을 하였다. 전체의 지휘관 역할이 아니라 하나님의 말씀을 좇아 전쟁을 수행하는 전략을 결정지어 줌으로써 그 천부장들이 그것을 모두 인정하고 그 말씀에 따라 연합하여 행동을 취하도록 한 것으로 보인다. 그리하여 그는 거룩한 기구들을 지니고 갔다. 아마 위급한 상황에서 하나님의 인도하심을 구하기 위하여 심판의 흉배를 지니고 갔을 것이다. 그는 아직 대제사장은 아니었으나 바로 이 경우에만 대제사장을 대리하여 우림과 둠밈을 지니고 갔을 것이다(참조. 삼상 23:6). 또한 비느하스를 보내어 이 원정을 주도하도록 한 한 가지 구체적인 이유가 있었다. 그는 미디안인들이 간계로 이스라엘을 미혹할 때에 미디안의 한 가문의 수령의 딸 고스비가 브올의 일에서 뻔뻔스럽게 행하는 것을 보고 그를 살해함으로써 그들을 대적하는 열정을 이미 드러낸 바 있다(25:15). 한 사람의 범죄자를 향하여 정의의 칼을 사용하는데 그토록 열정을 보인 사람이야말로 온 민족을 대적하여 싸우는 전쟁의 칼을 인도하기에 가장 출중한 조건을 갖춘 사람이었던 것이다. 네가 적은 일에 충성하였으매 내가 많은 것을 네게 맡기리니(마 25:21).

⁷그들이 여호와께서 모세에게 명령하신 대로 미디안을 쳐서 남자를 다 죽였고 ⁸그 죽인 자 외에 미디안의 다섯 왕을 죽였으니 미디안의 왕들은 에위와 레겜과 수르와 후르와 레바이며 또 브올의 아들 발람을 칼로 죽였더라 ⁹이스라엘 자손이 미디안의 부녀들과 그들의 아이들을 사로잡고 그들의 가축과 양 떼와 재물을 다 탈취하고 ¹⁰그들이 거처하는 성읍들과 촌락을 다 불사르고 ¹¹탈취한 것, 노략한 것, 사람과 짐승을 다 빼앗으니라 ¹²그들이 사로잡은 자와 노략한 것과 탈취한 것을 가지고 여리고 맞은편 요단 강 가 모압 평지의 진영에 이르러 모세와 제사장 엘르아살과 이스라엘 자손의 회중에게로 나아오니라

여기서 다음을 보라.

1. 이 이스라엘의 작은 원정대가 하나님의 명령을 받아 미디안인들에게로 내려갔고 거기서 그 지역을 완전히 장악하였다. 그들이 미디안을 쳤다. 십중팔구 그들은 먼저 그 전쟁의 이유를 설명하는 메시지를 미디안인들에게 전달하

여, 악행을 범한 주모자들을 내어보내어 정의로 처단 받게 할 것을 그들에게 종용했을 것이다. 그렇게 하는 것이 훗날 법이 되었고(신 20:10), 또한 실제로도 그렇게 행했기 때문이다(삿 20:12, 13). 그러나 미디안인들이 자기들이 행한 일을 정당한 것으로 변명했고, 그 일을 행한 자들을 두둔하고 보호하였으므로, 이스라엘 군대가 하나님과 백성들을 향한 열정과 더불어 그들의 모든 경건한 분노가 끓어올라 불과 칼로 그들을 도륙하였다.

2. 그들이 이 원정에서 수행한 작전(군사 작전).

(1) 남자를 다 죽였다(7절). 나아가는 동안 만나는 자들을 모두 다 죽였다. 모든 남자들을 칼로 다 도륙하였고, 하나도 남겨두지 않았다. 그러나 그 민족의 모든 남자를 다 도륙하지는 않았다. 왜냐하면 기드온의 시대에, 미디안인들이 이스라엘의 강력하고도 막강한 원수가 되는 것을 보기 때문이다. 그들은 이 지방에 거주하던 미디안인들이었다. 그들이 동방 사람들로 간주되기 때문이다(삿 6:13).

(2) 미디안의 다섯 왕을 죽였다. 이들은 미디안 장로들로(22:4), 또한 시혼의 군주들로(수 13:21) 불리는 자들과 동일 인물들이다. 여기서 이 왕들 다섯의 이름이 언급되는데, 이들 중 수르는 고스비의 아버지인 수르(25:15)와 동일 인물이었을 것이다.

(3) 발람을 살해하였다. 이 때에 발람이 무엇 때문에 미디안인들 가운데 있었는지에 대해서 갖가지 추측들이 있다. 아마도 미디안인들이 이스라엘 군대가 그들을 쳐들어온다는 정보를 접하고서 발람을 회유하여 그들에게로 와서 주술을 해 주도록 했기 때문일 것으로 보인다. 미디안 쪽에서는 그가 이스라엘 군대를 저주하여 전황을 그들 편에 유리하게 만들면, 우상숭배 혹시 그렇게 하지 못한다 해도 미디안을 축복하여 효과적인 방어전을 치를 수 있을 것으로 여겼을 것이다. 그가 어떤 연유로 거기에 있었더라도, 하나님의 주권적인 섭리가 그를 그리로 가게 한 것이요, 거기서 하나님의 정의로운 보응이 그에게 임한 것이다. 그가 자신이 말한 대로 이스라엘의 안전한 상태를 스스로 믿었더라면, 그렇게 이스라엘의 원수들과 함께 공모하지는 않았을 것이다. 그러나 그는 음모에 가담했고, 결국 (그 스스로는 의인의 죽음을 원하는 체하였어도) 악인의 죽음을 죽었고, 할례 받지 못한 자들과 함께 죽임을 당하여 구덩이에 묻힌 것이다. 자기의 양심의 확신을 거슬러 그렇게 반역했기 때문이다. 미디안인들의

악행은 발람이 꾸민 계교였고, 따라서 그는 그들과 함께 망하는 것이 정의로운 일이었다(호 4:5). 이렇게 해서 그의 어리석음이 모든 사람들에게 드러났다. 그는 다른 사람들의 운명은 예언해 주면서 자기 자신의 운명은 예견하지 못했던 것이다.

(4) 미디안의 부녀들과 그들의 아이들을 사로잡았다(9절).

(5) 그들이 거처하는 성읍들과 촌락을 다 불살랐다(10절). 그들은 그 곳에 거주할 생각이 없었고, 또한 그들에게서 피한 자들이 그 곳으로 돌아와 다시 거기에 거주하지 못하도록 그렇게 한 것이다. 어떤 이들은 이것을 미디안인들의 우상을 모신 신전에 대한 내용으로 이해한다. 우상 역시 이 보복을 피할 수 없었다는 것이다.

(6) 그 땅을 노략하였다. 가축과 모든 귀중품들을 다 가져갔고, 이스라엘 진영에다 풍성한 전리품들을 쏟아부었다(9, 11, 12절). 이렇게 해서 그들은 원수들에게서 빼앗은 금품으로 풍요롭게 되었고(애굽에서 나올 때처럼) 하나님께서 그들을 들이실 그 좋은 땅에서 쓸 물건들로 가득 차게 되었다.

¹³모세와 제사장 엘르아살과 회중의 지도자들이 다 진영 밖에 나가서 영접하다가 ¹⁴모세가 군대의 지휘관 곧 싸움에서 돌아온 천부장들과 백부장들에게 노하니라 ¹⁵모세가 그들에게 이르되 너희가 여자들을 다 살려두었느냐 ¹⁶보라 이들이 발람의 피를 따라 이스라엘 자손을 브올의 사건에서 여호와 앞에 범죄하게 하여 여호와의 회중 가운데에 염병이 일어나게 하였느니라 ¹⁷그러므로 아이들 중에서 남자는 다 죽이고 남자와 동침하여 사내를 아는 여자도 다 죽이고 ¹⁸남자와 동침하지 아니하여 사내를 알지 못하는 여자들은 다 너희를 위하여 살려둘 것이니라 ¹⁹너희는 이레 동안 진영 밖에 주둔하라 누구든지 살인자나 죽임을 당한 사체를 만진 자는 셋째 날과 일곱째 날에 몸을 깨끗하게 하고 너희의 포로도 깨끗하게 할 것이며 ²⁰모든 의복과 가죽으로 만든 모든 것과 염소털로 만든 모든 것과 나무로 만든 모든 것을 다 깨끗하게 할지니라 ²¹제사장 엘르아살이 싸움에 나갔던 군인들에게 이르되 이는 여호와께서 모세에게 명령하신 율법이니라 ²²금, 은, 동, 철과 주석과 납 등의 ²³불에 견딜 만한 모든 물건은 불을 지나게 하라 그리하면 깨끗하려니와 다만 정결하게 하는 물로 그것을 깨끗하게 할 것이며 불에 견디지 못할 모든 것은 물을 지나게 할 것이니라 ²⁴너희는 일곱째 날에 옷을 빨아서 깨끗하게 한 후에 진영에 들어올지니라

여기서는 미디안과의 전쟁에서 이스라엘 군대가 승리를 얻고 귀환하는 기사를 접하게 된다.

I. 그들은 큰 환영을 받았다(13절). 연로한 나이와 높은 위상에도 불구하고 모세가 친히 진영 밖으로 나가서 그들의 승리를 축하하고, 그 개선의 엄숙함을 높이 드러내었다. 공적인 성공은 공적으로 인정하여 하나님께 영광을 돌리고 또한 그 나라의 대의를 위하여 목숨을 무릅쓴 자들에게 격려가 되도록 해야 한다.

II. 그들은 여자들을 살려둔 것으로 인하여 극심한 책망을 받았다. 모세는 십중팔구 그들에게 여자들을 죽일 것을 명했을 것이다. 최소한 미디안인들에게 이스라엘을 위해 복수하라는 일반적인 명령에 그런 내용이 암시되어 있었다. 그것은 여자들이 이스라엘인들을 꾀어 브올을 예배하도록 한 범죄에 대한 처단의 성격을 띤 것이었으므로 주모자들인 여자들을 살려두지 말아야 하는 것은 당연한 귀결이었다. 모세는 말한다. 무엇이라고? 너희가 여자들을 다 살려 두었느냐?(15절). 그는 그들을 보자 거룩한 분노가 치밀어 올랐다. 이들이 … 이스라엘 자손을 브올의 사건에서 여호와 앞에 범죄하게 … 하였느니라. 그러므로,

1. 그들이 죽는 것이 정당한 일이다. 음행의 경우 율법은 간음한 남자와 간음한 여자를 반드시 죽이라고 명령하고 있다. 하나님께서 염병을 통해서 이스라엘의 간음한 남자들을 죽이셨으니, 이제 미디안의 간음한 여자들을 칼로 죽이는 것이 합당한 일이었다. 특히 그 여자들이 유혹하여 그런 죄를 범하게 했으니 더욱더 그러했다.

2. "그들을 살려두는 것이 위험한 일이다. 그들이 또다시 이스라엘 사람들을 미혹하여 부정에 빠지도록 할 것이니, 그렇게 되면 너희가 사로잡은 자들이 너희의 정복자들이 될 것이요, 그 다음에는 너희를 멸하는 자들이 될 것이다." 그러므로 오로지 여자 아이들만 남기고 모든 성인 여자들을 살육하라는 극심한 명령이 주어진다.

III. 그들은 또한 전쟁에서 취한 포로들(19절)**과 모든 전리품들**(21-23절)**을 정결하게 하여야 했다.** 불을 견디는 것들은 불을 통과해야 했고, 불을 견디지 못하는 것들은 물로 씻어야 했다. 이것들은 미디안인들이 사용하던 것들인데 이제 이스라엘인들의 소유가 되었으니 그 거룩한 민족과 그들의 거룩하신 하나님의 존귀를 위하여 사용되기에 합당하도록 거룩하게 하는 것이 합당한 일

이었다. 오늘 우리들의 경우는 우리가 불이요 물이신 성령으로 말미암아 거룩해져 있다면, 우리에게 모든 것이 말씀과 기도로 거룩하게 된다. 깨끗한 자에게는 모든 것이 깨끗하니라.

²⁵여호와께서 모세에게 말씀하여 이르시되 ²⁶너는 제사장 엘르아살과 회중의 수령들과 더불어 이 사로잡은 사람들과 짐승들을 계수하고 ²⁷그 얻은 물건을 반분하여 그 절반은 전쟁에 나갔던 군인들에게 주고 절반은 회중에게 주고 ²⁸전쟁에 나갔던 군인들은 사람이나 소나 나귀나 양 떼의 오백분의 일을 여호와께 드릴지니라 ²⁹곧 이를 그들의 절반에서 가져다가 여호와의 거제로 제사장 엘르아살에게 주고 ³⁰또 이스라엘 자손이 받은 절반에서는 사람이나 소나 나귀나 양 떼나 각종 짐승 오십분의 일을 가져다가 여호와의 성막을 맡은 레위인에게 주라 ³¹모세와 제사장 엘르아살이 여호와께서 모세에게 명령하신 대로 하니라 ³²그 탈취물 곧 군인들의 다른 탈취물 외에 양이 육십칠만 오천 마리요 ³³소가 칠만 이천 마리요 ³⁴나귀가 육만 천 마리요 ³⁵사람은 남자와 동침하지 아니하여서 사내를 알지 못하는 여자가 도합 삼만 이천 명이니 ³⁶그 절반 곧 전쟁에 나갔던 자들의 소유가 양이 삼십삼만 칠천오백 마리라 ³⁷여호와께 공물로 드린 양이 육백 칠십오요 ³⁸소가 삼만 육천 마리라 그 중에서 여호와께 공물로 드린 것이 칠십이 마리요 ³⁹나귀가 삼만 오백 마리라 그 중에서 여호와께 공물로 드린 것이 육십일 마리요 ⁴⁰사람이 만 육천 명이라 그 중에서 여호와께 공물로 드린 자가 삼십이 명이니 ⁴¹여호와께 거제의 공물로 드린 것을 모세가 제사장 엘르아살에게 주었으니 여호와께서 모세에게 명령하심과 같았더라 ⁴²모세가 전쟁에 나갔던 자에게서 나누어 이스라엘 자손에게 준 절반 ⁴³곧 회중이 받은 절반은 양이 삼십삼만 칠천오백 마리요 ⁴⁴소가 삼만 육천 마리요 ⁴⁵나귀가 삼만 오백 마리요 ⁴⁶사람이 만 육천 명이라 ⁴⁷이스라엘 자손의 그 절반에서 모세가 사람이나 짐승의 오십분의 일을 취하여 여호와의 장막을 맡은 레위인에게 주었으니 여호와께서 모세에게 명령하심과 같았더라

여기서는 미디안과의 전쟁에서 취해 온 전리품을 분배하는 과정이 나타난다. 하나님께서 친히 그것을 분배하는 법을 지시하셨고, 모세와 엘르아살이 그 지시에 따라 시행하였다. 이렇게 해서 백성들 간에 물건을 놓고 다투는 불행이 방지되었고, 승리가 모든 사람에게 공통적으로 유익을 주게 되었다. 전

리품을 주신 분이 그것을 나누는 일에도 명령을 주시는 것이 합당한 일이었던 것이다. 우리가 가진 모든 것이 하나님께로부터 온 것이요, 따라서 그의 뜻에 복종하여야 마땅한 것이다.

I. 노획물을 두 그룹으로 나누어 그 중 하나는 전쟁에 참가한 12,000명의 사람들에게 주고, 나머지는 이스라엘 회중에게 주도록 했다. 이렇게 분배한 노획물은 오로지 포로들과 가축들뿐이었을 것으로 여겨진다. 보석이나 기명 등 다른 물품들은 50-53절에서 암시되듯이 각 사람이 자기들이 취한 것을 그대로 소유했을 것으로 보인다. 이스라엘이 들어갈 그 넓은 땅을 경작하는 데 사용되는 것들만 분배되었을 것이다. 여기서 관찰하라.

1. 노획물의 절반만 온 회중에게 분배하였다. 모세는 각 지파에게 몫을 할당해 주었고, 각 지파의 수령들이 자기 지파의 몫을 받아 가문 별로 나누어주었다. 온 회중을 대신하여 전쟁이 수행되었다. 온 회중은 명령이 주어졌더라면 용맹한 자들을 상대로 여호와를 돕는 일에 기꺼이 헌신했을 것이고, 분명 기도로써 군대를 도왔을 것이다. 그러므로 하나님께서는 집에 있던 자들도 탈취물을 나누도록 배려하신 것이다(시 68:12). 다윗은 그의 치세 때에 전장에 내려갔던 자의 분깃이나 소유물 곁에 머물렀던 자의 분깃이 동일하게 하는 것을 이스라엘의 율례와 규례로 삼았다(삼상 30:24, 25). 공적인 임무를 수행하는 자들은 그들의 수고와 땀으로 오로지 자기들만 유익을 얻기를 생각해서는 안 되고, 반드시 공동체 전체의 유익을 목표로 삼아야 하는 법이다.

2. 그러나 전쟁에 나간 12,000명은 온 회중(그들보다 수가 50배나 더 많았다)과 동일한 규모의 몫을 받았다. 그러므로 그들은 집에 남아 있던 다른 형제들보다 훨씬 더 나은 보상을 받았으며, 이는 지극히 타당한 일이었다. 하나님과 교회를 위하여 봉사하는 일에 수고가 크고 위험이 클수록, 마지막에 받을 상급도 커지는 것이다. 하나님은 불의하지 않으셔서 사랑의 일과 수고를 잊지 않으시기 때문이다.

II. 하나님께 공물을 드려야 했다. 하나님이 그들을 다스리시는 주권자이심을 인정하는 뜻으로, 또한 그가 공물을 받아 마땅하신 그들의 왕이시요, 특히 이 전쟁에 개입하셔서 이기게 하신 분이심을 인정하는 뜻으로, 또한 여호와의 대리자들인 제사장들이 그들의 생활 유지에 필요한 것 이외에 좀 더 받게 하고자 함이었다. 주목하라. 우리가 무엇을 가지고 있든, 하나님께서 그의 것을 받으셔야만 한다. 여기서 (전과 마찬가지로) 군인들이 나머지 회중들보다 더 큰 혜택을 받는다. 온 회중들에게서는 하나님께서 그 몫의 50분의 1을 요구하셨는데, 군인들에게서는 그들의 몫의 500분의 1을 요구하신 것이다. 이는 백성들은 수고한 것도 땀 흘린 것도 없이 그들의 몫을 쉽게 얻었기 때문이다. 하나님께 봉사하여 그를 존귀하게 할 기회가 적을수록 우리가 받은 것을 더 드려서 하나님을 존귀하게 하여야 하는 것이다. 군인들이 드린 헌물의 절반을 제사장들에게 드렸고(29절), 백성들이 드린 헌물의 절반은 레위인들의 몫으로 돌아갔다(30절). 군인들이 특별한 위험한 봉사를 위하여 백성들 중에서 뽑은 자들이듯이 제사장들도 레위인들 중에서 뽑은 자들이었고, 따라서 정당한 비율에 따라서 그들의 몫이 할당된 것이다.

[48]군대의 지휘관들 곧 천부장과 백부장들이 모세에게 나아와서 [49]모세에게 말하되 당신의 종들이 이끈 군인을 계수한즉 우리 중 한 사람도 축나지 아니하였기로 [50]우리 각 사람이 받은 바 금 패물 곧 발목 고리, 손목 고리, 인장 반지, 귀 고리, 목걸이들을 여호와께 헌금으로 우리의 생명을 위하여 여호와 앞에 속죄하려고 가져왔나이다 [51]모세와 제사장 엘르아살이 그들에게서 그 금으로 만든 모든 패물을 취한즉 [52]천부장과 백부장들이 여호와께 드린 거제의 금의 도합이 만 육천칠백오십 세겔이니 [53]군인들이 각기 자기를 위하여 탈취한 것이니라 [54]모세와 제사장 엘르아살이 천부장과 백부장들에게 금을 위하여 회막에 드려 여호와 앞에서 이스라엘 자손의 기념을 삼았더라

여기서는 천부장과 백부장 등 군대의 각급 지휘관들의 경건과 헌신의 위대한 모범이 제시되고 있다. 모세가 이제 전면에서 물러났으나 그들은 지극히 겸손하게 자기들을 그의 종들이라 부르며 그에게 존경을 표하였다. 그들이 존귀를 얻었으나 그렇다고 해서 우쭐해져서 모세에 대한 그들의 의무를 잊게 되지는 않은 것이다. 그들의 말에서 다음을 관찰하라.

1. 이 전쟁에서 하나님께서 그들에게 베푸신 놀라운 선하심을 그들이 경건하게 주목하고 있다. 하나님께서는 그들의 목숨을 보존시키신 것은 물론 그들이 휘하에 거느렸던 모든 용사들의 목숨을 보존시켜 주셨고, 그리하여 그들의 명부를 보면 한 사람도 죽은 사람이 없었다(49절). 이것은 매우 놀라운 일이었

고, 어쩌면 역사상 유례가 없는 일일 수도 있다. 수만 명이 넘는 사람들이 들판에서 목숨을 담보로 하고 싸웠는데, 적의 칼로도 혹은 질병이나 재난으로도 한 사람도 잃지 않았으니 말이다. 이것이야말로 여호와께서 행하신 일이었다. 모든 사람의 목숨이, 특히 군인들의 목숨이 자기들의 손에 있다고 생각하는 자들이 보기에 이는 놀랍기 그지없는 일이었다. 이 지휘관들이 휘하의 병졸들이 하나도 죽지 않은 사실을 자기들에게 베푸신 자비로 여겼다는 것은 그들이 그 병졸들을 각별히 아꼈고 그들의 목숨을 귀하게 여기고 있었다는 증거다. 우리 중 한 사람도 축나지 아니하였기로. 그리스도의 군병들의 피 역시 그에게 귀한 법이다(시 72:14).

2. 이러한 자비에 대해 그들이 경건하게 보답하고 있다. 우리 각 사람이 … 여호와께 헌금으로 … 가져왔나이다(50절). 그들이 가져온 헌금은 각 사람이 받은 것 중에서 취한 것이요, 그것은 하나님의 허락하심을 받아 정직하게 받은 것들이었다. 그러므로 각 사람은 하나님께서 베풀어 주신 것에 따라 드려야 한다(고전 16:2). 하나님께서 그의 은혜의 선물로 풍성하게 심는 곳에서 경건과 사랑의 열매가 그만큼 풍성하게 맺히기를 기대하시기 때문이다. 처음에는 성막이, 그리고 나중에는 성전이 이스라엘의 원수들에게서 취한 탈취물들로 풍성하게 채워졌다. 다윗과(삼하 8:11, 12) 그의 군 지휘관들이 그렇게 했다(대상 26:26,27). 전쟁에서나 무역에서나 먼저 믿음으로 일부를 하나님께 거룩히 드린 다음에 우리 것으로 취해야 할 것이다. 하나님께서는 번제물을 도둑질하는 것을 싫어하신다. 하나님께서 우리를 놀랍게 보존하시고 번성케 하시면, 우리가 무언가 구체적인 감사의 보답을 그에게 할 것을 기대하시는 것이다. 이 헌물에 관하여 살펴보면,

(1) 군대의 지휘관들은 여호와 앞에 속죄하려고 이 헌물을 드렸다(50절). 이들은 미디안인들에게 여호와의 원수를 갚는 일에 크게 수고한 것에 대해 보상을 요구하고자 모세에게 나아간 것도 아니요, 혹은 승리의 기념탑을 세워 자기들의 이름을 영원히 남기고자 한 것도 아니요, 자기들의 영혼을 위하여 여호와 앞에 속죄하려고 헌물을 드린 것이다. 그들이 임무를 수행하는 중에 잘못을 범한 것들이 있음을 스스로 의식한 것이다. 아무리 훌륭한 사람이 아무리 훌륭한 봉사를 하더라도 이러한 잘못과 오류를 인정해야 하는 것이다. 그들이 책망을 받은 사안(14절)에 대해서만이 아니라 그밖에 다른 많은 사안에 대해서도 속

죄한 것이다. 선을 행하고 죄를 범하지 않는 의인은 이 땅에 한 사람도 없는 것이다.

(2) 모세가 이를 받아 성막에 드려 이스라엘 자손의 기념으로 삼았다(54절). 즉, 그들로 하여금 그 이후의 전쟁들에서도 여호와를 신뢰하도록 격려하고자 그들을 향하신 하나님의 선하심을 기리는 기념물로 삼았고, 또한 하나님께 드리는 감사의 기념물(희생 제사들은 기념물이라 일컬어진다)로 삼았다는 뜻이니, 곧 베풀어진 은덕에 대해 감사를 올리므로 이를 기쁘게 여기사 그들에게 계속해서 긍휼을 베푸시기를 비는 것이었다.

제 — 32 — 장

개요

본 장의 주요 내용은 다음과 같다. I. 르우벤과 갓 지파가 현재 이스라엘이 주둔한 요단 강 동쪽 지역을 기업으로 주기를 겸손히 요청함(1-5절). II. 모세가 그들의 요청을 오해함(6-15절). III. 그들이 그들의 요청을 해명하며 올바로 진술함(16-19절). IV. 그들 스스로 제기한 조건과 제한 사항을 전제로 그들의 요청이 허락됨(20-42절).

¹르우벤 자손과 갓 자손은 심히 많은 가축 떼를 가졌더라 그들이 야셀 땅과 길르앗 땅을 본즉 그 곳은 목축할 만한 장소인지라 ²갓 자손과 르우벤 자손이 와서 모세와 제사장 엘르아살과 회중 지휘관들에게 말하여 이르되 ³아다롯과 디본과 야셀과 니므라와 헤스본과 엘르알레와 스밤과 느보와 브온 ⁴곧 여호와께서 이스라엘 회중 앞에서 쳐서 멸하신 땅은 목축할 만한 장소요 당신의 종들에게는 가축이 있나이다 ⁵또 이르되 우리가 만일 당신에게 은혜를 입었으면 이 땅을 당신의 종들에게 그들의 소유로 주시고 우리에게 요단 강을 건너지 않게 하소서 ⁶모세가 갓 자손과 르우벤 자손에게 이르되 너희 형제들은 싸우러 가거늘 너희는 여기 앉아 있고자 하느냐 ⁷너희가 어찌하여 이스라엘 자손에게 낙심하게 하여서 여호와께서 그들에게 주신 땅으로 건너갈 수 없게 하려 하느냐 ⁸너희 조상들도 내가 가데스바네아에서 그 땅을 보라고 보냈을 때에 그리 하였었나니 ⁹그들이 에스골 골짜기에 올라가서 그 땅을 보고 이스라엘 자손을 낙심하게 하여서 여호와께서 그들에게 주신 땅으로 갈 수 없게 하였었느니라 ¹⁰그 때에 여호와께서 진노하사 맹세하여 이르시되 ¹¹애굽에서 나온 자들이 이십 세 이상으로는 한 사람도 내가 아브라함과 이삭과 야곱에게 맹세한 땅을 결코 보지 못하리니 이는 그들이 나를 온전히 따르지 아니하였음이니라 ¹²그러나 그나스 사람 여분네의 아들 갈렙과 눈의 아들 여호수아는 여호와를 온전히 따랐느니라 하시고 ¹³여호와께서 이스라엘에게 진노하사 그들에게 사십 년 동안 광야에 방황하게 하셨으므로 여호와의 목전에 악을 행한 그 세대가 마침내는 다 끊어졌느니라 ¹⁴보라 너희는 너희의 조상의 대를 이어 일어난 죄인의 무리로서

이스라엘을 향하신 여호와의 노를 더욱 심하게 하는도다 ¹⁵너희가 만일 돌이켜 여호와를 떠나면 여호와께서 다시 이 백성을 광야에 버리시리니 그리하면 너희가 이 모든 백성을 멸망시키리라

이스라엘은 지금 모압 평지에 진을 치고 있었다. 그들은 거기서 여러 달을 그런 상태로 지내고 있었고, 시혼과 옥의 땅을 정복한 일을 돌이켜 보며 또한 이제 얼마 후면 들어가 정복하게 될 가나안 땅을 바라보고 있었다. 이런 자세로 멈추고 있는 동안, 그들이 이미 정복한 것들을 분배하는 큰 사안이 여기서 대두되고 정리되었다. 그러나 하나님의 구체적인 명령이나 지시를 통해서가 아니라 두 지파의 특별한 요청을 받아 오랜 논쟁 끝에 모세가 동의함으로써 정리된 것이다. 그 당시는 비정상적인 방식으로 나타나는 하나님의 섭리를 통해서 많은 일이 행해지던 때였으나, 그 때에도 많은 일들이 인간의 지혜로운 판단에 맡겨져 있었던 것이다. 하나님께서는 세상과 교회를 통치하심에 있어서 사람의 이성을 사용하시며 그것을 통해서 그 자신의 뜻을 이루시는 것이다.

I. 르우벤 지파와 갓 지파의 요청. 그들은 최근 그들이 소유한 땅을 — 그 땅은 이스라엘 전체가 정복한 것이므로 이스라엘의 공동 소유였다 — 그들의 기업으로 인정해 줄 것을 요청하였다. 그들이 약속의 땅의 일부를 소유하게 되어 있다는 일반적인 생각에 따라서, 이 땅을 그들의 몫으로 인정해 달라는 것이었다. 르우벤과 갓 지파는 동일한 깃발 아래 진을 치고 있었으므로 서로를 교감할 더 나은 기회가 있었고, 그리하여 이 문제를 자기들 사이에 매듭 지어 놓고 있었던 것이다. 첫 절에서는 르우벤 자손이 먼저 거명되나 후에는 갓 자손이 먼저 거명되는데(2, 25, 31절), 이는 갓 자손이 먼저 요청을 제기했고 그 일을 위해 가장 전면에서 활동했기 때문이거나, 혹은 그들이 자기들의 입장을 더 잘 대변했고, 또한 일 처리에 있어서도 더 효과적으로 움직였기 때문일 것이다. 여전히 르우벤 지파는 너는 탁월하지 못하리라는 야곱의 예언(창 49:4)의 영향을 받고 있었던 것이다. 이 지파들이 이런 선택을 하고 그것을 위해 요청을 제기하게 된 것은 이 세상에 공통적으로 존재하는 두 가지 요인, 즉 안목의 정욕과 이생의 자랑(요일 2:16)에 미혹을 당한 탓이었다.

1. 안목의 정욕. 그들이 갖고 싶어 한 이 땅은 상황에 꼭 맞고 보기에도 좋았으며 더욱이 양식을 얻기에도 좋았고 가축의 양식을 얻기에도 좋았다. 그들은

다른 지파들보다 더 많은 가축을 지니고 있었다. 어떤 이들은 그들이 애굽에서 나올 때 다른 지파들보다 많은 가축을 지니고 나왔기 때문이라고 보기도 하나, 그것은 40년 전의 일이다. 40년 동안 가축의 숫자는 얼마든지 늘고 줄고 하는 것이었다. 그러므로 다른 지파들보다 광야에서 가축들을 잘 관리하였으며, 다른 지파들처럼 양 떼들에게서 어린 양들을, 가축 떼 중에서 소들을 빼내어 잡아먹는 일을 많이 하지 않았기 때문일 것이다. 이렇게 가축이 많았으니, 거기에 합당한 땅을 탐한 것이다. 여러 성경들은 바산과 길르앗을 가축으로 유명한 지역으로 언급한다. 그 당시에도 이미 그랬었다. 그러므로 이 지파들은 그들이 그 땅을 소유하여 그 땅의 산물을 자기들의 몫으로 갖기를 희망한 것이다. 사려 깊은 칼빈(John Calvin)은 그들의 중심 자세에 결함이 많았다고 본다. 그들은 공동의 유익보다 자기들의 사사로운 편의를 더 생각하였고, 이스라엘 전체의 존귀와 유익을 크게 돌아보지 않았으며, 당연히 가나안 땅(엄밀한 의미에서 요단 강 동쪽은 가나안 땅이 아니었다)에 대하여 아브라함에게 주신 약속을 소중히 여기고 생각했어야 옳았는데 그렇게 하지 않았다는 것이다. 그리스도 예수의 일보다 자기 일을 구하는 자들이 많고(빌 2:21), 오늘날도 수많은 이들이 자기들의 속된 이익과 유익에 영향을 받아 하늘의 가나안을 등한시하는 것이 너무도 엄연한 사실이다. 그들의 정신이 이 세상과 또한 눈에 보이는 세속적인 것들과 너무도 잘 어울리므로, "여기 있는 것이 좋사오니"라고 말하며, 장차 올 것을 구하지 않으므로 그 귀한 것을 잃어버리는 것이다. 롯도 그렇게 눈에 보이는 것을 택했고 그리하여 결국 화를 당한 것이다. 우리의 몫을 올바로 택하려면, 눈에 보이는 것들 저 너머에 있는 것을 보아야 하는 것이다.

2. 거기에 이생의 자랑도 있었던 것으로 보인다. 르우벤은 이스라엘의 장자였으나 그의 장자권을 잃어버렸었다. 르우벤 대신 다른 지파들이, 특히 유다 지파가 더 강성해졌고, 따라서 그는 가나안에서 최상의 몫을 기대할 수 없었다. 그러므로 장자권은 빼앗겼으니 이제 그 장자권의 그림자라도 건지기 위해 여기서 최초의 몫을 붙잡고자 한 것이다. 그것이 가나안 바깥에 있고 성막에서 멀리 떨어져 있었더라도 말이다. 에서도 그의 장자권을 팔았으나, 세일 산에서 먼저 기업을 누렸다. 갓 지파는 실바의 장자의 후손들이었고 르우벤 지파와 함께하였다. 그리고 므낫세 역시 장자였으나 그의 동생 에브라임보다 열등하게 될 것을 알고서 먼저 기업을 받기를 탐한 것이다.

II. 모세가 이 요청을 싫어하여 신실한 군주와 선지자로서 그들을 극심하게 책망하였다.

1. 그 요청이 불순하다는 것을 첫눈에 인정할 수밖에 없었다. 특히 그들의 마지막 발언은 그렇게 볼 수밖에 없었다. 우리에게 요단 강을 건너지 않게 하소서 (5절).

(1) 그들의 요청이 아주 나쁜 동기에서, 즉 모세 자신이 그렇게도 보기를 소원했던 그 약속의 땅을 멸시하며 가나안인들을 몰아낼 하나님의 능력을 불신하는 데에서 비롯된 것으로 비쳤다. 그들은 이미 잘 알고 있고 또한 이미 정복한 땅에서 지내는 것이 알지도 못하고 아직 정복하지도 못한 땅으로 들어가는 것보다 더 바람직하다고 여기기라도 하는 것처럼 보였던 것이다. 손에 잡힌 한 마리의 새가 숲속의 새 두 마리보다 더 가치가 있는 법이니 말이다. 또한 그들의 요청에는 탐심이 개입되어 있는 것처럼 보였다. 그들은 그 땅이 자기들의 가축을 먹이기에 편리하다는 점을 강조했기 때문이다. 또한 그들의 요청은 다른 형제들을 무시하는 것처럼 비쳤다. 자기들의 필요만 공급받으면 되고, 나머지 이스라엘이야 어떻게 되든 상관치 않겠다는 태도로 보인 것이다.

(2) 그 일이 아주 나쁜 결과를 초래할 수도 있었다. 사람들이 이 일에서 부적절한 암시를 받아서, 이스라엘의 숫자를 다 합쳐도 가나안인들을 상대하기에는 턱없이 부족한데 두 지파 반(그들의 전체 규모의 5분의 1이었다)이 요단 강 동쪽에 남게 된다면 얼마나 더 부족하겠는가 하고 생각하게 될 수도 있었다. 그렇게 되면 아주 나쁜 선례를 남기게 될 것이었다. 땅을 정복하자마자 그들이 그 땅을 자기 것으로 취하게 되면, 다른 지파들도 똑같은 핑계를 대고 똑같이 주장하게 되고, 따라서 정상적인 제비뽑기를 통한 땅 분배를 못하는 상황이 벌어질 수도 있었던 것이다.

2. 그러므로 모세는 그들에게 아주 따뜻하게 대하였다. 이는 죄를 미워하는 경건한 열정 때문이었다. 나이가 들어 노쇠하여 역정을 낼 수도 있었으나 그렇게 하지 않고, 온유함도, 그의 특유의 기백도 잃지 않았다.

(1) 그는 이 요청에서 악하다고 여기는 바를 그들에게 고하였다. 곧, 그 일이 형제들의 사기를 떨어뜨린다는 것이다(6, 7절). "무엇이라고!" (그들의 이기적인 자세에 거룩한 분노를 발하며 이렇게 말한다) "너희 형제들은 싸우러 가서 온갖 괴로움과 위험을 무릅쓰는데 너희는 여기 편안히 앉아 있고자 하느냐? 아니

다. 너희 자신을 속이지 말라. 나는 절대로 너희가 이런 게으르고 비겁한 상태에 있도록 부추기지 않을 것이다." 혼자 가만히 앉아서 공적이든 사적이든 형제의 어렵고 위험한 사정에 대해 무관심한 것은 하나님의 이스라엘에 속한 사람에 결코 어울리는 일이 아니다.

(2) 그는 그들에게 과거 조상들이 지금처럼 가나안에 막 들어갈 준비를 마칠 즈음에 불신앙과 미지근한 자세로 인하여 치명적인 결과들을 당하게 된 것을 상기시킨다. 그는 그 이야기를 아주 상세하게 거론한다(8-13절). "너희 조상들도 … 그리하였었나니, 그들이 받은 형벌에서 경계를 받아 너희도 비슷한 죄를 범하지 않도록 주의하라."

(3) 그는 만일 그들이 요청하는 대로 그들이 이스라엘 진영에서 분리되어 나가면 십중팔구 불행한 일이 생길 것을 분명히 경계시킨다. 이스라엘 온 회중에게 하나님의 진노를 촉발시키게 되고 결국 모두 다시 광야로 내어쫓기게 되리라는 것이다(14, 15절). "우리는 너희가 일어나 그 아름다운 땅을 소유하리라는 소망을 갖고 있는데, 너희는 너희의 조상의 대를 이어 일어난 죄인의 무리로서 과거 그들처럼 아름다운 땅을 멸시하여 그것을 거부하는 자들이로다." 이 지파들의 인구가 크게 증가했다는 것은 모세에게 큰 격려가 되었다. 그러나 그것이 그들의 조상의 불경한 발자취를 따르는 죄악된 사람들의 증가인 것을 보고 그는 크게 실망하였던 것이다. 가문과 국가의 차세대가 더 나아지기는커녕 오히려 전보다 더 못하다면 그것이야말로 안타까운 일이다. 그렇게 된다면 결과가 어찌 되겠는가? 여호와의 노를 더욱 심하게 하는 것이다. 그의 불 같은 진노가 계속되는 것만이 아니라 더욱 심화되고, 황폐가 홍수처럼 밀려오기까지 그 분량을 채우게 될 것이다. 주목하라. 사람들이 마땅히 생각하여야 할 대로 생각하지 않으면 그 죄의 결과가 어떻게 되겠는가? 그 결과의 시초부터 처절한 두려움이 될 것이다.

[16]그들이 모세에게 가까이 나아와 이르되 우리가 이 곳에 우리 가축을 위하여 우리를 짓고 우리 어린 아이들을 위하여 성읍을 건축하고 [17]이 땅의 원주민이 있으므로 우리 어린 아이들을 그 견고한 성읍에 거주하게 한 후에 우리는 무장하고 이스라엘 자손을 그 곳으로 인도하기까지 그들의 앞에서 가고 [18]이스라엘 자손이 각기 기업을 받기까지 우리 집으로 돌아오지 아니하겠사오며 [19]우리는 요단 이쪽 곧 동쪽

에서 기업을 받았사오니 그들과 함께 요단 저쪽에서는 기업을 받지 아니하겠나이다 ²⁰모세가 그들에게 이르되 너희가 만일 이 일을 행하여 무장하고 여호와 앞에서 가서 싸우되 ²¹너희가 다 무장하고 여호와 앞에서 요단을 건너가서 여호와께서 그의 원수를 자기 앞에서 쫓아내시고 ²²그 땅이 여호와 앞에 복종하게 하시기까지 싸우면 여호와 앞에서나 이스라엘 앞에서나 무죄하여 돌아오겠고 이 땅은 여호와 앞에서 너희의 소유가 되리라마는 ²³너희가 만일 그같이 아니하면 여호와께 범죄함이니 너희 죄가 반드시 너희를 찾아낼 줄 알라 ²⁴너희는 어린 아이들을 위하여 성읍을 건축하고 양을 위하여 우리를 지으라 그리하고 너희의 입이 말한 대로 행하라 ²⁵갓 자손과 르우벤 자손이 모세에게 대답하여 이르되 주의 종들인 우리는 우리 주의 명령대로 행할 것이라 ²⁶우리의 어린 아이들과 아내와 양 떼와 모든 가축은 이곳 길르앗 성읍들에 두고 ²⁷종들은 우리 주의 말씀대로 무장하고 여호와 앞에서 다 건너가서 싸우리이다

여기서는 이 두 지파가 요단 강 동쪽에 정착하는 문제에 대해 모세와 그 두 지파 사이에 문제를 정리하는 것을 보게 된다. 아마도 그들이 자기들의 청원을 취소했을 것이다. 그들은 모세에게서 받은 심각한 질책에 대해 어떻게 답변할지를 자기들끼리 논의한 후 다음과 같이 다시 제의하였다. 곧, 자기들 중 전쟁에 나갈 용사들을 보내어 형제들의 가나안 정복 전쟁에 함께 돕게 하고, 나머지 가족들과 가축들은 이 땅에 남겨두게 하리라는 것이었다. 이렇게 함으로써 그들의 요청을 관철시키는 동시에 아무런 해도 없도록 하려는 것이었다. 그들이 처음부터 이렇게 계획했었는지는 확실치 않다. 만일 그랬었다면, 이는 정직한 의도가 불행하게도 오해를 불러일으키는 경우가 얼마나 많은지를 보여주는 사례일 것이다. 그러나 모세는 여기서 잘못이 없다 할 것이다. 그로서는 최악의 경우를 의심할 충분한 이유가 있었고, 그의 책망은 죄를 방지하고자 하는 열의에서 비롯된 것이었으니 말이다. 그러나, 그들의 이런 제안이 처음부터 제시된 것이 아니었다면, 문제의 명확한 처리를 통해서 선한 결과가 나타난 사례일 것이다. 모세는 그들에게 그들의 죄악과 거기에 따르는 위험을 경고함으로써 그들로 하여금 불평이나 논란이 없이 임무를 다하도록 한 것이다. 그들은 다른 형제들이 그들의 도움이 없이도 가나안인들과 싸울 수 있다는 것을 의심하지 않았다(하나님이 그들을 위해 싸우실 것을 확신하였으므로). 그러

나 그러면서도 스스로 그들과 함께 하기로 한 것이다.

I. 그들의 제의는 매우 너그럽고도 공평하였고, 형제들의 사기를 꺾는 것이 아니라 올려주는 것이었다.

1. 그들 중 전쟁에 나갈 만한 자들이 무장하고 이스라엘 자손을 그 곳으로 인도하기까지 그들의 앞에서 행하며 가나안 땅으로 들어가겠다고 하였다. 그들이 이스라엘을 버려두는 것이 아니라, 오히려 합당하다면 앞으로 닥칠 모든 위험한 작전에서 그들의 선봉에 서겠다는 것이었다. 가나안 정복을 불신하거나 멸시하기는커녕 오히려 적극적인 결단과 노력으로 그 일을 돕겠다는 것이었다.

2. 그들의 가족과 가축을 뒤에 남겨두겠고(그렇게 하지 않으면 그들이 이스라엘 진영의 골칫거리가 될 것이었다), 그리하여 형제들을 위해 더욱 효과적으로 섬길 수 있게 하겠다고 하였다(16절).

3. 가나안 정복이 완결되기까지 그들의 소유한 처소로 돌아가지 않을 것이라고 하였다(18절). 다른 지파의 형제들은 필요한 만큼 그들의 최상의 도움을 끝까지 받게 될 것이라는 것이었다.

4. 장차 정복될 땅에서는 자기들의 몫을 받지 않겠다고 하였다(19절). "그들과 함께 요단 저쪽에서는 기업을 받지 아니하겠나이다. 전쟁에서 그들을 도왔다는 것을 빌미로 그 땅에서 몫을 요구하지도 않겠나이다. 요단 이쪽의 기업으로 만족하겠고, 요단 저쪽의 기업은 나머지 지파들이 소유하도록 하겠나이다."

II. 그리하여 모세는 그들의 요청을 수락한다.

1. 형제들이 무기를 내려놓기까지 그들도 절대로 무기를 내려놓지 않아야 할 것을 강조한다. 그들은 무장하고 이스라엘 자손의 앞에서 행할 것을 약속하였다(17절). 그러나 모세는 다음과 같이 말한다: "아니라, 너희는 무장하고 여호와 앞에서 갈 것이니라(20, 21절). 이 일은 너희 형제들의 일보다는 하나님의 일이니, 너희는 형제들만이 아니라 그를 똑바로 바라보아야 할 것이니라." 여호와 앞에서, 즉 여호와의 임재의 증표인 언약궤 앞에서라는 뜻이다. 그들은 가나안 전쟁에 언약궤를 메고 갔으며, 그들의 행진 순서에서 보듯이 이 두 지파들은 바로 그 앞에 배치되었다(2:10, 17).

2. 이를 조건으로 하여 그는 그 땅을 그들의 소유로 허락해 주며, 그들이 여호와 앞에서나 이스라엘 앞에서나 무죄할 것임을 말씀한다(22절). 그들이 그 땅을 차지할 것이요 거기에 죄도 불평도 없을 것이었다. 하나님 앞에서 죄도 없

고, 이스라엘 앞에서 불평도 사지 않을 것이라는 뜻이다. 우리가 무엇을 소유하든지 간에 이처럼 죄가 없는 것이 합당한 것이다. 그러나,

3. 그는 그들이 자기들의 말을 어길 위험도 있음을 경계시킨다. "너희가 만일 그같이 아니하면 너희 형제들에게만이 아니라 여호와께 범죄함이니 너희 죄가 반드시 너희를 찾아낼 줄 알라"(23절). 즉, "혹 너희가 그것을 가볍게 여기더라도 하나님이 반드시 너희에게 갚으실 것을 알라." 주목하라. 죄는 반드시 조만간 죄인을 찾아낸다. 그러므로 우리가 우리 죄를 찾아내어 회개하고 그것들을 버려야 한다. 그렇지 않으면 우리 죄가 우리를 찾아내어 우리를 멸망과 혼란 속에 빠뜨리게 될 것이다.

III. 그들이 그 청원의 조건과 내용에 만장일치로 동의하고, 엄숙히 약속하여 그 이행을 보증한다. 주의 종들인 우리는 우리 주의 명령대로 행할 것이라(25절). 그들의 형제들이 그들의 소유가 될 이 땅의 정복을 위하여 그들을 도왔으니, 그들 역시 가나안에 들어가 그 땅이 그 형제들의 소유가 되도록 그 땅을 정복하는 일에 돕는 것이 마땅하다는 것을 스스로 인정하는 것이다. 물론 되돌려 받을 것을 전제로 친절을 베푸는 것은 아니나, 친절을 받으면 그것을 되돌려 주는 것이 합당한 일이다. 이 약속은 양쪽 모두 이 약속을, 이 지파들에 속한 모든 용사들이 다 무장하고 전쟁에 참여해야 하는 것은 아니고 전쟁에 나가기에 합당한 자들만 무장하며 그 나머지는 그 땅을 개간하고 지파들을 보호하는 일에 전념할 수 있는 것으로 이해하였던 것으로 볼 수 있다. 그렇기 때문에, 이 두 지파 반의 총 인구가 100,000명인데 그 중에서 대략 40,000명이 무장하고 전쟁에 참여한 것을 보게 된다(수 4:13).

²⁸이에 모세가 그들에 대하여 제사장 엘르아살과 눈의 아들 여호수아와 이스라엘 자손 지파의 수령들에게 명령하니라 ²⁹모세가 그들에게 이르되 갓 자손과 르우벤 자손이 만일 각각 무장하고 너희와 함께 요단을 건너가서 여호와 앞에서 싸워서 그 땅이 너희 앞에 항복하기에 이르면 길르앗 땅을 그들의 소유로 줄 것이니라 ³⁰그러나 만일 그들이 너희와 함께 무장하고 건너지 아니하면 그들은 가나안 땅에서 너희와 함께 땅을 소유할 것이니라 ³¹갓 자손과 르우벤 자손이 대답하여 이르되 여호와께서 당신의 종들에게 명령하신 대로 우리가 행할 것이라 ³²우리가 무장하고 여호와 앞에서 가나안 땅에 건너가서 요단 이쪽을 우리가 소유할 기업이 되게 하

리이다 [33]모세가 갓 자손과 르우벤 자손과 요셉의 아들 므낫세 반 지파에게 아모리인의 왕 시혼의 나라와 바산 왕 옥의 나라를 주되 곧 그 땅과 그 경내의 성읍들과 그 성읍들의 사방 땅을 그들에게 주매 [34]갓 자손은 디본과 아다롯과 아로엘과 [35]아다롯소반과 야셀과 욕브하와 [36]벧니므라와 벧하란들의 견고한 성읍을 건축하였고 또 양을 위하여 우리를 지었으며 [37]르우벤 자손은 헤스본과 엘르알레와 기랴다임과 [38]느보와 바알므온들을 건축하고 그 이름을 바꾸었고 또 십마를 건축하고 건축한 성읍들에 새 이름을 주었고 [39]므낫세의 아들 마길의 자손은 가서 길르앗을 쳐서 빼앗고 거기 있는 아모리인을 쫓아내매 [40]모세가 길르앗을 므낫세의 아들 마길에게 주매 그가 거기 거주하였고 [41]므낫세의 아들 야일은 가서 그 촌락들을 빼앗고 하봇야일이라 불렀으며 [42]노바는 가서 그낫과 그 마을들을 빼앗고 자기 이름을 따라서 노바라 불렀더라

여기서는,

1. 모세가 이 일이 완결되기까지 자신이 살지 못할 것임을 알고서, 엘르아살과 또한 그의 후계자가 될 여호수아와 더불어 이 문제를 매듭짓는다(28-30절). 그는 이 문제를 여호수아에게 넘겨서 그들이 조건을 이행할 경우 그 땅의 소유권을 그들에게 줄 것을 명한다. "만일 그들이 너희와 함께 무장하고 건너지 아니하면"이라는 단서 뒤에 "너는 그들에게 전혀 기업을 주지 말지니라"라고 하지 않고, "그들이 탐한 이 땅을 기업으로 주지 말지니라. 그들이 무장하고 너희와 함께 건너가지 않으면, 그 지파들 전체를 강제로 건너가게 하여 형제들과 함께 분깃을 취하게 하라. 그들은 가나안 땅에서 너희와 함께 땅을 소유할지니라"라고 말씀하는 것이다. 이에 그들은 자기들의 약속을 재확인하며 형제들과 함께 건너갈 것임을 다시 약속한다(31, 32절).

2. 모세는 그들을 그 원하는 땅에 정착시킨다. 그 땅을 그들에게 소유로 주었다(33절). 여기서 므낫세 반 지파가 그들과 함께 몫을 차지하는 것으로 처음 언급되고 있다. 아마도 그들은 처음 청원할 때에 거기에 동참하지 않았었으나, 그 땅의 몫을 정할 때에 그 땅이 그들에게 너무 큰 것이 드러나자 이 반 지파가 그들과 동참하여 몫을 받게 된 것으로 보인다. 므낫세 반 지파의 요청이 있었거나 아니면 하나님의 지시를 받아, 혹은 그들이 이 땅을 정복하는 데에 큰 공적을 세웠기 때문일 것이다. 므낫세 지파 중 건장하고 용맹스러운 가문인 마길

의 자손이 길르앗을 쳐서 아모리인을 쫓아내었으니 말이다(39절). 그들이 용맹스러운 자들이었으므로 그들을 이 변방 지역에 정착시키는 것이 모두의 안전을 위하는 길이기도 했다. 이 지파들의 정착과 관련하여 다음을 관찰하라.

(1) 그들이 성들을 건축하였다. 즉, 성들을 보수하였다는 뜻이다. 전쟁으로 인하여 성이 훼파되었든지 아니면 아모리인들이 그 성들을 훼손시켰기 때문이다.

(2) 성들의 이름을 바꾸었다(38절). 이는 그들의 권위를 보이기 위함이거나(이름이 바뀐다는 것은 그 소유주가 바뀌었음을 뜻하므로) 아니면 그 이름들이 우상 숭배와 관련되는 것들로 아모리인들이 섬기던 우상 신들에 대한 경의를 담고 있었기 때문이었을 것이다. 느보와 바알은 그들의 신들의 이름이었는데, 이 이름들은 언급조차 하지 못하도록 금지되었고(출 23:13), 그들은 이 성들의 이름을 바꿈으로써 그 이름들을 망각 속에 파묻으려 한 것이다. 하나님께서는 그 백성의 입에서 바알들의 이름들을 제하여 버리실 것을 약속하고 계신다(호 2:17).

마지막으로, 여기서 관찰할 것은, 이 지파들이 다른 지파들에 앞서서 먼저 정착하였으므로, 오랜 세월이 흐른 후 그들이 다른 지파들에 앞서서 그 곳에서 쫓겨나게 된다는 것이다. 그들은 다른 지파들보다 몇 년 먼저 앗수르로 포로로 잡혀가게 된다(왕하 15:29). 하나님께서는 때때로 자신의 섭리로 번영과 재난의 비율의 균형을 맞추사 서로 평균되게 하시는 것이다.

제 33 장

개요

본 장의 주요 내용은 다음과 같다. I. 애굽에서 나올 때부터 가나안에 들어가기까지의 이스라엘 자손의 행진과 머문 과정에 대한 구체적인 기록. 그들은 모두 42회에 걸쳐서 진을 쳤는데 그동안 일어난 두드러진 사건들이 함께 기록되어 있다(1-49절). II. 그들이 정복하고 소유하게 될 가나안 땅의 모든 거주민들을 다 몰아내라는 엄명이 주어짐(50-56절). 이렇게 해서 본 장의 전반부에서는 이스라엘의 광야 생활을 뒤돌아보며, 후반부에서는 가나안 정착을 내다보는 것이다.

¹모세와 아론의 인도로 대오를 갖추어 애굽을 떠난 이스라엘 자손들의 노정은 이러하니라 ²모세가 여호와의 명령대로 그 노정을 따라 그들이 행진한 것을 기록하였으니 그들이 행진한 대로의 노정은 이러하니라 ³그들이 첫째 달 열다섯째 날에 라암셋을 떠났으니 곧 유월절 다음 날이라 이스라엘 자손이 애굽 모든 사람의 목전에서 큰 권능으로 나왔으니 ⁴애굽인은 여호와께서 그들 중에 치신 그 모든 장자를 장사하는 때라 여호와께서 그들의 신들에게도 벌을 주셨더라 ⁵이스라엘 자손이 라암셋을 떠나 숙곳에 진을 치고 ⁶숙곳을 떠나 광야 끝 에담에 진을 치고 ⁷에담을 떠나 바알스본 앞 비하히롯으로 돌아가서 믹돌 앞에 진을 치고 ⁸하히롯 앞을 떠나 광야를 바라보고 바다 가운데를 지나 에담 광야로 사흘 길을 가서 마라에 진을 치고 ⁹마라를 떠나 엘림에 이르니 엘림에는 샘물 열둘과 종려 칠십 그루가 있으므로 거기에 진을 치고 ¹⁰엘림을 떠나 홍해 가에 진을 치고 ¹¹홍해 가를 떠나 신 광야에 진을 치고 ¹²신 광야를 떠나 ¹³돕가에 진을 치고 돕가를 떠나 알루스에 진을 치고 ¹⁴알루스를 떠나 르비딤에 진을 쳤는데 거기는 백성이 마실 물이 없었더라 ¹⁵르비딤을 떠나 시내 광야에 진을 치고 ¹⁶시내 광야를 떠나 기브롯핫다아와에 진을 치고 ¹⁷기브롯핫다아와를 떠나 하세롯에 진을 치고 ¹⁸하세롯을 떠나 릿마에 진을 치고 ¹⁹릿마를 떠나 림몬베레스에 진을 치고 ²⁰림몬베레스를 떠나 립나에 진을 치고 ²¹립나를 떠나 릿사에 진을 치고 ²²릿사를 떠나 그헬라다에 진을 치고 ²³그헬라다를 떠나 세벨 산

에 진을 치고 ²⁴세벨 산을 떠나 하라다에 진을 치고 ²⁵하라다를 떠나 막헬롯에 진을 치고 ²⁶막헬롯을 떠나 다핫에 진을 치고 ²⁷다핫을 떠나 데라에 진을 치고 ²⁸데라를 떠나 밋가에 진을 치고 ²⁹밋가를 떠나 하스모나에 진을 치고 ³⁰하스모나를 떠나 모세롯에 진을 치고 ³¹모세롯을 떠나 브네야아간에 진을 치고 ³²브네야아간을 떠나 홀하깃갓에 진을 치고 ³³홀하깃갓을 떠나 욧바다에 진을 치고 ³⁴욧바다를 떠나 아브로나에 진을 치고 ³⁵아브로나를 떠나 에시온게벨에 진을 치고 ³⁶에시온게벨을 떠나 신 광야 곧 가데스에 진을 치고 ³⁷가데스를 떠나 에돔 땅 변경의 호르 산에 진을 쳤더라 ³⁸이스라엘 자손이 애굽 땅에서 나온 지 사십 년째 오월 초하루에 제사장 아론이 여호와의 명령으로 호르 산에 올라가 거기서 죽었으니 ³⁹아론이 호르 산에서 죽던 때의 나이는 백이십삼 세였더라 ⁴⁰가나안 땅 남방에 살고 있는 가나안 사람 아랏 왕은 이스라엘 자손이 온다는 소식을 들었더라 ⁴¹그들이 호르 산을 떠나 살모나에 진을 치고 ⁴²살모나를 떠나 부논에 진을 치고 ⁴³부논을 떠나 오봇에 진을 치고 ⁴⁴오봇을 떠나 모압 변경 이예아바림에 진을 치고 ⁴⁵이임을 떠나 디본갓에 진을 치고 ⁴⁶디본갓을 떠나 알몬디블라다임에 진을 치고 ⁴⁷알몬디블라다임을 떠나 느보 앞 아바림 산에 진을 치고 ⁴⁸아바림 산을 떠나 여리고 맞은편 요단 강 가 모압 평지에 진을 쳤으니 ⁴⁹요단 강 가 모압 평지의 진영이 벧여시못에서부터 아벨싯딤에 이르렀더라

이는 이스라엘 자손의 광야 여정을 되돌아보며 간략하게 열거하는 것이다. 이는 기억에 남을 만한 역사로서 그렇게 요약 정리하여 보존할 만한 가치가 충분한 것이었다. 그들을 인도하신 하나님께도 영광을 돌리고 이후의 세대들을 격려할 수 있으니 말이다. 여기서 관찰하라.

I. 그 기록을 유지하게 된 경위. 모세가 … 그 노정을 따라 그들이 행진한 것을 기록하였으니(2절). 그들이 이 힘겨운 행진을 시작할 때에 하나님께서 모세에게 그 일지 혹은 일기를 쓰고 중도에 일어난 괄목할 만한 일들을 모두 거기에 기록할 것을 명하셨다. 그리하여 그것을 돌아볼 때에 그 스스로도 만족을 얻고 또한 그것을 공포할 때에 다른 이들에게 교훈이 되도록 하신 것이다. 개개인 그리스도인들은 물론 특별히 공적인 위치에 있는 그리스도인들은 그들을 향하신 하나님의 섭리의 역사들과 그들이 경험한 끊임없는 일련의 긍휼의 역사들을, 특히 그들의 생애에서 일어나는 괄목할 만한 일들의 추이들을 기록하여 보존하는 것이 유익할 것이다. 우리의 기억이 확실치 않으므로, 하나님 여호

와께서 광야 길을 걷게 하신 것을 기억하기 위해서는(신 8:2) 이런 도움이 필요한 것이다.

Ⅱ. 그 기록 자체의 내용. 그 기록은 애굽에서 출발하던 때에서 시작하여 광야를 지나는 여정과 더불어 계속되며, 지금 현재 그들이 진을 치고 있는 모압 평지에서 끝을 맺는다.

1. 그들이 애굽에서 나올 당시에 일어난 일들 중에 그들이 절대로 잊어서는 안 될 몇 가지 일들을 지적한다.

(1) 그들이 대오를 갖추어 떠났다는 것(1절). 모든 백성이 깃발을 든 군대로서 일사불란하게 움직였다.

(2) 모세와 아론을 지도자요 감독자요 통치자로 삼고 하나님의 인도하심을 따라 움직였다는 것.

(3) 그들이 큰 권능으로 나왔다는 것. 하나님의 손길이 그들을 위하여 크게 역사하셨고, 그리하여 그들이 애굽 모든 사람의 목전에서 나왔다(3절). 그들은 숨어서 몰래 빠져나온 것이 아니고(사 52:12), 원수들이 보는 앞에서 당당하게 걸어 나왔다. 하나님께서 이스라엘 자손들을 그들에게 큰 짐이 되는 돌처럼 만드셨으므로 그들이 이스라엘 자손들을 대적할 수도, 감히 대적하려 하지도 않았다.

(4) 그들은 애굽 사람들이 장자들을 장사 지내거나 아니면 장사 지낼 준비를 하고 있는 동안에 거기서 나왔다(4절). 애굽 사람들은 이스라엘인들을 자기들의 포로로 여전히 잡아둘 마음이었으나, 하나님께서 그들을 다른 일에 전념하도록 만드셨다. 그들은 하나님의 장자들을 산 채로 파묻을 마음이었으나 하나님께서는 자기들의 장자들을 묻도록 만드신 것이다.

(5) 애굽의 모든 재앙들을 언급하면서 여기서 여호와께서 그들의 신들에게도 벌을 주셨음을 덧붙이고 있다(4절). 아마도 후에 언약궤 앞에서 다곤 신상이 무너진 것처럼 그들이 섬기던 우상들이 무너져 내려서, 이 큰 일에 대해 그들이 우상들에게 물을 수 없게 되었을 것이다. 어쩌면 애굽의 우상들이 그 앞에서 떨겠고(사 19:1)라는 말씀이 이 일을 지칭하는 것일지도 모른다.

2. 가나안을 향한 그들의 여정에 관한 내용.

(1) 그들이 계속해서 행진하였다. 한 곳에 잠시 진을 쳤다가 다시 다른 곳으로 떠나곤 했다. 이런 상태가 이 세상에서의 우리의 상태다. 여기에는 우리에

게 영구한 성이 없는 것이다.

(2) 그들의 여정은 대부분 광야를 통과하는 것이었다. 사람이 살지 않고 가 보지도 않았고 인간 생활의 필수적인 요건도 갖추어지지 않은 그런 곳을 통과 했으니, 하나님의 지혜와 권능이 더욱 빛나게 드러났다. 그의 놀라우신 인도하심을 통해서 무수한 이스라엘 백성이 그 황량한 곳에서 사십 년을 살아 남았을 뿐 아니라 처음 들어갈 때와 마찬가지로 무수하고 왕성한 상태로 거기서 나오게 된 것이다. 처음 그들은 광야 끝에 진을 쳤다(6절). 그러나 후에는 광야의 한복판에 진을 쳤다. 하나님은 그의 백성들에게 먼저 작은 어려움을 주셔서 후에 더 큰 어려움을 감당하도록 하신 것이다. 그들은 에담 광야(8절), 신 광야(11절), 시내 광야(15절)를 지난다. 이 세상에서의 우리의 여정은 한 광야에서 다른 광야로 옮겨가는 것에 불과한 것이다.

(3) 그들은 마치 미로 속에 있는 것처럼 이리저리 앞으로 뒤로 왔다 갔다 했다. 그러나 그러는 동안 언제나 구름 기둥과 불기둥의 인도 아래 있었다. 하나님께서 그들을 이리저리 인도하셨고(신 32:10), 그러면서도 바른 길로 그들을 인도하신 것이다(시 107:7). 하나님께서 그의 백성을 이끄시며 취하시는 길이 비록 가장 가까워 보이지는 않으나 언제나 가장 최선의 길이다.

(4) 르비딤에서 물이 없었던 일(14절), 아론의 죽음(38, 39절), 아랏의 모욕(40절) 등 몇몇 사건들이 언급되고 있고, 기브롯핫다아와, 즉 정욕의 무덤이라는 지명은 그 뒤에 사연을 담고 있다(16절). 이처럼 우리는 우리와 우리 가족들, 우리와 우리의 땅에 관한 하나님의 섭리들과 또한 지금까지 우리를 인도하시고 먹이시고 지키신 하나님의 보살피심의 여러 사례들을 항상 주시해야 하는 것이다. 브올의 일로 백성들이 죄를 범한 곳인 싯딤(25:1)이 여기서 **아벨싯딤**이라 불린다(49절). 아벨은 애곡함이란 뜻이니(창 50:11), 아마도 이스라엘의 선한 백성들이 그 죄로 인하여, 또한 그 죄에 대한 하나님의 진노로 인하여 슬피 애곡한 데에서 연유한 것일 것이다. 그 애곡이 너무도 컸으므로 지명까지 그런 뜻으로 짓게 된 것이다.

[50]여리고 맞은편 요단 강 가 모압 평지에서 여호와께서 모세에게 말씀하여 이르시되 [51]이스라엘 자손에게 말하여 그들에게 이르라 너희가 요단 강을 건너 가나안 땅에 들어가거든 [52]그 땅의 원주민을 너희 앞에서 다 몰아내고 그 새긴 석상과 부어

만든 우상을 다 깨뜨리며 산당을 다 헐고 ⁵³그 땅을 점령하여 거기 거주하라 내가 그 땅을 너희 소유로 너희에게 주었음이라 ⁵⁴너희의 종족을 따라 그 땅을 제비 뽑아 나눌 것이니 수가 많으면 많은 기업을 주고 적으면 적은 기업을 주되 각기 제비 뽑은 대로 그 소유가 될 것인즉 너희 조상의 지파를 따라 기업을 받을 것이니라 ⁵⁵너희가 만일 그 땅의 원주민을 너희 앞에서 몰아내지 아니하면 너희가 남겨둔 자들이 너희의 눈에 가시와 너희의 옆구리에 찌르는 것이 되어 너희가 거주하는 땅에서 너희를 괴롭게 할 것이요 ⁵⁶나는 그들에게 행하기로 생각한 것을 너희에게 행하리라

이스라엘 자손이 광야에 있는 동안 그들은 다른 모든 백성들에게서 완전히 분리되어 있어서 우상 숭배에 미혹될 소지가 없었다. 어쩌면 그들을 오랫동안 광야에 가두어 두신 것이, 백성들로 하여금 애굽의 우상들을 잊고 그 오염에서 깨끗이 씻음 받게 하며, 그리하여 가나안에 들어가는 세대가 사탄의 깊은 것을 전혀 알지 못하는 자들이 되도록 하기 위함이었을 것이다. 그러나 이제 그들이 요단 강을 건너가 다시 그 유혹이 있는 땅으로 들어갈 때가 다가오고 있으므로 여기서,

1. 우상 숭배의 모든 잔재들을 완전히 멸하라는 지엄한 명령을 받는다. 그들은 원주민을 … 다 몰아내어 그 땅을 소유하여야 할 뿐 아니라 그들의 모든 우상 숭배의 도구들을 깨뜨리고 산당을 다 헐어야 했다(52절). 그것들을 하나도 보존시켜서는 안 되었다. 옛 사람들의 기념물로 삼아 사람들의 호기심을 만족시키려 해서도, 집의 장식물로도, 혹은 어린 아이들의 장난감으로도 남겨두어서는 안 되고, 반드시 전부를 다 파괴시켜서, 우상 숭배를 혐오하며 가증스럽게 여긴다는 것을 입증하여야 했고, 또한 그 형상들과 그것들이 나타내는 거짓 신들을 숭배하거나, 혹은 이스라엘의 하나님을 그런 형상들을 갖고 섬기고자 하는 유혹을 미연에 방지하여야 했던 것이다.

2. 그들이 그렇게 하면 하나님께서 점차로 그 약속의 땅을 완전히 소유하게 할 것이라는 확신을 얻었다(53, 54절). 그들이 가나안의 우상들에게서 순결하게 자신을 지키면, 하나님께서 가나안의 부귀로 그들을 풍요하게 하시리라는 것이다. 그들의 길을 본받지 말라, 그리고 그 다음에는 그들의 능력을 두려워하지 말라는 것이었다.

3. 만일 우상이나 우상 숭배자들을 남겨두면, 그들이 채찍이 되어 이스라엘인들을 칠 것이며 그들의 죄가 그들의 형벌로 돌아올 것이라는 경고가 주어졌다.

(1) 그들이 자기들의 옆구리를 찌르는 독사들을 키우는 형국이 될 것이었다 (55절). 가나안인들의 남은 자들과 동맹을 맺으면, 그것은 무력 대결이 중지되는 것일 뿐, 결국 그들의 눈에 가시가 되고 옆구리에 찌르는 것이 될 것이었다. 즉, 호시탐탐 기회를 노리다가 그들을 괴롭게 하며 그들을 모욕하며 그들을 약탈하며, 있는 힘을 다하여 그들에게 악을 행하게 될 것이었다. 우리가 죄악되게 무엇에 탐닉하게 되면 그것이 무엇이든 그것들에게서 어려움과 괴로움을 당하게 되어 있다. 우리가 바라는 것은 우리를 유혹할 것이요, 우리가 찾는 것은 우리를 괴롭게 할 것이다.

(2) 의로우신 하나님이 가나안인들을 멸망시킨 그 수레바퀴를 이스라엘 자손에게로 돌리실 것이다. 나는 그들에게 행하기로 생각한 것을 너희에게 행하리라 (56절). 가나안인들을 내어쫓기를 의도하셨으나, 이스라엘인들이 그들과 더불어 넘어지고 그들의 길을 본받으면, 그들 역시 내어쫓길 것이었다. 가나안인들을 향한 하나님의 정의로운 진노보다 더 큰 진노가 이스라엘인들에게 퍼부어질 것이었기 때문이다. 이것을 듣고 두려워하여야 할 것이다. 곧, 우리가 죄를 몰아내지 않으면 죄가 우리를 몰아낼 것이다. 우리가 우리 정욕을 죽이지 않으면, 우리의 정욕이 우리의 영혼을 죽이게 될 것이라는 것을 말이다.

제 34 장

개요

본 장에서는 하나님이 모세에게 지시하시고, 모세가 다시 이스라엘에게 지시한다.
I. 가나안 땅의 경계에 관하여(1-15절). II. 그 땅을 분할하여 이스라엘 지파들에게 분배하는 문제에 관하여(16-29절).

[1]여호와께서 모세에게 말씀하여 이르시되 [2]너는 이스라엘 자손에게 명령하여 그들에게 이르라 너희가 가나안 땅에 들어가는 때에 그 땅은 너희의 기업이 되리니 곧 가나안 사방 지경이라 [3]너희의 남쪽은 에돔 곁에 접근한 신 광야니 너희의 남쪽 경계는 동쪽으로 염해 끝에서 시작하여 [4]돌아서 아그랍빔 언덕 남쪽에 이르고 신을 지나 가데스바네아 남쪽에 이르고 또 하살아달을 지나 아스몬에 이르고 [5]아스몬에서 돌아서 애굽 시내를 지나 바다까지 이르느니라 [6]서쪽 경계는 대해가 경계가 되나니 이는 너희의 서쪽 경계니라 [7]북쪽 경계는 이러하니 대해에서부터 호르 산까지 그어라 [8]호르 산에서 그어 하맛 어귀에 이르러 스닷에 이르고 [9]그 경계가 또 시브론을 지나 하살에난에 이르나니 이는 너희의 북쪽 경계니라 [10]너희의 동쪽 경계는 하살에난에서 그어 스밤에 이르고 [11]그 경계가 또 스밤에서 리블라로 내려가서 아인 동쪽에 이르고 또 내려가서 긴네렛 동쪽 해변에 이르고 [12]그 경계가 또 요단으로 내려가서 염해에 이르나니 너희 땅의 사방 경계가 이러하니라 [13]모세가 이스라엘 자손에게 명령하여 이르되 이는 너희가 제비 뽑아 받을 땅이라 여호와께서 이것을 아홉 지파 반쪽에게 주라고 명령하셨나니 [14]이는 르우벤 자손의 지파와 갓 자손의 지파가 함께 그들의 조상의 가문에 따라 그들의 기업을 받을 것이며 므낫세의 반쪽도 기업을 받았음이니라 [15]이 두 지파와 그 반 지파는 여리고 맞은편 요단 건너편 곧 해 돋는 쪽에서 그들의 기업을 받으리라

여기서 우리는 가나안 땅의 사방 경계를 이루는 구체적인 선이 그어지는 것을 보게 된다. 하나님은 모세에게 명하여 그 문제를 여기서 정리하게

하신다. 지리를 탐사하는 사람이 그저 호기심 많은 자들을 기쁘게 하려고 지도를 들고 하듯이 하는 것이 아니라, 땅의 소유권을 지닌 왕이 그 소유권이 구체적으로 어떤 대상에 관한 것인지를 분명히 알고서 그것을 분배하듯이 하는 것이다. 이스라엘 백성에게는 훨씬 더 큰 소유가 약속되어 있었다. 그 소유는 심지어 유브라데 강에까지 이르는 것으로(신 11:24) 그들이 순종하면 정한 때에 그것을 소유하게 될 것이었다. 그리고 다윗과 솔로몬 시대에 이르러 이스라엘의 통치권이 거기까지 이르렀다(대하 9:26). 그러나 여기서는 아홉 지파와 반 지파의 몫이 될 가나안만 묘사하고 있다. 두 지파와 반은 이미 정착지를 찾았기 때문이다(14, 15절). 가나안의 경계에 관하여 다음을 관찰하라.

I. 그 땅이 특정한 경계 내로 한정되었다는 것. 하나님께서 우리의 거주의 경계를 한정하셨으니 이는 당연한 일이다(행 17:26). 경계가 정해진 것은,

1. 그들이 누구를 쫓아내야 하며, 그 거주민을 내어쫓아야 할 경계가 어디까지 해당되는지를 알게 하기 위함이었다(33:53). 이 경계선 내에 거하는 자들을, 오직 그들만을, 멸하여야 했다. 그들의 피비린내 나는 칼이 거기까지 가야 하고 그 이상은 넘어가지 말아야 했던 것이다.

2. 그들이 스스로 소유할 것에 대해 무엇을 기대할지를 알게 하기 위함이었다. 하나님은 그의 백성들이 세상적인 소유에 대한 욕망을 확대시키는 것을 원치 않으시고, 어느 정도에서 만족해야 할지를 알기를 원하신다. 이스라엘 자손들이 홀로 땅을 다 차지해서는 안 되고, 이웃들도 옆에서 살 수 있도록 여지를 남겨두어야 했던 것이다. 하나님은 우리의 몫에 경계를 정하신다. 그러므로 우리도 우리의 욕심에 경계를 정하고 우리의 생각을 우리의 처지에 맞추어야 할 것이다.

II. 그 땅이 비교적 매우 작다는 것. 여기의 경계대로 하면, 길이가 약 260km, 폭이 약 80km밖에 안 되는 땅이었다. 어쩌면 잉글랜드의 절반도 채 못 되었을 것이다. 그러나 이것이야말로 믿는 자의 조상에게 약속된 땅이요 이스라엘의 후손의 소유였다. 지면의 이 작은 지역이야말로 여러 시대를 거쳐서 하나님만이 알려지시고 그의 이름이 알려지시는 땅이었다(시 76:1). 이것은 여호와의 포도원이요, 담을 둘러친 그의 정원이었다. 그러나 정원들과 포도원들이 그렇듯이, 그 경계가 비좁다 해도 그 땅이 굉장히 비옥하여 그것이 풍성하게 보상되고도 남았다. 그렇지 않다면 그처럼 무수한 민족이 그 좁은 땅에서 삶

을 연명할 수가 없었을 것이다. 그러므로 여기서 다음을 보라.

1. 하나님이 세상에서 스스로 지니시는 부분이 얼마나 작은지를 보라. 땅이 그의 것이요 그 충만한 것이 다 그의 것이지만, 그를 알고 그를 섬기는 자는 몇 명 되지 않는다. 그러나 그 적은 무리들은 복되고, 매우 복되다. 왜냐하면 하나님께 큰 열매를 맺기 때문이다.

2. 하나님께서 세상에서 지극히 작은 몫을 그의 백성들에게 주시는 경우가 많다는 것을 생각하라. 하늘에 기업이 있는 자들은 얼마든지 이 땅의 작은 몫으로 만족할 만하다. 그러나 여기서처럼 양은 부족하나 질로 그것이 상쇄되는 것이다. 의인의 적은 소유가 하나님의 사랑에서 비롯된 것이요 또한 거기에 그의 축복이 있으니, 악인의 풍부함보다 훨씬 더 낫고 훨씬 더 위로가 되는 법이다 (시 37:16).

III. 그 경계와 한계가 무엇이었는지를 볼 수 있다.

1. 가나안은 그 자체가 영화로운 땅(단 8:9에서 그렇게 부른다)이었다. 그러나 광야와 바다가 그 경계를 이루었고, 각종 전망이 좋지 않은 것들로 사방이 둘러싸여 있었다. 이처럼 교회라는 포도원은 이 세상이라는 사막으로 사방이 둘러싸여 있어서, 그것이 일종의 장식 역할을 한다 할 것이다. 즉, 교회라는 포도원을 더욱 돋보이게 만드는 것이다.

2. 그 경계의 상당 부분은 그 자체가 방어막이 되며 천연의 요새를 형성하고 있어서 원수들의 침입을 더욱 어렵게 만들어 주는데, 이는 자연의 하나님이 그들의 보호자이시며 그의 은혜가 마치 방패처럼 그들을 둘러싸고 있음을 이스라엘에게 시사해 주는 것이다.

3. 그 경계는 애굽 시내에까지 이르러 있어서(5절), 이스라엘은 그 지역을 바라보면서 그 너머에서 종노릇하던 것과 거기서 놀라운 역사로 구원받은 것을 회상할 수 있었다.

4. 여기서 그들의 경계가 염해에서 시작하여(3절) 염해에서 끝난다(12절). 그 곳은 소돔과 고모라의 멸망을 보여주는 영구한 기념물이었다. 그 성들이 서 있던 아름답고 비옥한 골짜기가 호수가 되었고, 바람도 없고 배도 없고 고기도 없고 여하한 생물도 존재하지 않게 되었다. 그리하여 그 곳이 **사해**(死海)라 불리게 되었다. 이 곳이 그들의 경계의 일부였으니, 이는 소돔의 패망이 되었던 그들의 죄를 명심하라는 끊임없는 경계가 되는 것이었다. 그러나 소돔의 악이

후에 이스라엘에서도 발견되었다(겔 16:49). 그리하여 가나안이 소돔처럼 염해가 되지는 않았으나 메마른 땅이 되었고 오늘날까지도 그 상태가 계속되는 것이다.

5. 그 서쪽 경계는 대해였는데(6절), 오늘날에는 지중해라 불린다. 어떤 이들은 이 바다도 그들의 소유의 일부였다고 본다. 그리하여 그들이 죄를 범하여 그것을 저버리지 않았더라면 그 바다에 대해서도 통치권을 행사했을 것이라고 한다.

¹⁶여호와께서 또 모세에게 말씀하여 이르시되 ¹⁷너희에게 땅을 기업으로 나눌 자의 이름은 이러하니 제사장 엘르아살과 눈의 아들 여호수아니라 ¹⁸너희는 또 기업의 땅을 나누기 위하여 각 지파에 한 지휘관씩 택하라 ¹⁹그 사람들의 이름은 이러하니 유다 지파에서는 여분네의 아들 갈렙이요 ²⁰시므온 지파에서는 암미훗의 아들 스무엘이요 ²¹베냐민 지파에서는 기슬론의 아들 엘리닷이요 ²²단 자손 지파에서는 지휘관 요글리의 아들 북기요 ²³요셉 자손 중 므낫세 자손 지파에서는 지휘관 에봇의 아들 한니엘이요 ²⁴에브라임 자손 지파에서는 지휘관 십단의 아들 그므엘이요 ²⁵스불론 자손 지파에서는 지휘관 바르낙의 아들 엘리사반이요 ²⁶잇사갈 자손 지파에서는 지휘관 앗산의 아들 발디엘이요 ²⁷아셀 자손 지파에서는 지휘관 슬로미의 아들 아히훗이요 ²⁸납달리 자손 지파에서는 지휘관 암미훗의 아들 브다헬이니라 하셨느니라 ²⁹이들이 여호와께서 명령하사 가나안 땅에서 이스라엘 자손에게 기업을 받게 하신 자들이니라

하나님은 여기서 땅을 그들에게 분배할 임무를 시행할 자들을 정하신다. 그 땅의 정복을 위하여 아직 한 번도 공격한 일이 없으나, 여기서 그 땅의 정복을 기정사실화하는 것이다. 여기서는 장군과 지휘관 등 전쟁을 수행하는 인물들을 지명하는 것은 여기에 없다. 그들은 그들의 칼이나 화살이 아니라 하나님의 권능과 인도하심으로 그 땅을 얻게 될 것이었기 때문이다. 그리고 하나님께서 그들을 위해 싸우시면 반드시 승리와 성공을 거둘 것임을 확신하고 있었으므로, 여기서 그 땅을 분배하는 일을 맡을 사람을, 즉 제비뽑기를 주관하고 그 일과 관련하여 일어날지도 모를 논란을 해결하고 모든 일을 공정하게 처리할 임무를 맡을 사람을 거명하는 것이다.

1. 주 담당관은 엘르아살과 여호수아로서 이 두 사람이 정족수였다(17절). 이 두 사람은, 제사장과 왕으로서 하늘의 가나안을 영적 이스라엘에게 분배하시는 그리스도의 모형이라 할 것이다. 또한 그들이 제비뽑기를 통해서 일을 진행하는 것처럼, 그리스도께서도 아버지의 뜻에 따라 처리하실 것을 인정하신다(마 20:23. 엡 1:11과 비교하라).

2. 이들 외에, 편파성의 의혹이 없도록 하기 위하여 각 지파의 지휘관 한 명씩을 지명하여 이 일에 관여하게 하고, 각 사람이 자기 지파가 해를 입는 점이 없는지를 감독하도록 하였다. 공적인 사안들은 모든 이들에게 공평하게 처리되어야 할 뿐 아니라, 가능하다면 모든 사람들이 자기들에게 정의가 행하여졌음을 알고 만족하도록 처리되어야 하는 것이다. 백성들의 수령들이 함께 만나고 각 지파에서 뽑은 사람들이 함께 그들의 공통적인 문제를 처리하는 것은 그 땅에게 아주 복된 일이요, 또한 그 땅을 소유하는 그 민족에게는 풍성한 존귀와 안전과 안락함이 되는 일인 것이다.

3. 어떤 이들은 여기 언급되는 지파의 순서가 지금까지 매 경우마다 언급되어오던 순서와 상당히 차이가 있고, 그 땅의 분배에서 함께 이웃하여 몫을 받은 지파들끼리 함께 묶여 언급되고 있다는 점을 주목한다. 유다, 시므온, 베냐민의 세 지파가 여기서 처음 거명되는데, 이들은 서로 밀착되어 있었다. 단의 기업이 그들의 기업 옆에 있었고, 다른 쪽으로는 에브라임과 므낫세의 기업이 그들의 기업 옆에 있었다. 스불론과 잇사갈은 나란히 북쪽으로 기업을 받았고, 마지막으로 아셀과 납달리는 가나안의 지도를 보면 쉽게 관찰할 수 있듯이 가장 북단의 땅을 기업으로 받았다. 패트릭 주교의 말처럼, 이것은 모세가 하나님의 영의 인도하심을 받아 그의 글을 기록했음을 보여주는 하나의 증거다. 하나님은 사전에 그의 모든 일들을 아시며, 따라서 우리에게 새롭고 깜짝 놀랄 일도 혼란도 불확실함도 없이 완전하게 미리 아시는 것이다.

제 35 장

개요

앞에서 비성직 지파들(그렇게 부를 수 있을지 모르겠으나)에게 가나안 땅의 분배를 위한 명령이 주어졌으니, 여기서는 거룩한 일들을 주관하는 레위 지파를 배려하는 조치들이 취해지고 있다. I. 각 지파들의 땅 내에 48개의 성읍들이 그 인근 지역과 더불어 그들에게 할당되었다(1-8절). II. 그 가운데 6성읍들이, 실수로 살인한 사람을 위한 도피성들로 할당된다(9-15절). 이들에 관한 법에서 다음을 관찰하라. 1. 도피성이 허용되지 않는 경우. 고의적인 살인(16-21절). 2. 도피성이 허용되는 경우(22-24절). 3. 이 도피성에 피한 자들에 관한 율법(25-34절).

¹여호와께서 여리고 맞은편 요단 강 가 모압 평지에서 모세에게 말씀하여 이르시되 ²이스라엘 자손에게 명령하여 그들이 받은 기업에서 레위인에게 거주할 성읍들을 주게 하고 너희는 또 그 성읍들을 두르고 있는 초장을 레위인에게 주어서 ³성읍은 그들의 거처가 되게 하고 초장은 그들의 재산인 가축과 짐승들을 둘 곳이 되게 할 것이라 ⁴너희가 레위인에게 줄 성읍들의 들은 성벽에서부터 밖으로 사방 천 규빗이라 ⁵성을 중앙에 두고 성 밖 동쪽으로 이천 규빗, 남쪽으로 이천 규빗, 서쪽으로 이천 규빗, 북쪽으로 이천 규빗을 측량할지니 이는 그들의 성읍의 들이며 ⁶너희가 레위인에게 줄 성읍은 살인자들이 피하게 할 도피성으로 여섯 성읍이요 그 외에 사십이 성읍이라 ⁷너희가 레위인에게 모두 사십팔 성읍을 주고 그 초장도 함께 주되 ⁸너희가 이스라엘 자손의 소유에서 레위인에게 너희가 성읍을 줄 때에 많이 받은 자에게서는 많이 떼어서 주고 적게 받은 자에게서는 적게 떼어 줄 것이라 각기 받은 기업을 따라서 그 성읍들을 레위인에게 줄지니라

십일조와 헌물에 대한 율법은 레위인들의 생활유지를 위해 상당히 풍족히 공급해 주었었다. 그러나 가나안에 들어온 후에도 광야에서 했던 것처럼 그들이 모두 성막 주변에서 살아야 한다면 그것은 이스라엘 전체를 위해서 좋

은 일이 아니었다. 그러므로 이를 위해 그들에게 거주지를 제공하여 편안히 살
며 봉사하도록 하는 문제가 해결되어야 했다. 여기서 바로 이 문제가 거론되고
있다.

I. 성읍들과 그 인근 지역이 그들에게 할당되었다(2절). 경작을 위한 땅은
그들에게 할당되지 않았다. 그들은 씨를 뿌리고 거두고 곳간에 들일 필요가 없
었다. 하늘 아버지께서 다른 사람들의 수고로 얻는 수확의 십일조를 그들에게
주어, 그들이 율법을 연구하고 백성들을 가르치는 일에 더욱 집중하도록 하셨
기 때문이다. 그들에게 그렇게 쓸 것을 베푸신 것은 그들이 게으름을 피우며
한가하게 살도록 하기 위함이 아니라 신앙의 일에 전적으로 자신들을 드리고
이 세상의 삶의 일에 얽히지 않도록 해주기 위함이었던 것이다.

1. 성읍들이 그들에게 할당되었다. 이는 그들이 가까이 모여 살면서 율법에
대해 서로 논의하여 서로 신앙을 강건케 하기 위함이었고, 혹 의심스런 사안이
있을 때는 함께 논의하고 모든 일에서 서로를 강건하게 하도록 하기 위함이었
다.

2. 이 성읍들에는 가축과 짐승들을 둘 초장이 딸려 있었다(3절). 성벽으로부
터 1천 규빗까지를 가축을 위한 땅으로 제공했고, 거기서부터 2천 규빗까지의
땅을 가축을 먹일 농지로 간주하여 그들에게 할당하였다(4, 5절). 이렇게 해서
그들이 그저 살기만 하는 것이 아니라 풍족히 살도록 하였고, 필요한 모든 편
의물들을 주변에서 다 얻도록 하였고, 그리하여 이웃들에게서 멸시받지 않도
록 하였다.

II. 이 성읍들은 각 지파의 소유에서 그들에게 할당되었다(8절).

1. 각 지파마다 그들의 동산(動産)은 물론 부동산(不動産) 중에서 하나님께
감사함으로 드리도록 했고(레위인들에게 주는 것이 여호와께 드리는 것으로
인정되었으므로) 그렇게 해서 그들의 소유가 그들에게 거룩히 구별되도록 한
것이다.

2. 각 지파마다 레위인들을 그들 중에 거주시킴으로써, 그들에게서 여호와
에 대한 선한 지식을 가르침 받는 유익을 얻도록 한 것이다. 이렇게 해서 빛이
그 땅 곳곳에 충만히 비치게 하고 어둠 속에 남겨진 곳이 하나도 없게 하였다.
주의 법도를 야곱에게 가르치리로다(신 33:10). 레위의 노여움에 대하여 야곱은
내가 그들을 야곱 중에서 나누며 이스라엘 중에서 흩으리로다 라고 저주한 바 있었

다(창 49:7). 그러나 그 저주가 축복으로 바뀌어, 레위인들은 그렇게 흩어짐으로써 더 많은 선을 행할 수 있는 역량을 갖게 된 것이다. 어떤 곳이든 신실한 사역자들로 넘치는 것은 그야말로 큰 자비라 아니할 수 없다.

III. 그들에게 할당된 성읍은 원칙적으로 12개 지파에서 각각 4개씩 계산하여 모두 48개였다. 수 21장에서 나타나듯이, 시므온과 유다 지파를 합하여 9개, 납달리 지파에서 3개, 그리고 나머지 각 지파 별로 4개씩 할당되었다. 이렇게 해서 이스라엘은 선한 사역으로 복을 누리게 되었고, 사역자들에게 십일조는 물론 땅을 제공하여 편리한 생활유지를 책임지게 되었다. 그리고 이 일에 복음이 율법만큼 구체적으로 드러나지는 않으나, 그럼에도 불구하고, 가르침을 받는 자는 말씀을 가르치는 자와 모든 좋은 것을 함께 하여야 한다는 것을 분명하게 제시하고 있는 것이다(갈 6:6).

[9]여호와께서 또 모세에게 말씀하여 이르시되 [10]이스라엘 자손에게 말하여 그들에게 이르라 너희가 요단 강을 건너 가나안 땅에 들어가거든 [11]너희를 위하여 성읍을 도피성으로 정하여 부지중에 살인한 자가 그리로 피하게 하라 [12]이는 너희가 복수할 자에게서 도피하는 성을 삼아 살인자가 회중 앞에 서서 판결을 받기까지 죽지 않게 하기 위함이니라 [13]너희가 줄 성읍 중에 여섯을 도피성이 되게 하되 [14]세 성읍은 요단 이쪽에 두고 세 성읍은 가나안 땅에 두어 도피성이 되게 하라 [15]이 여섯 성읍은 이스라엘 자손과 타국인과 이스라엘 중에 거류하는 자의 도피성이 되리니 부지중에 살인한 모든 자가 그리로 도피할 수 있으리라 [16]만일 철 연장으로 사람을 쳐죽이면 그는 살인자니 그 살인자를 반드시 죽일 것이요 [17]만일 사람을 죽일 만한 돌을 손에 들고 사람을 쳐죽이면 이는 살인한 자니 그 살인자는 반드시 죽일 것이요 [18]만일 사람을 죽일 만한 나무 연장을 손에 들고 사람을 쳐죽이면 그는 살인한 자니 그 살인자는 반드시 죽일 것이니라 [19]피를 보복하는 자는 그 살인한 자를 자신이 죽일 것이니 그를 만나면 죽일 것이요 [20]만일 미워하는 까닭에 밀쳐 죽이거나 기회를 엿보아 무엇을 던져 죽이거나 [21]악의를 가지고 손으로 쳐죽이면 그 친 자는 반드시 죽일 것이니 이는 살인하였음이라 피를 보복하는 자는 살인자를 만나면 죽일 것이니라 [22]악의가 없이 우연히 사람을 밀치거나 기회를 엿봄이 없이 무엇을 던지거나 [23]보지 못하고 사람을 죽일 만한 돌을 던져서 죽였을 때에 이는 악의도 없고 해하려 한 것도 아닌즉 [24]회중이 친 자와 피를 보복하는 자 간에 이 규례대로 판결하여 [25]피

를 보복하는 자의 손에서 살인자를 건져내어 그가 피하였던 도피성으로 돌려보낼 것이요 그는 거룩한 기름 부음을 받은 대제사장이 죽기까지 거기 거주할 것이니라 [26]그러나 살인자가 어느 때든지 그 피하였던 도피성 지경 밖에 나가면 [27]피를 보복하는 자가 도피성 지경 밖에서 그 살인자를 만나 죽일지라도 피 흘린 죄가 없나니 [28]이는 살인자가 대제사장이 죽기까지 그 도피성에 머물러야 할 것임이라 대제사장이 죽은 후에는 그 살인자가 자기 소유의 땅으로 돌아갈 수 있느니라 [29]이는 너희의 대대로 거주하는 곳에서 판결하는 규례라 [30]사람을 죽인 모든 자 곧 살인한 자는 증인들의 말을 따라서 죽일 것이나 한 증인의 증거만 따라서 죽이지 말 것이요 [31]고의로 살인죄를 범한 살인자는 생명의 속전을 받지 말고 반드시 죽일 것이며 [32]또 도피성에 피한 자는 대제사장이 죽기 전에는 속전을 받고 그의 땅으로 돌아가 거주하게 하지 말 것이니라 [33]너희는 너희가 거주하는 땅을 더럽히지 말라 피는 땅을 더럽히나니 피 흘림을 받은 땅은 그 피를 흘리게 한 자의 피가 아니면 속함을 받을 수 없느니라 [34]너희는 너희가 거주하는 땅 곧 내가 거주하는 땅을 더럽히지 말라 나 여호와는 이스라엘 자손 중에 있음이니라

여기서는 도피성에 관한 명령이 주어진다. 이는 앞의 내용에 함께 연결되기에 적절하다. 왜냐하면 도피성이 모두 레위인들의 성읍들이었기 때문이다. 이 부분에는 선한 법과 순전한 복음이 상당히 포함되어 있다 할 것이다.

I. 여기에 선한 법이 상당히 들어 있다. 살인과 과실치사의 사안에 대해서는 모든 민족들이 특별히 관심을 기울여왔다. 그 문제에 대한 처리가 자연적인 형평성에 맞도록 제시된다.

1. 고의적인 살인의 경우는 죽음으로 벌하여야 했고 그 경우에는 그 어떠한 성소도 허락되지 않았고, 속량금도 받지 않았고, 감형도 허용되지 않았다. 살인자를 반드시 죽일 것이요(16절). 고의적인 살인은 미움에서나(20절) 악의에서 비롯된 것으로(21절) 여겨졌고, 피해자가 철 연장으로 죽임 당하든(16절) 나무 연장으로 죽임 당하든(18절) 혹은 돌에 맞아 죽임을 당하든(17, 20절) 갑작스럽게 충동이 유발됨으로써(주님은 악한 계획은 물론 노하는 것까지도 살인으로 규정하셨다. 마 5:21, 22) 일어나는 것으로 여겨졌다. 아니 사람이 악의를 갖고 손으로 상대방을 쳐서 그 사람이 죽으면 그것도 살인이다(21절). 그리고 다른 사람의 피를 흘리면 그 사람도 피를 흘리는 것이 고대의 법이요 또한 자연의

이치에도 합당했다(창 9:6). 잘못을 범했으면 마땅히 보응이 이루어져야 하는데, 일단 목숨을 빼앗고 나면 그 목숨을 되돌릴 수가 없으므로, 가해자 자신이 피해자를 대신하여 자기 목숨을 내어놓아야 하는 것이다. 어떤 사람들의 생각처럼 죽은 사람의 영혼을 달래기 위해서가 아니라, 나라의 법과 정의를 만족시키고 또한 다른 이들이 같은 죄를 범하지 못하도록 경계하기 위해서 그렇게 해야 하는 것이다. 여기서 모든 왕들과 통치자들이 귀담아 들어야 할 것은 피가 살인자의 양심을 더럽혀서 영생이 그 속에 거하지 아니하는 것이 입증되는 것은 물론(요일 3:15), 그 피를 흘린 땅도 더럽힌다는 것이다. 그러므로 이는 하나님께와 모든 선한 이들에게 매우 거스르는 것이며, 가장 불쾌한 것이다. 또한 살인자의 피가 아니고서는 피살자의 피로 더럽혀진 땅이 속함을 받을 수 없다는 점도 덧붙여지고 있다(33절). 살인자들이 사람들에게서 형벌을 피하면, 그들을 도피하게 만든 자들에게는 큰 책임이 돌아가며, 또한 하나님께서는 그들이 그의 의로운 심판들에게서 피하도록 내버려두시지 않을 것이다. 동일한 원리에 따라서, 살인자가 자기 전 재산을 재판관들에게나 나라에게나 피의 복수자에게 주어 자기 범죄에 대해 속죄하려 해도, 그의 목숨 이외에는 갚을 길이 없으므로 반드시 죽일 것이다(31절). 목숨을 갚는 일은 너무도 고귀하여 재물과 부유함으로는 이룰 수가 없다(시 49:6-8). 이 시편의 말씀은 아마 이 율법을 넌지시 지칭하는 것일지도 모른다. 여기에 또 한 가지 법적인 규정이 등장하는데 (잉글랜드에서는 반역의 죄에 대해서만 이것이 적용된다) 곧 한 사람의 증언에 근거해서는 절대로 사람을 사형에 처할 수 없고, 반드시 두 사람의 증인이 있어야 한다는 것이다(30절). 이 법은 모든 사형의 경우에 그대로 확정되어 적용되었다(신 17:6; 19:15). 그리고 마지막으로, 살인자를 정죄하는 것은 물론 사형을 집행하는 일까지도 가장 가까운 친족에게 맡겨졌다. 그가 친족의 재산이 저당 잡혔을 경우 그것을 무를 의무를 지녔으니, 그 친족이 죽임을 당했을 경우에도 그의 피를 보복하는 자가 되는 것이 당연했다(19절). 살해 사실에 대한 분명한 증거를 통해서 정죄를 받으면, 피를 보복하는 자는 그 살인한 자를 자신이 죽일 것이고(19절), 이 경우 피를 보복하는 자는 구태여 법적인 절차에 따를 필요가 없었다. 그러나 만일 누가 살인자인지 확실치도 않고 증거도 불명확할 경우, 개인의 의혹이나 추측만으로는 그러한 일을 할 수가 없었을 것이다. 재판관들도 두 사람의 증언이 없이는 그런 일을 행할 수가 없었으니 말이다. 사실이 명확할 경우에만, 살해당한 자의 친족이 그 살해자를 만날 경우 의로운 분노로 그를 죽일 수 있었다. 어떤 이들은 법정의 합법적인 재판이 있은 후에야 이 일이 가능했다고 본다. 갈대아역도 이를 뒷받침한다. "재판으로 그를 정죄할 때에 그를 죽일 것이니." 그러나 24절을 볼 때 재판관들은 사안이 의심쩍은 경우에만 개입하였으며, 또한 살인을 저질러 복수를 당한 그 사람이 살인자요 고의적인 살인자일 경우에는 복수한 자가 무죄한 것으로 인정되었던 것으로 보이며(27절), 단 그것이 아니었다는 것이 밝혀지면 복수한 그 사람에게 모든 책임이 있었다. 우리나라의 법에서는 살해당한 사람의 미망인이나 그 다음 상속자가 살해자를 상대로 항소할 수 있도록 허용되어 있으므로, 살해자가 고발에서 무죄로 인정되었더라도 그 항소를 통해 유죄가 밝혀지면 사형이 집행되도록 되어 있으니, 이 경우 항소인을 피를 보복하는 자라 불러도 무방할 것이다.

2. 그러나 살인이 고의가 아닐 경우, 악의가 없이 혹은 기회를 엿봄이 없이(22절), 그 사람을 보지도 못했고 해하려 한 것도 아닐 경우(23절), 곧 우리나라 법에서 과실 살인, 혹은 불운으로 인한 살인일 경우에는 살해자가 도피할 수 있는 도피성이 지정되어 있었다. 우리의 법에 의하면, 이는 재산 몰수를 포함하나, 특별한 정황 문제가 발견될 경우에는 사면이 베풀어진다. 도피성에 관한 율법은,

(1) 사람이 살인을 했을 경우, 회중 앞에서, 즉 공개 법정에서 재판관들 앞에서 재판을 받기까지 이 성들에서 안전하며 법의 보호를 받는다. 그 당사자가 스스로 굴복하기를 무시하면, 신변이 위험을 당해도 그 자신의 책임이다. 피를 보복하는 자가 다른 곳에서 그를 만나거나 도피성으로 가는 도중에 그를 붙잡아 살해하면, 그의 피가 자기 자신의 머리에게로 돌아간다. 하나님께서 그를 위해 베푸신 안전장치를 스스로 제대로 사용하지 않았기 때문이다.

(2) 재판을 통해서 고의적인 살인이었음이 밝혀지면, 도피성은 더 이상 그를 보호해주지 못한다. 이에 대해 이미 율법이 형을 확정지어놓고 있기 때문이다. 그를 내 제단에서라도 잡아내려 죽일지니라(출 21:14).

(3) 그러나 실수 혹은 사고였고, 사람을 죽일 의도가 없었다는 것이 드러나면, 그 과실로 살인한 자는 도피성에서는 안전하며, 피를 보복하는 자가 그에게 관여할 수가 없었다(25절). 그는 자기 집과 자기 재산으로부터 쫓겨나 대제사장이 죽기까지 도피성에 거주하여야 했다. 그리고 혹시 그가 도피성이나 그 인

근 땅 바깥으로 나가면, 그 스스로 율법의 보호에서 벗어나는 것이요, 따라서 피를 보복하는 자가 그를 만나 그를 죽일 수도 있었다(26-28절). 그런데, [1] 이 처럼 과실로 살인한 자의 목숨을 보존시키심으로써, 하나님은 사람이 자기의 범죄가 아니라 불행으로 인하여, 자기 자신의 악행이 아니라 하나님의 섭리의 역사로 인하여(하나님이 사람을 그의 손에 넘긴 것이므로, 출 21:13) 억울함을 당 해서는 안 된다는 것을 가르쳐 주신다. [2] 과실로 살인한 자를 자기 집에서 쫓 아내어 도피성에 가두고 거기 갇혀 살도록 하심으로써, 하나님은 피를 흘리는 죄책이 끔찍스럽고 무섭다는 생각을 품게 하고, 목숨에 대해 매우 조심하며 과 실이나 부주의로 사람을 죽게 하는 일이 일어나지 않도록 언제나 두려워할 것 을 가르쳐 주신다. [3] 과실로 사람을 죽인 자의 유배 기한을 대제사장이 죽는 때로 한정시킴으로써, 대제사장이라는 거룩한 직분에 대해 존귀를 부여하셨 다. 대제사장은 그 나라에 크나큰 복이 되는 존재이므로 그가 죽으면 그 때의 슬픔이 다른 모든 분노나 화가 그 슬픔에 다 삼켜지게 되었던 것이다. 도피성 은 모두 레위 지파의 성이었고, 대제사장은 레위 지파의 머리였으며, 따라서 이 성들에 대한 고유한 통치권을 지니고 있었으므로, 도피성들에 갇혀진 자들 을 그의 포로들로 간주할 수 있었고, 따라서 그의 죽음이 그들을 석방시키는 계기가 되어야 했던 것이다. 말하자면 그 과실 범죄자들이 그의 직권 하에 갇 힌 것이니, 따라서 그가 죽으면 그 권한도 사라지는 것이었다. 권한은 그 당사자 와 함께 만료된다. 에인즈워스(Henry Ainsworth: 1571-1622)는 이에 대해 또 다 른 견해를 제시하였다. 곧, 대제사장이 살아 있을 동안에 그의 봉사와 희생제 사로 죄에 대해 속죄하였으므로 — 이 점에서 그의 제사는 그리스도의 속죄의 보상을 예표하는 것이었다 — 그가 죽으면 과실 살인자로서 유배를 당하던 상 태에서 풀려났는데, 이는 이스라엘의 속량을 예표하는 것이었다는 것이다. [4] 과실로 살인한 자가 도피성 바깥으로 나갈 경우 그를 피를 보복하는 자의 손에 맡긴 사실은, 무한한 지혜자이신 하나님께서 안전을 위하여 마련해 주신 방법 들을 준수해야 할 것을 가르쳐 주는 것이었다. 그처럼 치유를 위한 율법을 철 저히 지키게 하심으로써 그 법을 존귀하게 하신 것이다. 우리에게 베풀어진 구 원을, 과연 그 크나큰 구원을, 등한시한다면, 어떻게 구원 얻기를 기대할 수 있 겠는가?

II. 여기 도피성이라는 모형과 그림자 아래에는 선한 복음이 상당히 스며 있

다. 앞에 있는 소망을 얻으려고 피난처를 찾는 우리(히 6:18)의 모습과 또한 우리
가 그리스도 안에서 발견되는 것(빌 3:9)에 대한 사도의 말씀이 이 도피성을 간
접적으로 지시하는 것으로 보인다. 구약의 역사에서는 이 도피성을 사용한 예
가 한 번도 나타나지 않는다. 다만 위험에 처했을 때에 제단 뿔을 잡은 예는 볼
수 있다(왕상 1:50; 2:28). 제단은 어디에 있든지 가장 으뜸 되는 도피성과 마
찬가지였기 때문이다. 그러나 도피성에 관한 율법이 마련된 것은 이스라엘의
속량을 찾는 자들의 기대치를 높이고 그들을 격려하기 위함이었다. 이 율법은
죄를 스스로 인정하고 죄로 인하여 두려워 떠는 자들에게 큰 격려가 되었을 것
이다. 과실로 살인한 자들이 도피성으로 말미암아 위로와 격려를 얻었듯이 말
이다. 관찰하라.

1. 도피성이 여러 개가 있었고, 또한 그 땅의 각처에 흩어져 지정되어 있었
으므로, 과실로 살인한 자가 이스라엘 땅 어느 곳에 거하든지 반나절이면 아무
도피성에나 들어갈 수 있었다. 이와 마찬가지로, 우리의 피난처로 한 분 그리
스도께서 지정되셨으나, 우리가 어디 있든지 그는 곧바로 들어갈 수 있는 피난
처요 늘 계시는 도움이시다. 말씀이 우리에게 가까이 있으며, 그리스도께서 말
씀 속에 계시니 말이다.

2. 과실로 살인한 자는 어느 도피성에 있든지 안전하였다. 마찬가지로 그리
스도께로 피하는 신자들은 그리스도 안에서 안전하며, 그의 안에서 안식하며,
하나님의 진노와 율법의 저주로부터 보호하심을 받는다. 그리스도 예수 안에 있
는 자에게는 결코 정죄함이 없나니(롬 8:1). 그처럼 보금자리에서 보호를 받는 자
들을 과연 누가 정죄하겠는가?

3. 도피성은 모두 레위 지파의 성이었다. 도피성에 갇힌 불쌍한 자가 언약
궤가 있는 곳까지 올라가지 않아도 레위인들 중에 있어서 그들에게서 가르침
받아 여호와에 관한 선한 지식을 얻고, 하나님의 섭리로 인하여 자신이 현재
처하여 있는 상태를 선용하는 법을 교훈받을 수 있었다는 것은 정말 좋은 일이
었다. 또한 레위인들이 그를 위로하고 격려하며, 그를 환영할 것을 기대할 수
있었다. 이와 마찬가지로 복음 사역자들 역시 가련한 죄인들을 그리스도께로
나아가도록 환영하며, 은혜로 말미암아 그의 안에 있게 된 자들을 돕고 조언하
는 임무를 지니고 있는 것이다.

4. 심지어 이스라엘 자손이 아닌 타국인들과 임시 거주자들도 도피성의 혜

택을 받을 수 있었다(15절). 이와 마찬가지로 그리스도 예수 안에는 헬라인과 유대인의 차별이 없다. 외인들이라도 믿음으로 그리스도께 피하면 그의 안에서 안전하게 되는 것이다.

5. 도피성의 인근 지경까지도 과실을 범한 자들에게 충족한 안전을 보장해 주었다(26, 27절). 이와 마찬가지로 그리스도의 의복의 끄트머리에도 불쌍한 죄인들을 치유하고 구원하는 공효가 있는 것이다. 충만한 확신에 이르지 못한다 할지라도 은혜로 말미암아 선한 소망 가운데 위로를 얻을 수 있는 것이다.

6. 과실로 살인한 자가 도피성에서 얻는 보호는 그 성벽이나 문의 힘에서 나오는 것이 아니요, 순전히 하나님께서 그처럼 지정해 놓으셨기 때문이다. 이와 마찬가지로, 영혼들에게 그리스도 안의 안전을 베풀어 주는 것도 복음의 말씀이다. 아버지 하나님께서 그를 인치셨기 때문이다.

7. 과실을 범한 자가 도피성 바깥으로 나가거나 자기 집으로 몰래 돌아가면, 그는 보호받는 혜택을 상실하며, 피를 보복하는 자에게 노출되게 되어 있었다. 이와 마찬가지로 그리스도 안에 있는 자들은 반드시 그리스도 안에 거해야 한다. 그들이 그를 버리고 그에게서 떠나 방황하면 그 모든 위험의 책임이 그들에게 있는 것이다. 우리는 뒤로 물러가 멸망할 자가 아니요(히 10:39).

제
— 36 —
장

개요

본 장은 슬로브핫의 딸들의 신상에 관한 또 다른 문제에 대한 결정을 다룬다. 하나님께서는 그들이 기업을 누릴 것을 지정하셨다(27:7). 여기서, I. 그들이 결혼하여 다른 지파에 복속되어야 하는 억울함이 제시됨(1-4절). II. 그들이 본 지파에 속한 자들과 결혼하도록 하나님의 지시가 주어짐으로써 억울한 일이 미연에 방지되며(5-7절), 또한 그 비슷한 경우들을 위하여 한 가지 원칙이 마련되며(8-9절), 그리하여 그들이 자기 친척들 중의 사람들과 결혼하였고(10-12절), 이로써 민수기가 끝마쳐진다(13절).

¹요셉 자손의 종족 중 므낫세의 손자 마길의 아들 길르앗 자손 종족들의 수령들이 나아와 모세와 이스라엘 자손의 수령 된 지휘관들 앞에 말하여 ²이르되 여호와께서 우리 주에게 명령하사 이스라엘 자손에게 제비 뽑아 그 기업의 땅을 주게 하셨고 여호와께서 또 우리 주에게 명령하사 우리 형제 슬로브핫의 기업을 그의 딸들에게 주게 하셨은즉 ³그들이 만일 이스라엘 자손의 다른 지파들의 남자들의 아내가 되면 그들의 기업은 우리 조상의 기업에서 떨어져 나가고 그들이 속할 그 지파의 기업에 첨가되리니 그러면 우리가 제비 뽑은 기업에서 떨어져 나갈 것이요 ⁴이스라엘 자손의 희년을 당하여 그 기업이 그가 속한 지파에 첨가될 것이라 그런즉 그들의 기업은 우리 조상 지파의 기업에서 아주 삭감되리이다

므낫세 지파의 수령들이 최근 슬로브핫의 딸들에 관하여 내려진 명령에 대하여 모세와 지휘관들에게 겸손히 의견을 제시하였다. 이들이 속한 가문은 이미 요단 동쪽에 정착한 므낫세 반 지파가 아니라, 요단 강 이쪽에서 기업을 받게 되어 있는 므낫세 반 지파에 속해 있었다. 그런데도 그들은 그 땅을 자기들의 소유로, 기업을 자기들의 조상의 기업으로 말하고 있다. 그것들을 아직 얻지 못했으나 마치 이미 소유한 것처럼 큰 확신으로 말씀하고 있는데, 그들이 신뢰하는 하나님이 어떤 분이신지를 잘 알고 있기 때문이었다. 그들의 의견 제

시에서 관찰하라.

1. 그들은 전에 주어진 명령을 다시 진술하며, 그 명령들을 소홀히 하지 않고 기꺼이 인정하고 받아들인다. 여호와께서 또 우리 주에게 명령하사 우리 형제 슬로브핫의 기업을 그의 딸들에게 주게 하셨은즉(2절). 그리고 그들은 그 명령에 대해 매우 만족해하며, 자기들의 가문에서도 동일한 경우가 생길 경우 그 딸들이 이 법의 혜택을 받으리라는 점을 모르는 사람이 없었다.

2. 이들은 만일 슬로브핫의 딸들이 결혼하여 다른 지파로 소속될 경우에 일어날 억울한 사정을 대변한다(3절). 그리고 이것은 아마도 단순한 추리나 가정이 아니었을 것이다. 이 때에 다른 지파들의 젊은 청년들 중에서 슬로브핫의 딸들과 결혼하려는 자들이 있다는 것을 그들이 알고 있었을 것으로 보인다. 그 딸들에게 이미 기업이 주어졌으니 이 지파에서 기반을 마련하여 기존의 자기들의 기업을 크게 불릴 수 있었기 때문이었다. 결혼에서 이것을 과도하게 목적으로 삼는 경우가 많다. 사람이 합당하냐 하는 것보다 재산의 유무를 조건으로 삼고 가옥에 가옥을, 전토에 전토를 더하려 하는 경우 말이다. 지혜에 기업이 더해지는 것은 과연 좋은 일이다. 그러나 지혜가 없다면 기업이 무슨 유익을 주겠는가? 그러나 여기 이 딸들의 경우는 그들의 부유함은 물론 인격적으로도 장점을 지니고 있었다고 볼 수 있을 것이다. 그러나 그 지파의 수령들은 그 다음에 생길 불행한 일을 예견하고서, 모세에게 나아와 문제를 제기하며, 이에 대해 하나님의 뜻이 무엇인지를 물은 것이다. 그들이 제기한 어려운 문제를 하나님께서는 전에 이 문제에 대해 주신 명령을 통해서 해결해 주실 수도 있었다. 그러나 우리가 우리의 문제들에서 하나님의 섭리를 잘 따를 뿐 아니라 우리 자신의 분별력을 사용하여야 한다는 것을 가르치시기 위하여, 하나님께서는 그들 스스로 불편한 일을 지혜롭게 예견하고서 그것을 경건한 자세로 모세에게 제시하여 뜻을 구하기까지 그 문제에 대해 아무런 지시도 하시지 않은 것이다. 그들 스스로 가문의 큰 어른들로서 이 슬로브핫의 딸들의 처신 문제에 대해 간섭할 권한을 행사할 수도 있었을 것이나, 그들은 오히려 그 문제를 모세에게 내어놓기를 택하였고, 결국 문제가 잘 해결된 것이다. 우리는 우리 자신의 문제에서 우리 스스로 재판관이 되기를 탐해서는 안 된다. 편파적이 되기를 피하기가 어렵기 때문이다. 여러 사안들에 있어서 선한 권면을 주기보다는 취하는 것이 더 쉬우며, 또한 지시를 받는 것이 만족스러운 일이다. 그들은 여기서 두

가지 목표가 있었다.

(1) 기업에 대한 하나님의 명령을 보존하는 것. 그들은 각 지파마다 제비를 뽑은 대로 땅을 소유할 것이라는 하나님의 명령을 강조하였다(2절). 그리고 만일 므낫세 지파의 몫의 상당 부분이 슬로브핫의 딸들의 결혼으로 인하여 다른 지파의 소유가 되어 버리면 하나님의 명령을 깨뜨리는 것이 된다는 점을 강조하였다. 어머니의 지파가 아니라 아버지의 지파의 소유가 되기 때문이다. 물론 해당 지파에 속한 특정한 개인의 몫은 줄어들지 않으나(그들이 여전히 자기들의 몫을 소유하고 있을 것이므로), 지파 전체로 보면 몫이 줄어들게 되고, 결국 그 지파의 힘이 상당히 약화될 것이었다. 그러므로 그들은 그들의 지파의 명예에 대해 염려하였으며, 더욱이 그 지파의 절반이 요단 강 동쪽에 정착한 것으로 인하여 이미 상당히 약화되어 있는 상황이었으므로 더욱더 그 점에 대해 염려가 컸을 것이다.

(2) 후손들 사이에서 경쟁과 분쟁을 미연에 방지하는 것. 다른 지파들에 속한 자들이 그들 가운데로 들어오면 그것으로 인해 경쟁이 야기될 수도 있었다. 기업의 소유권을 놓고 분쟁이 오가기 쉬웠고, 그러는 사이에 세월이 흐르면 소유권에 대해 의문이 제기될 소지가 많았다. 그렇게 되면 이로 인해서 얼마나 큰 문제가 생기게 되겠는가! 세상에서 재산을 소유한 자들은 그것들을 잘 정리하고 잘 처리하여 후손들 사이에 그것으로 인하여 분쟁과 갈등이 야기되지 않도록 하는 것이 지혜요 또한 의무인 것이다.

⁵모세가 여호와의 말씀으로 이스라엘 자손에게 명령하여 이르되 요셉 자손 지파의 말이 옳도다 ⁶슬로브핫의 딸들에게 대한 여호와의 명령이 이러하니라 이르시되 슬로브핫의 딸들은 마음대로 시집가려니와 오직 그 조상 지파의 종족에게로만 시집 갈지니 ⁷그리하면 이스라엘 자손의 기업이 이 지파에서 저 지파로 옮기지 않고 이스라엘 자손이 다 각기 조상 지파의 기업을 지킬 것이니라 하셨나니 ⁸이스라엘 자손의 지파 중 그 기업을 이은 딸들은 모두 자기 조상 지파의 종족되는 사람의 아내가 될 것이라 그리하면 이스라엘 자손이 각기 조상의 기업을 보전하게 되어 ⁹그 기업이 이 지파에서 저 지파로 옮기게 하지 아니하고 이스라엘 자손 지파가 각각 자기 기업을 지키리라 ¹⁰슬로브핫의 딸들이 여호와께서 모세에게 명령하신 대로 행하니라 ¹¹슬로브핫의 딸 말라와 디르사와 호글라와 밀가와 노아가 다 그들의 숙부의

아들들의 아내가 되니라 [12]그들이 요셉의 아들 므낫세 자손의 종족 사람의 아내가 되었으므로 그들의 종족 지파에 그들의 기업이 남아 있었더라[13] 이는 여리고 맞은 편 요단 가 모압 평지에서 여호와께서 모세를 통하여 이스라엘 자손에게 명령하신 계명과 규례니라

여기서,

I. 하나님께서 명확히 명령하심으로써, 슬로브핫의 딸들과 므낫세 지파의 나머지 사람들 사이에 문제가 해결되었다. 그들의 청원이 받아들여졌고, 불편한 문제의 소지를 방지하도록 조치가 취해진 것이다. 요셉 자손 지파의 말이 옳도다(5절). 이처럼 하늘의 기업을 소유하는 문제에 관하여 하나님의 뜻을 구하는 자들은 어떻게 할지에 대한 지침을 확실히 받을 뿐 아니라 그들의 문의가 은혜로이 받아들여지며, 착하고 충성된 종아 잘 하였도다 라는 칭찬을 받게 되는 것은 물론, 네 말이 옳도다 라는 칭찬도 받게 될 것이다. 이제 다음과 같이 문제가 정리되었다. 기업을 받은 여자들은 므낫세 지파와 그들이 속한 헤벨 가문 내에서 결혼하도록 되었다.

1. 그 딸들은 어느 특정한 사람들에게 시집가도록 정해진 것이 아니었다. 아버지의 가문 내에서도 충분히 남편감을 택할 수 있었다. 슬로브핫의 딸들은 마음대로 시집가려니. 자녀들이 부모의 권위를 존중하여 부모의 뜻에 반하여 결혼하지 말아야 하듯이, 부모도 자녀들의 애정을 고려하여 그들이 사랑할 수 없는 사람과 결혼하도록 강요해서는 안 되는 것이다. 강제로 행하는 결혼은 복스럽지 못할 소지가 다분한 것이다.

2. 그러나 그 딸들은 자기들의 친족에게만 시집을 가도록 제한되었다. 그들의 기업이 다른 가문으로 넘어가지 않도록 하기 위함이었다. 하나님께서는 제비를 통해서 분배된 땅을 처리하는 것이 여호와의 소관이므로 사람이 변경할 수 있는 것이 아니며 따라서 여호와께서 지정하신 것을 변경해서는 안 된다는 것을 알게 하기를 바라신 것이다. 기업은 이 지파에서 저 지파로 옮기지 않아야 한다(7절). 그들 사이에 갈등이 생기고 재산이 뒤엉키고 계보가 복잡해지는 일이 없도록 하기 위함이었다. 하나님께서는 한 지파가 약화되고 가난하게 되는 것으로 다른 지파가 부유하게 되는 것을 원치 않으신다. 그들 모두가 똑같이 그의 벗 아브라함의 자손들이기 때문이다.

II. 이 율법이 영구하게 제정되고, 차후로 어느 곳에서든 비슷한 경우가 발생할 때에 준수하도록 되었다(8절).   기업을 받지 않은 여자들은 마음대로 다른 지파로 시집갈 수도 있었다(물론 대개는 자기 지파 내에서 결혼을 했으리라고 생각할 수 있다). 그러나 기업을 받은 여자들은 기업의 소유권을 포기하든지, 아니면 자기 지파 내에서 결혼해야 했다. 그리하여 각 지파마다 자기의 기업을 유지하도록 하고, 한 지파가 다른 지파의 기업을 취하지 않도록 하는 한편, 전 세대들을 통틀어서 옛날 그들의 조상들이 아니라 그 조상의 하나님이 세우신 움직이지 못할 땅의 경계표지들이 그대로 남아 있도록 한 것이다.

III. 슬로브핫의 딸들이 이 명령에 순종함.   하나님께서 친히 지도하셨으니 그들이 시집을 잘 가고 거기서 만족을 얻을 수밖에 없었을 것이다. 그들은 아버지의 형제들의 아들들과 결혼하였다(10-12절). 이로써 다음과 같은 사실이 나타난다. 1. 사촌끼리의 결혼 그 자체는 비합법적인 것이 아니요, 결혼이 금지된 촌수 내에 드는 것이 아니라는 것. 만일 그랬다면 하나님께서 이들을 그렇게 결혼하도록 하지 않으셨을 것이다. 그러나, 2. 보통의 경우는 그런 결혼이 바람직하지 못하다. 반드시 그렇게 결혼해야 할 구체적인 사유가 없었다면(오늘날에는 이런 사유가 해당되지 않는다. 기업이 하나님의 특별한 지정에 의하여 분배되는 것이 아니기 때문이다), 그렇게 가까운 친척들과 결혼하지 않았을 것이기 때문이다. 세상은 넓고, 올바로 행하는 자는 확실히 행하기를 힘쓸 것이다.

IV. 민수기 전체의 결말이 후반부에 언급된다.   이는 여리고 맞은편 요단 가 모압 평지에서 여호와께서 모세를 통하여 이스라엘 자손에게 명령하신 계명과 규례니라(13절). 26장 이후부터 계속해서 기록된 이 내용 대부분은 이스라엘 백성이 지금 들어가고 있는 가나안에서의 정착과 관련된 것이다. 하나님께서 그의 섭리로 어떠한 새로운 조건 속에 우리를 인도하시든지 간에, 우리는 그에게 그 조건 하에서의 의무를 가르쳐 주시고 우리로 하여금 그것을 행할 수 있도록 해주셔서 우리에게 주어진 일들을 그때그때 시의적절하게 감당할 수 있게 되도록 하나님께 구하여야 할 것이다.

신 명 기

서론

신명기에서는 앞의 세권의 책에 포함되어 있는 역사와 율법의 상당 부분이 반복되는데, 이는 모세가 그가 죽기 조금 전에 이스라엘에게 반복하여 전한 것이다(감동을 주도록 입의 말씀으로 전하였고, 영구히 남도록 글로써 전하였다). 신명기에는 마지막 장의 모세의 죽음 이외에는 새로운 역사가 전혀 없고, 나타난 것으로 보면 모세에게 새로운 계시가 주어진 것도 없다. 따라서 여기의 스타일은 앞의 책들에서처럼 여호와께서 모세에게 일러 가라사대가 아니다. 앞의 율법들을 반복하여 제시하고, 설명하며, 확대시키고, 거기에 특정한 교훈들을 첨가시키며, 또한 그 율법들을 지키게 하기 위한 갖가지 논지들이 제시된다. 이 책에서 모세는 하나님의 감동하심과 도우심을 받았다. 그러므로 회막에서 귀에 들리는 음성으로(레 1:1) 모세에게 전해진 내용과 마찬가지로, 모세가 기록한 이 책도 진정 여호와의 말씀이다. 헬라의 해석자들은 이 책을 "Deuteronomy"라 부르는데, 이는 제2의 율법, 혹은 율법의 제2판이라는 뜻이다. 물론 앞의 내용을 수정한 것은 없다. 그럴 필요가 없었기 때문이다. 다만 앞에서 언급되지 않은 다양한 사안들에 관하여 백성들을 더 지도하기 위하여 첨가된 내용들이 있을 뿐이다.

그런데, I. 하나님의 율법을 그렇게 반복함으로써 그 율법의 존귀를 매우 높여주었다 할 것이다. 그렇게 되풀이하여 가르쳐졌으니 그 율법의 내용들이 얼마나 귀했겠는가! 또한 그 율법을 이상한 것으로 여기는 자들은(호 8:12) 정말이지 용서받을 수 없지 않았겠는가! II. 그것을 지금 다시 반복하는 데는 그만한 이유가 있을 것이다. 율법을 처음 받은 그 세대의 사람들이 모두 죽었고 새로운 세대가 일어났으니, 하나님께서 모세를 통해서 그 내용을 다시 반복하여 가르치셔서 할 수 있으면 그 내용이 그들에게 영구히 남게 하고자 하셨을 것이다. 이제 그들이 막 가나안 땅을 소유하러 나아가는 상황이었으니, 모세로서는 그들에서 합의된 사항들을 반드시 읽어줌으로써 그들이 그 땅에서 어떤 사항과 조건을 지키고 그 땅의 것들을 누릴지를 알게 하며 거기서 올바로 처신하도록 하여야 했던 것이다. Ⅲ. 그 백성들로서는 율법 가운데 그들과 또한 그들의 생활에 좀 더 직접적으로 관계가 있는 부분들을 그렇게 함께 모아 지니고 있는 것이 크게 유익했을 것이다. 제사장들과 레위인들, 그리고 그들의 임무의 실행에 관계되는 법들은 다시 반복되지 않는다. 그것들은 한 번 전해진 것으로 족했다. 그러나 하나님께서는 백성들의 연약함을 불쌍히 여기사, 좀 더 일반적인 관심사를 다루는 법들은 다시 반복하여 전하게 하셨다. 경계에 경계를 더하며 교훈에 교훈을 더하는 것이다(사 28:10). 복음의 위대하고도 요긴한 진리들은 그리스도의 사역자들이 자주 반복하여 가르쳐야 하는 법이다. 바울은 이렇게 말씀한다: 같은 말을 쓰는 것이 내게는 수고로움이 없고 너희에게는 안전하니라(빌 3:1). 하나님께서 한 번 말씀하신 것을 우리는 두 번 이상 여러 번 들을 필요가 있고, 그리하여 그 내용을 잘 지각하고 깨달아 새기면 잘 된 일이다.

신명기는 다음 세 가지로 높이 기림을 받고 존귀하게 되었다. 1. 왕은 이 책을 직접 자기 손으로 기록하여 평생 날마다 읽도록 되어 있었다(17, 18, 19장). 2. 요단강을 건넌 후에 큰 돌들에 석회를 발라 그 위에 이 책의 내용을 기록하도록 되어 있었다(27:2, 3). 3. 칠년마다 초막절에 한 번씩 제사장들이 모든 이스라엘이 참석한 가운데 공적으로 읽도록 되어 있었다(31:9 등). 복음은 일종의 신명기, 즉 제2의 율법이요, 수정적인 법이요, 영적인 법이요, 믿음의 법이다. 이로써 우리가 그리스도의 법 아래 있게 된다. 그리고 복음은 그리로 나아가는 자들을 온전하게 하는 법이다.

신명기는 시내 산을 떠난 이후 이스라엘 백성들에게 일어난 괄목할 만한 사건들을 간단히 제시하는 것으로 시작한다. 4장에서 우리는 순종하라는 지극히 감동적인 권면을 접하게 된다. 그리고 12장부터 27장에서는 여러 가지 구체적인 법들이 반복되며, 거기에 약속과 경고, 축복과 저주가 덧붙여져 순종의 중요성이 더욱 강조되며(27, 28장), 그리하여 하나의 언약을 이룬다(29, 30장). 그들이 이 내용들을 영원토록 기억하도록 배려하며(31장), 또한 노래를 통해서 이를 뒷받침하며(32장), 모세는 축복으로 끝을 맺는다(33장).

이 모든 내용은 모세가 그의 생애의 마지막 달에 이스라엘에게 전한 것이다. 신명기 전체는 2개월 동안의 역사를 담고 있다. 1:3을 수 4:19과 비교해 보면, 마지막 달은 모세를 위해 이스라엘이 30일 동안 애곡한 기간이었음을 알 수 있다. 그 위대하고 선한 사람이 자기의 때가 얼마 남지 않았다는 것을 알면서도 얼마나 바삐 선을 행하였는지를 보라. 그리고 그의 안식이 가까워 올 때에 그가 얼마나 신속히 움직이는지를 보라. 우리는 복되신 주께서 그의 생애의 마지막 주간에 말씀하시고 행하신 일에 대한 기록을 다른 무엇보다도 더 많이 갖고 있다. 위대한 인물의 마지막 말씀들은 깊은 감동을 주며 또한 반드시 줄 수밖에 없다. 관찰하라. 우리 주님은 마귀에게 시험받으실 때에 "기록된 바"라고 하시며 모두 이 책에서 인용하여 대답하심으로써 이 책을 존귀하게 높이셨다(마 4:4, 7, 10).

제 1 장

개요

모세가 이스라엘에게 행한 고별 설교의 첫 부분이 이 장에서 시작되어 4장 끝부분까지 계속된다. 이 장 첫 다섯 절에서 그 설교를 행한 시기(3, 4절)와 그 설교를 행한 장소를 알 수 있다(1, 2, 5절). 이 장의 역사적 기록은 백성들에게 다음을 상기시켜 준다. I. 하나님이 가나안 땅에 대하여 그들에게 하신 약속에 대하여(6-8절). II. 그들을 위하여 수령들을 두는 조치에 대하여(9-18절). III. 정탐꾼들의 보고에 즈음하여 그들이 보인 불신앙과 불평에 대하여(19-33절). IV. 그로 인하여 그들에게 선고가 내려진 일과, 또한 그 선고가 확정된 일에 대하여(34-46절).

¹이는 모세가 요단 저쪽 숩 맞은편의 아라바 광야 곧 바란과 도벨과 라반과 하세롯과 디사합 사이에서 이스라엘 무리에게 선포한 말씀이니라 ²호렙 산에서 세일 산을 지나가 가데스 바네아까지 열 하룻길이었더라 ³마흔째 해 열한째 달 그 달 첫째 날에 모세가 이스라엘 자손에게 여호와께서 그들을 위하여 자기에게 주신 명령을 다 알렸으나 ⁴그 때는 모세가 헤스본에 거주하는 아모리 왕 시혼을 쳐죽이고 에드레이에서 아스다롯에 거주하는 바산 왕 옥을 쳐죽인 후라 ⁵모세가 요단 저쪽 모압 땅에서 이 율법을 설명하기 시작하였더라 일렀으되 ⁶우리 하나님 여호와께서 호렙 산에서 우리에게 말씀하여 이르시기를 너희가 이 산에 거주한 지 오래니 ⁷방향을 돌려 행진하여 아모리 족속의 산지로 가고 그 근방 곳곳으로 가고 아라바와 산지와 평지와 네겝과 해변과 가나안 족속의 땅과 레바논과 큰 강 유브라데까지 가라 ⁸내가 너희의 조상 아브라함과 이삭과 야곱에게 맹세하여 그들과 그들의 후손에게 주리라 한 땅이 너희 앞에 있으니 들어가서 그 땅을 차지할지니라

여기에는 다음의 내용들이 있다.

I. 모세가 이스라엘 백성에게 행한 이 설교의 시기. 장로들과 수령들과 백

성의 대표들을 포함하여 수많은 무리들이 모일 수 있는 만큼 다 모여 있었으니, 그 설교를 들은 청중들의 숫자가 분명 매우 많았을 것이다. 그리고 아마 이 설교가 행해진 것은 안식일이었을 것이다.

1. 이제 그들이 진을 치고 있던 장소는 모압 땅이었으며(1, 5절), 그들은 막 가나안에 들어가 가나안인들과 전쟁을 벌일 준비를 갖춘 상태였다. 그러나 그의 설교는 군사 작전에 관한 것도, 전쟁의 기법과 전략에 대한 것도 아니고, 하나님께 드릴 그들의 의무에 관한 것이었다. 그들이 계속해서 하나님을 경외하면 하나님이 그들을 지키사 그 땅을 정복하게 하실 것이기 때문이었다. 그들의 신앙이 그들의 최고의 전략이 될 것이었다.

2. 그 시기는 그들이 애굽에서 나온 지 40년이 되는 해가 거의 끝나갈 무렵이었다. 하나님은 그 오랜 세월 동안 그들의 처신을 보아오셨고, 그들은 그들의 죄악을 담당했는데(민 14:34), 이제는 새롭고 좀 더 유쾌한 장면이 펼쳐지게 되어 있었다. 곧, 선의에 대한 증표로 모세가 율법을 그들에게 되풀이하여 전하는 것이다. 그러므로 금송아지로 인하여 하나님이 그들과 쟁론하신 이후, 하나님이 그들과 화목하신다는 최초의 가장 확실한 증표는 율법의 돌판을 새롭게 하는 것이었다. 하나님께서 그의 법을 우리 마음속에 심으시는 것보다 우리를 향하신 하나님의 사랑을 확실히 보여주는 증거는 없는 것이다(시 147:19, 20).

II. 설교의 내용. 전체적으로 보면, 모세는 이스라엘을 향하여 여호와께서 그들을 위하여 자기에게 주신 명령을 말씀하였다(3절). 이는 그가 지금 전한 내용이 과거에 받은 명령과 본질적으로 동일했다는 것뿐 아니라, 그것이 하나님께서 다시 되풀이하라고 명하신 내용이었다는 것을 시사해 준다. 그는 순전히 하나님의 지시하심을 받아 이스라엘에게 다시 말씀을 전한 것이다. 하나님께서 그를 세우사 교회에게 이 유산을 남기도록 하신 것이다. 그는 시내 산을 떠난 때부터의 일들을 거론하면서(6절), 여기서 다음과 같은 사실들을 말씀한다.

1. 하나님이 장막을 걷어 행진하라고 명령하심. 너희가 이 산에 거주한 지 오래니 방향을 돌려 행진하여(6, 7절). 이 산은 불이 붙는 산이요(히 12:18), 종을 낳은 산이다(갈 4:24). 하나님께서 그들을 그리고 보내셨던 것은 그들을 낮추시고, 율법에 대한 두려움을 통해서 그들을 약속의 땅에 들어가도록 준비시키시고자 함이었다. 그는 그들을 일 년 정도 거기에 두시고 나서, 그들이 거기에 거

주한 지 오래니, 이제 길을 떠나 행진하라고 말씀하셨다. 하나님께서는 그의 백성들을 괴로움과 환난 속으로, 영적인 괴로움과 마음의 고뇌 속으로 데려 가시지만, 그는 언제면 그들이 거기에 오래 거한 것인지를 잘 알고 계시며, 따라서 그들을 무서움에서 벗어나 양자의 영으로 행진하게 하신 때를, 가장 알맞은 때를 분명히 찾으실 것이다. 롬 8:15을 보라.

2. 그들이 가나안에 속히 복되게 정착하게 될 전망을 주심. 가나안 족속의 땅과 레바논과 큰 강 유브라데까지 가라(7절). 들어가 그 곳을 소유하라. 그것이 모두 너희 것이니라. 보라 그 땅이 너희 앞에 있도다(8절). 하나님께서는 우리 그리스도인의 행로에서 전진하라고 명하실 때에, 하늘의 가나안을 우리 앞에 제시하셔서 우리를 격려하신다.

⁹그 때에 내가 너희에게 말하여 이르기를 나는 홀로 너희의 짐을 질 수 없도다 ¹⁰너희의 하나님 여호와께서 너희를 번성하게 하셨으므로 너희가 오늘날 하늘의 별 같이 많거니와 ¹¹너희 조상의 하나님 여호와께서 너희를 현재보다 천 배나 많게 하시며 너희에게 허락하신 것과 같이 너희에게 복 주시기를 원하노라 ¹²그런즉 나 홀로 어찌 능히 너희의 괴로운 일과 너희의 힘겨운 일과 너희의 다투는 일을 담당할 수 있으랴 ¹³너희의 각 지파에서 지혜와 지식이 있는 인정 받는 자들을 택하라 내가 그들을 세워 너희 수령을 삼으리라 한즉 ¹⁴너희가 내게 대답하여 이르기를 당신의 말씀대로 하는 것이 좋다 하기에 ¹⁵내가 너희 지파의 수령으로 지혜가 있고 인정 받는 자들을 취하여 너희의 수령을 삼되 곧 각 지파를 따라 천부장과 백부장과 오십부장과 십부장과 조장을 삼고 ¹⁶내가 그 때에 너희의 재판장들에게 명하여 이르기를 너희가 너희의 형제 중에서 송사를 들을 때에 쌍방간에 공정히 판결할 것이며 그들 중에 있는 타국인에게도 그리 할 것이라 ¹⁷재판은 하나님께 속한 것인즉 너희는 재판할 때에 외모를 보지 말고 귀천을 차별 없이 듣고 사람의 낯을 두려워하지 말 것이며 스스로 결단하기 어려운 일이 있거든 내게로 돌리라 내가 들으리라 하였고 ¹⁸내가 너희의 행할 모든 일을 그 때에 너희에게 다 명령하였느니라

모세는 여기서 그들에게 그들의 통치 체제의 복된 구성을 상기시킨다. 그것은 그들 자신의 과오가 없었다면, 그들 모두를 안전하고 편안하게 해 줄 수 있는 것이었다. 선한 법이 그들에게 주어지고 그것들을 시행할 임무가

선한 사람들에게 맡겨졌으니, 그것이야말로 하나님께서 그들을 선히 대하신다는 증거였고, 모세 역시 그들을 진정으로 보살핀다는 증거였다. 여기서 그가 그것을 언급하는 것은 자기 자신을 그들의 복지를 위해 진심으로 보살핀 사람으로 제시하고, 그리하여 그들에게 하고자 하는 말씀을 위해 길을 마련하고자 함이었다. 그는 오직 그들의 유익만을 목표로 삼았던 것이다. 모세가 전한 이야기의 이 부분에서 그는 그들에게 다음을 넌지시 암시한다.

I. 그가 그들의 숫자가 증가하는 것을 크게 기뻐하였다는 것. 그는 이를 하나님이 아브라함에게 하신 약속이 성취된 것으로 보았다. 너희가 오늘날 하늘의 별 같이 많거니와(10절). 그리고 그 약속을 더욱 성취시켜 주시기를 구하였다. 하나님 여호와께서 너희를 현재보다 천 배나 많게 하시 … 기를 원하노라(11절). 이 기도는 덧붙여지는 것인데, 분별 있게 드려지는 선한 기도는 신적인 일에 관한 내용에서 중구난방일 수가 없고, 또한 경건한 자의 즉흥적인 외침 역시 일관성을 깨뜨리지는 않고, 오히려 그것을 강화시키고 아름답게 장식하는 법이다. 하지만 그들이 현재보다 천 배나 많게 하시기를 구하니 그의 바람이 얼마나 컸겠는가! 하나님의 권능과 선하심 안에서 우리가 좁아지는 법은 없다. 우리 자신의 믿음과 소망이 그 약속만큼이나 커야 마땅한데, 어떻게 그런 믿음과 소망을 갖고서 좁아진단 말인가? 모세는 여기서 그 약속에 따라서 그렇게 크게 간구하는 것이다. 여호와께서 너희에게 약속하신 만큼 복 주시기를 바라노라. 약 250년 전에 그들이 애굽으로 내려갈 때보다 지금 그들이 천 배나 많아졌으니, 지금보다 그들이 천 배나 더 많아질 소망을 못 가질 이유가 무엇이었겠는가? 관찰하라. 그들이 바로의 통치 아래 있을 때에는 그들의 숫자가 증가하는 것이 질투와 근심의 대상이었었다(출 1:9). 그러나 지금 모세의 통치 아래서는 그것이 기뻐할 일이요 축복으로 간구할 대상이었다. 이 점을 생각하면서 그들은 어쩌면 따로 대장을 세워 애굽으로 되돌아가자고 이야기한 것이 정말 어리석고 부끄러운 일이었음을 상기하게 되었을지도 모른다.

II. 통치의 존귀를 혼자 독점하고, 홀로 절대적 군주가 되어 다스리고자 하는 야심이 자신에게 없었다는 것(9절). 그는 비록 그런 존귀를 누릴 만한 자요 또한 그 일에 자격을 갖춘 자이기도 했으나, 그는 다른 사람들을 취하여 그 일에서 그를 돕고 또한 그 존귀도 함께 나누게 하기를 원하였다. 나 홀로 어찌 능히 너희의 괴로운 일 … 을 담당할 수 있으랴(12절). 국가의 관리의 역할은 괴로운 일이다. 모세 자신은 그 일을 위한 확실한 은사를 받은 자였으나, 그것을 자기 어깨에 짊어지는 것을 지극히 무거운 일로 여겼다. 선하고 유능한 관리일수록 자기의 짐이 무겁다는 것을 토로하며, 도움을 지극히 바라며, 자기들의 한계보다 더한 일을 수행하기를 두려워하는 법이다.

III. 그는 자기의 측근이나 자기에게 의존하는 자들을 선호할 마음이 전혀 없었다는 것. 그는 백성들 스스로 자기들을 다스릴 자들을 택하도록 하고 그는 그들을 인준하고자 하였다. 그가 원할 때에 물러나게 하는 것이 아니라, 그들 스스로 성실함을 보이는 한 직분을 계속하도록 한 것이다. 너희의 각 지파에서 지혜와 지식이 있는 인정 받는 자들을 택하라 내가 그들을 세워 너희 수령을 삼으리라(13절). 사도들도 이처럼 무리들더러 가난한 자들을 돌아볼 자들을 택하게 한 다음 그들이 그들을 임명하였다(행 6:3, 6). 모세는 그들더러 지혜와 지식이 있는 인정 받는 자들을 택하라고 한다. 이스라엘 민족의 등장과 기원이 너무 늦은 시기에 이루어져서 그들 중 누구도 다른 형제들에 비해서 자기 가문이 오래 되었다거나, 출신 성분이 귀하다는 것을 주장할 수가 없었다. 더욱이 그들 모두가 최근 애굽의 종살이에서 벗어났으므로, 다른 가문보다 특별히 더 부요한 가문이 없었을 것이다. 그러므로 그들의 선택은 순전히 지혜와 경험과 순결함의 자격 요건들에 따라 이루어졌을 것이다. 모세는 이렇게 말한다: "너희 지파들에서 칭찬 받는 자들을 택하라. 그러면 내가 진심으로 그들을 세워 너희 수령을 삼으리라." 우리가 아닌 다른 사람들이 하나님의 일을 감당한다 해도, 그 일에 합당한 선한 이들이 감당하는 한, 투정을 부려서는 안 되는 것이다.

IV. 이 문제에서 자신은 백성들을 기쁘게 하고자 하였다는 것. 그가 백성들의 칭찬을 받기를 목표로 한 것은 아니었으나, 이런 성격의 일에서는 그들의 승인이 없이는 행동하지 않고자 한 것이다. 그들은 그 제의에 동의하였다. 당신의 말씀대로 하는 것이 좋다(14절). 이를 언급하는 것은 이 일 후에 이에 대해 불평하고 불만을 갖는 죄를 더욱 위중하게 하기 위함이었다. 그들이 스스로 동의하고서도 그 통치체제에 대해 불평하며 문제삼는다는 것이었다. 그들이 기뻐 받아들이면, 자신도 그들을 기쁘게 할 심사였던 것이다.

V. 그는 그들을 흡족하게 하는 것은 물론 그들을 교화시키고자 하였다는 것. 그 근거는 다음과 같다.

1. 그는 선한 성품을 지닌 사람들을, 지혜가 있고 인정 받는 자들을(15절), 지

명하였다. 즉, 그들의 신뢰와 공적인 관심사에 성실히 부응하는 자들을 세운 것이다.

2. 그는 그들에게 선한 권면을 해 주었다(16, 17절). 존귀한 자리에 오른 자들은 그들이 일을 담당하였으며 또한 그들이 직고해야 할 또 다른 날이 있음을 알아야 했다.

(1) 그는 그들에게 부지런하고 인내할 것을 권면한다. 송사를 들을 때에, 쌍방의 송사를 온전히 다 들을 것이요 또한 주의를 기울여 들으라. 우리에게 두 귀가 있으니 말이다. 또한 다 듣기도 전에 판결하는 자는 어리석은 자요 수치를 당할 것이다. 학자의 혀에게는 학자의 귀가 필요한 법이다(사 50:4).

(2) 공정하고 편견이 없어야 할 것을 권면한다. 공정히 판결할 것이며. 당사자들의 귀천과는 관계없이 문제의 사안에 따라 판결하여야 한다. 이스라엘인들이 타국인들에게 횡포를 부리도록 내버려두어서도 안 되고, 타국인들이 이스라엘인들을 모욕하거나 그들에게 해를 끼치도록 내버려 두어서도 안 된다. 큰 자가 작은 자들을 압제하거나 몰락시키도록 내버려두어서도 안 되며, 작은 자들이 큰 자를 약탈하고 모욕하도록 내버려 두어서도 안 된다. 재판에는 얼굴을 보아서는 안 되고, 치우침도 없고 뇌물에 영향을 받지도 않은 공평함으로 항상 판결을 하여야 했다.

(3) 용기 있고 단호할 것을 권면한다. "사람의 낯을 두려워하지 말 것이며. 무리들의 소란이나 권력을 쥔 자들의 횡포가 두려워서 그릇된 일을 범해서도 안 된다." 그리고 그는 이런 권면을 명심해야 할 합당한 이유를 제시하였다. "재판은 하나님께 속한 것인즉, 너희는 하나님의 대리자들이요, 하나님을 위하여 행하는 자들이다. 그러므로 하나님처럼 행하여야 한다. 하나님을 대리하면서 불의하게 판결한다면 그것은 하나님을 그릇 대변하는 것이다. 재판은 하나님의 것이니, 너희가 옳게 행하면 그가 너희를 보호하실 것이요, 너희가 그릇 행하면 너희에게 반드시 그 책임을 물으실 것이다."

3. 그는 어려운 송사들을 자기에게로 가져오도록 허용하였고, 또한 언제라도 송사를 듣고 판결해 줌으로써 재판장들과 백성들을 편하게 해주고자 하였다. 모세와 같은 군주를 가진 이스라엘 백성은 복이 있도다.

[19]우리 **하나님** 여호와께서 우리에게 **명령하신** 대로 우리가 호렙 산을 떠나 **너희가**

보았던 그 크고 두려운 광야를 지나 아모리 족속의 산지 길로 가데스 바네아에 이른 때에 ²⁰내가 너희에게 이르기를 우리 하나님 여호와께서 우리에게 주신 아모리 족속의 산지에 너희가 이르렀나니 ²¹너희의 하나님 여호와께서 이 땅을 너희 앞에 두셨은즉 너희 조상의 하나님 여호와께서 너희에게 이르신 대로 올라가서 차지하라 두려워하지 말라 주저하지 말라 한즉 ²²너희가 다 내 앞으로 나아와 말하기를 우리가 사람을 우리보다 먼저 보내어 우리를 위하여 그 땅을 정탐하고 어느 길로 올라가야 할 것과 어느 성읍으로 들어가야 할 것을 우리에게 알리게 하자 하기에 ²³내가 그 말을 좋게 여겨 너희 중 각 지파에서 한 사람씩 열둘을 택하매 ²⁴그들이 돌이켜 산지에 올라 에스골 골짜기에 이르러 그 곳을 정탐하고 ²⁵그 땅의 열매를 손에 가지고 우리에게로 돌아와서 우리에게 말하여 이르되 우리의 하나님 여호와께서 우리에게 주시는 땅이 좋더라 하였느니라 ²⁶그러나 너희가 올라가기를 원하지 아니하고 너희의 하나님 여호와의 명령을 거역하여 ²⁷장막 중에서 원망하여 이르기를 여호와께서 우리를 미워하시므로 아모리 족속의 손에 넘겨 멸하시려고 우리를 애굽 땅에서 인도하여 내셨도다 ²⁸우리가 어디로 가랴 우리의 형제들이 우리를 낙심하게 하여 말하기를 그 백성은 우리보다 장대하며 그 성읍들은 크고 성곽은 하늘에 닿았으며 우리가 또 거기서 아낙 자손을 보았노라 하는도다 하기로 ²⁹내가 너희에게 말하기를 그들을 무서워하지 말라 두려워하지 말라 ³⁰너희보다 먼저 가시는 너희의 하나님 여호와께서 애굽에서 너희를 위하여 너희 목전에서 모든 일을 행하신 것 같이 이제도 너희를 위하여 싸우실 것이며 ³¹광야에서도 너희가 당하였거니와 사람이 자기의 아들을 안는 것 같이 너희의 하나님 여호와께서 너희가 걸어온 길에서 너희를 안으사 이 곳까지 이르게 하셨느니라 하나 ³²이 일에 너희가 너희의 하나님 여호와를 믿지 아니하였도다 ³³그는 너희보다 먼저 그 길을 가시며 장막 칠 곳을 찾으시고 밤에는 불로, 낮에는 구름으로 너희가 갈 길을 지시하신 자이시니라 ³⁴여호와께서 너희의 말소리를 들으시고 노하사 맹세하여 이르시되 ³⁵이 악한 세대 사람들 중에는 내가 그들의 조상에게 주기로 맹세한 좋은 땅을 볼 자가 하나도 없으리라 ³⁶오직 여분네의 아들 갈렙은 온전히 여호와께 순종하였은즉 그는 그것을 볼 것이요 그가 밟은 땅을 내가 그와 그의 자손에게 주리라 하시고 ³⁷여호와께서 너희 때문에 내게도 진노하사 이르시되 너도 그리로 들어가지 못하리라 ³⁸네 앞에 서 있는 눈의 아들 여호수아는 그리로 들어갈 것이니 너는 그를 담대하게 하라 그가 이스라엘에게 그 땅을 기업으로 차지하게 하리라 ³⁹또 너희가 사로잡히리라 하던 너희의 아이들과 당시에 선악을 분별하지 못하던 **너희**의 자녀들도 그리로 들어갈 것이라 내가 그 땅을 그들에게 주어 산업이 되게 하리라 ⁴⁰**너희**는 방향을 돌려 홍해 길을 따라 광야로 들어갈지니라 하시매 ⁴¹**너희**가 대답하여 내게 이르기를 우리가 여호와께 범죄하였사오니 우리 하나님께서 우리에게 명령하신 대로 우리가 올라가서 싸우리이다 하고 **너희**가 각각 무기를 가지고 경솔히 산지로 올라가려 할 때에 ⁴²여호와께서 내게 이르시되 **너는** 그들에게 이르기를 **너희**는 올라가지 말라 싸우지도 말라 내가 **너희** 중에 있지 아니하니 **너희**가 대적에게 패할까 하노라 하시기로 ⁴³내가 **너희**에게 말하였으나 **너희**가 듣지 아니하고 여호와의 명령을 거역하고 거리낌 없이 산지로 올라가매 ⁴⁴그 산지에 거주하는 아모리 족속이 **너희**에게 마주 나와 벌 떼 같이 **너희**를 쫓아 세일 산에서 쳐서 호르마까지 이른지라 ⁴⁵**너희**가 돌아와 여호와 앞에서 통곡하나 여호와께서 **너희**의 소리를 듣지 아니하시며 **너희**에게 귀를 기울이지 아니하셨으므로 ⁴⁶**너희**가 가데스에 여러 날 동안 머물렀나니 곧 너희가 그 곳에 머물던 날 수대로니라

모세는 여기서 이스라엘 백성이 자기들의 죄로 말미암아 일을 치명적으로 악화시켜 하나님의 진노를 초래한 사실을 길게 말씀한다. 가나안 땅의 경계에까지 와서, 그 땅을 정복하고 그 땅을 차지할 존귀하고도 기쁜 일의 코앞에서 온 백성들이 속히 광야로 되돌아갔고, 그리하여 그들의 시체들이 거기에 널리게 되었다는 것이다. 이는 기억에 남을 만한 이야기였다. 이는 민 13, 14장에서도 읽을 수 있다. 그러나 거기에 기록되지 않은 다양한 정황들이 여기 제시되고 있다.

I. 모세는 호렙에서부터 가데스 바네아까지 그 크고 두려운 광야를 통과한 여정을 상기시킨다(19절). 이를 주목하는 것은,

1. 하나님이 그 큰 광야를 통과하도록 그들을 인도하시고 그 두려운 광야에서 당할 수 있는 온갖 재난에서 그들을 보호하신 데에서 나타난 그의 크신 선하심을 지각하게 하기 위함이었다. 우리의 위험 요인들을 기억함으로써 우리가 구원받은 일들에 대해 감사하게 되어야 할 것이다.

2. 불만을 품고 광야를 통과하여 애굽으로 되돌아가려 했던 자들의 어리석음이 얼마나 큰 지를 부각시키기 위함이었다. 그들은 하나님의 인도하심을 저버렸고 따라서 그렇게 거꾸로 돌아가는 일에서 하나님의 인도하심을 기대할

이유가 전혀 없었던 것이다.

Ⅱ. 그 때에 그들이 가나안에 들어갈 아주 좋은 기회를 만났었음을 보여준다
(20, 21절).   그는 승리를 눈앞에 두고서, 그 땅이 그들 앞에 있으니 올라가서 차지하라고 말했었던 것이다. 그는 그 때에 그들이 복된 가나안 정착에 정말 가까이 있었는데도 그들 스스로 문을 닫았으니 그들의 죄가 더욱더 죄악되다는 것을 그들 스스로 보게 한다. 하나님의 나라에서 멀지 않으면서도(막 12:34) 거기에 이르지 않는 외식자들에게는 영원한 패망이 더욱 가중될 것이다.

Ⅲ. 정탐꾼들을 보낸 일을 그들의 탓으로 돌린다.   이는 민수기에서는 나타나지 않은 사실이다. 거기서는(13:1, 2) 여호와께서 정탐꾼들을 보내도록 지시하셨다고 말씀한다. 그러나 여기서 우리는 백성들이 먼저 그것을 원했고, 하나님께서 그들의 생각에 내어맡기셔서 그것을 허용하신 것임을 알게 된다. 너희가 다 내 앞으로 나아와 말하기를 우리가 사람을 … 보내어 … 그 땅을 정탐하 … 게 하자 하기에(22절). 모세가 그들에게 하나님의 말씀을 전하였으나(20, 21절), 그들은 그 말씀에 순종할 마음이 없었던 것이다. 인간의 생각을 하나님의 지혜보다 더 낫게 생각한 것이니, 이는 태양을 향하여 촛불을 밝히려는 생각과도 같은 것이다. 하나님이 그들 앞에 확실히 계시는 것으로 만족하지 못하였고, 사람들을 그들에 앞서서 보내야 직성이 풀렸던 것이다.

Ⅳ. 그들이 보낸 정탐꾼들이 그 땅의 비옥함에 대해 제시한 보고를 되풀이하여 말씀한다(24, 25절).   하나님이 약속하신 복들은 심지어 불신자들이 판단한다 해도 진정 가치 있고 바람직한 것이다. 그 거룩한 땅에 들어간 사람이 아무도 없었으나, 그들은 그 땅을 좋은 것으로 알아야 했다. 그러나 그들은 그 땅을 정복하기가 도무지 불가능하다고 여겼다(28절). 전투를 벌여 그들을 공격해도 소용이 없다고 보았다. "그 백성은 우리보다 장대한" 때문이라고 했다. 혹은 그 성들을 포위해도 소용이 없다고 했다. "그 성읍들은 크고 성곽은 하늘에 닿"아 있기 때문이라는 것이었다. 그들은 자기들의 그릇된 목적을 이루기 위해 이런 과장법을 사용하여 백성들의 사기를 떨어뜨렸고, 어쩌면 하늘의 하나님 자신까지도 거역할 의도였을 것이다. 꼭대기가 하늘에까지 닿도록 바벨탑을 쌓은 사람들처럼 말이다(창 11:4). 하나님의 은혜와 사랑이 방패처럼 둘러싸고 있는 곳만이 성곽이 하늘에 닿아 있다 할 것이다.

Ⅴ. 형제들이 온갖 말로 그들의 사기를 떨어뜨릴 때에 그가 최선을 다하여

그 백성들을 격려하였음을 말씀한다. 내가 너희에게 말하기를 … 두려워하지 말라(29절). 모세는 소란스런 상황을 무마시키고 가나안을 향하여 전진하게 하도록 최선의 노력을 기울였다. 하나님이 그들과 함께 계시며 그들을 주관하시며 너희를 위하여 싸우실 것임을 확신시켰다(30절). 그리고 원수들에게 행하신 그의 권능에 대한 증거로서 그들이 애굽에서 목격한 일들을 제시한다. 그 원수들이 완전히 유리한 위치에 있었으나 하는 수 없이 그들이 하나님의 능력에 굴복하였다는 것이다(30절). 그리고 하나님이 이스라엘을 향하여 선의를 갖고 계시며 또한 그들에게 자비를 베푸실 의도를 갖고 계시다는 증거로서 그는 그들이 광야에서 당한 일들을 제시한다(31, 33절). 구름 기둥과 불 기둥 속에서 하나님의 지혜의 눈길이 그들을 광야를 통과하도록 인도하였으며, 양육하는 아버지의 팔에 안겨 보살핌을 받는 어린 아이처럼 그들이 하나님의 은혜의 팔에 안겨 보살핌을 받았음을 말씀하는 것이다. 그런데도 이 하나님을 불신할 여지가 있단 말인가? 하나님의 선하심의 증거를 그렇게 지각하면서도 미혹의 때에 마음을 완고하게 하였으니, 그들이야말로 세상에서 가장 배은망덕한 백성이 아니었는가? 모세는 한때 하나님께서 마치 양육하는 아버지가 젖 먹는 아이를 품듯 이 백성을 품에 품으라 하신 것에 대해 탄식하기도 했었다(민 11:12). 그러나 여기서는 하나님께서 그들을 그렇게 품고 가셨음을 말씀하고 있다. 행 13:18에서는 하나님이 그들의 소행을 참으셨다고 말씀하는데, 어쩌면 이것을 시사하는 것인지도 모른다.

VI. 이 때에 그들이 범한 죄를 지적한다. 그의 말씀을 듣는 이들이 새로 일어난 세대이지만 그는 그들을 향하여 책망한다. 너희가 거역하였고 너희가 죽였도다. 이들 중 많은 이들이 그 당시 20세 이하임에도 반역에 가담하고 있었기 때문이다. 그리고 그 나머지는 조상들의 악을 물려받았고 그리하여 그로 인하여 벌을 받은 것이다. 그가 무엇을 그들의 죄로 지적하는지를 관찰하라.

1. 하나님의 법에 대한 불순종과 거역. 너희가 올라가기를 원하지 아니하고 … 거역하여(26절). 하나님께서 베푸시는 호의를 거부하는 것은 곧 그의 권위를 거역하는 것이다.

2. 하나님의 선하심에 대해 비열하게 생각함. 여호와께서 우리를 미워하시므로 … 우리를 애굽 땅에서 인도하여 내셨도다(27절). 하나님을 향하여 이보다 더 터무니없고 모욕적인 처사가 어디 있겠는가?

3. 이 모든 것 밑바닥에 불신의 마음이 있음. 너희가 너희의 하나님 여호와를 믿지 아니하였도다(32절). 하나님의 법에 대한 불순종과 그의 권능과 선하심에 대한 불신은 모두 그의 말씀에 대한 불신앙에서 비롯된다. 영원한 진리의 하나님을 믿을 수 없으면, 안타까운 결과가 우리에게 임하는 것이다.

VII. 이 죄에 대한 징벌 선고가 시행되는 것을 그들이 본 바 있는데, 그 선고를 그들에게 되풀이한다.

1. 그들이 모두 광야에서 정죄를 받아 죽었고, 갈렙과 여호수아 외에는 그들 중에 아무도 가나안에 들어가지 못하게 되었다(34-38절). 광야에서 오랜 세월 동안 방황을 계속하게 되었으므로 그들 대부분이 도중에 다 죽었고, 그들 중에 가장 어린 자들도 광야에서 죽었다. 그들은 불신앙 때문에 가나안에 들어갈 수가 없었다. 가나안에 들어가지 못하도록 그들을 가로막은 것은 율법의 어떤 특정한 계명을 어긴 것이 아니었다. 금송아지를 세운 것도 아니었다. 오히려 복음의 은혜를 예표하는 그 약속을 믿지 않은 것 때문에 그들이 가나안에 들어가지 못한 것이다. 우리를 멸망시키는 죄는 다른 것이 아니라 불신앙이며, 이 죄에 대해서는 달리 치유책이 없는 것이다.

2. 모세가 그들 때문에 진노하여 발설한 경솔한 말에 대해 하나님께서 불쾌히 여기사, 그 역시 후에 광야에서 죽게 된다. 여호와께서 너희 때문에 내게도 진노하사(37절). 옛 세대가 전부 끊어져야 하므로 모세 자신도 그것을 면할 수는 없었다. 그들의 불신앙으로 인하여 진영에 죽음이 들어왔고, 들어온 후에는 모세 자신도 거기에 넘어지는 것이다.

3. 그러나 진노 중에도 자비가 있다. (1) 모세는 그들을 가나안으로 데려가지 못할지라도 여호수아가 그 일을 이룰 것이다. 너는 그를 담대하게 하라(38절). 모세마저도 통치의 무게에 눌려 넘어지는 것을 보았으니, 여호수아는 자신이 통치를 담당할 마음이 생기지 않을 것이기 때문이다. 그러나 그는 자기에게 맡겨질 그 일을 확실히 감당할 것임을 확신하여야 했다. 그가 이스라엘에게 그 땅을 기업으로 차지하게 하리라. 이처럼 율법이 연약하여 하지 못한 것을 우리의 여호수아이신 예수께서 더 나은 소망을 주심으로 행하시는 것이다. (2) 이 세대는 가나안으로 들어가지 못하나, 다음 세대는 반드시 들어갈 것이다(39절). 그들이 그들의 조상 때문에 택함 받은 것이니, 그들의 자손도 그들 때문에 내어쫓겨야 마땅했다. 그러나 자비가 심판을 대하여 즐거워한 것이다.

VIII. 그들이 뒤늦게 이 선고를 되돌리려고 시도하였으나 그것은 어리석고 도 헛된 것이었음을 상기시킨다.

1. 이 일에서 태도를 바꿈으로써 그 일을 시도하였다. 곧, 전에는 가나안 민족들을 대적하여 올라가기를 거부했었는데, 이제는 올라가고자 하였다. 그들이 준비한 전쟁 무기들로 무장하고 황급히 올라가고자 하였다(41절). 이처럼 문이 잠기고 은혜의 날이 끝날 때에, 문 밖에서 문을 두드리고 서 있는 자들이 있을 것이다. 그러나 이런 그들의 처신은 마치 그들의 태도가 바뀐 것처럼 보였으나 오히려 한층 더 나아간 반역이었음이 드러났다. 하나님은 모세를 통하여 그런 시도를 금하셨다(42절). 그런데도 그들은 여호와의 명령을 거역하고 거리낌 없이 산지로 올라갔다(43절). 전에는 약속을 무시하고 행하더니, 이번에는 경고를 무시하고 행한 것이다. 마치 무조건 거역하려는 자세가 그들을 사로잡기라도 한 것처럼 말이다. 결국 경고대로 이루어졌다(44절). 그들이 추적을 당하여 결국 몰살당한 것이다. 그들이 하나님으로 하여금 그들을 떠나도록 하여 이런 패배를 당하였으므로, 이 패배를 통해서 그들은 그의 사랑 가운데 행하였더라면 그들이 얼마나 성공을 거두었을지를 피부로 배우게 되었다.

2. 기도와 눈물로 이 선고를 역전시키려 하였다. 그들은 돌아와 여호와 앞에서 통곡하였다(45절). 하나님을 거역하여 투정을 부릴 때에도 그들은 밤새도록 통곡하였다(민 14:1). 그 때의 눈물은 하나님을 거역하는 반역의 눈물이었고, 이 때의 눈물은 하나님 앞에서 자기를 낮추는 회개의 눈물이었다. 주목하라. 불만의 눈물은 계속 흘려도 소용이 없다. 세상의 근심은 죽음을 이루는 것이요 따라서 후회스런 것이다. 그러나 경건한 근심은 그렇지 않다. 결국 기쁨으로 끝맺는다. 그러나 그들의 통곡은 전혀 헛된 것이었다. 너희가 여호와의 음성을 듣지 아니하니 여호와께서 너희의 소리를 듣지 아니하시는 것이다. 심판의 선고가 이미 내려졌고, 따라서 그들이 아무리 눈물로 호소하고 구하였어도, 에서처럼 그것을 돌이킬 여지가 전혀 남아 있지 않았던 것이다.

제 2 장

개요

이 장에서 모세는 가나안에 이르기까지의 이스라엘의 여정에 관하여 하나님이 베푸신 섭리들을 반복하여 말씀한다. 그러나 홍해로 다시 되돌아가는 거의 38년 동안의 힘겨운 행진 기간 동안 일어난 일에 대해서는 전혀 기록을 남겨두지 않고, 그 시기를 암흑의 시기처럼 침묵으로 지나치며, 그들이 다시 가나안을 바라보게 되고, 그 땅 거민들과 대치하게 된 시점에서 이야기를 시작한다(1-3절). 그 민족들에 대해 하나님께서 여기서 지침을 주신다. I. 그들이 방해해서는 안 될 민족들. 1. 에돔 자손들(4-8절). 2. 모압 자손들(9절). 그리고 이 지역에 대한 과거 역사를 에돔 자손의 역사와 더불어 간략하게 제시한다(10-12절). 여기서 그들이 세렛 시내를 건너는 기사가 등장한다(13-16절). 3. 암몬 자손들. 이들의 지역에 관한 기사가 간략하게 제시된다(17-23절). II. 그들이 공격하여 정복해야 할 민족들. 아모리인의 왕 시혼부터 공격해야 한다(24, 25절). 따라서, 1. 그와 분쟁할 정당한 명목이 있었다(26-32절). 2. 하나님이 그들에게 그에 대해 완전한 승리를 주셨다(33-37절).

¹우리가 방향을 돌려 여호와께서 내게 명령하신 대로 홍해 길로 광야에 들어가서 여러 날 동안 세일 산을 두루 다녔더니 ²여호와께서 내게 말씀하여 이르시되 ³너희가 이 산을 두루 다닌 지 오래니 돌이켜 북으로 나아가라 ⁴너는 또 백성에게 명령하여 이르기를 너희는 세일에 거주하는 너희 동족 에서의 자손이 사는 지역으로 지날진대 그들이 너희를 두려워하리니 너희는 스스로 깊이 삼가고 ⁵그들과 다투지 말라 그들의 땅은 한 발자국도 너희에게 주지 아니하리니 이는 내가 세일 산을 에서에게 기업으로 주었음이라 ⁶너희는 돈으로 그들에게서 양식을 사서 먹고 돈으로 그들에게서 물을 사서 마시라 ⁷네 하나님 여호와께서 네가 하는 모든 일에 네게 복을 주시고 네가 이 큰 광야에 두루 다님을 알고 네 하나님 여호와께서 이 사십 년 동안을 너와 함께 하셨으므로 네게 부족함이 없었느니라 하시기로

I. 이스라엘이 광야에서 오랜 기간 동안 머문 것에 대한 간략한 기사. 우리가 방향을 돌려 … 여러 날 동안 세일 산을 두루 다녔더니(1절). 그들은 거의 38년 동안 세일의 사막에서 방황하였다. 아마도 어느 곳에서는 여러 해 동안 머무르고 전혀 이동하지 않기도 했을 것으로 보인다. 하나님께서는 이로써 그들의 불평과 불신앙에 대해 징계하셨을 뿐 아니라,

1. 죄에 대해 그들을 낮추시고, 정욕을 죽이고 하나님을 따르고 그의 안에서 위로를 누릴 것을 그들에게 가르치셔서, 그들로 하여금 가나안에 들어가도록 준비시키셨다. 영혼들을 천국에 합당하도록 만드는 일은 시간이 걸리는 일이요, 따라서 오랜 기간의 훈련을 통해서 이루어져야 하는 것이다.

2. 가나안 족속들을 멸망을 위해 준비시키셨다. 이 시기 동안 그들의 악의 도(度)가 가득 채워지고 있었다. 그 기간이 그들이 회개할 여지를 주었을 수도 있으나, 그들은 오히려 마음을 완악하게 하여 그 기간을 악용하였다. 이스라엘의 군대가 한 번 쫓겨났고 그 이후 오랜 동안 광야에서 얽히며 길을 잃어버린 것 같았으니, 그들은 자기들이 안전하며 위험이 사라졌다고 생각했다. 이스라엘이 다시 들어온다 해도 더 처참해질 것이라고 여긴 것이다.

II. 가나안을 향하여 나아가라는 명령이 주어짐. 하나님께서 오래 싸우시지만, 영원히 싸우시지는 않을 것이다. 이스라엘이 오랜 동안 계속해서 구원을 기다릴 것이나, 결국 그것이 오고야 말 것이다. 묵시는 정한 때가 있나니 그 종말이 속히 이르겠고 결코 거짓되지 아니하리라(합 2:3).

III. 에돔 사람들과 다투지 말라고 권고하심.

1. 그들을 원수처럼 여겨 대적해서는 안 된다. 그들과 다투지 말라(4, 5절).

(1) 그들이 이스라엘이 다가오는 것을 보고 두려움에 빠질 것이나 그것을 이용하려 해서는 안 된다. "너희의 강력한 힘과 숫자와 또한 하나님의 능력이 너희를 위해 역사하는 것을 알고서 그들이 너희를 두려워하리라. 그러나 그들이 그렇게 두려움에 싸여 있으니 손쉬운 먹이가 될 수 있겠다 하여 그들을 먹이로 삼아서는 안 된다. 스스로 깊이 삼가라." 우리가 유리한 위치에서 공격할 수 있다 하여 사람들에게 해를 끼치는 일이 없도록 크게 삼가며 우리 마음 자세를 철저히 다스리는 것이 필요하다. 혹은 이 경계의 말씀은 수령들에게 주어진 것이라고 볼 수도 있다. 그들은 스스로도 에돔 사람들과 다투지 말아야 하고 또

한 휘하의 군졸들 중에 아무도 그들과 다투는 자들이 없도록 해야 했다.

(2) 에돔 사람들이 이스라엘이 자기 영토를 통과하는 것을 거절하여 그들을 모욕했으나(민 20:21), 그들에게 보복해서는 안 된다. 이처럼 이스라엘을 인도하여 가나안의 원수들을 멸하게 하시기 전에, 하나님께서는 에돔의 원수들을 용서할 것을 가르치신 것이다.

(3) 에돔 사람들이 자기 땅의 일부를 이스라엘에게 소유로 주기를 기대해서는 안 된다. 세일 산은 이미 에돔 사람들의 거처이니 그들은 하나님의 언약과 함께 하심을 빙자로 손을 뻗어 취할 수 있는 모든 것을 취하려 해서는 안 되었다. 통치는 은혜에 기초하는 것이 아니다. 하나님의 이스라엘은 잘 정착하게 될 것이다. 그러나 땅 가운데 홀로 거주하기를 기대해서는 안 된다(사 5:8).

2. 그들을 이웃으로 인정하여 그들과 더불어 교역하며, 그들에게서 고기와 물을 사며, 그 대금을 지불하여야 한다(6절). 신앙을 빙자하여 불의를 덮는 일이 있어서는 절대로 안 된다. 여기 주어지는 이유는, "네 하나님 여호와께서 네가 하는 모든 일에 네게 복을 주 … 셨으므로 네게 부족함이 없었"다는 것이다(7절).

(1) "너희가 의지할 모든 일에 충족하신 하나님이 계시니 에돔 사람들에게 비굴하게 구걸할 필요가 없느니라. 그들이 요구하는 대로 지불할 돈이 너희에게 있으니(하나님의 축복으로 말미암아!) 너희가 가진 것을 사용하라. 기쁜 마음으로 그것을 사용하고 에돔 사람들에게 기식하려 하지 말라."

(2) "그러므로 탈취하려 해서는 안 된다. 너희를 향하신 하나님의 섭리의 보살피심을 경험하였으니, 미래에 대해서도 그 섭리를 신뢰하고 그것이 족하다는 것을 확고히 믿으라. 간접적인 방법으로 네 쓸 것을 네 스스로 공급하고자 하는 일은 절대로 하지 말라. 검(劍)에 의지하여 살지 말고 믿음에 의지하여 살라."

[8]우리가 세일 산에 거주하는 우리 동족 에서의 자손을 떠나서 아라바를 지나며 엘랏과 에시온게벨 곁으로 지나 행진하고 돌이켜 모압 광야 길로 지날 때에 [9]여호와께서 내게 이르시되 모압을 괴롭히지 말라 그와 싸우지도 말라 그 땅을 내가 네게 기업으로 주지 아니하리니 이는 내가 롯 자손에게 아르를 기업으로 주었음이라 [10](이전에는 에밈 사람이 거기 거주하였는데 아낙 족속 같이 강하고 많고 키가 크므로 [11]그들을 아낙 족속과 같이 르바임이라 불렀으나 모압 사람은 그들을 에밈이라

불렀으며 [12]호리 사람도 세일에 거주하였는데 에서의 자손이 그들을 멸하고 그 땅에 거주하였으니 이스라엘이 여호와께서 주신 기업의 땅에서 행한 것과 같았느니라) [13]이제 너희는 일어나서 세렛 시내를 건너가라 하시기로 우리가 세렛 시내를 건넜으니 [14]가데스 바네아에서 떠나 세렛 시내를 건너기까지 삼십팔 년 동안이라 이때에는 그 시대의 모든 군인들이 여호와께서 그들에게 맹세하신 대로 진영 중에서 다 멸망하였나니 [15]여호와께서 손으로 그들을 치사 진영 중에서 멸하신 고로 마침내는 다 멸망되었느니라 [16]모든 군인이 사망하여 백성 중에서 멸망한 후에 [17]여호와께서 내게 말씀하여 이르시되 [18]네가 오늘 모압 변경 아르를 지나리니 [19]암몬 족속에게 가까이 이르거든 그들을 괴롭히지 말고 그들과 다투지도 말라 암몬 족속의 땅은 내가 네게 기업으로 주지 아니하리니 이는 내가 그것을 롯 자손에게 기업으로 주었음이라 [20](이곳도 르바임의 땅이라 하였나니 전에 르바임이 거기 거주하였음이요 암몬 족속은 그들을 삼숨밈이라 일컬었으며 [21]그 백성은 아낙 족속과 같이 강하고 많고 키가 컸으나 여호와께서 암몬 족속 앞에서 그들을 멸하였으므로 암몬 족속이 대신하여 그 땅에 거주하였으니 [22]마치 세일에 거주한 에서 자손 앞에 호리 사람을 멸하심과 같으니 그들이 호리 사람을 쫓아내고 대신하여 오늘까지 거기에 거주하였으며 [23]또 갑돌에서 나온 갑돌 사람이 가사까지 각 촌에 거주하는 아위 사람을 멸하고 그들을 대신하여 거기에 거주하였느니라)

여기서 모세는 에돔 사람에 대해 말씀하면서(8절), 그들을 "우리 동족 에서의 자손"이라 부르는 것을 볼 수 있다. 그들이 이스라엘이 자기 땅을 평화롭게 통과하는 것을 거부하여 그들을 홀대하였음에도 그는 그들을 동족이라 부른다. 이웃과의 관계에서 이웃이 우리에게 의무를 다하지 않을지라도 우리는 할 수 있는 한 그들에 대한 의무에서 모자람이 없도록 베풀어야 하는 법이다. 이 본문에서 다음을 보라.

I. 모세가 모압 사람, 에돔 사람, 암몬 사람들의 기원에 대해 말씀함. 그의 역사의 다른 부분들에 근거하여 그들이 누구의 후손들인가를 우리는 잘 알고 있다. 그러나 여기서 그는 그들이 어떻게 해서 이스라엘과 조우한 이 지역들에 오게 되었는지를 말씀한다. 그들은 그 지역의 원주민이 아니었다.

1. 모압 사람들은, 에밈(즉, 무서운 자들)이라 불렀고 아낙 자손처럼 키가 크고 어쩌면 그들보다 더 용맹한 무수한 거인 종족들에 속했던 땅에 거하였다

(10, 11절).

2. 에돔 사람들도 호리 사람들이 소유한 세일 산을 취하여 자기 땅으로 삼 았는데(12, 22절), 이에 대해서는 창 36:20에 기록되어 있다.

3. 암몬 사람도 비슷하게 재주 좋은 사람들, 혹은 악한 사람들이라는 뜻으로 삼숨밈이라 불린 거인족들(이들은 아마도 창 14:5의 수스 족속과 동일한 것으로 보인다)이 거주하던 땅을 취하여 소유하였다(20, 21절). 그는 이를 이들 중 가 장 오래된 한 가지 실례를 통해서 말씀한다. 갑돌 사람들(이들은 블레셋과 아 주 가까운 자들이었다. 창 10:14)이 아위 사람을 그 땅에서 몰아내고 그 곳을 차지하였다는 것이다(23절). 박식한 패트릭 주교(bishop Patrick)는 이 아위 사 람들이 거기서 쫓겨나와 앗수르에 정착하였고, 왕하 17:31에서 그 이름으로 언 급되는 자들과 동일한 사람들이라고 추정한다. 그런데 이런 변화의 사실들이 기록되어, (1) 홍수 이후 얼마나 속히 세상에 사람들이 거주하게 되었는지를 보여준다. 사람들의 거주가 급속히 진행되어 가문이 무수하게 자라서 최소한 그 부분의 세상에서는 정착할 곳을 찾지 못할 정도였고, 그리하여 그들이 전에 거주하던 자들을 몰아낼 수밖에 없다는 것이다. (2) 민첩하고 강하다고 해서 싸움에 이기는 것이 아님을 보여준다. 그저 평범한 몸집을 지닌 자들에게 거인 들이 쫓겨났다. 아마도 이 거인들은 홍수 이전의 사람들처럼(창 6:4) 불경과 압 제로 악명 높은 자들로서 그것 때문에 하나님의 심판을 받았다. 그러니 그들의 용맹함으로도 전혀 막을 수 없었다. (3) 세상의 소유가 얼마나 불확실한 것들 이며, 그 소유권이 얼마나 자주 바뀌는지를 보여준다. 과거에도 그랬고 항상 그럴 것이다. 가문들이 쇠하여지며, 그들의 재산이 흥하는 가문들에게로 넘어 간다. 이런 것들에는 시종여일한 것도 지속성도 거의 없는 것이다. (4) 이제 가 나안을 소유로 취하게 될 이스라엘 자손들을 격려하여 그들에게 닥칠 난관들 을 이기게 하며, 또한 이제 정복당하게 될 그 거인족들과 아낙 자손들을 비교 함으로써(11, 21절) 그들을 두려워하는 것이 불신앙임을 보여준다. 모압 사람 들과 암몬 사람들을 위하여 하나님의 섭리가 역사했다면, 하물며 그의 친 백성 인 이스라엘을 위해서는 그의 약속이 얼마나 더 확실하게 이루어지겠는가.

II. 이스라엘이 가나안을 향하여 전진함. 그들은 모압 광야 길을 지나(8절), 세렛 시내를 건넜고(13절), 거기서 모세는 하나님께서 그들에게 하신 말씀, 곧 시내 산에서 계수된 자들 중 하나도 하나님이 약속하신 땅을 보지 못하리라는 말씀(민 14:23)이 이루어진 것을 주목하였다. 그 선고에 따라 그들이 가나안을 향하여 머리를 두기 시작하였고 그 땅을 눈으로 바라보고 있는 상태에서 그들이 모두 멸망하고 소멸되어 그 중 한 사람도 남지 않았음을 주목하는 것이다 (14절). 일반적인 섭리로 말미암아 약 38년 동안 새로운 세대가 일어나 옛 세대 중 남은 자들이 몇 명 없게 되는 것을 볼 수도 있다. 그러나 여기서는 완전히 새로운 세대뿐이고, 옛 세대 중에서는 갈렙과 여호수아밖에 남지 않았다. 여호와께서 손으로 그들을 치셨기 때문이다(15절). 하나님의 손으로 내쳐지는 자들은 버림받고 소멸될 수밖에 없는 것이다. 관찰하라. 어려운 상황에 익숙해져 있고 애굽 사람들에게서 전쟁의 기술을 습득한 전쟁의 용사들이 **사망하여 백성 중에서 멸망한 후에**(16절) 비로소 이스라엘이 가나안 민족들과 싸움하도록 명령을 받는데, 이는 새로 일어나 광야에서 훈련받은 무리들로 하여금 가나안 정복을 시행하게 함으로써 사람이 아니라 하나님의 능력의 탁월함이 더욱 명확히 드러나게 하고자 한 것이다.

III. 모압 사람이나 암몬 사람들과 다투지 말도록 경계함. 그들의 소유를 취하거나 훼손해서는 안 되었다. 모압을 괴롭히지 말라 그와 싸우지도 말라(9절). 모압이 비록 이스라엘을 망하게 하려 하였으나(민 22:6), 이스라엘은 그들을 망하게 하려 해서는 안 되었다. 다른 이들이 우리를 해치려 계획한다 할지라도, 우리도 그들을 해치려 해서는 안 된다. 하지만 어째서 모압 사람이나 암몬 사람들과 연루되어서는 안 되었는가?

1. 그들이 롯 자손이기 때문이었다(9, 19절). 소돔에서 신의를 지킨 의로운 롯이 그들의 조상이었던 것이다. 주목하라. 조상들의 경건 덕분에 그 자녀들이 이 세상에서 복을 누리는 경우가 많다. 의로운 자의 자손은 그들 스스로는 타락하였어도 세상에서 좋은 것들로 복을 받는다.

2. 그들이 소유한 땅이 하나님께서 그들에게 주신 것이요 이스라엘을 위한 것이 아니기 때문이었다. 악인이라 할지라도 세상적인 소유를 가질 권한이 있으므로, 그것을 훼파해서는 안 된다. 밭에 있는 가라지도 자기 자리를 허용 받은 것이므로 추수 때까지는 뽑아내서는 안 된다. 하나님이 악인에게 외형적인 복들을 주시고 그것들을 보존하시는 것은 이것들이 최상의 것들이 아니며 그의 자녀들을 위해서는 더 나은 것이 예비되어 있음을 보여주기 위함이다.

²⁴너희는 일어나 행진하여 아르논 골짜기를 건너라 내가 헤스본 왕 아모리 사람 시혼과 그의 땅을 네 손에 넘겼은즉 이제 더불어 싸워서 그 땅을 차지하라 ²⁵오늘부터 내가 천하 만민이 너를 무서워하며 너를 두려워하게 하리니 그들이 네 명성을 듣고 떨며 너로 말미암아 근심하리라 하셨느니라 ²⁶내가 그데못 광야에서 헤스본 왕 시혼에게 사자를 보내어 평화의 말로 이르기를 ²⁷나를 네 땅으로 통과하게 하라 내가 큰길로만 행하고 좌로나 우로나 치우치지 아니하리라 ²⁸너는 돈을 받고 양식을 팔아 내가 먹게 하고 돈을 받고 물을 주어 내가 마시게 하라 나는 걸어서 지날 뿐인즉 ²⁹세일에 거주하는 에서 자손과 아르에 거주하는 모압 사람이 내게 행한 것 같이 하라 그리하면 내가 요단을 건너서 우리 하나님 여호와께서 우리에게 주시는 땅에 이르리라 하였으나 ³⁰헤스본 왕 시혼이 우리가 통과하기를 허락하지 아니하였으니 이는 네 하나님 여호와께서 그를 네 손에 넘기시려고 그의 성품을 완강하게 하셨고 그의 마음을 완고하게 하셨음이 오늘날과 같으니라 ³¹그 때에 여호와께서 내게 이르시되 내가 이제 시혼과 그의 땅을 네게 넘기노니 너는 이제부터 그의 땅을 차지하여 기업으로 삼으라 하시더니 ³²시혼이 그의 모든 백성을 거느리고 나와서 우리를 대적하여 야하스에서 싸울 때에 ³³우리 하나님 여호와께서 그를 우리에게 넘기시매 우리가 그와 그의 아들들과 그의 모든 백성을 쳤고 ³⁴그 때에 우리가 그의 모든 성읍을 점령하고 그의 각 성읍을 그 남녀와 유아와 함께 하나도 남기지 아니하고 진멸하였고 ³⁵다만 그 가축과 성읍에서 탈취한 것은 우리의 소유로 삼았으며 ³⁶우리 하나님 여호와께서 그 모든 땅을 우리에게 넘겨주심으로 아르논 골짜기 가장자리에 있는 아로엘과 골짜기 가운데에 있는 성읍으로부터 길르앗까지 우리가 모든 높은 성읍을 점령하지 못한 것이 하나도 없었으나 ³⁷오직 암몬 족속의 땅 얍복 강 가와 산지에 있는 성읍들과 우리 하나님 여호와께서 우리가 가기를 금하신 모든 곳은 네가 가까이 하지 못하였느니라

하나님은 그의 백성들에게 모압 사람들과 암몬 사람들과 연루되지 말도록 지시하셔서 그들의 자기 부인을 시험하셨고, 그들이 이 풍요한 땅을 그냥 지나치고 또한 수적으로 월등하였으나 그들에게 공격을 가하지 않았다. 그리하여 하나님은 이제 아모리 족속의 왕 시혼의 땅을 소유로 그들에게 주셔서 그들의 순종에 대해 상급을 주신다. 하나님이 금하시는 것을 금하면, 그가 약속하시는 것을 얻게 되며, 순종을 하면 당장 보기에는 손해가 나는 것 같아도 결

국에 가서는 승리자가 된다. 다른 이들에게 그릇 행하지 말라. 그리하면 하나님이 너희를 올바로 대하시리라.

I. 하나님은 그들에게 헤스본의 시혼 왕의 땅을 취하라고 지시하신다(24, 25절). 이는 나라를 분배하시는 하나님의 방법이었으나, 그런 구체적인 허락은 지금에는 기대하거나 혹은 이미 주어진 것으로 여겨서는 안 되는 것이었다. 이 지시에서 관찰하라.

1. 하나님께서 그 땅이 그들의 것이 될 것임을 확신시키시나 그들 스스로 일어나 원수들과 싸워야 했다. 하나님께서 주시는 것을 우리가 힘써 취하여야 하는 것이다.

2. 하나님은 그들이 원수들과 싸울 때에 그가 함께 그들을 위하여 싸우시겠다고 약속하신다. 그 땅을 소유하기 시작하라. 그리하면 내가 그들에게 너희를 두려워하는 마음을 주기 시작하리라. 하나님이 원수들의 사기를 꺾으사 그들을 멸하셔서, 이스라엘을 높이시고 그들이 하나님의 지시로 대적하여 싸우는 모든 족속들에게 이스라엘을 두려워하게 하실 것이다. 출 15:14을 보라.

II. 모세는 시혼에게 평화의 메시지를 보낸다. 그의 땅을 그냥 통과하게 해주기를 구하며, 그 땅에 아무런 혼란도 일으키지 않을 것이요 또한 수많은 이스라엘 사람들에게 필요한 것들을 값을 지불하고 살 것임을 약속한다(26-29절). 모세는 여기서 시혼과 싸우기를 명하신 하나님의 명령을 어긴 것도 아니요, 시혼을 속인 것도 아니다. 분명 그의 조치는 하나님의 명령에 따른 것으로. 하나님이 시혼의 마음을 완악하게 하실지라도 그에게 핑계하지 못하도록 하기 위함이었다. 이는 하나님께서 그의 복음을 주시나 그것을 믿을 은혜는 주시지 않는 자들을 다스리는 하나님의 방법을 잘 보여준다 할 것이다.

III. 시혼이 전쟁을 시작한다(32절). 하나님께서 그의 마음을 완고하게 하셨고, 그로 하여금 그의 평화에 속한 것을 보지 못하도록 가리셔서(30절), 그를 이스라엘의 손에 넘기려 하신 것이다. 하나님의 백성과 싸우는 자들은 스스로 상처를 당하려고 싸우는 것이다. 때때로 하나님은 그의 원수들 스스로 자기 의지로 인하여 망하도록 하신다. 미 4:11-13; 계 16:14을 보라.

IV. 이스라엘이 승리한다.

1. 그들은 남녀노소 할 것 없이 모든 아모리 사람들을 칼로 죽인다(33, 34절). 그들은 하나님의 진노를 집행하는 자들로서 그렇게 한 것이다. 이제 아모

리 족속의 악이 충만하였고(창 15:16), 그 악을 채우는 기간이 길수록 마지막의 심판이 더욱 쓰라린 법이다. 이는 멸망당해야 할 민족 중의 하나였다. 그들은 이스라엘의 원수로서가 아니라 하나님의 공의의 희생물로서 죽었다. 그들을 희생 제물로 드리는 일에 이스라엘이 제사장 나라로서 쓰임 받은 것이다. 사안이 매우 특수하므로, 무차별하게 살상하고 아무것도 남겨두지 않는 이 경우를 군사 작전의 전례로 삼아서는 안 되었다. 자비를 보이지 않는 자들은 자비 없는 심판을 당하게 된다.

2. 그들은 아모리 사람들의 성읍들(34절)과 그들의 재물들(35절)과 그들의 땅(36절) 등, 자기들이 취한 모든 것을 소유로 삼았다. 죄인의 재물은 의인을 위해 쌓아둔 것이다. 이스라엘이 지금 들어와 있는 새로운 세상이 과연 얼마나 놀라운 것이었던가! 그들 대부분은 황막한 광야에서 나고 거기서 지금껏 살아왔다. 그들은 밭이나 성읍들을 알지도 못했고, 거할 집도 없었고, 씨를 뿌리거나 추수를 해본 적도 없었다. 그런데 갑자기 그들이 그렇게 잘 지어놓은 집들과 그렇게 잘 경작해 놓은 밭의 주인이 되었으니, 이것이야말로 오랜 기다림을 상쇄시켜 줄 만한 것이었다. 그러나 그것도 장차 올 더 큰 것의 보증물에 지나지 않았던 것이다. 이 세상이라는 광야에서 벗어나 하늘에 있는 더 나은 본향과, 터가 있는 성에 이를 때에 거룩한 영혼들이 경험하게 될 변화는 훨씬 더 큰 기쁨을 줄 것이다.

제 — 3 — 장

개요

모세는 이 장에서 다음을 보도한다. I. 바산 왕 옥을 정복하고 그의 땅을 소유함(1-11절). II. 이 새로운 정복지를 두 지파와 반 지파에게 분배함(12-17절). 거기에 특정한 단서와 제한 조항이 덧붙여짐(18-20절). III. 그렇게 영광스럽게 시작된 전쟁을 계속 수행할 것을 여호수아에게 명하며 격려함(21, 22절). IV. 모세가 가나안으로 건너가게 해 달라고 구함(23-25절). 이 간구가 거부되는 대신 동등한 다른 것이 허락됨(26-29절).

¹우리가 돌이켜 바산으로 올라가매 바산 왕 옥이 그의 모든 백성을 거느리고 나와서 우리를 대적하고 에드레이에서 싸우고자 하는지라 ²여호와께서 내게 이르시되 그를 두려워하지 말라 내가 그와 그의 모든 백성과 그의 땅을 네 손에 넘겼으니 네가 헤스본에 거주하던 아모리 족속의 왕 시혼에게 행한 것과 같이 그에게도 행할 것이니라 하시고 ³우리 하나님 여호와께서 바산 왕 옥과 그의 모든 백성을 우리 손에 넘기시매 우리가 그들을 쳐서 한 사람도 남기지 아니하였느니라 ⁴그 때에 우리가 그들에게서 빼앗지 아니한 성읍이 하나도 없이 다 빼앗았는데 그 성읍이 육십이니 곧 아르곱 온 지방이요 바산에 있는 옥의 나라이니라 ⁵그 모든 성읍이 높은 성벽으로 둘려 있고 문과 빗장이 있어 견고하며 그 외에 성벽 없는 고을이 심히 많았느니라 ⁶우리가 헤스본 왕 시혼에게 행한 것과 같이 그 성읍들을 멸망시키되 각 성읍의 남녀와 유아를 멸망시켰으나 ⁷다만 모든 가축과 그 성읍들에서 탈취한 것은 우리의 소유로 삼았으며 ⁸그 때에 우리가 요단 강 이쪽 땅을 아르논 골짜기에서부터 헤르몬 산에까지 아모리 족속의 두 왕에게서 빼앗았으니 ⁹(헤르몬 산을 시돈 사람은 시룐이라 부르고 아모리 족속은 스닐이라 불렀느니라) ¹⁰우리가 빼앗은 것은 평원의 모든 성읍과 길르앗 온 땅과 바산의 온 땅 곧 옥의 나라 바산의 성읍 살르가와 에드레이까지이니라 ¹¹(르바임 족속의 남은 자는 바산 왕 옥뿐이었으며 그의 침상은 철 침상이라 아직도 암몬 족속의 랍바에 있지 아니하냐 그것을 사람의 보

-통 규빗으로 재면 그 길이가 아홉 규빗이요 너비가 네 규빗이니라)

여기서 우리는 또 다른 용맹한 나라, 즉 바산이 이스라엘 손에 넘겨지는 것을 보게 된다. 시혼의 정복이 옥의 정복과 자주 함께 언급되어 하나님께 찬송이 되는데, 이는 이 정복들에서 이스라엘의 승리가 시작되었기 때문이다(시 135:11; 136:19,20). 여기서 보라.

I. 이스라엘이 무적의 군주인 옥을 정복함.

1. 그는 매우 강하였다. 그는 거인들의 남은 자였기 때문이다(11절. 한글 개역개정판은 "르바임 족속의 남은 자"로 번역함). 그의 개인적인 힘은 비범한 것이었다. 암몬 사람들이 그의 침상을 이를 보여주는 기념물로서 보존하고 있었는데, 그것은 그 수도에서 희귀한 것이었다. 그의 침상의 재료로써 그의 무게를 가늠할 수 있을 것이다. 마치 나무로 된 침상은 그의 무게를 떠받치기에 너무 약하기라도 한 듯 그의 침상은 철로 되어 있었다. 그리고 침상의 크기로 그의 키를 짐작할 수 있다. 그 침상은 길이가 9 규빗이요 넓이가 4 규빗인데, 이를 대강 환산하면 길이가 약 4미터, 폭이 약 1.8미터 정도 되는데, 침상의 길이에서 2 규빗 정도의 여유를 감안하면(우리도 이 정도는 여유가 필요하다) 그의 키는 3미터 정도가 되는데 이는 보통 사람의 두 배 가까이나 되는 큰 키였다. 그리고 그의 몸집도 키에 비례하여 그만큼 컸을 것인데, 이스라엘이 그를 쳐서 쓰러뜨린 것이다(3절). 주목하라. 하나님께서 그의 백성들의 대의(大義)를 돌아보시면 거인들도 메뚜기처럼 다루실 수 있다. 사람의 힘이 아무리 강해도 전능자를 대적하여 안전할 수는 없는 것이다. 옥은 60개의 성벽을 갖춘 성읍을 지휘하였고 그 외에 성벽이 없는 여러 성읍들을 거느리고 있었으므로 그의 군대는 막강했다(5절). 그러나 하나님의 이스라엘이 그를 멸하라는 지시를 받고 올라올 때에, 이 모든 것이 무용지물이었다.

2. 그는 매우 대담했다. 그는 그의 모든 백성을 거느리고 나와서 이스라엘을 대적하였다(1절). 시혼의 멸망에서 경계를 받아 사람을 보내 평화의 조건들을 제시하였을 법한데 그렇게 하지 않은 것은 기이한 일이었다. 그러나 그는 자기 자신의 힘을 믿었고, 그리하여 완강하게 되어 멸망에 이른 것이다. 주목하라. 다른 이들에게 임한 하나님의 심판에서 각성하지 않고 계속 하늘을 거슬러 거역하는 자들은 곧바로 똑같은 심판을 자초하는 것이다(렘 3:8). 하나님은 모세

에게 그를 두려워하지 말라고 명하셨다(2절). 모세 자신은 믿음이 강하여 그런 경계 자체가 필요 없었다 해도 백성에게는 필요했을 것이고, 따라서 그들을 위해 다음과 같이 새롭게 확신을 주신 것이다: "내가 그와 그의 모든 백성과 그의 땅을 네 손에 넘겼으니, 너를 그의 손에서 건져내어 패망하지 않게 할 뿐 아니라 그를 네 손에 넘겼으니 네가 그를 패망하게 할 것이요 그의 무모한 시도에 대하여 값을 톡톡히 치르게 할 것이니라." 그리고 네가 … 시혼에게 행한 것과 같이 그에게도 행할 것이니라 라고 덧붙여서, 이스라엘이 전에 얻은 승리에서 용기를 얻어, 하나님께서 다시 승리를 주실 것을 신뢰하여야 한다는 것을 암시하는 것이다. 그는 하나님이시며 변치 아니하시는 분이시니 말이다.

II. 이스라엘이 매우 비옥한 땅인 바산을 소유하게 됨. 이스라엘은 모든 성읍들과(4절) 그 모든 전리품들을 취하였다(7절). 모든 것을 그들의 소유로 삼았다(10절). 그리하여 이제 그들은 아르논 골짜기에서부터 헤르몬 산에까지 요단 강 동쪽의 비옥한 땅을 손에 넣게 되었다(8절). 이스라엘이 이 땅들을 정복하고 소유하게 된 것은 이스라엘에게 가나안 전쟁에서 용기를 갖게 하기 위함이기도 했지만, 동시에 모세가 죽기 전에 그를 만족하게 하기 위함이기도 했다. 그는 생전에 이스라엘의 승리와 정착이 완성되는 것을 보지 못할 것이므로, 하나님께서는 이 승리를 통해서 그에게 그 맛을 보게 해 주시는 것이다. 이처럼 그 값 주고 사신 소유의 구속이 이르기까지 믿는 자들에게 성령이 그들의 기업의 보증으로 베풀어지시는 것이다.

[12]그 때에 우리가 이 땅을 얻으매 아르논 골짜기 곁의 아로엘에서부터 길르앗 산지 절반과 그 성읍들을 내가 르우벤 자손과 갓 자손에게 주었고 [13]길르앗의 남은 땅과 옥의 나라였던 아르곱 온 지방 곧 온 바산으로는 내가 므낫세 반 지파에게 주었노라 (바산을 옛적에는 르바임의 땅이라 부르더니 [14]므낫세의 아들 야일이 그술 족속과 마아갓 족속의 경계까지의 아르곱 온 지방을 점령하고 자기의 이름으로 이 바산을 오늘날까지 하봇야일이라 불러오느니라) [15]내가 마길에게 길르앗을 주었고 [16]르우벤 자손과 갓 자손에게는 길르앗에서부터 아르논 골짜기까지 주었으되 그 골짜기의 중앙으로 지역을 정하였으니 곧 암몬 자손의 지역 얍복 강까지며 [17]또는 아라바와 요단과 그 지역이요 긴네렛에서 아라바 바다 곧 염해와 비스가 산기슭에 이르기까지의 동쪽 지역이니라 [18]그 때에 내가 너희에게 명령하여 이르기를 너희의

하나님 여호와께서 이 땅을 너희에게 주어 기업이 되게 하셨은즉 너희의 군인들은 무장하고 너희의 형제 이스라엘 자손의 선봉이 되어 건너가되 ¹⁹너희에게 가축이 많은 줄 내가 아노니 너희의 처자와 가축은 내가 너희에게 준 성읍에 머무르게 하라 ²⁰여호와께서 너희에게 주신 것 같이 너희의 형제에게도 안식을 주시리니 그들도 요단 저쪽에서 너희의 하나님 여호와께서 그들에게 주시는 땅을 받아 기업을 삼기에 이르거든 너희는 각기 내가 준 기업으로 돌아갈 것이니라 하고

그들이 현재 머물고 있는 이 땅이 어떻게 정복되었는지를 보여준 다음, 여기서는 르우벤, 갓, 므낫세 반 지파가 그 땅에 정착하는 과정을 보여준다. 이 이야기는 민 32장에서도 본 바 있는데, 여기서 그 내용이 반복되고 있다.

1. 모세는 각 지파들에게 할당된 땅의 각 부분들을 명시하며, 특히 므낫세 반 지파의 몫이 분배되는 내용을 명시하고 있다. 여기서 므낫세 지파의 분할을 볼 수 있다. 요셉이 에브라임과 므낫세로 나뉘었고, 므낫세는 요단 동편과 서편으로 둘로 나뉘었고, 요단 동편의 반 지파는 다시 두 개의 큰 가문으로 나뉘었고 그들에게 할당된 지역이 언급되고 있으니, 곧 야일(14절)과 마길(15절)이 그것이다. 어쩌면 그 지파가 작을 것이라는 야곱의 예언이 이렇게 나뉘고 또 나뉜 것에서 성취되었을 것이다. 바산이 여기서 거인들의 땅(한글 개역개정판은 "르바임의 땅"이라 번역함)이라 불리는데, 이는 전에 이 땅이 거인들의 소유였기 때문이다. 그러나 옥이 그 마지막 거인이었다. 이 거인들은 자기 땅을 잃은 것으로 보이며 다른 어떤 이웃보다 먼저 자기 땅에서 뿌리가 뽑혔다. 자기들의 힘과 크기를 믿고 모든 사람을 손으로 짓누르던 자들이 모든 사람에게서 짓눌림을 당하며 죽임을 당하여 구덩이로 내려가고 만 것이다. 그들이 산자의 땅에서는 용맹한 자들의 공포였지만 말이다.

2. 모세는 이미 그들이 합의한 조건을 다시 반복한다(18-20절). 그들은 요단강을 건너 강력한 군대를 파견하여 가나안 정복 전쟁에서 선봉에 설 것이며, 형제들이 각기 할당된 땅을 완전히 소유하는 것을 보기까지 가족들에게로 돌아가지 않아야 했고(물론 전투가 끝난 후 잠시 겨울 동안 그리로 갈 수는 있으나), 최소한 정착할 목적으로 돌아가서는 안 되었다. 이로써 그들은 각각 자기 일을 돌볼 뿐더러 또한 각각 다른 사람들의 일을 돌볼 것을 가르침 받은 것이다(빌 2:4). 이기주의적인 자세를 갖고 공공의 복지보다 사사로운 관심사를 앞세

운다면 그것은 이스라엘로서 전혀 어울리지 않는 처사다. 우리가 안식을 누리게 되면 우리의 형제들도 함께 안식을 누리기를 바라야 하며 그 일을 위해서 우리가 할 수 있는 일을 할 자세를 갖추어야 한다. 우리는 우리 자신을 위해서 난 자들이 아니라, 서로 지체들이기 때문이다. 선한 사람은 이스라엘에게 평강을 보지 못하면 가족의 위로가 있어도 많이 즐거워할 수가 없는 법이다(시 128:6).

[21]그 때에 내가 여호수아에게 명령하여 이르기를 너희의 하나님 여호와께서 이 두 왕에게 행하신 모든 일을 네 눈으로 보았거니와 네가 가는 모든 나라에도 여호와께서 이와 같이 행하시리니 [22]너희는 그들을 두려워하지 말라 너희의 하나님 여호와께서 친히 너희를 위하여 싸우시리라 하였노라 [23]그 때에 내가 여호와께 간구하기를 [24]주 여호와여 주께서 주의 크심과 주의 권능을 주의 종에게 나타내시기를 시작하셨사오니 천지간에 어떤 신이 능히 주께서 행하신 일 곧 주의 큰 능력으로 행하신 일 같이 행할 수 있으리이까 [25]구하옵나니 나를 건너가게 하사 요단 저쪽에 있는 아름다운 땅, 아름다운 산과 레바논을 보게 하옵소서 하되 [26]여호와께서 너희 때문에 내게 진노하사 내 말을 듣지 아니하시고 내게 이르시기를 그만해도 족하니 이 일로 다시 내게 말하지 말라 [27]너는 비스가 산 꼭대기에 올라가서 눈을 들어 동서남북을 바라고 네 눈으로 그 땅을 바라보라 너는 이 요단을 건너지 못할 것임이니라 [28]너는 여호수아에게 명령하고 그를 담대하게 하며 그를 강하게 하라 그는 이 백성을 거느리고 건너가서 네가 볼 땅을 그들이 기업으로 얻게 하리라 하셨느니라 [29]그 때에 우리가 벳브올 맞은편 골짜기에 거주하였느니라

여기의 주요 내용은,

I. 모세가 그를 이어 다스리게 될 여호수아에게 주는 격려(21, 22절). 그는 두려워하지 말라고 명령하였다. 나이 많고 하나님을 섬기는 일에 경험이 많은 자들은 힘을 다하여 이제 신앙의 길을 시작하는 젊은이들에게 이렇게 해주어야 한다. 그는 두 가지를 생각하고 힘을 얻을 것을 말씀한다.

1. 하나님이 행하신 일. 여호수아는 이 두 왕을 이스라엘 군대를 통하여 섬멸하게 하신 하나님의 역사를 보았다. 그러니 그가 나아가 싸우게 될 모든 나라에도 여호와께서 이와 같이 행하시리라는 것을 쉽게 유추할 수 있었을 것이다.

그는 여호와께서 팔이 짧으신 것이 아니니 그 나라들 모두를 처리하실 수 있으리라는 것뿐 아니라 그의 목적이 변함이 없으니 그가 반드시 그리하실 것이라는 것도 확신하여야 했다. 시작하신 이가 반드시 이루실 것이다. 하나님의 역사는 완전하니 말이다. 여호수아는 두 눈으로 이를 똑똑히 보았다. 하나님의 지혜와 능력과 선하심이 나타나는 것을 많이 볼수록, 사람이 우리에게 행하는 일을 두려워한다면 더욱 핑계치 못할 것이다.

2. 하나님이 약속하신 일. 너희의 하나님 여호와께서 친히 너희를 위하여 싸우시리라. 만군의 여호와께서 싸우시니 승리하지 못할 수가 없는 것이다. 하나님이 우리를 위하시면 누가 우리를 대적하여 이기리요? 벌벌 떨면서 우리의 대장을 따라간다면 그것은 그를 수치스럽게 하는 것이다.

II. 모세가 자기 자신을 위하여 드린 기도와 그 기도에 대한 하나님의 응답.

1. 그의 기도는, 만일 하나님의 뜻이면 이스라엘 앞에서 그가 요단 강을 건너 가나안에 들어가게 해 주십사 하는 것이었다. 이스라엘의 싸움을 싸우라고 여호수아를 격려할 당시 모세는 여호수아가 그들의 지도자가 되리라는 것을 당연한 일로 여기고서 자신도 가나안으로 들어가기를 간절히 소망하였다. 그러나 이는 자신이 받은 선고에 대한 감정 섞인 조급한 항의나 논평이 아니었다. 그는 다만 은혜로이 그 선고를 뒤집어주시기를 겸손하게 하나님께 간구한 것이다. 구하옵나니. 주목하라. 믿음으로 하나님께 간구할 수 없는 욕심을 마음에 품어서는 절대로 안 된다. 순전한 소원들이 무엇이든, 그것들을 하나님께 올려드려야 한다. 우리가 얻지 못하는 것은 구하지 않기 때문이다. 관찰하라.

(1) 그가 근거하는 내용. 두 가지다. [1] 하나님이 이스라엘을 위해 행하신 선하신 일에서 그가 하나님의 선하심을 크게 경험하였다는 것: "주께서 주의 크심과 주의 권능을 주의 종에게 나타내시기를 시작하셨사오니, 주께서 시작하신 것을 온전히 이루소서. 주께서 이 두 왕을 정복한 일로 주의 영광을 보게 하셨사오며, 그 광경이 내게 놀라움과 감사로 가득 하게 하옵니다. 오오 나로 나의 하나님 나의 왕의 나아가심을 더 보게 하옵소서! 이 위대한 일은 정녕 계속되고 완전히 이루어질 것이옵니다. 나로 그것을 보며 만족을 얻게 하소서." 주목하라. 하나님의 역사하심에서 그의 영광을 보면 볼수록 더욱더 그것을 보기를 원하게 된다. 여호와의 행사가 크시니, 이를 기뻐하는 이들이 모두 더욱더 그것을 구하는 것이다. [2] 그가 눈으로 본 것으로 마음에 큰 감동을 받았다는 것. 천지

간에 어떤 신이 능히 주께서 행하신 일 곧 주의 큰 능력으로 행하신 일 같이 행할 수 있으리이까? 하나님에 대하여, 그의 지혜와 능력과 선하심에 대하여 눈으로 보고 감동을 받으면 받을수록 그런 것을 더 많이 발견하게 되는 법이다. 하나님의 역사하심에서 그를 사모하는 자들은 그 역사를 보게 될 것이다. 모세는 오래 전에도 하나님과 그의 역사하심에 대하여 이와 같이 표현한 바 있었다(출 15:11). 그는 하나님의 역사하심과 비교할 만한 다른 역사가 없다는 마음을 계속해서 갖고 있다(시 86:8).

(2) 그가 간청하는 내용. 구하옵나니 나를 건너가게 … 하옵소서 (25절). 하나님은 그가 건너가지 못하리라고 말씀하셨었으나 그는 건너가게 해 달라고 구한다. 백성들에게 하신 선고는 ― 즉, 그들이 들어가지 못하리라는 ― 맹세를 통해서 확인되었으나, 그에게 하신 선고는 맹세로 확인되지 않았으니 그 선고는 조건적인 것이라는 것밖에는 모르고 그렇게 한 것이다. 히스기야도 분명한 선고가 주어진 이후에 이처럼 자기 목숨을 위하여 구했고, 다윗도 자식의 목숨을 위하여 구하였다. 그리고 히스기야의 간구는 응답되었고, 다윗의 간구는 응답되지 않았다. 모세는 전에 하나님이 이스라엘을 향하여 진노하시는 것에 대해 간구하여 하나님께로부터 응답을 받은 사실을 기억하고 있었다(출 32:14). 그러니 이번에도 자신의 간구가 응답되리라는 소망을 갖지 못할 이유가 없었던 것이다. 나를 건너가게 하사 요단 저쪽에 있는 아름다운 땅, 아름다운 산과 레바논을 보게 하옵소서. "나를 건너가게 하사 그 곳에서 왕과 통치자가 되게 하옵소서"라고 하지 않았다. 그는 자기 자신의 명예를 구하지 않았다. 여호수아가 통치하는 것을 그대로 만족하고 받아들였다. 다만, "나를 건너가게 하사 주께서 이스라엘에게 행하시는 자비를 친히 보게 하시고, 그 약속의 땅의 아름다움에 대해 내가 믿어오던 것을 눈으로 보게 하옵소서"라는 것뿐이었다. 그가 가나안에 대해 얼마나 애틋하게 말하는지 모른다. 아름다운 땅, 아름다운 산이라고 말하는 것이다! 하나님의 자비의 가치를 가늠할 줄 아는 자들이 그 자비를 얻고 누릴 소망을 가질 수 있는 법이다. 아름다운 산이라는 표현이 무슨 뜻인지는 시 78:54에서 배울 수 있다. 거기서는 하나님의 이스라엘에 대하여, 그들을 그의 성소의 영역 곧 그의 오른손으로 만드신 산으로 인도하셨다고 말씀한다. 이는 가나안 땅 전체를 지칭하는 것이나 특히 성소와 그 영광을 염두에 둔 것이라 할 것이다.

2. 이 기도에 대한 하나님의 응답에는 긍휼과 심판이 함께 섞여 있었다.

(1) 그의 간구를 거부하신 데에는 심판의 요소가 있었고, 또한 진노의 요소도 있었다. 여호와께서 너희 때문에 내게 진노하사(26절). 하나님은 그의 백성에게서 죄를 보실 뿐 아니라 그것에 대해 심히 불쾌히 여기신다. 그러므로 다가올 진노에서 구원받는 자들이라 할지라도 이 세상에서 하나님의 진노의 증표들 아래서 살아야 하며, 또한 그들이 마음에 두고 있는 특정한 은혜들이 거부당할 수도 있는 것이다. 하나님은 은혜로우시고 부드러우시며 사랑을 베푸시는 아버지시다. 그러나 그는 그의 자녀들이 곁길로 빠질 때에 그들에 대해 화를 내시며 그들이 바라고 구하는 많은 것들을 주시지 않으시는 것이다. 그러나 하나님은 과연 어떻게 이스라엘 때문에 모세에게 진노하셨는가? 다음 중 하나일 것이다. [1] 그들이 모세를 격동하여 범하게 한 죄 때문에. 시 106:32, 33. 혹은 [2] 모세가 없으면 안 될 시점에 모세를 사라지게 하시는 것은 온 이스라엘에 대한 책망이요 그들의 죄에 대한 형벌이었다. 혹은 [3] 이스라엘 백성을 위함이었다. 곧, 모세의 허물에 대한 징계를 보고서, 어느 때든 감정적이고 불신앙적인 말로써 하나님을 거스르지 않도록 조심하여야겠다는 경고를 받게 하신 것이다. 푸른 나무에게 이같이 하거든 마른 나무에는 어떻게 되리요? 그는 하나님이 그의 간구를 듣지 않으시리라는 것을 시인한다. 하나님은 이스라엘을 위한 그의 간구는 자주 들으셨으나, 자기 자신을 위한 간구는 듣지 않으려 하셨다. 우리의 위대한 중보자이신 그리스도의 간구는 아버지께서 언제나 들으셨고, 그것은 그만의 대권(大權)이었다. 그런데도 그의 원수들은 말하기를, 다른 사람은 구원하였으나 자기는 구원하지 못하도다 라고 하였다. 위대한 선지자 모세도 다른 사람들을 위해서는 간구하여 응답을 받았으나 자기 자신을 위해서는 응답을 받지 못했다는 사실을 생각했다면, 유대인들이 그리스도를 그런 식으로 비난하지는 않았을 것이다. 모세는 야곱의 씨름하는 자손 중 하나에 속하였으니 헛되이 구하지 않았으나, 그가 구한 그것은 받지 못했다. 하나님께서는 우리의 기도는 받아주시더라도, 우리가 간구하는 바로 그것은 주시지 않을 수도 있는 것이다.

(2) 여러 가지 일에서 이러한 진노에 긍휼이 섞여 있음이 드러난다. [1] 하나님은 그만해도 족하니(26절)라는 말씀으로 엄히 명하여 모세의 마음을 진정시키셨다. 이 말씀과 함께 하나님의 능력이 임하여 모세가 하나님의 뜻에 화합하

고 그대로 따르게 되었을 것이다. 하나님이 그의 섭리로 우리가 바라는 것을 주시지 않아도, 그의 은혜로 역사하사 그것이 없이도 우리 마음이 만족하도록 해주시면 결국 같은 결과가 일어나는 것이다. "그만해도 족하니. 네가 바라는 모든 것을 이 세상에서 다 누리지 못해도, 하나님을 네 아버지로 모시고 천국을 네 기업으로 소유하고 있으니, 이것으로 만족하라. 하나님 한 분으로 족하도다." [2] 이 요구 사항을 고집하지 말 것을 지시하시며 그의 간구를 존중하셨다. 이 일로 다시 내게 말하지 말라. 이는 하나님이 허락하시기에 적합하지 않다고 보시는 것들은 우리가 간구해서는 안 된다는 것과, 또한 하나님이 의로운 자의 기도를 기뻐하시므로 그 어떠한 경우에도 고의로 그 기도를 거부하는 일을 그가 결코 기뻐하시지 않는다는 것을 시사한다. [3] 그는 모세에게 비스가 산 꼭대기에서 가나안을 바라보도록 해 주실 것을 약속하셨다(27절). 비록 그 땅을 소유해서는 안 되지만, 그 땅을 바라보아야 했다. 그를 감질나게 하고자 함이 아니라, 그 땅을 바라보게 함으로써 그에게 진정한 만족을 주고 또한 약속한 땅에 대하여 선명하고도 유쾌한 생각을 가질 수 있도록 해주고자 함이었다. 아마도 다른 목적을 위해서는 물론 바로 이 목적을 위하여 모세의 시력이 아주 좋게 보존되었을 것이다. 시력이 나쁘다면 같은 장소에서도 다른 이들만큼 잘 보지 못했을 것이요, 그렇다면 이것이 모세에게 호의가 될 수도 없었을 것이니 말이다. 위대한 신자들이라도 현재의 상태에서는 천국을 그저 멀리서만 바라볼 뿐이다. [4] 하나님은 모세에게 후계자, 곧 모세의 존귀를 뒷받침하고 모세가 마음으로 간절히 바라는 그 영광스러운 일, 곧 이스라엘을 이끌어 가나안에 들어가 거기 정착하는 일을 계속 진행시키고 완결지을 자를 주셨다(28절). 너는 여호수아에게 명령하고 그를 담대하게 하며 그를 강하게 하라. 하나님께서는 누구에게 임무를 주시면 반드시 그 일을 위한 격려도 주신다. 교회의 형제들로서는 (자기들이 죽어 사라져 갈 때에) 자기들이 티끌에 묻히더라도 다른 이들이 하나님의 일을 계속 이끌어가는 것을 보게 되니, 이는 정말 위로가 된다 할 것이다.

제
— 4 —
장

개요

이 장의 주요 내용은 다음과 같다. I. 순종하라는 지극히 간절하고도 열정적인 권면. 일반적인 권면과 구체적인 실례도 제시되고, 매우 긴급한 다양한 논지들로 뒷받침된다. 이것이 거듭거듭 반복되며, 이스라엘 백성들에게 지극히 감동적이며 애정 어린 자세로 제시된다(1-40절). II. 요단 강 동편의 도피성들을 지명함(41-43절). III. 모세가 율법을 다시 반복하여 전한 그 장소에 대한 구체적인 묘사(44-49절).

¹이스라엘아 이제 내가 너희에게 가르치는 규례와 법도를 듣고 준행하라 그리하면 너희가 살 것이요 너희 조상의 하나님 여호와께서 너희에게 주시는 땅에 들어가서 그것을 얻게 되리라 ²내가 너희에게 명령하는 말을 너희는 가감하지 말고 내가 너희에게 내리는 너희 하나님 여호와의 명령을 지키라 ³여호와께서 바알브올의 일로 말미암아 행하신 바를 너희가 눈으로 보았거니와 바알브올을 따른 모든 사람을 너희의 하나님 여호와께서 너희 가운데에서 멸망시키셨으되 ⁴오직 너희의 하나님 여호와께 붙어 떠나지 않은 너희는 오늘까지 다 생존하였느니라 ⁵내가 나의 하나님 여호와께서 명령하신 대로 규례와 법도를 너희에게 가르쳤나니 이는 너희가 들어가서 기업으로 차지할 땅에서 그대로 행하게 하려 함인즉 ⁶너희는 지켜 행하라 이것이 여러 민족 앞에서 너희의 지혜요 너희의 지식이라 그들이 이 모든 규례를 듣고 이르기를 이 큰 나라 사람은 과연 지혜와 지식이 있는 백성이로다 하리라 ⁷우리 하나님 여호와께서 우리가 그에게 기도할 때마다 우리에게 가까이 하심과 같이 그 신이 가까이 함을 얻은 큰 나라가 어디 있느냐 ⁸오늘 내가 너희에게 선포하는 이 율법과 같이 그 규례와 법도가 공의로운 큰 나라가 어디 있느냐 ⁹오직 너는 스스로 삼가며 네 마음을 힘써 지키라 그리하여 네가 눈으로 본 그 일을 잊어버리지 말라 네가 생존하는 날 동안에 그 일들이 네 마음에서 떠나지 않도록 조심하라 너는 그 일들을 네 아들들과 네 손자들에게 알게 하라 ¹⁰네가 호렙 산에서 네 하나님 여호와

앞에 섰던 날에 여호와께서 내게 이르시기를 나에게 백성을 모으라 내가 그들에게 내 말을 들려주어 그들이 세상에 사는 날 동안 나를 경외함을 배우게 하며 그 자녀에게 가르치게 하라 하시매 ¹¹너희가 가까이 나아와서 산 아래에 서니 그 산에 불이 붙어 불길이 충천하고 어둠과 구름과 흑암이 덮였는데 ¹²여호와께서 불길 중에서 너희에게 말씀하시되 음성뿐이므로 너희가 그 말소리만 듣고 형상은 보지 못하였느니라 ¹³여호와께서 그의 언약을 너희에게 반포하시고 너희에게 지키라 명령하셨으니 곧 십계명이며 두 돌판에 친히 쓰신 것이라 ¹⁴그 때에 여호와께서 내게 명령하사 너희에게 규례와 법도를 교훈하게 하셨나니 이는 너희가 거기로 건너가 받을 땅에서 행하게 하려 하심이니라 ¹⁵여호와께서 호렙 산 불길 중에서 너희에게 말씀하시던 날에 너희가 어떤 형상도 보지 못하였은즉 너희는 깊이 삼가라 ¹⁶그리하여 스스로 부패하여 자기를 위해 어떤 형상대로든지 우상을 새겨 만들지 말라 남자의 형상이든지, 여자의 형상이든지, ¹⁷땅 위에 있는 어떤 짐승의 형상이든지, 하늘을 나는 날개 가진 어떤 새의 형상이든지, ¹⁸땅 위에 기는 어떤 곤충의 형상이든지, 땅 아래 물 속에 있는 어떤 어족의 형상이든지 만들지 말라 ¹⁹또 그리하여 네가 하늘을 향하여 눈을 들어 해와 달과 별들, 하늘 위의 모든 천체 곧 너희의 하나님 여호와께서 천하 만민을 위하여 배정하신 것을 보고 미혹하여 그것에 경배하며 섬기지 말라 ²⁰여호와께서 너희를 택하시고 너희를 쇠 풀무불 곧 애굽에서 인도하여 내사 자기 기업의 백성을 삼으신 것이 오늘과 같아도 ²¹여호와께서 너희로 말미암아 내게 진노하사 내게 요단을 건너지 못하며 네 하나님 여호와께서 네게 기업으로 주신 그 아름다운 땅에 들어가지 못하게 하리라고 맹세하셨은즉 ²²나는 이 땅에서 죽고 요단을 건너지 못하려니와 너희는 건너가서 그 아름다운 땅을 얻으리니 ²³너희는 스스로 삼가 너희의 하나님 여호와께서 너희와 세우신 언약을 잊지 말고 네 하나님 여호와께서 금하신 어떤 형상의 우상도 조각하지 말라 ²⁴네 하나님 여호와는 소멸하는 불이시요 질투하시는 하나님이시니라 ²⁵네가 그 땅에서 아들을 낳고 손자를 얻으며 오래 살 때에 만일 스스로 부패하여 무슨 형상의 우상이든지 조각하여 네 하나님 여호와 앞에 악을 행함으로 그의 노를 일으키면 ²⁶내가 오늘 천지를 불러 증거를 삼노니 너희가 요단을 건너가서 얻는 땅에서 속히 망할 것이라 너희가 거기서 너희의 날이 길지 못하고 전멸될 것이니라 ²⁷여호와께서 너희를 여러 민족 중에 흩으실 것이요 여호와께서 너희를 쫓아 보내실 그 여러 민족 중에 너희의 남은 수가 많지 못할 것이며 ²⁸너희는 거기서 사람의 손으로 만든 바 보지도 못하며 듣지

도 못하며 먹지도 못하며 냄새도 맡지 못하는 목석의 신들을 섬기리라 ²⁹그러나 네
가 거기서 네 하나님 여호와를 찾게 되리니 만일 마음을 다하고 뜻을 다하여 그를
찾으면 만나리라 ³⁰이 모든 일이 네게 임하여 환난을 당하다가 끝날에 네가 네 하나
님 여호와께로 돌아와서 그의 말씀을 청종하리니 ³¹네 하나님 여호와는 자비하신
하나님이심이라 그가 너를 버리지 아니하시며 너를 멸하지 아니하시며 네 조상들
에게 맹세하신 언약을 잊지 아니하시리라 ³²네가 있기 전 하나님이 사람을 세상에
창조하신 날부터 지금까지 지나간 날을 상고하여 보라 하늘 이 끝에서 저 끝까지
이런 큰 일이 있었느냐 이런 일을 들은 적이 있었느냐 ³³어떤 국민이 불 가운데에서
말씀하시는 하나님의 음성을 너처럼 듣고 생존하였느냐 ³⁴어떤 신이 와서 시험과
이적과 기사와 전쟁과 강한 손과 편 팔과 크게 두려운 일로 한 민족을 다른 민족에
게서 인도하여 낸 일이 있느냐 이는 다 너희의 하나님 여호와께서 애굽에서 너희
를 위하여 너희의 목전에서 행하신 일이라 ³⁵이것을 네게 나타내심은 여호와는 하
나님이시요 그 외에는 다른 신이 없음을 네게 알게 하려 하심이니라 ³⁶여호와께서
너를 교훈하시려고 하늘에서부터 그의 음성을 네게 듣게 하시며 땅에서는 그의 큰
불을 네게 보이시고 네가 불 가운데서 나오는 그의 말씀을 듣게 하셨느니라 ³⁷여호
와께서 네 조상들을 사랑하신 고로 그 후손인 너를 택하시고 큰 권능으로 친히 인
도하여 애굽에서 나오게 하시며 ³⁸너보다 강대한 여러 민족을 네 앞에서 쫓아내고
너를 그들의 땅으로 인도하여 들여서 그것을 네게 기업으로 주려 하심이 오늘과
같으니라 ³⁹그런즉 너는 오늘 위로 하늘에나 아래로 땅에 오직 여호와는 하나님이
시요 다른 신이 없는 줄을 알아 명심하고 ⁴⁰오늘 내가 네게 명령하는 여호와의 규례
와 명령을 지키라 너와 네 후손이 복을 받아 네 하나님 여호와께서 네게 주시는 땅
에서 한 없이 오래 살리라

　　이 지극히 생생하고도 훌륭한 강화(講話)는 내용상 하나로 묶여져 있
고 또한 그 구체적인 내용들이 너무도 자주 반복되고 있어서 이를 전체로 한꺼
번에 취하여 적절하게 소화시키려고 노력할 수밖에 없다. 이를 소 단락으로 나
눌 수가 없기 때문이다.

I. 전체적으로 볼 때, 이는 그 앞의 역사의 적용이라 할 것이다.　그 역사에
서 추리하는 과정에서 이 부분이 오는 것이다. 그러므로 이스라엘아 이제 … 듣
고 준행하라(1절). 우리에 대해 나타나는 하나님의 섭리를 돌아보며 우리도 이

렇게 적용해야 할 것이요, 이를 통해서 각성하여 의무와 순종을 다하게 되어야 할 것이다. 고대의 역사들도 우리가 그와 같이 적용해야 할 것이다.

II. 모세의 강화의 목적과 경향. 하나님께 가까이 있어서 그를 섬기며, 다른 신을 좇아서 그를 버리지 않고, 또한 어떠한 경우에도 그에게 행하는 의무를 무시하지 않도록 그들을 설득하고자 함이다. 여기서 그가 그들에게 말씀하는 바를 관찰하라. 그는 신적인 수사법을 크게 사용하여 권고하고 지시하며, 또한 동기와 논증을 사용하여 그의 권고들을 강화시킨다.

1. 여기서 보라. 그는 그들을 권고하며 명령하며, 그들에게 선한 길과 또한 여호와께서 그들에게 요구하시는 것을 보여준다.

(1) 그는 그들이 가르침 받은 하나님의 말씀과 규례와 법도를 부지런히 지킬 것을 요구한다. 이스라엘아 이제 … 듣고 준행하라. 이는 그들이 모세 자신의 말을 들어야 하는 것은 물론, 언제든지 율법 책이 그들에게 읽혀지거나 그들이 그것을 읽을 때마다 그 내용에 주의를 기울여야 한다는 뜻이다. "규례들을 귀담아 들으라. 거기에 하나님의 위대한 명령들과 너희 자신의 영혼들의 큰 동의들이 들어 있으며, 따라서 너희의 지극한 주의를 요구하는 것이로다." 호렙 산에서 하나님은 그들에게 그의 말씀을 들려주셨다(10절). 그 때에는 말씀이 전해지는 정황 때문에 그 말씀을 주의 깊게 듣지 않을 수 없었는데, 그 내용 자체의 탁월함 때문에라도 계속해서 그 말씀을 주의 깊게 경청해야 한다. 하나님이 한 번 말씀하신 것은 우리가 두 번, 아니 자주, 들어야 하는 것이다.

(2) 그는 백성들에게 하나님의 율법을 순전하게 보존할 것을 권고한다(2절). 그것을 순전하게 지키고 거기에 덧붙이지 말라. 그것을 전체로 알고 지키고 거기서 빼지 말라. 어떤 이들은 이를 실제 행동으로도 그렇게 하지 말라는 뜻으로 보기도 한다: "율법이 금하는 악을 행하여 덧붙이는 일이 있어서도, 율법이 요구하는 선을 행하지 않음으로써 빼는 일이 있어서도 안 된다." 또 어떤 이들은 생각으로도 그렇게 하지 말하는 뜻으로 보기도 한다: "하나님이 제정하신 것에 모자람이 있기라도 한 것처럼 네 자신이 만들어낸 것을 덧붙여서도, 하나님께서 지정하신 것 이외의 어떤 종교적 예배 의식을 소개하거나 강요해서도, 하나님께서 지정하신 것을 불필요하거나 과다한 것으로 여겨 무시하거나 소홀히 해서도 안 된다." 하나님의 행하신 것은 완전하므로, 아무것도 거기에 붙일 것도 혹은 제하여 낼 것도 없다. 거기에 가감하면 더 나쁘게 될 뿐이다(전 3:14

을 보라). 유대인들은 이를 율법의 조문이나 글자를 — 심지어 일점일획까지도 — 변경시키는 것을 금지하는 것으로 이해한다. 그리하여 그들은 이 점에서 크나큰 신중함과 엄밀함을 기울였고, 물론 이 모든 것이 하나님의 섭리이지만, 이로써 히브리 율법의 순결함과 순전함이 보존되어 우리에게까지 전해 오는 것이다. 신약 성경의 말미에서도 이와 비슷한 보호막이 쳐져 있는 것을 보게 된다(계 22:18, 19).

(3) 그는 백성들에게 하나님의 명령들을 지키고(2절), 행하고(5, 14절), 지켜 행하며(6절), 그 언약을 지키라(13절)고 권고한다. 듣는 것은 행하기 위함이요, 지식은 실천을 위함이다. 하나님의 명령들은 그들이 반드시 지켜야 하는 길이었고, 그들이 반드시 지켜야 하는 규범이었다. 그들은 도덕적인 규례들로써 스스로를 다스려야 했고, 그 신적인 의식에 합당하게 경건을 실천해야 했으며, 그 시민인인 법에 따라 정의를 시행하여야 했던 것이다. 모세는 다음과 같은 권고를 반복함으로써 그의 강화를 끝맺는다: 내가 네게 명령하는 여호와의 규례와 명령을 지키라(40절). 지키고 순종하기 위함이 아니라면 대체 율법이 무엇때문에 제정되었겠는가?

(4) 그는 율법을 준수함에 있어서 매우 철저하고 신중을 기할 것을 권고한다. 오직 너는 스스로 삼가며 네 마음을 힘써 지키라(9절); 너희는 깊이 삼가라(15절); 너희는 스스로 삼가(23절). 신앙대로 살려는 자들은 반드시 매우 신중해야 하며, 삼가며 행하여야 한다. 우리에게 얼마나 많은 유혹거리들이 있으며, 우리 가슴속에 얼마나 부패한 성향이 있는지를 생각하면, 우리 주위를 둘러보고 우리 마음을 힘써 지키는 것이 절실히 요청되는 것이다. 늘 부주의하게 행하며 모험을 일삼는 자들은 올바로 행할 수 없는 법이다.

(5) 모세는 구체적으로 우상 숭배의 죄를 삼갈 것을 권고한다. 우상 숭배의 죄야말로 열국의 관습으로 인하여 그들이 가장 미혹을 받기 쉬운 죄요, 그들의 마음의 부패함으로 인하여 가장 중독되기 쉬운 죄요, 또한 가장 하나님의 진노를 촉발시키며 따라서 그들 자신에게 가장 해로운 결과를 야기시키는 죄였다. 이 문제에서 너희 스스로 부패하지 않도록 너희는 깊이 삼가라(15, 16절). 그는 두 종류의 우상 숭배에 대해 경고하고 있다. [1] 형상을 숭배하는 것. 물론 과거 금송아지 사건에서도 그랬던 것처럼 그 형상들을 통해서 참되신 하나님을 경배하려는 의도를 가졌을 수도 있다. 그러나 그것은 하나님의 진리를 거짓말로

만드는 것이요 그의 영광을 부끄러움으로 만드는 짓이다. 제2계명이 분명하게 이것을 경계하고 있는데, 여기서 다시 강조되고 있다(15-18절): "너희는 깊이 삼가 스스로 부패하지 않게 하라." 즉, "너희 자신을 타락시키지 않도록 하라"는 뜻이다. 하나님의 형상을 만들려는 생각을 가진 자들은 온갖 불경에 빠질 소지가 되는 그런 하나님에 관한 생각들을 갖는 것이며, 따라서 그것이 영적 간음임이 시사되는 것이다. "너희는 깊이 삼가 너희 자신을 멸하는 일이 없도록 하라. 너희를 멸망시키는 것이 있다면, 바로 이것이리라. 무엇을 하든, 하나님과 비슷한 것은 만들지 말라. 남자의 형상이든지, 여자의 형상이든지, 혹은 어떤 짐승의 형상이든지, 어떤 새의 형상이든지, 어떤 어족의 형상이든지, 도무지 만들지 말라." 이방인들은 우리가 찾은 그 분명한 신관을 형성할 수 없거나 혹은 그것을 인정하기를 원치 아니하여, 이런 모든 종류의 형상들로 자기들의 신들을 숭배하였다. 이것은 장인이 만든 것이라 참 신이 아니니(호 8:6). 무한하신 영을 형상으로 재현시키며, 위대하신 창조주를 피조물의 형상으로 나타내는 것은 하나님에 대해 우리가 할 수 있는 가장 큰 모욕이요 또한 우리 자신들에게 할 수 있는 가장 큰 속임수인 것이다. 하나님의 형상을 만드는 행위가 합당치 않다는 논거로서 그는 다음과 같은 사실을 강조한다. 곧, 하나님이 호렙 산에서 그들에게 자신을 알리실 때에 그는 귀에 들리는 말씀의 음성으로 그렇게 하셨으며 — 이는 믿음은 들음에서 난다는 것과 또한 하나님이 그 말씀 속에서 우리와 가까이 하신다는 것을 가르치고자 함이었다 — 눈에는 아무런 형상도 보여주지 않으셨다는 것이다. 하나님을 있는 그대로 보는 것은 다가올 세상에서 우리가 누릴 행복으로 예비된 것이며, 따라서 이 세상에서 그의 본 모습과는 전혀 다른 모습으로 그를 바라보는 것은 우리에게 해를 끼칠지언정 결코 유익을 주지 못한다는 것이다. 너희는 형상은 보지 못하였고(12절), 너희가 어떤 형상도 보지 못하였느니라(15절). 아마도 그들은 무언가 비슷한 형상을 보았기를 기대했을 것이다. 언제라도 그들은 여호와께 와서 보려고 했으니 말이다(출 19:21). 그러나 그들이 본 것은 빛과 불이었고, 형상으로 만들 만한 것은 하나도 보지 못했으니, 이는 하나님의 무한하신 지혜였다. 우상 숭배의 위험 때문에 하나님께서는 자신을 그렇게 나타내신 것이다. 모세가 여호와의 형상을 보았다고 말씀하는 것은 사실이다(민 12:8). 그러나 하나님이 그런 호의를 모세에게 허락하신 것은 그가 우상 숭배의 유혹에서 벗어나 있었기 때문이다. 그러나 최근 애굽에서 우상 숭배를 흠모하던 데에서 벗어난지 얼마 되지 않은 이스라엘 백성들의 경우는 하나님의 모양을 보아서는 안 되었다. 그것을 모방하여 제시함으로써 제2 계명을 헛것으로 만들 가능성이 다분했기 때문이었다. 패트릭 주교는 이에 대해 이렇게 말한다: "그들은 이 계명을 하나님이 그들에게 자기를 보여주신 형상 이외의 것에 대해서는 형상을 만들지 말라는 뜻으로 생각했을 것이며, 따라서 형상으로 하나님을 재현하는 것 자체는 정당하다고 결론지었을 것이다." 우리는 여기서 경계를 받아서, 하나님을 예배하면서 우리의 생각과 상상에 따라 하나님의 형상들을 만들지 않도록 조심해야 할 것이다. 그렇지 않으면 우리 스스로 부패하게 되는 것이다. 성소에는 우상이 하나도 없어도, 마음속에 우상들이 있을 수도 있는 것이다.

　　[2] 모세는 해와 달과 별 등을 숭배하는 것에 대해서도 경고한다(19절). 이것은 우상 숭배 중에서도 지극히 역사가 오랜 것이요 또한 가장 그럴듯한 것이기도 했다. 그것들은 우리보다 높이 있을 뿐 아니라 그 자체가 지극히 영광스럽고 전반적으로 세상에 기여하는 바가 크기 때문에 그것들에 대한 흠모의 마음이 생겨나는 것이다. 그리고 그것이 그럴듯하기 때문에 더욱더 위험한 것이다. 여기서 다음의 사실이 암시되고 있다. 첫째로, 그 감각적인 유혹이 얼마나 강한가 하는 것이다. 헛된 상상의 강한 충동과 이방 민족들의 관습의 그 격렬한 급류에 휘말려 미혹하여 그것에 경배하며 섬기지 말라고 경계하고 있으니 말이다. 마음이 눈을 따라 움직이니, 우리의 부패하고 타락한 상태에서는 그럴 소지가 다분한 것이다. "네가 하늘을 향하여 눈을 들어 해와 달과 별들을 보면서, 그것들의 높이와 밝음과 그 규칙적인 운동과 그 강력한 영향력을 흠모한 나머지, 그것들에게 영광을 돌리려는 강력한 유혹을 받게 될 것이로다. 그것들이 아니라, 그것들을 지으시고 그것들에게 기능을 부여하시고 그것들이 세상에 복이 되도록 만드신 그분에게 마땅히 영광을 돌려야 하는 데도 말이다." 눈에 보이지 않는 하나님과 눈에 보이지 않는 세상에 대한 그들의 믿음이 너무도 약했으므로 이런 유혹을 방지하도록 그들에게 단호하고도 결연하게 당부해야 할 필요성이 있었을 것으로 보인다. 둘째로, 동시에 그는 이성을 사용하는 자들에게는 그 유혹이 아무것도 아닌 것임을 보여준다. 해와 달과 별들이 신적 존재들인 것처럼 보이지만 그것들은 그들의 하나님 여호와께서 모든 민족들에게 복으로 베풀어 주신 것들에 불과하므로, 오직 여호와께 경배를 드려야 하는 것이 자명하였다.

그것들을 경배하는 것은 어처구니없는 일이다. 그것들은 사람을 돕는 종들이요, 땅에 빛을 주도록 만들어졌고 지정된 존재들이다. 우리를 섬기기 위해 만들어진 것들을 우리가 섬기다니, 있을 수 있는 일인가? 태양은 히브리어로 쉐메쉬인데, 이는 종을 뜻한다. 태양은 눈에 보이는 이 세계의 종들 중의 으뜸이며, 온 인류를 위해 촛불을 들고 서 있는 존재다. 그러니 그것을 주로 섬겨서는 안 되는 것이다. 더 나아가서, 그것들은 하나님이 주신 선물들이다. 그가 그것들을 베푸신 것이다. 우리가 그것들에게서 무슨 혜택을 얻든지 간에 그 모든 것은 하나님께로부터 오는 것이다. 그러므로 오직 그에게만 드려야 할 그 존귀와 찬송을 그것들에게 내어놓는다는 것은 그에게 정말 모욕적인 것이다.

(6) 그는 그들에게 자녀들에게 하나님의 율법을 준행할 것을 가르치라고 권고한다. 너는 그 일들을 네 아들들과 네 손자들에게 알게 하라(9절), 그리하여 그 자녀에게 가르치게 하라(10절). [1] 그들 중에 신앙을 보존하고 하나님에 대한 지식과 예배를 후손에게 전수하도록 전반적인 주의를 기울여야 했다. 그들이 그 특권을 버리지 않는 한 하나님의 나라가 이스라엘에서 영구하도록 계획되었기 때문이다. [2] 이를 위해서 부모는 구체적으로 자기 자녀에게 하나님을 경외하기를 가르치고, 그의 모든 명령들을 준수하도록 훈련시켜야 했다.

(7) 그는 그들에게 그들의 임무를 절대로 잊지 말 것을 권고한다. 너희는 스스로 삼가 너희의 하나님 여호와께서 너희와 세우신 언약을 잊지 말고(23절). 하나님은 언제나 언약을 잊지 않으시지만, 우리는 잊기가 쉽다. 그리고 이것이 하나님께로부터 이탈하는 밑바탕이 된다. 그러므로 언약을 우리 마음에서 사라지게 만드는 모든 것들을 경계하여야 하며, 우리 마음을 살펴서 어느 때라도 실족하는 일이 없도록 하여야 하며, 우리의 신앙을 잊어버리는 나머지 그것을 잃어버리거나 뒤로 제쳐두는 일이 없도록 조심해야 한다. 나쁜 기억력을 대적하는 가장 좋은 도움은 신중을 기하고 조심하며 거룩하게 경계하는 것이다. 모세는 백성들에게 이런 지침과 명령을 주었다.

2. 이제는 모세가 이런 모든 권면들을 뒷받침하는 동기나 논지가 어떤 것들인지를 살펴보자. 그가 백성들 앞에 대의를 어떻게 제시하며 논증들로 입을 가득 채우는가 하는 것이다. 그는 하나님을 대신하여 많은 말씀을 하였다. 그가 말씀한 주제 중 어떤 것들은 그 백성들에게만 고유한 것이지만 우리들에게 적용이 가능하다. 그러나, 전체적으로 볼 때에 신앙에는 분명한 합리성이 있으나

신앙이 없는 이들은 그 신앙의 강력한 매력을 악의로 가로막아 귀를 닫아버리는 것이 분명하다.

(1) 그는 하나님의 위대하심과 영광, 그리고 선하심을 강조한다. 우리가 대하여야 하는 하나님이 어떤 분이신지를 생각해 보았다면, 그를 향한 우리의 의무를 의식하여야 할 것이고, 감히 그를 거슬러 죄를 짓지 않도록 해야 할 것이다. 그는 여기서 다음의 사실을 상기시킨다. [1] 주 여호와께서 유일하신 살아 계시고 참되신 하나님이시라는 것. 그들은 이를 알아 명심하여야 한다(39절). 우리가 많은 것들을 알고 있지만, 이를 생각하지도 않고 우리 자신에게 적용시키지도 않으며 적절한 추론을 이끌어내지도 않기 때문에, 별 소용이 없다. 주 여호와는 하나님이시며 무한하시고 영원하신 존재시며 스스로 존재하시고 스스로 충족하신 모든 존재와 권능과 움직임의 근원이시라는 것은 너무도 명확한 진리여서 모를 수가 없으며, 또한 너무도 영향력이 크기 때문에 이를 정당하게 고려하면 결국 세상을 바꾸게 될 것이다. 그는 모든 영광으로 옷 입으신 위로 하늘을 다스리시는 하나님이시요 만군의 주시며, 또한 그는 아래로 땅을 통치하시는 하나님이시다. 땅은 그의 영광의 보좌와 거리가 멀지만 그럼에도 불구하고 그의 감독과 권능의 영역 바깥이 아니며, 또한 초라하고 미천하지만 그렇다고 해서 그의 보살피심이 닿지 못하는 것이 아니다. 또한 다른 신이 없다. 여호와 이외에는 참되고 살아 계신 하나님이 없는 것이다. 이교도들의 모든 신들은 허위요 가짜들이며, 그 중 어느 신도 우주적인 하늘의 군주인양 행세하는 것이 없고 모두 국지적인 신들뿐이었다. 이스라엘 백성들은 다름 아닌 지고한 신(Numen)을 섬겨왔으므로, 그들의 하나님을 바꾸거나 그를 무시하면 영원토록 변명할 수가 없었다. [2] 그가 소멸하는 불이시요 질투하시는 하나님이시라는 것(24절). 그를 거스르기를 삼가라. 첫째로, 그는 모욕을 분별하는 질투의 눈을 갖고 계신 하나님이시므로. 너희는 그에게 전적인 애정과 흠모를 올려야 한다. 그는 결코 다른 경쟁 상대를 그냥 내버려 두지 않으신다. 하나님이 우리에 대해 질투하시므로, 우리 역시 우리 자신에 대하여 경건한 질투를 가져야 마땅한 것이다. 둘째로, 하나님은 모욕에 대해 처벌할 무거운 손을 갖고 계시다는 것. 특히 예배하는 일에서 행하는 모욕은 더욱 그렇다. 예배야말로 그가 특별히 질투하시는 부문이기 때문이다. 그는 소멸하는 불이시다. 죄인을 향한 그의 진노가 그러하다. 그는 무시무시하게 멸하시는 분이시다. 그의 진노는 대적하는

자를 태우는 맹렬한 불이다(히 10:27). 불은 그 연료가 되는 것만 태운다. 이와 마찬가지로 하나님의 진노도 죄로 인하여 스스로 멸망하기에 합당하게 된 자들에게만 임하는 것이다(고전 3:13; 사 27:4). 신약 성경에서도 동일한 논지를 우리가 경건함과 두려움으로 하나님을 섬겨야 할 이유로 강력히 제시하고 있다(히 12:28, 29). 그는 우리 하나님이시요 그를 신실하게 섬기는 자들에게는 즐거운 빛이시지만, 동시에 그를 가볍게 여기는 자들에게는 소멸하는 불이신 것이다. 셋째로, 그러면서도 그는 자비하신 하나님이시라는 것(31절). 이는 여기서 회개를 권장하는 역할을 한다. 그러나 동시에 순종을 격려하며 배교(背敎)를 방지할 만한 적절한 고려 사항이기도 하다. 여기서 말씀하듯이, 우리가 신실하게 섬기면 그는 절대로 우리를 버리지 않으시는데, 이러한 자비하신 하나님을 우리가 버린단 말인가? 우리가 더 나아지기 위해서 대체 어디로 간단 말인가? 하나님은 우리 조상들의 언약을 잊지 않으시는데, 우리가 그 하나님의 언약을 잊는단 말인가? 우리는 사랑의 끈으로써 우리의 의무를 고수하여야 할 것이요 또한 하나님의 자비하심에 압도되어 그를 붙들어야 할 것이다.

(2) 그는 그들이 이 하나님과 관계를 맺고 있으며, 그가 그들에게 권세가 있으시며 또한 그들이 그에게 행할 의무가 있음을 강변한다. 모세는 말하기를, "너희가 지키고 행하여야 할 명령들은 내 것이 아니요, 내가 만들어낸 것도, 나의 교훈도 아니다. 그것들은 무한하신 지혜로 베풀어지고 주권적인 권능으로 확인된 여호와의 명령들이다. 그는 너희 조상의 하나님 여호와이시다(1절). 너희 조상들이 그의 것이었고, 너희가 그의 집에서 났으니 기업으로 보아도 너희는 그의 것이로다. 그는 너희 하나님 여호와이시다(2절). 너희 자신이 동의하였음을 보아도 너희는 그의 것이로다. 그는 나의 하나님 여호와이시다(5절). 그러므로 내가 너희를 그의 대리자요 사신으로 대하노라." 그리고 모세는 그가 여호와께로부터 받은 모든 것을, 또한 오직 그 내용만을 그의 이름으로 그들에게 전하였다.

(3) 그는 신앙을 지키는 것이 지혜로운 일임을 강조한다. 이것이 여러 민족 앞에서 너희의 지혜요 너희의 지식이라(6절). 하나님의 명령들을 지킴으로써, [1] 그들 스스로 지혜롭게 처신할 것이다. 이것이 … 너희의 지혜요 너희의 지식이라. 그것은 올바른 이성에도 부합할 뿐 아니라 우리 자신의 관심사를 위해서도 매우 유익하다. 이것이야말로 하나님이 계시하신 가장 첫째가는 중요한 고대의

금언 중 하나다. 주를 경외함이 지혜니라(욥 28:28). [2] 그들이 이웃들의 기대에 부응하게 될 것이다. 이웃들이 율법의 명령들을 읽거나 듣고서, 이 율법의 다스림을 받는 백성들은 분명 지혜롭고 지식이 있는 자들이라고 결론짓게 될 것이다. 하나님의 계시를 통해서 인도받으며 또한 하나님의 말씀을 위탁받고 있는 자들에게서는 큰일들을 기대하는 것이 정상일 것이다. 그들은 다른 백성들보다 더 지혜롭고 더 나아야 하는데, 그들에게 주어진 규례에 따라 다스림을 받으면 그렇게 될 것이요, 그렇지 않으면 그들로 인한 치욕이 당장에는 그들이 믿는 종교에 가해지겠지만 결국에는 그들 자신에게까지 돌아와 영원토록 혼란에 빠질 것이다. 하나님의 빛과 율법의 혜택을 누리는 자들은 지혜와 존귀의 명성을 뒷받침할 수 있도록 스스로 잘 처신하여(전 10:1), 그로 말미암아 하나님이 영광을 받으시게 하여야 하는 것이다.

(4) 그는 그들이 복된 하나님과의 교제 덕분에 누려온 특별한 혜택들을 강력히 제시한다(7, 8절). 하나님과의 교제(이것이야말로 이 세상에서 우리가 누릴 수 있는 최고의 영예요 행복이다)는 말씀과 기도로써 유지되는데, 이 두 가지에 있어서 이스라엘은 천하의 어느 민족보다 행복한 자들이었다. [1] 그 어느 백성도 하나님께 말씀드리는 놀라운 특권을 누린 적이 없다(7절). 하나님은 그들이 그에게 부르짖는 모든 문제에서 그들에게 가까이 하셨고, 그들의 문제에 응답하시고 말씀으로 해결해 주셨으며, 구체적인 섭리로써 그들의 요구들을 들어주셨다. 양식이든, 물이든, 병 고침이든 그들이 하나님께 부르짖으며 요구할 때에, 그는 그들에게 가까이 하사 그들을 구원하시고 즉각적으로 문제를 해결해주셨고(시 46:1, 5), 귀를 열어 그들의 기도를 들으신 것이다. 관찰하라. 첫째로, 기회 있을 때마다 하나님께 아뢰며 모든 일에서 하나님께 부르짖는 것이야말로 하나님의 이스라엘의 모습이다. 그들은 하나님께 아뢰지 않고서는 아무것도 하지 않으며, 그에게 나아가는 것 외에는 아무것도 바라지 않는다. 둘째로, 하나님께 아뢰는 자들은 반드시 그가 응답하심을 얻는다. 하나님은 믿음의 기도에 대해 언제나 평안의 응답을 주시는 분이시다. 사 58:9을 보라. "마치 어린 아이가 유모를 부르듯이 네가 부르짖을 때에는 내가 여기 있다 내 사랑하는 아이가 무엇을 원하는가 하리라." 셋째로, 이것은 하나님의 이스라엘을 진정 위대하고 존귀하게 만들어주는 특권이다. 이것보다 한 백성 혹은 한 개인을 위엄 있게 만들어주는 것이 또 어디 있는가? 하나님과 함께 하는 왕자 이스라엘보다

더 찬란한 이름이 과연 있는가? 어느 민족이 그만한 존귀를 누리는가? 다른 민족들은 자기들의 큰 숫자나 넓은 영토와 오랜 역사를 자랑할 수도 있다. 그러나 이스라엘이 가진 하늘의 권리는 어느 민족도 자랑할 수가 없었다. 자기들 나름대로 신이 있으나, 이스라엘의 하나님처럼 그들에게 가까이 있는 것이 아니었다. 어려울 때에 아무런 도움을 줄 수가 없었던 것이다(왕상 18:27). [2] 그 어느 백성도 이스라엘처럼 그들 앞에 제시된 규례와 법도를 통하여 하나님께 말씀을 듣는 특권을 누린 적이 없다(8절). 이것 또한 다른 민족 위에 뛰어난 이스라엘의 위엄이었다. 이 율법과 같이 그 규례와 법도가 공의로운 큰 나라가 어디 있느냐? 관찰하라. 첫째로, 하나님의 율법의 모든 규례와 법도는 그 어떠한 민족의 규례와 법도보다 무한히 의롭고 공의롭다는 것. 하나님의 율법은 민족들의 법보다 훨씬 더 탁월한 것이다. 성경의 율법만큼 본성적인 평등과 그처럼 조화되며 바른 이성의 편견 없는 치리와 어울리며, 각 부분마다 그렇게 일관성 있으며, 인류의 복지와 이익에 기여하는 것이 없는 것이다. 둘째로, 이런 규례와 법도를 제시받았다는 것이야말로 참된 위대함이요, 그 어떤 민족 혹은 백성의 위대함을 뛰어넘는 것이다(시 147:19, 20). 우리에게 성경이 그 이름과 능력을 유지하고 있는 것은 과연 우리에게 존귀한 일이다. 그것은 하나님께서 한 백성에게 높은 호의를 베푸신다는 증거요, 또한 그들을 민족들 가운데 높이시는 수단이기도 하다. 율법을 높이 기리는 자들은 그것으로 인하여 높이 기림을 받을 것이다.

(5) 그는 하나님이 시내 산에서 이 율법을 주실 때에 영광스럽게 그들에게 나타나셨음을 강조한다. 그는 이 점을 매우 강조한다. 네가 호렙 산에서 네 하나님 여호와 앞에 섰던 날을 잊지 않도록 주의하라(10절). 그 당시 스무 살 미만이었지만 그 날을 기억하는 자들이 그들 중 일부 살아 있었다. 그리고 나머지는 그 당시 거기서 조상들이 율법을 받고 언약을 맺을 때에 그들의 허리에 있었다고 말할 수 있을 것이다. 그 조상들은 자기들만이 아니라 그 후손들을 위해서도 율법을 받고 언약을 맺은 것이다. 그러므로 하나님은 율법을 주실 때에 그 후손들도 염두에 두셨고, 그들이 그 내용을 자녀들에게 가르치도록 하신 것이다. 그들은 두 가지를 기억해야 했고, 절대로 잊어서는 안 되었다. [1] 그들이 시내 산에서 본 광경(11절). 그들은 불과 어둠이 이상스럽게 한데 뒤섞여 있는 광경을 보았는데, 정말 두렵고도 장엄하였다. 불과 어둠이 마치 거울처럼 서로

상승효과를 냈다. 어둠이 그 가운데 있는 불을 더욱 무시무시하게 만들었다. 밤의 불은 무시무시하기 그지없다. 그리고 그 불이 그 주변의 어둠을 더욱 처절하게 보이게 만든다. 불로도 어둠이 가시지 않는다면 그 어둠은 짙고 강한 어둠일 수밖에 없으니 말이다. 이 시내 산의 광경에 빗대어, 하나님이 그 백성들을 위하여, 또한 그들의 원수들을 대항하여, 불과 어둠 속에서 자신을 보이셨다고 말씀한다(시 18:8, 9). 모세는 백성들이 그 본 것을 절대로 잊지 않도록 그들이 본 것을 다시 말씀한다. 그의 큰 불을 네게 보이시고(36절). 번개가 번쩍하고 불이 한 번 하늘로부터 임하는 것만도 우리에게 굉장한 두려움을 자아낸다. 어떤 이들은 대부분의 피조물들이 번개에 대해 본성적으로 고개를 돌린다는 것을 관찰한 바 있다. 그렇다면, 하늘로부터 끊임없이 불이 임하는 것은 얼마나 끔찍하겠는가! 이는 주 예수께서 소멸하는 불 가운데 나타나실 그 심판의 날을 미리 보여주는 보증물이었다 할 것이다. 모세는 그들이 본 광경을 상기시켜주고 아울러 그들이 보지 못한 것을 말씀해 준다. 그들이 상상으로 아무렇게나 하나님에 대한 생각을 형성하고 산당들에 하나님의 형상들을 세우지 못하도록 그렇게 한 것이다. 우리가 하나님에 대해 보는 것으로도 그가 무한한 능력과 완전의 존재이심을 믿을 충족한 근거가 우리에게 주어지는 것이다. 그러나 그가 우리와 같은 몸을 지니고 계시다는 식의 의심을 가져다 줄 만한 요인은 하나도 없는 것이다. [2] 그들이 시내 산에서 들은 말씀. "여호와께서 불길 중에서 너희가 알아들을 수 있는 음성으로, 너희의 언어로, 너희에게 말씀하시되 너희가 들었느니라"(12절). 그는 이 사실을 설교 말미에 다시 확대하여 말씀한다(32, 33, 36절). 첫째로, 그들은 하늘로부터 울려 퍼지는 하나님의 음성을 들었다. 하나님은 창조의 일에서 온 세상에게 자신을 나타내시며, 말도 언어도 없으나 그 음성이 들린다(시 19:1-3). 그러나 이스라엘에게는 말과 언어로써 자신을 알리셨다. 스스로 낮추사 유아적 상태에 있는 교회의 연약함에 맞추신 것이다. 주의 길을 준비하라는 광야에서 외치는 자의 소리가 여기에 있었던 것이다. 둘째로, 그들은 불길 중에서 그 음성을 들었다. 이는 하나님 자신이 그들에게 말씀하신 것임을 보여주는 것이었다. 타오르는 불길 중에 거할 자가 하나님 외에 누가 있겠는가? 하나님은 욥에게는 무서운 회오리바람 속에서 말씀하셨으나, 이스라엘에게는 그보다 더 무시무시하게 불길 속에서 말씀하셨다. 우리에게는 그런 방식으로 말씀하시지 않고, 그 위엄으로 우리를 두렵게 하지 못하는(욥 33:6, 7) 우리들과 똑같은 사람들을 통해서 말씀하신다는 것에 대해 감사해야 마땅할 것이다. 셋째로, 그들이 그 음성을 들었으나 여전히 살아 남았다(33절). 불길이 그들을 삼키지 않았다는 것이나, 모세도 떨었는데 그들이 두려움에 싸여 죽지 않았다는 것은 놀라운 자비의 역사였다. 넷째로, 그 어떤 백성도 그처럼 들은 적이 없다. 그는 그들에게 과거의 역사나 먼 곳들을 탐문해보면, 하나님께서 이스라엘에게 베푸시는 이 자비로운 역사가 유례가 없는 일임을 알게 될 것이라고 한다(32절). 이처럼 특별한 존귀가 그들에게 행해졌으니 그들로서도 특별하게 순종해야 하는 것이었다. 하나님께서 그렇게 더 많은 것을 행하셨으니, 그들은 다른 백성들보다 하나님께 더 많은 것을 행하는 것이 정당한 것이다.

(6) 그는 하나님이 그들에게 은혜로이 나타나사 그들을 애굽에서 구원하셨음을 강조한다. 그들이 불 속에서 고통을 당하고 있을 때 하나님이 그들을 그 쇠 풀무에서 건져내사 백성을 이루게 하셨고, 그들을 자기 기업의 백성으로 삼으셨는데(20절), 그는 이를 거듭 언급하고 있다(34, 37, 38절). 하나님께서는 어느 백성을 위해서도 그런 일을 행하신 적이 없었다. 이 민족이 생겨난 것은 다른 모든 민족들의 경우와는 전연 달랐다. [1] 그들은 그렇게 해서 위엄 있게 되었고 구별되었다. 그러나 그들에게 무언가 자격이 있어서 그렇게 된 것이 아니고, 하나님께서 그들의 조상들을 위하여 자비를 베푸신 때문이었다. 하나님이 그들을 택하신 것이다. 값없는 은혜의 이유들을 보라. 우리가 사랑받는 것은 우리 자신 때문이 아니라, 언약을 끝까지 지키시는 위대하신 하나님 자신으로 말미암음인 것이다. [2] 그들은 표적과 기사로 애굽에서 구원받아 나왔고, 이는 그들에게는 자비요 또한 애굽인들에게는 심판이었다. 하나님께서 팔을 뻗으사 그들을 대적하신 것이다. 모세는 재앙을 불러일으킬 때에 손을 뻗음으로써 이를 나타내었다. [3] 그들은 가나안에서 복되게 정착하도록 되어 있었다(38절). 민족들이 그들의 앞에서 내어쫓겼으니, 이는 그들이 들어갈 곳을 마련해주고 또한 그들이 다른 어떠한 민족들보다 더 하나님께서 소중히 여기신다는 것을 보여주기 위함이었다. 애굽인들과 가나안인들 모두 이스라엘의 존귀와 유익을 위하여 희생되어야 했던 것이다. 이스라엘의 빛과 이스라엘의 길을 가로막는 자들은 그로 인하여 멸망을 당할 것이다.

(7) 그는 하나님이 때때로 그들의 죄로 인하여 그들을 쳐서 의를 드러내셨

음을 강조한다. 특히 브올의 일을 구체적으로 언급한다(3, 4절). 이 일은 아주 최근에 일어난 일이었다. 바로 얼마 전에 바알브올에 스스로 가담한 자들이 갑자기 멸망하였고 여호와를 붙든 자들은 보존 받는 것을 눈으로 똑똑히 본 바 있었고, 이 일을 통해서 그들은 하나님께로부터 배도하는 것이 얼마나 위험하며 또한 그를 따르는 것이 얼마나 유익한지를 쉽게 알 수 있었다. 그는 또한 하나님께서 자신에게 진노하시는 일을 다시 주목한다. 여호와께서 너희로 말미암아 내게 진노하사(21, 22절). 그가 이것을 언급하는 것은 그들의 순전함을, 곧 그들의 신실한 친구요 지도자인 그에 대해 가졌던 큰 편견으로 인하여 그들이 정말 괴로워하는지를, 시험하기 위함이다. 다른 사람들이 우리를 위해 고난을 당하면 우리 자신이 고난을 당하는 것보다 훨씬 더 괴로워해야 마땅하다.

(8) 그는 순종의 유익한 점을 강조한다. 그는 이 논지로 말씀을 시작하며 이 논지로 말씀을 끝맺음한다. 그리하면 너희가 살 것이요 … 땅에 들어가서 그것을 얻게 되리라(1절), 너와 네 후손이 복을 받아 네 하나님 여호와께서 네게 주시는 땅에서 한 없이 오래 살리라(40절). 모세는 그들의 번영이 그들의 선한 행실과 경건에 달려 있음을 상기시킨다. 그들이 하나님의 계명들을 지키면, 하나님이 그의 약속들을 반드시 시행하실 것이었다.

(9) 그는 하나님을 떠나 배도할 때에 생겨날 치명적인 결과를 강조한다. 곧, 반드시 그 민족이 멸망하게 될 것임을 경고하는 것이다. 그는 이를 상세히 다룬다(25-31절). [1] 그는 그들이 하나님을 반역하고 우상들에게로 돌아갈 것을 예견한다. 세월이 흘러 그들이 그 땅에 오래 남아 있고 그 땅에 정착하여 있을 때에 스스로 부패하여 무슨 형상의 우상이든지 조각하여 네 하나님 여호와 앞에 악을 행함으로 그의 노를 일으키리라는 것이다(25절). [2] 그는 이로 인하여 하나님이 그들을 심판하실 것을 예언한다. 너희가 거기서 … 전멸될 것이니라(26절). 여호와께서 너희를 여러 민족 중에 흩으실 것이요(27절). 그리고 그들의 죄가 그들의 형벌이 될 것이다. "너희는 거기서 사람의 손으로 만든 바 … 목석의 신들을 섬기리라(28절). 너희가 원하든 원치 않든 너희 자신의 어리석음과 아둔함으로 인하여 그것들을 섬기지 않을 수 없을 것이며, 너희가 사로잡힐 때에 그것들 외에는 더 나은 구원의 방도를 찾지 못할 것이라." 번영할 때에 신앙의 의무들을 저버리는 자들은 환난이 올 때에 거기서 위로를 얻기를 기대할 수 없는 것이다. 그들이 섬기던 신들에게 구하라고 하는 것이 정당할 것이다(삿 10:14).

[3] 그러나 그는 하나님이 훗날 그들을 위하여 자비를 베푸시며 그들을 징계하사 회개하게 하시며 그리하여 다시금 그 자신과의 언약에로 들이시리라는 소망을 가지라고 격려한다(29-31절). 여기서 관찰하라. 첫째로, 우리가 어느 곳에 있든지, 비록 우리의 땅이나 하나님의 거룩한 성전에서 멀리 떨어져 있다 할지라도 거기서 우리 하나님 여호와를 구하게 되리라는 것이다. 이 땅 어디에도 하늘과의 거리가 고정되어 있어서 그리로 나아갈 수 없는 곳은 없는 것이다. 둘째로, 하나님을 전심으로 구하고 찾는 자, 즉 그에게 전적으로 헌신하며 그의 자비를 진정으로 구하며, 그것을 얻기 위해 진력하는 자들만이 그를 찾고 위로를 얻게 될 것이라는 것이다. 셋째로, 우리로 하여금 하나님께 구하고 그를 바라보도록 각성시키기 위하여 우리에게 환난거리들이 보내지며 또한 하나님의 은혜가 역사하여 많은 이들이 올바른 마음을 갖게 되리라는 것이다. "이 일들이 네게 일어날 때에 너는 네 하나님 여호와께로 돌아올 것을 바랄지니, 그 일어난 일들이 그에게서부터 온 것임을 네가 보리라"(단 9:11, 12을 보라). 넷째로, 우리가 환난으로 인하여 다시 그에게로 나아가도 하나님이 그의 언약을 신실히 지키는 분이시니 그가 우리를 거부하지 않으시리라는 소망을 갖게 된다는 것이다. 우리가 결국 그 언약을 기억하게 된다면, 하나님 역시 그것을 잊지 않으셨다는 것을 알게 될 것이다.

이제 이 모든 논지들을 모두 종합하면, 과연 신앙을 추구하여야 할 마땅한 이유가 있다는 것을 보게 될 것이다. 사람의 깨달음을 먼저 포기해 버린 자 외에는 아무도 그들의 하나님의 다스림을 벗어던지지 않는 것이다.

[41]그 때에 모세가 요단 이쪽 해 돋는 쪽에서 세 성읍을 구별하였으니 [42]이는 과거에 원한이 없이 부지중에 살인한 자가 그 곳으로 도피하게 하기 위함이며 그 중 한 성읍으로 도피한 자가 그의 생명을 보전하게 하기 위함이라 [43]하나는 광야 평원에 있는 베셀이라 르우벤 지파를 위한 것이요 하나는 길르앗 라못이라 갓 지파를 위한 것이요 하나는 바산 골란이라 므낫세 지파를 위한 것이었더라 [44]모세가 이스라엘 자손에게 선포한 율법은 이러하니라 [45]이스라엘 자손이 애굽에서 나온 후에 모세가 증언과 규례와 법도를 선포하였으니 [46]요단 동쪽 벳브올 맞은편 골짜기에서 그리하였더라 이 땅은 헤스본에 사는 아모리 족속의 왕 시혼에게 속하였더니 모세와 이스라엘 자손이 애굽에서 나온 후에 그를 쳐서 멸하고 [47]그 땅을 기업으로 얻었고 또

바산 왕 옥의 땅을 얻었으니 그 두 사람은 아모리 족속의 왕으로서 요단 이쪽 해 돋는 쪽에 살았으며 ⁴⁸그 얻은 땅은 아르논 골짜기 가장자리의 아로엘에서부터 시온 산 곧 헤르몬 산까지요 ⁴⁹요단 이쪽 곧 그 동쪽 온 아라바나 비스가 기슭 아래 아라바의 바다까지이니라

    여기서, 1. 이스라엘이 현재 진치고 있는 요단 강 동쪽에서 도피성들을 구별하여 지명하는 일을 보게 된다. 세 성읍들이 이를 위해 지명되었는데, 하나는 르우벤의 몫이요 하나는 갓의 몫이요 나머지 하나는 므낫세 반 지파의 몫이었다(41-43절). 모세는 자신이 백성과 함께 있는 동안 할 수 있는 일을 행한 것은, 후에 그 자신이 떠나 그 땅에 정착하였을 때에 통치자들이 더 잘 지키고 따르도록 모범을 보여주고자 함이었다.

  2. 모세가 이스라엘에게 행한 또 한 차례의 설교가 다음 장에 기록되어 있는데, 그 서론을 여기서 보게 된다. 이 설교는 아마도 그 다음 안식일에 회중이 교훈을 받기 위해 모였을 때에 행한 것이었을 것이다. 앞 장에서는 순종하라는 일반적인 권면을 주었었는데, 여기서는 그들이 준수해야 할 율법을 되풀이하여 제시한다. 그저 암암리의 순종이 아니라 보편적인 순종을 요구하는 것이다. 우리가 우리의 의무를 모른다면 그것을 어떻게 행할 수 있겠는가? 그리하여 그는 여기서 율법을 그들이 준수하여야 할 법칙으로, 그들이 행하는 길로 그들 앞에 제시한다. 그들의 본연의 모습을 보는 거울로 그들 앞에 제시하여, 이 완전한 자유의 법을 들여다봄으로써 그들이 그 가운데서 계속 행하게 하고자 함이다. 이것들은 전에 처음 이스라엘이 애굽에서 나올 때에 제정된 증언과 규례와 법도들로서 도덕법과 의식법과 시민법을 포괄하는 것인데, 이것들이 이제 요단 동쪽에서 다시 선포되는 것이다(44-46절). 모세가 이 율법들을 그들에게 제시하고 권면한 장소가 구체적으로 묘사되고 있다. (1) 그 곳은 벳브올 맞은 편 골짜기였다. 벳브올은 모압인들의 우상 제단이 있는 곳인데 모세는 한동안 그 곳을 바라보았을 것이며, 그 곳은 물론 그와 비슷한 다른 위험한 장소들에게서 오염되지 않도록 그들을 경계하고자 하였을 것이다. (2) 시혼과 옥의 손에서 그 땅을 새로이 정복하여 지금은 실제로 그 땅을 소유한 상태에서 이 설교를 행한 것이다(47절). 그들의 현재의 승리야말로 순종이 필수적임을 입증해 주는 강력한 논지였던 것이다.

제 5 장

개요

　본 장에서 우리는 십계명의 두 번째 판을 대하게 된다. I. 십계명의 전반적인 의도. 그것은 하나님과 이스라엘 사이의 언약의 성격을 지녔다(1-5절). II. 구체적인 법도들이 되풀이하여 제시되며(6-21절), 말씀과 기록을 통해(22절) 이중적으로 전달됨. III. 모세의 중보 사역을 통하여 하나님과 이스라엘 사이에 의사소통이 정착됨. 1. 그렇게 되도록 이스라엘이 겸손히 청원하였다(23-27절). 2. 그렇게 되도록 하나님께서 은혜로이 허락하셨다(28-31절). 그러므로 모세는 그들이 순종할 책무를 지고 있음을 말씀한다(32, 33절).

¹모세가 온 이스라엘을 불러 그들에게 이르되 이스라엘아 오늘 내가 너희의 귀에 말하는 규례와 법도를 듣고 그것을 배우며 지켜 행하라 ²우리 하나님 여호와께서 호렙 산에서 우리와 언약을 세우셨나니 ³이 언약은 여호와께서 우리 조상들과 세우신 것이 아니요 오늘 여기 살아 있는 우리 곧 우리와 세우신 것이라 ⁴여호와께서 산 위 불 가운데에서 너희와 대면하여 말씀하시매 ⁵그 때에 너희가 불을 두려워하여 산에 오르지 못하므로 내가 여호와와 너희 중간에 서서 여호와의 말씀을 너희에게 전하였노라 여호와께서 이르시되

　여기서,

　1. 모세가 집회를 소집한다. 그는 온 이스라엘을 불렀다. 장로들만이 아니라 모일 수 있는 백성들을 가능한 대로 다 모아서 듣게 하였을 것이다(1절). 그들 중 아무리 큰 자라도 하나님의 명령보다 위에 있지 않았고, 아무리 비천한 자도 하나님이 알지 못하는 자는 없었다. 그러므로 모두가 나와서 들어야 했다.

　2. 그는 주의를 기울일 것을 요구한다: "이스라엘아 듣고 지켜 행하라. 듣고 새기며, 듣고 기억하며, 들어서 배우고 지키고 행하라. 그렇지 않으면 들어도 아무 소용이 없으리라." 하나님의 말씀을 들으면 자신을 가다듬어 그것을 배

위서 어떤 일들이 일어날 때라도 그것이 곧바로 사용되도록 해야 하며, 또한 배운 것은 실천으로 옮겨야 한다. 그것이 듣고 배우는 목적이기 때문이다. 머릿속을 갖가지 개념들로 가득 채우거나 입을 말로 채우는 것이 아니라, 우리의 정서와 행실들을 올바르게 이끌도록 하는 것이 목적인 것이다.

3. 그는 호렙에서 그들과 맺은 언약을 그들 자신을 다스릴 기준으로 언급한다. 명령을 언약으로 바꾸시는 데에서 하나님이 놀랍게 은혜를 베푸사 자신을 낮추시는 것을 보라. 하나님은 우리로 하여금 더 강하게 순종에 매이도록 하시고자 우리 스스로 동의하게 하시며, 또한 하나님의 약속들을 통해서 더욱 격려를 받게 하신다. 언약에는 우리 자신의 동의와 하나님의 약속이 함께 결부되는 것이다. 제2 계명, 제3 계명, 제5 계명에 약속과 경고가 덧붙여져 있어서 십계명을 하나의 언약으로 제시하고 있다 할 것이다. 관찰하라.

(1) 이 언약의 당사자들. 하나님은 우리의 조상들과 언약을 맺으신 것이 아니다. 아브라함과 이삭과 야곱과 맺으신 것이 아니다. 그들에게는 하나님이 할례의 언약을 주셨으나(행 7:8) 십계명의 언약은 주지 않으셨다. 하나님의 계시의 빛이 점차 밝히 비쳤으므로 이스라엘 자손들은 그 조상들보다 하나님의 뜻을 더 많이 알게 되었다. "그 언약은 우리와 맺은 것이요, 혹은 우리를 대신하는 우리의 부모들과 맺어져 시내 산에서 우리에게 전해진 것이다."

(2) 이 언약의 반포. 하나님 자신이 반포하셨다. 말하자면 그가 직접 그 언약의 조목들을 그들에게 읽어주셨다. 여호와께서 … 너희와 대면하여 말씀하시매(4절). 옛날 그가 족장들에게 말씀하신 것처럼 어두컴컴한 환상 속에서가 아니라(욥 4:12, 13), 공개적이고도 분명한 방식으로 말씀하셨고, 그리하여 온 이스라엘 전체가 듣고 깨닫도록 하셨다. 그가 그들에게 말씀하셨고, 그 다음 그들이 돌려드리는 답변을 받으셨다. 이렇게 해서 언약이 서로 직접 대면하여 맺어진 것이다.

(3) 언약의 중보자. 처음 언약을 세울 때에나(출 19장) 다시 그 내용을 비준할 때에나(출 24장) 모세가 그 산 아래에서 하나님과 그들의 중간에 서서(5절) 양쪽에 메시지를 전하였다. 여기서 모세는 그리스도의 모형이었다. 그리스도는 하나님과 사람 사이에 서셔서 주의 말씀을 우리에게 보여주시는 중보자시다. 그가 그의 손을 우리에게 두사 우리로 하여금 아무런 두려움과 떨림 없이 하나님께로부터 들을 수 있게 하시고, 또한 그에게 말씀드릴 수 있도록 하

시는 것이다.

[6]나는 너를 애굽 땅, 종 되었던 집에서 인도하여 낸 네 하나님 여호와라 [7]나 외에는 다른 신들을 네게 두지 말지니라 [8]너는 자기를 위하여 새긴 우상을 만들지 말고 위로 하늘에 있는 것이나 아래로 땅에 있는 것이나 땅밑 물 속에 있는 것의 어떤 형상도 만들지 말며 [9]그것들에게 절하지 말며 그것들을 섬기지 말라 나 네 하나님 여호와는 질투하는 하나님인즉 나를 미워하는 자의 죄를 갚되 아버지로부터 아들에게로 삼사 대까지 이르게 하거니와 [10]나를 사랑하고 내 계명을 지키는 자에게는 천 대까지 은혜를 베푸느니라 [11]너는 네 하나님 여호와의 이름을 망령되이 일컫지 말라 나 여호와는 내 이름을 망령되이 일컫는 자를 죄 없는 줄로 인정하지 아니하리라 [12]네 하나님 여호와가 네게 명령한 대로 안식일을 지켜 거룩하게 하라 [13]엿새 동안은 힘써 네 모든 일을 행할 것이나 [14]일곱째 날은 네 하나님 여호와 안식일인즉 너나 네 아들이나 네 딸이나 네 남종이나 네 여종이나 네 소나 네 나귀나 네 모든 가축이나 네 문 안에 유하는 객이라도 아무 일도 하지 못하게 하고 네 남종이나 네 여종에게 너 같이 안식하게 할지니라 [15]너는 기억하라 네가 애굽 땅에서 종이 되었더니 네 하나님 여호와가 강한 손과 편 팔로 거기서 너를 인도하여 내었나니 그러므로 네 하나님 여호와가 네게 명령하여 안식일을 지키라 하느니라 [16]너는 네 하나님 여호와께서 명령한 대로 네 부모를 공경하라 그리하면 네 하나님 여호와가 네게 준 땅에서 네 생명이 길고 복을 누리리라 [17]살인하지 말지니라 [18]간음하지 말지니라 [19]도둑질 하지 말지니라 [20]네 이웃에 대하여 거짓 증거하지 말지니라 [21]네 이웃의 아내를 탐내지 말지니라 네 이웃의 집이나 그의 밭이나 그의 남종이나 그의 여종이나 그의 소나 그의 나귀나 네 이웃의 모든 소유를 탐내지 말지니라 [22]여호와께서 이 모든 말씀을 산 위 불 가운데, 구름 가운데, 흑암 가운데에서 큰 음성으로 너희 총회에 이르신 후에 더 말씀하지 아니하시고 그것을 두 돌판에 써서 내게 주셨느니라

여기서 십계명이 되풀이 되는데, 다음을 관찰하라.
1. 전에 십계명을 말씀했었고 기록했었으나 다시 되풀이한다. 명령 하나하나마다 한 줄 한 줄마다 아무리 작은 내용이라도 하나님의 말씀을 우리 마음 속에 새기고 보존하며 그것에 대한 우리의 감동을 새롭게 하기에 충분한 것이

다. 동일한 내용을 자주 우리에게 가르쳐야 할 필요가 있는 것이다(빌 3:1을 보라).

2. 본래의 기록(출 20장)과 약간의 차이가 여기에 나타난다. 주님 가르치신 기도도 마 6장의 것과 눅 11장의 것이 서로 약간 차이가 있다. 이 두 기록에서 우리는 단어 하나하나보다는 그 말씀하는 실질적인 내용을 중요시하는 것이 더 필요하다.

3. 가장 괄목할 만한 변화는 제4 계명에서 나타난다. 출 20장에서는 이 계명이 세상의 창조에 근거하는데 반해서, 여기서는 그들을 애굽에서 구원한 사실에 근거한다. 그 일은 예수 그리스도로 말미암은 우리의 구속을 모형으로 보여 주는 것이요, 그들은 이를 기념하여 그리스도인의 안식일을 지켜야 했다. 너는 기억하라 네가 애굽 땅에서 종이 되었더니 네 하나님 여호와가 강한 손과 편 팔로 거기서 너를 인도하여 내었나니(15절). 그러므로, (1) "안식일에 쉬게 하여 네 종들에게 은혜를 베푸는 것이 합당하니라. 종의 심정이 어떠한지, 엿새 동안 수고한 후에 하루를 편히 쉬는 것이 얼마나 반가운 일인지 너도 잘 알 것이니라." (2) "하나님이 너를 위해 행하신 큰일들을 생각하여, 안식일에 합당한 일을 하고 또한 그 날에 종교적인 예배를 드림으로써 네 하나님을 존귀하게 하는 것이 합당하니라." 그리스도의 부활에서 우리는 강한 손과 편 팔로 하나님의 자녀의 영광된 자유 속으로 인도함 받았다. 그러므로 복음판 율법(the gospel-edition of the law)으로 말미암아 우리는 권능과 은혜의 그 영광된 역사를 기념하여 한 주의 첫째 날을 지키도록 지도 받는 것이다.

4. 제5 계명에 네 생명이 길고 복을 누리리라라는 문구가 덧붙여진다. 그리고 사도는 이 덧붙여진 것을 인용한다(엡 6:3). 부모를 극진히 공경한 자들 중에 땅에서 오래 살지 못한 사람들의 경우는 다음과 같은 해명을 통해서 조화시킬 수 있을 것이다. 곧, 그들이 오래 살든 오래 살지 못하든 간에 이 세상에서나 혹은 더 나은 세상에서 그들이 잘되고 복을 누리리라는 것이다(전 8:12을 보라).

5. 출애굽기의 기록과는 달리 뒤의 다섯 계명들이 함께 묶여져 있다. 살인하지 말지니라, 간음하지 말지니라, 도둑질 하지 말지니라, 등등. 이는 하나님의 계명들이 모두 하나에 속한다는 것을 시사해 준다. 한 가지 계명을 지킬 것을 명령하시는 분의 권위가 다른 계명들도 지키도록 요구하는 것이다. 그러므로 우리

는 율법을 부분적으로 지켜서는 안 되고 하나님의 계명 모두를 존중해야 한다. 누구든지 온 율법을 지키다가 그 하나를 범하면 모두 범한 자가 되기 때문이다(약 2:10, 11).

6. 이 계명들은 극히 처절한 엄숙함으로 주어졌다(22절). (1) 하나님께서는 이를 불 가운데, 구름 가운데, 흑암 가운데에서 큰 음성으로 말씀하셨다. 그것은 두려움의 경륜으로서 은혜의 복음을 더욱 반가운 것으로 만들기 위해, 또한 심판 날의 두려움과 공포를 미리 보여주는 하나의 표본이 되게 하기 위해 마련된 것이다(시 50:3, 4). (2) 그는 더 말씀하지 아니하셨다. 다른 율법들은 모세를 통하여 그들에게 보내졌으나, 십계명에 대해서는 더 이상은 다른 말씀이 없었다. 그가 더 말씀하지 아니하셨으니 우리도 덧붙여서는 안 된다. 여호와의 율법은 완전한 것이다. (3) 그는 그것을 두 돌판에 써서 … 주셔서, 그것들이 부패되지 않고 보존되도록 하셨고, 또한 그 전체가 순전하게 후손들에게 전수되도록 하셨다. 십계명은 그들에게만이 아니라 후손들을 위한 것이기 때문이었다. 이것들이 언약의 핵심들이었으므로, 그 기록된 돌판을 담아둔 궤를 가리켜 언약궤라 불렀다(계 11:19을 보라).

[23]산이 불에 타며 캄캄한 가운데에서 나오는 그 소리를 너희가 듣고 너희 지파의 수령과 장로들이 내게 나아와 [24]말하되 우리 하나님 여호와께서 그의 영광과 위엄을 우리에게 보이시매 불 가운데에서 나오는 음성을 우리가 들었고 하나님이 사람과 말씀하시되 그 사람이 생존하는 것을 오늘 우리가 보았나이다 [25]이제 우리가 죽을 까닭이 무엇이니이까 이 큰 불이 우리를 삼킬 것이요 만일 우리가 우리 하나님 여호와의 음성을 다시 들으면 죽을 것이라 [26]육신을 가진 자로서 우리처럼 살아 계시는 하나님의 음성이 불 가운데에서 발함을 듣고 생존한 자가 누구니이까 [27]당신은 가까이 나아가서 우리 하나님 여호와께서 하시는 말씀을 다 듣고 우리 하나님 여호와께서 당신에게 이르시는 것을 다 우리에게 전하소서 우리가 듣고 행하겠나이다 하였느니라 [28]여호와께서 너희가 내게 말할 때에 너희가 말하는 소리를 들으신지라 여호와께서 내게 이르시되 이 백성이 네게 말하는 그 말소리를 내가 들은즉 그 말이 다 옳도다 [29]다만 그들이 항상 이같은 마음을 품어 나를 경외하며 내 모든 명령을 지켜서 그들과 그 자손이 영원히 복 받기를 원하노라 [30]가서 그들에게 각기 장막으로 돌아가라 이르고 [31]너는 여기 내 곁에 서 있으라 내가 모든 명령과 규례와

법도를 네게 이르리니 너는 그것을 그들에게 가르쳐서 내가 그들에게 기업으로 주는 땅에서 그들에게 이것을 행하게 하라 하셨나니 ³²그런즉 너희 하나님 여호와께서 너희에게 명령하신 대로 너희는 삼가 행하여 좌로나 우로나 치우치지 말고 ³³너희 하나님 여호와께서 너희에게 명령하신 모든 도를 행하라 그리하면 너희가 살 것이요 복이 너희에게 있을 것이며 너희가 차지한 땅에서 너희의 날이 길리라

여기서 십계명이 다시 되풀이하여 제시된다. 관찰하라.

I. 모세는 그들에게 지금 다루는 그 내용에 대해 양자가 합의한 사실을 상기시킨다. 모세의 중보 사역에서 다음을 보라.

1. 율법이 극한 두려움과 공포 속에서 주어졌으므로 백성들이 크게 놀라워함. 그들은 더 이상은 그것을 견디지 못하겠다고 생각했다. "이 큰 불이 우리를 삼킬 것이요, 이 무서운 음성 때문에 우리가 치명적인 해를 받으리라. 이를 더 이상 듣다가는 모두 죽고 말 것이로다"(25절). 그들은 자기들이 벌써 죽었어야 하는데 그렇지 않은 것을 놀라워하였고, 자기들이 그 음성을 듣고서 그것을 견딜 수 있었다는 것을 하나님의 권능과 선하심이 놀랍게 드러난 증거로 여겼다. 우리처럼 살아 계시는 하나님의 음성이 불 가운데에서 발함을 듣고 생존한 자가 누구니이까? 인간의 타락 이후 하나님의 나타나심은 사람들에게 언제나 끔찍했다. 그러나 그리스도께서 죄를 지신 후 은혜의 보좌 앞에 담대히 나아가도록 우리를 초청하시는 것이다.

2. 백성들이 하나님께 이제부터는 모세를 통해서 말씀해 주시기를 진지하게 요청하면서, 모세의 말씀을 하나님 자신의 말씀으로 듣고 그대로 행하겠다고 약속함(27절). 여기서 다음과 같은 점들이 나타나는 것 같다. (1) 그들은 하나님께로부터 계속 명령들을 받을 것을 기대했고 또한 그에게서 더 많은 말씀을 듣기를 기꺼이 원하였다는 것. (2) 자기들은 죄악으로 인하여 도저히 견딜 수 없지만 모세는 하나님의 영광이 드러나는 것을 견딜 수 있다고 생각하였다는 것. 그들은 그가 하늘의 은총을 입은 자요 또한 그들에게서 신실히 대하는 자임을 믿었다. 그러나 다른 때는 그에 대해 원망하였고, 불과 바로 전에도 그를 돌로 칠 자세이기도 했다(출 17:4). 사람이 어떤 확신을 가졌느냐에 따라서 그들의 격정이 교정되는 것을 보라. (3) 들은 바 말씀에 대한 강한 확신을 갖고서 이제 그들이 선한 생각을 갖게 되었다는 것. 율법으로 인하여 많은 사람들

의 양심이 각성되지만 율법은 사람들을 정결하게 하지 못한다. 그들이 상당히 선한 약속들을 내어놓지만 그들 속에 선한 원리가 고정되고 뿌리를 박지 못한 상태인 것이다.

3. 하나님이 그들의 요청을 승인하심.

(1) 그는 그들의 말을 칭찬하신다(28절). 그들은 모세에게 말했으나, 하나님이 이를 아셨다. 우리 혀로 하는 말 중에 그가 모르시는 것은 하나도 없다. 그 말이 다 옳도다. 그들과 하나님 사이를 중재하는 중보자가 반드시 필요하다는 그들의 생각이 옳았다. 모세를 통해서 하나님께 계속 지시를 받기를 바라는 것이나 그들에게 주어지는 지시들을 그대로 준수하겠다고 약속하는 것도 옳았다. 그리고 옳은 말은 하나님께서 칭찬하실 것이니, 우리 또한 칭찬해야 할 것이다. 선한 것은, 어디까지나 선한 것으로 칭찬해 마땅한 것이다.

(2) 그는 그들이 신실하게 그 약속을 지키기를 바라신다. 그들이 항상 이같은 마음을 품어 ⋯ 복 받기를 원하노라(29절). [1] 그들이 가져야 할 마음, 곧 하나님을 경외하며 그의 명령들을 영원토록 지키는 마음이다. 주목하라. 하늘의 하나님은 가련한 죄인들의 복지와 구원을 진실로 진정으로 바라신다. 그는 그가 그러시다는 풍성한 증거를 주신 바 있다. 그는 우리에게 회개할 시간과 공간을 주시며, 회개에 이르도록 긍휼하심으로 우리를 초청하시며, 은혜를 베푸시고자 기다리신다. 그는 우리를 속량하시고자 그의 아들을 보내셨고, 죄 용서와 생명을 주실 것을 공포하셨고, 구하는 자들에게 그의 성령을 주실 것을 약속하셨으며, 죄인들의 멸망을 전혀 기뻐하지 않으신다고 말씀하시고 맹세하셨다. [2] 그들이 현재 가진, 혹은 가졌다고 생각하고픈 마음이다. 주목하라. 때때로 죄를 깨달았을 때나 섭리의 책망을 깨달았을 때 혹은 얼굴에 어둔 그림자가 있을 때처럼 항상 그런 마음이 있다면 좋을 것이다. 이런 괴로움이 닥칠 때 그들이 얼마나 자비로워지는지 모른다! 그런 자비로운 마음이 언제나 있다면 얼마나 좋겠는가!

(3) 그는 모세를 사자로 지명하여 그의 입에서 나오는 율법을 받아 그들에게 전달하게 하신다(31절). 여기서 하나님이 앞으로 우리와 같은 사람들을 통해서, 모세와 선지자들을 통해서, 사도들과 전도자들을 통해서 말씀하시는 것을 양측이 모두 동의하여 확정된다. 이것을 믿지 않는다면, 하나님이 과거에 시내 산에서 이스라엘에게 말씀하시던 식으로 말씀하셔도, 혹은 하늘이나 지

옥으로부터 메시지를 보내셔도, 받아들이지 않을 것이다.

Ⅱ. 그리하여 그는 하나님이 그들에게 명령하신 모든 것을 지키고 행하라고 권고한다(32, 33절).　하나님이 그들에게 그렇게 자비로 자신을 보이셨고, 또한 그렇게 그들의 연약함을 기꺼이 돌아보시고 그들이 바라는 것들을 들어주시고 그들을 최고로 만드실 준비를 갖추고 계시므로 — 모세가 그들의 교사가 되기를 그들 스스로 바랐었는데 지금 그가 그들을 가르치고 있으므로 — 또한 그들이 그렇게 엄숙하게 약속했었고, 또한 그렇게 많은 선한 뜻과 생각에 영향을 받아서 그들 스스로 듣고 행하리라는 마음을 갖고 있으므로, 모세는 그들에게 너희 하나님 여호와께서 너희에게 명령하신 대로 삼가 행하라고 하며, 그렇게 하면 그들에게 크게 이로울 것이라고 확신시킨다. 행복해지는 유일한 길은 거룩하게 되는 것이다. 의인들에게 말하라. 그들이 잘 될 것이다.

제
— 6 —
장

개요

이 장에서 모세는 계속해서 이스라엘에게 권고하면서, 가나안에서도 계속해서 신앙을 유지하라고 말씀한다. 이는 4장의 내용과 흡사하다. I. 서두는 순종하라는 설득이다(1-3절). II. 순종의 큰 원칙들을 제시한다. 믿어야 할 첫째가는 진리는 하나님이 한 분이시라는 것이요(4절), 행하여야 할 첫째가는 의무는 우리 마음을 다하여 그를 사랑하는 것이다(5절). III. 신앙을 유지하는 수단들을 제시한다(6-9절). IV. 그들의 신앙을 망칠 소지가 있는 것들에 대해 경계하며 — 풍요를 남용하는 것(10-12절), 우상 숭배에 끌리는 것(14, 15절) — 그들에게 전반적으로 권고한다(13, 16-18절). V. 그들의 자녀들에게 가르치고 교훈할 내용에 대해 지침을 제시한다(20-25절).

¹이는 곧 너희의 하나님 여호와께서 너희에게 가르치라고 명하신 명령과 규례와 법도라 너희가 건너가서 차지할 땅에서 행할 것이니 ²곧 너와 네 아들과 네 손자들이 평생에 네 하나님 여호와를 경외하며 내가 너희에게 명한 그 모든 규례와 명령을 지키게 하기 위한 것이며 또 네 날을 장구하게 하기 위한 것이라 ³이스라엘아 듣고 삼가 그것을 행하라 그리하면 네가 복을 받고 네 조상들의 하나님 여호와께서 네게 허락하심 같이 젖과 꿀이 흐르는 땅에서 네가 크게 번성하리라

여기서 관찰하라.

1. 모세는 하나님께서 가르치라고 명하신 모든 것을, 그리고 그것만을, 백성들에게 가르쳤다는 것(1절). 그리스도의 사역자들은 교회에게 그 이상도 그 이하도 아닌 오직 하나님 여호와께서 가르치라고 명하신 모든 것을 가르쳐야 한다(마 28:20).

2. 그들이 가르침 받는 목적은 가르침 받은 대로 행하고자 함이요(1절), 하나님의 규례와 명령을 지키기 위함이요(2절), 삼가 그것을 행하기 위함이라는 것

(3절). 부모와 사역자들에게서 선한 교훈을 받고서도 우리의 삶이 거기에 못 미치면 우리의 정죄만 더욱 가중될 뿐이다.

3. 모세가 하나님과 경건을 위하여 그들을 고정시키도록 조심스레 힘썼다는 것. 이제 그들이 가나안 땅에 들어가고 있었으므로, 그 땅의 위로거리들을 받을 준비를 잘 갖추고 또한 그 땅의 올무들에 대해 방비를 단단히 시키며, 이제 새로운 세상을 출발하고 있으니 출발을 잘 하도록 하고자 했던 것이다.

4. 마음에 하나님을 경외하는 것이야말로 순종의 가장 강력한 원리가 될 것이라는 것. 네 하나님 여호와를 경외하며 내가 너희에게 명한 그 모든 규례와 명령을 지키게 하기 위한 것이며(2절).

5. 가정이나 나라에서 가장 좋은 유산은 신앙의 유산이라는 것. 우리만이 아니라 우리 자녀도, 그리고 우리 자녀의 자녀도 여호와를 경외하도록 하는 것이 가장 바람직한 것이다.

6. 어느 백성들이라도 신앙과 의가 번영을 증진시키고 안정되게 한다는 것. 하나님을 경외하라. 그리하면 너희가 복을 받으리라. 잘 배운 자들이 그 배운 것을 행하면, 이스라엘이 젖과 꿀이 흐르는 땅에서 그랬던 것처럼, 잘 먹게 될 것이다(3절).

[4]이스라엘아 들으라 우리 하나님 여호와는 오직 유일한 여호와이시니 [5]너는 마음을 다하고 뜻을 다하고 힘을 다하여 네 하나님 여호와를 사랑하라 [6]오늘 내가 네게 명하는 이 말씀을 너는 마음에 새기고 [7]네 자녀에게 부지런히 가르치며 집에 앉았을 때에든지 길을 갈 때에든지 누워 있을 때에든지 일어날 때에든지 이 말씀을 강론할 것이며 [8]너는 또 그것을 네 손목에 매어 기호를 삼으며 네 미간에 붙여 표로 삼고 [9]또 네 집 문설주와 바깥 문에 기록할지니라 [10]네 하나님 여호와께서 네 조상 아브라함과 이삭과 야곱을 향하여 네게 주리라 맹세하신 땅으로 너를 들어가게 하시고 네가 건축하지 아니한 크고 아름다운 성읍을 얻게 하시며 [11]네가 채우지 아니한 아름다운 물건이 가득한 집을 얻게 하시며 네가 파지 아니한 우물을 차지하게 하시며 네가 심지 아니한 포도원과 감람나무를 차지하게 하사 네게 배불리 먹게 하실 때에 [12]너는 조심하여 너를 애굽 땅 종 되었던 집에서 인도하여 내신 여호와를 잊지 말고 [13]네 하나님 여호와를 경외하며 그를 섬기며 그의 이름으로 맹세할 것이니라 [14]너희는 다른 신들 곧 네 사면에 있는 백성의 신들을 따르지 말라 [15]너희 중에

계신 너희의 하나님 여호와는 질투하시는 하나님이신즉 너희의 하나님 여호와께서 네게 진노하사 너를 지면에서 멸절시키실까 두려워하노라 [16]너희가 맛사에서 시험한 것 같이 너희의 하나님 여호와를 시험하지 말고

여기의 내용은,

I. 신앙을 간략히 요약함. 여기에 믿음과 순종이라는 첫째가는 원리들이 포함된다(4, 5절). 유대인들은 이 두 절을 성경 중 가장 귀한 본문으로 여긴다. 그들은 의복의 경문에다 이 문구를 새기는 것은 물론 하루에 최소한 두 차례 이를 외울 의무가 있다고 생각할 뿐 아니라 그들끼리, 이스라엘아 들으라 우리 하나님 여호와는 오직 유일한 여호와시니 … 라는 말씀을 매일 아침저녁으로 외우니 우리는 복 된 자로다 라고 말하며 그 의무를 매우 복되게 여긴다. 그러나 다음을 정당하게 생각하고 개선한다면 우리가 더욱 복된 자들이다.

1. 우리가 믿도록 여기서 가르치는 하나님에 관한 사실: 우리 하나님 여호와는 오직 유일한 여호와시라는 것.

(1) 우리가 섬기는 하나님은 여호와시요, 무한히 또한 영원토록 완전하시며 스스로 존재하시며 스스로 충족하신 분이시라는 것.

(2) 오직 그만이 살아계시며 참되신 유일한 하나님이시라는 것. 오직 그만이 하나님이시요, 또한 그는 오직 한 분이시다. 이처럼 자명한 진리에 대한 확고한 믿음이 모든 우상 숭배를 상대로 효과적으로 무장하게 해 줄 것이었다. 우상 숭배는 바로 신들이 여럿이라는 근본적인 오류에서 출발하는 것이다. 하나님이 한 분이시며 그분 외에 다른 신이 없다는 것은 논란의 여지가 없는 사실이다(막 12:32). 그러므로 그분 외에 다른 신을 두어서는 안 되며, 다른 신을 두기를 바라지도 말아야 할 것이다. 어떤 이들은 여기에 하나님의 신격의 단일 존재 내에 삼위가 계시다는 선명한 암시가 있다고 보기도 했다. 하나님의 이름이 여기서 세 번 나타나는데도, 모두가 하나라고 선언되고 있기 때문이라는 것이다. 이 한 분 여호와를 하나님으로 섬기는 자들은 복 있는 자들이다. 기쁘게 하여야 할 주인이 한 분밖에 없는 것이요, 은혜를 구하여야 할 분이 한 분밖에 없는 것이기 때문이다. 천개의 물통보다는 하나의 샘이 있는 것이 낫고, 천 가지 부족한 신들보다는 모든 것에 충족하신 한 분 하나님이 계신 것이 더 나은 것이다.

2. 하나님이 사람에게 요구하시는 의무에 관하여 여기서 가르치는 사실. 그 모든 원리가 다음과 같이 정리된다. 너는 마음을 다하고 뜻을 다하고 힘을 다하여 네 하나님 여호와를 사랑하라. 모세는 앞에서 하나님을 경외할 것을 가르친 바 있는데(2절), 여기서 계속해서 그를 사랑할 것을 그들에게 가르친다. 그를 향한 사랑이 뜨거워질수록 그를 높이 기리는 것도 더 커질 것이기 때문이다. 부모를 공경하는 자녀는 부모를 사랑하기 마련이다. 그 어떤 군주가 신하들이 자기를 사랑해야 한다는 법을 만든 적이 있었던가? 그러나 하나님의 은혜로운 낮아지심은 우리가 그를 사랑하며 또한 그를 향한 다른 모든 의무들을 사랑의 원리에 근거하여 시행하는 것을 그의 율법의 첫째가는 큰 계명으로 삼으실 정도였다. 내 아들아 네 마음을 내게로 향하게 하라. 우리는 그를 높이 기리며, 그런 분이 계시다는 것을 크게 기뻐하며, 그의 모든 속성들과 또한 우리와의 모든 관계를 크게 기뻐해야 할 것이다. 우리의 소원이 그를 향하여야 하고, 우리의 즐거움이 그에게 있어야 하며, 그를 의지하며 그에게 전적으로 헌신해야 할 것이다. 그에 대해 생각하며, 그에게 말씀하며, 그를 섬기는 것이 우리에게 끊임없는 기쁨이어야 한다. 그를 사랑해야 한다.

(1) 그를 주님으로, 최고의 존재로, 그 스스로 가장 훌륭하고 사랑스러운 분으로 여겨 사랑해야 한다.

(2) 그를 우리 하나님으로, 우리와 언약을 맺으신 하나님으로, 우리의 아버지로, 또한 가장 친절하고 너그러운 친구로 여겨 사랑해야 한다. 또한 마음을 다하고 뜻을 다하고 힘을 다하여 하나님을 사랑할 것을 명령받고 있다. 곧, [1] 순전한 사랑으로 사랑해야 한다. 실제로 사랑하지 않으면서 그저 말과 혀로만 사랑한다고 말하는 것이 아니라, 마음속으로 진실하게 그를 사랑하며 그 안에서 위로를 얻어야 한다. [2] 강한 사랑으로 사랑해야 한다. 큰 열정과 강렬한 애정으로 마음을 그에게 쏟아야 한다. 그리하여 어떤 이들은, 우리가 흔히 마음을 다하여 이런 일 저런 일을 하리라고 말하곤 하는데 이런 말을 삼가야 한다고 생각하기도 했다. 여기서 하나님께 마음을 다할 것을 말씀하므로 이런 문구를 다른 것에다 사용해서는 안 되기 때문이라는 것이다. 하나님이 우리의 전부이시니 우리의 전부를 그에게 드려야 하며, 또한 오로지 그에게만 우리의 전부를 드려야 마땅한 것이다. [3] 최고의 사랑으로 사랑해야 한다. 그 어떤 피조물 이상으로 하나님을 사랑하여야 하며, 또한 그를 위하여 사랑하며 그에게 굴복하

여 사랑하는 것 이외에는 그 어떠한 것도 사랑해서는 안 된다. [4] 지혜로운 사랑으로 사랑해야 한다. 막 12:33이 그렇게 설명하고 있다. 마음을 다하고 뜻을 다하여 그를 사랑하기 위해서는 그를 알아야 하며, 따라서 그를 사랑하여야 할 선한 이유가 있는 그런 분으로 알고서 그를 사랑하여야 하는 것이다. [5] 전적인 사랑으로 사랑해야 한다. 그는 유일한 분이시며, 따라서 우리 마음도 이 사랑 안에 하나가 되어야 하며 또한 우리의 애정의 물줄기가 온전히 그에게로 흘러가야 하는 것이다. 오오, 하나님을 향한 이런 사랑이 우리 마음속에 널리 퍼지기를 바라는 마음 간절하다!

II. 우리 마음과 집에서 신앙을 계속 유지하여 메마르지 않고 썩지 않도록 하는 수단들이 제시되고 있으니, 곧 다음과 같은 것들이다.

1. 묵상: 오늘 내가 네게 명하신 이 말씀을 너는 마음에 새기고(6절). 말씀하신 그것이 없이 그저 말씀만 있으면 아무런 유익이 없으나, 그럼에도 불구하고 그 말씀을 소홀히 하면 그 말씀하는 실질적인 내용도 잃어버릴 위험에 처하게 된다. 일반적으로 신적인 빛과 능력이 말씀을 통해서 우리 마음에 전해지니 말이다. 우리의 생각들이 날마다 하나님의 말씀과 교류하며 그 말씀에 대해 동원되고, 그리하여 영혼 전체가 그 말씀의 영향력과 감동 아래 거하고 행하게 되려면, 그 말씀들이 우리 마음에 새겨져야 하는 것이다. 그러므로 마음을 다하여 하나님을 사랑하라는 율법에 뒤이어 곧바로 이 내용이 이어지는 것이다. 마음을 다하여 하나님을 사랑하는 자는 하나님의 말씀을 마음에 새김으로써 그 사랑의 증거와 결과를 드러내며 또한 그 사랑을 보존하고 증가시키는 수단으로 삼는다. 하나님을 사랑하는 자는 그의 성경도 사랑하는 법이다.

2. 자녀를 신앙으로 교육함. "네 자녀에게 부지런히 말씀을 가르치며(7절), 네 지식을 전해 줌으로써 네 지식이 증가하리라." 여호와 하나님을 사랑하는 자들은 자녀들도 그를 사랑하도록 하기 위하여, 또한 그리하여 가정에서 신앙의 유산이 끊어지지 않도록 하기 위하여 할 수 있는 대로 최선을 다하여야 할 것이다. 어떤 이들은 이 본문을 네 자녀에게 부지런히 자극시켜 연마하며 라는 뜻으로 읽기도 한다. 자주 그 내용을 자녀들에게 되풀이하며, 그들의 뇌리에 새기도록 모든 방법을 다 시도하며, 그 내용이 그들의 마음을 찌르도록 만들며, 칼을 연마하듯이 이쪽과 저쪽을 번갈아 가는 것이다. "자녀들을 가르치는 일에 주의를 기울이고 정확히 임할 것이요, 칼을 갈듯 그 가르침들을 예리하게 하고

날이 서게 만드는 것을 목표로 삼으라. 유대인들은 네 몸에서 난 자녀들을 그렇게 가르치라고 하나, 그들은 물론 너희의 보호와 감독 아래 있는 모든 이들을 그렇게 가르치라." 패트릭 주교는 여기서, 모세가 그의 율법이 지극히 명확하고 쉬워서 어느 아버지도 그 아들에게 능히 가르칠 수 있고, 어느 어머니도 그 딸들에게 능히 가르칠 수 있는 것으로 생각하였다는 점을 잘 지적해 주고 있다. 그러므로 우리에게 전해지는 그 귀하고 선한 것을 우리 다음에 오는 세대들에게 조심스럽게 전수하여 그것이 영구히 지속되도록 해야 할 것이다.

3. 경건한 강론. "집에서 앉아 일을 할 때나 음식을 먹거나 쉴 때에, 혹은 손님을 맞을 때나 기분전환이나 대화를 위하여 걸을 때나, 여행을 갈 때에, 밤에 잠자기 위해 가족들과 인사할 때나 아침에 일어나 가족들을 다시 만날 때에, 너희 자녀는 물론 기타 식구들과 너희 친구들과 동료들의 유익을 위하여, 정당하게 높이는 자세와 진지함으로 이것들에 대해 이야기할지니라. 모든 기회를 이용하여 하나님의 일에 관한 것들을 강론하라. 계시되지 않은 신비한 문제들이나 의심쩍어 논란이 있는 문제들 말고, 하나님에 관한 분명한 진리들과 율법들과 또한 우리의 평화에 속한 일들을 강론할지니라." 우리의 친숙한 강론의 주제로 삼는 것이 결코 그 거룩한 것들의 품격을 떨어뜨리는 것이 아니다. 오히려 그것들에 대해 많이 이야기를 나눌 것을 추천하는 것이다. 우리가 그것들을 친숙하게 알수록 그것들을 더 흠모하게 되고 그것들을 높이 기리게 되고, 그리하여 그것들이 신적인 빛과 열기(熱氣)를 전해주는 도구들이 될 수 있는 것이다.

4. 자주 말씀을 읽음. 너는 또 그것을 네 손목에 매어 기호를 삼으며 네 미간에 붙여 표로 삼고 또 네 집 문설주와 바깥 문에 기록할지니라(8, 9절). 아마도 그 당시에는 율법 전체를 기록해 놓은 필사본이 거의 없었고, 오로지 성막에서 모이는 절기 때에만 백성들에게 읽어주었을 것이다. 그러므로 하나님은 최소한 당분간은 그들이 율법에서 골라낸 가장 중요하고도 포괄적인 뜻을 담은 몇몇 문장들을 벽에 기록하거나 양피지에 기록하여 허리에 띠도록 하신 것이다. 어떤 이들은 유대인들이 많이 사용한 경문들이 생겨난 것이 바로 그 때문이었다고 보기도 한다. 그리스도는 바리새인들을 책망하셨다. 그들이 그것들을 지니고 다녔기 때문이 아니라, 다른 사람들보다 그것을 넓게 만들기를 좋아했기 때문이었다(마 23:5). 그러나 성경책이 그들 사이에 보편화되자 이런 방편들을 사용

할 기회가 줄어들었다. 성경이 희귀하던 시절 잉글랜드 교회의 최초의 개혁자들은 여기의 지침에 따라 성경의 구절들을 교회당의 기둥과 벽에 기록해 두어 백성들이 친숙하게 접하도록 했는데, 이는 지혜롭고도 경건한 행위였다 할 것이다. 유대인들은 이를 문자적으로 지키게 되어 있었으나, 우리는 그 의도에 따라 지켜야 할 것이요, 따라서 우리는 모든 가능한 수단을 강구하여 하나님의 말씀을 우리에게 친숙하게 하여, 어느 때나 곧바로 대하여 죄를 억제하고 우리의 의무에 대한 지침으로 삼고 또한 그것을 위하여 자극을 받을 수 있게 하여야 할 것이다. 손바닥에 새겨진 것처럼 그것이 항상 우리 눈앞에 있어야 하는 것이다(잠 7:1-3을 보라). 이는 또한 우리가 우리의 신앙을 고백하기를, 신앙의 점검과 다스림 아래 우리 자신을 두기를 절대로 부끄러워해서는 안 된다는 것을 시사하기도 한다. 여호와가 유일한 하나님이심을 우리가 믿으며 또한 우리 자신이 마음을 다하여 그를 사랑하는 일에 매여 있다는 것을 우리 문에다 기록해 두어서 그 문으로 드나드는 모든 사람으로 하여금 그것을 읽게 하여야 할 것이다.

Ⅲ. 번영과 풍성함을 누리게 될 때에 하나님을 잊지 말도록 조심할 것을 경계함(10-12절). 여기서,

1. 그는 그들의 하나님의 선하심에 대한 기대를 높이 들어올린다. 곧, 그가 그들을 약속하신 좋은 땅에 들어가게 하셔서(10절) 그들이 더 이상 목자와 비천한 여행객들로 장막에 거하지 않고 크고 좋은 성읍에 정착하게 하시고, 더 이상 메마른 광야에서 방황하지 않고 좋은 집과 잘 가꾸어진 정원을 누리게 될 것이라는 것을(11절) 당연한 일로 간주하는 것이다. 더욱이 그들 자신은 이를 위해 수고하거나 희생할 필요가 전혀 없다는 점을 강조한다. 네가 건축하지 아니한 크고 아름다운 성읍을 얻게 하시며 네가 채우지 아니한 아름다운 물건이 가득한 집을 얻게 하시며 네가 파지 아니한 우물을 차지하게 하시며 네가 심지 아니한 포도원과 감람나무를 차지하게 하사 네게 배불리 먹게 하실 때에. 그들이 그렇게 아무런 희생도 없이 이것들을 얻게 되었으니 그 자비가 더욱더 귀하게 여겨졌을 것이며, 동시에 반대로 만일 이런 점을 구체적으로 생각하지 않으면 그들에게 베풀어진 자비가 별 것 아닌 것으로 여겨지게 될 것이었다. 큰 값을 치르고 얻어야 그 가치를 귀하게 여기게 되는 것이 인지상정이니 말이다. 그것들이 선물로서 그렇게 쉽게 주어지면, 그들이 그런 상태에 안일해져서 그 선물들을 주신

하나님을 생각하지 않게 되기 십상이었던 것이다.

2. 그는 그들 자신의 마음이 악하다는 것을 경계할 것을 촉구한다. 안전하게 편안히 누울 때에 너는 조심하여 너를 애굽 땅 종 되었던 집에서 인도하여 내신 여호와를 잊지 말라(12절). 주목하라. (1) 번영을 누릴 때에 하나님을 잊고, 그에게 의지하는 것도, 그의 필요성도, 그에 대한 우리의 의무도 잊어버릴 위험이 크다. 세상이 미소를 지을 때 우리는 거기에 이끌려 거기서 우리가 행복을 누리게 될 것으로 기대하기가 쉽고, 그리하여 하나님이 우리의 유일한 몫이요 안식임을 잊어버리기가 쉬운 것이다. 아굴은 이 유혹을 이기기 위해 기도하였다. 혹 내가 배불러서 하나님을 모른다 여호와가 누구냐 할까 하오며(잠 30:9). (2) 그러므로 그런 시기에는 크게 조심하며 우리 마음을 철저히 살필 필요가 있다. "너는 조심하라, 네 위험에 대해 경계하며, 그것을 대적하여 파수꾼을 세우라. 하나님을 잊는 일을 사전에 막기 위하여 하나님의 말씀을 네 손목에 매어 기호를 삼으라. 가나안에 들어가 정착할 때에 하나님이 너를 애굽에서 인도하여 구원하신 일을 잊지 말고, 너희를 떠낸 반석을 바라보라. 나중에 창대해질 때에, 네 시작이 미미하였음을 기억하라."

IV. 큰 결과를 미치는 몇 가지 특별한 규례와 금령들이 주어짐.

1. 모든 경우에서 하나님께 존귀를 드려야 했다. 네 하나님 여호와를 경외하며 그를 섬기며, 그가 주인이시라면 우리는 그를 경외하며 또한 그의 일을 행해야 하는 것이니 말이다. 그의 이름으로 맹세할 것이니라(13절). 즉, 어떤 경우라도 다른 이를 참을 분별하고 거짓을 복수하는 자로 여겨 그에게 호소해서는 안 된다는 것이다. 오직 그로만 맹세하고, 우상이나 기타 피조물로 맹세하지 말지니라. 이웃의 민족들과의 모든 협약과 언약에서 그의 이름으로 맹세하고, 그들을 추켜세우느라 그들의 신들로 맹세해서는 안 된다. 그의 이름으로 맹세하는 것은 때때로 그의 이름을 공개적으로 시인한다는 뜻으로 쓰인다. 모든 혀가 맹세하리라(사 45:23)를 신약 성경은 모든 혀가 하나님께 자백하리라로 해석한다(롬 14:11).

2. 어떠한 경우에도 다른 신들에게 존귀를 돌려서는 안 되었다. 너희는 다른 신들 … 을 따르지 말라(14절). 즉, "그 신들을 섬기지도 말고 경배하지도 말라." 거기서 그들이 곁길로 빠졌고, 참되신 하나님께로부터 돌이켜 음란을 행하였기 때문이다. 하나님은 다른 어떤 문제보다 이 문제에서 질투하시는 하나님이시

다(15절). 패트릭 주교는 여기서, 율법에서나 선지서에서나 화(禍)나 격렬한 분노, 혹은 질투가 하나님께서 행하시는 것으로 묘사되는 것은 오로지 우상 숭배의 문제와 관련되는 경우뿐이라는 것을 지적한다.

3. 하나님을 시험하여 그를 멸시하지 않도록 조심해야 했다. 너희의 하나님 여호와를 시험하지 말고(16절). 즉, "어떤 긴박한 처지에서든 하나님의 능력과 임재와 섭리를 불신하거나 그와 쟁론하지 말라"는 뜻이다. 불신앙의 악한 마음에 빠지게 되면 가나안에서도 광야에서 한 것처럼 그를 시험하게 될 것이었다. 상황이 바뀐다고 해서 투덜거리고 불평하는 기질이 치료되는 것이 아니기 때문이다. 우리 주님은 사탄에게 시험받으실 때에 이 경계의 말씀을 자신에게 적용시키사 답변으로 사용하신다. 의무를 다하는 중에 하나님의 능력과 선하심을 일부러 좌절시키거나 혹은 그 길에서 벗어나 있으면서도 그의 능력과 선하심이 함께 하실 것으로 여겨서 주 너의 하나님을 시험하지 말라(마 4:7).

[17]너희의 하나님 여호와께서 너희에게 명하신 명령과 증거와 규례를 삼가 지키며 [18]여호와께서 보시기에 정직하고 [19]선량한 일을 행하라 그리하면 네가 복을 받고 그 땅에 들어가서 여호와께서 모든 대적을 네 앞에서 쫓아내시겠다고 네 조상들에게 맹세하신 아름다운 땅을 차지하리니 여호와의 말씀과 같으니라 [20]후일에 네 아들이 네게 묻기를 우리 하나님 여호와께서 명령하신 증거와 규례와 법도가 무슨 뜻이냐 하거든 [21]너는 네 아들에게 이르기를 우리가 옛적에 애굽에서 바로의 종이 되었더니 여호와께서 권능의 손으로 우리를 애굽에서 인도하여 내셨나니 [22]곧 여호와께서 우리의 목전에서 크고 두려운 이적과 기사를 애굽과 바로와 그의 온 집에 베푸시고 [23]우리 조상들에게 맹세하신 땅을 우리에게 주어 들어가게 하시려고 우리를 거기서 인도하여 내시고 [24]여호와께서 우리에게 이 모든 규례를 지키라 명령하셨으니 이는 우리가 우리 하나님 여호와를 경외하여 항상 복을 누리게 하기 위하심이며 또 여호와께서 우리를 오늘과 같이 살게 하려 하심이라 [25]우리가 그 명령하신 대로 이 모든 명령을 우리 하나님 여호와 앞에서 삼가 지키면 그것이 곧 우리의 의로움이니라 할지니라

여기서,

I. 모세가 그들 스스로 하나님의 명령들을 지킬 것을 권고한다. 너희의 하나

님 여호와께서 너희에게 명하신 명령과 증거와 규례를 삼가 지키며(17-19절). 주목
하라. 신앙을 유지하여 그 능력을 우리 마음과 삶에서 유지하는 데에는 상당한
주의와 고통이 따른다. 소홀히 하는 자세는 우리를 망치는 것이요, 부지런함이
없이는 구원받지 못하는 것이다. 이를 밝히기 위해 그는 여기서 그들에게 다음
을 보여준다.

1. 이것이 하나님께서 받으실 만한 것이라는 것. 여호와께서 보시기에 정직하
고 선량한 일. 여호와께서 보시기에 정직하고 선량한 일이야말로 과연 정직하고
선량한 일이다. 창조주께서 받아주시는 것을 우리의 행복으로 여기고 우리를
창조하신 법을 우리의 규범으로 삼는다면 우리가 신앙적이 될 것이다.

2. 그것이 그들 자신에게도 유익하고 이롭다는 것. 그로 말미암아 그들이
가나안 땅의 소유권과 거기서의 번영과 중도에 가로막는 자들에 대한 끊임없
는 승리를 확보하게 될 것이었다. 요컨대, "잘 행하라. 그리하면 네가 잘 되리
라."

II. 그는 그들에게 자녀들을 하나님의 명령으로 훈육할 것을 권고한다. 그
들을 잘 훈육하여 어린 시절에 예배와 봉사에 지적으로 정서적으로 합류할 뿐
아니라 후에 성년이 된 후에도 신앙을 유지하고 그 이후의 세대들에게 전수할
수 있도록 하라는 것이다. 이제,

1. 자녀들이 제기할 것으로 여겨지는 한 가지 질문을 제시한다(20절). "우리
하나님 여호와께서 명령하신 증거와 규례와 법도가 무슨 뜻이냐? 우리가 지키는 절
기들이며 우리가 드리는 제사들이며, 우리가 지키는 온갖 특별한 관습들이 무
슨 뜻이냐?" 관찰하라. (1) 모든 신적인 제도들은 특정한 뜻이 있으며, 그 속에
는 무언가 큰 의도가 있다. (2) 그것들의 뜻을 알고 깨닫는 것이 우리에게 중요
하다. 그래야만 이성적으로 하나님을 섬기게 되며 맹목적으로 제사를 드리지
않게 될 것이다. (3) 자녀들은 어린 시절부터 그들이 행하도록 훈련을 받고 있
는 각종 신앙적인 일들의 참된 의도와 의미에 대해 묻는 것이 좋다. 누구든 그
렇게 신적인 것들에 대해 궁금해 하는 것은 그들이 그것들에 대해 진지한 관심
이 있다는 좋은 증거요 또한 그것들을 더 깊이 알게 되는 좋은 수단이다. 그렇
게 우리가 알기를 힘쓰면 우리가 알게 될 것이다.

2. 이 선한 질문에 대해 부모들이 해주어야 할 충족한 답변을 제시한다. 부
모와 교사들은 그들이 책임 맡은 자들이 묻지 않아도 그들을 가르쳐야 하고,

아니 그것을 싫어해도 가르쳐야 한다. 그러니 그들이 질문하면 기꺼이 답변을 해 주고 교훈해 주어야 마땅한 것이다. 묻는 자들이 교훈을 받아들일 소망을 가질 수 있으니 말이다. 자녀들이 하나님의 율법의 뜻을 물었는가? 그것들을 다음과 같이 지켜야 한다는 것을 그들에게 말해 주라.

(1) 하나님이 과거에 그들에게 베푸신 호의를, 특히 그들을 애굽으로부터 구원하신 일에 대하여, 감사함으로 기억하고서(21-23절). 자녀들에게 그들의 조상들이 애굽에서 종살이 할 때에 얼마나 비참한 처지였으며, 하나님이 그들을 거기서 이끌어내심으로 베푸신 구원이 얼마나 컸는가를 자주 말해주고, 또한 하나님이 이 고유한 강령들을 주사 그 놀라운 역사에 대한 영구한 기념물로 삼으시고 그들을 고유한 백성을 이루게 하신 것을 자주 이야기해 주어야 했다.

(2) 계속 호의를 베푸시기 위해 지정하신 조건으로 여기고. 여호와께서 우리에게 이 모든 규례를 지키라 명령하셨으니 이는 우리가 … 항상 복을 누리게 하기 위하심이며(24절). 주목하라. 하나님은 오로지 우리에게 진정 유익이 되도록 하기 위해서 명령하신다. 신앙적으로 행하는 것은 우리에게 의무일 뿐 아니라 우리의 이익이 되기도 하는 것이다. [1] 그것이 우리의 생명이 될 것이다. 우리를 … 살게 하려 하심이라. 우리가 생명 자체를 버린 경우가 얼마나 많은지를 생각할 때에 이는 우리가 기대할 수 있는 이상의 큰 호의다. 하나님의 영광을 위하는 한 경건에는 현재 누리는 생명이 지속되고 위로가 있을 것이라는 약속이 있다. [2] 그것이 우리의 의가 될 것이다. 마음과 뜻과 힘을 다하여 하나님을 사랑하라는 한 가지 계명만이라도 완전하게 이행하고, "달리는 행할 수 없었다"고 말할 수만 있다면, 이것이 우리의 의가 되어 이로써 무죄 시의 언약의 혜택들을 받게 되었을 것이다. 율법 책에 기록된 모든 것을 계속 행하면, 율법이 우리를 의롭다 했을 것이었다. 그러나 우리는 이것을 행한 체할 수 없다. 그러므로 우리의 순전한 순종이 중보자를 통하여 받아들여져야만 우리가 그 옛날 노아처럼(창 7:1) 하나님 앞에서 의로운 자로 인정받게 되는 것이다. 눅 1:6; 요일 3:7을 보라. 갈대아 역본은 이를, 우리가 이 명령들을 준수하면 우리에게 상급이 있으리라로 번역한다. 하나님의 계명들을 지키면 거기에 큰 상급이 있는 것이 의심의 여지 없는 사실이기 때문이다.

제7장

개요

본 장에서 모세는 이스라엘을 향하여 다음과 같이 교훈한다. I. 전반적으로 하나님의 명령들을 지키라(11, 12절). II. 구체적으로, 또한 그 명령들을 지키기 위하여, 우상 숭배자들과의 모든 교류에서 벗어나 순전히 자신들을 지키라. 1. 바쳐진 일곱 족속들을 진멸해야 하며 그들을 남겨두거나 그들과 동맹을 맺어서는 안 된다(1, 2, 16, 24절). 2. 그 족속들 중 남은 자들과 절대로 혼인을 맺어서는 안 된다(3, 4절). 3. 그들의 제단들과 주상들을 부수고 불에 태워야 하며, 절대로 그들에게서 금과 은을 취하여 사사로이 사용하는 일이 있어서도 안 된다(5, 25, 26절). 이 권고를 강화하기 위하여 그는 그들이 반드시 그렇게 해야만 한다는 것을 보여준다. (1) 그것은 그들의 의무다. 다음을 생각하라 [1] 그들이 하나님께 택함 받은 사실(6절). [2] 그들을 택하신 이유(7, 8절). [3] 그들이 하나님 앞에서 지닌 조건들(9, 10절). (2) 그것은 그들에게 유익이 된다. 여기서 다음의 약속이 주어진다. [1] 전반적으로, 그들이 하나님을 섬기면 그가 그들을 복 주시고 번영하게 하시리라는 것(12-15절). [2] 구체적으로, 그들이 민족들을 쫓아내면 그들이 그들에게 시험거리가 되지 않을 것이요, 하나님이 그들을 쫓아내사 그들에게 아무런 괴로움이 없게 하시리라는 것(17절, 등).

¹네 하나님 여호와께서 너를 인도하사 네가 가서 차지할 땅으로 들이시고 네 앞에서 여러 민족 헷 족속과 기르가스 족속과 아모리 족속과 가나안 족속과 브리스 족속과 히위 족속과 여부스 족속 곧 너보다 많고 힘이 센 일곱 족속을 쫓아내실 때에 ²네 하나님 여호와께서 그들을 네게 넘겨 네게 치게 하시리니 그 때에 너는 그들을 진멸할 것이라 그들과 어떤 언약도 하지 말 것이요 그들을 불쌍히 여기지도 말 것이며 ³또 그들과 혼인하지도 말지니 네 딸을 그들의 아들에게 주지 말 것이요 그들의 딸도 네 며느리로 삼지 말 것은 ⁴그가 네 아들을 유혹하여 그가 여호와를 떠나고 다른 신들을 섬기게 하므로 여호와께서 너희에게 진노하사 갑자기 너희를 멸하실

것임이니라 ⁵오직 너희가 그들에게 행할 것은 이러하니 그들의 제단을 헐며 주상을 깨뜨리며 아세라 목상을 찍으며 조각한 우상들을 불사를 것이니라 ⁶너는 여호와 네 하나님의 성민이라 네 하나님 여호와께서 지상 만민 중에서 너를 자기 기업의 백성으로 택하셨나니 ⁷여호와께서 너희를 기뻐하시고 너희를 택하심은 너희가 다른 민족보다 수효가 많기 때문이 아니니라 너희는 오히려 모든 민족 중에 가장 적으니라 ⁸여호와께서 다만 너희를 사랑하심으로 말미암아, 또는 너희의 조상들에게 하신 맹세를 지키려 하심으로 말미암아 자기의 권능의 손으로 너희를 인도하여 내시되 너희를 그 종 되었던 집에서 애굽 왕 바로의 손에서 속량하셨나니 ⁹그런즉 너는 알라 오직 네 하나님 여호와는 하나님이시요 신실하신 하나님이시라 그를 사랑하고 그의 계명을 지키는 자에게는 천 대까지 그의 언약을 이행하시며 인애를 베푸시되 ¹⁰그를 미워하는 자에게는 당장에 보응하여 멸하시나니 여호와는 자기를 미워하는 자에게 지체하지 아니하시고 당장에 그에게 보응하시느니라 ¹¹그런즉 너는 오늘 내가 네게 명하는 명령과 규례와 법도를 지켜 행할지니라

여기서 다음을 보라.

I. 우상과 및 우상 숭배자들과의 모든 교류와 교제를 금지하는 매우 철저한 경고. 하나님과의 교제 속으로 취하여진 자들은 어둠의 열매 없는 일들과 교류가 있어서는 안 된다. 모세는 이제 그들 앞에 있는 이 올무에 빠지지 않도록 방지하기 위해 다음과 같은 것들을 권면한다.

1. 그들을 불쌍히 여겨서는 안 된다(1, 2절). 여기서 피를 흘리는 일이 그들에게 맡겨진다. 그러나 이것은 하나님의 일이요 따라서 선한 일이며, 그 시기와 장소에 있어서 필수적이며, 용납되는 일이요 존귀한 일이다.

(1) 하나님은 여기서 자신이 그의 부분을 담당하실 것을 약속하신다. 하나님이 그들을 약속의 땅으로 이끄실 것이요, 또한 그가 그 땅을 현재 점령하고 있는 민족들을 그들 앞에서 쫓아내실 것이라는 것이 기정사실화 된다. 그 사실에 대해서는 전혀 의심의 여지를 남겨두지 않으셨다. 하나님의 권능은 저항할 수 없으며, 따라서 그가 그 일을 이루실 것이다. 그런데, [1] 이 바쳐진 족속들이 여기 거명되고 그 숫자가 제시된다(1절). 모두 일곱 족속인데, 7 대 1은 매우 크게 기우는 것이다. 그들이 분명하게 제시되는데, 이는 이스라엘이 그들의 임무의 경계와 한계를 선명하게 알도록 하기 위함이다. 거기까지는 처절하게 처

리하여야 하나 그것을 넘어서서는 안 되며, 그들에게 나아오는 모든 자들을 이임무를 빌미로 다 죽여서도 안 된다. 아니다, 여기서 그 파도를 머무르게 해야 한다는 것이다. 그 임무를 여기 언급된 이방 민족들에 대해서만 명확히 한정짓는 것은 후 세대들이 이를 하나의 전례로 여겨서는 안 된다는 것을 분명히 시사해 준다. 이것은 한계가 없는 저 야만적인 법들을 정당화시키는 역할을 해주는 것이 아니다. 짐승들이 수없이 죽임당하고 제물로 불태워지던 세대에는 이 방법이 하나님이 지시하신 것으로 지극히 합당한 것이었으나, 이제 모든 속죄의 제사들이 그리스도의 피로 말미암아 행해진 저 큰 속죄의 희생에서 완전히 이루어졌으므로, 인간의 피가 그 때보다 더 고귀해졌고, 아무리 권력이 있는 자들이라도 함부로 해쳐서는 안 되는 것이다. [2] 그들이 이스라엘보다 더 크고 더 강한 것으로 인정된다. 그들은 이 땅에 오랫동안 뿌리를 박아왔고, 이스라엘은 그 땅에 대해 문외한이었다. 그들은 숫자가 더 많았고, 남자들도 이스라엘보다 더 체구가 크고 전쟁의 전문가들이었다. 그러나 이 모든 조건에도 불구하고 그들은 이스라엘 앞에서 쫓겨날 것이다. 이스라엘의 원수들의 힘은 이스라엘의 하나님의 권능을 더욱 귀하게 드러내주는 것이다. 그들은 절대로 하나님을 저항할 수 없는 존재들이다.

(2) 하나님은 그들의 할 부분을 시행할 것을 그들에게 명하신다. 너희는 그들을 진멸할 것이라(2절). 하나님께서 그들을 내어쫓으시면, 이스라엘로서도 그들을 받아들여서는 안 되는 것이었다. 소작인들로서도, 속국으로서도, 종들로서도 받아들여서는 안 되었다. 그들과는 어떤 종류의 언약도 맺어서는 안 되며, 그들을 불쌍히 여겨서도 안 되는 것이었다. 다음을 염두에 두고 그들을 잔혹하게 처리할 것을 지시하셨다. [1] 그들과 그들의 조상들이 저지른 악한 범죄에 대한 형벌로 여길 것. 아모리 족속의 죄가 이제 가득하였으므로 더 이상 죄를 더 채우도록 내버려두면 그만큼 마지막에 당할 복수가 더욱더 쓰라린 것이었다. [2] 그들을 살려두면 하나님의 이스라엘에게 해를 끼칠 것이므로 이를 방지하기 위한 것으로 여길 것. 이 가증한 백성들은 거룩한 자손을 부패하게 만들 것이므로 그들과 뒤섞여서는 안 되었다. 이스라엘에서 하나님을 믿는 신앙과 참된 예배가 사라지는 것보다는 이 모든 사람들이 땅에서 생명을 잃는 것이 더 나은 일이었다. 우리는 우리 영혼을 대적하는 우리의 정욕들을 이렇게 대하여야 한다. 하나님께서는, **죄가 너희를 주관하지 못하리라**는 약속을 주셔서 그것

들을 우리 손에 넘기셨다. 그러니 그렇게 하지 않으면 우리의 과오일 수밖에 없다. 그러니 그것들과 언약을 맺지도 말고 그것들을 불쌍히 여기지도 말고, 그것들을 죽이며 십자가에 못 박고 철저하게 진멸해야 할 것이다.

2. 그들 중 칼을 피한 자들과 혼인해서는 안 된다(3, 4절). 가나안의 가문들은 오래된 가문들이었고, 따라서 그들 중 몇몇은 존귀한 가문으로 인정되었을 것이며, 이것이 이스라엘인에게 유혹이 되었을지도 모른다. 특히 이스라엘 지파들 중 지명도가 낮은 가문들은 그들과 혼인을 맺어서 그들의 혈통을 고귀하게 만들고 싶은 마음이 있었을지도 모르며, 아니면 그들이 그 땅을 익히 잘 알고 있으므로 그들과 혼인을 맺어 그 땅에서 더 효과적으로 정착하려는 마음이 있었을지도 모른다. 그러나 신앙과 하나님을 경외하는 일이 이런 모든 요건들을 능가하는 더 중요한 요인이었다. 그러므로 그들과의 통혼은 불법한 것이었다. 위험스러웠기 때문이다. 바로 이것이 치명적인 결과를 가져왔음이 옛 세상에서 입증된 바 있고(창 6:2), 또한 지금 세상에도 불신앙적이며 불경한 혼인으로 인하여 망해버린 자들이 수없이 많다. 이런 통혼에서 선한 쪽이 악해지리라는 두려움이 악한 쪽이 회심하여 선해지리라는 소망보다 훨씬 더 근거가 있기 때문이다. 그가 네 아들을 유혹하여 그가 여호와를 떠나고 다른 신들을 섬기게 하리라. 이 경고가 합당하다는 것이 사실로 입증되었다. 솔로몬은 이와 관련한 그의 어리석은 처신으로 대가를 톡톡히 치렀다. 이와 같이 이방 여자들과 통혼한 죄에 대한 민족적인 회개가 일어나고 개혁이 단행된 것을 볼 수 있고(스 9, 10장; 느 13장), 또한 신약 성경도, 믿지 않는 자와 멍에를 함께 메지 말라고 경고한다(고후 6:4). 배우자를 선택할 때에 최소한 정당히 여겨질 만한 신앙 고백의 테두리를 지키지 않는 자들은 그들에게 합당한 도움을 약속할 수가 없는 것이다. 갈대아 역본 중 하나는 여기서 풀어쓴 내용을 덧붙여서 이 명령의 이유로 제시하고 있다. 이는 우상 숭배자와 혼인하는 자는 결국 그들의 우상들과 혼인함이니라.

3. 그들의 우상 숭배의 유물들을 모두 파괴해야 한다(5절). 그들의 제단과 주상들, 그들의 새긴 형상들을 모두 파괴해야 한다. 우상 숭배를 향한 거룩한 진노에서도 그렇고, 오염을 방지하기 위해서도 그렇다. 이 명령은 전에도 주어진 바 있다(출 23:24; 34:13). 백성들이 경건한 열정으로(대하 31:1), 또한 선한 요시야 왕을 통해서(대하 34:7) 이런 유의 선한 일을 상당히 많이 행하였는데,

이 일들은 마술 책들을 불태운 것과도 비교될 수 있을 것이다(행 19:19).

II. 이러한 경고를 강화시키는 매우 합당한 이유들이 제시된다.

1. 하나님이 이 백성을 자기 것으로 택하셨다는 것(6절). 세상의 다른 어느 백성과도 맺지 않으신 그 언약과 교제가 하나님과 이스라엘 사이에 맺어져 있었다. 그들을 그렇게 존귀하게 대하신 그분을 그들이 우상 숭배로 모욕할 셈인가? 그들에게 그렇게 자비하심을 드러내 보이신 그분을 그들이 그렇게 소홀히 할 셈인가? 하나님이 그들을 그렇게 높이셨고 다른 모든 민족 위에 뛰어나게 하셨는데, 그들이 자기 스스로를 다른 민족과 같은 수준으로 만들 셈인가? 하나님이 그들을 취하사, 다른 민족이 아니라 바로 그들을 자기의 특별한 백성으로 삼으셨으니, 그들도 하나님을, 다른 신들이 아니라 오직 그 하나님을 그들만의 특별한 하나님으로 대하여야 하지 않겠는가?

2. 하나님이 그들을 택하신 것이 값없는 은혜로 된 일이라는 것. (1) 그들에게는 이런 호의를 받을 만한 자랑거리나 권리가 전혀 없었다. 백성이 많은 것은 왕의 영광이다(잠 14:28). 그러나 그들의 숫자는 보잘것없었다. 그들은 처음 애굽으로 내려갈 때에 칠십 명에 불과했으며, 거기서 크게 증가했으나 그들보다 더 숫자가 많은 다른 민족들이 많았다. 너희는 오히려 모든 민족 중에 가장 적으니라(7절). 예루살렘 탈굼의 저자는 이 본문을 너희는 심령이 겸손하며 모든 백성들 위에 온유하니라의 뜻으로 읽어서 자기 민족을 지나치게 추켜세운다. 그러나 오히려 그 반대가 옳다. 그들은 다른 모든 민족보다 목이 곧은 자들이요 본성이 악한 백성이었다. (2) 하나님은 그 이유를 순전히 자기 자신에게서 이끌어내신다(8절). [1] 그가 너희를 사랑하신 것은 그가 너희를 사랑하고자 하셨기 때문이다. 그렇더라도 아버지여, 그것이 주의 보시기에 선하였음이옵니다. 하나님이 사랑하시는 자들은 모두 그가 값없이 사랑하시는 것이다(호 14:4). 망하는 자들은 자기들의 공과(功過)로 인하여 망하는 것이다. 그러나 구원받는 자들은 모두 하나님 자신의 특권으로 인하여 구원받는 것이다. [2] 그는 자신의 말씀을 지키시고자 그의 일을 행하신 것이다. "그가 너희를 애굽에서 이끌어내신 것은 너희 조상들에게 행하신 맹세를 지키기 위함이었음이라." 그들 속에 무엇이 있더라도, 그들이 어떤 일을 행하였더라도 그것이 하나님을 그들에게 빚진 자로 만들 수 있는 것이 절대로 아닌 것이다. 오히려 하나님이 자신을 자신의 언약에 매어놓으시고 스스로 빚진 자가 되신 것이요, 그들의 무가치함에도 불

구하고 그가 그 약속을 이행하고자 하시는 것이다.

3. 그들이 받아들인 그 언약의 기조가 그렇다는 것. 요컨대 그것은 다음과 같다. 하나님이 보시는 그들의 모습처럼 하나님도 그러시리라는 것이다. 그들은 하나님이 (1) 그를 따르는 자들에게 자비를 베푸시는 분이심을 알게 될 것이다(9절). "네 하나님 여호와는 열국들의 신들과 같지 아니하며, 시를 지어내는 주제는 되지만 진지한 헌신을 할 만한 적절한 대상자는 아닌 상상의 피조물들과는 다른 분이시다. 아니다. 그는 하나님이시요, 과연 하나님이시며, 유일하신 하나님이시며, 신실한 하나님이시요 그의 약속을 지키실 수 있고 또 기꺼이 지키시는 분이심은 물론 그를 경배하는 자들의 모든 정당한 기대들에 부응하시는 분이시니, 그는 반드시 언약과 자비를 지키시리로다." 즉, "그를 사랑하고 그의 계명을 지키는 자에게는 언약에 따라 자비를 베푸시며"(그의 계명들을 양심적으로 준수하지 않으면 그를 사랑하는 체해도 소용이 없다), "이를"(여기서 제2계명의 약속을 설명하기 위해 첨가되고 있다) "천 명에게만이 아니라 천 대까지 이행하시리라 — 이렇듯 그의 자비의 샘이 다함이 없고, 그 시냇물이 마르지 않고 계속 흐르는 것이다!" (2) 그의 원수들에게 정의를 행하시는 분이심을 알게 될 것이다. 그는 그를 미워하는 자에게는 당장에 보응하여 멸하시나니(10절). 주목하라. [1] 악의가 있는 죄인들은 하나님을 미워하는 자들이다. 육신의 생각은 그를 대적하기 때문이다. 우상 숭배자들도 특별한 방식으로 하나님을 미워한다. 그들은 그와 경쟁하는 존재들의 편이 되었기 때문이다. [2] 하나님을 미워하는 자들은 그를 해치지 못하고 그들 스스로 멸망할 뿐이다. 그가 그들의 배반과 모든 무기력한 악의에 대해서 그들의 얼굴에 보응하실 것이다. 그가 그들의 얼굴을 향하여 활시위를 당기리라고 말씀한다(시 21:12). 혹은 그가 그들의 우상 숭배에 대한 정의로운 형벌이 확실하게 드러나는 그런 심판을 그들에게 가하실 것이다. 하나님이 그에게 갚으실 것을 알게 하시기를 원하노라(욥 21:19). 보응이 더딘 것 같지만, 느슨한 것은 아니다. 악인과 죄인은 이 세상에서 보응을 받을 것이다(잠 11:31). 여기서 예루살렘 탈굼의 주석을 그냥 지나칠 수가 없다. 이는 미래의 상태에 대한 유대교의 믿음을 보여주기 때문이다: 그를 미워하는 자에게는 다가올 세상에서 그들을 멸망시키시고자 이 세상에서 행한 그들의 선행을 보상하신다.

¹²너희가 이 모든 법도를 듣고 지켜 행하면 네 하나님 여호와께서 네 조상들에게 맹세하신 언약을 지켜 네게 인애를 베푸실 것이라 ¹³곧 너를 사랑하시고 복을 주사 너를 번성하게 하시되 네게 주리라고 네 조상들에게 맹세하신 땅에서 네 소생에게 은혜를 베푸시며 네 토지 소산과 곡식과 포도주와 기름을 풍성하게 하시고 네 소와 양을 번식하게 하시리니 ¹⁴네가 복을 받음이 만민보다 훨씬 더하여 너희 중의 남녀와 너희의 짐승의 암수에 생육하지 못함이 없을 것이며 ¹⁵여호와께서 또 모든 질병을 네게서 멀리 하사 너희가 아는 애굽의 악질에 걸리지 않게 하시고 너를 미워하는 모든 자에게 걸리게 하실 것이라 ¹⁶네 하나님 여호와께서 네게 넘겨주신 모든 민족을 네 눈이 긍휼히 여기지 말고 진멸하며 그들의 신을 섬기지 말라 그것이 네게 올무가 되리라 ¹⁷네가 혹시 심중에 이르기를 이 민족들이 나보다 많으니 내가 어찌 그를 쫓아낼 수 있으리요 하리라마는 ¹⁸그들을 두려워하지 말고 네 하나님 여호와께서 바로와 온 애굽에 행하신 것을 잘 기억하되 ¹⁹네 하나님 여호와께서 너를 인도하여 내실 때에 네가 본 큰 시험과 이적과 기사와 강한 손과 편 팔을 기억하라 네 하나님 여호와께서 네가 두려워하는 모든 민족에게 그와 같이 행하실 것이요 ²⁰네 하나님 여호와께서 또 왕벌을 그들 중에 보내어 그들의 남은 자와 너를 피하여 숨은 자를 멸하시리니 ²¹너는 그들을 두려워하지 말라 너희의 하나님 여호와 곧 크고 두려운 하나님이 너희 중에 계심이니라 ²²네 하나님 여호와께서 이 민족들을 네 앞에서 조금씩 쫓아내시리니 너는 그들을 급히 멸하지 말라 들짐승이 번성하여 너를 해할까 하노라 ²³네 하나님 여호와께서 그들을 네게 넘기시고 그들을 크게 혼란하게 하여 마침내 진멸하시고 ²⁴그들의 왕들을 네 손에 넘기시리니 너는 그들의 이름을 천하에서 제하여 버리라 너를 당할 자가 없이 네가 마침내 그들을 진멸하리라 ²⁵너는 그들이 조각한 신상들을 불사르고 그것에 입힌 은이나 금을 탐내지 말며 취하지 말라 네가 그것으로 말미암아 올무에 걸릴까 하노니 이는 네 하나님 여호와께서 가증히 여기시는 것임이니라 ²⁶너는 가증한 것을 네 집에 들이지 말라 너도 그것과 같이 진멸 당할까 하노라 너는 그것을 멀리하며 심히 미워하라 그것은 진멸 당할 것임이니라

여기서

I. 우상숭배와, 우상숭배자들과의 교류를 조심하라는 경고가 되풀이된다.

"그들을 진멸하며 그들의 신을 섬기지 말라"(16절). 어둠의 일을 행하는 자들

과의 교제를 즐거워하면, 어둠의 일과 교제를 하게 될 위험에 빠지게 되는 법이다. 여기서 형상들을 멸하라는 권고가 다시 되풀이된다(25, 26절). 이방인들이 숭배했던 우상들은 하나님께 가증스런 것이었으므로, 그들에게도 가증스런 것이다. 진정 하나님을 사랑하는 자들은 누구나 그가 미워하시는 것을 미워하기 마련이다. 이것을 어떻게 그들에게 강조하는지를 관찰하라. 너는 그것을 멀리하며 심히 미워하라. 우리는 죄를 향하여 이와 같은 거룩한 분노를 품어야 할 것이다. 죄야말로 하나님 여호와께서 가증히 여기시는 것이다. 그들의 탐심을 채우려고 형상들을 보유하는 일이 있어서는 안 되었다. 그것에 입힌 은이나 금을 탐내지 말며 취하지 말고, 그것들을 멸하는 것을 애석하게 여기지도 말라. 아간은 멸할 물건을 자기가 쓰려고 전용한 것 때문에 혹독한 대가를 치렀다. 또한 그들의 호기심을 만족시키려고 그것들을 보유하는 일이 있어서도 안 되었다: "그것을 네 집에 들여서 장식물로 걸어놓지도 말고, 옛 기념물로 보존하지도 말라. 아니, 불로 태워버려라. 그것이야말로 그것에 가장 합당한 것이니라." 이러한 경고에 대해 두 가지 이유가 제시된다.

1. 네가 그것으로 말미암아 올무에 걸릴까 함이다(25절). 즉, "네가 알아차리기도 전에 그것을 좋아하고 사랑하게 되고 그것을 고이 모시고 그것에 경의를 표할까" 하는 것이다.

2. 너도 그것과 같이 진멸 당할까 함이다(26절). 형상들을 만드는 자들은 그것과 같이 어리석고 무감각하다고 말씀하는데, 여기서는 그보다 더 나쁜 의미로 그것들과 같다고 한다. 곧, 그것들처럼 그들도 하나님께 저주를 받아 멸망으로 바쳐진 존재들이라는 것이다. 이 두 가지 이유를 함께 비교해 보라. 그리고 관찰하라. 우리를 올무에 걸리게 하는 것은 무엇이든 우리를 저주 아래 있게 만드는 것이다.

Ⅱ. 그들이 순종하면 하나님이 그들에게 자비를 베푸시리라는 약속이 지극히 감동적이며 풍성하고도 유려한 표현으로 강조되어 제시된다. 이는 우리가 신앙을 유지하는 것을 하나님이 얼마나 바라시며 또한 그것이 우리에게 얼마나 유익한 지를 잘 보여준다 할 것이다. 모든 가능한 확신이 여기서 그들에게 주어진다.

1. 언약에서 그들의 할 몫을 성실히 이행하면, 하나님이 그의 몫을 확실히 이행하시리라는 것. 그가 네 조상들에게 맹세하신 언약을 지켜 네게 인애를 베푸실

것이다(12절). 우리가 변함없이 우리의 의무를 다하면, 하나님의 자비도 변함 없으실 것임을 의심할 수가 없다.

2. 그들이 하나님을 사랑하고 그를 섬기고, 그들 자신과 그들의 것을 그에게 드리면 하나님도 그들을 사랑하고 그들을 복 주시고 그들을 크게 번성하게 하시리라는 것(13, 14절). 그들이 행복하기 위해서 더 무엇을 바랄 수 있었겠는 가?

(1) "그가 너를 사랑하시리라." 그가 이미 우리를 사랑하기 시작하셨다(요일 4:10). 그러므로 우리가 의무를 충성스럽게 다함으로 그의 사랑에 보답하면, 그 때에는, 오직 그 때만이, 그 사랑이 계속될 것을 기대할 수 있을 것이다(요 14:21).

(2) "그가 다른 모든 사람들보다 너를 사랑하시는 증표들로 너를 복주시리 라." 그들이 그들의 일편단심의 섬김을 통해서 스스로 이웃들과 구별됨을 드러내 보이면, 하나님이 특별한 복들을 부으사 그들을 이웃들 위에 뛰어나게 하실 것이다.

(3) "그가 너를 번성하게 하시리라." 번성하게 하는 것은 세상의 인구를 늘어 나게 하는 고대의 복이었는데(창 1:28; 9:1), 여기서는 가나안의 인구를 늘어나게 하는 복을 말씀하신다. 가나안도 그 자체가 작은 세상인 것이다. 그들의 가문과 재물들이 늘어날 것도 약속되고 있다. 상속자들이 없이 재산만 있거나 재산이 없이 상속자들만 있는 경우는 생기지 않을 것이며, 많은 자손들과 풍성한 재물을 동시에 공급받아 완전한 만족을 누리게 될 것이라는 것이다.

3. 그들이 애굽의 우상 숭배에서 그들 자신을 순결하게 지키면 하나님께서 애굽의 질병에게서 그들을 깨끗하게 지키시리라는 것(15절). 이는 그들이 그 힘으로 구원받게 된 애굽의 그 재앙들만이 아니라 그 땅의 갖가지 풍토병도 지칭하는 것 같다. 그들은 애굽 사람들 사이에 그런 풍토병들이 만연해 있는 것을 기억하였는데, 하나님은 그들의 민족적인 죄악을 그것들로 징계하셨던 것이다. 질병은 하나님의 종으로서 그가 보내시는 곳에 가며, 그가 명하시는 바를 행하는 것이다. 그러므로 우리가 영혼의 죄를 죽이는 것이 우리 몸의 건강에도 좋은 것이다.

4. 그들이 바쳐진 멸할 민족들을 끊어내고자 하면 반드시 그들을 끊어내게 될 것이요, 아무도 그들 앞에서 저항하지 못할 것이라는 것. 이 일에서 그들에

게 주어진 의무 그 자체가 그들에게 이점이 될 것이었다: 네 하나님 여호와께서 네게 넘겨주신 모든 민족을 네 눈이 긍휼히 여기지 말고 진멸하라 — 이것은 명령이다(16절). 그리고 네 하나님 여호와께서 그들을 네게 넘기시고 그들을 크게 혼란하게 하여 마침내 진멸하시리라 — 이것은 약속이다(23절). 이처럼 우리도 죄가 주관하지 못하게 하며, 우리 스스로 죄에 탐닉하거나 그것을 그냥 두고 보지도 말며, 그것을 미워하고 그것과 싸우라는 명령을 받고 있다. 그리고 그 다음에 하나님이 죄가 우리를 지배하지 못할 것이요(롬 6:12, 14) 우리가 그것을 이기고도 남을 것이라는 약속이 주어지는 것이다. 가나안 정복의 난제와 불확실성이 그들의 조상들에게 걸림돌이 되었으므로, 모세는 여기서 십중팔구 그들의 사기를 꺾어놓을 그 문제들에 대해 그들의 사기를 높여주면서, 그들더러 그들을 두려워하지 말라고 명하는 것이다(18절, 또한 21절).

(1) 원수들의 숫자와 힘에 놀라 그 때문에 상심하는 일이 있어서는 안 된다. 이 민족들이 나보다 많으니 내가 어찌 그를 쫓아낼 수 있으리요 하지 말라(17절). 우리는 숫자가 많은 자가 반드시 승리한다고 생각하기가 쉽다. 그러나 이런 유혹에 대해 이스라엘을 방비하고자 모세는 그들에게 바로와 애굽의 모든 권세의 몰락을 상기시킨다(18, 19절). 그들은 하나님이 그들을 가나안으로 인도하시기 위해 애굽에서 인도해 내실 때에 큰 시험과 이적과 기사와 표적들을 보았다. 그러므로 하나님이 가나안 사람들도 몰아내실 수 있으며(가나안 사람들이 견고하고 막강하였으나 애굽 사람들만큼 이스라엘에 대해 유리한 고지에 있지 못했고, 큰일을 행하신 분은 그보다 작은 일은 얼마든지 하실 수 있는 법이었다) 또한 그들을 몰아내고자 하신다는 것을 쉽게 추정할 수 있었다. 그렇지 않다면 그가 이스라엘을 애굽에서 인도하여 내신 것이 그들에게 전혀 자비로운 일이 아니었을 것이다. 시작하신 이가 마지막까지 이루실 것이었다. 그러므로 이것을 잘 기억하라(18절). 하나님의 말씀과 그의 역사하심이 우리의 믿음과 순종에 도움이 되도록 하는 것이 그것들을 잘 기억하는 것이다. 그래야만 그것을 사용해야 할 때에 꺼내어 사용할 수 있을 것이다.

(2) 그들 자신의 연약함과 결점 때문에 상심해서도 안 된다. 하나님이 그들에게 왕벌들을 지원군으로 보내실 것이니 말이다(20절). 그것들은 보통보다 더 큰 벌들인데 이것들이 그 원수들을 훼파하여(그들 중 많은 이들을 죽이고) 두려움에 떨게 하고, 그리하여 결국 이스라엘에 손쉬운 먹이가 되게 하리라는 것

이었다. 하나님은 애굽 사람들을 파리 재앙으로 벌하셨으나 가나안 사람들은 왕벌 재앙으로 벌하실 것이었다. 다른 사람들에게 임하는 가벼운 심판에서 경계를 받지 않는 자들은 더 큰 심판을 받게 될 수도 있다. 그러나 이스라엘에게는 큰 격려가 있었으니, 하나님이, 곧 크고 두려운 하나님이 그들 중에 계시다는 것이었다(21절). 하나님이 우리를 위하시면, 하나님이 우리와 함께하시면, 그 어떠한 피조물의 권세가 우리를 대적한다 해도 두려워할 필요가 없는 것이다.

(3) 이스라엘 군대의 전진이 더디다는 것 때문에 상심해서도, 첫 해에 가나안 사람들을 몰아내지 않으면 영영 그들을 정복하지 못할 것이라고 생각해서도 안 된다. 아니다. 그들을 조금씩 쫓아내야 하며, 급히 멸해서는 안 된다(22절). 주목하라. 교회의 구원과 그 원수들의 멸망이 즉시 이루어지지 않으면 절대로 이루어지지 않을 것이라고 생각해서는 안 된다. 하나님은 자신의 일을 자신이 정하신 시간에 자신의 방법으로 행하실 것이며, 또한 우리는 그것이 항상 최선이라는 것을 확신해도 무방할 것이다. 신자들의 마음에서 부패한 것을 몰아내는 일도 이처럼 조금씩 이루어진다. 성화의 일은 점진적으로 진행된다. 그러나 그 심판이 결국 완전한 승리를 가져오게 될 것이다. 이에 대한 이유로 제시되는 것은(앞의 출 23:29, 30에서와 마찬가지로) 들짐승이 번성하여 너를 해할까 하는 것이다. 그 땅은 하나님께서 사람들에게 주신 것이다. 그러므로 이스라엘이 수가 많아져서 그 땅에 편만하게 되기까지 그 땅을 들짐승들의 거처와 승냥이의 굴이 되게 하는 것(사 34:13, 14)보다는 차라리 가나안 사람들의 잔당들이 그 땅을 소유하고 있는 편이 나았을 것이다. 하나님은 짐승들이 그런 일을 저지르지 않도록 막으실 수 있었던 것이다(레 26:6). 그러나 교만과 안일함과 기타 안정된 상태에서 번영을 누리는 데에서 일반적으로 나타나는 다른 죄악들이 들의 짐승 떼보다 더 위험한 원수들이었으며, 그들에게서 이것들이 늘어나기가 쉬웠다(삿 3:1, 4을 보라).

제 8 장

개요

모세는 자녀들에게 하나님의 말씀을 거듭거듭 자주 반복함으로써 그 말씀을 충실히 습득하도록 가르칠 것을 부모들에게 권고했었는데(6:7), 여기서는 그 자신이 친히 이스라엘 사람들을 자기 자녀로 삼아 그들에게 동일한 방법을 사용하여 가르친다. 동일한 규례와 경고들을 자주 반복하여 제시하며, 동일한 동기와 논지들을 사용하여 그것들을 강화함으로써, 그들이 그렇게 자주 들은 내용이 그들과 함께 거하도록 하는 것이다. 본 장에서 모세는 이스라엘 사람들에게 다음을 제시한다. I. 순종하라는 일반적인 권면(1, 6절). II. 하나님이 광야에서 그들을 위하여 행하신 큰일들을 재론함. 이는 순종을 위하여 좋은 논증이 된다(2-5, 15, 16절). III. 하나님이 그들을 인도하여 들이실 그 좋은 땅에 대한 전망(7-9절). IV. 번영의 상태에서 대하게 될 시험거리들에 대한 필요한 경고(10-14, 17, 18절). V. 하나님을 배반할 때 반드시 올 치명적인 결과에 대한 공정한 경고(19, 20절).

¹내가 오늘 명하는 모든 명령을 너희는 지켜 행하라 그리하면 너희가 살고 번성하고 여호와께서 너희의 조상들에게 맹세하신 땅에 들어가서 그것을 차지하리라 ²네 하나님 여호와께서 이 사십 년 동안에 네게 광야 길을 걷게 하신 것을 기억하라 이는 너를 낮추시며 너를 시험하사 네 마음이 어떠한지 그 명령을 지키는지 지키지 않는지 알려 하심이라 ³너를 낮추시며 너를 주리게 하시며 또 너도 알지 못하며 네 열조도 알지 못하던 만나를 네게 먹이신 것은 사람이 떡으로만 사는 것이 아니요 여호와의 입에서 나오는 모든 말씀으로 사는 줄을 네가 알게 하려 하심이니라 ⁴이 사십 년 동안에 네 의복이 해어지지 아니하였고 네 발이 부르트지 아니하였느니라 ⁵너는 사람이 그 아들을 징계함 같이 네 하나님 여호와께서 너를 징계하시는 줄 마음에 생각하고 ⁶네 하나님 여호와의 명령을 지켜 그의 길을 따라가며 그를 경외할지니라 ⁷네 하나님 여호와께서 너를 아름다운 땅에 이르게 하시나니 그 곳은 골짜기든지 산지든지 시내와 분천과 샘이 흐르고 ⁸밀과 보리의 소산지요 포도와 무화과

와 석류와 감람나무와 꿀의 소산지라 ⁹네가 먹을 것에 모자람이 없고 네게 아무 부족함이 없는 땅이며 그 땅의 돌은 철이요 산에서는 동을 캘 것이라

　　여기서 그들에게 주어지는 권고는 앞에서 주어진 것과 동일한 것으로, 하나님의 모든 명령들을 지켜 행하라는 것이다. 그들의 순종은 1. 조심스러워야 한다. 지켜 행하라. 2. 보편적이어야 한다. 모든 명령을(1절). 그리고, 3. 선한 원리에서 나오는 것이어야 한다. 하나님을 주(主)로, 그들의 하나님으로 여기며 그를 거룩하게 경외하며(6절), 그의 위엄을 높이 기리고, 그의 권위에 굴복하며, 그의 진노를 끔찍하게 여기는 자세로 행하여야 한다. 이러한 순종을 드리게 하기 위하여 모세는 그들에게 올 큰 유익들을 제시하는 한편(그들이 살고 번성하고 모든 일이 잘 되리라는 것, 1절), 그들에게 다음을 지시한다.

I. 하나님이 그들을 이끌어 통과하게 하신 그 광야를 뒤돌아보라는 것. 네 하나님 여호와께서 이 사십 년 동안에 네게 광야 길을 걷게 하신 것을 기억하라(2절). 이제 그들이 성년이 되었고, 또한 그들의 기업으로 들어가고 있었으므로, 그들은 자기들이 과거 어린 시절 받았던 징계와 또한 하나님이 그 자신을 위하여 그들을 훈련시키시며 취하신 방법을 다시 돌아보아야 했다. 광야는 그들이 사십 년 동안 지내면서 교사들과 통치자들에게서 훈련받고 배움을 얻은 학교였다. 이제 그 모든 것을 기억에 떠올릴 때가 된 것이다. 지난 사십 년 동안 일어난 일들은 매우 기억에 남고 기억하기에 충분한 가치가 있으며, 순종하도록 하는 타당한 논증을 제시하므로 기억하는 것이 매우 유용하고 유익한 일들이었다. 그리고 그것들을 기록한 것은 기억하게 하고자 하기 위함이었다. 유월절 절기가 그들이 애굽에서 구원받은 일을 기념하는 것이었듯이, 초막절이 그들이 광야를 통과하여 지난 것을 기념하는 것이었다. 주목하라. 하나님께서 이 광야를 통하여 지금까지 인도해 오신 하나님의 섭리와 은혜에 속하는 모든 것들을 기억하는 것이 우리에게 매우 좋은 일이다. 우리가 사기가 충천하여 기꺼이 그를 섬기며 그를 신뢰하게 될 것이기 때문이다. 여기에 우리의 에벤에셀을 세우도록 하자.

1. 그들이 때때로 당한 곤경들을 기억해야 했다. (1) 이는 그들의 교만을 죽이기 위함이었다. 그들을 낮추어, 그들이 그들을 위해 행해지는 풍성한 이적들을 통해서 필요 이상으로 우쭐해지지 못하게 하고, 그리고 그들이 즉시 가나안

을 다 얻은 것처럼 확신하고서 안일해지지 않도록 하기 위함이었다. (2) 그들의 악함을 드러내기 위함이었다. 그들과 다른 이들로 하여금 그들의 마음속에 있는 모든 것을 알게 하고(하나님이 전부터 그것을 완전히 다 알고 계시니), 또한 하나님이 그들을 택하신 것이 그들 속에 칭찬할 만한 것이 있었기 때문이 아니라는 것을 보게 하기 위함이었다. 그들의 움직임은 언제나 그를 거스르고 그의 진노를 촉발시키는 것뿐이었으니 말이다. 하나님은 그들에게 만나와 관련된 것들을 비롯하여(출 16:28) 여러 가지 명령들을 주셨는데, 이것들은 그들이 광야를 통과하지 않았다면 주실 필요가 없었을 것들이었다. 하나님은 그들이 그의 약속들을, 그가 천 대에 이르기까지 명령하신 말씀을 신뢰하는지, 그리고 그의 약속들에 의지하여 그의 계명들을 순종하는지를, 이를 통해서 시험하신 것이다.

2. 언제나 그들에게 공급된 것들을 기억해야 했다.

(1) 하나님이 친히 그들의 양식과 의복과 건강을 구체적으로 보살피셨다. 그러니 그 이상 무엇을 더 가지려 하겠는가? [1] 만나가 그들의 양식이 되었다 (3절). 그들의 궁핍한 처지로 인하여 공급이 더욱 반가웠고 또한 그들을 향한 하나님의 선하심이 더욱 선명하게 드러났다. 하나님께서는 그의 백성들을 도우시는 존귀를 얻으시기 위하여 그들을 낮추시는 경우가 많다. 의에 주리고 목마른 자들에게는 이렇게 하늘의 위로의 만나가 주어지는 것이다(마 5:6). 주린 심령에게는 쓰라린 모든 것이 단 법이다. 만나에 대해서 그것이 너도 알지 못하며 네 열조도 알지 못하던 음식이라고 말씀한다. 또한 16절에서도 이를 다시 말씀한다. 어떤 이들은 그 지방에 때때로 이슬과 더불어 그런 것이 떨어졌다고 보기도 하는데, 그들이 그런 것을 알고 있었다 하더라도, 그렇게 많은 양이 그렇게 일 년 내내 끊임없이 그렇게 오래 또한 그 특정한 장소에만 떨어진 예는 절대로 알려진 적이 없었다. 이것들은 전적으로 이적적으로 일어난 것이요 전례가 없는 것이었다. 여호와가 새 일을 창조하셔서 그것들을 공급하신 것이요, 또한 그리하여 사람이 떡으로만 사는 것이 아님을 그들에게 가르치신 것이다. 하나님께서 떡이 사람의 건강을 강건하게 하도록 지정하셨고, 또한 떡이 일반적으로 생명을 지탱하는 양식이 되도록 하셨다. 그러나 하나님은 그가 기뻐하시면 그것이 없이도 얼마든지 생명을 지탱시키시고 영양을 공급하도록 명하실 수 있고, 또한 전혀 그럴 가망이 없을 것 같은 다른 것으로 그 의도를 이루실

수 있는 것이다. 하나님의 말씀으로 그렇게 되도록 거룩하게 구별되었다면, 우리가 공기를 마시고도 살 수 있을 것이다. 하나님은 그가 일상적으로 사용하시는 수단에 매여 계시지 않으며, 그것들이 없이도 얼마든지 그의 백성들에게 자비를 행하실 수 있는 것입니다. 이 돌들을 명하여 떡이 되게 하라는 사탄의 시험에 대해 우리 주님은 이 본문을 인용하셔서 대답하신다. 그리스도께서는 "그럴 필요가 무엇인가? 내 하늘 아버지는 떡이 없이도 나를 살아 있게 하실 수 있도다"(마 4:3, 4). 하나님의 자녀들은 아무도 하늘 아버지를 불신해서도 안 되며 죄악된 간접적인 경로를 통해 그들의 필수적인 것을 공급하려 해서도 안 된다. 의무를 다하며 정직하게 부지런히 힘쓰면 이런 방식이든 저런 방식이든 하나님이 그들에게 공급하실 것이다. 이를 영적으로 적용할 수도 있다. 하나님의 말씀은 하나님의 뜻의 계시요 정당하게 받고 은혜로 누리는 은혜이므로, 영혼의 양식이다. 그 영혼의 양식으로 지탱되는 생명이 바로 사람의 생명이다. 떡으로 지탱되는 그 생명만이 사람의 생명이 아닌 것이다. 만나는 생명의 떡이신 그리스도를 예표한다. 그는 하나님의 말씀이시요, 우리는 그로 말미암아 사는 것이다. 여호와께서 영생하도록 있는 떡을 우리에게 주시니, 썩어질 양식으로 그것을 버려서는 안 될 것이다. [2] 애굽에서 가나안까지, 최소한 전체적으로는, 동일한 의복들로 견뎠다. 갈아입을 의복이 따로 없었지만, 그것이 언제나 새것이었고 해어지지 않았다(4절). 이것은 지속적인 이적이었다. 그리고 유대인들의 말처럼 그들이 그 의복을 입은 채로 자랐다면 그 의복들이 항상 그들의 체구에 맞았을 것이니 이는 더 큰 이적이었다. 그러나 애굽에서 나올 때 그들이 어깨에 의복 꾸러미들을 지고 나온 것이 분명하며(출 12:34), 그들은 기회가 있을 때마다 그것들을 번갈아 입었을 것이다. 그리고 이들은 가나안에 들어가 새 의복을 마련할 수 있게 되기까지 그들이 입는 것으로 족했을 것이다.

(2) 하나님은 그들에게 양식과 의복을 공급해 주시는 방법을 통해서 [1] 그들을 낮추셨다. 사십 년 동안 천편일률적으로 항상 같은 음식과 같은 의복에 매여 있는 것은 그들에게 정말 고역이었다. 이렇게 해서 그는 그가 그들을 위하여 계획하신 선한 것들은 더 나은 것들의 그림자들이요, 사람의 행복이 자주 옷이나 세마포 옷을 입고 날마다 호의호식하는 데 있지 않고 하나님과 언약을 맺고 그와 교제를 나누며 그의 의로우신 율례를 배우는 데 있는 것임을 그들에게 가르치신 것이다. 광야의 이스라엘에게 주어진 하나님의 율법이 의복과 양

식을 대신하는 것이었던 것이다. [2] 인간적인 수단과 원인들이 사라질 때에도 하나님이 그들을 먹이실 것을 그들이 신뢰할 수 있는지를 시험하셨다. 그는 이렇게 해서 섭리에 의지하여 살며 무엇을 먹을까 무엇을 입을까 염려하지 않도록 그들을 가르치신 것이다. 그리스도께서도 그의 제자들에게 동일한 것을 가르치고자 하셨고(마 6:25), 이를 가르치고자 비슷한 방법을 사용하셨다. 그들을 전대와 배낭과 신발로 없이 보내셨으나 부족한 것이 없도록 보살피신 것이다(눅 22:35). [3] 그들의 건강과 복지를 보살피셨다. 그들은 메마른 지역을 도보로 여행하였고, 길이 제대로 나 있지도 않았고 거칠었다. 그러나 그들의 발이 부르트지 않았다. 하나님께서 그들이 불편한 여정으로 인하여 해를 당하지 않도록 그들을 보존하신 것이다. 우리는 이런 유의 자비도 인정해야 한다. 주목하라. 하나님을 따라 행하는 자들은 안전할 뿐 아니라 편안하다. 의무의 길을 걷는 동안 우리의 발이 부르트지 않는다. 범죄의 길이 힘든 것이다(잠 13:5). 하나님은 거룩한 자들의 발을 지키실 것을 약속하신 바 있다(삼상 2:9).

3. 그들이 받은 징계도 기억해야 했다(5절). 그들이 교육받은 이 세월 동안 그들은 철저한 징계 아래 있었는데 그것은 필요 없는 것이 아니었다. 사람이 그 아들의 유익을 위하여, 또한 그를 사랑하기 때문에 그 아들을 징계함 같이 네 하나님 여호와께서 너를 징계하시는 것이다. 하나님은 그의 모든 자녀들을 부드럽게 대하시는 사랑이 많으신 아버지이시나, 경우에 따라서는 그 자녀들이 채찍을 느끼기도 할 것이다. 이스라엘이 그랬다. 그들이 정죄받지 않도록 하기 위하여 그가 그들을 징계하시고, 사람의 막대기로 때리신 것이다. 사람이 완전히 멸할 원수들에게 상처를 주거나 해를 입히지 않고, 복을 바라고 잘 되기를 바라는 아들을 채찍질하듯이, 하나님도 그렇게 그들을 징계하셨다. 그들을 징계하시고 가르치신 것이다(시 94:12). 그들은 이것을 마음에 생각하여야 했다. 즉, 하나님이 아버지의 사랑으로 그들을 교정하셨다는 것을 경험을 통해서 새기고, 그리하여 그에게 아들로서 경외함과 순종을 드려야 했던 것이다. 하나님이 너를 아버지로서 징계하셨으니 네 하나님 여호와의 명령을 지킬지니라. 우리는 환난을 당할 때마다 이를 적용시켜야 할 것이다. 이로써 우리가 정신을 차리고 다시 의무를 다하게 되어야 할 것이다. 그들은 이렇게 광야 시절을 되돌아보도록 지시를 받은 것이다.

II. 하나님이 이제 그들을 인도하여 들어가게 하실 가나안을 향하여 바라보

라는 것. 우리도 그 길을 바라보며 그것을 회고하고 전망함으로써 순종할 분명한 근거를 확립해야 할 것이다. 관찰하라.

1. 그들이 들어가 소유하게 될 그 땅이 여기서 바람직한 모든 것을 다 갖춘 매우 좋은 땅으로 묘사된다(7-9절). (1) 그 땅은 여호와의 동산 에덴처럼 물이 풍부하였다. 시내와 분천과 샘이 흐르고, 그로 인하여 토양이 비옥한 땅이었다. 가나안 사람들이 우물을 발견하고 팠으니 어쩌면 아브라함 당시보다 그 때가 더 물이 많았을지도 모른다. 그러므로 이스라엘은 하나님의 풍성하신 공급은 물론 산업의 열매도 함께 수확하게 되었다. (2) 땅에서 모든 좋은 것들이 풍성하게 생산되어, 필수품을 공급받은 것은 물론 편의품과 인간 생활의 모든 위로거리들까지도 공급받았다. 조상들의 땅에는 떡이 풍족하였다. 그 땅은 밀과 보리의 소산지였고, 농부의 일상적인 보살핌과 수고만 있으면 부족함 없이 떡을 먹을 수 있는 그런 땅이었다. 그 곳은 열매가 풍성한 땅으로서 거기 거하는 자들의 죄악 때문만 아니면 메마르는 경우가 절대로 없는 곳이었다. 거기는 그들의 갈증을 해갈할 정도로 물이 풍족할 뿐 아니라 포도와 과일들로 마음에 즐거움을 누릴 수 있는 곳이었다. 그리고, 맛있는 것들을 원할 경우에도 먼 나라까지 가서 가져올 필요가 없었고 그 땅에서 얼마든지 얻을 수 있었다. 최상급의 무화과와 석류와 감람나무와 꿀(어떤 이들은 이를 대추야자의 뜻으로 읽기도 한다) 등이 풍부했던 것이다. (3) 비록 은금은 없었지만 땅속도 매우 풍부하였다. 은금은 스바 왕들이 예물로 가져오게 될 것이었다(시 72:10, 15). 거기에는 은금 대신 철과 동 등 유용한 광석들이 더 많이 있었다. 철광산과 동 광산이 들에서 발견되었다. 욥 28:2을 보라.

2. 이런 것들을 언급한 것은, (1) 하나님이 그들로 통과하게 하신 광야와 그들로 들어가게 하실 그 좋은 땅이 얼마나 많이 다른지를 보여주기 위함이다. 주목하라. 고난당하는 상태의 불편한 것들을 인내와 굴복으로 견디는 자들은 그것으로 말미암아 낮아지고 시험을 잘 받아, 더 나은 처지를 위해서 가장 준비를 잘 갖추게 된다. (2) 그들에게 베푸신 호의에 대해 감사하는 마음으로, 또한 자기들 자신의 유익을 생각하여, 하나님의 명령들을 잘 지켜야 할 크나큰 의무가 있음을 그들에게 보여주기 위함이다. 이 좋은 땅을 계속해서 소유할 수 있는 유일한 길은 그들의 의무를 계속해서 행하는 것이었다. (3) 그것이 다가올 좋은 것들을 미리 보여주는 그림자임을 보여주기 위함이다. 다른 이들이 무

엇을 보았든 간에, 모세는 아마도 여기서 더 나은 본향의 모형을 보았을 것이다. 복음의 교회는 신약의 가나안이요, 거기에는 성령의 은사들과 은혜들로 물이 풍성하며, 의의 열매를 맺는 의의 나무들이 풍성히 심겨져 있다. 천국은 아무것도 모자람이 없고 충만한 기쁨이 있는 진정 좋은 땅이다.

[10]네가 먹어서 배부르고 네 하나님 여호와께서 옥토를 네게 주셨음으로 말미암아 그를 찬송하리라 [11]내가 오늘 네게 명하는 여호와의 명령과 법도와 규례를 지키지 아니하고 네 하나님 여호와를 잊어버리지 않도록 삼갈지어다 [12]네가 먹어서 배부르고 아름다운 집을 짓고 거주하게 되며 [13]또 네 소와 양이 번성하며 네 은금이 증식되며 네 소유가 다 풍부하게 될 때에 [14]네 마음이 교만하여 네 하나님 여호와를 잊어버릴까 염려하노라 여호와는 너를 애굽 땅 종 되었던 집에서 이끌어 내시고 [15]너를 인도하여 그 광대하고 위험한 광야 곧 불뱀과 전갈이 있고 물이 없는 건조한 땅을 지나게 하셨으며 또 너를 위하여 단단한 반석에서 물을 내셨으며 [16]네 조상들도 알지 못하던 만나를 광야에서 네게 먹이셨나니 이는 다 너를 낮추시며 너를 시험하사 마침내 네게 복을 주려 하심이었느니라 [17]그러나 네가 마음에 이르기를 내 능력과 내 손의 힘으로 내가 이 재물을 얻었다 말할 것이라 [18]네 하나님 여호와를 기억하라 그가 네게 재물 얻을 능력을 주셨음이라 이같이 하심은 네 조상들에게 맹세하신 언약을 오늘과 같이 이루려 하심이니라 [19]네가 만일 네 하나님 여호와를 잊어버리고 다른 신들을 따라 그들을 섬기며 그들에게 절하면 내가 너희에게 증거하노니 너희가 반드시 멸망할 것이라 [20]여호와께서 너희 앞에서 멸망시키신 민족들 같이 너희도 멸망하리니 이는 너희가 너희의 하나님 여호와의 소리를 청종하지 아니함이니라

　　모세는 가나안 땅에서 그들이 접하게 될 그 풍성한 것들을 언급한 다음, 그 풍성한 것들을 남용해서는 안 된다는 경고가 필요하다는 것을 직시한다. 이는 메마른 광야에서 벗어나는 즉시 여호와의 포도원에 들어가게 될 그들이 특히 범하기 쉬운 죄였다.

　I. 그는 번영을 누리는 처지에서 해야 할 의무를 제시한다(10절). 　배부르게 먹어도 상관없으나 지나친 과식은 금물이다. 그들에게 은혜를 베푸시고 절기를 제정하신 분을 언제나 기억하며, 음식을 먹은 후 감사를 드리기를 절대로

잊지 말아야 한다. 네가 … 네 하나님 여호와 … 를 찬송하라.

1. 먹고 마시는 것에 취하여 하나님을 찬송하는 이 의무를 잃어버리지 않도록 조심하여야 하고, 오히려 즐거움과 기쁨으로 풍성한 것들을 누릴수록 거기서 하나님을 섬기기를 목표로 삼아야 한다.

2. 배부르게 먹을 때, 거짓 신들을 찬송하는 자들과는 그 어떤 교제도 가져서는 안 된다. 이스라엘 자손 스스로도 금송아지를 섬길 때에 동일한 죄악을 범한 적이 있었다(출 32:6).

3. 그들이 무엇을 누리든 하나님께서 위로를 베푸신 사실을 자랑하고 그에게 영광을 돌려야 한다. 우리 주님께서 먹기 전에 감사할 것을 가르치신 것처럼(마 14:19, 20), 여기서는 음식을 먹은 후에 찬송할 것을 가르침 받는 것이다. 전자는 우리의 호산나(하나님이여 복 주옵소서)이며, 후자는 우리의 할렐루야(하나님을 찬송하리로다)인 것이다. 범사에 감사하여야 하는 것이다. 신앙적인 유대인들은 이 율법에 근거하여 귀에 들리도록 하나님을 찬송하는 행위를 했다. 엄숙한 식사 때만이 아니라 다른 일들이 있을 때에도 그렇게 했다. 포도주를 마실 때면 손을 높이 들고, 포도 열매를 창조하사 마음을 즐겁게 하신 이를 찬송할지어다 라고 읊었다. 꽃 냄새만 맡아도 그들은, 이 꽃을 향기롭게 만드신 이를 찬송할지어다 라고 했다.

4. 그 땅의 열매들에 대해 감사할 때에 약속에 의하여 그들에게 주어진 그 땅 자체의 열매들에 대해서 감사해야 했다. 우리가 편안히 무언가를 누릴 때마다, 언제나 우리가 편안히 정착하여 있는 것에 대해 하나님께 감사하여야 한다. 그들이 좋은 땅을 주신 것에 대해 감사를 드려야 했던 것만큼이나 이 나라에 속한 우리 역시 좋은 땅을 주신 것에 대해 감사를 드려야 할 이유들이 많은 것이다.

Ⅱ. 그는 번영을 누리는 처지에서 대적해야 할 시험거리들을 제시하며, 그것들을 든든히 방비하라고 권고한다. "네가 아름다운 집을 짓고 거주하게 되면"(12절, 하나님이 그들이 짓지 아니한 집을 하나님이 그들에게 주셨을지라도, 6:10, 그것들로는 안 되고 그보다 더 크고 세련된 집이 있어야 했다) "또 네 소와 양이 번성하며 네 은금이 증식되며 네 소유가 다 풍부하게 될 때에"(아브라함처럼, 창 13:2),

1. "네 마음이 교만하지 않을까 조심하라"(14절). 재산이 증식되면 자만심과

자기 안일과 자신감으로 마음이 덩달아 교만해지기가 쉬운 법이다. 그러므로 높은 처지에서는 마음을 낮추기에 힘써야 할 것이다. 겸손이 안락이요 또한 번영의 장식인 것이다. 네 마음속으로 내 능력과 내 손의 힘으로 내가 이 재물을 얻었다(17절)라는 교만한 말을 하지 않도록 조심하라. 주목하라. 절대로 우리의 번영을 우리 자신을 칭찬할 거리로 삼거나 그것을 우리의 재능이나 부지런함의 덕분으로 여겨서는 안 된다. 지혜자들이라고 음식물을 얻는 것도 아니며 명철자들이라고 재물을 얻는 것도 아니기 때문이다(전 9:11). 이렇듯 그물에 제사하는 것은 영적인 우상 숭배인 것이다(합 1:16).

2. "네 하나님 여호와를 잊어버릴까 주의하라." 마음이 교만해지면 이런 결과로 이어진다. 왜냐하면 악인이 여호와를 찾지 않는 것이 그의 교만한 얼굴로 말미암기 때문이다(시 10:4). 자기를 높이는 자들은 하나님을 멸시하는 법이다. (1) "하나님께 행하여야 할 의무를 잊지 말라"(11절). 하나님의 명령들을 지키지 않으면 하나님을 잊는 것이다. 그의 율법에 순종하지 않으면, 우리를 다스리는 그의 권세와 그에 대한 우리의 책임과 그에 대한 기대들을 모두 잊게 된다. 사람이 부해지면 신앙이 불필요한 것인 양 생각하게 될 유혹에 빠지기 쉽다. 신앙이 없어도 행복하다고 느끼며, 신앙이 자기들의 격에 어울리지 않고 또 너무 힘든 것으로 여기는 것이다. 위엄이 있는데 어떻게 몸을 굽히며, 자유가 있는데 어떻게 섬기냐는 것이다. 그러나 하나님이 우리에게 더 잘 대해 주시는데 우리가 그에게 더 못한다면 그것은 비열한 배은망덕일 뿐이다. (2) "하나님이 전에 너희에게 행하신 일들을, 너를 애굽에서 구원하신 일을 잊지 말라(14절). 그 거대하고 무서운 광야에서 너를 먹이신 일을 잊지 말라." 그들은 그 광야의 끔찍한 공포가 그들에게 가져다 준 인상을 절대로 잊지 못했다. 그 곳을 가리켜 사망의 그늘진 땅이라 부를 정도였다(렘 2:6). 그런데 하나님이 거기서 그들을 보존하사 맹렬한 뱀과 전갈들로 인하여 망하지 않도록 하신 것이다. 물론 때로는 그것들을 사용하셔서 그들을 교정시키기도 하셨다. 그는 거기서 그들을 지키사 물이 없어 죽는 일이 없도록 하셨다. (패트릭 주교에 따르면) 물보다는 오히려 불을 기대했음직한 단단한 반석에서 물을 내사 그들로 마시게 하셨다(15절). 앞에서 말했듯이(3절) 그는 마침내 네게 복을 주시려고 그 광야에서 그들에게 만나를 먹이셔서 그들을 살게 하셨다(16절). 주목하라. 하나님은 그의 이스라엘을 위하여 최고의 것을 마지막을 위하여 보관해 두신다. 중간에는

그들을 심하게 다루시는 것 같아도, 마지막에는 반드시 그들에게 유익을 주시는 것이다. (3) "너의 현재의 번영에 하나님의 손길이 있음을 잊지 말라(18절). 네게 부(富)를 주시는 분이 하나님이심을 기억하라. 그가 네게 재물 얻을 능력을 주셨음이라." 여기서 하나님이 주시는 것과 우리가 받는 것이 일치하는 것을 주시하며, 그것을 영적인 부요함에 적용시키라. 지혜를 얻고 무엇보다 명철을 얻는 것이 우리의 의무다. 그러나 지혜를 주시는 것은 하나님의 은혜다. 그러므로 그것을 얻은 후에 내 손의 힘으로 그것을 얻었다고 말해서는 안 되고, 그것을 얻을 능력을 주신 분이 바로 하나님이시라는 것을 인정하여 그에게 찬송을 올려야 하며, 그것을 거룩히 사용해야 하는 것이다. 이 세상이나 저 세상을 위해서 부지런한 자의 손에 여호와께서 복을 주사 부요하게 하시는 것이다. 그가 네게 재물 얻을 능력을 주시는 것은 너를 추켜세우고 너를 편안하게 하기 위함이 아니라 그의 언약을 든든히 세우기 위함이다. 하나님의 모든 선물은 그의 약속들을 이루기 위하여 주시는 것이다.

III. 지금껏 자주 경고해온 대로, 그는 하나님을 배반하고 그에게서 멀어질 때에 일어날 치명적인 결과들에 대해 정당하게 경고한다(19, 20절). 관찰하라.

1. 그 죄를 어떻게 묘사하는지. 그것은 하나님을 잊는 것이요 또한 다른 신들을 섬기는 짓이다. 하나님에 대한 생각들을 계속해서 머리에 두지 않는 자들에게 악이 끼어들지 않을 리가 있겠는가? 그리고 이러한 하나님에 대한 애정이 사라지면, 다른 거짓된 허영들이 곧바로 그 자리를 차지하게 되는 법이다.

2. 그 죄로 인하여 그들에게 임할 진노와 파멸을 얼마나 강조하는지. "네가 그렇게 하면, 반드시 멸망하리라. 그 때에는 네가 그렇게 자랑스러워하던 네 손의 힘이 전혀 너를 도울 수 없으리라. 아니, 너희 앞에서 내어쫓긴 그 민족들과 똑같이 너희가 멸망할 것이다. 너희가 그에게 순종하고 충성하지 않으면, 너희와 언약을 맺으시고 너희와 관계를 갖고 계심에도 불구하고 하나님이 너희를 돌아보지 않으실 것이다." 죄에서 다른 이들을 따라가는 자들은 반드시 멸망에도 그들을 따라갈 것이다. 우리가 죄인들이 행하듯이 행하면, 죄인들이 당할 운명을 우리가 그대로 당할 것을 기대할 수밖에 없는 것이다.

제9장

개요

　본 장에서 모세의 계획은 이스라엘 백성으로 하여금 그들이 하나님께로부터 지금 베풀어지게 될 그런 큰 은혜를 받기에는 철저하게 무가치하다는 점을 납득시키고자 하는 것이다. 말하자면, 그는 이를 이스라엘 백성의 헌장의 제목들로 여겨 대문자로 기록하고 있다 할 것이다. "내가 이렇게 행함은 너희를 위함이 아닌 줄을 너희가 알리라"(겔 36:32). I. 그는 원수들을 이기고 승리할 것을 그들에게 확신시킨다(1-3절). II. 그는 그들의 성공이 그들 자신의 공로의 덕분이 아니라 그들의 원수들에 대한 하나님의 공의의 덕분이요 또한 그들 조상에 대한 그분의 신실하심 덕분임을 분명히 가르친다(4-6절). III. 그들이 자기들의 의에 대해 자랑할 이유가 하나도 없다는 것을 분명히 하기 위하여 그는 그들의 과오를 언급하며, 이스라엘에게 그들의 허물들을 보여주며, 야곱의 집에 그들의 죄들을 보여준다. 전반적으로 그들은 내내 진노를 촉발시키는 백성이었다(7-24절). 구체적인 사례: 1. 금송아지를 만든 일, 이 이야기에 대해 상세히 서술한다(8-21절). 2. 그들이 반역을 저지른 다른 사례들을 언급한다(22, 23절). 3. 금송아지 사건으로 인하여 그들이 멸망할 처지에 있을 당시 그가 호렙 산에서 그들의 보존을 위하여 행한 간구를 다시 거론한다(25-29절).

¹이스라엘아 들으라 네가 오늘 요단을 건너 너보다 강대한 나라들로 들어가서 그것을 차지하리니 그 성읍들은 크고 성벽은 하늘에 닿았으며 ²크고 많은 백성은 네가 아는 아낙 자손이라 그에 대한 말을 네가 들었나니 이르기를 누가 아낙 자손을 능히 당하리요 하거니와 ³오늘 너는 알라 네 하나님 여호와께서 맹렬한 불과 같이 네 앞에 나아가신즉 여호와께서 그들을 멸하사 네 앞에 엎드러지게 하시리니 여호와께서 네게 말씀하신 것 같이 너는 그들을 쫓아내며 속히 멸할 것이라 ⁴네 하나님 여호와께서 그들을 네 앞에서 쫓아내신 후에 네가 심중에 이르기를 내 공의로움으로 말미암아 여호와께서 나를 이 땅으로 인도하여 들여서 그것을 차지하게 하셨다 하

지 말라 이 민족들이 악함으로 말미암아 여호와께서 그들을 네 앞에서 쫓아내심이니라 ⁵네가 가서 그 땅을 차지함은 네 공의로 말미암음도 아니며 네 마음이 정직함으로 말미암음도 아니요 이 민족들이 악함으로 말미암아 네 하나님 여호와께서 그들을 네 앞에서 쫓아내심이라 여호와께서 이같이 하심은 네 조상 아브라함과 이삭과 야곱에게 하신 맹세를 이루려 하심이라 ⁶그러므로 네가 알 것은 네 하나님 여호와께서 네게 이 아름다운 땅을 기업으로 주신 것이 네 공의로 말미암음이 아니니라 너는 목이 곧은 백성이니라

이스라엘아 들으라(1절)라고 하여 주의를 기울일 것을 촉구하는데, 이는 앞에서 행한 강론과는 시간적으로 어느 정도 거리가 있는 새로운 강론이 시작된다는 것을 시사해 준다. 아마 그 다음 안식일에 이 강론이 행해졌을 것이다.

I. 모세는 그 백성들이 이제 만나게 될 그 원수들의 막강한 힘을 그들에게 보여준다(1절).　그들이 내쫓아야 할 민족들은 그들보다 강력한 힘을 가진 자들로서, 아메리카 원주민들처럼 쉽게 먹이가 될 수 있는 야만적이고 질서도 없는 오합지졸들이 아니었다. 오히려 그들을 에워싸게 되면, 그들의 성읍들이 당시의 최고의 건축 기술에 따라 강력하게 방벽을 쌓아놓고 있음을 보게 될 것이었다. 들판에서 그들과 싸움을 벌이면, 그들이 크고 장대하여 보통 사람들이 도저히 당할 수 없다는 말을 하게 될 정도라는 것을 알게 될 것이다(2절). 이는 악한 정탐꾼들이 행한 보고와 흡사하다(민 13:28, 33). 그러나 의도는 그와 전연 다르다. 옛날 그들의 보고는 이스라엘을 하나님께로부터 떠나게 하고 그를 향한 소망을 꺾으려는 것이었다. 그러나 여기의 모세의 말씀은 그들을 하나님께로 나아가게 하고 그에게 소망을 두게 하고자 하는 것이었다. 전능한 능력이 역사해야만 그들이 안전하고 번영하게 될 것이었으니 말이다.

II. 그는 원수들이 아무리 막강하더라도 하나님이 그들과 함께 계심으로 그들이 승리를 거둘 것을 확신시킨다(3절). "그러므로 성공을 위해서 네가 누구를 의지해야 하며 어느 길을 바라보아야 하는지를 깨달으라. 여호와 네 하나님이 네 앞에서 행하시나니, 그는 네 대장이 되사 너를 지휘하시는 것은 물론 소멸하는 불이 되사 그들 중에 심판을 시행하시리라. 보라. 그가 그들을 멸하실 것이며, 그 후에 네가 그들을 몰아내리라. 그가 그들을 멸하시고 무너뜨리시지

않으면, 너는 그들을 몰아내지 못하리라. 그러나 네가 마음을 다하여 하나님을 신뢰하고 그들을 몰아내는 일에 최선을 다하지 않으면 하나님이 그들을 멸하고 몰아내시지 않으리라." 하나님의 은혜를 의지하고 우리의 최선의 노력을 기울여야 한다. 그렇게 최선을 다할 때에 하나님의 은혜가 임하게 될 것이다.

III. 모세는, 마치 그들 자신 때문에 하나님이 이처럼 호의를 베푸시기라도 한 것처럼 그들 자신의 의로움을 추켜세울 생각을 해서는 절대로 안 된다는 것을 경고한다. "내 공의로움으로 말미암아(나의 선한 성품을 돌아보시고, 혹은 내가 행한 선한 봉사에 대한 보상으로) 여호와께서 나를 이 땅으로 인도하여 들여서 그것을 차지하게 하셨다(4절)라고 말하지 말라. 그것이 너의 공의로움 때문이라거나 네 마음의 올바름 때문이라고 생각하지도 말고, 하나님이 네 선한 행실이나 네 선한 기질을 돌아보시고 그것을 차지하게 하셨다고 생각하지도 말라(5절)." 그리고 6절에서도 다시 이를 강조한다. 자기 자신의 공로를 자랑스러워하는 마음을 없애는 것이 필수적인데도 그 일이 무척이나 힘들기 때문이다. "네가 알라(깨닫고 믿고 생각하라). 네 하나님 여호와께서 네게 이 아름다운 땅을 기업으로 주신 것이 네 공의로 말미암음이 아니라. 네 공의를 조건으로 삼았더라면 너는 영원토록 거기서 쫓겨났을 것이다. 왜냐하면 너는 목이 곧은 백성이니라." 주목하라. 우리가 하늘의 가나안을 소유하게 된 것은 우리 자신의 힘이 아니라 하나님의 능력 덕분이며, 동시에 그것은 하나님의 은혜 덕분이지 우리 자신의 공로 덕분이 아닌 것이다. 그리스도 안에서 우리가 의와 힘을 갖는 것이다. 그러므로 우리는 우리 자신이나 우리 자신의 충족함이 아니라 마땅히 그에게 영광을 돌려야 하는 것이다.

IV. 모세는, 하나님이 이 좋은 땅을 가나안 사람들의 손에서 빼앗아 이스라엘에게 주시는 참된 이유들을 그들에게 알려준다. 그 이유들은 이스라엘 자신의 행위에 있는 것이 아니라 하나님 자신의 존귀하심에서 비롯된 것들이다.

1. 우상 숭배자들의 멸망에서 그가 존귀함을 받으실 것이다. 그들을 하나님을 미워하는 자들로 간주해 마땅한 자들이요, 따라서 하나님이 그들의 악을 갚으실 것이다. 이 민족들이 악함으로 말미암아 여호와께서 그들을 네 앞에서 쫓아내심이니라(4절). 또한 5절에서도 반복된다. 하나님이 거부하시는 자들은 모두 그들 자신의 사악함 때문에 거부를 당하는 것이다. 그러나 그가 받아들이시는 자들 가운데 그들 자신의 의로움 때문에 받아들여지는 자는 하나도 없는 것이

다.

    2. 그는 그와 언약을 맺은 자들에게 그의 약속을 이행하시는 일에서 존귀함을 받으실 것이다. 하나님은 그를 사랑하여 모든 것을 버리고 그를 따른 족장들에게 이 땅을 그 후손들에게 주시겠다고 맹세하셨었다. 그러므로 그는 그를 사랑하고 그의 계명을 지키는 자에게는 천 대까지 그의 언약을 이행하시며 인애를 베푸실 것이었다(7:9). 그 자신이 한 약속을 그냥 무너지게 하시지는 않을 것이었다. 그들이 사랑을 받은 것은 그 조상들로 말미암은 것이었다(롬 11:28). 그러므로 자기를 자랑하는 것은 영원히 있을 수 없는 것이다. 엡 1:9, 11을 보라.

    [7]너는 광야에서 네 하나님 여호와를 격노하게 하던 일을 잊지 말고 기억하라 네가 애굽 땅에서 나오던 날부터 이 곳에 이르기까지 늘 여호와를 거역하였으되 [8]호렙 산에서 너희가 여호와를 격노하게 하였으므로 여호와께서 진노하사 너희를 멸하려 하셨느니라 [9]그 때에 내가 돌판들 곧 여호와께서 너희와 세우신 언약의 돌판들을 받으려고 산에 올라가서 사십 주 사십 야를 산에 머물며 떡도 먹지 아니하고 물도 마시지 아니하였더니 [10]여호와께서 두 돌판을 내게 주셨나니 그 돌판의 글은 하나님이 손으로 기록하신 것이요 너희의 총회 날에 여호와께서 산상 불 가운데서 너희에게 이르신 모든 말씀이니라 [11]사십 주 사십 야를 지난 후에 여호와께서 내게 돌판 곧 언약의 두 돌판을 주시고 [12]내게 이르시되 일어나 여기서 속히 내려가라 네가 애굽에서 인도하여 낸 네 백성이 스스로 부패하여 내가 그들에게 명령한 도를 속히 떠나 자기를 위하여 우상을 부어 만들었느니라 [13]여호와께서 또 내게 말씀하여 이르시되 내가 이 백성을 보았노라 보라 이는 목이 곧은 백성이니라 [14]나를 막지 말라 내가 그들을 멸하여 그들의 이름을 천하에서 없애고 너를 그들보다 강대한 나라가 되게 하리라 하시기로 [15]내가 돌이켜 산에서 내려오는데 산에는 불이 붙었고 언약의 두 돌판은 내 두 손에 있었느니라 [16]내가 본즉 너희가 너희의 하나님 여호와께 범죄하여 자기를 위하여 송아지를 부어 만들어서 여호와께서 명령하신 도를 빨리 떠났기로 [17]내가 그 두 돌판을 내 두 손으로 들어 던져 너희의 목전에서 깨뜨렸노라 [18]그리고 내가 전과 같이 사십 주 사십 야를 여호와 앞에 엎드려서 떡도 먹지 아니하고 물도 마시지 아니하였으니 이는 너희가 여호와의 목전에 악을 행하여 그를 격노하게 하여 크게 죄를 지었음이라 [19]여호와께서 심히 분노하사 너희를 멸하려 하셨으므로 내가 두려워하였노라 그러나 여호와께서 그 때에도 내 말을 들

으셨고 ²⁰여호와께서 또 아론에게 진노하사 그를 멸하려 하셨으므로 내가 그 때에도 아론을 위하여 기도하고 ²¹너희의 죄 곧 너희가 만든 송아지를 가져다가 불살라 찧고 티끌 같이 가늘게 갈아 그 가루를 산에서 흘러내리는 시내에 뿌렸느니라 ²²너희가 다베라와 맛사와 기브롯 핫다아와에서도 여호와를 격노하게 하였느니라 ²³여호와께서 너희를 가데스 바네아에서 떠나게 하실 때에 이르시기를 너희는 올라가서 내가 너희에게 준 땅을 차지하라 하시되 너희가 너희의 하나님 여호와의 명령을 거역하여 믿지 아니하고 그 말씀을 듣지 아니하였나니 ²⁴내가 너희를 알던 날부터 너희가 항상 여호와를 거역하여 왔느니라 ²⁵그 때에 여호와께서 너희를 멸하겠다 하셨으므로 내가 여전히 사십 주 사십 야를 여호와 앞에 엎드리고 ²⁶여호와께 간구하여 이르되 주 여호와여 주께서 큰 위엄으로 속량하시고 강한 손으로 애굽에서 인도하여 내신 주의 백성 곧 주의 기업을 멸하지 마옵소서 ²⁷주의 종 아브라함과 이삭과 야곱을 생각하사 이 백성의 완악함과 악과 죄를 보지 마옵소서 ²⁸주께서 우리를 인도하여 내신 그 땅 백성이 말하기를 여호와께서 그들에게 허락하신 땅으로 그들을 인도하여 들일 만한 능력도 없고 그들을 미워하기도 하사 광야에서 죽이려고 인도하여 내셨다 할까 두려워하나이다 ²⁹그들은 주의 큰 능력과 펴신 팔로 인도하여 내신 주의 백성 곧 주의 기업이로소이다 하였노라

그들이 자기들의 공의로 말미암아 하나님이 그들을 가나안으로 인도하신다고 생각하지 않도록 하기 위하여, 모세는 여기서 전에 광야에서 그들이 멸망하지 않은 것이 얼마나 놀라운 자비의 이적인지를 보여준다. "너는 광야에서 네 하나님 여호와를 격노하게 하던 일을 잊지 말고 기억하라(7절). 그의 은혜를 사기는커녕 너는 여러 번 하나님의 진노를 촉발시켰었느니라." 그들의 조상들이 진노를 촉발시킨 것에 대해 여기서 그들에게 책임을 묻는다. 왜냐하면 하나님이 그 조상들을 그들의 행위대로 처리하셨더라면 이 세대는 존재조차 하지 않았을 것이고, 가나안에 들어가는 일은 더더욱 없었을 것이기 때문이다. 우리는 우리가 진노를 촉발시킨 일들을 잊기를 잘하며, 특히 채찍이 지나갔을 때는 더더욱 그렇다. 그러므로 우리가 우리 자신의 의로움을 헛되이 자랑하는 일이 절대로 없도록 과거에 우리가 진노를 촉발시켰던 일들을 마음에 두어야 할 필요가 있는 것이다. 바울은 온 인류가 죄 아래 있다는 사실을 근거로 우리가 우리 자신의 행위로는 하나님 앞에서 의롭다 하심을 받을 수 없다는 것을 입증한

다(롬 3:19, 20). 우리의 행위가 우리를 정죄한다면, 그것들이 우리를 정당화시켜 준다는 것은 어불성설일 것이다. 관찰하라.

1. 그들은 애굽에서 나온 이후 계속해서 하나님을 격노하게 한 백성들이었다(7절). 그들은 처음부터 마지막까지 사십 년 동안 내내 하나님과 모세를 근심시켰던 것이다. 모세는 이제 그들과 작별을 고하는 시점에서 그들에 대해 매우 안타까워했다. 내가 너희를 알던 날부터 너희가 항상 여호와를 거역하여 왔느니라(24절). 그들은 하나의 백성을 이루자마자 그들 중에 파당이 생겼고, 사사건건 하나님과 그의 다스리심을 대적하여 고개를 들었다. 모세의 역사는 그 사십년 동안 첫 해와 마지막 해에 일어난 일 외에는 별로 더 기록하고 있지 않지만, 이런 전반적인 묘사를 볼 때에 그 나머지 해들도 별로 나을 것이 없었고, 끊임없이 하나님을 격노하게 했던 것 같다.

2. 심지어 호렙 산에서조차 그들은 금송아지를 만들고 그것에게 경배했다(8절). 그것은 극악한 죄였고, 또한 몇 가지 일로 인하여 그 죄가 더욱 가중되었으므로, 그 때문에 그들이 징계를 받아 마땅했던 것이다. 형상을 만들어 그것으로 하나님을 예배해서는 안 된다는 분명한 금지 명령이 주어진 바로 그 곳에서, 그것도 그 산이 아직도 불이 붙고 있는 것을 눈으로 보는 가운데서, 그리고 모세가 그 율법을 기록으로 받기 위하여 떠나 있던 상태에서 그 죄악된 행위가 자행되었던 것이다. 그들은 여호와께서 명령하신 도를 그렇게도 **빨리** 떠나버린 것이었다(16절).

3. 하나님은 그들의 죄에 대해 심히 진노하셨다. 행여나 하나님께서 그들의 잘못은 그냥 지나치시고, 그들이 행한 선한 일은 인정하셔서 그들에게 가나안을 주셨다는 생각은 금물이다. 아니다. 하나님은 그들을 멸하기로 작정하셨었고(8절), 또한 쉽게 그렇게 하실 수 있었으며, 그렇게 하셨어도 전혀 손해가 없었을 것이다. 하나님은 심지어 자신이 그 일을 행하시도록 모세가 그분을 그냥 홀로 두기를 바라기도 하셨다(13, 14절). 이로 볼 때에 그들의 죄가 얼마나 악했는가가 여실히 드러난다. 하나님은 사람과는 달리 이유가 있는 정도 이상으로는 절대로 진노하시지 않기 때문이다. 하나님의 친구요 그의 총애하는 모세조차도 그들의 불경함과 불의함에 대해 하늘로부터 하나님의 진노가 나타나는 것을 보고 두려워 떨었다. 여호와께서 심히 분노하사 너희를 멸하려 하셨으므로 내가 두려워하였노라(19절). 이스라엘 백성에 대해서만이 아니라 어쩌면 그 자신

에 대해서까지 두려워했을 것이다(시 119:120).

4. 그들은 죄로 말미암아 하나님과 언약을 어겼고, 그 언약의 모든 특권들을 저버렸고, 모세는 두 돌판을 깨뜨림으로써 이 사실을 그들에게 선포하였다(17절). 이혼 증서가 그들에게 주어졌으므로, 그들이 영원토록 버림받는다 해도 정당한 일이었고, 따라서 그들은 결코 입을 벌려 그들 자신의 의로움을 항변할 수가 없었던 것이다. 하나님이 결국 그들을 버리신 것이다. 모세에게 이렇게 말씀하셨으니 말이다. "그들은 네 백성이지 내 백성이 아니로다. 그러므로 내 백성으로 대우받지 못하리라"(12절).

5. 아론 자신이 그 일로 인하여 하나님의 진노 아래 있게 되었다. 그는 여호와의 거룩한 자였고, 갑자기 두려움에 싸여 어쩔 수 없이 백성과 공모하여 죄를 범하였음에도 여호와께서 또 아론에게 진노하사 그를 멸하려 하셨다(20절). 열매 없는 어둠의 일들과 교제하게 되면, 어느 누구라도 그의 지위나 성품과 관계없이 하나님의 진노 아래 있을 수밖에 없는 것이다. 아론은 희생 제사와 예물로 그 죄악이 씻음 받을 수 있었다면 분명 그들을 위해 속죄했을 것인데, 그 자신부터가 하나님의 진노 아래 있었던 것이다. 그런 그를 자기들의 범죄에 끌어들였으니, 그들은 정말 생각이 없었다.

6. 모세는 정말 어렵게, 매우 끈질긴 간구 끝에 겨우 하나님의 진노를 가라앉혔고, 그리하여 그들의 처절한 멸망을 방지할 수 있었다. 그는 사십일을 밤낮으로 금식하며 기도한 끝에 겨우겨우 용서하심을 얻을 수 있었다(18절). 여기서 어떤 이들은 사십일이 두 번이었다고 본다(25절). 내가 전과 같이 **사십 주 사십 야를 여호와 앞에 엎드려서** 라고 말씀하기 때문이다. 그러나 앞의 사십일 동안의 그의 임무는 그 성격이 달랐다. 다른 이들은 사십일이 두 번 언급되지만(10:10에서처럼) 사실은 한 번뿐이었다고 본다. 그러나 이 한 번만으로도 그들을 향한 하나님의 진노하심이 얼마나 크며 또한 그들이 얼마나 구사일생으로 목숨을 건졌는지를 그들이 충분히 감지하였다고 한다. 온 인류를 향한 하나님의 진노가 얼마나 컸는지는, 다름 아닌 그의 아들을 보내사 다른 것이 아닌 그의 피로 값을 치르게 하셔서 그 진노를 제거하신 사실에서 잘 드러난다. 모세는 여기서 그들을 위하여 자신이 드린 간구의 골자를 이야기한다. 그는 그들의 완악함과 사악함과 그들의 죄를 고백하였다(27절). 그들을 위하여 중보자의 역할을 하는 그가 그들에게 좋은 말을 줄 수가 없었고, 또한 그들을 대신해

서도 하나님께서 그들에게 큰 일들을 행하셨고 그로 말미암아 그들의 죄악이 더 가중되었다는 말밖에는 할 수 없었으니(26절) 그들이 정말 악하였다 할 것이다. 게다가 그들은 선한 조상들의 후손이었으니(27절), 이 역시 문제를 더욱 악화시키는 것이었다. 그는 또한 만일 하나님이 그들을 멸하시면 하나님이 그들을 위해 시작하신 일을 이룰 능력이 없어서 그리하셨다고 애굽인들이 조롱할 것이라고 하며 간청하였는데(28절), 이 역시 쉽게 응답될 수 있는 것이었다. 애굽인들이 무어라고 하든 하늘이 하나님의 의로우심을 선포하기 때문이었다. 그러므로 그 당시 그들이 멸망하지 않고 구원받은 것은 순전히 하나님의 자비하심과 모세의 끈질긴 간청 덕분이었지, 절대로 그들 자신을 불쌍히 여기신 때문이 아니었던 것이다.

7. 그 때에 그들이 멸망할 처지에 있었음을 더욱 확실히 나타내기 위하여, 그는 그들이 만든 송아지를 부수어 찧어버린 사실을 구체적으로 언급한다(21절). 그는 그 송아지를 그들의 죄라 부른다. 그것이 그들의 죄의 문제이기 때문이기도 했거니와 그것을 불살라 찧음으로써 그들의 죄에 대하여 증언하고자 하였고, 또한 죄인들 자신이 마땅히 받을 벌이 어떠한가를 그것으로 알려주고자 하였기 때문이기도 했을 것이다. 송아지를 만든 자들 자신이 송아지와 같이 되었다. 그러므로 그들이 불살라지고 찧어져 가루가 되어 남김없이 사방에 뿌려졌더라도 결코 그들에게 가혹한 처사가 아니었을 것이다. 우상 숭배자들을 멸하는 대신 우상을 멸할 것을 받아들이신 것은 과연 하나님의 무한하신 자비였던 것이다.

8. 이처럼 가까스로 멸망을 면하였음에도 불구하고, 그 이후로도 그들은 여러 번 거듭거듭 여호와를 격노케 하였다. 지명만을 열거하기만 하면 되었다. 그 지명들이 죄의 기념물이나 혹은 형벌의 기념물이 되었기 때문이다. 다베라는 "불태움"이라는 뜻으로 하나님이 거기서 그들의 원망에 대해 그들에게 불을 지르셨고, 맛사는 "시험"이라는 뜻으로 거기서 그들이 그들을 도우시는 여호와의 전능하신 능력을 시험하였으며, 기브롯 핫다아와는 "탐하는 자들의 무덤"이라는 뜻으로 거기서 맛있는 것을 탐하다가 독에 화를 당하였으며, 또한 이 일 후 가데스 바네아에서도 그들이 불신앙과 불순종하여 — 이에 대해서는 이미 언급한 바 있는데(1장) 여기서 다시 언급되고 있다(23절) — 그들 자신의 행위대로라면 그들은 거기서 완전히 멸망하고 말았을 것이다.

자, 이제 이 모든 것들이 한꺼번에 제시되고 있으니, 하나님이 장차 그들의 원수들을 멸하시고 그들로 가나안 땅을 소유하게 하셔서 그들에게 어떠한 은혜를 베푸시더라도, 그것이 그들의 의로움으로 말미암은 것이 아니라는 것이 분명히 드러날 것이었다. 과거에 지은 죄들을 회한과 부끄러움으로 자주 기억하며 그것으로 우리를 쳐서 우리의 양심에 그것들을 기록해 놓음으로써, 우리가 값없는 은혜에 얼마나 엄청난 빚을 지고 있는가를 보며, 또한 우리 자신의 행위로는 하나님의 손에 진노와 저주의 손길 외에는 합당한 것이 없다는 것을 겸손히 인정하는 것이 우리에게 좋은 일이다.

제 10 장

개요

모세는 앞 장에서 그들 자신이 저지른 죄를 상기시킴으로써 그들이 그들 자신의 의로움에 의지할 수 없는 이유를 제시하였는데, 본 장에서는 그들이 격노케 하였음에도 불구하고 하나님이 그들에게 베푸신 크신 자비를 앞으로 그들이 더욱더 그에게 순종해야 할 이유로 제시한다. I. 그는 절대로 잊어서는 안 될 하나님의 은혜와 또한 그들과의 화목을 보여주는 갖가지 증표들을 언급한다. (1) 언약의 돌판들을 새로이 복구함(1-5절). (2) 가나안을 향해 전진하도록 명령들을 주심(6, 7절). (3) 레위 지파를 자신의 것으로 택하심(8, 9절). (4) 아론의 사망 이후에도 제사장 직분을 지속시키심(6절). (5) 그들을 위한 모세의 간구를 인정하시고 받아들이심(10, 11). II. 그러므로 그들이 하나님을 경외하고 사랑하며 섬길 의무가 있음을 말씀하며, 여러 가지 동기들로 그것을 강조한다(12-22절).

¹그 때에 여호와께서 내게 이르시기를 너는 처음과 같은 두 돌판을 다듬어 가지고 산에 올라 내게로 나아오고 또 나무궤 하나를 만들라 ²네가 깨뜨린 처음 판에 쓴 말을 내가 그 판에 쓰리니 너는 그것을 그 궤에 넣으라 하시기로 ³내가 조각목으로 궤를 만들고 처음 것과 같은 돌판 둘을 다듬어 손에 들고 산에 오르매 ⁴여호와께서 그 총회 날에 산 위 불 가운데에서 너희에게 이르신 십계명을 처음과 같이 그 판에 쓰시고 그것을 내게 주시기로 ⁵내가 돌이켜 산에서 내려와서 여호와께서 내게 명령하신 대로 그 판을 내가 만든 궤에 넣었더니 지금까지 있느니라 ⁶(이스라엘 자손이 브에롯 브네야아간에서 길을 떠나 모세라에 이르러 아론이 거기서 죽어 장사되었고 그의 아들 엘르아살이 그를 이어 제사장의 직임을 행하였으며 ⁷또 거기를 떠나 굿고다에 이르고 굿고다를 떠나 욧바다에 이른즉 그 땅에는 시내가 많았으며 ⁸그 때에 여호와께서 레위 지파를 구별하여 여호와의 언약궤를 메게 하며 여호와 앞에서서 그를 섬기며 또 여호와의 이름으로 축복하게 하셨으니 그 일은 오늘까지 이

르느니라 ⁹그러므로 레위는 그의 형제 중에 분깃이 없으며 기업이 없고 네 하나님 여호와께서 그에게 말씀하심 같이 여호와가 그의 기업이시니라) ¹⁰내가 처음과 같이 사십 주 사십 야를 산에 머물렀고 그 때에도 여호와께서 내 말을 들으사 너를 참아 멸하지 아니하시고 ¹¹여호와께서 내게 이르시되 일어나서 백성보다 먼저 길을 떠나라 내가 그들에게 주리라고 그들의 조상들에게 맹세한 땅에 그들이 들어가서 그것을 차지하리라 하셨느니라

하나님이 이스라엘과 화목하셨고 그들을 진정 크고 복되게 하셨다는 증거가 네 가지로 제시된다. 그들이 악하였으므로 오히려 하나님의 선하심이 여기서 더욱 확연히 드러났다 할 것이다.

I. 그는 그들에게 그의 율법을 주셨고, 그 율법을 글로 기록하여 그들에게 주셨으니, 이는 그의 자비하심을 보여주는 항구적인 보증이었다. 이스라엘이 계명들을 깨뜨렸기 때문에 처음에 기록된 돌판들이 부서졌지만, 그의 진노가 가시자 돌판들이 새롭게 복구되었다(1, 2절). 주목하라. 하나님이 그의 법을 주시는 것이야말로 하나님과의 화목이며, 또한 그의 안에서 우리가 복을 누리는 최상의 보증이다. 모세는 돌판을 다듬으라는 명령을 받는다. 율법은 깨달음과 겸손하게 함을 통해서 하나님의 은혜를 받을 마음을 준비시켜주기 때문이다. 그러나 그 때에 율법을 거기에 기록하는 것은 오직 하나님의 은혜인 것이다. 모세가 조각목(싯딤 나무, 3절)으로 궤를 만들었는데, 이것은 후에 돌판을 속에 넣어 보존한 것과 같은 것이었던 것으로 보인다. 그러나 브살렐이 그것을 만들었다고 말씀하는데(출 37:1), 그 이유는 그가 후에 금으로 겉을 입혔기 때문이었다. 아니면 모세가 두 번째 산에 올라갈 때에 브살렐에게 명하여 그가 내려올 즈음에 그것을 만들게 하였기 때문에 모세가 그것을 만들었다고 말씀하는 것일 수도 있다. 그렇기 때문에 하나님이 처음 명하신 것이 궤였던 것을 보게 된다(출 25:10). 이로 말미암아, 이스라엘이 한 번 돌판들을 깨뜨리게 하였으나 이제 다시 두 번째로 깨뜨려져서는 안 된다는 하나의 보증을 회중에게 남긴 것이다. 하나님께서는 궤로써 율법을 준비하듯 그렇게 마음이 준비된 자들에게 그의 율법과 복음을 보내시는 것이다. 그리스도야말로 우리의 구원을 안전하게 보관하는 궤이시다. 첫 아담 때에 구원을 잃어버렸으나, 그는 그의 손에 쥐고 계셔서 잃어버리지 않도록 하시는 것이다. 관찰하라.

1. 하나님이 두 돌판 위에 기록하신 내용. 그것은 십계명(4절), 혹은 열 가지 말씀이었는데, 이는 그 분량이 얼마나 적었는지를 시사해 준다. 그 말씀은 열 권으로 된 것이 아니라, 열 가지 말씀으로 된 것이었다. 첫 번째 돌판에 적은 것도 그랬고, 그가 산에서 말씀한 것도 똑같이 그랬다. 두 번째 돌판이라고 해서 교정이나 수정이 필요한 것이 아니었고, 그가 기록한 내용이 입으로 말한 내용과 다를 필요도 없었다. 기록된 말씀은 여호와께서 그의 종 선지자들에게 말씀하신 것과 마찬가지로 진정한 하나님의 말씀인 것이다.

2. 그것을 조심스럽게 보관하였음. 이렇게 다듬어지고 그 위에 글을 새겨놓은 이 두 돌판을 궤 속에 고이 놓아두었다. 모세는, 그 돌판이 지금까지 있느니라 라고 하였는데, 그것이 아마도 성소에 놓여 있었을 것이다(5절). 그에게 맡겨진 그 선한 것을 그가 그들에게 전해 주어 그들의 손에 순결하고도 완전하게 있게 하였다. 그러니 그것을 소홀히 하면 화를 자초하게 되는 것이었다. 우리도 오는 세대들에게 이렇게 말할 수 있을 것이다: "하나님이 그의 임재하심과 자비의 증표로 우리에게 성경과 안식일과 성례 등을 맡기셨으니, 그것들이 그대로 있을지니, 우리가 그것들을 너희에게 맡기노라"(딤후 1:13, 14).

Ⅱ. **이스라엘이 마음을 애굽으로 향하였으므로 그들을 혼란에 빠뜨리셔도 무방하였으나, 하나님은 그들을 가나안을 향하여 전진하도록 인도하셨다**(6, 7절). 하나님은 물이 없고 메마른 광야를 지나 그들을 시내가 많은 땅으로 인도하셨다. 때때로 하나님은 일상적인 자연의 방법을 통해서 그들의 필요를 공급하셨고, 그것이 되지 않을 때에는 이적으로 공급하셨다. 그런데도 그들은 조금만 괴로움에 처하면 곧바로 하나님을 불신하고 원망하였다(민 20:3, 4).

Ⅲ. **하나님은 그들 중에 일상적인 직분을 지명하셔서 거룩한 일들을 다루게 하셨다.** 모세가 두 번째로 산에 올라갔을 때, 혹은 그 직후에 그는 레위 지파를 구별하여 하나님을 직접 섬기도록 명령한 바 있었다. 그들은 금송아지를 숭배하는 자들을 대적하여 남다른 열정을 보였다(8, 9절). 고핫 가문은 궤를 메었다. 그들과 다른 레위인들이 여호와 앞에 서서 성막의 모든 직무들을 담당하여 그를 섬겼고, 그 지파에 속한 제사장들은 백성들을 축복하는 직무를 맡았다. 이것은 일상적인 규례로서 이 날까지 거의 사십 년 동안 지속되어온 것이다. 그리고 그 지파를 안정되게 유지시킴으로써 그 일을 영속화시킬 방도가 마련되었다. 그리하여 그들은 자신들의 일을 저버리지 않고 성실하게 감당하도록

큰 격려를 받았다. 여호와가 그의 기업이시니라. 주목하라. 안정된 목회 사역은 사람들에게 큰 복이요, 또한 하나님의 자비하심의 특별한 증표다. 그리고 특정한 제사장들이 섬긴다 해도 그들이 죽으면 그 일이 지속될 수 없으므로, 하나님은 그 직무가 계승되도록 하셔서 그 백성을 돌아보셨는데, 여기서 모세는 바로 그 점을 주목하고 있다(6절). 아론은 죽었으나, 제사장직이 그와 함께 죽은 것이 아니다. 그의 아들 엘르아살이 그를 이어 제사장의 직임을 행하였으며, 또한 그 고귀한 두 돌판이 들어 있는 궤를 보살펴 아무런 해가 없도록 하였다. 그것이 그의 관할 아래 있었던 것이다. 율법 아래서는 그 직분이 특정한 지파와 가문에게 맡겨져서 그 사역이 계승되도록 되어 있었다. 그러나 복음 아래에 있는 지금은 성령께서 풍성하고도 능력적으로 부어지시며, 사람의 마음에서 일하시는 성령의 역사하심으로 말미암아 직분이 계승된다. 곧, 성령께서 사람들로 하여금 직분을 위하여 자질을 갖추게 하시고, 사람들을 이끌어 그 일에 대해 마음의 이끌림을 갖게 하셔서 이스라엘의 이름이 시대시대마다 사라지지 않게 하시는 것이다.

IV. 하나님은 모세를 그들을 위한 대변자 혹은 중보자로 인정하셨고, 그를 그들의 왕으로 지도자로 세우셨다(10, 11절). 여호와께서 내게 이르시되 일어나서 백성보다 먼저 길을 떠나라. 자기를 지명하신 그분께도 신실하고 자기가 위하여 일하여야 할 그들에게도 신실한 그런 친구가 그 백성들에게 있었다는 것은 그들에게 정말 자비로운 일이었다. 하늘을 향하여 간구함으로써 그들을 멸망으로부터 구원해낸 그 사람이 그들을 주관하고 지도하는 것은 지극히 합당한 일이었다. 그리고 이 점에서 그는 그리스도의 모형이었다. 그리스도는 항상 살아계셔서 우리를 위하여 간구하시며, 또한 하늘과 땅의 모든 권세를 지니신 분이신 것이다.

[12]이스라엘아 네 하나님 여호와께서 네게 요구하시는 것이 무엇이냐 곧 네 하나님 여호와를 경외하여 그의 모든 도를 행하고 그를 사랑하며 마음을 다하고 뜻을 다하여 네 하나님 여호와를 섬기고 [13]내가 오늘 네 행복을 위하여 네게 명하는 여호와의 명령과 규례를 지킬 것이 아니냐 [14]하늘과 모든 하늘의 하늘과 땅과 그 위의 만물은 본래 네 하나님 여호와께 속한 것이로되 [15]여호와께서 오직 네 조상들을 기뻐하시고 그들을 사랑하사 그들의 후손인 너희를 만민 중에서 택하셨음이 오늘과 같

으니라 ¹⁶그러므로 너희는 마음에 할례를 행하고 다시는 목을 곧게 하지 말라 ¹⁷너희의 하나님 여호와는 신 가운데 신이시며 주 가운데 주시요 크고 능하시며 두려우신 하나님이시라 사람을 외모로 보지 아니하시며 뇌물을 받지 아니하시고 ¹⁸고아와 과부를 위하여 정의를 행하시며 나그네를 사랑하여 그에게 떡과 옷을 주시나니 ¹⁹너희는 나그네를 사랑하라 전에 너희도 애굽 땅에서 나그네 되었음이니라 ²⁰네 하나님 여호와를 경외하여 그를 섬기며 그에게 의지하고 그의 이름으로 맹세하라 ²¹그는 네 찬송이시요 네 하나님이시라 네 눈으로 본 이같이 크고 두려운 일을 너를 위하여 행하셨느니라 ²²애굽에 내려간 네 조상들이 겨우 칠십 인이었으나 이제는 네 하나님 여호와께서 너를 하늘의 별 같이 많게 하셨느니라

순종에 대한 지극히 감동적인 권고가 이어지는데, 전제들에서 추론을 이끌어내고, 매우 강력한 논증과 또한 설득을 위한 상당한 수사법으로 강변하는 것이다. 모세는 마치 연설가처럼 이를 제시하며, 청중들에게 호소한다. 이스라엘아 네 하나님 여호와께서 네게 요구하시는 것이 무엇이냐(12절). 하나님이 무엇을 요구하시는지를 묻는 것이다. 다윗도 그렇게 했다. 내게 주신 모든 은혜를 내가 여호와께 무엇으로 보답할까(시 116:12). 하나님께로부터 자비를 받았을 때, 우리는 하나님께 무엇을 드려 보답할까를 묻는 것이 합당한 일이다. 그가 무엇을 요구하시는지를 생각해 보라. 그러면 그것이 다른 것이 아니라 그 자체가 지극히 정의롭고 합당하며 또한 여러분에게도 말할 수 없이 유익하고 이익이 되는 것임을 알게 될 것이다. 여기서 하나님이 요구하시는 것이 무엇인지를 보고, 그가 요구하시는 바를 우리가 왜 행하여야 하는지에 대해 얼마나 풍성한 이유가 있는지를 보도록 하자.

I. 여기서 우리가 하나님께와 우리의 이웃들에게와 또한 우리 자신에게 행할 우리의 의무가 지극히 선명하게 제시되어 있다.

1. 하나님께 드려야 할 우리의 의무를 — 우리 영혼의 기질과 정서상의 의무와 또한 우리 삶의 행동으로 실천해야 할 — 가르친다. 곧, 우리의 원리들과 실천이다.

(1) 우리의 하나님 여호와를 경외하여야 한다(12절, 또한 20절). 그의 위엄을 앙모하며, 그의 권위를 인정하고, 그의 권능에 놀라움으로 서고, 그의 진노를 무서워해야 한다. 이것은 바로 복음의 의무다(계 14:6, 7).

(2) 그를 사랑하고 그가 계신 것을 기뻐하며, 그가 우리 하나님이시기를 사모하며, 그를 생각하며 그와 교제하는 것을 즐거워하여야 한다. 그를 위대하신 하나님으로, 또한 우리의 주(主)로 여겨 그를 두려워하며, 그를 선하신 하나님으로, 또한 우리의 아버지시요 은혜를 베푸시는 분으로 여겨 그를 사랑해야 한다.

(3) 그의 도를 행하여야 한다. 즉, 우리가 걷도록 그가 지정해 주신 그 길을 걸어야 한다는 것이다. 우리의 처신의 전체 과정이 그의 거룩하신 뜻에 일치해야 한다는 것이다.

(4) 그를 섬기고(20절), 마음을 다하고 뜻을 다하여 그를 섬겨야 한다(12절). 우리 자신을 그의 존귀를 위해 우리 자신을 헌신하며, 우리 자신을 그의 다스리심 아래 두며, 사람들 중에서 그의 나라의 모든 유익을 증진시키는 일에 우리 자신을 드려야 하는 것이다. 우리는 그를 섬기는 데에 마음을 다하고 열심히 그를 섬겨야 하며, 우리의 속사람을 개입시켜서 그의 일에 힘쓰며, 그를 위하여 하는 일을 흔쾌히 선한 뜻으로 해야 한다.

(5) 여호와의 명령과 규례를 지켜야 한다(13절). 모든 일에서 그가 계시하신 뜻을 우리의 규범으로 삼고 그가 지시하시는 모든 일을 행하며 그가 금하시는 모든 것을 금하여야 하고, 그가 우리에게 명하시는 모든 규례들이 우리의 유익을 위한 것임을 굳게 믿어야 한다. 순종에 대한 보상이 우리에게 말할 수 없는 이익을 주겠지만, 비단 그것만이 아니라 순종하는 중에 우리에게 진정한 존귀와 즐거움이 있는 것이다. 온유하고 겸손하며, 순결하고 진지하며, 정의롭고 사랑이 풍성하게 되는 것은 지금 우리에게 진정 유익이 된다. 이것들이 우리를 쉽고도 안전하며 즐겁고 진정 위대하게 해 주는 것이다.

(6) 하나님의 이름으로 맹세하여 그에게 존귀를 돌려야 한다(20절). 그리하여 필수적인 그의 존재하심은 물론 그의 전지하심과 그의 주권과 그의 정의를 그에게 돌려야 한다. 언제든 맹세를 통해서 확증하여야 할 사정이 생기면 피조물의 이름으로나 거짓 신의 이름으로 맹세하지 말고, 그의 이름으로 맹세하라.

(7) 그를 의지하고 붙들어야 한다(20절). 그를 우리의 하나님으로 정했으니 신실하고도 지속적으로 그와 함께 거하여야 하며 절대로 그를 버려서는 안 된다. 그를 우리의 사랑하고 즐거워하며 신뢰하고 믿는 분으로 여겨 그를 의지하고 붙들며, 그에게서 큰 기대를 가져야 한다.

2. 우리 이웃들에게 행하여야 할 의무를 가르친다. 너희는 나그네를 **사랑하라**(19절). 나그네를 그렇게 사랑해야 한다면, 우리 형제들은 그보다 더욱더 우리 자신과 같이 사랑해야 한다. 그렇게 특별한 백성이며 다른 모든 백성들과 그렇게 구체적으로 구별된 이스라엘인들이 나그네들에게 친절을 베풀어야 했다면, 그런 특권이 없는 우리들은 더욱더 그렇게 해야 한다. 우리와 인간의 본성을 함께 지니고 있는 모든 이들에 대해 부드러운 관심으로 대하여야 할 것이다. 할 수 있는 대로(그들의 필요성과 또한 우리의 능력에 따라서) 모든 이들에게 선을 행하여야 하는 것이다. 두 가지 논지로 이러한 의무를 강조한다.

(1) 하나님의 공통적인 섭리. 이 섭리는 모든 민족의 모든 사람들에게 미친다. 그들이 모두 한 혈통에서 나왔다. 하나님은 나그네를 **사랑하신다**(18절). 즉, 그는 모든 이들에게, 심지어 이스라엘 나라와 이스라엘의 하나님 밖에 있는 외인들인 이방인들에게까지도, 생명과 숨과 모든 것들을 주신다. 우리는 아는 것이 하나도 없는 사람들에 대해서도 그는 모든 것을 다 아신다. 그들에게 그의 말씀과 규례들은 보여주지 않으셨으나, 떡과 옷은 그들에게 주신다. 하나님이 인류에게 공통적으로 은혜를 베푸신다는 사실이 있으므로 우리는 모든 사람들을 존귀히 여겨야 하는 것이다. 혹은 이 표현은 하나님의 섭리가 곤경 중에 있는 나그네들을 특별히 돌보신다는 것을 뜻하기도 한다(시 146:9. 여호와께서 나그네들을 보호하시며). 이런 돌보심에 대해서 우리는 마땅히 그를 찬양해야 하며, 그를 본받고 그를 섬기며, 우리의 손을 들어 나그네들에게 친절을 베푸는 도구의 역할을 감당하여야 할 것이다.

(2) 이스라엘인들 자신이 애굽에 나그네로 있을 때에 경험한 괴로운 처지. 스스로 괴로움에 처하였다가 하나님께 자비를 입은 자들이니 그와 비슷한 곤경 중에 있는 자들을 따뜻한 감정으로 동정하며 기꺼이 그들에게 친절을 베풀어야 마땅한 것이다. 유대인들은 이처럼 나그네들에게 친절을 베풀라는 이 명령들이 거듭거듭 주어졌음에도 불구하고 이방인들에 대해 뿌리 깊은 적대감을 품었고 지극히 멸시의 자세로 그들을 바라보았다. 그리하여 그들은 하나님의 은혜와 그리스도의 복음을 시기하게 되었고, 결국 스스로 마지막 멸망을 자초하게 된 것이다.

3. 우리 자신에 대해 행하여야 할 의무를 가르친다. 너희는 마음에 할례를 행하고(16절). 즉, "하나님을 경외하고 사랑하기를 방해하는 온갖 부패한 정서와

성향들을 내어버리라. 육체를 그 정욕과 더불어 죽이라. 하나님의 말씀이 너희 마음에 자유로이 나아가는 데에 거침돌이 되는 모든 더러운 것과 사악한 것들을 다 내어버리라. 몸에 행한 할례는 그저 표증일 뿐이니 그것에 안주하지 말고 마음에 할례를 받으라. 이것이 몸의 할례가 뜻하는 바 실체이니라." 롬 2:29을 보라. 그리스도의 명령은 이것에서 더 나아가서 마음의 양피를 베어버릴 뿐 아니라, 우리를 거스르게 만드는 오른눈을 빼어버리고 오른손을 잘라버리라고 한다. 경륜이 더욱 신령하면 할수록 우리가 더욱 신령해지고 또한 죄를 죽이는 일에 더 가까이 나아가야 할 의무가 있다. 그리고 전에 그랬던 것처럼(9:24) 다시는 목을 곧게 하지 말라. "하나님의 명령과 교정하심을 대적하여 더 이상 완악한 자세를 갖지 말고, 하나님의 뜻에 기꺼이 복종하라." 마음의 할례는 하나님께 기꺼이 굴복하게 하며, 그의 멍에를 메게 만드는 것이다.

II. 여기서 우리의 의무를 다하도록 지극히 감동적인 설득이 주어진다. 이성이 우리를 지배하도록 하자. 그리하면 신앙이 우리를 지배하게 될 것이다.

1. 하나님의 위대하심과 영광을 생각하여 그를 경외하고, 그 원리에 근거하여 그를 섬기며 순종하라. 위대한 존귀와 능력과 소유물이 아니면 사람을 위대하게 만들어주는 것이 무엇이겠는가? 그렇다면 여호와 우리 하나님이 얼마나 위대하신지를 생각하고 그를 높이 경외하여야 할 것이다.

(1) 그는 위대한 존귀를 지니시며 모든 이름 위에 뛰어난 이름을 갖고 계시다. 그는 신 가운데 신이시며 주 가운데 주이시다(17절). 천사들이 신이라 불리며 관리들도 그렇다. 이방인들에게는 많은 신과 많은 주가 있다. 그들 스스로 상상하여낸 존재들이다. 그러나 하나님은 이 모든 이름뿐인 신들 위에 무한히 높이 계신 하나님이시다. 그들이 충성을 맹세한 하나님이 바로 신 가운데 신이신데도 그들이 다른 신들을 경배한다면 그 얼마나 어처구니없는 일이겠는가!

(2) 그는 위대한 권능을 갖고 계시다. 그는 능하시며 두려우신 하나님이시며 사람을 외모로 보지 아니하시는 분이시다(17절). 그는 정복자의 권능을 갖고 계시며, 따라서 그에게 저항하며 그를 배반하는 자들에게 두려우신 하나님이시다. 그는 재판장의 권세를 갖고 계시며, 따라서 그에게 호소하거나 그의 앞에 호소하는 모든 이들에게 정의로우시다. 재판장이시니 만큼 그의 정의로운 판단이 불편부당하며 개인을 외모로 돌아보거나 뇌물을 받지 않으시는 것이야말로 그의 위대함이요 존귀이지만, 이에 못지않게 원수들에게는 두려우신 것도

그의 위대함이요 존귀인 것이다. 우리 하나님은 의로우시며 동시에 두려우신 분이시다.

(3) 그는 소유가 한이 없으시다. 하늘과 땅도(14절), 거기에 있는 모든 삼라만상도 다 그의 것이다. 그러므로 그는 우리의 섬김이 없이도 계실 수 있고 또한 우리가 그에게 의무를 행하면서 저질러 놓은 손해들을 다 채워 넣으실 수 있다. 그러므로 그에게는 우리도 필요 없고, 우리가 가진 것이나 행할 수 있는 것도 전혀 필요 없다. 우리는 그가 없이는 망한 존재들이지만 그는 우리가 없이도 행복한 분이시다. 그렇기 때문에 그가 은혜로이 자신을 낮추셔서 우리와 우리의 섬김을 가납하시는 것이 진정 놀랍고 귀한 것이다. 하늘과 땅이 그의 소유이지만, 그럼에도 여호와의 분깃은 그의 백성인 것이다.

2. 하나님의 선하심과 은혜를 생각하여 그를 사랑하고, 그 원리에 근거하여 그를 섬기며 순종하라. 그의 선하심은 그의 위대함인 동시에 그의 영광이다.

(1) 그는 모두에게 선하시다. 누구든 비참한 중에 있는 것을 보시면 그들에게 자비를 베푸실 것이다. 고아와 과부를 위하여 정의를 행하시며(18절). 도움이 없는 자들을 돕고 도움을 가장 필요로 하고 또한 사람들에게 해를 당하기 쉬운 자들을 구원하는 것이야말로 그의 존귀다. 시 68:4, 5; 146:7, 9을 보라.

(2) 그러나 진실로 하나님은 이스라엘에게 선을 베푸신다. 그들이 그에게 특별한 의무를 지고 있기 때문이다. "그는 네 찬송이시요 네 하나님이시라(21절). 그러므로 그와 너의 관계를 생각하고서 그를 사랑하고 그를 섬기라. 그는 네 하나님이시요, 너와 언약을 맺으신 하나님이시다. 그러니 그는 네 찬송이시다." 즉, [1] "그가 너를 존귀하게 하신다. 그는 네가 그를 알고 그도 너를 아신다는 것을 종일토록 자랑해도 무방한 그런 하나님이시다. 그가 네 하나님이시라면, 그는 네 영광이시다." [2] "그가 네게서 존귀를 기대하신다. 그는 네 찬송이시다." 즉, "그는 네가 찬송하여야 마땅한 하나님이시다. 네게서 찬송 받지 않으시면, 그가 어디서 찬송을 기대하시겠는가?" 그는 이스라엘의 찬송 중에 계신다. 생각하라. **첫째로**, 그가 은혜로이 이스라엘을 택하신 사실(15절). "그가 네 조상들을 기뻐하셨고, 그리하여 그 후손을 택하신 것이다." 그의 은혜를 확보하고 그들 스스로를 내세울 만한 무슨 공적이 그들에게 있었던 것이 아니라, 하나님 보시기에 그 일이 선하셔서 그렇게 하신 것이다. 그럴 필요가 전혀 없었는 데도 그가 그들에게 자비를 베풀고자 하신 것이다. **둘째로**, 이스라엘을 위

514 매튜 헨리 주석_신명기

하여 그가 행하신 큰 일들(21, 22절). 그는 그들이 귀로 들은 일과 그 조상들이 이야기해 준 일들은 물론, 그들이 직접 눈으로 보았고 또한 그들이 그 자녀들에게 이야기해 주어야 할 일들에 대해서도 생각하게 하시며, 특별히 칠십 명(야곱이 애굽으로 내려갈 때의 숫자가 그랬다)이 몇 세대만에 큰 민족으로 늘어나게 하시고 하늘의 별 같이 많게 하신 사실을 상기시키신다. 그들의 숫자가 많을수록 하나님은 그들에게서 더 많은 찬송과 섬김을 기대하신 것이다. 그러나 고대의 세상에서처럼 그들이 숫자가 늘어나기 시작하면서 스스로 부패하여졌다는 것이 드러난 것이다.

$$제\ 11\ 장$$

개요

　　모세는 본 장에서 이스라엘이 반드시 준수해야 할 규례와 법도들에 대한 반복적인 말씀의 서언을 결말짓는다. 그는 일반적인 권면을 한 다음(1절), 앞 장 말미에서 여호와께서 그들 중에 행하신 큰 일들을 언급하기 시작하였는데 여기서 이를 이어서, I. 하나님이 그들이 보는 앞에서 행하신 큰 일들 몇 가지를 구체적으로 거론한다(2-7절). II. 장차 그들이 하나님의 명령들을 준수하는지 하지 않는지에 따라 그들 앞에 생명 혹은 죽음, 축복 혹은 저주가 있을 것임을 말씀한다. 그들이 순종하면 반드시 번성할 것이요 모든 선한 것들로 풍성히 복을 받을 것이며(8-15절), 또한 원수들에게 승리하고 이로써 그들의 영토가 확장될 것이다(22-25절). 그러나 그들이 불순종하면 그들이 반드시 패망을 당하게 될 것이다(16, 17절). III. 그는 하나님의 율법을 늘 마음에 두기 위하여 사용할 수단에 대해 지침을 준다(18-21절). IV. 축복을 받을지 혹은 저주를 받을지를 택하라고 하며 엄숙하게 권고함으로써 결말을 맺는다(26-32절).

¹그런즉 네 하나님 여호와를 사랑하여 그가 주신 책무와 법도와 규례와 명령을 항상 지키라 ²너희의 자녀는 알지도 못하고 보지도 못하였으나 너희가 오늘날 기억할 것은 너희의 하나님 여호와의 교훈과 그의 위엄과 그의 강한 손과 펴신 팔과 ³애굽에서 그 왕 바로와 그 전국에 행하신 이적과 기사와 ⁴또 여호와께서 애굽 군대와 그 말과 그 병거에 행하신 일 곧 그들이 너희를 뒤쫓을 때에 홍해 물로 그들을 덮어 멸하사 오늘까지 이른 것과 ⁵또 너희가 이 곳에 이르기까지 광야에서 너희에게 행하신 일과 ⁶르우벤 자손 엘리압의 아들 다단과 아비람에게 하신 일 곧 땅이 입을 벌려서 그들과 그들의 가족과 그들의 장막과 그들을 따르는 온 이스라엘의 한가운데에서 모든 것을 삼키게 하신 일이라 ⁷너희가 여호와께서 행하신 이 모든 큰 일을 너희의 눈으로 보았느니라

하나님이 너를 하늘의 별 같이 많게 하셨으니(앞 장이 이렇게 결말을 맺는다) 그런즉 네 하나님 여호와를 사랑하라(1절). 하나님이 가족들로 세우신 자들, 곧 시작은 희미하였으나 나중은 창대하여지는 자들은 이것을 하나님을 섬겨야 할 근거로 삼아야 한다. 너는 그가 주신 책무, 즉 그들에게 맡겨져서 그들이 책임을 져야 할 그의 말씀의 강령들과 예배의 규범들을 지키라. 이 문구는 제사장들과 레위인들의 직무에 관한 것으로 자주 사용된다. 온 이스라엘이 제사장 나라요 거룩한 민족이었기 때문이다. 네 하나님 여호와를 사랑하라와 그가 주신 책무를 지키라 사이의 연결을 관찰하라. 사랑은 반드시 순종으로 역사하며, 또한 하나님이 받으실 만한 순종은 오직 사랑의 원리에서 솟아나오는 순종밖에 없는 것이다(요일 5:3).

그들이 눈으로 본 크고 무서운 하나님의 일에 대해 언급하고 있다(7절). 이 부분의 강론에서 모세는 백성 중 나이가 많은 사람들에게 말씀하고 있다. 아마도 장로의 직무를 맡은 자들이 그러했을 것이고, 이제 모세는 직접 그들을 향해 말씀한다. 그들 중에 애굽에서 구원받을 때의 일을 기억하는 자들이 있었으며, 모두 50세가 넘었을 것이다. 모세는 그 이야기를 전해들은 자녀들에게가 아니라, 바로 이 사람들에게 말씀하는 것이다(2절). 주목하라. 어린 시절 하나님이 베푸신 자비의 역사를 반드시 기억해야 하고, 나이가 든 후에도 그 감동을 그대로 유지하여야 한다. 우리 눈이 본 것은, 특히 어린 시절에 본 것은, 우리에게 큰 영향을 미친 것이요 오랜 후에도 계속해서 발전시켜야 하는 것이다. 그들은 하나님이 이스라엘의 평화를 해치는 원수들에게 행하신 처절한 심판들을 보았었다.

1. 그들을 종으로 부린 바로와 애굽인들에게 내린 심판. 계속해서 재앙이 일어나 그 비옥한 땅이 어떻게 망가지고 황폐화되었던가! 이 모두가 억지로 이스라엘을 번성케 하기 위함이었다(3절)! 이스라엘이 다시 종으로 붙잡히지 않도록 그 대단한 군대가 홍해에서 완전히 몰살되지 않았던가(4절)! 그리하여 하나님은 애굽을 그들의 속량물로 주셨다(사 43:3). 이스라엘이 구원받지 못하게 되는 것보다는 그 유명한 나라가 완전히 패망하여야 했던 것이다.

2. 그들을 혼란에 빠뜨린 다단과 아비람에게 내린 심판. 하나님이 광야에서 너희에게 행하신 일을 기억하라(5절). 그의 펴신 팔로(2절) 그들이 스스로를 망치지 않도록 보호하신 것이 몇 번이며, 특히 교만한 르우벤 지파 사람들이 모

세의 권위에 불복하고 하나님 자신을 대적하여 위험한 반역을 일으켜 온 민족을 멸망으로 몰아넣을 때에 그들에게 어떻게 하셨던가? 신적인 능력이 그 반역도들과 그들의 모든 소유들을(6절) 산 채로 파묻어 진압하지 않았다면 결국 그 민족 전체가 멸망하고 말았을 것이었다. 그들에게 일어난 일은, 비록 불만을 품은 자들은 오해하였으나(민 16:41), 과연 이스라엘에게 자비로 일어난 일이었다. 집안에서 일어나는 모반의 불행에서 구원받는 것이야말로 한 백성에게 행해지는 큰 자비가 아닐 수 없다. 그러므로 외부의 원수들의 침입에서 보호를 받는 것 못지않게 이것도 그들이 반드시 하나님께 순종해야 할 강력한 의무를 부여하는 근거가 되는 것이다.

[8]그러므로 너희는 내가 오늘 너희에게 명하는 모든 명령을 지키라 그리하면 너희가 강성할 것이요 너희가 건너가 차지할 땅에 들어가서 그것을 차지할 것이며 [9]또 여호와께서 너희의 조상들에게 맹세하여 그들과 그들의 후손에게 주리라고 하신 땅 곧 젖과 꿀이 흐르는 땅에서 너희의 날이 장구하리라 [10]네가 들어가 차지하려 하는 땅은 네가 나온 애굽 땅과 같지 아니하니 거기에서는 너희가 파종한 후에 발로 물대기를 채소밭에 댐과 같이 하였거니와 [11]너희가 건너가서 차지할 땅은 산과 골짜기가 있어서 하늘에서 내리는 비를 흡수하는 땅이요 [12]네 하나님 여호와께서 돌보아 주시는 땅이라 연초부터 연말까지 네 하나님 여호와의 눈이 항상 그 위에 있느니라 [13]내가 오늘 너희에게 명하는 내 명령을 너희가 만일 청종하고 너희의 하나님 여호와를 사랑하여 마음을 다하고 뜻을 다하여 섬기면 [14]여호와께서 너희의 땅에 이른 비, 늦은 비를 적당한 때에 내리시리니 너희가 곡식과 포도주와 기름을 얻을 것이요 [15]또 가축을 위하여 들에 풀이 나게 하시리니 네가 먹고 배부를 것이라 [16]너희는 스스로 삼가라 두렵건대 마음에 미혹하여 돌이켜 다른 신들을 섬기며 그것에게 절하므로 [17]여호와께서 너희에게 진노하사 하늘을 닫아 비를 내리지 아니하여 땅이 소산을 내지 않게 하시므로 너희가 여호와께서 주신 아름다운 땅에서 속히 멸망할까 하노라

모세는 자신의 요지를 완전히 납득시키기 전에는 결론을 맺지 않으려는 태세로 계속해서 같은 주제의 말씀을 강하게 제시한다. "네가 생명에 들어가고자 하면, 그 생명의 모형인 가나안에 들어가고자 하면, 그리고 그 곳이 네

게 진정 좋은 땅이 되기를 바라면, 내가 오늘 너희에게 명하는 모든 명령을 지키라. 하나님을 사랑하고 마음을 다하여 그를 섬기라."

I. 이것이 약속의 땅에 대한 소유권을 얻고 지키는 길이기 때문이었다.

1. 그것이 그 땅의 소유권을 얻는 길이었다. 그리하면 너희가 강성할 것이요 그리하여 그것을 차지할 것이며(8절). 그들은 가나안 전쟁에서 어려움이나 위험에 대해 거의 알지 못하였으므로, 그는 그들이 그 땅에 들어가 그 땅을 얻기 위하여 싸워야 하리라는 식의 말씀은 하지 않는다. 아니다. 그들은 결국 그냥 그 땅에 들어가 소유하는 것밖에 달리 할 일이 없었다. 하나님은 그들에게 활 쏘는 법이나 칼 쓰는 법과 대열을 유지하는 법 등의 전쟁 기술을 가르치셔서 그들을 강성하게 만드시고 그것을 통하여 그들이 그 땅에 들어가 그 땅을 소유하도록 하실 것이 아니었다. 그들은 그저 하나님의 명령들을 지키고 신앙을 지키기만 하면, 그들이 진정으로 그렇게 하면, 그것이 그들의 강성함이 되고 성공이 보장되는 것이었다.

2. 그것이 그 소유권을 유지하는 길이었다. 너희가 눈으로 보는 그 땅에서 너희의 날이 장구하리라(9절). 죄는 사람들의 날들을 줄이고, 사람들의 번영의 날들을 줄이는 경향이 있다. 그러나 순종하면 그들의 평온한 삶이 늘어나게 될 것이다.

II. 그들이 향하고 있는 가나안 땅이 애굽 땅보다 더 하늘의 축복에 의지하기 때문이었다(10-12절). 애굽도 비옥한 땅이었으나 전부가 평지였고, 따라서 다른 나라들처럼 비로써 물을 공급받는 것이 아니라(슥 14:18에 애굽에 대해 말씀하기를 비 내림이 없다고 한다) 연중 특정한 계절에 나일 강이 범람하여 그것으로 물을 공급받기 때문에, 그것을 잘 이용하기 위해서는 굉장한 농사의 기술과 수고가 필수적이었다. 그러므로 애굽에서는 사람이 밭농사에 많은 비용과 고통을 들여야 했다. 그리하여 그들은 자기들 자신의 손의 힘으로 이런 부귀를 얻게 되었다고 상상하게 되기가 더 쉬웠다. 그러나 가나안 땅은 언덕과 골짜기가 많은 굴곡이 심한 땅으로서 눈에도 아름다운 풍경을 제공해줄 뿐 아니라 농부의 갖가지 목적에 부합되도록 훨씬 더 다양한 토양을 제공해 주는 것이었다. 그 땅에는 요단 강을 제외하고는 큰 강이 없었고, 사람들은 하늘에서 내리는 빗물을 마셨다.

그러므로, 1. 그들은 힘든 수고를 하지 않아도 되었다. 애굽 사람들이 땅에 물을 대고자 밭에 구덩이를 내고 고랑을 파기 위해 무릎까지 빠지는 진흙 속에서 수고하고 있는 동안 ― 그렇게 하지 않으면 금방 황량한 광야가 되어 버리므로 ― 이스라엘 사람들은 따뜻한 집에 편안히 앉아서 하나님께서 이른 비와 늦은 비로 그 땅에 물을 주시기를 기다리면 되는 것이었다. 이른 비와 늦은 비를 가리켜 하나님의 강이라 부르는데(시 65:9), 이는 어쩌면 애굽 사람들이 자랑하는 애굽의 강을 멸시하는 뜻으로 그것에 빗대어 하는 말일 것이다. 주목하라. 하나님이 우리의 외적인 조건을 통해서 잘 베풀어주셔서 우리가 안락함과 편안함을 누릴수록, 우리는 더욱더 풍성하게 그를 섬겨야 한다. 우리 몸을 위해서 할 일이 적을수록 하나님과 우리의 영혼을 위하여 더욱더 힘써야 하는 것이다.

2. 그는 시선을 위로 향하여, 하늘로부터 비를 내리시며 결실기를 주시며(행 14:17) 친히 이스라엘에게 이슬과 같이 되시겠다고 약속하신(호 14:5) 하나님을 바라보아야 한다. 주목하라. (1) 자비의 역사가 하늘로부터 임하는 것을 볼 때에 지극히 큰 위로가 더불어 오는데, 이는 하나님의 섭리의 직접적인 선물들이다. (2) 하나님께 더 긴밀히 의지할수록 그를 순종하는 우리에게 즐거움이 더해진다. 여기서 모세는 가나안 땅을 다른 모든 땅보다 훨씬 뛰어난 것으로 높이 기리면서, 네 하나님 여호와의 눈이 항상 그 위에 있느니라 라고 말씀한다. 즉, 그들이 하나님께 가까이 있고 그의 의무를 행하는 동안 그 땅에 부족한 것이 하나도 없을 것이니 그럴 수밖에 없었다. 그 땅의 비옥함은 토양이 좋은 데서 비롯되는 결과가 아니라 하나님의 축복의 직접적인 열매인 것이다. 이는 그 땅의 현재의 상태에서도 추정할 수 있을 것이다. 오늘날 그 땅이 하늘 아래 그 어느 곳보다 더 메마른 땅이 되어 버렸다고 하는데, 이는 하나님께서 거기서 떠나셨기 때문이다. 그 땅을 나오미라 부르지 말고, 마라라고 부르라.

III. 그들이 하나님을 사랑하고 그를 섬기면 그가 분명 모든 좋은 것들로 그들에게 복을 주실 것이기 때문이었다(13-15절). 여호와께서 너희의 땅에 이른 비, 늦은 비를 적당한 때에 내리시리니, 땅에 물이 부족하지도, 넘치지도 않을 것이다. 씨를 뿌리는 때에 이른 비가 올 것이요, 추수 전에 늦은 비가 올 것이다(암 4:7). 이는 하나님께서 그들에게 때마다 베푸실 모든 복들을 나타내는 것이다. 특히 영적인 위로는 비와 같이, 땅을 적시는 늦은 비와 같이 올 것이라고 한다(호 6:3). 땅은 이렇게 물을 공급받아, 1. 사람을 섬기기 위하여 열매들을 곡식과 포도주와 기름을 낸다(시 104:13-15). 2. 가축을 위하여 풀을 내어 그것들이 사람을 섬길 수 있게 한다. 네가 먹고 배부를 것이라(15절). 경건이 금생의 약속이 있음이 여기서 나타난다. 그러나 곡식과 포도주와 기름이 늘어나는 것보다 하나님의 은혜가 마음에 더 큰 기쁨을 줄 것이다.

IV. 그들이 하나님을 반역하고 우상에게로 돌아서면 반드시 그들이 망할 것이기 때문이었다. 너희는 스스로 삼가라(16, 17절). 하나님을 버리고 피조물에게 애정을 쏟거나 그것들을 섬기고 헌신하는 자들은 모두 멸망을 당하여 자신들이 처참하게 속임을 당했다는 것을 알게 될 것이다. 또한 이렇게 된 것이 순전히 이 명령에 주의를 기울이지 않은 탓이므로 그 죄과가 더욱 가중될 것이다. 조금만 주의를 기울였다면 저 큰 사기꾼에게 속아 넘어가지 않았을 것인데 말이다. 모세는 주의를 기울이도록 그들을 일깨우기 위하여 명확하게 말씀한다. 곧, 그들이 돌이켜 다른 신들을 섬기며 그것에게 절하면, 1. 그들 스스로 하나님의 진노를 자초하게 될 것이다. 그 진노의 힘을 누가 가늠할 수 있겠는가? 2. 선한 일들이 그들에게서 물려질 것이다. 하늘이 비를 멈출 것이요 그리하여 땅이 그 소산을 내지 않을 것이다. 3. 그들에게 악한 일들이 일어날 것이다. 이 아름다운 땅에서 그들이 속히 멸망할 것이다. 땅이 좋을수록 그 땅에 있으면서 멸망하는 것이 더욱 쓰라릴 것이다. 그 땅이 좋다는 것이 그들의 안전을 보장해 주지 못한다. 거기 거주하는 자들이 악하면 스스로 멸망을 자초하게 되는 것이다.

[18]이러므로 너희는 나의 이 말을 너희의 마음과 뜻에 두고 또 그것을 너희의 손목에 매어 기호를 삼고 너희 미간에 붙여 표를 삼으며 [19]또 그것을 너희의 자녀에게 가르치며 집에 앉아 있을 때에든지, 길을 갈 때에든지, 누워 있을 때에든지, 일어날 때에든지 이 말씀을 강론하고 [20]또 네 집 문설주와 바깥문에 기록하라 [21]그리하면 여호와께서 너희 조상들에게 주리라고 맹세하신 땅에서 너희의 날과 너희의 자녀의 날이 많아서 하늘이 땅을 덮는 날과 같으리라 [22]너희가 만일 내가 너희에게 명하는 이 모든 명령을 잘 지켜 행하여 너희의 하나님 여호와를 사랑하고 그의 모든 도를 행하여 그에게 의지하면 [23]여호와께서 그 모든 나라 백성을 너희 앞에서 다 쫓아내실 것이라 너희가 너희보다 강대한 나라들을 차지할 것인즉 [24]너희의 발바닥으로 밟는 곳은 다 너희의 소유가 되리니 너희의 경계는 곧 광야에서부터 레바논까지와

유브라데 강에서부터 서해까지라 ²⁵너희의 하나님 여호와께서 너희에게 말씀하신 대로 너희가 밟는 모든 땅 사람들에게 너희를 두려워하고 무서워하게 하시리니 너희를 능히 당할 사람이 없으리라

여기서,

I. 모세는 그 백성들에게 순종을 위한 지도와 도움을 위하여, 또한 그들 중에 신앙을 계속 유지하도록 하기 위하여 전에 제시한 지침들을 다시 반복하여 제시한다(18-20절). 이는 전에 제시한 내용과 의도가 거의 같다 할 것이다 (6:6). 우리 모두 여기 제시되는 세 가지 법칙들을 새겨야 할 것이다.

1. 하나님의 말씀으로 우리 마음이 가득 차게 하여야 한다. 너희는 나의 이 말을 너희의 마음과 뜻에 두고. 필요할 때마다 하나님의 말씀을 꺼내어 사용할 수 있도록, 마음이 그 말씀이 가득 쌓여 있는 보고(寶庫) 혹은 저장고가 되어야 한다. 선한 생각과 선한 정서와 선한 원리가 마음에 있지 않으면, 선한 행실을 기대할 수가 없는 것이다.

2. 우리의 시선이 하나님의 말씀에 고정되어 있어야 한다. "이 말씀을 언제나 볼 수 있도록 너희의 손목에 매어 기호를 삼아 언제나 눈에 들어오도록 하고 (사 49:16), 너희 미간에 붙여 표를 삼아 항상 보이도록 하라. 항상 그 말씀을 친숙하게 대하며, 시선을 항상 그 말씀에다 두고, 마치 집 문설주와 바깥문에 기록하듯 하여 들어가고 나갈 때마다 놓치지 않고 항상 그것을 보게 하라." 우리는 이렇게 하나님의 규례들을 우리 앞에 두어야 하며(시 119:30), 그것들을 항상 돌아보고 우리의 나아가는 길의 인도자요 우리 일의 규범으로 삼아야 하는 것이다.

3. 우리의 혀로 하나님의 말씀을 강론하고 가르쳐야 한다. 어디에 있든지 그것이 우리의 친숙한 대화의 주제가 되어야 한다. 특히 자녀들과 함께 있을 때에 하나님을 섬기는 일을 필수적인 것으로, 예의범절이나 이 세상에서의 직업에 대한 것보다 훨씬 더 필수적인 것으로, 가르쳐야 한다. 자녀들에게 하나님의 말씀과 그의 율법의 그 놀라운 것들을 가르치고 또한 영향을 주도록 하기 위해 지극한 신중함과 고통을 감수해야 한다. 신앙이 번영하고 영구히 지속되도록 하는 데에는 자녀를 위한 선한 교육보다 더 많이 기여하는 것이 없는 것이다. 씨가, 자손이, 거룩하면 그것이 그 땅의 본질이 되는 것이다.

Ⅱ. 그는 전에 그들이 순종하면 번영과 성공을 하나님의 이름으로 약속했었는데, 여기서 그것에 대한 확신을 반복하여 제시한다.

1. 그들이 행복하게 정착할 것이다(21절). 그들의 날수가 늘어날 것이요, 그들의 연수가 다하면 그 자녀들의 날수도 마찬가지로 하늘의 날들처럼 길어질 것이다. 즉, 세계가 서 있는 동안 가나안이 영원토록 확실히 그들과 그들의 후손의 소유가 될 것이다. 그들이 자신의 죄로 말미암아 스스로를 거기서 내어쫓지 않는다면 반드시 그럴 것이다.

2. 그들에게 혼란을 주고 그들을 불편하게 할 능력이 원수들의 손에 있지 않다. "너희가 만일 내가 너희에게 명하는 이 모든 명령을 잘 지키고 또한 너희의 의무를 조심스럽게 잘 행하면(22절), 하나님이 농부들의 수고를 땅의 풍성한 소산으로 존귀하게 하실 것이요 전쟁의 용사들의 노고에 더욱 영광스런 성공을 주실 것이다. 승리가 너희 팔에 있을 것이며, 그들이 어느 길로 돌아서든 하나님이 이 민족들을 내쫓으실 것이요 너희로 그들의 땅을 소유하게 하실 것이다"(23, 24절). 그들의 영토가 그가 약속하신 충만한 범위까지 확대될 것이다(창 15:18). 그리고 그 모든 이웃들이 그들을 놀라움과 경의로 바라볼 것이다(25절). 신앙이 민족을 다스리는 것만큼, 민족을 번창하게 하고 그 우방들에게 존귀를 받고 그 원수들에게 두려움을 주는 데에 기여하는 것이 없는 것이다. 하나님이 함께하시는 자들을 과연 누가 대적할 수 있겠는가? 하나님은 신실하게 그를 위하는 자들을 반드시 위하시는 것이다(잠 14:34).

[26]내가 오늘 복과 저주를 너희 앞에 두나니 [27]너희가 만일 내가 오늘 너희에게 명하는 너희의 하나님 여호와의 명령을 들으면 복이 될 것이요 [28]너희가 만일 내가 오늘 너희에게 명령하는 도에서 돌이켜 떠나 너희의 하나님 여호와의 명령을 듣지 아니하고 본래 알지 못하던 다른 신들을 따르면 저주를 받으리라 [29]네 하나님 여호와께서 네가 가서 차지할 땅으로 너를 인도하여 들이실 때에 너는 그리심 산에서 축복을 선포하고 에발 산에서 저주를 선포하라 [30]이 두 산은 요단 강 저쪽 곧 해지는 쪽으로 가는 길 뒤 길갈 맞은편 모레 상수리나무 곁의 아라바에 거주하는 가나안 족속의 땅에 있지 아니하냐 [31]너희가 요단을 건너 너희의 하나님 여호와께서 너희에게 주시는 땅에 들어가서 그 땅을 차지하려 하나니 반드시 그것을 차지하여 거기

거주할지라 ³²내가 오늘 너희 앞에 베푸는 모든 규례와 법도를 너희는 지켜 행할지 니라

여기서 모세는 순종에 대한 그의 일반적인 권고를 마친다. 그의 말씀 은 매우 감동적이며, 과연 그들로 하여금 영원토록 하나님과 함께하게 만드는 것이요 또한 그들에게 사라지지 않을 감동을 남기는 것이라고 생각할 만한 것 이었다.

I. 그는 순종에 대한 그의 모든 논지를 복과 저주의 두 가지 단어로 정리한 다(26절). 즉, 상급과 형벌이다. 그들은 율법의 큰 제재 사항인 약속과 경고 속에서 소망과 두려움을 안고 서 있다. 영혼은 이 두 가지 손잡이들에게 사로 잡히고 붙잡히며 다루어지는 것이다. 그는 이 두 가지를, 복과 저주를 그들 앞 에 제시한다. 즉,

1. 그는 그들에게 알 수 있도록 설명하였다. 복과 저주 속에 담겨져 있는 구 체적인 내용들을 열거하여, 복이 얼마나 좋으며 저주가 얼마나 끔찍한지를 그 들이 더욱 선명하게 볼 수 있도록 하였다.

2. 그는 그들이 믿을 수 있도록 그 내용을 확증하였다. 그 자신이 제시한 증 거들을 통해서, 복이 바보들의 낙원이 아니고, 저주도 괜히 겁주는 것이 아니 며 둘 다 그들에 관한 하나님의 목적을 진정으로 선포하는 것임을 확실하게 제 시하였다.

3. 그는 이 둘 중에 어느 것을 택할지를 정하라고 촉구하였다. 여기서 그는 이들을 진정 공정하게 대하며, 결코 이 사람들의 눈을 빼려 하지 않았다(민 16:14). 과연 우리가 어떤 조건 위에서 전능하신 하나님과 대면하고 있는지가 그들과 우리에게 분명하게 제시된다. (1) 우리가 그의 율법에 순종하면 복을 확신할 수 있다(27절). 그러나, (2) 순종하지 않으면 저주가 확실히 임할 것이 다(28절). 너희는 의인에게 복이 있으리라 말하라(하나님이 이렇게 말씀하셨으니, 온 세상이라도 그것을 뒤집을 수가 없다) 그러나 악인에게는 화가 있으리니 이는 그가 보응을 받을 것임이니라(사 3:10, 11).

II. 그는 자신이 그들 앞에 제시한 바 있는 복과 저주를 그리심 산과 에발 산 에서 공적으로 엄숙하게 선포할 것을 지정한다(29, 30절). 이 엄숙한 선포에 대한 좀 더 구체적인 지침은 27:11에서 볼 수 있고, 또한 이를 시행한 기사는

수 8:33 등에서 볼 수 있다. 그 일은 가나안에 들어가서 그 땅을 처음 소유하게
되는 즉시 행해져야 했고 그대로 시행되었다. 그들이 어떤 조건으로 그 땅에
서 있는지를 알게 하고자 함이었다. 모세는 이 일을 행할 장소를 결코 보지 못
하면서도 그 장소를 구체적으로 묘사하였다. 이는 그의 지침이 하나님에게서
비롯된 것임을 보여주는 여러 증거들 중에 하나라 할 것이다. 그 곳은 모레 상
수리나무 근처라고 하는데, 이 곳은 아브라함이 가나안 땅에 들어온 첫 장소들
가운데 하나였다. 그러므로 그들을 그리로 보내어 복과 저주의 말씀을 듣게 함
으로써 하나님은 그들에게 그가 바로 그 곳에서 아브라함에게 하신 약속을 상
기하게 하신 것이다(창 12:6, 7). 이처럼 이에 대해 구체적으로 지정한 사실은,

  1. 하나님의 약속에 대한 그들의 믿음을 격려하여 그들이 속히 가나안의 주
인이 되게 하기 위함이었다. 모세는 말하기를, 요단 강 저쪽에서 이를 행하라
고 한다(30절). 너희가 요단을 건너게 될 것이 확실하기 때문이다(31절). 가나안
에서 이 일을 행할 것을 지시하셨다는 것은 그들이 그 땅에 들어가 그 땅을 소
유하게 될 것이라는 확신을 갖게 하는 것이었고, 이는 하나님이 모세에게 주신
증거와 비슷한 것이었다. 너희가 이 산에서 하나님을 섬기리니(출 3:12).

  2. 그들로 하여금 저주를 피하고 복을 얻고자 순종하도록 하기 위함이었다.
그들은 복과 저주에 대해서 이미 들은 것 외에도, 그 내용이 다시 엄숙히 공포
되는 것을 듣게 된다(32절). "내가 오늘 너희 앞에 베푸는 모든 규례와 법도를 너희
는 지켜 행할지니라. 이를 엄숙히 공포하노니, 너희는 이 일에 증인이 되었도다.
그러므로 이것을 어겨서 스스로 화를 입지 않도록 할 것이니라."

$$제\ 12\ 장$$

개요

　　모세는 본 장에서 이스라엘에게 제시하여야 할 구체적인 규례들을 다룬다. 그는 하나님을 예배하는 일과 관련된 내용으로, 특히 하나님이 특별히 질투하시는 제2계명을 설명하는 내용으로 시작한다. I. 우상 숭배와 관련된 모든 유물과 잔재들을 완전히 멸해야 한다(1-3절). II. 항상 성막을 가까이하여야 한다(4-5절). 앞의 법도는 거짓 예배를 방지하기 위함이요, 뒤의 법도는 하나님이 제정하신 예배를 보존하기 위함이다. 1. 모든 제물들을 하나님의 제단에 가져오고 그들의 모든 거룩한 것들을 하나님이 택하시는 장소에 가져올 것을 명령한다(6, 7, 11, 12, 14, 18, 26-28절). 2. 그들이 광야에서 행하던 것들(8-11절)과 가나안인들이 행한 일들(29-32절)을 전반적으로 금하며, 또한 구체적으로 거룩한 제물들을 자기 집에서 먹지 말고(13, 17, 18절), 하나님이 세우신 사역자들을 저버리지 말 것을 명령한다(19절). 3. 고기를 일상적인 음식으로 집에서 먹도록 허용하되, 피와 함께 먹지 말도록 명령한다(15, 16절, 또한 20-26절).

¹네 조상의 하나님 여호와께서 네게 주셔서 차지하게 하신 땅에서 너희가 평생에 지켜 행할 규례와 법도는 이러하니라 ²너희가 쫓아낼 민족들이 그들의 신들을 섬기는 곳은 높은 산이든지 작은 산이든지 푸른 나무 아래든지를 막론하고 그 모든 곳을 너희가 마땅히 파멸하며 ³그 제단을 헐며 주상을 깨뜨리며 아세라 상을 불사르고 또 그 조각한 신상들을 찍어 그 이름을 그 곳에서 멸하라 ⁴너희의 하나님 여호와께는 너희가 그처럼 행하지 말고

　　　　하나님이 계시고, 오직 한 분 하나님 외에 없다는 이 위대한 근원적인 진리들에서 위대한 근본적인 법도가 생겨나니, 곧 그 하나님이 예배를 받으시며, 오직 그만이 예배를 받으시며, 따라서 우리는 그의 앞에 다른 신을 두어서는 안 된다는 제1계명과, 그것을 보호하며 그것에 쐐기를 박는 제2계명이 그것

이다. 하나님을 배반하고 거짓 신들에게로 돌아가는 것을 방지하기 위하여, 참
되신 하나님을 거짓 신들을 예배하는 그런 방식과 자세로 예배하는 것이 금지
되며, 또한 합당한 예배의 대상을 고수하도록 하나님이 제정하신 예배의 법도
들을 준수하라는 명령이 주어진다. 그렇기 때문에 모세는 주로 제2계명을 해
설하는 셈이라 하겠다. 본 장과 앞으로 네 장에 걸쳐서 나타나는 내용 대부분
이 이에 관한 것이다. 그들이 지켜 행할 규례와 법도는 이러하니라(1절).

1. 그들이 가나안에서 평안과 번영을 누릴 때에 이를 지켜 행하여야 한다.
우리의 신앙이 우리가 종노릇하는 동안에 행하고, 외로움 속에 있을 때에 누리
고, 환난 중에 위로를 삼기 위해서만 제정된 것이라고 생각해서는 안 된다. 아
니다. 아름다운 땅을 소유하게 되었을 때에도 우리는 여전히 하나님을 예배해
야 한다. 광야에서나 가나안에서나, 어린 아이 시절에나 성인이 된 후에나, 할
일이 많아 바쁠 때에나 할 일이 전혀 없을 때에나 가리지 않고 하나님께 예배
하여야 하는 것이다.

2. 평생에, 이 땅에 사는 동안에 항상 이를 지켜 행하여야 한다. 현재의 시험
의 상태에 있는 동안 우리는 계속해서 끝까지 순종해야 하며, 우리의 의무를
떠나서도, 선행을 행하다 지쳐서도 안 된다.

**I. 가나안 사람들이 그들의 우상 신들을 섬기기 위해 사용하던 모든 물건들
을 멸하고 제거할 것을 말씀한다**(2, 3절). 어떤 이들은 모세가 광야에서 세운
성막이 종교적인 용도로 세워진 최초의 거처였고 그것에서부터 신전들이 생겨
났다고 주장하는데, 여기에 우상의 신전들에 대한 언급이 없다는 것이 이 견해
를 묵인해주는 것 같아 보이기도 한다. 그러나 전에 사용되었던 장소들을 지금
고르게 해야 했는데, 그들이 예배하던 그 장소들을 가리켜 높은 산과 작은 산
(마치 높은 곳에 올라가면 그들의 정성이 더해지는 데 유리하기라도 한 것처
럼)과 푸른 나무 아래(그 곳이 기분 좋기 때문이거나 혹은 끔찍했기 때문에)라
고 지칭하는 것이다. 무엇이든 마음을 편안하게 하고 엄숙하게 하며 마음을 수
축시키고 가라앉히는 것은 모두 경건에 도움이 된다고 생각했던 것이다. 깊은
사색을 잘 하는 사람들은 지금도 숲의 어두컴컴한 그늘과 정적을 흠모한다. 그
러나 이방인들이 이처럼 뒤로 물러난 곳에서 그들의 우상을 예배함으로써, 빛
이 배어있지 않은 어둠에 속한 일들을 감출 수 있었다. 그러므로 그것들과 더
불어 이방인들이 그들의 신을 섬기면서 사용한 제단과 주상과 형상들을 모두

멸해야 했고, 그리하여 그것들의 이름부터 망각 속에 묻혀야 했다. 그것들을 존경의 자세로 기억하지 않는 것으로 그치지 않고, 그것들을 전혀 기억하지 않도록 되어야 했던 것이다. 이렇게 해서 그들은 다음을 고려해야 했다.

1. 그 땅의 명성. 절대로 이 거룩한 땅이 그렇게 오염되었었다는 말을 듣지 말아야 하며, 이 모든 더럽고 추한 곳들을 치욕스런 것으로 여겨 없애야 했다.

2. 그들의 신앙의 안전. 후대에, 특히 부패한 시대에 생각 없는 속된 사람들이 그것들을 이스라엘의 하나님을 섬기는 데에 사용하지 않도록, 그것들을 하나도 남겨두지 말아야 했다. 이 오염된 집들을 무서운 것들로 알아서 헐어버려야 했다. 모세가 하나님께 드리는 예배와 관련한 규례를 이런 말씀으로 시작하는 것은, 선한 것을 꾸준히 지켜갈 수 있기 위해서는 먼저 악한 것을 철저하게 혐오하는 것이 우선되어야 하기 때문이다(롬 12:9). 사람들에게서나 장소들에서나 마귀의 나라의 폐허 위에 하나님의 나라가 세워져야 하는 것이다. 그 두 나라가 함께 서 있을 수가 없고, 그리스도와 벨리알 사이의 교류도 있을 수가 없기 때문이다.

II. 우상 숭배자들이 행하는 의식들과 의례들을 하나님을 섬기는 데에다 적용시키지 말 것을 말씀한다. 아니다. 하나님께 드리는 예배를 아름답게 하고 개선시킨다는 것을 구실삼아서도 그렇게 해서는 안 된다. 너희의 하나님 여호와께는 너희가 그처럼 행하지 말고(4절), 즉 "높은 산과 낮은 산에서 제사를 드리고, 주상들을 세우고, 숲을 만들고, 형상들을 세우는 것이 하나님을 존귀하게 하는 것이라고 생각해서는 안 된다. 아니다. 너희는 예배에 대해 화려한 환상에 빠져서는 안 되며, 너희에게 즐거운 것이면 무엇이든 하나님을 기쁘시게 한다고 생각해서도 안 된다. 그는 모든 신들 위에 뛰어나신 분이시니, 다른 신들에게 하듯 그렇게 예배해서는 안 된다."

⁵오직 너희의 하나님 여호와께서 자기의 이름을 두시려고 너희 모든 지파 중에서 택하신 곳인 그 계실 곳으로 찾아 나아가서 ⁶너희의 번제와 너희의 제물과 너희의 십일조와 너희 손의 거제와 너희의 서원제와 낙헌 예물과 너희 소와 양의 처음 난 것들을 너희는 그리로 가져다가 드리고 ⁷거기 곧 너희의 하나님 여호와 앞에서 먹고 너희의 하나님 여호와께서 너희의 손으로 수고한 일에 복 주심으로 말미암아 너희와 너희의 가족이 즐거워할지니라 ⁸우리가 오늘 여기에서는 각기 소견대로 하

였거니와 너희가 거기에서는 그렇게 하지 말지니라 [9]너희가 너희 하나님 여호와께서 주시는 안식과 기업에 아직은 이르지 못하였거니와 [10]너희가 요단을 건너 너희 하나님 여호와께서 너희에게 기업으로 주시는 땅에 거주하게 될 때 또는 여호와께서 너희에게 너희 주위의 모든 대적을 이기게 하시고 너희에게 안식을 주사 너희를 평안히 거주하게 하실 때에 [11]너희는 너희의 하나님 여호와께서 자기 이름을 두시려고 택하실 그 곳으로 내가 명령하는 것을 모두 가지고 갈지니 곧 너희의 번제와 너희의 희생과 너희의 십일조와 너희 손의 거제와 너희가 여호와께서 원하시는 모든 아름다운 서원물을 가져가고 [12]너희와 너희의 자녀와 노비와 함께 너희의 하나님 여호와 앞에서 즐거워할 것이요 네 성중에 있는 레위인과도 그리할지니 레위인은 너희 중에 분깃이나 기업이 없음이니라 [13]너는 삼가서 네게 보이는 아무 곳에서나 번제를 드리지 말고 [14]오직 너희의 한 지파 중에 여호와께서 택하실 그 곳에서 번제를 드리고 또 내가 네게 명령하는 모든 것을 거기서 행할지니라 [15]그러나 네 하나님 여호와께서 네게 주신 복을 따라 각 성에서 네 마음에 원하는 대로 가축을 잡아 그 고기를 먹을 수 있나니 곧 정한 자나 부정한 자를 막론하고 노루나 사슴을 먹는 것 같이 먹으려니와 [16]오직 그 피는 먹지 말고 물 같이 땅에 쏟을 것이며 [17]너는 곡식과 포도주와 기름의 십일조와 네 소와 양의 처음 난 것과 네 서원을 갚는 예물과 네 낙헌 예물과 네 손의 거제물은 네 각 성에서 먹지 말고 [18]오직 네 하나님 여호와께서 택하실 곳에서 네 하나님 여호와 앞에서 너는 네 자녀와 노비와 성중에 거주하는 레위인과 함께 그것을 먹고 또 네 손으로 수고한 모든 일로 말미암아 네 하나님 여호와 앞에서 즐거워하되 [19]너는 삼가 네 땅에 거주하는 동안에 레위인을 저버리지 말지니라 [20]네 하나님 여호와께서 네게 허락하신 대로 네 지경을 넓히신 후에 네 마음에 고기를 먹고자 하여 이르기를 내가 고기를 먹으리라 하면 네가 언제나 마음에 원하는 만큼 고기를 먹을 수 있으리니 [21]만일 네 하나님 여호와께서 자기 이름을 두시려고 택하신 곳이 네게서 멀거든 내가 네게 명령한 대로 너는 여호와께서 주신 소와 양을 잡아 네 각 성에서 네가 마음에 원하는 모든 것을 먹되 [22]정한 자나 부정한 자를 막론하고 노루나 사슴을 먹는 것 같이 먹을 수 있거니와 [23]다만 크게 삼가서 그 피는 먹지 말라 피는 그 생명인즉 네가 그 생명을 고기와 함께 먹지 못하리니 [24]너는 그것을 먹지 말고 물 같이 땅에 쏟으라 [25]너는 피를 먹지 말라 네가 이같이 여호와께서 의롭게 여기시는 일을 행하면 너와 네 후손이 복을 누리리라 [26]오직 네 성물과 서원물을 여호와께서 택하신 곳으로 가지고 가라 [27]네가 번제를 드릴 때에는 그 고기와 피를 네 하나님 여호와의 제단에 드릴 것이요 네 제물의 피는 네 하나님 여호와의 제단 위에 붓고 그 고기는 먹을지니라 ²⁸내가 네게 명령하는 이 모든 말을 너는 듣고 지키라 네 하나님 여호와의 목전에 선과 의를 행하면 너와 네 후손에게 영구히 복이 있으리라 ²⁹네 하나님 여호와께서 네가 들어가서 쫓아낼 그 민족들을 네 앞에서 멸절하시고 네가 그 땅을 차지하여 거기에 거주하게 하실 때에 ³⁰너는 스스로 삼가 네 앞에서 멸망한 그들의 자취를 밟아 올무에 걸리지 말라 또 그들의 신을 탐구하여 이르기를 이 민족들은 그 신들을 어떻게 섬겼는고 나도 그와 같이 하겠다 하지 말라 ³¹네 하나님 여호와께는 네가 그와 같이 행하지 못할 것이라 그들은 여호와께서 꺼리시며 가증히 여기시는 일을 그들의 신들에게 행하여 심지어 자기들의 자녀를 불살라 그들의 신들에게 드렸느니라 ³²내가 너희에게 명령하는 이 모든 말을 너희는 지켜 행하고 그것에 가감하지 말지니라

필자가 기억하기로는 모세의 율법 전체에서 이것처럼 한 가지 구체적인 규례를 상세히 강조하고 되풀이하여 가르치는 것이 없다. 이 규례로써 그들은 성막 뜰에 세워놓은 그 제단에 제물을 가져와야만 하고, 거기서만 그들의 신앙에 관한 모든 의례들을 행하여야 했다. 도덕적인 예배에 있어서는 그 때나 지금이나 사람들이 어디서나 행할 수 있다. 그들은 회당에서 그 일을 행했던 것이다. 마치 우리가 자녀들을 가르치듯이, 이를 행하라는 명령과 그 반대의 것에 대한 금지 명령이 여기서 거듭거듭 되풀이되고 있다. 그러나 성경에서 헛된 반복이란 없다는 것을 우리는 확신한다.

그런데 이에 대해 이처럼 크게 강조하는 것은, 1. 우상 숭배와 미신으로 끌리는 이상한 성향이 사람들의 마음에 있고, 따라서 그들을 둘러싼 많은 유혹거리들로부터 미혹될 위험이 있기 때문이었다. 2. 이처럼 지정된 규례를 지킴으로써 그들에게 큰 유익이 있을 것이기 때문이다. 이것이 부패한 관습들이 그들의 예배에 도입되지 않도록 방지해주고, 또한 그들 가운데 연합과 형제애가 보존되도록 하는 것이다. 곧, 한 곳에 모두 모임으로써 모두가 한 마음으로 한 길을 계속 갈 수 있게 되는 것이다. 3. 이 지정된 규례가 갖는 의의 때문이다. 그들은 두 가지 큰 진리들을 믿는 증표로 한 곳을 지켜야 하는 것이다. 그 두 가지 진리는 하나로 연결되어 있으니, 곧 하나님은 한 분이시요 또 하나님과 사람 사이에 중보자도 한 분이시다(딤전 2:5). 이는 하나님이 한 분이시라는 개념을 계

속 유지시키는 역할을 할 뿐 아니라, 하나님께 나아가고 그와 교류하는 길은 오직 메시야를 통하는 것밖에 없다는 것을 그들에게 알려주는 것이다(물론 그들이 시종일관 그것을 확실히 분별할 수는 없었지만).

이제 이 긴 명령을 큰 단락들로 나누어 살펴보자.

I. 그들이 가나안에 정착하고 주위의 모든 대적을 이기고 편안히 거주하게 될 때에, 하나님이 특정한 장소를 택하시고 그 곳을 그 연합체의 중심으로 지정하실 것이라는 약속이 주어지는데 그들은 그 곳에 모든 헌물들을 가져와야 할 것이다(10, 11절). 관찰하라.

1. 한 곳에 모든 것을 집중시키면 그것에 대해 의심이 남아있지 않을 것이요, 그 곳이 어디인지를 분명히 알게 될 것이었다. 만일 그리스도께서 복음 아래에서 어느 한 곳을 권세의 좌소로 지정하려 하셨다면(로마 교회의 주장처럼), 그 지정된 장소에 대하여 현재와 같이 그렇게 교훈이 없는 상태로 버려져 있지 말았어야 했을 것이다.

2. 하나님은 장소를 정하는 일을 그들에게 맡기지 않으신다. 지파들이 세속적인 이익을 위해 자기들의 지역 내에 그 장소를 가지려고 싸워 분쟁이 일어나지 않도록 하기 위함이다. 그리하여 그는 친히 그 장소를 택하신다. 구속자를 지명하고 거룩한 규례들을 제정하는 일도 그가 친히 정하신 것처럼 말이다.

3. 하나님은 그 장소를 지금 지정해주지 않으신다. 복과 저주를 공포하는 일을 위해서는 그리심 산과 에발 산을 지금 지정해 주셨으나(11:29) 그 시행은 차후로 미루어지는데, 이는 그들로 하여금 모세가 죽은 후에 하늘로부터 후속적인 지시와 하나님의 조치를 기대하도록 만드시기 위함이었다. 하나님이 택하실 장소는 그가 그의 이름을 두실 장소라고 말씀한다. 즉, 그의 것으로 부를 장소, 그의 존귀가 거하며, 그가 자신을 그 백성들에게 드러내시며, 마치 사람이 자기 이름으로 자기를 알리듯이 그 자신을 알게 하시며, 또한 사람들이 그의 이름을 부르며 찬송하여 그에게 아뢰는 것을 받으실 장소를 뜻하는 것이다. 그 곳은 그의 거처가 될 것이었고, 거기서 그는 이스라엘의 왕으로 좌정하시고, 경건하게 그를 구하는 자들에게 자신을 나타내실 것이었다. 궤는 하나님의 임재의 증표였고, 거기에 하나님이 그의 이름을 두셨으니 그것이 그의 거처였던 것이다. 궤 속에는 율법의 돌판이 들어 있었다. 그의 입에서 나오는 율법을 기꺼이 받을 자 외에는 아무도 하나님의 손에서 은혜를 받기를 기대해서는 안

되기 때문이었다. 궤를 모시는 장소로 하나님이 처음 택하신 곳은 실로였다. 그러나 그 곳에 죄로 인하여 더럽혀진 후 궤는 기럇여아림 등 여러 곳을 전전 하게 되고, 다윗 시대에 예루살렘으로 확정된다. 하나님은 솔로몬의 성전에 대 해서 다른 어떤 곳보다 더 두드러지게 말씀하셨다. 내가 … 이 곳을 택하여 내게 제사하는 성전을 삼았으니(대하 7:12, 대하 6:5과 비교하라). 이제 복음 아래에 서는 우리에게 금을 거룩하게 하는 성전도, 예물을 거룩하게 하는 제단도 없고 오직 그리스도 한분 뿐이다. 그리고 예배의 장소에 대해서는 선지자들이, 각처 에서 내 이름을 위하여 영적으로 분향하며 깨끗한 제물을 드리리니(말 1:11)라고 예언한 바 있다. 그리고 우리 주님은, 이 산들에서든 예루살렘에서든 상관없이 신실함과 진리로 예배하는 자들을 하나님이 참된 예배자들로 인정하신다는 것 을 선포하셨다(요 4:23).

II. 그들은 하나님이 택하실 장소에 모든 번제물과 제물들을 가져오도록 명 령을 받는다. 여호와께서 … 택하실 그 곳으로 내가 명령하는 것을 모두 가지고 갈 지니(6, 11절). 오직 … 그 곳에서 번제를 드리고(14절). 그 고기와 피를 네 하나님 여호와의 제단에 드릴 것이요(27절). 그리고 그들의 화목제물에 대해서도(여기 서는 그것을 제물이라 부른다), 고기는 먹게 되어 있었으나 그 피는 제단 위에 붓게 되어 있었다. 이로써 그들은 하나님은 그들이 충성과 앙모의 뜻으로 드리 는 희생 제사와 제물들을 그들 자신 때문에나 그들 자신의 본래적인 가치 때문 에 바라시고 받으시는 것이 아니고, 순전히 그 제사와 제물들이 드려지는 그 제단에서 그 가치와 덕성을 받는다는 것을 가르침 받았다. 그 제단이 그리스도 의 모형이었기 때문이다. 기도와 찬송들은 이보다 더 필요하고 더 가치 있는 것들로서 하나님의 백성이 어디에서든 날마다 드려야 했다. 경건한 이스라엘 사람은 함께 모여 하나님의 제단에 제물을 드릴 기회를 여러 달 동안 갖지 못 해도 여전히 하나님을 존귀하게 하고 그와의 교제를 유지하고 그에게서 자비 를 얻을 수 있었던 것이다. 그러나 이것은 우리 그리스도인들이 하나님께 드리 는 모든 영적인 제사들을 예수 그리스도의 이름으로, 오직 그의 중보 사역에 근거해서 그것들을 받아주시기를 소망하는 자세로, 드려야 한다는 것을 나타 낸다(벧전 2:5).

III. 그들은 그 거룩한 것들을 여호와 앞에서 거룩한 기쁨으로 먹도록 명령 을 받는다. 그들은 하나님께 드리기 위한 제물들을 제단으로 가져와야 했고,

뿐만 아니라 하나님과의 교제의 증표로 하나님의 영광을 위하여, 율법이 먹고 마시도록 지정한 모든 것들을 제단 앞에 가져와야 했다(6절). 그들의 십일조와 그들의 손의 거제와, 즉 그들의 첫 열매들과 그들의 서원제와 낙헌 예물(자원 제물)과 처음 난 것들 등 그들 자신이나 제사장들과 레위인들이 종교적으로 사용하도록 지정된 모든 것들을 하나님이 지정하신 장소에 가져와야 했다. 마치 왕국의 모든 영토 내에서 얻은 국왕의 모든 수입을 가져와 국고에 넣듯이 말이다. 그리고 거기 곧 너희의 하나님 여호와 앞에서 먹고 … 너희와 너희의 가족이 즐거워할지니라(7절). 또한 너희와 너희의 자녀와 노비와 함께 너희의 하나님 여호와 앞에서 즐거워할 것이요(12절). 여기서 관찰하라.

1. 우리가 과실을 범하지 않는 한, 우리가 하나님과 그의 영광을 위해 섬기기 위해 행하는 일이 우리의 유익으로 되돌아온다는 것. 하나님께 드려지는 제물은 그 앞에서 기꺼이 배부르게 먹을 수 있다. 나는 그와 더불어 먹고 그는 나와 더불어 먹으리라(계 3:20). 우리가 하나님을 영화롭게 하면 이로써 우리 자신을 강건하게 하고 우리 자신의 생각을 배양하게 된다. 하나님의 은혜로 말미암아 우리의 지식과 믿음이 더하여짐으로써 경건한 정서가 활기를 띠게 되고 은혜로운 습관과 결의들이 확증되며, 이렇게 해서 영혼이 자양분을 섭취하게 되는 것이다.

2. 하나님을 위하여 하는 일은 거룩한 기쁨과 흔쾌한 마음으로 행하여야 한다는 것. 먹고 … 즐거워할지니라(7, 12, 18절). (1) 여호와 앞에 있는 동안에 즐거워해야 했다(12절). 우리가 즐거움으로 하나님을 섬기는 것이 그의 뜻이다. 눈물과 울음과 탄식으로 여호와의 제단을 가리게 하는 자만큼 하나님을 불쾌하게 하는 자가 없다(말 2:13). 그를 섬기면서 노래할 것을 의무로 만드셨으니 우리가 섬기는 하나님은 얼마나 좋으신 분인지 모른다. 그들은 물론 어린 자녀들과 노비들까지도 함께 하나님 앞에서 즐거워하여야 했으니, 신앙적인 예배와 섬김이 어렵고 부담스런 짐이 아니라 즐거움이 되도록 하신 것이다. (2) 그들이 하나님과의 교제에서 얻은 즐거움의 맛을 지니고 감사함으로 돌아가야 했다. 그들은 손으로 수고한 모든 일에서 즐거워하여야 했다(7절). 그러한 위로의 일부를 일상적인 일터에 갖고 가며, 그렇게 영혼이 강건해진 상태에서 무엇을 하든 기꺼운 마음과 즐거움으로 해야 했다. 하나님과 그의 선하심 가운데서 우리는 이 거룩하고 경건한 즐거움이야말로 죄를 방지하고, 헛된 정욕과 육욕의 올

무를 막고, 또한 세상의 근심과 걱정을 방지하는 최상의 보호책이라 할 것이다.

IV. 그들은 레위인들에게 친절할 것을 명령받는다. 그들이 즐거움으로 제물을 배불리 먹었는가? 레위인들도 그들과 함께 먹고 함께 즐거워해야 했다(12, 18절). 또한 너는 삼가 … 레위인을 저버리지 말지니라(19절). 제사장들을 돕는 자들로서 제단에서 일하는 레위인들이 있었는데, 이들을 저버리지 말라고 명령한다. 즉, 그들이 행하는 봉사가 끊임없이 유지되도록 해야 한다는 뜻이다. 하나님이 지정하신 것 이외에 다른 제단을 세워서는 안 된다. 이는 곧 레위인을 저버리는 것이 될 것이다. 그러나 이는 지방에 흩어져서 하나님의 율법을 백성들에게 가르치며 그들의 신앙생활을 돕는 레위인들에 대해 하는 명령인 듯하다. 여기 주어지는 명령이 그들의 성중에 있는 레위인에 관한 것임을 명시하고 있기 때문이다. 우리 가까이에, 우리 성중에 레위인들이 있어서 그들에게 율법에 대해 물을 수 있고, 또한 그들이 우리의 잔치에 함께 참석하여 지나치지 않도록 막아준다는 것은 큰 자비로운 일이다. 선한 가르침을 주고 선한 모범을 세우는 사역자들에게 친절을 베푸는 것이 교인들의 의무다. 거룩한 규례들이 종결될 다가올 세상이 오기까지는 이 땅에 살아 있는 한 우리에게 그들의 도움이 필요하다. 레위인을 저버리지 말아야 할 이유는 레위인은 너희 중에 분 깃이나 기업이 없으므로 농사나 상업으로나 부유해질 수가 없기 때문이다(12절). 그러므로 너희 재물에서 얻는 위로를 그와 함께 나누라. 레위인들에게 그들의 십일조와 기타 헌물들을 드리도록 율법으로 지정되었다. 레위인들은 생활 유지를 위한 다른 수단이 없었기 때문이다.

V. 보통의 고기를 먹을 수 있도록 허용되지만, 제물로 드린 짐승의 고기를 집에서 사사로이 먹는 것은 허용되지 않는다. 어떤 식으로든 하나님께 드려진 것은 집에서 먹어서는 안 된다(13, 17절). 그러나 그렇게 드려지지 않은 것은 마음대로 죽여 그 고기를 먹을 수 있다(15절). 이런 허용 사항이 다시 반복되고 있다(20-22절). 광야에 있을 때는, 그들이 희생 제사에 사용된 짐승의 고기는, 성막 문에서 잡은 것과 하나님께 화목제물로 일부를 드리고 난 나머지 이외에는 전혀 먹지 않았던 것 같다(레 17:3, 4). 그러나 가나안에 들어온 이후는 백성들이 성막과의 거리가 먼 곳에 살았으므로 가축들을 제단에 드리지 않고도 원하는 대로 죽여 고기를 먹을 수 있었다. 이런 허락이 매우 선명하게 거

듭 반복하여 주어졌으니, 이는 사탄이, 율법이 제물을 집에서 먹는 것을 금지한 사실을 기회로 삼아, 우리의 첫 조상에게 그랬던 것처럼 하나님이 마치 그들을 못마땅해하기라도 하시는 것처럼 그릇 생각하게 만들지 못하게 하기 위함이었다. 네 마음에 원하는 대로 가축을 잡아 그 고기를 먹을 수 있나니. 사람에게는 본성적인 식욕이 있는데 절제와 건실함으로 이를 만족시키는 것은 합당한 일이다. 다만 지나치게 쾌락을 추구해서는 안 되며 그 일로 인하여 불편해져서도 안 될 것이다. 부정한 자들은 거룩한 제물들은 먹을 수 없으나 똑같은 종류의 고기가 일반 음식으로 사용될 경우는 얼마든지 먹을 수 있었다. 정결한 자와 부정한 자의 구별은 신성한 것으로 그들의 거룩한 절기의 존귀함을 보존하기 위하여 마련된 것이므로 일상적인 식사에는 해당되지 않는 것이었다. 여기의 허용에는 두 가지 제한이 있었다.

1. 하나님께서 베푸신 복을 따라 먹어야 했다(15절). 주목하라. 우리의 처지에 따라 살고, 우리가 지닌 것 이상 소비하지 않는 것은 우리의 지혜일 뿐 아니라 의무다. 써야 할 것을 쓰지 않고 매점해 두는 것도 불의한 일이지만, 가진 것 이상으로 쓰는 것은 더 더욱 불의한 일이다. 우리의 것이 아닌 것은 반드시 다른 사람이 누려야 할 것이므로, 결국 우리의 분수 이상 쓰는 것은 남의 것을 탈취하는 것이기 때문이다. 이것은 더욱 불의한 일이다. 왜냐하면 부당하게 아끼고 남은 것을 나누어줌으로써 잘못에 대해 일종의 보상을 해주는 것은 쉽지만 부당하게 가진 것 이상 낭비한 것에 대해 아내와 자녀와 채권자들에게 보상해 주는 것은 어려운 일이기 때문이다. 이 양 쪽의 극단적인 처사들 중간에서 지혜롭게 정도를 찾아야 할 것이고, 그것을 면밀하게 살피고 단호하게 지켜가야 할 것이다.

2. 피는 먹지 말아야 했다(16절, 또한 23절). 오직 그 피는 먹지 말고(16절), 크게 삼가서 그 피는 먹지 말라(23절). 너는 그것을 먹지 말고(24절). 너는 피를 먹지 말라 네가 이같이 … 행하면 너와 네 후손이 복을 누리리라(25절). 피를 제단에 가져가지 못하고 여호와께 속하는 것으로 알아 그의 앞에서 거기에다 부어야 했으니, 반드시 자기들의 것이 아닌 것으로 여겨 그것을 땅에다 부어야 했다. 왜냐하면 그것은 생명이요 따라서 그 생명을 주시는 분께 속하는 것으로 인정해야 하며, 또한 그것을 빼앗기는 자의 것으로 여겨 갚아야 했다. 패트릭 주교는 피를 먹지 말도록 철저히 금지한 한 가지 이유는 옛날 우상 숭배자들의 미신들

을 방지하기 위함이었다고 본다. 그들은 귀신들이 피를 즐겨하며, 따라서 피를 먹음으로써 귀신들과 교류를 할 수 있다고 상상했다는 것이다.

VI. 광야에서 행한 그들 자신의 부패한 행위를 지속시키거나 가나안 땅을 차지하고 있는 족속들의 부패한 행위도 본받아서는 안 된다.

1. 광야에서 범했던 부적절한 습관들과 또한 현재의 불안정한 상태를 고려하여 생각해낸 부적절한 일들을 계속해서는 안 된다. 우리가 오늘 여기에서는 각기 소견대로 하였거니와 너희가 거기에서는 그렇게 하지 말지니라(8절). 모세보다 나은 통치자는 없었고, 또한 온 이스라엘 백성이 통치자가 보는 앞에서 그렇게 가까이 진을 치고 있었으니 선한 질서와 규율을 지키기에 그보다 더 나은 상황이 없었을 것이라고 생각하겠지만, 그런데도 거기에 모자란 부분이 많았고 그들 중에 비정상적인 처신들이 끼어들었던 것 같다. 그 어떠한 사회도 완전히 순결하고 올바르기를 기대해서는 안 된다. 하늘의 가나안에 이르기까지는 그럴 수밖에 없다. 희생 제사와 종교적 예배, 공의의 법정과 시민 통치가 있었고, 또한 안식일에 나뭇가지를 모으는 사람을 돌로 쳐 죽이는 등 율법의 지극히 중대한 문제들을 보존함에 있어서 지극히 철저하였다. 그러나 자주 이동하는 처지여서 언제나 모든 것이 안정되지 못한 상태였다. 그러므로 (1) 엄숙한 절기들과 정결 예법 등을 하나도 율법이 요구하는 대로 정확성을 기하여 지킬 수가 없었다. (2) 자주 이동하여 다니느라 방해를 받아 백성 중에 기회를 놓친 자들에게 다시 제사를 행할 기회가 주어졌다. 그러나 (모세는 말하기를) 가나안에 이르면 거기에서는 그렇게 하지 말지니라. 주목하라. 하나님의 백성들이 불안정한 처지에 있을 때에는, 그렇지 않을 때에는 절대로 허용되지 않을 것들이 허용되고 용납될 수 있다. 필연적인 상황이 지속되는 동안에는 그 필연적인 예외적인 요건들을 고려해야 한다. 그러나 가나안에 들어가서도 광야에서 행하던 대로 행해서는 안 된다. 집을 건축하는 동안에는 먼지와 쓰레기들이 주변에 어지럽게 널려 있어도 무방하나, 집을 다 지은 후에는 그 모든 것들을 말끔히 치워야 하는 법이다. 모세는 이제 자신의 목숨과 통치를 내려놓아야 할 처지에 있었다. 그로서는 이스라엘이 자신의 치세 때보다 다음 치세에서 상황이 더 나아질 것을 미리 본다는 것이 큰 위로가 되었을 것이다.

2. 가나안 족속들이 자기들의 신을 섬기며 사용한 그런 의식들이나 규례들로써 여호와를 섬겨서는 안 된다(29-32절). 우상 숭배자들의 예배 방식과 형식

을 궁구해서는 안 된다. 사탄의 깊은 것을 아는 것(계 2:24)이 그들에게 무슨 유익이 되겠는가? 오염될 위험에 있는 것에 대해서는 모르는 것이 최고다. 우상숭배자들의 관습들을 도입해서는 안 된다. (1) 하나님이 그들의 노예와 포로로 만드셨고 또한 그들 앞에서 멸망하게 하신 자들의 행위들을 표본으로 삼는다는 것은 어처구니없는 일이기 때문이다. 가나안 족속들은 이스라엘 사람들이 그 관습들을 취하여 본받을 정도로 그들의 신들을 향한 예배 행위들이 번창하고 번성한 것은 아니었다. 죄인들의 결국이 어떤지를 보고서도 죄인의 길을 좇는 자들은 정말로 정신 나간 자들이다. (2) 그들의 관습 중에, 자기들의 자녀를 불살라 그들의 신들에게 드리는 등(31절), 지극히 야만적이고 비인간적이어서, 본성의 빛과 법으로 보아서는 물론이고 본성적인 정서 자체로 보아도 짓밟아 버려야 할 것들이 있었기 때문이다. 자녀를 불살라 신들에게 드린다는 것, 이 한 가지만으로도 그들의 관습이 끔찍하고 몸서리쳐지는 것이다. (3) 그들의 우상 숭배의 관습들이 여호와께 가증한 것이었기 때문이다. 여호와께 예배함으로써 여호와께 존귀를 드리고 그의 은혜를 얻고자 하는데, 그에게 드리는 예배에 그런 가증한 관습들을 도입한다면, 그것은 그보다 한층 더 가증한 것이 될 것이었다. 제사 자체가 가증한 것이 되어 버리면 그것은 그야말로 악한 것이다(잠 15:8). 그러므로 모세는 전에 하나님의 말씀에 관하여 했던 것과 동일한 말씀(4:2)을 하나님께 드리는 예배에 대한 경고로 제시하면서 결론을 맺는다. "너는 그것에 가감하지 말지니라(32절). 평범한 것을 좀 더 의미 있게, 좀 더 위엄 있게 만든다는 핑계로 네 자신이 만들어낸 것들을 덧붙이지도 말고, 좀 더 쉽고 좀 더 현실성 있게 만든다는 핑계로 그것에서 무엇을 빼거나 뒤로 제쳐두지도 말라. 다만 하나님이 명하신 모든 것을 지키고, 오직 그것들만을 지키라." 하나님께서 정해 주신 것을 지킬 때에 하나님께서 우리의 예배를 받으시리라는 소망을 가질 수 있는 것이다. 하나님께서는 그의 일을 그의 방식대로 행하도록 하시는 것이다.

제 13 장

개요

모세는 계속해서 우상 숭배의 위험에 관하여 말씀한다. 앞 장 말미에서 그는 가나안 땅에 먼저 거주했던 가나안 족속들에게서 일어날 위험에 대해 경고한 바 있었다. 이런데 이 장에서는 이스라엘 자손 내에서 우상 숭배가 일어날 것에 대해 경고한다. 그들은 다음과 같은 방식으로 우상 숭배에 빠지도록 만드는 것들에 대해 조심해야 했다. I. 예언을 빙자하여(1-5절). II. 우정과 인척 관계를 빙자하여(6-11절). III. 다수를 빙자하여(12-18절). 이 모든 경우에서 단호히 유혹거리들을 물리쳐야 하고, 유혹하는 자들을 벌하고 끊어내야 한다.

¹너희 중에 선지자나 꿈꾸는 자가 일어나서 이적과 기사를 네게 보이고 ²그가 네게 말한 그 이적과 기사가 이루어지고 너희가 알지 못하던 다른 신들을 우리가 따라 섬기자고 말할지라도 ³너는 그 선지자나 꿈꾸는 자의 말을 청종하지 말라 이는 너희의 하나님 여호와께서 너희가 마음을 다하고 뜻을 다하여 너희의 하나님 여호와를 사랑하는 여부를 알려 하사 너희를 시험하심이니라 ⁴너희는 너희의 하나님 여호와를 따르며 그를 경외하며 그의 명령을 지키며 그의 목소리를 청종하며 그를 섬기며 그를 의지하며 ⁵그런 선지자나 꿈꾸는 자는 죽이라 이는 그가 너희에게 너희를 애굽 땅에서 인도하여 내시며 종 되었던 집에서 속량하신 너희의 하나님 여호와를 배반하게 하려 하며 너희의 하나님 여호와께서 네게 행하라 명령하신 도에서 너를 꾀어내려고 말하였음이라 너는 이같이 하여 너희 중에서 악을 제할지니라

여기서

I. 매우 이상스런 가정이 주어지고 있다(1, 2절).

1. 그들 중에서 환상과 예언을 하는 체하면서 그들을 부추겨 다른 신들을 섬기게 만들려는 자들이 일어난다는 것은 이상한 일이다. 선지자 행세를 할 수

있을 만큼 하나님의 계시의 방법들에 대해 그렇게 많은 지식을 갖고 있는 자가, 자기 자신은 물론 이웃들까지 미혹하여 다른 신들을 좇아가게 만들 만큼 그렇게 하나님의 본성에 대해 무지할 수 있다니 말이다. 이스라엘 사람이 과연 그런 불경한 죄를 지을 수 있었을까? 지각이 있는 사람이라면 그런 어처구니없는 짓을 저지를 수 있었을까? 오늘날도 그런 것을 보고 있으니, 그리 이상한 일만은 아닐 것이다. 학식과 신앙을 겉으로 내세우면서도 하나님을 형상들로 하나님을 경배할 뿐 아니라 성인(聖人)들과 천사들에게 신적인 경배를 행할 것을 부추기는 자들이 수없이 많으니 말이다. 이런 것은 다른 신들을 따라 섬기는 것보다 전혀 나을 게 없다. 강력한 미혹의 힘이란 그런 것이다.

2. 이적과 기사가 일어나 이런 거짓 가르침을 확증하는 일이 일어난다는 것은 더욱 이상스런 일이다. 그런 사악한 처신을 하나님께서 친히 돌아보신다는 것을 상상이나 할 수 있겠는가? 거짓 선지자가 과연 참된 이적을 행한 일이 있던가? 여기서는 오로지 두 가지 이유밖에는 제시할 수가 없다.

(1) 그런 자의 가르침에 귀를 기울이지 못하도록 경계를 강화시키기 위함이다. "그런 자가 참된 이적을 행하는 일이 가능하더라도, 그가 다른 신들을 섬겨야 한다고 가르치면 그를 믿어서는 안 된다. 그것을 금하는 하나님의 법이 분명 영구하며 불변하기 때문이다." 갈 1:8에서도 유사한 가정이 제시된다. 우리나 혹 하늘로부터 온 천사라도 우리가 너희에게 전한 복음 외에 다른 복음을 전하면 저주를 받을지어다. 이는 천사가 다른 복음을 전하는 일이 가능하다는 것을 입증해주는 것이 아니라, 우리가 받은 복음이 명확하고 영구하다는 것을 강하게 표현해 주는 것이다. 여기서도 마찬가지다.

(2) 사기성 있는 거짓 기사들(살후 2:9)의 위험에 대비하여 그들을 견고히 세우기 위함이다. "가령 어떤 사람이 정말 기술적으로 눈속임하여 무언가 굉장한 것을 제시하므로 그 속임수를 분간할 수가 없고 그 거짓된 것을 입증할 수가 없다 해도, 그들이 다른 신들을 따라 섬기게 만들 의도를 갖고 있다면 그것 하나만으로도 그들의 거짓됨을 입증할 충분한 근거가 된다. 하나님이 한 분이시라는 분명한 진리와, 홀로 살아계시고 참되신 하나님을 예배하는 분명한 법을 저버릴 만한 증거는 결코 없는 것이다." 진리의 하나님이 거짓말에다, 다른 신을 따라 섬기자 라는 유혹에 담겨 있는 그 무거운 거짓말에다, 그의 이적의 인(印)을 치신다는 것은 생각조차 할 수 없는 일이다. 그렇다면, 이 거짓 선지

자가 이런 넓은 인을 거짓으로 가장할 수 있도록 허락을 받는 것은 무슨 연고인가? 여기 답변이 제시된다. "너희의 하나님 여호와께서 … 너희를 시험하심이니라(3절). 너희의 시종여일함을 시험하도록 그런 유혹거리가 너희에게 제시되도록 허용하사, 온전한 자들과 또한 거짓되고 부패한 자들이 분명히 드러나도록 하시는 것이다. 그것은 너희를 시험하여 증명하시기 위함이다. 그러므로 시험에서 네 자신을 삼가 지켜 네 자신을 잘 세우기를 명심하라."

II. 이 경우에 매우 필수적인 권면이 이어진다.

1. 시험에 양보하지 말라. "너는 그 선지자나 꿈꾸는 자의 말을 청종하지 말라(3절). 그가 너를 미혹하여 행하게 하려는 일을 행하지 말 뿐 아니라 그런 미혹의 말을 참고 듣지 말고, 철저한 멸시와 혐오로 그 말을 거부하라. 그런 악한 제안은 그냥 듣고 있을 것이 아니라 귀를 기울이지도 말아야 한다. **사탄아 내 뒤로 물러가라.**" 유혹들 중에는 너무도 사악하여 논쟁을 해서도 안 되고 들어서도 안 될 것들이 있는 법이다. 그 다음에 이어지는, 너희의 하나님 여호와를 따르라는 명령(4절)을 지켜야 한다. 이것은 (1) 유혹에 빠지지 않도록 보존하는 하나의 처방책이다. "네 임무를 꾸준히 지속하라. 그리하면 해로운 일에 빠지지 않으리라. 우리가 하나님을 떠나지 않으면 하나님은 결코 우리를 떠나지 않으신다." 혹은, (2) 유혹에 대한 답변을 우리에게 제공해 준다. 유혹이 올 때 이렇게 말하라. "기록된 바 너희의 하나님 여호와를 따르며 그를 경외하라 하였으니, 내가 우상들과 무슨 상관이 있으리요?"

2. 시험하는 자를 살려두지 말라(5절). 그 선지자를 죽여서, 그가 행하려 한 시도에 대해 벌하고(미혹된 사람이 하나도 없어도 그 미혹하는 자는 죽어야 한다. 왕위를 탈취하려는 계획만으로도 족히 사형에 해당되는 반역 행위이다), 그의 행위로 인한 더 큰 악을 미연에 방지하여야 한다. 이를 가리켜 악을 제하는 것이라 부른다. 죄를 범한 자를 제거하는 것 외에는 죄책을 제거할 방법이 없다. 그런 범죄자가 형벌을 받지 않는다면, 그를 벌하여야 할 자들이 책임을 면할 수 없다. 그렇게 해서 악행을 제거해야 한다. 썩은 수족을 잘라내고 행악자들을 제거하여야만 그 오염이 퍼져나가지 않는 것이다. 이런 위험한 질병들은 반드시 제 때에 없애야 하는 것이다.

⁶네 어머니의 아들 곧 네 형제나 네 자녀나 네 품의 아내나 너와 생명을 함께 하는

친구가 가만히 너를 꾀어 이르기를 너와 네 조상들이 알지 못하던 다른 신들 ⁷곧 네 사방을 둘러싸고 있는 민족 혹 네게서 가깝든지 네게서 멀든지 땅 이 끝에서 저 끝까지에 있는 민족의 신들을 우리가 가서 섬기자 할지라도 ⁸너는 그를 따르지 말며 듣지 말며 긍휼히 여기지 말며 애석히 여기지 말며 덮어 숨기지 말고 ⁹너는 용서 없이 그를 죽이되 죽일 때에 네가 먼저 그에게 손을 대고 후에 뭇 백성이 손을 대라 ¹⁰ 그는 애굽 땅 종 되었던 집에서 너를 인도하여 내신 네 하나님 여호와에게서 너를 꾀어 떠나게 하려 한 자이니 너는 돌로 쳐죽이라 ¹¹그리하면 온 이스라엘이 듣고 두려워하여 이같은 악을 다시는 너희 중에서 행하지 못하리라

　　　　우리에게 가깝고 사랑스런 이들에게서 우상 숭배가 오염되는 것을 경계하고 막아야 한다는 교훈이 주어진다.

Ⅰ. 우리가 사랑하며, 우리에 대해 악의가 있으리라는 의심이 가장 덜하며, 또한 우리가 기쁘게 해 주기를 바라며 우리가 잘 따르기 쉬운 자들의 손을 통해서 유혹을 보내는 것이 미혹하는 자의 책략이다.　여기서는 유혹이 본질상 우리와 매우 가까운 형제나 자녀, 우리의 선택에 의해서 매우 가까운 관계에 있는 아내나 친구 등 우리가 생명을 함께 하는 자들에게서 오는 것으로 상정된다(6절). 사탄은 하와를 통해서 아담을 유혹했고, 베드로를 통해서 그리스도를 유혹하려 했다. 그러므로 세상에서 가장 친한 친구가 자기의 말을 들어도 하나님을 거슬러 죄를 짓는 것이 아니라고 하며 우리의 유익을 생각해 주는 체하며 악한 제안을 할 때에 그것을 경계하여야 한다. 이 때의 유혹은 지극히 사사로운 것이다. 그가 가만히 너를 꾈 것이다. 곧, 우상 숭배는 어둠에 속한 일이요 빛을 혐오하여 감추어지기를 바라며, 따라서 죄인이 자신에게, 또한 미혹하는 자가 꾐에 빠지는 자에게, 비밀과 안전을 약속하는 것이다. 여기서 섬기라고 제의하는 그 거짓 신들에 대해서,

　1. 유혹하는 자는 이 신들을 경배하는 것이 세상에서 일상적으로 행하는 일이라고 한다. 그리고 그렇기 때문에 그들이 눈에 보이지 않는 신에게만 경배하게 되면 그것은 다른 사람들과는 전혀 다른 괴상한 처신이라고 한다. 이 신들은 네 사방을 둘러싸고 있는 민족 혹 네게서 가깝든지 네게서 멀든지 땅 이 끝에서 저 끝까지에 있는 민족의 신들이며 따라서 사실 땅의 온 민족들의 신들이기 때문이라는 것이다(7절). 그것이 세상에서 별로 인기 없는 것이라는 이런 제안으로

인하여 많은 사람들이 신앙과 경건에서 떠나 세상과 육체와 짝하게 된다. 이들이 그들 사방을 둘러싸고 있는 민족의 신들이기 때문이다.

2. 모세는 이를 대적하여 그것은 그 조상들이 행하던 것이 아니었다고 한다. 그들은 너와 네 조상들이 알지 못하던 신들이다. 경건한 부모에게서 출생하여 신앙적인 교육을 받고 자란 이들은 헛되고 방종하며 무절제한 삶의 방식을 좇으라는 유혹을 받을 때에, 그런 것은 그들도 그들의 조상들도 알지 못하던 것임을 기억해야 할 것이다. 그런데 어떻게 그런 것에 빠져 타락한단 말인가?

II. 세상에서 가장 친한 친구보다도 하나님과 신앙을 우선시키는 것이 우리의 임무다.

1. 친구들과 어울리느라 하나님의 법을 어기는 일이 있어서는 안 된다. "너는 그를 따르지 말며 듣지 말며(8절), 그의 우상 숭배에 동참하지도 말라, 친구와 어울리기 위해서나 호기심으로나 그렇게 하지 말라." 악한 자가 너를 꾈지라도 따르지 말라는 것이 일반적인 규범이다(잠 1:10).

2. 친구에 대한 애정 때문에 하나님의 정의의 시행 과정에 장애물이 되어서도 안 된다. 그런 일을 시도하는 자는 원수나 위험인물로 보아 경계하여야 하며 또한 우리의 주권자 여호와와 그의 면류관과 위엄을 향한 열정으로 범죄자와 반역자로 여겨 용납하지 말아야 할 것이요, 그를 숨겨주는 것을 중범죄자 은닉죄로 여겨 이를 금하여야 할 것이다. 너는 용서 없이 그를 죽이되(9절). 유혹을 받은 사람은 이 법에 따라 그를 유혹한 자와 결부되며 따라서 적절한 재판관 앞에서 그 사람을 대적하여 증거를 제시하여 법이 정한 형벌을 받도록 하여야 하며, 이 일이 지연되어서는 안 된다. 너는 용서 없이 그를 죽이되 라는 문구에 그런 의도가 들어 있는 것이다. 그 사람을 재판에 회부하는 일이나 사형을 집행하는 일이 연기되어서는 안 된다. 그리고 그를 고발한 당사자가 형을 집행하는 일에 앞장섬으로써 자신의 증언을 입증해야 한다. "네가 먼저 그에게 손을 대어서 그가 저주받은 자임을 드러내 보이고 그 다음 모든 백성들이 그에게 손을 대어 그를 저주받은 존재로 여겨 제거할 것이다." 그가 죽어야 하는 죽음이 유대인들 중에 모든 죽음 가운데 가장 혹독한 것으로 여기도록 되어야 할 것이다. 그를 돌로 쳐야 한다. 그는 네 하나님 여호와에게서 너를 꾀어 떠나게 하려 한 자이므로 이 혐의를 그에게 붙여 그를 제거해야 한다(10절). 우리를 꾀어 우리의 최고의 친구이신 하나님 여호와에게서 꾀어 떠나게 하려 한 자야말로 분명 우

리의 철천지원수다. 또한 무엇이든 우리를 이끌어 죄를 범하게 하고, 우리와 하나님 사이를 이간시키는 것이야말로 우리의 생명을 노리는 짓이요 따라서 거기에 합당하게 보응해야 한다. 그리고 마지막으로, 이 필수적인 사형집행의 선한 효과가 제시되고 있다: 온 이스라엘이 듣고 두려워하여(11절). 그들이 듣고 두려워해야 한다. 범죄 행위를 처단하는 것은 두려움을 주기 위함이요, 그리하여 반복되지 않도록 하기 위함이다. 그들이 듣고 두려워하기를 바라며, 또한 이 형벌의 엄중함으로 인하여, 특히 아버지나 형제나 친구의 고발로 이런 일이 이루어질 경우 죄에 대하여 공포감이 생기게 될 것이요, 죄를 지극히 죄악된 것으로 여기고 그들 스스로도 그런 형벌을 당하지 않을까 하여 두려움을 갖게 될 것이다. 교만하게 죄를 범하는 거만한 자를 때리라 그리하면 부주의하게 죄를 지을 위험이 있는 어리석은 자도 지혜를 얻으리라(잠 19:25).

[12]네 하나님 여호와께서 네게 주어 거주하게 하시는 한 성읍에 대하여 네게 소문이 들리기를 [13]너희 가운데서 어떤 불량배가 일어나서 그 성읍 주민을 유혹하여 이르기를 너희가 알지 못하던 다른 신들을 우리가 가서 섬기자 한다 하거든 [14]너는 자세히 묻고 살펴 보아서 이런 가증한 일이 너희 가운데에 있다는 것이 확실한 사실로 드러나면 [15]너는 마땅히 그 성읍 주민을 칼날로 죽이고 그 성읍과 그 가운데에 거주하는 모든 것과 그 가축을 칼날로 진멸하고 [16]또 그 속에서 빼앗아 차지한 물건을 다 거리에 모아 놓고 그 성읍과 그 탈취물 전부를 불살라 네 하나님 여호와께 드릴 지니 그 성읍은 영구히 폐허가 되어 다시는 건축되지 아니할 것이라 [17]너는 이 진멸할 물건을 조금도 네 손에 대지 말라 그리하면 여호와께서 그의 진노를 그치시고 너를 긍휼히 여기시고 자비를 더하사 네 조상들에게 맹세하심 같이 너를 번성하게 하실 것이라 [18]네가 만일 네 하나님 여호와의 말씀을 듣고 오늘 내가 네게 명하는 그 모든 명령을 지켜 네 하나님 여호와의 목전에서 정직하게 행하면 이같이 되리라

여기서는 한 성읍이 이스라엘의 하나님께 충성을 드리던 데서 반역하여 다른 신들을 섬기는 경우에 대한 가르침이 제시된다.

I. 범죄가 상정된다.

1. 이스라엘의 통치를 받는 영역 내에 있는 한 성읍에서 범해지는 것으로

상정된다. 교회는 교회 안에 있는 사람들을 판단하는 법이다(고전 5:12, 13). 또한 그들이 신앙의 첫째가는 원리들을 보존하며 불과 칼로써 그것을 지키도록 명령을 받고 있는 상태에서 그런 범죄가 저질러지는 것이다. 왕의 통치 영역 내에서 출생한 자들이 왕을 대적하여 봉기하면 그들은 반역자들로 취급된다. 그러나 바깥에서 침입하는 자들은 그렇지 않다. 여기서 우상 숭배에 빠진 것으로 상정되는 그 성읍은 전에는 참되신 하나님을 섬겼으나 이제는 방향을 바꾸어 다른 신들을 섬기고 있다. 이는 의의 도를 안 후에 받은 거룩한 명령을 저버리는 자들(벧후 2:21)의 범죄가 얼마나 크며, 또한 그들에게 주어질 형벌이 얼마나 처절하겠는가를 시사해준다.

2. 그 성읍의 주민 전체가 그 죄를 범하는 것으로 상정된다. 그 성읍 주민의 상당수가 순수한 신앙을 유지하고 있었다면 우상 숭배의 죄를 범한 자들만 제거되고 그 성읍 자체는 그 의로운 주민들을 위하여 남겨졌을 것이라고 결론지을 수 있기 때문이다. 온 땅의 심판자가 의를 행하지 않으리요? 그는 분명 의를 행하는 분이시다.

3. 그 성읍은 어떤 불량배(영어 흠정역은 "children of Belial", 즉 "벨리알의 자식"으로 번역한다)로 인하여 우상 숭배에 빠진 것으로 상정된다. 곧, 하나님을 두려워하지도 않고 사람을 생각하지도 않고 율법과 양심의 모든 제재들을 다 털어버린 자요 모든 덕스러운 자세를 완전히 상실한 자를 일컫는다. 이런 자들이 "다른 신들을 섬기자"라고 말하며, 온갖 부도덕한 행위들을 허용할 뿐 아니라 부추기며 조장하는 것이다. 벨리알은 마귀를 일컫는 것이요(고후 6:15), 따라서 벨리알의 자식은 마귀의 자식이다. 이들이 그 성읍의 주민들을 타락시키는 것이다. 이 얼마 안 되는 옛 누룩을 용납하면 곧바로 온 떡덩이를 부풀게 하는 것이다.

II. 이에 관한 사정을 지극히 조심스럽게 살펴야 할 것을 명령한다. 이런 가증한 일이 너희 가운데 있다는 것이 확실한 사실로 드러나면(14절). 그저 풍문이나 소문에 근거해서 일을 진행해서는 안 되고, 반드시 증거를 점검하여야 하며, 증거가 분명히 드러나 혐의가 입증되는 경우가 아니면 판단해서는 안 된다. 하나님께서도 소돔을 멸하시기 전에 친히 그리로 강림하셔서 과연 그들이 범죄하는지를 살피셨다고 말씀한다(창 18:21). 법적인 조치에 있어서는 진실을 찾기 위한 시간과 노력과 수고가 필수적이며, 또한 감정이나 편견 혹은 편파성이 없이 살펴야 한다. 유대인 저술가들은 말하기를, 일반 개인이 우상 숭배를 범할 경우는 하급 법정에서 판결할 수 있으나, 한 성읍이 변절할 경우는 대 산헤드린에서 심리하여야 했으며, 또한 그 성읍이 우상 숭배에로 넘어간 것이 드러나면 학식 있는 두 사람을 그들에게 보내어 권고하여 돌이키도록 하며, 그들이 회개하면 다행이지만 그렇지 않으면 온 이스라엘이 그 성읍을 대적하여 전쟁을 일으켜 우상 숭배에 대한 그들의 분노를 입증하고, 또한 우상 숭배의 오염이 확산되는 것을 막았다고 한다.

III. 그 범죄가 입증되고 범죄자들이 돌이키지 않으면, 그 성읍 전체를 진멸해야 했다. 그 가운데 몇몇 의인들이 있으면 그들과 그 가족은 그 위험한 곳에서 물러나 피할 것이요, 그 후에 모든 남녀노소를 불문하고 모든 주민들을 칼로 죽이며(15절), 상점의 물건이든 집의 가재도구들이든 가릴 것 없이 그 성읍 내의 모든 물건들을 장터로 가져다 불사르며 그 성읍 자체도 잿더미로 만들어 다시는 건축되지 못하게 하여야 했다(16절). 병졸들은 그 성읍에 속한 것을 절대로 사사로이 가져다가 사용해서는 안 되었고, 이를 범하면 죽음을 면치 못하였다(17절). 그 성읍은 멸할 물건이었으니, 아간의 경우에서 본 것처럼 그것과 상관하는 것은 지극히 위험한 일이었다. 여기서,

1. 하나님이 이처럼 혹독하게 처리하시는 것은 그가 예배의 문제에 있어서 얼마나 질투하시는 분이시며, 따라서 다른 신을 섬기는 것이 얼마나 큰 범죄인가를 보여주고자 하심이다. 하나님이 자기의 영광을 다른 존재에게, 또한 자기가 받으실 찬송을 새겨 만든 형상에게 절대로 주지 않으신다는 것을 사람이 알아야 한다.

2. 하나님은 관리들이 그에게서 존귀와 권세를 받았으므로 그의 존귀를 높이는 일에 관심을 가져야 하고 그들의 권세를 행악자들에게 두려움을 주는 데에 사용할 것을 기대하신다. 그렇지 않으면 그들은 헛되이 권세의 칼을 차고 있는 것이다.

3. 참되신 하나님을 예배하는 신실한 예배자들은 언제나 우상 숭배에 대한 공의로운 분노를 드러내 보여야 하며, 무신론과 불신앙과 무신앙에 대해서는 더더욱 분노를 드러내 보여야 한다.

4. 땅에서 하나님의 진노를 누그러뜨리는 가장 좋은 방법은 그 땅의 악인에 대해 정의를 시행하여 여호와께서 그의 진노를 그치시도록 하는 것이다(17절).

그렇게 하지 않으면 그 배역한 한 성읍의 악으로 인하여 진노가 온 민족을 향하여 발하여질 것이다. 그들이 그렇게 하여 그 땅에서 악을 제하면, 하나님이 그들을 번성하게 하시겠다는 약속이 주어진다. 순전히 종교와만 관계되는 범죄 때문에 한 성읍 전체를 멸한다는 것은 분별없는 일이요 민족 전체의 이익에도 어긋나며 오히려 이스라엘 사람들을 더 많이 남겨두어야 옳다고 생각할 수도 있었다. 그러나 모세는 이렇게 말씀한다: "두려워하지 말라. 하나님이 너희를 더 번성하게 하시리라. 이 썩은 피를 제하여도 네 민족 전체가 아무것도 잃는 것이 없으리라." 마지막으로, 유대인의 교회의 역사 전체에서 이 율법이 시행된 경우는 없었다(기브아가 멸망하였으나 이는 우상 숭배 때문이 아니라 부도덕함 때문이었다). 그러나 작은 성들이 우상을 섬기는 데도 이 율법의 시행을 소홀히 한 일로 인하여 여호와께서는 갈대아인들의 군대를 통하여 수도 예루살렘에서 이 율법을 시행하셨다. 예루살렘이 하나님께로부터 배도하여 완전히 진멸되어 폐허가 되었고, 칠십 년 동안 그런 상태로 남아 있었던 것이다. 우상 숭배자들이 사람들에게서는 형벌을 면할 수 있어도(복음 아래서는 이 율법이 문자 그대로 적용되지 않는다), 우리 하나님 여호와께서는 그들이 그의 의로우신 심판을 피하도록 내버려 두지 않으실 것이다. 신약 성경은 우상 숭배자들과 교제하는 것에 대해, 그것이야말로 다른 무엇보다 주를 노여워하시게 하는 죄요, 마치 우리가 주보다 강한 자인 것처럼 여기고서 그를 노엽게 하는 것으로 말씀한다(고전 10:21, 22).

제
— 14 —
장

개요

모세는 이 장에서 다음의 내용들을 가르친다. I. 주변의 이웃들과 자신을 구별할 것. 1. 슬피 애곡하는 일에서(1, 2절). 2. 고기를 먹는 일에서(3-21절). II. 하나님께 자신을 헌신하며, 이에 대한 증표로 그들의 재산 중에서 드려야 할 바를 그에게 드리며, 매년 십일조를 드리고, 종교적 절기들을 유지하는 일과 또한 레위인들과 가난한 자들을 돕기 위하여 매 삼 년마다 십일조를 드릴 것(22-29절).

¹너희는 너희 하나님 여호와의 자녀이니 죽은 자를 위하여 자기 몸을 베지 말며 눈썹 사이 이마 위의 털을 밀지 말라 ²너는 네 하나님 여호와의 성민이라 여호와께서 지상 만민 중에서 너를 택하여 자기 기업의 백성으로 삼으셨느니라 ³너는 가증한 것은 무엇이든지 먹지 말라 ⁴너희가 먹을 만한 짐승은 이러하니 곧 소와 양과 염소와 ⁵사슴과 노루와 불그스름한 사슴과 산 염소와 볼기가 흰 노루와 뿔이 긴 사슴과 산양들이라 ⁶짐승 중에 굽이 갈라져 쪽발도 되고 새김질도 하는 모든 것은 너희가 먹을 것이니라 ⁷다만 새김질을 하거나 굽이 갈라진 짐승 중에도 너희가 먹지 못할 것은 이것이니 곧 낙타와 토끼와 사반, 그것들은 새김질은 하나 굽이 갈라지지 아니하였으니 너희에게 부정하고 ⁸돼지는 굽은 갈라졌으나 새김질을 못하므로 너희에게 부정하니 너희는 이런 것의 고기를 먹지 말 것이며 그 사체도 만지지 말 것이니라 ⁹물에 있는 모든 것 중에서 이런 것은 너희가 먹을 것이니 지느러미와 비늘 있는 모든 것은 너희가 먹을 것이요 ¹⁰지느러미와 비늘이 없는 모든 것은 너희가 먹지 말지니 이는 너희에게 부정함이니라 ¹¹정한 새는 모두 너희가 먹으려니와 ¹²이런 것은 먹지 못할지니 곧 독수리와 솔개와 물수리와 ¹³매와 새매와 매의 종류와 ¹⁴까마귀 종류와 ¹⁵타조와 타흐마스와 갈매기와 새매 종류와 ¹⁶올빼미와 부엉이와 흰 올빼미와 ¹⁷당아와 올응과 노자와 ¹⁸학과 황새 종류와 대승과 박쥐며 ¹⁹또 날기도 하고 기어다니기도 하는 것은 너희에게 부정하니 너희는 먹지 말 것이나 ²⁰정한 새는 모두

너희가 먹을지니라 ²¹너희는 너희의 하나님 여호와의 성민이라 스스로 죽은 모든 것은 먹지 말 것이나 그것을 성중에 거류하는 객에게 주어 먹게 하거나 이방인에게 파는 것은 가하니라 너는 염소 새끼를 그 어미의 젖에 삶지 말지니라

모세는 여기서 이스라엘 백성에게 다음을 말씀한다.

I. 하나님이 그들을 특별한 백성으로 여기사 세 가지 구별된 특권들을 주셔서 그들을 얼마나 위엄 있게 하셨는지를 말씀한다. 이는 그들의 존귀요 또한 하나님이 그리스도 안에서 우리를 복 주신 그 하늘의 것들 안에서 누리는 영적인 복들의 예표들이다.

1. 그들의 선택이 있다. 여호와께서 지상 만민 중에서 너를 택하여 자기 기업의 백성으로 삼으셨느니라(2절). 이는 그들 자신의 공로 덕분도 아니요, 하나님이 그들의 선행을 미리 보셨기 때문도 아니다. 다만 그가 그의 권능과 은혜의 풍성함을 그들 가운데 크게 드러내시고자 그렇게 하신 것이다. 그가 그들을 선택하신 것은, 그들이 스스로 헌신하고 굴복하여 다른 민족들보다 뛰어나게 그에게 특별한 백성이 되었기 때문이 아니라, 그들이 은혜로 그렇게 되도록 그렇게 그들을 택하신 것이다. 신자들도 그렇게 택함 받았다(엡 1:4).

2. 그들의 양자 삼음이 있다. "너희는 너희 하나님 여호와의 자녀(1절)요, 여호와로 말미암아 백성이 되었고, 그가 그의 백성으로 소유하셨고, 다른 모든 자들보다 그에게 가까운 백성이 되었도다." 이스라엘은 내 아들이요 나의 맏아들이라. 여호와에게 자녀가 필요했기 때문이 아니다. 그들이 고아였고, 따라서 그들에게 아버지가 필요했기 때문이다. 이스라엘 사람은 누구나 진정 하나님의 자녀요, 그의 품성과 자비에 참여한 자요, 그의 사랑과 복을 받는 자다. 보라 아버지께서 어떠한 사랑을 우리에게 베푸셨는가!

3. 그들의 성화(聖化)가 있다. "너는 네 하나님 여호와의 성민(2절)이요, 하나님을 위하여 구별되고 세움 받았고, 그를 섬기고 찬양하기 위해 드려졌고, 거룩한 법의 다스림을 받으며, 거룩한 성막과 또한 그와 관련한 거룩한 규례들로 은혜를 입은 자들이다." 하나님의 백성은 거룩하여야 할 지극히 강력한 의무를 지니고 있다. 그리고 그들이 거룩하다면 그것은 그들을 그렇게 만드시는 하나님의 은혜의 덕분이다. 여호와께서 그들을 자기를 위하여 구별하시고 그를 섬기고 그를 즐거워하도록 그들에게 자격을 부여하셨으며, 이렇게 하여 그들

을 자기 자신(하나님)에게 거룩하게 만드신 것이다.

II. 주변의 모든 다른 민족들과 어떻게 특별히 자신을 구별하여야 하는가를 말씀한다. 그리고 하나님이 그들을 그렇게 높이셨으니, 우상 숭배자들의 미신적인 관습들을 받아들여서 자신들의 격을 스스로 낮추지 말고, 자신들을 그들과 비슷하게 만들어 그들과 같은 수준이 되게 하지 말라는 것이다. 칠십인역은 너희는 너희 하나님 여호와의 자녀가 되라 라는 식으로 명령의 뜻으로 읽는다. 곧, "너희 스스로 하나님의 자녀에 어울리도록 처신하며, 그 명예를 실추시키는 일을 절대로 하지 말고, 자녀의 특권을 스스로 저버리지도 말라"는 뜻으로 보는 것이다. 그들은 특별히 두 가지에서 자기들의 구별됨을 드러내야 했다.

1. 애곡하는 일에서. 자기 몸을 베지 말라(1절). 이는 어떤 이들의 생각처럼 장례 예식에서 슬픔을 표현하기 위해, 혹은 피를 내어 우상 신들의 진노를 누그러뜨리기 위해 자기 몸을 베는 것뿐 아니라, 바알의 선지자들이 행한 것처럼(왕상 18:28) 우상 신들을 예배하기 위해 자해하는 행위나, 혹은 자기 몸에 상처를 내어 자기가 아무개 신의 소유임을 표시하는 것까지도 금하는 것이다. 할례를 통해서 이미 자기들이 여호와 하나님의 소유라는 증표를 몸에 지닌 자들이 그런 행위를 한다면 그것은 정말 용납할 수 없는 범죄인 것이다. 그러므로,

(1) 그 어떤 경우에도 자신을 불구로 만들거나 몸에 상처를 주는 일이 있어서는 안 된다. 내 생각에 이것은 마치 부모가 어린 자녀들에게 주는 명령과도 같다. 어린 자녀들이 어리석고 부주의하고 제멋대로여서 칼을 갖고 놀기를 좋아하므로, 얘들아, 너희 몸을 베지 말라 라고 명령하는 것이다. 이 명령들의 의도는 우리 자신을 부인하게 하고자 함이다. 이 명령들을 잘 깨달으면 그 참된 의미는 네 스스로 해를 주는 일을 하지 말라는 것인 듯하다. 또한 우리를 가장자로 막는 섭리들의 의도 역시, 우리 자신에게 해를 줄 수 있는 위험스러운 일들을 우리 스스로 행하지 못하도록 가로 막고자 하는 것이다. 우리 스스로 우리 자신을 베지 못하도록 우리에게서 칼을 거두어 가시는 것이다. 하나님께 거룩한 백성으로 드려지는 자들은 자신들의 모습을 일그러뜨리는 일을 해서는 안 된다. 몸은 여호와를 위한 것이요 거기에 합당하게 사용해야 하는 것이다.

(2) 사랑하는 친족들을 잃은 것에 대해 무절제한 슬픔으로 마음을 어지럽히고 괴롭게 하는 일이 있어서는 안 된다. "아무리 슬픈 일을 당하더라도, 네 슬픔을 표시하거나 더 자극하기 위해 네 몸을 베고 네 눈썹 사이의 털을 밀어서

는 안 된다. 사랑하는 사람이 죽은 것에 대한 격분과 슬픔을 스스로 격하게 하기로 작정한 사람들처럼, 마치 소망이 전혀 없는 사람들처럼 행동해서는 안 된다"(살전 4:13). 이 탁월한 구절에 대해 에인즈워스(Henry Ainsworth: 1571-1622)는 유대인 저술가의 글을 인용하고 있는데, 그 저술가는 이 본문을 친족의 죽음에 대해 무절제하게 슬퍼하는 것을 금하는 법으로 이해한다. (예를 들어서) 네 아버지가 죽으면 네 몸을 베지 말라. 즉, 적절한 정도 이상 슬퍼하지 말라. 이는 네가 아버지를 잃은 상태가 아니며, 크시고 살아계시고 영원하신 아버지가 계심이라. 너는 거룩하시고 복되신 하나님의 자녀이니라(1절). (그는 계속 이렇게 말한다) 그러나 불신자의 경우 아버지가 죽으면 필요할 때에 도움을 줄 아버지가 없는 것이다. 그는 나무를 향하여 너는 나의 아버지라 하며 돌을 향하여 너는 나를 낳았다 함이니라(렘 2:27). 그러므로 그는 슬퍼 울며 자기 몸을 베고 자기 머리털을 미는 것이다. 하나님께 소망을 두고, 하늘을 향하여 소망을 가진 우리는 이런 유의 힘든 상황 아래서 언제나 소망을 갖고 스스로 견뎌야 하는 것이다.

2. 고기를 먹는 일에서 특별해야 했다. 관찰하라.

(1) 먹기에 좋아서 다른 백성들이 보통 먹는 여러 종류의 고기를 종교적으로 부정한 것으로 여겨 금해야 했다. 이 법은 앞의 레 11:2에서도 본 것인데, 거기서 주로 상세히 제시되었다. 여기서 이를 다시 제시하는 것을 보아, 이것이 특별한 증표로 의도된 것임이 분명해 보인다. 이것을 지키면 모두 섞여 사는 가운데서 구별된 백성임이 곧바로 드러날 것이요, 우상 숭배하는 이웃 족속들과 섞이거나 그들에게 화합하지 않도록 그들을 보존시켜줄 것이었다. [1] 짐승들에 대해서는 여기서는 레위기에서보다 그들이 먹도록 허용된 것들이 더욱 구체적으로 열거되는데, 이는 돼지나 토끼의 고기(그 당시는 이것들이 금지되었으나 지금은 보통 다 먹는다)를 먹지 말도록 금지한 것에 대해 불평할 이유가 하나도 없다는 것을 보여주고자 함이다. 곧, 그렇게도 다양한 짐승들을 먹도록 허락받았기 때문이라는 것이다. 그들은 소와 양과 염소 등 제물로 바치는 짐승은 물론(4절) 가나안에 풍성히 많은 사슴과 노루와 불그스름한 사슴과 산 염소와 볼기가 흰 노루와 뿔이 긴 사슴과 산양들(5절)도 먹도록 허용되었다. 이것들은 하나님의 제단에는 드릴 수 없었으나 각 가정의 식탁에는 올려놓고 먹을 수 있었다. 12:22을 보라. 이 모든 것들은(이는 아담의 경우 동산의 모든 나무에 해당한다) 자유로이 먹을 수 있었으나, 사악한 식욕을 탐하거나 혹은 우상들을

섬기고 우상의 제사에 참여하느라 돼지고기를 먹으며 가증한 것들의 국을 그릇에 담는 자들(사 65:4)은 용서받을 수 없었다. [2] 물고기에 대해서는 한 가지 일반적인 법칙만 제시되는데, 무엇이든 지느러미와 비늘이 없는 것(거머리 등, 식용食用이 아닌 것들을 포함하여 조개나 장어 등)은 먹지 말지니 이는 너희에게 부정함이니라(9, 10절). [3] 날짐승에 대해 일반적인 법칙이 제시되지 않고 다만 부정한 것들만 구체적으로 언급된다. 그리고 여기서 금지되는 것들 중에 현재 보통 식용으로 사용되는 것은 거의 없다. 분명히 금지되지 않는 것들은 무엇이든 먹어도 무방하였다. 정한 새는 모두 너희가 먹으려니와(11-20절). [4] 후속적인 금지 사항이 있다. 첫째, 스스로 죽어서 피가 분리되지 않은 짐승의 고기는 먹을 수 없다. 이런 것은 의식적으로도 부정하거니와(레 11:39에 근거하여) 건전한 음식이 될 수 없는 것으로 우리들 중에 가난한 자들이 아니면 대개 먹지 않는다. 둘째, 자신의 사치를 만족시키기 위해서나 이교도들의 미신적인 관습을 좇아 염소 새끼를 그 어미의 젖에 삶아서는 안 되었다. 갈대아역은 이를 다음과 같이 풀어서 읽는다. 너는 살코기와 젖에 절인 고기를 함께 먹지 말지니라. 그러므로 버터를 살코기의 소스로 사용하지 말라는 뜻으로 이해한 것이다.

(2) 음식에 대한 이 모든 강령들에 대해서, [1] 이것들이 오로지 유대인들에게만 해당되는 것으로, 도덕법이 아니고 항구적으로 사용될 것도 아니라는 것이 이 율법 그 자체에서 분명히 드러난다. 이는 보편적인 의무에 속하지 않기 때문이다. 그들 자신은 금지된 고기를 먹지 못하지만, 우상 숭배를 버리고 문으로 들어와 할례를 받지 않고도 그들 중에 살도록 허락을 받은 객이나 회심자들에게는 줄 수 있었고, 혹은 그들 중에 거주하기 위해서가 아니라 무역을 위하여 들어온 이방인에게는 팔 수 있었다(21절). 이스라엘 사람은 접촉할 수 없는 것을 그들은 먹을 수 있었다. 이것이야말로 이스라엘 사람의 구별됨과 그들이 거룩한 백성임을 보여주는 분명한 사례였다. [2] 그것이 지금은 폐지되었다는 것이 복음에서 분명히 드러난다. 하나님께서 지으신 모든 것이 선하매 감사함으로 받으면 버릴 것이 없나니(딤전 4:4).

²²너는 마땅히 매 년 토지 소산의 십일조를 드릴 것이며 ²³네 하나님 여호와 앞 곧 여호와께서 그의 이름을 두시려고 택하신 곳에서 네 곡식과 포도주와 기름의 십일조를 먹으며 또 네 소와 양의 처음 난 것을 먹고 네 하나님 여호와 경외하기를 항

상 배울 것이니라 ²⁴그러나 네 하나님 여호와께서 자기의 이름을 두시려고 택하신 곳이 네게서 너무 멀고 행로가 어려워서 네 하나님 여호와께서 그 풍부히 주신 것을 가지고 갈 수 없거든 ²⁵그것을 돈으로 바꾸어 그 돈을 싸 가지고 네 하나님 여호와께서 택하신 곳으로 가서 ²⁶네 마음에 원하는 모든 것을 그 돈으로 사되 소나 양이나 포도주나 독주 등 네 마음에 원하는 모든 것을 구하고 거기 네 하나님 여호와 앞에서 너와 네 권속이 함께 먹고 즐거워할 것이며 ²⁷네 성읍에 거주하는 레위인은 너희 중에 분깃이나 기업이 없는 자이니 또한 저버리지 말지니라 ²⁸매 삼 년 끝에 그 해 소산의 십분의 일을 다 내어 네 성읍에 저축하여 ²⁹너희 중에 분깃이나 기업이 없는 레위인과 네 성중에 거류하는 객과 및 고아와 과부들이 와서 먹고 배부르게 하라 그리하면 네 하나님 여호와께서 네 손으로 하는 범사에 네게 복을 주시리라

여기서 우리는 십일조에 관한 규례의 일부를 접하게 된다. 땅의 소산에 대해서는 십일조를 두 번 드려야 했다. 그러므로 모두 합치면 소산물 중에서 오분의 일을 하나님께 드려야 했고, 오분의 사만을 그들의 일상적인 용도로 사용할 수 있었다. 그들은 아주 손쉬운 소작료를 내고 사는 것이었다. 특히 하나님의 몫도 그들의 유익과 혜택을 위해서 사용되었기 때문이다. 첫 번째 십일조는 그들에게 하나님의 선한 지식을 가르치고 거룩한 일에서 그들을 위해 일하는 레위인들의 유지를 위한 것이었다. 이것은 아주 오랜 의무요 율법을 통해서 레위인들의 기업으로 명시된 것이었다(민 18:24 등). 그러나 여기서 거론하는 것은 두 번째 십일조인데, 레위인들이 그들의 몫을 취한 후에 남은 것에서 이를 떼도록 되어 있었다.

I. 그것을 떼고 하나님을 위해 구별하여 드리도록 명령한다. 너는 마땅히 매년 토지 소산의 십일조를 드릴 것이며(22절). 레위인들이 자기들의 것을 처리하였으나, 이를 구별하는 것은 소유주들 자신에게 맡겨져 있었다. 율법은 그들이 레위인에게 신뢰를 두게 하고 그들(소유주)이 하나님을 두려워하는지를 시험하게 함으로써 정직히 행할 것을 격려하였다. 여기서 마땅히 십일조를 드리라고 명령하고 있다. 곧, 반드시 십일조를 드릴 것이요, 신실하고 조심스럽게 드려서 하나님의 몫이 의도적으로나 부주의로나 줄어드는 일이 없도록 할 것을 명하는 것이다. 주목하라. 우리는 우리의 재산 가운데서 하나님께 드릴 것을

충실히 드릴 것을 확실히 해야 한다. 우리는 그것들의 청지기에 불과하며 우리가 사용한 것들에 대해 정산해야 하므로, 신실하게 행하여야 한다.

II. 그것을 구별한 다음 그것을 어떻게 처리할지에 대해서 지침을 제시한다. 각 사람이 하나님이 번창하게 하시고 성공을 주시는 대로 드리고, 하나님이 기회를 주시는 대로 경건한 목적으로 그것을 사용하도록 하였다. 첫 번째 십일조를 드리고 나면 드리기가 더 쉽고 그 비율도 더욱 만족스러울 것이다. 이 두 번째 십일조는 다음의 용도로 처리할 것이었다.

1. 처음 두 해 동안의 십일조는 경건의 일에 사용할 것이었다. 성소의 정해진 장소에다 그것을 혹은 그것에 해당하는 값을 가져가서 여호와 앞에서 행하는 거룩한 절기에 사용해야 했다. 불편함 없이 할 수 있으면 그것을 가져가야 했다(23절). 그러나 불편함이 있으면 그것을 돈으로 바꾸어(24, 25절) 그 돈으로 여호와 앞에서 절기를 지키는 데 필요한 것들을 사서 충당해야 했다. 하나님이 우리에게 주신 것을 편안하고도 즐겁게 사용하되, 절제와 신중함으로 사용하는 것이야말로 그것으로 하나님을 진정 높여드리는 것이다. 만족함과 거룩한 기쁨, 그리고 감사함이 모든 식사를 신앙적인 절기의 잔치로 만드는 것이다. 이 법의 목적은 네 하나님 여호와 경외하기를 항상 배우게 하려 함이다(23절). 다음과 같이 함으로써 그들을 올바른 상태로 유지시키고 신앙을 공고히 하기 위함이다.

(1) 성소와 거룩한 것들과 거기서 행하여지는 엄숙한 예배를 직접 대면하게 함으로써. 성경에서 정한 규례들을 읽고서 그것이 실제로 성막에서 지켜지는 것을 보면, 그들에게 유익이 될 것이었다. 이로써 그들이 깊은 감동을 받아 우상 숭배의 관습들의 올무에 빠지지 않게 될 것이었다. 주목하라. 모이기를 폐하는 어떤 사람들의 습관과 같이 하지 않는 것이(히 10:25) 우리의 변함없는 신앙생활에 좋은 영향을 줄 것이다. 성도들의 교제의 위로를 통해서 하나님과의 교제가 계속 유지될 수 있는 것이다.

(2) 그것들을 사용하여 지극히 즐겁고 흔쾌한 신앙의 봉사를 행함으로써. 여호와 앞에서 즐거워하며 그를 경외하기를 항상 배우게 하라. 신앙의 길에서 기쁨을 얻을수록 끝까지 인내하며 그 길을 갈 가능성이 높아지는 법이다. 경건한 즐거움을 누리면서 한 가지 반드시 기억해야 할 것은 곧 레위인들을 환영하여 함께 하여야 한다는 것이다. 내 성읍에 거주하는 레위인을 저버리지 말지니라

(27절). "식탁을 대할 때에, 특히 여호와 앞에서 먹을 때에, 절대로 그를 낯선 자로 취급하지 말지니라."

2. 매 삼 년 째 되는 해의 십일조는 집에서 구제의 일에 사용할 것이었다. 네 성읍에 저축하여 가난한 자들에게 돌릴지니라(28, 29절). 그들이 이 법을 알고서 그것을 구하기 위하여 올 것이니 그들을 친숙하게 맞고, 함께 있기를 혐오하지 말고, 집으로 환영하여 들이라. "집으로 들어오게 하여 배불리 먹게 하라." 두 번째 십일조를 이처럼 구제의 용도로 사용함에 있어서, 그들은 가난한 사역자들을 눈여겨보고 그들을 즐겁게 하여 격려하며, 또한 가난한 객들에게도 그리하고(필요한 것을 공급해줄 뿐 아니라 그들에게 존경을 표시하여 그들로 하여금 회심할 마음이 생기게 하며) 또한 고아와 과부들에게도 그리하여야 했다. 고아와 과부들은 혹시 아직 생활을 유지할 것이 있을 수도 있으나, 과거처럼 풍족하고 편안하게 생활할 수는 없는 형편이므로 그들을 보살피고 함께 불러서 즐거움을 나누어 위로하여야 했던 것이다. 하나님께서는 친히 고아와 과부들을 특별히 보살피시며, 또한 우리에게도 똑같이 할 것을 요구하신다. 도움이 없는 자들을 돕는 것이 하나님의 존귀이며 또한 우리의 존귀이기도 한 것이다. 우리가 이렇게 하나님을 섬기고 우리가 가진 것으로 선을 행하면 우리 하나님 여호와께서 우리 손으로 하는 **범사**에 복을 주실 것이다. 주목하라.

(1) 우리의 외형적인 번영에 하나님의 복이 전부다. 그 복이 없이는 우리 손으로 아무리 일해도 아무것도 얻을 수가 없다.

(2) 그 복을 얻는 길은 부지런히 일하며 또한 사랑으로 베푸는 것이다. 일하는 자에게 복이 임하는 것이다. "네가 게으르고 편히 있는 것을 사랑하지 않고 손으로 수고하며 일할 때에 하나님이 복을 주신다." 부지런히 움직이는 자가 하나님이 주시는 복을 받아 부요하게 되는 것이다(잠 10:4, 22). 그리고 그 복은 베푸는 자들에게 임한다. 그렇게 자기 것을 흩어 나누어주는 자가 더 많이 받으면, 너그러이 베푸는 심령이 살찌는 것이다. 믿는 사람이 별로 없으나 의심의 여지 없이 분명한 진리는, 가난한 자에게 너그러이 베풀며 신앙과 선행의 일에 자유롭고도 후히 지원하는 것이야말로 번영을 누리는 가장 확실하고도 안전한 길이라는 것이다. 여호와께 꾸어드리는 것은 반드시 풍부한 이자와 함께 되갚아질 것이다. 겔 44:30을 보라.

$$제 - 15 - 장$$

개요

본 장에서 모세는 다음의 사항에 관하여 명령하고 있다. I. 매 칠 년마다 빚을 면제하는 일에 관하여(1-6절). 또한 이로 인해 자비로 꾸어주는 일이 방해를 받아서는 안 된다고 경계함(7-11절). II. 칠 년의 봉사 후에 종들을 자유롭게 놓아주는 일에 관하여(12-18절). III. 가축의 첫 새끼들을 하나님께 거룩히 구별하여 드리는 일에 관하여(19-23절).

¹매 칠 년 끝에는 면제하라 ²면제의 규례는 이러하니라 그의 이웃에게 꾸어준 모든 채주는 그것을 면제하고 그의 이웃에게나 그 형제에게 독촉하지 말지니 이는 여호와를 위하여 면제를 선포하였음이라 ³이방인에게는 네가 독촉하려니와 네 형제에게 꾸어준 것은 네 손에서 면제하라 ⁴네가 만일 네 하나님 여호와의 말씀만 듣고 내가 오늘 네게 내리는 그 명령을 다 지켜 행하면 ⁵네 하나님 여호와께서 네게 기업으로 주신 땅에서 네가 반드시 복을 받으리니 너희 중에 가난한 자가 없으리라 ⁶네 하나님 여호와께서 네게 허락하신 대로 네게 복을 주시리니 네가 여러 나라에 꾸어 줄지라도 너는 꾸지 아니하겠고 네가 여러 나라를 통치할지라도 너는 통치를 당하지 아니하리라 ⁷네 하나님 여호와께서 네게 주신 땅 어느 성읍에서든지 가난한 형제가 너와 함께 거주하거든 그 가난한 형제에게 네 마음을 완악하게 하지 말며 네 손을 움켜 쥐지 말고 ⁸반드시 네 손을 그에게 펴서 그에게 필요한 대로 쓸 것을 넉넉히 꾸어주라 ⁹삼가 너는 마음에 악한 생각을 품지 말라 곧 이르기를 일곱째 해 면제년이 가까이 왔다 하고 네 궁핍한 형제를 악한 눈으로 바라보며 아무것도 주지 아니하면 그가 너를 여호와께 호소하리니 그것이 네게 죄가 되리라 ¹⁰너는 반드시 그에게 줄 것이요, 줄 때에는 아끼는 마음을 품지 말 것이니라 이로 말미암아 네 하나님 여호와께서 네가 하는 모든 일과 네 손이 닿는 모든 일에 네게 복을 주시리라 ¹¹땅에는 언제든지 가난한 자가 그치지 아니하겠으므로 내가 네게 명령하여 이르노니 너는 반드시 네 땅 안에 네 형제 중 곤란한 자와 궁핍한 자에게 네 손을 펼

지니라

I. 가난하여 도무지 빚을 갚을 수 없는 그런 빚진 자들을 면제해 주는 법이 여기 제시된다. 일곱째 해는 면제년으로서 땅도 경작하지 않고 쉬게 하며, 종들도 의무에서 면제되며, 또한 여러 가지 은혜의 행위 가운데 한 가지는, 돈을 빌렸으나 갚을 능력이 없었던 자들을 위해 이 해에 빚을 면제해 주는 것이었다. 물론 나중에 능력이 생기면 스스로 양심적으로 그것을 갚아야 했으나, 채권자가 그것을 갚게 하지 못하도록 법으로 금지한 것이다. 여러 훌륭한 주석가들은 이 법이 면제년 그 해에 해당하는 빚을 요구하지 못하도록 금하는 것으로 본다. 왜냐하면 그 해에는 추수가 행해지지 않으므로 제 때에 빚을 갚기를 기대할 수가 없고 나중에 소송을 제기하여 빚을 회수할 수 있을 뿐이었기 때문이라는 것이다. 그러므로 이는 빚을 면제시킨 것이 아니라 갚을 기간을 연장시키는 것뿐이라는 것이다. 그러나 다른 이들은 그 빚을 영구히 면제시키는 것이었다고 본다. 이 견해가 더 타당성이 있는 것으로 보이지만, 거기에 특정한 제한 사항이 표현되거나 암시되고 있다고 여겨진다. 빚진 자가 이스라엘 사람(객은 이 법의 혜택을 받을 수 없었다)이라는 것과(3절), 그가 가난하여(4절) 상업을 위해서나 무엇을 구입하기 위해 돈을 빌린 것이 아니라 가족의 생계유지를 위해 빌린 것이요, 이제 그것을 갚으면 다시 빈곤의 상태가 되고, 다른 나라에서 생계유지 수단을 찾을 수밖에 없게 되어 하나님을 저버릴 유혹을 받게 될 처지에 있다는 것이 전제되고 있는 것이다. 이 율법은 빚진 자나 그의 친구들이 그것을 갚을 수 없을 경우 채권자가 그 빚을 되돌려 받아서는 안 된다는 것이 아니라, 법적인 절차를 통해서 그것을 억지로 받아내려 해서는 안 된다는 것이다. 이 법의 목적은,

1. 안식년을 존귀하게 하기 위함이다. 이는 여호와를 위하여 면제를 선포하였음이라(2절). 매 주마다 맞는 안식일이 그들과 그들의 종들과 가축들을 위한 하나님의 날이었듯이, 그 해는 그 땅을 위한 하나님의 해였다. 그러므로 땅을 쉬게 할 뿐 아니라 그들의 빚을 면제시킴으로써 하나님은 그의 섭리에 의지할 것을 그들에게 가르치고자 하신 것이다. 이 면제년은 복음의 은혜의 모형이 된다. 그 은혜로 여호와의 받으실 만한 해가 선포되며 그로 말미암아 우리의 빚이 면제되고, 즉 우리의 죄가 용서함 받으며, 그리하여 하나님의 용서하심을

소망하듯이 우리도 남의 과실들을 용서하기를 배우게 되는 것이다.

2. 이스라엘 사람이 극한 빈곤의 상태에 빠지는 것을 방지하기 위함이었다. 너희 중에 가난한 자가 없으리라(5절). 비참하리 만큼 가난하여 그 민족과 신앙에게 욕을 끼치는 자가 하나도 없게 하기 위함이었다.

3. 여기서 하나님의 보장이 신적인 약속을 통해 주어진다. 곧, 가난한 채무자로 인하여 얼마를 손해 보았든지 하나님의 복이 그들이 가진 것과 그들이 행하는 일에 임하여 그 손해가 다 채워질 것이라는 것이다(4-6절). 그들이 의무를 다하면, 하나님이 그들을 복 주어 빚으로 인하여 손해 본 것을 크게 갚아주셔서 나중에 하나도 모자람이 없게 될 것이었다. 여호와께서 장차 복을 주실 뿐 아니라(5절) 그가 지금도 네게 복을 주신다(6절). 하나님이 풍성하게 베푸셔서 우리에게 쓸 것이 풍족할 뿐 아니라 오히려 남는 것이 있는데도 가난한 형제들에게 우리의 받을 것을 가혹하게 요구한다면 이는 절대로 핑계할 수 없는 악한 처사다. 우리의 풍족함으로 오히려 그들의 모자라는 것을 공급하여, 최소한 양쪽 모두 극단적으로 불평등하게 되는 일이 없게 해야 하는 것이다(고후 8:14). 그들은 또한 그들의 땅이 하나님께서 주신 선물이며, 따라서 그 땅의 모든 소산은 하나님께서 베푸시는 복의 열매이므로 하나님이 명하시고 지시하시는 대로 그들의 재산을 사용하고 처리하여야 할 의무가 있다는 것을 생각하여야 한다. 그리고 마지막으로, 가난한 형제들에게 빌려준 적은 돈을 면제해주면, 부유한 이웃들에게, 심지어 여러 나라에(6절) 돈을 꾸어 줄 수 있게 되고, 그것으로 큰 이득을 보게 될 것이라는 약속이 주어진다. 그렇게 해서 이웃의 나라들이 그들에게 복속되며 그들에게 의존하게 될 것이라는 것이다. 빚진 자는 채주의 종이 되는 법이니 말이다(잠 22:7). 우리는 꾸어주되 꿀 필요가 없게 되는 것을 하나님의 큰 자비로 바라보아야 하며, 따라서 우리의 그릇된 처신으로 하나님이 사태를 역전시키시는 일이 없으려면 마땅히 우리가 가진 것으로 선을 행하여야 하는 것이다.

II. 여기서는 가난한 빚진 자들이 앞의 법으로 인하여 해를 당하지 않도록 보호하는 법규가 제시된다. 면제년 전에 빚을 지불 받지 못하면 결국 그 돈을 잃게 될 것이니 차라리 꾸어주지 않는 것이 낫겠다는 식으로 생각하기 쉽다. 이에 대해서 이 법규는, "아니다. 그런 생각을 해서는 안 된다"라고 말씀하는 것이다.

1. 그들 중에 돈을 꾸어야 할 처지에 있는 가난한 자들이 있을 것이요(7절), 또한 그처럼 구제를 받아야 할 자들이 결코 그치지 않으리라는 것을 당연한 일로 간주한다. 땅에는 언제든지 가난한 자가 그치지 아니하겠으므로(11절). 물론 극단적인 빈곤에 처한 자들은 없을 것이나 다른 사람보다 못하여 돈을 빌려야 할 처지에 있는 자들은 항상 있을 것인데, 여기서는 바로 그런 가난한 자들을 말씀하는 것이다. 그런 자들이 항상 우리 곁에 있으며, 사랑으로 돕고 처리해야 할 기회가 곧 오게 될 것이다.

2. 그런 경우에 우리의 능력과 상대방의 필요에 따라 꾸어주거나 그냥 주라고 명령한다. 네 마음을 완악하게 하지 말며 네 손을 움켜쥐지 말라(7절). 손을 움켜쥐면 그것은 마음을 완악하게 한다는 증표다. 구름에 비가 가득하면 땅에 쏟아지는 법이다(전 11:3). 불쌍히 여기는 마음이 있으면 너그럽고도 풍성하게 나누어주게 되는 법이다(약 2:15, 16). 가난한 자들에게 손을 뻗어 무언가를 줄 뿐 아니라, 네 손을 그에게 펴서 그에게 필요한 대로 쓸 것을 넉넉히 꾸어주라(8절). 때로는 꾸어주는 것이 그냥 주는 것만큼이나 사려 깊은 구제가 되기도 한다. 빌린 사람이 근면하고 정직하게 되고 그 스스로를 도울 방도를 구하게 되기 때문이다. 때로 우리는 구제해야 할 일이 생길 때에 우리가 많든 적든 무언가를 줄 수도 있고 아무것도 주지 않을 수도 있다고 생각하고픈 유혹을 받기도 한다. 그러나 여기서는 명확한 법규로, 너는 반드시 네 손을 펴서 너그러이 베풀어주라고 명령하고 있는 것이다(11절).

3. 빚을 면제해 주는 앞의 법규로 인하여 자비롭게 꾸어주는 일을 가로막는 그릇된 처사에 대한 단서가 주어진다. 삼가 너는 마음에 악한 생각을, 탐욕스러운 그릇된 생각을, 품지 말라(9절). 곧, '일곱째 해 면제년이 가까이 왔으니 꾸어주었다가 돈을 잃어버릴 것이 확실하니 꾸어주지 아니하리라'는 따위의 생각을 하지 말지니, 네 가난한 형제가 돈을 꾸고자 하나 거절당하여 이를 하나님께 아뢰면 그것이 네게 죄가 될 것이요, 큰 죄가 될 것이라는 것이다. 주목하라.

(1) 이 법은 영적인 것으로 마음의 생각을 제어하는 것이다. 생각들은 하나님이 아시거나 살피시는 것이 아니라고 생각한다면 이는 잘못된 것이다.

(2) 하나님의 선하신 율법으로부터 악한 생각을 이끌어내어, 하나님이 면제로써 구제할 것을 명하셨다고 해서 그것 때문에 베풀어주는 구제를 거부한다

면 이는 정말 악한 마음이다.

(3) 우리의 의무로부터 벗어나게 하거나 의무를 행하지 못하도록 가로막는 모든 은밀한 제의들에 대해 면밀히 주시하여야 한다. 죄의 행위를 멀리하고자 하는 자들은 죄의 생각 자체를 마음에서 멀리하여야 하는 것이다.

(4) 돈을 꾸어주어 사랑을 베풀어야 할 경우가 생길 때, 그 꾸는 자들은 신뢰할 수 없더라도 하나님을 신뢰하고 꾸어주어야 한다. 이 세상에서는 다시 아무 소망도 없지만 의인의 부활 때에 그 모든 것이 보상될 것임을 기대하여야 하는 것이다(눅 6:35; 14:14).

(5) 가난한 자들이 우리에 대해 울부짖는다는 것은 끔찍한 일이다. 하나님이 그 울부짖음에 귀를 기울이시고 그들을 불쌍히 여기사, 그들을 가혹하게 대하는 자들을 반드시 처리하실 것이니 말이다.

(6) 우리는 지혜롭게 한다고 생각하는 것이 우리에게 죄가 되는 경우가 많다. 면제년이 가까이 왔기 때문에 꾸어주기를 거부하는 자는 자신이 지혜롭게 처신했다고 생각하며, 스스로 잘 했다고 자기를 축하할 것이다(시 49:18). 그러나 그는 악하게 행한 것이며, 하나님이 그를 형제에게 악을 행하는 자로 정죄하실 것이라고 여기서 말씀한다. 또한 우리는 하나님이 진실을 좇아 심판하신다는 것을 확신하며, 그가 우리에게 죄가 된다고 말씀하시는 것에 대해 우리가 회개치 않으면 그것이 우리에게 반드시 멸망이 될 것이다.

III. 구제로 베풀어줄 때는 흔쾌히 주라는 명령이 주어진다. "줄 때에는 아끼는 마음을 품지 말 것이니라(10절). 돈을 주기 싫어하며 억지로 주지도 말고, 돈을 잃어버리는 것으로 생각하지도 말라. 형제에게 친절을 베풀기를 싫어하지도 말고, 마치 구제로 베풀어주고 나면 네게 모자람이 있을 것처럼 생각하고 하나님의 섭리를 불신하지도 말라. 오히려 반대로, 네 재물로 선을 행하고 형제를 편안하게 하고 다가올 세상을 위하여 네 스스로 안전한 재물을 쌓는다고 생각하여 그 일에 기쁨과 만족을 가지라. 네가 행하는 일을 자유함으로 행하라. 하나님은 즐겨 내는 자를 사랑하시느니라"(고후 9:7).

IV. 이생에서 보상이 있으리라는 약속이 주어진다. "이로 말미암아 네 하나님 여호와께서 네게 복을 주시리라." 탐욕이 있는 사람들은 "베풀어주면 우리가 망한다"고 말한다. 아니다. 그렇지 않다. 구제로 기꺼이 베풀어주면 오히려 우리가 부해진다. 그리하면 창고가 가득히 차고(잠 3:10), 영혼이 참된 위로로 가득 차게 된다(사 58:10, 11).

¹²네 동족 히브리 남자나 히브리 여자가 네게 팔렸다 하자 만일 여섯 해 동안 너를 섬겼거든 일곱째 해에 너는 그를 놓아 자유롭게 할 것이요 ¹³그를 놓아 자유하게 할 때에는 빈 손으로 가게 하지 말고 ¹⁴네 양 무리 중에서와 타작 마당에서와 포도주 틀에서 그에게 후히 줄지니 곧 네 하나님 여호와께서 네게 복을 주신대로 그에게 줄지니라 ¹⁵너는 애굽 땅에서 종 되었던 것과 네 하나님 여호와께서 너를 속량하셨음을 기억하라 그것으로 말미암아 내가 오늘 이같이 네게 명령하노라 ¹⁶종이 만일 너와 네 집을 사랑하므로 너와 동거하기를 좋게 여겨 네게 향하여 내가 주인을 떠나지 아니하겠노라 하거든 ¹⁷송곳을 가져다가 그의 귀를 문에 대고 뚫으라 그리하면 그가 영구히 네 종이 되리라 네 여종에게도 그같이 할지니라 ¹⁸그가 여섯 해 동안에 품꾼의 삯의 배나 받을 만큼 너를 섬겼은즉 너는 그를 놓아 자유하게 하기를 어렵게 여기지 말라 그리하면 네 하나님 여호와께서 네 범사에 네게 복을 주시리라

여기서,

I. 스스로 종으로 팔린 자든, 혹은 극심한 가난 때문에 부모로 말미암아 팔린 자든, 혹은 범죄를 저질러 법정의 재판을 통해서 팔린 자든, 히브리 종들에 관하여 앞에서 제시되었던 법이 다시 반복되어 제시된다. 이 법은,

1. 그들이 여섯 해 동안 섬기고 일곱째 해에는 자유롭게 되어야 한다는 것이다(12절). 출 21:2과 비교하라. 그리고 그들이 섬기기를 다 마치기 전에 희년이 되면, 그 해에 그들을 자유롭게 놓아주어야 한다. 하나님의 이스라엘은 자유로운 백성이었고, 따라서 그들에게 영구적인 종살이를 강요해서는 안 된다. 하나님의 신령한 이스라엘도 자유에로 부르심을 받은 것이다.

2. 만일 여섯 해 동안의 종살이가 끝났는데도 그들이 계속해서 섬기기를 원할 경우에는 — 주인보다 고통은 더 심하지만 염려가 덜 할 것으로 여겨 — 평생 영구히 종노릇할 의무를 스스로 지게 되고, 송곳을 가져다가 그의 귀를 문에 대고 뚫어서 이를 표시하여야 한다(16, 17절). 출 21:6과 비교하라. 이렇게 해서 어떤 이들은 이 사람이 자유를 존귀히 여기지도 않고 기뻐하지도 않는 비열하고 노예근성을 지닌 자라고 손가락질한다 해도, 다른 이들은 고요하며 겸손하

고 부지런하며 사랑스러운 사람이라고 칭송할 것이므로 이를 막지 말아야 할 것이다.

II. 이 법에 한 가지가 덧붙여진다. 곧, 종이 종살이를 끝내고 나갈 때에 그들에게 적은 재산을 주어서 스스로 일어서도록 해주어야 한다는 것이다(13, 14절). 그 종들에게는 자기 것이 하나도 없고, 그 친구들도 그들에게 줄 것이 거의 없으며, 혹 그렇지 않다 해도 율법으로 그들이 자유롭게 되기 전에 이미 다 그것을 써버렸을 것이다. 그들은 그들의 봉사에 대해 삯을 받은 것도 없고, 그들의 수고의 모든 결과는 그 주인의 것이었다. 그러므로 세상살이를 시작할 밑천이 하나도 없으니 자유를 얻는다 해도 유익이 거의 없을 것이었으므로 그들에게 곡식과 가축을 후히 주도록 주인들에게 명령하고 있는 것이다. 분명한 수량은 제시되지 않는다. 그것은 주인의 너그러움에 맡겨진다. 주인이 그 종의 수고와 필요를 존중하여 줄 것이었다. 그러나 유대인 저술가들은 이렇게 말한다. "주인은 은 삼십 세겔 이하의 값을 줄 수는 없었고, 그가 기뻐하는 만큼 그 이상을 줄 수 있었다." 여종들의 경우는 계속 종으로 봉사하기를 원해도 귀를 송곳으로 뚫지는 않으나, 자유롭게 되고자 할 때에는 그들에게 쓸 것을 주도록 되어 있었다. 네 여종에게도 그같이 할지니라(17절)라는 말씀이 이를 지칭한다. 이에 대한 이유는 감사의 법에서 취해진다.

그들은 1. 하나님께 대한 감사로 그렇게 해야 한다. 하나님이 그들을 애굽에서 인도하여 내실 뿐 아니라(15절) 애굽 사람들의 재물들로 크게 부요하게 된 상태에서 그들을 인도하여 내셨기 때문이다. 종들을 빈손으로 내어보내게 해서는 안 된다. 그들 역시 과거 종노릇하던 집에서 빈손으로 내어보냄을 당하지 않았기 때문이다. 하나님이 우리를 자비롭게 보살피시니 우리도 우리에게 의존하는 자들에게 친절을 베풀고 따뜻하게 보살펴야 할 의무가 있는 것이다. 이렇게 해서 우리에게 베풀어진 은덕을 그대로 갚아야 하는 것이다.

2. 그 종들에 대한 감사로 그렇게 해야 한다(18절). "네 풍성한 것에서 그에게 조금 떼어주기를 꺼리지 말라. 그가 여섯 해 동안에 품꾼의 삯의 배나 받을 만큼 너를 섬겼음이니라. 품꾼은 길어야 삼년밖에는 일하지 않으나(사 16:14), 그는 여섯 해 동안 너를 섬겼고, 품꾼과는 달리 아무 삯도 받지 않고 섬겼음이니라." 주인들은 종들과 소작인들이 얼마나 그들에게 필요했으며 또한 그들에게서 얼마나 유익을 얻었는지를 생각하여, 그들에게 정당하게 행하여야 함은 물

론 그들에게 자비롭게 행하여야 한다. 그리고 여기에다 본 장 앞에서처럼(4, 6, 10절) 그리하면 네 하나님 여호와께서 네 범사에 네게 복을 주시리라는 약속이 덧붙여진다. 그러니 우리 가족의 일원들에게 양심적으로 의무를 다하면 우리 가정의 복과 가정의 번영의 샘을 기대할 수 있을 것이다.

¹⁹네 소와 양의 처음 난 수컷은 구별하여 네 하나님 여호와께 드릴 것이니 네 소의 첫 새끼는 부리지 말고 네 양의 첫 새끼의 털은 깎지 말고 ²⁰너와 네 가족은 매년 여호와께서 택하신 곳 네 하나님 여호와 앞에서 먹을지니라 ²¹그러나 그 짐승이 흠이 있어서 절거나 눈이 멀었거나 무슨 흠이 있으면 네 하나님 여호와께 잡아 드리지 못할지니 ²²네 성중에서 먹되 부정한 자나 정한 자가 다 같이 먹기를 노루와 사슴을 먹음 같이 할 것이요 ²³오직 피는 먹지 말고 물 같이 땅에 쏟을지니라

여기서는,

1. 가축의 첫 새끼에 관한 율법이 반복되어 제시된다. 곧, 가축의 첫 새끼가 수컷이면 구별하여 네 하나님 여호와께 드려야 했다(19절). 애굽의 장자들이 사람이든 짐승이든 천사로 말미암아 죽임을 당할 때에 이스라엘의 장자들은 그것을 면하게 된 것(출 13:2, 15)을 기억하고 감사하는 마음으로 그렇게 해야 했던 것이다. 난지 여드레 만에 하나님께 드려야 했고(출 22:30), 제사장과 제단 사이에서 갈라야 했다(민 18:17, 18).

2. 첫 새끼들을 어떻게 처리할지에 대한 좀 더 상세한 지침이 이 율법에 덧붙여진다.

(1) 암컷들의 경우. "네 소의 암컷 첫 새끼는 부리지 말고 네 양의 암컷 첫 새끼의 털은 깎지 말라"(19절). 이에 대해 박식한 패트릭 주교는 다음과 같이 이해한다. 즉, 암컷 첫 새끼들은 수컷 첫 새끼처럼 여호와께 완전히 구별되지도 않고 또한 수컷처럼 난지 여드레 만에 드리지도 않았으나, 그렇다고 해서 다른 가축들처럼 주인이 자기 마음대로 사용할 것은 아니었고, 화목제물로 하나님께 드리거나 아니면 매년 마지막에 종교적인 절기에 사용하여야 했다는 것이다. 12:18에서 지시하는 대로 네 하나님 여호와 앞에서 먹을지니라(20절).

(2) 흠이 있는 첫 새끼들은 어떻게 처리해야 하는가(21절). 그런 것들은 암컷이든 수컷이든 상관없이 성소 가까이에 가져가서도 안 되고 제물이나 거룩

한 절기용 음식으로 사용해서도 안 되었다. 왜냐하면 그것은 하나님을 존귀하게 하는 데에도 적당치 못하며, 흠 없는 어린 양이신 그리스도를 예표하기에도 합당치 못하기 때문이다. 그것들은 키워서도 안 되고, 죽여 일반 음식처럼 집에서 먹되(22절), 다만 피는 함께 먹지 말아야 했다(23절). 이러한 경계 사항이 계속 반복되는 것을 보면, 사람들에게 그것이 얼마나 필요했으며, 또한 하나님이 그것을 얼마나 강조하시는지를 볼 수 있다. 우리가 이러한 멍에 아래 있지 않으니 이 얼마나 자비로운 일인가! 과거 이스라엘 백성은 그렇게 그것들을 먹었으나 우리는 그렇지 않다. 우리는 소의 첫 새끼나 양의 첫 새끼나 그 다음에 난 것들이나 구별하지 않는다. 그러므로 이 율법의 복음적인 의미를 깨닫고, 우리 자신과 우리의 첫 시간과 우리의 첫 힘을 일종의 첫 열매로 하나님께 드리고, 또한 우리의 위로와 누리는 것들을 이 율법의 지침을 따라 사용하여 그를 찬송하자. 우리가 누리는 모든 것들이 다 하나님의 선물로 주어진 것들이니 말이다.

제
— 16 —
장

개요

본 장의 주요 내용은 다음과 같다. I. 세 가지 연중 절기들에 관한 법이 반복하여 제시됨. 유월절(1-8절), 칠칠절(9-12절), 초막절(13-15절). 그리고 이 절기에 참석하는 문제에 관한 일반적인 법규(16-17절). II. 하급 관직의 제정과 그 직분에 부르심 받은 자들에게 주어지는 일반적인 지침(18-20절). III. 상과 주상에 대한 경고(21, 22절).

[1]아빕월을 지켜 네 하나님 여호와께 유월절을 행하라 이는 아빕월에 네 하나님 여호와께서 밤에 너를 애굽에서 인도하여 내셨음이라 [2]여호와께서 자기의 이름을 두시려고 택하신 곳에서 소와 양으로 네 하나님 여호와께 유월절 제사를 드리되 [3]유교병을 그것과 함께 먹지 말고 이레 동안은 무교병 곧 고난의 떡을 그것과 함께 먹으라 이는 네가 애굽 땅에서 급히 나왔음이니 이같이 행하여 네 평생에 항상 네가 애굽 땅에서 나온 날을 기억할 것이니라 [4]그 이레 동안에는 네 모든 지경 가운데에 누룩이 보이지 않게 할 것이요 또 네가 첫날 해 질 때에 제사 드린 고기를 밤을 지내 아침까지 두지 말 것이며 [5]유월절 제사를 네 하나님 여호와께서 네게 주신 각 성에서 드리지 말고 [6]오직 네 하나님 여호와께서 자기의 이름을 두시려고 택하신 곳에서 네가 애굽에서 나오던 시각 곧 초저녁 해 질 때에 유월절 제물을 드리고 [7]네 하나님 여호와께서 택하신 곳에서 그 고기를 구워 먹고 아침에 네 장막으로 돌아갈 것이니라 [8]너는 엿새 동안은 무교병을 먹고 일곱째 날에 네 하나님 여호와 앞에 성회로 모이고 일하지 말지니라 [9]일곱 주를 셀지니 곡식에 낫을 대는 첫 날부터 일곱 주를 세어 [10]네 하나님 여호와 앞에 칠칠절을 지키되 네 하나님 여호와께서 네게 복을 주신 대로 네 힘을 헤아려 자원하는 예물을 드리고 [11]너와 네 자녀와 노비와 네 성중에 있는 레위인과 및 너희 중에 있는 객과 고아와 과부가 함께 네 하나님 여호와께서 자기의 이름을 두시려고 택하신 곳에서 네 하나님 여호와 앞에서 즐거워할지니라 [12]너는 애굽에서 종 되었던 것을 기억하고 이 규례를 지켜 행할지니라

[13]너희 타작 마당과 포도주 틀의 소출을 거두어 들인 후에 이레 동안 초막절을 지킬 것이요 [14]절기를 지킬 때에는 너와 네 자녀와 노비와 네 성중에 거주하는 레위인과 객과 고아와 과부가 함께 즐거워하되 [15]네 하나님 여호와께서 택하신 곳에서 너는 이레 동안 네 하나님 여호와 앞에서 절기를 지키고 네 하나님 여호와께서 네 모든 소출과 네 손으로 행한 모든 일에 복 주실 것이니 너는 온전히 즐거워할지니라 [16]너의 가운데 모든 남자는 일 년에 세 번 곧 무교절과 칠칠절과 초막절에 네 하나님 여호와께서 택하신 곳에서 여호와를 뵈옵되 빈손으로 여호와를 뵈옵지 말고 [17]각 사람이 네 하나님 여호와께서 주신 복을 따라 그 힘대로 드릴지니라

하나님과 그의 백성 이스라엘 사이의 교제의 상당 부분은, 또한 이스라엘 민족의 표면적인 신앙은, 세 차례의 연례 절기를 통해서 유지되었다. 이 절기들의 제정과 또한 이 절기들에 관한 법은 이미 여러 차례 접한 바 있는데, 여기서 다시 반복되고 있다.

I. 유월절에 관한 법규. 이 절기가 지극히 엄숙하여 그것이 속한 달 전체가 중요하게 언급된다. 아빕월을 지켜라(1절). 이 달 중 한 주간만 유월절로 지킬 것이었으나, 그 절기의 준비 과정도 지극히 엄숙하며 또한 절기 후의 반성과 개선 과정 역시 지극히 진지하므로 그 달 전체를 다 엄숙하게 지키는 것이라고 할 수 있었다. 아빕월, 혹은 갈대아 역본의 번역처럼 새 열매들의 달은 우리의 3월(혹은 3월의 일부와 4월의 일부)에 해당한다. 전에는 9월이 해를 시작하는 첫 달이었는데, 하나님은 이스라엘을 애굽에서 인도하여 내신 것을 기념하여 이 달을 해의 첫 달이 되게 하도록 명령하셨다(출 12:2). 그들은 여호와께서 밤에 그들을 애굽에서 인도하여 내신 것을 기념하여 이 달에 유월절을 지켜야 했다. 갈대아 역본은 이를 다음과 같이 풀어 설명한다. "그들이 밝은 대낮에 애굽에서 나왔기 때문이라." 아침이 오기까지 문 바깥으로 나가지 말라는 분명한 명령이 있었으니 말이다(출 12:22). 그것들 가운데 하나는 다음과 같이 설명한다. "그가 너를 애굽에서 인도하여 내고 밤에 이적을 행하셨도다." 다른 것은, "그러므로 너는 밤에 유월절을 먹을지니라"라고 설명한다.

이에 관한 법규는, 1. 다른 곳에서는 말고(5-7절) 하나님이 택하시는 곳에서(2절) 유월절 희생을 드려야 한다는 것이다. 유월절은 그 자체가 희생 제사였다. 그러므로 우리의 유월절이신 그리스도께서 우리를 위하여 희생되셨다고 말

씀한다(고전 5:7). 그리고 칠일간의 그 절기 동안 다른 많은 희생 제사들이 드려졌는데(민 28:19) 그것들이 여기에 포함된다. 왜냐하면 여기서 소와 양으로 제사를 드릴 것을 말씀하는데, 유월절 자체는 오직 소나 양 중 한 가지만을 드리는 것으로 되어있기 때문이었다. 그런데 희생 제물은 오로지 제단에서만 드려질 수 있었으므로, 그들이 제단이 있는 곳까지 제물을 갖고 가는 것이 필수적이었다. 유월절 어린양은 그 주인들이 완전히 다 먹어야 했지만 뜰에서 잡아 죽여서 제단에 그 피를 뿌리고 그 내장을 제단에 태워야 했기 때문이다. 이처럼 지정된 법규를 그들에게 재확인시키는 것은, 제사장들의 감독에서 벗어나 그들이 자기 문간에서 이 제사들을 드리도록 허락받았다면 이 법규를 자기들 나름대로 변경시키고 마구 어리석은 방법들을 만들어내었을 것이므로 이를 방지하고자 함이었다. 또한 그들은 이로써 엄숙하게 유월절을 지키는 가운데 그들의 시선을 하나님께로 향하고, 또한 여호와께서 자기의 이름을 두시려고 택하신 곳에 참석함으로써 마음으로 그의 이름을 기념하라는 지시를 받고 있는 것이다(2, 6절). 그러나 엄숙한 예식이 끝나면 그들은 자기 장막으로 돌아갈 수 있었다(7절). 어떤 이들은 그들은 자기들이 원하면 유월절 어린 양을 죽이고 먹은 그 이튿날 아침에 자기 장막으로 돌아갈 수 있었고, 그 주간의 나머지의 일은 제사장과 레위인들 만으로도 얼마든지 처리할 수 있었다고 보기도 한다. 그러나 일곱 날의 첫째 날은 결코 그들이 자기 처소로 흩어지는 날이 될 수 없었다. 왜냐하면 그 날이 성회로 모이는 날로 명시되고 있기 때문이다(레 23:7; 민 28:18). 그러므로 우리는 이를 요나단이 풀어서 설명하는 것과 같이, 절기가 끝난 후 아침에 너희 성읍들로 돌아갈지니의 의미로 보아야 할 것이다. 한 주간 전체를 함께 모여 유월절을 지키는 것이 상례였다(대하 35:17).

2. 그 칠일 동안 그들은 무교병을 먹어야 했고, 유교병은 그들의 지경에서 보이지 않게 하여야 했다(3, 4, 8절). 그들이 먹어야 할 떡을 여기서 고난의 떡이라 부르는데, 이는 맛도 없고 소화시키기도 쉽지 않으므로 그들이 종노릇할 때의 마음의 괴로움을 상징하기에 적절했기 때문이었다. 뿐만 아니라 그들이 애굽에서 나올 당시 급하게 나오느라 누룩이 익기까지 기다릴 여유가 없어 무교병을 들고 행진하게 된 것을 계속 기념하기 위함이기도 했다. 유대인 저술가들은 말하기를, 유월절 저녁의 관습은 각 가정마다 가장이 이 무교병을 떼어 식구들 모두에게 한 조각씩 나누어 주며, 이것은 네 조상들이 애굽 땅에서 먹은

고난의 떡이로다(곧, 그것을 상징하며, 의미하며, 기념하는 것이라는 뜻이며, 이것은 내 몸이니라는 우리 주님의 말씀도 이로써 설명할 수 있다)라고 말하는 것이었다고 한다. 사도는 이 무교병을 먹는 절기의 복음적 의미를 제시하고 있다. 우리의 유월절 양 곧 그리스도께서 희생되셨고, 우리가 그 희생의 복된 열매들에 참여하여 위로를 얻었으니, 이러므로 우리가 거룩한 행실로 명절을 지키되 우리 형제들을 향한 악의에 찬 누룩으로도 말고 오직 순전함과 진실함과 사랑의 떡으로 하자(고전 5:7, 8). 마지막으로, 유월절에 관하여 그것이 무슨 목적으로 제정되었는지를 관찰하라. "유월절이나 혹은 그 절기가 시행되는 칠일 동안만이 아니라 네 평생에 항상 네가 애굽 땅에서 나온 날을 기억함으로써(3절) 끊임없이 순종하게 하려 함이었다." 우리가 특정한 때에 그리스도의 죽으심을 기념하는 예식을 행하는 것은 그것을 항상 기억하여, 우리를 위하여 죽으시고 다시 사신 그분을 위하여 살게 하려 함인 것이다.

Ⅱ. 또한 유월절로부터 일곱 주 후에는 칠칠절을 지켜야 했다. 이 절기에 대한 지침이 여기서 제시된다.

1. 일곱 주를 계산하되, 곡식에 낫을 대는 첫 날부터(9절) 계산하여야 한다. 즉, 무교절 첫 날이 지난 이튿날부터 계산하라는 것이다. 그 날에(아마도 무교절이 끝난 이후에야 백성들이 추수를 시작한 것으로 보이지만) 사자들을 보내어 곡식의 첫 이삭을 추수하여 하나님께 첫 열매로 드리게 했기 때문이다(레 23:10). 어떤 이들은 이것이 하나님께서 섭리로 날씨들을 주장하셔서 해마다 그들의 추수가 언제나 같은 시기에 이루어지도록 구체적으로 보살피셨음을 암시한다고 본다.

2. 이 절기를 지키는 절차에 대해 지침이 주어진다. (1) 하나님께 예물을 드려야 한다(10절). 그 예물을 여기서 자원하는 예물이라 부른다. 그들의 모든 것을 돌보시는 주권자요 주인이신 여호와께 헌물을 드려야 하는데, 율법이 그 수량을 정해 놓지 않고 각 사람이 원하는 대로 너그러이 드리도록 하되 무엇을 드리든 기꺼운 마음으로 드리도록 하였기 때문에, 이를 가리켜 자원하는 예물이라 부르는 것이다. 이 예물을 드리는 것은 곡식을 추수하게 하시는 하나님의 선하심을 감사함으로 인정하는 뜻이었으므로 하나님 여호와께서 복을 주신 대로 드려야 했다. 하나님은 그가 풍성하게 심으시는 곳에서 거기에 합당하게 거두기를 기대하시는 것이다. (2) 하나님 앞에서 즐거워해야 했다(11절). 거룩한 즐

거움이야말로 감사의 찬송의 핵심이요, 감사의 찬송은 거룩한 즐거움의 언어
요 표현이다. 그들은 하나님께로부터 받은 것들을 누리며 즐거워하여야 하고,
동시에 하나님께 예배와 희생 제사로 돌려드리며 즐거워하여야 했다. 우리의
의무가 우리의 기쁨이어야 하고 우리의 즐거움이어야 한다. 그들의 종들도 그
들과 함께 즐거워하도록 해야 했다. "너는 애굽에서 종 되었던 것을 기억하라(12
절). 그 때에 네 주인이 여유를 주어 즐겁게 해 주었더라면 그것에 대해 감사하
지 않았겠느냐? 그런데 네 하나님이 너를 인도하여 내사 기쁨으로 절기를 지키
게 하셨으니, 네 종들과 함께 즐거워하며 그들을 편안하게 해주라." 그리고 여
기서 이 규례를 지켜 행할 지니라 라는 일반적인 말씀을 덧붙이는 데에는 특별한
이유가 있는 것 같아 보인다. 곧, 이 절기가 그들이 애굽에서 나온 지 오십 일
이 지난 후 시내 산에서 율법을 주신 일을 기념하여 지키는 것이었기 때문이
다. 그러므로 하나님께서 우리에게 그의 법을 주신 사랑에 대하여 우리의 감사
함을 표현하는 최상의 방법은 그 규례를 지켜 행하는 것이다.

III. 그들은 초막절을 지켜야 했다(13-15절). 여기서 이 절기에 풍성하게 드
려야 할 희생 제사에 관한 법은 반복되지 않는다(이 법에 대해서는 민 29:12이
하를 보라). 이 제사를 보살피는 일은 제사장과 레위인의 몫이었으며, 이들에
게는 일반 백성들처럼 그렇게 반복하여 가르칠 필요가 없었기 때문이다. 또한
거룩한 즐거움으로 이루어진 이 절기의 영적인 부분이야말로 하나님께서 가장
기뻐하시는 것이었으며, 따라서 복음 아래 있는 우리도 그 부분을 끊임없이 지
켜야 한다. 이 절기가 바로 그것의 모형인 것이다. 여기서 무엇이 강조되고 있
는지를 관찰하라. 절기를 지킬 때에 즐거워하되(14절), 네 하나님 여호와께서 복 주
실 것이니 너는 온전히 즐거워할지니라(15절). 주목하라.

1. 하나님의 백성들이 즐거워하는 백성이 되는 것이 하나님의 뜻이다. 율법
아래 있는 자들이 하나님 앞에서 즐거워해야 했다면, 복음의 은혜 아래 있는
우리야 얼마나 더하겠는가? 우리는 우리의 절기 때에 즐거워할 뿐 아니라 주
안에서 항상 기뻐하는 것이 우리의 의무인 것이다.

2. 우리 자신이 하나님 안에서 즐거워할 때에 다른 이들도 하나님 안에서
함께 즐거워하도록 할 수 있는 대로 도움을 주어야 한다. 애통하는 자들을 위
로하고 필요한 것들을 공급하여 객이나 고아들이나 과부들이 우리와 함께 기
뻐하도록 해야 하는 것이다(욥 29:13을 보라).

3. 우리가 하나님께로부터 받은 것들과 지금도 매일 그에게서 받고 있는 것들 때문만이 아니라, 그가 약속하셔서 우리가 앞으로 그에게서 받을 것으로 기대되는 것들 때문에도 하나님 안에서 기뻐해야 한다. 하나님이 복 주실 것이니 그러므로 너는 온전히 즐거워할지니라. 하나님을 즐거움으로 삼는 자들은 소망 중에 즐거워할 수 있다. 약속하신 이는 미쁘시니 말이다.

IV. 앞에서 자주 한 것처럼(출 23:16, 17; 34:23) **이 엄숙한 절기들에 관한 법규들이 요약 정리된다**(16, 17절). 그것들에 관한 일반적인 명령들은,

1. 모든 남자들은 하나님 앞에 개인적으로 모습을 보여야 하며, 동일한 장소에 자주 모여서 동일한 규범을 좇아 하나님께 예배함으로써 그들 중에 세워진 그 거룩한 신앙을 신실하고도 시종여일하도록 지켜야 한다는 것이다.

2. 아무도 하나님 앞에 빈손으로 나와서는 안 되고, 하나님께 의존한다는 증표로 또한 그에 대한 감사의 표시로 각 사람이 헌물을 드려야 한다는 것. 하나님이 요구하는 바가 터무니없는 것이 아니었다. 각 사람마다 자기 능력껏 드리면 되는 것이요 그 이상은 기대되지 않았다. 동일한 것이 여전히 구제의 법칙으로 적용된다(고전 16:2). 자기 능력껏 드리는 자들은 용납될 것이요, 능력에 지나도록 드리는 자들은 배나 존귀를 받을 자로 간주된다(고후 8:3). 자기가 가진 모든 것을 다 드린 가난한 과부가 그러했다(눅 21:4).

[18]네 하나님 여호와께서 네게 주시는 각 성에서 네 지파를 따라 재판장들과 지도자들을 둘 것이요 그들은 공의로 백성을 재판할 것이니라 [19]너는 재판을 굽게 하지 말며 사람을 외모로 보지 말며 또 뇌물을 받지 말라 뇌물은 지혜자의 눈을 어둡게 하고 의인의 말을 굽게 하느니라 [20]너는 마땅히 공의만을 따르라 그리하면 네가 살겠고 네 하나님 여호와께서 네게 주시는 땅을 차지하리라 [21]네 하나님 여호와를 위하여 쌓은 제단 곁에 어떤 나무로든지 아세라 상을 세우지 말며 [22]자기를 위하여 주상을 세우지 말라 네 하나님 여호와께서 미워하시느니라

여기서는,

I. 이스라엘 중의 공의의 정당한 시행에 대하여 지침이 주어진다. 송사를 결정짓고 이견이 있는 문제들을 조정하며, 해 받은 것을 보상하고, 해를 가한 자들을 벌주는 문제를 다루는 것이다. 광야에서 진을 치고 있는 동안에는 그들

의 숫자에 따라 천부장과 백부장 등 우두머리들을 세웠다(출 18:25). 그러나 가나안에 들어와서는 마을과 성읍에 따라 모든 성문에 재판장들과 지도자들이 있어야 했다. 성문에서 재판이 이루어지기 때문이었다. 그런데,

1. 하급 관리들에게 주어지는 지시 사항이 여기에 있다. "재판장들은 심리하여 선고를 내릴 것이요, 지도자들은 그들의 선고 사항을 시행할 것이다." 주권자의 천거를 받았든, 백성들의 선출을 통했든, 그들이 어떻게 해서 그런 직무를 맡게 되었든지 간에, 그 권세는 다 하나님께서 정하신 것이다(롬 13:1). 이렇게 그들의 문에서 재판이 이루어져 한층 신속하고 효율적으로 공의가 시행되게 된다는 것은 그 백성에게 큰 자비가 아닐 수 없었다. 우리도 이 나라에서 이러한 복을 누리는 것에 대해 감사해야 마땅할 것이다. 이 법에 따라서, 성소에서 회집하는 칠십 명의 장로와 의장으로 구성되는 산헤드린 이외에도, 120가구 이상 되는 큰 성읍에서는 이십 삼명의 재판관들로 구성된 법정이 열렸고, 그보다 작은 성읍에서는 세 명의 재판관들로 구성된 법정이 열렸다. 여호사밧에 의해서 이 법이 시행되는 것을 보라(대하 19:5, 8).

2. 이 관리들에게 주는 명령이 있다. 곧, 그들에게 맡겨진 임무를 정의롭게 시행하라는 것이다. 율법의 지침과 사실에 대한 증거에 준하여 정의로운 판단으로 재판하지 않으려면 아예 재판을 하지 않는 것이 더 낫다.

(1) 누구에게도 그릇되게 재판하지 말고 재판을 굽게 하도록 유혹하는 뇌물도 받지 말라는 경계가 재판관들에게 주어진다(19절). 이 법은 전에도 주어진 바 있다(출 23:8).

(2) 모든 사람에게 공의로 행하라는 명령이 주어진다. "너는 마땅히 공의만을 따르라(20절). 공의의 원칙을 준수하고, 정의의 규범에 따라 처신하며, 공의의 요구들을 대면하며, 공의의 모범을 세우며, 정의롭게 여겨지는 것을 결단성 있게 추구하라. 오직 공의만을 따르라." 관리는 모름지기 모든 사람들에게 올바로 행하며 아무에게도 그릇 행하지 말아야 하며, 바로 이것을 항상 유념해야 하고, 이것을 의도해야 하며, 이것을 위해 모든 개인적인 것들을 희생시켜야 한다.

Ⅱ. 이방인들의 우상 숭배의 관습을 따르는 모든 행위를 방지하도록 지침이 주어진다(21, 22절). 그들은 우상 숭배자들의 예배에 합석하지 말고 그들의 주상들에게 찾아가지 말고 그들이 세운 우상에게 절하지 말아야 하는 것은 물

론,

1. 하나님의 제단 가까이에 나무로 숲을 만들어(매튜 헨리가 사용하는 본문인 영어 흠정역본은 "thou shall not plant thee a grove of any trees"로 번역하는데, 이는 한글 개역개정판과는 다름 — 역주) 마치 하나님의 제단을 거짓 신들의 제단처럼 보이게 만들어서도 안 된다. 그들은 숲을 그들의 예배 처소로 삼았는데, 이는 그 곳을 은밀하게 만들기 위해서였거나(그러나 참되고 선한 것이라면 오히려 백일하에 드러나는 것을 바라는 법이다), 혹은 엄숙하게 만들기 위해서였을 것이다. 그러나 참되신 하나님께 드리는 예배 자체가 그것을 엄숙하게 하므로, 주위 환경의 혜택을 구할 필요가 없는 것이다.

2. 하나님을 존귀하게 하기 위한 명목으로 그 어떠한 주상이나 기둥도 세워서는 안 된다. 이는 여호와께서 미워하시는 일이기 때문이다. 무한하시며 영원하신 영이신 하나님을 형상을 통해서 나타내거나 예배하는 것만큼 하나님을 욕되게 하고 사람의 마음을 부패하고 타락하게 만드는 것이 없는 것이다.

제 17 장

개요

본 장에서는 다음과 같은 명령이 주어진다. I. 희생 제사로 드려지는 모든 짐승들의 순결함과 온전함에 관한 명령(1절). II. 우상을 섬기는 자들의 형벌에 관한 명령(2-7절). III. 하급 법정으로부터 산헤드린에게로 탄원하는 일에 관한 명령(8-13절). IV. 왕의 선택과 의무에 관한 명령(14-20절).

¹흠이나 악질이 있는 소와 양은 아무것도 네 하나님 여호와께 드리지 말지니 이는 네 하나님 여호와께 가증한 것이 됨이니라 ²네 하나님 여호와께서 네게 주시는 어느 성중에서든지 너희 가운데에 어떤 남자나 여자가 네 하나님 여호와의 목전에 악을 행하여 그 언약을 어기고 ³가서 다른 신들을 섬겨 그것에게 절하며 내가 명령하지 아니한 일월성신에게 절한다 하자 ⁴그것이 네게 알려지므로 네가 듣거든 자세히 조사해 볼지니 만일 그 일과 말이 확실하여 이스라엘 중에 이런 가증한 일을 행함이 있으면 ⁵너는 그 악을 행한 남자나 여자를 네 성문으로 끌어내고 그 남자나 여자를 돌로 쳐죽이되 ⁶죽일 자를 두 사람이나 세 사람의 증언으로 죽일 것이요 한 사람의 증언으로는 죽이지 말 것이며 ⁷이런 자를 죽이기 위하여는 증인이 먼저 그에게 손을 댄 후에 뭇 백성이 손을 댈지니라 너는 이와 같이 하여 너희 중에서 악을 제할지니라

I. 하나님께 드리는 예배의 존귀함을 보존하기 위한 법. 흠 있는 짐승은 여호와께 제물로 드려서는 안 된다는 것이 제시된다(1절). 이러한 경고는 자주 보아왔다. 흠 있는 소와 양은 아무것도 드리지 말지니. 곧, 처음에는 잘 분간하기 어려울지라도, 질병이나 허약함이 있는 짐승은 드리지 말라는 뜻이다. 그런 것을 드리는 것은 하나님께 가증스러운 것이다. 하나님은 최고의 존재이시므로 그를 섬기기 위해서는 그 종류 중 가장 좋은 것을 드려야 마땅하다. 또한 구약

의 제물들은 특별히 그래야 했다. 왜냐하면 그것들은, 흠 없고 점 없는 어린 양이시며(벧전 1:19) 모든 죄와 죄악된 모습에서 완전히 순결하신 그리스도의 모형이었기 때문이다. 유대인 교회의 후기 시대에 바벨론 유배로 인하여 그들의 우상 숭배가 치료되었을 때에도, 이 법을 어기는 것이 사악한 것이라는 경고가 그들에게 주어진다. 너희가 눈 먼 희생제물을 바치는 것이 어찌 악하지 아니하며 저는 것, 병든 것을 드리는 것이 어찌 악하지 아니하냐(말 1:8).

II. 거짓 신들을 예배한 자들을 벌하는 문제에 관한 법. 다른 이들을 꾀어 우상 숭배에 빠뜨리는 죄는 사형에 처해지도록 되어 있었다(13절). 그런데 여기서는 그러한 꾐에 빠지는 것도 그에 못지않은 중죄임이 제시된다. 맹인이 맹인을 인도하면 둘 다 구덩이에 빠질 수밖에 없는 법이다. 이렇듯 하나님은 그들이 그 죄를 몸서리치도록 혐오하기를 바라셨고, 또한 그렇게 살벌한 많은 법들이 그것에 대하여 주어져 있으므로 그것이 지극히 죄악되다는 것을 분명히 깨닫기를 바라셨고, 다른 방도로는 사람들을 설득하여 우상 숭배를 하지 못하게 하지 못해도 이 법을 통해서라도 그들을 막고자 하셨다. 그러나 죽음을 경고하는 이 법도 효과가 없는 것으로 드러난 것이다. 여기서 보라.

1. 이 법이 다루는 범죄. 그것은 곧 다른 신들을 섬기고 예배하는 것이었다(3절). 가장 오래되고 그럴듯한 우상 숭배가 구체적으로 명시된다. 곧, 해와 달과 별들을 섬기는 것이다. 이것이 그렇게 가증한 일이었다면, 나무들이나 돌들을 섬기거나, 비천하고 초라한 짐승들의 모양들을 섬기는 것은 얼마나 더하겠는가? 이에 대해 다음과 같은 것을 말씀한다. (1) 그것은 하나님이 명령하시지 않은 것이라는 것(3절). 그는 거듭거듭 그것을 금하셨는데, 여기서 그렇게 표현한 것은, 우상 숭배를 금하는 일이 더 없었더라도 이것으로 족했었다는 것을 시사하며(하나님을 경배하는 일에서 그가 세우시고 제정하신 것이 우리의 규범과 근거여야 하므로), 또한 하나님은 그에게 경배하는 자들이 자기들과 같은 피조물들에게 경배하리 만큼 자기들을 비하시키도록 명하신 일이 절대로 없다는 것을 시사한다. 혹 하나님이 그렇게 하라고 명령하셨더라도 그들은 그것을 자신들에게 치욕스러운 일로 항의해도 정당한 일이었을 것이다. 그러나 그가 그것을 금지하셨는 데도 그들은 거스르고자 하는 자세로 이러한 치욕을 스스로 행하게 될 것이었다.

(2) 그것은 하나님 여호와의 목전에 악이라는 것(2절). 아무리 그것을 감추려

고 애써도 하나님이 그것을 보시며, 아무리 교묘하게 그것을 완화시키려 해도 하나님은 그것을 미워하신다. 그것은 그 자체가 지극히 사악한 죄요, 전능하신 하나님께 가해질 수 있는 최고의 모욕이다.

(3) 그것은 언약을 저버리는 것이라는 것. 하나님은 그들이 오직 그만을 그들의 하나님으로 섬기며 예배할 것을 조건으로 하여 그들을 그의 소유된 백성으로 택하셨다. 그러므로 그들이 그에게 드려야 할 존귀를 다른 이에게 주게 되면 그 언약이 무효가 되고, 그 언약의 모든 혜택이 몰수되는 것이었다. 다른 죄들은 명령을 어기는 것이었으나, 이 죄는 언약을 어기는 것이었다. 이것은 영적인 간음으로서 혼인 관계를 깨는 것이었다.

(4) 그것은 이스라엘 중에 가증한 일이라는 것(4절). 우상 숭배는 누구에게나 악한 것이었지만 이스라엘 중에는 특히 더 악한 일이었다. 참되고 살아계신 유일한 하나님께로부터 그렇게 크게 자비와 사랑과 보살피심을 받은 백성이었기 때문이다.

2. 그 범죄의 처리 절차. 그 범죄에 대해 정보를 입수하거나, 혹은 남녀를 불문하고 누구든 다른 신들을 섬겼다는 의혹이 있으면,

(1) 조사를 진행해야 한다(4절). 처음에는 분명하지 않아 보이나, 조사해 보면 분명해질 수 있다. 그리고 그 죄가 발견되면 처벌하지 않고 지나가서는 안 된다. 그 죄가 발견되지 않더라도 그 문제를 조사한다는 것 자체만으로도 백성들에게 그 죄를 혐오하게 만들 것이다.

(2) 증거가 제시되어야 한다(6절). 아무리 악하고 위험한 범죄일지라도, 최소한 두 사람의 증인이 있어서 충족한 증거가 제시되기 전에는 그것에 대해 형벌해서는 안 된다. 하나님을 존귀하게 한다는 것을 핑계 삼아 무고한 사람에게 잘못을 행해서는 안 되는 것이다. 목숨이 걸린 문제에 대해서 두 사람의 증인을 요하는 이러한 법은 앞에서도 본 바 있다(민 35:30). 신약 복음서에서도 이것이 인용된다(마 18:16).

3. 그 범죄에 대한 선고와 그 집행. 남녀를 불문하고 우상 숭배자에게는 사형을 선고하고 그 중에서도 돌로 쳐죽이는 큰 형벌을 집행해야 한다. 여자가 더 연약하지만, 그것은 핑계가 될 수 없다(5절). 형 집행의 장소는 반드시 성문이어야 한다. 범죄자에게도 수치가 더하게 하며, 다른 모든 사람들에게도 더 큰 경계가 되게 하기 위한 것이다. 다른 경우와 마찬가지로 이 경우에도 증인

들이 먼저 죄인에게 돌을 던저서 그들의 증언이 참임을 확고히 하여야 하며, 만일 그들의 증언이 거짓일 경우 그 죄인의 피에 대한 책임이 그들 자신에게로 돌아가도 좋다는 것을 엄숙히 맹세하여야 했다. 이러한 관습은 아마도 사람들이 거짓으로 증언하지 못하도록 막기 위함이었을 것이다. 그러나 그 다음에 모든 백성들이 그들의 뒤를 따라 돌로 쳐서 형 집행을 완결지어야 했다. 그리하여 온 백성이 그 범죄에 대한 자신들의 혐오를 입증하고, 앞에서와 같이(13:9) 이렇게 해서 그들 중에서 악을 제하여야 했다.

[8]네 성중에서 서로 피를 흘렸거나 다투었거나 구타하였거나 서로 간에 고소하여 네가 판결하기 어려운 일이 생기거든 너는 일어나 네 하나님 여호와께서 택하실 곳으로 올라가서 [9]레위 사람 제사장과 당시 재판장에게 나아가서 물으라 그리하면 그들이 어떻게 판결할지를 네게 가르치리니 [10]여호와께서 택하신 곳에서 그들이 네게 보이는 판결의 뜻대로 네가 행하되 그들이 네게 가르치는 대로 삼가 행할 것이니 [11]곧 그들이 네게 가르치는 율법의 뜻대로, 그들이 네게 말하는 판결대로 행할 것이요 그들이 네게 보이는 판결을 어겨 좌로나 우로나 치우치지 말 것이니라 [12]사람이 만일 무법하게 행하고 네 하나님 여호와 앞에 서서 섬기는 제사장이나 재판장에게 듣지 아니하거든 그 사람을 죽여 이스라엘 중에서 악을 제하여 버리라 [13]그리하면 온 백성이 듣고 두려워하여 다시는 무법하게 행하지 아니하리라

각 성읍마다 판결을 위하여 법정을 세우도록 명령이 주어졌는데 (16:18), 이 법정이 우리가 왕에게 드리는 탄원들이라 부르는 것들과 또한 당사자들 사이의 송사를 청취하고 율법에 따라 판결할 권한을 부여받았다. 일반적으로는 이 법정이 그들에게 제기되는 문제들을 판결하였고, 그들의 선고가 최종적이었다. 그러나,

1. 하급 법정이 판결할 수 없을 만큼 송사가 어려운 경우도 있다는 것이 여기서 당연한 일로 제시된다. 그들의 율법 지식이 상급 법정을 주재하는 자들만큼 완벽하다고 생각할 수 없기 때문이다. 그러므로 (우리가 쓰는 법적인 용어로 말하자면) 그들은 특별한 재가를 얻어야 하고, 최종 판결을 내리기 전에 문의할 시간을 가져야 한다. 네가 판결하기 어려운 일이 생기거든(8절). 재판장이 송사의 어려움을 시인하는 것은 불명예스런 일이 아니다. 가령 서로 피를 흘린

일이 있어서, 죽은 사람의 피가 울부짖고 그를 죽인 혐의를 받는 자 역시 피를 흘려야 하는데, 증거를 조사한 결과 그것이 고의였는지 아니면 우연한 일이었는지가 의심스러울 경우는 어떻게 하겠으며, 혹은 서로 간에 고소할 경우는 어떻게 처결하며, 서로 폭행을 가했든 아니면 폭언을 했든 서로 구타했을 경우는 어떻게 할 것인가? 이런 유사한 송사들에 있어서는 증거가 명확하다 해도 율법의 구체적인 의미와 그 구체적인 적용에 대해서는 얼마든지 의심이 일어날 수 있었을 것이다.

2. 이런 어려운 송사의 경우 지금까지는 이드로의 권고에 따라 모세에게 의뢰해왔으나, 그가 죽은 이후에는 최고의 권세가 누구에게 있든 그에게 의뢰하도록 된 것이다. 곧, 사사들이 최고의 권세를 지녔으면(옷니엘, 드보라, 기드온 등, 그런 일을 위해서 하나님께서 자격을 갖추어 세우신 놀라운 사람들이 있을 경우) 그들에게 의뢰하고, 혹은 대제사장에게(엘리의 경우처럼 하나님께서 탁월한 은사를 주사 공적인 사안들을 처리하도록 부르셨을 경우) 의뢰하고, 혹은 그럴만한 개인을 주신 일이 없을 경우는 제사장들과 레위 사람들(혹은 레위 사람인 제사장들)들에게 의뢰하도록 되어 있었다. 이들은 성소에서 봉사할 뿐 아니라 공회로 모여 하급 법정의 상소들을 받았는데, 이들은 그들의 학식과 경험으로 볼 때 대체로 최고의 자격을 갖춘 것으로 볼 수 있으며 또한 의심스런 문제들을 결정하는 일에 하나님의 영이 함께 하사 그들에게 최고의 도움을 주실 것이었다(9, 11, 12절). 이들은 우림과 둠밈을 통해서 물을 수는 없었다. 우림과 둠밈은 오직 공적인 문제들, 즉 백성들 전체나 왕에 관한 일에 대한 문의에만 사용할 수 있었다. 그러나 일상적인 문제에 대해서는 그 자리에 앉아 있는 사람의 지혜와 순전함에 의지할 수밖에 없었다. 그들의 판단이 하나님의 말씀의 권위를 지니지는 않았으나 도덕적인 확실성이 그 판단에 부여되어 있었고, 게다가 다음의 말씀에서 암시되는바 하나님의 약속이 주어져 있었던 것이다. 그들이 어떻게 판결할지를 네게 가르치리니(9절). 이들의 판단은 또한 신적인 제도의 뒷받침을 받는다. 곧, 그 나라의 최고의 법적인 판결의 권한이 그들에게 위임되어 있었기 때문이다.

3. 재판장, 제사장, 혹은 공회의 최종적인 선고에 양 당사자들이 다 복종하여야 했다. 심지어 목숨이 달려 있어도 거기에 복종하여야 했다. 그들이 네게 보이는 판결의 뜻대로 네가 행하되(10절), 그대로 시행할 것이요, 그들이 네게 보이

는 판결을 어겨 좌로나 우로나 치우치지 말 것이니라(11절). 주목하라. 위의 권세를 지지하고 합당한 통치 질서를 지키는 것이, 통치하도록 지명 받은 자들에게 복종하는 것이, 그리고 그들의 치리를 받는 모든 일에서 그들에게 복속하는 것이, 하나님을 존귀하게 하는 일이요 백성의 복지를 위한 일이다. 그 선고에 대해 불만이 있는 자라도(사람은 누구나 자신의 일에서는 편파적이기 쉬우므로), 그 선고가 아무리 불쾌하더라도 굴복하고, 그 선고에 따른 결과들을 감수하여야 한다. 이는 진노를 막는 일이기도 하지만 양심을 위한 일이기도 하다. 그러나 만일 하급 재판관이 상급 법정의 선고를 뒤집고 그 명령을 시행하기를 거부하거나, 혹은 개인이 사사로이 선고에 복종하기를 거부하면, 이처럼 명령을 불복종하는 자는 그 반대하는 사안이 아무리 사소한 것이라도 사형의 벌을 받아야 했다. 그 사람을 죽 … 이라 … 그리하면 온 백성이 듣고 두려워하 … 리라 (12, 13절). 여기서 다음을 보라.

(1) 불순종의 사악함. 하나님을 거역하고 반대하고자 하는 마음에서, 혹은 하나님 아래서 권세를 시행하는 자들을 멸시하고 시기하는 마음에서 나오는 배역함과 완악함은 사술(邪術)과 우상 숭배와 같은 것이다. 확고하지 못하고 연약하여 다른 생각을 갖는 것은 용납될 수도 있다. 하지만 교만함과 사악함의 건방진 마음으로 그렇게 한다면(고대의 역본들이 이를 이렇게 설명한다), 그것은 통치를 거역하여 무기를 드는 것이요, 따라서 그 권세자들을 정하여 세우신 하나님을 모욕하는 처사인 것이다.

(2) 형벌의 의도. 다른 이들이 듣고 두려워하여 그와 같은 일을 행하지 않게 하기 위함이었다. 어떤 이들은 사려 깊어서 그 형벌의 위중함을 보고서 그 과실의 사악함을 추정하여 그것을 혐오하게 되겠으나, 또 어떤 이들은 자기들의 안전을 생각하고서 스스로 죄를 지어 목숨을 잃기보다는 선고에 순순히 따르게 될 것이었다. 이 율법에 근거하여 사도는 하나님의 아들의 권위를 짓밟는 자가 마땅히 받을 형벌이 얼마나 위중하겠는지를 제시한다(히 10:28, 29).

[14]네가 네 하나님 여호와께서 네게 주시는 땅에 이르러 그 땅을 차지하고 거주할 때에 만일 우리도 우리 주위의 모든 민족들 같이 우리 위에 왕을 세워야겠다는 생각이 나거든 [15]반드시 네 하나님 여호와께서 택하신 자를 네 위에 왕으로 세울 것이며 네 위에 왕을 세우려면 네 형제 중에서 한 사람을 할 것이요 네 형제 아닌 타국인

을 네 위에 세우지 말 것이며 ¹⁶그는 병마를 많이 두지 말 것이요 병마를 많이 얻으려고 그 백성을 애굽으로 돌아가게 하지 말 것이니 이는 여호와께서 너희에게 이르시기를 너희가 이 후에는 그 길로 다시 돌아가지 말 것이라 하셨음이며 ¹⁷그에게 아내를 많이 두어 그의 마음이 미혹되게 하지 말 것이며 자기를 위하여 은금을 많이 쌓지 말 것이니라 ¹⁸그가 왕위에 오르거든 이 율법서의 등사본을 레위 사람 제사장 앞에서 책에 기록하여 ¹⁹평생에 자기 옆에 두고 읽어 그의 하나님 여호와 경외하기를 배우며 이 율법의 모든 말과 이 규례를 지켜 행할 것이라 ²⁰그리하면 그의 마음이 그의 형제 위에 교만하지 아니하고 이 명령에서 떠나 좌로나 우로나 치우치지 아니하리니 이스라엘 중에서 그와 그의 자손이 왕위에 있는 날이 장구하리라

신복들에 관한 법규 다음에 왕에 관한 법규가 이어지는 것이 합당하다. 다른 사람들을 다스리는 자들은 자기들도 명령 아래 있다는 것을 기억하여야 하기 때문이다. 여기서 다음과 같이 법규들이 주어진다.

I. 나라의 신민들에게, 왕을 선택할 때에 지켜야 할 규범들이 제시됨(14, 15절).

1. 시간이 지나면 백성들이 왕의 화려함과 권세를 통해서 자기들의 나라를 열방 중에 위대하게 보이도록 만들고자 왕을 바라게 될 것임이 상정되고 있다. 여기서 자비로 왕을 두는 일을 약속하는 것도 아니요, 그것을 의무로 명령하는 것도 아니며(그들이 현재 그렇듯이 하나님의 통치 아래 있는 것보다 더 나은 것은 없었다), 다만 그들이 원할 경우 그것이 허용되리라는 말씀일 뿐이다. 그들이 통치의 목적들에 조심스럽게 부응하고 하나님의 율법을 정당하게 준수하고 시행하면, 어느 한 가지 통치 형태에 그들을 묶어두지 않고 왕을 두도록 할 것이라는 것이다. 그들이 열방들과 같아지기를 바라므로 이런 그들의 요구에 무언가 비정상적인 원리가 개입되어 있을지라도(하나님이 여러 가지로 그들을 열방들과 구별되게 하셨음에도 불구하고), 하나님은 그들에게 그것을 허용하고자 하시는데, 이는 왕의 통치를 메시야 왕국의 모형으로 삼으사 그것을 통해서 자신의 목적을 이루기를 뜻하셨기 때문이다.

2. 왕의 선택에 관한 지침이 주어진다. 하나님은 그들이 왕을 두기를 원할 것을 미리 보신 것이다. 그들이 왕을 두고자 할 때에는(물론 그로부터 400년이 지나서야 비로소 그런 청원이 나타난다), (1) 하나님께 뜻을 구하고, 하나님이

택하실 자를 왕으로 삼아야 한다. 그렇게 중대한 사항에 대해 참조할 신탁이 그들에게 있고, 각 사람의 모든 것을 절대로 오류 없이 다 아시는 하나님이 계셔서 그들을 위하여 왕을 택해주시니, 이 얼마나 복된 일이었는지 모른다. 왕은 하나님의 대리자이니, 하나님이 그들을 택하시는 것이 지극히 합당한 일이다. 하나님께서 친히 구체적인 방식으로 이스라엘의 왕이셨으니, 그들이 그들 위에, 또한 하나님 아래에, 다른 왕을 세우려면, 하나님이 왕이 될 자를 천거하시는 것이 필수적인 일이었다. 따라서, 백성들이 왕을 원할 때에 그들은 여호와의 선지자 사무엘에게 의뢰하였고, 그 이후로 다윗, 솔로몬, 여로보암, 예후 등의 왕들이 선지자들에 의해서 택함 받았다. 또한 백성들이 이 법을 지키지 않을 때에는 엄중한 책망을 받는다. 그들이 왕들을 세웠으나 내게서 난 것이 아니며(호 8:4). 어떠한 경우라도 우리가 그것을 알 수 있으면, 하나님의 택하심이 지도하고 결정하여야 하며, 또한 우리의 선호를 그의 결정에 굴복시켜야 한다. (2) 동맹관계를 강화시킨다거나 개인의 탁월한 자격 등을 빌미로 타국인을 왕으로 택해서는 안 된다. 외국의 왕이 하나님의 법으로 세워진 것과 어긋나는 이상한 관습을 도입시키는 일이 있어서는 안 되기 때문이었다. 네 위에 왕을 세우려면 네 형제 중에서 한 사람을 할 것이요, 그리하여 우리의 뼈 중의 뼈이신 그리스도(히 2:14)의 모형이 되도록 하여야 했다.

II. 택함 받는 왕에게 주는 율법이 제시되는데, 곧 통치를 정당하게 시행하도록 하기 위한 것이다.

1. 하나님과 신앙으로부터 멀어지게 만드는 모든 것을 조심스럽게 피하여야 한다. 부(富)와 명예와 쾌락(육신의 정욕과 안목의 정욕과 이생의 자랑)이 경건을 방해하는 세 가지 주범이다. 특별히 높은 지위에 있는 자들에게는 더더욱 그렇다. 그러므로 왕에게 이에 관하여 다음과 같은 경고가 주어지는 것이다.

(1) 말의 숫자를 늘림으로써 명예욕을 만족시키려 해서는 안 된다(16절). 대개 나귀와 노새를 탈것으로 사용하는 나라에서 말을 타는 자는 아주 위대해 보였다. 그러므로 자기 자신과 마차를 위해 말을 가질 수는 있지만 종들이 말을 타게 해서는 안 되며(전 10:7), 신하들과 경계병들을 위하여 많은 말을 지녀서도 안 되고(하나님이 그들의 왕이시니 그의 사사들은 나귀를 탔다, 삿 5:10; 12:14), 전쟁에 대비하여 말의 숫자를 늘려서도 안 되었다. 그것들을 지나치게 의지하게 될 소지가 다분하기 때문이었다(시 20:7; 33:17; 호 14:3). 그러나 여

기서 말의 숫자를 늘리는 것을 금하는 이유는 하나님의 이스라엘에게 합당한 정도 이상으로 애굽과의 교류가 커지는 것을 막기 위함이었다(애굽이 가나안에 말을 공급하였다, 왕상 10:28, 29). 하나님이 크신 손으로 그들을 애굽에서 이끌어내시고, 너희가 이 후에는 그 길로 다시 돌아가지 말 것이라고 명하셨으니 말이다. 이는 애굽의 우상 숭배에 오염될까 염려해서였다(레 18:3). 이스라엘로서는 그럴 소지가 다분했던 것이다. 주목하라. 우리는 죄 가운데로 빠질 위험에 있는 그런 상거래와 교제를 조심해야 한다. 이스라엘이 애굽으로 돌아가지 말아야 한다면, 애굽과 무역을 해서도 안 되는 일이었다. 솔로몬은 그들과의 무역으로 아무런 유익도 얻지 못했다.

(2) 아내들을 많이 두어 쾌락에 대한 욕구를 만족시키려 해서도 안 된다(17절). 솔로몬이 그렇게 행하여 결국 망하였다(왕상 11:1). 그러다가 마음을 온통 아내들에게 빼앗겨 진지한 모든 일에서, 특히 경건과 신앙생활에서 벗어나게 해서는 안 되기 때문이다. 육체의 쾌락에 탐닉하는 것보다 경건과 신앙생활을 저해하는 큰 원수는 없는 법이다.

(3) 은금을 크게 늘려서 부에 대한 욕구를 만족시키려 해서도 안 된다. 정당한 보화는 왕에게 허용되며, 또한 그것을 선히 사용하는 것이 금지되지 않지만, [1] 돈을 크게 늘리고자 그것을 거두기 위해 백성들을 억압해서도 안 되고(솔로몬이 그런 잘못을 범했던 것 같다, 왕상 12:4), 돈을 신뢰하고 거기에 마음을 둠으로써 자기 자신을 속이는 일이 있어서도 안 되는 일이었다(시 62:10). [2] 돈을 자기 자신을 위해 늘려서는 안 되었다. 다윗이 은금을 늘렸으나, 그것은 자기 자신을 위함이 아니라 하나님을 섬기기 위함이었다(대상 29:4). 그 일은 하나님의 백성들을 위한 일이었지 자기 가족을 위한 것이 아니었다.

2. 하나님의 율법을 스스로 조심스럽게 준수하고 그것을 자신의 규범으로 삼아야 한다. 하나님의 율법을 모든 부귀와 명예와 쾌락보다, 많은 군마와 많은 아내보다, 천천의 금은보다 낮게 여겨야 한다.

(1) 성소를 섬기는 제사장들이 보관하고 있는 율법서의 등사본을 보고 손으로 기록하여야 한다(18절). 어떤 이들은 왕은 이 신명기만을 기록하여야 했다고 보기도 한다. 신명기는 율법의 요약판이요, 대부분 도덕적이고 법적인 내용을 담고 있으므로 다른 율법서들보다 왕에게 관련되는 것이 많은 반면에, 레위기와 민수기는 의식적인 내용으로 주로 제사장들에게 관계되기 때문이다. 또

다른 이들은 모세오경의 다섯 권 전체를 다 필사해야 했다고 본다. 그 다섯 권을 가리켜 율법이라 부르며, 그 다섯 권 모두가 그들의 신앙의 근간으로 보존되어 있었기 때문이다. 여기서, [1] 왕이 조상들로부터 물려받아 율법서를 지니고 있을 수도 있으나, 그것과는 별도로 자기 것을 갖고 있어야 했다. 조상들이 쓰던 것은 계속 사용하여 낡아졌을 것이며, 새로운 율법책을 갖고서 세상을 시작해야 했다. [2] 율법책을 필사하는 작업을 시킬 만한 비서관이 옆에 있고 또한 그가 더 맵시 있게 쓸 수 있다 해도, 율법의 존귀를 위하여 왕이 친히 자기 손으로 율법책을 기록해야 하며, 또한 신앙의 행위가 자기에게는 해당되지 않는다는 식으로 생각하지 않도록 부지런히 힘써야 하며, 그리하여 율법의 각 부분을 주의 깊게 살피게 되어야 하며, 또한 그것을 손으로 기록함으로써 마음에 각인되도록 해야 했다. 주목하라. 성경이나 좋은 책들이나 설교들 중에서 지극히 감동적이고 영적인 유익을 주는 내용을 손으로 기록해 두는 것은 우리 각자에게 큰 도움이 된다. 사려 깊게 기록해 두면 미처 기억을 하지 못하는 것까지도 다 보관해 둘 수가 있고, 선한 청지기처럼 새것과 옛것을 창고에서 꺼내어 필요한 대로 쓸 수가 있다. [3] 그 전에 미리 해놓지 않았다면 왕국의 보좌에 오를 때에도 이 일을 시행해야 한다. 왕으로서 일을 시작할 때에 맨 먼저 이것부터 시행해야 한다. 왕국의 보좌에 앉는 자는 손으로 할 일이 가득할 수밖에 없다. 나라 안팎의 일로 인하여 시간과 생각을 많이 소비할 수밖에 없으나 그럼에도 불구하고 그 스스로 율법을 필사해야 한다. 일밖에 모르는 사람들은 이렇게 하다가는 신앙이 일이 되어 버리겠다고 생각할 수도 있으나 그렇게 생각해서는 안 되며, 또한 위대한 사람일지라도 하나님이 만 가지로 기록하신 율법을 스스로 베껴 적는 이 일을 하찮게 여겨서도 안 된다(호 8:12).

(2) 친필로 율법을 기록한 후 그것을 서랍에 넣어 두는 것으로 족하다고 생각해서는 안 되고, 평생에 자기 옆에 두고 읽어야 한다(19절). 성경을 소유하는 것으로는 안 되고, 반드시 그것을 사용해야 하며, 일상생활에서 필요한 대로 날마다 사용해야 한다. 우리 영혼이 그 만나를 끊임없이 받아먹어야 하는 것이다. 그것을 잘 소화시키면 그것이야말로 우리 영혼에 참된 영양과 힘을 공급해 줄 것이다. 육체가 끊임없이 음식을 통해 유익을 얻는 것처럼, 하나님의 말씀을 주야로 묵상하면 그 말씀을 통해서 큰 유익을 얻는 법이다(시 1:2). 그러므로 우리는 기록된 하나님의 말씀을 평생 끊임없이 사용해야 할 것이다. 그리스도

인 학자들이라도 그들이 지닌 성경 이상의 지식을 얻을 수가 없다. 하지만 지식과 사랑 모두 완전해지는 그 세상에 이르기까지 끊임없이 말씀을 대하는 기회를 가지는 것이다.

(3) 쓰고 읽은 것을 실천에 옮기지 않으면 아무리 쓰고 읽어도 전혀 소용이 없다(19, 20절). 하나님의 말씀은 그냥 놓아두기 위해서, 또한 사색의 주제를 제공하여 즐겁게 해주기 위해 주어진 것이 아니라, 올바른 처신을 위한 법칙을 제시하기 위해 주어진 것이다. 왕은 다음을 알아야 한다.

[1] 자신의 신앙이 자기를 얼마나 통제해야 하며, 그것이 자신에게 얼마나 영향을 미쳐야 하는지를 알아야 한다. 첫째로, 그의 신앙을 통하여 하나님의 위엄과 권위에 대해 지극히 존숭하며 두려워하는 자세를 갖게 되어야 한다. 그는 그의 하나님 여호와를 경외하기를 배워야 한다(그러므로 지극히 학식 있는 자도 항상 배움을 통해서 그것을 배워야 한다). 그리고 그가 높은 지위에 있으나, 하나님이 그의 위에 계시다는 것을 항상 기억하며, 또한 그의 신복들이 그에게 두려움으로 굴복하는 것 이상으로 그는 하나님을 그의 왕으로 알아서 그에게 두려움으로 굴복해야 한다는 것을 명심해야 한다. 둘째로, 하나님께 대한 두려움의 결과로 끊임없이 하나님의 율법을 준수하며 그것을 양심적으로 복종해야 한다. 그는 이 율법의 모든 말을 지켜야 하며 (그는 두 돌판을 지키는 자다), 다른 이들로 그 말씀을 행하도록 할 뿐 아니라 그 스스로 하늘의 하나님의 겸손한 종으로서 그 말씀을 행하여야 하고, 그리하여 아랫사람들에게 선한 모범을 보여야 하는 것이다. 셋째로, 그의 신앙을 통해서 항상 겸손해져야 한다. 그가 아무리 높은 지위에 있더라도 그는 자세를 낮추어야 하고, 그의 하나님 여호와를 경외함으로써, 형제를 멸시하거나 그의 마음이 그의 형제 위에 교만하여 그들을 마구 대하며 그들을 짓밟는 행위를 미연에 방지하여야 한다. 자기가 형제들보다 크고 더 화려하다 하여 그들보다 자기를 더 높여서는 안 되며, 자신이 그들의 유익을 위하여 보내심을 받은 하나님의 종 (한 개인보다는 크지만 전체보다는 작다)이라는 것을 명심해야 한다. 그것으로 좌로나 우로나 실수를 방지하고(두 손으로 다 실수를 하기 때문이다) 모든 일에서 그의 하나님께 올바로 처신하며 그의 임무를 올바로 감당해야 한다.

[2] 그의 신앙이 그에게 어떤 유익을 줄 것인가를 알아야 한다. 하나님을 경외하며 그의 명령들을 지키는 자들은 분명 그로 말미암아 이 땅에서 더 잘 될

것이다. 이 세상의 지극히 위대한 군주는 그의 왕국의 부귀와 권력보다도 오히려 그의 신앙을 통해서 훨씬 더 많은 유익을 얻을 것이다. 그의 신앙은, 첫째로, 그 자신에게 유익을 줄 것이다. 그가 왕위에 있는 날이 장구하리라. 유다 왕들의 역사를 보면, 요시야의 경우처럼 백성에 대한 징벌로 하나님께서 왕의 치세를 짧게 하시는 경우를 제외하고는 대체로 가장 선한 왕의 치세가 가장 긴 것으로 나타난다. 둘째로, 그의 후손들에게도 유익을 줄 것이다. 그의 자손 역시 번성할 것이다. 신앙을 후손들에게 물려주라. 그리하면 하나님이 그들에게 복을 물려주실 것이다.

제 18 장

개요

　　본 장의 주요 내용은 다음과 같다. I. 교회의 권리와 수입의 용도가 정리되며, 레위인들의 사역과 유지에 관한 규칙이 제시됨(1-8절). II. 이방인들의 가증스러운 우상 숭배의 관습들에 대한 경고가 다시 제시됨(9-14절). III. 예언의 영이 그들 가운데 계속될 것이며 또한 결국 위대한 선지자이신 그리스도에게 집중될 것이라는 약속이 그들에게 주어짐(15-18절). IV. 예언을 멸시하거나 그것을 거짓으로 꾸며대는 자들에 대한 경고와 (19, 20절), 그것을 시험하는 일에 관한 규칙(21, 22절).

¹레위 사람 제사장과 레위의 온 지파는 이스라엘 중에 분깃도 없고 기업도 없을지니 그들은 여호와의 화제물과 그 기업을 먹을 것이라 ²그들이 그들의 형제 중에서 기업을 가지지 않을 것은 여호와께서 그들의 기업이 되심이니 그들에게 말씀하심 같으니라 ³제사장이 백성에게서 받을 몫은 이러하니 곧 그 드리는 제물의 소나 양이나 그 앞다리와 두 볼과 위라 이것을 제사장에게 줄 것이요 ⁴또 네가 처음 거둔 곡식과 포도주와 기름과 네가 처음 깎은 양털을 네가 그에게 줄 것이니 ⁵이는 네 하나님 여호와께서 네 모든 지파 중에서 그를 택하여 내시고 그와 그의 자손에게 항상 여호와의 이름으로 서서 섬기게 하셨음이니라 ⁶이스라엘 온 땅 어떤 성읍에든지 거주하는 레위인이 간절한 소원이 있어 그가 사는 곳을 떠날지라도 여호와께서 택하신 곳에 이르면 ⁷여호와 앞에 선 그의 모든 형제 레위인과 같이 그의 하나님 여호와의 이름으로 섬길 수 있나니 ⁸그 사람의 몫은 그들과 같을 것이요 그가 조상의 것을 판 것은 별도의 소유이니라

　　국가의 관리직(magistracy)과 목회직(ministry)는 그들 중에 있는 하나님 나라를 뒷받침하고 전진하게 하기 위하여 놀랍게 사용하도록 주어진 하나님의 제도들이다. 관리직에 대한 율법은 앞 장의 말미에서 다루었고, 여기서

는 목회직에 대한 지침들이 주어지고 있다. 제사장들의 분깃과 백성들의 분깃 사이에 분명한 구분선이 여기서 그어진다.

I. 제사장들이 세상적인 갖가지 일들에 얽히지 않도록, 또한 세상의 부귀로 스스로를 치장하지 않도록 세심한 배려가 베풀어진다. 그들은 그보다 더 나은 것을 돌아보아야 했다. 그들은 이스라엘 중에 분깃도 없고 기업도 없을지니, 즉 전쟁에서 얻은 전리품 중에도, 장차 제비로 뽑아 각 지파가 나누어가질 땅에도 그들의 몫이 없다는 것이다(1절). 그들에게 해당되는 전쟁과 농사는 모두 영적인 것들이요, 그들의 손에 일과 이윤을 충족히 주고 만족을 줄 수 있는 것이었다. 여호와께서 그들의 기업이 되심이니(2절). 주목하라. 새 언약에 따라서 하나님을 기업으로 삼는 자들은 세상의 귀한 것들에 대해 탐욕을 가져서는 안 된다. 지금 지니고 있는 것에 대해 불평해서도, 더 갖고 싶어 안달해서도 안 되며, 현재의 것들을 무관심으로 바라보아야 한다. 이것이 만사에 하나님으로 충분하다는 것을 믿는 자다운 것이다.

II. 이들이 이 세상의 위로와 편리한 것들을 원하지 않도록 조치가 취해진다. 영이신 하나님이 그들의 기업이시지만, 그렇다고 해서 그들이 허공에 떠서 살아야 하는 것은 아니다.

1. 백성들이 그들에게 쓸 것을 공급해야 한다. 그들은 **백성에게서 몫을 받아야 한다**(3절). 그들이 백성들의 자비로움에 의존하여 생계를 유지해서는 안 되고, 법으로 권리를 부여받도록 된 것이다. 말씀으로 가르침 받는 자는 그를 가르치는 자와 나누는 것이 마땅하며, 엄숙한 종교 집회의 혜택을 얻는 자는 그 집회를 주관하는 자들의 편안한 생활 유지를 위하여 베풀어야 하는 것이다.

(1) 제단에서 섬긴 제사장들은 제물들, 즉 화목제물 가운데 일부를 그들의 몫으로 받았다. 가슴과 어깨 부분은 사전에 그들의 몫으로 지정되어 있었는데(레 7:32-34), 여기서는 두 볼과 위를 더 그들에게 줄 것을 명령하고 있다. 이미 제사장들의 몫으로 주어진 것을 이 법이 삭감시키는 것이 아니라 오히려 더 늘리는 것이다.

(2) 그 경내에서 거둔 첫 열매는 그들 중에 거하는 제사장들의 생활을 위해 그들에게 주어진 것으로 보인다. 그들의 처음 곡식과 포도주는 음식으로, 그리고 처음 깎은 양털은 그들의 의복을 위해서 주어졌다(4절). 다른 이들을 가르치는 임무를 맡은 제사장들은 마땅히 먹을 것과 입을 것이 있는 것에 만족할

줄 알아야 하는 것이었다. 첫 열매가 하나님께 드려졌고, 하나님은 제사장들을 그 수취자로 정하신 것이다. 가난한 자에게 베푼 일반적인 것들을 하나님께서 자기에게 꾸인 것으로 여기사 이자를 쳐서 갚아주신다면, 가난한 자에게 베푼 구체적인 것들 역시 그에게 꾸인 것으로 더 큰 이자로 갚아주실 것이며, 그렇다면 가난한 사역자들에게 구체적으로 베푸는 것은 더욱더 하나님께 꾸이는 것이요 그가 풍성하게 갚아주실 것이다. 그들의 문제에 대해 이처럼 계속해서 권고하는 데에는 그럴만한 이유가 있다. 레위인들은 하나님께서 택하신 자들이었으니 하나님의 선택을 인정하고 받아들여야 하며, 하나님이 존귀하게 하시는 자들을 우리 역시 존귀하게 해야 하기 때문이며(5절), 또한 그들이 서서 섬기므로 마땅히 그들의 수고와 봉사에 대해 보상이 있어야 하며, 특히 그들이 여호와의 이름으로, 그의 권위로, 그를 섬김으로, 그를 찬양하기 위하여 섬기니 더더욱 그러했다. 또한 이러한 조치는 그들의 후손에게 영원토록 이어질 것이었다. 이처럼 봉사와 사역을 감당하는 자들은 마땅히 합당한 모든 후원과 격려를 받아야 한다. 그들이야말로 이스라엘 중에서 가장 요긴한 자들에 속하기 때문이다.

2. 제사장들은 스스로 서로를 불리하게 해서는 안 된다. 제사장은 율법에 의해서 자기 차례가 올 때에만 제단에서 섬길 의무가 있고 또한 그것에 대해 보수를 받는데, 만일 제사장 중에 어떤 자가 성소에 대한 큰 열정으로 자기 몫으로 주어진 성읍에서의 편안하고 유쾌한 생활을 마다하고 계속해서 성소에 머물며 헌신할 경우에는, 비록 그 제사장이 갑자기 끼어든 것이지만 그 때에 섬길 차례가 된 제사장이 그를 받아들여 함께 일을 행하여야 하고, 자기의 존귀함이나 다른 제사장의 이익을 생각하여 그를 꺼려서는 안 되었다(6-8절). 주목하라. 하나님과 그의 교회를 섬기고자 하는 마음에서 우러나오는 경건한 열정은, 비록 그것이 기존의 질서를 약간 침해하는 것이요 또한 다소 불규칙하게 보인다 할지라도 받아들여야 하고 물리쳐서는 안 된다. 성소를 향한 마음에서 우러나온 열정이 있고 봉사하고자 하는 사랑이 가득한 것이 드러날 때에는 하나님의 이름으로 섬기게 할 것이다. 정상적으로 섬기는 레위인들에 못지않게 그 제사장 역시 하나님께서 환영하실 것이니, 그 사람들 역시 환영하실 것이다. 사역의 질서를 정해 놓은 것은 힘써 열심히 섬기려 하지 않는 자들을 정상적으로 일하도록 하기 위하여 마련한 것이지, 열심히 일하고자 하는 자를 더 일하

지 못하도록 하기 위한 것이 아니었던 것이다. 그리고 이처럼 자원하여 섬기는 자도 의무적으로 일하는 자와 똑같이 보수를 받게 되어 있었고, 그가 조상의 것을 판 것은 별도로 받았다. 로마 교회는 자기 처소를 떠나 수도원에 들어가는 자들은 그 처소의 모든 재산을 갖고 들어가 수도원의 공동 재산으로 삼도록 하였고, 그들의 경건이 실제로 이득이 되도록 하였다. 그러나 여기서는 경건한 자원자가 조상의 몫을 자기 스스로 지니도록 명령한다. 사람들이 아무리 악용해 왔다 할지라도, 하나님께서는 결코 신앙과 봉사를 세속적인 이익을 위하여 지정하신 것이 아니기 때문이다.

⁹네 하나님 여호와께서 네게 주시는 땅에 들어가거든 너는 그 민족들의 가증한 행위를 본받지 말 것이니 ¹⁰그의 아들이나 딸을 불 가운데로 지나게 하는 자나 점쟁이나 길흉을 말하는 자나 요술하는 자나 무당이나 ¹¹진언자나 신접자나 박수나 초혼자를 너희 가운데에 용납하지 말라 ¹²이런 일을 행하는 모든 자를 여호와께서 가증히 여기시나니 이런 가증한 일로 말미암아 네 하나님 여호와께서 그들을 네 앞에서 쫓아내시느니라 ¹³너는 네 하나님 여호와 앞에서 완전하라 ¹⁴네가 쫓아낼 이 민족들은 길흉을 말하는 자나 점쟁이의 말을 듣거니와 네게는 네 하나님 여호와께서 이런 일을 용납하지 아니하시느니라

가나안 족속들의 우상 숭배의 관습이 오염되지 않도록 이스라엘 백성들을 무장시키는 일이 과연 그토록 절실했을까 의심할 수도 있을 것이다. 신적인 제도들로 놀랍게 복을 받은 백성이 과연 사람들과 마귀들이 만들어놓은 그 야만적이고 짐승 같은 것들을 받아들이겠느냐는 것이다. 과연 하나님께서 그들의 포로들과 종들로 만드신 그런 자들을 신앙적인 스승들로 지도자들로 삼을 위험이 그들 중에 있었겠느냐는 것이다. 그들에게 그런 위험이 다분했던 것으로 보인다. 그러므로 여러 비슷한 경고가 주어진 뒤에도 여기서 다시 저 민족들의 가증스런 것들을 좇지 말 것으로 엄중 경고하고 있는 것이다(9절).

I. 구체적인 사례들이 명시됨.

1. 태양을 나타내는 우상인 몰록에게 어린 자녀들을 바치고, 그들을 불 가운데로 지나게 하는 행위. 때로는 불로 태워 제물로 드리기도 하였다(10절). 앞에서 주어진 법을 보라(레 18:21).

2. 점쟁이, 길흉을 말하는 자, 요술하는 자 등, 장차 일어날 일들에 대해 불필요한 지식을 얻고자 점술을 사용하는 행위. 이는 하나님이 고유하게 지니신 권능과 지식을 마귀의 것으로 돌려 하나님의 작정하심과 그의 섭리를 크게 욕되게 하는 것이었다(10, 11절). 하나님의 계시가 그렇게 분명하게 드러난 나라에 어떻게 그토록 무감각하고 어처구니없고 그렇게 불경스럽고 속된 어둠의 기술과 일들이 있을 수 있는지 의아스럽게 여길 것이다. 그러나 그리스도의 거룩한 신앙이 알려지고 고백되는 곳에도 그런 것들의 잔재들이 남아 있다. 이 세상의 어둠의 주관자들의 권세와 책략이 그 정도인 것이다. 그러나 점쟁이나 신접자에게 가서 은밀한 일들을 알려고 하는 자들이나 질병을 고치기 위해 주술을 사용하는 자들은 그것에 익숙한 영들과 동맹하고 함께 가까이 지내거나 그들과 협력하는 것이다. 그러므로 그런 자들은 그렇게 마귀와 교제를 가지는 한, 하나님과의 교제를 가질 수 없다는 것을 알아야 한다. 우리가 살고 있는 이 땅에, 대낮에 그처럼 거짓으로 위장한 자들이 있다는 것은 정말 놀랄 일이다.

II. 그들이 이방인들의 관습을 본받지 말아야 할 몇 가지 이유들이 제시됨.

1. 그들이 하나님께 가증스럽게 될 것이기 때문이었다. 하나님께서 그 관습들 자체를 싫어하시니 그것들을 행하는 자들은 그에게 가증스러운 자들이다. 피조물이 창조주께 역겨운 존재가 된다는 것은 정말 비참한 일이다(12절). 죄의 사악함과 해로움을 보라. 긍휼의 하나님으로 하여금 그 자신의 손으로 지으신 것을 혐오하도록 부추기는 것이야말로 악한 것이다.

2. 이 가증스런 행위들로 인하여 가나안 민족들이 패망하였기 때문이다. 이스라엘이 이를 직접 목격했을 뿐 아니라 그들이 그들의 패망에 도구로 사용되었던 것이다. 가나안 민족들이 우상 숭배의 관습 때문에 이스라엘이 그들을 극심하게 징벌하는 수단으로 사용되었었는데, 이스라엘 자신이 그런 행위를 따라한다면 그것은 변명의 여지가 없는 어리석음이요, 지극히 용서받을 수 없는 불경이 아닐 수 없었다. 가나안 민족들의 가증스러운 행위들을 그 땅이 토하여 내지 않았는가? 그런데 이스라엘이 그 토한 것을 핥아 먹는단 말인가?

3. 그들은 더 훌륭한 가르침을 받은 자들이었기 때문이다(13, 14절). 이는 그리스도인들이 이방인들처럼 행해서는 안 된다는 사도의 논지와 유사하다. 너희는 그리스도를 그같이 배우지 아니하였느니라(엡 4:17, 18, 20). "하나님께서 이 민족들을 그 마음의 정욕에 내어버려 두셨고 자기들의 길들을 가게 방임하

셔서(행 14:16) 그들이 이처럼 스스로를 더럽힌 것은 사실이지만, 너는 그들처럼 하나님의 은혜에서 내쫓긴 것이 아니니라. 네 하나님 여호와께서 이런 일을 용납하지 아니하시느니라. 너는 하나님의 일들을 교훈 받았으며, 그런 행위들의 사악함에 대해 분명한 경고를 받았느니라. 그러므로 다른 사람들이 무슨 일을 행하든 너는 네 하나님 여호와 앞에서 완전하여야 하느니라." 즉, "너는 오직 그에게만 신적인 존귀를 드리고, 이방인들의 미신적인 관습들을 그가 제정하신 제도들과 뒤섞지 말지니라." 풀어쓴 갈대아 역본 중의 하나는 여기서 하나님께서 모든 부당한 점술 행위를 방지하기 위하여 우림과 둠밈을 주신 사실을 언급하고 있다. 진리의 하나님의 뜻을 물을 길이 분명히 열려 있는데도 거짓의 아비에게 가서 묻고자 하는 자들은 정말 바보들이라 아니할 수 없다.

[15]네 하나님 여호와께서 너희 가운데 네 형제 중에서 너를 위하여 나와 같은 선지자 하나를 일으키시리니 너희는 그의 말을 들을지니라 [16]이것이 곧 네가 총회의 날에 호렙 산에서 네 하나님 여호와께 구한 것이라 곧 네가 말하기를 내가 다시는 내 하나님 여호와의 음성을 듣지 않게 하시고 다시는 이 큰 불을 보지 않게 하소서 두렵건대 내가 죽을까 하나이다 하매 [17]여호와께서 내게 이르시되 그들의 말이 옳도다 [18]내가 그들의 형제 중에서 너와 같은 선지자 하나를 그들을 위하여 일으키고 내 말을 그 입에 두리니 내가 그에게 명령하는 것을 그가 무리에게 다 말하리라 [19]누구든지 내 이름으로 전하는 내 말을 듣지 아니하는 자는 내게 벌을 받을 것이요 [20]만일 어떤 선지자가 내가 전하라고 명령하지 아니한 말을 제 마음대로 내 이름으로 전하든지 다른 신들의 이름으로 말하면 그 선지자는 죽임을 당하리라 하셨느니라 [21]네가 마음속으로 이르기를 그 말이 여호와께서 이르신 말씀인지 우리가 어떻게 알리요 하리라 [22]만일 선지자가 있어 여호와의 이름으로 말한 일에 증험도 없고 성취함도 없으면 이는 여호와께서 말씀하신 것이 아니요 그 선지자가 제 마음대로 한 말이니 너는 그를 두려워하지 말지니라

I. 위대한 선지자에 대한 약속과 아울러 그를 받아들이고 그의 말씀을 들으라는 명령이 주어진다. 그런데,

1. 어떤 이들은 이것이 선지자들이 끊어지지 않고 이스라엘에서 대대로 계속 이어지리라는 약속이라고 본다. 제사장들과 레위인들은 일상적인 사역자들

로서 야곱에게 하나님의 율법을 가르치는 직무를 담당하였고, 이들 외에 특별한 사역자들인 선지자들이 있어서 그들의 과오들을 책망하고 그들의 임무를 생각나게 하고 장차 올 일과 경고를 위한 심판과 위로를 위한 구원을 예언하는 일을 했다는 것이다. 이런 선지자들이 있으므로 (1) 그들은 점술을 사용하거나 초혼자들에게 물을 필요가 없었다. 그들의 사사로운 일들에 대해서조차 하나님의 선지자들에게 물을 수 있었으니 말이다. 사울도 그의 아버지의 나귀를 찾아다닐 때에 선지자에게 물었다(삼상 9:6). (2) 선지자들이 그들 중에 있으니 그들이 무지함으로나 실수로나 올바른 의무를 다하는 길에서 벗어날 수가 없었고, 그것에 대해 생각들이 다를 수도 없었다. 어렵고 의심스런 사안이 있을 때마다 그들에게 가서 묻고 자문을 구할 수 있었기 때문이다. 이 선지자들은 모세에는 미치지 못하였으나 몇 가지 점에서는 그와 유사하였다(신 34:10).

2. 선지자들이 계속 이어진다는 것이 이 약속에 포함되어 있든 있지 않든 간에, 우리는 일차적으로 이것이 그리스도를 약속하는 것임을 확신한다. 이것은 모세의 율법 전체에서 그리스도에 대한 가장 선명한 약속이다. 이것이 우리 주 예수께 분명하게 적용된다. 그가 약속되신 메시야시라는 것이다(행 3:22; 7:37). 그리고 사람들이 예수에 관하여 이는 참으로 세상에 오실 그 선지자라고 말한 것도 이 약속을 염두에 둔 것이었다(요 6:14). 또한 다른 모든 선지자들 속에서 말씀하신 것이 바로 그의 영이었다(벧전 1:11). 관찰하라.

(1) 그리스도에 관하여 여기서 약속되는 내용. 하나님께서 시내 산에서 모세에게 약속하신 것을(모세는 18절에서 이를 말씀한다) 그가 그 백성에게 하나님의 이름으로 약속한 것이다(15절).

[1] 모든 선지자들 위에 뛰어난 한 선지자가 올 것인데 하나님께서는 그로 말미암아 자기 자신을 알게 하실 것이요 그의 뜻을 그 전 어느 때보다 더 완전하고도 분명하게 사람들에게 알리실 것이라는 것. 유대인 교회에 예언된 바와 같이 그는 세상의 빛이시다 (요 8:12). 그는 말씀이셔서, 하나님께서는 그로 말미암아 우리에게 말씀하신다(요 1:1; 히 1:2).

[2] 하나님께서 그들 가운데 그를 일으키시리라는 것. 그는 그들 중에 탄생하셔서 그 민족과 하나가 되시며, 그들 중에 사시고 그들에게로 보내지시는 것이다. 부활하실 때에도 그는 예루살렘에서 다시 살아나실 것이요, 그리하여 그의 교훈이 온 세상으로 나아갈 것이다. 이처럼 하나님께서는 그의 아들 그리스

도 예수를 일으키시고 그를 보내사 우리에게 복을 베푸신 것이다.

[3] 그가 모세처럼 되시리라는 것. 다만 다른 선지자들이 그에게 못 미치는 만큼 그는 모세보다 월등하실 것이다. 모세는 이스라엘에게 율법 제정자이며 아울러 선지자요 애굽에서 그들을 구원한 자였다. 그리스도도 마찬가지셨다. 그는 가르치실 뿐 아니라 다스리시고 구원하신다. 모세는 표적과 기사와 권능의 역사로 새 경륜을 세운 분이었는데, 그리스도 역시 마찬가지셨다. 그 역시 표적과 기사와 권능의 역사로 자신이 하나님께로부터 온 스승임을 입증하였다. 모세가 신실했는가? 그리스도도 마찬가지셨다. 모세는 종으로서 신실하였으나 그리스도는 아들로서 신실하셨던 것이다(히 3:5, 6).

[4] 하나님이 그의 입에 말씀을 두시리라는 것(18절). 하나님께서 사람들에게 보내시고자 하는 메시지들을 그로 말미암아 보내시며, 그를 선지자로 삼으사 무엇을 말씀하며 행할지를 완전히 가르치시리라는 것이다. 그러므로 우리 주님은, 내 교훈은 내 것이 아니요 본래 나를 보내신 이의 것이니라 라고 말씀하신다(요 7:16). 그리하여 이 위대한 약속이 이행된다. 이 선지자가 오셨으니 예수가 바로 그분이시다. 오셔야 할 분이 바로 그분이시요, 따라서 우리는 다른 자를 찾아서는 안 되는 것이다.

(2) 이것은 그 백성들이 시내 산에서 선택하였고 바랐고, 그리하여 서원한 그 경륜과 일치한다는 것(16, 17절). 시내 산에서 하나님은 우레와 번개 속에서, 불과 캄캄한 어둠 가운데서 그들에게 말씀하셨었다. 말씀 하나하나가 그들의 귀를 윙윙 울리고 그들의 마음을 떨게 만들었으므로 이스라엘 온 회중은 두려움으로 죽을 지경이었다. 이런 공포 속에서 그들은 하나님이 다시는 이런 방식으로 말씀하지 마시고(그들이 그것에 완전히 압도되고 짓눌려서 도무지 견딜 수가 없었으므로) 그들과 같은 사람을 통해서 말씀해 주시기를, 지금은 모세를 통해서, 그리고 장차는 그와 같은 다른 선지자들을 통해서 말씀해 주시기를 간절히 구하였다. 이에 대해 하나님은 말씀하시기를, "좋도다. 그렇게 되리라. 그들이 사람들을 통해서 말씀을 듣게 되리라. 그들에게는 두려움이나 공포가 없으리라"라고 하셨고, 또한 그들이 구하거나 생각할 수 있는 한계를 훨씬 뛰어넘어서, 때가 차매 말씀 그 자체가 육신이 되셨고, 그들이 그의 영광을 아버지의 독생자의 영광으로 보았고, 시내 산에서처럼 위엄과 공포가 아니라 은혜와 진리가 충만했던 것이다(요 1:14). 그리하여 이스라엘 백성들이 율법으로 말미암

아 놀라서 쓰러질 지경인 상태에서 간구한 것에 대해, 하나님은 그 아들의 성육신을 약속하신 것이다. 그 약속이 그것을 요구했던 자들의 생각을 훨씬 초월하는 것이었음에도 불구하고 말이다.

(3) 여기서 약속되는 이 위대한 선지자의 말씀을 모든 백성이 듣고 믿고, 듣고 순종하여야 한다는 권면과 명령. 너희는 그의 말을 들을지니라(15절). 누구든지 그의 말씀을 듣고 행하지 않는 자는 그러한 멸시의 태도로 인하여 반드시 심각하게 징벌을 당할 것이었다. 내게 벌을 받을 것이요(19절). 하나님께서는 친히 빛난 구름 속에서 나는 소리를 통해서 이 말씀을 우리 주 예수께 적용시키셨다. 너희는 그의 말을 들으라(마 17:5). 즉, 그 옛날 모세가 너희는 그의 말을 들을지니라 라고 말씀한 것이 바로 이 사람을 두고 한 말이었다는 뜻이다. 그 때에 모세와 엘리야가 함께 서서 그 소리에 동의했었다. 여기 이 선지자의 말씀을 듣지 않는 자들에게 주어지는 형벌이 신약에서 반복되고 확인된다. 아들을 순종하지 아니하는 자는 영생을 보지 못하고 도리어 하나님의 진노가 그 위에 머물러 있느니라(요 3:36). 하물며 하늘로부터 경고하신 이를 배반하는 우리일까보냐(히 12:25). 풀어쓴 갈대아 역본은 여기서, 내 말이 그에 대해 그것을 요구하리라 라는 뜻으로 읽는데, 이는 아버지께서 모든 심판을 다른 누구도 아닌 바로 영원한 말씀이시며 신적인 분이신 그리스도께 맡기셨고, 그가 마지막 날에 그로 말미암아 세상을 심판하시리라는 것을 뜻하는 것이다. 예수 그리스도께 귀를 막고 그의 말씀을 듣지 않는 자는 누구든지 그것으로 인하여 화를 당할 것이며, 선지자이신 그분이 동시에 그에게 심판자가 되실 것이다(요 12:48).

II. 거짓 선지자들에 대한 경계가 주어진다.

1. 선지자인 체하는 자들에 대해 경고하는 방식을 통해서(20절). 스스로 선지자로 내세우며 참되신 하나님이 보내셨다고 가장하는 자는 누구든지 왕 중의 왕이신 하나님의 면류관과 위엄을 거역한 반역죄를 지은 것으로 간주될 것이요, 그런 배반자는 죽임을 당할 것이다(20절). 즉, 나중에 예루살렘에 세워지는 산헤드린의 심판에 의해서 그렇게 되리라는 것이다. 그러므로 우리 주님은 선지자가 예루살렘 바깥에서는 죽지 않으며 선지자들의 피를 예루살렘 성문에 뿌리며(눅 13:33, 34) 따라서 이들을 하나님 자신이 멸망시키시리라고 하신다. 그러나 예루살렘에서 거짓 선지자들을 후원한 것이다.

2. 선지자 행세를 하는 자들에게 현혹되지 않도록 백성들에게 지침으로 줌

으로써. 그런 자들이 많았다(렘 23:25; 겔 13:6; 왕상 22:6). 그들이 궁금히 여기는 질문은 매우 적절한 질문이다(21절). 참 선지자들의 말씀을 좇는 것이 큰 의무이지만 거짓 선지자들로 인하여 잘못 인도받을 위험이 크므로, 그 말이 여호와께서 이르신 말씀인지 우리가 어떻게 알리요? 어떤 증표를 통해서 거짓을 발견할 수 있을까? 주목하라. 우리가 듣는 말씀을 시험하여 그 말씀이 주께서 하신 말씀이 아님을 알 수 있는 올바른 시금석을 소유하는 것이 지극히 중요한 일이다. 무엇이든지 인간의 기본 감각과 본성의 빛과 법과 기록된 말씀의 명확한 뜻에 직접적으로 거스르는 것은 여호와께서 말씀하신 것이 아니라는 것을 확실히 알 수 있고, 또한 죄를 지지하고 조장하는 것이나 경건과 사랑을 무너뜨리는 경향이 농후한 것도 마찬가지다. 하나님은 절대로 스스로 모순을 일으키실 수가 없으니 말이다. 여기서 이 질문에 대해 주어진 법칙이 주로 그 상태에 적용되었다(22절). 곧, 선지자의 진실함을 의심할 만한 이유가 하나도 없을 경우는 장차 일어날 일에 대한 어떤 표증을 주거나 예언을 했는지를 살펴보고 그의 예언대로 일이 일어나지 않았으면 그 선지자가 하나님께로부터 보내심을 받은 자가 아니라는 것을 확실히 알 수 있다는 것이었다. 이는 자비와 심판에 관한 예언이라기보다는(이것들에 대해서와, 또한 자비의 예언과 심판의 예언 사이의 차이에 대해서 진실과 거짓을 분별하는 법칙을 선지자가 제시한 것이 있다. 렘 28:8, 9) 의도적으로 자기들의 신분을 확증하고자 표적을 제시하는 것에 관한 것이다. 표적이 실제로 일어났을 경우라도, 그들이 다른 신을 섬길 것을 요구하면 그들이 참 선지자가 아닌 것이 드러나게 되어 있었다(신 13:1-3). 그러나 만일 그 표적이 일어나지 않으면, 이는 참 선지자가 아닌 증표였다.

패트릭 주교는 이를 이렇게 설명한다. "모세가 땅에 자기 지팡이를 던지고 그것이 뱀이 될 것이라고 말했을 때, 그의 말대로 그것이 뱀으로 변하지 않았다면 모세는 거짓 선지자였을 것이다. 만일 엘리야가 하늘로부터 불이 내려와 제물을 태우게 해 달라고 간구했는데 아무 일도 일어나지 않았다면, 그는 바알의 선지자들보다 나을 게 하나도 없었을 것이다." 사무엘이 하나님께로부터 보내심을 받은 선지자였다는 것은, 여호와께서 … 그의 말이 하나도 땅에 떨어지지 않게 하셨다는 사실로 입증되었다(삼상 3:19, 20). 그리고 그리스도께서는 수많은 이적들을 통해서, 특히 제삼일에 부활하실 것을 미리 예언하셨고 그대로 부활하시는 위대한 표적을 보여주심으로써, 그가 하나님께로부터 오신 스승이심이 확연히 드러난 것이다.

마지막으로, 거짓 선지자를 두려워하지 말 것을 지시한다. 즉, 사람들을 자극시키고 그들에게 공포를 유발하게 하기 위해 그들이 선포하는 심판들에 대해 두려워하지 말고, 또한 철저하고도 객관적인 조사를 토대로 거짓 선지자임이 밝혀져 그 사람에게 법이 시행될 때에도 그것을 두려워하지 말라는 것이다. 거짓 선지자를 두려워하지 말라는 이 명령은, 분명하고도 의심의 여지가 없는 확실한 증거로 스스로 참 선지자임을 입증하는 선지자들은 두려워해야 한다는 것을 시사한다. 그런 선지자에게 횡포를 부리거나 무시할 경우에는 그 당사자들이 큰 화를 당하게 될 것이었다.

개요

모세가 지금까지 반복하고 강력히 권고한 법들은 대부분이 신앙의 행위들과 하나님을 향한 경건의 행위들에 관계된 것들이었다. 그러나 여기서 그는 사람과 사람 사이의 의로운 의무들에 대해 좀 더 충실하게 강조한다. 본 장의 주요 내용은 다음과 같다. I. 제6계명, "살인하지 말지니라"에 관한 사항(1-13절). II. 제8계명, "도둑질하지 말지니라"에 관한 사항(14절). III. 제9계명, "거짓 증언하지 말지니라"에 관한 내용(15-21절).

¹네 하나님 여호와께서 이 여러 민족을 멸절하시고 네 하나님 여호와께서 그 땅을 네게 주시므로 네가 그것을 받고 그들의 성읍과 가옥에 거주할 때에 ²네 하나님 여호와께서 네게 기업으로 주신 땅 가운데에서 세 성읍을 너를 위하여 구별하고 ³네 하나님 여호와께서 네게 기업으로 주시는 땅 전체를 세 구역으로 나누어 길을 닦고 모든 살인자를 그 성읍으로 도피하게 하라 ⁴살인자가 그리로 도피하여 살 만한 경우는 이러하니 곧 누구든지 본래 원한이 없이 부지중에 그의 이웃을 죽인 일, ⁵가령 그 이웃과 함께 벌목하러 삼림에 들어가서 손에 도끼를 들고 벌목하려고 찍을 때에 도끼가 자루에서 빠져 그의 이웃을 맞춰 그를 죽게 함과 같은 것이라 이런 사람은 그 성읍 중 하나로 도피하여 생명을 보존할 것이니라 ⁶그 사람이 그에게 본래 원한이 없으니 죽이기에 합당하지 아니하나 두렵건대 그 피를 보복하는 자의 마음이 복수심에 불타서 살인자를 뒤쫓는데 그 가는 길이 멀면 그를 따라 잡아 죽일까 하노라 ⁷그러므로 내가 네게 명령하기를 세 성읍을 너를 위하여 구별하라 하노라 ⁸네 하나님 여호와께서 네 조상들에게 맹세하신 대로 네 지경을 넓혀 네 조상들에게 주리라고 말씀하신 땅을 다 네게 주실 때 ⁹또 너희가 오늘 내가 너희에게 명하는 이 모든 명령을 지켜 행하여 네 하나님 여호와를 사랑하고 항상 그의 길로 행할 때에는 이 셋 외에 세 성읍을 더하여 ¹⁰네 하나님 여호와께서 네게 기업으로 주시는 땅에서 무죄한 피를 흘리지 말라 이같이 하면 그의 피가 네게로 돌아가지 아

니하리라 ¹¹그러나 만일 어떤 사람이 그의 이웃을 미워하여 엎드려 그를 기다리다
가 일어나 상처를 입혀 죽게 하고 이 한 성읍으로 도피하면 ¹²그 본 성읍 장로들이
사람을 보내어 그를 거기서 잡아다가 보복자의 손에 넘겨 죽이게 할 것이라 ¹³네 눈
이 그를 긍휼히 여기지 말고 무죄한 피를 흘린 죄를 이스라엘에서 제하라 그리하
면 네게 복이 있으리라

　　　다른 사람의 피를 흘리면 그 사람의 피도 흘릴 것이니, 즉 피의 보복자를
통해서 피를 흘릴 것이니 라는 것은 노아의 아들들에게 주어진 계명 중의 하나
였다(창 9:6). 그런데 여기서 우리는 그 법이 피와 피 사이에, 살해당한 자의 피
와 살인한 자의 피 사이에, 분명히 적용되며, 그 결과적인 조치들이 제시된다.

I. 도피성들을 마련하여 다른 사람을 우연히 살해하게 된 자를 보호하였다.

　어쩔 수 없이 불행한 일을 저지른 자들이 고의적인 범죄를 저지른 것으로
간주되어 그것으로 인하여 죽임을 당하는 일이 없도록 하였다. 도피성을 지정
한 일에 대해서는 앞에서 보았고(출 21:13), 또한 도피성에 대한 법도 민 35:10
이하에 제시된 바 있다. 그것이 여기서 되풀이되며, 또한 세 가지에 관하여 지
침이 주어지고 있다.

　1. 가나안의 세 성읍을 이 목적을 위하여 지정함. 모세는 이미 이스라엘이
정복을 완료한 요단 동편에 세 성읍을 지정한 바 있는데, 여기서는 이스라엘이
요단 서편에 정착하게 될 때에 세 성읍을 더 지정할 것을 명하는 것이다(1-3, 7
절). 그 땅을 서로 균등하게 세 지역으로 나누어 그 각 지역의 중심에 도피성을
마련하여 땅의 끝에서 충분히 도달할 수 있도록 하였다. 이처럼 그리스도께서
는 하늘에까지 올라가거나 깊은 곳까지 내려가야만 도달할 수 있는 머나먼 피
난처가 아니시다. 말씀이 우리에게 가까이 있고 그리스도께서 그 말씀 속에 계
시는 것이다(롬 10:8). 복음은 구원을 문 앞에 가져다놓고, 거기서 들어가도록
문을 두드리는 것이다. 범죄한 자들을 더욱 쉽게 도망하게 하기 위하여, 도피
성에 이르는 길을 예비해 놓아야 했다. 아마도 도피성까지 둑길이나 대로를 만
들어 놓도록 했을 것이다. 유대인들은 이스라엘의 관리들이 1년에 한 차례 날
을 정하여 사자들을 보내어 그 길들의 상태가 어떤지를 점검하도록 하였고, 거
치는 돌들을 제거하고 상한 다리를 수리하도록 했고, 두 길이 서로 만나는 곳
에는 이정표를 세워서 도피성으로 향하는 바른 길을 가리키도록 하고 거기에

큰 글자로 미클랏, 미클랏, 즉 도피, 도피라고 새겨 놓았다고 말한다. 이와 비슷하게, 복음을 전하는 사역자들은 사람들에게 그리스도께로 향하는 길을 보여 주어야 하고, 믿음으로 그에게 피하도록 도움을 주고 방향을 지시해 주어야 한다. 사람들의 편견들을 제거해주고 그들의 어려움들을 도와줄 준비를 갖추고 있어야 하는 것이다. 그런데 정말 하나님을 찬송할 것은, 거룩한 길은 신실하게 그것을 구하는 모든 자들에게 넓은 대로와 같아서 행인들이 비록 우매할지라도 거기서 잘못되지 않을 것이라는 것이다.

2. 이 성읍들의 용도(4-6절).

(1) 사람이 갑작스런 충동이나 악한 계획이 없이, 예컨대 도끼날이 잘못 날아가 맞는 등 순전히 사고로 이웃을 죽게 했을 경우를 여기서 상정하고 있는데, 이런 유의 경우들을 이와 비교하여 판단하여야 한다. 인간의 생명이 날마다 얼마나 노출되어 있고, 죽음을 당하는 일이 얼마나 많은지를 보라. 그러므로 우리의 영혼이 계속해서 우리 손에 있으니, 우리는 항상 준비를 하고 있어야 할 것이다. 재앙의 날이 인생들에게 홀연히 임하면 그들이 거기에 걸리고 마는 법이다(전 9:12). 살해당하는 자에게는 물론 살해하는 자에게도 이런 일이 임한다면 이는 정말 재앙의 날이 아닐 수 없다.

(2) 살해당한 자의 친척들이 피를 갚으려 할 것을 상정하고 있다. 죽은 친척에 대한 애정으로, 또한 공적인 정의를 위한 열정으로 그렇게 하려 할 것이라는 것이다. 다른 모욕이나 상해에 대해서는 죽음으로 갚는 것을 율법이 허용하지 않으나, 피의 보복자에 대해서는 친척의 피로 인하여 마음에서 일어난 울분을 분출하도록 상당히 많은 것을 허용하고 있다. 친척을 살해한 자가 도피성에 도달하기 전에 피의 보복자가 그를 죽이면, 그것은 살인으로 간주되지 않았다. 친척을 살해한 자가 죽임을 당할 만큼의 잘못을 저지른 것이 아니었다 해도 말이다. 이렇게 해서 하나님은 이스라엘로 하여금 살인의 죄에 대해 크나큰 공포와 두려움을 갖게 하고자 하신 것이다. 그저 우연히 일을 저질렀는데도 그런 일을 당하게 되었다면, 고의로, 묵은 악감정으로나 우발적인 충동으로나, 다른 사람을 죽여 피를 흘린 사람은 마땅히 함정으로 달려갈 것이니 아무도 그를 막지 않을 것이다(잠 28:17). 그러나 신약 성경은 살인죄를 이 법에서 나타나는 것보다 더욱 흉악하고 더욱 위험한 것으로 제시한다. 살인하는 자마다 영생이 그 속에 거하지 아니하는 것을 너희가 아는 바라(요일 3:15).

(3) 만일 그저 사고로 피를 흘린 것에 대해 피의 보복자가 그 사람에게 터무니없이 죽음으로 갚을 것을 요구할 경우 도피성이 그 사고로 사람을 죽인 자를 보호하도록 되어 있었다. 무지하여 지은 죄에 대해서도 우리는 하나님의 진노 아래 있을 수밖에 없다. 그러나 믿음과 회개로 나아가면 구원이 베풀어진다. 전에 박해자였던 바울은 긍휼하심을 얻었다. 그가 무지하여 그런 일을 저질렀기 때문이다. 그리스도께서도 그를 십자가에 못 박는 자들을 위하여 기도하셨다. 아버지여 저들을 사하여 주옵소서 자기들이 하는 것을 알지 못함이니이다(눅 23:34).

3. 이런 용도로 세 성읍을 추가로 지정함. 하나님께서 후에 그 백성의 영토와 신앙의 통치 영역을 확대하실 경우, 모세의 율법의 치리를 받는 기존의 모든 곳에서 누리는 이 법의 혜택을 거기서도 누릴 수 있도록 하였다(8-10절).

여기서, (1) 만일 그들이 불순종하여 그들의 조상들에게 하신 약속을 저버리지 않는다면 그가 전에 약속하신 대로 그들의 영토를 확대하시겠다는 하나님의 은혜로운 의도에 대한 암시가 나타난다. 그 약속이 이행되지 않을 경우 그것에 대한 책임은 하나님이 아니라 그들 자신에게 있다는 조건이 여기서 조심스럽게 반복하여 제시된다. 하나님께서는 너희가 … 이 모든 명령을 지켜 행하여 … 항상 그의 길로 행할 때에는 그 약속하신 것을 주시겠다고 하셨으니, 그렇지 않을 경우는 아닌 것이다.

(2) 새로이 정복하는 땅에서 세 성읍을 지정하라고 하셨는데, 이 숫자는 후에 정복할 땅이 처음 정복한 땅만큼 클 것임을 암시한다. 이스라엘의 영토가 어디에까지 이르든 간에 그 영토 내에서는 무죄한 피를 흘리지 말라는 이러한 특권이 반드시 시행되어야 한다는 것이다(10절). 하나님이 만인의 구원자시요 보존자이시며 모든 생명을 귀하게 여기시지만, 이스라엘 사람의 피는 특별하게 그에게 고귀한 것이다(시 72:14). 학식이 많은 에인즈워스는, 그 조건이 이행되지 않으면 그들의 지경을 넓히시겠다는 약속이 절대로 이행되지 않을 것이며 따라서 도피성 3개를 추가로 지정해야 할 필요도 없을 것이지만, 거룩하고 복되신 하나님께서 그 명령을 헛되이 하신 것이 아니므로 메시야 때에(그들의 말이다) 세 개의 다른 성읍들이 여기 여섯 성읍에 추가될 것임을 유대인 저술가들 자신도 인정한다는 것을 지적한 바 있다. 그들은 그 약속이 문자적으로 성취되기를 기대하나, 그리스도 안에서 그것이 영적으로 성취되었다는 것을

우리는 알고 있다. 복음적 이스라엘의 지경이 그 약속에 따라 넓혀지며, 믿음으로 그에게 피하는 자들을 위하여 우리의 주요, 우리의 의(義)이신 그리스도 안에 피난처가 베풀어지는 것이다.

Ⅱ. 고의로 살해한 자에게는 도피성이 성소도 피난처도 될 수 없음이 전제되고 있다. 고의적인 살인자의 경우는 도피성에 있더라도 거기서 붙잡아 피의 보복자에게 넘겨지도록 되었다(11-13절).

1. 이는 악의적인 살인자는 국가의 관리가 절대로 보호해서는 안 된다는 것을 보여준다. 피를 흘린 죄를 지은 자를 보복하는 것이 관리의 책무인데, 오히려 그를 피하도록 내버려둔다면 이는 국가의 관리가 정의의 칼을 헛되이 차고 있는 것이다. 종교개혁 이전 이 땅(영국을 지칭함 — 역주)에 교황주의가 통치하던 때에 몇몇 교회당들과 종교적인 집들(그들이 그렇게 불렀다)이 있어서 그리로 도피하는 온갖 범죄자들(악의로 살인한 자들도 예외가 아니었다)을 보호해주는 성소의 역할을 하였는데, (스탬퍼드가 말하는 것처럼) 정부는 모세가 아니라 로물루스(Romulus: 로마의 건설자요 초대 왕 — 역주)를 좇은 것이요, 후에 하나님의 말씀이 로마 관구의 횡포보다 더 높은 권위를 갖는 것으로 인정되게 된 헨리 8세의 치세 말에 이르러서야 비로소 악의적인 살인자를 위한 성소의 특권이 제거되었다. 그리하여 어떤 이들은 고의적인 살해의 경우, 즉 크게 화를 부추기지 않았는데도 사람을 죽인 경우에는 성소의 혜택을 몰수한다면 종교개혁을 완성하는 것이라고 생각해왔다. 이 율법은 영국의 법이 과실 살인이라 부르는 그 경우에만 도피성에 피난할 수 있도록 허용했기 때문이다.

2. 이를, 예수 그리스도 안에는 여전히 범죄를 자행하는 뻔뻔스런 죄인들을 위해서는 피난처가 없다는 것을 보여주는 것으로 볼 수도 있을 것이다. 이처럼 짐짓 죄를 범하고 계속해서 죄 가운데 행하면 다시 속죄하는 제사가 없는 것이다(히 10:26). 죄로부터 그리스도께로 도망하는 자들은 그의 안에서 안전할 것이다. 그러나 여전히 죄 가운데 있으면서 그에게 피하려는 자들은 이에 해당되지 않는다. 구원 그 자체가 그런 자들을 구원할 수가 없다. 그런 자들은 하나님의 정의가 심지어 도피성에서도 끌어낼 것이다. 도피성은 그런 자들을 보호해주는 것이 아니기 때문이다.

¹⁴네 하나님 여호와께서 네게 주어 차지하게 하시는 땅 곧 네 소유가 된 기업의 땅

에서 조상이 정한 네 이웃의 경계표를 옮기지 말지니라 ¹⁵사람의 모든 악에 관하여 또한 모든 죄에 관하여는 한 증인으로만 정할 것이 아니요 두 증인의 입으로나 또는 세 증인의 입으로 그 사건을 확정할 것이며 ¹⁶만일 위증하는 자가 있어 어떤 사람이 악을 행하였다고 말하면 ¹⁷그 논쟁하는 쌍방이 같이 하나님 앞에 나아가 그 당시의 제사장과 재판장 앞에 설 것이요 ¹⁸재판장은 자세히 조사하여 그 증인이 거짓 증거하여 그 형제를 거짓으로 모함한 것이 판명되면 ¹⁹그가 그의 형제에게 행하려고 꾀한 그대로 그에게 행하여 너희 중에서 악을 제하라 ²⁰그리하면 그 남은 자들이 듣고 두려워하여 다시는 그런 악을 너희 중에서 행하지 아니하리라 ²¹네 눈이 긍휼히 여기지 말라 생명에는 생명으로, 눈에는 눈으로, 이에는 이로, 손에는 손으로, 발에는 발로이니라

여기서는 사기(詐欺)와 위증(僞證)에 관한 규례가 제시된다. 하나님의 율법은 사람의 권리와 재산을 보살피며, 그것들 주위에 울타리를 치는 것이다. 율법은 이처럼 인간 사회와 사람에게 시민적 유익을 주는 좋은 친구가 되는 것이다.

I. 사기에 대한 법(14절).

1. 여기서 가나안의 첫 정착자들에게 지파와 가문별로 분배된 땅에 따라서 경계표를 고정시켜 놓으라는 지시가 주어진 것이 암시되고 있다. 주목하라. 각 사람이 자기 것을 알며, 그것이 침해당하여 잘못되는 일을 미연에 방지하도록 모든 선한 수단들을 사용하는 것이 하나님의 뜻이다. 권리가 일단 확정되면 후에 다시 논란이 생기지 않도록 신중히 그 권리를 유지하여야 한다.

2. 후손들이 처음에 그렇게 고정된 상태로 세워진 경계표를 제거하거나 옮겨서 이웃의 소유인 것을 은밀하게 자기 것으로 만들려 해서는 안 된다는 명확한 법이 제시된다. 이것은 도덕적인 규례로서 우리에게도 여전히 적용되는 것이 분명하며, 따라서 우리에게도 다음과 같은 행위가 금지된다. (1) 부정한 기법이나 수단을 써서 다른 사람의 권리를 침범하고 우리 것이 아닌 재물을 우리 것으로 취하는 행위. 위조, 은닉, 파괴, 서명이나 기록(이는 우리의 경계표에 해당하며 이에 근거하여 재물의 소유권을 주장할 수 있다)의 조작, 혹은 울타리나 경계선을 옮기는 것 등이 이에 해당된다. 경계표는 사람의 손으로 세우는 것이지만 그것들을 옮기는 자들은 하나님의 법으로 도둑이요 강도로 간주되었

다. 각 사람은 자기에게 주어진 몫으로 만족하고 이웃의 것을 인정하면 경계표
가 옮겨지지 않을 것이다. (2) 분쟁을 종식시키고 논란이 되는 것을 결정지어
줄 기준이 되는 것들을 제거하거나 변경함으로써 이웃과의 불화의 씨앗을 심
거나, 분쟁과 법적인 싸움을 일으키도록 만드는 행위를 금지한다. 그리고, (3)
정당한 사유 없이 시민적인 통치의 질서와 강령을 깨뜨리는 것과 오래 전부터
내려오는 용례들을 변경하는 것을 금지한다. 이 법은 법규를 존중하는 것을 뒷
받침해 준다. 관습을 법처럼 존중하여야 한다(Consuetudo facit jus).

Ⅱ. **위증에 관한 법.** 여기서는 두 가지를 규정하고 있다.

1. 범죄에 관해서 한 사람의 증언을 받아서 그것에 근거하여 선고를 내리는
일을 절대로 금한다(15절). 앞의 민 35:30과 본서의 17:6에서도 이 법을 다룬
바 있다. 이 법은 피의자를 보호하기 위해 제정된 것이다. 이는 피의자의 목숨
과 명예가 그를 불쾌하게 여기는 특정한 한 사람의 자비에 의존되지 않도록 하
기 위하여, 고소자에게 다른 사람의 증언을 확보할 수 없으면 고소하지 못하도
록 경계하고자 함이다. 이 법은 인류를 거짓되고 신뢰할 만하지 못한 존재로
규정하여 정당한 수치를 인류에게 안기며, 이로써 각 사람이 의심받는다. 그런
데 하나님께서 그의 아들에 관하여 주신 기록이 하늘과 땅에서 세 증인들에 의
해서 확증된다는 것은(요일 5:7) 하나님의 존귀한 은혜라 할 것이다. 사람은 다
거짓되되 오직 하나님은 참되시다 할지어다(롬 3:4).

2. 거짓 증인은 그가 정죄한 그 사람에게 가해졌어야 하는 형벌과 동일한
형벌을 받아야 한다는 것(16~:21절).

(1) 여기서 말하는 죄인은 거짓 증인이다. 모든 증인이 증거를 제시할 때 모
두 찬성했기 때문이 아니라, 거짓 증인은 그가 고발한 자의 적이요 공격자로서
그를 대적했기 때문이다. 만일 두세 사람 이상이 함께 공모하여 거짓으로 증언
했을 경우는 이들 모두 이 법에 근거하여 벌을 받게 되어 있다.

(2) 거짓 증언으로 인하여 위험에 처하게 된 그 당사자가 항소자가 되는 것
이 상정된다(17절). 그러나 만일 당사자가 증언에 근거하여 한 사람이 사형을
당했는데 그 후에 그것이 거짓이었음이 드러나면, 아무 사람이나 재판관들이
라도 직무상 거짓 증인들을 법정에 세울 수 있었다.

(3) 이런 유의 일들은 일상적인 사례보다 더 어려운 경우로서 최고의 법정,
곧 제사장과 재판장이 다루었다. 이들은 하나님 앞에 있다고 한다. 왜냐하면 다

른 재판관들이 성문 앞에 앉은 것처럼, 이들은 성소의 문에 앉아 있기 때문이다(17:12).

(4) 이 재판은 지극히 신중히 진행하여야 했다(18절). 사람들의 면면과 사건의 정황에 대해 면밀히 조사하고 심문하여 진실을 가려내고, 이 일에 신실하고 불편부당하게 임하고, 하나님의 섭리로 구체적인 증거를 발견하기를 바랄 수도 있었다.

(5) 사람이 자기 이웃을 상대로 악의로 짐짓 거짓 증언을 한 것이 드러나면, 그가 계획했던 불행한 일이 일어나지 않았더라도 그가 거짓 증언한 그 이웃이 그로 인하여 당했을 형벌을 그가 당하여야 했다(19절). 이보다 정의로운 법이 있을 수 없다(Nec lex est justior ulla). 만일 그가 이웃에 대해 거짓 증언한 범죄가 사형에 해당된다면, 그도 사형에 처해져야 한다. 태형에 해당되면, 그도 태형을 받아야 한다. 벌금형에 해당하면 그도 벌금형을 받아야 한다. 그리고 그 범죄의 사악함을 깨닫지 못하고, 또한 그것을 막기 위해 이런 조처가 필수적으로 있어야 한다는 것을 생각하지 못하는 자들에게는 말 몇 마디 한 것으로 그렇게 심하게 벌한다는 것이 가혹하게 여겨질 수도 있으므로, 특히 그런 거짓 증거의 결과가 실제로 일어나지 않았을 경우에는 더더욱 그렇게 여겨질 것이었으므로, 뒤에 네 눈이 긍휼히 여기지 말라 라고 덧붙인다(21절). 그 어느 누구도 하나님보다 더 자비로울 필요가 없다. 이처럼 엄격한 징벌로 인하여 대중에게 베풀어질 혜택이 그것을 충분히 보상하고도 남을 것이다. 그 남은 자들이 듣고 두려워할 것이다(20절). 그런 본보기의 형벌이 다른 이들에게 큰 경계가 될 것이다. 웅덩이를 판 자가 제가 만든 함정에 빠지는 것(시 7:15)을 보고서 다른 이들이 경계를 받아 그런 악행을 저지르지 않게 될 것이니 말이다.

제
— 20 —
장

개요

본 장은 전쟁에 관한 법과 규례들을 세워준다. I. 군병들에 관하여. 1. 전투에 나아가는 자들을 격려하여야 한다(1-4절). 2. 사사로이 가정사를 돌보아 할 처지에 있거나(5-7절) 혹은 허약하거나 겁이 많아 전투에 참여하기에 부적격인 자들은(8-9절) 물려 다시 돌려보내야 한다. II. 그들이 맞서 싸우는 원수들에 관하여. 1. 멀리 있는 성읍들과 화친을 맺어야 한다(10-15절). 2. 그들이 들어가고자 하는 그 땅의 백성들을 진멸해야 한다(16-18절). 3. 성읍들을 함락시킬 때에 유실수(有實樹)들은 없애지 않도록 주의를 기울여야 한다(19-20절).

[1]네가 나가서 적군과 싸우려 할 때에 말과 병거와 백성이 너보다 많음을 볼지라도 그들을 두려워하지 말라 애굽 땅에서 너를 인도하여 내신 네 하나님 여호와께서 너와 함께 하시느니라 [2]너희가 싸울 곳에 가까이 가면 제사장은 백성에게 나아가서 고하여 그들에게 [3]말하여 이르기를 이스라엘아 들으라 너희가 오늘 너희의 대적과 싸우려고 나아왔으니 마음에 겁내지 말며 두려워하지 말며 떨지 말며 그들로 말미암아 놀라지 말라 [4]너희 하나님 여호와는 너희와 함께 행하시며 너희를 위하여 너희 적군과 싸우시고 구원하실 것이라 할 것이며 [5]책임자들은 백성에게 말하여 이르기를 새 집을 건축하고 낙성식을 행하지 못한 자가 있느냐 그는 집으로 돌아갈지니 전사하면 타인이 낙성식을 행할까 하노라 [6]포도원을 만들고 그 과실을 먹지 못한 자가 있느냐 그는 집으로 돌아갈지니 전사하면 타인이 그 과실을 먹을까 하노라 [7]여자와 약혼하고 그와 결혼하지 못한 자가 있느냐 그는 집으로 돌아갈지니 전사하면 타인이 그를 데려갈까 하노라 하고 [8]책임자들은 또 백성에게 말하여 이르기를 두려워서 마음이 허약한 자가 있느냐 그는 집으로 돌아갈지니 그의 형제들의 마음도 그의 마음과 같이 낙심될까 하노라 하고 [9]백성에게 이르기를 마친 후에 군대의 지휘관들을 세워 무리를 거느리게 할지니라

이스라엘은 이 당시 왕국이라기보다는 아직 자신의 땅에 정착하지 못하였고 이제 원수의 땅으로 들어가는 하나의 진영으로 여겨야 할 처지였다. 또한 정착을 위하여 이제 전쟁에 돌입해야 하는 것은 물론, 정착한 이후에도 그들은 전쟁의 경보를 듣지 못하면 그들을 보호할 수도, 영토를 확장할 수도 없었다. 그러므로 그들의 군사적인 문제에 대해 지침이 반드시 필요했고, 여기서 그들의 군대를 모집하고 정렬하며 운용하는 문제에 대해 지침이 주어지는 것이다. 여기 제시되는 전쟁에 관한 지침이 결코 가혹하거나 심한 점이 하나도 없고, 오히려 전체적인 의도가 군병들을 격려하고 그들의 봉사를 쉽게 만들어 주고자 하는 데 있다.

I. 전투를 위하여 전선에 배치되는 자들을 격려하며, 두려움을 없애도록 사기를 높여야 한다.

1. 모세는 여기서 군관들과 장군들 스스로가 전쟁에서 반드시 취하여야 할 일반적인 격려를 준다. "그들을 두려워하지 말라(1절). 적군이 수적으로나(아군보다 숫자가 많아서) 용맹함으로나(말의 숫자를 늘리는 것이 너희에게는 허용되지 않았으나, 그들은 말과 병거들로 무장하고 있어서) 훨씬 유리한 위치에 있다 할지라도, 싸움에 나아가기를 꺼리지도 말고, 결과를 두려워하지도 말고, 승리를 의심하지도 말지니라." 그들은 전쟁 중에 두 가지를 근거로 자신을 격려해야 한다. 단, 그들의 하나님과의 관계를 지키고 신앙을 면밀히 지켰어야 했다. 그렇지 않으면 이런 격려거리는 이미 상실한 것이었다. (1) 하나님이 그들과 함께 계신다는 것. "네 하나님 여호와께서 너와 함께 하시느니라 그러므로 너는 위험하지도 않고, 두려워할 필요도 없느니라"(사 41:10을 보라). (2) 그들과 그들의 조상들이 그들을 애굽 땅에서 인도하여 내신 하나님의 권능과 선하심을 경험했다는 사실. 하나님은 바로와 그의 모든 군대들을 물리치고 그들을 인도하여 내셨는데, 이는 하나님의 전능하심을 보여주는 증거이기도 하지만 그들에게는 특별히 그가 그들을 친히 돌보신다는 구체적인 증표였던 것이다. 그처럼 큰 대적들에게서 그들을 구원하셨으니, 모든 면에서 그들보다 훨씬 열등한 자들에게 무너지게 하셔서 이미 하셨던 모든 일이 허사가 되게 하지는 않으실 것이었다.

2. 한 사람의 제사장을 임명하여 일반 군병들에게 구체적으로 격려하여야 했다. 유대인들은 이 사람을 그 목적을 위하여 기름 부음 받은 자로 여겨 전쟁

의 기름 부음 받은 자라 부르는데, 이런 칭호는 우리의 기름 부음 받으신 구속자, 곧 우리의 구원의 대장께 매우 적절한 칭호라 할 것이다. 이 제사장은 하나님의 이름으로 백성들의 사기를 올리는 임무를 맡았다. 제사장의 직무가 그들을 위해 기도하는 것이니, 과연 그런 일을 맡기에 적합한 자가 누구겠는가? 최고의 격려는 믿음의 기도에게 행하여지는 고귀한 약속들에서 비롯되는 것이기 때문이다.

이 제사장은 반드시, (1) 그들에게 두려워하지 말라고 권고해야 한다(3절). 마음이 두려움에 떠는 것만큼 손을 무기력하게 만드는 것이 없기 때문이다(3절). 이런 뜻의 권고를 계속해서 해야 할 필요가 있다. 마음에 겁내지 말며(문자적으로는 '마음을 부드럽게 하지 말며'이다). 곧, 마음을 약하게 하여 온갖 두려움들이 들어와 자리를 잡게 하지 말고, 하나님의 권능과 약속을 믿음으로 신뢰하여 강하게 하라는 뜻이다. 두려워하지 말며 떨지 말며(문자적으로는 '조급하게 서두르지 말며'이다). 믿는 자는 필요 이상으로 조급하게 서두르지 않는 법이다. "네게 유리할 것을 예상하고 성급하게 서두르지도 말고, 모든 불리한 점을 알면서 무턱대고 서둘러 돌진하지도 말라."

(2) 그는 하나님께서 그들과 함께 하실 것임을 확신시켜 주어야 한다. 하나님께서 그들의 의로운 대의를 인정하셔서 그들을 대적들에게서 구원하심은 물론 그들에게 승리를 주실 것임을 확신하게 해주어야 하는 것이다(4절). 주목하라. 하나님께서 함께 계시는 자들은 두려워할 이유가 하나도 없다. 여호와의 사역자 중 하나인 제사장이 이런 격려를 해준다는 것은 다음을 시사해 준다. [1] 군대에 군목이 있어서 병사들을 위해 기도함은 물론 그들에게 말씀을 전하여 그들의 성공을 저해하는 요인들에 대해 책망하고 또한 성공에 대한 소망을 일으켜 주도록 하는 것이 매우 적절하다는 것이다. [2] 세상과 및 육체와 더불어 싸우는 영적인 전쟁 중에 있는 그리스도의 선한 군병들을 격려하고, 또한 우리를 사랑하신 그리스도로 말미암아 결국 승리할 것을, 아니 승리보다 더한 것을 얻을 것을 확신하게 해주는 것이 그리스도의 일꾼들의 임무라는 것이다.

II. 다음의 경우처럼 싸움에 나아가기에 부적합한 자들은 돌려보내야 했다.

1. 사람의 외적인 처지로 인한 경우.

(1) 사람이 최근 새 집을 지었거나 구입하고서 아직 소유하지도 못했고, 낙성식도 하지 못했을 경우(5절), 즉 새 집을 얻은 일을 축하하고 함께 즐거워해

줄 친지들을 위한 엄숙한 축제를 하지 못했을 경우다. 이런 사람은 집으로 돌려보내어 하나님께서 복으로 베푸신 그것을 한동안 즐거워하며 위로를 받게 하여, 전쟁에 나가서 그것에 대한 생각 때문에 방해를 받는 일이 없도록 해야 하고, 기꺼이 그것을 떠나 전쟁터에 나가기를 더 기꺼운 마음으로 원하게 되어야 한다. 처음에는 최고로 즐거움을 주지만 시간이 지나면 그것들이 공허하다는 것을 알게 되는 것이 우리가 누리는 모든 세상적인 즐거움들의 본질이기 때문이다. 어떤 이들은 집을 낙성하는 것이 하나의 종교적인 행위였다고 보기도 한다. 곧, 기도와 찬양으로 그것들을 소유하면서 엄숙하게 그들 자신과 그들이 누리는 모든 것들을 하나님을 섬기며 그를 존귀하게 하는 데에 드렸다는 것이다. 시편 30편의 제목에서 드러나듯이 다윗은 그런 일을 당하고서 그 시를 기록하였다. 주목하라. 자기 소유의 집을 갖고 있는 사람은 그 집에서 하나님을 경외하고 예배하는 일을 지속하여 그 집에 교회가 있게 함으로써 그것을 하나님께 드려야 하며, 그 어떠한 것도 이 일을 가로막지 못하도록 해야 한다는 것이다.

(2) 사람이 비싼 값을 치르고 포도원을 세우고 그 열매를 먹기를 사모할 경우 — 율법에 의해서 첫 삼 년 동안은 열매를 먹지 못하도록 되어 있었다(레 19:23 등) — 그런 사람은 집으로 돌려보내어 그 열매를 먹고 즐기도록 하여야 한다(6절). 이처럼 무죄한 일들에서 하나님이 얼마나 그 백성들에게 너그럽게 아량을 베푸시며, 까다롭고 힘든 주인과 얼마나 다르신지를 보라. 우리 손으로 수고하여 거둔 것을 먹기를 탐하는 것이 우리의 본성이니, 이스라엘 사람으로 하여금 자기의 본성을 거슬러 억지로 일을 하도록 하지 않고 전쟁의 의무를 면제해준 것이다.

(3) 사람이 결혼하기로 마음을 정했으나 아직 결혼식을 행하지 않았을 경우도 집으로 돌아갈 자유가 있었고(7절), 결혼 이후 1년 동안도 집에 머물도록 하였다(24:5). 이처럼 가정의 부드럽고 안락한 것을 지금 막 누리려는 사람에게는 전쟁의 처절한 것들이 합당하지 않기 때문이다. 하나님께서는 자기 뜻과는 반대로 억지로 군대에 합류한 사람들을 통해서 전쟁에서 섬김을 받기를 원치 않으시며, 모두가 전적으로 자발적으로 봉사하는 자들이어야 했다. 주의 백성이 즐거이 헌신하니(시 110:3). 그리스도인의 경주를 경주하며, 믿음의 선한 싸움을 싸울 때에 모든 무거운 것과, 우리의 생각을 바꾸어 기꺼운 마음을 사라지

게 만드는 모든 장애거리들을 벗어버려야 하는 것이다. 유대인 저술가들은 이 구동성으로 이처럼 전쟁터에서 돌아갈 수 있는 자유는 그들 스스로 자발적으로 참여한 전쟁에만 해당되었고(패트릭 주교의 말처럼), 아말렉과 가나안 족속들을 대적하여 싸우라는 하나님의 명령에 따라 행하는 전쟁에는 해당되지 않았다고 본다. 후자의 전쟁에는 모든 사람이 반드시 참여하여 싸워야 했다.

2. 정신의 허약함과 소심함으로 인하여 싸움에 나아가기에 부적합한 경우도 전쟁터를 떠나 집으로 돌아가야 한다(8절). 기드온이 그의 군대에게 이를 선포하여 그들 중 삼분의 이를 돌려보냈다(삿 7:3). 어떤 이들은 두려움과 소심함이, 죽음과 위험을 당하기를 두려워하게 만드는 악한 양심의 공포에서 비롯되는 것으로 본다. 그러므로 이처럼 느슨하고 방탕한 삶을 사는 자들은 좋은 군병이 될 수가 없고, 군대에서 비겁자가 되고 저줏거리가 되고, 진영의 수치와 골칫거리가 될 것이니 스스로 악한 죄를 의식하는 그런 자들을 제외시켜 버린 것이라는 것이다. 그러나 이는 본성적으로 두려움이 많은 상태를 지칭하는 것으로 보인다. 군대에서 해산되어 돌아가는 것이 그들에게 유익한 일이기도 했으나(물론 부끄러운 일이지만 안심할 수 있게 되므로) 그보다 나머지 군대에게 유익한 일이었다. 쓸모도 없는 그런 자들의 골칫거리가 사라지게 되고, 또한 그들의 비겁한 자세로 인하여 나머지 사람들이 영향을 받는 불상사가 미연에 방지되기 때문이었다. 여기서 그 이유를 이렇게 제시하고 있다: 그의 형제들의 마음도 그의 마음과 같이 낙심될까 하노라. 두려움은 전염되는 것이니 군대에서는 가장 해로운 결과를 내는 것이다. 우리는 두려워하는 자들의 두려움을 두려워하지 않도록 조심해야 한다(사 8:12).

III. 모든 겁쟁이들을 다 해산시킨 다음 군대의 지휘관들을 세울 것을 명한다(9절). 지도자들과 지휘관들이 용기 있는 사람이어야 한다는 것이 특별히 절실한 문제였기 때문이다. 그러므로 처음 군대를 소집하고 정렬할 때에 그런 조치가 이루어져야 했다. 그리스도의 군병들에게는 용기가 필요하다. 남자답게 처신하며, 좋은 군사답게 어려움을 견딜 줄 알아야 하며, 군대의 지휘관들은 특히 더 그러해야 한다.

[10]네가 어떤 성읍으로 나아가서 치려 할 때에는 그 성읍에 먼저 화평을 선언하라 [11] 그 성읍이 만일 화평하기로 회답하고 너를 향하여 성문을 열거든 그 모든 주민들

에비 네비 조공을 바치고 너를 섬기비 할 것이요 ¹²만일 너와 화평하기를 거부하고 너를 대적하여 싸우려 하거든 너는 그 성읍을 에워쌀 것이며 ¹³네 하나님 여호와께서 그 성읍을 네 손에 넘기시거든 너는 칼날로 그 안의 남자를 다 쳐죽이고 ¹⁴너는 오직 여자들과 유아들과 가축들과 성읍 가운데에 있는 모든 것을 너를 위하여 탈취물로 삼을 것이며 너는 네 하나님 여호와께서 네비 주신 적군에게서 빼앗은 것을 먹을지니라 ¹⁵네가 네비서 멀리 떠난 성읍들 곧 이 민족들에비 속하지 아니한 성읍들에비는 이같이 행하려니와 ¹⁶오직 네 하나님 여호와께서 네비 기업으로 주시는 이 민족들의 성읍에서는 호흡 있는 자를 하나도 살리지 말지니 ¹⁷곧 헷 족속과 아모리 족속과 가나안 족속과 브리스 족속과 히위 족속과 여부스 족속을 네가 진멸하되 네 하나님 여호와께서 네비 명령하신 대로 하라 ¹⁸이는 그들이 그 신들에비 행하는 모든 가증한 일을 너희에비 가르쳐 본받비 하여 너희가 너희의 하나님 여호와께 범죄하비 할까 함이니라 ¹⁹너희가 어떤 성읍을 오랫동안 에워싸고 그 성읍을 쳐서 점령하려 할 때에도 도끼를 둘러 그 곳의 나무를 찍어내지 말라 이는 너희가 먹을 것이 될 것임이니 찍지 말라 들의 수목이 사람이냐 너희가 어찌 그것을 에워싸겠느냐 ²⁰다만 과목이 아닌 수목은 찍어내어 너희와 싸우는 그 성읍을 치는 기구를 만들어 그 성읍을 함락시킬 때까지 쓸지니라

여기서는 전쟁 중에 성읍들을(10절에서는 성읍들만 언급하나, 싸움터에서 접전하는 군대들과 그들이 상대하게 되는 민족들도 이에 해당된다) 공격할 때에 어떤 방법을 취할 것인지에 대한 지침이 주어지고 있다. 반드시 공적인 선고나 항의를 통하여 분쟁의 근거를 진술하는 등의 정상적인 방법을 통해서 먼저 고지를 한 다음에 이웃 민족들을 공격해야 했다. 아무리 악한 원수들을 대한다 해도, 정의와 명예의 법이 반드시 준수되어야 하는 것이다. 이유도 없이 무작정 칼을 손에 들어서는 안 되는 것처럼, 그 이유를 분명히 보여주고서 칼을 들어야 하는 것이다. 전쟁이란 정당한 주장이요 따라서 올바른 주장의 근거가 분명히 제시되어야 하는 것이다.

I. 전쟁을 선포할 때에도 먼저 화친을 요청해야 한다. 상대방이 합리적인 조건으로 그것을 받아들일 수도 있기 때문이다. 곧, (유대인 저술가는 말하기를) "그들이 우상 숭배를 버리고 할례 받지 않은 개종자들이 되어 이스라엘의 하나님을 섬기고, 그들의 새 주인에게 해마다 조공을 바치고 통치에 굴복한다

는 조건으로" 화친을 요청하는 것이었다. 만일 그들이 이런 조건에 합의하면 전쟁을 물리고, 이러한 굴복에 근거하여 그들의 정복자가 아니라 그들의 보호 자가 되어주어야 했다(10, 11절). 어떤 이들은 가나안의 일곱 민족들까지도 이 런 화평의 요청을 해야 할 대상이었다고 본다. 그리고 여호와께서 그들의 마음 을 완악하게 하시므로 그들이 그런 요청을 받아들이지 않는다 하더라도(수 11:20), 그 요청은 장난이나 조롱이 아니었다는 것이다. 다른 이들은 가나안의 일곱 민족들은 여기서 제외되었다고 본다(16절). 그들은 남자들만을 죽이도록 하는 혜택에서(13절) 제외될 뿐 아니라 화평을 거부하기까지는 전쟁을 허용하 지 않는 이 법의 혜택에서도 제외되었다는 것이다. 완전히 싹 쓸어버리고 결코 자비를 보여서는 안 될 민족들에게 어떻게 화평을 선포할 수 있었겠는가(7:2). 그러나 영토를 확장하기 위해서나, 그들에게 가해진 그릇된 일에 대해 보복하 기 위해서나, 어떤 권리를 회복하기 위해서 다른 민족들과 전쟁을 할 경우에는 먼저 화평을 선포하여야 했던 것이다. 이것은 다음을 보여준다.

1. 죄인들을 대하시는 데서 나타나는 하나님의 은혜로우심. 그들을 멸하는 일이 지극히 정의롭고도 손쉬운 일이나, 여호와는 그들의 멸망을 기뻐하지 않 으시고 화평을 선포하시고 그들에게 화해할 것을 촉구하신다. 그리하여 지극 히 악하게 거짓을 행하여 그의 정의를 훼손하여 그 정의에 희생물로 넘겨져야 마땅한 자들이라도 그에게 화평으로 답하며 조공을 바치고 그를 섬겨야 한다 는 조건을 지키면, 멸망에서 구원받을 뿐 아니라 이스라엘의 일원이 되고, 성 도들과 같은 하나님의 권속들이 되는 것이었다.

2. 형제들을 대할 때에 우리가 행하여야 할 의무. 분쟁이 일어나면, 기꺼이 화평의 제의에 따를 뿐 아니라 우리 쪽에서 그런 제의를 하도록 하자. 화평의 자세로 먼저 서로의 문제들에 대한 조정을 시도하여야 한다. 누가 전쟁을 의도 하든 간에 우리는 화평을 의도해야 하는 것이다.

II. 화평의 제의가 받아들여지지 않으면 그 때는 전쟁을 시행하여야 했다. 하나님께서 베푸시는 화평의 제의를 받는 자들은, 그 제의를 거부하여 정해진 기한 내에 그 조건을 수락하지 않으면, 지금 자비를 베푸는 만큼 처절한 심판 이 임할 것이라는 것을 알아야 할 것이다. 이 경우,

1. 이스라엘이 승리할 것이라는 약속이 암시되어 있다. 네 하나님 여호와께서 그 성읍을 네 손에 넘기시리라는 것이 당연한 사실로 제시되는 것이다(13절). 주

목하라. 하나님께서 보장하시는 일을 그의 지시대로 시행하면 성공을 기대할 수 있다. 하나님의 방법을 취하면 그의 복을 얻게 될 것이다.

2. 그들은 모든 군병들을 칼로 죽임으로써 공적인 정의를 기려야 한다. 그 안의 남자(13절)를 필자는 무기를 든 군병들을 지칭하는 것으로 이해한다. 무기를 들 수 있는 자들은 모두 전쟁에 참여했기 때문이다. 그러나 전리품들을 그들 스스로 취하여도 무방하였으며 여자들과 유아들도 거기에 포함되었다(14절). 주목하라. 합법적인 전쟁에서 이겨서 얻은 것은 정당한 재산이다. 하나님께서 친히 그 소유가 되신다. 네 하나님 여호와께서 네게 주셨으니 그러므로 거기서 주를 생각하여야 할 것이다(시 44:3).

III. 가나안의 민족들은 이 법이 제시하는 자비로운 조처에서 제외된다. 아주 멀리 있는 성읍들에는 잔당들이 남아 있을 수도 있었다(15절). 그들에게서는 우상 숭배에 오염될 위험도 없고, 그들의 나라가 하나님의 약속에 바로 포함되거나 인접해 있지도 않았기 때문이다. 그러나 이스라엘에게 기업으로 주어진 성읍들에 대해서는 그 거주민 중에서 하나도 남아 있어서는 안 되었다(16절). 그 고유한 약속의 땅에서 가나안 족속들을 용인하여 그들과 함께 소유를 나눈다는 것은 하나님의 약속을 하찮게 만드는 것이기 때문이었다. 그들을 완전히 진멸해야 할 또 한 가지 이유가 있었으니(17절), 그것은 그들이 우상 숭배를 버릴 가망이 없었으므로, 그들을 그 우상 숭배와 더불어 남겨두게 되면 그들이 하나님의 이스라엘을 오염시킬 위험이 다분할 것이기 때문이었다. 이스라엘이 거기에 오염되기가 너무나 쉬웠으니 말이다. 그들이 그 신들에게 행하는 모든 가증한 일을 너희에게 가르쳐 본받게 하여(18절), 이스라엘의 하나님께 드리는 예배에 그들의 관습들을 도입하게 만들고, 점차로 그를 버리고 거짓 신들을 섬기게 만들 것이었다. 감히 제2계명을 범하는 자들은 얼마 지나지 않아서 제1계명도 범하게 되어 있는 법이다. 그릇된 예배가 거짓된 신들에게로 향하는 문을 열어주는 것이다.

IV. 성읍들을 함락시킬 때에 열매 맺는 나무들을 파괴시키지 않도록 조심스런 당부가 주어진다(19-20절). 그 당시는 성을 공격하는 자들이 전진할 때에 지금처럼 폭탄이나 대포를 사용한 것이 아니라 나무로 만든 공성퇴(攻城鎚)를 사용했으므로 목재가 상당히 많이 소용되었다. 그런데 전쟁의 열기가 고조될 때는 사람들이 마땅히 고려해야 할 공적인 유익을 고려하지 못하게 되기가 쉬우므로, 유실수(有實樹)들을 목재로 사용하지 못하도록 명확하게 지침을 제시한 것이다. 들의 수목이 사람('생명'이라는 단어를 여기에 붙여서 '사람의 생명'으로 이해한다)이니(for the tree of the field is man's life)라는 이유를, 칠십인역과 탈굼 등의 모든 고대의 역본들은 다음과 같이 읽는다. 들의 수목이 사람이냐?(한글 개역개정판이 이를 취한다 — 역주), 혹은 들의 수목은 사람이 아니니 점령하려 할 때에 방해거리가 되지 않느니라, 혹은 들의 수목이 너를 성으로 들어가지 못하게 하지 않느니라. "네게 아무런 해도 주지 않는 수목들을 향하여 짐승처럼 네 분노를 발산하지 말라." 그러나 우리의 번역이 율법의 의도에 가장 합당한 것으로 보인다. 그렇게 보면, 이는 다음과 같은 교훈을 준다.

1. 사람보다 하나님이 사람에게 더 나은 친구시라는 것. 하나님의 율법에 대해서 우리가 무거운 멍에라고 하며 불평하기가 쉬우나, 그 법은 우리의 유익과 안위를 고려하고 있다. 반면에 우리가 흔히 욕심과 격정에 빠지지만 그것은 오히려 우리의 복지에 역행하는 것이다. 하나님의 갖가지 계명들의 의도는 우리의 생명과 양식이 되는 것을 파괴하지 못하도록 우리를 억제시키는 데 있는 것이다.

2. 군대와 지휘관들이 전쟁터를 자기들이 원하는 대로 마구 황량하게 만드는 것이 허용되지 않는다. 군대의 격정을 항상 점검하고 이성으로 다스려야 하는 것이다. 전쟁은 아무리 신중히 시행하여도 충분히 파괴적이며, 따라서 절대적으로 필요한 정도 이상으로는 파괴하지 않도록 해야 한다. 너그러운 자세는 사람의 목숨에 대해서는 물론 그들의 생계에 대해서도 나타나는 법이다. 목숨이 음식보다 중하지만, 음식이 없으면 곧바로 목숨도 없어지기 때문이다.

3. 유대인들은 이를 그 어떤 이유에서든 악의적인 낭비를 절대로 금지하는 것으로 이해한다. 열매를 맺지 못하는 경우가 아니면 유실수를 파괴해서는 안 된다. 그들은 다음과 같이 주장한다: "안 된다. 악의로 그릇들을 깨뜨리고, 의복을 찢고, 샘물을 막고, 건물을 무너뜨리고, 음식을 망가뜨리는 자는 누구든지 너는 파괴하지 말지니라 라는 법을 범하는 것이다." 그리스도께서는 남은 음식을 다 거두어들여서 아무것도 그냥 버려지는 것이 없도록 하셨다. 하나님이 지으신 모든 피조물 하나하나가 다 선하다. 그러므로 아무것도 거부할 것이 없으며, 또한 아무것도 마구 남용되어야 할 것이 없는 것이다. 부주의하여 낭비해 없애는 것에 대해서는 그것이 없이 살아야 할 것이다.

제 21 장

개요

본 장에서는 다음에 대한 조치가 주어진다. I. 그 땅에서 피 흘린 죄책을 제거하는 일에 대해서. 피를 흘린 자가 정의에서 도피했을 경우(1-9절). II. 포로로 잡힌 여종의 명예를 보존하는 일에 대해서(10-14절). III. 장자가 총애를 받지 않을 경우 그의 권리를 보호하는 일에 대해서(15-17절). IV. 패역한 아들을 억제시키고 벌하는 일에 대해서(18-21절). V. 사람의 시신의 존귀함을 유지하는 일에 대해서. 극한 악인의 시신이라도 나무에 매달아 두지 말고 정중히 장사를 지내주어야 했다(22-23절).

¹네 하나님 여호와께서 네게 주어 차지하게 하신 땅에서 피살된 시체가 들에 엎드러진 것을 발견하고 그 쳐죽인 자가 누구인지 알지 못하거든 ²너희의 장로들과 재판장들은 나가서 그 피살된 곳의 사방에 있는 성읍의 원근을 잴 것이요 ³그 피살된 곳에서 제일 가까운 성읍의 장로들이 그 성읍에서 아직 부리지 아니하고 멍에를 메지 아니한 암송아지를 취하여 ⁴그 성읍의 장로들이 물이 항상 흐르고 갈지도 않고 씨를 뿌린 일도 없는 골짜기로 그 송아지를 끌고 가서 그 골짜기에서 그 송아지의 목을 꺾을 것이요 ⁵레위 자손 제사장들도 그리로 갈지니 그들은 네 하나님 여호와께서 택하사 자기를 섬기게 하시며 또 여호와의 이름으로 축복하게 하신 자라 모든 소송과 모든 투쟁이 그들의 말대로 판결될 것이니라 ⁶그 피살된 곳에서 제일 가까운 성읍의 모든 장로들은 그 골짜기에서 목을 꺾은 암송아지 위에 손을 씻으며 ⁷말하기를 우리의 손이 이 피를 흘리지 아니하였고 우리의 눈이 이것을 보지도 못하였나이다 ⁸여호와여 주께서 속량하신 주의 백성 이스라엘을 사하시고 무죄한 피를 주의 백성 이스라엘 중에 머물러 두지 마옵소서 하면 그 피 흘린 죄가 사함을 받으리니 ⁹너는 이와 같이 여호와께서 보시기에 정직한 일을 행하여 무죄한 자의 피 흘린 죄를 너희 중에서 제할지니라

앞에서 제시된 법들을 통해서 고의적인 살인자를 철저하고도 효과적으로 체포하여(19:11 이하) 그를 죽임으로써 그 땅에서 피의 책임을 제거하도록 했었다. 그러나 살인자가 발견되지 않아서 그렇게 할 수 없을 경우에는, 살인자를 벌하지 않은 것이 그 백성들의 소홀함 때문이 아니므로 그 땅이 오염될 위험이 없다는 식으로 생각해서는 안 되었다. 여기서 그 책임을 제거하는 방법이 엄숙하게 제시되는데, 이는 그 고의적인 살인죄에 대한 그들의 처절한 혐오의 표현이다.

I. 여기서 상정하는 것은 피살된 시체가 들에 엎드러진 것을 발견하고 그 쳐죽인 자가 누구인지 알지 못하는 경우다(1절). 때로는 하나님의 섭리가 이런 감추어진 어둠의 일을 놀랍게도 밝히 드러내기도 했고, 이상한 일로 인하여 범인의 죄가 밝혀지기도 했다. 그리하여 살인은 드러난다는 속담이 생기기도 했다. 그러나 항상 그런 것은 아니다. 이따금씩 마귀의 은밀한 도모가 이 세상에서 처벌되지 않고 이루어지는 경우가 있다. 그러나 잠시 동안뿐이다. 은밀한 살인들이 드러나게 될 때가 온다. 정의의 심문을 통하여 땅이 그 위에 잦았던 피를 드러내고(사 26:21) 사람들에게서 형벌을 피한 자들이 하나님의 의로운 심판 아래 있게 될 영원 세계가 올 것이다. 그리고 이 세상에서 수많은 살인들과 기타 악한 일들이 범해져도 형벌을 피하는 경우가 허다하므로, 심판의 날이 임하여 이미 지난 것을 다시 찾는 것이(전 3:15) 반드시 필요하게 되는 것이다.

II. 이 경우 행하여야 할 일에 대한 지침이 제시된다. 관찰하라.

1. 살인자에 대해 부지런히 탐문하였고, 증인들을 조사했고, 정황들을 철저히 검토하는 등, 죄 지은 자를 색출하려고 최선을 다했다는 것을 전제하고 있다. 그런 모든 노력을 했음에도 불구하고 찾아내지 못하여 결국 아무도 벌하지 못했을 경우의 절차.

(1) 제일 가까운 성읍의 장로들이(성읍들마다 삼 인의 법정이나 이십 인의 법정이 있었다) 이 문제를 처리하여야 했다. 어느 성읍이 제일 가까운지가 의심스러울 경우는 산헤드린이 위원을 파송하여 정확히 측정하여 결정하도록 했다(2, 3절). 주목하라. 공직자들은 공적인 유익을 도모해야 하며, 성읍들에서 권력과 명성이 있는 자들은 스스로 아픔을 완화시키고 그 지역과 인근의 이웃의 잘못된 것들을 개혁하는 데 최선을 다해야 한다. 바로 이웃에 있는 자들은 선(善)을 위한 하나님의 사역자들로서 그들의 선한 영향력을 최대한도로 함께 나

누어주어야 한다.

(2) 제사장들과 레위인들이 이 엄숙한 일을 돕고 주관하여(5절), 이 일이 모든 점에서 율법에 따라 행해지도록 하고, 특히 백성들의 입이 되어 그들이 이 서글픈 일을 잘 견디게 해주시도록 하나님께 간구하여야 했다(8절). 하나님이 이스라엘의 왕이시니, 그의 사역자들은 그 백성의 관원들이 되어야 했고, 그들의 말이 바로 법정과 율법에 박식한 자의 뜻이므로 그들의 말로써 모든 논란거리들이 종식되도록 한 것이다. 그런 안내자와 치리자와 통치자들이 있었다는 것이야말로 이스라엘의 특권이었으며, 백성들로서는 모든 기회마다, 특히 이와 같은 거룩한 일들에서, 그들을 사용할 의무가 있었다.

(3) 암송아지를 취하여 인적이 없고 거친 골짜기로 데려가 거기서 죽여야 했다(3, 4절). 이것은 희생 제물이 아니고(제단에 드리는 것이 아니었으므로), 만일 하나님께서 살인자를 그들의 손에 붙여주시면 그들이 그에게 그렇게 하겠다는 하나의 엄숙한 선언이었다. 그 암송아지는 멍에를 메지 않은 것이라야 했는데, 어떤 이들은 이것이 그 살인자가 벨리알의 아들이라는 것을 나타내는 것이었다고 한다. 그것을 인적이 없고 거친 골짜기로 데려가야 했는데, 이는 그 사실의 끔찍함을 나타내는 것이요 또한 피가 땅에 가져다주는 더러움이 그 땅을 황무하게 만드는 사실을 나타내는 것이다. 또한 유대인들은 그 일이 있은 후 살인자가 발견되지 않는 한, 암송아지를 죽인 그 골짜기에 절대로 씨를 뿌리거나 경작할 수 없었다고 말한다.

(4) 장로들은 그들이 죽인 그 암송아지 위에 손을 씻으며, 그들 자신이 이 무죄한 피를 흘린 일이 없으며, 또한 누가 피를 흘렸는지도 모르고(6, 7절), 그 살인자를 알면서도 숨겨준 일도 없으며, 도피하도록 그를 도운 일도 없고, 어떤 식으로든 그를 돕거나 부추긴 일이 없다는 것을 공언하여야 했다. 다윗은 이 관습을 빗대어 노래한다. 여호와여 내가 무죄하므로 손을 씻으리이다(시 26:6). 그러나 빌라도는 그리스도께서 무죄하다는 것을 알면서도 그를 정죄하였고, 그러면서도 무죄한 피를 흘린 책임을 스스로 면하려고 손을 씻었는데, 혹 그가 이 법을 염두에 두고서 그리 한 것이었다면(마 27:24) 그는 이 법을 정말 형편없이 잘못 적용한 것이었다. 사실에 어긋나면 선언은 아무 소용이 없다(Protestatio non valet contra factum).

(5) 제사장들은 그 나라와 민족을 위하여 하나님께 간구하여야 했다. 곧, 하

나님이 그들에게 긍휼을 베푸사 살인죄를 도모한 일에 합당한 심판이 그들에게 임하지 않게 해주시기를 위하여 기도해야 했다. 그 살인자가 그들의 성읍어느 하나에 있든, 그들의 성읍 어디엔가 은신하고 있는 것으로 생각할 수도있을 것이다. 그러므로 그들이 그 살인자가 그들 중에 있는 것으로 인하여 화를 입지 않도록 기도해야 했던 것이다. 여호와여 주의 백성 이스라엘에게 긍휼을베푸소서(8절, 민 16:22). 주목하라. 악인의 사악한 일에 대해 들으면, 우리 땅을 긍휼히 여겨주시기를 하나님께 간절히 구할 필요가 있다. 땅이 그 사악한일을 당하여 탄식하며 떨고 있으니 말이다. 다른 이들이 죄로 말미암아 땅을채우고 있는 만큼 우리는 기도로써 그것들을 비워야 하는 것이다. 그런데,

2. 이러한 엄숙한 규례를 정하신 이유.

(1) 그 살인 사건에 대해 공론화시킬 기회를 제공하여, 이런저런 기회를 통하여 살인자를 발견하게 하고자 함이었다.

(2) 피를 흘리는 죄에 대해 백성들에게 끔찍이 여기는 마음을 갖게 하기 위함이었다. 그 죄가 그 피를 흘린 그 살인자의 양심을 더럽히는 것은 물론(그러므로 우리는 다윗과 함께 나를 피에서, 죄악에서, 구원하소서 라고 구해야 할 것이다) 그 피가 흘려진 땅이 그로 인하여 더러워지니 말이다. 그 죄가 관리들에게 외치며, 범죄자에게 정의를 시행할 것을 부르짖는다. 그리고 그 부르짖음을듣지 않으면, 그 땅을 심판하실 것을 하늘을 향하여 부르짖는다. 살인자가 누구인지를 모를 때에도 그 땅을 죄책에서 구하는 일에 그렇게 조심스런 일을 행하여야 했다면, 살인자를 알고도 보호했을 경우는 그 땅을 죄책에서 구하기가불가능했을 것이 분명하다. 이러한 엄숙한 조처를 통해서 모두가 살인을 방지하고, 발견하고 벌하기에 최대한의 조심성과 부지런함을 발휘하기를 가르침받아야 한다. 심지어 이교도 선원들조차도 피를 흘린 죄를 끔찍하게 혐오하였다(욘 1:14).

(3) 우리 모두가 죄나 죄인을 묵인하거나 우리 위치에서 그것을 대적하여증언하지 않음으로써 다른 사람들의 죄에 가담하거나 그들의 사후의 방조자가되는 일이 없도록 조심하기를 배우게 하기 위함이었다. 우리가 그들을 책망하고 그들을 쳐서 증언하지 않는다면, 이는 열매 없는 어둠의 일에 참여하는 것이된다(엡 5:11). 고린도 교회는 그들 중의 일원이 범한 죄에 대해 회개함으로써,여기서 지정한 엄숙한 조치들이 나타내는 것처럼, 간절한 마음을 갖게 하고 변

증하게 하며 분하게 하며 두렵게 하며 사모하게 하며 열심 있게 하였다(고후 7:11).

[10]네가 나가서 적군과 싸울 때에 네 하나님 여호와께서 그들을 네 손에 넘기시므로 네가 그들을 사로잡은 후에 [11]네가 만일 그 포로 중의 아리따운 여자를 보고 그에게 연연하여 아내를 삼고자 하거든 [12]그를 네 집으로 데려갈 것이요 그는 그 머리를 밀고 손톱을 베고 [13]또 포로의 의복을 벗고 네 집에 살며 그 부모를 위하여 한 달 동안 애곡한 후에 네가 그에게로 들어가서 그의 남편이 되고 그는 네 아내가 될 것이요 [14]그 후에 네가 그를 기뻐하지 아니하거든 그의 마음대로 가게 하고 결코 돈을 받고 팔지 말지라 네가 그를 욕보였은즉 종으로 여기지 말지니라

이 법으로써 군병은 원할 경우 그가 포로로 잡아온 여자와 결혼할 수 있었다. 그들의 마음의 완악함을 인하여 모세가 이런 허용 조치를 베푼 것이다. 그들에게 그런 여자와 결혼할 자유가 주어지지 않았다면 그들은 그들과 더불어 자신을 더럽힐 자유를 취했을 것이고, 그런 악으로 말미암아 이스라엘 진영에 큰 문젯거리가 생겼을 것이다. 남자가 이미 아내가 있는 몸이라도 이 아내를 두 번째 아내로 취하는 것이었다고 유대인들은 말한다. 사람들이 제멋대로의 정욕에 빠져 눈이 보는 대로 마음이 갔는데, 이는 그리스도의 법에는 절대로 합당치 않은 것이다. 그러므로 그리스도의 법이 이 점에서도 모세의 법의 영광을 훨씬 능가한다 할 것이다. 복음은 아내 있는 남자가 다른 아내를 취하는 것을 허용하지 않는다. 본래는 그렇지 않기 때문이다(마 19:8). 복음은 아무리 아름답다 해도 여자를 보고 음욕을 품는 것을 금하며, 모든 비정상적인 정욕들을 죽이고 부인할 것을 명한다. 그 일이 오른손을 잘라내는 것만큼이나 쉽지 않은 일이지만 반드시 그렇게 해야 한다. 우리의 거룩한 신앙은 유대인들의 신앙보다 월등하여, 영혼이 육체를 제어하는 일의 존귀를 증진시키며 뒷받침하는데, 이는 영혼이 생명이요 불멸이요 더 나은 소망이라는 영광스런 발견과 일치하는 것이다. 그러나, 군인들에게 이런 자유가 허용되었으나, 그것을 악용하지 않도록 여기서 지침이 주어진다. 즉,

I. 그 포로로 잡혀온 여자가 아무리 탐이 난다 해도 경솔하게 그 일을 행하여 자신을 죄악되게 해서는 안 된다는 것이었다. "네가 만일 그 포로 중의 아리

따운 여자를 보고 그에게 연연하여 아내를 삼고자 하거든(10, 11절), 그 부모에게 동의를 구할 필요는 없느니라. 그 여자가 네 포로요 네 뜻에 따라 처분할 자이니, 그 부모에게 동의를 구할 필요는 없느니라. 그러나, 1. 그 여자와 결혼하기 전에는 동침을 하지 말지니라." 이를 허용한 의도는 이성과 덕을 거스르는 반역의 열기와 분노 속에서 분출되는 더러운 짐승 같은 정욕을 만족시키고자 함이 아니라, 곤경 중에 있는 아리땁고 사랑스런 사람에 대한 존귀한 애정을 만족시키고자 함이었다. 그러므로 원하면 그 여자를 아내로 만들 수도 있었다. 그러나 그 여자를 창녀를 대하듯이 해서는 안 되는 일이었다.

2. "갑자기 그 여자와 결혼하지 말고 최소한 한 달 동안 그 여자를 네 집에 그냥 두라"(12, 13절). 이렇게 해야 하는 목적은, (1) 그 여자에게서 애정이 떠나게 하기를 시도하도록 하기 위함이었다. 물론 그 여자와 결혼을 해도 악을 행하는 것은 아니지만(율법을 어기는 것이 아니므로) 그 여자를 그냥 홀로 두는 것이 훨씬 더 낫다는 것을 그 남자가 알아야 했다. 그러므로 그 여자의 머리털을 밀어서 그가 그 여자의 아리따운 용모에 반하지 않도록 하고, 손톱을 자라게 하여(본문은 손톱을 베고로 되어 있으나, 난외주에서 이렇게 읽는다) 그 손의 아름다움을 망치게 하도록 한 것이다. 무절제하게 사랑하고픈 유혹을 받는 것들에 대해서는 우리의 애정을 절제해야 한다. 아니면, (2) 그 여자 자신이 우상 숭배를 버리고 유대교로 개종한다는 증표로서 그렇게 하도록 했을 수도 있다. 머리털을 밀고, 손톱을 자르고, 의복을 갈아입는 것은 자신의 무지로 인하여 더럽혀졌던 과거의 행실을 벗어버리고 새로운 피조물이 되고자 한다는 것을 나타내는 것이었다 할 것이다. 그 여자는 집에 머물며 여호와 하나님에 대한 선한 지식을 얻고 그를 예배하기를 가르침 받아야 했다. 유대인들은 말하기를, 그 여자가 이를 거부하고 계속해서 완악하게 우상 숭배를 고집하면 그 여자와 결혼해서는 안 되었다고 한다. 주목하라. 신앙을 입으로 고백하는 자들은 불신자들과 함께 멍에를 메서는 안 된다(고후 6:14).

Ⅱ. 불쌍한 포로 여자를 학대해서는 안 된다는 것이었다.

1. 그 여자는 그 부모를 위하여 애곡할 시간을 가져야 했다. 부모와 헤어져서 그들의 동의와 축복도 받지 못하고 이제 결혼할 처지가 되었고, 또한 자기 나라에서는 아무리 출신이 고귀하다 해도 이스라엘의 일반 병사와 결혼하게 되었으니 이에 대해 애곡할 수 있는 여유를 주어야 했다. 이처럼 적절한 방법을

통해서 슬픔을 삭이고, 잡혀온 땅을 더 친숙하게 접하여 화목을 이룰 수 있는 환경이 조성되기도 전에 무작정 결혼을 강요한다는 것은 매우 가혹한 일이었을 것이다. 그 여자는 자기의 우상들에 대해 슬피 울어서는 안 되고, 그것들과 기꺼이 결별해야 했다. 오직 가까운 사랑하는 친족들에 대해서만 그렇게 애정을 표시해야 했다.

2. 그 여자와 결혼할 목적으로 집으로 데려온 그 남자가 생각이 바뀌어 결혼하지 않으려 할 경우는 그 여자를 다른 포로들처럼 상품으로 만들어서는 안 되고, 원할 경우 자기 나라로 다시 돌아갈 자유를 주어야 했다. 그 여자에게 기대감을 높였다가 다시 실망시킴으로써 그 여자를 욕보였기 때문이다(14절). 그 여자를 바보로 만들었으니 그 여자를 먹이로 만들어서는 안 되는 일이었다. 이는 정의와 존귀의 법들이 여전히 효력이 있음을 시사해 준다. 특히 사랑과 애정과 결혼의 약속을 빙자하여 악을 행해서는 안 된다. 그런 일들은 무언가 신성함을 그 속에 지닌 엄숙한 일들이므로 조롱받아서는 안 되는 것이다.

¹⁵어떤 사람이 두 아내를 두었는데 하나는 사랑을 받고 하나는 미움을 받다가 그 사랑을 받는 자와 미움을 받는 자가 둘 다 아들을 낳았다 하자 그 미움을 받는 자의 아들이 장자이면 ¹⁶자기의 소유를 그의 아들들에게 기업으로 나누는 날에 그 사랑을 받는 자의 아들을 장자로 삼아 참 장자 곧 미움을 받는 자의 아들보다 앞세우지 말고 ¹⁷반드시 그 미움을 받는 자의 아들을 장자로 인정하여 자기의 소유에서 그에게는 두 몫을 줄 것이니 그는 자기의 기력의 시작이라 장자의 권리가 그에게 있음이니라

이 법은 올바른 사유가 없이 그저 변덕스러움으로 장자의 권한을 무효화시키는 일을 금하는 것이다.

I. 여기 제시된 내용은 매우 교훈적이다(15절).

1. 이는 아내를 하나 이상 두는 것의 큰 폐해를 보여준다. 모세의 율법은 이를 금지하지 않는데, 아마도 사람들이 거기서 오는 가정적인 불상사들을 스스로 경험하여 결국 그것을 종식시키고 그 경험들을 법으로 삼도록 하고자 하는 소망에서였을 것이다. 여기서 제시되는 가상적인 상황을 관찰하라. 어떤 사람에게 두 아내가 있을 경우 그 중에 하나를 사랑하고 다른 하나를 덜 사랑하지

않는 경우는 천 명 중 하나 정도밖에 없을 것이다. 야곱도 레아를 그렇게 대했다. 이렇게 되면 분쟁과 투기와 혼란과 온갖 악한 일이 생기지 않을 수 없고, 그리하여 남편은 끊임없이 불편함과 성가심을 받을 수밖에 없고 결국 그를 죄와 괴로움에 빠뜨리게 되는 것이다. 하나님의 법을 따르는 자가 자기 자신의 정욕에 탐닉하는 자보다 훨씬 더 편안한 삶과 만족을 누리는 법이다.

2. 이는 섭리가 흔히 약자 편에 서며, 부족한 지체에게 귀중함을 더한다는 것을 보여준다. 장자가 미움을 받는 자의 아들인 것으로 상정되고 있으니 말이다. 야곱의 가정에서도 그랬다. 여호와께서 레아가 사랑 받지 못함을 보셨다(창 29:31). 위대한 가장 되신 하나님은 가정의 각 구성원에게 위로의 분깃을 지혜롭게 나누어주시는 법이다. 한 사람이 사랑받는 아내가 되는 존귀를 누리면, 다른 사람이 장자의 어머니가 되는 존귀를 누리도록 해주시는 것이다.

Ⅱ. 이 법은 부모들에게 여전히 해당된다 할 것이다. 부모는 편파성이 없이 자녀들의 권리를 인정해 주어야 한다. 여기서 제시되는 사안은, 장자가 덜 사랑받는 아내의 소생일지라도 아버지의 재산 중 두 배의 기업을 받는 장자권(長子權)을 보유해야 한다는 것이다. 그 아들이야말로 그 아버지의 기력의 시작이요, 그에게서 그의 가족이 강성해지기 시작했고 또한 그의 활 통이 장사의 화살로 가득 차기 시작했으니(시 127:4), 장자권은 마땅히 그의 것이다(16, 17절). 야곱은 르우벤에게서 그의 장자권을 빼앗아 요셉에게 준 바 있다. 그러나 그것은 르우벤이 근친상간을 범하여 스스로 장자권을 저버렸기 때문이지, 그가 미움을 받는 자의 아들이기 때문이 아니었다. 야곱의 경우가 다른 이들도 부당하게 동일한 일을 행하는 하나의 전례가 되는 일이 없도록 하기 위하여, 여기서 아버지가 유언을 할 때나 혹은 그의 재산을 정리할 때에 어머니가 아버지의 사랑을 덜 받은 불행함으로 인하여 해를 입지 않도록 해야 한다는 것을 제시하는 것이다. 그것은 아들의 잘못이 아니기 때문이었다. 주목하라.

(1) 부모들은 자녀들 가운데 애정을 분배하는 데 있어서, 하나님께서 그 자녀들 사이에 은혜를 나누어주실 때에 분명히 차등을 두시는 것이 드러나는 것 이외에는 결코 차별을 두어서는 안 된다.

(2) 상속자를 삼으시는 것이 하나님의 섭리이므로, 그 문제에서 섭리대로 처리하여야 한다는 것을 반대해서는 안 되고 그대로 수용해야 한다. 아들이 하나님께 버림 받았다는 것이 명확히 드러나기 전에는 아버지가 그를 버려서는

안 된다. 그러나 아들이 생명이 있는 한 하나님께 버림받았다고 명확히 말하기는 어려운 법이다.

18사람에게 완악하고 패역한 아들이 있어 그의 아버지의 말이나 그 어머니의 말을 순종하지 아니하고 부모가 징계하여도 순종하지 아니하거든 19그의 부모가 그를 끌고 성문에 이르러 그 성읍 장로들에게 나아가서 20그 성읍 장로들에게 말하기를 우리의 이 자식은 완악하고 패역하여 우리 말을 듣지 아니하고 방탕하며 술에 잠긴 자라 하면 21그 성읍의 모든 사람들이 그를 돌로 쳐죽일지니 이같이 네가 너희 중에서 악을 제하라 그리하면 온 이스라엘이 듣고 두려워하리라 22사람이 만일 죽을 죄를 범하므로 네가 그를 죽여 나무 위에 달거든 23그 시체를 나무 위에 밤새도록 두지 말고 그 날에 장사하여 네 하나님 여호와께서 네게 기업으로 주시는 땅을 더럽히지 말라 나무에 달린 자는 하나님께 저주를 받았음이니라

여기서는,

I. 패역한 아들을 벌하는 문제에 대한 법이 제시된다. 앞의 법에서 부모가 자녀의 권리를 빼앗지 말도록 명하였으므로, 그 다음으로 자녀가 부모에게 갚아야 할 존귀와 의무를 저버리지 말도록 명하는 것은 지극히 합당한 일이었다. 하나님의 율법에는 편파성이 없는 것이다. 관찰하라,

1. 그 범죄자에 대한 본문의 묘사. 그는 완악하고 패역한 아들이다(18절). 그 어떤 자녀도 그의 능력이 약하다거나 이해가 더디고 둔한 것으로 인해 해를 입어서는 안 되었다. 그러나 그의 사악함과 완악함은 그것과는 다르다. 만일 그가 부모에 대해 교만하고 무례하게 처신하며, 그들의 권위를 업신여기며, 그들의 책망과 교훈을 하찮게 취급하며, 그들의 유익을 위해 부모가 주는 분명한 명령들에 불순종하고, 부모들이 교정해 주는 것을 듣고 고치기를 싫어하고, 그 가족들에게 치욕을 주며, 마음에 근심하게 하며, 그 재산을 탕진하며, 무절제한 생활로 가정을 망칠 위협이 되면, 이런 자는 완악하고 패역한 아들이다. 그는 특히 방탕하며 술에 잠긴 자로 간주된다(20절). 이는 다음 두 가지 중 하나를 시사한다 할 것이다.

(1) 그의 부모가 구체적으로 이 죄들을 지적하고 고칠 것을 명했다는 것이다. 그러므로 그 아들이 이 문제에서 그 부모의 말을 순종하지 않았다는 명확

한 증거가 여기서 나타난다는 것이다. 르무엘은 그의 어머니에게서 이에 대한 권고를 받은 바 있다(잠 31:4). 주목하라. 자녀들을 교육할 때에 술에 취하게 만드는 모든 유혹거리들을 억제하여 그 유혹에 빠지지 않도록 그들을 지키는 데에 큰 관심을 기울여야 한다. 그렇게 하기 위해서는 부모가 그 짐승 같은 죄를 끔찍이 혐오하여야 하며, 그들 스스로도 그것을 부인하고 삼가야 한다. 아니면,

(2) 그 아들이 방탕하며 술에 잠긴 자여서 그것이 원인이 되어 그 부모에게 무례하고 완악하게 행동하였다는 것이다. 주목하라. 술 취하는 것만큼 확실하고도 치명적으로 사람을 온갖 악한 것에 빠지게 하고 완악하게 만드는 것은 없다. 사람이 술에 취하면 법을 잊어버린다. 모든 법을 다 잊어버리며(잠 31:5), 심지어 부모를 공경하라는 근본적인 법까지도 잊어버리는 것이다.

2. 이 범죄자를 처리하는 절차. 그의 친아버지와 어머니가 그의 고소인이 되어야 한다(19, 20절). 부모가 그 아들을 스스로 죽여서는 안 되고, 해당 성읍의 장로들에게 탄원해야 하며, 또한 안타까운 심정으로 탄원이 행해져야 한다. 우리의 이 자식은 완악하고 패역하여. 주목하라. 스스로 악행과 사악함에 자기 자신을 포기해 버렸고 그 상태에서 다시 돌이키려 하지 않는 자들은 가장 가까운 친족들의 본성적인 애정에 대한 관심조차도 저버리는 법이다. 그러므로 그들을 이 세상에 존재하게 한 도구들이 이제 그들을 멸망시키는 도구들이 되는 것이 정당한 일이다. 자기 의무를 잊어버리는 자녀들은 애정이 자꾸 덜해지는 것에 대해 부모를 원망할 것이 아니라 스스로 감사해야 할 것이다. 또한 패역한 자녀들일지라도 그들을 향한 각별한 애정 때문에 부모가 그들을 정당하게 벌하기가 정말로 힘들지만, 하나님의 의로운 심판이 이루어지는 그 날에는 모든 본성적인 애정이 하나님의 사랑 안에 완전히 삼킨 바 될 것이요, 그리하여 그 자녀들이 정죄를 받는다 해도 그것을 그대로 묵인하게 될 것이다. 그들을 정죄하는 일에서 하나님이 영원토록 영광을 받을 것이기 때문이다.

3. 그 범죄자에게 행할 형벌. 그는 그 성읍의 모든 사람들이 공적으로 그를 돌로 쳐죽여야 한다(21절). 그리고 이렇게 함으로써, (1) 아버지의 권위를 유지하고, 우리 모두의 아버지이신 하나님이 친히 아버지의 권위를 지키려 하신다는 것을 보여주고자 하셨다. 아버지의 권위야말로 모든 권위의 근원이신 하나님께로부터 지극히 오래 전부터 흘러나온 것이니 말이다. (2) 이 법을 정당히 시

행하면, 아침마다 이 땅의 모든 악인이 멸해질 것이고(시 101:8), 부패한 부분은 적기에 제거함으로써 부패의 근원이 퍼져나가는 것이 미연에 방지될 것이었다. 가정에서 악한 자들이 결코 국가의 선한 구성원이 되려 하지 않을 것이니 말이다. (3) 이것이 자녀들에게 충격을 주고 두려움을 갖게 하여, 다른 방도로는 의무를 다하고 지키도록 만들 수 없던 자녀들이라도 겁에 질려서라도 부모를 순종하게 만들 것이었다. 온 이스라엘이 듣고 두려워하리라. 유대인들은 이렇게 말한다. "그를 정죄한 장로들은, 아무개 법정에서 아무 날 우리가 아무개를 돌로 쳐죽였으니 이는 그가 완악하고 패역한 아들임이니라 라고 글로써 온 나라에 공포하여야 했다." 필자는 때때로 우리의 모든 법정에서 범죄자들에 대한 정죄 사항을 낱낱이 기록해 두어서 그 기억이 절대로 사라지지 않도록 하고, 그런 정죄의 사실을 문서로 온 나라에 공적으로 공지하게 되도록 하는 바람이 있었다. 그렇게 장로들이 그 사형 집행 사실을 공지하여, 온 이스라엘이 듣고 두려워하게 한 것이다.

II. 행악자들을 나무에 달아 죽인 후 그 시신을 장사하는 일에 관한 법(22절). 목을 매어 사람을 죽이는 일은 우리들 중에서나 유대인들 중에서는 전혀 행해지지 않았다. 그러나 신성모독이나 기타 매우 저주스런 범죄를 저질렀을 경우는 재판관들의 명에 따라서 범죄자를 돌로 쳐서 죽게 한 다음 그 시신을 한동안 나무 끝에 매어 달아 놓아서 세상의 본보기로 삼아 그 범죄의 치욕스러움을 드러내고, 다른 이들에게 더 큰 두려움을 자아내어 그들이 듣고 두려워하는 것은 물론 눈으로도 보고 두려워하게 하는 것이 상례였다. 그런데 여기서는 하루 중 어느 때에 나무에 매달아놓았든지 간에 해질 때는 시신을 내려다 장사지내고, 밤새도록 시신을 나무에 매달아놓지 말아야 할 것을 제시하고 있다. (율법은 말하기를) 그런 사람에게는 이 형벌로 족하다. 그 때까지는 매달아 놓지만 그 이상은 안 된다는 것이다. 행악자와 그의 범죄가 무덤 속에 감추어지게 하라는 것이다.

1. 하나님은 이렇게 해서 지극히 사악한 범죄자에 대해서도 인간의 육체의 존귀함과 연약함을 보존하고자 하셨다. 다른 법을 통해서 태형을 받는 사람을 위하여 매질의 숫자를 제한시키신 것과 동일한 이유로 죽은 시체를 노출시키는 시간도 제한시키신 것이다. 네가 네 형제를 경히 여기는 것이 될까 하노라(신 25:3). 죽음 이상으로 벌하는 것은 하나님 자신이 행하시는 일이다. 사람으로

서는 죽이는 것 이상 할 수 있는 것이 없다. 그러므로 행악자들을 사슬에 매어 놓든지, 그들의 머리와 사지를 세워놓든지 간에, 육체의 부활을 기다리는 그리스도인들 중에서는 정중하게 하여야 한다는 점을 고려할 가치가 있을 것이다.

2. 그러나 거기에는 무언가 의식적인 면이 있었던 것이 분명하다. 모세의 율법에 따르면 죽은 자의 시신을 접촉하는 것은 더러운 것이었고, 따라서 시신을 땅에 그냥 매달아두어서는 안 되었다. 왜냐하면 동일한 법에 따라 그것이 땅을 더럽히기 때문이었다. 그러나,

3. 여기서 그리스도와 관련되는 한 가지 이유가 제시된다. 나무에 달린 자는 하나님께 저주를 받았음이니라(신 21:23). 즉, 나무에 시신을 매달아서 가장 치욕적인 형벌을 가함으로써 그가 하나님의 저주 아래 있음을 공포하는 것이야말로 사람에게 행할 수 있는 최상의 치욕이요 모욕이다. 사람들은 하늘과 땅 사이에 매달려 있는 그 사람을 보고서 그가 하늘과 땅 모두에게서 버림을 받았다고 결론지을 것이다. 그러므로 그를 밤새도록 나무에 매달아 두지 말아야 했다. 그것은 너무 심한 처벌이기 때문이다. 그런데 사도는 그리스도께서 친히 우리를 위하여 저주가 되심으로 율법의 저주에서 우리를 구속하셨음을 보여주면서, 그것을 나무에 매어달린 자의 처지를 그리스도의 죽으심에 비하여 설명한다(갈 3:13). 성령으로 말미암아 모세는 하나님께 저주를 받았음이니라 라는 이 문구를 사용하는데, 이는 그 사람이 극도로 치욕적인 처우를 받았다는 뜻 이상 아무것도 아니었다. 그러나 후에 그것을 그리스도의 죽으심에 적용시키시고 또한 그가 그 일로써 우리를 위하여 율법의 저주를 받으셨음을 보여주도록 하셔서, 그를 향한 우리의 사랑을 크게 증진시키고 그를 믿는 믿음을 크게 격려하게 하신 것이다. 또한 (탁월한 패트릭 주교가 잘 간파하듯이) 이 본문이 그리스도의 죽으심에 적용되는 것은, 이 행악자들이 하나님의 저주를 받은 것처럼 그가 우리 죄를 지셨고 치욕에 노출되셨기 때문만이 아니라, 그가 저녁에 그 저주받은 나무에서 내려지셔서 장사지내신 바 되심으로써(그것도 유대인들이 이 법을 염두에 두고 신중하게 조치함으로써, 요 19:31) 그 행악자가 해진 후에 나무에서 내려진 것처럼, 이를 근거로 죄책이 제거되고 율법이 만족되었기 때문이었다. 그 이상은 요구되는 것이 없었다. 저녁이 되어 나무에서 내려지신 후 그는 더 이상 저주가 아니었고, 그에게 속하는 자들도 마찬가지였다. 그러므로 그 죽은 자의 시신을 장사지낼 때에 이스라엘 땅이 순결하고 정결했

던 것처럼, 교회도 그리스도께서 이렇게 행하신 완전한 보상으로 말미암아 씻음 받고 정결하게 되는 것이다.

제
― 22 ―
장

개요

본 장의 율법은 다음과 같은 문제들에 관한 것이다. I. 잃어버렸거나 넘어진 가축을 보살핌으로써 사랑과 선한 이웃 관계를 보존하는 문제(1-4절). II. 질서와 구별의 보존을 위하여 남자와 여자가 서로 상대방의 의복을 입지 말 것과(5절), 또한 기타 불필요하게 혼용을 피해야 할 것에 관한 문제(9-11절). III. 새를 보존하는 문제(6, 7절). IV. 사람의 생명을 보존하는 문제(8절). V. 명령들을 보존하는 문제(12절). VI. 아내가 무죄한데 누명을 썼을 경우 명예를 회복시키고(13-19절), 죄가 있을 경우 그를 벌하는 문제(20, 21절). VII. 아내들의 순결을 보존하는 문제(22절). 약혼한 처녀들(23-27절)과 약혼하지 않은 처녀들(28, 29절)에 관한 문제. 그리고 마지막으로, 근친상간을 금하는 법령(30절).

¹네 형제의 소나 양이 길 잃은 것을 보거든 못 본 체하지 말고 너는 반드시 그것들을 끌어다가 네 형제에게 돌릴 것이요 ²네 형제가 네게서 멀거나 또는 네가 그를 알지 못하거든 그 짐승을 네 집으로 끌고 가서 네 형제가 찾기까지 네게 두었다가 그에게 돌려 줄지니 ³나귀라도 그리하고 의복이라도 그리하고 형제가 잃어버린 어떤 것이든지 네가 얻거든 다 그리하고 못 본 체하지 말 것이며 ⁴네 형제의 나귀나 소가 길에 넘어진 것을 보거든 못 본 체하지 말고 너는 반드시 형제를 도와 그것들을 일으킬지니라

원수에게도 친절을 보일 것이 명령되었으니(출 33:4 이하), 여기서 이웃을 위하여 그보다 훨씬 더한 것을 요구한다. 이웃이 이스라엘 사람이 아니라도 친절을 베풀어야 한다. 왜냐하면 율법은 인간의 본성적인 평등과 조화를 이루기 때문이다.

1. 길을 잃고 헤매는 가축은 주인에게 돌려주거나 그 길을 잃은 그 초장에게도 데려다주어야 했다(1, 2절). 그 가축 자체를 불쌍히 여겨서도 그렇게 해야

한다. 길을 잃고 헤매는 동안은 위험에 노출되어 있기 때문이었다. 그러나 그 주인에 대한 친절과 존중으로, 아니 그에게 정당하게 행하기 위해서 그렇게 해야 한다. 그렇게 행하는 것이야말로 우리가 그들에게서 대접을 받고자 하는 대로 그들을 대접하는 것이기 때문이다. 이것이야말로 평등의 근본적인 원리에 속하는 것이다. 주목하라. 신앙은 우리에게 이웃에게 친절히 행할 것과, 기회가 있는 대로 모든 사람들에게 모든 선한 일을 기꺼이 행할 것을 가르쳐준다. 이를 행하는 중에, (1) 어려움을 개의치 말고, 그 주인이 누구인지를 알면 친히 그것을 그에게 돌려주어야 했다. 그 주인에게 통지하여 와서 그것을 데려가라고 하면, 그가 도착하기 전에 불상사가 일어날 수도 있는 것이었다. (2) 비용도 개의치 말고, 주인이 누구인지를 모를 경우는 그것을 집으로 데려와 주인이 발견되기까지 그것을 먹여주어야 했다. 이웃의 소나 나귀가 길을 잃고 헤매는 것을 보고 그렇게 보살펴야 했다면, 이웃 자신이 하나님과 그의 의무로부터 벗어나 헤매는 것을 볼 때에는 훨씬 더 그를 보살펴야 할 것이다. 그를 회심시키기 위해 최선을 다하여야 하며(약 5:19), 그를 회복시켜야 하고, 이를 계기로 우리 자신을 돌아보아야 한다(갈 6:1).

2. 잃어버린 물건은 반드시 주인에게 돌려주어야 한다(3절). 유대인들은 말하기를, "다른 사람이 잃어버린 물건을 찾은 자는 공적인 포고인을 통해서 서너 차례 공지하여야 한다"고 한다. 주인을 찾을 수 없는 경우는 그 물건들을 발견한 자가 그것들을 자기 것으로 사용할 수 있었다. 그러나 (이 문제에 대해 몇몇 박식한 저술가들은 말하기를) 그 물건의 값만큼을 가난한 자들에게 주는 것이 매우 좋은 일이었다고 한다.

3. 길에 넘어진 가축을 도와주어야 했다(4절). 그 짐승을 불쌍히 여겨서도 그렇게 해야 하지만(자비로운 자는 자기 것이 아닌 짐승의 목숨도 보살피는 법이므로), 동시에 우리의 이웃과의 사랑과 우정을 생각해서도 그렇게 해야 한다. 우리도 언제 그 사람의 도움을 구해야 할지를 모르기 때문이다. 사람이 자기 이웃에게 "지금은 자네의 도움이 필요치 않네"라고 말할 수는 있으나, "절대로 자네의 도움이 필요 없을 것이네"라고 말할 수는 없는 것이다.

⁵여자는 남자의 의복을 입지 말 것이요 남자는 여자의 의복을 입지 말 것이라 이같이 하는 자는 네 하나님 여호와께 가증한 자이니라 ⁶길을 가다가 나무에나 땅에 있

는 새의 보금자리에 새 새끼나 알이 있고 어미 새가 그의 새끼나 알을 품은 것을 보거든 그 어미 새와 새끼를 아울러 취하지 말고 ⁷어미는 반드시 놓아 줄 것이요 새끼는 취하여도 되나니 그리하면 네가 복을 누리고 장수하리라 ⁸네가 새 집을 지을 때에 지붕에 난간을 만들어 사람이 떨어지지 않게 하라 그 피가 네 집에 돌아갈까 하노라 ⁹네 포도원에 두 종자를 섞어 뿌리지 말라 그리하면 네가 뿌린 씨의 열매와 포도원의 소산을 다 빼앗길까 하노라 ¹⁰너는 소와 나귀를 겨리하여 갈지 말며 ¹¹양 털과 베 실로 섞어 짠 것을 입지 말지니라 ¹²너희는 너희가 입는 겉옷의 네 귀에 술을 만들지니라

　　　이 본문에서 제시하는 법들은 아주 하찮고 사소한 문제들을 다루는 것처럼 보인다. 사람의 법은 보통 그렇지 않다. 법은 사소한 것들은 전혀 인식하지 않는다(De minimis non curat lex). 그러나 하나님의 섭리가 지극히 작은 일들에까지 미치고 그의 규례들도 그러하므로, 그런 작은 일들에서까지도 우리가 여호와를 경외할 수 있는 것이다. 우리가 그의 보살피심 아래 있으니 말이다. 그러나 이 법령들 자체는 사소해 보이나 그 의미와 그 지향하는 바가 하나님을 경외하는 데 있으므로, 그 사소함에도 불구하고 하나님이 우리에게 기록하여 주신 율법에 속한 일들 중에 좋은 것으로서 중요한 일들로 간주해야 마땅한 것이다.

I. 우리 자신과 우리 이웃의 순결을 보존하기 위하여, 의복으로 남성과 여성을 서로 구별하는 것이 반드시 지켜져야 한다(5절). 머리의 길이로 남녀의 구별이 드러나는 것을 본성이 가르치며(고전 11:14), 또한 동일한 법칙으로 의복으로도 남녀 사이의 구별이 드러나므로 일상적이든 가끔이든 남녀가 의복을 혼용해서는 안 된다. 합법적인 도피나 은닉을 위해서는 그렇게 할 수도 있겠지만, 스포츠나 연극을 위해서 그렇게 하는 행위는 의심해 볼 만한 일이다.

1. 어떤 이는 이것이 이방인들의 우상 숭배의 관습을 지칭하는 것이라 보기도 한다. 베누스(비너스)를 숭배하는 의식에서 여자들은 무장을 한 차림으로 서고, 남자들은 여자의 옷을 입었다는 것이다. 기타 그런 미신적인 행위들처럼 이것을 여기서 여호와께 가증한 것으로 말씀한다는 것이다.

2. 이것은 남자와 여자의 고유한 기질과 일들의 질서를 혼란시키는 것을 금하는 것이다. 남자들은 여성적이어서는 안 되며, 집에서 여자들이 하는 일을

해서도 안 되고, 여자들은 남성적이어서도 안 되고 가르치거나 남자를 주관해서도 안 된다(딤전 2:11, 12). 아마도 부정한 일을 저지를 기회를 얻기 위해서 이처럼 의복을 혼용하는 방법이 사용되었을 것이고, 그래서 그것을 금지한 것인 듯하다. 죄를 멀리하고자 하는 자는 죄에 빠질 기회를 멀리하고 그것에 접근하지도 말아야 하는 것이다.

II. 새의 보금자리를 취할 때에 그 어미는 놓아 두어야 한다(6, 7절). 유대인들은 말하기를, "이것은 모세의 율법 중에 가장 사소한 것이다"라고 한다. 그러나 여기에 제5계명을 지키는 자에게 주어지는 것과 동일한 약속이 주어진다. 그리하면 네가 복을 누리고 장수하리라. 아주 작은 일에 불순종하는 것이 율법을 크게 멸시하는 자세를 드러내 보여주듯이, 작은 일에 순종하는 것은 율법을 크게 기리는 자세를 보여주는 것이다. 순전히 하나님께서 그렇게 하라고 하셨기 때문에 손에 잡은 새(이는 수풀의 새의 두 마리와 같다)를 손에서 놓아 보내는 자는, 그 일을 통해서 자신이 만사에 대한 모든 하나님의 규례들을 옳은 것으로 높이 받드는 자요, 또한 하나님을 거역하여 죄를 범하기보다 자신을 부인할 수 있는 자라는 것을 드러내 보이는 것이다. 그러나 하나님께서 어찌 새들을 위하여 염려하심이겠는가(고전 9:9)? 분명히 그렇다. 어쩌면 다음의 우리 구주의 말씀도 이 법을 빗대어 하신 말씀일지도 모른다. 참새 다섯 마리가 두 앗사리온에 팔리는 것이 아니냐 그러나 하나님 앞에는 그 하나도 잊어버리시는 바 되지 아니하는도다(눅 12:6).

이 법은, 1. 짐승들을 잔인하게 대하는 일이나 혹은 그것들을 없애버리는 일에서 즐거움을 찾는 것을 금하는 것이다. 하나님이 우리를 하늘의 새보다 지혜롭게 지으셨고, 우리에게 그것들을 다스리는 권세를 주셨으나, 그것들을 학대하거나 폭력으로 그것들을 다스려서는 안 되는 것이다. 가서 다시 새끼를 낳도록 어미는 반드시 놓아줄 것이요, 그것을 상하지 말라 거기 복이 있느니라(사 65:8).

2. 이는 사람들에게 연민의 정을 갖고, 야만적이며 잔인하고 악하게 보이는 모든 것에 대한 생각을 혐오할 것을 가르치며, 특히 더 연약하고 가냘픈 여성들을 향하여 더욱 그렇게 할 것을 가르친다. 자녀를 낳는 괴로움을 생각할 때에 여성은 언제나 지극히 존중하는 자세로 대하여야 할 것이다. 어머니와 자식이 함께 부서지는 것과(호 10:4) 아이 밴 여인의 배를 가르는 것(암 1:13)이 지극히 비인간적인 잔인함의 실례로 언급되고 있다. 이는 또한 어느 누구든지 그들

의 본성적인 애정과 유약한 기질을 이용하여 그들에게 위해를 가하는 일이 있어서도 안 된다는 것을 시사해준다. 자기가 낳은 알이나 어린 새끼에 대한 염려가 아니었다면 어미 새가 붙잡히는 일은 없었을 것이다(타조의 경우는 다르지만). 쉽게 날아올라서 몸을 피할 수 있었을 것이니 말이다. 그 어미 새가 기뻐마지 않는 알이나 새끼 때문에 화를 당한다면 그것은 정말 애처로운 일일 것이고, 따라서 율법은 어미 새를 그냥 놓아 주도록 규정하는 것이다. 이 법을 기억하고 우리는 우리가 자비를 베풀어야 할 자들을 괴롭히거나 잔혹하게 대하지 않도록 해야 할 것이다.

Ⅲ. 집을 지을 때에 안전하게 지음으로써, 지붕에서 사람이 떨어져 불행한 일을 당하지 않도록 주의를 기울여야 한다(8절). 그들의 집의 지붕은 여러 성경에서 나타나듯이, 사람들이 걸어 다닐 수 있도록 평평하게 되어 있었다. 그러므로 사람이 부주의하여 지붕에서 떨어지지 않도록 사방에 난간을 둘러야 했다. 유대인들은 말하기를, 난간이 1미터 이상 되어야 했다고 한다. 난간을 세우지 않았다가 불행한 일이 생기면 집주인은 소홀히 행하였으므로 그의 집에 피를 흘린 죄를 짓게 되었다. 여기서,

1. 사람의 목숨이 하나님께 얼마나 소중한지를 보라. 그는 그의 섭리로는 물론 그의 율법으로도 사람의 목숨을 보호하시는 것이다.

2. 그러므로 우리 역시 얼마나 사람의 목숨을 귀하게 여겨야 하는지를 보라. 누구에게든지 해가 될 일을 미연에 방지하도록 조심하여야 하는 것이다. 유대인들은 말하기를, 이 법은 평등하므로 이스라엘 백성은, 우물을 덮고 다리를 항상 보수하는 등 목숨을 위험에 빠뜨릴 수 있는 모든 것들을 막거나 제거할 의무를 졌다고 한다. 혹 실수로 그 일을 제대로 하지 못한 것 때문에 누군가가 목숨을 잃는다면 그들의 피에 대한 책임이 그 주인에게로 돌아가기 때문이라는 것이다.

Ⅳ. 여기서는 이상스럽게 뒤섞는 것을 금지한다(9, 10절). 이에 대해서는 상당 부분이 전에 다루어진 바 있다(레 19:19). 이런 문제에는 도덕적인 악이 전혀 없는 것처럼 보이며, 따라서 우리는 지금 밀과 호밀을 함께 심고, 소와 나귀를 함께 엮어 밭을 가는 일이나 양 털과 베 실로 섞어 짠 의복을 입는 것에 대해 전혀 가책을 느끼지 않는다. 그러나 여기서는 다음 두 가지 중 하나를 금하는 것이다.

1. 이교도들의 우상 숭배의 관습을 좇는 것. 혹은, 2. 이스라엘 사람의 선명함과 순결에 반(反)하는 것. 허영심과 호기심을 만족시키고자 창조주께서 그의 무한하신 지혜로 서로 분리시켜 놓으신 것을 서로 뒤섞어 놓아서는 안 된다는 것이다. 소를 나귀와 함께 섞는 것이 불가한 것처럼, 그들은 불신자들과 함께 멍에를 져서도 안 되고, 부정한 자들과 스스로 뒤섞여서도 안 되는 것이었다. 또한 그들의 세상에서의 직업과 차림새가 얼룩지거나 각양각색이어서는 안 되고, 모두가 한결같아야 하고 한 종류라야 하는 것이다.

V. 그들의 의복의 모서리에 관한 법. 이는 앞에서 접한 명령들(민 15:38, 39)을 다시 반복하는 것이다(12절). 이런 것들로 자기들을 다른 민족들과 구별시켜서, 다른 사람들이 이들을 처음 보고 "저기 이스라엘 사람이 간다"고 말할 수 있도록 하였는데, 이는 아무리 다른 이웃 민족들이 그들을 깔보고 경멸한다 할지라도 그들의 나라와 그들의 고유한 신앙에 대해 부끄러워하지 말아야 할 것을 가르쳐 주는 것이라 할 것이다. 또한 계명들을 참조할 구체적인 기회가 있을 때에 그 계명들의 정신 속에 침잠하였던 것이다. 이 법이 여기서 반복되는 것은 어쩌면 바로 앞의 계명들이 너무 하찮게 보이는 것들이므로 그것들을 그냥 간과하고 잊어버리는 일이 없도록 하기 위함이었을지도 모른다. 의복의 술을 보고서, 의복을 양 털과 베 실로 섞어 짜지 말라는 계명을 상기하게 될 것이었다(11절).

[13]누구든지 아내를 맞이하여 그에게 들어간 후에 그를 미워하여 [14]비방거리를 만들어 그에게 누명을 씌워 이르되 내가 이 여자를 맞이하였더니 그와 동침할 때에 그가 처녀임을 보지 못하였노라 하면 [15]그 처녀의 부모가 그 처녀의 처녀인 표를 얻어 가지고 그 성문 장로들에게로 가서 [16]처녀의 아버지가 장로들에게 말하기를 내 딸을 이 사람에게 아내로 주었더니 그가 미워하여 [17]비방거리를 만들어 말하기를 내가 네 딸에게서 처녀임을 보지 못하였노라 하나 보라 내 딸의 처녀의 표적이 이것이라 하고 그 부모가 그 자리옷을 그 성읍 장로들 앞에 펼 것이요 [18]그 성읍 장로들은 그 사람을 잡아 때리고 [19]이스라엘 처녀에게 누명을 씌움으로 말미암아 그에게서 은 일백 세겔을 벌금으로 받아 여자의 아버지에게 주고 그 여자는 그 남자가 평생에 버릴 수 없는 아내가 되게 하려니와 [20]그 일이 참되어 그 처녀에게 처녀의 표적이 없거든 [21]그 처녀를 그의 아버지 집 문에서 끌어내고 그 성읍 사람들이 그를

돌로 쳐죽일지니 이는 그가 그의 아버지 집에서 창기의 행동을 하여 이스라엘 중에서 악을 행하였음이라 너는 이와 같이 하여 너희 가운데서 악을 제할지니라 ²²어떤 남자가 유부녀와 동침한 것이 드러나거든 그 동침한 남자와 그 여자를 둘 다 죽여 이스라엘 중에 악을 제할지니라 ²³처녀인 여자가 남자와 약혼한 후에 어떤 남자가 그를 성읍 중에서 만나 동침하면 ²⁴너희는 그들을 둘 다 성읍 문으로 끌어내고 그들을 돌로 쳐죽일 것이니 그 처녀는 성안에 있으면서도 소리 지르지 아니하였음이요 그 남자는 그 이웃의 아내를 욕보였음이라 너는 이같이 하여 너희 가운데에서 악을 제할지니라 ²⁵만일 남자가 어떤 약혼한 처녀를 들에서 만나서 강간하였으면 그 강간한 남자만 죽일 것이요 ²⁶처녀에게는 아무것도 행하지 말 것은 처녀에게는 죽일 죄가 없음이라 이 일은 사람이 일어나 그 이웃을 쳐죽인 것과 같은 것이라 ²⁷남자가 처녀를 들에서 만난 까닭에 그 약혼한 처녀가 소리질러도 구원할 자가 없었음이니라 ²⁸만일 남자가 약혼하지 아니한 처녀를 만나 그를 붙들고 동침하는 중에 그 두 사람이 발견되면 ²⁹그 동침한 남자는 그 처녀의 아버지에게 은 오십 세겔을 주고 그 처녀를 아내로 삼을 것이라 그가 그 처녀를 욕보였은즉 평생에 그를 버리지 못하리라 ³⁰사람이 그의 아버지의 아내를 취하여 아버지의 하체를 드러내지 말지니라

　　　이 법은 제7계명과 관련된 것으로 영혼을 대적하여 싸우는 육체의 정욕들에 대해 형벌을 제시함으로 그것을 막고자 하는 것이다.

　　I. 남자가 다른 여자를 연모하여 자기 아내를 내쫓기 위하여 그를 비방하고 거짓으로 그를 정죄하여 이르기를, 그와 결혼했을 때에 처녀인 체하였으나 실제 처녀가 아니었다고 하였는데, 그의 비방이 허구라는 것이 밝혀지면 그가 벌을 받아야 했다(13-19절). 그 남편의 비방이 거짓임을 입증하는 증거가 과연 무엇이었는지에 대해서는 학자들의 견해가 엇갈리는데, 사실 이를 궁구할 필요가 전혀 없다. 이 법에 해당되었던 그 백성들은 분명 그것을 알고 있었을 것이기 때문이다. 우리로서는 이처럼 자기 아내의 명예를 망치려 한 이 악한 남편이 태형을 받고 벌금을 물게 하며, 그가 그렇게 비방거리로 만든 그 아내와 평생 이혼하지 못하도록 하였다는 것(18, 19절)을 아는 것으로 족하다. 아내가 싫어서 이혼하고자 하면, 율법이 이혼을 허용하고 있으므로 얼마든지 이혼할 수 있었다(24:1). 그러나 그렇게 이혼하려면 아내에게 지참금을 딸려 보내야

했다. 그러므로 그 돈을 들이지 않으려니 아내에게 더 큰 잘못을 행하여야 하고, 그러자니 그녀의 선한 이름을 망쳐버리고자 한 것이다. 그러므로 이에 대해서는 혹독하게 벌을 받아야 했고 동시에 영원토록 그 아내와 이혼하지 못하도록 한 것이다. 관찰하라.

1. 우리와 가까운 사람일수록 우리가 그들을 속이고 그들의 명예에 해를 입히는 죄가 더 커진다. 네 바로 옆에 있는 네 어머니의 아들을 비방하는 것이야말로 가장 악한 범죄로 말씀한다(시 50:20). 그런데 네 아내나 네 남편은 바로 너 자신이니 오죽하겠는가? 자기 자신의 보금자리를 더럽히는 새는 정말이지 악한 새인 것이다.

2. 순결함은 덕스러운 것이며 동시에 명예로운 것이다. 그러므로 그것을 의심받게 된다는 것은 그 어떠한 추악한 일에 못지않게 큰 치욕이요 불명예인 것이다. 그러므로 무엇보다도 이 문제에서 우리는 우리 자신의 선한 이름과 다른 이들의 선한 이름 모두에 대해 매우 민감해야 할 것이다.

3. 부모는 자녀들의 명예를 회복시키는 일에 스스로 깊이 관심을 가져야 한다. 자녀는 부모에게서 난 가지이기 때문이다.

II. 여자가 처녀로 결혼했는데 처녀가 아니었던 것이 밝혀지면 그 아버지의 문간에서 돌에 쳐 죽임을 당하게 되어 있었다(20, 21절). 약혼하기 전에 부정한 일을 저질렀을 경우 그것 자체로는 사형을 받을 것이 아니었다. 그러나 스스로 더럽혀진 것을 의식하면서도 자기와 결혼한 남편으로 하여금 자신을 순결하고 정숙한 여자로 믿게 만들어서 남편을 욕되게 하였으니, 그 여자는 죽어야 했다. 그러나 어떤 이들은 그 여자가 약혼한 이후에 저지른 부정한 일에 대해서만 사형을 받았다고 보기도 한다. 아직 결혼은 하지 않았더라도 약혼하기 전에는 성숙해지는 자가 별로 없었다는 것을 가정하고서 그렇게 보는 것이다.

그런데, 1. 이는 젊은 여자들에게 간음을 피하도록 만드는 강력한 제재 수단이 되었다. 결혼할 당시에는 드러나지 않아서 결혼 자체를 망치지는 않으나, 십중팔구 후에 발견되어 영원토록 치욕을 당하고 완전히 망하게 될 것이었으니 말이다.

2. 또한 부모들로서도 최선을 다하여 자녀들의 순결을 보존하여야 할 것을 시사해 준다. 선한 권면과 교훈을 주고, 선한 모범을 보이며, 나쁜 친구들과 어울리지 못하도록 지키며, 그들을 위하여 기도하고, 필요한 제재 수단을 강구하

지 않았다가 자녀들이 음란한 짓을 저지르면, 부모가 자식이 자기 집 문간에서 사형당하는 것을 보는 슬픔과 치욕을 당하게 될 것이었기 때문이다. 디나의 경우에 저지른 범죄에 대해서도 바로 이스라엘 중에 악이라는 문구가 사용된 바 있다(창 34:7. 한글 개역개정판은 "이스라엘에게 부끄러운 일"로 번역함 — 역주). 모든 죄는 다 부끄러운 일이지만, 음란한 짓은 특별히 부끄러운 짓이다. 그러나 거룩한 백성임을 공언하는 이스라엘 중에서 음란한 짓을 저지른다면 무엇보다 더 부끄러운 일인 것이다.

III. 미혼이든 기혼이든 남자가 결혼한 여자와 동침하면, 그들 모두 죽임을 당하게 되어 있었다(22절). 이 법은 앞에서 이미 주어진 것이다(레 20:10). 결혼한 남자가 미혼인 여자와 동침하는 것은 그렇게 큰 범죄도 아니었고, 죽음으로 징벌받는 것도 아니었다. 가정에 거짓된 자녀를 데려와 정당한 자녀들의 성격을 망치는 것이 아니었기 때문이다.

IV. 젊은 처녀가 약혼하고 아직 결혼하지 않았을 경우, 그녀의 남편이 될 남자의 보호 아래 있지 않았고, 따라서 그녀와 그녀의 순결을 율법이 특별히 보호하였다.

1. 그 여자의 동의하에 그녀의 순결이 침해를 받았을 경우에는 그녀는 물론 그녀와 함께 간음한 남자도 함께 사형에 처하게 되어 있었다(23, 24절). 그리고 그 일이 성읍 안에서나, 혹은 그녀가 소리를 지르면 곧바로 누군가가 와서 그녀에게 해가 되지 않도록 막아주었을 만한 장소에서 이루어졌을 경우에는 그녀가 그 일에 동의한 것으로 간주하였다. 침묵은 곧 동의를 뜻한다. 주목하라. 유혹을 피하고 극복하도록 도울 수 있는 수단과 방법이 있는데도 그것들을 사용하지 않는 자들은 그 유혹에 의도적으로 굴복한 것으로 단정할 수 있다. 아니, 아버지의 집에서 보호받고 있어야 할 사람이 다양한 온갖 사람들이 뒤섞이는 성읍 안에서 발견된다는 것부터가 그녀가 죄를 두려워하지 않고, 정숙한 여자가 마땅히 가져야 할 경계심이 없는 자였다는 증거였을 것이다. 주목하라. 불필요하게 스스로 유혹에 자신을 노출시키는 자들은 그들이 깨닫기도 전에 갑자기 그 유혹에 넘어진다 해도 지극히 당연한 결과를 당하는 것일 뿐 달리 변명할 길이 없다. 디나는 그 땅의 딸들을 보려는 호기심을 만족시키려다가 존귀함을 잃고 말았다. 동정녀 마리아는 이 법에 의해서 돌로 쳐죽임을 당하고 공적인 본보기가 될 위기에 처하였으나, 하나님께서 천사를 통하여 진상을 요

셉에게 확실히 밝히신 것이다.

2. 만일 처녀가 동의한 일이 없이 강간을 당한 것이면, 강간을 저지른 남자는 죽임당할 것이나 그 처녀는 무죄 방면되었다(24-27절). 그 일이 사람이 소리를 들을 수 없는 들판에서 이루어졌을 경우는 그녀가 소리를 질렀으나 아무도 구원해 주는 사람이 없었던 것으로 간주되었다. 게다가 그녀가 인적이 드문 들에 나간다 해도 거기서는 별로 노출될 위험이 없기도 했다. 이 법은 우리에게 다음과 같은 점들을 시사해 준다.

(1) 우리는 우리에게 행해지는 악이 아니라 우리가 행하는 악에 대해서만 고통을 받게 될 것이라는 것. 의도가 전혀 없이 범해진 것은 죄가 아니다.

(2) 그 반대의 사실이 드러나지 않는 한 모든 사람들에 대해서 가장 좋게 생각해야 한다는 것. 순결뿐 아니라 평등도 그렇게 하도록 가르침을 주는 것이다. 아무도 그녀의 부르짖는 소리를 듣지 못했으나, 그녀가 부르짖었더라도 아무도 듣지 못했을 것이므로, 그녀가 부르짖은 것으로 간주하는 것이다. 우리는 사람들과 행동들에 대해 판단할 때에 모든 것을 믿으며 모든 것을 바라는 이 법칙을 적용해야 할 것이다.

(3) 우리의 순결을 우리 목숨처럼 아끼고 간직하여야 한다. 그러므로 그것이 침해당할 때에 살인이라, 살인이라, 이 일은 사람이 일어나 그 이웃을 쳐죽인 것과 같은 것이라고 외치는 것이 전혀 부당한 것이 아니다.

(4) 이것과 관련해서, 사탄이 우리에게 유혹거리를 가져다 놓을 때에 우리가 어떻게 해야 하는지를 생각하라. 우리가 어디 있든지 하늘을 향하여 큰 소리로 도움을 요청하자 (나를 도우소서, 오 주여, 내가 횡포를 당하나이다). 그러면 반드시 주께서 들으시고 응답하실 것이다. 바울이 내 은혜가 네게 족하도다(고후 12:9)라는 응답을 받았듯이 말이다.

V. 약혼하지 않은 처녀가 똑같이 강간을 당했을 경우. 그를 강간한 남자가 벌금을 물고 그 처녀의 아버지가 벌금을 취하여야 하며, 그와 그 처녀가 합의하면 그가 반드시 그 처녀와 결혼하여야 하고, 아무리 그녀가 그보다 낮고 비천하고 그의 마음에도 들지 않는다 해도, 절대로 이혼하지 못하게 되어 있었다. 다말을 강간한 암논의 경우가 그러했다(28, 29절). 이 법은 남자들로 하여금 그런 악행을 범하지 못하도록 방지하기 위하여 제정된 것이다. 이는 우리가 반드시 읽고 쓰고 새겨야 할 수치스런 일이다.

VI. 이 법은 남자가 그 죽은 아버지가 남긴 아내와 결혼하는 것이나 혹은 그 아버지의 아내와 부적절한 관계를 갖는 것을 금하는 것으로 레 18:8에 제시된 것이 여기서 다시 반복되고 있다(30절). 아마도 이는 (패트릭 주교의 말처럼) 근친 간의 결혼을 금하는 모든 법들을 조심스럽게 준수하라는 하나의 짧은 메모 같은 것으로 의도되었을 것이다. 근친상간이야말로 가장 역겨운 죄요, 사도는 그것에 대해, 그런 음행은 이방인 중에서도 없는 것이라고 말씀한다(고전 5:1).

제 23 장

개요

본 장의 법은 다음과 같다. I. 그들에게 치욕이 될 거리를 배제시킴으로써 이스라엘 가문의 순결과 명예를 보존하기 위한 법(1-8절). II. 출진할 때에 이스라엘 진영의 순결과 명예를 보존하기 위한 법(9-14절). III. 그들에게 도피해온 노예들을 격려하고 안돈시키기 위한 법(15, 16절). IV. 창기를 대적하는 법(17, 18절). V. 고리대금을 금하는 법(19, 20절). VI. 서원에 관한 법(21-23절). VII. 이웃의 밭과 포도원에서 자유로이 할 수 있는 일과 할 수 없는 일에 관한 법(24, 25절).

¹고환이 상한 자나 음경이 잘린 자는 여호와의 총회에 들어오지 못하리라 ²사생자는 여호와의 총회에 들어오지 못하리니 십 대에 이르기까지도 여호와의 총회에 들어오지 못하리라 ³암몬 사람과 모압 사람은 여호와의 총회에 들어오지 못하리니 그들에게 속한 자는 십 대뿐 아니라 영원히 여호와의 총회에 들어오지 못하리라 ⁴그들은 너희가 애굽에서 나올 때에 떡과 물로 너희를 길에서 영접하지 아니하고 메소보다미아의 브돌 사람 브올의 아들 발람에게 뇌물을 주어 너희를 저주하게 하려 하였으나 ⁵네 하나님 여호와께서 너를 사랑하시므로 네 하나님 여호와께서 발람의 말을 듣지 아니하시고 네 하나님 여호와께서 그 저주를 변하여 복이 되게 하셨나니 ⁶네 평생에 그들의 평안함과 형통함을 영원히 구하지 말지니라 ⁷너는 에돔 사람을 미워하지 말라 그는 네 형제임이니라 애굽 사람을 미워하지 말라 네가 그의 땅에서 객이 되었음이니라 ⁸그들의 삼 대 후 자손은 여호와의 총회에 들어올 수 있느니라

여기서 여호와의 총회에 들어온다는 것이 무슨 의미인지에 대해서 해석자들의 견해가 엇갈린다. 고자나 사생자는 거기에 들어가지 못하며, 암몬 사람과 모압 사람은 영원히 들어가지 못하게 되어 있었으나, 에돔 사람과 애굽

사람은 삼 대 이후에는 들어갈 수 있었다.

1. 어떤 이들은, 이로써 그들이 하나님의 백성들의 종교적인 예배에 참석하여 그들과 교류하는 것에서 제외된 것이라고 본다. 고자나 사생자도 교회의 일원으로 인정되었고, 또한 암몬 사람과 모압 사람도 할례를 받고 유대인의 종교로 개종할 수 있었으나, 그들과 그들의 가족들은 한동안 수치의 증표 아래 있어야만 했고, 그들이 어디서부터 비롯되었는지 그 근본을 기억하고서 다른 사람들처럼 성소 가까이에 나아와서도 안 되고, 이스라엘 사람과 자유로운 교류를 가져서도 안 되었다는 것이다.

2. 다른 이들은, 그들이 이로써 회중 가운데 직분을 받아 봉사하는 일에서 제외되었다고 본다. 이들이 직분자가 되면 관원들의 명예에 흠이 생기기 때문에 이들 중에서는 누구도 장로나 사사가 될 수 없었다는 것이다.

3. 다른 이들은, 이들이 이스라엘 사람과 결혼하는 일에서만 제외되었다고 본다. 박식한 패트릭 주교는 이런 의미로 이해하는 쪽으로 기운다. 그러나 포로기 이후 이 법이 시행될 때에 이민족 출신의 아내들만이 아니라 모든 혼혈인들까지도 이스라엘과 분리시켰다(느 13:1, 2). 이스라엘의 남자들이 이민족 출신의 딸들(가나안 민족 출신이라 해도)과 결혼할 수도 있었던 것 같다. 단, 그들이 유대 종교에 완전히 개종했을 경우만 해당되었다. 그러나 이민족 출신의 남자들은 이스라엘의 딸들과 결혼할 수 없었고, 여기서 제시하는 조건이 아니고서는 그들이 이스라엘의 일원이 될 수도 없었다.

전반적으로 볼 때, 여기서 다음과 같은 자들에게 치욕이 돌려진다.

I. 고자와 사생자들에게(1, 2절).   유대인 저술가들은 여기의 사생자들을, 간음이나 혼외의 관계를 통해서 난 자식들 전부를 가리키는 것이 아니라, 율법이 금지하는 근친상간(레 18장)을 통해서 난 자식들을 가리키는 것으로 이해한다. 그러므로 물론 그 자식들에게는 잘못이 없었지만, 백성들로 하여금 그런 불법 결혼과 부정한 정욕을 멀리하게 하기 위해서 그런 행위의 결과로 난 후손들을 그렇게 치욕스럽게 한 것이다. 입다는 이방 민족 출신의 창녀에게서 난 자식이었지만(삿 11:1, 2), 이 법을 이런 의미로 이해하면 그는 사생자는 아니었다. 그리고 고자에 대해서는, 그들은 이 법에 의해서 마른 나무들로 인정되어 포도원에서 내쫓겨야 할 존재들인 것 같으나(사 56:3), 그럼에도 불구하고 그들이 허용되는 한도 내에서 안식일을 지키고 그를 기쁘시게 하는 일들을 행

하여 하나님께 의무를 다하면 이처럼 특권을 누리지 못하는 처지가 그들에게 영적인 복을 누리는 상태로 변하여 영원한 이름을 얻을 자격을 얻게 될 것임이 여기서 약속되고 있다(5절).

II. 암몬 사람과 모압 사람들에게. 이들은 롯의 후손인데, 그는 눈에 보이는 편의를 좇아 아브라함에게서 스스로 분리한 사람이다(창 13:11). 그리고 그나 그의 후손이 언약의 자손들에게 다시 스스로 합류하는 것이 전혀 나타나지 않는다. 그들은 여기서 **십 대까지**, 즉 영원히 들어오지 못하는 것으로 나타난다. 느 13:1과 비교하라. 이스라엘이 이들을 그렇게 대하고 그들과 **평안함과 형통함**(6절)을 구하지 말아야 하는 이유는, 하나님께서 그들을 괴롭히거나 성가시게 하지 말라고 미리 이스라엘에게 명령하셨음에도 불구하고 그들이 최근에 이스라엘 진영에 대해 무정하게 대하였기 때문이다(2:9, 19).

1. 그들이 떡과 물로 너희를 길에서 영접하지 아니한 것은 정말 잘못된 것이었다(4절). 우호적인 관계에 있었다면, 아니 최소한 중립적인 입장을 지키고 있었다 해도, 마땅히 이스라엘의 진영에 음식을 가져다주었어야 했고, 또한 그것에 대해 정당한 대가를 지불했을 것인데도, 그들은 그렇게 하지 않았던 것이다. 하나님의 이스라엘이 그들의 따뜻한 영접을 필요로 하지 않았던 것이 결국은 잘된 일이었다. 하나님이 친히 그들에게 떡과 물을 공급하셨기 때문이다. 그러나 암몬 사람들의 그런 처신은 후 세대에까지 기억되어 그들에게 불리하게 작용할 것이었다. 주목하라. 하나님은 그의 백성들을 대적하는 자들은 물론 할 수 있는 능력이 있는데도 불구하고 그들을 돕지 않는 자들에 대해서도 반드시 갚으실 것이다. 저 큰 심판의 날에 이들은 행하지 않은 일에 대해서 책임을 지게 될 것이다. 내가 주릴 때에 너희가 먹을 것을 주지 아니하였고(마 25:42).

2. 모압 사람들은 더 악한 일을 저질렀다. 그들은 발람을 매수하여 이스라엘을 저주하게 하려 했었다(4절). 사실 하나님께서 그 저주를 변하여 복이 되게 하셨다. 발람의 입의 말을 바꾸셨을 뿐 아니라 이스라엘을 망하게 하려던 그 일을 통하여 오히려 이스라엘에게 존귀와 유익이 되도록 하신 것이다. 그들의 계획이 허사가 되었고, 하나님의 역사하심으로 선이 이루어졌으나, 모압 사람들의 처신은 정말 사악한 것이었다. 하나님은 죄인들을 다루시나, 그들의 행위에 따라서 다루실 것이다(시 28:4).

III. 에돔 사람과 애굽 사람들은 모압 사람과 암몬 사람만큼 깊은 치욕을 당

하지 않았다. 에돔 사람과 애굽 사람이 이스라엘에 합류하면, 그의 손자들은 여호와의 회중의 완전한 일원으로 인정받았다(7, 8절). 우리는 에돔 사람들은 암몬 사람보다 더 이스라엘에게 위해를 가했었으니 그들을 선대해서는 안 된다고 생각할 것이다(민 20:20). 그러나 "암몬 사람은 미워하되 에돔 사람을 미워하지 말라 그는 네 형제임이니라." 주목하라. 가까운 친족의 불친절한 처신에 대해서 많은 이들이 악감정을 품으나, 우리는 그래서는 안 된다. 친족이라는 사실을 가장 우선시해야 하기 때문이다. 그 다음 애굽 사람들에 대해서는 그들을 미워하지 말아야 할 이유가 매우 의아스럽다. "네가 그의 땅에서 객이 되었음이니라. 그러므로 거기서 비록 고생을 당했더라도, 그들이 오랜 세월 동안 알고 지내는 자들이니 그들을 선대하여야 할 것이다." 애굽에서 종노릇한 것을 기억하여 애굽 사람들에게 악한 감정을 쌓아두고 있어서는 안 되며, 오로지 그들을 구원하실 때에 하나님의 능력과 선하심이 높이 드러난 일만을 기억해야 한다는 것이다.

⁹네가 적군을 치러 출진할 때에 모든 악한 일을 스스로 삼갈지니 ¹⁰너희 중에 누가 밤에 몽설함으로 부정하거든 진영 밖으로 나가고 진영 안에 들어오지 아니하다가 ¹¹해 질 때에 목욕하고 해 진 후에 진에 들어올 것이요 ¹²네 진영 밖에 변소를 마련하고 그리로 나가되 ¹³네 기구에 작은 삽을 더하여 밖에 나가서 대변을 볼 때에 그것으로 땅을 팔 것이요 몸을 돌려 그 배설물을 덮을지니 ¹⁴이는 네 하나님 여호와께서 너를 구원하시고 적군을 네게 넘기시려고 네 진영 중에 행하심이라 그러므로 네 진영을 거룩히 하라 그리하면 네게서 불결한 것을 보시지 않으므로 너를 떠나지 아니하시리라

이스라엘은 지금 진을 치고 있었고, 이 수많은 군대는 행동에 돌입하기 직전이었고, 그러므로 그들은 오랜 동안 그렇게 함께 있어야 했다. 그러므로 그들의 진영을 질서 있게 통제하기 위한 구체적인 지침을 주는 것이 합당한 일이었다. 여기의 권고는 한 마디로 깨끗하게 하라는 것이다. 그들의 진영을 도덕적이며 의식적이며 본성적인 오염이 없이 순결하게 유지하도록 주의를 기울여야 했던 것이다.

  I. 도덕적인 오염이 없어야 했다(9절). 군대가 적군을 치러 출진할 때에, 네

자신을 특별히 잘 돌아보아 모든 악한 일을 스스로 삼갈지니라.

1. 군병들은 스스로 죄를 삼가야 했다. 죄는 용맹을 무디게 만들고, 죄책은 사람을 비겁자로 만들기 때문이다. 목숨을 내어놓는 자들은 하나님과 화평하여야 하고, 또한 그 상태를 계속 유지하고 양심에 거리끼는 잘못이 없도록 주의를 기울이는 법이다. 그렇게 되면 두려움 없이 죽음을 대할 수도 있을 것이다. 군병들은 임무를 수행하는 중에 악의와 탐욕, 혹은 부정함의 정욕들을 만족시키는 것을 멀리해야 한다. 또한 그들이 함락시킨 곳에서 발견되는 우상들이나 저주받은 것들을 멀리해야 한다. 그것들은 사악한 것들이기 때문이다.

2. 또한 집에 머무는 대다수의 백성들도, 그리고 그들 개개인도, 특별히 그 때에 모든 악한 것을 멀리해야 한다. 그들이 죄를 범하면 하나님께서 진노를 발하시고 그 백성을 고치시기 위하여 이스라엘 군대에게서 그의 임재를 물리사 원수들에게 승리를 주실 수도 있기 때문이다. 전쟁의 시기는 개혁의 시기가 되어야 한다. 그렇지 않으면 하나님께서 우리의 기도를 들으시고 승리로 응답하시기를 어떻게 기대할 수 있겠는가(시 66:8. 또한 삼상 7:3을 보라).

II. 의식적인 오염이 없어야 했다. 무의식중에 의식적인 오염에 빠질 수도 있는데, 이 때는 물에 몸을 씻을 것이요 또한 저녁까지 부정한 것으로 간주해야 했다(레 15:16). 군병은 진중에서 계속해서 봉사와 의무를 감당해야 했으나, 그렇다고 해서 자기는 이러한 의식을 준수하는 것을 면제받았다고 생각해서는 안 되었다. 집에 있었다면, 그저 몸을 씻기만 하면 되었을 것이다. 그러나 군대에 소속되어 있기 때문에 진 바깥으로 나갈 수밖에 없고, 진을 정결하게 유지하기 위해서, 또한 자기 자신의 부정함에 대한 부끄러움 때문에 해가 진 후에 돌아와야 했던 것이다(10, 11절). 무의식중에 오염에 노출된 것으로도 이러한 곤욕과 수치스러움을 겪으므로, 이로써 그들은 모든 육체적인 정욕을 지극히 혐오하기를 가르침 받은 것이다. 군인들이 이것을 생각한다면 잘된 일이었다.

III. 본성적인 오염이 없어야 했다. 여호와의 진영에는 거스르는 것이 하나도 없어야 했다(12-14절). 하나님의 율법이, 혹은 최소한 모세의 엄숙한 명령과 지시가 이런 유의 일들까지 다룬다는 것이 이상스럽게 여겨지기도 한다. 그러나 그 의도는 다음과 같은 것을 가르치기 위한 것이었다.

1. 정숙함과 단정함. 그렇게 함으로써 사람이 스스로, 부끄러움을 모르는 짐승과 구별하여야 한다는 것을 본성 자체가 가르쳐준다.

2. 깨끗함. 진중에서도 깔끔함을 유지해야 했다. 더럽고 지저분한 것은 하나님께서 우리에게 부여하신 감각에도 불쾌하고, 건강에도 좋지 않고, 인간 생활의 위로에도 반하는 것이요, 또한 무관심하고 게으른 성품을 지닌 증거다.

3. 죄의 오염으로부터 순결함. 몸을 이렇게 깨끗하고 깔끔하게 유지하는 데에도 이처럼 주의를 기울여야 한다면, 정신을 깨끗하게 가다듬는 일에는 더욱더 주의를 기울여야 할 것이다.

4. 하나님의 위엄을 높이 기리는 자세. 여기서는 다음과 같은 이유가 제시된다. 곧, 이는 네 하나님 여호와께서 그의 임재하심의 특별한 증표인 언약궤 옆에서 네 진영 중에 행하심이라. 그 외형적인 상징물에 대해서 이러한 외형적인 순결이 요구되는데, 이는 하나님께서 항상 우리와 함께 계시며 우리를 살피시는 것을 생각하여 영혼의 내적인 순결을 보존할 것을 가르쳐 준다. 하나님께서 그들 중에 임재하심을 생각하라는 이런 표현을 통해서, 그들은 죄에 대해 스스로 방비할 것과 또한 하나님의 임재를 생각하고 원수들을 대적하여 용기를 가질 것을 가르침 받았던 것이다.

5. 서로에 대한 배려. 한 사람이 지저분하면 여러 사람들에게 성가심을 주게 된다. 그러므로 깨끗이 할 것을 명하는 이 법은 형제들을 성가시게 하고 근심하게 하는 일을 행하지 말아야 한다는 것을 가르쳐 준다. 이는 성가시게 하는 일을 금하는 법이라 할 것이다.

[15]종이 그의 주인을 피하여 네게로 도망하거든 너는 그의 주인에게 돌려주지 말고 [16]그가 네 성읍 중에서 원하는 곳을 택하는 대로 너와 함께 네 가운데에 거주하게 하고 그를 압제하지 말지니라 [17]이스라엘 여자 중에 창기가 있지 못할 것이요 이스라엘 남자 중에 남창이 있지 못할지니 [18]창기가 번 돈과 개 같은 자의 소득은 어떤 서원하는 일로든지 네 하나님 여호와의 전에 가져오지 말라 이 둘은 다 네 하나님 여호와께 가증한 것임이니라 [19]네가 형제에게 꾸어주거든 이자를 받지 말지니 곧 돈의 이자, 식물의 이자, 이자를 낼 만한 모든 것의 이자를 받지 말 것이라 [20]타국인에게 네가 꾸어주면 이자를 받아도 되거니와 네 형제에게 꾸어주거든 이자를 받지 말라 그리하면 네 하나님 여호와께서 네가 들어가서 차지할 땅에서 네 손으로 하는 범사에 복을 내리시리라 [21]네 하나님 여호와께 서원하거든 갚기를 더디하지 말라 네 하나님 여호와께서 반드시 그것을 네게 요구하시리니 더디면 그것이 네게

죄가 될 것이라 ²²네가 서원하지 아니하였으면 무죄하리라 그러나 ²³네 입으로 말한 것은 그대로 실행하도록 유의하라 무릇 자원한 예물은 네 하나님 여호와께 네가 서원하여 입으로 언약한 대로 행할지니라 ²⁴네 이웃의 포도원에 들어갈 때에는 마음대로 그 포도를 배불리 먹어도 되느니라 그러나 그릇에 담지는 말 것이요 ²⁵네 이웃의 곡식밭에 들어갈 때에는 네가 손으로 그 이삭을 따도 되느니라 그러나 네 이웃의 곡식밭에 낫을 대지는 말지니라

여기서는 서로 관련이 없는 다섯 가지에 관한 명령들이 주어진다.

I. 여기서 인근 지역으로부터 종들이 주인들에게서 학대를 받아 피신하기 위해 도망해 올 경우에 이스라엘 땅이 성소, 혹은 도피성의 역할을 하게 된다 (15, 16절). 그렇다고 해서 무조건 일터에서 도망해오는 무원칙한 사람들을 모두 접대해 주어야 했다고 생각할 수는 없다. (로마는 처음에 그렇게 했지만) 이스라엘이 그런 식으로 사람들을 채울 필요는 없었던 것이다. 그러나,

1. 조사하여 그 종이 주인에게 잘못을 저질러서 정당하게 벌을 받아야 할 처지라는 것이 드러나기 전에는 두려워 떠는 종을 화난 주인에게 돌려보내서는 안 되었다. 주목하라. 약자를 쉬게 해주고 보호하는 것은, 그가 악한 자가 아닌 한, 존귀한 일이다. 하나님께서는 그의 백성들이 눌린 자들을 후원하는 것을 허용하신다. 천사는 하갈에게 여주인에게로 돌아가도록 명했고, 바울은 오네시모를 그 주인 빌레몬에게로 돌려보냈다. 그들이 도망할 이유도 없었고, 또한 돌아가도 위험에 처할 상황이 아니었기 때문이다. 그러나 여기의 종은 목숨을 부지하기 위해 이스라엘 백성에게로 도피한 상황이다. 이스라엘 백성이 자비로운 사람들이라는 소문을 들은 터라(벤하닷이 이스라엘 왕들에 대해 그렇게 알고 있었다. 왕상 20:31) 주인의 횡포에서 자기를 구해줄 것이라고 여겨 그렇게 했을 것이다. 이럴 경우 그 종을 주인에게 돌려보내는 것은 어린양을 사자의 입에 던지는 것과 마찬가지다.

2. 만일 그 종이 학대받은 것이 드러나면, 그를 보호해줄 뿐 아니라 그가 그들의 신앙을 기꺼이 받아들일 것으로 가정하여 그들 가운데 정착할 수 있도록 모든 격려를 다 제공해 주어야 했다. 그가 정착할 곳을 억지로 정해주지 말고, 그가 원하는 곳을 택하도록 해주며, 또한 기왕에 힘든 주인에게서 피해 왔는데 또다시 강압적인 주인을 만난 격이 되지 않도록 그를 압제하지 말지니라. 그렇

게 하면 그 종이 이스라엘 땅이 다른 땅에 비해서 얼마나 편안하고 좋은지를 곧 알게 될 것이고, 이스라엘 땅을 평생 자기 땅으로 택하게 될 것이었다. 주목하라. 개종자들과 진리에로 회심한 자들은 특별히 부드럽게 대하여, 다시 돌아갈 유혹을 받지 않게 해야 한다.

II. 이스라엘 땅은 부정한 자들을 위한 보금자리가 되어서는 안 되었다. 창기도, 남창도 그들 중에 있어서는 안 되었다(17, 18절). 남자든 여자든 사창굴을 운영해서도 안 되었다. 여기서,

1. 그들 중에 그런 사악함을 용인해서는 안 되는 합당한 이유가 암시되고 있다. 곧, 그들이 이스라엘 사람들이기 때문이라는 것이다. 여기에 강조점이 있는 것 같다. 왜냐하면 이스라엘의 딸이 창기요, 이스라엘의 아들이 포주라면 그것은 그들의 출신을 욕되게 하는 것이요, 그들이 속한 그 백성과 그들이 예배하는 하나님을 욕되게 하는 것이기 때문이다. 그것은 어느 민족이든 나쁜 것이지만, 거룩한 민족인 이스라엘 사람에게는 최악의 것이다(삼하 13:12).

2. 이런 악에 대해 불쾌히 여기신다는 정당한 증표가 제시된다. 곧, 창기가 번 돈과 개 같은 자의 소득, 즉 남창이나 포주(필자는 이렇게 이해하고 싶다. 그런 자들을 개라고 부르니 말이다. 계 22:15)가 그 음탕하고 악한 행위들을 통해서 벌어들인 소득은 어떤 서원하는 일로든지 네 하나님 여호와의 전에 가져오지 말라고 하는 것이다. 이는, (1) 그런 사악한 자들에게서는 하나님께서 절대로 헌물을 받지 않으신다는 것을 시사한다. 그들은 그런 사악한 짓으로 얻은 것 외에는 헌물로 드릴 수 있는 것이 아무것도 없었고, 따라서 그들의 제사는 여호와께 가증한 것일 수밖에 없었다(잠 15:8). (2) 서원을 하고 또 그것을 갚고 여호와께 헌물을 드리니, 계속해서 이 죄를 계속 지어도 사면을 받을 수 있다고 생각해서는 안 된다는 것을 시사한다. 그들의 헌물을 하나님이 받으셨다고 생각하여 자기들이 그 악한 일을 계속해도 괜찮다고 생각한 사람들이 있었던 것 같으나(내가 화목제를 드려 서원한 것을 오늘 갚았노라 이러므로 내가 너를 맞으려고 나와 네 얼굴을 찾다가 너를 만났도다. 잠 7:14, 15) 결코 그렇지 않았던 것이다. 잘못을 보상하려는 의미로 드리는 헌물은 절대로 받지 않으시는 것이다. (3) 정직하고 존귀한 자세에서 나온 것이 아니면, 우리가 아무리 좋은 것을 드려도 하나님을 존귀하게 할 수가 없다는 것을 시사한다. 우리가 무엇을 드리는가도 살펴야 하나, 동시에 그것을 우리가 어떻게 벌었는지도 살펴야 한다. 하나님은

강탈한 것으로 번제를 드리는 것도 미워하시고, 부정한 짓을 통해 번 것도 마찬가지로 미워하시는 것이다.

III. 여기서는 고리대금의 문제를 정리해 준다(19, 20절).

(1) 이스라엘 사람에게는 이자를 받고 돈을 꾸어주어서는 안 된다. 그들은 하나님께로부터 직접 재산을 부여받았다. 하나님은 그들을 다른 모든 민족들과 구별하셨는데, 만일 그가 뜻이 계셨다면 그들이 모든 것들을 공동으로 통용하도록 명하셨을 수도 있었을 것이다. 그러나 그렇게 하지 않으시고, 그가 좋은 땅을 주신 것에 대해 감사히 여긴다는 증표로 기회가 있을 때마다 그들끼리 서로 이자를 받지 않고 꾸어줄 것만을 명하신 것이다. 그들 사이에 빌려주고 빌려 받는 양이 그리 많지 않았을 것이다. 왜냐하면 그들의 땅이 완전히 분배되었고, 재산이 완전히 정착되어 있었고, 그들끼리 상거래가 별로 없어서 큰 양을 꾸는 경우가 거의 또는 전혀 없었으며, 자연 재해로 인하여 땅의 과실들을 잃어버린 것 같은 일이 있을 경우에 가족의 생계유지에 필요한 정도만 빌리면 되는 것이었기 때문이다. 그럴 경우 그렇게 작은 것에 대해 이자를 요구한다는 것은 정말 비열한 짓이었을 것이다. 돈을 꾸는 자가 얻는 이익은 돈을 꾸어주는 자가 마땅히 소득 중에서 다른 이들과 함께 나누어야 할 부분이다. 그러므로 필요한 양식을 위해서 돈을 꾸어야 할 처지에 있는 자에게 동정을 베푸는 것이 마땅하며, 꾸어주어야 할 때에 아무런 이익도 바라지 말고 돈을 꾸어주어야 하는 것이다(눅 6:35).

(2) 타국인에게는 이자를 받고 꾸어주어도 무방했다. 그들은 상거래를 통해서, 돈을 굴려서 사는 자들이니, 꾼 돈으로 이익을 얻을 것이며, 또한 그럴 희망을 갖고 돈을 꾸는 것이다. 이로 볼 때에 이자를 받는 것 자체는 무리한 것이 아니라는 것이 드러난다. 타국인을 압제해서는 안 되나, 정당한 이자는 받을 수 있는 것이다.

IV. 서원을 통해서 우리 영혼을 거기에 매어놓았으므로 서원은 반드시 갚을 것이 요구된다. 이는 자연법의 일부다(21-23절).

(1) 서원을 하거나 하지 않을 자유는 우리의 몫이다. 네가 (율법에서 명하는 것을 넘어서서 어떤 특정한 제사나 헌물을 드릴 것을) 서원하지 아니하였으면 무죄하리라. 하나님께서는 이미 자원하여 헌물을 드릴 것을 서원하면, 비록 그것이 얼마 되지 않는 고운 가루에 불과할지라도(레 2:4) 그것을 기꺼이 받으실

뜻을 나타내신 바 있다. 그러므로 그렇게 하고자 하는 자들은 얼마든지 그렇게 할 수 있었다. 그러나 제사장들이 자원하여 드리는 헌물과 그것에 대한 서원의 가장 큰 몫을 누리게 되어 있었으므로, 그들이 백성들에게 그런 서원을 하는 것을 그들의 의무로 만들어 그들의 능력과 의도에 지나치게 드리도록 압박하는 일이 없도록 하기 위하여, 그런 서원을 하지 않아도 죄로 여기지 않는다는 것을 여기서 명확히 밝히는 것이다. 하나님께서 구체적으로 요구하신 제사를 빠트리는 것은 죄가 되지만 서원을 하지 않는 것은 죄가 되지 않았던 것이다. (패트릭 주교가 잘 표현하고 있듯이) 하나님께서는 사람들이 그를 편안히 섬기게 하고, 또한 모든 헌물들을 자유롭고 흔쾌히 드리게 하고자 하신 것이다.

(2) 그러나 서원을 했으면 그것을 시행해야 하고, 또한 속히 시행하여야 하는 최고의 의무를 지게 되었다. "그것을 갚기를 더디하지 말라. 처음 기회가 왔을 때 그것을 갚지 않고 미루면 그것에 대한 열정이 식어지고, 서원을 잊거나 혹은 무슨 일이 일어나서 그것을 갚을 수 없게 될 것이로다. 엄숙하고도 사려 깊은 서원으로 여겨 네 입으로 말한 것은 그대로 시간을 지켜서 온전하게 실행하도록 유의하라." 복음의 규범은 이것보다 한 걸음 더 나아간다. 입으로 말하지 않았더라도, 각각 그 마음에 정한 대로 할 것이요(고후 9:7). 우리가 서원한 것을 반드시 갚아야 하는 합당한 이유가 여기 제시된다. 곧, 우리가 갚지 않으면, 하나님 여호와께서 반드시 그것을 우리에게 요구하실 것이요, 거짓말한 것에 대해서는 물론, 그를 조롱하려 한 것에 대해서도 확실하게 또한 혹독하게 우리에게 책임을 물으실 것이라는 것이다. 하나님은 절대로 조롱받으시는 분이 아니시다. 전 5:4을 보라.

V. 여기서는 그들이 곡식밭이나 포도원을 지나갈 때에 배가 고파서나 혹은 즐기기 위해서나 길가에 자라난 곡식이나 포도송이를 따서 먹는 것은 무방하며, 다만 그것들을 갖고 가서는 안 된다고 말씀한다(24, 25절). 그러므로 제자들이 비난을 받은 것은 곡식의 낱알을 잘라 먹은 것 때문이 아니라(율법이 이를 허용하고 있다는 것이 잘 알려져 있었으므로), 안식일에 그런 일을 하지 못하도록 장로들의 유전이 금하고 있었는데 그것을 어겼기 때문이었다. 그런데,

1. 이 법은 가나안에서 곡식과 포도주가 얼마나 풍성할 것인지를 암시해 준다. 곡식과 포도주가 너무 많아서 조금 없어진다 해도 전혀 문제될 것이 없으리라는 것이었다. 그들 자신과 친지들 모두가 족히 쓰고도 남을 것이었다.

2. 이 법은 가련한 여행객들에게 도움을 주어 여행 중의 지친 것을 완화시켜주게 하기 위해 베풀어진 것이며, 따라서 우리도 그렇게 친절을 베풀 것을 가르쳐준다. 유대인들은 이렇게 말한다. "이 법은 주로 추수를 위해 고용된 일꾼들을 돕기 위해 주어진 것이다. 소가 곡식을 밟는 소의 입에 망을 씌우지 않는다면 당연히 일꾼들의 입도 망을 씌워서는 안 되는 것이다."

3. 이 법은 사소한 문제에서 소유권을 따지지 말 것을 가르쳐준다. 이에 대해 우리는, 너와 나 사이에 그게 무슨 문제냐? 라고 쉽게 말한다. 지나가는 사람이 먹은 포도송이는 그의 것도 아니고, 그 소유주가 그에게 먹으라고 준 것도 아닌 것은 사실이었다. 그러나 그것은 가치가 너무 적은 것이므로 소유주가 그 자리에 있었으면 기꺼이 먹도록 해주었을 것으로 생각할 만한 것이었고, 그 자신도 그런 호의를 꺼리지 않았을 것이었다. 그러므로 그것을 취하는 것은 도둑질이 아니었다.

4. 이 법은 그들에게 너그럽게 베풀도록 해주었고, 또한 우리에게도 우리 것을 나누어주고 베풀기를 즐거워하며, 나누어주는 것을 헛되이 쓰는 것으로 생각하지 말아야 할 것을 가르쳐준다. 그러나,

5. 이 법은 또한 우리 친지들의 호의를 악용하고, 호의로 베푸는 적은 것을 기회로 삼아 부당한 이득을 취하여 남의 재산을 침해하지 못하도록 금한다. 마루를 내어주는데 그것을 이용해서 안방까지 차지하려 해서는 안 되는 것이다. 이웃의 포도송이를 먹을 수도 있다. 그러나 그렇다고 해서 포도송이를 따가서는 안 되는 것이다.

제 24 장

개요

　　본 장에 제시되는 법은 다음과 같은 것들이다. I. 이혼을 허용하는 법(1-4절). II. 갓 결혼한 남자에게 군대의 의무를 면제시키는 법(5절). III. 전당물에 관한 법들(6, 10-13, 17절). IV. 사람을 도둑질하는 행위에 관한 법(7절). V. 나병에 관한 법(8, 9절). VI. 종들에게 부당하게 대하는 주인들에 관한 법(14, 15절). 사형에 관한 재판(16절) 또한 시민적인 사항에 대한 재판에 관한 법(17, 18절). VII. 가난한 자에 대한 구제에 관한 법(19절 이하).

¹사람이 아내를 맞이하여 데려온 후에 그에게 수치되는 일이 있음을 발견하고 그를 기뻐하지 아니하면 이혼 증서를 써서 그의 손에 주고 그를 자기 집에서 내보낼 것이요 ²그 여자는 그의 집에서 나가서 다른 사람의 아내가 되려니와 ³그의 둘째 남편도 그를 미워하여 이혼 증서를 써서 그의 손에 주고 그를 자기 집에서 내보냈거나 또는 그를 아내로 맞이한 둘째 남편이 죽었다 하자 ⁴그 여자는 이미 몸을 더럽혔은즉 그를 내보낸 전남편이 그를 다시 아내로 맞이하지 말지니 이 일은 여호와 앞에 가증한 것이라 너는 네 하나님 여호와께서 네게 기업으로 주시는 땅을 범죄하게 하지 말지니라

　　이것은 이혼을 허용하는 법인데, 바리새인들이 이를 그릇 이해하여 하나의 계명으로 취급하였다. 어찌하여 모세는 이혼 증서를 주어서 버리라 명하였나이까?(마 19:7). 그러나 사실은 그것이 아니었다. 우리 주님은 그들에게 모세는 사람의 마음이 완악함을 인하여 그것을 허용했을 뿐이라고 말씀하셨다. 그들이 그 아내와 이혼할 자유가 없었다면, 그들은 폭력으로 다스렸을 것이요 결국 아내들이 죽는 일까지도 생길 수 있었기 때문이라는 것이었다. 아마도 이혼이 전에도 시행되었었고(레 21:14에서는 이혼이 당연시된다), 따라서 모세는

여기서 그 문제에 대해 무언가 규범을 제시할 필요가 있다고 여겼을 것이다.

1. 남자가 결혼한 후에 아내에게 수치되는 일이 있음을 발견하지 않는 한 그 아내와 이혼할 수 없다는 것이다(1절). 아내가 싫다거나 다른 여자를 더 좋아한다는 말로는 부족했고, 그 아내를 싫어하는 분명한 원인을 보여주어야 했다. 다른 사람에게는 상관없으나 남편에게 불쾌하고 싫은 감정을 갖도록 만든 무언가가 있어야 한다는 것이었다. 여기의 수치되는 일이란 간음보다는 덜한 것이었음이 분명하다. 간음을 행하였다면 그 아내는 죽게 되어 있었으니 말이다. 또한 간음의 의심을 받는 상태보다도 덜한 것이었다. 왜냐하면 그런 의심이 있었다면 아내를 장로들에게 데려가 조사를 받게 할 수 있었기 때문이다. 이것은 몸가짐이 가벼운 것이나, 심술궂은 성격이나, 혹은 무언가 혐오감을 주는 상처나 질병 같은 것을 뜻할 것이다. 몇몇 유대인 저술가들은 역겨운 입 냄새도 이혼의 정당한 사유가 될 수 있었다고 가정한다. 그것이 무엇이든 간에 상당히 중요한 일이었던 것은 의심의 여지가 없다. 그러므로 아무리 사소한 사유로도 이혼을 허용한 오늘날의 유대인 저술가들은 잘못된 것이다(마 19:3).

2. 입의 말로만 해서는 성급하게 말한 것일 수도 있으므로, 정당한 형식을 갖추어 문서로 작성하고 그것이 자기 자신의 결정이요 행동임을 증인들 앞에서 엄숙하게 선언하여야 한다는 것이었다. 이는 시간이 걸리는 일이므로, 생각할 여유를 갖게 되어 그런 일이 성급하게 처리되지 않도록 한 것이다.

3. 남편은 그 문서를 그 아내의 손에 들려주어 그를 돌려보내야 했다. 어떤 이들은 이를 남편이 그 아내의 수준에 따라 그녀의 쓸 것을 주고 그녀가 재혼할 수 있도록 도움을 주어야 할 의무를 지는 것으로 이해한다. 이는 일리 있는 이해다. 왜냐하면 그 분쟁의 원인이 그녀의 잘못이 아니라 남편의 불만에 있기 때문이었다.

4. 그렇게 이혼한 아내는 다른 남자와 재혼하는 것이 합법적이라는 것이었다(2절). 죽음으로 인하여 결혼의 결속이 끊어지는 것처럼 이혼으로 인해서도 결혼의 결속이 완전히 끊어졌다. 그러므로 전 남편이 죽은 경우와 똑같이 그녀는 자유로이 다른 남자와 결혼할 수 있는 것이었다.

5. 만일 두 번째 남편이 죽거나 그녀와 이혼하게 되면, 그녀는 여전히 세 번째 남자와 결혼할 수 있었다. 그러나 그 첫 번째 남편은 다시 그녀를 취해서는 안 되었다(3, 4절). 그녀가 다른 남자와 결혼하지 않은 상태라도 그녀를 다시

취할 수 없었다. 그녀 자신의 행위로 그녀는 그와 영원토록 결별한 것이요, 따라서 다른 사람에게는 아니더라도 그 본 남편에게는 그녀가 더럽혀진 자로 간주되었기 때문이다. 유대인 저술가들은 말하기를, 이는 애굽 사람들이 행한 것처럼 아내를 바꾸는 지극히 악하고 추한 행위를 방지하기 위함이었다고 한다. 혹은 어쩌면 아내를 쉽게 버리는 남편의 경솔함을 방지하기 위한 것이었을지도 모른다. 그렇게 이혼 당한 아내는 그것에 대한 복수로 곧바로 다른 남자와 결혼하기 쉬웠고, 또한 그녀와 이혼하고 더 나아보이는 다른 여자와 결혼한 남자도 그 여자에게서 더 불쾌한 면을 발견하고 더 불행을 느껴서 첫 번째 아내와 다시 결합하기를 바라게 될 것이었으니 말이다. 이에 대해 이 법은 분명히 밝힌다. "안 된다. 너는 그녀를 취할 수 없다. 그녀가 네 아내일 때에 그녀를 잘 지켰어야 옳았다." 주목하라. 지금 현재 갖고 있는 것들에 만족하는 것이 가장 좋은 일이다. 불만을 품고 바꾸면 더 만족스럽지 못한 경우가 허다하기 때문이다. 현재 불편함을 겪으면서, 다른 것으로 바꾸면 더 나아질 것이라고 생각하기 쉽지만, 대개는 현재의 것이 더 나은 법이다. 이 법의 철저함을 통해서 하나님은 그를 버리고 영적인 간음을 행한 그의 백성들과 기꺼이 화목하기를 바라시는 그의 풍성하신 은혜를 잘 보여주시는 것이다. 네가 많은 무리와 행음하고서도 내게로 돌아오려느냐(렘 3:1). 그의 생각과 길은 우리보다 월등히 높은 것이다.

⁵사람이 새로이 아내를 맞이하였으면 그를 군대로 내보내지 말 것이요 아무 직무도 그에게 맡기지 말 것이며 그는 일 년 동안 한가하게 집에 있으면서 그가 맞이한 아내를 즐겁게 할지니라 ⁶사람이 맷돌이나 그 위짝을 전당 잡지 말지니 이는 그 생명을 전당 잡음이니라 ⁷사람이 자기 형제 곧 이스라엘 자손 중 한 사람을 유인하여 종으로 삼거나 판 것이 발견되면 그 유인한 자를 죽일지니 이같이 하여 너희 중에서 악을 제할지니라 ⁸너는 나병에 대하여 삼가서 레위 사람 제사장들이 너희에게 가르치는 대로 네가 힘써 다 지켜 행하되 너희는 내가 그들에게 명령한 대로 지켜 행하라 ⁹너희는 애굽에서 나오는 길에서 네 하나님 여호와께서 미리암에게 행하신 일을 기억할지니라 ¹⁰네 이웃에게 무엇을 꾸어줄 때에 너는 그의 집에 들어가서 전당물을 취하지 말고 ¹¹너는 밖에 서 있고 네게 꾸는 자가 전당물을 밖으로 가지고 나와서 네게 줄 것이며 ¹²그가 가난한 자이면 너는 그의 전당물을 가지고 자지 말고 ¹³해

질 때에 그 전당물을 반드시 그에게 돌려줄 것이라 그리하면 그가 그 옷을 입고 자며 너를 위하여 축복하리니 그 일이 네 하나님 여호와 앞에서 네 공의로움이 되리라

여기서 다음을 보라.

I. 갓 결혼한 부부 사이의 사랑을 보존하고 확증하게 해주기 위한 조치(5절). 이혼에 관한 법 다음에 이 법이 이어지는 것은 매우 적절하다. 부부가 처음부터 서로의 애정을 잘 정착시켰다면 이혼 문제가 예방되었을 것이다. 남편이 결혼 첫 해에 아내를 떠나 멀리 가 있으면 아내에 대한 사랑이 식어지고, 먼 곳에서 만나는 다른 사람들에게 마음이 끌릴 위험이 있을 것이므로, 전쟁에서 봉사하는 일이나 외교 사절로 봉사하는 일이나 기타 가정에서 오랜 동안 떠나게 만드는 공적인 임무를 면제해 주게 한 것이다. 그가 맞이한 아내를 즐겁게 할지니라. 주목하라.

1. 남편과 아내 사이의 사랑을 지키는 것이 무엇보다 중요하며, 따라서 그들을 서로 서먹하게 만들 수 있는 모든 일을 주의 깊게 피하여야 하며, 특히 처음에는 더더욱 그렇다. 부부 관계에서 마땅히 있어야 할 사랑이 없으면 죄책감과 괴로움이 가득 찰 소지가 많은 법이다.

2. 부부 사이의 임무 중의 하나는 상대방에게 즐거움을 주는 돕는 자들로서 갖가지 근심거리들과 십자가들이 일어나는 현실 속에서 서로의 사기를 높여주는 일이다. 즐거운 마음이야말로 약(藥)처럼 유익을 주기 때문이다.

II. 사람을 도둑질하는 것을 금하는 법(7절). 모세의 율법에 의하면 가축이나 물건을 도둑질하는 것은 사형에 해당하는 범죄가 아니었다. 그러나 어린 아이나 연약하고 무지한 사람이나, 혹은 자기 휘하에 있는 사람을 도둑질하거나 그를 상품으로 삼아 파는 것은 사형에 해당되는 범죄요, 다른 도둑질처럼 배상금으로 갚을 수 있는 것이 아니었다. 그러니 그만큼 사람이 양보다 귀한 것이다 (마 12:12). 그것은 매우 악질적인 범죄였다. 왜냐하면,

1. 그것은 이스라엘 전체에게서 그 한 지체를 빼앗는 것이기 때문이었다.

2. 그것은 한 사람의 자유를, 자유인으로 출생한 이스라엘 사람의 자유를, 그에게 목숨 다음으로 소중한 가치를 지닌 자유를 앗아가는 것이기 때문이었다.

3. 그것은 한 사람을 그 땅의 기업으로부터, 그가 받을 자격을 지닌 권리들로부터 몰아내는 것이요, 또한 다윗이 사울에게 탄원하듯이(삼상 26:19) 그에게 다른 신들을 섬기도록 종용하는 것이기 때문이었다.

Ⅲ. 나병에 대한 법규(8, 9절).

1. 나병에 관한 법규는 조심스럽게 준수해야 했다. 이에 대한 법규는 이미 레 13:14에서 살펴본 바 있다. 여기서는 레위 **사람** 제사장들이 이에 대해 명령을 받은 것으로 말씀하고 있다. 그러므로 백성들에게 주는 말씀에서는 그 내용이 다시 반복되지 않는다. 여기서 백성들은 나병에 걸릴 경우, 율법과 명확한 사실이 서로 일치하는 한, 율법에 따라 제사장에게 보이고 그의 판단을 따르라는 명령을 받는다. 나병은 보통 죄에 대해 하나님이 불쾌히 여기시는 것을 보여주는 구체적인 증표이므로, 그 징후가 나타나는 자는 그것을 감추어서도, 그것을 잘라내서도, 의원에게 가서 치료하려 해서도 안 되고 반드시 제사장에게 가서 그의 지시를 좇아야 했던 것이다. 이처럼 양심이 죄책과 하나님의 진노를 느끼는 자들은 그것을 덮어두어서도 안 되고, 그것을 떨쳐버리려 해서도 안 되며, 회개와 기도와 겸손한 고백 등의 지정된 방법을 통해서 평화와 용서를 받아야 한다.

2. 모세와 다툼을 벌이다가 나병으로 매를 맞은 미리암의 경우를 잊지 말아야 했다. 그녀의 경우는 나병에 관한 법에 대한 하나의 해설이었다 할 것이다. 그것을 기억하고, (1) "미리암의 범죄와 비슷하게 권세를 멸시하고 치리자들에 대해 악담하는 죄를 짓지 않도록 주의하라. 너 자신도 그런 죄를 범하다가 그와 동일한 심판을 받을까 두려우니라." (2) "너희 중에 누구든 나병으로 매를 맞으면, 이 법이 그냥 지나칠 것을 기대하지 말고, 또한 진 바깥에 갇혀서 구경거리가 되는 것을 어려운 일로 생각하지 말라. 치료 방법이 없느니라. 미리암 자신도 여선지자요 모세의 누이였으나 면제받지 못했고, 이러한 하나님의 책망을 당할 때에 이와 같이 극심한 조치에 굴복할 수밖에 없었느니라." 이처럼 다윗, 히스기야, 베드로 등 위대한 인물들은 죄를 범하고서 자신을 낮추었고 스스로 수치와 괴로움을 기꺼이 당하였다. 그러므로 우리 역시 더 쉬운 조건으로 그냥 넘어가기를 기대해서는 안 될 것이다.

Ⅳ. 꾸어준 돈을 담보하기 위한 전당물에 관한 몇 가지 필수적인 명령들. 돈을 꾸어준 사람이 그 꾸어준 돈을 잃어버리지 않도록 하고, 꾸어간 사람으로

하여금 정직하게 처신하게 하기 위하여 그런 담보를 받는 것이 금지되지 않는다. 그러나,

1. 맷돌은 전당물로 취해서는 안 되었다(6절). 그것으로 곡식을 갈아서 가족의 양식을 마련하여야 하고, 혹은 영업용 맷돌일 경우는 그 주인이 그것으로 생계를 유지하기 때문이었다. 그러므로 사람에게 없어서는 안 되는 물건, 즉 그것이 없으면 생계를 유지할 수 없는 물건은 무엇이든 전당물로 취하는 것이 금지되었다. 식기(食器)들이나, 목수의 도끼나, 학자의 책, 쟁기로 논밭을 가는 짐승 등(압류할 수 있는 다른 짐승들이 있을 경우), 직업상 소용되는 기구들은 압류할 수 없도록 한 고대 잉글랜드의 법률도 이와 일치한다. 이는 우리 자신의 이익만큼 다른 사람들의 위안과 생계유지도 돌아보아야 한다는 것을 가르쳐준다. 채무자와 그 가족이 굶어죽는데도 상관하지 않고, 그들이 어떻게 될지에 대해 전혀 관심이 없고, 오로지 자기 돈을 받아내는 데에만 신경을 쏟는 채권자가 있다면, 그는 그리스도의 법을 거스르는 것일 뿐 아니라 모세의 법까지도 거스르는 것이다.

2. 채권자는 전당물을 취하러 채무자의 집에 들어가서는 안 되고 바깥에 서 있어야 하고, 채무자가 그것을 밖으로 가지고 나와서 주어야 한다(10, 11절). 빚진 자는 채주의 종이다(솔로몬의 말이다). 그러므로 채주가 자기의 유리한 지위를 악용하여 자기의 이익을 꾀하지 못하도록 하기 위해서, 채주가 자기가 원하는 것을 취하지 못하고 오직 채무자가 가져다주는 것을 취하도록 한 것이다. 아무리 가난한 사람일지라도 그의 집은 자기의 성(城)이며, 따라서 여기서 법의 보호를 받는 것이다.

3. 가난한 자가 잠잘 때 입고 자는 의복은 절대로 전당물로 취해서는 안 되었다(12, 13절). 이 법은 앞의 출 22:26, 27에서도 언급된 바 있다. 그 의복을 아침에 취하였을 경우는 저녁이 되기 전에 다시 돌려주어야 했다. 결국 그것을 취하지 말아야 한다는 뜻이었다. "가난한 채무자가 그 의복을 입고 자면서 너를 축복하게 하라." 즉, "너를 위해 기도하게 하고, 네가 그에게 베풀어준 친절에 대해 하나님을 찬양하게 하라." 주목하라. 가난한 채무자는 채권자가 법을 이용하여 그들에 대해 심하게 하지 않음으로써 선을 베푼 일에 대해 그 고마움을 알아야 하고(평상시보다 더 민감하게), 그 꾼 것을 달리 갚을 능력이 없을 때에는 그들을 위하여 기도함으로써 그들의 자비를 갚아야 하는 것이다. "아

니, 네 가난한 형제의 기도와 축복이 네게 주어지는 것은 물론, 그 일이 네 하나님 여호와 앞에서 네 공의로움이 되리라." 즉, "네 형제에게 자비를 베풀고 네 하나님께 순종한 일로 인정되고 상급을 받게 되며, 네가 율법을 신실하게 지킨 증거가 되리라. 사람들이 보기에는 네가 꾸어준 돈에 대한 전당물을 돌려주는 것이 유약한 처신으로 보일 수도 있으나, 네 하나님께는 선한 행위로 인정될 것이요 결코 그 상급을 잃지 않으리라."

[14]곤궁하고 빈한한 품꾼은 너희 형제든지 네 땅 성문 안에 우거하는 객이든지 그를 학대하지 말며 [15]그 품삯을 당일에 주고 해 진 후까지 미루지 말라 이는 그가 가난하므로 그 품삯을 간절히 바람이라 그가 너를 여호와께 호소하지 않게 하라 그렇지 않으면 그것이 네게 죄가 될 것임이라 [16]아버지는 그 자식들로 말미암아 죽임을 당하지 않을 것이요 자식들은 그 아버지로 말미암아 죽임을 당하지 않을 것이니 각 사람은 자기 죄로 말미암아 죽임을 당할 것이니라 [17]너는 객이나 고아의 송사를 억울하게 하지 말며 과부의 옷을 전당 잡지 말라 [18]너는 애굽에서 종 되었던 일과 네 하나님 여호와께서 너를 거기서 속량하신 것을 기억하라 이러므로 내가 네게 이 일을 행하라 명령하노라 [19]네가 밭에서 곡식을 벨 때에 그 한 뭇을 밭에 잊어버렸거든 다시 가서 가져오지 말고 나그네와 고아와 과부를 위하여 남겨두라 그리하면 네 하나님 여호와께서 네 손으로 하는 모든 일에 복을 내리시리라 [20]네가 네 감람나무를 떤 후에 그 가지를 다시 살피지 말고 그 남은 것은 객과 고아와 과부를 위하여 남겨두며 [21]네가 네 포도원의 포도를 딴 후에 그 남은 것을 다시 따지 말고 객과 고아와 과부를 위하여 남겨두라 [22]너는 애굽 땅에서 종 되었던 것을 기억하라 이러므로 내가 네게 이 일을 행하라 명령하노라

여기서는,

I. 곤궁한 품꾼들에게 정당하게 대하라는 명령이 주인들에게 주어진다(14, 15절).

1. 주인은 품꾼을 일로 짓눌리게 하고, 부당하고 어처구니없는 책망을 하고, 생계 유지를 위한 적절한 삯을 주지 않음으로 학대해서는 안 되었다. 품꾼은 이스라엘 사람이 아닌 객이라 할지라도 학대해서는 안 되었다. "너도 애굽에서 종이 되었었으며(18절), 주인에게 압제를 당한다는 것이 얼마나 괴로운 일

인지를 네가 잘 알고 있으니, 품꾼들과 객들을 부드럽게 대하고, 또한 너를 자유하게 하시고 네 소유의 땅에서 정착하게 하신 하나님을 향한 감사함으로 품꾼을 학대하지 말지니라." 주인들은 종들에게 횡포를 부려서는 안 된다. 그들의 주인이 하늘에 계시기 때문이다. 욥 31:13을 보라.

2. 그들의 품삯을 성실하게 제때에 지급해야 했다. "그 품삯을 당일에 주고, 미루지 말고 제때에 지불하라. 품꾼이 원하면 그가 하루 일을 마치자마자 그 날의 품삯을 지불하라." 포도원 일꾼들도 저물 때에 품삯을 받았다(마 20:8). 하루 품삯으로 하루를 사는 사람은 그 날의 품삯을 받지 못하면 이튿날 가족이 먹을 것이 없는 법이다.

품삯을 주지 않으면, (1) 그 품꾼에게 괴로움이 된다. 가난한 그 품꾼은 그 품삯을 간절히 바라고 있기 때문이다. 그는 그의 수고에 대한 대가로 그것을 진심으로 원하며(욥 7:2), 또한 그의 가족의 생계 유지를 위한 하나님의 섭리의 선물로서 그것에 의존하고 있는 것이다. 정이 많은 주인이라면 자기에게는 조금 불편하다 할지라도 품삯을 받는 것을 간절히 고대하고 있는 가난한 품꾼의 기대를 저버리지는 않을 것이다. 그러나 이것으로 그치지 않는다.

(2) 그렇게 하지 않으면 주인에게 죄가 될 것이다. "해를 입은 품꾼이 여호와께 너를 쳐서 부르짖으리라. 하소연할 자가 아무도 없으니 하늘의 법정에 호소할 것이요, 그것이 네게 죄가 되리라." 혹은 그가 호소하지 않는다 해도 그의 대의(大義)가 소리를 높일 것이며, "품꾼에게 주지 아니한 삯 그 자체가 소리 지르리라"(약 5:4). 빈한한 품꾼과 종들과 일꾼들을 학대하는 것은 대다수 사람들이 생각하는 것 이상으로 큰 죄이며, 마지막 큰 날에 그렇게 간주될 것이다. 사람이 바로잡지 못한다 해도 하나님이 그들을 바로잡으실 것이다.

II. 관리들과 재판관들에게 그 직무에 정의로워야 할 것을 명령한다.

1. 왕의 탄원(pleas of the crown)이라 부르는 이 명령에서 한 가지 항구적인 규범이 제시된다. 곧, 아버지는 그 자식들로 말미암아 죽임을 당하지 않을 것이요 자식들은 그 아버지로 말미암아 죽임을 당하지 않을 것이라는 것이다(16절). 자식들이 법을 어길 경우는 자식들만 벌을 당하게 할 것이요, 그들을 대신해서나 그들과 함께 부모들을 벌하지 말아야 했다. 자식들이 벌을 당하는 것을 보는 것만으로도 그들에게는 크나큰 괴로움이다. 부모가 죄를 지으면 그들 자신이 지은 죄로 인하여 죽게 할 것이다. 생명을 주관하시는 여호와 하나님께서 때때

로 아버지들의 허물을, 특히 우상 숭배의 죄를, 그 자녀들에게서 물으시기도
하며, 민족 전체를 그렇게 대하시지만, 사람들이 그렇게 하는 것을 허락하지
않으시는 것이다. 이에 따라서 아마샤는 왕을 살해한 일로 인하여 아버지들을
죽일 때에 그 자녀들은 살려 두는 것을 보게 된다(왕하 14:6). 사울의 아들들이
사울의 범죄로 인하여 그의 아들들이 죽임을 당하였는데 이는 예외적인 경우
로서 하늘로부터 특별한 지시가 있었던 것이 분명하다. 그들은 행악자들로서
가 아니라 희생제물로서 죽은 것이라 할 것이다(삼하 21:9, 14).

2. 두 당사자가 서로 탄원할 경우는 정당한 사유가 있는 쪽이 혹시 힘이 없
어서, 또한 객이나 고아나 과부여서 함께해 줄 편이 없어, 억울한 일을 당하지
않도록 지극히 조심해야 했다. "너는 객이나 고아의 송사를 억울하게 하지 말며,
그들의 권리를 속여 빼앗고서 전당물로 그들의 의복을 강제로 빼앗는 따위의
일을 하지도 말라"(17절). 재판관은 스스로 말을 하지 못하고 대신 말해 줄 사
람도 없는 자들을 위해서 대언자가 되어야 하는 것이었다.

**III. 가난한 자들에게 친절하고 구제하는 자세를 가져야 할 것을 부한 자들
에게 명령한다.** 모세의 율법은 그들에게 그렇게 할 것을 여러 가지 방식으로
명령하고 있다. 여기서는 특별히 곡식과 포도열매와 감람나무를 거두어들일
때에 조금도 남겨두지 않기 위해 욕심을 내지 말고, 기꺼이 일부를 남겨두어
가난한 자들이 도움을 얻을 수 있게 해줄 것을 명령하고 있다(19-22절).

1. "'이것이 모두 내 것인데 어째서 전부를 다 가져서는 안 된단 말인가?' 라
고 말하지 말고, 작은 일에서 재물에 대해 너그러운 마음 갖기를 배우라. 한두
다발을 잊어버리고 그냥 둔다고 해서 일 년의 수확에 지장이 있는 것이 아니
고, 그냥 두면 누군가에게 유익이 될 것이니라."

2. "'내가 주고 싶은 사람에게 내 것을 주지, 어째서 누군지도 모르는 사람
이 그것을 가져가게 두어야 하는가? 그것을 가져가도 내게 감사하지 않을 게
아닌가?' 라고 말하지 말고, 네 구제한 것을 처리하는 일을 하나님의 섭리에 맡
기라. 아마 가장 필요한 사람에게 그것이 돌아갈 것이라." 혹은, "율법이 베풀
어놓은 것을 거두어 가려고 가장 부지런하게 힘쓰는 자들이 십중팔구 네가 남
긴 것들을 가져갈 것이라고 생각할 수 있을 것이라."

3. "'가난한 자들에게 포도송이와 감람나무가 무슨 소용이 있겠는가? 떡과
물이 있으면 족하지 않겠는가?' 라고 말하지 말라. 그들도 부자들과 똑같은 감

각을 갖고 있는데, 그들로 하여금 미각을 조금이나마 즐기게 하는 것이 어째서 부당한 일이겠는가?" 보아스는 룻을 위해서 일부러 곡식 중 일부를 남겨놓도록 명령하였고, 하나님이 그에게 복을 베푸셨다. 남겨진 모든 것은 결코 그냥 잃어버리는 것이 아니다.

제 — 25 — 장

개요

본 장의 주요 내용은, I. 행악자들에 대한 태형을 완화시키는 문제에 대한 법(1-3절). II. 곡식을 밟아 떠는 소를 위한 법(4절). III. 형제가 남긴 과부와 결혼하기를 거부한 자에게 치욕을 주는 문제에 대한 법(5-10절). IV. 부정한 여인을 벌하는 문제에 대한 법(11, 12절). V. 공정한 계량에 관한 법(13-16절). VI. 아말렉을 멸하는 일에 관한 명령(17-19절).

¹사람들 사이에 시비가 생겨 재판을 청하면 재판장은 그들을 재판하여 의인은 의롭다 하고 악인은 정죄할 것이며 ²악인에게 태형이 합당하면 재판장은 그를 엎드리게 하고 그 앞에서 그의 죄에 따라 수를 맞추어 때리게 하라 ³사십까지는 때리려니와 그것을 넘기지는 못할지니 만일 그것을 넘겨 매를 지나치게 때리면 네가 네 형제를 경히 여기는 것이 될까 하노라 ⁴곡식 떠는 소에게 망을 씌우지 말지니라

I. 행악자들에게 태형을 선고하는 문제에 대해 재판장에게 주는 명령(1-3절).

1. 여기서는 사람이 범죄의 혐의를 지게 되면, 고소인과 피고소인을 재판장 앞에 마주 세우고 시시비비를 가리는 것을 상정하고 있다.

2. 사람이 범죄의 혐의를 겼는데, 증거가 불충분하여 혐의가 입증되지 못하면, 그를 무죄 방면하여야 했다. "의인, 즉 법정에서 무죄가 입증되는 자는 의롭다 하고." 혐의가 입증되면 피고소인을 정죄하고 고소인의 고소를 의로운 것으로 인정하여야 했다.

3. 피고소인이 유죄로 드러날 경우는 그를 정죄하는 선고가 있어야 했다. "악인은 정죄할 것이며." 의인을 정죄하는 것과 마찬가지로 악인을 의롭다 하는 것도 여호와께 가증스러운 일이기 때문이다(잠 17:15).

4. 그 범죄가 율법에 따라 사형에 해당하는 것이 아니면, 그 범죄자는 태형

을 받아야 했다. 갖가지 많은 규례들에 구체적인 형벌이 붙여져 있지 않은데, 그런 규례들을 어기면 유대인들의 통상적인 관례에 따라 태형을 받게 되어 있었으며, 개인의 지위 고하를 막론하고 누구든지 벌을 받게 되어 있었다. 그러나 이 태형으로 인하여 비난을 받거나 그 당사자에게 치욕의 낙인이 찍히지 않도록 하는 조치가 함께 붙어 있었다. 여기서 범죄자들에게 태형을 가하는 문제에 대해 주어지는 지침은,

(1) 그것을 엄숙히 행하고, 거리에서 왁자지껄한 소동 중에 행해서는 안 되고, 재판장의 입회하에 공개적으로 행하되 매의 숫자를 셀 정도로 신중을 기해서 하라는 것이었다. 유대인들은 말하기를, 형을 시행하는 동안 재판장은 큰 소리로 신 28:58, 59; 29:9을 읽고 다음의 말씀으로 결론을 지었다고 한다. 오직 하나님은 긍휼하시므로 죄악을 덮어 주시어 멸망시키지 아니하시니(시 78:38). 이렇게 해서 그것을 일종의 종교적인 행사로 삼았고 범죄자 개인을 고치고 다른 이들에게 경계가 되도록 하였던 것이다.

(2) 범죄의 위중함과 비율을 맞추어 그의 죄에 따라 매를 때리라는 것이었다. 범죄들마다 경중의 차이가 있으니, 거기에 따라 수를 맞추어 범죄자를 **때리게 하**라는 것이었다. 어쩌면 눅 12:47, 48이 이를 지칭하는 것일 수도 있다.

(3) 아무리 범죄가 위중하다 할지라도 매가 **사십을 넘겨서는 안 된다는 것이**었다. 사십에서 하나 감한 매가 일상적으로 통용되었다(고후 11:24). 바울에게는 언제나 행악자에게 가할 수 있는 최대한의 태형을 항상 가했던 것 같다. 한 대를 감한 것은 혹시 숫자를 잘못 세었을 경우를 대비한 것이었고(물론 재판관 중의 하나를 지정하여 매의 숫자를 세게 하였으나), 혹은 최고로 심한 한도까지는 절대로 가지 않고자 하여, 혹은 태형에 쓰이는 채찍의 끝이 보통 세 개로 되어 있어서 13번 매를 맞으면 39대를 맞은 것이 되나(한 번 맞으면 3대를 맞는 것으로 간주되었으므로), 한 번 더 맞으면 42번이 되기 때문이었을 수도 있다. 이렇게 하는 이유는, 네가 네 형제를 경히 여기는 것이 될까 하노라였다. 범죄자를 여전히 형제로 간주하여야 했고(살후 3:15), 형벌을 이처럼 자비하게 제한시킴으로써 그의 명예를 보존해 주도록 한 것이다. 하나님께서 친히 율법으로 그를 돌보시니, 사람이 그 형제를 경히 깔볼 수가 없는 것이었다. 사람을 개처럼 취급해서는 안 되고, 하나님께서 여전히 은혜를 베푸사 귀하게 여기시는 자를 욕되게 취급해서는 안 되는 것이다.

Ⅱ. 농부에게 주는 권고로서 소가 일하는 동안 음식물이 옆에 있을 경우 먹지 못하도록 방해하지 말고 먹게 해주라는 것(4절). 곡식을 밟는 짐승(선지자의 경우를 이에 비유하여 말씀하기도 한다. 호 10:11)에 관한 이 권고는 모든 비슷한 경우를 대변하는 것이다. 이 법이 다른 법들에 비해서 매우 두드러지는 것은 (그리고 이것이 다른 법들도 이와 비슷하게 적용할 것을 권장해 주는 것은) 이 법이 신약성경에서 사역자들에게 편안한 생활을 하도록 뒷받침하는 것이 교인들의 의무라는 것을 보여주기 위해 두 번이나 인용되고 있다는 사실이다(고전 9:9, 10; 딤전 5:17, 18). 이 법은 문자적으로 보면 우리를 섬기는 짐승들을 선대하며, 그들의 삶을 지탱해주는 필수적인 것만을 공급하지 말고 그들의 수고에 대하여 유익을 얻도록 해줄 것을 가르친다. 그러므로 우리는 우리의 유익을 위하여 고용된 모든 이들에게 정의롭게 할 뿐 아니라 자비하게 하며, 그들의 생활을 유지하게 할 뿐 아니라 그들을 격려하되, 특히 우리의 영적 유익을 위해 섬기며 말씀과 가르침으로 수고하는 이들에게 그렇게 하기를 배워야 할 것이다.

⁵형제들이 함께 사는데 그 중 하나가 죽고 아들이 없거든 그 죽은 자의 아내는 나가서 타인에게 시집 가지 말 것이요 그의 남편의 형제가 그에게로 들어가서 그를 맞이하여 아내로 삼아 그의 남편의 형제 된 의무를 그에게 다 행할 것이요 ⁶그 여인이 낳은 첫 아들이 그 죽은 형제의 이름을 잇게 하여 그 이름이 이스라엘 중에서 끊어지지 않게 할 것이니라 ⁷그러나 그 사람이 만일 그 형제의 아내 맞이하기를 즐겨하지 아니하면 그 형제의 아내는 그 성문으로 장로들에게로 나아가서 말하기를 내 남편의 형제가 그의 형제의 이름을 이스라엘 중에 잇기를 싫어하여 남편의 형제된 의무를 내게 행하지 아니하나이다 할 것이요 ⁸그 성읍 장로들은 그를 불러다가 말할 것이며 그가 이미 정한 뜻대로 말하기를 내가 그 여자를 맞이하기를 즐겨하지 아니하노라 하면 ⁹그의 형제의 아내가 장로들 앞에서 그에게 나아가서 그의 발에서 신을 벗기고 그의 얼굴에 침을 뱉으며 이르기를 그의 형제의 집을 세우기를 즐겨 아니하는 자에게는 이같이 할 것이라 하고 ¹⁰이스라엘 중에서 그의 이름을 신 벗김 받은 자의 집이라 부를 것이니라 ¹¹두 사람이 서로 싸울 때에 한 사람의 아내가 그 치는 자의 손에서 그의 남편을 구하려 하여 가까이 가서 손을 벌려 그 사람

의 음낭을 잡거든 ¹²너는 그 여인의 손을 찍어버릴 것이고 네 눈이 그를 불쌍히 여기지 말지니라

여기서 다음을 보라.

I. 죽은 형제의 아내와 결혼하는 문제에 관한 법. 유다 가족의 이야기를 볼 때에 가문 유지를 위하여 이 법이 예부터 사용되었던 것으로 보인다(창 38:8). 여기 상정되는 경우는 흔히 일어나는 것으로, 남자가 자손이 없이 죽는 경우다. 그가 결혼한 지 얼마 되지 않아 한창 나이에 죽을 수도 있고, 그 때에 그 동생은 아직 나이가 어려 미혼인 상태일 수도 있었다. 이런 경우에,

1. 그 과부는 그 남편의 모든 형제들이 그를 거부하지 않는 한 다른 가문의 남자와 결혼해서는 안 되었으며, 이는 그가 물려받은 재산이 그 가문의 것으로 남아 있게 하기 위한 것이었다.

2. 죽은 남편의 동생이나 가장 가까운 인척이 그녀와 결혼하여야 했다. 그녀가 자기 백성과 아버지의 집을 잊고 시집을 온 것이니 그 시집 식구들은 그녀를 존중하며 할 수 있는 모든 친절을 다 베풀어야 했던 것이다. 동시에 죽은 그 남편을 존중해서도 그렇게 해야 했다. 그가 죽었으나 그가 잊혀지지 않도록 하고, 그의 지파의 계보에서도 지워지지 않게 해야 했다. 죽은 남편의 형제나 가장 가까운 인척이 그 과부와 결혼하여 낳은 첫 아들은 죽은 남편의 아들로 간주되어 그의 아들로 계보에 등재되었기 때문이다(5, 6절). 지금의 우리에게는 복음으로써 생명과 썩지 아니할 것이 드러났으나(딤후 1:10) 구약 시대에는 아직 그렇지 못했으므로, 그 당시의 백성들은 우리만큼 내세에 대한 소망이 분명하고도 확실하지 못했던 것으로 보아야 할 것이다. 그러므로 그들은 후손들 속에서 살기를 더 바랄 수밖에 없었고, 그런 순진한 소원이 이 법을 통해서 어느 정도 만족되었다 할 것이다. 남자가 자기 아내를 통해서 자녀를 얻지 못하더라도, 그 이름이 이스라엘 중에서 끊어지지 않게, 즉 그 이름이 계보에서 사라지지 않게, 혹은 자식이 없다는 낙인이 찍힌 상태로 있도록 되지 않게 되었으니 말이다. 사두개인들은 부활의 교리를 혼란케 하려는 의도로 우리 주님께 이 법을 거론하였다(마 22:24 이하). 이 법이 사람의 이름과 가문을 세상에서 영구히 존속하게 하는 조치를 아주 잘 마련해주고 있으니 영혼의 불멸과 내세의 상태를 계속 가르칠 필요가 없다는 사고를 교묘히 주입하고자 했던 것이다.

그러나, 3. 만일 죽은 남편의 형제나 가장 가까운 친척이 죽은 사람을 기려 이런 선한 임무를 다하기를 거부할 경우는 어떻게 해야 했을까?

(1) 억지로 그렇게 하게 하지는 않을 것이다(7절). 그 여자를 좋아하지 않으면 얼마든지 거절할 자유가 있다. 어떤 이들은 모세의 이 법이 제시되기 전에는 그럴 자유가 없었다고 보기도 한다. 남녀 간의 성적인 관계에서 위로를 얻기 위해서는 애정이 필수적이다. 이것은 억지로 할 수 있는 것이 아니며, 따라서 강제로 애정이 없는 관계를 갖게 해서는 안 되는 것이다.

(2) 그러나 그는 그렇게 하지 않는 것에 대해 공적으로 부끄러움을 당할 것이다. 그 과부는 죽은 남편의 이름과 명예에 대해 가장 책임을 져야 할 사람으로서 장로들에게 그 사람이 거부한 사실에 대해 탄원하게 되어 있었다. 그 사람이 계속 거부하면, 그 과부가 공개 법정에서 그의 발에서 신을 벗기고 그의 얼굴에 침을 뱉어서(혹은 유대인 학자들이 이를 다소 완화시켜 이해하듯이, 그 얼굴 앞에서 침을 뱉어서) 그에게 치욕의 증표를 남겨서 그것이 그 가족에게 남도록 하게 되어 있었다(8-10절). 주목하라. 다른 이들의 이름과 명예를 보존하기 위해 마땅히 하여야 할 바를 행하지 않는 자들은 그들 자신의 명예가 해를 받는 것이 정당하다. 자기 형제의 집을 세우려 하지 않는 자는 그로 인해 자기의 집이 신 벗김 받은 자의 집이라 칭함 받는 불명예를 안게 되는 것이 당연한 일이었다. 룻의 경우에 이 법이 시행된 것을 볼 수 있다(룻 4:7). 그러나 가장 가까운 친족이 거부하자 또 다른 사람이 그 남편의 형제의 의무를 이행하고자 하였으므로, 과부가 아니라 그 다른 사람이, 즉 룻이 아니라 보아스가 그 가장 가까운 친족의 신을 벗겨낸 것이다.

Ⅱ. 무례한 여자를 처벌하는 문제에 관한 법(11, 12절). 앞의 법을 통해서는 여자가 그 남편의 형제가 자기와 결혼해 주지 않는 것에 대해 항의하고 장로들 앞에서 그의 얼굴에 침을 뱉도록 하였는데, 거기에는 상당한 확신이 필요하였다. 그러나 그 법이 뒷받침해 주는 그런 자신감이 여성에게 어울리지 않게 과도해지지 않도록 하기 위해서 여기서는 상스러움과 무례함에 대해 매우 혹독하나 정의롭게 형벌하는 법이 제시되고 있다.

1. 그런 경우는 정말 극도로 추잡스러운 것이었다. 모든 덕과 명예를 완전히 상실하지 않은 이상, 여자로서 그런 일을 행할 수는 없었다.

2. 부분적으로 핑계는 있을 수 있는 상황이었다. 자기 남편이 자기보다 더

강한 남자에게 당하고 있을 때 그 남편을 구해내기 위해 한 일이었으니 말이다. 그런데 격정에 휩싸여서 또한 선한 의도로 그런 짓을 했더라도 그렇게 혹독한 처벌을 받게 되어 있었다면, 음란함과 정욕에 휩싸여 그런 일을 했을 경우는 얼마나 더 심했겠는가?

3. 이에 대해서 그 여자의 손을 찍어버리는 형벌이 가해졌다. 관리들은 자기들이 하나님보다 더 자비로운 체해서는 안 되었다. 네 눈이 그를 불쌍히 여기지 말지니라. 만일 네 오른손이 너로 실족하게 하거든, 너로 죄를 짓게 하거든, 찍어 내버리라는 우리 주님의 말씀은 어쩌면 이 법을 염두에 두고 하신 말씀일지도 모른다. 육체에 지극히 큰 어려움을 당하는 것이 영원토록 영혼이 멸망하는 것보다 나은 법이다. 정숙함은 순결의 울타리이며, 따라서 남자나 여자나 모두 이를 지극히 조심스럽게 보존하고 지켜가야 하는 것이다.

¹³너는 네 주머니에 두 종류의 저울추 곧 큰 것과 작은 것을 넣지 말 것이며 ¹⁴네 집에 두 종류의 되 곧 큰 것과 작은 것을 두지 말 것이요 ¹⁵오직 온전하고 공정한 저울추를 두며 온전하고 공정한 되를 둘 것이라 그리하면 네 하나님 여호와께서 네게 주시는 땅에서 네 날이 길리라 ¹⁶이런 일들을 행하는 모든 자, 악을 행하는 모든 자는 네 하나님 여호와께 가증하니라 ¹⁷너희는 애굽에서 나오는 길에 아말렉이 네게 행한 일을 기억하라 ¹⁸곧 그들이 너를 길에서 만나 네가 피곤할 때에 네 뒤에 떨어진 약한 자들을 쳤고 하나님을 두려워하지 아니하였느니라 ¹⁹그러므로 네 하나님 여호와께서 네게 기업으로 주어 차지하게 하시는 땅에서 네 하나님 여호와께서 사방에 있는 모든 적군으로부터 네게 안식을 주실 때에 너는 천하에서 아말렉에 대한 기억을 지워버리라 너는 잊지 말지니라

이 단락의 주요 내용은 다음과 같다.

I. 거짓된 도량형 기구를 금지하는 법. 그것들을 사용하지 말아야 하는 것은 물론 주머니에나 집에나 그것들을 두지도 말아야 했다(13, 14절). 그것들을 가지고 있으면 사용하고픈 유혹을 강하게 받을 것이기 때문이다. 물건을 살 때와 팔 때를 위해서 큰 추와 큰 되, 그리고 작은 추와 작은 되를 갖고 있어서는 안 되었다. 그것은 양쪽으로 속이는 것이기 때문이었다. 곡식을 팔 때에는 에바를 작게 하여 그것으로 재고, 곡식을 살 때에는 세겔을 크게 하여 그것으로

재는 자들에 관한 말씀이 나타난다(암 8:5). 그러나 오직 온전하고 공정한 저울추를 두며 온전하고 공정한 되를 둘 것이라(15절). 정의의 규범이 되는 것은 그 자체가 정의로워야 하는 법이다. 그렇지 않으면 그것으로 인해 끊임없이 속임수가 발생하게 된다. 이는 앞에서도 다룬 바 있었다(레 19:35, 36). 이 법은 두 가지 지극히 합당한 이유에서 매우 중요하다.

1. 정의와 공평이 하나님의 축복을 우리에게 가져다줄 것이다. 우리의 생을 길게 하고, 번창하는 길은 바로 우리의 모든 거래에서 정의롭고 공평하게 행하는 것이다. 정직이 최고의 방책이다.

2. 사기와 부정은 우리를 하나님의 저주 아래 있게 할 것이다(16절). 불의 그 자체는 물론 불의하게 행하는 모든 자들이 여호와께 가증하다. 창조주가 혐오하는 사람은 정말 비참하다. 모든 속임수들이 하나님께 얼마나 혐오스러운지를 솔로몬은 여러 차례 관찰하고 있다(잠 11:1; 20:10, 23). 또한 사도는 분수를 넘어서 형제를 해하는 모든 자들에 대해 주께서 신원하여 주신다고 말씀한다(살전 4:6).

II. 아말렉을 뿌리뽑는 일에 관한 법. 여기 공정한 저울추와 공정한 되가 있다. 곧, 아말렉이 그것들로 이스라엘에게 재어주었으니, 이스라엘이 그대로 아말렉에게 재어주어야 하는 것이다.

1. 여기서 아말렉이 이스라엘에게 행한 악행을 기억해야 했다(17, 18절). 아말렉이 처음 그 일을 행했을 때에 그 일을 기록하라는 명령이 주어졌는데(출 17:14-16), 여기서는 그것을 계속해서 기억할 것을 명령하고 있다. 그러나 개인적인 보복의 마음이 아니라(아말렉 사람들에게 고통을 당한 세대는 이미 사라졌으므로 현재 살고 있는 그들의 후손으로서는 그들에 대해 개인적인 원한은 있을 수 없었다) 하나님의 영광을 위하는 열정으로 그렇게 하라는 것이다. 아말렉 사람들이 여호와의 보좌를 대적하여 손을 뻗어 그의 영광을 모욕했기 때문이다. 여기서 아말렉 사람들이 이스라엘에 대해 행한 일을 다음과 같이 묘사하고 있다. (1) 매우 비열하고 표리부동한 것으로. 그들은 이스라엘과 분쟁할 이유가 전혀 없었는데도, 선전포고도 없이 갑자기 그들을 공격하였다. 이스라엘이 종살이하던 집에서 막 나왔을 때에, 그것도 광야에서 하나님께 제사를 드리러 가고 있을 때에, 유리한 조건을 이용하여 그들을 공격하였던 것이다. (2) 매우 야만적이고 잔인한 것으로. 이스라엘 중에 유약한 자들을 쳤다. 그들

을 구원해주었어야 했는데, 도리어 그들을 친 것이다. 사람의 용기를 지닌 자들은 사람에 대한 연민이 있는데, 지극히 비겁한 자들이 대개 지극히 잔인한 법이다. (3) 매우 불경스럽고 속된 것으로. 그들은 하나님을 두려워하지 않았다. 이스라엘의 하나님의 위엄(그들은 구름 가운데서 그 증표를 보았다)에 대해서나 그의 진노의 처절함(그들은 바로에게 임한 그 진노의 권능을 들어서 알고 있었다)에 대해 높이 우러르는 마음이 조금이라도 있었더라면, 그들이 감히 이스라엘을 그렇게 공격하지는 않았을 것이다. 자, 분쟁의 근거가 여기 있었다. 그리고 그것은 하나님이, 그의 백성들을 상대로 행한 일을 그 자신에게 행한 일로 취하시며, 특히 신앙에 초보인 어린 자들을 방해하고 공격하며 (사탄의 종들이 되어) 연약한 자들을 불안하게 하고 흐트러트리며 어린 자들을 무너트리는 자들에 대해서 구체적으로 갚으신다는 것을 보여주는 것이다.

2. 이러한 악행에 대해서는 정한 때에 보복해야 했다(19절). 그들의 전쟁이 끝나고 그들의 나라를 안정시키고 영토를 확장하려 할 때에, 그 때에 천하에서 아말렉에 대한 기억을 지워버리라고 한다. 그들에 대한 보복을 그렇게 오랜 동안 연기시키신 것은 아말렉 사람들을 회개하게 하고자 하여 그렇게 하신 것으로 하나님의 인내하심을 잘 보여주었다. 그런데 오랜 후에 아말렉의 후손들이 그 조상들이 하나님의 이스라엘에게 범한 악행으로 말미암아 멸망하게 되어 온 세상이 이를 보고서, 그들을 범하는 자는 그의 눈동자를 범하는 것(슥 2:8)이라고 말하게 될 것이니 그의 무서운 보응을 잘 보여주는 것이었다. 이로부터 근 400년 후 사울이 여기의 이 선고를 시행할 것을 명령받았는데(삼상 15장), 그는 그 일을 효과적으로 시행하지 못하고 그 바쳐진 민족 중의 일부를 남겨 두어 하나님께 버림 받았다. 사울의 그러한 처사는 사무엘에게서 받은 구체적인 명령뿐 아니라 여기 모세를 통해서 주어진 전체적인 명령도 멸시해 버린 것이었다. 그는 분명 여기의 이 명령을 모르지 않았을 것이었다. 후에 다윗이 그들을 어느 정도 멸망시키고, 히스기야 시대에 이르러 시므온 지파가 그 남은 세력을 쳤다(대상 4:43). 하나님이 심판하시면 그는 반드시 그것을 이루시는 것이다.

제 26 장

개요

본 장에서 모세는 이스라엘과 작별하면서 그들에게 권고하기에 합당한 구체적인 규례들을 결말짓는다. 그 다음에 이어지는 내용은 지금까지의 내용을 확인하며 비준하는 것이라 하겠다. 본 장에서, I. 모세는 소산의 첫 열매의 광주리를 드리는 자가 행하여야 할 고백문을 제시한다(1-11절). II. 셋째 해의 십일조를 처리한 후에 드릴 기도(12-15절). III. 모세는 그가 제시한 모든 규례들을 매듭짓는다. 1. 신적인 권위로써("내가 아니라 네 하나님 여호와께서 이 규례와 법도를 행하라고 네게 명령하시나니," 16절). 2. 하나님과 백성 사이의 상호 언약을 통해서(17-19절). 000

¹네 하나님 여호와께서 네게 기업으로 주어 차지하게 하실 땅에 네가 들어가서 거기에 거주할 때에 ²네 하나님 여호와께서 네게 주신 땅에서 그 토지의 모든 소산의 맏물을 거둔 후에 그것을 가져다가 광주리에 담고 네 하나님 여호와께서 그의 이름을 두시려고 택하신 곳으로 그것을 가지고 가서 ³그 때의 제사장에게 나아가 그에게 이르기를 내가 오늘 당신의 하나님 여호와께 아뢰나이다 내가 여호와께서 우리에게 주시겠다고 우리 조상들에게 맹세하신 땅에 이르렀나이다 할 것이요 ⁴제사장은 네 손에서 그 광주리를 받아서 네 하나님 여호와의 제단 앞에 놓을 것이며 ⁵너는 또 네 하나님 여호와 앞에 아뢰기를 내 조상은 방랑하는 아람 사람으로서 애굽에 내려가 거기에서 소수로 거류하였더니 거기에서 크고 강하고 번성한 민족이 되었는데 ⁶애굽 사람이 우리를 학대하며 우리를 괴롭히며 우리에게 중노동을 시키므로 ⁷우리가 우리 조상의 하나님 여호와께 부르짖었더니 여호와께서 우리 음성을 들으시고 우리의 고통과 신고와 압제를 보시고 ⁸여호와께서 강한 손과 편 팔과 큰 위엄과 이적과 기사로 우리를 애굽에서 인도하여 내시고 ⁹이곳으로 인도하사 이 땅 곧 젖과 꿀이 흐르는 땅을 주셨나이다 ¹⁰여호와여 이제 내가 주께서 내게 주신 토지 소산의 맏물을 가져왔나이다 하고 너는 그것을 네 하나님 여호와 앞에 두고 네 하

나님 여호와 앞에 경배할 것이며 ¹¹네 **하나님** 여호와께서 **너**와 네 집에 주신 모든 복으로 말미암아 **너**는 레위인과 **너희** 가운데에 거류하는 객과 함께 즐거워할지니라

　　이 단락의 주요 내용은 다음과 같다.

　I. 선한 일을 행하라는 명령. 곧, 해마다 하나님께 만물의 광주리를 하나님께 드리라는 것이다(1, 2절). 유월절 이튿날 온 땅을 위해서 드린 곡물의 첫 이삭(레 23:10) 외에, 추수가 끝나는 오순절에 각 사람이 만물을 한 광주리씩 자기를 위해 드려야 했으며, 그리하여 이를 초실절이라 부르며(출 34:22), 또한 자원하는 예물을 드려 지켰다고 말한다(신 16:10). 그러나 유대인들은 이렇게 말한다. "만물을 그 때 드리지 못하면 겨울이 되기 전에 어느 때나 드려도 무방하다." 열매가 익을 무렵 사람이 밭이나 포도원에 나가면 보리든 밀이든 포도든 무화과든 감람이든 대추야자든 가장 잘 익은 것을 만물로 표시하여 예비해 두고, 같은 종류끼리 같은 광주리에 넣고 그 사이에 잎사귀를 두어 하나님이 정하시는 장소에서 하나님께 드리도록 되어 있었다. 이 법에서 우리는 다음과 같은 것을 배우게 된다.

　1. 하나님을 우리의 육신의 삶을 뒷받침하고 위로를 주는 모든 선한 것들을 주시는 분으로 인정하고, 그것들로 그를 섬기며 그를 존귀하게 하기를 배우게 된다.

　2. 우리 자신을 부인하기를 배우게 된다. 처음 익은 것은 우리가 가장 좋아하는 것들이며, 우리는 처음 나는 열매로써 만족을 얻기를 기대한다. 내 마음에 사모하는 처음 익은 무화과(미 7:1). 그러므로 하나님께서는 그것들을 그를 위하여 별도로 남겨 두도록 지정하심으로써 그들의 식욕과 욕망을 충족시키기에 앞서서 그의 이름을 영화롭게 하는 것을 우선시킬 것을 가르치신 것이다.

　3. 우리가 가진 첫 번째 것과 최고의 것을 하나님께 드리기를 배우게 된다. 젊은 시절과 최고의 전성기를 거룩히 구별하여 하나님을 섬기고 그를 영화롭게 하는 데에 드리는 자들이야말로 그들의 만물을 드리는 것이요, 그런 헌물을 하나님이 기뻐 받으시는 것이다. 네 청년 때의 인애와 네 신혼 때의 사랑을 기억하노니(렘 2:2).

　II. 이 선한 일을 행하는 중에 입으로 아뢰어야 할 선한 말씀. 이는 이 의식

의 의미를 설명하여 올바른 섬김이 되도록 하기 위함이다. 헌물을 드리는 자는 자기 광주리를 제사장에게 전하기 전에 말로 시인해야 하고, 제사장이 광주리를 제단에 놓아 위대한 주인이신 하나님께 그것을 드린 다음에도 말을 계속해야 했다(3, 4절).

1. 먼저 하나님께서 주신 좋은 땅을 온전히 받는 것으로 시작하여야 했다. 내가 이제 드디어 사십 년의 방황 끝에 여호와께서 우리에게 주시겠다고 우리 조상들에게 맹세하신 땅에 이르렀나이다(3절). 그들이 처음 가나안에 들어갈 때에 이 말을 하는 것이 가장 적절했다. 그들이 가나안에 오랫동안 정착한 후에는 아마도 이 문구의 형식이 달라졌을 것이다. 주목하라. 하나님께서 그의 약속들을 우리에게 이루시면, 그는 우리가 그것을 인정하여 그의 신실하심을 높이기를 기대하신다. 이는 마치 보증을 서 주는 것과도 같다. 솔로몬도 그렇게 했다. 무릇 말씀하신 그 모든 좋은 약속이 하나도 이루어지지 아니함이 없도다(왕상 8:56). 그것들이 약속의 샘으로부터 흘러나오는 것을 볼 때에 피조물인 우리의 위로가 배나 감미롭게 된다.

2. 그는 자기가 속한 그 민족의 비천한 기원을 기억하고 인정하여야 했다. 지금 그들이 아무리 커져 있고 그가 그들 중에 있다 해도, 그들의 시작은 매우 작았다. 그들은 모든 시대를 통틀어 항상 이런 공적인 고백을 통해서 그 사실을 마음에 지니고 있어서, 그들의 특권과 유리한 점들 때문에 교만해지지 않고, 오히려 그렇게 비천했던 그들을 그렇게 높이 올리신 은혜의 하나님께 영원토록 감사하는 마음을 가져야 하는 것이었다. 이를 위해 그들은 두 가지를 인정해야 했다.

(1) 그들의 조상들의 비천함. 내 조상은 방랑하는 아람 사람으로서(5절). 야곱을 가리켜 여기서 아람 사람, 혹은 수리아 사람이라 부르는데, 이는 그가 이십 년 동안 밧단아람에서 살았으며, 그의 아내들이 그 지방 출신이요, 베냐민을 제외한 그의 자녀들이 모두 거기서 났기 때문이다. 어쩌면 여기 헌물을 드리는 자가 야곱 자신을 지칭하는 것이 아니라, 그의 지파의 조상인 야곱의 특정한 아들을 지칭했을지도 모른다. 어떤 경우든, 아버지와 아들들 모두가 라반의 가혹한 조처와 에서의 잔인함, 그리고 그 땅의 기근 때문에 거의 망할 뻔했었고, 그 땅의 기근 때문에 그들이 애굽으로 내려간 것이었다. 수리아 사람 라반이 내 조상을 멸하려 하였나이다(갈대아 역본). 수리아 사람 라반이 내 조상을 거의 멸할 뻔

했었나이다(아랍어 역본).

(2) 유아기 때의 그 민족의 비참했던 처지. 그들은 애굽에 나그네로 거주했고, 거기서 종들로 섬겼으며(6절), 그것도 아주 오랜 기간 동안 그렇게 했다. 그들의 조상이 수리아 사람이라 불린 것처럼, 그들은 애굽 사람이라 불릴 만했다. 가나안을 소유하던 상태가 너무 오랫동안 단절되었기 때문에 그들로서는 그 땅에 대해 여하한 소작권도 주장할 수가 없었다. 그들은 애굽에서 가련하고 멸시받으며 압제받는 백성들이었으며, 따라서 지금은 부유하고 크게 되었으나 아무것도 자랑할 것도, 안정된 것도, 하나님을 잊을 거리도 없었던 것이다.

3. 하나님의 크신 선하심을 감사함으로 인정해야 했다. 자기 자신에게만이 아니라 이스라엘 전체에 베푸신 그의 선하신 역사를 감사해야 했다.

(1) 그들을 애굽에서 인도하여 내신 일(7, 8절). 그 일을 여기서는 연민의 역사로 말씀하며, 우리의 고통과 신고와 압제를 보시고, 또한 권능의 역사로 말씀한다, 여호와께서 강한 손과 편 팔과 큰 위엄과 이적과 기사로 우리를 애굽에서 인도하여 내시고. 이것은 큰 구원으로서 기회 있을 때마다 기억할 만한 것이요, 특히 이처럼 맏물을 드릴 때는 더욱 기억해야 할 것이었다. 그들은 하나님께 맏물의 광주리를 드리는 것을 꺼릴 이유가 없다. 전에는 잔인한 주인들에게 벽돌을 가져다주어야 했으나 하나님 덕분에 그들이 그 광주리를 드릴 수 있게 되었기 때문이다.

(2) 그들을 가나안에 정착하게 하신 일. 이곳으로 인도하사 이 땅 … 을 주셨나이다(9절). 관찰하라. 그는 자기 자신의 몫에 대해서는 물론 이스라엘에게 주신 땅에 대해서도 전반적으로 감사를 드려야 했다. 또한 그 해의 수확에 대해서는 물론 그 수확을 거두게 한 땅 자체에 대해서도 감사를 드려야 했다. 하나님이 그의 조상들에게 은혜로이 허락하셨고 그 후손들에게 물려주신 것이니 말이다. 주목하라. 위로거리들을 누릴 때에 우리는 우리가 속한 사회 전체의 평화와 풍요에 대해서도 감사해야 마땅하다. 그리고 현재의 자비하신 역사를 누리면서 우리는 우리가 기억하는 과거의 역사에 대해서도, 그리고 우리가 기대하며 바라는 미래의 자비로운 역사에 대해서도 하나님을 찬양해야 할 것이다.

4. 그는 자신이 거둔 맏물의 광주리를 하나님께 드려야 했다. "이제 내가 주께서 내게 주신 토지에 대한 소작료로서 소산의 맏물을 가져왔나이다"(10절). 주

목하라. 우리가 하나님께 무엇을 드리든 간에, 우리가 그에게 드리는 것은 하나님 자신의 것일 뿐이다(대상 29:14). 그러므로 하나님께로부터 그렇게 많은 것을 받는 우리로서는 우리가 그에게 무엇을 드릴 것인가를 궁구하는 것이 합당한 일이다. 그는 광주리를 하나님 앞에 가져다 놓았다. 그러면 제사장들이 하나님의 수취인들로 그 장소에 대한 수당과 봉사에 대한 요금으로 그 말물들을 받아서 취하였다(민 18:12).

III. 헌물을 드리는 자는 모든 절차를 마친 다음,

1. 하나님께 영광을 돌리게 되어 있었다. 네 하나님 여호와 앞에 경배할 것이며. 그는 말물을 드린 후에도 반드시 계속해서 경배를 드려야 했다. 그래야 하나님이 그것을 받으시는 것이었다. 하나님께서 찾으시고 요구하시는 것은 겸손하고 감사하며 높이 우러르는 마음이다. 그러므로 이것이 없이는 광주리 속에 온갖 것을 다 집어넣더라도 그것은 아무런 소용이 없는 법이다. 사람이 그의 온 가산을 다 주고 이 경배와 바꾸려 할지라도 오히려 멸시를 받으리라(아 8:7).

2. 그 자신과 가족이 그 위로를 누리게 되어 있었다. 너와 네 집에 주신 모든 복으로 말미암아 너는 … 즐거워할지니라(11절). 거룩한 규례에 참석할 때만이 아니라 그가 섭리로 베푸시는 선물들을 누릴 때에도 우리가 즐거워하는 것이 하나님의 뜻이다. 하나님이 우리에게 무슨 선한 것을 주시든, 우리가 할 수 있는 만큼 최대한으로 그것을 편안히 사용하는 것이 그의 뜻인 것이다. 그러나 동시에 흐르는 물줄기를 추적하여 모든 위로와 안위의 근원에게로 나아가야 할 것이다.

[12]셋째 해 곧 십일조를 드리는 해에 네 모든 소산의 십일조 내기를 마친 후에 그것을 레위인과 객과 고아와 과부에게 주어 네 성읍 안에서 먹고 배부르게 하라 [13]그리할 때에 네 하나님 여호와 앞에 아뢰기를 내가 성물을 내 집에서 내어 레위인과 객과 고아와 과부에게 주기를 주께서 내게 명령하신 명령대로 하였사오니 내가 주의 명령을 범하지도 아니하였고 잊지도 아니하였나이다 [14]내가 애곡하는 날에 이 성물을 먹지 아니하였고 부정한 몸으로 이를 떼어두지 아니하였고 죽은 자를 위하여 이를 쓰지 아니하였고 내 하나님 여호와의 말씀을 청종하여 주께서 내게 명령하신대로 다 행하였사오니 [15]원하건대 주의 거룩한 처소 하늘에서 보시고 주의 백성 이스라엘에게 복을 주시며 우리 조상들에게 맹세하여 우리에게 주신 젖과 꿀이 흐르

는 땅에 복을 내리소서 할지니라

셋째 해의 십일조를 처리하는 문제에 대해서는 앞에서도 접한 바 있다(14:28, 29). 이 두 번째 십일조는 나머지 두 해에는 절기들에서 특별한 일들에 소요되는 대로 써야 했으나, 셋째 해에는 가정에서 가난한 자를 배불리 먹이는 데에 쓰도록 되어 있었다. 그런데 이 일이 제사장들의 감독이 없이 백성들 스스로 정직하게 행하여야 하는 일이었으므로, 그들로 하여금 법에 따라 레위인과 객과 고아와 과부에게 베풀도록 하기 위하여(12절) 그들이 여호와 앞에 나온 후 그 다음 맞는 절기 때에 그동안 그들이 정직하고도 충실하게 행할 바를 다 행하였다는 것을 하나님 앞에서 서원하도록 한 것이다.

I. 다음과 같은 뜻을 담은 고백을 엄숙하게 행하여야 했다(13, 14절).

1. 하나님께 바친 것을 몰래 탈취한 적이 없다는 것. "내가 성물을 내 집에서 내어 … 주었사오니, 내 집에 남은 것이라곤 내 몫밖에는 없나이다."

2. 명령에 따라 가난한 자와 특히 가난한 사역자들과, 가난한 객들과 가난한 과부들에게 나누어주었다는 것. 하나님이 그의 섭리로 우리가 가진 모든 것들을 주시니 그것을 사용하는 것을 그가 그의 율법으로 지정하시는 것이 합당한 일이다. 우리는 수입을 분배하여 쓰는 것이 그 당시 사람들과 같지 않지만, 우리도 전반적으로 우리가 가진 것들로 구제하도록 명령을 받고 있는 것이다. 구제를 한 다음에야 비로소 모든 것들이 우리에게 정결한 것이다. 그렇게 해서 하나님께 드려야 할 부분을 드리고 난 후에 비로소 우리의 것들을 누리며 위로를 얻을 수 있는 것이다. 이것은 범해서도 안 될 명령이요, 잊었다고 변명해서도 안 될 것이다(13절).

3. 이 십일조 중에 하나도 일상적인 용도로 변용한 적도 없고, 그릇된 일에 잘못 사용한 적도 없다는 것. 이는 백성들 자신들이 먹도록 되어 있는 다른 두 해의 십일조를 지칭하는 것 같다. 그들은 이에 대해 다음을 고백해야 했다. (1) 죽은 자를 위해 애곡할 때에는 사람들이 대개 부정하였는데, 그처럼 애곡할 때에 그 성물을 먹지 않았다는 것. 혹은, 마치 어둠 속에서 먹는 자들처럼 억지로 그것을 먹지 않았다는 것. (2) 성물을 일상적인 용도로 사용하여 하나님을 망령되게 하지도 않았다는 것. 성물은 자기들의 것이 아니기 때문이었다. 그리고, (3) 죽은 자를 위해서, 혹은 그들의 죽은 신들의 명예를 위해서, 혹은 그들

의 죽은 친지들에게 유익이 되도록 하기 위해서 그것들을 내어주지도 않았다는 것. 삼년이 끝나는 마지막에 이처럼 엄숙하게 고백하도록 의무를 부여하였으니, 이들은 성실하게 처리하여야 한다는 의무감을 갖게 되었을 것이다. 그들 스스로 깨끗하게 할 책임이 있다는 것을 알기 때문이었다. 언제나 양심을 깨끗이 지키는 것이 우리의 지혜다. 그래야 우리의 일에 대해 정산할 때에 흠이 없이 깨끗한 심정으로 얼굴을 들 수 있을 것이다. 유대인들에 따르면, 그들의 순전함을 이렇게 고백할 때에 목소리를 낮추고 해야 했다고 한다. 그것이 마치 자기를 추켜세우는 것처럼 보이기 때문이었다. 그러나 그보다 앞서 하나님의 선하심을 고백할 때에는 큰 소리로 그의 영광을 찬송하여야 했다고 한다. 감히 이런 고백을 하지 못하는 자는 속건제를 드려야 했다(레 5:15).

II. 이러한 엄숙한 고백에다 엄숙한 기도를 덧붙여야 했다(15절). 자기 자신들을 위해서가 아니라 주의 백성 이스라엘을 위해서 기도하여야 했다. 전체의 평화와 번영 속에서 개개인이 평화와 번영을 누리기 때문이다. 그러므로 우리는 기도에서 공적인 자세를 갖고, 나라와 민족에게, 우리나라의 이스라엘에게 하나님께서 복 주시기를 위해 씨름하기를 배워야 하며, 또한 보편의 교회를 하나님의 이스라엘로 여겨(갈 6:16) 기도할 때에 이를 염두에 두어야 할 것이다. 이 기도에서 우리는 다음을 가르침 받는다.

1. 거룩한 처소에 계신 하나님을 바라보며, 그리하여 거룩이 그의 집이 되며, 그에게 가까이 하는 자들 사이에서 그가 거룩하게 되신다는 것.

2. 우리와 우리 백성이 행복하게 되는 데에 하나님의 자비와 그의 은혜로운 보살피심으로 충족하다는 것을 깨닫고 그것에 의지하는 것.

3. 아무리 이스라엘이 크고 존귀하다 해도 그들을 보살피는 것은 하나님 편에서는 놀랍게 자기를 낮추시는 것이요 밑으로 내려다보시는 것임을 깨닫는 것.

4. 그의 백성 이스라엘과 그가 우리에게 주신 땅에 복 주시기를 하나님께 간절히 아뢰는 것. 하나님 곧 우리 하나님이 우리에게 복을 주시지 않으면, 땅이 어떻게 그 소산을 내며(시 67:6), 혹은 소산을 낸다 하더라도 우리가 그것에서 무슨 위로를 얻을 수 있겠는가?

[16]오늘 네 하나님 여호와께서 이 규례와 법도를 행하라고 네게 명령하시나니 그런

즉 너는 마음을 다하고 뜻을 다하여 지켜 행하라 ¹⁷네가 오늘 여호와를 네 하나님으로 인정하고 또 그 도를 행하고 그의 규례와 명령과 법도를 지키며 그의 소리를 들으라 ¹⁸여호와께서도 네게 말씀하신 대로 오늘 너를 그의 보배로운 백성이 되게 하시고 그의 모든 명령을 지키라 확언하셨느니라 ¹⁹그런즉 여호와께서 너를 그 지으신 모든 민족 위에 뛰어나게 하사 찬송과 명예와 영광을 삼으시고 그가 말씀하신 대로 너를 네 하나님 여호와의 성민이 되게 하시리라

모세는 이 모든 규례들을 강조하기 위하여 두 가지를 권면한다.

1. 그것들이 하나님의 명령이었다는 것(16절). 그것들은 모세 자신의 지혜에서 나온 것도, 그 자신의 권위로 제정한 것도 아니요, 하나님이 무한하신 지혜로 내신 것이요 왕 중의 왕께서 그의 권세로 그들에게 부과하신 것이었다. "네 하나님 여호와께서 … 네게 명령하시나니, 너는 의무와 감사로 그에게 순종할 의무가 있으며, 이에 불순종하면 네게 위험이 닥칠 것이로다. 그것들은 그의 법이요 따라서 너는 그것들을 행할지니라. 행하라고 그것들을 준 것이로다. 그것들을 행하고 왈가왈부하지 말라. 그것들을 행하고 뒤로 물러서지 말라. 부주의하거나 외식으로 그것들을 행하지 말고, 마음과 뜻을 다하여 그것들을 행하라."

2. 그들이 하나님과 언약을 맺었으므로 이 명령을 지킬 의무가 있다는 것. 모세는 그들을 향한 하나님의 주권은 물론, 그가 그들에 대해 소유권을 갖고 계시며 또한 그들이 그와 맺고 있는 관계를 강조한다. 그 언약은 상호적이며 따라서 양쪽 모두 그 언약을 성실히 지킬 의무가 있다.

(1) 우리는 그 언약 중 우리 쪽의 부분을 이행하고 그 의도대로 행하여야 한다. "네가 여호와가 네 하나님이시며 네 임금이시요 통치자이심을 인정하고 엄숙히 고백하였느니라(17절). 그가 그러하신 것이 그 자신의 명백한 권한이거니와, 그가 그러시다는 것을 네 스스로도 동의하였느니라." 그들은 그의 말씀을 잘 들음으로 묵시적으로 이를 행하였다. 전에 명확히 이를 행하였었고(출 24장), 이제 그들이 떠나기 전에 다시 하게 되어 있었다(29:1). 그러니 우리는 우리의 주재 하나님을 향한 우리의 의무 때문에는 물론 우리가 한 말을 성실하게 지켜야 할 의무 때문에도 그의 규례와 명령과 법도를 지켜야 한다. 여호와가 우리 하나님이심을 인정해 놓고서 그의 명령을 양심적으로 지키지 않는다면, 그것은 그야말로 거짓 맹세한 것이요 또한 지극히 신성한 약속들을 불성실하게

깨뜨리는 것이 되는 것이다.

(2) 그 언약 중 하나님의 몫 역시 이행되고 그 의도대로 되어야 한다(18, 19절). "여호와께서도 네가 그의 세굴라, 즉 그의 보배로운 백성임을 공적으로 인정하여 확인하셨으니, 이는 그가 말씀하신 대로, 즉 그가 하신 약속의 참된 의도와 의미대로 된 것이라." 그런데 그들의 순종은 이러한 자비의 조건이요 또한 그 자비가 지속되는 조건이었을 뿐 아니라(그들이 순종치 않으면 하나님이 그들을 버리시고 던지실 것이었다) 또한 그 자비의 주된 목적이기도 했다. "그가 네게 확언하셨으니, 이는 너로 그의 모든 명령을 지키게 하여 네가 신앙적으로 최고의 인도와 최고의 격려를 누리게 하기 위함이었느니라." 이처럼 우리는 순종하 … 기 위하여 택하심을 받은 자들이요(벧전 1:2), 거룩하게 되기 위하여 택하심을 받은 자들이다(엡 1:4). 우리가 깨끗이 씻음 받은 보배로운 백성이 된 것은 우리가 선을 행할 뿐 아니라 그 일을 열심히 하는 자들이 되게 하기 위함인 것이다(딛 2:14). 하나님께서는 두 가지 의도를 가지시고 그들이 그의 보배로운 백성임을 확언하셔서(19절) 그들을 높이시고 그들을 거룩하게 하신다고 한다. 거룩이야말로 참된 존귀요 또한 영원한 존귀에 이르는 유일한 길이기 때문이다.

[1] 그들을 모든 민족 위에 높이시고자 하는 의도로. 하나님과의 언약 속에 들어가 그를 섬기며 사는 것이야말로 우리가 이 세상에서 누릴 수 있는 가장 위대한 존귀다. 그들은 첫째, 찬송에서 높임을 받는다. 하나님이 그들을 받아들이시면 그것이 참된 칭찬이기 때문이다(롬 2:29). 그들의 동료들이 그들을 흠모하게 될 것이다(시 48:2). 그 원수들도 그들을 부러워할것이다(습 3:19,20). 둘째, 이름에서 높임을 받는다. 어떤 이들은 이것이 그 찬송이 영구히 계속되는 것을 뜻한다고 본다. 끊어지지 않을 이름. 셋째, 영광에서 높임을 받는다. 즉, 부귀와 권세의 모든 유리한 것들을 누리며, 그런 점에서 그 이웃들 위에 크게 될 것이다(렘 13:11).

[2] 그들을 하나님을 위해 구별되고 그에게 바쳐져서 계속해서 그를 섬기는 일에 쓰임 받는 거룩한 백성이 되게 하시고자 하는 의도로. 하나님은 이를 목적으로 그들을 취하여 그의 백성이 되게 하신 것이다. 그러므로 그들이 그의 명령을 지키지 않으면 이 모든 은혜를 헛되이 받은 것이 되는 것이다.

— 제 27 장 —

개요

모세는 하나님과 서로에게 행하여야 할 의무를 일반적인 사례들과 구체적인 사례들을 들어 매우 광범위하게 충실히 제시한 다음 — 선한 것이 무엇이며 율법이 그들에게 요구하는 것이 무엇인지를 명확하게 제시한 다음 — 또한 앞 장 말미에서 그들이 명령과 언약의 의무 아래 있음을 제시한 다음, 본 장에서는 외형적인 수단들을 제시한다. I. 율법을 잊어버리고 이상한 것으로 여기는 일이 없도록 그들의 기억을 돕기 위한 수단들. 그들은 이 법의 말씀들을 모두 돌에 기록해야 했다(1-10절). II. 그들이 율법을 가벼운 것으로 여기고 무관심하는 일이 없도록 그들에게 감동을 주어 그것에 대한 애착을 불러일으키는 수단들. 그들이 가나안에 들어가면, 율법의 비준에 해당하는 축복과 저주들을 온 이스라엘이 듣는 데서 엄숙하게 공포하고, 그들은 아멘이라고 말하여야 했다(11-26절). 이와 같은 엄숙한 예식으로도 그들에게 깊은 감동이 와 하나님의 율법의 위대한 것들에 대해 애착을 갖게 되지 않는다면, 그 어느 것으로도 그렇게 되지 않을 것이었다.

¹모세와 이스라엘 장로들이 백성에게 명령하여 이르되 내가 오늘 너희에게 명령하는 이 명령을 너희는 다 지킬지니라 ²너희가 요단을 건너 네 하나님 여호와께서 네게 주시는 땅에 들어가는 날에 큰 돌들을 세우고 석회를 바르라 ³요단을 건넌 후에 이 율법의 모든 말씀을 그 위에 기록하라 그리하면 네 하나님 여호와께서 네게 주시는 땅 곧 젖과 꿀이 흐르는 땅에 네가 들어가기를 네 조상들의 하나님 여호와께서 네게 말씀하신 대로 하리라 ⁴너희가 요단을 건너거든 내가 오늘 너희에게 명령하는 이 돌들을 에발 산에 세우고 그 위에 석회를 바를 것이며 ⁵또 거기서 네 하나님 여호와를 위하여 제단 곧 돌단을 쌓되 그것에 쇠 연장을 대지 말지니라 ⁶너는 다듬지 않은 돌로 네 하나님 여호와의 제단을 쌓고 그 위에 네 하나님 여호와께 번제를 드릴 것이며 ⁷또 화목제를 드리고 거기에서 먹으며 네 하나님 여호와 앞에서 즐거워하라 ⁸너는 이 율법의 모든 말씀을 그 돌들 위에 분명하고 정확하게 기록할지

나라 ⁹모세와 레위 제사장들이 온 이스라엘에게 말하여 이르되 이스라엘아 잠잠하여 들으라 오늘 네가 네 하나님 여호와의 백성이 되었으니 ¹⁰그런즉 네 하나님 여호와의 말씀을 청종하여 내가 오늘 네게 명령하는 그 명령과 규례를 행할지니라

여기의 주요 내용은 다음과 같다.

I. 하나님의 명령들을 지키라는 일반적인 권고 그 명령들을 행하지 않는다면 그것들을 알아도 헛것이니 말이다. 이 권고가 다음과 같이 그들에게 강력히 주어진다.

1. 모든 권위로. 모세와 이스라엘 장로들, 곧 각 지파의 수령들이(1절) 또한 다시, 모세와 레위 제사장들이(9절) 권고하였다. 이처럼 여수룬의 왕인 모세가, 영적이며 육신적인 백성들의 수령들이 함께 배석한 가운데 권고한 것이다. 다 늙어서 죽어가는 사람에 불과하며 항상 신앙에 대해 왈가왈부하는 사람인 모세와, 신앙생활을 직업적으로 주도하며 그것을 지키는 제사장과 레위인들만이 명령을 지키라고 했다고 백성들이 가볍게 여기지 못하게 하기 위하여, 하나님이 백성들 위에 다스리는 권세와 존귀를 부여하신 이스라엘의 장로들(이들은 세상의 일에 관여하는 사람들이요 모세가 떠난 후에도 오랜 동안 그들 위에서 다스릴 자들이었다)로 하여금 하나님의 율법을 지킬 것을 백성들에게 명하도록 한 것이다. 모세는 자신의 권위의 일부를 그들에게 부여하고, 이 권고하는 자리에 그들을 함께 배석시킨다. 바울이 그의 서신서에서 때때로 실루아노와 디모데 등과 함께 하듯이 말이다. 주목하라. 다른 이들에게 관심을 갖고 있거나 권세를 갖고 있는 자들은 모두 그들 중에 신앙을 뒷받침하고 발전시키는 데에 그것을 사용하여야 한다. 국가의 최고의 권력이 이를 위하여 선한 법을 마련해 놓아도, 하급 관리들이 그 위치에서, 사역자들이 그 위치에서, 가장들이 그 위치에서 제대로 임무를 다하지 않는다면 모든 것이 별로 결실이 없을 것이다.

2. 간절하게. 그들은 지극히 간절하게 백성들에게 권고하였다. 이스라엘아 잠잠하여 들으라(9, 10절). 그것은 가장 조심하고 주의를 기울여 들어야 마땅한 것이다. 그들은 백성들에게 그들의 특권과 존귀함에 대해 말씀한다. "오늘 네가 네 하나님 여호와의 백성이 되었으니, 여호와께서 네가 그의 것임을 확언하셨고, 이제 그가 네 하나님으로서 오래 전에 약속하신 대로 너로 가나안을 소유하게 하고자 하시니(창 17:7, 8), 그가 이 일을 정한 때에 행하지 못하셨다면 그는 부

끄러워서 네 하나님이라 일컬음 받지 않으셨으리라(히 11:16). 이제 너는 그 어느 때보다 그의 백성이니 그의 음성을 듣고 순종하라." 특권들을 받은 만큼 의무를 이행하여야 하는 법이다. 백성이 그 하나님의 다스림을 받아야 하지 않겠는가?

II. 가나안에 들어가는 즉시 지극히 엄숙하게 이 율법의 모든 말씀을 기록하라는 구체적인 지시. 그 일은 약속의 땅에 들어가는 즉시, 이 율법에 포함된 몇 가지 단서들과 조건들 아래서 그 땅을 소유했다는 증표로 단 한 번 행하여야 했다. 시내 산에서 하나님과 이스라엘 사이의 언약이 엄숙히 비준되었는데, 그 때에 제단을 쌓고 열두 기둥을 세웠고 언약의 책을 기록한 바 있었다(출 24:4). 그런데 여기서 지시된 것도 그와 비슷하게 엄숙히 행하여야 했던 것이다.

1. 돌비를 세우고 그 위에 율법의 모든 말씀을 기록하여야 했다.

(1) 그 돌비 자체는 매우 초라했다. 떠낸 돌 위에 석회를 바른 것이 전부였고, 대리석이나 석고 같은 것으로 마감질을 한 것도 아니고, 그냥 보통 석회를 돌 위에 발라놓은 것이었다(2절). 이 명령이 다시 반복되고(4절), 또한 그 위에 율법의 말씀을 기록하라는 명령이 주어지는데, 매우 작고 촘촘하게 기록하여 호기심을 갖는 사람들만 볼 수 있도록 하지 말고, 달려가면서도 읽을 수 있도록 매우 선명하게 기록하라고 한다(합 2:2). 하나님의 말씀은 사람의 기술로 정교하게 할 필요도 없고, 설득력 있는 지혜의 말로 장식할 필요도 없는 것이다.

그러나 (2) 그 돌비를 매우 크게 만들어야 했다. 이 율법의 모든 말씀(3, 8절). 어떤 이들은 이를 26:17, 18에 언급된 하나님과 이스라엘 사이의 언약의 말씀만을 뜻하는 것으로 이해한다. 라반과 야곱 사이에 맺은 언약을 기념했던 것처럼, 그리고 여호수아가 세운 돌비처럼(수 24:26), 하나의 증거물로 이 도움 되는 돌비를 세우라는 뜻으로 보는 것이다. 라반과 야곱의 경우는 급히 돌들을 주위 모아놓은 돌무더기 이외에 아무것도 아니었다. 그들은 서로 간의 우정의 증표로 그 위에 함께 앉아 먹었던 것이다(창 31:46, 47). 다른 이들은 본 장에 나타나는 언약의 저주들이 이 돌비에 기록되었다고 본다. 그것이 에발 산에 세워졌기 때문이다(4절). 또 다른 이들은 신명기 전체가, 혹은 최소한 12장부터 24장에 이르는 규례와 법도들이 이 돌비에 기록되었다고 본다. 그 돌비가 모든 면에 그렇게 많은 글들을 새겨놓을 수 있을 정도로 컸다는 것도 전혀 개연성이 없지는 않다. 그러나 오히려 (몇몇 사람들의 주장처럼) 언약궤 속에 집어넣은 십계명 원본의 공인된 복사본으로서 십계명만이 여기에 기록되었을 것으로 가정할 수도 있을 것이다. 그들은 가나안에 들어간 후 이것을 기록해야 했다. 그런데 모세는, "그리하면 네 하나님 여호와께서 네게 주시는 땅 곧 젖과 꿀이 흐르는 땅에 네가 들어가리라." 즉, "그리하면 승리와 정착에 대한 위로와 확신을 갖고 그 땅에 들어가리라. 그렇지 않으면 차라리 들어가지 않는 것이 네게 더 나으리라. 이를 네가 그 땅에 들어가는 조건으로 기록하라. 그리고 오직 이 조건들로만 그리로 들어간다는 것을 유념하라. 가나안이 약속을 통해 네게 주어지는 것이니, 너는 순종으로 그 땅을 바라보아야 하리라."

2. 또한 제단도 세워야 했다. 석회 위에 기록된 율법의 말씀을 통해서 하나님이 그들에게 말씀하셨고, 또한 제단과 그 위에 드린 희생 제물들을 통해서 그들이 하나님께 말씀하였으며, 이렇게 해서 그들과 하나님 사이의 교류가 유지되었다. 말씀과 기도가 함께 나아가야 하는 법이다. 그들 자신의 뜻대로는 성막 옆에다 그 어떠한 제단도 세워서는 안 되었다. 그러나 하나님의 지시가 있는 특별한 경우에는 세울 수 있었다. 이와 비슷하게 엘리야도 지금 여기서 맺어진 그 언약으로 이스라엘을 되돌릴 때에 떠낸 돌 열두 개로 임시 제단을 세웠다(왕상 18:31, 32).

그런데, (1) 이 제단은 들판에 그 형태로 다 되어 있는 돌들로 세워야 하고, 반석에서 돌을 새로 쪼아 내거나 인공적으로 다듬어서는 안 되었다. 그것에 쇠 연장을 대지 말지니라(5절). 우리의 제단이신 그리스도는 손대지 아니한 돌이시며(단 2:34, 35), 따라서 고운 형체도 아름다움도 없어서 건축자들에게 버림을 받으셨다. 그러나 아버지 하나님께서 그를 받으시고 모퉁잇돌로 삼으신 것이다.

(2) 그 제단 위에 번제와 화목제를 드려(6, 7절) 하나님께 영광을 돌리고 은혜를 얻도록 되어 있었다. 율법이 기록된 곳 바로 옆에 제단이 세워졌는데, 이는 우리 죄를 속하는 그리스도의 큰 제사가 없다면, 우리가 율법을 바라보며 위로를 얻을 수 없다는 것을 뜻한다. 우리가 율법을 거역한 사실을 스스로 의식하고 있으니 말이다. 그리고 그 제단을 에발 산에, 이스라엘 지파들이 서서 저주들에 대해 아멘이라고 말한 그 산에 세웠는데, 이는 그리스도로 말미암아 우리가 율법의 저주에서 속량받는다는 것을 암시해 준다. 구약에는 율법의 말씀

이 기록되어 있고 거기에 저주가 덧붙여져 있으므로, 만일 신약에서 제단이 그 옆에 세워져서 우리에게 영원한 위로를 주는 일이 없었다면, 그 저주를 보고 두려움과 당혹감으로 가득 찼을 것이다.

(3) 거기서 먹고 하나님 여호와 앞에서 즐거워하여야 했다(7절). 이는 다음과 같은 뜻을 나타낸다. [1] 그들이 그 언약에 동의했다는 것. 언약의 당사자들은 함께 음식을 먹음으로써 그 언약을 비준했기 때문이다. 그들은 하나님의 식탁인 제단에 그의 종들과 소작인들로 참석하였다. 그들 스스로 이 사실을 인정하였고, 이 좋은 땅에 들어갔으니 그 소작료를 지불하고 그들에게 할당된 봉사의 일을 할 의무가 있었던 것이다. [2] 그들이 그 언약에서 위로를 얻었다는 것. 그들은 율법 안에서 즐거워할 만했다. 제단이, 치유의 법이 가까이 있었기 때문이다. 하나님이 그들에게 그의 율례들을 주셨다는 것은 그들을 선히 대하신다는 증표로서 큰 은혜였다. 또한 그들이 하나님의 백성이요 약속의 자녀로 인정된다는 것도 즐거워할 이유였다. 물론 이 일을 엄숙히 행할 당시는 아직 가나안을 완전히 소유하지 못했다. 그러나 하나님이 그의 거룩하심으로 말씀하셨으니, 내가 뛰놀리라, 길르앗이 내 것이요 므낫세도 내 것이며, 모든 것이 내 것이라 (시 60:8).

[11]모세가 그 날 백성에게 명령하여 이르되 [12]너희가 요단을 건넌 후에 시므온과 레위와 유다와 잇사갈과 요셉과 베냐민은 백성을 축복하기 위하여 그리심 산에 서고 [13]르우벤과 갓과 아셀과 스불론과 단과 납달리는 저주하기 위하여 에발 산에 서고 [14]레위 사람은 큰 소리로 이스라엘 모든 사람에게 말하여 이르기를 [15]장색의 손으로 조각하였거나 부어 만든 우상은 여호와께 가증하니 그것을 만들어 은밀히 세우는 자는 저주를 받을 것이라 할 것이요 모든 백성은 응답하여 말하되 아멘 할지니라 [16]그의 부모를 경홀히 여기는 자는 저주를 받을 것이라 할 것이요 모든 백성은 아멘 할지니라 [17]그의 이웃의 경계표를 옮기는 자는 저주를 받을 것이라 할 것이요 모든 백성은 아멘 할지니라 [18]맹인에게 길을 잃게 하는 자는 저주를 받을 것이라 할 것이요 모든 백성은 아멘 할지니라 [19]객이나 고아나 과부의 송사를 억울하게 하는 자는 저주를 받을 것이라 할 것이요 모든 백성은 아멘 할지니라 [20]그의 아버지의 아내와 동침하는 자는 그의 아버지의 하체를 드러냈으니 저주를 받을 것이라 할 것이요 모든 백성은 아멘 할지니라 [21]짐승과 교합하는 모든 자는 저주를 받을 것이라 할 것

이요 모든 백성은 아멘 할지니라 [22]그의 자매 곧 그의 아버지의 딸이나 어머니의 딸과 동침하는 자는 저주를 받을 것이라 할 것이요 모든 백성은 아멘 할지니라 [23]장모와 동침하는 자는 저주를 받을 것이라 할 것이요 모든 백성은 아멘 할지니라 [24]그의 이웃을 암살하는 자는 저주를 받을 것이라 할 것이요 모든 백성은 아멘 할지니라 [25]무죄한 자를 죽이려고 뇌물을 받는 자는 저주를 받을 것이라 할 것이요 모든 백성은 아멘 할지니라 [26]이 율법의 말씀을 실행하지 아니하는 자는 저주를 받을 것이라 할 것이요 모든 백성은 아멘 할지니라

율법을 기록하여 모든 사람들이 보고 읽게 할 때에, 그 비준 사실을 공포하여야 했다. 그들이 그 언약을 인정한다는 사실을 의도적으로 선포함으로써 하나님과 언약을 맺는 엄숙한 일을 완결지어야 했던 것이다. 전에도 그렇게 하라는 지시가 있었고(11:29, 30), 그리하여 여기의 지시가 다소 갑작스럽게 시작된다(12절). 가나안 땅 중에서 후에 에브라임 지파의 몫이 되는(여호수아의 지파) 땅에 두 산이 골짜기를 사이에 두고 가까이 서 있었고, 그 하나를 그리심 산이라 부르고, 또 하나를 에발 산이라 부른 것 같다. 이 두 산 아래에 이스라엘 모든 지파들이, 여섯 지파는 이쪽에, 나머지 여섯 지파는 맞은쪽에 서로 마주 보고 가까이 서 있어야 했다. 그들 사이에 서 있는 제사장들의 말을 양쪽에서 들을 수 있을 정도로 가까이 서서, 조용히 하여 주목할 것을 명한 다음 제사장 한 사람이, 혹은 어느 정도 떨어진 거리에서 몇 사람의 제사장들이 큰 목소리로 저주 한 가지를 선언하면, 에발 산 경사면과 기슭에 서 있는 모든 사람들이(멀리 서 있는 사람들은 들을 수 있는 가까운 거리에 서 있는 사람들에게서 신호를 받아) 아멘이라고 하였고, 또한 반대로 "이런저런 일을 하지 않는 자는 복이 있으리니"라고 하며 축복을 선언하면 그리심 산 경사면과 기슭에 서 있는 자들이 아멘이라고 하였다. 그들은 이로써 율법의 축복과 저주, 약속과 경고들로부터 깊은 감동을 받지 않을 수 없었을 것이며, 모든 백성들에게 그것들을 인지시킬 뿐 아니라 그것들을 자신들에게 적용하도록 가르쳤을 것이다.

I. 이처럼 반복이 없이 단 한 번 행한(그러나 후 세대들이 이에 대해 계속 언급하게 될 것이었다) 이 엄숙한 예식에 대해 전반적인 면에서 관찰할 점들이 있다.

1. 하나님께서 그리심 산에 설 지파들과 에발 산에 설 지파들을 지정해 주

셨다(12, 13절). 그들에게 이 일을 맡겨두었을 경우 혼란과 분쟁이 있었을 것이므로 이를 방지하기 위해 그렇게 하신 것이다. 축복에 대해 화답하도록 지정된 여섯 지파들은 모두 자유한 여자의 자식들이었다. 그 약속이 그런 자들의 것이기 때문이다(갈 4:31). 레위 지파는 나머지 지파들 사이에 서게 되었으니, 이는 사역자들로 하여금 그들이 다른 이들에게 선포하는 축복과 저주를 자기 자신들에게 적용시키고 믿음으로 스스로도 거기에 아멘 하도록 가르치기 위함이었다.

2. 축복에 대해서 아멘 하도록 지정된 지파들에 대해서는 백성을 축복하기 위하여 라고 하나, 나머지 지파들에 대해서는 "백성을"이라는 말은 빼고 그냥 저주하기 위하여 라고만 한다. 이는 하나님이 자기 소유로 취하신 이 백성 중 어느 누구도 자신들이 저주 아래 있다고 생각하지 않도록 하기 위함이었다. 혹은 어쩌면 이처럼 표현을 달리한 것은 이스라엘 백성은 복된 백성들로서 대체로 축복 하나밖에는 그들에게 선언될 것이 없었다는 것을 시사하는지도 모른다. 순종하면 그들에게 언제나 축복이 있을 것이었다. 그리고 이 축복에 대해 그리심 산에 있는 지파들이 아멘으로 화답하도록 되어 있었다. "오오 이스라엘아 복되도다. 영원히 복이 있을지어다." 그러나 그 다음에 이 일반적인 원칙의 예외들로 저주가 주어지는데, 우리가 아다시피, 예외가 규칙을 확증해 주는 것이다. 이스라엘은 복 받은 백성이다. 그러나 그 중 어느 한 개인이 여기 언급되는 이런저런 일들을 행하면 그 사람에게는 분깃이 없고 저주 아래 있게 된다는 것을 알아야 한다는 것이었다. 이는 하나님이 얼마나 기꺼이 복을 베푸시는지를 보여준다. 그러므로 누구든 저주 아래 떨어진다면, 그들 스스로 그 머리 위에 화를 자초한 것임을 알아야 한다.

3. 레위인들이나 제사장들, 혹은 그들 중에서 그 목적을 위해 지명 받은 자들은 축복은 물론 저주도 선언하게 되어 있었다. 그들은 축복하도록 임명된 자들이었고(10:8), 제사장들은 매일 축복했다(민 6:23). 그러나 그들은 헛된 것과 귀한 것을 구별하여야 했다. 함부로 축복을 선포해서도 안 되었다. 만일 축복에 해당되지도 않는 자들에게 축복을 선포하면, 그들은 자기들이 무리 중에 끼어 있으니 자기들도 축복을 받을 권한이 있다고 생각하게 되기 때문이었다. 주목하라. 사역자들은 복음의 위로는 물론 율법의 처절한 저주도 선포하여야 한다. 축복을 약속하여 백성들로 하여금 의무를 행하도록 만들 뿐 아니라 저주를 경

고함으로써 그들로 하여금 두려움도 갖게 해주어야 한다.

4. 저주는 여기 표현되고 있으나 축복은 표현되지 않는다. 율법 아래 있는 자는 누구든 저주 아래 있었던 반면에, 우리를 축복하는 것과 또한 율법이 육신으로 말미암아 연약하여 할 수 없는 그것을 우리를 위해 행하시는 것은 그리스도의 고유한 존귀였기 때문이다. 그리스도의 산상수훈이야말로 진정한 그리심 산이었는데, 거기에는 축복만 있다(마 5:3 이하).

5. 각 저주마다 백성들은 아멘으로 화답해야 했다. 축복에 대해서 아멘으로 화답하는 것은 그 의미를 쉽게 이해할 수 있다. 유대인들에게는 공 기도에 아멘으로 화답하도록 격려해주는 말이 있다. 곧, 축복하는 자를 따라 아멘으로 답하는 자는 누구든지 축복하는 자와 같다는 것이다. 그러나 저주에 대해서 어떻게 아멘으로 답할 수 있단 말인가?

(1) 그것은 그 저주들의 진실성에 대한 그들의 믿음을 선언하는 것이었다. 곧, 그런 저주들이 어린 아이들과 어리석은 자들을 겁주는 엄포 같은 것이 아니라 사람의 불경함과 불의에 대한 하나님의 진노의 진정한 선언들이요 따라서 일점일획도 땅에 떨어지지 않으리라는 것이었다.

(2) 그 저주들의 공정함을 시인하는 것이었다. 그들이 아멘이라 할 때에 그것은 곧 결국 그것이 그렇게 될 것이 분명하다는 뜻인 동시에 그것이 그렇게 되는 것이 정의롭다는 뜻이다. 그런 일을 행하는 자들은 저주 아래 있는 것이 정당하다는 것이다.

(3) 그들 자신에 대한 저주의 표현으로서, 여기 저주들에 해당되는 그런 행위들을 절대로 행하지 않도록 그들을 강력하게 막는 하나의 수단이었다. "우리가 그런 일을 행하면 하나님의 진노가 우리에게 임할진저." 성경은 하나님의 율법을 따라 행하기 위하여 저주로 맹세한 자들에 대해 언급하고 있으며(느 10:29), 우리도 일상적으로 그렇게 엄숙히 맹세한다. 아니, 유대인들은 이렇게 말한다(박식한 패트릭 주교가 인용하여 말하는 것처럼). "온 백성들은 아멘이라고 함으로써 서로 하나님의 율법들을 준수할 의무를 스스로 지게 되었고, 그리하여 모든 사람이 이웃이 이 율법들을 어기지 않도록 최선을 다하여 방지하고 또한 어긴 자들을 책망함으로써 자기들이 죄를 지고 그로 인하여 저주에 빠지지 않게 하였다."

II. 여기서 어떤 구체적인 죄들에 대해서 저주가 선포되는지를 살펴보기로

하자.

1. 제2계명을 어긴 죄. 이 불타는 칼은 먼저 제2계명을 지키도록 하기 위해 제시된 것이다(15절). 우상에게 예배하는 자는 물론, (우상 숭배자들이 그들의 신을 섬기는 데 사용하는) 그런 우상들을 만들거나 갖고 있는 자들에게 여기서 저주가 선포된다. 새긴 우상이든 부어 만든 우상이든, 공공장소가 아니라 은밀한 곳에 세워졌더라도, 실제로 그것을 예배하지 않거나 예배를 위하여 만든 것이 아니고 그저 존중하는 마음으로 모셔둔 것이라고 말하더라도 모두 똑같이 여호와께 가증하다. 이를 행하는 자는 사람들에게서는 벌을 피할 수 있을지라도 하나님의 저주는 피할 수 없다.

2. 제5계명을 어긴 죄(16절). 부모를 멸시하는 것은 하나님 자신을 멸시하는 것 다음으로 악하고 위중하다. 사람이 그 부모를 말이나 행동으로 학대하면 그는 관리들의 형벌 아래 있게 되고 죽음을 면치 못한다(출 21:15, 17). 그러나 마음으로 부모를 가볍게 대하는 것은 관리들이 알아차릴 수 없는 일이며, 따라서 여기서 마음을 아시는 하나님께서 그것에 대해 저주를 선포하시는 것이다. 부모를 향하여 욕하며 무례하게 행하는 자녀들은 저주를 면치 못한다.

3. 제8계명을 어긴 죄. 하나님의 저주가 여기서 (1) 경계표를 옮기는 불의한 이웃에 대해 선포된다(17절). 19:14을 보라. (2) 불의한 조언자에 대해 선포된다. 조언을 요청받을 때에 거짓된 것을 알면서도 친구에게 악의로 조언을 해 주는 자, 이는 길을 가리켜 주는 체하면서 맹인에게 길을 잃게 하는 것과 마찬가지로서, 이 이상 야만적이고 파렴치한 것이 없다(18절). 하나님의 명령을 지키는 길에서 다른 사람들을 꾀어내고 죄를 짓게 하는 자들은 스스로 저주를 자초하는 것이다. 우리 주님은 이에 대해 설명하신 바 있다. 만일 맹인이 맹인을 인도하면 둘이 다 구덩이에 빠지리라(마 15:4). (3) 객이나 고아나 과부를 보호하고 그들의 송사를 정의롭게 해야 하는데도 오히려 그들의 송사를 억울하게 하는 불의한 재판관에 대해 선포된다(19절). 이들은 가난하고 도와줄 사람도 없는 자들이므로(그들에게 친절을 베풀어도 얻을 것이 하나도 없고, 그들에게 억울하게 해도 잃을 것이 하나도 없는 사람들이므로), 재판관들은 정의와 공평을 저버리고, 약자들의 원수들과 한 편이 되고픈 유혹을 받을 수도 있다. 그러나 그런 재판관들은 저주를 받을 것이다.

4. 제7계명을 어긴 죄. 아버지의 아내, 자매, 혹은 장모와의 근친상간은 저주

받는 죄다(20, 22, 23절). 이런 범죄들은 관리의 형벌을 받게 되지만(레 20:11), 이보다 더 끔찍한 것은 하나님의 진노 아래 있게 된다는 것이다. 짐승과의 교합도 마찬가지다(21절).

5. 제6계명을 어긴 죄. 두 가지 최악의 살인 행위가 여기서 구체적으로 거명된다. (1) 암살. 곧, 사람이 이웃에게 자신을 원수로 공포하고 그에게 그 자신을 방어할 기회를 주지 않고, 그가 알지 못하는 사이에 독약 등의 방법으로 은밀하게 그를 죽이는 것이다(시 10:8, 9을 보라). 그런 암살의 범인이 발견되지 않고 형벌을 받지 않을 수도 있으나 하나님의 저주가 그를 따를 것이다. (2) 법을 가장한 살인. 이는 하나님께 가장 가증스러운 것이다. 하나님의 규례를 최악의 악인을 두둔하는 것으로 만드니 말이다. 또한 우리 이웃에게도 가장 큰 잘못이다. 그 사람의 목숨은 물론 그의 명예까지도 망쳐버리니 말이다. 그러므로 무죄한 자를 죽이려고 그를 거짓으로 정죄하거나, 비난하도록 고용되거나, 뇌물을 받는 자는 저주를 받는다(25절. 또한 시 15:5을 보라).

6. 이 율법의 말씀을 실행하지 아니하는 자가 저주를 받으리라는 엄숙한 경고로 결론을 맺는다(26절). 율법을 순종하면 그것에 인을 치는 것이요 그것을 확증하는 것이듯이, 율법을 불순종하면 그것을 무효화시키는 일을 범하는 것이 된다(시 119:126). 사도는 모든 고대의 사본들을 따라 이 본문을, 율법 책에 기록된 대로 모든 일을 항상 행하지 아니하는 자는 저주 아래에 있는 자라는 의미로 읽는다(갈 3:10). 이 저주에서 언급되지 않은 다른 죄들을 범한 자들이 자기들은 저주를 면했다고 생각하지 못하도록, 이 마지막 부분은 모든 것을 포괄한다. 율법이 금하는 악을 행하는 자들은 물론 율법이 요구하는 선을 행하지 않는 자들까지도 저주에 포함시키는 것이다. 이에 대해서 우리 모두 **아멘**으로 답하여 우리 자신을 저주 아래 두어야 한다. 우리는 저주를 받아야 마땅하며, 또한 그리스도께서 우리를 위하여 저주를 받은 바 되사 율법의 저주에서 우리를 속량하시지 않았다면, 영원토록 저주 아래에서 멸망하였을 것이 분명하다.

제28장

개요

본 장은 앞 장의 축복과 저주의 말씀에 대한 매우 상세한 설명이다. 일반적으로 순종하는 자에게는 축복을, 불순종하는 자에게는 저주를 선포했다. 그러나 이런 일반적인 것만으로는 별 영향이 없으므로, 모세는 여기서 구체적인 사항들로 들어가 축복과 저주를 설명한다. 그 근원이 아니라(이는 눈에 보이지 않는 것으로 가장 중요한 것이지만 또한 가장 무시하고 지나치는 것이기도 한데, 곧 모든 축복들의 샘인 하나님의 자비하심과 또한 모든 저주들의 샘인 하나님의 진노다) 그 물줄기, 곧 감각으로 알 수 있는 축복과 저주의 결과들을 설명하는 것이다. 그것들이야말로 현실에서 접하는 것들이요 또한 진정한 효과가 있기 때문이다. I. 그들이 순종할 때에 그들에게 임할 축복을 묘사한다. 곧, 개인적이며, 가정적이며, 특히 민족적인 축복이다. 여기서는 그들을 특히 민족적으로 다루기 때문이다(1-14절). II. 그들이 불순종할 경우 그들에게 임할 저주들을 다음과 같이 더 상세히 묘사한다. 1. 극한 괴로움(15-44절). 2. 처절한 멸망과 파괴(45-68절). 본 장은 백성들 앞에 생명과 사망, 선과 악을 제시하는 것으로 레 26장과 의도가 거의 동일하다. 그리고 본 장 마지막 부분에서 그들이 회개할 때에 회복하게 하실 것이 약속되는데, 그 약속이 다시 30장에서 더욱 상세히 반복하여 묘사된다. 그리하여 그 백성들이 율법이 반복되는 가운데 계명들을 거듭거듭 받았으므로 약속과 경고도 계속 반복하여 받았다. 그리고 이 약속과 경고들이 여기저기 제시되는 것은 율법의 확증으로서 조건과 단서를 제시한 것만이 아니라, 앞으로 이루어질 일에 대한 예언이기도 했다. 곧, 이스라엘 백성이 잠시 동안은 순종하며 복을 누리지만 결국 그들의 불순종으로 인하여 망하게 될 것이라는 것이다. 그러므로 30:1에서, 그들에게 축복과 저주가 모두 임하게 될 것임을 말씀하는 것이다.

¹네가 네 하나님 여호와의 말씀을 삼가 듣고 내가 오늘 네게 명령하는 그의 모든 명령을 지켜 행하면 네 하나님 여호와께서 너를 세계 모든 민족 위에 뛰어나게 하실

것이라 [2]네가 네 하나님 여호와의 말씀을 청종하면 이 모든 복이 네게 임하며 네게 이르리니 [3]성읍에서도 복을 받고 들에서도 복을 받을 것이며 [4]네 몸의 자녀와 네 토지의 소산과 네 짐승의 새끼와 소와 양의 새끼가 복을 받을 것이며 [5]네 광주리와 떡반죽 그릇이 복을 받을 것이며 [6]네가 들어와도 복을 받고 나가도 복을 받을 것이니라 [7]여호와께서 너를 대적하기 위해 일어난 적군들을 네 앞에서 패하게 하시리라 그들이 한 길로 너를 치러 들어왔으나 네 앞에서 일곱 길로 도망하리라 [8]여호와께서 명령하사 네 창고와 네 손으로 하는 모든 일에 복을 내리시고 네 하나님 여호와께서 네게 주시는 땅에서 네게 복을 주실 것이며 [9]여호와께서 네게 맹세하신 대로 너를 세워 자기의 성민이 되게 하시리니 이는 네가 네 하나님 여호와의 명령을 지켜 그 길로 행할 것임이니라 [10]땅의 모든 백성이 여호와의 이름이 너를 위하여 불리는 것을 보고 너를 두려워하리라 [11]여호와께서 네게 주리라고 네 조상들에게 맹세하신 땅에서 네게 복을 주사 네 몸의 소생과 가축의 새끼와 토지의 소산을 많게 하시며 [12]여호와께서 너를 위하여 하늘의 아름다운 보고를 여시사 네 땅에 때를 따라 비를 내리시고 네 손으로 하는 모든 일에 복을 주시리니 네가 많은 민족에게 꾸어 줄지라도 너는 꾸지 아니할 것이요 [13]여호와께서 너를 머리가 되고 꼬리가 되지 않게 하시며 위에만 있고 아래에 있지 않게 하시리니 오직 너는 내가 오늘 네게 명령하는 네 하나님 여호와의 명령을 듣고 지켜 행하며 [14]내가 오늘 너희에게 명령하는 그 말씀을 떠나 좌로나 우로나 치우치지 아니하고 다른 신을 따라 섬기지 아니하면 이와 같으리라

여기서 저주에 앞서서 축복들이 제시되는데 이는 다음을 시사한다.

1. 하나님이 노하기는 더디하시나 긍휼을 보이기는 속히 하신다는 것. 그는 우리가 죄를 범하고 죽기보다 순종하여 살기를 훨씬 더 바라신다는 것을 말씀하셨고 서원하셨다. 복을 주는 것이야말로 그의 기쁨인 것이다.

2. 약속들과 경고들이 모두 우리로 하여금 의무를 다하도록 하기 위해 주어지는 것이지만, 우리가 하나님의 자녀로서 그의 자비에 대한 소망을 갖고서 선한 것에 이끌림을 받아 의무를 다하게 되는 것이, 그의 진노에 대한 노예적인 두려움으로 겁에 질려서 의무를 다하게 되는 것보다 더 낫다는 것. 하나님의 선하심을 누리며 기꺼운 마음으로 행하는 순종이 가장 하나님을 기쁘시게 하는 것이다. 여기서,

I. 여기서 축복이 약속되는 조건들이 제시된다.

1. 그들이 하나님의 말씀을 부지런히 청종하며(1, 2절), 하나님이 그의 말씀으로 그들에게 말씀하시는 것을 듣고 최선의 노력을 기울여 그의 뜻을 지켜 행하는 것(13절)을 조건으로 축복이 약속된다.

2. 하나님의 모든 명령들을 지켜 행하며(순종하기 위해서는 명령을 지키는 것이 필요하다) 하나님 여호와의 명령을 지켜 그 길로 행하는 것(9절)을 조건으로 축복이 약속된다. 한 번만 그렇게 행하는 것이 아니라, 영원토록 그것들을 지키는 것이다. 그의 길로 출발하는 것만이 아니라 끝까지 그 길로 행하는 것이다.

3. 좌로나 우로나, 즉 한쪽으로는 미신에게로, 다른 쪽으로 불경함으로, 치우치지 아니하는 것을 조건으로, 그리고 구체적으로 그들이 다른 신을 따라 섬기지 않는 것을 조건으로, 축복이 약속된다(14절). 다른 신을 따라가는 것이야말로 그들이 가장 빠지기를 잘 하는 죄요, 또한 하나님이 가장 불쾌히 여기시는 죄였던 것이다. 그들이 스스로 삼가 가정과 나라에서 신앙을 유지하고, 그 형식과 능력을 함께 유지하면, 하나님이 그들을 반드시 축복하시리라는 것이었다.

II. 이 축복의 구체적인 내용들.

1. 하나님의 섭리가 모든 외형적인 면에서 그들을 번성하게 하리라는 약속이 주어진다. 이 복들이 그들에게 이르리라고 말씀한다(2절). 선한 백성들도 때로는 자기들이 무가치하다는 생각에 사로잡혀 축복으로부터 달아나려 하고, 복이 자기들의 것이 아니라고 생각하기도 한다. 그러나 그 복이 그들을 찾아낼 것이요 그들을 따를 것이라는 것이다. 마지막 큰 날에도, 주여 우리가 어느 때에 주께서 주리신 것을 보고 음식을 대접하였으며 목마르신 것을 보고 마시게 하였나이까(마 25:37)라고 말하는 의인들에게 복이 찾아가 이를 것이다. 관찰하라.

(1) 하나님이 그의 섭리로 그들을 복 주시는 몇 가지 일들이 열거된다. [1] 그들이 안전하고 편안할 것이다. 그들이 어디 있든지, 성읍에 있든지 들에 있든지, 복이 그들에게 임할 것이다(3절). 그들의 거주지가 도시이든 시골이든, 그들이 농부이든 상인이든, 그들의 사업처가 도시에 있든 들에 있든 그들이 갖가지 위험에서 보존될 것이며, 그 형편에 따라 위로를 누릴 것이라는 것이다. 그

들의 여정 중에도, 들어가도 나가도(6절), 이 복이 그들을 따를 것이다. 그들 자신이 보호받을 것이며 그들이 행하는 일들이 잘 될 것이다. 여기서 관찰하라. 이 삶의 지속과 위로에 대해서 우리는 항상 하나님께 의지할 수밖에 없는 것이다. 우리는 이 세상의 갖가지 변화 속에서 매 움직임마다 그를 필요로 한다. 그가 그의 보호하심을 물리시면 우리는 안전할 수가 없고, 그가 자비하심을 유보시키시면 우리가 편안히 지낼 수가 없다. 그러나 그가 우리를 복주시면, 어디를 가든지 모든 일이 형통할 것이다. [2] 그들의 가정들이 무수한 자손들로 인하여 세워질 것이다. 네 몸의 자녀가 복을 받을 것이며(4절), 전에 아브라함에게 행하신 약속 — 그의 자손을 하늘의 별처럼 무수하게 하시고 하나님이 그들에게 하나님이 되실 것이라는 약속 — 을 이루사 여호와께서 네 몸의 소생을 많게 하실 것이다(11절). 그들의 몸의 소생으로서는 그보다 더 크고 더 광범위한 복이 없는 것이다(사 61:9). [3] 그들이 부유하게 되고 이 세상의 모든 좋은 것들을 풍성히 갖게 될 것이다. 이런 약속들을 주시는 것은 그저 그것들을 누리는 즐거움을 얻게 하시기 위한 것만이 아니라 (패트릭 주교가 유대인 저술가 한 사람에게서 간파한 것처럼) 그들이 그것으로 하나님을 존귀하게 하며, 또한 그를 기쁨으로 섬기고 그의 뜻을 순종하는 데에 인내하도록 돕고 격려하기 위함이었다 할 것이다. **첫째로**, 문 바깥에 있는 그들의 모든 소유에게, 밭의 곡식과 가축에게(4, 11절), 구체적으로 그들의 소와 양에게 복이 임할 것이 약속된다. 이것들에게 복이 임하는 것은 그 소유자를 위함이요 그들에게 복이 되게 하기 위함이다. 이를 위해서 하나님이 **때를 따라 비를 내리리라**고 하는데 이를 가리켜 보고라 한다(12절). 왜냐하면 이 하나님의 강물을 통해서 땅이 비옥해지기 때문이다(시 65:9). 끊임없이 공급받는 것들을 우리는 하나님의 아름다운 보고에서 오는 것으로 보아야 하며, 그것들에 대해서 우리가 하나님께 감사함으로 갚을 의무가 있다는 것을 깨달아야 한다. 그가 그의 비를 중단시키시면 땅과 가축들의 소산이 곧 사라지고 마는 것이다. **둘째로**, 문 안에 있는 그들의 모든 소유에게, 광주리와 반죽 그릇에(5절), 또한 창고에(8절) 복이 임할 것이 약속된다. 그것을 집 안에 들일 때에 하나님이 그것을 복 주셔서, 이따금씩 행하시는 것처럼 그것을 뒤엎어버리지 않으시리라는 것이다(학 1:6, 9). 우리는 해마다 밭에서 거두어들이는 곡식에 대해서는 물론 광주리와 창고에서 꺼내오는 매일매일의 양식에 대해서도 하나님과 그의 복에 의지하는 것이요,

따라서 그것을 위해서 날마다 기도하기를 배우는 것이다. [4] 그들의 행하는 모든 일이 성공하여 끊임없이 만족을 얻게 될 것이다. "여호와께서 명령하사(명령하실 수 있는 분은 오직 그분밖에 없다), 네가 가진 모든 것에는 물론 네가 행하는 모든 일에, 네 손으로 하는 모든 일에 복을 내리실 것이다"(8절). 이는 그들이 부유해져도 게을러서는 안 되고 부지런히 일하여 손을 움직여야 하며, 또한 하나님께서 그들의 부지런함을 아시고 그들의 손으로 하는 모든 일에 복을 주시리라는 것을 시사한다(12절). 그들을 부유하게 만들고 또한 그 상태를 유지시켜 주는 것은 손이 부지런한 자에게 임하는 여호와의 복인 것이다(잠 10:4, 22).
[5] 그들이 이웃들 사이에서 존귀를 얻을 것이다. 네 하나님 여호와께서 너를 세계 모든 민족 위에 뛰어나게 하실 것이라(1절). 그는 그들을 그 자신과 언약을 맺게 하심으로써 그렇게 만드셨다(26:19). 그들이 죄를 범하여 스스로를 초라하게 만들지 않으면 그가 그들을 외형적으로 번성하게 함으로써 그들을 더욱더 뛰어나게 하실 것이었다. 그들이 민족들 가운데 뛰어나게 되도록 돕는 것이 두 가지가 있다. 첫째로, 그들의 재물이다. "네가 많은 민족에게 이자를 받고(인근 민족들에게서 이자를 받는 것이 그들에게 허용되었다) 꾸어줄지라도 너는 꾸지 아니할 것이다"(12절). 이로써 그들은 주위의 모든 민족들에게 큰 영향력을 갖게 될 것이다. 꾸는 자가 꾸이는 자의 종이 되기 때문이다. 이는 또한 무역과 상거래에도 큰 의미가 있는 것이다. 그들은 수입보다 수출이 풍성하게 더 많아서 모든 이윤이 그들 편에 있게 될 것이다. 둘째로, 그들의 권세다. "여호와께서 너를 머리가 되게 하사 네 주위의 모든 자들에게 법을 주며, 조공을 받으며, 모든 논쟁거리들을 네 뜻대로 해결하게 하시리라"(13절). 모든 짚단이 그들의 것에 절하여, 이로써 그들의 권세가 막강해져서 땅의 모든 백성이 그들을 두려워하게 될 것이다(10절). 즉, 그들의 진정한 위엄을 높이 받들며, 그들을 원수로 삼게 되는 것을 두려워하게 될 것이다. 그들 중에 신앙이 번창하고 하나님의 복이 그들에게 임하여 그들이 모든 이웃들에게 무서운 힘을 발휘하는 존재가 되고, 깃발을 높이 든 막강한 군대가 될 것이다. [6] 그들이 원수들에 대해 승리하며 모든 전쟁에서 성공을 거둘 것이다. 누구든 감히 그들을 대적하여 일어나 그들을 압제하려고 하거나, 은밀히 무너뜨리려 하면, 이는 스스로 멸망을 자초하는 것이요 그들 앞에서 반드시 무너질 것이다(7절). 원수의 군대가 총 궐기하여 한 길로 공격해 와도 그들 자신이 완전히 패배할 것이요, 각자 살길을 찾

아 그들 앞에서 일곱 길로 도망할 것이다.

(2) 이 모든 내용에서 우리는 (사람들이 이를 믿으면 좋으련만) 신앙과 경건 이야말로 외형적인 번영에 최고의 우군(友軍)이라는 것을 배우게 된다. 신약에 서는 구약만큼 이런 세상적인 복에 대해 많은 여지를 두지 않지만, 우리 주 예 수께서 주신 말씀만으로도 족하다(그의 말씀이니 반드시 그대로 받아들이는 것이 합당할 것이다). 너희는 먼저 그의 나라와 그의 의를 구하라 그리하면 무한한 지혜이신 그분께서 선히 여기시는 만큼 이 모든 것을 너희에게 더하시리라(마 6:33). 이 이상 더 바랄 사람이 어디 있겠는가?

2. 또한 하나님의 은혜가 그들을 세워 자기의 성민이 되게 하시리라는 것도 약 속된다(9절). 그가 그들을 취하사 자기와 언약을 맺게 하셨으니, 그가 그들을 언약 가운데 지키실 것이라는 것이다. 그리고 그들이 주어진 수단을 꾸준히 잘 사용하면, 그가 그들에게 꾸준히 은혜를 주실 것이며 그들을 떠나지 아니하실 것이다. 주목하라. 거룩에 신실한 자들은 하나님이 거룩하게 세우실 것이다. 그는 그렇게 하실 능력이 있는 분이시다(롬 14:26). 지금 거룩하신 그 하나님 은 장차도 거룩하실 것이다. 하나님은 그가 거룩함 중에 세우시는 자들을 그로 써 그의 백성이 되게 하신다. 우리가 하나님과 가까이 하는 한 그가 절대로 우 리를 버리지 않으실 것이기 때문이다. 그들의 신앙을 이렇게 세우심으로 결국 그들의 명성이 세워질 것이다. 땅의 모든 백성이 여호와의 이름이 너를 위하여 불 리는 것을 보게 될 것이다(10절). 즉, "위대하신 하나님의 구체적인 보살피심과 배려 아래 있으니 너는 지극히 훌륭하고 영광스러운 백성이라"는 것이다. 그 들은 여호와의 이름으로 불리는 백성이니 분명 해 아래서 가장 행복한 백성이 라는 것을 알게 될 것이요, 심지어 그들의 원수들까지도 그렇게 판단할 것이 다. 하늘의 총애를 받는 자들이야말로 진정 위대한 자들이요, 조만간 그들이 그렇다는 것이 드러날 것이다. 혹 이 세상에서 드러나지 않으면, 그리스도를 고백하는 자들을 그리스도께서 사람들과 천사들 앞에서 자신이 기뻐 존귀하게 하는 자들로 인정하실 그 날에 영광스럽게 드러날 것이다.

[15]네가 만일 네 하나님 여호와의 말씀을 순종하지 아니하여 내가 오늘 네게 명령하 는 그의 모든 명령과 규례를 지켜 행하지 아니하면 이 모든 저주가 네게 임하며 네 게 이를 것이니 [16]네가 성읍에서도 저주를 받으며 들에서도 저주를 받을 것이요 [17]

또 네 광주리와 떡 반죽 그릇이 저주를 받을 것이요 ¹⁸네 몸의 소생과 네 토지의 소산과 네 소와 양의 새끼가 저주를 받을 것이며 ¹⁹네가 들어와도 저주를 받고 나가도 저주를 받으리라 ²⁰네가 악을 행하여 그를 잊으므로 네 손으로 하는 모든 일에 여호와께서 저주와 혼란과 책망을 내리사 망하며 속히 파멸하게 하실 것이며 ²¹여호와께서 네 몸에 염병이 들게 하사 네가 들어가 차지할 땅에서 마침내 너를 멸하실 것이며 ²²여호와께서 폐병과 열병과 염증과 학질과 한재와 풍재와 썩는 재앙으로 너를 치시리니 이 재앙들이 너를 따라서 너를 진멸하게 할 것이라 ²³네 머리 위의 하늘은 놋이 되고 네 아래의 땅은 철이 될 것이며 ²⁴여호와께서 비 대신에 티끌과 모래를 네 땅에 내리시리니 그것들이 하늘에서 네 위에 내려 마침내 너를 멸하리라 ²⁵여호와께서 네 적군 앞에서 너를 패하게 하시리니 네가 그들을 치러 한 길로 나가서 그들 앞에서 일곱 길로 도망할 것이며 네가 또 땅의 모든 나라 중에 흩어지고 ²⁶네 시체가 공중의 모든 새와 땅의 짐승들의 밥이 될 것이나 그것들을 쫓아줄 자가 없을 것이며 ²⁷여호와께서 애굽의 종기와 치질과 괴혈병과 피부병으로 너를 치시리니 네가 치유 받지 못할 것이며 ²⁸여호와께서 또 너를 미치는 것과 눈 머는 것과 정신병으로 치시리니 ²⁹맹인이 어두운 데에서 더듬는 것과 같이 네가 백주에도 더듬고 네 길이 형통하지 못하여 항상 압제와 노략을 당할 뿐이리니 너를 구원할 자가 없을 것이며 ³⁰네가 여자와 약혼하였으나 다른 사람이 그 여자와 같이 동침 할 것이요 집을 건축하였으나 거기에 거주하지 못할 것이요 포도원을 심었으나 네가 그 열매를 따지 못할 것이며 ³¹네 소를 네 목전에서 잡았으나 네가 먹지 못할 것이며 네 나귀를 네 목전에서 빼앗겨도 도로 찾지 못할 것이며 네 양을 원수에게 빼앗길 것이나 너를 도와 줄 자가 없을 것이며 ³²네 자녀를 다른 민족에게 빼앗기고 종일 생각하고 찾음으로 눈이 피곤하여지나 네 손에 힘이 없을 것이며 ³³네 토지 소산과 네 수고로 얻은 것을 네가 알지 못하는 민족이 먹겠고 너는 항상 압제와 학대를 받을 뿐이리니 ³⁴이러므로 네 눈에 보이는 일로 말미암아 네가 미치리라 ³⁵여호와께서 네 무릎과 다리를 쳐서 고치지 못할 심한 종기를 생기게 하여 발바닥에서부터 정수리까지 이르게 하시리라 ³⁶여호와께서 너와 네가 세울 네 임금을 너와 네 조상들이 알지 못하던 나라로 끌어 가시리니 네가 거기서 목석으로 만든 다른 신들을 섬길 것이며 ³⁷여호와께서 너를 끌어 가시는 모든 민족 중에서 네가 놀람과 속담과 비방거리가 될 것이라 ³⁸네가 많은 종자를 들에 뿌릴지라도 메뚜기가 먹으므로 거둘 것이 적을 것이며 ³⁹네가 포도원을 심고 가꿀지라도 벌레가 먹으므로 포도를 따지 못하고 포도주를 마시지 못할 것이며 ⁴⁰네 모든 경내에 감람나무가 있을지라도 그 열매가 떨어지므로 그 기름을 네 몸에 바르지 못할 것이며 ⁴¹네가 자녀를 낳을지라도 그들이 포로가 되므로 너와 함께 있지 못할 것이며 ⁴²네 모든 나무와 토지 소산은 메뚜기가 먹을 것이며 ⁴³너의 중에 우거하는 이방인은 점점 높아져서 네 위에 뛰어나고 너는 점점 낮아질 것이며 ⁴⁴그는 네게 꾸어줄지라도 너는 그에게 꾸어주지 못하리니 그는 머리가 되고 너는 꼬리가 될 것이라

순종하는 자들에 대한 밝은 면을 보았으니, 이제는 불순종하는 자들을 향한 어두운 면이 제시된다. 하나님의 명령들을 지키지 않으면 약속된 복을 얻지 못할 뿐만 아니라 우리 스스로 저주 아래 있게 되는데, 이는 축복이 모든 행복을 포괄하는 것만큼 온갖 비참한 것들을 다 포괄하는 것이다. 관찰하라.

I. 이 저주의 공평함. 이것은 이유없는 저주도 아니고 가벼운 저주도 아니다. 하나님은 우리를 트집 잡는 분이 아니시며, 우리와 논쟁하기를 좋아하는 분도 아니시다. 여기서 저주를 가져오는 것으로 언급되는 것은,

1. 하나님을 멸시하는 것이다. 그의 말씀을 순종하기를 거부하는 것(15절)은 상상할 수 있는 하나님에 대한 최고의 경멸을 나타내는 것이다. 그의 말씀이 듣고 지킬 가치가 없다거나 우리가 그에게 행할 아무런 의무도 없다는 식이니 말이다.

2. 하나님께 불순종하는 것이다. 하나님의 명령과 규례를 지켜 행하지 아니하는 것이다. 그의 명령에 대해 반역하는 자들 이외에는 아무도 그의 저주 아래 떨어지지 않는다.

3. 하나님을 저버리는 것이다. "네가 악을 행하여 이로써 나를 무시할 뿐 아니라 나를 잊었기 때문이다"(20절). 우리가 그를 저버리기 전에는 하나님이 우리를 버리시는 법이 없다. 이는 그들이 우상 숭배를 범하여 참되신 하나님을 버리고 거짓 신들을 취하는 것이야말로 다른 어떠한 죄보다도 그들을 망치게 될 것임을 시사한다.

II. 이 저주의 범위와 효능.

1. 전체적으로 다음과 같이 선언되고 있다. "이 모든 저주가 위로부터 네게 임하며 네게 이를 것이니, 네가 이를 피하려고 애쓸지라도 전혀 소용이 없고, 네가 어디로 가든지 그것들이 너를 좇고 너를 붙잡고 너를 무너뜨릴 것이라"(15절).

하나님의 진노가 죄인을 좇을 때, 그가 그의 손에서 도망치려고 힘쓸 것이나(욥 27:22) 할 수 없으리라고 말씀한다. 그가 철 병기를 피할 때에는 놋 화살을 쏘아 꿰뚫을 것이다(욥 20:24). 하나님께로 달려가는 것 이외에는 하나님에게서 도망하는 것이 없고, 그의 자비하심으로 도피하는 것 이외에는 그의 정의로부터 도피하는 것이 없는 법이다(시 21:7, 8).

(1) 죄인이 어디를 가든지 하나님의 저주가 그를 따른다. 그가 어디 있든 그 저주가 그에게 임한다. 그는 성읍에서도, 들에서도 저주를 받는다(16절). 성읍이 아무리 강성해도 저주를 피하게끔 그를 보호해 줄 수가 없고, 시골의 상쾌한 공기도 이 해로운 시냇물을 막아줄 담이 되지 못한다. 그는 들어와도 저주를 받는다(19절). 악인의 집에는 여호와의 저주가 있기 때문이다(잠 3:33). 그리고 나가도 저주를 받는다. 그 저주를 집 안에 놓아둘 수도, 없애버릴 수도 없기 때문이다. 저주가 마치 물처럼 그의 내장 속에 들어와 있으며 마치 기름처럼 그의 뼛속에 사무쳐 있기 때문이다.

(2) 그가 가진 모든 것이 저주 아래 있다. 땅이 그로 인하여 저주를 받고, 그 땅에 있는 모든 것이, 혹은 그 땅에서 나오는 모든 것이 저주를 받으며, 그리하여 그가 땅에서 저주를 받는다. 가인의 경우처럼(창 4:11). 그의 광주리와 떡 반죽 그릇이 저주를 받는다(17, 18절). 그가 빼앗기는 그가 누리는 모든 것은 저주받은 것으로서 그에게 금지된 것이요, 그가 누릴 권한이 하나도 없는 것이다. 마음과 양심이 더러운 자들에게는 다른 모든 것이 더러운 것이다(딛 1:15). 모든 것들이 그에게는 괴로운 것이요 그는 거기서 진정한 위로를 얻지 못한다. 하나님의 진노가 그것들 속에 섞여 있으므로 그것들에게서 지속적인 안정을 얻기는커녕 오히려 눈을 뜨고 보면 모두가 정죄 받아 몰수될 것으로 보이며, 모든 기쁨과 모든 소망이 영원히 사라진 것만 같아 보이는 것이다.

(3) 그가 행하는 모든 일도 저주 아래 있다. 그의 손으로 하는 모든 일에 저주가 있을 것이요(20절), 끊임없는 실망이 있게 된다. 그들이 이 세상에서 마음을 두며 거기에 행복을 기대하는 모든 것이 그런 상태가 될 것이요, 결국 끊임없는 괴로움을 당하지 않을 수 없게 된다. 이 저주는 바로 앞 부분의 축복의 반대이다. 이처럼 하늘에 어떠한 복이 있든, 지옥에는 그 복이 없는 것은 물론 그와 정반대의 괴로움이 있는 것이다. 나의 종들은 먹을 것이로되 너희는 주릴 것이니라(사 65:13).

2. 갖가지 구체적인 심판의 내용들이 여기 열거되고 있는데, 하나님은 이런 저주의 열매들로써 유대인의 배도와 불순종에 대해 형벌하고자 하시는 것이다. 여기서 경고되는 심판들은 종류가 갖가지인데, 하나님은 그의 화살통에 수많은 화살을 갖고 계시기 때문이다. 네 가지 중한 벌(겔 14:21)은 물론 그 외에도 더 많다. 그것들은 매우 끔찍한 것으로 제시되며, 그것들에 대한 묘사들도 지극히 생생하고 인상적인데, 이는 사람들이 여호와의 이와 같은 두려움을 알고서 가능하다면 돌아서도록 하고자 함이다. 동일한 심판에 대한 경고가 여러 차례 되풀이되는 것은 사람들에게 더 깊고 오래가는 인상들을 남기기 위함이며, 또한 이는 사람들이 불순종을 고집할 경우 그들이 그 심판이 지나갔다고 생각하여 "이제는 쓰라린 고통이 끝났다"고 말할 때에 다시 배나 강력한 힘으로 돌아올 것임을 시사한다. 하나님께서 심판하시면 그 일을 완전히 이루시기 때문이다.

(1) 여기서 육체적인 질병들이 있을 것을 경고한다. 그 질병들이 그 땅에 완전히 퍼질 것이다. 하나님은 때때로 이런 질병들을 그 자신의 백성을 징계하고 선도하는 데에 사용하기도 하신다. 주여 보시옵소서 사랑하시는 자가 병들었나이다(요 11:3). 그러나 여기서는 그 질병들이 하나님의 원수들을 향한 그의 진노의 증표들로서 그들을 멸망시키기 위해 임할 것을 경고하는 것이다. 그러므로 우리의 정서에 따라서 볼 때에, 우리가 병이 들면 그것은 복이거나 저주이거나 둘 중의 하나다. 그러나, 특정한 개인에게는 질병이 어떤 의미가 있든지 간에, 한 민족 가운데 전염병이 창궐한다면 그것은 민족적인 심판이요 따라서 그렇게 받아들여야 하는 것이다. 모세는 여기서 다음과 같은 것들을 구체적으로 경고한다. [1] 고통스런 질병들(35절). 욥의 경우처럼 심한 종기가 무릎과 다리에서 시작하여 정수리에서 발끝까지 퍼진다. [2] 부끄러운 질병들(27절). 애굽의 종기(하나님이 이스라엘을 구원하실 때 애굽 사람들에게 임한 질병으로 극심한 종기와 물집), 치질, 괴혈병, 피부병 등인데, 죄로 말미암아 스스로 더러워진 자들에 대한 합당한 형벌이다. [3] 치명적인 질병들. 염병(21절), 폐병(모든 고질적인 질병들을 포괄한다), 학질(고통이 극심한 모든 질병들을 포괄함) 등과(22절, 또한 레 26:16을 보라), 모든 불치병들이 임할 것이다(27절).

(2) 기근과 양식의 핍절을 겪게 될 것을 경고한다. 그런데 이는 [1] 가뭄 때문에(23, 24절). 다른 지역들에서는 하늘이 이슬을 내리는 동안, 네 머리 위의 하

늘은, 네 땅 위의 하늘은, 놋이 되리라. 그리고 하늘이 놋이 되면 땅은 물론 철이 될 것이다. 너무 단단하여 열매가 도저히 맺히지 않을 것이다. 비 대신, 밭으로 향하는 대로에서 먼지가 흩날릴 것이요 땅의 소산 중에서 그나마 남아 있는 적은 것도 망쳐버릴 것이다. [2] 파괴적인 벌레들 때문에. 메뚜기가 곡식을 멸하여 다시 뿌릴 씨로 쓸 만큼도 되지 않을 것이다(38, 42절). 그들의 마음을 즐겁게 해 줄 포도 열매도 모두 벌레가 먹을 것이다(39절). 그리고 감람나무도 그 열매가 다 떨어질 것이다(40절). 이교도들은 땅의 소산을 보존하기 위하여 그들의 우상 신들을 섬기는 갖가지 미신적인 관습들을 사용한다. 그러나 모세는 이스라엘에게 그들 자신을 보존하는 유일한 길은 하나님의 명령을 지키는 것이라고 말한다. 그는 우상들처럼 장난칠 수 있는 분이 아니시며 영과 진리로 예배를 받으실 하나님이시기 때문이다. 이 경고가 이스라엘에게 성취되는 것을 보게 된다(왕상 17:1; 렘 14:1; 욜 1:4).

(3) 전쟁에서 원수들 앞에서 패하게 될 것임을 경고한다. 가나안 민족들이 전에 이스라엘의 자비를 구하여야 할 처지였을 때에 이스라엘에게서 극심한 괴로움을 당했었는데, 훗날 그들이 이것을 기억하고 더욱더 이스라엘에 대해 잔인하게 대할 것이라는 것이다(25절). 그들이 그 하나님께 성실했을 경우에 원수들에게서 얻었을 큰 승리보다 더욱더 큰 패배를 맛보며 더욱 치욕적으로 도망할 것이요 그 괴로움이 더욱 심할 것이라는 것이다. 전쟁에서 죽임당하거나 이방인 중에 포로로 잡혀가 죽은 자들의 시체들이 공중의 모든 새와 땅의 짐승들의 밥이 될 것이다(26절). 하나님의 자비하신 은혜를 버린 이스라엘 사람은 거의 인정이 남아 있지 않아서 그 짐승들을 쫓아줄 자가 하나도 없을 것이다. 하나님의 저주가 그를 모든 인류에게 그만큼 불쾌하게 여겨지게 하는 것이다.

(4) 그들의 모든 생각과 도모가 얼빠진 것이 되어서 자기들에게 유익이 되는 것도 분간하지 못하고, 공적인 선을 위하는 일도 하나도 하지 못할 것임을 경고한다. 여호와께서 또 너를 미치는 것과 눈 머는 것과 정신병으로 치시리니(28, 29절). 주목하라. 하나님의 심판은 사람의 육체와 재물에는 물론 사람의 정신에까지 미쳐서 어둠과 공포로 가득 채울 수도 있다. 사람들을 자기 자신에게 무서운 존재로 만들고 그들 자신의 파괴자로 만드는 것이야말로 심판 중에서도 가장 쓰라린 것이다. 그들이 아무리 자신들을 안전하게 지키려고 궁리해도 바로 그것이 그들을 불리하게 만든다니 말이다. 그리하여 그들이 믿고 의지하

는 동맹군이 그들을 돕지 아니하고 도리어 공격하는 경우를 자주 보게 된다(대하 28:20). 하나님의 권고에 따라 행하지 않는 자들은 그들 자신으로 말미암아 망하게 되는 것이 합당한 일이요, 고의적으로 그들의 의무에 대해 어두운 자들은 그들의 유익에 대해서도 어둡게 되는 것이 합당한 일이다. 빛보다 어둠을 더 사랑했으니, 마치 어둠 속에 있는 것처럼 백주에 더듬게 되는 것이 마땅할 것이다.

(5) 아합이 벤하닷에게 당한 것처럼(왕상 20:5, 6) 그들이 즐거이 누리는 모든 것들을 교만하고 무자비한 정복자에게 약탈당하고, 벌거벗김을 당하게 될 것임을 경고한다. 그들의 집들과 포도원들만이 아니라 그들의 아내들과 자녀들까지 빼앗길 것이다(30, 32절). 그들의 가장 기뻐하고 즐거워하는 가장 사랑스런 위로거리들이 그 원수들의 승리와 여흥거리가 될 것이라는 것이다. 전에 그들이 자기들이 짓지 않은 집에 거주하며 자기들이 심지 않은 포도원의 소산을 먹었던 것처럼(6:10, 11), 그들로 인하여 다른 사람들이 그렇게 하게 되리라는 것이다. 욥의 경우처럼 그들의 소와 나귀와 양이 그들이 보는 앞에서 탈취당할 것이요 그것들을 도로 찾아올 수가 없을 것이다(31절). 그리고 그 땅의 모든 열매를 원수가 삼키고 먹을 것이며, 그들은 필수품들이 없어 고통을 당할 것이며, 그들이 수고하여 모아놓은 것들을 그들의 원수들이 취하여 흥청거리리라는 것이다.

(6) 그들이 먼 나라에 포로로 잡혀 갈 것을, 아니 땅의 모든 나라에 흩어질 것을 경고한다. 그들이 스스로 낙으로 삼던 그들의 아들과 딸들이 포로로 끌려가며(41절), 결국 그들 자신도 끌려가고, 그들에게 안정된 정착을 줄 것으로 믿었던 그들의 임금도 끌려갈 것이다(36절). 훗날 열 지파가 먼저 앗수르로 포로로 끌려가고(왕하 17:6), 그로부터 얼마 후 두 지파가 바벨론으로 끌려가고 또한 그들의 두 왕도 함께 끌려가게 되는데, 이 때에 이것이 그대로 성취되었다(왕하 24:14, 15; 25:7, 21). 그들의 포로 상태를 더욱 극심하게 만드는 것으로 언급되는 것은 바로 그들이 언어와 관습들이 지극히 낯선 전혀 알지 못하는 나라로 끌려가 거기서 야만적인 처우를 받으며 거기서 다른 신들을 섬길 것이라는 것, 즉 "그들이 섬기는 신들을 너희도 섬기게 되리라"는 것이다. 성경에서는 나라를 그 신들의 이름으로 부르는 경우가 많다(렘 48:7). 그들이 우상 숭배자들을 동조자들로 삼았더니, 이제 하나님이 우상 숭배자들을 그들의 압제자들로 만드신 것이다.

(7) 남은 자들도 이방인들에게 모욕과 압제를 당할 것임을 경고한다(43, 44절). 후에 앗수르 왕이 그 땅을 소유하기 위해 보낸 압제자들에게 열 지파가 그런 처지가 되었다(왕하 17:24). 혹은 그들의 문 안에 들어온 이방인들이 점차로 그들을 잠식하여 그들의 재산을 결국 완전히 탈취하게 될 것을 뜻할 수도 있다. 후에 이것이 그대로 성취되는 것을 보게 된다. 이방인들이 그의 힘을 삼켰으나(호 7:9). 외국인들이 참 이스라엘 사람들의 입에서 떡을 빼앗아 먹었고, 이로써 그들이 이방신들을 들여온 것에 대해 정당한 징계를 받은 것이다.

(8) 이웃들 간에 그들의 명성이 나빠질 것이요, 이름 있고 찬양 받았던 자들이 그렇게 형편없어진 것을 보고 모두들 깜짝 놀라며, 그들의 일이 속담과 비방거리가 될 것임을 경고한다(37절). 어떤 이들은 그들의 현재 상태를 이 경고의 성취로 보기도 한다. 지극히 불성실하고 야만적인 대접을 표현할 때에 우리는, 유대인밖에는 그렇게 할 사람이 없었으리라고 흔히 말하니 말이다. 이처럼 죄는 어떤 민족에게나 욕이 되는 것이다.

(9) 그들의 비참함을 완결짓기 위해, 그들이 이 모든 괴로움들로 인하여 정신이 돌게 될 것임을 경고한다. 네 눈에 보이는 일로 말미암아 네가 미치리라(34절). 즉, 모든 위로와 소망이 사라지고 완전한 절망에 버려짐을 당하리라는 뜻이다. 눈에 보이는 것으로 행하고 믿음으로 행하지 않는 자들은 눈에 보이는 모든 것이 끔찍해지면 이성 자체도 잃어버릴 소지가 다분한 것이다. 그들의 처지가 너무도 저주스러워 눈에 보이는 일로 말미암아 미치는 것이다.

45네가 네 하나님 여호와의 말씀을 청종하지 아니하고 네게 명령하신 그의 명령과 규례를 지키지 아니하므로 이 모든 저주가 네게 와서 너를 따르고 네게 이르러 마침내 너를 멸하리니 46이 모든 저주가 너와 네 자손에게 영원히 있어서 표징과 훈계가 되리라 47네가 모든 것이 풍족하여도 기쁨과 즐거운 마음으로 네 하나님 여호와를 섬기지 아니함으로 말미암아 48네가 주리고 목마르고 헐벗고 모든 것이 부족한 중에서 여호와께서 보내사 너를 치게 하실 적군을 섬기게 될 것이니 그가 철 멍에를 네 목에 메워 마침내 너를 멸할 것이라 49곧 여호와께서 멀리 땅 끝에서 한 민족을 독수리가 날아오는 것 같이 너를 치러 오게 하시리니 이는 네가 그 언어를 알지 못하는 민족이요 50그 용모가 흉악한 민족이라 노인을 보살피지 아니하며 유아를 불쌍히 여기지 아니하며 51네 가축의 새끼와 네 토지의 소산을 먹어 마침내 너를 멸망시키며 또 곡식이나 포도주나 기름이나 소의 새끼나 양의 새끼를 너를 위하여 남기지 아니하고 마침내 너를 멸절시키리라 [52]그들이 전국에서 네 모든 성읍을 에워싸고 네가 의뢰하는 높고 견고한 성벽을 다 헐며 네 하나님 여호와께서 네게 주시는 땅의 모든 성읍에서 너를 에워싸리니 [53]네가 적군에게 에워싸이고 맹렬한 공격을 받아 곤란을 당하므로 네 하나님 여호와께서 네게 주신 자녀 곧 네 몸의 소생의 살을 먹을 것이라 [54]너희 중에 온유하고 연약한 남자까지도 그의 형제와 그의 품의 아내와 그의 남은 자녀를 미운 눈으로 바라보며 [55]자기가 먹는 그 자녀의 살을 그 중 누구에게든지 주지 아니하리니 이는 네 적군이 네 모든 성읍을 에워싸고 맹렬히 너를 쳐서 곤란하게 하므로 아무것도 그에게 남음이 없는 까닭일 것이며 [56]또 너희 중에 온유하고 연약한 부녀 곧 온유하고 연약하여 자기 발바닥으로 땅을 밟아 보지도 아니하던 자라도 자기 품의 남편과 자기 자녀를 미운 눈으로 바라보며 [57]자기 다리 사이에서 나온 태와 자기가 낳은 어린 자식을 남몰래 먹으리니 이는 네 적군이 네 생명을 에워싸고 맹렬히 쳐서 곤란하게 하므로 아무것도 얻지 못함이리라 [58]네가 만일 이 책에 기록한 이 율법의 모든 말씀을 지켜 행하지 아니하고 네 하나님 여호와라 하는 영화롭고 두려운 이름을 경외하지 아니하면 [59]여호와께서 네 재앙과 네 자손의 재앙을 극렬하게 하시리니 그 재앙이 크고 오래고 그 질병이 중하고 오랠 것이라 [60]여호와께서 네가 두려워하던 애굽의 모든 질병을 네게로 가져다가 네 몸에 들어붙게 하실 것이며 [61]또 이 율법책에 기록하지 아니한 모든 질병과 모든 재앙을 네가 멸망하기까지 여호와께서 네게 내리실 것이니 [62]너희가 하늘의 별 같이 많을지라도 네 하나님 여호와의 말씀을 청종하지 아니하므로 남는 자가 얼마 되지 못할 것이라 [63]여호와께서 너희에게 선을 행하시고 너희를 번성하게 하시기를 기뻐하시던 것 같이 이제는 여호와께서 너희를 망하게 하시며 멸하시기를 기뻐하시리니 너희가 들어가 차지할 땅에서 뽑힐 것이요 [64]여호와께서 너를 땅 이 끝에서 저 끝까지 만민 중에 흩으시리니 네가 그 곳에서 너와 네 조상들이 알지 못하던 목석 우상을 섬길 것이라 [65]그 여러 민족 중에서 네가 평안함을 얻지 못하며 네 발바닥이 쉴 곳도 얻지 못하고 여호와께서 거기에서 네 마음을 떨게 하고 눈을 쇠하게 하고 정신을 산란하게 하시리니 [66]네 생명이 위험에 처하고 주야로 두려워하며 네 생명을 확신할 수 없을 것이라 [67]네 마음의 두려움과 눈이 보는 것으로 말미암아 아침에는 이르기를 아하 저녁이 되었으면 좋겠다 할 것이요 저녁에는 이르기를 아하 아침이 되었으면 좋겠다 하리라 [68]여호와께서 너를 배에 싣고 전에 네게

말씀하여 이르시기를 네가 다시는 그 길을 보지 아니하리라 하시던 그 길로 너를
애굽으로 끌어 가실 것이라 거기서 너희가 너희 몸을 적군에게 남녀 종으로 팔려
하나 너희를 살 자가 없으리라

사람들의 모든 경건하지 않음과 불의에 대하여 하늘로부터 나타나는 하나
님의 진노(롬 1:18)에 대해서 이만큼 끔찍하게 말씀했으니 이제 그것으로 족하
다고 생각했을 것이다. 그러나 진노의 창고가 얼마나 깊은지 아직 더 처절한
것이 남아 있다는 것을 보여주기 위해서, 모세는 사람들이 이 당혹스런 문제에
대한 말씀이 종결되었다고 생각했을 시점에서 모세는 다시 그 문제를 거론하
기 시작하며 이 저주의 두루마리에 갖가지 유사한 말들을 덧붙이는 것이다. 예
레미야도 그 당시 백성들에게 그렇게 했다(렘 36:32). 이 저주에 대한 경고의
전반부에서도 모세는 그들의 바벨론 포로와 그로 인하여 일어날 갖가지 재난
들과 또한 그들의 귀환 후에도 초라하고 빈약한 처지가 될 것임을 예언한 것으
로 보인다(44절). 그들의 원수들이 머리가 되고 그들은 꼬리가 되리라는 것이
다. 그러나 여기 후반부에서는 그들이 로마인들에게 정복당하여 결국 망할 것
이요, 그리하여 이리저리 흩어지리라는 것을 예언한다. 오늘날의 유대 민족과
스스로 그들의 신앙을 받아들여 그 민족에 병합된 모든 자들의 처참한 상태가
이 단락의 예언과 너무도 충실하게 또한 정확하게 들어맞기 때문에 이것은 예
언의 진실성을 보여주는 논란의 여지가 없는 명확한 증거가 되며, 따라서 성경
의 신적 권위의 증거가 된다 할 것이다. 그리고 전반부보다 여기서 그들의 마
지막 파멸이 더 끔찍하게 묘사되고 있는데, 이는 그리스도와 그의 복음을 거부
함으로써 지은 그들의 죄가 우상 숭배 그 자체보다 더 악하며, 더 하나님의 진
노를 촉발시키는 것이었고, 그리하여 그들이 더욱더 사탄의 권세 아래 있게 되
었음을 보여준다. 그들의 우상 숭배는 그들이 바벨론에 포로로 잡혀 있던 70년
을 통하여 효과적으로 치유되었다. 그러나 이 마지막 파멸의 상태 아래서 그들
은 1600년 넘게(매튜 헨리가 17세기 사람임을 기억하라 — 역주) 도저히 치유
받을 수 없을 정도로 주 예수님을 계속해서 대적해온 것이다.

I. 그들의 죄로 인하여 촉발되는 하나님의 진노에 대한 전반적인 기술.

1. 하나님의 명령에 다스림 받지 않으면 그들이 반드시 그의 저주로 인하여
멸망하리라는 것(45, 46절). 그들이 그의 명령과 규례를(특히 그 큰 선지자의 말

씀을 듣고 그에게 순종하라는 명령을) 지키지 아니하므로, 멸망하도록 지정받은 백성들과 하나님의 진노를 받을 세대에게 임하는 그런 모든 저주가 네게 와서 너를 따르고 네게 이르러 그들이 표징과 훈계가 되리라는 것이다. 그렇게 오랜 동안 하늘의 총애를 받던 백성이 그렇게 철저하게 버림받고 내던져졌다는 것이, 그렇게 하늘과 긴밀하게 공조하던 백성이 그렇게 모두 뿔뿔이 흩어졌다는 것이, 그러면서도 그렇게 온 나라에 흩어진 백성이 다른 민족들과 뒤섞이지 않고 스스로 고유함을 유지하고, 마치 가인처럼 도망자와 방랑자가 되면서도 뚜렷하게 두드러진다는 것은 정말 놀라운 일이 아닐 수 없다.

2. 그들이 기꺼운 마음으로 하나님을 섬기지 않으면 그들이 적군을 섬기게 되어 그 차이를 알게 될 것이라는 것(47, 48절). 어떤 이들은, 내가 그들에게 선하지 못한 율례와 능히 지키지 못할 규례를 주었고(겔 20:24, 25)라는 말씀이 이런 의미라고 본다. 여기서 관찰하라.

(1) 하나님께로부터 이 세상의 삶에서 좋은 것들을 풍성하게 받는 자들이 그를 섬길 것을 하나님이 기대하시는 것은 당연한 일이다. 우리가 그의 일을 행하고 그를 영화롭게 하게 하는 것이 아니면 그가 무엇 때문에 우리를 뒷받침하시겠는가?

(2) 하나님이 우리에게 주시면 주실수록 우리는 더욱더 기꺼운 마음으로 그를 섬겨야 한다. 우리의 풍족함이 우리의 순종의 바퀴에 기름이 되어야 하는 것이다. 하나님은 즐거운 마음으로 섬김을 받으시며 또한 우리가 노래를 부르며 일하는 모습을 기뻐하시는 주인이신 것이다.

(3) 만일 우리가 하나님의 풍성한 선물들을 받고도 그를 전혀 섬기지 않거나 혹은 억지로 그를 섬기면, 그가 우리로 하여금 궁핍함과 종살이의 괴로움을 알도록 하시는 것이 의로운 일이다. 이유 없이 불평하는 자들이야말로 불평할 이유를 부여받아야 마땅한 것이다. 행복하나, 편하지 않다! 너 자신의 어리석음과 배은망덕에 얼굴을 붉히라!

3. 만일 그들이 높이 우러러 순종하여 하나님을 영화롭게 하지 않으면, 그가 극렬한 재앙을 통해서 그 스스로 그들에게서 높임을 받으실 것이다(58, 59절). 주목하라.

(1) 하나님은 우리가 그의 두려운 이름을 두려워할 것을 정당하게 기대하신다. 이상한 것은 여기서 우리의 두려움의 대상으로 제시되는 이름이 바로 네

하나님 여호와라는 이름인데 여기서 우리의 영어 성경들이 대문자들을 사용하여 표시하는 것이 지극히 적절하다 할 것이다. 우리가 대하여야 하는 분이 여호와시라는 사실보다 더 편안하고 또한 더 끔찍한 것이 없다. 그는 무한히 완전하시고 복되신 존재시요 또한 모든 존재의 주인이시다. 그런데 그분이 우리 하나님이시요 우리의 전권을 지니신 주(主)시요 주인이시며, 우리는 그에게서 율법을 받으며 또한 그에게 우리의 소위(所爲)를 직고(直告)해야 하는 것이다. 이것은 크나큰 일이요 따라서 크게 두려워할 일이다.

(2) 만일 우리가 그의 두려운 이름을 두려워하지 않으면 그의 두려운 재앙들을 느낄 것이라는 것을 하나님께로부터 기대하는 것이 정당한 일이다. 이쪽으로든 저쪽으로든 하나님께서는 반드시 두려움을 받으실 것이기 때문이다. 하나님의 모든 재앙들이 처절하나, 어떤 것들은 더 극렬하며 그 속에 하나님의 권능과 정의의 놀라운 증표들을 지니고 있어서, 사람이 그것들을 처음 보기만 해도, "진실로 땅을 심판하시는 하나님이 계시도다"라고 말하게 될 것이다.

II. 어떤 식으로 멸망을 경고하는가 하는 것이 묘사된다. 모세는 여기서 우리 주님이 고별 설교에서 그의 제자들에게 강론하고 계시는 것(마 24장)과 동일한 우울한 주제를 다루고 있는데, 곧 예루살렘과 유대 민족의 멸망이 그것이다. 관찰하라.

1. 그들의 멸망의 단계들로 여기서 다섯 가지가 예언되고 있다.

(1) 그들이 외방의 원수에게 침략을 받으리라는 것(49, 50절). 멀리 땅 끝에서, 즉 로마 사람들이, 독수리가 급하게 먹이를 향하여 날아오는 것 같이 치러 올 것이다. 우리 구주께서도 이런 비유법을 사용하셔서 이 멸망을 예언하신다. 주검이 있는 곳에는 독수리들이 모일지니라(마 24:28). 패트릭 주교는 여기서 로마 군대의 기장(旗章)이 독수리였음을 지적한다(그 공적을 더욱 두드러지게 하고자). 이 나라는 맹렬한 면모를 갖추었는데, 이는 노약자의 허약함이나 유약함 따위는 전혀 동정하지 않는 맹렬하고도 준엄하며 가혹한 성격을 시사한다.

(2) 그 나라가 황폐해지고 그 모든 소산을 이 외방의 군대가 먹어치우리라는 것. 이는 반역자들을 징계하기 위한 것으로 침략의 자연스런 결과이며, 로마 같은 나라가 침략할 때는 더더욱 그렇다. 네 가축의 새끼와 네 토지의 소산을 먹어(51절), 침략자들은 배를 채우나 그 거주민들은 마침내 굶어죽게 되리라는 것이다.

(3) 그들의 성읍들이 함락되고, 또한 함락당하는 자들이 그렇게 완강하고 함락시키는 자들이 그렇게 강성하여 그들이 최악의 상태에 이르고 결국 원수들의 손에 무너지리라는 것(52절). 그 어떠한 곳도, 아무리 방비가 잘된 곳이라도, 그렇게 오랜 세월 동안 지켜진 예루살렘조차도 이를 피할 수 없으리라고 한다. 오랜 포위로 말미암는 두 가지 공통적인 결과들이 여기서 예고된다.

[1] 비참한 기근. 양식이 없는 상태가 얼마나 심각한지 그들의 몸의 소생의 살을 먹을 것이라고 한다(53절). 꿋꿋하여 굶주림을 견뎌낼 능력이 있음에도 불구하고 사람들이 그렇게 할 수밖에 없을 것이다. 본성의 법에 따라서 자기 가족들에게 양식을 공급해야 할 의무가 있으나, 그 잔인하게 죽인 자식의 살을 굶어 죽어가는 아내와 자녀들에게 주기를 거부할 것이다(54, 55절). 아니, 여자들도, 본성적으로 음식에 대해 까다롭고 자녀들에 대해 본성적으로 애정을 갖고 있는 품위 있는 부인들까지도, 양식이 핍절하여 굶어 죽어가는 상황에서 모든 인간다운 모습을 잊어버리고 그들을 죽여서 그 살을 먹게까지 될 것이다(56, 57절). 여기서 관찰하자. 부드럽고 섬세한 여자들에게 이런 처지가 얼마나 어려웠겠는가? 그러니 우리 스스로 부드럽고 섬세한 것에 탐닉하지 않기를 배워야 할 것이다. 우리가 죽기 전에 어떤 열악한 상황에 처하게 될지를 모르기 때문이다. 우리가 더 까다로울수록 궁핍을 견디기가 더 어렵고 더 많은 위험에 처하게 될 것이며, 결국 통제되지 않은 탐욕이 죽지 않고 살아서 아우성치고 솟아나 그 때문에 이성과 신앙과 본성적인 애정 자체까지도 희생시킬 처지가 될 것이다. 여기의 경고가 한 번 이상 문자 그대로 성취되어 유대 민족에게 영구한 치욕이 되었다. 헬라인이나 야만인들도 그런 일을 행한 적이 없었는데, 사마리아가 포위되었을 때 한 여인이 그 아들을 삶아 먹었다(왕하 6:28, 29). 그리고 바벨론 사람들이 예루살렘을 포위했을 때에 그 거민 중에서 그런 일이 보통으로 행해졌던 것이 나타난다(애 4:10). 그리고 요세푸스는 기록하기를, 마지막으로 로마 사람들에게 포위를 당할 때에 극심한 기근으로 인하여 귀족 부인이 자기 자식을 죽여 그 살을 먹었으며, 또한 그 절반을 혼자 숨어서 먹고 난 다음 나중에 나머지 절반을 먹으려고 숨겨 놓았는데, 그 때에 폭도들이 고기 냄새를 맡고 그 집으로 들어오자 그 숨겨놓은 절반을 내어 보이고 그들과 함께 먹었다고 한다. 하나님께서 금하신 그런 짓을 하다니, 대체 그들의 야만성이 얼마나 극심한가!

[2] 오랜 포위 상태에서 오는 또 하나의 공통적인 결과는 질병인데, 여기서 그것을 경고한다. 그 질병이 중하고 오랠 것이라(59절). 유대인들이 후에 어디를 가든, 나병, 종기, 악성 궤양 등 애굽의 모든 질병들이 그들에게 있을 것이라는 것이다(60절). 아니, 마치 이런 구체적인 비참한 질병들로 경고하는 것으로는 부족한 듯, 그는 거기에 다른 내용을 덧붙이기까지 한다(61절). 곧, 여호와께서 그들에게 또 이 율법책에 기록하지 아니한 모든 질병과 모든 재앙을 다 내리시리라는 것이다. 하나님의 저주 아래 빠지는 자들은, 율법책에서 그 저주의 무게와 공포를 절반도 다 말씀해 놓지 않았다는 것을 알게 될 것이다.

(4) 그들 중 무수한 무리들이 죽어 남는 자가 얼마 되지 못할 것이다(62절). 이스라엘은 하나님이 놀랍게 번성하게 하사 하늘의 별 같이 많아졌으나 그들의 죄로 말미암아 그 수가 줄어들고 낮아진 것이다(시 107:38, 39). 요세푸스의 기록에 의하면, 로마 사람들로 인하여 유대 민족이 멸망할 때에 기근과 염병으로 죽은 자들 외에도 여러 곳에서 칼에 쓰러진 자들이 이백만 명이 넘었고, 그리하여 온 땅이 황폐화되고 광야로 변하게 되었다. 여호와께서 너희에게 선을 행하시고 너희를 번성하게 하시기를 기뻐하시던 것 같이 이제는 여호와께서 너희를 망하게 하시며 멸하시기를 기뻐하시리니(63절)라는 말씀은 정말 무서운 말씀이다. 그러므로 여기서 하나님의 인자하심과 준엄하심을 보라(롬 11:22). 하나님이 선을 행하시는 것을 기뻐하시는 데에서 그의 인자하심이 환히 빛을 발한다. 그러나 이에 못지않게 하나님이 회개하지 않는 자들을 멸하시는 것을 기뻐하시는 데에서 그의 정의로우심이 드러난다. 그의 피조물들을 비참하게 만드는 것을 기뻐하시는 것이 아니라, 그의 존귀하심을 드러내고 그의 경영하심의 목적들을 이루는 것을 기뻐하시는 것이다. 죄가 얼마나 유해하며 악한 것인지를 보라. 무한히 선하신 하나님이 그 자신이 지으신 피조물들이, 심지어 전에 가장 사랑하시던 피조물들이, 멸망하는 것을 기뻐하시지 않을 수 없도록 만드니 말이다 (이렇게 말할 수 있을지 모르지만).

(5) 남은 자들이 열방에 흩어지리라는 것이다. 이것이 그들의 화를 마지막으로 완결짓는다. 여호와께서 너를 땅 이 끝에서 저 끝까지 만민 중에 흩으시리니(64절). 이 경고는 이들의 현재의 흩어진 상태에서 놀랍게 성취되고 있다. 그리스도인들이나 무슬림들이 소유하고 있는 거의 온 나라들에 유대인들이 있기 때문이다. 그리고 그 숫자도 엄청나게 많아서, 그들이 하나의 대의로 뭉치면

아주 막강한 세력을 형성하게 되어 지극히 강한 국가나 군왕들도 대적할 수 있을 것이라는 말이 있을 정도다. 그러나 그들은 이 저주의 권세 아래 있으며 또한 그렇게 흩어져 있어서 함께 연합할 수가 없는 것이다. 이 흩어짐에 대한 예언에도 다음과 같은 사항들이 제시된다. [1] 그들이 신앙을 잃어버릴 것이라고 한다. 성전도 제단도 제사장직도 없을 것이요, 그들이 다른 신들을 섬길 것이라고 한다. 어떤 이들은 이 예언이 교황주의에 속한 나라들 중에 있는 유대인들에게 강력하게 성취되었다고 보기도 한다. 괴롭지만 어쩔 수 없이 로마 교회에서 사용되는 우상 숭배에 함께 참여할 수밖에 없게 되었으니 말이다. [2] 그들이 쉼을, 육체의 쉼을 전혀 누리지 못하리라고 한다. 네 발바닥이 쉴 곳도 얻지 못하고(65절), 이익을 바라서나 혹은 박해에 대한 두려움 때문에 끊임없이 옮겨 다녀야 한다. 유대인들은 계속해서 유랑하며, 정신의 쉼도 없고(이것은 더욱 악한 상황이다) 마음을 떨고(65절), 생명을 확신할 수 없다(66절). 빛과 어둠 모두에 대해 지쳐서, 밤과 낮 모두가 그들에게 공포가 될 것이다(67절). 욥의 처지가 한때 이러했다(욥 7:4). 그러나 그들에게는 이런 상태가 끊임없이 영구히 이어질 것이다. 사도는 이스라엘에게 심령의 혼미한 상태와 어둠, 그리고 그들의 등을 항상 굽게 하는 죄책감이 있었던 것으로 말씀하는데(롬 11:8-10), 이런 상태에 있는 그들에게는 불안과 혼란의 상태가 계속되었을 것이다. 밤낮으로 두려워하며 언제나 불편한 상태에 있는 자들은 그들 자신에게도 크나큰 고통일 뿐 아니라 그 주위의 모든 이들에게도 큰 괴로움이 된다. 선한 백성들은 그것을 대적하여 싸우고, 괴로움이 되는 그 두려움에 넘어져서는 안 될 것이다. 그리고 악한 백성들은 그들의 사악함 중에 스스로 안연히 있어서는 안 될 것이다. 하나님의 두려운 역사가 그들을 대적하여 일어날 때에 그들의 마음도 그들의 손도 결코 견딜 수 없기 때문이다. 아침에는 이르기를 아하 저녁이 되었으면 좋겠다 할 것이요 저녁에는 이르기를 아하 아침이 되었으면 좋겠다 하는 자들은 첫째로, 끊임없이 짜증내고 탄식하며, 매 분마다 시간이 지루하고 길어지는 것을 불평한다. 우리가 번영 중에 있을 때에 시간이 소중한 것을 알아야 한다. 그렇게 되면 우리가 환난을 당할 때에 그것이 우리에게 그리 지루하지 않을 것이다. 둘째로, 끊임없는 두려움과 공포 속에 있다. 아침에는 낮에 날아드는 화살을 두려워하여 하루가 속히 지나가기를 바라나 이것이 무슨 소용이 있겠는가? 저녁이 오면 밤에 찾아오는 공포 때문에 마음이 두려워 떠는 것이다(시

91:5, 6). 하나님께 머물러 있어서 재앙의 두려움이 없이 안전한 사람은 진정 복된 자들이다(잠 1:33)! 여기서 관찰하라. 공포는 비단 눈으로 보는 것에서만 오는 것이 아니라, 마음의 두려움에서도 오는 것이요, 진짜 위험에서는 물론 상상의 위험에서도 오는 것이다. 두려움의 원인을 잘 살펴보면 헛된 상상에서 비롯되는 경우가 허다한 것이다.

2. 마지막 절에서 하나님은 그들을 전에 있던 상태로 종 되었던 집에 그대로 버려 두실 것을 경고하신다. 너를 애굽으로 끌어가실 것이라(68절). 즉, 그들이 애굽 사람들에게 종으로 있었던 그 전의 비참한 상태로 되돌아가 그들에게서 잔인하게 다스림을 받게 될 것임을 말씀하는 것이다. 하나님은 전에 그들을 애굽에서 이끌어내시고, 너희가 이 후에는 그 길로 다시 돌아가지 말 것이라고 말씀하셨었다(17:16). 그런데 이제는 그들이 과거 애굽에서 겪은 그 종의 상태로 되돌아갈 것이다. 이방인들에게 팔리는 것만도 정말 악한 일인데, 하물며 그들의 원수들에게 팔리는 것은 그보다 얼마나 더 악하겠는가? 종이라도 종으로서의 가치는 있는 법이다. 그러나 유대인은 온갖 악하고 비열한 것이 그 이름과 결부되어 그를 팔려고 내어놓아도 아무도 그를 사려고 하지 않을 것이요, 이로 인하여 그의 주인은 그를 더욱 혹독한 조건으로 팔려 할 것이다. 그들은 말하기를, 삼십 명의 유대인들이 아주 작은 값에 팔렸다고 한다. 그들이 우리 구주를 은 삼십에 팔았듯이 말이다.

3. 이 모든 문제에서, (1) 유대 민족에 대한 이 예언들이 성취된 것을 보면 모세가 하나님의 영으로 말미암아 말씀하였음이 분명히 드러난다. 그는 죄인들의 멸망을 분명하게 미리 보며 그것들에 대해 미리 경고하여, 그들이 참되고 시의적절한 회개로써 그 일을 미연에 방지하거나, 아니면 변명할 수 없도록 만드는 것이다. (2) 그러므로 우리 모두 두려움을 갖고 죄를 범하지 않기를 배워야 할 것이다. 어떤 악인은 이 장의 경고들을 읽고서 너무도 화가 나서 마치 여호야김이 예레미야의 두루마리를 찢은 것처럼 이 장을 성경에서 찢어내 버렸다고 한다. 그러나 그런 사본을 찢는 것이 무슨 소용이 있겠는가? 원본이 하나님의 경륜 가운데 그대로 보존되고 있고, 또한 사람이 듣든지 멀리하든지 간에 죄의 삯은 사망이라는 것이 불변하도록 결정되어 있으니 말이다.

개요

본 장의 첫 절의 말씀이 본 장의 내용이다. "언약의 말씀은 이러하니라"(1절). 곧, 다음에 언약의 말씀이 이어지는 것이다. 본 장의 주요 내용은 다음과 같다. I. 그들로 하여금 이 언약에 순종하도록 하기 위하여 하나님께서 그들에게 행하신 일들을 다시 반복하여 말씀함(2-8절). II. 언약을 지키라는 엄숙한 명령(9절). III. 언약 자체의 요약(12, 13절). IV. 언약을 맺은 사람들에 대한 명확한 언명(10, 11, 14, 15절). V. 하나의 괄호로서, 우상 숭배를 대적하는 이 언약의 큰 의도에 대한 시사(16, 17절). VI. 죄악된 방법으로 스스로 평안을 약속하는 자들을 향하여 지극히 엄숙하게 또한 처절하게 하나님의 진노를 선언함(18-28절). VII. 이 언약의 결론. 또한 은밀한 일과 계시된 일들을 구별하는 문제(29절).

¹호렙에서 이스라엘 자손과 세우신 언약 외에 여호와께서 모세에게 명령하여 모압 땅에서 그들과 세우신 언약의 말씀은 이러하니라 ²모세가 온 이스라엘을 소집하고 그들에게 이르되 여호와께서 애굽 땅에서 너희의 목전에 바로와 그의 모든 신하와 그의 온 땅에 행하신 모든 일을 너희가 보았나니 ³곧 그 큰 시험과 이적과 큰 기사를 네 눈으로 보았느니라 ⁴그러나 깨닫는 마음과 보는 눈과 듣는 귀는 오늘 여호와께서 너희에게 주지 아니하셨느니라 ⁵주께서 사십 년 동안 너희를 광야에서 인도하게 하셨거니와 너희 몸의 옷이 낡아지지 아니하였고 너희 발의 신이 해어지지 아니하였으며 ⁶너희에게 떡도 먹지 못하며 포도주나 독주를 마시지 못하게 하셨음은 주는 너희의 하나님 여호와이신 줄을 알게 하려 하심이니라 ⁷너희가 이 곳에 올 때에 헤스본 왕 시혼과 바산 왕 옥이 우리와 싸우러 나왔으므로 우리가 그들을 치고 ⁸그 땅을 차지하여 르우벤과 갓과 므낫세 반 지파에게 기업으로 주었나니 ⁹그런즉 너희는 이 언약의 말씀을 지켜 행하라 그리하면 너희가 하는 모든 일이 형통하리라

　　모세는 백성들이 언약 중 그들의 부분을 준수하여야 할 명령들과, 또한 하나님께서 언약 중 그의 몫으로 (그들의 행위에 따라) 시행하실 약속들과 경고들을 되풀이하여 제시하였으므로, 그 모든 내용을 여기서 하나의 계약문(契約文)으로 정리한다. 전에 맺은 언약이 여기서 다시 갱신되며, 전에 중보자였던 모세가 여기서 다시 그 중보자의 역할을 담당한다. 여호와께서 모세에게 **명령하여 … 그들과 세우신 언약의 말씀**(1절). 모세 자신은 여수룬의 왕이었으나 하나님이 지시하신 것과 다른 언약은 맺게 할 수가 없었다. 언약의 내용을 규정하는 것은 사역자들의 권한이 아니다. 그들은 다만 그 언약을 확정짓는 역할만 할 뿐이다. 여기의 언약은 호렙에서 이스라엘 자손과 세우신 언약 외의 것이라고 한다. 언약 자체는 동일하였으나, 그것을 새로이 반포하고 새로이 확정하였기 때문이다. 아마도 이 당시 살아 있던 자들 중에는 과거 호렙에서 언약이 세워질 때에는 거기에 참여할 나이가 아니었으나, 이 당시에는 호렙에서 세워진 그 언약이 새로이 갱신되는 일에 스스로 동의할 수 있는 나이가 된 자들도 있었을 것으로 보인다. 주목하라. 하나님과 엄숙하게 언약을 세운 자들은 모든 기회를 취하여 그 언약을 새롭게 갱신함으로써 그들의 과거의 선택을 너무 좋아하여 다시 바꿀 의사가 전혀 없다는 것을 보여야 한다. 그러나 대다수는 새로운 세대였고, 따라서 그들에게는 그 언약이 새로운 것이었을 것이다. 언약은 그 언약의 자녀들에게 새로이 갱신되는 것이 합당한 일인 것이다.

　I. 계약서는 계약 내용을 기술하는 것으로 시작하는 것이 보통이다. 이 문서도 하나님께서 그들을 위해 행하신 큰 일들을 기술하는 것으로 시작한다.

　　1. 하나님이 그들에게 하나님이 되시리라는 것을 믿도록 그들을 격려하기 위하여. 하나님이 그럴 의도가 없으셨다면 그렇게 그들을 위해 많은 일을 행하지 않으셨을 것이기 때문이다. 그러나 그가 지금까지 행하신 것은 그저 서론 정도에 불과했다. 하나님은 지금까지 그들을 위하여 행하신 일에서 자기 자신을 보여주셨고, 이는 무언가 큰 일에 대한 그들의 기대감을 높이며 하나님이 그들에게 하나님이 되시겠다는 그 중요한 약속의 광대한 범위에 부응하는 것이다.

　　2. 그들이 하나님이 그들을 위하여 행하신 일을 생각하고서 하나님께 순종하는 백성이 되도록 촉구하기 위하여.

　II. 그가 제시하는 내용에 대한 증거로 그는 그들 자신이 눈으로 본 사실에

호소한다. 여호와께서 … 행하신 모든 일을 너희가 보았나니(2절). 하나님이 그들을 위하여 큰 일들을 행하셨다는 사실에 대해서는 그들 자신의 감각이 무엇보다 확실한 증거였다. 뿐만 아니라 그들 자신의 이성 역시 그 사실을 근거로 한 모세의 추론이 공정하다는 것에 대해 이에 못지않게 확실한 판단을 제공해 준다. 그런즉 너희는 이 언약의 말씀을 지켜 행하라(9절).

III. 모세는 하나님께서 그들을 위해 나타나사 큰 일을 행하신 하나님의 능력과 선하심을 보여주고자 다음의 일들을 명시한다.

1. 그들이 애굽에서 구원받은 일(2, 3절). 바로는 놀라운 기사와 이적들로 재앙을 입어 어쩔 수 없이 그들을 내어주었고, 또한 이스라엘은 이런 과정에서 하나님께서 그 재앙들로 그들을 지키시고 구원해 주시는지에 대해서 과연 하나님을 신뢰하는지를 시험받았다(그 재앙들을 가리켜 시험이라 부르므로).

2. 그들이 사십 년 동안 광야를 통과한 일(5, 6절). 그들은 이적들을 통하여 인도함 받고 먹고 입었다. 광야의 길들이 그들이 전혀 모르고 또한 밟아본 일도 없는 길이었으나, 하나님이 그들을 지키사 거기서 길을 잃지 않았다. 그리고 (패트릭 주교가 관찰하듯이) 유월절에 행진 준비를 마쳤을 때에 애굽에서 하나님이 지정하셔서 그들이 신은 신발들이(출 12:11) 전혀 낡아 떨어지지 않았고 가나안에 이르기까지 신었다. 그리고 마음을 강하게 하는 떡과 즐거움을 주는 포도주로 살지 않고 만나와 반석에서 나는 물로 살았으나, 그럼에도 불구하고 그들은 건장하고 용기 있는 자들이어서 능히 전쟁에서 싸울 수 있었던 것이다. 이 이적들을 통해서 그들은 여호와가 하나님이시라는 것을 알게 되었고, 또한 이 자비로운 역사들을 통해서 그가 그들의 하나님이심을 알게 된 것이다.

3. 최근 시혼과 옥과 싸워 얻은 승리, 그리고 이를 통하여 그들이 좋은 땅을 소유하게 된 일(7, 8절). 우리는 과거의 자비로운 역사들과 또한 새로운 자비의 역사들을 순종을 격려하는 것으로 받아들여야 할 것이다.

IV. 이런 일들에 근거하여 추론하여 지적함.

1. 모세는 그들의 어리석음을 탄식한다. 깨닫는 마음과 보는 눈과 듣는 귀는 오늘 여호와께서 너희에게 주지 아니하셨느니라(4절). 이는 그들의 무감각함과 어리석음과 불신앙의 책임을 하나님께 떠넘기는 것이 아니다. 마치 그들은 그의 은혜를 받을 준비를 갖추고 있었고 그것을 구하였었는데, 하나님이 그들에게 그것을 주지 않으신 것처럼 말이다. 그러나 그렇지 않고, 오히려 책임을 그들

자신에게 돌리는 것이다. "영들의 아버지이시며 너희와 언약을 맺으신 하나님이시오 언제나 너희에게 그렇게 풍성한 자비를 베푸셨던 하나님 여호와이시니, 너희가 스스로 이맛살을 찡그리며 악하게 행하여 이런 친절한 의도들을 좌절시키고 그의 은혜를 헛되이 받지 않았더라면, 그가 이와 더불어 그의 다른 모든 선물들도 베풀어주시고, 또한 너희에게 지각하는 마음과 보는 눈을 주셨을 것이다." 주목하라.

(1) 듣는 귀와 보는 눈과 깨닫는 마음은 하나님의 선물이다. 그것을 소유한 자는 모두가 하나님께로부터 받은 것이다.

(2) 하나님은 그가 은혜를 베풀지 아니하시는 많은 이들에게 양식과 의복뿐 아니라 재물과 많은 소유를 주기도 하신다. 수많은 사람들이 하나님의 선물을 받고도 그것이 하나님께서 주시는 것임을 깨닫지도 못하고 그 선물들을 주신 참된 의도와 용법을 깨닫지도 못하면서도, 그것들을 누리는 것이다.

(3) 하나님이 다른 일들에서 선을 행할 준비를 갖추고 계시다는 것이야말로, 우리에게 선물 중 최고의 것인 그 은혜가 없으면 그것은 하나님의 과오가 아니요 우리 자신의 과오라는 명확한 증거가 된다. 그가 우리를 모으려 하셨으나, 우리가 그렇게 하지 않은 것이다.

2. 모세는 그들에게 순종할 것을 명한다. 그런즉 너희는 이 언약의 말씀을 지켜 행하라(9절). 주목하라. 우리는 감사와 우리 자신의 유익을 위해서도, 또한 그것이 우리의 의무요 신실함이기 때문에도, 언약의 말씀을 지켜야 한다.

[10]오늘 너희 곧 너희의 수령과 너희의 지파와 너희의 장로들과 너희의 지도자와 이스라엘 모든 남자와 [11]너희의 유아들과 너희의 아내와 및 네 진중에 있는 객과 너를 위하여 나무를 패는 자로부터 물 긷는 자까지 다 너희의 하나님 여호와 앞에 서 있는 것은 [12]네 하나님 여호와의 언약에 참여하며 또 네 하나님 여호와께서 오늘 네게 하시는 맹세에 참여하여 [13]여호와께서 네게 말씀하신 대로 또 네 조상 아브라함과 이삭과 야곱에게 맹세하신 대로 오늘 너를 세워 자기 백성을 삼으시고 그는 친히 네 하나님이 되시려 함이니라 [14]내가 이 언약과 맹세를 너희에게만 세우는 것이 아니라 [15]오늘 우리 하나님 여호와 앞에서 우리와 함께 여기 서 있는 자와 오늘 우리와 함께 여기 있지 아니한 자에게까지이니 [16](우리가 애굽 땅에서 살았던 것과 너희가 여러 나라를 통과한 것을 너희가 알며 [17]너희가 또 그들 중에 있는 가증한 것과

목석과 은금의 우상을 보았느니라) [18]너희 중에 남자나 여자나 가족이나 지파나 오늘 그 마음이 우리 하나님 여호와를 떠나서 그 모든 민족의 신들에게 가서 섬길까 염려하며 독초와 쑥의 뿌리가 너희 중에 생겨서 [19]이 저주의 말을 듣고도 심중에 스스로 복을 빌어 이르기를 내가 내 마음이 완악하여 젖은 것과 마른 것이 멸망할지라도 내게는 평안이 있으리라 할까 함이라 [20]여호와는 이런 자를 사하지 않으실 뿐 아니라 그 위에 여호와의 분노와 질투의 불을 부으시며 또 이 책에 기록된 모든 저주를 그에게 더하실 것이라 여호와께서 그의 이름을 천하에서 지워버리시되 [21]여호와께서 곧 이스라엘 모든 지파 중에서 그를 구별하시고 이 율법책에 기록된 모든 언약의 저주대로 그에게 화를 더하시리라 [22]너희 뒤에 일어나는 너희의 자손과 멀리서 오는 객이 그 땅의 재앙과 여호와께서 그 땅에 유행시키시는 질병을 보며 [23]그 온 땅이 유황이 되며 소금이 되며 또 불에 타서 심지도 못하며 결실함도 없으며 거기에는 아무 풀도 나지 아니함이 옛적에 여호와께서 진노와 격분으로 멸하신 소돔과 고모라와 아드마와 스보임의 무너짐과 같음을 보고 물을 것이요 [24]여러 나라 사람들도 묻기를 여호와께서 어찌하여 이 땅에 이같이 행하셨느냐 이같이 크고 맹렬하게 노하심은 무슨 뜻이냐 하면 [25]그 때에 사람들이 대답하기를 그 무리가 자기 조상의 하나님 여호와께서 그들의 조상을 애굽에서 인도하여 내실 때에 더불어 세우신 언약을 버리고 [26]가서 자기들이 알지도 못하고 여호와께서 그들에게 주시지도 아니한 다른 신들을 따라가서 그들을 섬기고 절한 까닭이라 [27]이러므로 여호와께서 이 땅에 진노하사 이 책에 기록된 모든 저주대로 재앙을 내리시고 [28]여호와께서 또 진노와 격분과 크게 통한하심으로 그들을 이 땅에서 뽑아내사 다른 나라에 내던지심이 오늘과 같다 하리라 [29]감추어진 일은 우리 하나님 여호와께 속하였거니와 나타난 일은 영원히 우리와 우리 자손에게 속하였나니 이는 우리에게 이 율법의 모든 말씀을 행하게 하심이니라

　　　여기의 문장들의 길이와 또한 풍부하고도 예리한 표현들로 보아, 모세는 이제 그의 강론의 마지막이 거의 가까워 오면서 매우 뜨겁고 열정적이며, 지금까지 말씀한 내용을 이 생각 없는 백성들의 마음에 깊이 심어주기를 매우 바라는 것으로 보인다. 하나님과 또한 그들이 행할 의무를 더욱 유념하게 하기 위하여, 여기서 그는 지극히 엄숙한 표현을 써서(전에 사용했던 외형적인 의식이 없는 것을 보충하고자, 출 24:4 이하) 이를테면 그들과 하나님 사이의 거래

를, 영원한 언약을 결말짓는다. 하나님이 그 언약을 잊지 않으실 것이니 그들도 잊어서는 안 되는 것이었다. 그는 그들의 외형적인 동의를 요구하지 않고, 그 문제를 그들 앞에 분명하게 제시한 다음 그것을 하나님과 그들 자신의 양심 사이에 남겨놓는다. 관찰하라.

I. 이 언약의 당사자들.

1. 그들이 상대하여 언약을 세우는 분은 그들의 하나님 여호와시다(12절). 그러므로 그에게 그들 자신을 드려야 하고, 그에게 그들 자신이 합류해야 한다. "이것은 그의 맹세다. 그가 언약을 세우시고 확정지으셨다. 너희가 그것에 동의하기를 그가 요구하신다. 그가 너희에게 맹세하셨으니 너희도 그에게 맹세해야 한다." 우리와 언약을 세우는 그분이 얼마나 위대하신 하나님이신가를 기억하고서 하나님과 언약을 맺는 일에 대하여 진지하고 신실하며 겸손하고 높이 우러르는 자세를 가져야 하는 것이다. 그 하나님은 우리를 완전히 다 아시며 우리에 대해 절대적인 통치권을 행사하시는 분이시니 말이다.

2. 그들 모두가 하나님과의 언약에 가담하게 된다. 그들 모두가 참석하도록 부르심을 받았고(2절), 참석하였으며, 또한 그들이 이제 하나님 앞에서 한 몸으로 서는 목적이 무엇인지를 듣는다(10절). 곧, 하나님과 언약을 세우게 되어 있었던 것이다.

(1) 그들 중 지파의 수령들이나 장로들이나 직분자 등 귀인들이라도 이 언약의 멍에 아래 자기 목을 드리우는 것을 자기들의 존귀를 깎아내리는 것으로나 자기들의 권세를 해치는 것으로 생각해서는 안 되었다. 오히려 그들 스스로 솔선하여 언약에 참여함으로써 밑의 사람들에게 모범을 보여야 했던 것이다.

(2) 남자들만이 아니라 그 아내들과 자녀들도 이 언약에 참여해야 했다. 비록 계수되고 부름 받지는 않았으나 그럼에도 언약에 참여해야 했다(11절). 관찰하라. 어린 아이들이라도 하나님과의 언약에 참여할 능력이 있으며, 부모들과 함께 참여하도록 허락해야 했다. 팔에 안고 있어야 할 만큼 어린 아이들이라도 그리스도께로 나아와야 하며 그에게서 복을 받아야 한다. 하나님의 나라가 그런 자들의 것이기 때문이다.

(3) 이스라엘 사람만이 아니라 그들의 진중에 있는 이방인들도 모든 거짓 신을 버리고 이스라엘의 신앙을 받아들인 이상 이스라엘의 하나님과의 이 언약에 참여할 수 있었다. 비록 이방인이지만 그런 자도 이 문제에 있어서는 아

브라함의 자손으로 인정되었던 것이다(눅 19:9). 이는 이방인들을 향하여 자비가 베풀어지며 또한 하나님의 친절하심이 그들을 위해 예비되어 있음을 일찍부터 시사해주는 사례였다.

(4) 자유인들만이 아니라 나무 베는 자들과 물 긷는 자들을 포함하여 그들 중에 있었던 가장 비천한 자들까지도 언약에 참여해야 했다. 주목하라. 언약 아래 들어올 수 없을 만큼 큰 사람이 아무도 없는 것처럼, 언약의 축복을 기업으로 받지 못할 만큼 비천한 자도 하나도 없다. 그리스도 안에는 종이나 자유인이 차이가 없다(골 3:11). 네가 종으로 있을 때에 부르심을 받았느냐? 염려하지 말라(고전 7:21).

(5) 현재 이 엄숙한 집회에서 하나님 앞에 선 자들만이 아니라 여기에 그들과 함께 있지 않은 자들까지도 언약에 참여하였다. 오늘 우리 하나님 여호와 앞에서 우리와 함께 여기 서 있는 자와 오늘 우리와 함께 여기 있지 아니한 자에게까지 이니(15절). 즉, [1] 집에 남아 있는 자들도 포함되었다. 질병이나 필연적인 일로 인하여 참석하지 못했더라도 자신이 언약에 해당되지 않는다고 생각해서는 안 되었다. 아니다. 이스라엘 사람 하나하나가 다 공통적인 축복에 몫을 갖고 있는 것이다. 집에 머무는 자들도 전리품을 나누어 갖는 법이며, 따라서 이스라엘 사람 하나하나가 그들을 대표하는 집단의 동의에 그 자신도 엮어지는 것임을 알아야 했다. 여호와의 집에 올라갈 수 없는 자들은 올라가는 자들과 영적인 교제를 유지해야 하며, 참석하지 못하는 경우라도 영으로 거기에 함께 하는 것이었다. [2] 후에 올 세대들이 포함된다. 아니, 풀어쓴 갈대아 역본 중의 하나는 본문을 다음과 같이 읽는다: 세상의 첫 날부터 있었던 모든 세대들과 온 세상의 마지막까지 일어날 모든 세대들이 오늘 여기에 우리와 함께 서 있는 것이다. 그러므로, 이 언약을 은혜 언약을 예표하는 하나의 경륜으로 받아들인다면, 이것은 어제나 오늘이나 영원토록 동일하신 그 언약의 중보자에 대한 고귀한 증언이 되는 것이다.

Ⅱ. 이 언약의 요약. 그 언약의 모든 계명들과 모든 약속들이 하나님과 그들 사이의 언약 관계 속에 포함된다(13절). 곧, 그들이 자기 백성으로 세움 받아 그를 섬기고 순종하며 그에게 헌신하고 그를 의지한다는 것과, 또한 조상들과 세운 언약의 조건에 따라 그가 그들에게 하나님이 되셔서 그들을 거룩하고 고귀하며 복되게 하시리라는 것이다. 여기서 아브라함과 이삭과 야곱 등 그들의

조상들이 경건의 모범들로서 여기 거명된다. 그들이 하나님과 세운 그 언약의 혜택을 기대하는 자들은 반드시 그들을 본받아야 하는 것이었다. 주목하라. 우리의 하나님이신 하나님과 우리가 갖는 관계와, 또한 우리가 그의 백성으로서 져야 할 의무를 정당하게 생각하는 것만으로도, 그 언약의 모든 의무들과 모든 위로들을 얻기에 족하다.

III. 이 시기에 이 언약을 갱신하는 주된 의도는 그들로 하여금 우상 숭배의 유혹을 대적하여 견고한 방비를 갖추도록 하기 위함이었다. 다른 죄들도 죄인들을 패망하게 하지만, 이것이야말로 그들의 패망이 될 소지가 다분한 죄였다. 이제 이에 대해서 모세는 다음과 같은 점들을 보여준다.

1. 그들에게 당면한 위험. 곧, 그 죄의 유혹에 빠질 소지가 다분하다는 것이다(16, 17절). "우리가 우상 숭배로 물든 애굽 땅에서 살았던 것을 … 너희가 알며, 따라서 너희 중에 그 우상 숭배의 오염의 잔재들이 남아 있지 않은 것이 좋을 것이다. 우리가 에돔과 모압 등 여러 나라를 통과하였고, 그들 중에 있는 가증한 것과 목석과 은금의 우상을 보았는데, 너희 중에도 그것들을 너무나 좋아하여 아직도 그것들을 좇아다니는 자들이 있고 눈에 전혀 보이지 않는 무한하신 영보다 나무로 만든 신을 예배하려 하는 자들이 있을 수도 있느니라." 그들 중에 이 가증한 것들을 보면 볼수록 그것들을 더 미워하는 자들이 있는 것이 바람직하다. 그러나 그 저주받은 것들을 보고 그것들을 탐하다가 내리침을 당한 자들이 있었던 것이다.

2. 그 유혹에 굴복할 경우 그들이 당하게 될 위험. 그는 그들에게 분명하게 경고한다. 그들이 하나님을 버리고 우상들을 섬긴다면 그것은 화를 자초하는 것이라는 것이었다. 그들이 그 언약의 계명들의 테두리를 지키고 따르지 않는다면, 그 언약의 저주들이 그들을 강하게 묶고 사로잡으리라는 것이었다.

(1) 우상 숭배는 특정한 개개인과 그 가족들의 패망이 될 것이다(18-21절). 여기서 다음을 관찰하라.

[1] 죄인에 대한 묘사(18절). 첫째로, 그는 그 마음이 우리 하나님 여호와를 떠나는 사람이다. 불신앙의 악한 마음에서 불행이 시작된다. 그 마음이 살아계신 하나님을 떠나 죽은 우상들로 향하게 이끄는 것이다. 그들 자신의 정욕과 헛된 상상에 이끌릴 때에 이 죄에 빠지도록 미혹당하는 것이다. 다른 신들을 섬기는 자들은 반드시 참되신 하나님에게서 돌아서는 법이다. 그 하나님은 다른 경쟁

자를 용인하시지 않기 때문이다. 하나님이 전부가 되시든지 아니면 그를 전혀 인정하지 않든지 둘 중의 하나인 것이다. 둘째로, 그는 독초와 쑥의 뿌리다. 즉, 그는 스스로 나쁜 원리들과 성향들에 오염되어 이스라엘의 하나님과 그의 모든 제도들을 은밀히 멸시하며, 또한 이방들의 신들을 우러르며 모든 가능한 수단을 사용하여 다른 이들을 썩게 하고 독을 퍼뜨려 그들을 우상 숭배에로 끌어들이는 자로서 지극히 위험한 사람이다. 이 사람에게서 나는 열매는 독초요(호 10:4), 쑥이다. 이는 하나님께는 지극히 불쾌한 것이요, 또한 그에게 미혹당하는 모든 자들에게는 마침내 참혹한 일이 된다. 사도는 히 12:15에서 이를 언급하면서, 우리 역시 우리를 미혹하여 기독교 신앙에서 떠나게 하려는 자들을 조심하고 삼가야 한다는 것을 비슷하게 경고하고 있다. 그들은 밭의 쑥정이들이요 가라지들이어서 그냥 버려두면 온 밭에 다 퍼지게 된다. 이것의 누룩이 조금만 있어도 온 반죽에 다 퍼질 위험이 있는 것이다.

[2] 그가 죄 가운데서 평안함. 그는 불경을 계속 고집하면서도 자신에게 면책을 약속한다(19절). 그는 저주의 말을 듣고도, 그리하여 다른 우상 숭배자들처럼 무지로 그 위험에 빠졌다고 탄원할 수 없는 상태인데도, 스스로 복을 빌면서 자기가 섬기는 우상 신들이 이스라엘의 하나님의 진노에서 자기를 보호할 것이므로 자기는 안전하다고 생각하며, 그리하여 이르기를, "내가 비록 하나님의 법도가 아니라 나의 종교와 나 자신의 상상의 지배를 받아 갈망에다 술 취함을 덧붙여 악한 행위를 골라 행하지만, 내게는 평안이 있으리라"라고 한다. 우상 숭배자들은 술 취한 자들과 같아서 그들의 우상들 앞에 자기 자신을 스스로 격렬하게 세울 뿐 아니라 부지런히 다른 사람들을 함께 끌어들이는 것이다. 그들의 우상 숭배에는 대개 방탕한 것이 수반되며(벧전 4:3), 따라서 이는 술 취한 자들에게, 특히 에브라임의 술 취한 자들에게 임하는 화를 말씀해 준다. 이들은 술에서 깨면 갈증을 느끼고 다시 술을 찾는 것이다(잠 23:35). 그리고 우상들을 존귀하게 하느라 스스로 술에 취한 자들은 술 취한 자들 중에서도 가장 악한 자들이다. 주목하라. 첫째로, 하나님의 저주 아래 있으면서도 스스로를 축복하는 자들이 많다. 그러나 그들이 자기 스스로 축복하는 것이 결국 스스로를 속이는 것에 지나지 않는다는 것이 금방 밝혀질 것이다. 둘째로, 죄악된 길로 계속 나아가면서 자기들에게 평안이 있을 것이라고 스스로 자위하는 자들에게는 패망이 무르익었고 회개의 소망이 거의 없다. 셋째로, 술 취하는 것은 마음

을 완악하게 하고 양심을 더럽히는 죄요, 이상하게도 사람들이 그 죄의 불행한 것을 느끼고도 다시 유혹에 빠지는 죄요, 또한 이상하게도 다른 사람들을 이끌어 함께 범하게 만들기를 좋아하는 죄다(합 2:15). 우상 숭배가 바로 그런 미혹하는 죄인 것이다.

[3] 죄로 인하여, 또한 죄 가운데 계속 나아가면서 자기에게 평안이 있다고 말하여 영원한 진리를 거짓말로 만들어 하나님을 불경스럽게 모욕한 것으로 인하여(창 3:4), 그에게 임하는 하나님의 정의로운 준엄하심. 하나님의 책 전체에서 이보다 더 끔찍하게 들리는 엄중한 경고는 없을 것이다. 오 교만한 죄인들이 이것을 읽고 떨었으면 좋으련만! 이것은 어린 아이들이나 어리석은 자들을 겁주려는 과장된 말이 아니요, 사람들의 불경함과 불의에 대해 하나님의 진노가 진정으로 선포되는 것이다(20, 21절). 첫째로, 여호와는 이런 자를 사하지 않으신다고 한다. 하나님이 형벌을 유예하시는 기간 동안 그가 그것을 악용하므로 그 기간이 단축될 것이요, 심판 중에 그 어떠한 자비도 베풀어지지 않을 것이다. 둘째로, 그에게 여호와의 분노와 질투의 불(이것이야말로 가장 맹렬한 분노의 불이요 풀무불과 같은 것이다)을 부으실 것이다. 셋째로, 기록된 모든 저주를 그에게 더하실 것이라고 한다. 저주가 그에게 빛을 발하여 그를 두렵게 할 뿐 아니라 그에게 영원히 거하여 그를 가장 낮은 지옥으로 가라앉힐 것이다(요 3:36). 넷째로, 여호와께서 그의 이름을 천하에서 지워버리시리라고 한다. 즉, 그 자신이 끊어질 것이요 그에 대한 기억도 그와 더불어 사라질 것이라는 것이다. 다섯째로, 그를 악에게로 구별하실 것인데, 이것이야말로 저주의 가장 적절한 개념이다. 그는 모든 행복과 또한 행복에 대한 모든 소망에서 끊어질 것이요, 또한 치유가 없이 비참함을 위하여 구별될 것이다. 그리고 마지막으로, 이 모든 일이 모든 언약의 저주대로 될 것이라고 하는데, 언약의 저주야말로 가장 두렵고 처절한 저주요, 은혜를 악용한 것에 대한 정의로운 보복인 것이다.

(2) 우상 숭배는 그 민족의 패망이 될 것이다. 그것은 이 쓴 뿌리를 묵인하고 그 오염을 받아들인 그 땅에 재앙들을 가져올 것이다. 죄가 퍼지는 만큼 심판도 그와 같이 퍼지는 법이다.

[1] 패망을 묘사한다. 그것은 재앙과 질병으로 시작한다(22절). 이는 비교적 가벼운 심판들로써 그들을 돌아오게 하기를 시도하는 것이다. 그러나 그들이 돌아오지 않으면 소돔의 패망처럼 완전한 패망으로 종결된다(23절). 본래 비

옥한 여호와의 동산 같았던 소돔 골짜기가 소금과 유황의 못으로 바뀌었듯이, 가나안 땅도 황폐하고 황무하게 될 것이다. 로마 사람들이 마지막으로 파괴한 이후 늘 그런 상태가 되었듯이 말이다. 소돔의 호수는 이스라엘 땅과 밀접하게 경계하고 있어서, 그들은 그것을 바라보면서 소돔의 악행에 대해 얼마든지 경고를 받을 수 있었다. 그러나 그 경고를 새기지 않다가 소돔과 같이 죄에 빠져 소돔과 같이 되어 버린 것이다.

[2] 그 이유를 탐문하고 확증한다.

첫째로, 너희 뒤에 일어나는 너희의 자손이 이에 대해 살필 것이다(22절). 그 민족의 상태가 모든 면에서 과거의 상태와 완전히 역전된 것을 발견할 것이요, 또한 그 민족의 역사와 약속을 읽고서 그 변화에 대해 깜짝 놀라게 될 것이다. 멀리서 오는 객은 물론 인근의 여러 나라 사람들도, 여호와께서 어찌하여 이 땅에 이같이 행하셨느냐? 라고 물을 것이다(24절). 이런 엄청나게 황폐된 상태를 다른 곳에서는 그 바라보는 자들을 놀라운 충격을 주는 것으로 표현하고 있다(왕상 9:8, 9; 렘 22:8, 9). 심판이 그렇게 하나님의 집에서 시작되는 것을 볼 때에 그 이웃들은 두려워 떨게 되는 것이다(벧전 4:17). 그들의 질문의 강조점은 이 땅, 곧 가나안 땅, 모든 땅들의 영광인 이 좋은 땅, 젖과 꿀이 흐르는 땅에 있는 것으로 보아야 한다. 그렇게 좋은 땅이 이처럼 황폐하게 되었으니 수천 번이라도 안타까워해야겠지만, 이것이 끝이 아니다. 이 땅은 거룩한 땅이요 이스라엘의 땅이다. 하나님과 언약을 세운 백성의 땅인 것이다. 이 땅은 임마누엘의 땅이요, 하나님을 알고 예배하던 땅이었다. 그런데 이 땅이 그렇게 황폐하여진 것이다. 주목하라.

a. 하나님이, 겉으로 그에게 가까이 있는 백성에게 심판하사 황폐하게 하시는 것이 새삼스런 일이 아니다(암 3:2).

b. 그는 합당한 이유가 없이는 절대로 이런 일을 행하시는 법이 없다.

c. 우리는 그 이유를 탐문하여 하나님께 영광을 돌리고 우리 스스로 경계를 삼아야 한다.

둘째로, 탐문에 대한 답변으로 그 이유가 여기서 제시된다. 그 문제가 너무도 확실하여 모든 사람들이, 그들이 자기 조상의 하나님 여호와께서 … 세우신 언약을 버린 때문이라고 말할 것이다(25절). 주목하라. 하나님은 사람이 그를 버리기 전에는 절대로 그들을 버리시는 법이 없다. 그러나 그 조상의 하나님을 버리는 자들은 그 조상의 기업에서 내어쫓겨 마땅한 것이다. 그들은 가서 다른 신들을 따라갔다(26절). 그들이 알지도 못하고, 감사의 의무로 마땅히 섬겨야 할 처지에 있는 것도 아닌 신들을 섬긴 것이다. 하나님이 피조물들을 주신 것은 우리에게 그것들을 섬기게 하기 위함이 아니라 그것들로 하여금 우리를 섬기게 하기 위함이었다. 또한 그것들은 하나님께서 할 수 있게 해주신 한계 이상으로는 우리에게 아무런 유익을 준 일이 없다. 그러므로 우리는 창조주께 빚진 것이지 피조물들에게 빚진 것이 아니다. 바로 이 때문에 하나님이 그들에게 진노하시고(27절) 그들을 그 땅에서 뽑아내신 것이다(28절). 그러므로 그 황폐가 아무리 처절했다 해도, 그 일에서 여호와께서 의로우셨고, 이것이 인정된다(단 9:11-14). 에인즈워스는 이렇게 말하고 있다: "이처럼 모세의 율법은 죄인들을 저주 아래 두며, 여호와의 땅에서 뿌리가 뽑히게 한다. 그러나 그리스도의 은혜는 회개하고 믿는 죄인들을 향하여 그들을 그들의 땅에 심으니 그들이 다시 뽑히지 아니하고 하나님의 능력으로 보존되게 하는 것이다"(암 9:15).

[3] 모세는 유대인이 배척될 것에 대한 예언을, 그 예언이 성취되기 시작할 때에 사도 바울이 이 동일한 주제에 대한 강론을 결론짓는 것과 똑같이 결말짓는다. 사도 바울은, 깊도다 하나님의 지혜와 지식의 풍성함이여, 그의 판단은 헤아리지 못할 것이며 그의 길은 찾지 못할 것이로다 라고 하는데(롬 11:33), 여기서 모세는, 감추어진 일은 우리 하나님 여호와께 속하였거니와 라고 말씀한다(29절). 어떤 이들은 이를 한 구문으로 합쳐서, 우리 하나님 여호와의 감추어진 일이 우리와 우리 자손에게 나타나나니의 뜻으로 보며, 따라서 우리는 알고자 하는 만큼 그것을 알 수 있으며, 이처럼 하나님이 우리를 다른 민족들과 같이 대하지 아니하셨다는 뜻으로 보기도 한다. 그러나 우리는 이를 두 구문으로 본다.

첫째로, 하나님의 은밀한 역사하심에 대해 호기심을 갖고 궁구하여 그것들에 대해 결정하는 것이 우리에게 금지되어 있다는 것이다. 여호와께서 어찌하여 이 땅에 이같이 행하셨느냐? 라는 질문에 대해 충실한 답변이 주어지며, 그 답변으로 하나님의 정의로우심을 밝히고 우리에게 교훈을 주기에 족한 것이다. 그러나 하나님이 어째서 장차 배도와 패망이 올 것이 분명히 보이는 그런 백성을 구태여 광대한 이적들을 행하셔서 이루셨으며, 어째서 그의 전능하신 은혜로 그들이 그렇게 되는 것을 미연에 방지하지 않으셨으며, 혹은 그들을 어찌하실 의도이신지를 묻는다면, 이런 질문들은 답변할 수 없는 것들이요 따라서 물어서는 안 되는 질문들이라는 것을 알아야 할 것이다. 통치자의 비밀들을 탐색하고 궁구하며 우리의 알 바가 아닌 이유들을 궁금해 하는 것은 건방진 태도인 것이다. 행 1:7; 요 21:22; 골 2:18을 보라.

둘째로, 하나님이 알려주신 것들을 부지런히 탐문하고 알도록 격려한다. 나타난 일은 영원히 우리와 우리 자손에게 속하였나니. 주목하라.

a. 하나님께서 그의 행하심의 많은 부분을 비밀에 부치셨지만, 그래도 우리를 만족시키고 우리를 구원하기에 충족할 만큼 나타내 주셨다. 그는 우리에게 유익한 것은 하나도 숨겨두지 않으셨고, 모르는 것이 우리에게 유익한 것만을 감추어두신 것이다.

b. 우리 자신은 물론 우리 자녀들까지도 나타난 하나님의 일들을 익숙하게 알도록 해야 한다. 그것들을 탐문하고 아는 것이 우리에게 허락되었을 뿐 아니라 그렇게 하도록 지시가 주어진 것이다. 그것들이야말로 우리와 우리 자손들이 거의 관심을 갖는 것들이다. 그것들은 우리가 우리의 삶을 이끌어갈 규범들이요, 우리가 의지하고 살아가야 할 혜택들이다. 그러므로 우리는 그것들을 부지런히 배우고 또한 부지런히 자녀들에게 가르쳐야 할 것이다.

c. 우리의 모든 지식은 행하기 위한 것이 되어야 한다. 이것이 모든 신적인 계시의 목적이기 때문이다. 우리에게 사색과 토론을 위한 호기심 있는 주제들을 제공하여 우리들을 즐겁게 하기 위한 것이 아니라, 우리로 하여금 이 율법의 모든 말씀을 행하게 하고 그리하여 우리의 행위가 복되게 하게 하기 위함인 것이다.

제 30 장

개요

앞 장의 마지막 부분의 경고들이 이스라엘 백성들에게 충실하게 목적을 이루었고 그들의 처지를 영원히 절박하게 만들었을 것으로 생각했을 수도 있을 것이다. 그러나 본 장에서는 하나님이 훗날 그들을 위해 자비를 예비해놓으셨으며, 그리하여 결국 심판을 지나 자비로 결론지어진다는 것이 분명히 드러난다. 본 장의 주요 내용은 다음과 같다. I. 그들이 회개하고 하나님께로 돌아오는 것을 전제로 지극히 크고 고귀한 약속들이 그들에게 주어진다(1-10절). II. 그들에게 지금 주어진 명령이 명확하고 쉽다는 사실에서 믿음의 의로움이 그들 앞에 제시된다(11-14절). III. 모든 문제가 그들의 선택에 달려 있다는 공평한 언급(15-20절).

¹내가 네게 진술한 모든 복과 저주가 네게 임하므로 네가 네 하나님 여호와로부터 쫓겨간 모든 나라 가운데서 이 일이 마음에서 기억이 나거든 ²너와 네 자손이 네 하나님 여호와께로 돌아와 내가 오늘 네게 명령한 것을 온전히 따라 마음을 다하고 뜻을 다하여 여호와의 말씀을 청종하면 ³네 하나님 여호와께서 마음을 돌이키시고 너를 긍휼히 여기사 포로에서 돌아오게 하시되 네 하나님 여호와께서 흩으신 그 모든 백성 중에서 너를 모으시리니 ⁴네 쫓겨간 자들이 하늘 가에 있을지라도 네 하나님 여호와께서 거기서 너를 모으실 것이며 거기서부터 너를 이끄실 것이라 ⁵네 하나님 여호와께서 너를 네 조상들이 차지한 땅으로 돌아오게 하사 네게 다시 그것을 차지하게 하실 것이며 여호와께서 또 네게 선을 행하사 너를 네 조상들보다 더 번성하게 하실 것이며 ⁶네 하나님 여호와께서 네 마음과 네 자손의 마음에 할례를 베푸사 너로 마음을 다하며 뜻을 다하여 네 하나님 여호와를 사랑하게 하사 너로 생명을 얻게 하실 것이며 ⁷네 하나님 여호와에서 네 적군과 너를 미워하고 핍박하던 자에게 이 모든 저주를 내리게 하시리니 ⁸너는 돌아와 다시 여호와의 말씀을 청종하고 내가 오늘 네게 명령하는 그 모든 명령을 행할 것이라 ⁹네가 네 하나님 여

호와의 말씀을 청종하여 이 율법책에 기록된 그의 명령과 규례를 지키고 네 마음을 다하며 뜻을 다하여 여호와 네 하나님께 돌아오면 [10]네 하나님 여호와께서 네 손으로 하는 모든 일과 네 몸의 소생과 네 가축의 새끼와 네 토지 소산을 많게 하시고 네게 복을 주시되 곧 여호와께서 네 조상들을 기뻐하신 것과 같이 너를 다시 기뻐하사 네게 복을 주시리라

이 단락의 내용은 조건적인 약속으로도 혹은 절대적인 예언으로도 생각할 수 있을 것이다.

I. 이는 주로 조건적인 약속으로 보아, 이스라엘만이 아니라 모든 백성들과 모든 사람들에게 속하는 것으로 보아야 할 것이다. 그리고 그 의도는 그들에게 아무리 큰 죄인들도 회개하고 돌이키면 죄 사함을 받고 회복되어 하나님의 자비를 얻게 되리라는 것을 확신시키고자 하는 것이다. 이것이 은혜 언약의 의도다. 그릇 행했을 경우에도 회개의 여지를 남겨두며 회개할 때에 사람을 약속하는 것인데, 이는 무죄의 언약(covenant of innocency)에는 없는 것이다. 여기서 관찰하라.

1. 이 약속들의 조건이 되는 회개에 대한 묘사.

(1) 진지한 생각으로 시작한다. "네가 잊었거나 생각하지 못했던 것을 생각할 것이니"(1절). 주목하라. 진지한 생각이 회심의 첫 걸음이다. 너희 패역한 자들아 이 일을 마음에 두라(사 46:8). 탕자는 먼저 정신을 차리고 생각했고, 그 다음에 아버지께로 돌아갔다. 죄인들이 죄로 말미암아 잃어버린 행복과 그들 스스로 자초한 비참한 상태를 생각하며, 또한 회개함으로 그 비참한 상태를 피하고 그 행복을 회복할 수 있다는 것을 진지하게 생각하기만 해도, 지체하지 않고 하나님 여호와께로 돌아올 것이다. 탕자는 자신의 현재의 절박한 처지와 그 아버지 집에 있는 풍족한 양식을 생각하고서 축복과 저주를 기억하였다(눅 15:17).

(2) 순전한 회심이 있다. 이 생각의 결과로 경건한 회한과 부끄러움이 생기지 않을 수 없다(겔 6:9; 7:16). 그러나 회개의 생명과 심장이 되는 것은 우리 하나님 여호와께로 돌아가는 것이며, 이것이 없으면 아무리 열정적인 표현들이 있어도 장난거리에 불과한 것이 되고 만다. 마음을 다하고 뜻을 다하여 그에게로 돌아가야 하는 것이다. 하나님을 우리의 주요 또한 통치자로 알아 그에게 충성

을 다하며, 그를 우리의 아버지요 은혜 베푸시는 자로 알아 그에게 의지하며, 우리의 최고의 목적으로 알아 그에게 헌신하며, 그를 우리의 언약의 하나님으로 알아 그와 긴밀한 교제를 갖는 데로 돌아가야 하는 것이다. 하나님을 대적하거나 그와 경쟁하는 모든 것들을 떠나 하나님께로 돌아가야 한다. 이처럼 하나님께로 돌아감에 있어서 우리는 올바르고(마음과 뜻이 거기에 담겨 있어야 하고), 또한 전인적이어야 한다(온 마음과 뜻을 다하여야 한다).

(3) 하나님의 거룩하신 뜻에 끊임없이 순종하는 것으로 증거가 나타나야 한다. 너와 네 자손이 … 여호와의 말씀을 청종하면(2절). 우리 자신이 의무를 다하는 것으로는 부족하고, 우리 자녀들도 그렇게 하도록 훈련시키고 그렇게 양육하여야 하는 것이다. 혹은 이것이 그 자녀들에게 복이 임하는 조건으로 제시된다고도 볼 수 있다. 곧, 그 자녀들이 그들의 의무를 다하면 그들에게 복이 임하리라는 것이다. [1] 이 순종은 하나님을 바라보고 하는 것이어야 한다. 너는 그의 말씀을 청종하고(8절) 지킬지니라(9절). [2] 그것은 순전하고 흔쾌하며 전적인 것이어야 한다. 마음을 다하고 뜻을 다하여(2절). [3] 그것은 사랑의 원리에서 나오는 것이어야 하고 그 사랑도 마음을 다하며 뜻을 다하는 것이어야 한다(6절). 하나님께서 바라보시고 요구하시는 것은 바로 마음과 뜻이다. 마음과 뜻이 있으면 하나님이 받으시며, 이것이 없으면 아무것도 받지 않으신다. 그리고 이것들을 전적으로 다 드리지 않으면 하나도 드리지 않는 것이나 마찬가지다. [4] 그것은 전포괄적인 것이어야 한다. 내가 오늘 네게 명령한 것을 온전히 따라(2절), 또한 내가 오늘 네게 명령하는 그 모든 명령을(8절). 한 가지 계명을 어기는 자는 모든 계명을 다 어기는 죄를 범하는 것과 같기 때문이다(약 2:10). 올바른 마음은 주의 모든 계명에 주의하는 법이다(시 119:6).

2. 이처럼 회개할 때에 약속되는 자비. 그들이 쫓겨간 나라들에서 괴로움과 곤란을 겪고서야 하나님께로 돌아서지만(1절), 하나님은 은혜로이 그들을 받아주실 것이다. 그들을 회개케 하는 목적을 위해서 괴로움이 그들에게 임하기 때문이다. 그들이 비록 하늘 가에 쫓겨가 있을지라도 그들의 회개의 기도들을 하나님이 은혜로우신 귀로 들으시며, 그들에게 자비가 있을 것이다(4절). 어느 곳에서든 하늘로 가는 길은 동일하다. 느헤미야는 흩어진 이스라엘을 위한 기도에서 이 약속에 근거하여 간구한다(느 1:9). 여기서 다음이 약속된다.

(1) 하나님이 그들을 동정하기에 합당한 대상으로 보사 불쌍히 여기시리라

는 것(3절). 죄 가운데 계속 나아가는 죄인들에 대해서 하나님은 진노하신다
(29:20). 그러나 회개하고 스스로 탄식하는 자들은 불쌍히 여기시는 것이다(렘
31:18, 20). 우리 하나님의 불쌍히 여기심과 부드러운 긍휼은 결코 끊어지지
않고 넘쳐흐르므로, 참되이 회개하는 자들은 이로써 큰 격려를 얻게 될 것이
다.

  (2) 그들이 아무리 멀리 가 있을지라도(4절) 하나님이 그들을 포로에서 돌아
오게 하시고 흩으신 그 모든 백성 중에서 그들을 모으시리라는 것(3절). 풀어쓴 갈
대아 역본 중 하나는 이를 메시야에게 적용시켜 다음과 같이 설명한다. 여호와
의 말씀이 대제사장 엘리아스의 손으로 너를 모으시며, 왕 메시야의 손으로 너를 데
려오시리라. 그가 이스라엘 중에 보전된 자를 돌아오게 하신다는 것이(사 49:6) 그
와 세우신 하나님의 언약이기 때문이다. 그리고 그의 죽으심의 의도가 바로 흩
어진 하나님의 자녀를 모아 하나가 되게 하기 위함이었던 것이다(요 11:51, 52).

  (3) 그가 그들을 그들의 땅으로 돌아오게 하실 것이라는 것(5절). 회개하는
죄인들은 그 비참한 처지에서 구원받을 뿐 아니라 하나님의 자비 안에서 누리
는 참된 행복에로 회복된다. 회개하는 죄인들이 들어가 소유하게 되는 그 땅
은, 물론 동일한 것은 아니나, 어떤 점에서는 우리의 첫 조상 아담이 소유했다
가 쫓겨난 그 땅보다 더 나은 것이다.

  (4) 그가 그들에게 선을 행하시고(5절) 또한 그들을 기뻐하시리라는 것(10
절). 죄인이 회개하고 회심할 때에 하늘에 기쁨이 있기 때문이다. 탕자의 아버
지는 탕자의 회개를 기뻐하였다.

  (5) 그가 그들을 번성하게 하시며(5절), 그리고 그들이 수가 많아졌을 때에
그들의 손으로 하는 모든 일을 많게 하사 각 사람에게 먹을 것이 풍성하게 하시
라는 것(10절). 민족적인 회개와 개혁은 민족적인 풍요와 평화와 번영을 가져
온다. 가축과 땅의 소산이 많게 하시리라고 약속하시는 것이다. 풍요가 오히려
해가 되는 사람들이 많다. 어리석은 자들에게는 번영이 오히려 그들을 망치는
것이다. 그러므로 하나님이 그 풍요와 번영을 그의 영광을 위하여 사용하도록
은혜를 주실 때에 그것이 선이 되는 것이다.

  (6) 그들이 당했던 저주들을 그가 그들의 원수들에게로 돌리시리라는 것(7
절). 하나님이 그들을 모으시고 그들을 다시 세우실 때에 그들에게는 많은 대
적들이 있을 것이다. 그러나 그들에게 전에 큰 짐이 되었던 그 동일한 저주들

이 그 대적들에게로 돌아가서 그들을 막아줄 것이다. 비틀걸음 치게 하는 잔을 그들의 손에서 거두어서, 그들을 괴롭게 하던 자들의 손에 두게 될 것이다(사 51:22, 23).

(7) 하나님이 그들에게 은혜를 베푸사 그들의 마음을 변화시키시고 거기서 다스리실 것이다. 네 하나님 여호와께서 네 마음과 네 자손의 마음에 할례를 베푸사 네 하나님 여호와를 사랑하게 하시리라(6절). 주목하라. [1] 하나님을 사랑하기 위해서는 마음이 할례를 받아야 한다. 풀어쓴 갈대아 역본이 해명하듯이, 육체의 더러운 것이 제거되어야 하고, 마음의 어리석음이 제거되어야 한다. 골 2:11, 12; 롬 2:29을 보라. 할례는 언약을 인(印)치는 것이다. 그러므로 마음이 그 언약의 끈에 강력하게 엮여서 하나님을 사랑하는 의무를 행하게 될 때에 그것이 바로 마음이 할례를 받는 것이다. [2] 마음에 할례를 베풀며 또한 마음으로 하나님을 사랑하도록 만드는 것은 하나님의 은혜의 역사다. 회개하는 모든 자들과 그것을 조심스럽게 구하는 모든 자들에게 이 은혜가 베풀어지는 것이다. 아니, 이것은 명령이라기보다는 하나의 약속인 것 같다. 너는 돌아와 다시 여호와의 말씀을 청종하리라(8절). 돌아올 것을 우리에게 요구하시는 하나님은 우리로 하여금 돌아올 수 있도록 은혜를 약속하시는 것이다. 그러므로 그 은혜가 효력을 발휘하지 못하면 그것은 우리의 과오인 것이다. 은혜의 언약에서 요구하는 모든 내용이 또한 약속되고 있다는 것, 바로 이 점에서 그 언약이 잘 정돈되어 있는 것이다. 나의 책망을 듣고 돌이키라, 보라 내가 나의 영을 너희에게 부어 주리라(잠1:23).

3. 모세가 여기 열 절에서 하나님을 열두 차례나 네 하나님 여호와라고 부르고 있다는 점이 눈에 띄는데, 이는 다음을 시사한다.

(1) 회개하는 자들은 하나님과 그들의 관계에 근거하여 하나님께로 돌아갈 지시와 용기를 얻는다는 것이다. "보소서 우리가 주께 왔사오니 주는 우리 하나님 여호와이심이니이다(렘 3:22). 그러므로 우리가 주께 나아오지 않을 수 없나이다. 우리가 여호와 말고 누구에게로 가오리까? 그러므로 우리가 주께 자비를 얻기를 바라나이다."

(2) 하나님을 거역해온 자들이 그에게로 돌아와 그들의 첫 일을 행하면, 그들이 그 이전의 존귀하고 복된 상태로 회복될 것이라는 것이다. 앞 장의 경고들에서는 시종일관 하나님을 여호와로, 권능의 하나님이요 만유의 심판자로 불

렀다. 그러나 본 장의 약속들에서는 네 하나님 여호와로, 은혜의 하나님이요 또한 너와 언약을 세우신 하나님으로 부르는 것이다.

II. 이는 유대인들의 회개와 회복에 대한 하나의 예언으로 볼 수도 있다. 이 일이 마음에서 기억이 나거든(1절), 축복이 먼저 오고 그 다음에 저주가 오며, 그 다음에 예비되어 있는 긍휼이 일어날 것이다. 그들의 마음이 형편없이 완악해져 있으나 하나님의 은혜는 그 마음들을 부드럽게 하고 변화시킬 수 있었다. 그리고 그런 다음에는 그들의 처지가 처참할 정도로 비참하지만 하나님의 섭리가 그들의 모든 쓰라린 것들을 제거할 것이었다.

그런데, 1. 그들이 바벨론 포로에서 돌아오는 것으로 이것이 성취된 것이 분명하다. 우상들에게 복속되었던 에브라임이 그것들을 버리고, 내가 다시 우상과 무슨 상관이 있으리요?(호 14:8) 하니, 이는 그들의 회개와 개혁이 드러난 놀라운 예였다. 그 포로 상태가 그들의 우상 숭배를 효과적으로 치유하였고, 그 때에 하나님이 그들을 다시 그들의 땅에 심으시고 선을 베푸신 것이다.

그러나, 2. 어떤 이들은 이 약속이 지금 흩어져 있는 유대인들의 회심에서 성취될 것이라고 본다. 그들이 그리스도를 십자가에 못 박은 그 조상들의 죄에 대해 회개하고 그리스도로 말미암아 하나님께로 돌아와 그리스도 교회에 합류하게 될 것이라는 것이다. 그러나 아아! 하나님이 이를 행하시니 누가 살랴?

[11]내가 오늘 네게 명령한 이 명령은 네게 어려운 것도 아니요 먼 것도 아니라 [12]하늘에 있는 것이 아니니 네가 이르기를 누가 우리를 위하여 하늘에 올라가 그의 명령을 우리에게로 가지고 와서 우리에게 들려 행하게 하랴 할 것이 아니요 [13]이것이 바다 밖에 있는 것이 아니니 네가 이르기를 누가 우리를 위하여 바다를 건너가서 그의 명령을 우리에게로 가지고 와서 우리에게 들려 행하게 하랴 할 것도 아니라 [14]오직 그 말씀이 네게 매우 가까워서 네 입에 있으며 네 마음에 있은즉 네가 이를 행할 수 있느니라

모세는 여기서 이 명령이 분명하고도 쉽다는 것을 근거로 그들에게 순종을 촉구한다.

I. 모세의 율법이 과연 그렇다. 하나님이 그들에게 이해가 불가능하거나 실천 불가능한 것을, 알 수도 없고 행할 수도 없는 것을 명령하셨다는 것을 빌

미로 불순종에 대해 변명할 수는 절대로 없는 것이었다.

1. "이 명령은 네게 어려운 것도 아니요(11절). 즉, 하늘에 전령을 보내어 하나님을 기쁘시게 하기 위해서 무엇을 해야 할지를 물어오게 해야 하는 것도 아니요(12절), 철학자들이 학문을 추구하여 여러 먼 곳들을 두루 다니는 것처럼 바다를 건너가서 알아보아야 할 것도 아니다(13절). 아니다. 그런 수고와 비용을 들일 필요가 없다. 또한 그 명령은 큰 재산이 있거나 세련된 예지(叡智)가 있는 자들만 닿을 수 있는 것도 아니다. 오히려 그것은 네게 매우 가까이 있는 것이다(14절). 그것은 책에 기록되었고 돌비에 분명히 새겨 놓은 것이어서 달려가는 자도 읽을 수 있을 만한 것이다. 네 제사장들의 입술이 이 지식을 지키니, 어려운 문제가 생기면 그의 입에서 율법을 물어볼 수 있는 것이다(말 2:7). 그것이 낯선 언어로 전달되는 것이 아니고, 네 입에 있는 것이다. 즉, 네가 늘 말하고 듣고 읽으며, 또한 네 자녀들도 친숙하게 말하는 그런 일상적인 언어로 되어 있는 것이다. 그것은 희미한 문구나 이상한 것들로 포장되어서 너를 갸우뚱하게 하고 놀라게 하는 것이 아니고, 네 마음에 와 닿는 것이다. 그것은 네 능력에 맞는 수준으로, 심지어 가장 비천한 자들의 능력에도 맞는 수준으로 제시되는 것이다."

2. 칠십인 역본의 읽기처럼 "그것은 네게 너무 힘든 것도 아니요 무거운 것도 아니다"(11절). 너는 "이 율법의 모든 말씀들을 행하려면 하늘에까지 올라가야 하고, 아침 날개를 타고 바다 끝 먼 나라까지 날아가야 할 것이라"고 말할 필요가 없다. 아니다. 그런 게 아니다. 악의를 가진 자들은 이것이 도저히 감당할 수 없는 멍에라고 말하지만 결코 그런 것이 아니다. 물론 그리스도의 멍에와 비교하면 그것은 분명 무거운 멍에였다(행 15:10). 그러나 인근의 민족들의 우상 숭배를 위한 온갖 것들과 비교하면 결코 무거운 것이 아니었다. 하나님은 그들에게, 자신은 제물로 말미암아 그들을 수고롭게 하지 아니하였고 유향으로 말미암아 그들을 괴롭게 하지 아니하였다고 말씀한다(사 43:23; 미 6:3). 그러나 그는 특히 도덕법과 그 규례에 대해 말씀하는 것이다. "그것은 네게 매우 가까운 것이요, 각 사람의 마음과 각 사람의 입에서 나타나는 자연의 법칙과도 일치하는 것이요, 네가 주의를 기울이기만 하면 되는 것이다. 율법이 선한 것을 시인하는 것이 네게 있느니라(롬 7:16). 그러므로 그것을 지키는 데에 불가항력적인 어려움이 있다는 식으로 불평할 하등의 이유가 없는 것이다."

II. 그리스도의 복음이 과연 그렇다. 사도는 이를 그리스도의 복음에 적용시켜서 그것을 믿음으로 말미암는 의의 언어로 제시한다(롬 10:6-8). 그리고 많은 이들이 여기서 모세가 중점적으로 의도한 것이 이것이라고 본다. 왜냐하면 그는 그리스도에 대하여 기록한 것이기 때문이다(요 5:46). 이것이 우리가 복음 아래서 그 아들 예수 그리스도의 이름으로 믿는 하나님의 명령인 것이다(요일 3:23). 우리가 마치 눈먼 사람처럼, "주여 누구시오니이까? 어디 계시나이까? 우리가 그를 믿고자 하나이다"라고 묻는다면(요 9:36), 이 성경이 해답을 준다. 하늘로 올라가서 거기서 그를 붙들 필요가 없다. 그가 성육신(成肉身)하셔서 이 땅에 내려오셨기 때문이다. 또한 깊은 곳으로 내려가 거기서 그를 붙들 필요도 없다. 그가 부활하셔서 거기서부터 올라오셨기 때문이다. 그 말씀은 우리와 매우 가까이 있고, 그리스도께서 그 말씀 속에 계신다. 그러므로 우리가 메시야의 성육신과 부활의 약속들이 우리 주 예수님에게서 성취되었다는 것을 마음으로 믿고 그를 받아들이고 우리의 입으로 그를 고백하면, 그리스도께서 우리와 함께 계신 것이요 우리가 구원을 받을 것이다. 우리를 의롭다 하시는 그분은 가까이 계시다. 매우 가까이 계신 것이다. 율법은 분명하고 쉬웠다. 그러나 복음은 더욱더 그러한 것이다.

[15]보라 내가 오늘 생명과 복과 사망과 화를 네 앞에 두었나니 [16]곧 내가 오늘 네게 명령하여 네 하나님 여호와를 사랑하고 그 모든 길로 행하며 그의 명령과 규례와 법도를 지키라 하는 것이라 그리하면 네가 생존하며 번성할 것이요 또 네 하나님 여호와께서 네가 가서 차지할 땅에서 네게 복을 주실 것임이니라 [17]그러나 네가 만일 마음을 돌이켜 듣지 아니하고 유혹을 받아 다른 신들에게 절하고 그를 섬기면 [18] 내가 오늘 너희에게 선언하노니 너희가 반드시 망할 것이라 너희가 요단을 건너가서 차지할 땅에서 너희의 날이 길지 못할 것이니라 [19]내가 오늘 하늘과 땅을 불러 너희에게 증거를 삼노라 내가 생명과 사망과 복과 저주를 네 앞에 두었은즉 너와 네 자손이 살기 위하여 생명을 택하고 [20]네 하나님 여호와를 사랑하고 그의 말씀을 청종하며 또 그를 의지하라 그는 네 생명이시요 네 장수이시니 여호와께서 네 조상 아브라함과 이삭과 야곱에게 주리라고 맹세하신 땅에 네가 거주하리라

모세는 그가 지금까지 설교해 온 내용이 혹시 이 생각 없는 백성들의 지성과 감정에 와 닿을까 하여, 여기서 지극히 밝은 빛과 매우 강렬한 불로 결론을 짓는다. 이보다 어떻게 더 감동적인 말을 할 수 있으며, 이보다 어떻게 더 깊고도 영구한 감동을 주는 말을 할 수 있겠는가? 그들을 대하는 그의 자세가 너무도 합리적이고 지혜로우며 애정이 깃들어 있고 모든 면에서 설득력이 있으므로, 이는 그가 진실하게 말씀한다는 것을 확실히 보여주며, 또한 그들이 불순종할 경우 결코 변명거리가 없게 해주는 것이다.

I. 그는 문제를 매우 공평하게 진술한다. 그는 그들 자신에게 그것에 대해서 그가 과연 문제를 그들이 원하는 만큼 분명하게 그들에게 제시하였음을 호소한다.

1. 사람은 누구나 생명과 복을 얻고 사망과 화를 피하기를 원하고, 행복을 바라고 비참을 싫어한다. 이에 대해 그는 이런 뜻으로 말한다: "자, 이제 내가 너희가 바라는 모든 행복을 얻고 모든 비참을 피할 수 있는 길을 너희에게 보여주었도다. 그러니 순종하라. 그리하면 모든 것이 잘 될 것이요 하나도 모자람이 없으리라." 우리의 첫 조상은 선과 악을 아는 지식을 얻기를 바라서 금지된 실과를 먹었다. 그러나 그들이 얻은 것은 비참한 지식이었다. 선을 상실함으로써 선에 대한 지식을 얻었고, 악을 지각함으로써 악에 대한 지식을 얻은 것이다. 그러나 사람을 향하신 하나님의 긍휼이 풍성하여, 그 스스로 착각 속에 있도록 하지 않으시고, 그의 말씀으로 선과 악을 아는 지식을 주셔서 그 스스로 과오를 저질러 그것을 거부하지 않는 한 영원토록 행복하게 되는 길을 주신 것이다.

2. 사람은 누구나 소망과 두려움, 복에 대한 소망과 화에 대한 두려움으로 인하여 움직이며 행동에 영향을 받는다. 이에 대해 모세는 이런 뜻으로 말한다: "내가 이제 양쪽 길을 제시했다. 순종할 때에 오는 분명한 유익에 이끌려서 순종하게 되든, 아니면 불순종할 경우 분명히 임할 파멸이 두려워서 순종하든 — 어느 쪽으로든 순종하면, 하나님이 가까이 하시고 너희의 의무를 다하게 될 것이다. 그러나 그렇지 않으면 너희는 결단코 핑계하지 못할 것이다." 그러므로 문제 전체에 대한 결론을 들어보자.

(1) 그들과 그들에게 속한 자들이 하나님을 사랑하고 그를 섬기면 그들이 살고 복을 누릴 것이다(16절). 그들이 하나님을 사랑하고 그의 명령을 지키는

것으로 그 사랑의 순전함의 증거를 보이면 — 그의 계명을 양심으로 지키며 또한 사랑의 원리로 그 일을 행하면 — 하나님이 그들을 선대하실 것이요, 그의 사랑과 축복이 베푸는 대로 한껏 복을 누릴 것이다.

(2) 그들이나 그들의 가솔들이 어느 때라도 하나님께로부터 돌아서고 그를 섬기는 것을 저버리고 다른 신들에게 경배하면 반드시 그들에게 패망이 올 것이다(17, 18절). 관찰하라. 구체적인 의무 하나하나에서 실패할 때마다 패망을 경고하는 것이 아니라, 배도와 우상 숭배에 대해서 패망을 경고한다. 명령을 어기는 것 하나하나가 다 저주를 받아 마땅하나, 민족 전체가 멸망하는 일은 혼인 언약을 깨뜨릴 때에만 일어난다. 신약 성경의 가르침도 거의 흡사하다. 그것도 비슷하게 우리 앞에 생명과 죽음, 복과 화를 제시한다. 믿고 세례를 받는 사람은 구원을 얻을 것이요 믿지 않는 사람은 정죄를 받으리라(막 16:16). 그리고 이 믿음에는 사랑과 순종이 포함된다. 참고 선을 행하여 영광과 존귀와 썩지 아니함을 구하는 자에게 하나님은 영생을 주실 것이다(롬 2:7). 진리를 따르지 아니하고 불의를 따르는(그리하여 결국 다른 신들을 예배하고 그것들을 섬기는) 자에게는 불멸하신 하나님의 분노와 진노가 임할 것이요 그 결과로 각 사람의 불멸하는 영에게 환난과 곤고가 있을 것이다(롬 2:7-9).

II. 그렇게 문제를 진술한 다음, 그는 그들에게 선택할 것을 공정하게 촉구하며, 선택을 잘 할 것을 지시한다. 그는 하늘과 땅을 불러 증인으로 삼아 하나님이 공정하고도 성실히 대하실 것을 보증한다(19절). 어떤 결과가 되든 그들은 모세가 자신의 영혼을 구원했다는 것을 인정할 수밖에 없었고, 따라서 그들도 그들의 영혼을 구원할 수 있도록 생명을 택할 것을 명한다. 곧, 그들의 의무를 행하기를 택하라는 것이다. 거기에 생명이 있기 때문이다. 주목하라.

1. 생명을 택하는 자에게 생명이 있을 것이다. 자기들의 행복을 위하여 하나님의 은혜로우신 사랑과 또한 하나님과의 교제를 택하며, 또한 그런 선택을 합당하게 시행하는 자들은 자기들이 택하는 것을 얻게 될 것이다.

2. 생명과 복에 이르지 못하는 자들은 자기들의 탓을 해야 할 것이다. 그들에게 선택의 기회가 주어졌으므로 그것을 택했더라면 그것을 누릴 수 있었을 것이기 때문이다. 그러나 그들이 스스로 죽고자 하므로 죽는 것이다. 곧, 그들이 주어진 조건에 따라 약속된 생명을 싫어하기 때문에 죽는 것이다.

III. 마지막 절에서,

1. 그는 그들의 의무가 무엇인지를 간단히 보여준다. 그것은 하나님을 사랑하는 것이요 또한 그를 여호와로, 가장 사랑스러운 존재로 사랑하는 것이요, 또한 그를 그들의 하나님으로, 그들과 언약을 세우신 하나님으로 사랑하는 것이다. 그리고 이 사랑에 대한 증거로서 모든 일에서 그의 말씀을 청종하며, 또한 항상 이러한 사랑과 순종으로 그를 의지하고 마음에서나 행동에서 절대로 그를 저버리지 않는 것이다.

2. 그는 그들이 이처럼 의무를 행하여야 할 이유가 무엇인지를 보여준다.

(1) 그들이 하나님께 의존하고 있으므로. 그는 네 생명이시요 네 장수이시니. 그가 생명을 주시고 생명을 보존하시고 생명을 회복하시며 또한 생명을 연장하신다. 그것이 보잘것없는 생명이지만 그의 능력으로 연장시키시고, 또한 그것이 몰수된 생명이지만 그의 인내로 그것을 연장시키시는 것이다. 그는 그의 위로로 생명을 포근하게 하신다. 그는 생명의 주권자이신 주시다. 우리의 숨이 그의 손에 달려 있다. 그러므로 우리가 그의 사랑 안에서 계속 나아가는 것이 지극히 중요한 것이다. 그를 우리의 친구로 사귀는 것이 좋으며, 그를 우리의 원수로 삼는 것은 정말 나쁜 일이다.

(2) 하나님이 그들의 조상에게 행하셨고 맹세로써 확증하사 가나안에 대한 약속을 주셨으니 그들이 그에게 의무를 지고 있으므로.

(3) 그가 그 약속을 이행하실 것에 대한 기대가 그들에게 있으므로: "하나님을 사랑하고 그를 섬기라 그리하면 그가 네게 분명히 그 땅을 주실 것이요 너는 그 약속의 땅에 거하게 될 것이라. 그리고 네 생명이시요 네 장수이신 그분을 높이 받들라." 이 모든 것이 우리가 우리에게 은혜를 베푸시는 하나님을 계속해서 사랑하고 그에게 순종하여야 하는 이유들이다.

제 31 장

개요

설교를 마친 후 모세는 본 장에서, I. 이제 가나안에 들어갈 백성들과(1-6절) 또한 그들을 지도할 여호수아를 격려한다(7, 8, 23절). 그리고 II. 그가 죽은 후에도 이 일들을 항상 기억하고 조심하여 지킬 것을 당부한다. 1. 율법 책을 통해서. 이 율법 책은 (1) 기록되고, (2) 제사장들의 보관에 맡겨졌고(9, 24-27절), (3) 매 칠 년마다 공적으로 읽을 것을 명령한다(10-13절). 2. 백성들을 교훈하고 지도하기 위하여 하나님께서 모세더러 준비하라고 명하신 노래를 통해서, (1) 그분은 모세와 여호수아를 회막 문으로 부르신다(14, 15절). (2) 그분은 세월이 흐르면서 이스라엘이 배도할 것이요 그리하여 그들이 심판을 자초하게 될 것을 예언하신다(16-18절). (3) 그분은 그들에 대한 증거로 삼도록 노래를 지어주신다(19-21절). 모세가 그것을 기록하여(22절), 여호와께로부터 받은 대로 이스라엘에게 그것을 전하며 그 의도를 알려준다(28-30절).

¹또 모세가 가서 온 이스라엘에게 이 말씀을 전하여 ²그들에게 이르되 이제 내 나이 백이십 세라 내가 더 이상 출입하지 못하겠고 여호와께서도 내게 이르시기를 너는 이 요단을 건너지 못하리라 하셨느니라 ³여호와께서 이미 말씀하신 것과 같이 네 하나님 여호와께서 너보다 먼저 건너가사 이 민족들을 네 앞에서 멸하시고 네가 그 땅을 차지하게 할 것이며 여호수아는 네 앞에서 건너갈지라 ⁴또한 여호와께서 이미 멸하신 아모리 왕 시혼과 옥과 및 그 땅에 행하신 것과 같이 그들에게도 행하실 것이라 ⁵또한 여호와께서 그들을 너희 앞에 넘기시리니 너희는 내가 너희에게 명한 모든 명령대로 그들에게 행할 것이라 ⁶너희는 강하고 담대하라 두려워하지 말라 그들 앞에서 떨지 말라 이는 네 하나님 여호와 그가 너와 함께 가시며 결코 너를 떠나지 아니하시며 버리지 아니하실 것임이라 하고 ⁷모세가 여호수아를 불러 온 이스라엘의 목전에서 그에게 이르되 너는 강하고 담대하라 너는 이 백성을 거느리고 여호와께서 그들의 조상에게 주리라고 맹세하신 땅에 들어가서 그들에게 그 땅

을 차지하게 하라 ⁸그리하면 여호와 그가 네 앞에서 가시며 너와 함께 하사 너를 떠나지 아니하시며 버리지 아니하시리니 너는 두려워하지 말라 놀라지 말라

　　헤어지기를 싫어하면 자주 작별하게 된다는 말이 있는데, 모세는 이스라엘 자손에게 그렇게 작별을 고하고 있다. 하나님께로 가기를 싫어했기 때문이 아니라, 그들을 떠나기를 싫어했기 때문이다. 그가 그들을 떠난 후에 그들이 하나님을 떠날까 하는 두려움이 있었기 때문이다. 그는 권면과 교훈으로 그들에게 할 말을 다했고, 이제는 그들을 불러 특히 그들 앞에 닥칠 가나안과의 전쟁에 관하여 격려의 말씀을 주고자 한다. 모세가 없으면 큰 어려움이 생길 시점에서 그가 떠나야 한다는 것은 그들에게는 큰 실망이었다. 여호수아가 골짜기에서 그들을 위해 계속 싸우게 되어 있으나 그들은 모세가 과거에 했던 것처럼(출 17:10) 산 위에서 그들을 위해 간구해 주기를 원했다. 그러나 대책이 없었다. 그가 더 이상 출입하지 못했던 것이다(2절). 육체나 정신이 쇠하여 거동을 하지 못했던 것이 아니었다. 그의 기력이 쇠하지 아니하였기 때문이다(34:7). 다만 그의 직무를 더 이상 수행할 수가 없었던 것이다.

　　1. 그의 나이가 이제 백이십 세였으니, 직분에서 물러서서 안식할 것을 생각할 때가 되었다. 모세의 기도에서 나타나듯이 칠십 혹은 팔십이 보통의 수한이었던 그 당시에(시 90:11) 그렇게 많은 나이에 이르렀으니, 그의 생애의 사명을 다했다고 생각할 만하였다.

　　2. 그는 하나님의 선언 아래 있었다. 너는 이 요단을 건너지 못하리라. 이렇게 해서 그의 쓰임 받는 일이 완전히 종결되었다. 거기까지 가야 했고 거기까지 섬겨야 했으나, 그 이상은 아니었다. 하나님이 그렇게 정하셨으니 모세는 따를 수밖에 없었다. 하나님께서 우리에게 할 일을 주사 행하게 하시는 기간보다 더 살기를 바라야 하는 이유를 나는 모르겠다. 또한 우리에게 할당된 시간보다 더 긴 시간에 대해서 우리가 책임을 지게 되지도 않을 것이다. 모세 스스로는 요단을 건너갈 수 없었으므로 그는 요단을 건너야 할 사람들을 간절한 마음으로 격려한다.

I. 그는 백성들을 격려한다.　그 어떠한 장군도 여기 이스라엘을 향한 모세의 격려의 근거만큼 좋은 근거로 자기 군대의 사기를 높일 수가 없었다.

　　1. 그는 하나님이 끊임없이 그들과 함께 계실 것을 확신 있게 말씀한다. 지

금까지 너를 이끄시고 지키신 네 하나님 여호와께서 너보다 먼저 건너가시리라(3
절). 하나님이 그들의 인도자가 되시니 이를 확신하는 자들은 담대하게 그를
따를 것이었다. 그는 이를 다시 강조하여 반복한다. "너와 언약을 세우신 위대
한 네 하나님 여호와 그가, 다른 누구도 아닌 그가, 그가 너보다 먼저 건너가실 것
을 그의 약속으로 네게 확신을 주신 그분이, 또한 눈에 보이는 그의 임재의 증
표인 그의 언약궤로써 그가 실제로 너보다 먼저 건너가심을 보여주시는 그분
이 너와 함께 가시리라"(6절). 그리고 다시 이를 부연하여 설명한다. "너보다 먼
저 그가 건너가셔서 너를 들어가게 하실 뿐 아니라 그가 내내 너와 함께, 또한
네게 속한 자들과 함께, 계실 것이라. 결코 너를 떠나지 아니하시며 버리지 아니하
실 것임이라. 어떠한 위기에서도 네 기대를 저버리지 않으실 것이요 너를 저버
리지 않으실 것이며, 네게 똑같이 대하실 것이요 네게 한결 같으시리라." 사도
는 이를 모든 하나님의 영적 이스라엘에게 적용하여 그들의 믿음과 소망을 격
려한다. 그들에게는 물론 우리에게도 이 복음이 전해지는 것이다. 내가 과연 너
희를 버리지 아니하고 너희를 떠나지 아니하리라 하셨느니라(히 13:5).

2. 그는 여호수아를 그들에게 지도자로 천거한다. 여호수아는 네 앞에서 건너
갈지라(3절). 그는 그들이 그 행실과 용기와 그들에 대한 순전한 애정을 오랫
동안 경험해온 사람이었다. 또한 그는 하나님이 그들의 지도자로 세우시고 지
명하신 자요, 따라서 그들을 생각하며 복을 끼칠 자였고, 그들에게 복을 주는
자였다. 민 27:18을 보라. 주목하라. 유익한 도구들이 사라지는 대신 하나님이
다른 이들을 일으키사 그의 일을 행하실 때에 그의 백성들에게는 큰 격려가 된
다.

3. 그는 그들의 성공을 보장한다. 아무리 훌륭한 장군들이 아무리 유리한
위치에 있다 해도 전쟁의 결과에 대해서는 의심과 불확실한 마음을 가질 수밖
에 없다. 싸움의 승리가 언제나 강한 자나 담대한 자에게 있는 것이 아니기 때
문이다. 전혀 생각하지 못한 악재가 터져 최상의 희망을 무너뜨릴 수 있는 것
이다. 그러나 모세는 하나님께로부터 보장을 받아서 이스라엘에게 확신을 주
었다. 그들이 여러 가지로 불리하나, 반드시 승리를 얻으리라는 것이다. 자신
이 반드시 정복자가 될 것이라는 것을 알면 비겁한 자라도 싸우는 법이다. 하
나님이 일을 행하실 것이다 — 네 하나님 여호와께서 … 이 민족들을 네 앞에서 멸
하시고. 그러므로 이스라엘이 할 일은 그저 전리품을 나누는 정도밖에는 없을

것이다 — 네가 그 땅을 차지하게 할 것이며(3절). 두 가지가 이러한 그들의 소망을 격려해 줄 것이었다.

(1) 시혼과 옥에 대해 이미 얻은 승리(4절). 이로써 그들은 하나님의 능력(곧, 그가 과거에 행하신 일을 다시 행하실 수 있다는 것)과 하나님의 목적(그가 시작하신 일을 반드시 마치시리라는 것)을 추리해 낼 수 있었다. 우리도 이처럼 우리의 경험을 사용해야 할 것이다.

(2) 가나안 민족들을 멸하라고 이미 그들에게 주신 하나님의 명령(7:2; 12:2). 그는 여기서 그 명령을 거론하며(너희는 내가 너희에게 명한 모든 명령대로 그들에게 행할 것이라. 5절), 이로써 그들은, 하나님이 가나안 민족을 멸하라고 명령하셨으니 그가 또한 그 일을 감당할 수 있는 능력을 그들에게 부어주실 것이 분명하다는 것을 추리할 수 있었다. 주목하라. 하나님께서 무슨 일을 우리의 의무로 주셨으면 우리는 그 일을 감당할 수 있도록 하나님께로부터 기회와 도우심이 우리에게 올 것을 기대해 마땅하다. 이 모든 것에 근거하여 그는 그들에게 강하고 담대하라고 명령할 이유가 있었다(6절). 하나님의 능력이 그들과 함께 있으면, 그들을 대적하여 싸우는 가나안의 모든 권세들을 두려워할 이유가 전혀 없는 것이었다.

II. 그는 여호수아를 격려한다(7, 8절). 관찰하라.

1. 여호수아가 경험 많은 장군이었고 많은 전투에서 이미 용기와 결단력을 드러내 보인 검증된 사람이었으나, 이제 그가 새로운 역사의 현장으로 들어가고 있었으므로 모세는 그에게, 너는 강하고 담대할 것을 당부할 만했다. 교만하고 건방진 사람들이 권고와 훈계를 모욕과 질책으로 받아들여 불평하는 것을 자주 보게 되는데, 여호수아는 이처럼 훈계 받는 일을 결코 모욕으로 받아들이거나 혹은 그의 용기를 의심하여 훈계하고 있다는 식의 생각을 갖지 않았다. 여호수아 자신은 강하고 담대하라는 모세의 훈계를 매우 기쁨으로 받아들인다.

2. 그는 온 이스라엘의 목전에서 여호수아를 훈계하였다. 이스라엘 백성들로 하여금 그가 그렇게 엄숙하게 세움 받는 것을 더 뚜렷하게 바라볼 수 있게 하고, 또한 그에게 주는 권고를 백성들이 함께 듣게 함으로써 백성들 앞에 그를 용기의 모범으로 제시하고자 함이었다.

3. 그는 여호수아에게 백성들에게 했던 것과 똑같이 하나님의 임재를 확신

시키며, 결국 영광스런 승리를 확신시킨다. 하나님이 그와 함께 하실 것이요 그를 버리지 아니하실 것이며, 따라서 그는 그가 부르심 받은 그 영광스런 일을 반드시 이루게 될 것이다. 너는 … 그들에게 그 땅을 차지하게 하라. 주목하라. 하나님과 함께 하는 자는 속히 나아갈 것이다. 그러므로 그들은 마땅히 담대하여야 한다. 하나님이 계시니 우리는 용맹스럽게 행하여야 한다. 그로 말미암아 우리가 승리를 얻게 될 것이기 때문이다. 마귀를 대적하면 그가 도망할 것이요, 하나님이 속히 그를 짓밟으실 것이다.

[9]또 모세가 이 율법을 써서 여호와의 언약궤를 메는 레위 자손 제사장들과 이스라엘 모든 장로에게 주고 [10]모세가 그들에게 명령하여 이르기를 매 칠 년 끝 해 곧 면제년의 초막절에 [11]온 이스라엘이 네 하나님 여호와 앞 그가 택하신 곳에 모일 때에 이 율법을 낭독하여 온 이스라엘에게 들게 할지니 [12]곧 백성의 남녀와 어린이와 네 성읍 안에 거류하는 타국인을 모으고 그들에게 듣고 배우고 네 하나님 여호와를 경외하며 이 율법의 모든 말씀을 지켜 행하게 하고 [13]또 너희가 요단을 건너가서 차지할 땅에 거주할 동안에 이 말씀을 알지 못하는 그들의 자녀에게 듣고 네 하나님 여호와 경외하기를 배우게 할지니라

요 1:17의 말씀처럼 율법은 모세로 말미암아 주어졌다. 그는 율법을 그 세대에 전해주는 임무는 물론 그것을 장차 올 세대에게까지 전달해주는 임무를 맡았다. 그리고 여기서는 그가 그 임무에 성실히 임하였음을 알 수 있다.

I. 모세가 이 율법을 기록하였다(9절). 박식한 패트릭 주교는 이를 모세 오경 전체를 뜻하는 것으로 이해한다. 오경 전체를 율법이라 일컫는 경우가 많다. 그는 모세가 그 이전에 오경의 대부분을 기록해 놓았으나 지금까지 그것을 완성하지 못했었고, 이제 이 신성한 책에 마지막 손질을 가한 것이라고 본다. 많은 이들은 여기의 율법을(특히 이것이 이 율법이라 부르므로, 즉 율법을 축소 정리해 놓은 이것이라는 뜻) 신명기를 뜻하는 것으로 이해해야 한다고 본다. 이 책 전체에 기록된 백성들에게 주는 모든 강화들을 그가 신적인 영감을 받아 하나님의 말씀으로 기록하였다는 것이다. 그가 이 율법을 기록한 것은,

  1. 이를 들은 자들이 자주 스스로 살펴서 마음에 두게 하고자 함이었다.
  2. 후대에까지 더욱 안전하게 전수되게 하고자 함이었다. 주목하라. 교회는

신적인 것들에 대해 설교를 통해서는 물론 글로 기록된 것을 통해서도 풍성한 유익을 얻어왔다. 믿음은 들음으로써만이 아니라 읽음으로써도 얻어진다. 하나님께서는 율법에 대해 그렇게 보살피신 것처럼 복음에 대해서도 똑같이 보살피셔서 글로 남기셨다. 복음이 전해진 직후에 기록되어 세상 끝까지 전해져서 세상 끝에서까지 사람들이 나아오게 된 것이다.

II. 율법을 기록한 다음, 그것을 보살피고 보관할 책임을 제사장들과 장로들에게 부여했다. 그는 진본(眞本) 하나를 제사장들에게 주어 언약궤 곁에 두게 하여(26절) 그것을 기준으로 모든 다른 필사본들을 점검하도록 했다. 그리고 그는 아마도 각 지파의 장로들에게 다른 필사본을 주어 원하는 지파들마다 필사하게 하였을 것으로 보인다. 어떤 이들은, 제사장들은 물론 장로들에게도 율법이 맡겨졌다는 것은, 목사들이 가르침을 통해서 신앙을 유지시키는 것 외에 국가의 관리들도 권력으로 신앙을 유지시켜서 율법을 어기거나 잃어버리는 일이 없도록 해야 한다는 것을 시사한다고 본다.

III. 그는 매 칠 년마다 온 이스라엘 회중이 이 율법을 공적으로 읽을 것을 지정하였다. 경건한 유대인들은 십중팔구 날마다 가정에서 율법을 읽을 것이다. 그리고 안식일마다 회당에서 모세의 글을 읽었다(행 15:21). 그러나 칠 년에 한 번씩 율법의 위엄을 드높이고 율법을 더욱 존귀하게 하기 위하여 이스라엘의 총회에서 읽도록 한 것이다. 우리가 사사로이 말씀을 읽는다고 해서 공적으로 읽는 말씀 듣는 일을 불필요한 것으로 생각해서는 안 된다. 여기서 그는 다음과 같은 지침을 준다.

1. 율법을 읽는 시기도 그 일의 엄숙함을 더해주도록 되어야 한다. 그러기 위해서 (1) 면제년, 곧 해방의 해에 읽도록 했다. 그 해에는 땅이 안식하므로 그들이 이 예배에 참석할 여가가 더 많았다. 그 해에는 종들이 해방되고, 가난한 채무자들이 빚을 탕감받으며, 따라서 그들이 그런 율법의 혜택을 받았으니 그 율법에 순종하는 것이 당연하며, 또한 그가 그들의 매인 끈을 풀어주셨으니 그들 자신을 하나님께 종으로 드리는 것이 당연한 일이라는 것을 알아야 했다. 면제년은 복음의 은혜의 모형이었다. 그러므로 이를 가리켜 여호와의 은혜의 해라 부른다(사 61:2; 눅 4:19). 그리스도로 말미암아 우리가 해방되어 자유를 얻었으므로 우리는 그의 명령들을 지켜야 하는 것이다(눅 1:74, 75). (2) 그 해의 초막절에 읽도록 했다. 그 절기에 그들은 특별히 여호와 앞에서 즐거워할 의무

가 있었다(레 23:40). 그러므로 그 때에 율법을 읽음으로써 그들의 즐거움이 한계를 벗어나지 않도록 하고, 그것을 거룩하게 하여 하나님의 율법을 즐거움의 문제로 삼도록 하고, 그것을 읽되 의무감으로가 아니라 기쁨으로 읽도록 한 것이다.

2. 율법 읽는 것을 듣는 자. 온 이스라엘(11절), 즉 백성의 남녀와 어린이와 성읍 안에 거류하는 타국인에게 읽어주어야 했다(12절). 여자들과 어린이는 다른 절기에는 참석할 의무가 없었으나 율법이 읽혀지는 이 절기에는 참석하여야 했다. 주목하라. 모든 백성이 그의 말씀을 알고 익히는 것이 하나님의 뜻이다. 율법은 모든 백성에게 주는 규범이요, 따라서 모든 사람에게 읽어주어야 하는 것이다. 온 이스라엘이 한 장소에 다 모일 수가 없었고, 한 사람의 목소리로 그들 모두에게 읽어줄 수가 없었으므로, 여호와의 집의 뜰이 수용할 수 있는 만큼 거기에 모이고, 나머지는 동시에 그들의 회당들에서 모였을 것이라고 추측하기도 한다. 유대인 학자들은 말하기를, 율법을 듣는 자들은 마음을 준비하여 시내 산에서 율법이 주어지던 날처럼 두려움과 존경으로, 또한 기쁨과 떨림으로 들어야 했고, 또한 율법 전체를 잘 아는 귀인들과 지혜자들이 있었지만 그들 역시 크게 주의를 기울여 들어야 했다고 한다. 율법을 읽는 자는 회중의 사자로서 하나님의 말씀을 듣게 하는 것이었기 때문이다. 복음이 읽혀지고 선포되는 것을 듣는 자들도 이 점을 깊이 새기기를 바라는 마음이다.

3. 율법을 읽는 자. 네가 율법을 낭독하여(11절. 한글 개역개정판에는 "네가"가 나타나지 않는다 ― 역주). "너, 오 이스라엘아 율법을 낭독하라." 곧, 그 목적을 위하여 지명된 적절한 사람이 읽어야 했다. 혹은 "너, 오 여호수아야 율법을 낭독하라." 곧, 이스라엘의 통치자가 읽도록 되어 있었다. 따라서 우리는 그가 친히 율법을 낭독한 것을 보게 된다(수 8:34, 35). 요시야도 그랬고(대하 34:30), 에스라도 그랬다(느 8:3). 유대인들은 말하기를, 왕이(그들에게 왕이 있게 된 후에) 성전 뜰에서 율법을 낭독할 사람이었고, 이를 위하여 뜰 한가운데에 연단을 세웠고, 왕이 거기에 서면 대제사장이 그에게 율법책을 가져다주었고, 왕은 서서 그것을 받아서 낭독하기 전에 먼저 기도를 올렸고(공적으로 율법책을 낭독자는 먼저 기도하고 읽었다), 그 다음에는 원하면 자리에 앉아서 낭독할 수도 있었다고 한다. 그러나 서서 읽는 것을 더욱 권장하였고, 아그립바 왕이 그렇게 했다고 한다. 여기서 나의 사견을 제시하자면, 전도서에서 솔

로몬을 전도자라 부르는 것은 그가 여기서 지정된 대로 초막절에 율법 책을 낭독한 후에 그 책의 골자를 백성들에게 강론하며 전해 주었기 때문일 것으로 보인다.

4. 율법책을 그렇게 엄숙하게 낭독하는 목적. (1) 현 세대로 하여금 하나님의 율법을 익히는 일을 계속하게 하기 위함이다(12절). 율법을 들어서 배우고 하나님 여호와를 경외하며 그들의 의무를 지켜 행하게 하기 위함이다. 여기서 말씀을 들을 때에 우리가 무엇에 목표를 두어야 할지를 보라. 말씀을 들어서 배우며 지식이 자라야 한다. 성경을 읽을 때마다 성경에서 배워야 할 것이 더 많이 있다는 것을 발견하여야 하는 것이다. 하나님을 경외하기를 배워야 한다. 즉, 하나님의 일들에서 정당하게 영향을 받아야 하며, 또한 하나님을 경외하여 율법의 모든 말씀을 지켜 행하여야 한다. 그의 말씀에 순종하지 않으면 그를 경외하는 체하는 것이 헛되기 때문이다. (2) 자라나는 세대로 하여금 적절한 때에 신앙에 젖게 하기 위함이다(13절). 무언가 아는 자들이 더 많은 것을 알게 되도록 하기 위함임은 물론, 이 말씀을 알지 못하는 그들의 자녀들이 하나님을 경외하는 것이 의무인 동시에 얼마나 큰 유익인지를 알게 되도록 하기 위함이다.

[14]여호와께서 모세에게 이르시되 네가 죽을 기한이 가까웠으니 여호수아를 불러서 함께 회막으로 나아오라 내가 그에게 명령을 내리리라 모세와 여호수아가 나아가서 회막에 서니 [15]여호와께서 구름 기둥 가운데에서 장막에 나타나시고 구름 기둥은 장막 문 위에 머물러 있더라 [16]또 여호와께서 모세에게 이르시되 너는 네 조상과 함께 누우려니와 이 백성은 그 땅으로 들어가 음란히 그 땅의 이방 신들을 따르며 일어날 것이요 나를 버리고 내가 그들과 맺은 언약을 어길 것이라 [17]내가 그들에게 진노하여 그들을 버리며 내 얼굴을 숨겨 그들에게 보이지 않게 할 것인즉 그들이 삼킴을 당하여 허다한 재앙과 환난이 그들에게 입할 그 때에 그들이 말하기를 이 재앙이 우리에게 내림은 우리 하나님이 우리 가운데에 계시지 않은 까닭이 아니냐 할 것이라 [18]또 그들이 돌이켜 다른 신들을 따르는 모든 악행으로 말미암아 내가 그 때에 반드시 내 얼굴을 숨기리라 [19]그러므로 이제 너희는 이 노래를 써서 이스라엘 자손들에게 가르쳐 그들의 입으로 부르게 하여 이 노래로 나를 위하여 이스라엘 자손들에게 증거가 되게 하라 [20]내가 그들의 조상들에게 맹세한 바 젖과 꿀이 흐르는 땅으로 그들을 인도하여 들인 후에 그들이 먹어 배부르고 살찌면 돌이켜 다른

신들을 섬기며 나를 멸시하여 내 언약을 어기리니 [21]그들이 수많은 재앙과 환난을 당할 때에 그들의 자손이 부르기를 잊지 아니한 이 노래가 그들 앞에 증인처럼 되리라 나는 내가 맹세한 땅으로 그들을 인도하여 들이기 전 오늘 나는 그들이 생각하는 바를 아노라

여기서,

I. 모세와 여호수아가 회막 문에서 하나님의 위엄 앞으로 부름을 받는다(14절). 모세는 자신이 곧 죽으리라는 말씀을 다시 듣는다. 죽을 준비를 잘 갖추고 있고 또한 기꺼이 죽고자 하는 자들이라도 죽음이 다가오는 것을 자주 상기시켜주는 것이 필요하다. 이것을 생각할 때 그는 스스로 나아와 하나님을 만나야 한다. 하나님과의 교제를 개선시켜주는 것은 무엇이든 간에 죽음에 대한 준비를 더 잘 갖추게 해 주기 때문이다. 그는 또한 여호수아를 함께 데리고 가서 하나님께 그의 후계자로 제시하고 그의 승인과 명령을 받아야 했다. 모세는 부름을 기꺼이 순종한다. 그는 자기 후계자에 대해 악한 눈으로 바라보는 사람이 아니었고, 오히려 반대로 그를 즐거워했기 때문이다.

II. 하나님이 은혜로이 그들을 만나신다. 여호와께서 구름 기둥 가운데에서 장막에 나타나시고(세키나가 나타나곤 한 것처럼, 15절). 앞의 세 권의 책에서는 하나님의 영광이 나타나는 장면이 많이 나타나지만, 이 책에서는 오로지 여기서만 그의 영광이 나타난다. 어쩌면 이는 훗날 복음적인 법 아래서는 여기서처럼 하나님의 영광이 눈에 보이게 나타나기를 기대하지 말고, 더 확실한 예언의 말씀에 귀를 기울여야 한다는 것을 나타내는지도 모른다.

III. 하나님은 모세에게 그가 죽은 후 그가 그렇게 애써서 이스라엘과 하나님 사이에 세운 그 언약이 반드시 깨어질 것임을 말씀하신다.

1. 이스라엘이 하나님을 버릴 것이라고 하신다(16절). 여기서 우리는 하나님과 사람 사이의 언약이 깨어지면 그것은 사람의 탓이라는 것을 확실히 알게 된다. 사람이 그것을 깨뜨리는 것이다. 자주 살펴보았듯이 사람이 먼저 하나님을 버리지 않으면 하나님은 절대로 먼저 그를 버리는 법이 없으신 것이다. 가나안 민족들(지금까지는 그 땅의 원주민들이었으나 그 때부터는 그 땅의 나그네로 간주될 것이었다)의 신들을 예배하는 것이야말로 하나님을 저버리는 것이요, 간음처럼 언약을 깨뜨리는 것으로 간주되었다. 오늘날도 탐심의 지배를

받음으로써 자기들의 재물을 신으로 삼는 자들이나, 감각적인 쾌락의 지배를 받음으로써 자기들의 배를 신으로 삼는 자들은 그리스도를 배반하는 자들이요 그렇게 심판을 받을 것이다. 돌이켜 다른 신들을 따르는 자들(18절)은 그들 자신에게 베풀어지는 긍휼을 저버리는 것이다. 그들의 이러한 배도가 그들의 번영의 결과로 일어날 것임이 예언되고 있다. 그들이 먹어 배부르고 살찌면(20절). 그들이 먹는 목적은 자기들의 식욕을 채우고 살이 찌고 안락하고 감각적이 되는 것이 전부일 것이다. 그들이 안락해져서 하나님과 그의 판단들을 혐오하게 될 것이다. 그리고 그들의 감각적인 성향이 그들을 이끌어 이교도들의 우상 숭배에 빠지게 될 것이다. 우상 숭배야말로 정욕을 위하여 도모하는 육신의 일인 것이다(롬 13:14). 주목하라. 하나님은 악인들의 악함을 분명하고도 오류 없이 미리 보시며, 정녕 배역할 것임을 아시면서도 자주 그들과 언약을 맺으셨으며(사 48:8), 그들이 배은망덕할 것임을 아시면서도 그들에게 갖가지 호의들을 베풀어 주셨다.

2. 그럴 때에 하나님이 이스라엘을 버리실 것이라고 하신다. 그들이 그렇게 부당하게 그를 저버리니 그도 정당하게 그들을 버리실 것이라는 것이다. 내가 그들에게 진노하여 그들을 버리며(17절). 그의 섭리가 그들을 버릴 것이고 더 이상 그들을 보호하고 번성하게 하지 않을 것이며, 그 때에 그들이 모든 이웃들에게 먹이가 될 것이다. 그의 영과 은혜가 그들을 버릴 것이요, 더 이상 그들을 가르치고 인도하지 않을 것이며, 그 때에 그들이 더욱더 완악해질 것이요 우상 숭배를 더욱 악하게 고집할 것이다. 그리하여 수많은 재앙과 환난을 당할 것이요(17, 21절), 그것이 하나님께서 그들을 불쾌히 여기시는 증거임이 확연히 드러나 그들 스스로도 그것을 인정하지 않을 수 없게 될 것이다. 이 재앙이 우리에게 내림은 우리 하나님이 우리 가운데에 계시지 않은 까닭이 아니냐? 죄를 범하여 자기들의 하나님에게서 떠난 자들이 이로써 모든 불행들을 자초하는 것이라는 것을 스스로 깨닫게 될 것이다. 그러나 그들의 재앙과 환난의 날에 하나님께서 반드시 얼굴을 숨기실 것이요, 그리하여 그들의 비참한 처지가 완결지어질 것이다(18절). 겉으로 어떠한 괴로움을 당하더라도 하나님의 얼굴을 아는 빛이 우리에게 있다면 쉽게 이길 수 있을 것이다. 그러나 하나님이 우리와 우리의 기도로부터 얼굴을 숨기시면 우리는 망하는 것이다.

IV. 하나님은 모세에게 그들에게 노래를 전할 것을 명하신다. 그는 신적인 영감으로 이 노래를 지을 것이요, 그 노래는 그 백성이 경고를 받지 않으므로 스스로에게 그릇 행하는 것만큼이나 하나님께서는 그들에게 신실하게 경고를 주셨음을 드러내 주는 항구적인 증언으로 남아 있을 것이었다(19절). 이 노래는 물론 기록된 말씀 전체는 하나님과의 언약을 깨뜨리는 모든 자들을 향한 하나님의 증거다. 그것이 증언이 될 것이다(마 24:14). 사람의 지혜는 법이나 역사나 예언이나 잠언, 그리고 노래 등, 선과 악에 대한 지식을 전달하는 갖가지 방법들을 고안해왔고, 각기 나름대로 유리한 점들을 갖고 있다. 그리고 하나님은 지혜로 성경에서 그 모든 것들을 사용하셔서서 무지한 자들과 무관심한 자들로 하여금 핑계할 수 없도록 하셨다.

1. 이 노래를 올바로 사용하면 그것이 그들의 배도를 방지하는 수단이 될 수도 있었다. 그 노래가 지어질 때에 하나님께서는 그가 맹세한 땅으로 그들을 인도하여 들이기 전에 그들이 현재에 상상하고 생각하는 것을 아시고 계셨던 것이다(21절). 하나님은 그들의 마음에 하나님을 향한 심각한 교만과 우상 숭배에 빠질 성향이 있으므로 그런 유혹의 불똥만으로도 곧바로 불이 활활 타오르게 될 것임을 잘 알고 계셨고, 그리하여 이 노래를 통해 그런 위험에 대해 경고를 주시는 것이다. 주목하라. 하나님의 말씀은 마음의 생각과 뜻을 판단하며 이상스럽게 책망과 교정을 통해서 사람을 만난다(히 4:12). 고전 14:25과 비교하라. 말씀을 선포하는 사역자들은 사람들의 생각이 무엇인지를 알지 못하나 그 말씀의 주인이신 하나님은 완전히 다 아신다.

2. 이 노래가 그들의 배도를 방지하지는 못한다 할지라도 그들로 하여금 회개하고 그 배도의 상태에서 회복되도록 도와줄 수는 있을 것이었다. 그들에게 괴로움이 찾아올 때에 이 노래가 잊혀지지 아니하고 그들 자신의 얼굴을 바라볼 수 있는 거울이 되어 이로써 그들이 스스로 겸비하여, 과거에 자기들이 배반하고 떠났던 하나님께로 다시 돌아오도록 도와줄 수 있을 것이었다. 주목하라. 하나님은 그가 긍휼을 예비하고 계신 자들도 타락하도록 내버려 두실 수 있다. 그러나 그들이 돌아오도록 수단을 베푸시는 법이다. 그들을 고치도록 미리 약을 준비하고 계시는 것이다.

[22]그러므로 모세가 그 날 이 노래를 써서 이스라엘 자손들에게 가르쳤더라 [23]여호와에서 또 눈의 아들 여호수아에게 명령하여 이르시되 너는 이스라엘 자손들을 인도

하여 내가 그들에게 맹세한 땅으로 들어가게 하리니 강하고 담대하라 내가 너와 함께 하리라 하시니라 ²⁴모세가 이 율법의 말씀을 다 책에 써서 마친 후에 ²⁵모세가 여호와의 언약궤를 메는 레위 사람에게 명령하여 이르되 ²⁶이 율법책을 가져다가 너희 하나님 여호와의 언약궤 곁에 두어 너희에게 증거가 되게 하라 ²⁷내가 너희의 반역함과 목이 곧은 것을 아나니 오늘 내가 살아서 너희와 함께 있어도 너희가 여호와를 거역하였거든 하물며 내가 죽은 후의 일이랴 ²⁸너희 지파 모든 장로와 관리들을 내 앞에 모으라 내가 이 말씀을 그들의 귀에 들려주고 그들에게 하늘과 땅을 증거로 삼으리라 ²⁹내가 알거니와 내가 죽은 후에 너희가 스스로 부패하여 내가 너희에게 명령한 길을 떠나 여호와의 목전에 악을 행하여 너희의 손으로 하는 일로 그를 격노하게 하므로 너희가 후일에 재앙을 당하리라 하니라 ³⁰그리고 모세가 이스라엘 총회에 이 노래의 말씀을 끝까지 읽어 들리니라

여기서는,

I. **하나님께서 여호수아에게 권면하신다.** 하나님이 그에게 주리라고 말씀하신 것(14절)을 주시는 것이다. 이는 결국 모세가 그에게 준 말씀(7절)과 동일한 것이었다. 강하고 담대하라(23절). 여호수아는 하나님께로부터 자기가 지도하여야 할 그 백성의 악함에 대해 너무나도 많이 들었으므로 실망하지 않을 수 없었을 것이다. 그러나 하나님은 이런 뜻으로 말씀하신다. "아니라. 그들이 아무리 악하더라도 네가 그들을 인도할지니라. 내가 너와 함께 하리라. 네가 그들을 인도하여 가나안을 소유하게 할지니라. 그들이 후에 그들의 죄로 인하여 자기 자신들을 그 땅에서 다시 내어던지면 그것은 네 잘못이 아니요 네게 욕이 될 것도 아니라. 그러니 강하고 담대하라."

II. **율법책을 엄숙히 레위인들에게 전달하여 언약궤 옆에 두게 한 일을 여기서 다시 보도한다**(24-26절). 9절에서도 이미 이에 대한 명령을 기록한 바 있다. 여기서는 다만 이 고귀한 율법의 원본을 보관할 곳이 지정되고 있다. 언약궤 속이 아니라(거기에는 두 돌판만 보관되었다) 언약궤 곁에 별도의 함에 보관하게 한 것이다. 아마도 이 책이 바로 요시야 왕 때에 여호와의 집에서 발견된 바로 그 책이었을 것이다(대하 34:14. 아마 어찌해서 잘못 거기에 있게 되었을 것이다). 그러므로 너희에게 증거가 되게 하라는 그 다음의 말씀은 오랜 세월이 흐른 후에 일어난 그 사건을 특별히 지목하는 것일지도 모른다. 이 율법책을

발견하고 요시야 자신이 그 내용을 공적으로 낭독하였고, 그것이 그 당시 바벨론 사람들에게 거의 패망할 지경에 있던 백성들에게 증거가 되었기 때문이다.

III. 다음 장에 기록되는 노래가 여기서 모세에게 전해지며 또한 모세가 이스라엘에게 전한다. 모세는 하나님의 영의 인도하심을 따라 그 노래를 먼저 글로 적었고(22절), 그 다음에 노래의 말씀을 끝까지 읽어 들렸고(30절), 그것을 그들에게 가르쳤다(22절). 즉, 그 사본을 백성들에게 돌려주고 마음으로 그것을 배울 것을 명령한 것이다. 각 지파들의 대표들인 장로들과 관리들에게 먼저 입으로 전해졌고, 그 다음에 글로써 전해졌고(28절), 장로들과 관리들이 각기 가문과 가족들에게 전하도록 한 것이다. 그 노래는 그들이 하나님께로부터 배도할 때에 올 치명적인 결과들에 대해서 명확하게 경고하는 내용으로 하늘과 땅에 엄숙하게 호소하는 것과 함께, 또한 모세가 그들에 대해 거의 즐거움이나 소망을 갖지 않는다는 선언과 함께 전달되었다.

1. 그는 자신이 그들과 함께 있는 동안 그들에 대해 거의 즐거워하지 않는다는 것을 선언한다(27절). 내가 너희의 반역함과 목이 곧은 것을 아나니(전에는 너희 반역자들아 이제 들으라 라고 말한 적도 있다)라는 말은 감정이 격하여 한 말이 아니라, 그들을 오랜 동안 겪은 결과로 하는 말이다. 내가 … 함께 있어도 너희가 여호와를 거역하였거든. 그들이 모세 자신을 거역한 것에 대해서는 언급하지 않는다. 그것들은 이미 오래 전에 용서했고 잊어버렸다. 그러나 그들이 하나님을 거역한 일에 대해서는 반드시 들어야 했다. 그리하여 언제나 회개하고 다시는 그런 일을 반복하지 않게 되어야 했던 것이다.

2. 이제 그가 그들을 떠나는 형편에서 그들에 대해 별로 소망을 갖지 않는다는 것을 선언한다. 그 자신이 경험한 것만으로도 충분히 실망스러웠으나, 그것보다는 하나님께서 그에게 말씀하신 것에 근거하여 그는 그들에게 선언한다. 내가 알거니와 내가 죽은 후에 너희가 스스로 부패하리라(29절). 그들의 유익과 행복을 위하여 자신이 함께 그렇게 어려움을 지고 나아온 그 백성이 장차 배도하여 패망할 것을 미리 예견한다는 것은 이 선한 사람에게는 정말로 서글픈 일이었다. 그러나 그 자신이 임무를 다했으니 하나님께서 영광을 받으시리라는 것이 ― 그들의 정착에서 영광을 받지 못하시면 그들의 흩어짐에서 영광을 받으시리라는 것이 ― 그의 위로였다. 우리 주 예수님도 그의 죽으심 직전에 거짓 그리스도들과 거짓 선지자들이 일어날 것을 예언하셨다(마 24:24). 이

런 예언에도 불구하고, 또한 그 후 시대에 일어난 모든 배도의 일들에도 불구하고, 우리는 음부의 권세가 이기지 못하리라는 것과(마 16:18) 또한 하나님의 견고한 터가 서 있다는 것을 확신할 수 있다(딤후 2:19).

제 32 장

개요

　본 장의 주요 내용은 다음과 같다. I. 하나님의 지시를 받아 모세가 이스라엘 자손에게 하나님을 저버리지 않도록 유의하라는 항구적인 교훈을 주고자 그들에게 전달한 노래. 이 노래가 본 장의 대부분을 차지하는데, 1. 서언(1, 2절). 2. 하나님의 높고 귀하신 성품과 거기에 반하여 이스라엘 백성의 악한 성격(3-6절). 3. 하나님이 그들을 위해 행하신 큰 일들과 그것에 반하여 그 백성들이 그에게 행한 악행들에 대한 기사(7-18절). 4. 그들의 죄악에 대하여 하나님이 베푸실 처절한 심판에 대한 예언. 여기서 그들의 불경한 처사들로 인하여 하나님의 역사하심의 정의로움이 더욱 확연히 드러난다(19-35절). 5. 그들의 원수들과 압제자들이 마침내 멸망할 것과, 이스라엘의 남은 자가 영광스러운 구원을 얻을 것이 예언된다(36-43절). II. 모세가 이 노래와 함께 그들에게 행한 권면(44-47절). III. 하나님이 모세더러 느보 산에 올라가 죽을 것을 명하심(48-52절).

¹하늘이여 귀를 기울이라 내가 말하리라 땅은 내 입의 말을 들을지어다 ²내 교훈은 비처럼 내리고 내 말은 이슬처럼 맺히나니 연한 풀 위의 가는 비 같고 채소 위의 단비 같도다 ³내가 여호와의 이름을 전파하리니 너희는 우리 하나님께 위엄을 돌릴지어다 ⁴그는 반석이시니 그가 하신 일이 완전하고 그의 모든 길이 정의롭고 진실하고 거짓이 없으신 하나님이시니 공의로우시고 바르시도다 ⁵그들이 여호와를 향하여 악을 행하니 하나님의 자녀가 아니요 흠이 있고 삐뚤어진 세대로다 ⁶어리석고 지혜 없는 백성아 여호와께 이같이 보답하느냐 그는 네 아버지시요 너를 지으신 이가 아니시냐 그가 너를 만드시고 너를 세우셨도다

　여기서 다음을 보라.

　I. 명령조로 주어지는 모세의 노래의 서언 혹은 서론(1, 2절).　모세는 다음과 같이 시작한다.

1. 그가 말하고자 하는 내용의 진실성과 중요성에 대해, 또한 여호와를 거역하는 반역한 백성들을 향한 하나님의 조치들의 정의로움에 대해, 하늘과 땅에게 엄숙히 호소함으로 시작한다. 그는 이 노래에서 하늘과 땅을 불러 그들에 대해 증언하도록 할 것이라고 말씀한 바 있었다(31:28). 이 사악하고 생각 없는 백성들보다 하늘과 땅이 더 속히 들을 것이다. 하늘과 땅은 그 창조주에 대한 순종에서 반역하지 않으며, 주의 종이 되어 주의 규례들대로 오늘까지 있으며(시 119:89-91), 따라서 반역한 이스라엘을 대적하여 일어나 판단할 것이다. 하늘과 땅이 죄인들을 향한 증인들이 될 것이다. 그들에게 주어진 경고들에 대한 증인들이요 또한 그들이 그 경고들을 받아들이지 아니한 것에 대한 증인들이 될 것이다. 하늘이 그의 죄악을 드러낼 것이요 땅이 그를 대항하여 일어날 것이다(욥 20:27). 혹은 여기의 하늘과 땅이 그 속에 거하는 거류민들, 즉 천사들과 사람들을 대변하는 것으로 볼 수도 있다. 천사들도 사람들도 하나님이 이스라엘을 향하여 행하시는 일들에서 그의 의로우심을 인정하며, 그의 공의를 선포할 것이다(시 50:6. 또한 계 19:1, 2을 보라).

2. 그가 하고자 하는 말을 엄숙하게 그 백성들에게 적용시킴으로 시작한다. 내 교훈은 비처럼 내리고(2절). 여기서 첫 부분을 풀어쓴 갈대아 역본은 여기의 첫 부분을 "이는 반역자들에게 몸을 때리는 소낙비와 같이 내리리라"로 번역한다. 때때로 심판을 위하여 비가 내리기도 하며, 큰 비로써 세상이 홍수에 잠긴 바 있었다. 내 말은 이슬처럼 맺히나니. 하나님의 말씀도 그렇다. 어떤 이에게는 생명을 주고 활력을 주지만(생명에 이르는 냄새, 고후 2:16), 다른 이들에게는 공포와 죽음을 주기도 하는(사망에 이르는 냄새) 것이다. 그것을 받을 준비를 올바로 갖춘 이들에게 그것은 마치 달콤하고도 편안한 이슬처럼 될 것이다. 관찰하라. (1) 이 노래의 주제는 가르침(doctrine)이다. 전에 감사와 찬양의 노래를 주신 일이 있지만(출 15장), 이 노래는 교훈의 노래다. 시와 찬미와 신령한 노래로 우리는 하나님께 영광을 돌릴 뿐 아니라 피차 가르치며 권면하기도 하는 것이다(골 3:16). 그리하여 다윗의 시편들 가운데 마스길(교훈을 줌)이라는 제목이 붙여진 것들이 많다. (2) 이 가르침은 위로부터 임하여 땅을 비옥하게 하고, 그 보낸 뜻을 이루며(사 55:10, 11), 또한 사람의 지혜나 사람의 뜻에 의지하지 않는(미 5:7) 비와 소나기에 견줄 만하다. 이런 비가 우리에게 자주 임하는 것이야말로 긍휼이요, 또한 그 비를 흡수하는 것이 우리의 의무다(히 6:7).

(3) 그는 그의 가르침이 마치 이슬과 가랑비처럼 조용히 소리 없이 내려 땅을 적실 것을 약속하신다. 전파되는 말씀이 부드럽게 임할 때에, 그리고 듣는 이들의 마음과 감정에 감미롭게 스며들 때에, 그것이 유익을 끼칠 것이다. (4) 그는 그들에게 그 가르침을 받고 누릴 것을 촉구한다. 그러면 마치 갈한 땅에 내리는 비처럼(시 72:6) 감미롭고 유쾌하며 즐거운 것이 될 것이라고 한다. 하나님의 말씀을 그렇게 받을 때에 그것이 우리에게 유익을 끼칠 것이다. (5) 박식한 패트릭 주교는 이를 기도로 이해한다. 즉, 하늘로부터 그들에게 보내진 하나님의 말씀들이 그들의 마음속으로 스며들어 마치 비가 땅을 부드럽게 하듯이 그들을 부드럽게 하여 그들이 순종의 열매를 맺게 되기를 구하는 기도라는 것이다.

II. 하나님의 위대하심과 의로우심에 대한 위대한 선언(3, 4절).

1. 그가 이런 선언으로 시작하며 이를 그의 첫째 원칙으로 세우는 이유는, (1) 하나님의 존귀하심을 보존하여 그의 백성 이스라엘의 사악함으로 인하여 그에게 모욕이 돌아가지 않도록 하기 위함이었다. 그의 이름으로 불리는 자들이 아무리 사악하고 부패하였다 할지라도, 그는 의로우시며 올바르시고 모든 일에 선하시며 그들의 사악함으로 인하여 나빠지실 분이 아니신 것이다. (2) 이스라엘의 사악함을 더욱 가중시키기 위함이었다. 그토록 거룩하신 하나님을 알며 경배하면서도 그들 스스로 그렇게 부패하였으니 말이다. (3) 그들을 향한 하나님의 조치들의 정당함을 드러내기 위함이었다. 우리는 심지어 하나님의 심판이 큰 바다와 같을 때에도(렘 12:1; 시 36:6) 하나님이 의로우시다는 것을 믿고 신뢰하여야 한다.

2. 모세는 여기서 스스로 여호와의 이름을 전파한다(3절). 이스라엘이 그들의 하나님으로 인정하고 고백한 그가 과연 어떤 하나님이신지를 알고 있으니 그를 거짓 신과, 거름 무더기와 같은 신과 바꿀 만큼 바보가 되는 일이 절대로 없기를 바라서 그렇게 하는 것이다. 그리하여 그는 그 백성들에게 그의 위대하심을 인정하고 그에게 존귀를 돌릴 것을 촉구한다. 우리로서도 하나님에 대해 높고 존귀한 생각들을 항상 유지하며 기회 있을 때마다 그 생각들을 표현하는 것이 죄를 미연에 방지하고 우리의 의무를 다하는 길에 우리를 보존시키는 데에 크게 유익할 것이다. 너희는 우리 하나님께 위엄을 돌릴지어다. 우리는 그의 위대하심을 더하게 할 수가 없다. 그의 위대하심이 무한하기 때문이다. 그러나 우

리는 그것을 인정하고 그것으로 그에게 영광을 돌려야 한다. 그런데 모세는 하나님의 위대하심을 제시하고자 할 때에, 그의 영원하심과 광대하심을 설명하거나 위의 세계에서 나타나는 그의 영광의 찬란함을 묘사하거나 하지 않고 그의 말씀의 신실함과 그의 역사하심의 완전함과 그의 통치에서 나타나는 모든 지혜와 공평함을 보여줌으로써 그의 위대하심을 드러내었다. 바로 여기서 그의 영광이 가장 분명하게 우리에게 비쳐오기 때문이며, 이것들이 그에게 관하여 계시된 것으로 우리와 우리 자손에게 속한 것들이기 때문이다(4절). (1) 그는 반석이시다. 본 장에서 여섯 차례나 그를 그렇게 부른다. 그리고 칠십인역도 시종일관 이를 데오스, 하나님으로 번역한다. 박식한 휴 브로튼(Hugh Broughton)은, 구약 성경에서 열여덟 차례나(본 장에 나타나는 것 이외에) 하나님을 반석이라 부르고 있으므로 사도 베드로를 교회의 기초가 되는 반석으로 간주하는 교황주의자들은 사실상 그를 하나님으로 만드는 것이라고 질책한다. 하나님은 반석이시다. 그는 그 스스로 불변하시고 움직이지 않으시는 분이시요, 또한 그는 그를 찾고 그에게 나아가는 모든 자들에게 난공불락의 피난처가 되시며, 또한 그를 신뢰하는 모든 자들에게 영원한 기반이 되시기 때문이다. (2) 그가 하신 일이 완전하다. 그의 창조의 일이 그랬다. 그 모든 것을 보시니 보시기에 심히 좋았더라. 그의 섭리의 일들이 그러하며, 혹은 정한 때가 되면 그러할 것이다. 하나님의 신비한 역사가 다 이루어지면 그의 하신 일의 완전함이 온 세상에 나타날 것이다. 하나님이 하시는 일은 아무것도 수정할 것이 없다(전 3:14). 하나님은 그가 과거에 약속하셨고 또한 그의 백성 이스라엘을 위해 시작하신 일을 완전히 이루셨으니, 이 완전히 이루어진 일을 근거로 그의 모든 완전한 일에 대해 영광을 그에게 돌려야 할 것이다. 사람이 아무리 일을 잘해도 불완전할 뿐이며 결점과 티들이 섞여 있고 또한 미완성인 채로 남아 있을 수밖에 없다. 그러나 하나님의 일은 완전한 것이다. 일단 시작하시면 반드시 끝을 맺으실 것이다. (3) 그의 모든 길이 정의롭다. 그의 길의 끝은 모두 의로우며, 그는 그 목적을 위하여 수단을 택하는 데에도 지혜로우시다. 정의로움은 사려 깊음과 공의를 나타낸다. 여호와의 도는 정직하니(호 14:9). (4) 그는 진실하신 하나님이시다. 그의 말씀을 그대로 취하고 의지할 수가 있다. 그는 그의 모든 약속들을 진실하게 지키시는 분이시요 거짓말하실 수 없는 분이시며, 그의 경고들도 결코 땅에 떨어지는 법이 없기 때문이다. (5) 그에게는 거짓이 없다. 그는 그를 신뢰하는 자들을 절대로 속이지 않으시며, 그의 정의에 호소하는 자들을 결코 그릇되이 대하지 않으시며, 그의 자비하심에 자기를 던지는 자들을 결코 매정하게 대하지 않으시는 분이시다. (6) 그는 공의로우시고 바르시다. 그는 사람들에게 합당한 이상으로 벌을 내리셔서 그들을 지나치게 대하지 않으시는 분이시며, 동시에 그를 섬기거나 그를 위해 고난을 당하는 모든 자들에게도 상급을 주기를 마다하지 않으시는 분이시다. 그는 과연 공의로우시고 바르시다. 그는 아무도 잃어버린 바 되지 않도록 모두를 효과적으로 돌보신다. 이 한 절이 우리가 예배하는 그 하나님에 대해서 얼마나 찬란하고 따뜻한 생각을 갖게 해주는지 모른다. 그러니 우리는 그를 사랑하고 그를 경외하며 그를 의지하고 그에게 헌신함으로써 그를 기쁘시게 하는 삶을 살아야 할 충만한 이유가 있는 것이다. 이 분이 우리의 반석이시니 그에게는 불의가 없으며 또한 있을 수도 없다(시 92:15).

III. 하나님의 이스라엘을 향한 강력한 탄핵. 이들의 성격은 모든 면에서 이스라엘의 하나님의 성품과 정반대다(5절).

1. 그들이 여호와를 향하여 악을 행하니(영어 흠정역은 "그들이 스스로 부패하였으니," They have corrupted themselves로 번역함 — 역주). 온 머리는 병들었고 온 마음은 피곤하여 있는 상태다(사 1:5). 하나님이 그들을 부패하게 하신 것이 아니다. 그는 공의로우시고 바르시기 때문이다. 그들 자신이 그들 자신의 죄와 패망을 만들어낸 유일한 장본인들이다. 이 말씀에는 다음 두 가지가 다 포함되어 있다. 그들이 스스로를 망쳤도다. 각 사람이 자기의 정욕에 이끌려 시험을 받는 것이기 때문이다. 그들이 스스로 패망하였도다(호 13:9). 네가 만일 거만하면 너 홀로 그 죄책과 고통을 당하리라(잠 9:12).

2. 그들이 하나님의 자녀가 아니요(영어 흠정역은 "그들의 흠은 그의 자손들의 흠이 아니요," Their spot is not the spot of his children으로 번역함 — 역주). 현재의 불완전한 상태에 있는 동안에는 하나님의 자녀들에게도 나름대로 흠이 있다. 우리 스스로 죄가 없고 흠(약점)이 없다고 말하면, 그것은 우리 자신을 속이는 것이다. 그러나 이스라엘의 죄는 그런 것이 아니다. 그들이 싸우고 부인하고 애써 피하려고 한 것은 약점이 아니었고, 오히려 그들의 마음에 행할 생각이 가득한 악이었다.

3. 그들은 배역의 마음을 실행에 옮기는 흠이 있고 **삐뚤어진 세대**였다. 그들

은 금지된 일을 그것이 금지되었다는 것 때문에 극구 행하려 하였고, 하나님의 뜻을 대적하여 자기들의 상상과 생각을 세우고자 하였고, 책망에 대해 참지 못하였고, 변하기를 싫어하였으며, 패역하여 자기 마음의 길로 걸어갔다(사 57:17). 풀어쓴 갈대아 역본은 이 절을 다음과 같이 읽는다. 그들이 그(하나님)가 아니라, 심지어 우상을 섬긴 자녀도 아니라 자기 스스로를 흩어버렸으니, 혹은 바꾸었으니, 자기 자신의 일을 빼앗긴 세대요 스스로를 버린 세대니라. 우상 숭배자들은 하나님을 해치거나 그의 일에 해를 입히거나 아니면 하나님을 이 세상의 외인(外人)으로 만들 수가 없다. 욥 35:6을 보라. 아니다. 그들이 입히는 상처는 온통 자기들 자신과 자기들의 일에 주는 것들뿐이다. 박식한 패트릭 주교는 이를 달리 읽는다. 그가 그에게 해를 입혔느냐? 즉, "이스라엘에게 떨어지는 악들에 대해 반석이신 하나님을 탓하겠는가? 아니다. 그의 자녀들이 그들의 흠이니라." 즉, "그들에게 임한 모든 악은 그 자녀들의 악의 열매니라. 그들 온 세대가 비뚤어지고 패역하기 때문이로다." 패망하는 자들은 모두 스스로 패망하는 것이다. 그들은 자기들이 죽을 것이기 때문에 죽는 것이다.

IV. 진노를 촉발시키는 이 백성의 배은망덕에 대한 안타까운 탄식(6절). "너희가 여호와께 이같이 보답하느냐? 너희가 그래온 것처럼 너희 행사에서 그렇게 비열하고 표리부동한 일은 다시는 없을 것이다."

1. 그는 하나님께서 그들더러 그를 섬기고 그를 붙잡으라고 하며 주신 규례들을 상기시킨다. 하나님은 그들에게 아버지셨고, 그들을 낳으셨고, 그들을 먹이셨고, 그들을 인도하셨고, 보살피셨고, 그들의 대접들을 그대로 다 받아오셨다. 그런데도 그 아버지의 그런 자비에 콧방귀를 뀔 것인가? 그가 그들을 값 주고 사셨고, 그들을 애굽에서 인도하여 내기 위하여 광대한 이적들을 행하셨고, 그들을 대신하여 사람들을 내어 주며 그들의 생명을 위하여 백성들을 내어주셨다(사 43:4). "그가 네 아버지시요 네게 대하여 분명한 소유권을 지니신 너를 지으신 이(혹자는 '너의 주인'으로 이해함)가 아니시냐?" 소(牛)도 그 주인을 아는 법이다. "그가 너를 지으셨고 너를 존재하게 하셨고 너를 세우시고 지키셨도다. 그렇지 아니하냐? 그가 너를 위해 행하시고 계획하신 그 큰 일들을 생각할 때에 과연 그를 향한 네 의무를 부인할 수 있느냐?" 우리를 지으신 우리의 창조주와 우리를 값 주고 사신 우리의 구속주와, 우리를 세워주신 거룩하게 하시는 성령께 우리 역시 세례 받은 그리스도인들로서 동일하게 크고 강력한 의

무를 지고 있지 않은가?

2. 그리하여 하나님을 저버리고 그를 거역하는 행위의 악함을 추론한다. 어째서 그것이 악한가? (1) 그것은 비열한 배은망덕이기 때문이다. "네가 여호와께 이같이 보답하느냐? 그가 네게 각양 호의를 베푸신 그분에게 겨우 이런 것을 돌려드리느냐? 그에게서부터 얻은 능력들을 갖고 그를 대적하려느냐?"(미 6:3, 4; 요 10:32을 보라.) 이것은 온 세상이 부끄러워 소리를 지를 만큼 어처구니없는 악행이다. 지극히 배은망덕한 사람을 불러보라. 네가 그를 악하다 부를 수 없으리라. (2) 그것은 기괴한 미련이기 때문이다. 오 어리석고 지혜 없는 백성아! 바보들아, 배나 바보 같은 자들아! 누가 너희를 꾀더냐?(갈 3:1). "너희가 필연적으로 의지해야 할 그분에게 그렇게 무례히 행하다니, 정말 바보들이로구나! 거짓된 허영거리들을 위해 너희 자신에게 주어지는 긍휼을 저버리다니!" 주목하라. 고의로 죄를 짓는 죄인들은, 특히 이스라엘의 죄인들은, 모두 세상에서 가장 어리석고 가장 배은망덕한 자들이다.

7옛날을 기억하라 역대의 연대를 생각하라 네 아버지에게 물으라 그가 네게 설명할 것이요 네 어른들에게 물으라 그들이 네게 말하리로다 8지극히 높으신 자가 민족들에게 기업을 주실 때에, 인종을 나누실 때에 이스라엘 자손의 수효대로 백성들의 경계를 정하셨도다 9여호와의 분깃은 자기 백성이라 야곱은 그가 택하신 기업이로다 10여호와께서 그를 황무지에서, 짐승이 부르짖는 광야에서 만나시고 호위하시며 보호하시며 자기의 눈동자 같이 지키셨도다 11마치 독수리가 자기의 보금자리를 어지럽게 하며 자기의 새끼 위에 너풀거리며 그의 날개를 펴서 새끼를 받으며 그의 날개 위에 그것을 업는 것 같이 12여호와께서 홀로 그를 인도하셨고 그와 함께 한 다른 신이 없었도다 13여호와께서 그가 땅의 높은 곳을 타고 다니게 하시며 밭의 소산을 먹게 하시며 반석에서 꿀을, 굳은 반석에서 기름을 빨게 하시며 14소의 엉긴 젖과 양의 젖과 어린 양의 기름과 바산에서 난 숫양과 염소와 지극히 아름다운 밀을 먹이시며 또 포도즙의 붉은 술을 마시게 하셨도다

모세는 전체적으로 하나님이 그들에게 큰 은혜를 베푸신 분이시요 그들이 감사의 마음으로 따르고 순종해야 할 분이시라는 사실을 제시하고 난 후, 이 단락에서는 하나님이 그들에게 베푸신 자비와 보살핌의 구체적인 사례들을

제시한다.

1. 몇 가지 사례들은 오랜 과거의 것이었고, 그는 그 증거를 위해 기록들에 호소한다. 옛날을 기억하라(7절). 즉, "그 날들의 역사와 옛 세상과 너희의 조상 아브라함과 이삭과 야곱에게 행하신 하나님의 놀라운 섭리들을 계속 기억하라. 끊임없이 그들에게 긍휼의 역사가 임하였던 것을 알 것이요, 또한 지금 일어날 일을 위하여 얼마나 오랫동안 많은 일들이 일어났는지를 알게 될 것이다." 주목하라. 옛 시대의 순전한 역사들은 특별히 유용하며 특히 구약 교회와 신약 교회 모두 그 유아기 상태의 교회 역사는 더욱 유익하다.

2. 또 좀 더 근대의 사례들을 제시하며, 또한 그 증거를 위하여 아직 살아 있는 어른들과 장로들에게 호소한다. 부모는 자식을 부지런히 가르쳐야 한다. 하나님의 말씀과 그의 율법과(6:7) 그의 예식의 의미(출 12:26, 27)만이 아니라, 그의 행하신 일들과 그의 섭리의 역사들도 가르쳐야 한다. 시 78:3, 4, 6, 7을 보라. 또한 자녀들 역시 그들의 의무를 다하는 데에 유익을 주는 일들에 대해 알기를 바라야 한다.

여기서 하나님께서 그의 백성 이스라엘에게 베푸신 자비하심의 사례들로서, 또한 결코 하나님을 저버려서는 안 될 강력한 의무 사항으로서, 세 가지 일을 상세히 제시한다.

I. 일찍부터 가나안 땅을 그들의 기업으로 지정해주신 사실. 가나안 땅이 그들의 기업으로 옛적부터 하나님의 뜻 가운데서 작정되고 예비되었다는 것은, 그것이 우리의 하늘의 기업의 모형이요 그림자였다는 것을 보여준다(8절). 관찰하라.

1. 홍수 이후 벨렉의 시대에 사람의 아들들 가운데 땅이 분배되고 각 가문이 그 몫을 차지하여 그 안에서 살게 되고 점점 자라나 민족으로 성장하게 되었을 그 때부터(창 10:25) 이미 하나님은 이스라엘을 염두에 두고 계셨었다. 그들이 장차 정한 때에 들어가게 될 이 좋은 땅을 그들을 위한 기업으로 지정하시면서, 그는 그 당시 존재하던 다른 어떤 가문도 아닌 가나안의 후손을 그 땅에 심으사 이스라엘이 그 땅에 들어가기까지 잠정적으로 그 땅을 차지하고 있도록 하셨다. 그 가문은 노아의 저주 아래 있었고 그로 말미암아 종살이와 멸망에로 정죄를 받은 상태였으며(창 9:25), 따라서 훗날 때가 차서 이스라엘이 그 땅을 소유하게 될 때에 그들이 그 땅에서 내쫓기는 일이 더욱 정의롭고

존귀하며 효과적으로 이루어지도록 하신 것이다. 이처럼 그는 이스라엘 자손
의 의도한 숫자를 염두에 두시고 그 백성의 경계들을 정하셔서 그 경계 내의
땅에서 그들이 족히 살 수 있도록 하신 것이다. 또한 어떤 이들은 가나안 자신
과 그의 열한 아들들(창 10:15, 등)이 이스라엘의 열두 지파와 거의 비슷한 숫
자를 이루었다는 점을 지적하기도 한다. 주목하라. (1) 하나님은 그의 지혜로
사람들의 거주의 경계를 지정하셨고, 우리의 세상에서 우리가 살 장소와 시간
을 모두 결정해 놓으셨다(행 17:26). 하나님은 땅을 사람에게 주실 때에(시
115:16), 각 사람이 자기의 능력만큼 땅을 취할 수 있도록 하신 것이 아니다.
아니다. 각 민족들에게 그 기업을 나누어주셨고, 각 민족이 자기의 기업을 알
고서 다른 민족의 소유를 침범하지 않기를 뜻하신 것이다. (2) 무한한 지혜는
광대하게 나아가며, 오랜 세월 후에 일어날 일을 미리 작정한다. 하나님은 처
음부터 마지막까지 그의 모든 일들을 알고 계시나(행 5:18), 우리는 그렇지 못
한 것이다(전 3:11). (3) 위대하신 하나님은 세상을 다스리시고 국가와 나라들
의 일들을 명하시면서 그의 교회와 그의 백성을 특별히 돌아보시며 모든 일에
서 그들의 유익을 참작하신다(대하 16:9; 사 45:4). 가나안 민족들은 자기들이
이웃들처럼 자기 땅에 대한 소유권을 영구히 확실히 갖고 있다고 생각했다. 그
러나 하나님은 그 땅의 소유주인 이스라엘 민족이 오기까지 그들을 그저 한시
적인 소작인들로 그 땅을 관리하도록 의도하신 것이다. 이렇게 해서 하나님은
그를 알지도 못하고 사랑하지도 않는 자들을 통해서, 그의 백성에게 자비를 베
푸시는 목적을 이루셨다. 그들의 뜻은 이같지 아니하며 그의 마음의 생각도 이같
지 아니하였지만 말이다(사 10:7; 미 4:12).

　2. 그의 백성이 이 세상에 출생하거나 생각되기 훨씬 전부터 하나님이 그들
을 특별히 돌아보신 이유는 그의 자비하심을 한층 더 높여주며, 또한 그 백성
들의 의무의 당위성을 말로 표현할 수 없을 만큼 드러내 준다. 여호와의 분깃은
자기 백성이라(9절). 온 세상이 그의 것이다. 그는 하늘과 땅의 주인이요 소유
주이시다. 그러나 지극히 특별한 면에서 그의 교회가 그의 것이다. 교회는 그
의 영지(領地)요 그의 포도원이요 담장을 두른 그의 정원이다. 그는 교회를 특
별히 기뻐하신다. 교회는 그가 중심에서 사랑하시는 존재요, 그 안에서 그가
걸으시며 그가 거주하시며, 영원토록 그의 안식처이다. 그는 교회를 특별히 돌
아보시며, 눈동자처럼 지키신다. 마치 사람이 그의 소유에 대해 기대를 갖듯이

그는 교회에 대해 특별한 기대를 갖고 계시며, 온 세상에게서보다 오히려 그 구별된 남은 자들에게서 더 큰 존귀와 영광과 경배를 받으신다. 하나님이 그 백성의 분깃이라는 것은 쉽게 드러난다. 왜냐하면 그는 그 백성들의 기쁨이요 복락이시기 때문이다. 그런데 하나님이 그들을 필요로 하지도 않으시고 그들에게서 유익을 얻으실 수도 없는데도 그들이 그 하나님의 분깃이라는 것은 그가 자신을 낮추시고 값없이 베푸시는 은혜의 사실에로 귀착될 수밖에 없다. 옳소이다 그들을 부르시고 그렇게 인정하시는 것이 아버지의 뜻이니이다(마 11:26).

II. 그들로 하여금 백성을 이루게 하사 아버지의 정하신 때에 상속자로서 이 기업에 들어가기에 합당하게 하신 사실. 이 점에서도 가나안은 하늘의 기업의 그림자였다. 하늘의 기업은 하나님의 모든 영적 이스라엘을 위해 영원 전부터 계획되었으며, 또한 때가 차서(그것은 시간적인 일이었다) 그들이 그 기업에 합당하도록 되니 말이다(골 1:12). 그는 압제자들을 멸망시키심으로써 이스라엘을 종노릇하던 데에서 구원하셨는데, 그 때에 감각으로 분명히 알 수 있는 온갖 이적들이 함께 일어났고, 또한 그 일들이 그렇게 자주 언급되었으므로 구태여 이 노래에서까지 언급할 필요는 없었다. 그러나 그들에게 행해진 하나님의 은혜로운 역사들은 그가 그들을 위하여 행하신 영광스러운 역사보다 덜 주목을 받을 것이므로, 그는 그 역사들을 말씀하고자 하신 것이다. 약속의 땅에서 그들을 위하여 예비되어 있는 그 큰 일들을 위하여 이 백성들을 합당하게 하시기 위하여 그들을 세우시고 구비시키시고 바른 모습을 갖추도록 하기 위하여 큰 역사가 그들에게 이루어진 것이다.

1. 여호와께서 그를 … 광야에서 만나셨다(10절). 이것은 분명 하나님께서 그들을 이끌어 가나안으로 향하게 하시면서 통과하게 하신 광야를 지칭하는 것이다. 그들을 가리켜 광야 교회라 부른다(행 7:38). 거기서 그 교회가 탄생했고, 양육 받았고 교육 받았고, 그들 모두가 신적이며 하늘로부터 온 자들처럼 보였다. 거기서 그들은 양식에서나 학식에서나 이 땅의 어느 부분과도 교류가 없었기 때문이다. 그러나 그가 거기서 그들을 만나셨다고 말씀하므로, 이는 하나님께서 처음 그들을 위하여 나타나실 때에 그 백성들의 비참한 처지와 또한 그들의 나쁜 성격을 모두 나타내기 위한 것인 듯하다. (1) 그들은 버려진 처지였다. 애굽은 그들에게 황무지였고, 짐승이 부르짖는 광야였다. 그들이 거기서 매인

종의 처지였고, 압제의 상태에서 부르짖고 위로거리가 전혀 없이 완전히 속수무책인 상태에 있었으니 말이다. 그런데 거기서 하나님이 그들을 만나셨고 거기서 그들을 꺼내신 것이다. (2) 그들의 성향이 매우 절망적이었다. 그들 대부분이 하나님의 일들에 대해 무지하였고, 너무도 어리석고 그것들에 대해 감동을 받을 상태가 전혀 아니었고, 투정부리기 일쑤고 극히 변덕스러우며, 고집스럽고 언쟁을 좋아하며, 애굽의 우상 숭배에 희한하게 중독되어 있어서 그야말로 황무지에서 발견되었다고 말할 만했다. 메마른 황무지에서 곡식 낱알 한 알도 기대할 수 없는 것처럼 그런 기질을 지닌 그 백성들에게서는 하나님을 섬기는 선한 열매를 도무지 기대할 수가 없는 상태였다. 은혜로 말미암아 새롭게 되고 거룩하게 되는 자들은 본성적인 그들의 과거의 모습을 자주 기억해야 한다.

2. 여호와께서 그를 … 두루 이끄시며 훈육하셨다(he led him about and instructed him. 한글 개역개정판은 "인도하시며 보호하셨다"로 번역한다 — 역주). 하나님께서는 광야에서 그들을 만나시고서 그들을 직접 가나안으로 데려가지 않으시고, 큰 길을 돌아가게 하시고 그렇게 해서 그들을 훈육하셨다. 즉, (1) 이를 수단으로 그는 그 기간 동안 그들을 훈육하시고, 그들이 받아들일 수 있도록 그들에게 명령들을 주셨다. 남을 훈육하는 임무를 지닌 자들은 그 일이 순식간에 이루어지기를 기대해서는 안 된다. 배우는 자들에게는 배울 시간이 필요한 것이다. (2) 이를 수단으로 그는 그들의 믿음과 인내와 하나님에 대한 의지를 시험하셨고, 광야의 괴로움에 익숙하게 하셔서 그들을 훈육하셨다. 모든 단계 하나하나마다 거기에는 교훈을 주는 것이 있었다. 심지어 그들을 징계하실 때에도 그는 그 징계를 통해서 그의 법을 가르치셨다. 하나님이 그들을 바른 길로 인도하셨다 고도 말씀한다(시 107:7), 그러나 여기서는 그가 그들을 두루 이끄셨다고 말씀한다. 하나님은 언제나 그의 백성을 바른 길로 인도하시지만 우리 눈에는 빙 돌아가는 것처럼 보일 수도 있는 것이다. 그러므로 가장 가까운 길이 아니라 가장 먼 길을 둘러가지만 결국 그것이 가나안에 이르는 가장 바르고 좋은 길인 것이다. 하나님이 그들을 어떻게 훈육하셨는지에 대해서는 오랜 후에 설명이 주어진다. 그들과 말씀하사 정직한 규례와 진정한 율법과 선한 율례와 계명을 그들에게 주시고(느 9:13). 또한 특히, 주의 선한 영을 주사 그들을 가르치시며(느 9:20). 그리고 그의 훈육은 효과가 있었다. 그 백성이 광야의

훈련을 먼저 통과하지 않았더라면 그들이 얼마나 가나안에 합당치 못하게 되었을지를 상상하고도 남을 것이다.

3. **여호와께서 그를 … 자기의 눈동자 같이 지키셨도다.** 최대한으로 따뜻하게 보살펴서 하늘과 공기의 악한 영향에서, 또한 사막의 온갖 위험거리들에서 그들을 지키셨다. 구름 기둥과 불 기둥은 그들의 인도자요 또한 보호자였던 것이다.

4. **마치 독수리가 자기 새끼를 위해서 하듯이 그가 그들을 위해 행하셨다** (11, 12절). 이와 관련한 직유적인 표현이 사용되기도 했다. **내가 독수리 날개로 너희를 업어 내게로 인도하였도다**(출 19:4). 여기서는 그것을 확대 부연하는 것이다. 독수리의 자기 새끼에 대한 강한 애정이 여기서 표현되는데, 독수리는 다른 짐승들처럼 그 새끼들을 보호하고 먹이를 가져다주는 것만이 아니라 새끼들이 날도록 교육하고 가르치는 것으로 그 애정을 나타내는 것이다. 이를 위해서 독수리는 그 새끼들이 누워 졸고 있는 동안 보금자리를 어지럽게 하여 그것들 위에서 너풀거리면서 날개를 사용하는 법을 새끼들에게 보여주며, 새끼들이 나는 법을 스스로 터득할 때까지 자기 날개를 펴서 새끼들을 그 위에 올려놓고 날아올라 나는 것에 익숙하게 만든다. 이는 부모가 자녀들에게 사업을 가르치며 그들이 게으름과 편안한 것을 좋아하는 데에 빠지지 않도록 가르치는 일에 하나의 실례가 된다. 바로 하나님께서 이스라엘에게 그렇게 하셨다. 그들이 자기들의 종된 상태를 좋아하고 거기서 벗어나기를 싫어할 때에 하나님은 모세를 통해서 그들을 어지럽게 하셔서 자유를 사모하게 하셨고, 그들이 종된 집으로 돌아가지 못하도록 수없이 그들을 지키신 것이다. **여호와께서 홀로 그를 인도하셨고.** 그에게는 도움이 필요 없었고, 그에게는 공동으로 일하는 파트너도 필요 없었다. 그들이 오직 여호와만을 섬기고 다른 신을 섬겨서는 안 되는 이유가 바로 여기에 있었다. 그에게는 파트너도 없었고 경쟁자는 더더욱 없었으니 말이다. 이스라엘의 구원에 공헌한 다른 신이 그에게 없었다. 그러므로 이스라엘이 충성과 경의를 표할 다른 신이 없었던 것이다(시 81:9).

III. 그들을 그 좋은 땅에 정착하게 하신 사실. 이는 부분적으로 이미 실현되었다. 두 지파와 반 지파가 장차 나머지 지파들에게 반드시 속히 이루어질 일에 대한 하나의 보증으로 이미 복되게 정착하였던 것이다.

1. 그들은 원수들에 대한 영광스러운 승리들로 복을 받았다. 여호와께서 그

가 땅의 높은 곳을 타고 다니게 하시며(13절). 즉, 그로 하여금 정복하게 하셨고, 승리를 얻게 하셨다는 뜻이다. 그는 자기를 대적하여 굳게 지켜지던 높은 곳들과 요새들 위를 달려 나가서 가나안의 비옥한 언덕들 위의 존귀의 자리에 앉게 된 것이다. 애굽에서는 그들이 비천하게 보였고 또한 빈곤과 치욕 가운데서 사실 그랬었다. 그러나 가나안에서는 그들이 크게 보였고, 전진하여 나아가 풍요를 누렸으니 사실 그랬다. 왕 중의 왕께서 기뻐 존귀하게 하신 백성들로서 그들은 당당히 달려간 것이다.

2. 그들은 모든 좋은 것들을 풍족하게 누리는 복을 받았다. 밭의 곡식들이 그저 보통으로 증가한 것만이 아니라, 그 증가가 유례가 없는 것이었다. 반석에서 꿀을, 굳은 반석에서 기름을 빨게 하시며. 이는 (1) 광야에서 그들을 따른 반석에서 생수를 이적적으로 공급받은 일을 가리킬 것이다. 이를 꿀과 기름으로 부르는 것은 그들이 물이 없어서 절박한 상태여서 그것을 꿀과 기름처럼 달고 귀한 것으로 받았기 때문이다. 아니면, (2) 가나안에, 심지어 가장 덜 비옥한 곳에까지도 꿀과 기름이 풍부하게 있었던 사실을 가리킬 것이다. 가나안의 돌밭이 다른 나라들의 밭과 초장보다 더 비옥했다. 가나안의 다른 산물들이 언급된다(14절). 그토록 건전한 양식을 다양하고도 풍부하게 얻을 수 있었으니 원하기만 하면 식사 때마다 잔치를 할 수 있을 정도였다. 최고의 곡식에서 훌륭한 빵이 만들어졌는데, 여기서 이를 밀의 콩팥(kidney of wheat. 한글 개역개정판은 "지극히 아름다운 밀"이라 번역함 — 역주)이라 부르며(밀의 알맹이가 콩팥과 다르지 않으므로), 또한 풍부한 버터와 젖, 살진 가축들의 고기와, 그들의 음료로는 지극히 아름다운 밀을 먹이시며 또 포도즙의 붉은 술이 있었다고 한다. 하나님은 그들에게 지극히 관대하신 아버지셨고, 또한 지극히 자비하신 은인이셨다. 에인즈워스(Ainsworth)는 가나안 땅에 좋은 것들이 풍족하다는 것을 그리스도의 나라의 풍요로움과 그의 말씀과 성령이 주는 하늘의 위로들의 풍족함의 모형으로 본다. 그의 나라의 자녀들을 위하여 그리스도께서 버터와 젖을, 순전한 말씀의 젖을, 또한 강한 자를 위해서는 단단한 음식을, 마음을 기쁘게 하는 포도주를 예비해 놓고 계시니 말이다.

[15]그런데 여수룬이 기름지매 발로 찼도다 네가 살찌고 비대하고 윤택하매 자기를 지으신 하나님을 버리고 자기를 구원하신 반석을 업신여겼도다 [16]그들이 다른 신으

로 그의 질투를 일으키며 가증한 것으로 그의 진노를 겨발하였도다 [17]그들은 하나
님께 제사하지 아니하고 귀신들에게 하였으니 곧 그들이 알지 못하던 신들, 근래
에 들어온 새로운 신들 너희의 조상들이 두려워하지 아니하던 것들이로다 [18]너를
낳은 반석을 네가 상관하지 아니하고 너를 내신 하나님을 네가 잊었도다

　　　　　이스라엘이 금방 하나님을 버리고 배도한 일에 대한 묘사가 이어진
다. 그들에게는 이미 그렇게 될 성향을 지니고 있었다. 의무와 감사와 관심에
있어서 그들의 하나님께 그렇게 엄청난 빚을 진 백성들이었으니 아무도 그들
이 그에게서 절대로 돌아서리라고는 생각하지 않았을 것이다. 그러나 안타깝
게도 그들이 속히 하나님을 버리고 만 것이다. 여기 그들의 사악함을 보여주는
두 가지 큰 사례가 제시되는데, 모두가 하나님을 저버리는 배도에 해당하는 것
이었다.

**I. 안락과 관능, 교만과 뻔뻔스러움 등 풍족함과 번영에서 비롯되는 일상적
인 탈선들**(15절).　　이 백성을 가리켜 여수룬이라 부르는데, 이는 어떤 이들은
올바른 백성의 뜻으로, 다른 이들은 볼 줄 아는 백성의 뜻으로 본다. 그러나 그들
은 금방 의와 지식의 명성을 모두 상실하고 말았다. 잘 먹고 배부르게 되자,

　1. 기름지고 살찌고 비대하여졌다. 즉, 정욕을 위하여 육신의 일을 도모할 것밖
에 달리 할 일이 없기라도 한 것처럼 온갖 사치와 식욕을 채우는 일에 빠졌다
는 뜻이다. 그들이 기름지매, 즉 커지고 비대해졌고, 본연의 일에 관심을 두지
않게 되었고 그 일을 위해 부적합하게 되었다는 뜻이다. 그들은 무디고 어리석
고 부주의하며 무감각하게 되었으며, 이것은 풍족함에서 나오는 결과였다. 이
처럼 미련한 자의 번영은 자기를 멸망시키는 법이다(잠 1:32). 그러나 이것이 다
가 아니었다.

　2. 그들이 발로 찼다. 교만하고 건방져져서 하나님 자신을 대적하여 그의 발꿈
치를 들었다. 하나님이 그의 선지자들로나 그의 섭리로 그들을 꾸짖으시면 그
들은 길들이지 않은 염소나 멍에에 익숙지 않은 소처럼 가시채를 뒷발질하였고,
격분하여 선지자들을 박해하였으며, 섭리의 면전에서 도망하여 버렸다. 이렇
게 자기를 지으신 하나님을 버렸고(창조주를 합당하게 존경하지도 않았고, 그의
창조의 목적에 부응하지도 않았다), 과거에도 그에게 큰 은혜를 입었고 미래에
도 그에게 의지해야 할 처지인데도 전혀 그렇지 않은 것처럼 자기를 구원하신

반석을 견딜 수 없을 만큼 업신여겼다. 교만과 방종에 빠져 자기 자신과 자기들의 배를 신으로 삼는 자들은 반드시 그것으로 하나님을 저버리며 또한 그들이 그를 얼마나 가볍게 대하는지를 보여주는 것이다.

Ⅱ. 우상 숭배가 그들의 배도의 현저한 사례였다. 풍요와 번영을 누리게 되자 신앙이 지켜워지고 자기 뜻대로 하고자 하고 변화를 좋아하게 되어 결국 우상 숭배에 이르게 된 것이다. 관찰하라.

1. 자기들을 지으신 하나님을 버리고 그들이 어떤 신들을 택하여 섬겼는지(16, 17절). 그들의 죄악은 극심한 것이었다. 그들은 참되신 하나님께 돌렸어야 할 섬김의 일들을, (1) 다른 신들에게 행하였다. 곧, 그들에게 자비를 베푼 체할 수도, 그들에게 무슨 의무를 지워준 체할 수도 없었던 신들에게, 그들이 전혀 알지도 못하고 그 어떠한 유익도 기대할 수 없는 그런 신들에게 행한 것이다. 혹은 그들을 다른 신들이라 부르는 것은 그 신들이 유일하신 참 하나님이외의 다른 존재들이었기 때문이었다. 이스라엘은 오직 유일하신 참 하나님과 정혼하였고 따라서 그에게 신실히 행할 의무가 있었던 것이다. (2) 근래에 들어온 새로운 신들에게 행하였다. 종교에 있어서도 그 오랜 역사야말로 존귀한 점 가운데 하나인데 헛된 자들은 이상하게 새로운 것에 영향을 받고, 또한 옛적부터 계신 자를 멸시하여 새로운 신들을 좋아한 것이다. 새로운 신이라니! 그것보다 더 괴상하고 어처구니없는 것이 있을 수 있는가? 안식을 위한 바른 길을 발견하려면 옛적 길을 구하여야 하는 것이다(렘 6:16). 그들의 조상들이 다른 신들을 섬겼던 것이 사실이니(수 24:2), 그 후손들이 그 신들에게로 돌아갔다 해도 변명할 일이 아니었다 할 것이다. 그러나 그 조상들이 두려워하지 아니하던 신들을 섬기고 그 신들이 새롭기 때문에 더 낫게 여기고 그 신들을 좋아하는 것은 끝없는 우상 숭배로 나아가는 문을 여는 것이나 마찬가지였다. (3) 그 신들은 전혀 신들이 아니었고 가짜들이요 신인 체하는 것들일 뿐이었다. 그 이름들은 사람들의 상상이 만들어낸 것이요 그 주상들은 사람이 손으로 만들어놓은 것일 뿐이었다. 아니, (4) 그 신들은 귀신들이었다. 신들도, 인류의 아버지들도 은인들도 아니고, 오히려 해악을 끼칠 목적을 갖고 행하는 파괴자들이었다(그 말이 이런 뜻이다). 우상의 신전들과 주상들을 소유한 무슨 영이나 눈에 보이는 권세가 있다면, 그것들은 악령들이요 사악한 권세로서 그것들에게서 무슨 해를 입을까 두려워 섬길 필요가 없는 존재들이었다. 하나님을 신

실하게 섬기는 자들에게는 귀신들이 닿지 못하기 때문이다. 아니 귀신은 오로지 자기에게 제사를 드리는 자들만을 파괴할 수 있을 뿐이다. 구원하신 반석을 버리고 스스로 멸망의 반석에게로 달려갔으니 우상 숭배자들은 얼마나 미친 자들인지 모르는 것이다!

2. 그들의 하나님 여호와께 이것이 얼마나 큰 모욕이었는지. (1) 이를 그 하나님을 잊어버리는 행위로 간주하였다. 너를 낳은 반석을 네가 상관하지 아니하고(18절). 하나님을 상관하게 되면 죄가 방지된다. 그러나 세상을 섬기고 육체의 만족에 탐닉하게 되면 하나님을 잊게 되는 것이다. 우리의 존재의 주인이시며 그로 말미암아 우리가 살고 기동하는 그 하나님을 잊는 것보다 더 파렴치하고 무가치한 일이 또 있겠는가? 그 결과가 어떤지를 보라. 이는 네가 네 구원의 하나님을 잊어버리며 네 능력의 반석을 마음에 두지 아니한 까닭이라 그러므로 처음에는 다른 나무가 좋아 보이나 나중에 수확할 때에는 근심과 심한 슬픔의 날에 농작물이 없어지리라(사 17:10, 11). 하나님을 잊음으로써 얻어지는 것이 하나도 없는 것이다. (2) 이를 결코 용서할 수 없는 범죄로 간주하였다. 그들이 … 그의 진노를 격발하였도다(16절). 그들의 우상들은 하나님께 가증한 것들이었기 때문이다. 여기서 우상들에 대한 하나님의 불쾌하심을 보라. 그것들이 마음에 세워져 있든, 성소에 세워져 있든 간에 그는 그것들을 극히 불쾌하게 여기시는 것이다. [1] 그는 그것들을 질투하시며, 마음의 보좌를 놓고 그와 경쟁하는 상대자로 여기신다. [2] 그는 그것들을 그의 면류관과 통치를 대적하는 자들로 여기사 미워하신다. [3] 그는 그것들에 대해 존경하거나 애착을 갖는 자들에 대해 지극히 진노하시며, 또한 장차도 진노하실 것이다. 하나님의 진노를 격발시키는 자들은 자기들의 행동을 돌아보지 않는다. 누가 주의 노여움의 능력을 알리이까?(시 90:11).

[19]그러므로 여호와께서 보시고 미워하셨으니 그 자녀가 그를 격노하게 한 까닭이로다 [20]그가 말씀하시기를 내가 내 얼굴을 그들에게서 숨겨 그들의 종말이 어떠함을 보리니 그들은 심히 패역한 세대요 진실이 없는 자녀임이로다 [21]그들이 하나님이 아닌 것으로 내 질투를 일으키며 허무한 것으로 내 진노를 일으켰으니 나도 백성이 아닌 자로 그들에게 시기가 나게 하며 어리석은 민족으로 그들의 분노를 일으키리로다 [22]그러므로 내 분노의 불이 일어나서 스올의 깊은 곳까지 불사르며 땅과

그 소산을 삼키며 산들의 터도 불타게 하는도다 ²³내가 재앙을 그들 위에 쌓으며 내
화살이 다할 때까지 그들을 쏘리로다 ²⁴그들이 주리므로 쇠약하며 불 같은 더위와
독한 질병에 삼켜질 것이라 내가 들짐승의 이와 티끌에 기는 것의 독을 그들에게
보내리로다 ²⁵밖으로는 칼에, 방 안에서는 놀람에 멸망하리니 젊은 남자도 처녀도
백발 노인과 함께 젖 먹는 아이까지 그러하리로다

이 노래의 순서는 앞 장에 나타나는 예언들의 순서를 따르고 있다. 그
러므로 앞에서 이스라엘이 하나님을 반역한 일이 묘사되었으니, 여기서는 곧
바로 그들을 향하신 하나님의 공의의 결정들이 이어진다. 어리석고 신실하지
않은 백성들이 하나님을 놀려대고 조롱하면 그가 그대로 조롱을 당하고 계실
것이라 생각한다면 그것은 우리 자신을 속이는 일이다.

I. 과거에는 그들을 기뻐하셨었으나 이제는 그가 역겨움과 격노함으로 그들
을 버리고자 하신다(19절). 여호와께서는 그들의 배반과 어리석음과 비열한
배은망덕을 보시고 그들을 미워하셨고 그들을 멸시하셨다. 어떤 이들은 이런
뜻으로 읽는다. 죄는 거룩하신 하나님의 면전에서 우리를 역겹게 만든다. 그가
부르셨고 그리하여 그들 스스로 그의 자녀들이라 부르다가 그를 격노하게 한
자들처럼 그에게 역겨운 죄인들이 없는 것이다. 주목하라. 겉으로 하나님께 가
까이 있는 자들일수록 그들이 죄악된 길에서 더럽혀질 때 더욱더 하나님께 더
러운 존재가 되는 것이다(시 106:39, 40).

II. 전에는 그들에게 그의 임재와 사랑의 증표들을 주셨었으나, 이제는 그것
들을 물리시고 그의 얼굴을 그들에게서 숨기고자 하신다(20절). 그가 얼굴을
숨기신다는 것은 그의 극한 불쾌하심을 나타낸다. 그들이 하나님께 등을 돌렸
었는데, 이제는 하나님이 그들에게 등을 돌리려 하시는 것이다(렘 18:17과 렘
2:27을 비교하라). 그러나 여기서 그것은 또한 하나님께서 심판을 행하시는 조
치를 더디게 진행하심을 뜻하기도 한다. 그들은 배도할 때에 선을 행하지 않는
데서 시작하였고 그 다음에 악을 저지르는 데로 진행하였다. 이와 비슷하게 하
나님도 먼저 그의 호의들을 거두어들이시고, 그 결과가 어떨지를 그들로 보게
하시며, 그들이 하나님을 격노하게 하여 그가 떠나시면 그들이 얼마나 귀한 친
구를 잃어버리는 것인지를 보게 하시고, 그리하여 혹시 이로써 그들이 회개할
지를 두고 보고자 하시는 것이다. 이렇게 해서 우리는 하나님이, 말하자면 그

런 회개를 예상하시고 자신을 숨기시는 것을 보게 된다(사 57:17). 그들을 떠나시는 자신이 정의로우심을 드러내시기 위하여 그들이 도무지 제대로 대할 수 없는 자들임을 보여주시는 것이다. 이는 그들이,

1. 심술궂은 자들이요 도저히 기뻐할 줄을 모르는 자들이요 죄 가운데 완악하여 있는 자들이며, 또한 결코 납득시켜 다시 돌아오게 할 수 없는 자들이기 때문이었다.

2. 믿음이 없고 신뢰할 수가 없는 자들이기 때문이었다. 그들을 구원하시고 그들과 언약을 세우실 때에 그는 그들에 대해, 실로 나의 백성이요 거짓을 행하지 아니하는 자녀라 라고 말씀하셨다(사 63:8). 그러나 그들이 그렇지 않고 진실이 없는 자녀임이 드러났으니 그들은 버림받아 마땅한 자들이었고, 따라서 진실하신 하나님께서 다시는 그들과 대면하셔서는 안 되는 처지가 되어 버린 것이다.

Ⅲ. 전에는 그들을 편안하게 하고 기쁘게 해주는 모든 일을 다 행하셨었으나, 이제는 그들에게 지극히 괴로운 일들을 행하고자 하신다. 여기서 형벌이 죄에 대한 응답으로 제시된다(21절).

1. 그들은 비열한 신들로써 하나님의 진노를 일으켰었는데, 그것들은 전혀 신이 아니라 그들 자신의 상상에서 나온 헛된 것들에 불과하며 예배하는 자들을 상 주거나 갚아주는 체할 수 없는 존재들이었다. 그들이 음란하게 좇아간 신들이 허망하고 하찮을수록 그들이 그 신들과 경쟁적으로 세운 위대하시고 선하신 하나님을 더욱 크게 진노하시게 하는 것이었다. 이것은 그들의 우상 숭배에 두 가지 큰 악을 더하는 것이었다(렘 2:13).

2. 그러므로 하나님은 하찮은 원수들로 그들에게 재앙을 주고자 하셨다. 허약하고 보잘것없으며 민족이라는 이름조차도 합당치 않은 원수들에게 괴로움을 당하는 것은 그들로서는 크나큰 치욕이었고, 그들이 당하며 탄식하는 그런 압제의 고통을 더욱 가중시키는 것이었다. 그들을 압제하는 백성들이 보잘것없을수록 그들이 더욱 야만적이 되며, 게다가 크고 막강한 민족들에게 그렇게 많은 승리를 거둔 이스라엘이 그렇게 허약하고 어리석은 민족에게 짓밟히고 또한 가나안의 저주 아래 있게 되고 노예 중의 노예가 된다는 것은 그야말로 엄청난 치욕이 될 것이었다. 그러나 하나님은 지극히 연약한 도구로도 막강한 죄인들에게 채찍을 때리실 수 있으며, 또한 죄로 말미암아 전능하신 창조주를 모욕하는 자들은 가장 미천한 자들에게서 모욕을 당하는 것이 정당한 것이다.

이것은 사사들의 시대에 놀랍게 성취되었다. 이스라엘이 정복했던 바로 그 가나안 민족들에게서 때때로 압제를 당한 것이다(삿 4:2). 그러나 사도는 이를 이방인들의 회심에 적용시킨다. 하나님과의 언약 바깥에 있었던 백성이요 하나님의 일들에서 어리석은 자들이었으나 교회 안으로 이끌림 받았는데, 이것이 유대인들에게 극심한 고통이 되었으며, 그들은 이 일에 대해 기회가 있을 때마다 크게 시기하였으니, 투기가 언제나 그렇듯이 이는 그들의 죄요 또한 그들의 징벌이었다(롬 10:19).

IV. 전에는 그들을 좋은 땅에 심으시고 모든 좋은 것들로 풍족하게 하셨었으나, 이제는 그들의 모든 위로거리들에 채찍을 가하여 그들을 멸망에로 이끄시고자 하신다. 여기서 경고로 제시되는 심판들은 정말 끔찍하다(22-25절).

1. 하나님의 분노의 불이 그들을 삼킬 것이다(22절). 그들이 자기들의 풍족함을 자랑하는가? 그것이 불에 타서 땅의 재가 될 것이다. 그들이 자기들의 힘을 자랑하는가? 그들의 산들의 터까지 불에 타서 없어질 것이다. 하나님의 심판이 모든 것을 다 쓸어버릴 임무를 띠고 임할 때에는 그 어떠한 담으로도 그것을 막을 수가 없는 것이다. 그 불이 스올의 가장 깊은 곳까지 불사를 것이다. 즉, 이 세상의 가장 깊고 깊은 비참의 처지로 그들을 이끌어 내릴 것이요, 그것조차도 장차 올 세상에서 죄인들이 당할 그 완전하고도 끝이 없는 비참에 비하면 아무것도 아닐 것이다. 지옥의 저주(우리 주님이 말씀하시는)야말로 하나님의 분노의 불이요, 죄인의 죄악된 양심을 옥죄어 말로 표현할 수 없고 영원한 고통을 줄 것이다(사 30:33).

2. 하나님의 심판의 화살들이 남김없이 모조리 다 그들에게 쏘아질 것이다(23절). 하나님의 심판은 마치 화살처럼 속히 날아가며(시 64:7), 그것을 피할 희망을 갖고 스스로 아첨하는 자들을 멀리서 맞추는 것이다(시 21:8, 12). 전혀 보지 못한 땅에서 화살들이 날아와 치명적인 해를 입힌다. 하나님은 절대로 그의 목표를 못 맞추시는 법이 없기 때문이다(왕상 22:34). 여기서 다음과 같이 구체적으로 심판이 경고된다. (1) 기근. 불타게 되거나, 주리므로 쇠약할 것이다. (2) 독한 질병들. 여기서는 불 같은 더위와 독한 질병이라 부른다. (3) 하찮은 짐승들의 모욕들. 들짐승의 이와 티끌에 기는 것의 독(24절). (4) 전쟁과 그 치명적인 결과(25절). [1] 끊임없는 공포. 밖에 칼이 있을 때에는, 방 안에서는 놀람이 있을 수밖에 없다. 밖으로는 다툼이요 안으로는 두려움이었노라(고후 7:5). 하나

님을 두려워하는 것을 던져버리는 자들은 원수들을 두려워하는 것에 노출되는 것이 당연한 것이다. [2] 총체적인 죽음. 여호와의 칼이 모든 것을 쓸어버리도록 보냄을 받을 때에는 그것이 무차별하게 모든 것을 파괴시킬 것이다. 칼이 이 사람 저 사람을 삼킬 때에는 젊은 남자의 힘도, 처녀의 아름다움도, 젖 먹는 아기의 순진함도, 백발노인의 무게나 허약함도 그들의 안전을 보장해 주지 못할 것이다. 전쟁은 그러한 몹쓸 참상을 일으키는 법이다. 특히 들짐승처럼 사납고 뱀처럼 맹독성이 있는 사람들이 쳐들어올 때는 더욱 그렇다(24절). 여기서 죄가 얼마나 큰 불행이며, 또한 그것을 조롱하는 자들이 얼마나 어리석은지를 잘 볼 수 있다.

[26]내가 그들을 흩어서 사람들 사이에서 그들에 대한 기억이 끊어지게 하리라 하였으나 [27]혹시 내가 원수를 자극하여 그들의 원수가 잘못 생각할까 걱정하였으니 원수들이 말하기를 우리의 수단이 높으며 여호와가 이 모든 것을 행함이 아니라 할까 염려함이라 [28]그들은 모략이 없는 민족이라 그들 중에 분별력이 없도다 [29]만일 그들이 지혜가 있어 이것을 깨달았으면 자기들의 종말을 분별하였으리라 [30]그들의 반석이 그들을 팔지 아니하였고 여호와께서 그들을 내주지 아니하셨더라면 어찌 하나가 천을 쫓으며 둘이 만을 도망하게 하였으리요 [31]진실로 그들의 반석이 우리의 반석과 같지 아니하니 우리의 원수들이 스스로 판단하도다 [32]이는 그들의 포도나무는 소돔의 포도나무요 고모라의 밭의 소산이라 그들의 포도는 독이 든 포도이니 그 송이는 쓰며 [33]그들의 포도주는 뱀의 독이요 독사의 맹독이라 [34]이것이 내게 쌓여 있고 내 곳간에 봉하여 있지 아니한가 [35]그들이 실족할 그 때에 내가 보복하리라 그들의 환난날이 가까우니 그들에게 닥칠 그 일이 속히 오리로다 [36]참으로 여호와께서 자기 백성을 판단하시고 그 종들을 불쌍히 여기시리니 곧 그들의 무력함과 갇힌 자나 놓인 자가 없음을 보시는 때에로다 [37]또한 그가 말씀하시기를 그들의 신들이 어디 있으며 그들이 피하던 반석이 어디 있느냐 [38]그들의 제물의 기름을 먹고 그들의 전제의 제물인 포도주를 마시던 자들이 일어나 너희를 돕게 하고 너희를 위해 피난처가 되게 하라

그들이 받아 마땅한 분노와 복수의 무서운 경고들이 있은 후에 갑작스럽게 자비의 암시들이 나타난다. 그들은 도무지 자비를 받을 자격이 없었으

나, 심판과 더불어 자비가 나타나며, 이로써 하나님이 죄인들의 죽음을 기뻐하지 않으시며 그들이 돌아와 살기를 바라신다는 것이 드러난다.

I. 그는 자기 자신의 존귀를 위한 열심에서, 그들을 완전히 끊어버리지는 않으실 것이다(26-28절).

1. 그들이 완전히 멸망해 마땅하며 사람들 사이에서 그들에 대한 기억이 끊어지게 하여 이스라엘 사람이라는 이름이 역사에서밖에는 절대로 알려지지 않게 되어야 마땅했다는 것을 부인할 수가 없다. 그들은 모략이 없는 민족이기 때문이었다(28절). 하나님의 영광을 보았으면서도 그 영광을 믿으려 하지 않았고, 그의 인자하심을 맛보고 그것을 체험하며 살았으면서도 그것을 깨닫지 못하였으니 그들은 그야말로 지극한 바보요 생각 없는 백성이었던 것이다. 그런 하나님을, 그런 율법을, 그런 언약을 버리고 찌꺼기 같은 헛된 신들을 택한 자들에 대해서는 과연 진정으로 그들 중에 분별력이 없도다 라고 말할 수 있을 것이다.

2. 그들을 멸망시키고 그들에 대한 기억을 제거하는 일이 하나님께는 매우 쉬운 일이었을 것이다. 그들 중 대부분이 칼로 이미 끊어졌고 남은 자들도 땅의 머나먼 한적한 모퉁이로 흩어져 그들에 대해서 사람들이 전혀 들어본 적도 없게 되었고, 이렇게 해서 일이 다 행해졌으니 말이다. 겔 5:12을 보라. 하나님께서는 아무리 강하게 방벽을 쌓고 있는 자들도 물리치실 수 있고, 지극히 끈끈하게 연합하여 있는 자들도 흩으실 수 있으며, 지극히 유명하던 자들의 이름도 영원한 망각 속에 묻어버리실 수 있는 것이다.

3. 정의가 그것을 요구하였다. 내가 그들을 흩어서 … 끊어지게 하리라 하였다. 스스로 하나님께로부터 끊어져나간 자들이니 그들을 땅에서 끊어버리는 것이 합당한 일이다. 그들이 처신한 대로 그들을 대하지 말아야 할 이유가 어디 있는가?

4. 지혜가 원수의 교만과 건방짐을 고려하였다. 그들은 하나님께서 그렇게 아끼셨고 또한 위하여 그토록 큰 일들을 행하셨던 백성이 멸망한 것을 기회로 삼아 하나님에 대해서 생각하며, 자기들이 이스라엘보다 더 나았으므로 이스라엘의 하나님을 이기고 승리했다고 상상할 것이었다. 원수들이 말하기를 우리의 수단이 높으며. 하나님이 친히 이스라엘을 대적하여 싸우셨으니 그들에게는 그 원수들의 수단이 너무나 높을 수밖에 없었다. 또한 그들은 마치 이스라엘의 하나님이 허약하시고 무기력하셔서 다른 민족들의 가짜 신들에게 쉽게 무너지

시기라도 하는 것처럼 생각하고서, 여호와가 이 모든 것을 행하신 것임을 생각하지 않고, 자기들이 여호와를 대적하여 모든 일을 행한 것으로 꿈꿀 것이었다.

5. 이를 고려하고서, 하나님은 자비를 베푸사 남은 자들을 살려두시고 그 무가치한 백성들을 완전한 멸망에서 구원하신다. 혹시 내가 원수를 자극하여 그들의 원수가 잘못 생각할까 걱정하였으니. 이는 사람들의 어법을 따른 표현이다. 하나님은 어느 누구의 분노도 걱정하지 않으시는 것이 확실하다. 그러나 이 문제에서 그는 마치 그가 걱정하시는 것처럼 행동하셨다. 이스라엘 중 하나님의 이름의 존귀에 대해 염려했던 몇몇 선한 백성들은 다른 어떤 문제보다 그 문제에 대해서 원수들의 잘못된 생각을 걱정하였다. 여호수아가 그랬고(수 7:9) 또한 다윗도 자주 그랬다. 그들이 그것을 걱정하였으니 하나님 자신도 그것을 걱정하셨다고 말씀하는 것이다. 그에게는 모세가 그에게 탄원하는 것이 필요치 않았고, 그 스스로 그것을 생각하셨다. 애굽 사람들이 무어라 말하랴? 하나님의 궤와 그의 이스라엘을 위하여 마음으로 떠는 자들은 하나님이 그의 이름을 위하여 일하시며, 절대로 그 이름이 더럽히고 오염되도록 버려두지 아니하시리라는 사실에서 위로를 받아야 할 것이다. 우리들은 그 어떤 치욕을 받아도 좋으나, 하나님은 결코 주의 영광의 보좌를 욕되게 하지 아니하실 것이다.

II. 그들의 복지를 위하여 그는 그들이 회심할 것을 진정으로 바라신다. 그리고 이를 위하여 그들이 나중의 처지를 진지하게 고려할 것을 바라신다(29절). 관찰하라.

1. 하나님이 그들을 어리석은 백성이요 분별력이 없는 자들로 선언하신 바 있으나, 그는 여전히 그들이 지혜롭기를 바라신다. 그들이 항상 이같은 마음을 품어 … 복 받기를 원하노라(신 5:29). 무지한 자들아 너희가 언제나 지혜로울까(시 94:8). 하나님은 죄인들이 스스로 망하는 것을 보기를 즐겨하지 않으시며 그들이 스스로를 돕기를 바라신다. 그리고 그들이 그리하고자 하면 그는 그들을 도울 준비를 갖추시는 것이다.

2. 나중의 처지나 혹은 내세의 상태를 진지하게 생각하는 것은 큰 지혜요 또한 죄인들이 하나님께로 돌아오는 데에 크게 기여할 것이다. 여기서는 특별히 하나님께서 모세를 통하여 훗날의 이 백성들의 처지에 관하여 미리 말씀하셨던 내용을 뜻한다. 그러나 이를 좀 더 일반적으로 적용시킬 수도 있을 것이다. 우리는 (1) 인생의 최후와 영혼의 내세 상태를 깨닫고 생각하여야 한다. 죽

음을 우리가 감각의 세상으로부터 영들의 세상으로 옮겨가는 것으로, 시험의 상태의 최종 단계로 생각하며, 또한 보응과 보상의 불변하는 상태로 들어가는 관문으로 생각하여야 한다. (2) 나중에 올 죄의 결과와, 죄 가운데서 살고 죽는 자들의 내세의 상태를 깨닫고 생각하여야 한다. 오, 저 사람들이 잃어버릴 행복을 생각하고, 스스로 자초할 비참한 처지를 생각하면 좋으련만. 너희가 여전히 불법 중에 행하니, 마지막에는 너희가 어찌하려느냐?(렘 5:31). 예루살렘이 이 것을 잊었고 그리하여 놀랍도록 낮아졌다(애 1:9).

Ⅲ. 과거에 그가 그들을 위하여 행하신 그 큰 일들을 기억하시고 그것 때문에 그들을 던져버리지 않으시려 하신다. 30, 31절은 다음과 같은 의미인 듯하다. "모든 신들 위에 뛰어나신 하나님께서 그들과 싸우신 것 때문이 아니라면 가나안 사람 천 명이 어떻게 이스라엘 한 사람도 제대로 감당하지 못했겠는가!" 이는 사 63:10, 11과도 일치한다. 그는 여기서처럼 그들의 죄로 인하여 돌이켜 그들의 대적이 되사 친히 그들을 치셨더니, 그가 옛적의 때를 기억하여, 그들을 바다에서 이끄사 올라오게 하신 이가 어디 계시냐? 라고 말씀하셨다. 여기서도 마찬가지로 그 옛날처럼 그의 팔을 펴사 원수들의 분노를 막으시는 것이다(시 138:7). 이스라엘의 하나님 여호와께서 이스라엘의 원수들을 도수장에 끌려가는 양들처럼 가두셨으므로 그 원수들이 그들 자신의 반석인 우상 신들 ― 그 신들은 그들을 돕지 못하고 오히려 그들을 배반하였다 ― 에게서 팔려갔던 때가 있었다. 그 원수들은 그들의 신들이 이스라엘의 하나님과는 도저히 상대가 되지 못한다는 것을 스스로 인정하여야 했던 것이다. 이는 그들의 포도나무는 소돔의 포도나무라(32, 33절). 이는 이스라엘의 원수들을 뜻하는 것이 분명하다. 그들은 멸망을 위해 익었고 그들의 악의 분량이 가득 찼기 때문에 이스라엘의 칼 앞에서 그렇게 쉽게 무너진 것이다. 그러나 이 절들은 하나님께서 이스라엘의 원수들을 그의 진노의 막대기로 사용하셨기 때문에(사 10:5, 6) 그들이 이스라엘을 대적하여 이상하게 승리를 거둔 것을 뜻하는 것으로 이해할 수도 있다. "이스라엘의 반석이 이스라엘을 버리고 포기하지 않으셨다면, 어떻게 가나안 사람 하나가 이스라엘 사람 천 명을 뒤쫓는단 말인가"(애굽의 도움을 신뢰하는 자들을 향하여, 한 사람이 꾸짖은즉 천 사람이 도망하리라고 경고했듯이. 사 30:17). 그렇지 않았다면, 블레셋 사람들이 자기들의 승리를 다곤의 덕분으로 돌린 것처럼, 그들이 아무리 그들의 힘을 자기들의 신들의 덕분으로 여긴다 해

도(합 1:11) 원수들의 반석은 결코 이스라엘의 반석을 상대로 승리를 거둘 수가 없었을 것이다. 하나님이 곧바로 그들의 원수들을 진압하셨을 것이다(시 81:14). 그러나 이스라엘의 사악함이 그들을 그 원수들의 손에 넘긴 것이다. 그들의 포도나무는, 즉 이스라엘의 포도나무는 소돔의 포도나무였기 때문이다(32, 33절). 그들은 순전한 씨로 좋은 포도나무로 심겨졌으나 죄로 말미암아 이방 포도나무의 악한 가지가 되어 버렸고(렘 2:21), 소돔의 죄악을 본받을 뿐 아니라 그보다 더 악하여진 것이다(겔 16:48). 하나님은 그들을 그의 포도원으로 그의 기뻐하시는 나무로 부르셨다(사 5:7). 그러나 그들의 열매는,

1. 하나님께 매우 역겹고 불쾌하였고, 쓸개처럼 쓴 것이었다.
2. 매우 악종이었고, 하나하나마다 해롭고 독사의 맹독과도 같았다. 어떤 이들은 이것을 그들에 대한 형벌로 이해한다. 그들의 죄가 나중에 참혹해질 것이요(삼하 2:26), 뱃속에서 독사의 쓸개처럼 될 것이었다(욥 20:14; 잠 23:32).

IV. 그들을 박해하고 압제했던 자들을 결국 멸망시키기로 작정하신다. 진노의 술잔이 두루 돌려질 때에 마지막에 바벨론 왕이 반드시 그 잔을 마실 것임을 말씀한다(렘 25:26, 또한 사 51:22, 23을 보라). 하나님의 집에서 시작된 심판이 죄인과 불경한 자들에게서 마쳐질 날이 오고 있다(벧전 4:17, 18). 때가 되면 하나님께서 교회의 원수들을 무너뜨리실 것이다.

1. 그들의 사악함을 지켜보시고 그것을 불쾌히 여기신다(34, 35절). "이스라엘을 향한 그들의 이 깊고 깊은 분노가 내게 쌓여 있어 후에 정리할 때가 오리니, 그 때에 내가 보복하리라." 어떤 이들은 이를 이스라엘의 죄로, 특히 선지자들을 박해한 죄로 이해한다. 의인 아벨의 피로부터 그들에 대해 그것이 쌓여 있었다는 것이다(마 23:35). 어떻든지 간에 이것은 악인의 사악함이 모두 하나님께 쌓인다는 것을 가르쳐 준다. (1) 하나님은 그것을 보신다(시 90:8). 그는 포도나무가 어떠하며 포도열매가 어떠한지를 아시며, 마음의 기질이 어떤지 삶의 행동이 어떤지를 다 아시는 것이다. (2) 하나님은 그 자신의 전지하심과 죄인의 양심에 그것을 기록해 두고 계신다. 그리고 이것이 그의 곳간에 봉하여 있다. 곧, 안전하고 은밀하게 보관되어 있다는 것이다. 이 책들은 잃어버릴 수가 없고 그 큰 날이 이르기까지는 펼쳐 보이는 일도 없을 것이다. 호 13:12을 보라. (3) 그가 죄에 대한 형벌을 한동안 연기시키시는 경우가 많다. 분량이 차기까지, 또한 하나님의 인내의 기간이 다하기까지 그것이 곳간에 쌓여 있는 것이

다. 욥 21:28-30을 보라. (4) 장차 정산의 날이 올 것이다. 그 날에는 모든 죄책과 진노의 곳간의 문이 열리고 죄인들의 죄가 적나라하게 드러날 것이다. [1] 그 일 자체가 반드시 이루어질 것이다. 여호와는 보응하시는 하나님이시며 따라서 그가 갚으실 것이다(사 59:18). 사도는 이 본문을 인용하여 그리스도의 믿음에서 배역한 자들을 향한 하나님의 극심한 진노를 보여준다(히 10:30). [2] 그 일이 정해진 때에, 최적기에, 이루어질 것이다. 아니, 짧은 시간 내에 이루어질 것이다. 그들의 환난 날이 가까우니. 지체하는 것 같아 보여도, 연기되거나 더디지 않고 반드시 속히 올 것이다. 바벨론에 대한 심판이 한 시간에 이를 것이다(계 18:17).

2. 그의 백성들을 불쌍히 여기사 그 일을 행하실 것이다. 그 백성들이 비록 여호와의 진노를 일으켰으나 여전히 그와의 관계 속에 있으니, 그들의 비참한 처지가 그의 긍휼하심에 호소한 것이다. 여호와께서 자기 백성을 판단하시고(36절). 즉, 그들을 위하여 그 원수들을 판단하시고, 그들의 대의를 돌아보시고, 그들이 오랜 동안 당하면서 신음해온 그 압제의 멍에를 깨뜨리사 그 종들을 불쌍히 여기시는 것이다. 하나님이 그의 생각을 바꾸시는 것이 아니라 그의 방법을 바꾸시는 것이요, 전에 그들을 대적하여 싸우셨던 것처럼 이제 그들의 무력함을 보시는 때에 그들을 위하여 싸우시는 것이다. 그는 전에 이스라엘의 죄로 인하여 그들을 원수들의 손에 파셨었는데, 이 말씀은 이제 사사들을 통해서 그들을 그 원수들의 손에서 이끌어 내실 것을 지칭하는 것이다(삿 2:11-18을 보라). 그들이 최악의 상태 속에 있었으니, 여호와께서 이스라엘의 곤고로 말미암아 마음에 근심하신 것이다(삿 10:16). 그들이 속수무책으로 있을 때에 하나님이 그들을 도우셨는데, 이는 갇힌 자나 놓인 자가 없었기 때문이다. 즉, 안에 숨어 있을 수 있는 성이나 벽으로 둘러싸인 성읍에 거하는 자도 없고, 사방에 흩어져 있어서 이웃들에게서 멀리 떨어져 있는 집들에 거하는 자도 하나도 없었기 때문이라는 것이다. 주목하라. 하나님께서 나타나셔서 그의 백성을 구원하시는 때는 그들이 최악의 상황에 있을 때다. 하나님은 상황을 최악의 상태에까지 몰아가셔서 그 백성의 믿음을 시험하시고 기도를 불러일으키시며, 그 때에 그 자신의 권능의 위엄을 높이시고, 마치 불붙는 가운데서 빼낸 나무 조각처럼 그 극한 상황에서 그들을 구원하사 그 원수들의 얼굴을 수치로 가득 채우시고, 또한 그의 백성의 마음을 극한 기쁨으로 가득 채우시는 것이다.

3. 우상 신들에 대한 경멸로 그 일을 행하사 그 신들에게 치욕을 주실 것이다(37, 38절). 그들의 신들이 어디 있느냐? 이를 다음의 두 가지 중 한 가지 뜻으로 이해할 수 있을 것이다. (1) 그의 백성들이 섬겼던 우상들이 그들에게 해주지 못한 것을 하나님이 그들을 위해 행하실 것이라는 것. 그들이 하나님을 저버렸고 우상들에게 아주 풍성하게 제사를 드렸었고 그 제단들에 제물의 기름과 전제의 제물인 포도주를 가져다 놓았고, 그들은 그것들로 그 우상 신들을 먹인다고 생각했고 그것으로 잔치들을 벌였다. 그런데 하나님은 이렇게 말씀하신다. "너희가 그렇게 큰 비용을 치르며 가까이했던 이 신들이 과연 곤경에 빠진 너희들을 도와서 그들을 섬기느라 쓴 모든 것들을 보상해 주겠느냐?" 가서 너희가 택한 신들에게 부르짖어 너희의 환난 때에 그들이 너희를 구원하게 하라(삿 10:14). 이는 그들을 도우실 수 있는 하나님을 저버리고 전혀 도울 수 없는 우상 신들을 택한 그들의 어리석음을 납득시키고, 그리하여 그들을 회개하게 하여 구원받을 수 있도록 하기 위하여 하신 말씀이다. 음녀가 그 사랑하는 자를 따라갈지라도 미치지 못하며, 그 우상들에게 구하나 아무런 도움도 얻지 못하면, 그제야 그가 이르기를 내가 본 남편에게로 돌아가리니 그 때의 내 형편이 지금보다 나았음이라 할 것이다(호 2:7; 또한 사 16:12; 렘 2:27, 28을 보라). 아니면, (2) 그들이 섬겼던 우상들이 원수들에게서 그들을 구원해주지 못했으나, 하나님이 그의 원수들을 치사 그들을 구원하실 것이라는 것. 산헤립과 느부갓네살은 대담하게 이스라엘의 하나님에게 그를 섬기는 자들을 구원하라고 도전하였고(사 37:10; 단 3:15), 이에 그가 그들을 구원하시고 그들의 원수들을 혼란에 빠뜨리셨던 것이다. 그러나 이스라엘의 하나님이 벨과 느보에게 그를 섬기는 자들을 위해 일어나 그들을 구원하고 도우며 그들을 보호하라고 도전하셨으나(사 47:12, 13), 그 신들이 그들을 돕기는커녕 오히려 그들의 주상들까지 모두 사로잡혀가고 말았다(사 46:1, 2). 주목하라. 하나님 이외에 다른 것을 반석으로 여겨 믿고 의지하는 자들은 그들이 괴로움을 당할 때에 그것이 모래임을 알게 될 것이다. 그들이 가장 필요로 할 때에 그것이 그들에게 실망을 주게 될 것이다.

[39]이제는 나 곧 내가 그인 줄 알라 나 외에는 신이 없도다 나는 죽이기도 하며 살리기도 하며 상하게도 하며 낫게도 하나니 내 손에서 능히 빼앗을 자가 없도다 [40]이는 내가 하늘을 향하여 내 손을 들고 말하기를 내가 영원히 살리라 하였노라 [41]내가 내

번쩍이는 칼을 갈며 내 손이 정의를 붙들고 내 대적들에게 복수하며 나를 미워하는 자들에게 보응할 것이라 ⁴²내 화살이 피에 취하게 하고 내 칼이 그 고기를 삼키게 하리니 곧 피살자와 포로된 자의 피요 대적의 우두머리의 머리로다 ⁴³너희 민족들아 주의 백성과 즐거워하라 주께서 그 종들의 피를 갚으사 그 대적들에게 복수하시고 자기 땅과 자기 백성을 위하여 속죄하시리로다

이는 이 노래의 결론부로서 세 가지를 말씀한다.

I. 하나님께 영광(39절). "이제 모든 문제가 제시되었으니 나 곧 내가 그 인 줄 알라. 우상 숭배자들의 멸망에서, 또한 우상들이 그들을 돕지 못하는 사실에서 이것을 배우라." 위대하신 하나님은 여기서 영광 돌릴 것을 요구하신다.

1. 그의 자존하심에 대해서. 나 곧 내가 그로다. 이렇게 해서 모세는 그가 맨 처음 그를 안 그 하나님의 이름으로 결론을 짓는다. "나는 스스로 있는 자이니라 (출 3:14). 나는 지금까지 존재해온 그이며, 나는 앞으로 존재할 그이며, 내가 되리라고 약속한 그이며, 내가 되리라고 경고한 그이니, 모든 사람이 내가 내 말에 신실함을 알게 되리라." 우질리데스의 탈굼(the Targum of Uzzielides)은 이를 다음과 같이 풀어서 설명한다: 여호와의 말씀이 그 자신을 드러내사 그의 백성을 구속하려 하실 때에 그는 모든 백성에게 말씀하기를, 내가 스스로 있으며, 스스로 있었고, 스스로 있을 자 임을 알라고 하시리라. 주께서는 요한에게, 나는 알파와 오메가라 이제도 있고 전에도 있었고 장차 올 자라(계 1:8)고 말씀하셨는데, 우리는 여기의 이 말씀을 그 주님께 어떻게 적용할지를 잘 알고 있다. 나 곧 내가 그로다 라는 말씀은 하나님께서 이스라엘에게 바벨론 포로에서 구원받을 소망을 갖도록 그들을 격려하시는 이사야서의 말씀들에서 자주 접할 수 있다(사 41:4; 43:11, 13, 25; 46:4).

2. 그의 지극히 높으심에 대해서. "나 외에는 신이 없도다. 내게는 도울 자도, 나를 감당할 자도 없도다." 사 43:10, 11을 보라.

3. 그의 절대적인 주권과 우주적인 역사하심에 대해서. 나는 죽이기도 하며 살리기도 하며. 즉, 모든 궂은 일과 모든 선한 일이 그의 섭리의 손길에서 비롯된다는 뜻이다. 그는 생명의 빛도 사망의 어둠도 조성하신다(사 45:7; 애 3:37, 38). 혹은, 그는 그의 원수들을 죽이고 해하시나 그의 백성은 고치시고 살리시며, 그를 거역하고 반역하는 자들을 그의 심판들로 죽이고 해치시나, 그들이

돌아와 회개할 때에 그들을 고치시며 그의 긍휼과 은혜로 그들을 살리신다. 혹은, 이는 그의 모든 만물들과 또한 그들에게 주신 것들을 처리하사 자신의 뜻을 이루시는 그의 명백한 권위를 나타낸다. 그는 그의 판단에 따라 그가 죽이고자 하시는 자들을 죽이시고, 그가 살리고자 하시는 자들을 살리실 것이다. 혹은 그리하여, 그가 죽이실지라도 다시 살리신다. 그가 비록 근심하게 하시나 그의 풍부한 인자하심에 따라 긍휼히 여기실 것임이라(애 3:32). 그가 우리를 찢으셨으나 도로 낫게 하실 것이라(호 6:1, 2). 예루살렘 탈굼은 이를 다음과 같이 읽는다: 이 세상에 살아 있는 자들을 내가 죽이며, 죽어 있는 자들을 저 세상에서 살리느니라. 그리고 유대인 학자들 중 어떤 이들은 이 말씀이 죽음과 그 이후의 삶, 즉 영원한 삶을 암시한다고 보기도 한다.

4. 저항할 수 없는 그의 능력에 대해서. 그의 능력은 통제할 수가 없다. 내가 멸망을 위해 찍어놓은 자들을 내 손에서 능히 빼앗을 자가 없도다. 하나님의 정의의 선고에 예외가 있을 수 없는 것처럼 그의 능력의 시행을 피할 자도 없는 것이다.

II. 그의 원수들에게 공포(40-42절). 다른 신들을 섬기는 모든 자들이 그렇듯 그를 미워하는 자들에게도, 하나님의 율법에 사악하게 불순종하기를 고집하는 자들과, 그의 신실한 종들에게 악을 행하고 그들을 박해하는 자들에게도 과연 공포다. 이들은 하나님이 반드시 보응하시는 자들이요, 그를 모셔 자기를 다스리게 하지 않는 그의 원수들이다. 그런 자들을 경계하여 적시에 회개하고 다시 여호와를 섬기는 데에로 돌아오게 하기 위하여, 하나님의 진노가 하늘로부터 그들을 향하여 나타나는 것이다.

1. 하나님의 선고가 맹세로 확증된다. 내가 하늘을 향하여 내 손을 들고(40절). 하늘은 그의 거룩하심의 처소다. 이런 행동은 고대에 맹세하는 데에 사용된 매우 의미 깊은 표시였다(창 14:22). 그리고 그는 자기보다 더 큰 자로 맹세할 수 없으므로, 그는 자기 자신과 또한 자기 자신의 삶을 두고 맹세하시는 것이다. 하나님이 그들을 대적하여 맹세의 말씀을 하였다면 그들은 도무지 돌이킬 수 없는 비참한 처지인 것이다. 여호와께서 맹세하셨고 그것을 철회하지 않으시니, 죄인들이 계속 그 상태로 나아가면 멸망할 수밖에 없는 것이다.

2. 그 선고의 시행을 위하여 준비가 이루어진다. 내가 내 번쩍이는 칼을 갈며. 시 7:12을 보라. 그것은 하늘에서 족하게 마신 칼이다(사 34:5). 칼을 가는 동안

죄인이 회개하고 평화를 이룰 여유가 주어지는 것인데, 그가 이를 무시하면 그 상처가 더 깊어질 것이다. 그리고 칼을 가는 동안 그것을 가는 손이 심판을 붙잡고 유보시키는 중에 있는 것이다.

3. 그 선고의 시행 그 자체가 지극히 처절할 것이다. 내 화살이 피에 취하게 하고 내 칼이 그 고기를 삼키게 하리니. 그렇게 무수한 자들이 피를 흘리고, 전쟁에서 죽임 당한 자들과 포로들의 피가 가득할 것이다. 그들이 용서받지 못하고 군사적인 사형에 처해질 것이다. 그가 복수를 시작하시면 반드시 끝장을 보실 것이다. 여기서도 그의 역사하심은 완전하니 말이다. 비평가들은 여기 마지막 부분을 혼란스러워 한다. 대적의 우두머리의 머리로다(대적에 대한 복수의 시작으로부터:KJV). 위대한 스승인 박식한 패트릭 주교는 이를 원수들의 왕으로부터 종에 이르기까지로다의 뜻으로 읽을 수 있다고 본다(렘 50:35-37). 하나님의 진노의 칼이 임하면 반드시 피비린내 나는 일을 행할 것이요, 말굴레에까지 피가 미칠 것이다(계 14:20).

III. 하나님의 백성들에게 위로. 너희 민족들아 주의 백성과 즐거워하라(43절). 모세는 이 노래를 기쁨의 말로 끝을 맺는다. 하나님의 이스라엘에는 남은 자가 있으며 그들의 끝은 평화일 것이기 때문이다. 결국에는 하나님의 백성이 즐거워할 것이요, 영원토록 즐거워할 것이다. 여기서 즐거워할 이유가 세 가지로 언급된다.

1. 교회의 경계들이 확대됨. 사도는 이 절의 첫 말들을 이방인들의 회심에 적용시킨다. 열방들아 주의 백성과 함께 즐거워하라(롬 15:10). 하나님의 은혜가 영혼들의 회심에서 하는 일을 보라. 그들을 하나님의 백성과 함께 즐거워하게 하는 것이다. 참된 신앙은 우리로 하여금 참된 즐거움을 알게 하기 때문이다. 그러므로 신앙이 사람을 우울하게 만드는 경향이 있다고 생각하는 자들은 크게 잘못 생각하는 것이다.

2. 교회의 대적들에게 교회가 보응함. 그가 그 종들의 피를 갚으실 것이요, 그리하여 그것이 그에게 얼마나 귀중한 것인지가 드러날 것이다. 그 피를 흘리게 한 자들은 그 피를 마시게 될 것이니 말이다.

3. 하나님의 긍휼하심이 그의 교회와 또한 그 교회에 속한 모든 자들을 위하여 예비되어 있음. 그가 자기 땅과 자기 백성에게 긍휼을 베푸시리라. 즉, 어디서든지 그를 두려워하고 그를 섬기는 자들에게 그렇게 하시리라는 뜻이다.

죄인들에게 어떠한 심판이 임하든 간에 하나님의 백성들에게는 잘 될 것이다. 이 일에서 유대인들과 이방인들이 함께 즐거워할 것이다.

⁴⁴모세와 눈의 아들 호세아가 와서 이 노래의 모든 말씀을 백성에게 말하여 들리니라 ⁴⁵모세가 이 모든 말씀을 온 이스라엘에게 말하기를 마치고 ⁴⁶그들에게 이르되 내가 오늘 너희에게 증언한 모든 말을 너희의 마음에 두고 너희의 자녀에게 명령하여 이 율법의 모든 말씀을 지켜 행하게 하라 ⁴⁷이는 너희에게 헛된 일이 아니라 너희의 생명이니 이 일로 말미암아 너희가 요단을 건너가 차지할 그 땅에서 너희의 날이 장구하리라 ⁴⁸바로 그 날에 여호와께서 모세에게 말씀하여 이르시되 ⁴⁹너는 여리고 맞은편 모압 땅에 있는 아바림 산에 올라가 느보 산에 이르러 내가 이스라엘 자손에게 기업으로 주는 가나안 땅을 바라보라 ⁵⁰네 형 아론이 호르 산에서 죽어 그의 조상에게로 돌아간 것 같이 너도 올라가는 이 산에서 죽어 네 조상에게로 돌아가리니 ⁵¹이는 너희가 신 광야 가데스의 므리바 물 가에서 이스라엘 자손 중 내게 범죄하여 내 거룩함을 이스라엘 자손 중에서 나타내지 아니한 까닭이라 ⁵²네가 비록 내가 이스라엘 자손에게 주는 땅을 맞은편에서 바라보기는 하려니와 그리로 들어가지는 못하리라 하시니라

　　　본문의 주요 내용은 다음과 같다.
　I. 이스라엘 자손들에게 이 노래를 엄숙히 전달함(44, 45절).　모세는 그의 음성을 들을 수 있을 만큼 최대한 많은 이들에게 이를 전하였고, 여호수아는 동시에 또 다른 모임을 갖고, 그의 음성을 들을 수 있을 만큼 최대한의 사람들에게 이를 전달하였다. 그리하여 이스라엘의 통치를 세운 모세와 그것을 계승할 여호수아, 이 두 사람의 통치자들의 입으로 이 노래가 전달됨으로써, 그들은 두 지도자가 동일한 마음이요 따라서 그들의 지도자가 바뀌어도 하나님의 명령은 전혀 변함이 없을 것임을 보게 될 것이었다. 그들이 하나님을 버리는 일이 생기면 모세는 물론 여호수아도 그들을 쳐서 증언할 것이었다.
　II. 모세가 그들에게 전한 이 노래와 나머지 그의 모든 선한 말들을 마음에 깊이 새기라는 진정한 권고　그는 얼마나 그들 모두를 진정으로 위했던가! 하나님의 말씀이 그들에게 깊고도 영구한 감동을 주기를 그가 얼마나 바랐던가! 그들이 어느 때라도 이 큰 일들에서 미끄러져 나가지 않을까 하여 그가 얼마나

경건한 열정으로 노심초사했던가!

1. 그가 그들에게 권고한 의무들은, (1) 스스로 이것들을 조심스럽게 따르라는 것이다: "율법과 또한 약속과 경고들을, 축복과 저주들을, 그리고 마지막으로 이 노래를 마음으로 새기라. 이것들을 깊이 고려하는 일에 면밀히 생각을 쏟으라. 그것들로 감동을 받으라. 너희의 의무를 돌아보고 온 마음의 목적을 다 거기에 두고 그것을 붙잡으라." (2) 이것들을 후에 오는 세대들에게 신실하게 전하라는 것이다: "너희의 자녀들에게 어떠한 관심이 있거나 그들에게 어떤 영향력이 있든지 간에 그것을 이 목적을 위해 쓰라. 그리고 그들에게 **명령하여** (너희 조상 아브라함이 그랬듯이, 창 18:19) 이 율법의 모든 말씀을 지켜 행하게 하라." 선한 자들은 스스로 그 자녀들도 그와 같기를 바라며, 또한 후손이 그들의 시대에 신앙을 지키고 그 신앙의 결과로 오는 복에서 끊어지지 않기를 바라지 않을 수가 없는 법이다.

2. 신앙을 그들의 주 관심사로 삼고 신앙 가운데서 인내할 것을 그들에게 납득시키고자 그가 사용하는 논증들은, (1) 그가 그들에게 권고했던 그 일들 자체가 너무나도 중요하다는 것이다(47절): "이는 **너희에게 헛된 일이 아니라 너희의 생명이니.** 이는 그저 무관심해도 괜찮은 것이 아니라 절대적으로 필수적인 것이다. 이는 하찮은 것이 아니라 결과를 결정짓는 문제요 생사가 달린 문제다. 이것을 무시해버리면 너희는 영원토록 망한 것이다." 신앙이 그들의 생명이요 영혼의 생명이라는 것을 사람들이 충실히 납득한다면 얼마나 좋으랴! (2) 이것이 그들에게 굉장한 유익을 가져다준다는 것이다: **가나안 땅에서 너희의 날이 장구하리라.** 이는 하나님의 명령들을 지키는 자들이 들어가게 될 것이라고 그리스도께서 확신을 주신 그 영생에 대한 약속의 모형이 되는 것이다(마 19:17).

III. 모세의 죽음에 관하여 그에게 주신 명령들. 이 하나님의 위대한 증인은 그의 증언을 마치고 났으니, 이제 그는 느보 산에 올라가 죽게 되어 있었다. 그리스도의 두 증인들에 관한 예언에는 모세와 엘리야를 빗대어 말씀하는 부분이 분명히 있으며(계 11:6), 그들의 순교를 통한 소천(召天)이 모세나 엘리야의 소천에 못지않게 영광스럽다 할 것이다. 바로 그 동일한 날에 모세에게 명령들이 주어졌다(48절). 이제 자신의 사명을 다 행하였으니, 하루라도 더 살기를 바랄 이유가 어디 있었겠는가? 전에는 그가 요단을 건너가기를 위하여 간절히 기도했었으나, 이제는 완전히 만족하고 있고, 하나님께서 전에 그에게 당부하신 대로 그 문제에 대해 더 이상 아무 말도 하지 않았다.

1. 하나님은 여기서 그가 지었던 죄를 상기시키신다. 그는 그 죄로 인하여 가나안에서 제외되었는데(51절), 이는 그가 자신이 죄를 범한 것 때문에 받는 책망을 더욱 인내로 견디며, 또한 그가 자신의 분별없는 말에 대한 안타까운 후회를 새롭게 하게 하기 위함이었다 할 것이다. 아무리 선한 사람이라 할지라도 그 스스로 의식하고 있는 연약한 점들을 회개하며 죽는 것이 그들에게 좋기 때문이다. 하나님을 그만큼 불쾌하시게 했던 것은 부작위(不作爲)의 죄였다. 곧, 그가 마땅히 이스라엘 자손 중에서 하나님의 거룩함을 나타냈어야 했는데 그렇게 하지 않았고, 자신이 그 당시 받은 명령들을 시행하면서 마땅히 행하였어야 할 예의를 스스로 행하지 않았다는 것이었다.

2. 하나님은 그의 형 아론의 죽음을 상기시키사(50절) 그 자신의 죽음을 좀 더 친숙하게, 그리고 덜 힘들게 맞도록 하신다. 주목하라. 우리가 죽을 때에 우리보다 먼저 어둠의 골짜기를 통과한 우리의 친구들을 생각하는 것이, 특히 우리의 맏형이시며 큰 대제사장이신 그리스도의 죽으심을 생각하는 것이 우리에게 큰 격려가 된다.

3. 그의 죄를 기억함으로 죽음이 끔찍해질 것이었으나, 하나님께서는 그로 하여금 가나안을 바라보게 하셔서 그 두려움을 떨어내게 하셨다. 그것은 하나님께서 그와 화목한 상태에 계신다는 하나의 증표였으며, 또한 비록 그가 자신의 죄 때문에 이 땅의 가나안에는 들어가지 못하나, 이 세상에서는 보기만 하고 그것도 믿음의 눈으로만 볼 수 있는 그 더 나은 본향에서는 자신이 제외되지 않는다는 하나의 분명한 암시였기 때문이다. 주목하라. 믿음의 안목과 또한 죽음 이후의 영생에 대한 근거 있는 소망을 갖고 있는 자들은 (자신들이 지은 온갖 죄들이 기억난다 해도) 하나님께서 언제 부르시더라도 편안히 위로와 함께 죽을 수 있는 것이다.

$$— \text{제} \atop 33 \atop \text{장} —$$

개요

그러나 모세는 이스라엘 자손과의 용무가 다 끝난 것이 아니었다. 그는 앞 장 마지막 부분에서 마지막으로 그들을 떠난 것처럼 보였다. 그러나 아직도 그는 좀 더 할 말이 남아 있었다. 그는 이미 아주 풍성하고도 감동적인 고별 설교를 행한 바 있다. 그리고 설교 후에 긴 노래를 전하기도 했다. 그러니 이제는 축복으로 그들과 작별하는 일만 남아 있다. 그는 본 장에서 여호와의 이름으로 그 축복을 선포하고 그렇게 그들을 떠나는 것이다. I. 그는 하나님께서 이미 그들을 위하여 행하신 일로, 특히 그의 율법을 주신 일로, 그들 모두에게 축복을 선언한다(2-5절). II. 그는 각 지파 별로 축복을 선언하는데, 이는 그들의 복락을 위한 기도인 동시에 예언이기도 하다. 1. 르우벤 지파(6절). 2. 유다 지파(7절). 3. 레위 지파(8-11절). 4. 베냐민 지파(12절). 5 요셉 지파(13-17절). 6. 스불론 지파와 잇사갈 지파(18, 19절). 7. 갓 지파(20, 21절). 8. 단 지파(22절). 9. 납달리 지파(23절). 10. 아셀 지파(24, 25절). III. 그는 그들이 순종할 경우 하나님이 그들을 위해 행하실 일들에 근거하여 그들 모두에게 전반적으로 축복을 선언한다(26-29절).

¹하나님의 사람 모세가 죽기 전에 이스라엘 자손을 위하여 축복함이 이러하니라 ²그가 일렀으되 여호와께서 시내 산에서 오시고 세일 산에서 일어나시고 바란 산에서 비추시고 일만 성도 가운데에 강림하셨고 그의 오른손에는 그들을 위해 번쩍이는 불이 있도다 ³여호와께서 백성을 사랑하시나니 모든 성도가 그의 수중에 있으며 주의 발 아래에 앉아서 주의 말씀을 받는도다 ⁴모세가 우리에게 율법을 명령하였으니 곧 야곱의 총회의 기업이로다 ⁵여수룬에 왕이 있었으니 곧 백성의 수령이 모이고 이스라엘 모든 지파가 함께 한 때에로다

첫 절은 본 장의 표제다. 이 장은 축복이다. 앞 장에서 그는 이스라엘의 죄에 대하여 그들을 향하여 여호와의 공포거리들을 엄중 경고한 바 있었다.

그 장은 마치 에스겔의 두루마리처럼 애가(哀歌)와 곡(哭)과 화(禍)로 가득 찼었다. 이제 그것을 부드럽게 하고, 또한 분노 중에 백성들과 작별하지 않도록 하기 위해, 여기서 축복을 선언하며 평화를 남긴다. 곧, 위로부터 내려서 평화의 아들들인 자들 중에 드리워질 그러한 평화를 남기는 것이다. 이처럼 이 땅에서의 그리스도의 마지막 일은 여기 모세의 경우처럼 친구로서 작별을 고한다는 증표로 그의 제자들을 축복하는 일이었다(눅 24:50). 모세는,

1. 선지자로서, 하나님의 사람으로서, 그들을 축복하였다. 주목하라. 하늘에 속한 자들이 기도 중에 우리에 대해 관심을 가져준다는 것은 매우 바람직한 일이다. 그것은 선지자의 상급이다. 이 축복에서 모세는 이 백성을 위한 자신의 선한 소원들을 표현하는 것만이 아니라, 예언의 영으로 말미암아 그들에 관하여 장차 일어날 일을 미리 말씀하는 것이다.

2. 이스라엘의 부모로서 그들을 축복하였다. 선한 군주들은 그 신민들을 위해 그렇게 하는 법이니 말이다. 야곱은 죽을 때에 그의 아들들을 축복하였다(창 49:1). 모세는 그의 모범을 좇아 여기서 야곱의 아들들에게서 내려온 지파들을 축복하며, 이로써 비록 그들이 여호와의 진노를 일으켰으나 축복의 범주에서 아직 끊어지지 않았다는 것을 보여준다. 그가 죽기 직전에 이 축복을 행함으로써 그들에게 더욱 강렬한 인상을 남기게 됨은 물론, 모세가 그들을 향하여 크게 선한 뜻을 가졌다는 암시가 되기도 했을 것이다. 곧, 비록 그는 죽어서 그들과 함께 복을 나누지는 못할지라도, 그들의 행복을 간절히 바란 것이다.

그는 축복을 시작하면서, 하나님께서 율법을 주실 때에 그들에게 영광스럽게 나타나셨던 일과 또한 그들이 그 일로써 얻은 크나큰 유익을 아주 고상하게 묘사한다.

I. 그 때에 하나님의 위엄이 눈으로 보였고 찬란하게 나타났다. 이는 무신론자들과 불신자들을 납득시켜 영원토록 침묵시키기에 족하며, 지극히 어리석고 부주의한 자들을 각성시키고 감동시키며 또한 다른 신들의 모든 은밀한 것들을 부끄럽게 하기에 족한 것이었다(2절).

1. 하나님의 나타나심이 영광스러웠다. 능력으로 나타나실 때에 그는 마치 태양처럼 보인다. 시내 산에 나타난 하나님의 영광에 멀리 있는 세일 산과 바란 산조차도 환하게 빛을 받아 그 광채를 반사하였으며, 그 모습이 얼마나 찬란했는지 인근 지역에서도 알아볼 정도였다. 선지자는 이 사실을 빗대어 하나

님의 섭리의 놀라운 역사를 제시한다(합 3:3, 4; 시 18:7-9). 예루살렘 탈굼은 이에 대해 다음과 같이 이색적인 설명을 붙여놓고 있다: "하나님께서 율법을 주시려고 강림하셨을 때에 세일 산에서 에돔 사람들에게 율법을 제시하셨으나 그들이 거부하였다. 그들이 그 율법 속에서 살인하지 말지니라 라는 말씀을 발견했기 때문이다. 그 다음 그는 바란 산에서 이스마엘 자손들에게 율법을 제시하셨으나 그들 역시 거부하였다. 그들은 율법 속에서 도둑질하지 말지니라 라는 말씀을 발견했기 때문이었다. 그리고 그 다음 그는 시내 산에서 이스라엘에게 율법을 제시하셨는데, 그들은 여호와께서 하실 모든 말씀을 우리가 행하리이다 라고 하였다." 이것이 오래 전의 것이 아니었다면 나는 이처럼 근거 없는 기발한 설명을 인용하여 제시하지 않았을 것이다.

2. 하나님을 수종하는 자들이 찬란하였다. 그가 마지막 날에 세상을 심판하실 때에 관하여 에녹이 오래 전에 예언한 것처럼 그는 무수한 거룩한 자들과 함께 임하셨다(유 14). 이들은 천사들이요, 성소에서 여호와를 수행하는 하나님의 병거들이었다(시 68:17). 그들이 위엄 중에 계신 하나님을 수행하였고 그 날의 엄숙한 일들에서 하나님의 종들로 쓰임 받았다. 그러므로 율법을 가리켜 천사가 전한 율법이라 부르는 것이다(행 7:53; 히 2:2).

Ⅱ. 하나님은 그들에게 그의 율법을 주셨다. 그 율법은,

1. 불같은 율법(한글 개역개정판은 "번쩍이는 불"로 번역함 — 역주)이라 불리는데, 이는 그것이 불 가운데에서 주어졌고(신 4:33) 또한 불같이 역사하기 때문이다. 그것을 받아들이면, 그것이 부패의 찌꺼기들을 녹이고, 뜨겁게 데우고, 정결하게 하고, 태워버린다. 그리고 그것을 거부하면, 단단하게 하고, 그슬리고, 고통을 주고, 파괴시킨다. 성령은 불 같이 갈라지는 혀로 임하셨다. 복음 역시 불 같은 법이기 때문이다.

2. 그 율법은 그의 오른손에서 나온다고 하는데, 이는 그가 그것을 돌판에 기록하셨기 때문이거나, 아니면 율법의 권능과 에너지와 또한 그것과 함께 나아가는 하나님의 능력을 뜻할 것이다. 그런 능력이 함께 있으니 그것이 헛되이 돌아오는 일이 없는 것이다. 아니면, 그것이 그들에게 선물로 주어졌기 때문일 것이다. 율법은 과연 고귀한 선물이요 오른손의 축복이었다.

3. 그 율법은 하나님이 그들을 위해 가지신 특별한 자비하심의 증표였다. 여호와께서 백성을 사랑하시나니(32절). 그러므로, 그것이 불 같은 율법이었지만,

그럼에도 불구하고 그것이 그들을 위해, 즉 그들을 복 주기 위해 있다고 말씀하는 것이다(2절). 마음속에 기록된 하나님의 법은 거기서 밝히 비쳐지는 하나님의 사랑의 확실한 증거다. 우리는 하나님의 법을 그의 은혜의 선물 가운데 하나로 인정해야 한다. 그렇다. 그는 그 백성을 포용하셨다. 혹은 그의 품에 안으셨다. 그러므로 이 말씀은 지극히 애절한 사랑을 뜻하는 동시에 지극히 부드럽고 조심스러운 보호하심을 뜻하기도 하는 것이다. 모든 성도가 그의 수중에 있으며. 어떤 이들은 이 말씀을 특별히 두려움이 너무도 커서 모세 자신도 떨 때에 그들을 시내 산에서 지키시고 보존하시고 살려두신 일을 뜻하는 것으로 이해한다. 그 때에 그들은 하나님의 음성을 듣고도 살아남았다(4:33). 혹은, 그가 그의 율법으로 그들을 백성으로 만드신 것을 뜻한다. 토기장이가 진흙으로 하듯이 그가 빚으시고 모양을 만드신 것이다. 혹은 그들이 그의 손에서 보호하심을 받았고, 마치 그리스도의 손에 있는 일곱 별처럼(계 1:16). 그의 손에 쓰임을 받으셨다. 주목하라. 하나님은 그의 모든 성도들을 그의 손에 쥐고 계신다. 그러므로 일만 성도가 있어도(2절), 물을 재는 그의 손은 너무도 크고 강하여, 그 손으로 그들 모두를 너끈히 잡으시니, 우리는 아무도 그의 손에서 빼앗을 자가 없다는 것을 확신할 수 있을 것이다(요 10:28).

III. 하나님은 그가 주신 그 율법을 받을 수 있도록 그들을 배치시키셨다. 모든 성도가 … 주의 발 아래에 앉아서. 마치 학생들이 스승에 대한 존경의 표시로 그의 발 아래에 앉아 겸손히 복종하고 가르침을 받는 것처럼, 이스라엘도 시내 산 밑에 앉아서 하나님이 무슨 말씀을 하시든 다 듣고 행할 것을 약속하였다. 어떤 이들은 그들이 주의 발에 엎드러졌다는 뜻으로 읽는다. 즉, 시내 산의 크나큰 두려움으로 인하여 그들이 크게 낮아지고 겸비했다는 것이다(출 20:19). 그 때에 누구나 서서 하나님의 말씀을 기꺼이 받아들였고, 그 율법이 그들에게 공적으로 읽혀질 때에도 다시 그렇게 했다(수 8:34). 하나님의 말씀을 들은 다음 그 말씀을 다시 들을 기회를 갖는다는 것은 큰 특권이다. 내가 아버지의 이름을 그들에게 알게 하였고 또 알게 하리니(요 17:26). 그러므로 이스라엘은 율법을 받았을 뿐 아니라 그들의 기도와 기타 생생한 말씀들로써 그 율법을 다시 받아야 했던 것이다. 백성들은 하나님의 율법에 대한 감사로 언제나 그 율법 자체를 존귀하게 기억하며 동시에 그 율법을 전해 준 모세를 기억할 것을 가르침 받는다(4, 5절). 풀어쓴 갈대아 역본 중 두 개는, 이스라엘 자손이 말하기를, 모세가 우리에게 율법을 명령하였다는 뜻으로 읽는다. 또한 유대인들은 말하기를, 자녀가 말을 하기 시작하자마자 아버지는 그에게 다음의 말씀을 가르칠 의무가 있었다고 한다: 모세가 우리에게 율법을 명령하였으니 곧 야곱의 총회의 기업이로다.

1. 율법을 크게 기리고 높이며 그것을 야곱의 총회의 기업이라 부를 것을 가르침 받는다. 그들은 율법을 (1) 그들에게 고유한 것으로 바라보았다. 또한 그들은 그것 때문에 그들이 다른 민족들과 구별되는 것으로 바라보았다. 다른 민족들은 그것을 알지도 못하였고(시 147:20), 알았더라도 이스라엘처럼 그것을 준수할 의무를 지지 않았다. 그러므로 (패트릭 주교에 따르면) "유대인들은 어느 나라를 정복하든지, 강제로 모세의 율법을 포용하도록 하지 않았고, 다만 노아의 일곱 가지 강령만을 지키도록 하였다." (2) 그들에게 준수할 의무를 지우는 것으로 바라보았다. 그리하여 기업이 그 후손들에게 전해지도록 해야 했기 때문이다. 그리고, (3) 그들의 참된 보배요 부(富)로 바라보았다. 하나님의 말씀과 은혜의 수단들을 누리는 자들은, 우리에게 고귀한 기업이 있다고 말할 이유가 있다. 그리스도의 말씀이 풍성히 거하는 자야말로 진정 부자인 것이다. 율법을 여기서 기업이라 부르는 것은 그것이 그들의 기업과 더불어 그들에게 주어졌기 때문이었을 것이다. 이 사실이 너무도 확실하므로, 율법을 저버리면 그 기업 역시 몰수되는 것이었다. 시 119:111을 보라.

2. 모세에 대해서 큰 존경심을 갖고 말할 것을 가르침 받는다. 그가 자기 가문에서 자기의 이름을 높이 기리도록 하지 않았기 때문에 그들은 그의 이름을 높이 기릴 의무를 더 지게 되었다. 제사장들은 아론의 자손이라 불렸으나, 그의 후손들은 한 번도 모세의 자손이라 불린 적이 없었던 것이다. (1) 그들은 모세를 그 민족에게 큰 유익을 끼친 분으로 인정해야 했다. 그가 그들에게 율법을 명령하였다는 점에서 그랬다. 그것이 하나님의 손으로부터 왔으나, 모세의 손을 거쳐서 주어졌던 것이다. (2) 그는 여수룬의 왕이었다. 그들에게 율법을 명령한 다음, 그는 자신이 살아 있는 동안 그 백성이 그것을 준수하고 실행에 옮기는 것을 보도록 최선을 다하였다. 그러므로 언제나 그들을 다스리며 그들 앞에서 들어가고 나가는 그런 왕이 그들에게 있다는 사실은 그들에게 과연 복된 일이었다. 그러나 이를테면 백성의 수령이 의회로 모이고 모세가 그 의회를 주재할 때에는 특별한 의미에서 모세가 위대하게 보였다. 어떤 이들은 이것을 하

나님 자신을 지칭하는 것으로 이해한다. 하나님께서는 그 백성에게 율법을 주실 때에 자기 자신을 그들의 왕으로 선포하신 것이요, 그들이 여수룬, 즉 올바른 백성인 한, 그리고 그들이 그를 배척하기까지는(삼상 12:12) 그는 계속해서 그들의 왕이셨다는 것이다. 그러나 이를 오히려 모세를 뜻하는 것으로 이해해야 할 것으로 보인다. 선한 통치는 어느 백성에게나 큰 축복이며, 그들이 정말 감사해야 할 조건이다. 그리고 이스라엘과 우리나라가 그렇듯이 여수룬의 왕과 또한 각 지파들의 수령이 함께 모일 때에 그들 사이에 권력을 나누어 놓는 법은 정말 복되다 할 것이다.

[6]르우벤은 죽지 아니하고 살기를 원하며 그 사람 수가 적지 아니하기를 원하나이다 [7]유다에 대한 축복은 이러하니라 일렀으되 여호와여 유다의 음성을 들으시고 그의 백성에게로 인도하시오며 그의 손으로 자기를 위하여 싸우게 하시고 주께서 도우사 그가 그 대적을 치게 하시기를 원하나이다

　　　여기서 다음을 보라.
I. 르우벤 지파가 받은 축복. 르우벤은 그의 장자권의 존귀를 잃어버렸으나, 모세는 맨처음 그를 언급한다. 애초에 정당하게 치욕의 굴레를 쓰게 된 자라 할지라도 우리는 그들을 모욕해서도 안 되고, 그런 치욕의 증표들을 영구히 씌우기를 바라서도 안 된다(6절). 모세는 1. 이 지파의 보존을 바라고 또한 그것을 예언한다. 요단 강 저편의 변경 지역에 있는 지파였으나, "이들이 죽지 아니하고 살기를 원하며, 이웃에게 멸망하거나 그들 중에서 잃어버린 바 되지 않기를 바라나이다." 그리고 어쩌면 그는 그 지파 중에서 택한 자들, 곧 이미 자기들의 분깃을 받았으나 가족들을 남겨두고 기꺼이 무장하고 형제들 앞에서 건너가서 싸우고자 했던 자들(민 32:27)을 지칭할 것이다. "이 귀한 원정에서 그들이 보호받기를 원하며 싸움의 날에 그들의 머리가 가려지기를 바라나이다." 2. 이 지파가 수가 많아지기를 바라며 또한 그것을 예언한다. "그들의 존귀는 이미 상실되어 버렸으니 그들이 뛰어나지는 않을 것이나, 그들이 수가 많아지기를 원하나이다." 르우벤은 죽지 아니하고 살기를 원하며 그 사람 수가 적지 아니하기를 원하나이다. 패트릭 주교는 이를 다음과 같이 번역할 수도 있다고 본다: "그가 번성하기를 기대해서는 안 되지만(창 49:4), 그가 망하지 않기를 바라나

이다." 풀어쓴 모든 갈대아 역본들은 이를 내세의 사정을 뜻하는 것으로 읽는
다: 르우벤이 영생을 누리며 살며, 둘째 사망을 죽지 않기를 바라나이다. 온켈로스
역본도 마찬가지다: 르우벤이 이 세상에서 살고 장차 올 세상에서 악인의 죽음을 죽
지 않기를 바라나이다. 요나단과 예루살렘 탈굼도 마찬가지다.

II. 유다 지파가 받은 축복. 이것이 레위 지파의 축복에 앞서서 주어지는데,
이는 우리 주님이 유다 지파에서 나오셨기 때문이요, 또한 (라이트푸트 박사의
말처럼) 왕국의 위엄이 제사장의 위엄보다 높기 때문이다. 본문의 축복(7절)은
다음 두 가지 의미 중 한가지일 것이다.

1. 유다 지파 전체에 대한 축복. 모세는 그 지파의 위대한 번영을 위하여 기
도하며 또한 예언한다. 하나님이 그의 기도들을 들으시고(예컨대, 대하 13:14,
15) 그들을 그 분깃 중에 정착시키시고, 모든 일에서 그들을 번성케 하시고, 그
들에게 원수들에 대한 승리를 주시기를 바라는 것이다. 유다 지파는 기도하는
지파요 행동하는 지파일 것임이 당연시되고 있다. 모세는 이런 뜻으로 말씀하
는 것이다. "여호와여 그들의 기도를 들으시고 그들의 모든 일에 성공을 주시
옵소서. 농사와 전쟁 모두에서 그의 손이 충족하게 하시옵소서." 기도의 목소
리에는 언제나 노력의 손이 수반되어야 하며, 그럴 때에 비로소 번영을 기대할
수 있을 것이다. 혹은, 2. 그리스도의 모형인 다윗을 지칭할 수도 있다. 하나님
이 그의 기도들을 들으시리라는 것이요(시 20:1. 또한 그리스도는 항상 응답을
받으셨다, 요 11:42), 그가 그에게 원수들을 이기고 승리하게 하시며 그의 큰
행사에 성공을 주시리라는 것이다. 시 89:20 등을 보라. 그리고 그를 그의 **백성
에게로 인도하시오며** 라는 기도는 실로에 관한 야곱의 예언을 지칭하는 듯하다.
곧, 그에게 모든 백성이 모이리로다라는 것이다(창 49:10. 한글 개역개정판은 그
에게 모든 백성이 복종하리로다로 번역함 — 역주). 시므온 지파는 축복에서 삭제
되었는데, 야곱이 그 지파에게 낙인을 찍어 두었었는데, 레위와는 달리 시므온
은 그 명예를 회복시키는 일을 위해 아무 일도 행한 적이 없었기 때문이다. 시
므온 지파는 광야에서 다른 어느 지파보다 숫자가 더 많이 줄었다. 브올의 사
건에서 그렇게도 유명하게 죄를 지은 시므리가 그 지파 소속이었다. 혹은, 시
므온의 분깃이 유다의 분깃에 덧붙여졌고, 시므온 지파가 유다 지파의 축복에
포함되었기 때문이다. 칠십인역의 어떤 사본들은 시므온을 르우벤과 합치기도
한다: 르우벤은 죽지 아니하고 살기를 원하며 시므온은 수가 많기를 원하나이다.

⁸레위에 대하여는 일렀으되 주의 둠밈과 우림이 주의 경건한 자에게 있도다 주께서 그를 맛사에서 시험하시고 므리바 물 가에서 그와 다투셨도다 ⁹그는 그의 부모에게 대하여 이르기를 내가 그들을 보지 못하였다 하며 그의 형제들을 인정하지 아니하며 그의 자녀를 알지 아니한 것은 주의 말씀을 준행하고 주의 언약을 지킴으로 말미암음이로다 ¹⁰주의 법도를 야곱에게, 주의 율법을 이스라엘에게 가르치며 주 앞에 분향하고 온전한 번제를 주의 제단 위에 드리리로다 ¹¹여호와여 그의 재산을 풍족하게 하시고 그의 손의 일을 받으소서 그를 대적하여 일어나는 자와 미워하는 자의 허리를 꺾으사 다시 일어나지 못하게 하옵소서

레위 지파에 대한 축복에서는 모세가 더욱 상세히 표현하는데, 이는 그 지파가 모세 자신의 지파였기 때문이 아니라(그는 자기와 그 지파의 관계를 전혀 주목하지 않는다) 하나님의 지파였기 때문이다. 레위 지파에 대한 축복에서 다음이 언급되고 있다.

I. 대제사장. 여기서 주의 경건한 자라 불리는데(8절), 이는 그의 직분이 거룩했기 때문이요, 이에 대한 증표로 여호와께 성결이라는 문구가 그의 이마에 기록되었다.

1. 모세는 하나님이 아론이 므리바에서 지은 죄(출 17:7)로 인하여 그와 그의 후손을 정당하게 교체할 수도 있었음을 시인하는 것 같다. 그의 죄는 매우 현저할 수도 있었고, 이로써 하나님은 그에게 제사장직을 수여하는 문제를 재고하실 수도 있었다. 그러나 거기서는 이에 대해 아무런 언급이 없다. 풀어쓴 갈대아 역본들은 모두 그것이 하나의 시험이었고 그 시험에서 그가 온전하고 신실하다는 것이 드러났고 그리하여 시험을 통과했으며, 따라서 이는 므리바 사건(민 20장)을 지칭하는 것이 아니라고 한다.

2. 그는 대제사장의 직분이 영원히 존속하기를 기도한다. 주의 둠밈과 우림이 주의 경건한 자에게 있기를 원하나이다. 말 2:5에서 드러나듯이 그 직분이 그에게 주어진 것은 무언가 고귀한 섬김을 위한 것이었다. 그러므로, "여호와여, 그것을 절대로 그에게서 취하여가지 마시옵소서." 이 축복에도 불구하고 우림과 둠밈은 바벨론 포로기에 잃어버렸고, 제2 성전 시대에 결코 복원되지 못했다. 그러나 이 기도는 하나님의 거룩한 자요 우리의 큰 대제사장이시며 아론이 그 모형이신 예수 그리스도에게서 완전히 성취된다. 우림과 둠밈이 영원 전부터

아버지의 품 안에 계신 그에게 영원토록 있을 것이다. 그분이야말로 기묘자(奇妙者)요 영원한 모사(謀士)이시니 말이다. 어떤 이들은 둠밈과 우림을 일반 명사로 취급하여 번역하기도 한다. 여기서만 이 두 단어의 일상적인 순서가 바뀌어 나타나기 때문이다. 둠밈은 순전함을 뜻하며, 우림은 조명(照明)을 뜻한다. 그러므로 "이것들이 주의 경건한 자에게 있기를 원하나이다"는 결국, "여호와여 대제사장이 언제나 올바른 사람과 깨달음이 있는 사람이 되기를 원하나이다"라는 뜻이라는 것이다. 복음의 사역자들을 위해서 아주 좋은 기도다. 그들이 선명한 머리와 정직한 마음을 갖기를 바라는 것이니 말이다. 빛과 순전함이 온전한 사역자를 만드는 법이다.

II. 하급 제사장들과 레위인들(9-11절).

1. 모세는 이 지파가 금송아지를 경배한 자들을 대적하여 그의 편에 섰고 (따라서 하나님의 편에 섰고) 그 악행의 주동자들을 끊어내는 일에 공정하게 임하여 순전한 열심을 보인 것을(출 32:26 이하) 칭찬한다. 그 주동자들이 비록 세상에서 가장 가까운 친구들이요 가장 가까운 친척만큼이나 사랑스런 자들이었으나 그들이 우상 숭배자들이었으므로 도무지 살려둘 수가 없었던 것이다. 주목하라. 하나님과 그의 영광을 위하는 우리의 마음이 언제나 이 세상의 그 어떤 것들에 대한 마음보다도 우선하여야 한다. 그 사는 시대와 처소의 공통적인 죄악들에서 순결하게 자신을 지킬 뿐 아니라 행악자들을 쳐서 증언하며, 하나님을 위하여 그들을 대적하여 일어나 싸우는 자들이야말로 특별한 존귀의 증표를 얻게 될 것이다. 모세는 어쩌면 그 아버지의 모반에 합류하지 않은 고라의 아들들을 염두에 두었을지도 모른다(민 26:11). 또한 심판을 시행하여 염병을 그치게 한 비느하스를 염두에 두었을지도 모른다(민 25:8). 또한 제사장과 레위인의 직무는 최소한 순번대로 하나님의 제단 곁에서 끊임없이 있으며 사무를 돌봐야 하는 것이었으므로 다른 이스라엘 사람들과는 달리 가족들로부터 빈번하게 떠나 있어야 했고 또한 가족들을 제대로 돌보거나 필요한 것을 공급해 줄 수 없는 형편이었다. 그러므로 그들은 주의 말씀을 준행하고 제사장의 언약을 지키기 위해 끊임없이 자기를 부인하여야 했던 것이다. 주목하라. 거룩한 일들을 섬기는 일에 부르심 받은 자들은 이 세상에서 가장 가까운 관계들과 관심사들과 거리를 두어야 하고, 그들에게 있는 최고의 친구를 기쁘시게 하는 일을 우선시켜야 한다(행 21:13; 20:24). 그의 모친과 동생들이 그를

일에서 데려가려 했을 때 우리 주 예수님은 그들을 모른다고 하셨다(마 12:48).

2. 모세는 이 지파로 하여금 거룩한 일들을 섬기게 한 명령을 확정하는데, 이는 그들의 열심과 충성에 대한 보상이었다(10절). (1) 그들은 하나님을 위하여 그 백성들을 상대하게 되어 있었다: "주의 법도를 야곱에게, 주의 율법을 이스라엘에게 가르치며, 신앙적 집회에서 설교자들로서 율법을 읽고 해명하며(느 8:7, 8), 또한 재판관들로서 그들 앞에 제시되는 의심스럽고 어려운 문제들을 처결하였다(대하 17:8, 9). 제사장들의 입술은 백성들의 유익을 위해 이 지식을 지켰고, 백성들은 그들의 입에서 율법을 묻게 되어 있었다(말 2:7). 선지자인 학개조차도 양심의 문제에서 제사장들에게 문의하였다(학 2:11). 주목하라. 설교는 처음 교회를 세우는 데에서만이 아니라 교회가 세워진 후 그 교회를 보존하고 강건하게 세우는 데도 절실하게 필요하다. 겔 44:23, 24을 보라. (2) 그들은 백성들을 위하여 하나님을 상대하게 되어 있었다. 향을 태워서 하나님께 찬송과 영광을 돌리며, 제물들을 드려 죄를 속하고 하나님의 자비를 얻는 것이었다. 이것은 제사장들의 일이었으나 레위인들이 그 일에 참여하여 그들을 도왔다. 그들의 분향과 제물을 통해서 유익을 얻고자 하는 자들은 반드시 그들의 교훈을 부지런히 신실하게 준수하여야 했다.

3. 모세는 그들을 위해 기도한다(11절). (1) 하나님이 그들의 재산을 번성하게 하시고 그들의 생활 유지를 위해 그들에게 할당된 것들이 그들에게 편안히 쓰이도록 간구하였다. 여호와여 그의 재산을 풍족하게 하소서. 그들을 위해 베풀어진 것은 매우 풍족하였고 또한 그들에게 쉽게 주어졌으나, 하나님께서 그들에게 그것을 복 주시지 않는다면 그들이 그것에서 기쁨을 얻을 수가 없었다. 그리고 하나님 자신이 그들의 몫이셨으므로, 이 몫에 구체적인 축복이 함께 할 것을 기대할 수 있었던 것이다. 어떤 이들은 이를 다음과 같은 뜻으로 읽는다: 여호와여 그의 덕을 축복하소서. "여호와여 그들에게 주의 은혜를 늘리시고, 그들로 하여금 그들의 일에 더욱 합당하게 하소서." (2) 그들이 행하는 봉사들을 받아주시기를 구하였다. "그의 손의 일을 받으소서. 그를 위해서, 또한 그가 섬기는 백성들을 위하여 그렇게 하소서." 사람이 받아주든 말든 간에 우리 모두가 목표로 삼고 간절히 바라야 할 것은 우리의 모든 헌신을 하나님께서 받아주시는 것이다(고후 5:9). 또한 그것이야말로 우리 자신이나 다른 이들을 위해서 우리가 바랄 수 있는 가장 값진 축복인 것이다. (3) 그의 모든 원수들을 대적하

는 일에 참여하시기를 간구하였다. 그를 대적하여 일어나는 자와 미워하는 자의 허리를 꺾으사 다시 일어나지 못하게 하옵소서. 그는 하나님의 사역자들에게 많은 원수들이 있을 것을 상정한다. 어떤 이들은 그들의 신실함 때문에 그들을 미워할 것이고, 그리하여 그들에게 악을 행하기를 시도할 것이다. 또 어떤 이들은 그들의 안정된 생활을 시기할 것이고, 불경스럽게도 그것을 빼앗기를 시도할 것이다. 또한 그들이 직무를 시행하는 것을 반대하고 제사장들의 선고에 굴복하지 않으려 할 자들도 있을 것이고, 또한 그 직분 자체를 뒤집어엎으려 할 자들도 있을 것이다. 이에 대해 모세는 하나님께서 그런 모든 시도들을 무너뜨리시고, 그 주동자들의 머리에 악을 돌려주시기를 구하는 것이다. 이 기도는 하나님께서 그의 사역자들의 원수들을 반드시 정리하실 것이요, 지옥의 권세가 아무리 대적하여 온갖 시도를 다 할지라도 마지막 날까지 그의 교회에서 사역을 유지시키실 것이라는 하나의 예언이다. 사울은 여호와의 제사장들을 대적하여 일어섰고(삼상 22:18), 이것으로 그의 죄의 분량이 가득 차게 되었다.

[12]베냐민에 대하여는 일렀으되 여호와의 사랑을 입은 자는 그 곁에 안전히 살리로다 여호와께서 그를 날이 마치도록 보호하시고 그를 자기 어깨 사이에 있게 하시리로다 [13]요셉에 대하여는 일렀으되 원하건대 그 땅이 여호와께 복을 받아 하늘의 보물인 이슬과 땅 아래에 저장한 물과 [14]태양이 결실하게 하는 선물과 태음이 자라게 하는 선물과 [15]옛 산의 좋은 산물과 영원한 작은 언덕의 선물과 [16]땅의 선물과 거기 충만한 것과 가시떨기나무 가운데에 계시던 이의 은혜로 말미암아 복이 요셉의 머리에, 그의 형제 중 구별한 자의 정수리에 임할지로다 [17]그는 첫 수송아지 같이 위엄이 있으니 그 뿔이 들소의 뿔 같도다 이것으로 민족들을 받아 땅 끝까지 이르리니 곧 에브라임의 자손은 만만이요 므낫세의 자손은 천천이리로다

여기서 보라.

I. 베냐민 지파에 대한 축복(12절).   베냐민 지파에 대한 축복이 레위 지파 다음에 이어지는데, 이는 제사장들이 집무하는 성전이 이 지파의 몫의 모퉁이에 있었기 때문이다. 또한 베냐민 지파를 요셉 지파보다 먼저 언급한 것은 예루살렘의 위엄(예루살렘의 일부가 베냐민 지파에 속했다)이 에브라임 지파의 기업인 사마리아의 위엄을 능가하기 때문이며, 또한 나머지 지파들이 여로보

암과 함께 다윗 가문과 여호와의 성전을 버릴 때에 베냐민 지파가 다윗 가문과 여호와의 성전을 신실하게 붙들었기 때문이기도 하다.

1. 베냐민이 여기서 여호와의 사랑을 입은 자라 불리는데, 이 지파의 조상인 베냐민은 야곱의 사랑하는 아들이요 그의 오른손의 아들이었다. 주목하라. 여호와께 사랑받는 자들이야말로 진정 복 받은 자들이다. 첫 왕이었던 사울과 위대한 바울이 모두 이 지파 출신이었다.

2. 여기서 그가 하나님의 보호하심을 받을 것임이 확인된다. 그는 안전히 살게 될 것이다. 주목하라. 하나님이 사랑하시는 자들은 안전하다(시 91:1).

3. 하나님이 거하실 성전이 이 지파의 경계에 세워질 것임이 여기서 암시된다. 거룩한 성 예루살렘이 이 지파의 기업 내에 있었고(수 18:28), 다윗의 성인 시온은 유다 지파에 속하게 되어 있었으나, 성전이 세워진 모리아 산은 베냐민의 기업에 들어 있었다. 그러므로 하나님이 그의 어깨 사이에(한글 개역개정판은 "자기 어깨 사이에"로 번역하여, 하나님이 베냐민을 하나님의 어깨 사이에 있게 하시리라는 뜻으로 이해한다 — 역주) 거하신다고 말씀하는데, 이는 마치 사람의 머리가 양 어깨 사이에 있듯이, 성전이 그 산 위에 서 있었기 때문이다. 이를 수단으로 베냐민 지파는 항상 성소의 보호 아래 있었다(시 125:2). 성소를 가리켜 도피처로 말씀하는 경우가 많다(시 27:4, 5; 느 6:10). 하나님의 성전 곁에 거하는 베냐민은 그 곁에 안전히 거하였다. 주목하라. 성전의 이웃에 있는 것은 복된 일이다. 나머지 열 지파가 배도하였을 때 베냐민 지파가 유다 지파와 더불어 하나님께서 세우신 제도들을 붙잡았던 유일한 이유는 십중팔구 베냐민 지파의 지정학적 처지 때문이었을 것이다. 교회에 가까이 있는 만큼 더욱더 하나님께로부터 멀어져 있는 자들이야말로 부패하고 악한 마음을 가진 자들이다.

II. 므낫세 지파와 에브라임 지파를 포함한 요셉 자손들에 대한 축복. 야곱의 축복에서(창 49장) 요셉에 대한 축복이 가장 컸으며, 여기서도 그렇다. 모세는 요셉에 대한 내용을 거기서 빌려 와서 그가 그의 형제 중 구별한 자라고 한다(16절). 혹은 이를 그의 형제 중 나실인이라고 읽을 수도 있다. 그의 경건을 보아도 — 여러 경우들을 통해서 그가 이 방면에서 형제들 중에 뛰어났다는 것이 드러난다 — 애굽에서 그가 얻은 위엄에서도 — 그는 다른 형제들의 통치자였고 은인이었다 — 그는 구별된 자였다. 그의 형제들은 그를 종으로 만들어서 자기들과 구별하였으나, 하나님은 그를 통치자로 만드셔서 그들과 구별 지으신 것이다. 여기 이 지파들을 위한 기도와 또한 그들에 대한 예언은 매우 풍성하고 강력하다.

1. 풍성함(13-16절). 전반적으로: 그 땅이 여호와께 복을 받아. 에브라임과 므낫세의 몫으로 지정된 지역은 매우 비옥하였다. 그런데도 모세는 그 땅이 하나님의 주시는 복으로 넘쳐흐를 것을 구한다. 하나님이 복 주시면 부요하게 되고, 모든 비옥함이 그 복에 달려 있는 것이다. 그런데,

(1) 그는 이 두 지파의 부귀와 풍요에 기여할 수 있는 여러 가지 구체적인 사항들을 열거하며 그것들을 간구한다. 모든 저급한 피조물들에게서 혜택과 유익을 얻도록 창조주이신 하나님을 바라보는 것이다. 그가 그것들을 있게 하셔서 우리에게 유익을 주게 하시는 분이시니 말이다. 그는 다음을 위해 기도한다. [1] 때에 맞는 비와 이슬, 곧 하늘의 보물을 위하여. 그것이 너무도 귀하므로, 순전한 물을 제외하고는 그 이슬이 없이는 땅의 열매들이 떨어지고 끊어지고 마는 것이었다. [2] 땅을 비옥하게 만들도록 도와주는 풍성한 샘을 위하여. 여기서는 이를 땅 아래에 저장한 물이라 부른다. 둘 다 하나님의 물(시 65:9)이요 또한 그가 물들의 근원을 만들어놓으신 것이다(계 14:7). [3] 천체들의 좋은 영향을 위하여(14절). 태양의 열기를 죽이고, 달의 차가운 습기를 죽임으로써 결실하게 하는 선물(이 단어는 지극히 탁월하고 그 종류 중에 최고라는 의미를 갖는다)을 자라게 해주시기를 바라는 것이다. 어떤 이들은 "자연의 운행에 따라 매년 이 달에는 감람을, 저 달에는 야자를 맺는 등, 달마다 합당한 열매를 맺게 하옵소서"라는 뜻으로 이해한다. [4] 다른 지역에서는 언덕과 산들이 황무한 것이 보통인데, 이 지역에서는 언덕과 산들조차도 비옥하게 해주시기를 구한다(15절). 그들로 하여금 옛 산의 좋은 산물을 얻게 하소서. 산이 비옥하여 열매를 맺으면 그 열매들이야말로 최고로 잘 익은 열매들일 것이다. 그 산들을 가리켜 옛 산이라 부르는 것은 다른 산들보다 시기적으로 앞서기 때문이 아니라, 맏물(the first-born)처럼 가치와 탁월함에 있어서 다른 산들을 능가하기 때문이었다. 계속 있는 언덕(한글 개역개정판은 "작은 언덕"으로 번역함 — 역주)이라고 한 것은 다른 산들처럼 그것들도 움직이지 않기 때문이기도 했거니와(합 3:6) 또한 그 비옥함이 지속될 것이기 때문이었다. [5] 낮은 땅의 산물들을 위하여. 땅의 선물(16절). 땅 자체는 쓸모없고 가치 없는 물질 덩어리처럼 보이지만,

인간의 삶을 지탱시켜주고 위로를 주는 고귀한 것들이 거기에서 나는 것이다. 음식은 땅으로부터 나오나(욥 28:5). 우리의 몸도 흙에서 나왔고 또한 그리로 돌아가게 될 것이다. 그런데 하나님께로부터 와서 그에게로 다시 돌아가야 할 영혼에게 과연 땅의 선물이 무엇인가? 혹은 우리가 그리스도께로부터 은혜 위에 은혜를 받는데, 땅의 선물의 충만함이란 과연 그 그리스도 안에 있는 충만함에 대해 어떤 의미를 갖는가? 어떤 이들은 여기서 간구하는 선물들을 그리스도로 말미암아 얻어지는 하늘의 신령한 복들, 곧 성령의 은사들과 은혜들과 위로들의 모형으로 이해한다.

(2) 그는 이 모든 소원들을 가시떨기나무 가운데에 계시던 이(16절)가 좋게 여기시고 어여삐 받아주시기를 구한다. 이는 곧, 가시떨기나무 가운데서 모세에게 나타나사 이스라엘을 애굽으로부터 인도하여 내는 일을 명령하신 그 하나님을 지칭하는 것이다(출 3:2). 그 때 거기서 하나님의 영광이 그저 잠시 동안 나타났을 뿐이었으나, 여기서 그 영광이 거기 계셨다(혹은, 거하셨다)고 말씀하는데, 이는 영광이 거기에 계셔야 할 때까지 지속적으로 거기 계셨기 때문이다. 이를 가시떨기나무 가운데 있던 세키나의 선하신 뜻이라고 읽을 수도 있을 것이다. 세키나는 거하는 것을 뜻하기 때문이다. 그리고 그것은 가시떨기나무 가운데서 잠시 있었을 뿐이나, 그의 영광은 이스라엘 백성과 계속해서 함께 거하였던 것이다. 이를 가시떨기나무 가운데 계시는 나의 거주자(my dweller in the bush)로 번역해야 할 것이다. 그것은 오직 모세에게만 하나님의 위엄이 나타난 것으로 모세가 하나님에 대해 가졌던 특별한 관심의 증표였는데, 여기서 그가 이 지파의 유익을 위해 그것을 적용시키고자 하는 것이다. 하나님은 여러 번 모세에게 나타나셨다. 그러나 이제 죽음을 코앞에 두고 있는 상황에 있는 그에게는, 전능자를 뵈옵는 일이 처음 시작되고 하늘과의 교류가 처음 개시되던 그 때의 일이 가장 기쁜 기억으로 남아 있었던 것 같다. 그 때야말로 사랑의 시간으로서 절대로 잊을 수가 없는 때였던 것이다. 가시떨기나무 가운데서 하나님은 자신이 아브라함과 이삭과 야곱의 하나님이심을 선언하셨고, 이로써 조상들에게 행하신 그의 약속이 확증되었는데, 그 약속은 우리 주님의 논지에서 나타나듯이 몸의 부활과 영생에까지 이르는 것이었다(눅 20:37). 그러므로 그가 가시떨기나무 가운데에 계시던 이의 선하신 뜻을 구할 때에, 그는 그 때 거기서 새롭게 세워진 언약을 염두에 둔 것이다. 하나님의 자비하심에 대한 우리의

모든 소망이 그 언약에 근거하는 것이다. 이제 그가 이 큰 축복을 하나님의 자비하심 혹은 선하신 뜻을 위한 간구로 결말짓는 것은, [1] 그것이 이 모든 복들의 샘이요 근원이기 때문이다. 그것들은 하나님의 선하신 뜻의 선물들이다. 다른 사람들에게야 어떻든 간에 그의 백성들에게는 그렇다. 에브라임은 완강한 염소처럼 하나님에게서 떠나갔을 때, 이 지역의 산물들은 하나님의 선하신 뜻의 선물이기는커녕 오히려 넓은 곳에서 먹이는 어린 양들처럼 그들을 살육하기 위해 살찌게 만드는 도구들이 되었던 것이다(호 4:16, 17). [2] 그것이 이 모든 복들의 위로요 감미로움이기 때문이다. 우리에게 베풀어지는 것들에게서 하나님의 선하신 뜻을 맛볼 때 우리가 그것들을 즐거이 누리게 되는 것이다. [3] 그것이 이 모든 것들보다 무한히 더 낫기 때문이다. 하나님의 자비하심과 선하신 뜻 외에 아무것도 없어도 우리는 행복하며, 이 모든 것들이 없는 것을 쉽게 견딜 수 있으며, 비록 무화과나무가 무성하지 못하며 포도나무에 열매가 없을지라도 우리의 구원의 하나님으로 즐거워할 수 있는 것이다(합 3:17, 18).

2. 요셉이 여기서 큰 권능으로 복을 받는다(17절). 여기서 그의 권능이 세 가지로 예언되고 있다. (1) 그 형제들 가운데서의 그의 위엄. 그는 첫 수송아지 같이 위엄이 있으니. 혹은 젊은 수소를 뜻할 수도 있다. 젊은 수소는 장중한 짐승으로서, 전에 왕실의 위엄을 나타내는 문장(紋章)으로 사용되었다. 모세의 후계자가 될 여호수아가 요셉의 아들 에브라임 지파에 속하였으며, 그의 영광이 탁월했고, 또한 그는 그 지파의 존귀였다. 훗날 열 지파의 왕도(王都)가 에브라임에 있었다. 그리고 기드온과 입다와 야일 등이 모두 므낫세 지파에 속한 자들로 그 나라의 자랑거리요 복이었다. 어떤 이들은, 요셉을 첫 수송아지에 비하는 것은 르우벤이 잃어버린 장자권이 요셉에게 물려졌기 때문이요(대상 5:1, 2), 또한 그를 그의 첫 수송아지에 비하는 것은 므낫세 지파에 속한 바산이 수소와 송아지들로 유명했기 때문이라고 보기도 한다(시 22:12; 암 4:1). (2) 원수들을 대적하는 그의 힘과 그들에 대한 승리: 그 뿔이 들소의 뿔 같도다. 즉, "전쟁터에서의 그의 힘이 매우 강하고 막강할 것이요, 이것으로 민족들을 받아 땅 끝까지 이르리라," 즉, "그의 길을 가로막는 모든 자들을 다 이기리라"는 뜻이다. 기드온(삿 8:1)과 입다(삿 12:1)와 함께 한 에브라임 사람들의 싸움들에서 그들이 호전적이며 맹렬한 지파였다는 것이 나타난다. 그러나 에브라임 자손들이 하나님의 언약을 버렸을 때에는 그들이 무기를 갖추며 활을 가졌으나 전

쟁의 날에 물러갔도다(시 78:9, 10). 비록 여기서 들소처럼 강하고 담대할 것으로 선언되었으나, 하나님이 물러가시자 그들이 다른 사람들처럼 연약해지고 말았기 때문이다. (3) 그 백성의 숫자. 이 문제에서는 동생인 에브라임 지파가 더 탁월하였다. 야곱이 이를 예견하고서 손을 거꾸로 얹었던 것이다(창 48:19). 에브라임의 자손은 만만이요 므낫세의 자손은 천천이리로다. 요나단의 탈굼은 이를 에브라임 지파에 속한 여호수아가 정복한 수만의 가나안 족속들에 적용시킨다. 예루살렘 탈굼은 이 절 전반부에 대해 "첫 수송아지와 들소는 절대로 길을 들이지 못하듯이, 요셉도 계속해서 자유로울 것이요, 또한 그들 스스로 죄에 팔리지 않았더라면 계속해서 자유로웠을 것이다"라고 주해를 붙이고 있다.

[18]스불론에 대하여는 일렀으되 스불론이여 너는 밖으로 나감을 기뻐하라 잇사갈이여 너는 장막에 있음을 즐거워하라 [19]그들이 백성들을 불러 산에 이르게 하고 거기에서 의로운 제사를 드릴 것이며 바다의 풍부한 것과 모래에 감추어진 보배를 흡수하리로다 [20]갓에 대하여는 일렀으되 갓을 광대하게 하시는 이에게 찬송을 부를지어다 갓이 암사자 같이 엎드리고 팔과 정수리를 찢는도다 [21]그가 자기를 위하여 먼저 기업을 택하였으니 곧 입법자의 분깃으로 준비된 것이로다 그가 백성의 수령들과 함께 와서 여호와의 공의와 이스라엘과 세우신 법도를 행하도다

여기서 보라.

I. 스불론 지파와 잇사갈 지파에 대한 축복. 이 두 지파에 대한 축복이 함께 묶어지는데, 이는 이 둘이 모두 야곱이 레아에게서 낳은 아들들이었고 또한 가나안에서 그들이 받은 분깃으로 보아도 이 둘이 이웃이었기 때문이다. 이들에 대해 다음과 같이 예언되고 있다.

1. 이 두 지파 모두 편안한 가운데 정착할 것이라는 것(18절). 스불론은 기뻐해야 한다. 기뻐할 만한 이유가 생길 것이기 때문이다. 모세는 스불론 지파가 전쟁에 나가거나(스불론은 죽음을 무릅쓰고 목숨을 아끼지 아니한 백성이었다, 삿 5:18) 혹은 바다로 나가는 데서(스불론은 배 매는 해변이었다, 창 49:13) 기뻐할 이유를 얻게 되기를 기도한다. 그리고 잇사갈은 자기 장막에서, 즉 가정에서의 그의 일에서, 그의 농사에서, 즐거워하여야 했다. 그 지파 사람들은 대개 그 일에 종사하였다. 안식이 좋은 것을 그들이 보았기 때문이며, 또한 바다

가 거칠 때에도 땅은 즐겁기 때문이었다(창 49:14, 15). 여기서 관찰하라. (1) 하나님의 섭리가 사람의 거주의 한계를 다양하게 정하실 때에 어떤 이들은 도시에, 어떤 이들은 시골에 있게 하시고, 어떤 이들을 포구에, 어떤 이들은 내륙에 거하게 하시고, 전체의 유익을 위하여 각기 다른 일에 종사하도록 사람들의 성향을 지혜롭게 지정하신다. 마치 몸의 각 지체마다 전체를 섬기기 위해서 다양한 상태와 기능을 발휘하듯이 말이다. 특별한 재능을 지닌 이들은 사람들을 책에게로 이끌고, 또 다른 재능을 지닌 이들은 사람들을 바다에로, 혹은 칼에게로 이끈다. 어떤 이들은 농사의 일에, 혹은 무역에, 혹은 기계를 만드는 일에 관심을 갖는다. 이런 것이 매우 좋다. 만일 온 몸이 눈이면 듣는 곳은 어디냐?(고전 12:17). 스불론 사람들이 상인들이고 또한 잇사갈 사람들이 농사꾼들이었다는 것은 이스라엘 전체의 유익을 위한 것이었다. (2) 우리의 처지나 관심 두는 일이 무엇이든 간에 우리 자신을 그것들에 적응시키는 것이 우리의 지혜요 또한 의무다. 그것들을 정말 즐거워하는 것이야말로 큰 행복이다. 스불론은 밖으로 나가는 데서 즐거움을 얻으라. 상업을 통해 이익을 얻고 손해와 불편한 것들을 최고로 사용할 때에 감사하고, 잇사갈의 장막의 초라함을 멸시하지도, 그들의 고요한 삶을 시기하지도 말라. 잇사갈은 장막에 있음을 즐거워하라. 뒤로 물러가 있기를 즐거워하며, 그의 자리에서 얻는 작은 수익으로 만족하고, 스불론의 상업의 이윤과 여행 다니는 즐거움을 갖지 못하다 하여 투정부리지도 말라. 어떤 일이든 편리한 점들과 불편한 점들이 있는 법이다. 그러므로 하나님의 섭리가 우리로 하여금 어떤 일을 맡게 하든 간에 그 일에 마음을 쏟아야 한다. 우리의 몫이 무엇이든 간에 그것을 편안히 누리는 것이 진정 큰 행복이다. 이것이 하나님의 선물이다(전 5:19).

2. 이 두 지파가 그들의 처소에서 하나님의 존귀하심과 나라의 신앙적 관심사를 섬기리라는 것. 그들이 백성들을 불러 산에 이르게 하고(19절). 즉, 성전에 이르게 한다는 뜻이다. 모세는 성전이 산에 세워질 것을 예견하였다. 대부분의 해석자들은 이 부분을 스불론에게만 해당되는 것으로 보는데 나는 그 이유를 모르겠다. 만일 스불론과 잇사갈이 각기 맡은 일에서 위로를 얻었다면, 이들 모두가 자기의 일을 통해서 하나님께 영광을 돌렸다고 보지 못할 이유가 어디 있겠는가? 그들이 하나님을 위하여 두 가지를 행할 것이다.

(1) 다른 이들을 불러 함께 하나님을 섬길 것이다. 백성들을 불러 산에 이르게

하고. [1] 스불론은 이웃 민족들과의 교류와 교역을 증진시킬 것인데, 신앙을 그들 중에 전파하고 그들을 불러 이스라엘의 하나님을 섬기게 하고자 하는 이 고귀한 목적을 위해서 그렇게 할 것이다. 주목하라. 사업을 크게 하고, 활동 영역이 넓은 사람들은 그들이 상대하고 함께 사업을 행하는 자들에게 진지한 경건의 실천에서 지혜롭고도 열정적으로 모범을 보여야 한다. 그런 자들은 복 받은 자들이다. 그들이 복이기 때문이다. 외국과의 교역이 증가함으로써 복음이 전파되는 데 기여한다면 그것은 좋은 일일 것이다. 스불론에 관한 이 예언은 어쩌면 멀리 그리스도와 그의 사도들의 설교까지도 바라보는 것일지도 모른다. 그들의 설교가 스불론 땅에서 시작되었으니 말이다(마 4:14, 15). 이렇게 보면 그들이 백성들을 불러 산에, 즉 메시야의 나라에, 이르게 하였다. 메시야의 나라를 가리켜 여호와의 집의 산이라 부른다(사 2:2). [2] 집에 머물고, 장막에 거하는 잇사갈은 성회(聖會)를 위하여 지정된 때에 이웃들을 불러 성소에 함께 올라갈 것인데, 이는 그들이 이웃들보다 열심이 더 많아 앞장서며(스불론과 함께 교역의 중심지인 포구에 거하는 자들이 대개 신앙의 빛은 더 많이 받으나, 신앙의 생명과 열기는 잇사갈과 함께 시골의 장막에 거하는 자들이 더 많이 받는다는 것이 자주 관찰된 바 있다), 따라서 그들의 열정으로 인하여 지식이 더 많은 자들에게서 거룩한 경쟁심을 불러일으킬 것이기(시 122:1) 때문이거나, 아니면 그들이 다른 이들보다 성회로 지정된 시기를 더 성심으로 준수하였기 때문일 것이다. 풀어쓴 갈대아 역본 가운데 하나는 앞 절을, 잇사갈이여 네 학교의 장막에서 즐거워하라 라고 읽는데, 이는 그들 중 많은 이들이 학자들이고, 해가 바뀌는 것에 따라 절기의 때를 알려주는 목적에 그들의 학식을 쓸 것을 상정하는 것이다. 그 당시는 지금처럼 달력이 흔하지 않았으니 말이다. 그리고 온켈로스 역은 좀 더 구체적으로, 잇사갈이여 예루살렘의 엄숙한 절기들의 때를 계산하러 갈 때에 즐거워하라 라고 한다. 왜냐하면 그 때에 이스라엘 지파들이 성소의 산에 모일 것이기 때문이었다. 온켈로스는 이 절의 첫 부분을 그런 뜻으로 읽는다. 그리고 많은 이들은 이것이 다윗 시대의 잇사갈 사람들의 성격이었다고 생각한다. 곧, 그들이 시세를 알고 이스라엘이 마땅히 행할 것을 알았다는 것이다(대상 12:32). 그리고 그 다음에 이어지는(대상 12:33) 스불론 사람들의 성격, 곧 그들이 전열을 갖추고 진영에 나아가서 싸움을 잘한다는 것이 어쩌면 여기 나타나는 그 지파의 축복을 잘 설명해 주는 것일지도 모른다. 주목하라. 스불론처럼 바깥에 있는 자들을 교회로 데려올 기회를 갖지 못하는 자들일지라도, 교회 안에 있는 자들을 일깨우고 격려하고 세우도록 도움으로써 교회를 크게 섬길 수 있다. 또한 사람들을 불러 하나님의 규례들에 참여하게 하고, 잊어버리는 자들에게 기억시켜주고, 따라가기는 해도 앞장서려고 하지는 않는 게으른 자들을 자극하여 주는 것은 선한 일이다.

(2) 다른 이들을 불러 하나님을 섬기게 할 뿐 아니라, 그들 스스로도 충실히 그 일을 행할 것이다. 거기에서 의로운 제사를 드릴 것이며. 다른 사람들은 성전으로 보내고, 자기들은 일터를 떠날 수 없다는 핑계로 그냥 집에 머물러 있는 것이 아니라, 다른 이들을 자극하여 속히 가서 만군의 여호와를 찾고 여호와께 은혜를 구하자 할 때에 그들 스스로도 나도 가겠노라 라고 할 것이다(슥 8:21). 주목하라. 다른 사람들에게 권하는 선한 일에 대해서 우리 스스로도 모범을 보여야 한다. 그리고 성전에 나아갈 때에 그들은 여호와 앞에 빈 손으로 나서지 않고 그가 번영하게 해주신 만큼 하나님의 존귀를 위하고, 또한 그를 섬기기 위하여 드릴 것이다(고전 16:2). [1] 여기서 이 지파들이 부유하게 될 것임을 예언한다. 스불론은 바다로 나가 바다의 풍부한 것을 흡수할 것이고 그것들이 상인들에게 흡족할 것이며, 잇사갈은 집에 머물며 모래에 감추어진 보배로 부요하게 될 것이라고 한다. 이는 땅의 열매들이나 땅 속에 감추어진 광물들이나 금속을 뜻하거나, 아니면 (여기 모래를 뜻하는 단어가 바다의 모래를 의미하므로) 바다에서 내어던져진 풍부한 것들을 뜻할 것이다. 잇사갈의 기업이 해변에 이르렀기 때문이다. 어쩌면 그들이 백성들을 불러 산에 이르게 하는 일에 성공을 거둔 사실이 그들이 바다의 풍부한 것을 흡수한다는 것에서 암시된다 할 것이다. 이와 비슷한 문구가 민족들을 교회에로 데려오는 일을 뜻하는 데에 사용되기 때문이다. 바다의 부가 네게로 돌아오며(사 60:5), 또한 네가 나라들의 젖을 빨리라(사 60:16). [2] 이 지파들이 그렇게 부유하게 되어, 그들의 탈취물을 구별하여 여호와께 드리며 그들의 재물을 온 땅의 주께 돌릴 것임을 예언한다(미 4:13). 스불론의 무역한 것과 잇사갈의 이익이 여호와께 거룩할 것이니(사 23:18), 그것들 중에서 그들이 의로운 제사를, 즉 율법에 합당한 제사를, 드릴 것이기 때문이다. 주목하라. 우리가 가진 것들로 하나님을 섬기고 존귀하게 해야 한다. 그가 풍부하게 심는 곳에서 그만큼 합당하게 거두기를 기대하시는 것이다. 바다의 풍부한 것과 모래에 감추어진 보배를 흡수하는 자들은 그 정도에 따라서 의로운 제

사를 드려야 하는 것이다.

II. 갓 지파에 대한 축복이 그 다음에 이어진다(20, 21절). 이 지파는 모세가 그 당시 있었던 요단 강 동편에 이미 자리를 잡은 지파 가운데 하나였다. 그런데,

1. 그는 이 지파가 어떻게 될 지를 예언한다(20절). (1) 현재도 받은 기업이 넓으나, 장차 그것이 확대될 것이라고 한다. 그리고 그는 그들의 현재의 영역에서도 또한 그 미래의 영역에서도 하나님께 영광을 돌린다. 갓을 광대하게 하시는 이에게 찬송을 부를지어다. 이 지파는 하갈 사람들을 상대로 매우 신앙적으로 열정을 갖고 벌인 전쟁에 승리하여 영토가 확장된 것을 보게 된다(대상 5:19, 20, 22). 주목하라. 우리의 모든 확장에 대해 하나님이 영광을 받으셔야 마땅하다. (2) 이 지파가 매우 용맹스럽고 승리를 거두는 지파가 될 것이라고 한다. 홀로 그냥 있을 때에도 사자처럼 안전하고도 두려움 없이 거할 것이요, 분을 일으키게 되면 사자처럼 팔과 정수리를 찢을 것이다. 즉, 중간에 가로막는 모든 원수들을 그 팔(즉, 힘을 뜻한다)로부터 정수리(권세)까지 완전히 찢어 놓으리라는 것이다. 다윗의 시대에 갓 자손 중에 얼굴이 사자 같은 자들이 있었다(대상 12:8). 어떤 이들은 예후가 이 지파에 속한 사람이었다고 본다. 그에 대해 처음 언급할 때에 그가 길르앗 라못에 있는 것으로 나타나는데, 그 곳은 갓 지파에 속한 지역이었기 때문이다. 그리하여 그들은 이 예언이 그의 용맹한 행위들을 지칭하는 것이라고 본다.

2. 그는 이 지파가 행한 일과 지금 하고 있는 일에 대해 칭찬한다(21절). (1) 그들은 이미 정복한 지역에서 처음으로 그들의 기업을 택하였는데, 이는 매우 지혜롭게 행한 일이었다. 그가 자기를 위하여 먼저 기업을 택하였으니. 형제들에 대한 염려도 있었으나 자기 집에 대한 애정이 먼저였으며, 따라서 그 자신이 먼저 정착하기를 원한 것이다. 갓 자손은 요단 강 동편에서 기업을 받기 위해 가장 먼저 적극적으로 움직였고, 그리하여 그 일에 대한 역사에서 르우벤 지파보다 먼저 언급되고 있는 것이다(민 32:2). 그리하여, 다른 지파들은 정복자인 여호수아에게서 기업을 할당받았으나, 갓과 그의 동료들은 입법자인 모세에게서 기업을 받았고 율법으로 그 곳에 자리를 잡았다. 혹은, 용사들이 형제들과 함께 요단 강을 건너가 있는 동안 뒤에 남겨진 자들이 특별한 섭리로 말미암아 보호함을 받았다. 주목하라. 스스로를 좋게 할 때에 사람들이 칭찬할

것이다(시 49:18). 곧, 갓 지파가 한 것처럼 내가 내 스스로를 먼저 돌아볼 때에 사람들이 칭찬할 것이다. 그대가 그대의 영혼을 위하여 잘 처신하여 입법자로부터 기업의 첫 부분을 받으면 하나님이 그대를 칭찬하실 것이다. (2) 그들은 지금 형제들을 위하여 정직하게, 또한 용감하게 행하고 있었다. 그들은 백성의 수령들과 함께 와서, 그들 앞에서 무장하고 요단 강을 건너서, 여호수아에게 복종할 것을 엄숙히 서원하고 그의 지도를 받아 가나안 사람들에게 여호와의 공의를 행하였던 것이다(수 1:12, 16). 이 일이 바로 그들이 기업을 할당받은 이후에 행하고자 한 일이었고(민 32:27), 또한 실제로 이를 행하였다(수 4:12). 그리고 가나안 전쟁이 끝나자, 여호수아는 이들을 축복하고 돌려보냈다(수 22:7). 주목하라. 형제들의 일에 그들을 돕는 것은 복되고 존귀한 일이요, 특히 여호와의 진노를 일으키는 것을 진압하여 여호와의 공의를 시행하는 일을 돕는 일은 특별히 더 그렇다. 바로 이 일로써 비느하스가 의롭게 행한 것으로 인정받은 것이다.

²²단에 대하여는 일렀으되 단은 바산에서 뛰어나오는 사자의 새끼로다 ²³납달리에 대하여는 일렀으되 은혜가 풍성하고 여호와의 복이 가득한 납달리여 너는 서쪽과 남쪽을 차지할지로다 ²⁴아셀에 대하여는 일렀으되 아셀은 아들들 중에 더 복을 받으며 그의 형제에게 기쁨이 되며 그의 발이 기름에 잠길지로다 ²⁵네 문빗장은 철과 놋이 될 것이니 네가 사는 날을 따라서 능력이 있으리로다

여기서 보라.

I. **단 지파에 대한 축복**(22절). 야곱은 그의 축복에서 그를 교묘한 뱀에 비유하였다. 모세는 그를 용기와 결단을 가진 사자에 비하고 있다. 뱀의 머리와 사자의 심장을 가진 자들 앞에 과연 누가 설 수 있겠는가? 그는 사나운 사자들로 유명한 산지인 바산에서 뛰어나오는 사자에 비유되고 있다. 그들이 거기서 뛰어내려와 평지의 먹이에 덮친다는 것이다. 이것은 다음 두 가지 중 하나를 뜻할 것이다.

1. 이 지파에 속한 삼손이 블레셋에 대해 얻은 승리들을 뜻할 것이다. 그가 매우 어릴 때 사자의 새끼일 때에 단의 진에서 여호와의 영이 그를 움직이기 시작하셨고(삿 13:25), 그리하여 블레셋에 대한 그의 공격으로 그가 그들을 놀라게

하였고 마치 사자가 그 먹이에게 행하듯이 힘으로 그들을 누른 것이다. 그리고 삼손의 첫 번째 공적 가운데 하나가 바로 사자를 찢은 것이었다. 아니면,

2. 단 지파가 이룬 좀 더 전반적인 성취를 뜻할 것이다. 곧, 가나안 땅의 가장 먼 변방에 위치한 라이스에 대해서 정보를 얻고서 그들 중 일단의 무리들이 그것을 정벌하여 정복한 일을 지칭할 것이다. 삿 18:27을 보라. 바산의 산지가 라이스에서 멀지 않았으므로 아마도 그들이 그 곳에서부터 그리로 내려갔을 것이고, 그리하여 여기서 바산에서 뛰어나온다고 말하는 것이다.

Ⅱ. 납달리 지파에 대한 축복(23절). 모세는 이 지파를 놀라움으로 바라보며 박수를 친다: "오 납달리여, 너는 복되도다, 반드시 그렇게 될지며, 영원히 그렇게 될지로다!" 이 지파의 행복을 이루는 것 세 가지가 제시된다.

1. 은혜가 풍성할지로다. 어떤 이들은 이를 사람들의 호의와 선한 뜻과 좋은 말을 뜻하는 것으로 이해한다. 야곱은 전체적으로 이 지파에 대해, 경건한 말을 하고 예의를 지키는 사람들로서 사랑받는 암사슴과 같다고 묘사한 바 있다(창 49:21). 그러면 그들이 그럼으로써 얻는 바가 무엇인가? 모세는 여기서 그들에게 이웃들의 애정에 관심을 갖고 그들의 호의에 만족하여야 할 것을 말씀한다. 사랑스러운 자들은 사랑을 받을 것이다. 그러나 다른 이들은 이를 하나님의 자비하심을 뜻하는 것으로 이해하는데, 거기에는 그만한 이유가 있다. 하나님의 자비하심만이 영혼을 만족시키며 마음에 참된 즐거움을 주는 것이기 때문이다. 하나님의 자비를 받는 자들이 과연 행복한 자들이다. 그것에 만족하고 그것을 가진 것으로 족하게 여기고 더 이상 아무것도 바라지 않는 자들이 그 자비하심을 소유한 자들이다.

2. 여호와의 복이 가득할지로다. 즉, 복의 열매들인 좋은 것들(곡식과 포도주와 기름 등)만이 아니라 그 복 자체, 즉 하나님의 약속과 언약에 따른 그의 은혜로 가득하라는 것이다. 그 복을 지닌 자들은 스스로 가득하다고 여길 것이다. 그들을 행복하게 만드는 다른 것이 더 필요치 않기 때문이다. 유대인들은 이렇게 말한다. "납달리 지파의 분깃은 너무도 비옥하였고 또 그 산물도 탁월하여, 비록 그 땅이 북쪽에 있었으나 그 지파의 산물이 대개 첫 열매들 중 가장 먼저 성전에 올려졌다. 그리하여 그들이 제사장에게서 가장 먼저 축복을 받았으며, 이것이야말로 여호와의 복이었다." 그리스도께서 주로 거주하셨던 가버나움이 이 지파에 속하였다.

3. 서쪽과 남쪽을 차지할지로다. 이를 "바다와 남쪽을 차지할지로다"로, 곧 그들의 분깃 남쪽에 위치한 바다, 즉 갈릴리 바다를 지칭하는 뜻으로 읽을 수도 있다. 갈릴리 바다는 복음서에 자주 등장하는 곳으로 그 바로 북쪽이 이 지파의 분깃이 있는 지역이었다. 이는 이 지파로서는 크게 유리한 점이었고, 그리하여 이 지파에 속하였고 그 바다와 잇닿아 있는 가버나움과 벳새다가 부요함을 누렸다. 모세가 이 축복들에서 예언의 영에 인도받았음을 보라. 제비를 뽑아 각 지파들의 분깃이 나누어지기도 전에 그는 그것이 어떨지를 미리 보고 예언하였던 것이다.

Ⅲ. 아셀 지파에 대한 축복(24, 25절). 이 지파에 대해서는 네 가지 것들을 위해 기도하고 예언한다. 아셀은 그 이름 자체에 복을 수반하고 있다. 레아는 이 지파의 조상을 아셀이라 부르며, 나는 기쁜 자라 라고 말하였다(창 30:13).

1. 그 숫자가 증가할 것임. 그들은 지금도 무수한 지파였다(민 26:47). 그러나 "더욱 그렇게 되며, 자녀들로 복을 받을지로다(한글 개역개정판은 아들들 중에 더 복을 받으며로 번역함 — 역주)." 주목하라. 자녀들은, 특히 언약의 자녀들은 짐이 아니라 복이다.

2. 그들이 이웃들에게 관심을 받음. 그의 형제에게 기쁨이 되며. 주목하라. 우리가 함께 사는 주위의 사람들에게서 사랑과 선한 뜻을 얻는다는 것은 매우 바람직한 일이다. 이것이야말로 우리가 모든 마음을 손에 쥐고 계시는 하나님께 간구해야 할 문제요, 또한 얻기 위해 온유와 겸손으로 힘써야 할 문제다. 또한 우리는 능력과 기회가 주어지는 대로 모든 사람들에게 선을 행할 준비를 갖추고 있어야 하는 것이다.

3. 그 땅의 풍요로움. (1) 땅 위. 그의 발이 기름에 잠길지로다. 즉, "그의 분깃에 기름이 너무도 풍족하여 그것으로 머리를 바를 뿐 아니라 원한다면 그것에 발을 담가 씻기까지 할 수 있게 될지로다." 그렇게 하는 일은 흔한 일이 아니었다. 그러나 복되신 우리 주님은 그의 발이 지극히 값진 향유로 씻겨지실 정도로 형제들에게 환대를 받으신 것을 본다(눅 7:46). (2) 땅 속. 네 문빗장은 철과 놋이 될 것이니. 즉, "네 땅 속에 이 금속들이 풍부하게 있을 것이니, 범상치 않은 복으로 인하여 지면과 그 속까지 풍성하게 되리로다." 아니면, 그것들을 자기 지역의 산물로 얻지 않으면, 바깥으로부터 수입하여 갖게 될 것이었다. 이 지파의 분깃은 해변에 위치하였기 때문이다. 풀어쓴 갈대아 역본은 이를 비

유적인 의미로 이해한다: "네가 철과 놋처럼 강하고 밝으리로다."

4. 그들의 힘과 활력이 지속될 것임. 네가 사는 날을 따라서 능력이 있으리로다. 많은 이들이 이를 다음과 같이 풀어서 이해한다: "네 늙은 날의 힘이 마치 네 청년 때와 같으리로다. 너는 쇠하여 감을 느끼지 않을 것이요, 낡아지지도 않을 것이며, 네 청춘을 새롭게 할지로다. 네 신은 물론 네 뼈까지도 철과 놋으로 되어 있는 것 같으리로다." 성경에서는 날이 그 날의 사건들을 뜻하는 경우가 많다. 그러므로 이를 여기에 적용시키면, 이것은 그들이 어떤 상태에 있든지 그들의 시련과 어려움 아래서 하나님이 그들을 은혜로 뒷받침하실 것이라는 하나의 약속이라 할 것이다. 그러므로 이것은 모든 아브라함의 영적인 자손들에게 주는 확실한 약속이기도 하다. 곧, 하나님이 그들을 부르사 섬기게 하시고 고난을 당하게 하시나 그와 동시에 거기에 합당한 은혜와 위로를 지혜로 이 베풀어주시리라는 것이다. 그들이 지정받은 임무가 있는가? 그 일을 감당하도록 힘을 얻게 될 것이다. 그들이 지정받은 힘든 짐이 있는가? 능히 그것들을 질 수 있도록 힘을 얻게 될 것이다. 그러므로 감당하지 못할 시험 당함을 절대로 허락하지 아니하실 것이다(고전 10:31). 그렇게 약속하셨고, 또한 우리로 하여금 이 약속을 신뢰하고 소망을 갖게 하시는 하나님은 신실하신 분이시다.

²⁶여수룬이여 하나님 같은 이가 없도다 그가 너를 도우시려고 하늘을 타고 궁창에서 위엄을 나타내시는도다 ²⁷영원하신 하나님이 네 처소가 되시니 그의 영원하신 팔이 네 아래에 있도다 그가 네 앞에서 대적을 쫓으시며 멸하라 하시도다 ²⁸이스라엘이 안전히 거하며 야곱의 샘은 곡식과 새 포도주의 땅에 홀로 있나니 곧 그의 하늘이 이슬을 내리는 곳에로다 ²⁹이스라엘이여 너는 행복한 사람이로다 여호와의 구원을 너 같이 얻은 백성이 누구냐 그는 너를 돕는 방패시요 네 영광의 칼이시로다 네 대적이 네게 복종하리니 네가 그들의 높은 곳을 밟으리로다

이는 위대한 저술가인 모세가 스스로 기록하였거나 혹은 불러서 기록하게 한 모든 말씀 중에 마지막 말씀들이다. 그러므로 이 말씀들은 매우 두드러지고 또한 귀한 교훈을 담고 있음을 보게 될 것이다. 하나님의 사람 모세는 마지막 숨을 거두면서 이스라엘의 하나님과 하나님의 이스라엘을 모두 지극히 높인다. 그가 보기에는 하나님이나 이스라엘이나 타의 추종을 불허한다. 이러

한 그의 판단에서 우리는 그의 눈이 전혀 흐려지지 않았음을 확신하게 된다.

I. 이스라엘의 하나님 같은 신은 없다. 이방 민족들의 신들 중에는 여호와께서 그를 예배하는 자들을 위해 행하신 일을 행할 능력이 있는 신이 하나도 없었다. 여수룬이여 하나님 같은 이가 없도다(26절). 주목하라. 하나님이 우리를 복 주시고 일을 잘 되게 해 주시기를 기대할 때에는 우리도 말로 그를 찬송하고 높여야 한다. 그리고 하나님을 높이는 지극히 엄숙한 방법 중의 하나는 바로 그와 같은 이가 없음을 시인하는 것이다. 그런데,

1. 이것은 이스라엘의 존귀였다. 민족마다 자기의 신을 자랑했다. 그러나 이스라엘처럼 자랑스러운 하나님이 있는 민족은 하나도 없었다.

2. 그런 하나님과의 언약 속에 들어갔다는 것이야말로 그들의 행복이었다. 여기서 모세는 여타 다른 모든 신들과 비교할 수 없는 여수룬의 하나님의 뛰어나심을 입증해 주는 두 가지 증거를 주목한다. (1) 그의 주권적인 권능과 권세: 그가 하늘을 타고 지극히 위대한 권위와 위엄을 궁창에서 드러내신다. 하늘을 타고 달리신다는 것은 그의 위대하심과 영광을 나타내며(그는 영광 중에 위의 세상에 자신을 드러내신다), 또한 그가 하늘의 영향력들과, 구름들이 만들어내는 갖가지 것들을 사용하사 아래 세상에서 그의 뜻을 이루신다는 것을 나타낸다. 그는 사람이 자기가 타는 말에게 행하듯이 그것들을 운용하시고 지도하신다. 그의 백성을 위해 무슨 일을 하실 때면, 그는 하늘을 타고 그 일을 행하신다. 그 일을 신속하고도 강력하게 행하시니 말이다. 그 어떤 원수도 하늘을 타고 달리시는 그의 행로를 예측할 수도, 방해할 수도 없는 것이다. (2) 그의 한 없는 영원하심. 그는 영원하신 하나님이시며, 그의 무기들이 영원하다(27절). 하늘의 신들은 그저 최근에 만들어진 것들에 불과하고 속히 망할 것들이다. 그러나 여수룬의 하나님은 영원하시다. 그는 온 세상보다 먼저 계셨고, 때와 날들이 더 이상 존재하지 않을 때에도 여전히 계실 것이다. 합 1:12을 보라.

II. 하나님의 이스라엘 같은 백성은 없다. 각 지파가 행복할 것을 선언한 다음 모세는 마지막으로 모든 지파를 합쳐서 지극히 행복하다고 선언한다. 모든 면에서 행복하여 해 아래 그 어떤 민족도 그들과 비교할 수가 없다는 것이다. 이스라엘이여 너는 행복한 사람이로다(29절). 여호와를 하나님으로 모시는 백성은 그 사실로 인해서 진정 행복한 자들이요, 그 같은 백성이 하나도 없다. 이스라엘이 하나님을 그런 분이 다시없는 그런 하나님으로 존귀하게 섬기면,

하나님께서 그들에게 자비를 베푸사 그들을 그런 백성이 다시없는 그런 백성으로 만드사 모든 이웃들이 부러워하게 하시고, 또한 그들이 잘되기를 바라는 모든 자들에게 기쁨이 되게 하실 것이다. 그리스도는 그의 신부에게, 너 같은 백성이 누구냐, 내 사랑아 너는 어여쁘고 어여쁘다 라고 말씀하신다. 이에 대해 그의 신부는 곧바로 이렇게 화답한다: 내 사랑아 너는 어여쁘고 어여쁘다. 땅의 어느 한 나라가(아니, 모든 민족들을 다 합쳐도) 주의 백성 이스라엘과 같으리이까? 라고 화답한다(삼하 7:23). 여기서 이스라엘의 교회와 그 존귀와 특권들에 대해 말씀하는 바는 하늘에 기록되어 있는 장자들의 교회에도 적용되는 것이 분명하다. 사도의 말씀처럼 기독교 교회는 하나님의 이스라엘이요(갈 6:16), 그 교회 위에 평화가 있을 것이요, 또한 이스라엘이 그랬듯이 세상의 모든 사회들 위에 높은 위엄을 지니는 것이다.

1. 그들처럼 안정되게 피난처에 거한 백성이 없었다. 영원하신 하나님이 네 피난처가 되시니(27절). 혹은, 이 단어가 뜻하는 바와 같이, "사람이 자기 집에서 그렇듯이 네가 안전하고 편안하게 거하며 쉬는 네 거처(한글 개역개정판이 이를 취한다), 혹은 저택이 되시니." 이스라엘 사람은 누구나 하나님 안에서 과연 집에 있는 것처럼 편안하다. 영혼이 그에게로 돌아가 그의 안에서 그 안식처(시 116:7)와 그 은신처(시 32:7)를 찾고 거기서 쉬는 것이다. 그리고 그를 거처로 삼는 자들은 그 안에 거하는 모든 위로와 은덕들을 다 누릴 것이다(시 91:1). 모세는 이스라엘이 광야에서 방황하고 있을 때에 하나님을 이스라엘의 거처로 바라보았다. 주여 주는 대대에 우리의 거처가 되셨나이다(시 90:1). 그러므로 이제 그들이 가나안에 정착하고자 할 때에도 그들의 거처를 바꾸는 일이 있어서는 안 된다. 그들은 여전히 그들의 거처이신 영원하신 하나님이 필요할 것이요, 여전히 그들에게 그가 계실 것이다. 그가 없이는 가나안 땅도 광야가 되고 어둠의 땅이 되고 말 것이다.

2. 그들처럼 잘 뒷받침 받은 백성이 없었다. 그의 영원하신 팔이 네 아래에 있도다. 즉, 아무리 큰 곤경과 어려움 속에서라도 아무리 무거운 짐을 진 상태에 있다 해도 그를 신뢰하는 모든 이들은 하나님의 전능하신 능력의 개입으로 보호와 위로를 받는다. 그의 영원하신 팔이 (1) 교회 전체의 일을 뒷받침하사 그들이 가라앉았거나 무너지는 일이 없을 것이다. 교회의 아래에 그 기초가 되는 만세 반석이 있으니, 음부의 권세가 절대로 이기지 못할 것이다(마 16:18). (2)

영들 혹은 신자들 개개인을 뒷받침하사, 그들이 압제를 받아도 어려움으로 완전히 압도당하는 일이 없게 하실 것이다. 아무리 하나님의 백성이 어려운 처지에 있다 할지라도, 심지어 도저히 속수무책으로 압박을 받을 때라도, 영원하신 팔이 그들을 떠받치셔서 낙심하지 않게 하시고 믿음이 무너지지 않도록 하시는 것이다. 영원한 언약과 또한 거기서 흘러나오는 영원한 위로야말로 과연 영원하신 팔이요, 신자들은 이것으로 놀랍게 지탱 받아왔고, 최악의 시기에도 활기를 잃지 않았다. 그들에게 하나님의 은혜가 족한 것이다(고후 12:9).

3. 그들처럼 전투에서 잘 지휘를 받고 인도함 받은 백성이 없었다. "그가 네 앞에서 그의 전능하신 능력으로 대적을 쫓으시리니 이로써 네가 여유를 갖게 될 것이요, 또한 그들을 멸하라는 명령을 주심으로 그가 대적을 쫓으시리라." 그들이 들어가는 땅은 강하고 견고한 사람들이 차지하고 있었고, 그들은 그 땅을 처음으로 일군 자들로서 당연히 자기들을 정당한 소유자로 인식하고 있었다. 그러니 어떻게 이스라엘이 그들을 내쫓는 일을 정당화할 것이며, 또한 어떻게 그 일을 이룰 것인가? (1) 하나님이 그들에게 가나안 사람들을 멸하라는 명령을 주실 것이요, 그것이 그들을 정당화시켜 줄 것이며, 그들로 하여금 세상을 상대하여 견디게 해줄 것이다. 모든 생명과 모든 땅의 주권자이신 여호와께서 이스라엘 백성들이 가나안 땅을 소유하고 가나안의 백성들을 칼로 끊어내는 일을 허용하시고 허락하실 뿐 아니라 분명하게 지정하시고 명령하셨으므로, 그 명령을 받은 그들로서는 정당하게 또한 명예롭게 그 일을 행할 수 있는 것이요, 조금도 그들이 도둑질이나 살인의 오명을 쓸 이유가 없는 것이다. (2) 하나님이 그들을 멸할 힘과 능력을 그들에게 주실 것이다. 아니 그가 그들의 손으로 그 일을 효과적으로 이루도록 하실 것이다. 그가 그들의 앞에서 대적을 쫓으실 것이다. 그들이 이스라엘에 대한 두려움이 가득하여 도망하게 될 것이다. 하나님이 이방 백성을 내쫓으시고 그의 백성을 거기에 뿌리박게 하시는 것이다(시 44:2). 그러므로 신자들은 그들을 사랑하신 그리스도로 말미암아 그들의 영적 원수들을 이기고도 남는다. 우리 구원의 대장께서 십자가 위에서 세상을 이기시고 통치자들과 권세들을 무너뜨리셨을 때 우리 앞에서 대적을 쫓으신 것이다. 그리고 우리에게 주시는 명령의 말씀은 곧 "멸하라. 승리를 취하라. 너희가 노획물을 나누리라"이다.

4. 그들처럼 안전하게 잘 보호받은 백성이 없었다. "이스라엘이 안전히 거하

며(28절). 하나님 안에 거하고 그의 이름을 견고한 망대로 삼는 자들은 안전히 거하며, 견고한 바위가 그의 요새가 되리라(사 33:16). 그들이 홀로 안전히 거할 것이다. (1) 혼자임에도 불구하고. 이웃들과 동맹을 맺지도 않았고, 그들에게서 무슨 도움이나 구원을 기대할 이유가 있는 것도 아니나, 그들은 안전히 거할 것이다. 정말로 안전할 것이요 그들 스스로도 안전하다고 생각할 것이다. (2) 혼자이기 때문에. 그들이 계속해서 순전하고 이방인들과 뒤섞이지 않고, 유일하고 특별한 백성으로 있는 한 안전히 거할 것이다. 다른 민족들과 구별되는 것으로 인하여 그들은 무늬 있는 매처럼 되었고(렘 12:9) 또한 주변의 사람들에게 악의를 불러일으켰으나, 그들이 하나님의 보호하심 아래 있으므로 그들의 불행을 바라는 이웃들에게서 진정으로 보존되었던 것이다. 하나님과 가까이 있는 모든 사람은 그로 말미암아 안전히 거할 것이다. 그리스도의 나라에서 이스라엘이 평안히 살 것이라는 것이 약속되어 있다(렘 23:6).

5. 그들처럼 잘 공급받은 백성이 없었다. 야곱의 샘(즉, 그 백성의 현 세대를 뜻한다. 그들이 그 이후 그들에게서 나서 계속 이어져 내려가게 될 모든 세대들의 샘이 되는 것이다)이 이제 좋은 땅에 고정되게 될 것이다. 야곱의 눈(동일한 단어가 "샘"을 뜻하기도 하고 "눈"을 뜻하기도 하니, 이렇게 읽을 수도 있다)은 곡식과 새 포도주의 땅에 있나니. 즉, 그들이 지금 진을 치고 있는 곳에서 가나안이 눈에 보이고, 그 땅이 요단 강 이편에 있는 그들의 코앞에 있었으므로, 속히 그들의 손으로 취하고 발로 밟게 될 것이었다. 그들이 눈으로 바라본 그 땅은 땅의 기름과 하늘의 이슬로 복 받은 땅이었다. 그 땅은 곡식과 새 포도주의 땅으로서, 필수적이고도 유용한 산물들이 넘쳐나는 땅이었다. 또한 그의 하늘(마치 하늘이 그 땅에 복이 되도록 계획적으로 주어지기라도 한 것처럼)이 이슬을 내릴 것이다. 이슬이 없이는 흙이 아무리 좋아도 곡식과 포도주는 곧 사라지고 말 것이었다. 모든 이스라엘 사람은 각자 진정 믿음의 눈을 갖고서 더 나은 본향을, 곧 곡식과 포도주보다 더 나은 것들로 풍요롭게 채워져 있는 하늘의 가나안을 바라보았다.

6. 그들처럼 잘 도움 받은 백성이 없었다. 그들이 곤경 중에 있을 때 하나님은 그들을 도우시려고 하늘을 타고 임하셨다(26절). 그리고 그들은 여호와의 구원을 얻은 백성이었다(29절). 그들이 해를 당할 위험에 처하여 있거나 좋은 것이 없어 고통을 당할 때면, 그들이 호소할 영원하신 하나님이 계셨고, 신뢰할

전능하신 능력자가 계셨다. 하나님이 도우시면 아무것도 그들을 해칠 수가 없었고, 여호와의 구원을 얻은 백성이 망한다는 것은 불가능한 일이었다. 복음적 이스라엘에 덧붙여지는 자들은 구원 받을 사람들이다(행 2:47).

7. 그들처럼 잘 무장된 백성이 없었다. 하나님이 친히 그들을 돕는 방패가 되사 방어의 무기를 갖추게 하셨고, 이로써 그들은 모든 공격에 충족히 자신을 보호할 수 있게 되었다. 그리고 그가 그들의 영광의 칼이 되사 공격의 무기를 갖추게 하셨고, 그들을 강력하게 무장시키사 모든 전쟁에서 승리를 거두게 하셨다. 하나님을 가리켜 그들의 영광의 칼이라 부르는 것은, 그가 그들을 위하여 싸우사 그들을 다른 민족보다 뛰어나게 하셨기 때문이었거나, 혹은 그들을 위하여 행하신 모든 일에서 그가 그들 가운데 있는 그의 성소를 주시하셨기 때문이었을 것이다. 그의 성소를 가리켜 야곱의 영광(혹은, 영화)이라 부르는 것이다(시 47:4; 겔 24:21; 암 6:8). 거룩한 그 영광을 마음에 둔 사람은 하나님 자신을 그 방패와 칼로 삼으며, 하나님의 전신갑주로 보호를 받는 것이다. 그의 말씀이 그들의 칼이요, 그 말씀을 믿는 믿음이 그들의 방패인 것이다(엡 6:16, 17).

8. 그들처럼 원수들에 대해 승리를 확신한 백성은 없었다. 네 대적이 네게 복종하리니. 즉, "자기들의 뜻과는 반대로 그들이 어쩔 수 없이 네게 복종하게 되리니, 그저 가짜로 복종하는 것뿐이리라. 그러나 네가 승리를 얻으리니, 네가 그들의 목을 밟으리라"(칠십인역). 이것이 여호수아 10:24에서 이루어지는 것을 보게 된다. "그들의 요새들이 아무리 높다 할지라도 네가 그것들을 밟을 것이요, 그들의 궁궐과 신전들이 아무리 신성하다 해도 네가 그것들을 밟으리라. 네 대적이 네게 거짓말쟁이인 것이 밝혀지면(어떤 이들은 이렇게 읽는다) 네가 그들의 높은 곳을 밟으리로다. 그들이 조약과 동맹의 끈으로 묶여지지 않으면, 전쟁의 힘으로 깨뜨림을 당할 것이다." 평강의 하나님께서 사탄을 모든 신자들의 발 아래에서 상하게 하실 것이요 또한 그 일을 속히 이루실 것이다(롬 16:20).

이제 이 모든 사실이 있으니, 너는 다음과 같이 외칠 것이다: 오 이스라엘이여 너는 행복한 사람이로다 너 같은 백성이 누구냐! 여호와를 하나님으로 모시는 백성은 세 배나 행복한 것이다.

제
— 34 —
장

개요

　　모세가 그의 증언을 마치는 것을 읽었으니, 이제 여기서는 그가 즉시 삶을 마감한 사실을 접하게 된다. 본 장은 모세 자신이 기록했을 수는 없고, 여호수아나 엘르아살이 덧붙였을 것으로 여겨지며, 혹은 패트릭 주교의 추정처럼 사무엘이 이를 덧붙였을지도 모른다. 사무엘은 선지자로서 여호수아와 그의 후계자들인 사사들의 기록에서 자신이 발견한 것을 신적인 권위로 기록한 사람이었다. 모세의 마지막 유언에 대한 기사를 이미 접하였으니, 여기서는 그의 마지막 임종의 일에 대한 기사를 접하게 된다. 우리 모두도 곧 임종을 맞아야 할 것이고 또한 그 일을 잘 해야 한다. 본 장의 주요 내용은 다음과 같다. I. 모세가 죽기 직전 가나안 땅을 바라봄(1-4절). II. 그의 죽음과 장례(5, 6절). III. 그의 나이(7절). IV. 이스라엘이 그를 위하여 애곡함(8절). V. 그의 후계자(9절). VI. 그의 성품(10-12절).

¹모세가 모압 평지에서 느보 산에 올라가 여리고 맞은편 비스가 산꼭대기에 이르매 여호와께서 길르앗 온 땅을 단까지 보이시고 ²또 온 납달리와 에브라임과 므낫세의 땅과 서해까지의 유다 온 땅과 ³네겝과 종려나무의 성읍 여리고 골짜기 평지를 소알까지 보이시고 ⁴여호와께서 그에게 이르시되 이는 내가 아브라함과 이삭과 야곱에게 맹세하여 그의 후손에게 주리라 한 땅이라 내가 네 눈으로 보게 하였거니와 너는 그리로 건너가지 못하리라 하시매

　　여기서 보라.

　I. 모세는 하늘을 향하여 높이 비스가 산꼭대기까지 올라가서 거기서 죽었다. 그 곳이 그의 죽음을 위하여 지정된 곳이었기 때문이다(32:49, 50). 이스라엘은 모압 평지의 평평한 지면에 진을 치고 있었고, 그는 명령에 따라 거기서부터 나와서 느보 산으로 올라가 비스가라 불린 그 산의 가장 높은 봉우리에

까지 이르렀다(1절). 비스가는 그런 모든 뛰어난 것들을 모두 뭉뚱그려 일컫는 하나의 통칭이다. 모세는 비스가 산꼭대기까지 아무 도움이 없이 홀로 올라간 것으로 보인다. 그의 생애의 마지막 날에도 수행하는 사람도 없이 홀로 높은 산꼭대기까지 올라갈 수 있었으니, 이는 그의 기력이 아직 쇠하지 않았다는 하나의 증표라 할 것이다. 전에 그의 팔이 피곤할 때에는 떠받쳐준 자들이 있었는데(출 17:12), 지금은 주위에 아무도 없이 홀로 그리로 올라간 것이다. 이스라엘을 축복하는 일을 마치자 그는 엄숙한 자세로 여호수아와 엘르아살과 나머지 사람들을 떠났을 것이고, 그들은 그 산 밑에까지 그를 배웅했을 것으로 여겨진다. 그는 거기서 아브라함이 다른 산 밑에서 그의 종들에게 해 준 것과 같은 권면을 그들에게 주었을 것이다: 내가 올라가 죽으리니 너희는 여기 머물라. 그들은 그가 죽는 것을 보아서는 안 되었다. 그의 무덤에 대해 몰라야 했기 때문이다. 그러나 실제로 그랬든 그렇지 않았든, 그는 비스가 산꼭대기까지 올라갔다.

1. 그 자신이 기꺼이 죽기를 바라고 있다는 것을 보여주었다. 그 자신이 죽을 곳을 알게 되었을 때 그것을 피하고자 하기는커녕 오히려 즐거이 가파른 언덕을 올라 그리로 나아갔다. 주목하라. 은혜로 말미암아 저 세상을 익히 잘 알고, 그 세상과 많은 교감을 나눈 자들은 이 세상을 떠나기를 두려워할 필요가 없다.

2. 그가 죽음을 자신의 승귀(昇貴: ascension)로 여기고 있음을 보여주었다. 선한 사람의 영혼은 육체를 떠날 때 위로 올라간다(전 3:21). 이런 영혼의 움직임과 일치하여, 모세의 육체도 땅이 이끄는 한 가장 높은 곳으로 함께 따라가는 것이다. 하나님의 종들이 세상 바깥으로 보내심을 받을 때에, 올라가 죽으라는 소환 명령이 주어지는 것이다.

II. 모세는 다시 이 땅을 향하여 내려다보면서, 그가 절대로 들어가서는 안 될 이 땅의 가나안을 바라보았다. 그러나 동시에 그는 믿음으로 거기서 그가 이제 곧 들어가야 할 하늘의 가나안을 기대하며 바라보았다. 하나님은 그가 가나안으로 들어가 그 땅을 소유하지 못할 것이라고 경고하신 바 있었고, 그 경고가 실현되고 있다. 그러나 그 땅을 바라보게 되리라는 약속을 받았었고, 여기서 그 약속이 시행되고 있다. 여호와께서 그 좋은 땅을 그에게 보이시는 것이다(1절).

1. 그가 홀로 비스가 산꼭대기에 올라갔으나 그는 혼자 있는 것이 아니라 아버지께서 그와 함께 계시는 것이었다(요 16:32). 사람에게 친구들이 있다면, 자신이 죽음을 맞을 때에 그들을 자기 주변에 있게 할 것이다. 그러나 하나님의 섭리로나 혹은 친구들의 불친절함 때문에 우리가 홀로 있게 된다 해도, 우리는 두려워할 필요가 없다. 위대하고 선하신 목자께서 우리와 함께 계시기 때문이다(시 23:4).

2. 그의 시력이 매우 좋았고 또한 높은 위치에 있어서 멀리 바라보기를 바랄 수 있었다 해도, 가나안 온 땅을 끝에서 끝까지(약 80km 내지 100km 정도로 추정할 수 있다) 다 볼 수는 없었을 것이다. 하나님께서 이적적으로 그의 시력을 높이셔서 보게 하신 것이다. 그러므로 여호와께서 보이시고 라고 말씀하는 것이다. 주목하라. 더 나은 본향에 대해 우리가 모든 즐거운 전망을 갖게 되는 것은 오직 하나님의 은혜로 말미암는다. 계시의 영과 지혜의 영을 주시고, 보는 대상물과 또한 보는 눈을 주시는 것이 바로 하나님이시다. 마귀가 우리 주님을 여기의 모세처럼 지극히 높은 산으로 데려가서 세상의 모든 나라들과 그 영광을 한순간에 한꺼번에(여기서처럼 하나씩 점차적으로가 아니라) 보여주었는데, 이 때 마귀는 아마도 하나님께서 여기서 모세에게 가나안을 보게 해 주신 것을 가짜로 만들어서 허공에서 환영으로 우리 주님께 보여주었을 것이다.

3. 그는 멀리서 그것을 보았다. 이보다 오래 전에 아브라함은 그리스도의 날을 멀리서 보았다. 그리고 그것을 충실히 납득하고서 그것을 약속으로 알아 환영하였고, 다른 이들로 하여금 그 약속이 이루어질 때에 그것을 환영하도록 하였다(히 11:13). 오늘의 신자들은 은혜로 말미암아 그 미래 상태의 환희와 영광을 그렇게 바라보는 것이다. 그들에게는 말씀과 성례가 모세의 비스가 산이다. 그것들을 통해서 장차 나타날 영광을 편안하게 바라보며, 그것을 소망하며 즐거워하는 것이다.

4. 그것을 보았으나 절대로 그것을 누리지 못하였다. 하나님께서 때때로 장차 올 악에서 그 백성을 데려가시는 것처럼, 다른 때에는 장차 올 선한 것에서, 곧 교회가 현 세상에서 누리게 될 그런 선한 것에서, 그들을 취하여 가시기도 한다. 말일에 그리스도의 나라에 대해서, 그 나라의 전진과 확대되는 것과 그 번창하는 상태에 대해서, 영광스러운 일들이 전파된다. 우리가 그것을 미리 보지만 그것을 실제로 보기까지 살아 있을 가능성은 별로 없다. 우리 뒤에 오는

자들이 그 약속의 땅에 들어가기를 소망하며, 우리의 시신들이 이 광야에서 무너지는 것을 볼 때에 그 소망이 우리에게 위로가 되는 것이다. 왕하 7:2을 보라.

5. 그는 죽기 직전에 이 모든 것을 보았다. 하나님께서는 때때로 그의 은혜의 가장 밝은 것들을 그의 백성들을 위하여 마지막까지 남겨두셔서 그것으로 그들의 임종의 순간에 힘이 되게 하신다. 가나안은 임마누엘의 땅이었고(사 8:8), 따라서 모세는 그 땅을 바라보는 중에 우리가 그리스도로 말미암아 누리는 그 복들을 바라본 것이다. 그것은 하늘의 모형이었고(히 11:16), 또한 믿음이 그 실상이요 증거다. 주목하라. 그리스도를 믿는 믿음 안에서, 또한 하늘에 대한 소망을 갖고, 또한 가나안을 눈으로 보며 죽는 자들은 과연 큰 즐거움으로 이 세상을 떠날 수 있을 것이다. 그렇게 하나님의 구원을 보았으니, 우리는, 주여 이제 주의 종을 편안히 떠나게 하소서 라고 말할 수 있을 것이다.

⁵이에 여호와의 종 모세가 여호와의 말씀대로 모압 땅에서 죽어 ⁶벳브올 맞은편 모압 땅에 있는 골짜기에 장사되었고 오늘까지 그의 묻힌 곳을 아는 자가 없느니라 ⁷모세가 죽을 때 나이 백이십 세였으나 그의 눈이 흐리지 아니하였고 기력이 쇠하지 아니하였더라 ⁸이스라엘 자손이 모압 평지에서 모세를 위하여 애곡하는 기간이 끝나도록 모세를 위하여 삼십 일을 애곡하니라

여기서 다음을 보라.
I. 모세의 죽음. 여호와의 종 모세가 … 죽어(5절). 하나님은 그가 요단 강을 건너가지 못할 것을 말씀하셨고, 이에 대해 처음에는 그가 그런 선언을 번복시켜 주시기를 간절히 구하였으나 하나님의 응답으로 만족하고서 그 일로 다시는 말하지 않았다(3:26). 복되신 우리 주님도 그 잔이 그에게서 떠나가게 해주시기를 기도하였으나 그는 아버지여 주의 뜻이 이루어지이다 라는 말씀으로 그대로 묵인하셨다. 모세는 이 세상에서 한동안 더 살고자 하는 바람을 가질 만했다. 그가 늙은 것은 사실이나, 그의 조상들의 연조에는 미치지 못하였다. 그의 아버지 아므람은 137세를 살았고, 그의 조부 고핫은 133세를 살았으며, 그의 증조부 레위는 137세를 살았다(출 6:16-20). 그런데 그 생애를 통하여 그들 중 어느 누구보다 유익을 끼친 모세가 120세에 죽어야 할 이유가 어디 있는가? 특

히 늙어 쇠한 것을 아직 느끼지 못하고 여전히 섬기기에 충분한 기력을 유지하고 있었으니 말이다. 지금 이 시점에서 그를 잃는다는 것은 이스라엘에도 좋지 않을 것이었다. 그가 살아서 계속 하나님과 함께 교류하게 되면 여호수아에게도 용기가 될 것임은 물론 가나안 정복에 뛰어드는 백성들에게도 더할 나위 없이 큰 행복이 될 것이었다. 광야의 온갖 기진맥진하는 세월을 다 보냈는데 이제 가나안의 즐거움을 누리지 못하게 된다는 것은 모세 자신으로도 견디기 힘든 일이었을 것이다. 무거운 짐과 대낮의 열기를 다 견뎠는데, 이제 그 일을 마무리하는 영광을 다른 사람에게, 그것도 자기 아들이 아니라 자기의 종에게 이양하여 그로 하여금 그의 수고를 담당하도록 해야 하다니 말이다. 이 일이 혈과 육에게는 달갑지 못했다고 생각할 수도 있을 것이다. 그러나 그 사람 모세는 그 온유함이 지면의 모든 사람보다 더한 사람이었다(민 12:3). 그러므로 하나님이 일을 그렇게 행하시니 그는 거기에 기꺼이 순복하는 것이다.

1. 여기서 그를 여호와의 종이라 부른다. 그를 선한 사람으로만이 아니라(모든 성도들은 하나님의 종들이다) 쓰임 받는 사람으로 부르는 것이다. 그는 이스라엘을 애굽에서 이끌어 내고 광야를 통과하게 하신 하나님의 뜻을 충실하게 섬긴 뛰어난 종이었다. 여수룬의 왕이라는 것보다 여호와의 종이라는 것이 그에게는 더욱 존귀한 일이었다.

2. 그러나 그는 죽는다. 그가 경건하였고 또한 훌륭하게 쓰임 받았으나 죽음을 비켜갈 수는 없었다. 하나님의 종들이 수고에서 놓임 받아 쉼을 얻고, 상급을 얻고, 다른 이들에게 자리를 넘겨주기 위해서는 그들이 죽어야 한다. 하나님의 종들이 세상을 떠나 이 땅에서는 더 이상 그를 섬기지 못하게 될 때라도, 그들은 그를 더 잘 섬기고 그의 성전에서 밤낮으로 섬기러 가는 것이다.

3. 그는 가나안에 이르지 못하고 모압 땅에서 죽는다. 아직 그와 그의 백성들이 안정되지 못한 처지에 있고 아직 그들의 안식에 들어가지 못한 때에 죽는 것이다.

4. 그는 여호와의 말씀대로 여호와의 입에서 죽는다. 문자적으로 그렇게 되어 있다. 유대인들은, "하나님이 입으로 하시는 입맞춤을 받으며 죽었다"고 말한다. 그가 매우 쉽게 죽은 것은 분명하다. 그 죽음은 즐거운 죽음이었다. 그의 죽음에는 굴레가 없었다. 그는 죽을 때에 그를 향하신 하나님의 사랑을 지극히 즐겁게 맛보았다. 그러나 그가 여호와의 입에서 죽었다는 것은 다른 것이 아니

라 곧 그가 하나님의 뜻에 따라 죽었다는 뜻일 것이다. 주목하라. 여호와의 종
들은 다른 모든 일을 다 마치고 난 후에는 주인의 뜻에 순복하여 결국 죽어야
하며, 언제든 그가 그들을 보내시면 기꺼이 즐거움으로 집으로 돌아가야 하는
것이다(행 21:13).

Ⅱ. 그의 장례(6절). 모세가 엘리야처럼 하늘로 올라갔다는 것은 몇몇 유대
인들의 근거 없는 억측일 뿐이다. 그가 죽어 … 장사되었고 라고 여기서 분명히
말씀하기 때문이다. 그러나 아마 그는 다시 일으킴 받아 엘리야를 만나 그리스
도께서 변화하실 때에 그 엄숙한 광경에 함께 임하였을 것이다.

1. 하나님이 친히 그를 장사하셨다. 즉, 천사들의 사역을 통해서 그를 장사
지내셨고, 그리하여 그의 장례가 매우 은밀하였으나 매우 위엄 있게 이루어졌
다. 주목하라. 하나님은 그의 종들의 죽은 시신들을 보살피신다. 그들의 죽음
이 고귀한 것처럼 그들의 시신도 고귀하므로 그 티끌 하나도 잃어버리지 아니
하고 그것과의 언약이 기억될 것이다. 모세가 죽자 하나님이 그를 장사하셨다.
그러나 그리스도께서 죽으셨을 때는 그가 그를 다시 살리셨다. 모세의 율법은
종식되어야 했으나, 그리스도의 복음은 그렇지 않기 때문이었다. 신자들은 죽
은 자 가운데서 살아나신 이와 혼인할 수 있게 되도록 율법에 대해 죽었다(롬
7:4). 미가엘, 즉 그리스도가(어떤 이들의 생각처럼) 모세를 장사지낸 것으로
보인다. 왜냐하면 그로 말미암아 모세의 규례들이 폐지되었고 사라졌으며, 그
의 십자가에 못 박혔고, 그의 무덤에 장사되었기 때문이다(골 2:14).

2. 그는 벳브올 맞은편 골짜기에 장사되었다. 그를 장사지낸 천사들이라면,
그의 시신을 요단 강 건너편으로 옮겨서 막벨라 굴에 족장들과 함께 그를 장사
하는 일이 얼마나 손쉬운 일이었겠는가! 그러나 우리는 우리의 매장지에 대해
지나치게 신경 쓰지 않기를 배워야 한다. 영혼이 하나님과 안식을 누리고 있다
면, 시신이 어디에 누웠는지는 큰 문제가 아니다. 풀어쓴 갈대아 역본 중의 하
나는, "그는 벳브올 맞은편에 장사되었으니, 이는 어느 때든 바알브올이 이스
라엘이 그에게 복속된 것을 자랑할 때마다 그의 신전 맞은편에 있는 모세의 무
덤이 그에게 경고가 되게 하기 위함이었다"라고 말한다.

3. 그의 시신이 묻힌 구체적인 장소는 알려지지 않았다. 이스라엘 자손이
우상 숭배에 빠질 소지가 다분하였으므로, 이들이 그 민족의 위대한 영도자인
모세의 시신을 모셔다 놓고 그것을 섬기지 못하도록 하기 위함이었다. 그들의

온갖 우상 숭배의 실례들 중에서 그들이 유물(遺物)을 경배했다는 기록이 없는 것은 사실이다. 그 이유는 어쩌면 그들이 여기서 모세를 예배하지 못하게 되어 그 이외에 다른 누구를 예배하는 수치를 무릅쓸 수가 없게 되었기 때문일 것이다. 유대인 저술가 중에 어떤 이들은, 모세의 시신이 감추어진 것은 엔돌의 신접한 여인이 사무엘을 깨워 불러온 것처럼 죽은 자들을 부르는 강신술사들이 그를 건드리지 못하게 하기 위함이었다고 말한다. 하나님께서는 그의 종 모세의 이름과 그에 대한 기억이 그처럼 남용되는 것을 원치 않으신 것이다. 많은 이들은 미가엘과 마귀 사이에 모세의 시신에 대해 싸움이 있었던 것(유 9)이 바로 이것이었다고 생각한다. 마귀는 그 장소를 알려서 그것이 백성들에게 올무가 되게 하려 하였으나, 미가엘이 그렇게 하지 못하게 했다는 것이다. 그러므로 죽은 성도들의 유물에 신적인 존귀를 부여하는 일을 찬성하는 자들은 마귀의 편에 서서 우리의 군주 미가엘과 싸우는 자들인 것이다.

Ⅲ. 그의 나이(7절). 그는 장수하였다.

1. 나이 많을 때까지 장수하였다. 그는 120세였는데, 비록 족장들의 연수에는 못 미쳤으나 그의 동시대 사람들 대부분의 연수를 훨씬 뛰어넘었다. 사람의 보통 수명이 칠십 세로 줄어들었기 때문이다(시 90:10). 모세의 생애는 세 번의 사십 년이 합쳐진 것이었다. 첫 사십 년 동안 그는 바로의 궁에서 편안하고도 존귀하게 살았다. 둘째 사십 년 동안은 미디안에서 가난하고 처량한 목자로 살았다. 그리고 셋째 사십 년 동안은 여수룬의 왕으로 존귀와 권세를 가지고 살았다. 그러나 동시에 온갖 걱정과 수고에 방해를 받으며 살았다. 우리가 사는 세상은 변화무쌍하며, 온갖 것들이 뒤섞여 있다. 그러나 우리 앞에 다가오는 세상은 뒤섞인 것도 없고 변화도 없다.

2. 아주 좋은 상태로 장수하였다. 그의 눈이 흐리지 아니하였고(이삭도 눈이 흐렸고, 창 28:1, 또한 야곱도 눈이 흐렸다, 창 48:10) 기력이 쇠하지 아니하였더라. 그의 육체의 기력이나 정신의 왕성한 활동도 아직 쇠하지 않았고, 전과 똑같이 말하고 글 쓰고 걸을 수가 있었다. 그의 이해력도 예전처럼 똑똑했고, 기억력도 예전처럼 왕성했다. 어떤 유대인 저술가는 "그의 얼굴에 주름살이 하나도 없었다"고 하고, 또 다른 저술가는 "이빨을 하나도 잃어버리지 않았다"고 한다. 그들 중 많은 이들은 그의 얼굴에 광채가 난 일에 대해서(출 34:30), 그런 상태가 마지막까지 지속되었다고 설명한다. 이는 그의 섬김에 대한 전체적

인 상급이었다. 그리고 그것은 특별히 그의 유례없는 온유함의 결과였다. 온유함이야말로 다른 모든 것에 못지않게 몸에 양약이 되어 골수를 윤택하게 하는 은혜이니 말이다. 모세가 제시한 도덕법 중에서, 정죄하는 권한은 참된 신자에게는 무효가 되었지만 명령들은 여전히 해당되며 세상 끝까지 그럴 것이다. 그 명령들의 눈은 흐려지지 않고, 마음의 생각과 의도를 분별할 것이요, 그 힘과 의무도 쇠하지 않을 것이다. 우리는 여전히 그리스도의 법 아래에 있는 것이다.

IV. 그를 위한 엄숙한 애곡(8절).　귀한 종들이 세상을 떠날 때에 그들을 사랑했고 귀하게 여겼던 자들로서 우리의 눈물로 그들을 따라가며, 그들을 잃은 사실을 깊이 느끼며, 또한 그들을 데려가시도록 하나님을 자극한 죄들로 인하여 진정 낮아지는 것이, 그들의 남은 존귀에 대해 우리가 갚아야 할 빚이다. 이와 더불어 회개하는 눈물을 함께 섞는 것이 매우 적절한 것이다. 관찰하라.

1. 애곡한 자들은 누구였는가. **이스라엘 자손**이었다. 그들 중 모세의 통치에 악감을 품었던 자들은 그저 겉으로만 애곡하였겠지만, 그들 모두가 그 의식에 충실히 임하였다. 그러나 그들 중에는 전에 그와 그의 통치에 대해 반감을 품었고 그를 돌로 쳐야 한다고 떠들기도 했으나 이제 자기들의 잘못을 지각하고서, 전에 그가 함께 있을 때에는 그의 가치를 알지 못하고 이제 그가 그들에게서 떠난 후에 비로소 깨닫고 그에 대해 마음을 다하여 애도한 자들도 있었으리라고 생각할 수 있다. 이처럼 전에 원망하던 자들이 바른 가르침을 배우게 된 것이다(사 29:24). 주목하라. 선한 사람들을, 특히 선한 통치자들을 잃는다는 것은 마음으로 크게 애도할 일이다. 그렇게 여기지 않는 자들은 어리석은 자들이다.

2. 얼마나 오래 애곡했는가. **삼십 일**이었다. 공식적인 애도 기간은 여기까지였으나, 그들 중에는 그보다 훨씬 더 오래 애곡을 계속한 이들도 있었을 것으로 보인다. 그러나 모세를 위하여 애곡하는 기간이 끝났다는 것은, 아무리 상실감이 크다 해도 영원토록 슬픔에 젖어 있어서는 안 된다는 것을 시사해 준다. 상처가 있어도 최소한 조만간 그것이 아물 때까지만 그것을 당해야 하는 것이다. 즐거움으로 하늘에 이르기를 소망한다면, 애곡하며 무덤에 가겠다고 결심할 이유가 어디 있는가? 모세의 의식법은 죽어 그리스도의 무덤에 장사되었다. 그러나 유대인들은 아직도 그 율법의 죽음을 애곡하는 기간을 끝마치지 않은 것이다.

⁹모세가 눈의 아들 여호수아에게 안수하였으므로 그에게 지혜의 영이 충만하니 이스라엘 자손이 여호와께서 모세에게 명령하신 대로 여호수아의 말을 순종하였더라 ¹⁰그 후에는 이스라엘에 모세와 같은 선지자가 일어나지 못하였나니 모세는 여호와께서 대면하여 아시던 자요 ¹¹여호와께서 그를 애굽 땅에 보내사 바로와 그의 모든 신하와 그의 온 땅에 모든 이적과 기사와 ¹²모든 큰 권능과 위엄을 행하게 하시매 온 이스라엘의 목전에서 그것을 행한 자이더라

여기서는 모세와 여호수아에 대해 지극히 존귀한 찬미를 보게 된다. 이 두 사람 모두 칭찬을 받을 만하고 또한 받아야 한다. 살아 있는 형제들을 높이느라 이미 세상을 떠난 자들의 공적을 잊는다면 그것은 배은망덕한 일이다. 그들을 기억하며 존귀를 돌릴 빚이 아직 남아 있는 것이다. 새로 떠오르는 해에게만 모든 존경을 다 돌려서는 안 된다. 그러나 반면에, 지나간 자들의 공적을 크게 외치며 그들을 계승하여 지금 살아서 역사하는 자들에게서 얻는 유익을 멸시하는 것도 부당한 일이다. 여기서처럼 그 두 사람에 대해서 하나님을 영화롭게 하여야 할 것이다.

I. 여호수아가 그가 부르심을 받은 그 일을 위해 훌륭한 자질을 갖춘 사람으로 칭찬받는다(9절). 모세는 이스라엘을 가나안 국경까지 데려갔고 거기서 죽어 그들을 떠났는데, 이는 율법은 아무것도 온전하게 못한다는 것을 뜻한다(히 7:19). 율법은 사람들을 정죄의 광야에로 인도하나 안식과 정착된 평화의 가나안에는 이끌지 못한다. 그 일은 여호수아(곧 우리 주 예수님, 여호수아는 그의 모형이었다)에게 예비된 존귀다. 율법이 육신으로 말미암아 연약하여 할 수 없는 그것을 그가 우리를 위해서 행하시는 것이다(롬 8:3). 그를 통하여 우리는 안식에 들어간다. 양심의 영적 안식과 하늘의 영원한 안식에 들어가는 것이다. 이 크나큰 일을 위하여 여호수아의 부르심을 확증하고자 세 가지가 제시된다.

1. 하나님이 그를 그 일에 합당하게 하셨다. 그에게 지혜의 영이 충만하니. 그렇게 다스리기 까다로운 백성을 다스려야 했고, 또한 그렇게 교활한 사람들을 정복해야 했으니 그에게 당연히 그것이 필요했다. 용기뿐 아니라 올바른 자질도 그만큼 필수적인 것이다. 여기서 여호수아는 그리스도의 모형이었다. 그리스도 안에는 지혜의 보화가 감추어져 있는 것이다.

2. 모세가 하나님의 지명하심으로 그를 그 임무에 임직시켰다. 모세가 눈의

아들 여호수아에게 안수하였으므로. 이렇게 해서 자기를 대신하여 그를 후계자로 세우고, 하나님께서 부르신 임무에 합당한 자질을 그에게 주시기를 구하였다. 이것이 하나님이 그에게 전혀 남다른 지혜의 영을 주신 하나의 이유로 등장한다. 그를 그 직위에 지명하신 것이 하나님 자신이 행하신 일이었기 때문이요 (하나님은 그가 쓰시는 자들에게 그 담당할 일에 합당하도록 어느 정도 자질을 부여하신다) 또한 모세가 그에게 안수할 때에 그를 위하여 하나님께서 바로 이것을 구했기 때문이다. 그리스도께서 그의 육체적인 임재를 그의 교회에서 물리실 때에, 그는 아버지께 다른 보혜사를 보내주시기를 구하셨고, 그리하여 그가 구하신 것을 얻으셨다.

3. 백성들이 즐거이 그를 인정하고 그에게 복종하였다. 주목하라. 무슨 종류든 간에 공적인 임무에 부르심을 받는 자들에게 있어서 백성들의 애정 어린 관심을 받는다는 것은 크게 유익한 일이요 또한 크게 용기를 주는 일이다. 모세가 죽었을 때 그들이 목자 없는 양처럼 되지 않고 그들 중에 한 사람이 예비되어 있어서 그들이 만장일치로 최고의 만족으로 인정할 수 있었다는 것은 그 백성들에게 큰 자비였다.

II. 모세가 칭찬받는다(10-12절). 그리고 거기에는 그만한 이유가 있었다.

1. 그는 과연 정말 위대한 사람이었다. 특히 다음의 두 가지 근거에서 그렇다. (1) 자연을 다스리시는 하나님과의 친밀함. 하나님은 그와 직접 대면하여아셨고, 그 역시 하나님을 그렇게 알았다. 민 12:8을 보라. 그는 어느 누구보다도(최소한 구약의 성도들 중에서는) 하나님의 영광을 더 많이 보았다. 그는 누구보다도 자유로이 빈번하게 하나님께 나아갔고, 꿈이나 환상이나 잠자리에 누워서가 아니라 깨어 있는 상태에서, 또한 그룹 앞에 서서 그의 말씀을 들었다. 다른 선지자들은 하나님이 나타나 말씀하실 때에 두려움에 질려 쓰러졌으나(단 10:7), 모세는 하나님의 계시를 받을 때마다 항상 평정을 유지하였다. (2) 자연의 나라에 대한 그의 관심과 권능. 그는 애굽의 바로 앞에서 심판의 이적들을 행하였고, 광야의 이스라엘 앞에서 자비의 이적들을 행하였는데, 이는 그가 하늘의 특별한 사랑을 받는 자요 이 땅에서 일을 행할 남다른 사명을 받은 자였음을 입증해 주는 것이었다. 이스라엘로서는 그보다 더 사랑할 사람이 하나도 없었고, 이스라엘의 원수들로서는 그보다 더 두려워할 사람이 하나도 없었다. 관찰하라. 역사가는 모세가 행한 이적들을 이적과 기사라 부르며 큰 권

능과 위엄으로 행한 것이라 부르는데, 이는 시내 산의 공포를 지칭할 수도 있다. 하나님은 그것을 통하여 모세의 사명을 충실히 확증하셨고, 또한 그 사명이 신적인 사명임을 명약관화하게 입증하셨고, 또한 그 일이 온 이스라엘의 목전에서 행하여진 것이다.

2. 그는 구약의 그 어떤 선지자보다 더 위대하였다. 선지자들이 하늘에 대해 큰 관심을 가졌고 땅에서는 큰 영향을 행사한 사람들이었으나, 그들 중에 어느 누구도 이 위대한 사람과 비교할 만한 사람은 없었다. 모세처럼 하늘로부터 오는 사명을 그렇게 드러내고 시행한 사람은 없었다. 모세에 대한 이런 찬양은 그가 죽은 지 오랜 후에 기록된 것으로 여겨진다. 그러나 그 때까지도 모세와 같은 선지자는 일어나지 않았고, 그 시기로부터 환상과 예언이 응할 때까지(단 9:24)도 그런 선지자가 일어난 적이 없었다. 모세로 말미암아 하나님이 율법을 주셨고, 유대인 교회를 세우시고 일으키신 것이다. 그러나 다른 선지자들을 통해서는 특정한 책망이나 지침 혹은 예언을 보내셨을 뿐이다. 구약의 마지막 선지자는 모세에게 명령한 법 곧 율례와 법도를 기억하라는 권고로 말씀을 종결짓는다(말 4:4). 그리스도께서도 친히 자주 모세의 글들에 호소하셨고, 그를 증인으로 인정하셨고, 멀리서 그의 때를 본 자로, 또한 그에 대해서 말씀한 자로 인정하셨다. 그러나, 다른 선지자들이 그에게 못 미치는 것만큼 예수 그리스도는 모세보다 월등하셨다. 그의 가르침이 훨씬 탁월했고, 그의 이적들이 더욱 찬란했으며, 아버지와의 교제 역시 더욱 친밀하였다. 그는 영원 전부터 아버지의 품에 안겨 계셨고, 또한 하나님께서는 이 마지막 때에 그로 말미암아 우리에게 말씀하시기 때문이다. 모세는 종으로 충성하였으나, 그리스도는 아들로서 충성하셨다. 모세의 역사는 그를 모압 평지에 묻어두며, 그것으로 그의 통치의 시기를 결말짓는다. 그러나 우리 주님의 역사는 그가 지극히 크신 이의 우편에 앉아 계시는 것을 보도하며, 따라서 우리는 그의 통치와 평강의 더함이 무궁할 것을 확신하는 것이다. 사도는 히브리서에서 그리스도께서 모세보다 탁월하심을 상세히 입증하며, 그렇기 때문에 우리 그리스도인들이 우리가 고백하는 그 거룩한 신앙에 복종하고 충성하며 변함없이 따르는 것이 합당하다는 것을 제시한다. 하나님께서 그의 은혜로 우리 모두를 그렇게 만들어 주시기를 기원한다!